3e

MAGBOOK

सामान्य विज्ञान एवं प्रौद्योगिकी

UPSC, राज्य PCS एवं अन्य प्रतियोगी परीक्षाओं के लिए अत्यन्त उपयोगी

3e

MAGBOOK

सामान्य विज्ञान एवं प्रौद्योगिकी

UPSC, राज्य PCS एवं अन्य प्रतियोगी परीक्षाओं
के लिए अत्यन्त उपयोगी

मनोहर पाण्डेय

सहयोगकर्ता

शिल्पा जैन *(भौतिक विज्ञान)*

अंकित सिंह *(रसायन विज्ञान)*

अर्चना शर्मा *(जीव विज्ञान)*

MAGBOOK

अरिहन्त पब्लिकेशन्स (इण्डिया) लिमिटेड

卐 रजि. कार्यालय

'रामछाया' 4577/15, अग्रवाल रोड, दरिया गंज, नई दिल्ली–110002

फोन: 011-47630600, 43518550

卐 मुख्य कार्यालय

कालिन्दी, टी०पी० नगर, मेरठ (यूपी)– 250002, **फोन:** 0121-7156203, 7156204

卐 शाखा कार्यालय

आगरा, अहमदाबाद, बरेली, बंगलुरु, चेन्नई, दिल्ली, गुवाहाटी, हैदराबाद, जयपुर, झाँसी, कोलकाता, लखनऊ, नागपुर तथा पुणे

卐 मूल्य : ₹ 375.00

Published by Arihant Publications (India) Ltd.

卐 PO No : TXT-59-T069961- 3 -26

'अरिहन्त' की पुस्तकों के बारे में अधिक जानकारी के लिए हमारी वेबसाइट **www.arihantbooks.com** पर लॉग इन करें या **info@arihantbooks.com** पर सम्पर्क करें।

Follow us on    

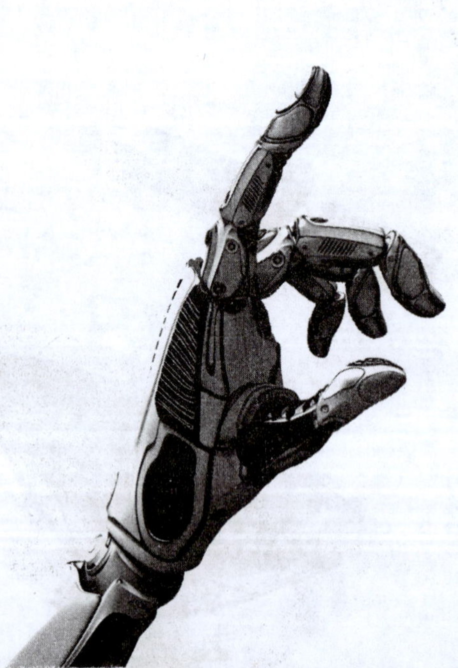

MAGBOOK

संशोधित संस्करण का प्राक्कथन

वर्तमान समय में सभी प्रतियोगी परीक्षाओं में सिविल सेवा परीक्षा का स्थान सबसे सर्वश्रेष्ठ एवं प्रतिष्ठित है। इस परीक्षा का उद्देश्य अभ्यर्थी के विश्लेषणात्मक, तार्किक, विषय आधारित एप्रोच, विषयवार समसामयिक मुद्दों पर समझ आदि की जाँच करना है।

सामान्य विज्ञान एवं प्रौद्योगिकी की यह पुस्तक उपरोक्त सभी उद्देश्यों को पूर्ण करती है, साथ ही अभ्यर्थी की विषय पर बेहतर समझ एवं मजबूत पकड़ का दावा भी करती है। यह पुस्तक प्रीलिम्स परीक्षा में विज्ञान विषय के लिए ब्रह्मास्त्र की तरह कार्य करती है,क्योंकि इसमें सिलेबस का सम्पूर्ण कवरेज तथा प्रैक्टिस हेतु प्रश्न (प्रारम्भिक एवं मुख्य दोनों परीक्षा हेतु) समाहित है।

इस पुस्तक के सम्पूर्ण अवलोकन के पश्चात् अभ्यर्थी निश्चय ही भौतिकी, रसायन विज्ञान, जीव विज्ञान, प्रौद्योगिकी (अंतरिक्ष, रोबोटिक्स, कम्प्यूटर एवं नेटवर्किंग, प्रक्षेपास्त्र, जैव-प्रौद्योगिकी, नैनो-प्रौद्योगिकी) आदि प्रकरणों को सरलता से समझ सकेंगे।

पुस्तक के अन्तर्गत अवधारणाओं को सरल और आसान तरीके से इस प्रकार प्रस्तुत या समझाने का प्रयास किया गया है कि अभ्यर्थी वस्तुनिष्ठ एवं विषयनिष्ठ सभी प्रकार के प्रश्न हल करने में सक्षम हों।

संशोधित संस्करण की प्रमुख विशेषताएँ

- सम्पूर्ण सिलेबस, NCERT फैक्ट्स एवं अपडेटेड फैक्ट्स का संकलन।
- प्रीलिम्स फैक्ट्स का अतिरिक्त कवरेज, जिसमें IAS एवं PCS परीक्षाओं में पूछे गए महत्त्वपूर्ण तथ्य दिए गए है।
- चैप्टर के अन्त में सेल्फ चैक का कवरेज, जिसके अन्तर्गत प्रश्नों को प्रैक्टिस हेतु संकलित किया गया है।
- पुस्तक के अन्त में IAS मुख्य परीक्षा (2024-2015) के प्रश्नों का टॉपिकवाइज संकलन है, जिसकी प्रैक्टिस के माध्यम से अभ्यर्थी मुख्य परीक्षा हेतु अपनी समझ और तैयारी का स्तर जाँच सकते हैं।

इस पुस्तक को पूरा करने में विशेषज्ञों की एक टीम ने उत्साह के साथ कार्य किया है। इस पुस्तक के संकलन में विशेषज्ञों के साथ-साथ प्रोजेक्ट मैनेजमेण्ट टीम का भी विशेष योगदान रहा, जिसमें मोना यादव (प्रोजेक्ट मैनेजर), मानसी गुप्ता (प्रोजेक्ट कॉर्डिनेटर), दिपाली (प्रूफ रीडर्स), अनिल कुमार, पंकज सांगवान (डीटीपी ऑपरेटर) और बिलाल एवं अंकित प्रजापति (कवर एवं इनर डिजाइनर) प्रमुख हैं।

आशा है कि सिविल सेवा तथा अन्य प्रतियोगी परीक्षाओं के अभ्यर्थी इस पुस्तक का अध्ययन कर अपने लक्ष्य को निश्चित ही प्राप्त कर अपने सपने को साकार करेंगे। आपके उपयोगी सुझाव सदैव हमें बेहतर संस्करण बनाने में सहायक सिद्ध हुए हैं। इसलिए आप हमें अपने सुझाव अवश्य भेजें, जिनके आधार पर हम पुस्तक के आगामी संस्करण को और भी बेहतर बना सकें।

लेखकगण

विषय-सूची

भौतिक विज्ञान

1. मात्रक तथा मापन 1-5
- भौतिक राशियाँ
- भौतिक राशियों के प्रकार
- मापक
- मात्रक
- अन्य महत्त्वपूर्ण मात्रक
- लम्बाई के मात्रक
- विमाएँ
- विमीय सूत्र तथा विमीय समीकरण
- मापक यन्त्र
- मापन में त्रुटि
- त्रुटियों का वर्गीकरण

2. यान्त्रिकी 6-9
- विराम तथा गति
- गति के प्रकार
- गति सम्बन्धित कुछ मूलभूत पद
- एकसमान त्वरित गति के लिए गति के समीकरण
- मुक्त रूप से गिरते पिण्ड की गति
- गति सम्बन्धी ग्राफ
- प्रक्षेप्य गति
- वृत्तीय गति

3. बल तथा न्यूटन के गति विषयक नियम 10-15
- बल
- जड़त्व
- न्यूटन के गति विषयक नियम
- न्यूटन का प्रथम नियम
- न्यूटन का द्वितीय नियम
- न्यूटन का तृतीय नियम
- घर्षण
- घर्षण के प्रकार
- घर्षण को कम करने की विधियाँ
- अभिकेन्द्र बल
- अपकेन्द्र बल
- सन्तुलन की अवस्था
- घूर्णन गति
- बल-युग्म
- बल-आघूर्ण
- जड़त्व आघूर्ण
- कोणीय संवेग

4. कार्य, ऊर्जा और शक्ति 16-19
- कार्य
- कार्य के प्रकार
- परिवर्ती बल द्वारा किया गया कार्य
- ऊर्जा
- गतिज ऊर्जा
- स्थितिज ऊर्जा
- ऊर्जा के स्रोत
- ऊर्जा के पारम्परिक स्रोत
- ऊर्जा के गैर-परम्परागत स्रोत
- ऊर्जा संरक्षण का नियम
- ऊर्जा रूपान्तरण
- शक्ति या सामर्थ्य
- सामर्थ्य के अन्य मात्रक

5. गुरुत्वाकर्षण 20-23
- गुरुत्वाकर्षण
- सार्वत्रिक गुरुत्वाकर्षण नियम
- गुरुत्वाकर्षण बल के गुण
- गुरुत्व केन्द्र
- गुरुत्वीय त्वरण
- द्रव्यमान तथा भार
- लिफ्ट में व्यक्ति का आभासी भार
- ग्रह
- केप्लर के ग्रहीय गति सम्बन्धी नियम
- उपग्रह
- कृत्रिम उपग्रह के प्रकार
- उपग्रह की ऊर्जा
- उपग्रह का कक्षीय वेग
- उपग्रह का परिक्रमण काल
- कृत्रिम उपग्रहों के उपयोग

6. पदार्थ के यांत्रिक गुण 24-29
- पदार्थ
- प्रतिबल-विकृति वक्र
- हुक का नियम
- दाब
- घनत्व
- तरल में दाब
- पास्कल का नियम
- उत्प्लावकता
- द्रवों का प्रवाह
- बरनौली की प्रमेय
- बरनौली प्रमेय के अनुप्रयोग
- श्यानता
- श्यानता गुणांक
- सीमान्त वेग
- अंतराण्विक बल
- पृष्ठ तनाव
- पृष्ठीय ऊर्जा
- केशिकात्व

7. ऊष्मा, ताप तथा ऊष्मागतिकी 30-36
- ऊष्मा
- ऊष्मा के प्रभाव
- ताप
- तापमान के पैमाने
- तापमापी
- तापीय प्रसार
- ठोस का ऊष्मीय प्रसार
- द्रवों का ऊष्मीय प्रसार
- गैसों का ऊष्मीय प्रसार
- ऊष्माधारिता
- विशिष्ट ऊष्माधारिता
- कैलोरीमिति का सिद्धांत
- आर्द्रता
- गुप्त ऊष्मा
- ऊष्मा स्थानांतरण या संचरण
- चालन
- संवहन

– विकिरण
– अवशोषण क्षमता तथा उत्सर्जन क्षमता
– किरचॉफ का विकिरण नियम
– कृष्णपिण्ड
– वीन का विस्थापन नियम
– ऊष्मागतिकी
– ऊष्मागतिकी निकाय
– ऊष्मागतिकी के नियम
– गैसों का अणुगति सिद्धान्त

8. आवर्त गति तथा तरंग गति **37-43**
– आवर्त गति
– दोलनी गति या कम्पनिक गति
– सरल आवर्त गति
– सरल लोलक
– मुक्त दोलन व स्वाभाविक आवृत्ति
– अवमन्दन एवं अवमन्दित दोलन
– अनुनाद
– तरंग
– यान्त्रिक तरंगें
– ध्वनि तरंगें
– ध्वनि की चाल
– मैक संख्या तथा ध्वनि बूम
– ध्वनि के अभिलक्षण
– ध्वनि संबंधित परिघटनाएँ
– मानव कर्ण

9. प्रकाशिकी **44-54**
– प्रकाश
– प्रकाश के स्रोत
– प्रकाश की प्रकृति
– प्रकाश की चाल
– प्रकाश का परावर्तन
– परावर्तन के नियम
– प्रतिबिम्ब
– दर्पण
– समतल दर्पण
– गोलीय दर्पण
– अवतल तथा उत्तल दर्पणों द्वारा प्रतिबिम्ब बनना
– प्रकाश का अपवर्तन
– पूर्ण आन्तरिक परावर्तन
– लेन्स
– उत्तल लेन्स
– अवतल लेन्स
– प्रिज्म
– वस्तुओं का वर्ण/रंग निर्धारण
– प्रकाश का प्रकीर्णन
– मानव नेत्र
– दृष्टि दोष तथा उनके निवारण
– प्रकाशिक यन्त्र
– फोटो कैमरा
– आवर्धन लेन्स या सरल सूक्ष्मदर्शी
– संयुक्त सूक्ष्मदर्शी
– दूरदर्शी
– प्रकाश का व्यतिकरण
– प्रकाश का विवर्तन
– प्रकाश का ध्रुवण
– पोलेरॉइड

10. वैद्युतिकी **55-61**
– वैद्युतिकी
– वैद्युत आवेश
– वैद्युत आवेश सम्बन्धित कुछ तथ्य
– वैद्युत क्षेत्र
– वैद्युत क्षेत्र बल रेखाएँ
– वैद्युत क्षेत्र की तीव्रता
– वैद्युत विभव
– विभवान्तर
– समविभव पृष्ठ
– विद्युत धारा
– ओम का नियम
– प्रतिरोध
– विद्युत चालकता एवं विशिष्ट चालकता
– प्रतिरोधों का संयोजन
– कार्बन प्रतिरोध का वर्णकोड
– विद्युत ऊर्जा
– विद्युत शक्ति
– विद्युत ऊर्जा के व्यावहारिक मात्रक
– विद्युत धारा के तापीय प्रभाव
– घरेलू विद्युत परिपथ
– विद्युत धारा के रासायनिक प्रभाव
– फैराडे के विद्युत अपघटन के नियम
– वैद्युत सेल
– वैद्युत धारा के चुम्बकीय प्रभाव
– बायो–सेवर्ट का नियम
– परिनालिका में प्रवाहित वैद्युत धारा के कारण चुम्बकीय क्षेत्र
– चुम्बकीय क्षेत्र में गतिमान आवेश पर बल
– एकसमान चुम्बकीय क्षेत्र में धारावाही चालक पर बल
– फ्लेमिंग का बाएँ हाथ का नियम

11. चुम्बकत्व एवं विद्युत चुम्बकीय प्रेरण **62-65**
– चुम्बक तथा चुम्बकत्व
– चुम्बक के प्रकार
– चुम्बक के सामान्य गुण
– चुम्बकीय क्षेत्र
– भू–चुम्बकत्व
– विद्युत चुंबकीय प्रेरण
– स्वप्रेरण तथा अन्योन्य प्रेरण
– भँवर धाराएँ
– विद्युत मोटर
– विद्युत जनित्र
– दिष्ट जनित्र
– ट्रांसफॉर्मर

12. आधुनिक भौतिकी (परमाणु एवं नाभिकीय) **66-71**
– इलेक्ट्रॉन उत्सर्जन
– प्रकाश वैद्युत प्रभाव
– आइन्सटीन का प्रकाश वैद्युत समीकरण
– द्रव्य की तरंग प्रकृति
– परमाणु संरचना

- परमाणु मॉडल
- थॉमसन मॉडल
- रदरफोर्ड का परमाणु मॉडल
- बोहर का परमाणु मॉडल
- नाभिक
- परमाणु संख्या तथा द्रव्यमान संख्या
- रेडियोऐक्टिवता
- रेडियोऐक्टिवता की इकाई
- नाभिकीय अभिक्रियाएँ
- नाभिकीय रिएक्टर
- नाभिकीय संलयन

13. अर्द्धचालक इलेक्ट्रॉनिक्स तथा संचार प्रणाली **72-77**
- अर्द्धचालक
- अर्द्धचालकों के गुणधर्म
- *p-n* सन्धि डायोड
- *p-n* सन्धि से सम्बन्धित मुख्य बिन्दु
- विशिष्ट प्रयोजन *p-n* सन्धि डायोड
- ट्रांजिस्टर
- ट्रांजिस्टर के प्रकार
- लॉजिक गेट्स
- एकीकृत परिपथ
- संचार प्रणाली
- मॉडुलेशन
- लेसर
- मेसर
- राडार

14. हमारा ब्रह्माण्ड **78-81**
- ब्रह्माण्ड
- आकाशगंगा या मन्दाकिनी
- तारे
- तारामण्डल
- सौरमण्डल
- लघु सौरमण्डलीय पिण्ड

रसायन विज्ञान

1. पदार्थों का परिवर्तन तथा पृथक्करण **82-86**
- परिवर्तन
- द्रव्य का वर्गीकरण
- पदार्थ की भौतिक अवस्था में परिवर्तन
- द्रव्य का रासायनिक वर्गीकरण
- मिश्रण
- विलयन
- निलम्बन
- कोलॉइडी विलयन
- पायस
- पदार्थों का पृथक्करण

2. परमाणु संरचना **87-91**
- डाल्टन का परमाणु सिद्धान्त
- अणु तथा परमाणु
- परमाणु के अभिलक्षण
- परमाणु मॉडल
- थॉमसन का परमाणु मॉडल
- रदरफोर्ड का परमाणु मॉडल
- नील्स बोर का मॉडल
- परमाणु के संरचनात्मक लक्षण
- परमाणु की कक्षाओं में इलेक्ट्रॉनों का वितरण
- इलेक्ट्रॉनों के भरने में प्रयुक्त नियम
- क्वाण्टम संख्याएँ

3. तत्वों का आवर्ती वर्गीकरण **92-96**
- तत्वों का प्रारंभिक वर्गीकरण
- मेण्डलीफ की आवर्त सारणी
- आधुनिक आवर्त सारणी
- आवर्ती गुणधर्म

4. रासायनिक बन्ध, अभिक्रियाएँ और समीकरण **97-102**
- रासायनिक बन्धता
- संयोजकता
- रासायनिक बन्ध
- रासायनिक बन्धों के प्रकार
- रासायनिक सूत्र
- रासायनिक सूत्रों के प्रकार
- रासायनिक समीकरण
- रासायनिक अभिक्रिया
- रासायनिक अभिक्रियाओं को प्रभावित करने वाले कारक
- रासायनिक अभिक्रियाओं के प्रकार
- रासायनिक अभिक्रियाओं में ऊर्जा परिवर्तन
- दैनिक जीवन में होने वाली अभिक्रियाओं के उदाहरण

5. धातु एवं अधातु **103-110**
- धातु
- धातुओं के सामान्य भौतिक गुण
- धातुओं के सामान्य रासायनिक गुण
- धातुओं की सक्रियता श्रेणी
- धातुकर्म
- खनिज, अयस्क एवं आधात्री
- मिश्रधातु
- अधातुएँ
- अधातुओं के भौतिक गुण
- अधातुओं के रासायनिक गुण
- हाइड्रोजन
- कार्बन
- नाइट्रोजन
- फॉस्फोरस
- ऑक्सीजन
- सल्फर
- हैलोजन
- अक्रिय गैसें
- उपधातु

6. अम्ल, क्षारक एवं लवण **111-114**
- अम्ल
- अम्लों के प्रकार

- क्षारक
- क्षारकों के प्रकार
- pH पैमाना
- लवण
- लवणों का वर्गीकरण

7. **कार्बनिक रसायन** **115-119**
- पेट्रोलियम : कार्बनिक यौगिक स्रोत
- कार्बनिक यौगिकों का वर्गीकरण
- हाइड्रोकार्बन
- कार्बन, हाइड्रोजन और ऑक्सीजन के कार्बनिक यौगिक
- ऐल्कोहॉल
- फीनॉल
- बहुलक

8. **दैनिक जीवन में रसायन** **120-124**
- रेशे
- साबुन और अपमार्जक
- विस्फोटक
- उर्वरक
- उर्वरकों का वर्गीकरण
- कीटनाशक अथवा पीड़कनाशी
- पीड़कनाशियों के प्रकार
- रंजक
- काँच
- सीमेण्ट
- तेल एवं वसा
- औषधीय रसायन
- भोजन में रसायन
- सौन्दर्य प्रसाधनों में रसायन

9. **पर्यावरण रसायन** **125-128**
- पर्यावरण प्रदूषण
- जल प्रदूषण
- मृदा प्रदूषण
- हरित रसायन

जीव विज्ञान

1. **जीव विज्ञान का परिचय तथा सजीव जगत में विविधता** **129-133**
- जीव विज्ञान का परिचय
- सजीव जगत
- जीवों का वर्गीकरण
- द्विनाम पद्धति
- मोनेरा जगत
- जीवाणुओं का आर्थिक महत्त्व
- हानिकारक क्रियाएँ
- प्रोटिस्टा जगत
- कवक जगत

2. **पादप एवं जन्तु जगत का वर्गीकरण** **134-140**
- पादप जगत
- अपुष्पोद्भिद पादप
- थैलोफाइटा
- ब्रायोफाइटा
- टेरिडोफाइटा
- पुष्पोद्भिद पादप
- अनावृतबीजी
- आवृतबीजी
- जन्तु जगत
- संघ–पोरीफेरा
- संघ–निडेरिया या सीलेन्ट्रेटा
- संघ–टीनोफोरा (समुद्री अखरोट या कंकत जैली)
- संघ–प्लैटीहेल्मिन्थीज (चपटे कृमि)
- संघ–निमैटोडा या निमैटीहेल्मिन्थीज (सूत्रकृमि या गोलकृमि)
- संघ–एनेलिडा (खण्डयुक्त कृमि)
- संघ–आर्थ्रोपोडा (संयुक्त उपांग)
- संघ – मोलस्का (कोमल शरीर वाले जन्तु)
- संघ–इकाइनोडार्मेटा (कंटक त्वचीय प्राणी)
- कॉर्डेटा
- विषाणु

3. **कोशिका : जीवन की इकाई** **141-145**
- कोशिका
- कोशिका सिद्धान्त
- कोशिकाओं के प्रकार
- कोशिका की संरचना
- कोशिका चक्र व कोशिका विभाजन
- अन्तरावस्था
- विभाजन अवस्था

4. **ऊतक** **146-149**
- पादप ऊतक
- ऊतक तन्त्र
- प्राणी ऊतक
- कुछ विशिष्ट जन्तु ऊतक

5. **पादप आकारिकी एवं कार्यिकी** **150-156**
- पादप आकारिकी
- जड़ें
- तना
- पत्ती
- फल व बीज
- पुष्पक्रम
- पादप कार्यिकी
- पादपों में परिवहन
- जल का परिवहन
- पादपों में खनिज पोषण
- पादपों में श्वसन
- पादपों में समन्वयन
- पादपों में हॉर्मोनल समन्वयन/पादप हॉर्मोन्स
- पादप में अलैंगिक जनन
- पुष्पीय पादपों में लैंगिक जनन
- पादप रोग

6. **पोषण तथा मानव कार्यिकी** **157-169**
- पोषण
- भोजन
- मानव कार्यिकी
- पाचन तन्त्र

- पाचक ग्रन्थियाँ
- जन्तुओं में पाचन तन्त्र की क्रियाविधि
- श्वसन तन्त्र
- मानव श्वसन तन्त्र के अंग
- श्वसन की क्रियाविधि
- परिसंचरण तन्त्र
- हृदय
- कंकाल तन्त्र
- सन्धियाँ
- तन्त्रिका तन्त्र
- तन्त्रिका तन्त्र के रोग
- संवेदी अंग
- नेत्र
- अन्तः स्रावी तन्त्र
- जनन तन्त्र
- मानवों में जनन की कार्यिकी
- निषेचन
- भ्रूणीय विकास

7. आनुवंशिकी तथा जीवन की उत्पत्ति एवं जैव-विकास **170-174**
- आनुवंशिकी
- मेण्डल की आनुवंशिकी शब्दावली
- मेण्डल के आनुवंशिकता के नियम
- प्रभाविता का नियम
- पृथक्करण या युग्मकों की शुद्धता का नियम
- स्वतन्त्र अपव्यूहन का नियम
- मेण्डलवाद के अपवाद
- मनुष्य में लिंग-निर्धारण
- आनुवंशिक रोग
- जीवन की उत्पत्ति
- जैव-विकास
- जैव-विकास के सिद्धान्त
- मानव का विकास

8. मानव रोग एवं प्रतिरक्षा **175-178**
- मानव रोग
- संचरणीय रोग या संक्रामक रोग
- असंचरणीय रोग या असंक्रामक रोग
- मानसिक रोग
- प्रतिरक्षा

9. पर्यावरण, पारिस्थितिकी एवं जैव-विविधता **179-183**
- पर्यावरण
- पर्यावरण का वर्गीकरण
- पारिस्थितिकी
- पारितन्त्र में ऊर्जा प्रवाह
- पारिस्थितिक पिरामिड
- जैव-विविधता
- जैव-विविधता की क्षति
- जैव-विविधता का संरक्षण
- बाह्य स्थाने संरक्षण

10. आर्थिक वनस्पति एवं जीव विज्ञान **184-188**
- कृषि
- शस्य विज्ञान
- फसलों का वर्गीकरण
- फसल उत्पादन में सुधार
- ट्रांसजीनी फसलें
- पशुपालन
- गाय
- भैंसे
- आर्थिक जन्तु विज्ञान
- जन्तु रोग

विज्ञान एवं प्रौद्योगिकी

1. भारत में विज्ञान एवं प्रौद्योगिकी का विकास **189-192**
- प्राचीनकाल एवं मध्यकालीन विज्ञान-प्रौद्योगिकी
- यूरोपीय तकनीकों का आगमन
- प्रौद्योगिकी विजन-2035
- प्रमुख संस्थागत प्रतिष्ठान
- विज्ञान एवं प्रौद्योगिकी से सम्बन्धित प्रमुख पुरस्कार

2. अन्तरिक्ष प्रौद्योगिकी एवं इसके अनुप्रयोग **193-207**
- अन्तरिक्ष प्रौद्योगिकी
- भारतीय अन्तरिक्ष कार्यक्रम
- उपग्रह प्रौद्योगिकी
- उपग्रह कार्यक्रम : भारतीय उपग्रह
- नौवहन प्रौद्योगिकी
- रॉकेट इंजन प्रौद्योगिकी
- प्रक्षेपण यान प्रौद्योगिकी
- प्रसिद्ध विदेशी प्रक्षेपण वाहन
- भारत के प्रमुख अन्तरिक्ष अनुसन्धान मिशन
- भारत की अन्तरिक्ष अनुसन्धान वेधशालाएँ
- विश्व के प्रमुख अन्तरिक्ष मिशन

3. नैनो प्रौद्योगिकी एवं इसके अनुप्रयोग **208-212**
- नैनो पदार्थ
- कार्बन आधारित नैनो पदार्थ
- धातु आधारित नैनो पदार्थ
- नैना-प्रौद्योगिकी के अनुप्रयोग
- एकीकृत ऑप्टिकल सर्किट या फोटॉनिक एकीकृत सर्किट (IOC or PIC)

4. नाभिकीय प्रौद्योगिकी **213-224**
- नाभिकीय ऊर्जा
- रेडियोधर्मिता
- नाभिकीय अभिक्रियाएँ
- रेडियो समस्थानिक
- भारत में नाभिकीय ऊर्जा का विकास
- भारत का परमाणु कार्यक्रम
- प्रमुख सन्धियाँ
- प्रमुख परमाणु दुर्घटनाएँ

5. रक्षा प्रौद्योगिकी **225-239**
- रक्षा मन्त्रालय
- रक्षा अनुसन्धान एवं विकास संगठन (DRDO)
- मिसाइल प्रौद्योगिकी
- रडार प्रौद्योगिकी

- रक्षा परियोजनाएँ
- भारत के प्रमुख युद्धपोत
- पनडुब्बियाँ
- टैंक वाहन
- युद्धक विमान

6. **लेजर प्रौद्योगिकी** **240-244**
- लेजर
- लेजर के प्रमुख घटक
- लेजर के अनुप्रयोग
- भारत में लेजर प्रौद्योगिकी
- प्रति लेजर
- स्पैक्ट्रोस्कॉपी
- लेजर प्रौद्योगिकी में नवीनतम विकास

7. **कम्प्यूटर एवं सूचना प्रौद्योगिकी** **245-262**
- कम्प्यूटर का इतिहास
- कम्प्यूटर का वर्गीकरण
- कम्प्यूटर की पीढ़ियाँ
- हार्डवेयर
- सॉफ्टवेयर
- कम्प्यूटर नेटवर्क
- इण्टरनेट
- वेब का विकास
- वायरलेस संचार प्रौद्योगिकी
- उभरती प्रौद्योगिकी

8. **रोबोटिक्स एवं आर्टिफिशियल इण्टेलीजेन्स** **263-269**
- रोबोटिक्स
- रोबोट के प्रकार
- रोबोट के अनुप्रयोग
- भारत में रोबोटिक्स
- ऑटोमेशन
- आर्टिफिशियल इण्टेलिजेन्स (कृत्रिम बुद्धिमत्ता)
- मशीन लर्निंग
- डीप लर्निंग

9. **अन्य आधुनिक प्रौद्योगिकियाँ**
- बिग डेटा तकनीक **270-273**
- नार्कोएनालिसिस, पॉलीग्राफी परीक्षण और ब्रेन मैपिंग
- ब्लू ब्रेन प्रोजेक्ट
- बायो डाइजेस्टर प्रौद्योगिकी
- हाइपरलूप परिवहन तकनीक
- साइबर नाइफ
- इण्डिया की आर्कटिक वेधशाला

10. **जैव-प्रौद्योगिकी** **274-283**
- जैव-प्रौद्योगिकी के सिद्धान्त
- जैव-प्रौद्योगिकी की विधियाँ
- पुनर्योगज DNA तकनीक
- पुनर्योगज DNA प्रौद्योगिकी के प्रक्रम
- जैव-प्रौद्योगिकी के अनुप्रयोग
- पर्यावरणीय जैव-प्रौद्योगिकी
- लुप्तप्राय प्रजातियों का संरक्षण
- पशु जैव-प्रौद्योगिकी के प्रमुख क्षेत्र
- भारत में जैव-प्रौद्योगिकी

11. **बौद्धिक सम्पदा अधिकार** **284-286**
- बौद्धिक सम्पदा अधिकारों के उद्देश्य
- बौद्धिक सम्पदा अधिकार के प्रकार
- बौद्धिक सम्पदा अधिकारों पर अन्तर्राष्ट्रीय निकाय/सम्मेलन

परिशिष्ट
(QR Code के द्वारा)

प्रीलिम्स फैक्ट्स **287-305**

प्रीलिम्स अभ्यास **306-321**

UPSC मुख्य परीक्षा के प्रश्न (2024-2015) **322-323**

"भौतिक विज्ञान, विज्ञान की वह शाखा है, जिसमें द्रव्य व ऊर्जा के विभिन्न स्वरूपों तथा द्रव्य व ऊर्जा के बीच विभिन्न क्रियाओं का अध्ययन किया जाता है।

अध्याय एक

मात्रक तथा मापन

भौतिक राशियाँ

भौतिकी के नियमों को जिन राशियों के पदों में व्यक्त किया जाता है, उन्हें भौतिक राशियाँ (Physical quantities) कहते हैं। उदाहरण-लम्बाई, ताप आदि।

भौतिक राशियों के प्रकार

- मात्रक तथा मापन के आधार पर भौतिक राशियों के वर्गीकरण को निम्न सारणी में दिया गया है

क्रम संख्या	भौतिक राशियाँ	परिभाषा	उदाहरण
1.	**मूल राशियाँ** (Fundamental or Base Quantities)	वे राशियाँ, जो अन्य राशियों से स्वतन्त्र होती हैं तथा जिन्हें व्यक्त करने के लिए अन्य भौतिक राशि की आवश्यकता नहीं होती है, मूल राशियाँ कहलाती हैं।	लम्बाई, समय, ताप, द्रव्यमान, विद्युत धारा, ज्योति तीव्रता, पदार्थ की मात्रा
2.	**व्युत्पन्न राशियाँ** (Derived Quantities)	वे राशियाँ, जो मूल राशियों की सहायता से प्राप्त होती हैं, व्युत्पन्न राशियाँ कहलाती हैं।	क्षेत्रफल, आयतन, दाब, चाल, वेग, त्वरण, बल, कार्य, ऊर्जा
3.	**पूरक राशियाँ** (Supplementary Quantities)	मूल राशियों तथा व्युत्पन्न राशियों के अतिरिक्त दो अन्य भौतिक राशियाँ भी होती हैं, उन्हें पूरक राशियाँ कहते हैं।	समतल कोण तथा घन कोण

- दिशा व परिमाण के आधार पर भौतिक राशियों को निम्न रूप में विभाजित किया गया है
  - अदिश राशियाँ (Scalar Quantities) वे भौतिक राशियाँ, जिन्हें व्यक्त करने के लिए केवल परिमाण (Magnitude) की आवश्यकता होती है, दिशा (Direction) की नहीं, अदिश राशियाँ कहलाती हैं। उदाहरण- दूरी, चाल, द्रव्यमान, आयतन आदि।
  - सदिश राशियाँ (Vector Quantities) वे भौतिक राशियाँ, जिन्हें व्यक्त करने के लिए परिमाण तथा दिशा दोनों की आवश्यकता होती है, सदिश राशियाँ कहलाती हैं। उदाहरण-विस्थापन, वेग, त्वरण, बल, संवेग, आवेग, भार आदि।

मापन

- किसी भौतिक राशि का उसके निश्चित मानक से तुलनात्मक अध्ययन ही मापन (Measurement) कहलाता है।
- प्रत्येक भौतिक राशि के मापन के लिए निम्न दो कारकों की आवश्यकता होती है
  (i) भौतिक राशि का आंकिक मान (Numerical value) अर्थात् परिमाण। यह एक शुद्ध संख्या होती है।
  (ii) भौतिक राशि को मापने के लिए निश्चित किया गया मानक मान (Standard value)।

मात्रक

किसी भौतिक राशि **के मापन के लिए** उसी राशि के लिए गए नियत **मानक** मान को उस **राशि का मात्रक** (Units) कहते हैं। मात्रक निम्न **प्रकार** के होते हैं

- मूल मात्रक (Fundamental or Base Units) मूल राशियों के मात्रक मूल मात्रक कहलाते हैं। उदाहरण- मीटर, किलोग्राम, सेकण्ड, ऐम्पियर, केल्विन, कैडेला, मोल इत्यादि।
- व्युत्पन्न मात्रक (Derived Units) मूल राशियों के अतिरिक्त अन्य सभी राशियों के मात्रकों को व्युत्पन्न मात्रक कहते हैं। उदाहरण—मीटर/सेकण्ड, मीटर/सेकण्ड^2 इत्यादि।
- पूरक मात्रक (Supplementary Units) पूरक राशियों के मात्रकों को पूरक मात्रक कहते हैं। उदाहरण-रेडियन, स्टेरेडियन।

मात्रकों की पद्धति

मात्रकों की भिन्न पद्धतियों को निम्न सारणी में दर्शाया गया है

क्रम संख्या	मात्रकों की पद्धति	परिभाषा
1.	CGS पद्धति	इस पद्धति में लम्बाई को सेमी में, द्रव्यमान को ग्राम में तथा समय को सेकण्ड में मापा जाता है।
2.	MKS पद्धति	इस पद्धति में लम्बाई को मीटर में, द्रव्यमान को किलोग्राम में तथा समय को सेकण्ड में मापा जाता है।
3.	FPS पद्धति	इस पद्धति में लम्बाई को फुट में, द्रव्यमान को पाउण्ड में तथा समय को सेकण्ड में मापा जाता है।
4.	SI पद्धति	यह MKS पद्धति का सुधारा हुआ रूप है। इस पद्धति को 1971 में अन्तर्राष्ट्रीय मापतौल अधिवेशन द्वारा अपनाया गया था। इसमें सात मूल मात्रक तथा दो पूरक मात्रक होते हैं।

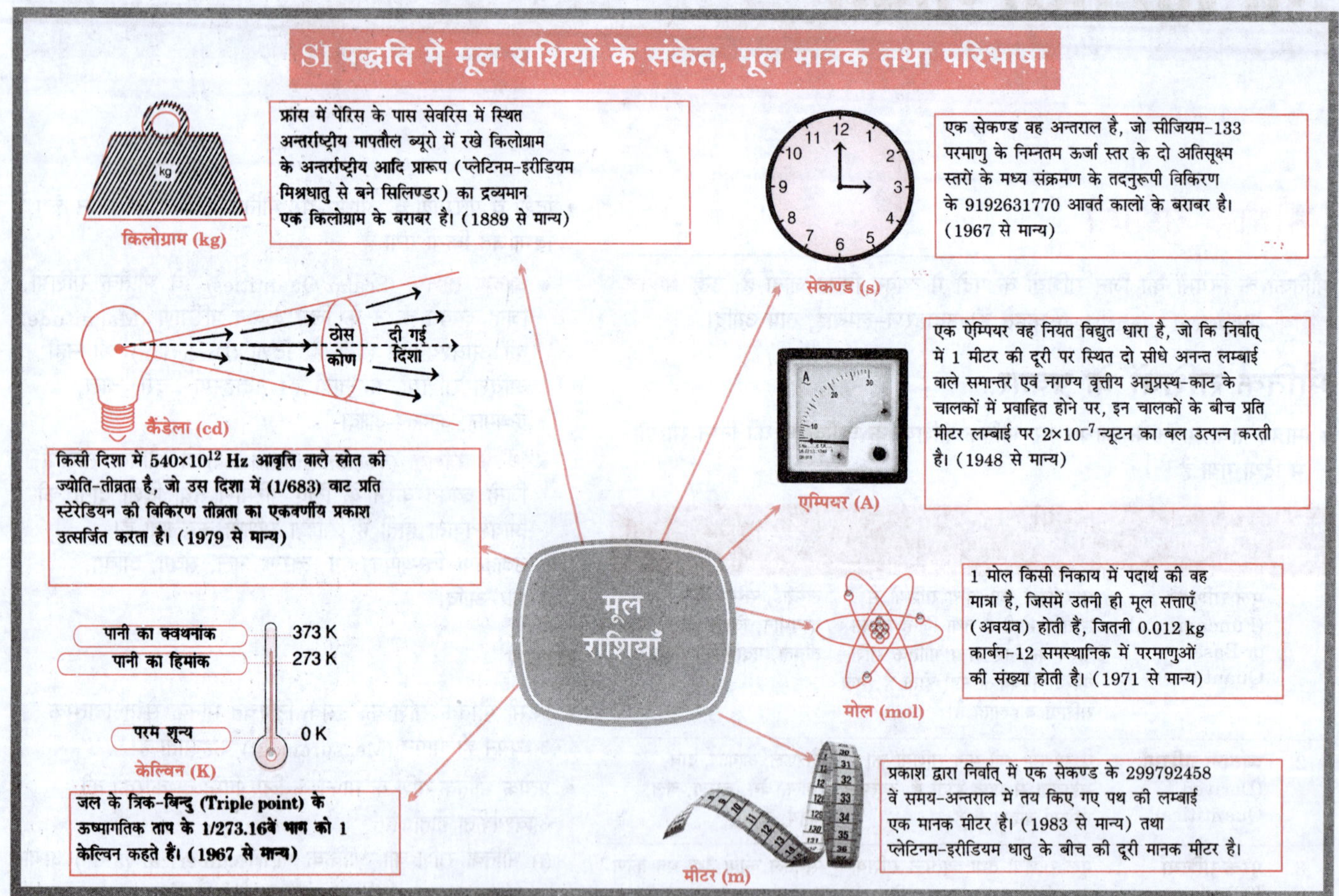

SI पद्धति में पूरक मात्रक तथा उनके संकेत

पूरक राशि	पूरक मात्रक	संकेत	परिभाषाएँ
समतल कोण	रेडियन	rad	1 रेडियन वह कोण है, जो वृत्त की त्रिज्या के बराबर लम्बाई का चाप वृत्त के केन्द्र पर अन्तरित करता है। सभी कोणों को रेडियन में मापा जाता है।
घन कोण	स्टेरेडियन	sr	1 स्टेरेडियन वह घन कोण का मात्रक है, जो गोले की त्रिज्या के वर्ग के बराबर क्षेत्रफल वाले किसी गोलीय पृष्ठ द्वारा उस गोले के केन्द्र पर अन्तरित होता है।

प्रमुख व्युत्पन्न राशियों के सूत्र तथा मात्रक

भौतिक राशियाँ	सूत्र	SI मात्रक
आयत का क्षेत्रफल	लम्बाई × चौड़ाई	मीटर^2
वर्ग का क्षेत्रफल	(भुजा)^2	मीटर^2
त्रिभुज का क्षेत्रफल	$\frac{1}{2}$ × आधार × ऊँचाई	मीटर^2
घनाभ का आयतन	लम्बाई × चौड़ाई × ऊँचाई	मीटर^3
घनत्व	द्रव्यमान/आयतन	किग्रा मी$^{-3}$
बल	द्रव्यमान × त्वरण	किग्रा-मी से$^{-2}$ या न्यूटन
दाब	बल/क्षेत्रफल	न्यूटन मी$^{-2}$ या पास्कल
रेखीय संवेग	द्रव्यमान × रेखीय वेग	किग्रा-मी से$^{-1}$
आवेग	बल × समय	न्यूटन-सेकण्ड
प्रतिबल	बल/क्षेत्रफल	न्यूटन मी$^{-2}$

अन्य महत्त्वपूर्ण मात्रक

कुछ अन्य महत्त्वपूर्ण मात्रक निम्नलिखित हैं

लम्बाई के मात्रक

लम्बाई के प्रमुख बड़े मात्रक निम्न हैं

- खगोलीय मात्रक (Astronomical Units, AU) सूर्य के केन्द्र से पृथ्वी के केन्द्र के मध्य की औसत दूरी एक खगोलीय मात्रक कहलाती है।

  1 AU = 1.496×10^{11} मीटर = 1.5×10^{11} मीटर
- प्रकाश वर्ष (Light year, ly) प्रकाश द्वारा निर्वात् में एक वर्ष में तय की गई दूरी को एक प्रकाश वर्ष कहते हैं।

  1 (ly) = प्रकाश की चाल × समय (एक वर्ष)

  = $3 \times 10^8 \times 365 \times 24 \times 60 \times 60 = 9.461 \times 10^{15}$ मीटर
- पारसेक (Parsec, pc) एक पारसेक वह दूरी है, जो एक खगोलीय मात्रक दूरी के चाप के रूप में होने पर एक आर्क सेकण्ड का कोण बनाने पर प्राप्त होती है।

  1 (pc) = 3.26 प्रकाश वर्ष

  = $3.26 \times 9.461 \times 10^{15}$ मीटर = 3.08×10^{16} मीटर

लम्बाई के छोटे मात्रक निम्नलिखित हैं

- 1 डेसीमीटर (डेसीमी) = $\frac{1}{10}$ मीटर = 10^{-1} मीटर
- 1 सेण्टीमीटर (सेमी) = $\frac{1}{100}$ मीटर = 10^{-2} मीटर = 0.39 इंच
- 1 मिलीमीटर (मिमी) = $\frac{1}{1000}$ मीटर = 10^{-3} मीटर = 10^{-1} सेमी
- 1 माइक्रोन अथवा 1 माइक्रोमीटर = 10^{-6} मीटर = 10^{-4} सेमी
- 1 नैनोमीटर = 10^{-9} मीटर = 10^{-7} सेमी
- 1 एंग्स्ट्रॉम = 10^{-10} मीटर = 10^{-8} सेमी
- 1 फर्मी = 10^{-15} मीटर
- 1 मील = 1760 गज = 1.6 किमी
- 1 इंच = 0.0254 मी
- 1 फुट = 12 इंच = 0.3048 मी
- 1 गज = 3 फुट = 0.9144 मी
- 1 डेकामीटर (डेकामी) = 10 मीटर = 10^1 मीटर
- 1 हेक्टोमीटर (हेक्टामी) = 100 मीटर = 10^2 मीटर
- 1 किलोमीटर (किमी) = 1000 मीटर = 10^3 मीटर

द्रव्यमान के मात्रक

द्रव्यमान के प्रमुख छोटे मात्रक निम्न हैं

- 1 हेक्टोग्राम = 100 ग्राम = 100×10^{-3} किग्रा = 10^{-1} किग्रा
- 1 डेकाग्राम = 10 ग्राम = 10×10^{-3} किग्रा = 10^{-2} किग्रा
- 1 माइक्रोग्राम = 10^{-6} ग्राम = 10^{-9} किग्रा
- 1 नैनोग्राम = 10^{-9} ग्राम = 10^{-12} ग्राम
- 1 पिकोग्राम = 10^{-12} ग्राम = 10^{-15} किग्रा
- 1 परमाणु द्रव्यमान मात्रक (amu) = 1.66×10^{-27} किग्रा

द्रव्यमान को मापने के बड़े मात्रक निम्न हैं

- 1 क्विण्टल = 100 किग्रा = 10^2 किग्रा
- 1 मीट्रिक टन = 1000 किग्रा = 10^3 किग्रा = 10 क्विण्टल
- 1 मेगाग्राम = 10^3 किग्रा
- 1 गीगाग्राम = 10^6 किग्रा
- 1 टेराग्राम = 10^9 किग्रा
- 1 स्लग = 14.57 किग्रा
- 1 सौर द्रव्यमान = 1.989×10^{30} किग्रा
- 1 चन्द्रशेखर सीमा = 2.8×10^{30} किग्रा

समय के मात्रक

समय के छोटे मात्रक निम्न हैं

- 1 मिलीसेकण्ड = 10^{-3} सेकण्ड
- 1 माइक्रोसेकण्ड = 10^{-6} सेकण्ड
- 1 शेक = 10^{-8} सेकण्ड
- 1 नैनोसेकण्ड = 10^{-9} सेकण्ड
- 1 पिकोसेकण्ड = 10^{-12} सेकण्ड

समय के बड़े मात्रक निम्न हैं

- 1 मिनट = 60 सेकण्ड
- 1 घण्टा = 60 मिनट = 3600 सेकण्ड
- 1 दिन = 24 घण्टे = 86400 सेकण्ड
- 1 वर्ष = 365 दिन = 3.15×10^7 सेकण्ड
- 1 लीप वर्ष = 366 दिन

अन्य व्यावहारिक मात्रक

- **क्षेत्रफल का मात्रक** 1 बर्न = 10^{-28} मीटर^2, 1 हेक्टेयर = 10^4 मीटर^2
- **आयतन के मात्रक** 1 लीटर = 10^3 सेमी^{3} = 10^{-3} मीटर^3
  1 गैलन = 3.7854 लीटर (USA में)
  = 4.546 लीटर (UK में)
- **ऊर्जा के मात्रक** 1 किलोवाट-घण्टा (kWh) = 3.6×10^6 जूल
  1 इलेक्ट्रॉन वोल्ट (eV) = 1.6×10^{-19} जूल
- **शक्ति का मात्रक** 1 अश्व शक्ति (Horse power) = 746 वाट
- 1 मेगावाट का मान 10^6 वाट होता है।
- 1 नॉटिकल मील का मान 1.852 किमी होता है।
- **नॉट** 1 समुद्री मील प्रतिघण्टा के बराबर होता है।
- **बाइट** कम्प्यूटर मैमोरी का बहुत छोटा मात्रक है।
- **मैक** अति तीव्र चाल मापने की इकाई है।
- **रिक्टर पैमाना** भूकम्प तरंगों की तीव्रता मापने का पैमाना है।
- **डेसीबल** ध्वनि की तीव्रता के मापन की इकाई है।
- **डॉब्सन** ओजोन की मात्रा मापने में प्रयुक्त इकाई है।
- **क्यूसेक** क्यूबिक फीट प्रति सेकण्ड का संक्षिप्त रूप है।
- **NTU** पानी की आविलता मापने की इकाई है, इसका पूर्ण रूप नेफेलोमेट्रिक टर्बिडिटी यूनिट है। जिसे WHO ने 5 NTU तक निर्धारित किया है।
- आविलता उस डिग्री का मापन है, जिससे पानी निलम्बित कणों की उपस्थिति के कारण अपनी पारदर्शिता खो देता है।

महत्त्वपूर्ण उपसर्ग तथा संकेत

उपसर्ग	संकेत	गुणांक	उपसर्ग	संकेत	गुणांक
ऐक्सा	E	10^{18}	माइक्रो	μ	10^{-6}
पीटा	P	10^{15}	नैनो	n	10^{-9}
टेरा	T	10^{12}	पिको	p	10^{-12}
गीगा	G	10^{9}	फेम्टो	f	10^{-15}
मेगा	M	10^{6}	ऐटो	a	10^{-18}

विमाएँ

- किसी भौतिक राशि के मात्रक को मूल मात्रक के पदों में व्यक्त करने के लिए मूल मात्रकों पर जो घातें लगाई जाती हैं, वे उस भौतिक राशि की विमाएँ (Dimensions) कहलाती हैं।
- व्युत्पन्न राशियों को [MLT] की विभिन्न घातों के रूप में लिखा जा सकता है। अत: M, L, T की घातों को ही उस भौतिक राशि की विमाएँ कहते हैं।

विमीय सूत्र तथा विमीय समीकरण

- वह संकेतात्मक व्यंजक, जो दी गई भौतिक राशि को मूल राशियों के विमीय संकेतों [M, L, T, θ, A] के पदों में लिखने पर प्राप्त होता है, उस भौतिक राशि का विमीय सूत्र (Dimensional formula) कहलाता है।
- किसी भौतिक राशि में द्रव्यमान (M) की p विमा, लम्बाई (L) की q विमा व समय (T) की r विमा हो, तो इस राशि का विमीय सूत्र $[M^p L^q T^r]$ होगा। किसी भौतिक राशि को उसके विमीय सूत्र के बराबर लिखने पर प्राप्त समीकरण को उस राशि का विमीय समीकरण (Dimensional equation) कहते हैं।

विभिन्न भौतिक राशियाँ, उनके मूल राशियों से सम्बन्ध तथा विमीय सूत्र

भौतिक राशि	विमीय सूत्र
क्षेत्रफल (A)	$[L] \times [L] = [L^2] = [M^0L^2T^0]$
आयतन (V)	$[L] \times [L] \times [L] = [L^3] = [M^0L^3T^0]$
घनत्व (ρ)	$\frac{[M]}{[L^3]} = [M L^{-3}T^0]$
वेग (v), अथवा चाल	$\frac{[L]}{[T]} = [LT^{-1}] = [M^0 L T^{-1}]$
रैखिक संवेग (p)	$[M][LT^{-1}] = [M L T^{-1}]$
त्वरण (a)	$\frac{[L/T]}{[T]} = [LT^{-2}] = [M^0 L T^{-2}]$
गुरुत्वीय त्वरण (g), अभिकेन्द्रीय त्वरण	$\frac{[L/T]}{[T]} = [LT^{-2}] = [M^0 L T^{-2}]$
बल (F)	$[M][LT^{-2}] = [MLT^{-2}]$
आवेग (J या I)	$[MLT^{-2}][T] = [MLT^{-1}]$
दाब (p)	$\frac{[MLT^{-2}]}{[L^2]} = [ML^{-1}T^{-2}]$
कार्य (W), ऊर्जा	$[MLT^{-2}]\ [L] = [ML^2T^{-2}]$
शक्ति (P)	$\frac{[ML^2T^{-2}]}{[T]} = [ML^2T^{-3}]$
पृष्ठ तनाव (T)	$\frac{[MLT^{-2}]}{[L]} = [ML^0T^{-2}]$
जड़त्व आघूर्ण (I)	$[M][L^2] = [ML^2T^0]$
आवृत्ति (ν)	$\left[\frac{1}{T}\right] = [M^0L^0T^{-1}]$
प्लांक नियतांक (h)	$\frac{[ML^2T^{-2}]}{[T^{-1}]} = [ML^2T^{-1}]$
बल-आघूर्ण (τ)	$[MLT^{-2}]\ [L] = [ML^2T^{-2}]$
प्रतिबल	$\frac{[MLT^{-2}]}{[L^2]} = [ML^{-1}T^{-2}]$
विकृति	$\frac{[L]}{[L]} = 1 = [M^0L^0T^0]$

मापक यन्त्र

मापक यन्त्रों द्वारा विभिन्न राशियों को मापा जाता है। कुछ महत्वपूर्ण यन्त्र एवं उनके अनुप्रयोग निम्न हैं

यन्त्र	अनुप्रयोग	यन्त्र	अनुप्रयोग
अल्टीमीटर	विमानों की ऊँचाई मापने हेतु प्रयुक्त यन्त्र।	माइक्रोस्कोप	सूक्ष्म वस्तुओं को आवर्द्धित रूप में देखने का यन्त्र।
ऑडियोमीटर	ध्वनि की तीव्रता मापने हेतु प्रयुक्त यन्त्र।	ओडोमीटर	वाहनों के पहियों द्वारा तय की गई दूरी को मापने वाला यन्त्र।
एनीमोमीटर	वायु की गति तथा दिशा मापने हेतु प्रयुक्त यन्त्र।	फोनोग्राफ	ध्वनि लेखन के काम आने वाला उपकरण।
बाइनोकुलर	वस्तुओं को आवर्द्धित करके दिखाने वाला यन्त्र।	फोटोमीटर	दो स्रोतों की प्रदीपन एवं तीव्रता की तुलना करने के काम आने वाला उपकरण।
कैलोरीमीटर	ऊष्मा की मात्रा मापने का यन्त्र।	पाइरोमीटर	यह विकिरण तापमापी है, जिसके द्वारा ताप का मापन किया जाता है।
डायनमोमीटर	इंजन द्वारा उत्पन्न की गई शक्ति मापने का यन्त्र।	रेडियोमीटर	विकिरण को मापने वाला यन्त्र।
इलेक्ट्रोमीटर	विभवान्तर मापने का यन्त्र।	स्क्रूगेज	महीन तारों का व्यास मापने वाला यन्त्र।
इलेक्ट्रोस्कोप	विद्युत आवेश की उपस्थिति बताने वाला यन्त्र।	सिस्मोग्राफ	भूकम्पीय तीव्रता मापने वाला यन्त्र।
फेदोमीटर	समुद्र की गहराई मापने वाला यन्त्र।	पाइरेलियोमीटर	सोलर रेडिएशन मापने का यन्त्र।
हाइड्रोमीटर	द्रवों का आपेक्षिक घनत्व मापने वाला यन्त्र।	स्पीडोमीटर	मोटर गाड़ियों की गति मापने का यन्त्र।
हाइड्रोफोन	पानी के अन्दर ध्वनि तरंगों की गणना करने में काम आने वाला उपकरण।	स्फैरोमीटर	किसी सतह की वक्रता मापने का यन्त्र।
हाइग्रोमीटर	वायुमण्डलीय आर्द्रता मापने का यन्त्र।	स्ट्रोबोस्कोप	आवर्तिक गति से घूमने वाली वस्तुओं की चाल ज्ञात करने का उपकरण।
मैनोमीटर	गैसों का दाब मापने का यन्त्र।	वर्नियर कैलिपर्स	शुद्ध लम्बाई को मापने वाला यन्त्र।

मापन में त्रुटि

- किसी माप के पाठ्यांक की अनिश्चितता को त्रुटि (Error) कहते हैं।
- प्रयोग करते समय ली गई मापों में प्रेक्षण की त्रुटि तथा मापक यन्त्र की यथार्थता की सीमा के कारण त्रुटि, दोनों उपस्थित रहते हैं। त्रुटियाँ सदैव प्रतिशत में व्यक्त की जाती हैं।

त्रुटियों का वर्गीकरण

- त्रुटियों की प्रकृति के आधार पर त्रुटियों को निम्नलिखित वर्गों में बाँटा जा सकता है।
  - क्रमबद्ध त्रुटियाँ (Systematic Errors) वे त्रुटियाँ, जो किसी एक दिशा (धनात्मक या ऋणात्मक) में निर्धारित होती हैं, क्रमबद्ध त्रुटियाँ कहलाती हैं। यादृच्छिक त्रुटियाँ (Random Errors) मापन में अनियमित रूप से होने वाली त्रुटियों को यादृच्छिक त्रुटियाँ कहते हैं।
  - अल्पतमांक त्रुटियाँ (Least Count Errors) किसी मापक यन्त्र द्वारा मापा जा सकने वाला छोटे से छोटा मान, उस मापक यन्त्र का अल्पतमांक (Least count) कहलाता है। किसी मापक यन्त्र द्वारा लिए गए सभी पाठ्यांक या मापित मान उसके अल्पतमांक तक ही सही होते हैं। अल्पतमांक त्रुटि एक ऐसी त्रुटि है, जो मापक यन्त्र के विभेदन से सम्बद्ध होती है।
- अभिव्यक्ति के आधार पर त्रुटियों को निम्नलिखित वर्गों में बाँटा जा सकता है
  - निरपेक्ष त्रुटि (Absolute Error) किसी भौतिक राशि के वास्तविक मान तथा मापित मान का अन्तर, मापन में निरपेक्ष त्रुटि कहलाता है।
  - माध्य निरपेक्ष त्रुटि (Mean Absolute Error) भौतिक राशि की निरपेक्ष त्रुटियों के परिमाणों के समान्तर माध्य को भौतिक राशि के मापन की माध्य निरपेक्ष त्रुटि कहते हैं।
  - आपेक्षिक या भिन्नात्मक त्रुटि (Relative or Fractional Error) किसी राशि के मापन में निरपेक्ष त्रुटि तथा राशि के माध्य-मान का अनुपात, मापन में आपेक्षिक त्रुटि कहलाती है।
  - यदि इस अनुपात को प्रतिशत में व्यक्त किया जाए, तो यह मापन में प्रतिशत त्रुटि (Percentage error) कहलाता है।

सार्थक अंक

- किसी माप में यथार्थतापूर्वक ज्ञात अंकों को तथा प्रथम संदिग्ध (Doubtful) अंक को सार्थक अंक कहते हैं।
  उदाहरण—यदि मापन के बाद किसी वस्तु की लम्बाई 574.5 मी है, तब इसमें चार सार्थक अंक 5, 7, 4 तथा 5 होंगे जिसमें 5, 7 तथा 4 तो निश्चित (Certain) परन्तु दशमलव के बाद का अंक 5 अनिश्चित (Uncertain) है।

"

भौतिक विज्ञान की यान्त्रिकी (Mechanics) शाखा पूर्णतया वस्तु की स्थिति तथा गति पर आधारित है। विश्व में सभी वस्तुओं में घटने वाली सामान्य घटना गति है; जैसे– पेड़ों से पत्तों का गिरना, नदी एवं सागर में धारा-प्रवाह गति, चलना, दौड़ना इत्यादि गति के सामान्य उदाहरण हैं।

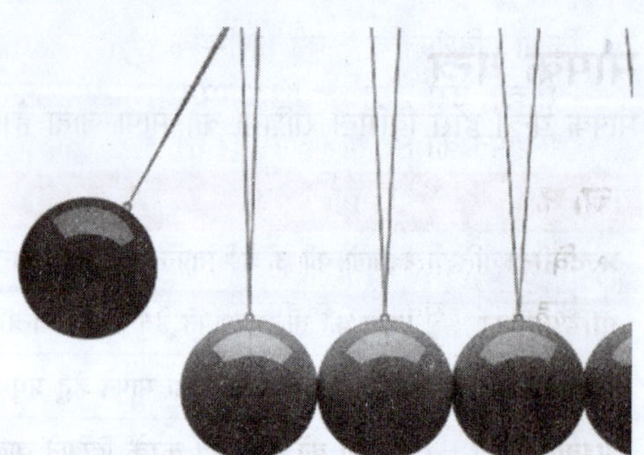

अध्याय दो

यान्त्रिकी

विराम तथा गति

यदि वस्तु की स्थिति में समय के साथ कोई परिवर्तन नहीं होता, तो वस्तु की स्थिति विराम (Rest) अवस्था में कहलाती है। उदाहरण-मेज पर रखी वस्तु। समय के सापेक्ष वस्तु की स्थिति में परिवर्तन को गति (Motion) कहते हैं।

उदाहरण—गतिशील व्यक्ति, बहता जल, आकाशीय पिण्ड आदि। यदि हम चलती हुई रेलगाड़ी में बैठे, तो हम रेलगाड़ी अथवा उसमें बैठे अन्य व्यक्ति के सापेक्ष विरामावस्था में हैं, परंतु रेलगाड़ी के बाहर खड़े व्यक्ति के सापेक्ष गतिशील हैं। इस प्रकार, गति तथा विरामावस्था एक-दूसरे के आपेक्षिक (Relative) हैं। एक ही वस्तु किसी प्रेक्षक (Observer) के विरामावस्था में हो सकती है, जबकि दूसरे प्रेक्षक के लिए गति अवस्था में होगी।

गति के प्रकार

पथ की प्रकृति के आधार पर गति के प्रकार निम्नलिखित हैं

(i) सरलरेखीय तथा स्थानान्तरीय गति जब कोई कण एक सरल रेखा में गतिमान होता है, तो उसकी गति सरलरेखीय (Rectilinear) गति कहलाती है। उदाहरण —ऊर्ध्वाधर गिरती हुई वस्तु तथा स्थानान्तरीय गति।

(ii) वृत्तीय तथा घूर्णन गति जब कोई कण किसी वृत्ताकार मार्ग पर गति करता है, तो उसकी गति वृत्तीय (Circular) गति तथा घूर्णन गति कहलाती है। उदाहरण — पृथ्वी के चारों ओर चन्द्रमा की गति।

(iii) दोलनी तथा कम्पनिक गति जब कोई वस्तु किसी निश्चित बिन्दु के इधर-उधर गति करती है, तो उसकी गति कम्पनिक या दोलनी गति (Oscillatory and Vibratory Motion) कहलाती है। उदाहरण —घड़ी के लोलक की गति।

- *विमा के आधार पर गति के प्रकार निम्न सारणी में प्रदर्शित हैं*

क्र. सं.	गति के प्रकार	परिभाषा एवं उदाहरण
1.	एक विमीय गति (One dimensional Motion)	जब वस्तु की स्थिति (Position) केवल एक दिशा में बदलती है, तो वस्तु की गति **एकविमीय गति** कहलाती है। **उदाहरण**-सड़क पर दौड़ती कार की गति तथा मुक्त रूप से गिरते एक पिण्ड की गुरुत्वीय त्वरण के अन्तर्गत गति, एकविमीय गति है।
2.	द्विविमीय गति (Two Dimensional Motion)	जब वस्तु की स्थिति दो दिशाओं में बदलती है, तो वस्तु की गति **द्विविमीय गति** कहलाती है। **उदाहरण**-सूर्य के चारों ओर घूमते एक ग्रह की गति, द्विविमीय गति है।
3.	त्रिविमीय गति (Three Dimensional Motion)	जब वस्तु की स्थिति तीन दिशाओं में बदलती है, तो वस्तु की गति **त्रिविमीय गति** कहलाती है। **उदाहरण**-आकाश में उड़ते हुए पक्षी की गति तथा उड़ती हुई पतंग की गति, त्रिविमीय गति है।

गति सम्बन्धित कुछ मूलभूत पद

गति से सम्बन्धित विभिन्न पद निम्न प्रकार हैं

निर्देश बिन्दु

यदि किसी वस्तु की स्थिति एक निश्चित बिन्दु के सापेक्ष परिवर्तित होती रहती है, तो इस निश्चित बिन्दु को निर्देश बिन्दु या मूलबिन्दु (Reference point) कहते हैं।

स्थिति

किसी निर्देश तन्त्र में किसी कण की मूलबिन्दु से दूरी उसकी स्थिति को प्रदर्शित करती है।

दूरी एवं विस्थापन

- किसी वस्तु द्वारा किसी समय अन्तराल में तय किए गए मार्ग की लम्बाई को **दूरी** (Distance) कहते हैं।

- किसी गतिशील वस्तु की प्रारम्भिक तथा अन्तिम स्थितियों के बीच की न्यूनतम दूरी को, उस वस्तु का **विस्थापन** (Displacement) कहते हैं। दूरी तथा विस्थापन का SI मात्रक **मीटर** है।

चाल

- किसी गतिशील वस्तु द्वारा एकांक समय में चली गई दूरी को चाल (Speed) कहते हैं। इसका SI मात्रक मी/से है।

$$\text{चाल} = \frac{\text{दूरी}}{\text{समय}}$$

- यदि कोई वस्तु समान समय में समान दूरियाँ तय करे, तो वह एकसमान चाल (Uniform speed) से गतिमान होगी।
- दिए गए समयान्तराल में एक कण द्वारा तय की गई कुल दूरी तथा कण द्वारा इस दूरी को तय करने में लिए गए कुल समय के अनुपात को कण की औसत चाल (Average speed) कहते हैं।

$$\text{औसत चाल} = \frac{\text{कुल दूरी}}{\text{कुल समय}}$$

वेग

- एकांक समय में कोई वस्तु एक निश्चित दिशा में जितनी विस्थापित होती है, उसे वस्तु का वेग (Velocity) कहते हैं। यह सदिश राशि है तथा SI पद्धति में इसका मात्रक मी/से है।

$$\therefore \quad \text{वेग} = \frac{\text{विस्थापन}}{\text{समय}}$$

- यदि किसी वस्तु का दिए गए समान समयान्तरालों में विस्थापन समान है, तो वह वस्तु एकसमान वेग (Uniform velocity) से गतिमान होगी।
- किसी वस्तु द्वारा तय किए गए कुल विस्थापन तथा वस्तु द्वारा लिए गए कुल समय के अनुपात को वस्तु का औसत वेग (Average velocity) कहते हैं।

$$\text{औसत वेग} = \frac{\text{कुल विस्थापन}}{\text{कुल समय}}$$

आपेक्षिक वेग

जब दो गतिशील कणों में से किसी एक के सापेक्ष, दूसरे कण का वेग ज्ञात किया जाता है, तो उसे **आपेक्षिक वेग** (Relative velocity) या **सापेक्ष वेग** कहते हैं।

- यदि दो कण v_1 व v_2 वेगों से एक ही दिशा में चल रहे हैं, तो सापेक्ष वेग = $v_1 \quad v_2$
- यदि दो कण v_1 व v_2 वेगों से विपरीत दिशा में चल रहे हैं, तो सापेक्ष वेग $= v_1 + v_2$
- यदि दो वस्तुएँ A तथा B क्रमश: वेग v_A तथा v_B से इस तरह गतिशील हैं कि वेग एक-दूसरे से कोण θ बनाते हैं, तो वस्तु A का B की तुलना में आपेक्षिक वेग (v_{AB}) के लिए समीकरण निम्नवत् दिया जाता है

$$v_{AB}^2 = v_A^2 + v_B^2 - 2v_A v_B \cos\theta$$

$\vec{v}_{AB}$ $-\vec{v}_B$ $\pi - \theta$ α $\vec{v}_A$

त्वरण

- वेग-परिवर्तन की दर को त्वरण (Acceleration) कहते हैं। इसका मात्रक SI पद्धति में मी/से^{2} है।

$$\text{त्वरण} = \frac{\text{वेग - परिवर्तन}}{\text{समय}}$$

- बिना दिशा परिवर्तित हुए यदि किसी वस्तु का वेग बढ़ता है, तो उसका त्वरण धनात्मक होता है। बिना दिशा परिवर्तित हुए यदि किसी वस्तु का वेग घटता है, तो कहा जाता है, कि उस वस्तु का त्वरण ऋणात्मक है अथवा वह वस्तु मन्द हो रही है।
- किसी गतिशील वस्तु का समय के किसी विशेष क्षण पर जो त्वरण होता है, उसे उस वस्तु का तात्क्षणिक त्वरण (Instantaneous acceleration) कहते हैं। यदि कोई वस्तु स्थिर है अथवा समान वेग से चल रही है, तो उस वस्तु का त्वरण शून्य होता है।
- यदि वस्तु का समान समयान्तरालों में वेग परिवर्तन असमान हो, तो वह वस्तु असमान त्वरण से गतिशील होती है।
- यदि t_1 से t_2 के बीच समय अन्तराल में वेग v_1 से बदलकर v_2 हो जाए, तो वेग में परिवर्तन, $v_2 - v_1$ और समय अन्तराल, $t_2 - t_1$ के अनुपात को इस समय अन्तराल में औसत त्वरण (a) कहा जाता है।

$$\text{औसत त्वरण} = \frac{v_2 - v_1}{t_2 - t_1}$$

एकसमान तथा असमान गति

- यदि कोई गतिमान वस्तु एकसमान वेग के साथ समान समयान्तरालों में समान दूरी तय करती है, तो वस्तु की गति **एकसमान गति** (Uniform motion) कहलाती है। **उदाहरण**—यदि एक कार सीधी सड़क पर चलते हुए समान समयान्तरालों में समान विस्थापन तय करती है, तब कार की गति एकसमान कहलाती है।
- यदि कोई गतिमान वस्तु समान समयान्तरालों में असमान दूरी तय करती है, तब वस्तु की गति **असमान गति** (Non-uniform motion) कहलाती है। **उदाहरण**— एक कार का भीड़ वाली गलियों से गुजरना तथा मनुष्य का पार्क में टहलना, असमान गति के उदाहरण हैं।

एकसमान त्वरित गति के लिए गति के समीकरण

- यदि किसी वस्तु का प्रारम्भिक वेग u है तथा समरूप त्वरण a के साथ t समयान्तराल में वस्तु का वेग v हो जाता है, तो इस प्रकार की गति के वर्णन के लिए प्रयुक्त तीन मुख्य समीकरण (जो गति के समीकरण कहलाते हैं) निम्नलिखित हैं
  - प्रथम समीकरण $v = u + at$
  - द्वितीय समीकरण $s = ut + \frac{1}{2}at^2$
  - तृतीय समीकरण $v^2 = u^2 + 2as$

  वस्तु द्वारा n वें सेकण्ड में तय की गई दूरी

$$s_n = u + \frac{1}{2}a(2n - 1)$$

मुक्त रूप से गिरते पिण्ड की गति

- जब कोई वस्तु ऊपर से मुक्त रूप से छोड़ी जाती है, तो वह गुरुत्व बल के कारण पृथ्वी की ओर गिरने लगती है और जैसे-जैसे वस्तु पृथ्वी की सतह के निकट आती जाती है, उसका वेग बढ़ता जाता है। अत: उसके वेग में त्वरण उत्पन्न हो जाता है।
- पृथ्वी की सतह के समीप गुरुत्वीय त्वरण का मान 9.8 मी/से^{2} होता है। एकसमान त्वरण से पृथ्वी की सतह पर गिरते हुए पिण्डों की तीन समीकरण निम्न प्रकार हैं

(i) $v = u + gt$ (ii) $h = ut + \frac{1}{2}gt^2$ (iii) $v^2 = u^2 + 2gh$

जहाँ, h = मुक्त रूप से गिरते पिण्ड की ऊँचाई, t = गिरते हुए पिण्ड का समय, u = पिण्ड का प्रारम्भिक वेग तथा v = पिण्ड का अन्तिम वेग है।

- यदि एक पिण्ड को ऊर्ध्वाधर नीचे की ओर गिराया जाए, तब गुरुत्वीय त्वरण धनात्मक (Positive) होगा, क्योंकि गिरने पर पिण्ड का वेग बढ़ जाता है।
- यदि एक पिण्ड को ऊर्ध्वाधर ऊपर की ओर फेंका जाए, तब गुरुत्वीय त्वरण ऋणात्मक (Negative) होगा, क्योंकि ऊर्ध्वाधरत: ऊपर की ओर फेंकने पर पिण्ड का वेग घट जाता है।

गति सम्बन्धी ग्राफ

किसी गतिमान पिंड की गति के विश्लेषण के लिए दूरी-समय, विस्थापन-समय या वेग-समय के मध्य ग्राफ खींचकर गतिमान पिण्ड की स्थितियाँ किसी भी क्षण ज्ञात की जा सकती हैं।

1. दूरी–समय ग्राफ

समय के साथ किसी वस्तु की स्थिति परिवर्तन को दूरी-समय ग्राफ (Distance-time graph) द्वारा व्यक्त किया जाता है। इस ग्राफ में, समय को X-अक्ष और दूरी को Y-अक्ष पर व्यक्त किया जाता है। दूरी-समय ग्राफ का प्रयोग वस्तु की चाल ज्ञात करने के लिए भी करते हैं। इसको विभिन्न अवस्थाओं में निम्न प्रकार व्यक्त किया जाता है

- एकसमान चाल से गतिमान किसी वस्तु का दूरी-समय ग्राफ, समय अक्ष से न्यूनकोण बनाती हुई एक सरल रेखा होती है।

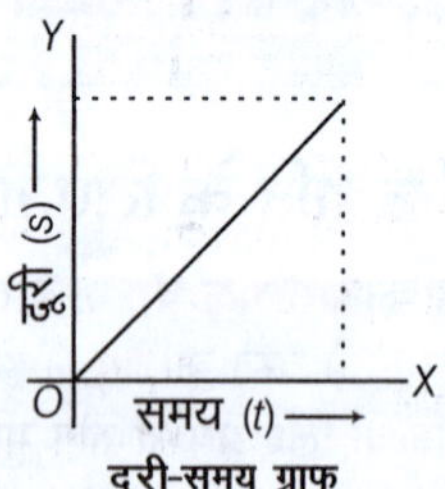

दूरी-समय ग्राफ

- असमान चाल से गतिमान किसी वस्तु का दूरी-समय ग्राफ एक टेढ़ी-मेढ़ी रेखा अथवा कोई वक्र होता है।

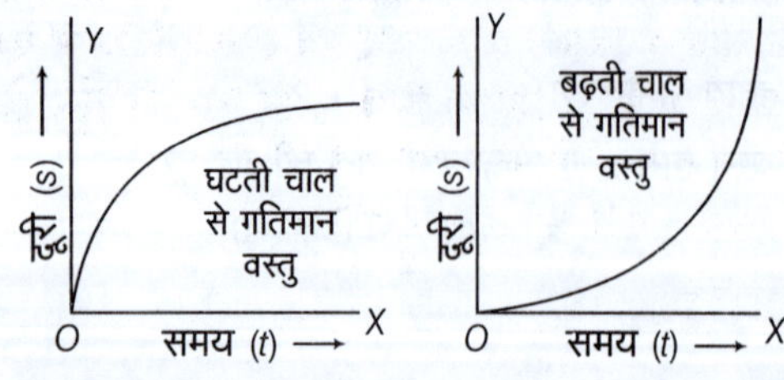

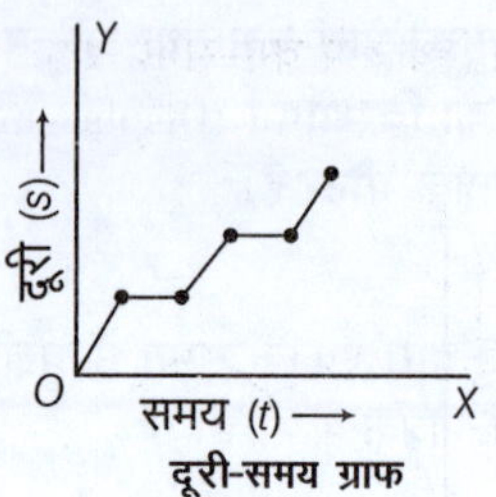

दूरी-समय ग्राफ

- विरामावस्था में किसी वस्तु का दूरी-समय ग्राफ समय अक्ष के समान्तर एक सरल रेखा (Straight line) होगी।

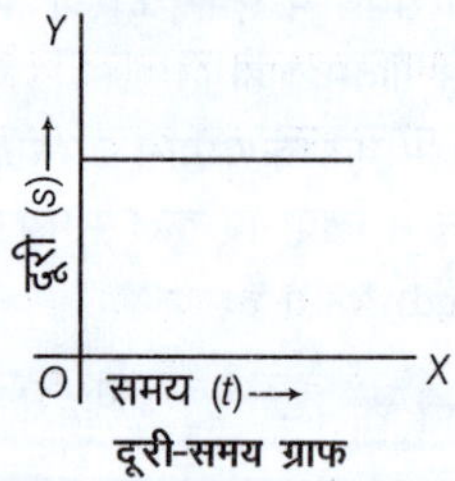

दूरी-समय ग्राफ

2. वेग–समय ग्राफ

समय के साथ वस्तु के वेग में परिवर्तन को वेग-समय ग्राफ (Velocity-time graph) द्वारा व्यक्त करते हैं। इस ग्राफ में, समय को X-अक्ष पर और वेग को Y-अक्ष पर लेते हैं।

इसको विभिन्न अवस्थाओं में निम्न प्रकार व्यक्त किया जाता है

- जब कोई वस्तु एकसमान वेग से गतिमान होती है, तो समय के साथ वेग-समय ग्राफ की ऊँचाई में कोई परिवर्तन नहीं होगा और यह X-अक्ष के समांतर एक सीधी रेखा होगी।

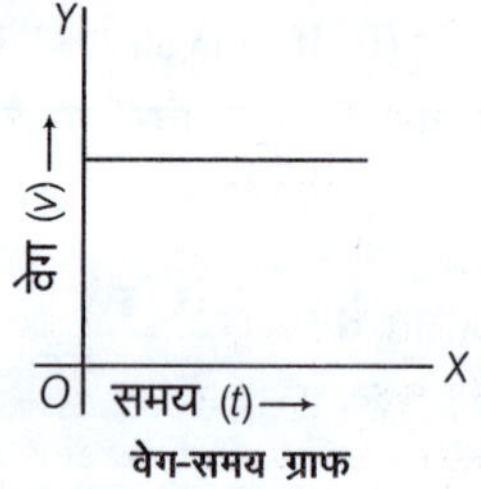

वेग-समय ग्राफ

- एकसमान त्वरित गति के लिए वेग-समय ग्राफ एक सरल रेखा होती है।

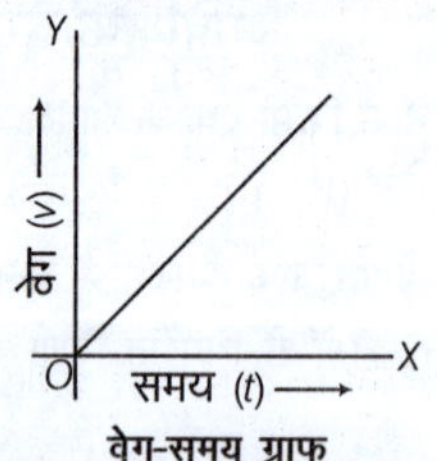

वेग-समय ग्राफ

- जब किसी वस्तु की गति में असमान त्वरण होता है, तब उसका वेग अनियमित रूप से बदलता है तथा वेग-समय ग्राफ एक वक्र के रूप में प्राप्त होता है।

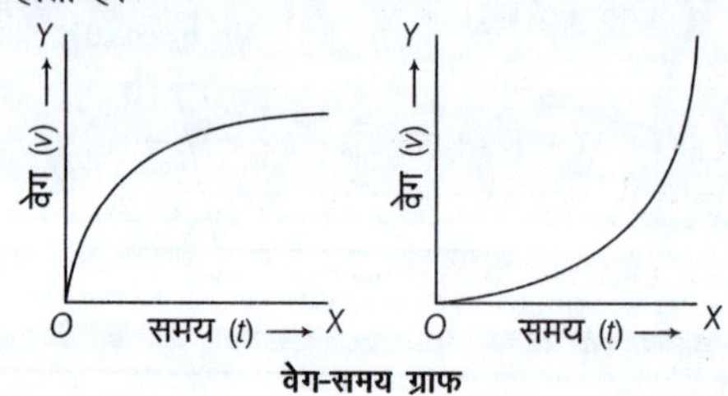

वेग-समय ग्राफ

- असमान त्वरित गति की स्थिति में वेग-समय ग्राफ टेढ़ी-मेढ़ी आकृति का भी हो सकता है।

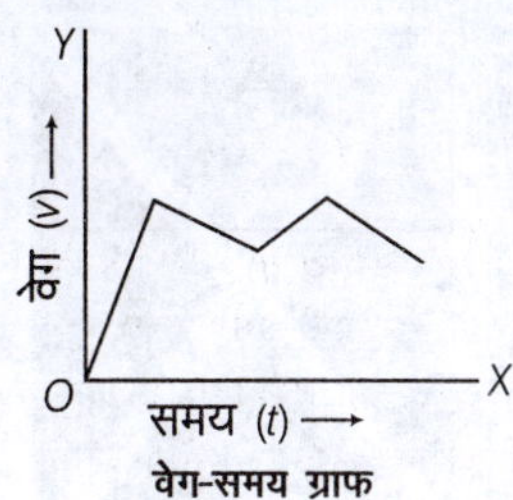

वेग-समय ग्राफ

- वेग-समय ग्राफ द्वारा घेरे गए क्षेत्रफल से गतिमान वस्तु का विस्थापन ज्ञात किया जा सकता है। वेग-समय ग्राफ का ढाल, गतिमान वस्तु के त्वरण को प्रदर्शित करता है।
- यदि ग्राफ का ढाल धनात्मक है, तो त्वरण भी धनात्मक होता है तथा यदि ग्राफ का ढाल ऋणात्मक है, तो त्वरण भी ऋणात्मक होता है।

प्रक्षेप्य गति

जब किसी वस्तु को पृथ्वी तल अथवा इसके समीप किसी बिंदु से किसी प्रारंभिक वेग से ऊर्ध्वाधर से भिन्न किसी दिशा में फेंका जाता है, तो वस्तु गुरुत्व के अंतर्गत एक वक्र पथ के अनुदिश गति करती है। वस्तु की इस प्रकार की गति को प्रक्षेप्य गति (Projectile motion) कहते हैं।

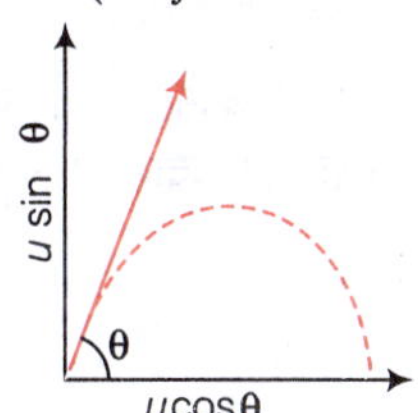

जिस वस्तु को फेंका जाता है, उसे प्रक्षेप्य (Projectile) कहते हैं। वस्तु प्रक्षेप्य गति के अंतर्गत जिस पथ का अनुसरण करती है, उसे प्रक्षेप्य पथ (Projectile path) कहते हैं। वस्तु का प्रक्षेप्य पथ परवलयाकार (Parabolic) होता है तथा यह निम्न कारकों पर निर्भर करता है

(i) प्रक्षेप्य का उड्डयन काल वस्तु को प्रक्षेपित करके तथा उसके वापस पृथ्वी पर लौटकर आने के मध्य लगे समय को प्रक्षेप्य का उड्डयन काल (Time of flight) कहते हैं।

उड्डयन काल, , $T = \dfrac{2u\sin\theta}{g}$

(ii) प्रक्षेप्य की ऊँचाई (Height of projectile) प्रक्षेपित गति के दौरान वस्तु द्वारा तय की गई दूरी, प्रक्षेप्य की ऊँचाई कहलाती है।

प्रक्षेप्य की ऊँचाई, $H = \dfrac{u^2\sin^2\theta}{2g}$

ऊँची कूद के लिए खिलाड़ी अपने शरीर को ऊर्ध्वाधर दिशा में उछालता है।

(iii) प्रक्षेप्य का परास वस्तु अपने उड्डयन काल के दौरान जितनी क्षैतिज दूरी तय करती है, उसे वस्तु का क्षैतिज परास अथवा प्रक्षेप्य का परास (Range of projectile) कहते हैं।

प्रक्षेप्य का परास, $R = \dfrac{u^2\sin 2\theta}{g}$

वृत्तीय गति

जब कोई वस्तु किसी वृत्त की परिधि के अनुदिश गति करती है, तो इस गति को वृत्तीय गति (Circular motion) कहते हैं।

यदि वस्तु एकसमान चाल से वृत्तीय पथ पर गति करती है, तब इस प्रकार की गति को एकसमान वृत्तीय गति (Uniform circular motion) कहते हैं। उदाहरण- चंद्रमा एवं पृथ्वी की गति, पृथ्वी के चारों ओर वृत्तीय कक्षा में घूर्णन करता उपग्रह, आदि।

हमें ज्ञात है कि त्रिज्या r वाले वृत्त की परिधि $2\pi r$ होती है, यदि कोई वस्तु r त्रिज्या वाले वृत्तीय पथ का एक चक्कर लगाने में t सेकण्ड का समय लेती है, तब वस्तु का वेग $v = \dfrac{2\pi r}{t}$ होगा।

वृत्तीय गति से सम्बन्धित कुछ पद

वृत्तीय गति से सम्बन्धित कुछ मुख्य पद निम्नलिखित हैं

(i) आवर्तकाल (Time period) वृत्तीय गति में, कोई कण वृत्तीय पथ पर एक चक्कर पूरा करने में जितना समय लेता है, वह उस कण का आवर्तकाल (T) कहलाता है। इसका मात्रक सेकण्ड होता है।

(ii) आवृत्ति (Frequency) वृत्तीय गति में कोई कण वृत्तीय पथ पर एक सेकण्ड में जितने चक्कर लगाता है, वह कण की आवृत्ति कहलाती है। इसका मात्रक हर्ट्ज होता है।

(iii) कोणीय विस्थापन (Angular displacement) एकसमान वृत्तीय गति करते हुए वस्तु के त्रिज्या सदिश द्वारा वृत्त के केंद्र पर अंतरित (Transferred) किया गया कोण उस वस्तु का कोणीय विस्थापन ($\Delta\theta$) कहलाता है। इसका मात्रक रेडियन होता है।

कोणीय विस्थापन $(\Delta\theta) = \dfrac{(\Delta s)\text{ चाप की लम्बाई}}{(r)\text{ पथ की त्रिज्या}}$

(iv) कोणीय वेग (Angular velocity) वृत्तीय गति में किसी वस्तु की समय के सापेक्ष कोणीय विस्थापन में परिवर्तन की दर को उस वस्तु का कोणीय वेग कहते हैं। इसका मात्रक रेडियन/सेकण्ड होता है।

कोणीय वेग $(\omega) = \dfrac{\text{कोणीय विस्थापन } (\Delta\theta)}{\text{समयांतराल } (\Delta t)}$

(v) कोणीय त्वरण (Angular acceleration) कोणीय वेग परिवर्तन की दर को कोणीय त्वरण (α) कहते हैं। इसका मात्रक रेडियन/सेकण्ड^2 होता है।

अतः कोणीय त्वरण $\alpha = \dfrac{\text{कोणीय वेग } (\omega)}{\text{समयांतराल } (\Delta t)}$

(vi) अभिकेन्द्र त्वरण (Centripetal acceleration) जब कोई कण एकसमान वृत्तीय गति करता है तब कण के वेग का परिमाण (Magnitude) नियत रहता है, लेकिन उसकी दिशा लगातार बदलती रहती है जिसके कारण वेग की लंबवत् दिशा में एक त्वरण कार्य करता है, जिसकी दिशा सदैव केंद्र की ओर होती है। इस त्वरण को अभिकेन्द्र त्वरण कहते हैं।

इसका व्यंजक निम्न सूत्र द्वारा प्राप्त होता है

अभिकेन्द्र त्वरण, $a = \dfrac{v^2}{r}$

"

प्रकृति में पाए जाने वाले सभी कणों के बीच अन्योन्य क्रियाएँ; जैसे- आकर्षण-विकर्षण अथवा क्रिया-प्रतिक्रिया होती है, जिन्हें बल कहा जाता है। अन्योन्य क्रियाओं में बल के पदों को युग्म में प्रदर्शित किया जाता है, जो न्यूटन के नियमों की व्याख्या करता है।

अध्याय तीन

बल तथा न्यूटन के गति विषयक नियम

बल

- वह बाह्य कारक, जो किसी वस्तु की प्रारम्भिक अवस्था अर्थात् विराम की अवस्था या एक सरल रेखा में एकसमान गति की अवस्था में परिवर्तन करता है या परिवर्तन करने का प्रयास करता है, बल (Force) कहलाता है।
- बल का SI पद्धति में मात्रक न्यूटन (N) या किग्रा-मी/से^{2} (kg-m/s^2) होता है।
- बल का CGS पद्धति में मात्रक डाइन होता है।

$$1 \text{ न्यूटन} = 10^5 \text{ डाइन}$$

बल के प्रभाव को निम्न सारणी द्वारा दर्शाया गया है

क्रम संख्या	बल के प्रभाव	उदाहरण
1.	वस्तु के आकार एवं आयतन में परिवर्तन	स्प्रिंग का फैलना
2.	स्थिर वस्तु का गतिशील होना या वेग में परिवर्तन	रोलर को धक्का देना
3.	वस्तु की दिशा में परिवर्तन	फुटबॉल को ठोकर मारकर दिशा परिवर्तन

प्रकृति में मूलभूत बल

नाम	आपेक्षिक सामर्थ्य	परास	संचालित
गुरुत्वाकर्षण बल	1	अनन्त	अन्तरिक्ष में सभी वस्तु
दुर्बल नाभिकीय बल	10^{25}	उपनाभिकीय बहुत छोटा आकार $\approx 10^{-16}$ मी	कुछ कण; जैसे—प्रोटॉन तथा न्यूट्रॉन
वैद्युत चुम्बकीय बल	10^{36}	अधिक बड़ा नहीं	आवेशित कण
प्रबल नाभिकीय बल	10^{38}	अत्यधिक छोटा नाभिक आकार $\approx 10^{-15}$ मी	न्यूक्लिऑन, भारी मूलभूत कण

बलों के प्रकार

सम्पर्क के आधार पर बल निम्न प्रकार के होते हैं

1. *संपर्क बल*

दो वस्तुओं के वास्तविक संपर्क में आने पर जो बल कार्य करते हैं, संपर्क बल (Contact force) कहलाते हैं। उदाहरण-घर्षण बल, श्यान बल, पेशीय बल आदि।

2. *असंपर्क बल*

ऐसे बल जिनमें दो वस्तुओं के बीच संपर्क करने की आवश्यकता नहीं होती है, असंपर्क बल (Non-contact force) कहलाते हैं। उदाहरण-गुरुत्वाकर्षण बल, चुंबकीय बल, दो आवेशों के बीच स्थैतिक बल आदि।

वस्तु पर कार्यरत बलों के परिणामों के आधार पर बल निम्न दो प्रकार के होते हैं।

1. *सन्तुलित बल*

यदि किसी वस्तु पर एक साथ दो या दो से अधिक बल कार्य कर रहे हों तथा बलों का परिणामी प्रभाव शून्य हो, तो वे बल सन्तुलित बल (Balanced forces) कहलाते हैं। संतुलित बलों के प्रभाव में वस्तु की स्थिति में कोई परिवर्तन नहीं होता है, परंतु वस्तु की आकृति बदल जाती है।

उदाहरण-यदि एक गुटके को दोनों ओर समान बल लगाकर परस्पर विपरीत दिशा में ले जाया जाता है, तब गुटके में कोई गति नहीं होती है। अतः गुटके पर लगा बल संतुलित बल कहलाता है।

2. *असन्तुलित बल*

यदि किसी वस्तु अथवा निकाय पर लगे हुए बलों का परिणामी बल शून्य नहीं है, तो वे बल असंतुलित बल (Unbalanced forces) कहलाते हैं। असन्तुलित बल द्वारा किसी स्थिर वस्तु को गति प्रदान की जा सकती है तथा किसी गतिमान वस्तु को रोका जा सकता है।

उदाहरण—रस्साकशी में यदि एक टीम दूसरी टीम से अधिक शक्तिशाली है, तो वह रस्से तथा कमजोर टीम दोनों को अपनी ओर खींच लेती है। इस स्थिति में, रस्से पर लगने वाला बल असंतुलित बल है।

संरक्षी तथा असंरक्षी बल

संरक्षी तथा असंरक्षी बलों का वर्णन निम्नलिखित है

- **संरक्षी बल (Conservative force)** वह बल है, जिसके द्वारा किसी पिंड को एक बिंदु से दूसरे बिंदु तक ले जाने में किया गया कार्य केवल पिंड की प्रारंभिक एवं अंतिम स्थितियों पर निर्भर करता है, पिंड के पथ पर नहीं।

  उदाहरण-गुरुत्वाकर्षण बल, स्थिर वैद्युत बल, वैद्युत चुंबकीय बल आदि संरक्षी बल हैं।

- **असंरक्षी बल** (Non-conservative force) वह बल है, जिसके द्वारा किसी पिंड को एक बिंदु से दूसरे बिंदु तक ले जाने में किया गया कार्य पिंड की प्रारंभिक एवं अंतिम स्थितियों के साथ-साथ पिंड द्वारा तय किए पथ पर भी निर्भर करता है। उदाहरण-घर्षण बल, श्यान बल, आदि।

जड़त्व

- किसी वस्तु का वह गुण जिसके कारण वह अपनी विराम अवस्था अथवा एकसमान गति की अवस्था में परिवर्तन का विरोध करता है, जड़त्व (Inertia) कहलाता है।
- वस्तु के इस गुण को गैलीलियों ने जड़त्व का नाम दिया।
- जड़त्व तीन प्रकार का होता है

(i) विराम का जड़त्व वस्तु का वह गुण जिसके कारण वह अपनी विराम अवस्था में होने वाले परिवर्तन का विरोध करती है, विराम का जड़त्व (Inertia of rest) कहलाता है।

विराम के जड़त्व से सम्बन्धित उदाहरण निम्नलिखित हैं;

- बस के अचानक चलने पर उसमें बैठे यात्री पीछे की ओर गिर जाते है।
- कम्बल को हाथ में पकड़कर डण्डे से पीटने पर धूल के कण अलग हो जाते हैं।

(ii) गति का जड़त्व वस्तु का वह गुण जिसके कारण वह अपनी एकसमान गति में होने वाले परिवर्तन का विरोध करती है, गति का जड़त्व (Inertia of motion) कहलाता है।

गति के जड़त्व से सम्बन्धित उदाहरण निम्नलिखित हैं;

- चलती हुई बस के अचानक रुकने पर उसमें बैठे यात्री आगे की ओर झुक जाते हैं।
- तेज दौड़ते घोड़े के अचानक रुक जाने पर घुड़सवार आगे की ओर गिरता है।

(iii) दिशा का जड़त्व (Inertia of Direction) वस्तु का वह गुण जिसके कारण वह अपनी गति की दिशा में होने वाले परिवर्तन का विरोध करती है, दिशा का जड़त्व कहलाता है।

दिशा के जड़त्व से सम्बन्धित उदाहरण निम्नलिखित हैं;

- तेज गति से चलती बस किसी वक्राकार मोड़ पर मुड़ती है, तो यात्री मोड़ के केंद्र से बाहर की ओर झुक जाते हैं।
- गाड़ी के टायर के सम्पर्क में आए कीचड़ के कणों से बचने के लिए मडगार्ड लगाए जाते हैं।

जड़त्व तथा द्रव्यमान

अधिक द्रव्यमान की वस्तु की विरामवस्था तथा **गति की अवस्था में परिवर्तन** करने के लिए अधिक बल की आवश्यकता **होती है, अर्थात् अधिक द्रव्यमान** की वस्तु अपनी विरामवस्था अथवा गति की **अवस्था में होने वाले परिवर्तन** का अधिक विरोध करती है अर्थात् अधिक द्रव्यमान **की वस्तु का जड़त्व** अधिक होता है। अतः द्रव्यमान जड़त्व की माप है।

न्यूटन के गति विषयक नियम

गति के नियमों को सबसे पहले सर आइजक न्यूटन ने 1687 ई. में **अपनी** पुस्तक प्रिंसीपिया (Principia) में प्रतिपादित किया।

न्यूटन का प्रथम नियम

- यदि कोई वस्तु विरामावस्था में है, तो वह विरामावस्था में ही **रहेगी और यदि** वह एकसमान गति से किसी सीधी रेखा में चल रही हो, तो **वैसे ही चलती** रहेगी, जब तक उस पर कोई बाह्य बल न लगाया जाए।
- यह नियम जड़त्व का नियम या गैलीलियो का **नियम भी कहलाता है।**

न्यूटन के गति के प्रथम नियम के व्यावहारिक उदाहरण

- मेज पर रखी पुस्तक, तब तक उसी अवस्था में रहेगी, जब तक उसकी अवस्था परिवर्तन के लिए बाहर से कोई बल न लगाया जाए।
- जमीन पर गति करती हुई कोई गेंद गतिमान अवस्था में रहती है, जब तक इस पर कोई बाह्य बल न लगाया जाए।

रेखीय संवेग

- किसी वस्तु के द्रव्यमान तथा रेखीय वेग के **गुणनफल को उस वस्तु का** रेखीय संवेग (Linear momentum) कहते हैं। **यह एक सदिश राशि है तथा** इसका मात्रक किग्रा-मी/से होता है। **इसे p से प्रदर्शित करते हैं। यदि एक** वस्तु का द्रव्यमान m तथा वेग v है, तब

$$\text{संवेग } (p) = \text{द्रव्यमान} \times \text{वेग} = mv$$

न्यूटन का द्वितीय नियम

- गति के द्वितीय नियम के अनुसार, किसी वस्तु पर बल की **दिशा में कार्यरत्** बल, वस्तु के संवेग परिवर्तन की दर के अनुक्रमानुपाती होता है। **न्यूटन के** द्वितीय नियमानुसार,

बल $(F) \propto$ संवेग परिवर्तन की दर या $F \propto \left(\frac{\Delta p}{\Delta t}\right)$

जहाँ, Δp = संवेग में परिवर्तन; Δt = समय में परिवर्तन

यदि m द्रव्यमान की वस्तु का प्रारंभिक वेग u **है तथा Δt समयांतराल तक** एक निश्चित बल लगाने पर उस वस्तु का **वेग v हो जाता है, तब**

इसके संवेग में परिवर्तन, $\Delta p = mv - mu = m(v-u)$

संवेग परिवर्तन की दर, $\frac{\Delta p}{\Delta t} = \frac{m(v-u)}{\Delta t}$

$$\therefore \quad F \propto \frac{m(v-u)}{\Delta t} \Rightarrow F = \frac{km(v-u)}{\Delta t}$$

$$\because \quad a = \frac{m\,(v-u)}{\Delta t}$$

$$\therefore \quad F = kma$$

यदि $k = 1$ तब $\boxed{F = ma}$

अर्थात् किसी वस्तु पर लगाया गया बल, वस्तु में उत्पन्न त्वरण तथा वस्तु के द्रव्यमान के गुणनफल के बराबर होगा।

न्यूटन के द्वितीय नियम से सम्बन्धित उदाहरण निम्नलिखित हैं;

- टेबिल टेनिस के खेल में जब एक खिलाड़ी गेंद को मारता (हिट) है, तो उसे चोट का अनुभव नहीं होता।
- ऊँची कूद के खेल में जब एथलीट गद्दों से बने बिस्तर या रेत के बिस्तर पर गिरता है, तब एथलीट के कूदने के बाद उसे गिरने में लगे समय के परिवर्तन में भी वृद्धि हो जाती है।
- एक क्रिकेट खिलाड़ी गेंद को कैच करते समय अपना हाथ पीछे खींचता है, क्योंकि जब खिलाड़ी गेंद को रोक लेता है, तो गेंद का संवेग शून्य हो जाता है।

आवेग

- यदि कोई बल किसी वस्तु पर अल्प समय के लिए कार्य करे, तो बल तथा समय के गुणनफल को आवेग (Impulse) कहते हैं।
- आवेग = बल × समय = संवेग में परिवर्तन

$$\boxed{I = F \times t}$$

- SI पद्धति में इसका मात्रक न्यूटन-सेकण्ड या किग्रा-मी/से होता है। आवेग तथा रेखीय संवेग के मात्रक समान हैं।

दैनिक जीवन में आवेग संबंधित उदाहरण निम्नलिखित हैं

– वाहनों का असमतल मार्ग पर चलने से झटका लगना।
– ऊँचाई से कूदने पर चोट का लगना।

न्यूटन का तृतीय नियम

- दो वस्तुओं की पारस्परिक क्रिया में एक वस्तु जितना बल दूसरी वस्तु पर लगाती है, तो दूसरी वस्तु भी विपरीत दिशा में उतना ही बल पहली वस्तु पर लगाती है, अर्थात् प्रत्येक क्रिया के बराबर परन्तु विपरीत दिशा में प्रतिक्रिया होती है, इस नियम को **प्रतिक्रिया का बल नियम** भी कहते हैं। *न्यूटन के तृतीय नियम के उदाहरण निम्नलिखित हैं;*
  - फर्श पर चलने के लिए हम पंजों से फर्श को पीछे की ओर धकेलते हैं।
  - बिना पकड़े लकड़ी के गुटके में छिद्र करना मुश्किल है।
  - घोड़े का गाड़ी खींचना।
  - बन्दूक से गोली चलाने पर पीछे की तरफ धक्का लगना।
  - किसी व्यक्ति का किनारे लगी नाव से कूदना।
  - रॉकेट प्रक्षेपण।

रेखीय संवेग संरक्षण का सिद्धांत

- इस सिद्धांत के अनुसार, "यदि वस्तुओं के निकाय पर बाह्य बल आरोपित न हो, तो संयुक्त निकाय का कुल संवेग सदैव संरक्षित रहता है।"
- यदि m_1 व m_2 द्रव्यमान के दो पिंड u_1 व u_2 वेग से गतिमान हैं तथा आपस में टकराने के पश्चात् उनके वेग v_1 व v_2 हो जाते हैं, तो
- टकराने से पहले कुल संवेग = टकराने के बाद कुल संवेग

$$m_1u_1 + m_2u_2 = m_1v_1 + m_2v_2$$

- रेखीय संवेग संरक्षण का नियम न्यूटन के गति के तृतीय नियम पर आधारित है, क्योंकि तृतीय नियम के अनुसार **पिंडों के समुदाय** (Community) से बने किसी निकाय पर सभी प्रतिक्रियात्मक बलों का योग अर्थात् **नेट बल** (Net force) सदैव शून्य होता है।

संवेग संरक्षण पर आधारित कुछ प्रमुख व्यावहारिक उदाहरण निम्नलिखित हैं

– नाव से नदी के किनारे पर कूदना
– रॉकेट का प्रक्षेपण

घर्षण

- जब एक वस्तु किसी दूसरी वस्तु के पृष्ठ पर गति करती है अथवा गति करने का प्रयास करती है तो उनके संपर्क तलों पर स्पर्श रेखीय दिशा में एक बल कार्य करता है, जो वस्तु की सापेक्ष गति का विरोध करता है। यह बल ही घर्षण बल या घर्षण (Friction) कहलाता है।
- घर्षण बल सतहों के मध्य लगने वाला बल है। यह सतह के स्वरूप जैसे-खुरदरी, चिकनी होने के कारण घटता या बढ़ता रहता है।

घर्षण के कारण

घर्षण के मुख्य दो कारण निम्नलिखित हैं

1. **प्रथम कारण : सतह की अनियमितता**

- वस्तुओं की सतह चिकनी या खुरदरी किसी भी प्रकार की हो सकती है, लेकिन वस्तुओं की सतह पूर्णत: चिकनी (Perfectly smooth) कभी नहीं होती है। इसमें कई स्थानों पर अनियमितताएँ (Irregularities) पाई जाती हैं, जोकि उभार (Bulge) तथा अवनमन (गर्त) (Depression) के रूप में होती हैं।

नोट: *घर्षण बल, संपर्क बल का संपर्क पृष्ठ के समान्तर घटक होता है।*

2. **द्वितीय कारण : आण्विक सिद्धांत**

- जब दो वस्तुएँ एक-दूसरे के संपर्क में रहकर गति करती हैं, तो इनके अणुओं के बीच एक प्रकार का आकर्षण बल (आण्विक बंध) कार्य करता है। अत: एक वस्तु को दूसरी वस्तु की सतह पर गति कराने के लिए (आण्विक बंधों को तोड़ने के लिए) एक आवश्यक बल लगाना पड़ता है। अत: आण्विक आकर्षण बल, घर्षण बल (Friction force) का ही स्वरूप है।

घर्षण के प्रकार

वस्तु की गति के आधार पर घर्षण बल निम्नलिखित तीन प्रकार के होते हैं

(i) **स्थैतिक घर्षण** (Static friction) जब दो वस्तुएँ एक-दूसरे के संपर्क में विरामावस्था में होती हैं तो उनके बीच आपेक्षिक गति होने से पूर्व जो घर्षण कार्य करता है, वह स्थैतिक घर्षण कहलाता है।

(ii) **सीमांत घर्षण** (Limiting friction) स्थैतिक घर्षण बल का वह अधिकतम मान, जब वस्तु ठीक गति प्रारंभ करने वाली होती है, सीमांत घर्षण कहलाता है। सीमांत घर्षण बल संपर्क तलों की प्रकृति पर निर्भर करता है, परंतु तल के क्षेत्रफल पर नहीं। सीमांत घर्षण बल अभिलंब प्रतिक्रिया R के अनुक्रमानुपाती होता है।

(iii) **गतिज घर्षण** (Kinetic or Dynamic friction) जब एक वस्तु किसी दूसरी वस्तु के तल पर गति करती है, तो उनके संपर्क तलों के बीच कार्यरत् घर्षण बल गतिज घर्षण बल कहलाता है।

गतिज घर्षण बल भी अभिलंब प्रतिक्रिया R के अनुक्रमानुपाती होता है तथा यह गतिज घर्षण संपर्क तलों के क्षेत्रफल पर निर्भर नहीं करता है।

गतिज घर्षण दो प्रकार का होता है

- **सर्पी घर्षण** (Sliding friction) जब कोई वस्तु किसी दूसरी वस्तु के तल पर सरकती है, तो वस्तुओं के संपर्क तलों के बीच कार्यरत् घर्षण, सर्पी घर्षण कहलाता है।
- **लोटनिक घर्षण** (Rolling friction) जब कोई वस्तु किसी तल पर बिना फिसलें लुढ़कती है, तो दोनों वस्तुओं के संपर्क तलों के बीच कार्यरत् घर्षण बल लोटनिक या बेलनी घर्षण कहलाता है।

घर्षण के लाभ व हानियाँ

सामान्य जीवन से लेकर विशिष्ट क्षेत्रों में अनेक कार्यों के लिए घर्षण बल आवश्यक है, परंतु इसके विपरीत घर्षण के कारण ऊर्जा में सदैव हानि होती है।

घर्षण के मुख्य लाभ निम्न हैं

- धरातल पर चलने हेतु घर्षण बल की आवश्यकता होती है। यदि घर्षण बल अनुपस्थित हो, तो व्यक्ति धरातल पर फिसल जाएगा।
- वाहनों की तीव्र गति हेतु भी घर्षण बल आवश्यक होता है।
- घर्षण की अनुपस्थिति में वाहनों में ब्रेक कार्य नहीं करते हैं।
- घर्षण के कारण ही मशीनों में घिरनी या पट्टे की सहायता से एक स्थान पर लगाए गए बल दूसरे स्थान पर स्थानांतरित हो जाते हैं।
- ब्लैक-बोर्ड पर चॉक से तथा पेपर पर पैन या पेसिल से लिखना भी घर्षण के कारण ही संभव होता है।
- घर्षण के कारण दीवार में कील गड़ जाती है। घर्षण के बिना कोई भवन निर्मित नहीं हो सकता है।

घर्षण से होने वाली हानियाँ निम्न हैं

- घर्षण द्वारा दो वस्तुओं के मध्य सापेक्ष गति का विरोध होता है, जिस कारण अतिरिक्त ऊर्जा व्यय होती है। जैसे हाथ रगड़ने पर गर्मी का अनुभव होना
- घूर्णन करने वाली मशीनों के पुर्जे घर्षण के कारण घिस जाते हैं, जिससे वह ठीक प्रकार से कार्य नहीं कर पाते हैं तथा अधिक ध्वनि उत्पन्न करते हैं।

घर्षण को कम करने की विधियाँ

घर्षण को निम्न विधियों द्वारा कम किया जा सकता है

- **पॉलिश द्वारा** (By polishing) हम जानते हैं कि खुरदरी सतह पर घर्षण बल का मान चिकनी सतह से अधिक होता है। अत: सतह पर पॉलिश करके अर्थात् चिकना बनाने पर घर्षण बल का मान कम हो जाता है।
- **स्नेहक द्वारा** (By lubricants) जब तेल अथवा ग्रीस को दो सतहों के बीच में डाल देते हैं, तो दोनों सतहों के बीच तेल अथवा ग्रीस की एक पतली परत बन जाती है, जिससे दोनों सतहों के मध्य घर्षण बल कम हो जाता है अर्थात् तेल व ग्रीस स्नेहक का कार्य करते हैं।
- **उचित निर्माण सामग्री का उपयोग करके** (By using suitable materials) घर्षण बल दो सतहों के मध्य कार्य करता है, अत: घर्षण बल सतहों के पदार्थों की प्रकृति पर निर्भर करता है

  उदाहरण-रबड़ व कंक्रीट के बीच घर्षण कम होने के कारण ही वाहनों के टायर रबड़ के बनाए जाते हैं।
- **बॉल बेयरिंग का प्रयोग करके** (By using ball bearings) मशीनों के गतिशील पुर्जों के मध्य स्टील की छोटी-छोटी गोल गोलियाँ (छर्रें) लगाई जाती हैं, जिनको बॉल बेयरिंग कहते हैं।

  चूँकि हम जानते हैं कि लोटनिक घर्षण का मान सर्पी घर्षण से बहुत कम होता है, अतः बॉल बेयरिंग की व्यवस्था से सर्पी घर्षण, लोटनिक घर्षण (Rolling friction) में परिवर्तित किया जाता है।
- **धारा रेखीय गति द्वारा** (By streamline motion) तरल पदार्थ धारा रेखीय (Streamline) रूप से गति करता है। जब किसी वस्तु की आकृति धारा रेखीय होती है, तो वस्तु पर तरल पदार्थ (पानी, हवा) का घर्षण घट जाता है।

  अत: तीव्र गति से चलने वाले वाहन, जैसे-वायुयान, जेटयान, जलयान, तेज चलने वाली ट्रेनों आदि को धारा रेखीय आकृति प्रदान करने के लिए उनके सामने वाला भाग मछली के समान नुकीला बनाया जाता है। यह प्रक्रिया स्ट्रीम लाइनिंग (Streamlining) कहलाती है।

नोट: *एक सरल रेखीय प्रवाह ही धारा रेखीय प्रवाह होता है।*

घर्षण को बढ़ाने के उपाय

घर्षण एक आवश्यक घटक है, अतः घर्षण का मान एक न्यूनतम सीमा से कम हो जाने पर गति संभव नहीं हो पाती है।

घर्षण को बढ़ाने के उपाय निम्नलिखित हैं

- वाहनों को सुगमता से चलाने के लिए उनके पहियों में अनियमित प्रक्षेप या **खाँचे** (Grooves) बनाए जाते हैं।
- चिकनी सड़क पर तथा बर्फ से ढके रास्तों पर फिसलन को कम करने के लिए उन पर रेत का छिड़काव किया जाता है, जिससे सरलता से गति हो जाती है।
- जूतों के तले खुरदरे एवं कड़े रबड़ तथा चमड़े के बनाए जाते हैं।
- स्वचालित वाहनों तथा साइकिलों ब्रेक प्रणालियों में ब्रेक पैडो का उपयोग करके हम घर्षण में वृद्धि कर सकते हैं।
- व्यायामी (Gymnast) अपने हाथों में रूक्ष पदार्थ लगाते हैं ताकि घर्षण में वृद्धि करके अच्छी पकड़ बना सके।

तरल घर्षण

- गैसों तथा द्रवों को तरल कहा जाता है। तरल अपने से होकर गुजरने वाली वस्तुओं पर घर्षण बल लगाते हैं। किसी तरल पर लगने वाला घर्षण बल उस तरल के सापेक्ष गति पर निर्भर करता है।
- घर्षण बल वस्तु की आकृति तथा तरल की प्रकृति पर भी निर्भर करता है। वाहनों को उचित आकृति प्रदान करके उन पर लगने वाले **तरल घर्षण** (Fluid fricition) को कम किया जाता है।
- तरल घर्षण को कर्षण भी कहा जाता है।

अभिकेन्द्र बल

- वृत्तीय गति करते हुए वस्तु पर एक बल लगता है जिसकी दिशा सदैव वृत्त के केन्द्र की ओर रहती है, इस बल को अभिकेन्द्र बल (Centripetal Force) कहते हैं, जो वस्तु के द्रव्यमान तथा अभिकेन्द्र त्वरण के गुणनफल के बराबर होता है।

  अर्थात् अभिकेन्द्र बल = द्रव्यमान × अभिकेन्द्र त्वरण

$$F = \frac{mv^2}{r}$$

- **अभिकेन्द्र बल** यान्त्रिक बल, विद्युत बल अथवा चुम्बकीय बल कुछ भी हो सकता है।

अभिकेन्द्र बल के उदाहरण निम्नलिखित हैं।

- जब एक पत्थर के टुकड़े को किसी डोरी के एक सिरे से बाँधकर घुमाते हैं, तो डोरी को अन्दर की ओर खींचे रखना पड़ता है।
- डोरी के सिरे को हाथ से छोड़ देने पर डोरी के दूसरे सिरे पर बँधा पत्थर का टुकड़ा वृत्तीय मार्ग को छोड़कर, वृत्त की स्पर्श रेखा (Tangent line) के अनुदिश गति करता है।
- सूर्य के चारों ओर ग्रहों की गति तथा ग्रहों के चारों ओर प्राकृतिक एवं कृत्रिम उपग्रहों की गति के लिए गुरुत्वाकर्षण बल आवश्यक अभिकेन्द्रीय बल प्रदान करता है।
- किसी मोड़ पर रेल या कार के मुड़ते समय पहियों व सड़क के मध्य लगने वाला घर्षण बल, आवश्यक अभिकेन्द्रीय बल प्रदान करता है।

अपकेन्द्र बल

- जब कोई वस्तु वृत्तीय गति करती है, तो वस्तु पर वृत्तीय पथ के केन्द्र से बाहर की ओर एक बल लगता है। इस प्रकार वृत्ताकार पथ में केन्द्र से बाहर की ओर लगने वाले बल (Outward force) को अपकेन्द्र बल (Centrifugal force) कहते हैं।
- यह **छद्म बल** (Pseudo Force) भी कहलाता है। अर्थात् यह पूर्णत: एक आभासी बल है न कि कोई वास्तविक बल।

अपकेन्द्र बल के उदाहरण निम्नलिखित हैं

- चक्रीय झूले में बैठे व्यक्ति का चक्र की त्रिज्या के अनुदिश बाहर की ओर धक्का महसूस करना।
- अगर पानी से भरी बाल्टी को तेजी से ऊर्ध्वाधरत: वृत्ताकार पथ में घुमाया जाए तो इससे पानी बाहर नहीं आता।
- क्रीम सेपरेटर की मदद से दूध से क्रीम को अलग कर दिया जाना।

सन्तुलन की अवस्था

जब किसी वस्तु पर अनेक बल इस प्रकार कार्य कर रहे हों कि वस्तु न तो रेखीय गति करे और न ही घूर्णन गति, तब कहा जाता है कि वस्तु सन्तुलन की अवस्था में है। *सन्तुलन तीन प्रकार के होते हैं*

(i) स्थायी सन्तुलन में, वस्तु को थोड़ा विस्थापित करने के बाद पुन: अपनी स्थिति में वापस लौट जाती है। उदाहरण– चौड़े आधार पर रखा शंकु।

(ii) अस्थायी सन्तुलन में, वस्तु को थोड़ा-सा विस्थापित करने के बाद वह पुन: अपनी सन्तुलन की अवस्था में नहीं आती है। उदाहरण– शीर्ष पर रखा शंकु।

(iii) उदासीन सन्तुलन में, वस्तु को थोड़ा-सा विस्थापित करने के बाद वह किसी नई अवस्था में ही सन्तुलित हो जाती है। उदाहरण– स्वयं की तिरछी ऊँचाई के सहारे रखा शंकु।

घूर्णन गति

यदि कोई पिण्ड अथवा निकाय किसी स्थिर अक्ष के परित: इस प्रकार गति करता है, कि उसके सभी कण वृत्तीय पथ पर चलते हैं ताकि एक निश्चित समयान्तराल में प्रत्येक कण का कोणीय विस्थापन समान हो, तो उसकी गति को घूर्णन गति (Rotational motion) कहते हैं। इन समस्त वृत्तीय पथों के केन्द्रों को मिलाने वाली रेखा को घूर्णन अक्ष कहते हैं।

घूर्णन गति के समीकरण निम्नलिखित हैं

(i) $\omega = \omega_0 + \alpha t$ (ii) $\theta = \omega_0 t + \frac{1}{2}\alpha t^2$

(iii) $\omega^2 = \omega_0^2 + 2\alpha\theta$

बल–युग्म

किसी वस्तु पर दो बराबर किन्तु विपरीत दिशाओं में कार्य करने वाले समानान्तर बल को बल-युग्म (Couple) कहते हैं। इसका मात्रक न्यूटन-मीटर होता है।

बल-युग्म का आघूर्ण = बल का मापांक × सामान्तर बलों के बीच की दूरी

बल–आघूर्ण

किसी बल की वह प्रवृत्ति जिसके कारण वह एक निश्चित बिन्दु के परित: किसी वस्तु को घुमाने का प्रयास करता है, **बल-आघूर्ण** (Torque) कहलाता है।

बल-आघूर्ण, $\tau = F \times d$

यहाँ, F = बल तथा d = घूर्णन अक्ष से बल की लम्बवत् दूरी।

यह एक सदिश राशि है तथा इसका मात्रक न्यूटन-मी होता है।

जड़त्व आघूर्ण

- घूर्णन गति कर रही किसी वस्तु का किसी अक्ष के सापेक्ष जड़त्व आघूर्ण (Moment of Inertia) उस वस्तु अथवा कण के द्रव्यमान व घूर्णन अक्ष से लम्बवत् दूरी के वर्ग के गुणनफल के बराबर होता है। इसे I से प्रदर्शित करते हैं।

  अत: जड़त्व आघूर्ण, $I = mr^2$

- इसका मात्रक किग्रा-मी^{2} तथा विमाएँ $[ML^2T^0]$ होती है।
- बल-आघूर्ण तथा जड़त्व आघूर्ण में सम्बन्ध $\tau = I\alpha$

जड़त्व आघूर्ण से सम्बन्धित परिभाषाएँ निम्नलिखित हैं

– घूर्णन त्रिज्या अथवा परिभ्रमण त्रिज्या किसी वस्तु की घूर्णन त्रिज्या घूर्णन अक्ष से नापी गई वह दूरी है, जहाँ पर वस्तु के सम्पूर्ण द्रव्यमान को केन्द्रित मान लेने पर उस अक्ष के सापेक्ष वही जड़त्व आघूर्ण प्राप्त होता है, जो वास्तविक द्रव्यमान वितरण से प्राप्त होता है। इसे K से प्रदर्शित करते हैं।

$$K = \sqrt{\frac{I}{M}}$$

– इस प्रकार, किसी पिण्ड के घूर्णन अक्ष के परित: जड़त्व आघूर्ण तथा पिण्ड के द्रव्यमान के अनुपात का वर्गमूल उस पिण्ड की घूर्णन या परिभ्रमण त्रिज्या के बराबर होता है।

जड़त्व आघूर्ण से सम्बन्धित प्रमेय निम्न हैं

(i) समान्तर अक्षों की प्रमेय किसी पिण्ड का किसी अक्ष के परित: जड़त्व आघूर्ण, उस पिण्ड के द्रव्यमान केन्द्र से जाने वाली समान्तर अक्ष के परित: जड़त्व आघूर्ण तथा पिण्ड के द्रव्यमान व दोनों अक्षों के बीच की लम्बवत् दूरी के वर्ग के गुणनफल के योग के बराबर होता है।

$$I = I_{CM} + Md^2$$

(ii) लम्बवत् अक्षों की प्रमेय किसी समतल पटल का उसके तल में ली गई दो परस्पर लम्बवत् अक्षों के परित: जड़त्व आघूर्णों का योग, इन अक्षों के कटान बिन्दु O से जाने वाली तथा पटल के तल के लम्बवत् अक्ष के परित: जड़त्व आघूर्ण के बराबर होता है।

$$I_z = I_X + I_Y$$

कोणीय संवेग

एक पिण्ड का किसी अक्ष के परित: कोणीय संवेग (Angular momentum), जड़त्व आघूर्ण (Moment of inertia) तथा कोणीय वेग (Angular velocity) के गुणनफल के बराबर होता है। इसका SI मात्रक जूल-सेकण्ड होता है।

अर्थात् कोणीय संवेग $L = I\omega$

कुछ नियमित आकृति की वस्तुओं के विभिन्न अक्षों के परित: जड़त्व आघूर्ण

पिण्ड	घूर्णन अक्ष	चित्र	जड़त्व आघूर्ण
लम्बी पतली एकसमान छड़	छड़ की लम्बाई के लम्बवत् व द्रव्यमान केन्द्र से गुजरने वाले अक्ष के परित:	L	$\frac{ML^2}{12}$
आयताकार पटल लम्बाई l व चौड़ाई b	तल के लम्बवत् व द्रव्यमान केन्द्र से गुजरने वाले अक्ष के परित:	b, l	$\frac{M}{12}(l^2 + b^2)$
वलय अथवा वृत्ताकार छल्ला	तल के लम्बवत् व द्रव्यमान केन्द्र से गुजरने वाले अक्ष के परित:		MR^2
वृत्ताकार डिस्क	किसी व्यास के परित:		$\frac{1}{2}MR^2$
ठोस बेलन	ज्यामितीय अक्ष के परित:	R, L	$\frac{1}{2}MR^2$
खोखला बेलन आन्तरिक त्रिज्या $= R_1$ तथा बाह्य त्रिज्या $= R_2$	स्वयं के ज्यामितीय अक्ष के परित:	R_2, R_1	$\frac{M}{2}(R_1^2 + R_2^2)$
ठोस बेलनाकार छड़	बेलन के अक्ष (ज्यामितीय) के लम्बवत् व द्रव्यमान केन्द्र से गुजरने वाले अक्ष के परित:	R	$M\left[\frac{L^2}{12} + \frac{R^2}{4}\right]$

दैनिक जीवन में मनुष्य द्वारा किए गए सभी श्रम क्रियाओं को कार्य की संज्ञा दी गई है, लेकिन भौतिक विषय में वस्तु द्वारा कार्य किसी व्यक्ति या यन्त्र द्वारा नहीं, अपितु वस्तु पर आरोपित बल द्वारा किया जाता है।

अध्याय चार

कार्य, ऊर्जा और शक्ति

कार्य

- किसी नियत बल के द्वारा किया गया कार्य (Work) बल तथा बल की दिशा में वस्तु के विस्थापन के गुणनफल के बराबर होता है।
  अर्थात् कार्य, $W = \mathbf{F} \cdot \boldsymbol{d} = Fd \cos\theta$, जहाँ, F = बल d = विस्थापन तथा θ = बल (F) तथा विस्थापन (d) के बीच का कोण।
- कार्य के SI तथा CGS मात्रक क्रमशः जूल तथा अर्ग हैं।
  जहाँ, 1 जूल (J) = 10^7 अर्ग (1 न्यूटन × मीटर)

कार्य के प्रकार

कार्य मुख्यतः तीन प्रकार के होते हैं

(i) धनात्मक कार्य जब बल तथा विस्थापन एक ही दिशा में होता है, तब बल द्वारा किया गया कार्य धनात्मक (Positive) होगा।
उदाहरण—किसी पिण्ड को पृथ्वी की सतह से ऊपर उठाना, किसी लॉन रोलर को हत्थे के अनुदिश, क्षैतिज से न्यूनकोण पर बल लगाकर खींचना, किसी स्प्रिंग को खींचना आदि।

(ii) ऋणात्मक कार्य जब बल तथा विस्थापन विपरीत दिशा में होते हैं, तब बल द्वारा किया गया कार्य ऋणात्मक (Negative) होगा।
उदाहरण—जब कोई पिण्ड बल लगाने पर खुरदरे (Rough) तल पर फिसलता है, तो घर्षण बल द्वारा किया गया कार्य ऋणात्मक होगा।

(iii) शून्य कार्य जब बल तथा विस्थापन एक-दूसरे के लम्बवत् दिशा में होते हैं, तब बल द्वारा किया गया कार्य शून्य (Zero) होगा। यह कार्य का न्यूनतम मान होता है। इसमें बल तथा विस्थापन की दिशाओं के मध्य 90° का कोण होता है। शून्य कार्य से सम्बन्धित उदाहरण निम्नलिखित हैं

- यदि कोई कुली सिर पर बोझ उठाकर प्लेटफॉर्म पर चल रहा है, तो वह कोई कार्य नहीं करता (क्योंकि उसका कार्य गुरुत्व बल के लम्बवत् है)।
- जब एक वस्तु एकसमान चाल से वृत्ताकार पथ में गति करती है, तो अभिकेन्द्रीय बल हमेशा वस्तु के विस्थापन के लम्बवत् होता है अर्थात् अभिकेन्द्रीय बल द्वारा किया गया कार्य शून्य होता है। प्रकृति में ऐसी गति (वृत्तीय गति) के अनेक उदाहरण हैं, जैसे—सूर्य के चारों ओर घूमती हुई पृथ्वी, पृथ्वी के चारों ओर घूमता कृत्रिम उपग्रह आदि।

परिवर्ती बल द्वारा किया गया कार्य

परिवर्ती बल के द्वारा किया गया कार्य,

$$W = \int \boldsymbol{F} \cdot \boldsymbol{ds}$$

- यदि किसी पिण्ड या वस्तु के प्रारम्भिक व अन्तिम विस्थापन के परिणाम क्रमशः d_1 व d_2 हो तब परिवर्ती बल द्वारा किया गया कार्य

$$W = \int_{d_1}^{d_2} \mathbf{F} \cdot d\mathbf{s}$$

इस प्रकार परिवर्ती बल द्वारा किया गया कार्य उसके खीचें गये बल-विस्थापन वक्र रेखा तथा विस्थापन अक्ष के बीच घिरा आकृति के क्षेत्रफल के बराबर होता है।

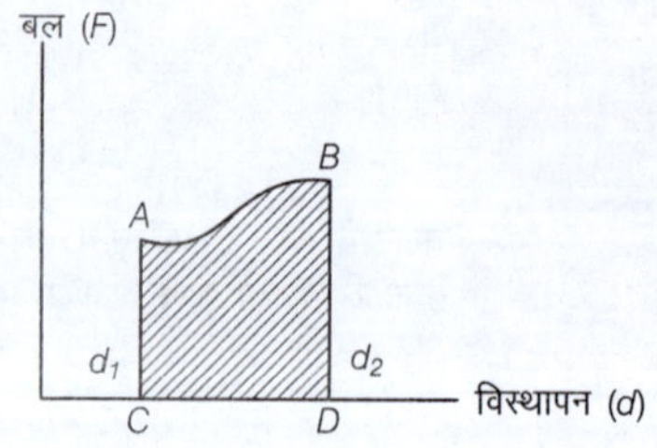

ऊर्जा

- किसी वस्तु में कार्य करने की क्षमता को उस वस्तु की ऊर्जा (Energy) कहते हैं। यह एक अदिश राशि है एवं इसका मात्रक जूल है।

ऊर्जा के प्रयोगात्मक मात्रक

मात्रक	संकेत	जूल (समतुल्यता)
ऊर्जा	erg	10^{-7}
कैलोरी	cal	4.2
किलोवाट-घण्टा	kWh	3.6×10^{6}
इलेक्ट्रॉन वोल्ट	eV	1.6×10^{-19}

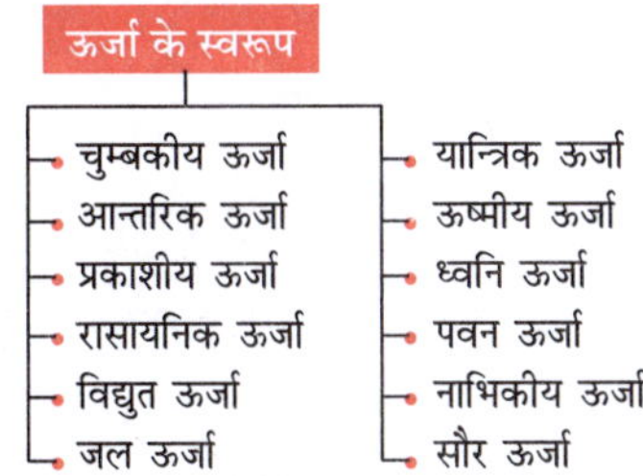

यांत्रिक ऊर्जा के प्रकार

यांत्रिक ऊर्जा को निम्न दो भागों में विभाजित किया गया है।

1. गतिज ऊर्जा

- किसी वस्तु में गति के कारण जो कार्य करने की क्षमता निहित रहती है, उसे उस वस्तु की गतिज ऊर्जा (Kinetic energy) कहते हैं। इसे KE से प्रदर्शित करते हैं। यदि m द्रव्यमान की वस्तु v वेग से चल रही हो, तो

$$K=\frac{1}{2}mv^2=\frac{p^2}{2m}$$

जहाँ $p=mv=$ वस्तु का संवेग

उदाहरण—बन्दूक से छोड़ी गई गोली, धनुष से छोड़ा गया तीर, गतिमान हथौड़ा, गिरती वर्षा की बूँदें, बहती हवा, घूमता लट्टू आदि। विद्युत शक्ति स्टेशन में पहाड़ी से नीचे गिरते हुए पानी की गतिज ऊर्जा का उपयोग डायनेमो (Dynamo) को चलाने में होता है, जिससे विद्युत ऊर्जा उत्पन्न होती है।

नोट: *किसी वस्तु का द्रव्यमान दोगुना करने पर उसकी गतिज ऊर्जा दोगुनी हो जाएगी और द्रव्यमान आधा करने पर उसकी गतिज ऊर्जा आधी हो जाएगी। इसी प्रकार वस्तु का वेग दोगुना करने पर वस्तु की गतिज ऊर्जा चार गुनी हो जाएगी और वेग आधा करने पर वस्तु की गतिज ऊर्जा $\frac{1}{4}$ गुनी हो जाएगी।*

2. स्थितिज ऊर्जा

किसी वस्तु या पिण्ड में उसकी स्थिति या विन्यास के कारण जो ऊर्जा होती है। वह उसकी स्थितिज ऊर्जा (Potential energy) कहलाती है।

स्थितिज ऊर्जा को निम्न भागों में विभाजित किया गया है

(i) गुरुत्वीय स्थितिज ऊर्जा (Gravitational Potential Energy) जब किसी वस्तु को पृथ्वी के धरातल से ऊपर उठाया जाता है, तो गुरुत्वीय बल के विरुद्ध कार्य करना पड़ता है।

यह कार्य वस्तु में गुरुत्वीय स्थितिज ऊर्जा के रूप में संचित हो जाता है। अतः किसी वस्तु को पृथ्वी के धरातल से ऊपर उठाने हेतु कार्य करने की क्षमता को गुरुत्वीय स्थितिज ऊर्जा कहते हैं।

गुरुत्वीय स्थितिज ऊर्जा, $U=mgh$

जहाँ, $m=$ वस्तु का द्रव्यमान, $g=$ गुरुत्वीय त्वरण तथा $h=$ ऊँचाई है।

(ii) प्रत्यास्थ स्थितिज ऊर्जा (Elastic Potential Energy) वस्तु में उसके प्रत्यास्थ गुण के कारण उपस्थित ऊर्जा को प्रत्यास्थ स्थितिज ऊर्जा कहते हैं। स्प्रिंग की प्रत्यास्थ स्थितिज ऊर्जा, $U=\frac{1}{2}kx^2$

जहाँ, $k=$ स्प्रिंग का बल नियतांक

तथा $x=$ स्प्रिंग की लंबाई में परिवर्तन है।

- स्थिर वैद्युत स्थितिज ऊर्जा इस ऊर्जा के द्वारा आवेशित कण एक-दूसरे को आकर्षित एवं प्रतिकर्षित करते हैं।

कार्य-ऊर्जा प्रमेय

किसी वस्तु या व्यवस्था पर लगने वाले बलों के द्वारा किये गये कार्यों का योग वस्तु या व्यवस्था की गतिज ऊर्जा में परिवर्तन के बराबर होता है। इसे कार्य-ऊर्जा के प्रमेय के रूप में जाना जाता है।

स्थितिज ऊर्जा के उदाहरण

स्थितिज ऊर्जा के उदाहरण निम्न हैं

- बाँध में ऊँचाई पर संचित जल में गुरुत्वीय स्थितिज ऊर्जा होती है जिसके माध्यम से टरबाइन घूमती है। जब हथौड़े को ऊपर उठाया जाता है, तो उसमें गुरुत्वीय स्थितिज ऊर्जा संरक्षित हो जाती है, जिसके माध्यम से कील, लकड़ी में गड़ जाती है।
- जब घड़ी या खिलौने में चाबी भरी जाती है, तो घड़ी या खिलौने से संबंधित स्प्रिंग में प्रत्यास्थ स्थितिज ऊर्जा संचित हो जाती है। जब धनुष की डोरी को खींचा जाता है, तो डोरी में प्रत्यास्थ स्थितिज ऊर्जा (Elastic potential energy) संचित हो जाती है जिसके माध्यम से तीर को गति प्राप्त होती है।

ऊर्जा के स्रोत

नियत दर एवं सुविधाजनक रूप से, दीर्घ समय तक, उपयोगी ऊर्जा प्रदान करने में समर्थ कोई भी यन्त्र या निकाय ऊर्जा का स्रोत (Sources of energy) कहलाता है।

ऊर्जा के पारम्परिक स्रोत

- ऊर्जा व स्रोत जो प्रकृति द्वारा प्रदत्त है तथा जिनका निर्माण अत्यन्त अधिक समय में हुआ है। ऊर्जा के पारम्परिक स्रोत (Conventional Sources of energy) कहलाते हैं। इन स्रोतों को अनवीकरणीय स्रोत (Non-renewable) कहते हैं; जैसे-कोयला, पेट्रोलियम, प्राकृतिक गैस आदि। *ऊर्जा के प्रमुख परम्परागत स्रोत निम्नलिखित हैं*

- **जीवाश्म ईंधन** (Fossil Fuels) जीवाश्म ईंधन का निर्माण करोड़ों वर्षों तक पृथ्वी की सतह में गहरे दबे हुए वनस्पति अवशेषों से हुआ है। ये ऊर्जा युक्त कार्बनिक यौगिक हैं, जो पृथ्वी की सतह के नीचे से निकाले जाते हैं। उदाहरण—कोयला, पेट्रोलियम, प्राकृतिक गैस, आदि।
- **तापीय विद्युत संयन्त्र** (Thermal Power Plant) ताप विद्युत संयन्त्र द्वारा ईंधन के जलने पर यह ऊष्मा ऊर्जा को विद्युत ऊर्जा में परिवर्तित कर देता है। विद्युत संयन्त्रों में प्रतिदिन विशाल मात्रा में जीवाश्म ईंधन का दहन करके जल उबालकर भाप बनाई जाती है, जो **टरबाइनों** (एक घूर्णी इंजन, जो तरल या वायु की ऊर्जा को बिजली या किसी काम में बदला है।) को घुमाकर विद्युत उत्पन्न करती है।
- **जल विद्युत संयन्त्र** (Hydro Power Plant) वे विद्युत संयंत्र जो बहते जल की स्थितिज ऊर्जा को विद्युत ऊर्जा में बदलते हैं, जल विद्युत संयन्त्र कहलाते हैं। चूँकि ऐसे जल-प्रपातों की संख्या बहुत कम है जिनका उपयोग स्थितिज ऊर्जा के स्रोत के रूप में किया जा सके। अत: जल विद्युत संयन्त्रों को बाँधों से सम्बद्ध किया जाता है। इस संयन्त्र द्वारा उत्पन्न विद्युत ऊर्जा **जल विद्युत** (Hydro Electricity) कहलाती है।

- **बायो -गैस** (Bio-Gas) बायो-गैस, मेथेन, हाइड्रोजन सल्फाइड, कार्बन डाइ-ऑक्साइड तथा हाइड्रोजन का मिश्रण है।
- जब ऑक्सीजन की अनुपस्थिति में गोबर, फसलों के कटने के पश्चात् बचे अवशिष्ट, सब्जियों के अपशिष्ट जैसे विविध पाइप तथा वाहित मल अपघटित होते हैं तो बायो-गैस (जैव-गैस) निकलती है।

इस गैस को बनाने में उपयोग होने वाला आरम्भिक पदार्थ मुख्यत: गोबर है इसलिए इसका प्रचलित नाम **गोबर-गैस** (Gobar-Gas) है।

- **पवन ऊर्जा** (Wind Energy) गतिशील हवा को पवन कहते हैं। यह एक प्रकार की गतिज ऊर्जा है तथा पवन ऊर्जा का उपयोग यांत्रिक कार्यों को करने में किया जा सकता है। इसके वेग से टरबाइनों को चलाकर विद्युत ऊर्जा प्राप्त की जाती है। पवन जितनी तेज गति से चलती है, विद्युत ऊर्जा उतनी ही अधिक प्राप्त होती है। यह एक प्रकार की गतिज ऊर्जा है।

ऊर्जा के गैर-परम्परागत स्रोत

- प्रौद्योगिकी में उन्नति के साथ ही हमारी ऊर्जा की माँग में दिन-प्रतिदिन वृद्धि हो रही है। हमारी जीवन शैली में भी निरन्तर परिवर्तन हो रहा है। हम अपने कार्यों को करने के लिए अधिकाधिक मशीनों का उपयोग करते हैं। जैसे-जैसे औद्योगीकरण से हमारा जीवन स्तर उन्नत हो रहा है, वैसे-वैसे हमारी मूल आवश्यकताओं में भी निरन्तर वृद्धि हो रही है।
- जैसे-जैसे हमारी ऊर्जा की माँग में वृद्धि होती जाती है, वैसे-वैसे ही हमें अधिक ऊर्जा स्रोतों की आवश्यकता होती है। अतः आवश्यक ऊर्जा की पूर्ति के लिए ऊर्जा के गैर-परम्परागत स्रोतों को खोजने की आवश्यकता है। ऊर्जा के इन स्रोतों को नवीकरणीय स्रोत (Renewable Source) भी कहते हैं।
- *ऊर्जा के कुछ गैर-परम्परागत स्रोत (Non-conventional Sources of Energy) निम्नलिखित हैं*
  - **सौर ऊर्जा** (Solar Energy) सूर्य द्वारा उत्सर्जित ऊर्जा अथवा सूर्य से प्राप्त ऊर्जा को सौर ऊर्जा कहते हैं। इससे हमें ऊष्मा और प्रकाश प्राप्त होता है।
  - विभिन्न प्रकार की वे युक्तियाँ जिनका उपयोग सौर ऊर्जा दहन में किया जाता है, ऐसी युक्तियाँ सौर ऊर्जा युक्तियाँ कहलाती हैं। उदाहरण— सोलर हीटर, सोलर संकेद्रक, सोलर कूकर तथा सोलर सेल इत्यादि।

सोलर कुकर

- यह एक ऐसी युक्ति है, जिसमें सौर ऊर्जा का उपयोग करके भोजन को पकाया जाता है, इसलिए इसे **सौर-चूल्हा** (Solar Cooker) भी कहते हैं।
- इसमें एक पृथक्कृत धातु का बक्सा या लकड़ी का बक्सा होता है, जिसको अन्दर से काला पेण्ट कर दिया जाता है, जिससे यह अधिकतम सूर्य के विकिरणों का अवशोषण कर सके।
- इस बॉक्स के ऊपर एक काँच की पतली आवरण होती है। बॉक्स में एक समतल दर्पण को परावर्तक के रूप में लगा दिया जाता है।

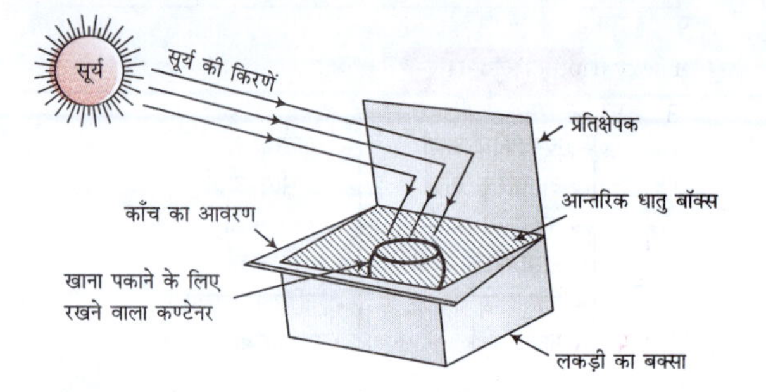

- **सोलर सेल** (Solar Cell) इस उपकरण में सौर ऊर्जा सीधे विद्युत ऊर्जा में बदलती है। ये सेलें अर्द्धचालक पदार्थ (जैसे सिलिकन, गैलियम, जर्मेनियम) से बनी होती हैं। सोलर सेल को प्रकाश वोल्टीय सेल भी कहते हैं।
- **सोलर पैनल** (Solar Panel) जब सोलर सेलों को एक-दूसरे के साथ एक के बाद एक करके जोड़ा जाता है तब अवांछित विभवान्तर तथा अनुकूल दक्षता की विद्युत धारा उत्पन्न होती है। सोलर सेलों के इस समूह संयोजन को ही सोलर पैनल कहते हैं।
- **समुद्रों से ऊर्जा** (Energy from the Sea) चन्द्रमा के आकर्षण के कारण, समुद्र का जल ऊपर उठता और नीचे उतरता है, इस प्रकार लहरें बनती हैं।
- इन लहरों को **ज्वारीय लहरें** (Tidal Waves) कहा जाता है और पानी के उठने और गिरने के फलस्वरूप ऊर्जा प्राप्त होती है, जिसे **ज्वारीय ऊर्जा** (Tidal Energy) कहते हैं।
- **तरंग ऊर्जा** (Wave Energy) वायु का प्रवाह अधिक होने के कारण समुद्र की सतह पर जल की लहरें बहुत तेजी से चलती हैं। जिसके कारण उनमें गतिज ऊर्जा से उत्पन्न ऊर्जा को तरंग ऊर्जा कहते हैं।
- **सागरीय तापीय ऊर्जा** (Ocean Thermal Energy) सागर की सतह के जल तथा गहराई के जल के ताप में सदैव कुछ अन्तर होता है। इस तापान्तर के कारण उपलब्ध ऊर्जा को सागरीय तापीय ऊर्जा कहते हैं।
- **भूतापीय ऊर्जा** (Geothermal Energy) यह ऊर्जा पृथ्वी के अन्दर से प्राप्त निश्चित अनुकूल परिस्थितियों में ऊर्जा के रूपों में उपयोग की जाती है। यह ऊर्जा का प्राकृतिक प्रक्रम होता है, इसे ही भूतापीय ऊर्जा कहते हैं।

- **नाभिकीय ऊर्जा** (Nuclear Energy) परमाणु के नाभिक में परिवर्तन के फलस्वरूप निर्मुक्त होने वाली ऊर्जा को नाभिकीय ऊर्जा कहते हैं।
- यह नाभिकीय अभिक्रिया में मुक्त होती है। उदाहरण—यूरेनियम, थोरियम से प्राप्त ऊर्जा।
- **नाभिकीय शक्ति संयन्त्र** (Nuclear Power Plant) नाभिकीय ऊर्जा का मुख्य उपयोग विद्युत उत्पादन में किया जाता है। अत: एक संयंत्र में किया गया कार्य नाभिकीय शक्ति संयंत्र कहलाता है।

ऊर्जा संरक्षण का नियम

- ऊर्जा का न तो निर्माण होता है न विनाश, अर्थात् विश्व की ऊर्जा नियत होती है। ऊर्जा का केवल एक रूप से दूसरे रूप में रूपान्तरण होता है।
- जब भी ऊर्जा किसी रूप में लुप्त होती है, ठीक उतनी ही ऊर्जा अन्य रूपों में प्रकट हो जाती है। यह ऊर्जा संरक्षण का नियम (Law of Conservation of Energy) कहलाता है।
- किसी वस्तु की कुल यान्त्रिक ऊर्जा पर लगने वाले बाह्य बलों का योग शून्य हो तथा सभी आन्तरिक बल अक्षयकारी हों।

ऊर्जा रूपान्तरण

कार्य करने में ऊर्जा का मूल रूप से अन्य रूप की ऊर्जा में परिवर्तित होना **ऊर्जा रूपान्तरण** (Energy transformation) कहलाता है।

ऊर्जा का रूपान्तरण

उपकरण	ऊर्जा का रूपान्तरण
सौर सेल	सौर ऊर्जा को विद्युत ऊर्जा में
डायनेमो	यान्त्रिक ऊर्जा को विद्युत ऊर्जा में
विद्युत मोटर	विद्युत ऊर्जा को यान्त्रिक ऊर्जा में
माइक्रोफोन	ध्वनि ऊर्जा को विद्युत ऊर्जा में
लाउडस्पीकर	विद्युत ऊर्जा को ध्वनि ऊर्जा में
सितार	यान्त्रिक ऊर्जा को ध्वनि ऊर्जा में
बल्ब/ट्यूब-लाइट/ हीटर का जलना	विद्युत ऊर्जा को प्रकाश एवं ऊष्मीय ऊर्जा में
मोमबत्ती का जलना	रासायनिक ऊर्जा को प्रकाश एवं ऊष्मीय ऊर्जा में
कोयले का जलना	रासायनिक ऊर्जा को ऊष्मा ऊर्जा में
विद्युत सेल	रासायनिक ऊर्जा को विद्युत ऊर्जा में
इंजन	ऊष्मा ऊर्जा को यान्त्रिक ऊर्जा में
प्रकाश विद्युत सेल	प्रकाश ऊर्जा को विद्युत ऊर्जा में

नोट *बैटरी भण्डारण, बायोमास जेनरेटर, ईंधन सेल तथा रूफटॉप सौर प्रकाश-वोल्टीय यूनिट वितरित ऊर्जा संसाधन माने जाते हैं। वितरित ऊर्जा संसाधन (डी.ई.आर.) बिजली उत्पादन या भण्डारण का एक छोटे पैमाने का स्रोत है, जो बिजली के उपयोग के बिन्दु के पास स्थित है। इन संसाधनों को स्थानीय पावर ग्रिड से जोड़ा जा सकता है या स्वतन्त्र रूप से संचालित किया जा सकता है।*

शक्ति या सामर्थ्य

- कार्य करने की दर को शक्ति (Power) कहते हैं या प्रति इकाई समय में किये गये कार्य को शक्ति कहते हैं। यह एक अदिश राशि है।

$$\text{शक्ति} = \frac{\text{किया गया कार्य } (W)}{\text{कार्य करने में लगा समय } (t)} \text{ या } P = \frac{W}{t}$$

इसका SI मात्रक वाट है।

= 1 वाट = 1 जूल/से

= 1 न्यूटन-मी/से

- मशीनों की शक्ति को अश्व शक्ति (Horse power-HP) में भी व्यक्त किया जाता है।

1 HP = 746 वाट

सामर्थ्य के अन्य मात्रक

- 1 किलोवाट = 1000 वाट = 10^3 वाट = 10^{10} अर्ग/से
- 1 मेगा वाट = 10^6 वाट
- 1 अश्व शक्ति = 746 वाट
- 1 किलोवाट-घण्टा = 3.6×10^6 जूल = 3.6 मेगा जूल
- साधारण मनुष्य की सामर्थ्य 0.05 HP से 0.1 HP होती है।

कुछ सामान्य गतिविधियों में सामर्थ्य की औसत खपत

क्रियाएँ	सामर्थ्य (वाट में)
हृदय की धड़कन	1.2
सोना	75
धीरे-धीरे चलना (टहलना)	200
साइकिल चलाना	500

संघट्ट

- वह घटना या प्रक्रिया, जिसमें दो पिण्डों या कणों के पास आने पर या अन्योन्य क्रिया करने पर इनके वेग (कभी-कभी ऊर्जा में) परिवर्तित हो जाते हैं, उन दो पिण्डों या कणों की टक्कर **संघट्ट** (Collision) कहलाती है।
- टक्करों के दौरान वस्तुओं का सम्पर्क में होना आवश्यक है तथा सभी प्रकार की टक्करों में रेखीय संवेग संरक्षण का नियम आवश्यक रूप से लागू होता है, जबकि यान्त्रिक ऊर्जा संरक्षण का नियम लागू होना आवश्यक नहीं है।
- यदि दो पिण्ड संघट्ट के पश्चात् अपने वास्तविक आकार तथा रूप में आ जाएँ अर्थात् यान्त्रिक ऊर्जा का कोई भाग, पिण्डों में विकृत स्थितिज ऊर्जा के रूप में संचित नहीं होता हो, तो पिण्डों का संघट्ट प्रत्यास्थ (Elastic) कहलाता है। अत: रेखीय संवेग के साथ गतिज ऊर्जा भी संरक्षित रहती है।
- दूसरी ओर **अप्रत्यास्थ** (Inelastic) संघट्ट में टकराने वाले पिण्ड अपने वास्तविक आकार तथा रूप में पूर्ण रूप से नहीं आ पाते तथा यान्त्रिक ऊर्जा का कोई भाग विकृति स्थितिज ऊर्जा के रूप में चला जाता है। केवल रेखीय संवेग संरक्षित रहता है।
- एक विशेष प्रकार के संघट्ट में दो वस्तुएँ एक साथ एक ही वेग से गतिशील हो जाती हैं, जिसे **पूर्णत: अप्रत्यास्थ संघट्ट** (Perfectly inelastic collision) कहा जाता है।

"

प्रकृति में पाया जाने वाला अत्यन्त दुर्बल बल गुरुत्वाकर्षण है। यह सदैव आकर्षण **प्रकृति को प्रदर्शित करता है।** इसी बल के कारण पृथ्वी सभी वस्तुओं को अपने केन्द्र **की ओर आकर्षित करती है।** यह बल अन्तराणविक दूरियों से लेकर अन्तर्ग्रहीय दूरियों **तक के लिए कार्य करता है।**

अध्याय पाँच

गुरुत्वाकर्षण

गुरुत्वाकर्षण

प्रकृति में होने वाली वह घटना, जिसमें प्रत्येक पिण्ड एक-दूसरे को अपनी **ओर आकर्षित करते हैं,** गुरुत्वाकर्षण (Gravitation) कहलाता है तथा **इनके बीच लगने वाला बल** गुरुत्वाकर्षण बल (Gravitational force) **कहलाता है तथा वह बल,** जिसके पृथ्वी सभी वस्तुओं को अपने केन्द्र की **ओर आकर्षित करती है,** गुरुत्व बल कहलाता है। वस्तु पर लगा गुरुत्व बल **पृथ्वी तथा वस्तु के गुरुत्वाकर्षण** बल के बराबर होता है।

सार्वत्रिक गुरुत्वाकर्षण नियम

- **विश्व का प्रत्येक पिण्ड** अन्य पिण्ड को एक बल से आकर्षित करता है, **इसे गुरुत्वाकर्षण बल** कहते हैं। गुरुत्वाकर्षण बल सदैव आकर्षण बल **होता है।**
- **इस नियमानुसार, ब्रह्मांड** में किन्हीं दो पिण्डों के बीच कार्य करने वाला **बल पिण्ड के द्रव्यमानों** के गुणनफल के समानुपाती तथा उनके बीच की **दूरी के वर्ग के व्युत्क्रमानुपाती** होता है, यदि दो पिण्डों के द्रव्यमान m_1 **और m_2 हों तथा उनके** बीच की दूरी r हो, तो उनके बीच गुरुत्वाकर्षण **बल,**

$$F \propto \frac{m_1 m_2}{r^2} \quad \Rightarrow \quad F = \frac{G m_1 m_2}{r^2}$$

जहाँ, G सार्वत्रिक गुरुत्वाकर्षण नियतांक (Universal gravitational **constant) कहलाता है।** जिसका मान 6.67×10^{-11} न्यूटन-मी² किग्रा$^{-2}$ **या 6.67×10^{-8} डाइन-सेमी² ग्राम**$^{-2}$ है। इसे न्यूटन का सार्वत्रिक गुरुत्वाकर्षण का नियम कहते हैं। इसका विमीय सूत्र $[M^{-1}L^3T^{-2}]$ होता है।

गुरुत्वाकर्षण बल के गुण

- यह दो द्रव्यमानों के बीच का आकर्षण बल है।
- यह व्युत्क्रम वर्ग के नियम का पालन करता है।

$$\therefore \quad F \propto \frac{1}{r^2}$$

- यह सभी प्राप्त बलों में सबसे कमजोर बल है। यह स्थिर विद्युत बल की तुलना में 10^{36} गुना छोटा तथा नाभिकीय बल की तुलना में 10^{38} गुना छोटा है।

गुरुत्व केन्द्र

वह केन्द्र, जहाँ प्रत्येक वस्तु का सम्पूर्ण भार कार्य करता है, गुरुत्व केन्द्र (Center of gravity) कहलाता है।

गुरुत्वीय त्वरण

- जब कोई वस्तु ऊपर से मुक्त रूप से छोड़ी जाती है, तो वह गुरुत्व बल के कारण पृथ्वी की ओर गिरने लगती है और जैसे-जैसे वस्तु पृथ्वी की सतह के निकट आती है, उसका वेग बढ़ता जाता है। अत: उसके वेग में त्वरण उत्पन्न हो जाता है। इसी त्वरण को गुरुत्वीय त्वरण (Acceleration due to gravity) कहते हैं, इसे g से प्रदर्शित करते हैं।

$$g = \frac{GM}{R_e^2}$$

- यह वस्तु के रूप, आकार, द्रव्यमान आदि पर निर्भर नहीं करता है। इसका मात्रक मी/से² अथवा न्यूटन/किग्रा है।

- धरातल के समीप इसका मान 9.8 मी/से² होता है। भिन्न-भिन्न स्थानों पर इसके मान अलग-अलग होते हैं।
- गुरुत्वीय त्वरण g का मान वस्तु के भार पर निर्भर नहीं करता। अत: भिन्न-भिन्न द्रव्यमानों की दो वस्तुएँ मुक्त रूप से (वायु की अनुपस्थिति में) ऊपर से गिराई जाये, तो उनमें समान त्वरण उत्पन्न होगा अर्थात् समान ऊँचाई से एकसाथ गिरने वाली वस्तुएँ पृथ्वी पर एक ही साथ पहुँचेंगी।

> - वायु की उपस्थिति में वस्तु पर वायु का **श्यानकर्षण** (Viscous drag) तथा **उत्प्लावन प्रभाव** (Buoyancy effect) का प्रभाव पड़ता है।
> - इस दशा में भारी वस्तुओं का त्वरण हल्की वस्तुओं की अपेक्षा अधिक होता है। इसी के कारण भारी वस्तु हल्की वस्तु की तुलना में पहले पृथ्वी पर पहुँचेगी।

G तथा g में सम्बन्ध

यदि पृथ्वी का द्रव्यमान M और त्रिज्या R हो, तो पृथ्वी की सतह पर या उससे कुछ ऊँचाई पर m द्रव्यमान की वस्तु पर न्यूटन के गुरुत्वाकर्षण नियम के अनुसार पृथ्वी द्वारा लगाया जाने वाला गुरुत्व बल,

$$F = \frac{GMm}{R^2} \quad \text{... (i)}$$

(यहाँ वस्तु की पृथ्वी के केंद्र से दूरी लगभग पृथ्वी की त्रिज्या के बराबर मानी जा सकती है।)

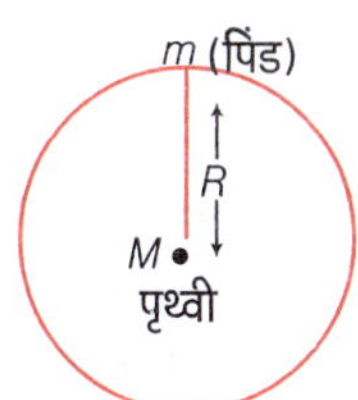

यदि गुरुत्वीय त्वरण g हो, तो न्यूटन की गति के द्वितीय नियम से,

$$F = \text{द्रव्यमान } (m) \times \text{त्वरण} \quad \text{...(ii)}$$

समी. (i) व समी. (ii) से,

$$mg = \frac{GMm}{R^2}$$

अत: $$g = \frac{GM}{R^2}$$

यदि निर्वात् में एक भारी एवं एक हल्की वस्तु को साथ-साथ गिराया जाए, तो दोनों वस्तुएँ एक साथ जमीन पर गिरती हैं। इसे गैलीलियो ने पीसा की मीनार से दो भिन्न भार की गेदों को गिराकर सिद्ध किया था।

पृथ्वी के गुरुत्वीय त्वरण (g) के मान में परिवर्तन

- पृथ्वी के गुरुत्वीय त्वरण g का मान पृथ्वी तल पर विभिन्न स्थानों पर भिन्न-भिन्न होता है। पृथ्वी तल पर g का मान विषुवत् रेखा पर सबसे कम तथा ध्रुवों पर सबसे अधिक होता है। जैसे-जैसे हम विषुवत् रेखा से ध्रुवों की ओर जाते हैं, वैसे-वैसे g का मान बढ़ता जाता है।
- यदि पृथ्वी अपने अक्ष के परित: घूमना बन्द कर दे, तो ध्रुवों के अतिरिक्त प्रत्येक स्थान पर g के मान में वृद्धि हो जाएगी। पृथ्वी तल के ऊपर जाने पर g का मान घटता है। पृथ्वी तल के नीचे जाने पर भी g का मान घटता है।
- ध्रुवों पर गुरुत्वीय त्वरण g का मान अधिकतम होता है।

$$\boxed{g' = g}$$

- अक्षों पर गुरुत्वीय त्वरण g का मान न्यूनतम होता है।

$$\boxed{g' = g - R_e\omega^2}$$

- यदि पृथ्वी के अपनी अक्ष के परित: घूर्णन की आवृत्ति बढ़ जाए, तब ध्रुवों के अतिरिक्त सभी स्थानों पर g का मान घटेगा।

> **गुरुत्वीय क्षेत्र, विभव, स्थितिज ऊर्जा**
>
> - किसी पिण्ड के चारों ओर का वह क्षेत्र, जिसमें गुरुत्वाकर्षण बल का अनुभव किया जाता है, **गुरुत्वीय क्षेत्र** (Gravitational field) कहलाता है।
> - एकांक द्रव्यमान के किसी पिण्ड पर जितना गुरुत्वीय बल कार्य करता है, वह उस बिन्दु पर गुरुत्वीय क्षेत्र की तीव्रता कहलाती है।
> - यह एक **सदिश राशि** है, इसका मात्रक **न्यूटन/किग्रा** तथा इसकी विमा $[LT^{-2}]$ होती है, इसे I से प्रदर्शित किया जाता है।
> - एकांक द्रव्यमान के किसी पिण्ड को अनन्त से गुरुत्वीय क्षेत्र के किसी बिन्दु तक लाने में किये गये कार्य की मात्रा **गुरुत्वीय विभव** (Gravitational potential) कहलाती है, यह एक अदिश राशि है। यह सदैव ऋणात्मक होगा।
> - अनन्त से वस्तु को गुरुत्वीय क्षेत्र के किसी निर्दिष्ट बिन्दु तक लाने में बाह्य बल द्वारा सम्पादित कुल कार्य निकाय की गुरुत्वीय स्थितिज ऊर्जा (Gravitational potential energy) कहलाती है।

द्रव्यमान तथा भार

द्रव्यमान तथा भार का वर्णन निम्नलिखित है

- द्रव्यमान (Mass) किसी वस्तु में पदार्थ का परिमाण ही उसका द्रव्यमान कहलाता है।
- यह एक अदिश राशि है, इसका मान नियत रहता है। इसका SI मात्रक किलोग्राम है।
- भार (Weight) पृथ्वी जिस बल से किसी वस्तु को अपने केंद्र की ओर आकर्षित करती है।
- वह उस वस्तु का भार कहलाता है या वस्तु पर पृथ्वी का आकर्षण बल वस्तु का भार कहलाता है।

भार = वस्तु का द्रव्यमान × गुरुत्वीय त्वरण

$$w = mg$$

इसका मात्रक न्यूटन होता है।

> चन्द्रमा पर किसी वस्तु का भार उसी वस्तु के पृथ्वी पर भार का 1/6 गुना होता है। पृथ्वी के ध्रुवों पर किसी वस्तु का भार अधिकतम, विषुवत् रेखा पर न्यूनतम तथा केन्द्र पर शून्य होता है।

लिफ्ट में व्यक्ति का आभासी भार

माना द्रव्यमान m का एक व्यक्ति लिफ्ट में है, तब उसका वास्तविक भार mg होता है। जब यह भार (बल) लिफ्ट पर नीचे की दिशा में कार्य करता है, जिसके फलस्वरूप लिफ्ट प्रतिक्रिया बल (ऊपर की ओर) R लगाती है। अतः सम्पर्क सतह द्वारा व्यक्ति पर लगाई गई प्रतिक्रिया को वस्तु का आभासी भार कहते हैं।

विभिन्न परिस्थितियाँ

स्थिति I जब लिफ्ट या एलीवेटर (Elevator) विराम अवस्था में है, तब व्यक्ति का आभासी भार व्यक्ति के वास्तविक भार के बराबर होता है।

स्थिति II जब लिफ्ट एकसमान वेग से ऊपर या नीचे जाती है, तो इस दशा में व्यक्ति का आभासी भार इसके वास्तविक भार के बराबर होता है अर्थात् व्यक्ति को अपने भार में कोई परिवर्तन प्रतीत नहीं होता है।

स्थिति III जब लिफ्ट त्वरण से ऊपर जाती है, तो लिफ्ट में स्थित व्यक्ति का भार बढ़ा हुआ प्रतीत होता है अर्थात् व्यक्ति का आभासी भार इसके (व्यक्ति) वास्तविक भार से अधिक होता है।

स्थिति IV जब लिफ्ट त्वरण से नीचे आती है, तो इस दशा में व्यक्ति का आभासी भार घटा हुआ प्रतीत होता है अर्थात् व्यक्ति का आभासी भार व्यक्ति के वास्तविक भार से कम होता है।

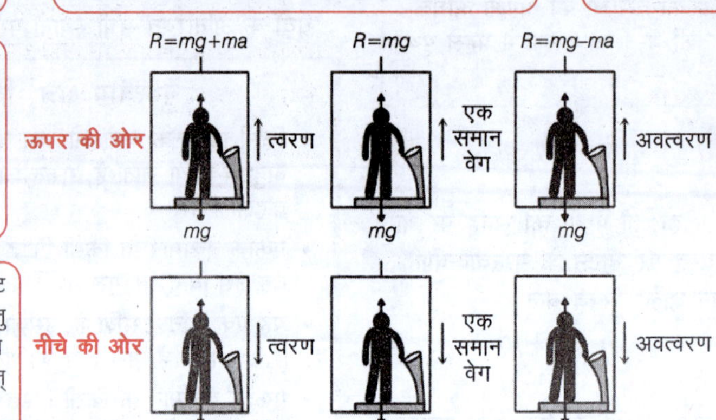

स्थिति V यदि नीचे आते समय लिफ्ट की डोरी टूट जाए, तो वह मुक्त वस्तु की भाँति नीचे गिरेगी, तब व्यक्ति को आभासी भार शून्य प्रतीत होगा अर्थात् व्यक्ति को भारहीनता का अनुभव होगा।

स्थिति VI यदि लिफ्ट के नीचे उतरते समय लिफ्ट का त्वरण गुरुत्वीय त्वरण से अधिक हो, तो लिफ्ट में खड़ा व्यक्ति लिफ्ट के फर्श से उठकर उसकी छत पर जा लगेगा, इसलिए आभासी बल व्यक्ति पर ऊपर की ओर लगेगा, जिससे वह उठकर छत से जा लगेगा।

ग्रह

ग्रह आकाशीय पिण्ड होते हैं, जो सूर्य के चारों ओर परिक्रमा (Revolve) करते हैं। ये संख्या में आठ हैं- बुध (Mercury), पृथ्वी (Earth), शुक्र (Venus), बृहस्पति (Jupiter), मंगल (Mars), शनि (Saturn), अरुण (Uranus) तथा वरुण (Neptune)।

कैप्लर के ग्रहीय गति संबंधी नियम

खगोलीय प्रेक्षणों के आधार पर जॉहन्स केप्लर ने सूर्य की परिक्रमा करने वाले ग्रहों की गति के सम्बन्ध में तीन नियम प्रतिपादित किए।

- **प्रथम नियम या कक्षाओं का नियम** (First Law or Law of Orbits) इस नियम के अनुसार, प्रत्येक ग्रह सूर्य के परितः दीर्घवृत्ताकार (Elliptical) पथ पर गति करता है तथा सूर्य उस दीर्घवृत्त के किसी एक फोकस (नाभि) पर होता है।

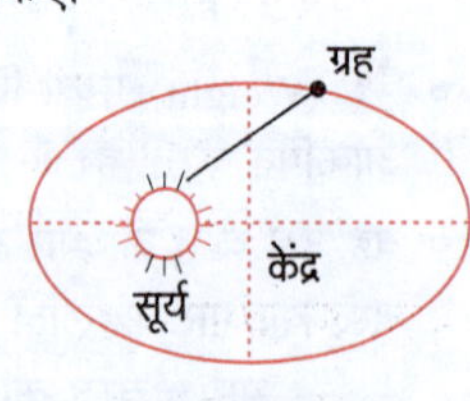

- **द्वितीय नियम या क्षेत्रीय चाल का नियम** (Second Law or Law of Areal Velocity) इस नियम के अनुसार, किसी भी ग्रह को सूर्य से मिलाने वाली रेखा, अर्थात् ग्रह का सूर्य के सापेक्ष त्रिज्य-वेक्टर (Radius vector), समान समयान्तरालों में समान क्षेत्रफल तय (Sweep) करती है अर्थात् ग्रह की क्षेत्रीय चाल (Areal velocity) नियत रहती है।

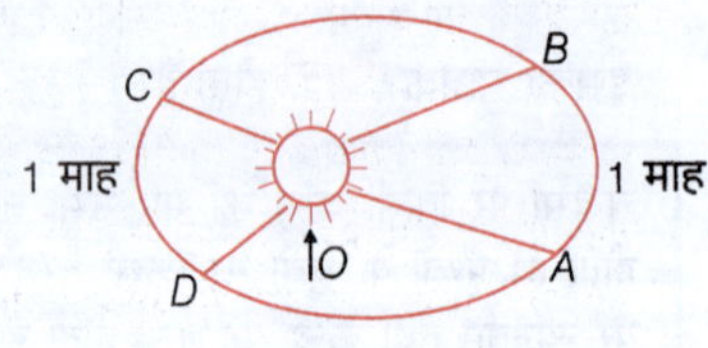

- **तृतीय नियम या परिक्रमण कालों का नियम** (Third Law or Law of Periods) सूर्य के चारों ओर किसी ग्रह द्वारा एक पूरा चक्कर लगाने में लगा समय, अर्थात् ग्रह का सूर्य के परितः परिक्रमणकाल, T (Period of revolution) का वर्ग, उसकी दीर्घवृत्ताकार कक्षा के अर्द्ध-दीर्घाक्ष (Semi-major axis of the elliptical orbit) a, की तृतीय घात के अनुक्रमानुपाती होता है।

$$T^2 \propto a^3 \Rightarrow T = Ka^3$$

उदाहरण- सूर्य के निकटतम ग्रह बुध का परिक्रमण काल 88 दिन है, जबकि दूरस्थ ग्रह वरुण (Neptune) का परिक्रमण काल 165 वर्ष है।

उपग्रह

- उपग्रह आकाशीय पिण्ड होते हैं, जो ग्रहों के चारों ओर परिक्रमण करते हैं। उपग्रह दो प्रकार के होते हैं

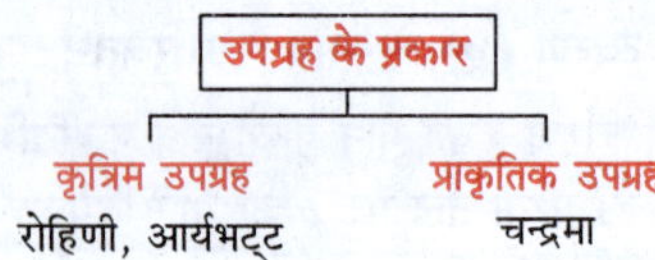

कृत्रिम उपग्रह के प्रकार

कृत्रिम उपग्रह के प्रकारों का वर्णन निम्नलिखित है

भू-स्थिर उपग्रह

- यदि किसी कृत्रिम उपग्रह की वृत्तीय कक्षा पृथ्वी के विषुवतीय तल (Equatorial plane) में पृथ्वी में इतनी ऊँचाई पर हो कि उपग्रह का परिक्रमण काल ठीक पृथ्वी के अपनी अक्ष के परितः **परिक्रमण काल** (24 घण्टे) के बराबर हो, तो वह उपग्रह पृथ्वी के सापेक्ष स्थिर होगा। इस प्रकार के उपग्रह को भू-स्थिर अथवा तुल्यकाली उपग्रह (Geostationary or Synchronous satellite) कहते हैं।

ध्रुवीय उपग्रह

- पृथ्वी के ध्रुवीय तल में पृथ्वी के परितः भ्रमण करते उपग्रह को ध्रुवीय उपग्रह (Polar satellite) कहते हैं। पृथ्वी तल से इसकी ऊँचाई लगभग 800 किमी होती है।
- इसका परिक्रमण काल लगभग **100** मिनट है। इन उपग्रहों के उपयोग मौसम संसूचन तथा वायुमण्डल के ऊपरी स्तर के अवलोकन आदि में किए जाते हैं।

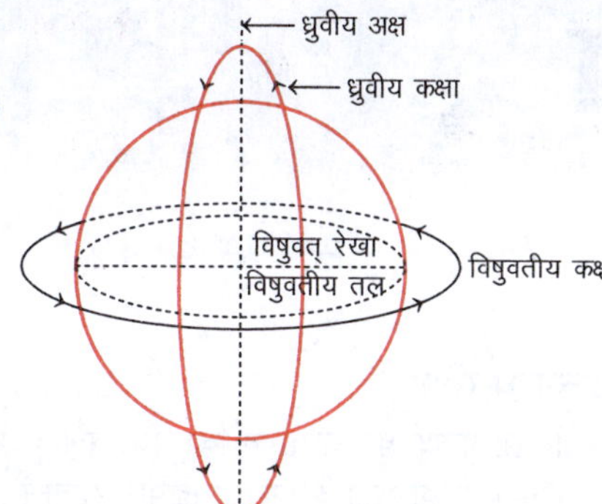

- ध्रुवीय उपग्रह की कक्षा की दिशा उत्तर-दक्षिण होती है, जबकि पृथ्वी अपनी अक्ष पर पश्चिम से पूर्व की ओर घूर्णन करती है।
- इन उपग्रहों का प्रक्षेपण ध्रुवीय उपग्रह प्रक्षेपण मान द्वारा किया जाता है।
- इनका उपयोग मौसम संबंधी भविष्यवाणियाँ तथा पृथ्वी की सतह के अंदर खनिज पदार्थों आदि की खोज के लिए किया जाता है।
- भारत द्वारा प्रक्षेपित ध्रुवीय उपग्रह इण्डियन अर्थ—रिसोरसेज सैटेलाइट (Indian Earth Resources Satellite, IERS) है।

उपग्रह की ऊर्जा

- जब कोई पृथ्वी का उपग्रह अन्तरिक्ष में छोड़ा जाता है, तो वह अधिक मात्रा में ऊर्जा निहित करता है, इस ऊर्जा को **बन्धन ऊर्जा** (Binding energy) भी कहते हैं। बन्धन ऊर्जा सदैव ऋणात्मक होती है।
- ऊर्जा के पक्ष में विचार निम्न प्रकार हैं

उपग्रह की बन्धन ऊर्जा (या कुल ऊर्जा), $E = \frac{GmM}{2r}$

उपग्रह का कक्षीय वेग

- किसी उपग्रह को अपनी कक्षा में घूमने के लिए आवश्यक न्यूनतम वेग उसका कक्षीय वेग (Orbital velocity) कहलाता है।

उपग्रह का कक्षीय वेग, $v_0 = \sqrt{\frac{gR_e^2}{R_e + h}}$ $[\because R_e + h = r]$

जहाँ, R_e = पृथ्वी की त्रिज्या, h = पृथ्वी की सतह से उपग्रह की ऊँचाई।

- यदि उपग्रह पृथ्वी की सतह के समीप परिक्रमा कर रहा है, तब उपग्रह का कक्षीय वेग $v_0 = \sqrt{gR_e}$ = 7.92 किमी/घण्टा या 8 किमी/घण्टा होगा। कक्षीय वेग का मान द्रव्यमान पर निर्भर नहीं करता।

उपग्रह का परिक्रमण काल

- उपग्रह किसी ग्रह के चारों ओर परिक्रमण करके अपना एक चक्र पूरा करने में जो समय लेता है, वह उपग्रह का परिक्रमण काल (Period of Revolution of satellite) कहलाता है।

पृथ्वी के निकट उपग्रह का परिक्रमण काल

$$T = 2\pi\sqrt{R/g}$$
$$= 84.6 \text{ मिनट}$$

- किसी उपग्रह का परिक्रमण काल केवल ग्रह की सतह से ऊँचाई पर निर्भर करता है अर्थात् उपग्रह पृथ्वी के तल से जितना दूर होगा, उसका परिक्रमण काल उतना ही अधिक होगा। उपग्रह का परिक्रमण काल उसके द्रव्यमान पर निर्भर नहीं करता है।

कृत्रिम उपग्रहों के उपयोग

- कृत्रिम उपग्रह के कुछ महत्त्वपूर्ण उपयोग निम्नलिखित हैं। कृत्रिम उपग्रहों के द्वारा
  - रेडियो द्वारा संचार, दूरदर्शन कार्यक्रमों, दूरभाषी संवादों के प्रसारण में किया जाता है।
  - सूर्य व अन्तरिक्ष से आने वाली विकिरणों का अध्ययन किया जाता है।
  - वायुमण्डल के ऊपरी क्षेत्रों का अध्ययन किया जाता है।
  - मौसम के बारे में पूर्व जानकारी प्राप्त की जाती है।
  - पृथ्वी के आकार तथा पृथ्वी पर तेल व मूल्यवान खनिजों की जानकारी प्राप्त की जाती है।

भारहीनता

- यदि किसी परिस्थिति में यह प्रतिक्रिया शून्य हो जाए, तो व्यक्ति को अपना भार शून्य प्रतीत होता है। यह अवस्था ही भारहीनता (Weightlessness) की अवस्था कहलाती है।

भारहीनता का अनुभव निम्न परिस्थितियों में किया जा सकता है

  - जब वस्तु गुरुत्व के अधीन मुक्त रूप से गिरे, तब लिफ्ट अथवा वायुयान के नीचे गिरते समय हमें भारहीनता का अनुभव होता है।
  - जब कोई उपग्रह पृथ्वी के परितः अपनी कक्षा में परिक्रमण करता है, तो उसके भीतर की प्रत्येक वस्तु पृथ्वी के केंद्र की ओर त्वरित गति से गतिशील होती है तथा इस गति का त्वरण यथार्थ रूप से, उस स्थिति गें पृथ्वी के गुरुत्वीय त्वरण के बराबर होता है। अतः उपग्रह के भीतर प्रत्येक वस्तु स्वतंत्रतापूर्वक गिरती है, जो भारहीनता की अवस्था है।

पलायन चाल

- **पलायन चाल** (Escape speed) वह न्यूनतम वेग है, जिससे किसी वस्तु को पृथ्वी की सतह से ऊपर की ओर फेंके जाने पर वह गुरुत्वीय क्षेत्र को पार कर जाती है और पृथ्वी पर वापस नहीं आती है। पृथ्वी तल पर पलायन वेग का मान 11.2 किमी/से है।
- यदि किसी उपग्रह की चाल को $\sqrt{2}$ गुना (41%) बढ़ा दिया जाए, तो वह उपग्रह अपनी कक्षा को छोड़कर पलायन कर जाएगा। चन्द्रमा पर पलायन वेग केवल 2.38 किमी/से है।
- चन्द्रमा पर पलायन का मान कम होने के कारण अन्तरिक्ष यात्री को चन्द्रमा पर पैर रखने से पहले अपनी पीठ पर भारी वजन बाँधना पड़ता है।

"किसी बाहरी बल के प्रति पदार्थ की प्रतिक्रिया को सन्दर्भित करते हैं। ये गुण पदार्थ की मात्रा से स्वतन्त्र होते हैं। इनमें तन्य, शक्ति, तन्यता, कठोरता सम्मिलित है।

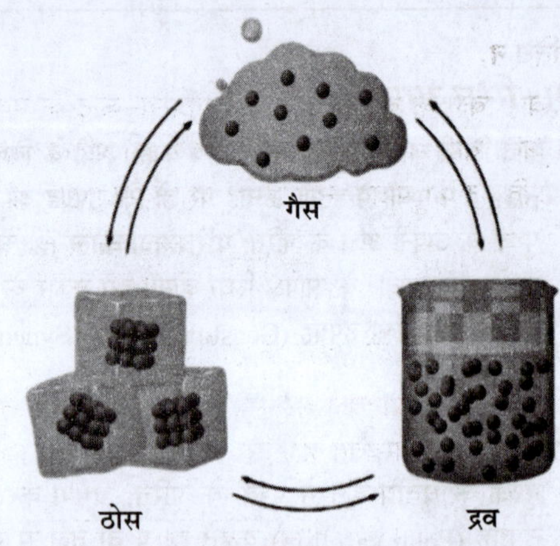

अध्याय छः

पदार्थ के यांत्रिक गुण

पदार्थ

- वह प्रत्येक वस्तु जो स्थान घेरती है, जिसमें द्रव्यमान होता है तथा जिसका अनुभव हम अपनी ज्ञानेन्द्रियों द्वारा कर सकते हैं, **पदार्थ** (Matter) कहलाता है; पदार्थ परमाणु तथा अणुओं से मिलकर बने होते हैं; जैसे—लकड़ी, जलवायु आदि।
- सामान्यत: पदार्थ की तीन अवस्थाएँ होती हैं—ठोस, द्रव तथा गैस
- ठोस पदार्थ की वह अवस्था, जिसका एक निश्चित आकार एवं निश्चित आयतन होता है, ठोस (Solid) कहलाती है। इनमें अन्तराणविक बल प्रबलतम होता है।
- द्रव द्रवों का आयतन निश्चित होता है परन्तु आकार अनिश्चित होता है। उदाहरण—जल, दूध, तेल आदि।
- गैस इस अवस्था में वस्तु का आकार व आयतन दोनों ही अनिश्चित होते हैं। उदाहरण—वायु, कार्बन डाइ-ऑक्साइड आदि।

ठोसों के यांत्रिक गुण

ठोस पदार्थों के कुछ यांत्रिक गुण निम्नलिखित हैं

प्रत्यास्थता

- किसी वस्तु के पदार्थ का वह गुण, जिसके कारण वह अपने रूप एवं आकार में होने वाले परिवर्तनों का विरोध करता है तथा बाह्य बल के हटते ही अपनी पूर्वावस्था को प्राप्त कर लेता है, प्रत्यास्थता (Elasticity) कहलाता है। जैसे शुद्ध लोहा लचीला होता है लेकिन प्रत्यास्थ नहीं। इस्पात (Steel) लचीला तथा प्रत्यास्थ दोनों होता है।
- वे वस्तुएँ जो बाह्य बल हटाने पर अपनी पूर्वावस्था को प्राप्त कर लेती हैं, पूर्णतया प्रत्यास्थ (Perfectly elastic) कहलाती हैं। सामान्य तौर पर क्वार्ट्ज (Quartz) तथा फॉस्फर ब्रॉन्ज (Phosphor bronze) को पूर्णतया प्रत्यास्थ माना जा सकता है।

प्रत्यास्थ सीमा

- किसी पदार्थ पर आरोपित विरूपक बल के परिमाण की वह सीमा, जिसमें प्रत्यास्थता का गुण विद्यमान रहता है, वह प्रत्यास्थ की सीमा (Elastic limit) कहलाती है।

सुघट्यता

वह गुण जिसके कारण वस्तु पुन: अपनी पूर्व अवस्था में आने का प्रयत्न नहीं करती है। सुघट्यता (Plasticity) कहलाती है तथा वह वस्तुएँ सुघट्य वस्तु कहलाती है।

विरूपक बल

वह बाह्य बल, जिसके कारण वस्तु के आकार अथवा आयतन में परिवर्तन हो जाता है, विरूपक बल (Deforming force) कहलाता है।

विकृति

किसी वस्तु पर बाह्य बल लगाने पर वस्तु की विमा (Dimension) में परिवर्तन तथा प्रारम्भिक विमा (लम्बाई, क्षेत्रफल, आयतन) के अनुपात को विकृति (Strain) कहते हैं। यह मात्रकहीन तथा विमाहीन भौतिक राशि है।

संरचना के आधार पर विकृतियाँ तीन प्रकार की होती हैं

- रेखीय विकृति (Longitudinal Strain) बाह्य बल लगने से वस्तु की लम्बाई में हुए परिवर्तन तथा प्रारम्भिक लम्बाई के अनुपात को रेखीय विकृति कहा जाता है।
- आयतन विकृति (Volumetric Strain) बाह्य बल लगने से वस्तु के आयतन में हुए परिवर्तन तथा प्रारम्भिक आयतन के अनुपात को आयतन विकृति कहा जाता है।
- अपरूपण विकृति (Shearing Strain) वस्तु के तल के समान्तर लगने वाले बल के द्वारा उत्पन्न विकृति को अपरूपण विकृति कहा जाता है।

अपरूपण विकृति $(\theta) = \frac{l}{L}$

प्रतिबल

- बाह्य बल के कारण वस्तु के अनुप्रस्थ-काट के एकांक क्षेत्रफल पर कार्य करने वाले आन्तरिक प्रतिक्रिया बल को प्रतिबल (Stress) कहते हैं, प्रतिबल का मात्रक न्यूटन/मी^{2} तथा विमा $[ML^{-1}\ T^{-2}]$ होती है।

$$\text{प्रतिबल} = \frac{\text{विरूपक बल}}{\text{क्षेत्रफल}}$$

प्रतिबल मुख्यत: दो प्रकार के होते हैं

(i) **अभिलंब प्रतिबल** (Normal Stress) जब वस्तु पर आरोपित बल पृष्ठ के लम्बवत् हो, तब वस्तु पर कार्यरत् प्रतिबल अभिलंब प्रतिबल कहलाता है।

अभिलम्ब प्रतिबल के प्रकार

तनन प्रतिबल | संपीडन प्रतिबल | आयतन प्रतिबल

(ii) **अपरूपण अथवा स्पर्श रेखीय प्रतिबल** (Shearing or Tangential Stress) वस्तु के आकार में परिवर्तन का विरोध करने वाले प्रति एकांक क्षेत्रफल पर कार्यरत् आंतरिक प्रतिक्रिया बल को स्पर्श रेखीय प्रतिबल कहते हैं।

प्रतिबल-विकृति वक्र

जब किसी तार को दृढ़ आधार से लटकाकर उस पर कोई भार लगाया जाता है, तो तार की लम्बाई में वृद्धि होती है। भार को धीरे-धीरे बढ़ाने पर विकृति किस प्रकार बदलती है, इसका अध्ययन प्रतिबल-विकृति ग्राफ (Stress-Strain Curve) द्वारा किया जाता है।

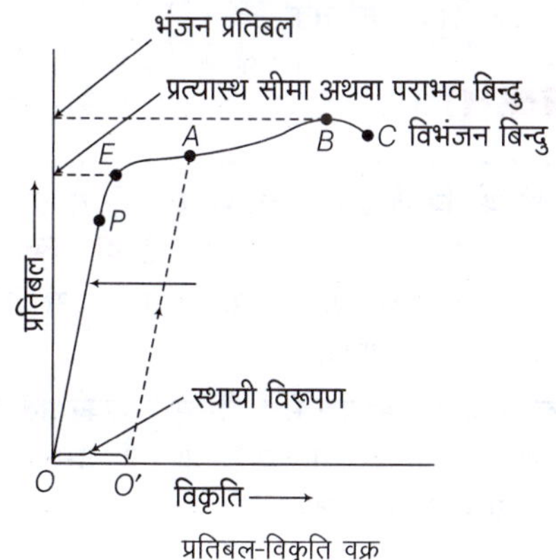

प्रतिबल-विकृति वक्र

- *प्रतिबल-विकृति वक्र के महत्त्वपूर्ण पद निम्नलिखित हैं*

(i) **पराभव बिन्दु** वह बिन्दु जिस पर बल हटाने पर भी तार अपनी पूर्वावस्था में तुरन्त नहीं लौट पाता है और कुछ समय बाद अपने मूल आकार को प्राप्त कर पाता है।

(ii) **प्लास्टिक व्यवहार** प्रत्यास्थता सीमा E के बाहर तार को खींचने पर इसकी लम्बाई में स्थायी वृद्धि उत्पन्न हो जाती है तथा भार को हटा लेने पर तार अपने मूल आकार में नहीं लौट पाता है। तार के इस व्यवहार को प्लास्टिक व्यवहार (Plastic Behaviour) कहते हैं।

(iii) **भंजक प्रतिबल** वह प्रतिबल, जो लम्बाई में वृद्धि के कारण अधिकतम हो जाता है, भंजक प्रतिबल (Breaking Stress) कहलाता है।

(iv) **विभंजक बिन्दु** वह बिन्दु, जिस पर पहुँचते-पहुँचते तार टूट जाता है, विभंजक बिन्दु (Fracture point) कहलाता हैं।

पदार्थों का वर्गीकरण

- **तन्य पदार्थ** वे पदार्थ जिनके पतले तार खींचे जा सकते हैं तथा जिनकी सुघट्यता परास अधिक होती है तन्य पदार्थ कहलाते हैं; जैसे सीसा, ताँबा आदि।
- **भंगुर पदार्थ** वे पदार्थ जो प्रत्यास्थता की सीमा को पार कर टूट जाते हैं; भंगुर पदार्थ कहलाते हैं; जैसे-काँच, स्टील आदि।
- **प्रत्यास्थ बहुलक पदार्थ** वे पदार्थ जिनमें प्रतिबल-विकृति वक्र सरल रेखा नहीं होता प्रत्यास्थ बहुलक पदार्थ कहलाते हैं; जैसे-रबड़।

हुक का नियम

- कम विरूपण के लिए प्रतिबल तथा विकृति एक-दूसरे के अनुक्रमानुपाती होते हैं। यही हुक का नियम (Hooke's law) कहलाता है।

इस प्रकार, $\text{प्रतिबल} \propto \text{विकृति}$

$$\text{प्रतिबल} = k \times \text{विकृति}$$

- जहाँ, k एक अनुक्रमानुपातिकता स्थिरांक है और इसे प्रत्यास्थता गुणांक (Modulus of elasticity) कहते हैं। इसका मात्रक न्यूटन/मी^{2} होता है।

(i) **यंग प्रत्यास्थता गुणांक** (Young's modulus of elasticity) प्रत्यास्थता की सीमा के अंदर किसी वस्तु में उत्पन्न अनुदैर्ध्य प्रतिबल तथा उसके संगत उत्पन्न अनुदैर्ध्य विकृति के अनुपात को उस वस्तु के पदार्थ का यंग प्रत्यास्थता गुणांक कहते हैं।

$$\gamma = \frac{\left(\frac{F}{A}\right)}{\left(\frac{\Delta L}{L}\right)} = FL / A\Delta L$$

धातुओं के लिए यंग प्रत्यास्थता गुणांक अधिक होता है। इसलिए इन पदार्थों में लंबाई में थोड़ा-सा अंतर उत्पन्न करने के लिए बहुत अधिक बल की आवश्यकता होती है।

नोट *ताँबा, पीतल तथा ऐल्युमीनियम से इस्पात (Steel) अधिक प्रत्यास्थ होता है। इसी कारण से अधिक काम में ली जाने वाली मशीनों और संरचनात्मक डिजाइनों में इस्पात को अधिक वरीयता दी जाती है। लकड़ी, अस्थि, कंक्रीट तथा काँच के यंग प्रत्यास्थता गुणांक कम होते हैं।*

(ii) **आयतन प्रत्यास्थता गुणांक** (Bulk modulus of elasticity) प्रत्यास्थता सीमा के अंदर अभिलंब प्रतिबल तथा आयतन विकृति के अनुपात को आयतन प्रत्यास्थता गुणांक कहते हैं।

$$B = \frac{-\Delta p V}{\Delta V}$$

किसी पदार्थ के आयतन प्रत्यास्थता गुणांक के व्युत्क्रम को उस पदार्थ की संपीड्यता (Compressibility) कहते हैं। इसका मात्रक मीटर^2/न्यूटन होता है। गैसों की संपीड्यता सबसे अधिक होती है।

(iii) **दृढ़ता गुणांक** (Modulus of Rigidity) कम विरूपण के लिए, अपरूपण प्रतिबल और अपरूपण विकृति के अनुपात को वस्तु के पदार्थ का दृढ़ता गुणांक कहते हैं।

$$\eta = \frac{F/A}{\theta} = \frac{F}{A\theta}$$

पॉयसन अनुपात

प्रत्यास्थता की सीमा में पार्श्विक विकृति तथा अनुदैर्ध्य विकृति का अनुपात वस्तु के पदार्थ का पॉयसन अनुपात (Poisson's ratio) कहलाता है।

दाब

- किसी सतह के सम्पूर्ण क्षेत्रफल पर लगने वाले लम्बवत् बल को दाब कहते हैं। यह एक सदिश राशि है। इसका SI मात्रक न्यूटन/मी^{2} या पास्कल होता है।

$$p = \frac{F}{A}$$

- *दाब के दैनिक जीवन में अनुप्रयोग निम्नलिखित हैं*
  - बैग तथा सूटकेस के हत्थों को चौड़ा बनाना
  - सुई, ऑलपिन आदि को आगे से नुकीली बनाना
  - रेल की पटरियाँ लोहे के तख्तों पर बनाना

वायुमण्डलीय दाब

- वायुमण्डल द्वारा आरोपित दाब वायुमण्डलीय दाब (Atmospheric pressure) कहलाता है, इसे बैरोमीटर द्वारा मापा जाता है।
- वायुमण्डलीय दाब का मात्रक टॉर तथा बार भी होता है।

  1 टॉर = 1 मिमी पारे के स्तम्भ की ऊँचाई का दाब
  = 133.32 पास्कल
- समुद्र तल पर वायुमण्डलीय दाब लगभग 1.013×10^5 न्यूटन/मी^{2} होता है।
- वायुमण्डलीय दाब पृथ्वी की सतह पर अधिकतम होता है तथा पृथ्वी की सतह के ऊपर जाने पर वायुमण्डलीय दाब घटता है।
- वायुमण्डलीय दाब ताप बढ़ने पर तथा जलवाष्प की उपस्थिति में घटता है।

  उदाहरण पहाड़ों पर खाना बनाने में कठिनाई होना, वायुयान में फाउण्टेन पैन की स्याही का रिसना, अधिक ऊँचाई पर नाक से खून निकलना इत्यादि।

घनत्व

- पदार्थ के द्रव्यमान तथा आयतन के अनुपात को इसका घनत्व (Density) कहा जाता है।

  अर्थात्
$$\text{घनत्व} = \frac{\text{द्रव्यमान } (m)}{\text{आयतन } (V)}$$

  यह एक अदिश राशि है तथा इसका मात्रक किग्रा/मी^{3} होता है।

आपेक्षिक घनत्व

- किसी पदार्थ का आपेक्षिक घनत्व r, द्रव के घनत्व तथा 4° C पर जल के घनत्व के अनुपात के बराबर होता है अर्थात्

$$\text{द्रव का आपेक्षिक घनत्व} = \frac{\text{द्रव का घनत्व}}{4°\text{C पर जल का घनत्व}}$$

$$= \frac{\text{द्रव में उपस्थित ठोस की भार कमी}}{\text{जल में उपस्थित ठोस की भार कमी}}$$

- यह मात्रकहीन तथा विमाहीन राशि है।

तरल

ऐसे पदार्थ जो बाह्य बल के प्रभाव में बह सकते हैं, तरल (Fluid) कहलाते हैं, द्रव और गैस तरल पदार्थ है।

तरल पदार्थों के यान्त्रिक गुण निम्नलिखित हैं

तरल में दाब

- द्रव पदार्थों का दाब, उनके भार के कारण होता है। द्रव के अन्दर किसी बिन्दु पर द्रव के कारण लगने वाला दाब, द्रव की सतह से उस बिन्दु की गहराई h, द्रव के घनत्व ρ तथा गुरुत्वीय त्वरण g के गुणनफल के बराबर होता है,

  अर्थात् दाब $(p) = h\rho g$
- गहराई बढ़ने के साथ-साथ द्रव का दाब बढ़ता जाता है।

पास्कल का नियम

इस नियम के अनुसार, सन्तुलन की अवस्था में द्रव के अन्दर प्रत्येक बिन्दु पर दाब समान होता है तथा किसी बर्तन में बन्द द्रव के किसी भाग पर आरोपित बल, द्रव द्वारा सभी दिशाओं में समान परिमाण में संचरित कर दिया जाता है। इस अवस्था में गुरुत्वीय बल नगण्य होता है।

उदाहरण–हाइड्रोलिक लिफ्ट एवं ब्रेक

उत्प्लावकता

- जब किसी वस्तु को किसी द्रव में डुबोया जाता है, तो द्रव द्वारा वस्तु पर ऊपर की ओर एक बल लगता है, इस बल को **उत्प्लावन बल** (Buoyant force) या उत्क्षेप कहते हैं तथा द्रव की इस प्रवृत्ति को उत्प्लावकता (Buoyancy) कहते हैं।
- उत्प्लावन बल के कारण ही द्रव में भारी वस्तु हल्की प्रतीत होती है। जैसे-जैसे किसी वस्तु को द्रव में डुबोया जाता है, उस पर लगने वाले उत्प्लावन बल का मान बढ़ता जाता है।

आर्किमिडीज का सिद्धान्त

- जब किसी द्रव में कोई वस्तु पूर्ण अथवा आंशिक रूप से डुबोई जाती है, तो उसके भार में कमी आ जाती है। भार में यह आभासी कमी वस्तु द्वारा हटाए गए द्रव के भार के बराबर होती है।
- इस सिद्धान्त के अनुसार, किसी ठोस का आपेक्षिक घनत्व

$$= \frac{\text{ठोस का वायु में भार}}{\text{जल में ठोस के भार में कमी}}$$

आर्किमिडीज़ के सिद्धांत के अनुप्रयोग निम्नलिखित हैं

- जलयानों तथा पनडुब्बियों के डिज़ाइन बनाने में।

- दुग्धमापी (Lactometer) में दूध के किसी नमूने की शुद्धता की जाँच करने के लिए प्रयुक्त होते हैं।
- हाइग्रोमीटर (Hygrometer) में द्रवों के घनत्व मापने के लिए प्रयुक्त होते हैं। पदार्थ का आपेक्षिक घनत्व (Relative density) ज्ञात करने में।

तैरने के नियम

- वस्तु का भार इसके डूबे हुए भाग द्वारा विस्थापित द्रव के भार के बराबर होता है और वस्तु का गुरुत्व केन्द्र तथा विस्थापित द्रव का गुरुत्व केन्द्र एक ही उदग्र रेखा पर स्थित होता है। जब कोई वस्तु किसी द्रव में डुबोई जाती है, तो उस पर दो बल कार्य करते हैं
  - वस्तु का भार (w) नीचे की ओर
  - द्रव का उत्क्षेप (Upthrust) या उत्प्लावन बल (Buoyant force) (w_1) ऊपर की ओर

द्रव में वस्तु की निम्न तीन स्थितियाँ संभव हैं

(a) जब $w > w_1$, तब इस दशा में वस्तु द्रव में डूब जाएगी।

(b) जब $w = w_1$, तब इस दशा में वस्तु ठीक द्रव की सतह के नीचे तैरती रहती है।

(c) जब $w < w_1$, तब इस दशा में वस्तु का कुछ भाग द्रव के ऊपर रहता है और वस्तु द्रव में तैरती रहती है।

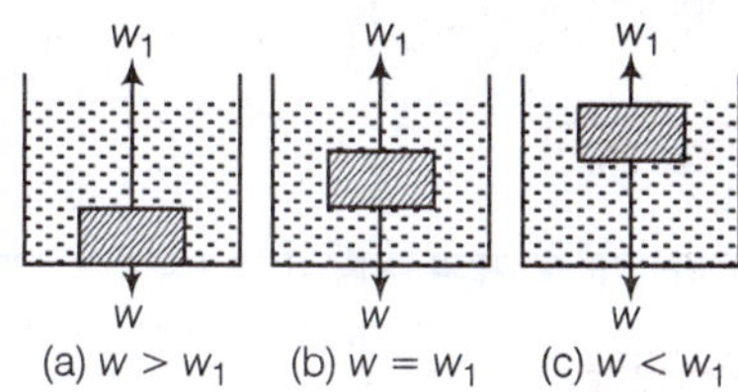

(a) $w > w_1$ (b) $w = w_1$ (c) $w < w_1$

उत्प्लावकता से सम्बधित घटनाएँ

उत्प्लावकता से सम्बन्धित महत्त्वपूर्ण घटनाएँ निम्न हैं

- लोहे से बना जहाज समुद्र में तैरता है, परंतु लोहे की कील डूब जाती है। लोहे की कील की बनावट इस प्रकार बनी होती है कि उसका भार, उसके द्वारा हटाए गए जल के भार से बहुत अधिक होता है। इसी कारण वह जल में डूब जाती है।
- जैसे ही जहाज समुद्र में प्रवेश करता है, तो उसके द्वारा (उसकी बनावट के कारण) इतना जल हटा दिया जाता है कि हटाए गए जल का भार, जहाज (जहाज व उसके समस्त सामान सहित) के कुल भार के बराबर हो जाता है। इसी कारण जहाज जल में तैरता रहता है।
- नदी के जल की अपेक्षा समुद्र के जल में तैरना अधिक आसान होता है
- किसी पात्र में तैरते समय बर्फ का $\frac{9}{10}$वाँ भाग पानी के भीतर डूबा रहता है, जबकि मात्र $\frac{1}{10}$ वाँ भाग ही पानी से बाहर रहता है, यही कारण है कि बर्फ पानी में सदैव तैरता रहता है। 4°C ताप पर जल का घनत्व महत्तम होता है तथा बर्फ का टुकड़ा पानी की सतह पर तैरता है, क्योंकि इसका घनत्व (0.92 ग्राम/सेमी^{3}) पानी के घनत्व (1 ग्राम/सेमी^{3}) से कम होता है।
- मानव के शरीर का घनत्व पानी के घनत्व से कम होता है, किन्तु इसके मस्तिष्क का घनत्व पानी के घनत्व से अधिक होता है। अत: तैरते समय तैराक अपने हाथ तथा पैरों से पानी को विस्थापित करता है।
- यदि ρ_1 घनत्व तथा V_1 आयतन वाली वस्तु को ρ_2 घनत्व वाले किसी द्रव में डुबोया जाए और वस्तु का V_2 आयतन पानी के अन्दर हो, तो

$$\frac{V_2}{V_1} = \frac{\rho_1}{\rho_2}$$

मित केन्द्र

किसी भी तैरती हुई वस्तु द्वारा विस्थापित द्रव के गुरुत्व केन्द्र तथा उत्प्लावन केन्द्र से गुजरने वाली ऊर्ध्वाधर रेखा का प्रतिच्छेदन जिस बिन्दु पर होता है, वही मित केन्द्र (Meta centre) कहलाता है।

द्रवों का प्रवाह

द्रव के कणों के प्रवाह के आधार पर द्रव का प्रवाह निम्नलिखित दो प्रकार से होता है।

द्रव का प्रवाह

धारा रेखीय प्रवाह
वह प्रवाह, जिसमें द्रव का प्रत्येक कण अपने आगे आने वाले कण के मार्ग का अनुसरण करता है, धारा रेखीय प्रवाह (Streamilined flow) कहलाता है।

विक्षुब्ध प्रवाह
यदि द्रव के प्रवाह में किसी एक बिन्दु से होकर गुजरने वाले द्रव के कण भिन्न-भिन्न वेगों से भिन्न-भिन्न मार्गों से होकर गुजरे तब द्रव का वह प्रवाह विक्षुब्ध प्रवाह (Turubulant flow) कहलाता है।

सातत्य समीकरण : अविरतता का सिद्धान्त

जब कोई अश्यान तरल किसी नली से होकर गुजरता है, तो नली के प्रत्येक अनुप्रस्थ-काट के लिए द्रव के वेग तथा क्षेत्रफल का गुणनफल नियत रहता है।

अर्थात् Av = नियतांक

जहाँ, A = क्षेत्रफल,

v = वेग

इसे सातत्य समीकरण (Equation of continuity) कहा जाता है। यह द्रव्यमान संरक्षण पर आधारित है।

बरनौली की प्रमेय

- इस प्रमेय के अनुसार, "जब कोई असंपीड्य तथा अश्यान द्रव अथवा गैस अर्थात् आदर्श तरल धारा रेखीय प्रवाह में प्रवाहित होती है, तो उसके पथ के प्रत्येक बिन्दु पर, द्रव या तरल की कुल ऊर्जा अर्थात् दाब ऊर्जा, गतिज ऊर्जा तथा स्थितिज ऊर्जा का योग सदैव नियत रहता है।" अत: बरनौली प्रमेय (Bernoulli's theorem) के अनुसार,

$$p + \frac{1}{2}\rho v^2 + \rho g h = \text{नियतांक}$$

बरनौली की प्रमेय ऊर्जा के संरक्षण नियम पर आधारित है।

बरनौली प्रमेय के अनुप्रयोग

बरनौली प्रमेय के अनुप्रयोग निम्नलिखित हैं

- हवाई जहाज के पंखों की आकृति इस प्रकार रखी जाती है कि उनकी ऊपरी सतह की वक्रता निचली सतह की वक्रता से अधिक होती है तथा सामने का किनारा गोल एवं पीछे का किनारा चपटा होता है।
- आँधी में टीन शेड के ऊपर वेग अधिक एवं दाब कम हो जाता है, जबकि नीचे वायुमण्डलीय दाब ही रहता है। इसी दाबान्तर के कारण ही टीन ऊपर उठ जाता है।
- गहरा जल शान्त होता है, जबकि उथला जल गतिशील होता है।

श्यानता

- द्रवों के प्रवाह के दौरान, जब द्रव की एक परत उसी द्रव की दूसरी परत पर फिसलती है, तो द्रव की परतों के मध्य घर्षण बल कार्य करता है। यह बल परतों की आपेक्षिक गति को समाप्त करने का प्रयत्न करता है। इस बल को आंतरिक घर्षण अथवा श्यान बल (Viscous force) कहते हैं तथा द्रव का यह गुण श्यानता (Viscosity) कहलाता है।
- पतले द्रव; जैसे-पानी, एल्कोहॉल आदि गाढ़े तरलों; जैसे-कोलतार, रक्त, ग्लिसरीन आदि की अपेक्षा कम श्यान होते हैं।
- द्रव की श्यानता ताप बढ़ने पर घटती है, जबकि गैसों की श्यानता ताप बढ़ने पर बढ़ती है।
- किसी बर्तन में रखे द्रव को बिलोकर छोड़ देते हैं, तो थोड़ी देर में द्रव स्वयं ही ठहर जाता है।

नोट : *गाढ़े द्रव में अधिक श्यानता होती है (जैसे-कोलतार, ग्लिसरीन, शहद आदि)। अतः गाढ़े द्रव पतले द्रवों की अपेक्षा शीघ्र ठहर जाते हैं। जितना तेज हम वायु में चल सकते हैं, उतना तेज जल में नहीं चल सकते, क्योंकि वायु की तुलना में जल की श्यानता बहुत अधिक है।*

- बादल के कण वायु की श्यानता के कारण बहुत धीरे-धीरे नीचे आ पाते हैं तथा वे आकाश में ही तैरते हुए प्रतीत होते हैं।

श्यानता गुणांक

- किसी बहते हुए द्रव की किन्हीं दो परतों के बीच कार्य करने वाला श्यान बल (F_1) परतों के स्पर्श क्षेत्रफल तथा परतों के बीच के वेग प्रवणता $\left(\frac{\Delta v}{\Delta z}\right)$ के समानुपाती होता है।

$$F = \pm \eta A \frac{\Delta v}{\Delta z}$$

जहाँ, η श्यानता गुणांक (Viscosity coefficient) कहलाता है।
यदि $A = 1$ तथा $\frac{\Delta v}{\Delta z} = 1$ हो, तो

$$\eta = \pm F$$

श्यानता गुणांक का SI मात्रक प्वॉइजले (Poiselle) तथा इसके अन्य मात्रक किग्रा/मी-से या न्यूटन से/मी^{2} होते हैं।

स्टोक्स का नियम

स्टोक्स ने यह सिद्ध किया कि यदि r त्रिज्या का एक सूक्ष्म गोला किसी अनन्त विस्तार वाले पूर्णतः समांग श्यान माध्यम (द्रव अथवा गैस) में सीमान्त चाल v से गति करें, तो गोले पर कार्य करने वाला श्यान बल, $F = 6\pi \eta r v$ होगा जहाँ, η इस माध्यम का श्यानता गुणांक है। यह स्टोक्स का नियम है।

सीमान्त वेग

- जब एक सूक्ष्म गोलाकर पिंड किसी द्रव में नीचे की ओर गिरता है, तो गुरुत्वीय बल के कारण इसका वेग बढ़ता जाता है तथा पिंड के विपरीत कार्य करने वाला श्यान बल भी बढ़ता जाता है।
- एक स्थिति के बाद श्यान बल गुरुत्वीय बल को संतुलित कर देता है और पिण्ड एक नियत वेग से नीचे गिरता है। पिंड का यह नियत वेग सीमान्त वेग (Terminal velocity) कहलाता है।

$$\text{सीमान्त वेग } (v) = \frac{2}{9} \frac{r^2(\rho - \sigma)g}{\eta}$$

जहाँ, r = गोलाकार पिण्ड की त्रिज्या
ρ = पिण्ड का घनत्व
σ = द्रव का घनत्व
η = श्यानता गुणांक

अंतराण्विक बल

किसी भी पदार्थ के अणुओं के मध्य कार्यरत् बल को अंतराण्विक बल (Intermolecular forces) कहते हैं। सामान्यतः यह बल आकर्षण प्रकृति (Attractive nature) का होता है।

अंतराण्विक बल दो प्रकार के होते हैं

(i) संसजक बल

(ii) आसंजक बल

ससंजक तथा आसंजक बल

एक ही पदार्थ के विभिन्न अणुओं के बीच लगने वाले आकर्षण बल को **ससंजक बल** (Cohesive force) कहते हैं तथा दो भिन्न-भिन्न पदार्थों के अणुओं के बीच कार्य करने वाले आकर्षण बल को **आसंजक बल** (Adhesive force) कहते हैं।

ससंजक बलों के कारण

- जल से भीगी दो काँच की चपटी प्लेटों को अलग- अलग करने में जल के अणुओं के बीच ससंजक बल के विरुद्ध काफी बल लगाना पड़ता है।
- यदि ठोसों के सम्पर्क तलों को गर्म करके द्रवित कर लें, तो द्रव अवस्था में पदार्थ के अणु दोनों ठोसों के तलों के बीच के स्थानों को भर देते हैं तथा ठण्डा होने पर वे दोनों तल चिपक जाते हैं। यही वैल्डिंग द्वारा धातुओं को जोड़ने की क्रिया है।

आसंजक बल के कारण

- दो विभिन्न पदार्थ परस्पर सम्पर्क में आते हैं। काँच की प्लेट जल में डालने पर इसलिए गीली हो जाती है, क्योंकि जल के अणु काँच के अणुओं से आसंजक बल के कारण चिपक जाते हैं।
- रेशमी अथवा नाइलॉन के कपड़े से वस्तुओं को आसानी से नहीं पोछा जा सकता, क्योंकि इनका जल के लिए आसंजक बल कम होता है।

पृष्ठ तनाव

- किसी द्रव का मुक्त पृष्ठ को सिकुड़कर न्यूनतम क्षेत्रफल ग्रहण करने की प्रवृत्ति को द्रव का पृष्ठ तनाव (Surface tension) कहते हैं। यह सतह पर खींची काल्पनिक रेखा की एकांक लम्बाई पर लगने वाला अभिलम्बीय बल (F) द्वारा परिभाषित होता है।

अर्थात् $$\text{पृष्ठ तनाव} = \frac{F}{L}$$

जहाँ, L = काल्पनिक रेखा की लम्बाई

पृष्ठ तनाव का SI मात्रक न्यूटन/मी (N/m) है।

पृष्ठ तनाव के उदाहरण निम्नलिखित हैं

- गोलाकार आकृति के लिए सतही क्षेत्रफल न्यूनतम होता है, इसलिए वर्षा की बूँदें गोलाकार आकृतियों की होती हैं।
- शेविंग तथा पेंटिग ब्रुश के बाल पानी के अन्दर फैल जाना तथा बाहर निकालते ही आपस में चिपक जाना।
- साबुन के घोल को गर्म कर पृष्ठ तनाव कम कर दिया जाता है, जिससे कपड़ों की अधिक सफाई होती है।
- घाव धोने वाली दवाइयों का पृष्ठ तनाव जल की अपेक्षा कम होता है।
- गर्म सूप का पृष्ठ तनाव ठण्डे सूप की अपेक्षा कम होना।

पृष्ठ तनाव को प्रभावित करने वाले कारक निम्नलिखित हैं

- तापमान (Temperature) तापमान बढ़ाने पर सतह का पृष्ठ तनाव घटता है तथा तापमान घटाने पर पृष्ठ तनाव बढ़ता है।
- घुलनशील अशुद्धि (Soluble Impurity) यदि किसी द्रव में उपस्थित अशुद्धि अल्प घुलनशील है, तो द्रव का पृष्ठ तनाव घटता है तथा यदि अशुद्धि पूर्ण घुलनशील हो, तो पृष्ठ तनाव बढ़ता है। उदाहरण-जल को डिटर्जेन्ट में मिलाना।
- अघुलनशील अशुद्धि (Insoluble Impurity) प्रदूषण के कारण द्रवों का पृष्ठ तनाव घटता है। अघुल्य अशुद्धि की उपस्थिति में
  - क्रान्तिक ताप पर द्रवों का पृष्ठ तनाव शून्य होता है।
  - साबुन, डेटौल, अपमार्जक आदि के उपयोग से पानी का पृष्ठ तनाव घटाया जाता है तथा यदि पानी में लवण को मिलाया जाए, तो पानी का पृष्ठ तनाव बढ़ता है। पानी की सतह पर तेल के छिड़काव द्वारा भी इसका पृष्ठ तनाव कम किया जाता है।

पृष्ठीय ऊर्जा

- जब किसी द्रव के पृष्ठ का क्षेत्रफल बढ़ता जाता है, तो कुछ अणु द्रव के भीतर से पृष्ठ पर आ जाते हैं।
- इन अणुओं को पृष्ठ के ठीक नीचे आने वाले अणुओं के ससंजक बल के विरुद्ध कुछ कार्य करना पड़ता है।
- यह कार्य पृष्ठ में स्थितिज ऊर्जा के रूप में संचित हो जाता है। इस ऊर्जा को पृष्ठ ऊर्जा कहते हैं।
- द्रव की सतह के एकांक क्षेत्रफल में संचित ऊर्जा **पृष्ठीय ऊर्जा** (Surface Energy) कहलाती है।
- यह सतह पर स्थित अणुओं की स्थितिज ऊर्जा के रूप में संचित रहती है। यदि द्रव की सतह में संचित ऊर्जा U तथा इसका **पृष्ठीय क्षेत्रफल** A हो, तो

$$\text{पृष्ठीय ऊर्जा } (S) = \frac{U}{A}$$

स्पर्श कोण

- द्रव व ठोस के किसी स्पर्श बिन्दु से द्रव के पृष्ठ पर खींची गई स्पर्श रेखा तथा ठोस के पृष्ठ पर द्रव के अन्दर की ओर खींची गई स्पर्श रेखा के बीच बने कोण को उस ठोस तथा द्रव के लिए **स्पर्श कोण** (Angle of contact) कहा जाता है।
- स्पर्श कोण सदैव द्रव के अनुदिश मापा जाता है। द्रव का ताप बढ़ाने से स्पर्श कोण बढ़ता है।

केशिकात्व

ऐसी खोखली नलियाँ जिनकी त्रिज्या केश के समान बारीक होती हैं, केशनली (Capillary) कहलाती है। केशनली को जल में खड़ा करने पर उसमें जल अपने सामान्य तल से कुछ ऊपर उठ जाता है। इस प्रक्रिया को **केशिकात्व** (Capillarity) कहते हैं।

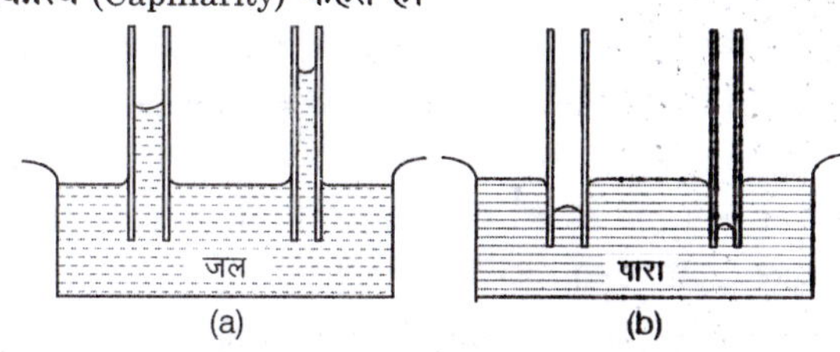

(a) (b)

- जिन द्रवों के लिए स्पर्श कोण, अधिक कोण है, वे केशनली में नीचे उतर आते हैं तथा जिन द्रवों के लिए स्पर्श कोण **न्यून कोण** है, वे केशनली में ऊपर चढ़ जाते हैं।

केशिकात्व के उदाहरण

1. किसान वर्षा होने पर खेत को जोत देते हैं, जिससे मिट्टी में बनी केशनलियाँ टूट जाएँ और नीचे नमी बनी रहे। यह जल पौधों के काम आता है। यदि जुताई न करे, तो जल मिट्टी की केशनलियों द्वारा ऊपर तक आ जायेगा और वाष्प बनकर उड़ जाएगा।
2. स्याही-सोखता सरन्ध्र (Porous) होता है। जब इसे गीली स्याही पर रखते हैं, तो स्याही इसके महीन छिद्रों में चढ़ जाती है।
3. लिखने की निब की नोंक बीच से चिरी होती है, जिससे इसमें छोटी-सी बारीक केशनली बन जाती है। जब इसे स्याही में डुबोते हैं, तो कुछ स्याही केशनली में चढ़ जाती है।
4. हमारे शरीर में भी केशिका ट्यूब होती है, जो रक्त जैसे छोटे नमूने खींचती है।
5. जब एक संकीर्ण स्ट्रॉ को पानी के गिलास में रखा जाता है, तो पानी स्ट्रॉ में ऊपर चढ़ जाता है। ऐसा इसलिए होता है क्योंकि पानी के अणु स्ट्रॉ के अणुओं को आकर्षित करते हैं।

ऊष्मा ऊर्जा का रूप है, जबकि ताप, ऊर्जा की मात्रा का मापन है। ऊष्मागतिकी, (ऊर्जा, ऊष्मा, तापमान) इन तीनों के मध्य सम्बन्ध का अध्ययन करती है।

अध्याय सात

ऊष्मा, ताप तथा ऊष्मागतिकी

ऊष्मा

- ऊष्मा (Heat) ऊर्जा का ही एक रूप है, जिसके कारण गरमाहट या ठण्डक की अनुभूति होती है। दो वस्तुओं के बीच उनके तापान्तर के कारण ही ऊष्मा एक वस्तु से दूसरी वस्तु में स्थानान्तरित होती है।
- यह सबसे पहले रमफोर्ड (Rumford) द्वारा पहचानी गई, बाद में डेवी (Davy) ने बर्फ के दो टुकड़ों को घिसकर गलाने के पश्चात् इस तथ्य को सुनिश्चित किया।
- ऊष्मा जूल, अर्ग तथा कैलोरी में मापी जाती है। ऊष्मा का परिमाण मापने वाले उपकरण को **कैलोरीमीटर** कहते हैं।
- 1 ग्राम जल का तापमान 1°C बढ़ाने के लिए जितनी ऊष्मा की आवश्यकता होती है, उसे 1 **कैलोरी ऊष्मा** कहा जाता है।

$$1 \text{ कैलोरी} = 4.18 \text{ जूल}$$
$$1 \text{ किलो कैलोरी} = 4.186 \times 10^3 \text{ जूल}$$

ऊष्मा के प्रभाव

- किसी वस्तु पर ऊष्मा के प्रभाव से उसके भौतिक संरचना तथा रंग-रूप, आयतन, ताप एवं अवस्था आदि में परिवर्तन होते हैं; जैसे—
  - **ताप में परिवर्तन** साधारणत: सभी वस्तुओं को गर्म करने पर होता है।
  - **आयतन में परिवर्तन** साधारणत: प्रत्येक वस्तु में ऊष्मा परिवर्तन के कारण होता है। साधारणत: ऊष्मा की मात्रा बढ़ने से उसका आयतन बढ़ता है।
  - **अवस्था में परिवर्तन** तापमान में परिवर्तन के कारण होती हैं और ताप में परिवर्तन ऊष्मा के कारण होता है। अत: अवस्था परिवर्तन ऊष्मा के कारण होता है।

ताप

- किसी वस्तु का वह भौतिक गुण है, जो वस्तु या पदार्थ में ऊष्मा संचरण की दिशा का निर्धारण करता है, ताप (Temperature) कहलाता है। यह एक अदिश राशि है, जिसका SI मात्रक **केल्विन** (K) है। प्रयोगशाला में प्राप्त अधिकतम ताप लगभग 10^8 K होता है, जबकि न्यूनतम सम्भव मान 10^{-8} K होता है। सूर्य के केन्द्रीय भाग का ताप 10^7 K होता है, जबकि बाहरी सतह का ताप 6000 K होता है। मानव शरीर का ताप 310.15 K (37°C = 98.6° F) होता है।
- ठण्डे देशों में जहाँ न्यूनतम तापमान –40° C तक चला जाता है, वहाँ पारायुक्त तापमापी का प्रयोग नहीं किया जाता है, क्योंकि पारा –39°C पर ही जमने लगता है, वहाँ ऐल्कोहॉल युक्त तापमापी का प्रयोग किया जाता है, क्योंकि यह –115°C पर जमता है।
- किसी वस्तु का न्यूनतम तापमान – 273°C या 0 K हो सकता है, इससे न्यूनतम तापमान, किसी वस्तु का सम्भव नहीं हो सकता है।

तापमान के पैमाने

इसके निर्धारण के लिए दो बिन्दु आवश्यक होते हैं, **हिमांक** (बर्फ बिन्दु) (ताप जिस ताप पर कोई द्रव पदार्थ जमकर ठोस रूप में परिवर्तित होता है) एवं **क्वथनांक** (भाप बिन्दु) (ताप जिस ताप पर कोई द्रव पदार्थ उबलकर वाष्प में परिवर्तित होता है)

तापमान में प्रयुक्त होने वाले चार मुख्य पैमाने निम्न सारणी में हैं

तापक्रम पैमाने

क्र. सं.	तापक्रम पैमाने	आविष्कारक	परिभाषा
1.	सेल्सियस (°C) (Celsius scale)	1730 ई. में सेल्सियस (स्वीडन) ने	इस पैमाने में बर्फ के पिघलने के ताप (हिमांक) को 0°C तथा जल के उबलने के ताप (भाप बिन्दु) को 100°C माना गया है तथा इनके बीच की दूरी को 100 बराबर भागों में बाँटा गया है। प्रत्येक भाग को 1°C कहते हैं।
2.	फारेनहाइट (°F) (Fahrenheit scale)	1717 ई. में फारेनहाइट (जर्मनी) ने	इसमें हिमांक को 32°F तथा भाप बिन्दु को 212°F पर अंकित किया जाता है। डॉक्टरी थर्मामीटर में फारेनहाइट पैमाने का प्रयोग किया जाता है।
3.	केल्विन (K) (Kelvin scale)	सन् 1852 ई. में लॉर्ड केल्विन	इसमें हिमांक को 273K पर अंकित किया जाता है। इस पैमाने पर 0 K को परम शून्य (Absolute zero) कहते हैं तथा यह सैद्धान्तिक माना जाता है।
4.	रियुमर (R) (Reaumer scale)	1731 ई. में फ्रांस के रियुमर ने	इसमें हिमांकों को 0R तथा भाप बिन्दु को 80R पर अंकित किया जाता है तथा इनके बीच की दूरी को 80 बराबर भागों में बाँट दिया जाता है।

उपरोक्त चारों प्रकार के पैमानों में सम्बन्ध निम्न प्रकार का है

$$\frac{C}{5} = \frac{F-32}{9} = \frac{R}{4} = \frac{K-273}{5}$$

कुछ पैमाने जो समान ताप पर समान रहते हैं

- –40° C ताप पर फारेनहाइट एवं सेल्सियस पैमाने समान होते हैं।
- –574.25° C ताप पर फारेनहाइट एवं केल्विन पैमाने समान होते हैं।
- –25.6° C ताप पर फारेनहाइट व रियूमर पैमाने समान होते हैं।
- –0° C ताप पर सेल्सियस व रियूमर पैमाने समान होते हैं।

तापमापी

- वह युक्ति, जो ताप मापने के लिए प्रयोग की जाती है, तापमापी (Thermometer) कहलाती है। पदार्थों के बहुत-से भौतिक गुणों में ताप के साथ पर्याप्त परिवर्तन होते हैं, जैसे कुछ गुणों को तापमापी की रचना का आधार मानकर उपयोग किया जाता है।
- उदाहरण-सामान्य काँच में द्रव प्रकार के तापमापियों में पारा, एल्कोहॉल आदि का उपयोग किया जाता है।

कुछ तापमापी एवं उनके सामान्य प्रयोग की निम्नलिखित सारणी हैं

द्रव तापमापी

- द्रव तापमापी (Liquid thermometer) का सिद्धान्त तापमान परिवर्तन के साथ द्रव के आयतन में परिवर्तन पर आधारित होता है।
- द्रव तापमापी में ऊष्मीय प्रसार (Thermal expansion) के गुण का प्रयोग होता है। द्रव तापमापी में काँच की केशनली में द्रव स्तम्भ की लम्बाई, ताप मापन के लिए प्रयुक्त होती है। इसके निम्न दो प्रकार हैं

(i) एल्कोहॉल तापमापी (Alcohol Thermometer) जब द्रव तापमापी में एल्कोहॉल का प्रयोग करते हैं, तो इसे एल्कोहॉल तापमापी कहते हैं। चूँकि एथिल एल्कोहॉल का हिमांक अत्यन्त निम्न (–114° C) होता है, अत: इसका प्रयोग अति ठण्डे प्रदेशों में ताप मापन के लिए करते हैं।

(ii) पारा तापमापी (Mercury thermometer) द्रव तापमापी में पारा का उपयोग करके पारा तापमापी बनाते हैं। इसका प्रयोग मानव शरीर का ताप मापने में किया जाता है। डॉक्टरी प्रयोग के कारण इसे डॉक्टरी थर्मामीटर (Clinical Thermometer) भी कहते हैं।

गैस तापमापी

- स्थिर आयतन हाइड्रोजन गैस तापमापी से 500°C तक के ताप को मापा जा सकता है।
- हाइड्रोजन की जगह नाइट्रोजन का उपयोग करने पर 1500°C तक के ताप को मापा जा सकता है।

प्लेटिनम प्रतिरोध तापमापी

- किसी धातु के तार का विद्युत प्रतिरोध तार का ताप बढ़ाने पर बढ़ जाता है। इस विद्युत प्रतिरोध में हुए परिवर्तन को मापने के सिद्धान्त पर यह तापमापी का कार्य करता है।
- इसके द्वारा –200°C से 1200°C तक के ताप को मापा जा सकता है।

पूर्ण विकिरण तापमापी

- इस तापमापी की सहायता से अत्यधिक ऊँचे एवं दूर स्थित वस्तुएँ; जैसे—सूर्य के तापों की माप की जाती है। यह तापमापी **स्टीफन के नियम** पर आधारित है।
- इस तापमापी से प्राय: 800°C से ऊँचे तापों को ही मापा जा सकता है। इसका कारण यह है कि 800°C से कम ताप की वस्तुएँ ऊष्मीय विकिरण उत्सर्जित नहीं करती हैं।

तापीय प्रसार

जब किसी पदार्थ को गर्म किया जाता है, तो ताप बढ़ने से पदार्थ के आकार में वृद्धि हो जाती है। इसी को पदार्थ का ऊष्मीय प्रसार या तापीय प्रसार (Thermal Expansion) कहते हैं। यह प्रसार ठोसों में सबसे कम तथा गैसों में सर्वाधिक होता है।

ठोस का ऊष्मीय प्रसार

- ठोस का रेखीय प्रसार जब ठोस पदार्थ की छड़ को गर्म करने पर यदि केवल छड़ की लम्बाई में वृद्धि हो, तो इस प्रकार के ऊष्मीय प्रसार को रेखीय प्रसार (Linear expansion) कहते हैं।

$$\text{रेखीय प्रसार गुणांक } (\alpha) = \frac{\text{लम्बाई में वृद्धि}}{\text{प्रारम्भिक लम्बाई} \times \text{ताप वृद्धि}}$$

इसका मात्रक प्रति °C होता है।

- ठोस का क्षेत्रीय प्रसार जब ताप वृद्धि के कारण ठोस के क्षेत्रफल में हुई वृद्धि को ठोस का क्षेत्रीय प्रसार (Superficial expansion) कहते हैं; जैसे—टिन की चादरों में प्रसार।

$$\text{क्षेत्रीय प्रसार गुणांक } (\beta) = \frac{\text{क्षेत्रफल में वृद्धि}}{\text{प्रारम्भिक क्षेत्रफल} \times \text{ताप वृद्धि}}$$

- **ठोस का आयतन प्रसार** ठोसों को गर्म करने पर उनके आयतन में होने वाली वृद्धि को ठोस का आयतन प्रसार (Volume expansion) कहते हैं; जैसे—लोहे की ठोस गेंद का प्रसार।

$$\text{आयतन प्रसार गुणांक } (\gamma) = \frac{\text{आयतन में वृद्धि}}{\text{प्रारम्भिक आयतन} \times \text{ताप वृद्धि}}$$

- **रेखीय, क्षेत्रीय एवं आयतन प्रसार गुणांकों में सम्बन्ध**

$$\alpha : \beta : \gamma = 1 : 2 : 3$$

या

$$\alpha = \beta/2 = \gamma/3$$

ठोसों में तापीय प्रसार का महत्व निम्नलिखित हैं

- कुछ पदार्थ; जैसे–बर्फ, ढलवाँ लोहा, आदि पदार्थों को गर्म करने पर इनका आयतन घट जाता है। सिल्वर आयोडाइड को 80°C से 140°C तक गर्म करने पर इसका आयतन भी घट जाता है।
- गर्म करने पर सबसे कम प्रसार ठोसों में होता है। गर्म करने पर ठोस पदार्थों का घनत्व सामान्यत: घट जाता है, लेकिन बर्फ तथा ढलवाँ लोहे का घनत्व बढ़ जाता है। जिसके कारण वह पिघल जाता है।
- **रेल की पटरियों** को बिछाते समय दोनों पटरियों के सिरों के बीच थोड़ा स्थान खाली रखा जाता है, जिससे गर्मी के दिनों में दोनों पटरियों को लम्बाई में फैलने के लिए स्थान मिल सके।
- गैस, कच्चा तेल तथा जल को एक स्थान से दूसरे स्थान तक ले जाने के लिए लोहे के पाइप का उपयोग किया जाता है।
- **काँच के गिलास** में गर्म पानी अथवा चाय डालने पर वह चटख जाता है,
- **विद्युत** अथवा **टेलीफोन** के तारों को दो खम्भों के बीच ढीला रखा जाता है।

द्रवों का ऊष्मीय प्रसार

- द्रवों का ऊष्मीय प्रसार ठोसों में आयतन प्रसार के समरूप है। चूँकि द्रव सदैव किसी बर्तन (Vessel) में गर्म किए जाते हैं, अत: निकाय (द्रव + बर्तन) को गर्म करने पर द्रव तथा बर्तन दोनों में प्रसार होता है। अत: द्रवों में दो आयतन प्रसार गुणांक होते हैं

1. **वास्तविक प्रसार गुणांक** γ_r एकांक ताप में वृद्धि करने पर द्रव के आयतन में होने वाली वास्तविक वृद्धि, प्रारम्भिक आयतन का अनुपात कहलाता है, जो बर्तन के प्रसार पर निर्भर नहीं करता।

$$\gamma_r = \frac{\Delta V_r}{V \times \Delta t}$$

2. **आभासी प्रसार गुणांक** γ_a एकांक ताप में वृद्धि करने पर द्रव के आयतन में होने वाली आभासी वृद्धि, प्रारम्भिक आयतन का अनुपात कहलाता है, जो बर्तन के सापेक्ष द्रव के प्रसार पर निर्भर करता है।

$$\gamma_a = \frac{\Delta V_a}{V \times \Delta t}$$

किसी द्रव का वास्तविक आयतन प्रसार गुणांक उसके आभासी प्रसार गुणांक तथा बर्तन के पदार्थ के आयतन प्रसार गुणांक के योग के बराबर होता है।

$$\gamma_r = \gamma_g + \gamma_a$$

यहाँ γ_g बर्तन का आयतन प्रसार गुणांक है।

गैसों का ऊष्मीय प्रसार

- गैसों में अपेक्षाकृत ठोसों तथा द्रवों से अधिक तापीय प्रसार संभव होता है, क्योंकि गैसों के अणु स्वतंत्रतापूर्वक गति करते हैं। गैसों में आयतन प्रसार गुणांक ताप पर निर्भर करता है।
- आदर्श गैस के लिए नियत दाब पर आयतन प्रसार गुणांक का मान आदर्श गैस समीकरण से प्राप्त कर सकते हैं।

आदर्श गैस समीकरण

$$pV = nRT$$

(i) नियत दाब पर गैसों का आयतन प्रसार गुणांक,

$$\gamma_p = \frac{\Delta V}{V\Delta T} = \frac{1}{T}$$

(ii) नियत आयतन पर गैसों का दाब प्रसार गुणांक

$$\gamma_V = \frac{\Delta p}{p\Delta T} = \frac{1}{T}$$

आदर्श गैस के लिए आयतन प्रसार गुणांक तथा दाब प्रसार गुणांक बराबर होता है।

ऊष्माधारिता

किसी पदार्थ को दी गई ऊष्मा की वह मात्रा, जो उसके ताप में एकांक परिवर्तन करने के लिए अवशोषित अथवा बहिष्कृत की जाती है, उस पदार्थ की **ऊष्माधारिता** (Heat capacity) कहलाती है। यदि पदार्थ के ताप में T से $T + \Delta T$ परिवर्तन करने के लिए आवश्यक ऊष्मा की मात्रा ΔQ हो, तो ऊष्माधारिता, $S = \frac{\Delta Q}{\Delta T}$

ऊष्माधारिता का मात्रक जूल/°C अथवा जूल/K होता है।

विशिष्ट ऊष्माधारिता

- यदि द्रव्यमान (m) के पदार्थ को (ΔQ) मात्रा की ऊष्मा देने पर उसके ताप में वृद्धि (ΔT) हो, तब $\Delta Q \propto m \times \Delta T$

$$\Delta Q = m\, s\, \Delta T$$

$$s = \frac{1}{m}\frac{\Delta Q}{\Delta T}$$

- अत: किसी पदार्थ के एकांक द्रव्यमान का ताप 1°C बढ़ाने के लिए आवश्यक ऊष्मा की मात्रा को उस पदार्थ की **विशिष्ट ऊष्मा** (Specific heat) कहते हैं। इसका मात्रक जूल/किग्रा-केल्विन होता है। जल की विशिष्ट ऊष्मा का मान अन्य पदार्थों की तुलना में अधिक (418×10^3 जूल किग्रा$^{-1}$ केल्विन$^{-1}$) होता है। यही कारण है कि
  - रोगी की सिकाई गर्म जल की बोतल से की जाती है।
  - जल का उपयोग शीतलक (Coolant) के रूप में स्वचालित वाहनों के रेडिएटरों में किया जाता है।

- गर्मियों में समुद्र से दूर थल का ताप सूर्य से ऊष्मा लेकर तेजी से बढ़ता है, जबकि समुद्र के जल का ताप बहुत धीरे-धीरे बढ़ता है, फलस्वरूप समुद्र की ओर से आने वाली हवाएँ ठंडी होती हैं।

कैलोरीमिति का सिद्धांत

जब भिन्न-भिन्न ताप वाली दो वस्तुएँ एक-दूसरे के संपर्क में लाई जाती हैं, तो ऊष्मा का प्रवाह उच्च ताप वाली वस्तु से निम्न ताप वाली वस्तु की ओर होता है। यह प्रक्रिया तब तक चलती है जब तक कि दोनों वस्तुओं के ताप समान न हो जाएँ। यदि इस प्रक्रिया में बाहर से ऊष्मा का आदान-प्रदान न हो, तो एक वस्तु द्वारा दी गई ऊष्मा, दूसरी वस्तु द्वारा ली गई ऊष्मा के बराबर होगी।

आर्द्रता

- वायुमण्डल में उपस्थित अदृश्य जलवाष्प की मात्रा को आर्द्रता (Humidity) कहते हैं तथा भौतिकी की वह शाखा जिसमें वायुमण्डल में विद्यमान जलवाष्प की मात्रा का अध्ययन किया जाता है, आर्द्रतामिति (Hygrometry) कहलाती है।
- वायु में उपस्थित जलवाष्प की मात्रा प्रत्येक स्थान पर समान नहीं होती। प्राय: समुद्रतटीय स्थान में जलवाष्प की मात्रा अर्थात् आर्द्रता अधिक होती है। वर्षा ऋतु में भी आर्द्रता बढ़ जाती है।

आर्द्रता निम्नलिखित दो प्रकार की होती है

1. निरपेक्ष आर्द्रता

- हवा के प्रति इकाई आयतन में विद्यमान जलवाष्प की मात्रा को निरपेक्ष आर्द्रता (Absolute humidity) कहते हैं। इसको अधिकांशत: ग्राम प्रति घन मीटर में व्यक्त करते हैं।

2. आपेक्षिक आर्द्रता

- किसी दिए हुए ताप पर, वायु के किसी आयतन में उपस्थित जलवाष्प की मात्रा तथा उसी ताप पर उसी आयतन की वायु को संतृप्त करने के लिए आवश्यक जलवाष्प की मात्रा के अनुपात को आपेक्षिक आर्द्रता (Relative humidity) कहते हैं।
- आपेक्षिक आर्द्रता को हाइग्रोमीटर (Hygrometer) से मापा जाता है। इसका मान जब अधिक होता है, तो वाष्पन की क्रिया धीमी होती है तथा नमी की अनुभूति होती है। इसका मान जब कम होता है, तो वाष्पन की क्रिया अधिक होती है और सूखेपन की अनुभूति होती है। आपेक्षिक आर्द्रता का बहुत अधिक बढ़ जाना वर्षा का सूचक है।

गुप्त ऊष्मा

- नियत ताप पर प्रति एकांक द्रव्यमान पदार्थ की अवस्था परिवर्तन के लिए ऊष्मा की आवश्यकता होती है, इसे ही पदार्थ की गुप्त ऊष्मा (Latent Heat) कहते हैं।
- गुप्त ऊष्मा का मात्रक कैलोरी/ग्राम या किलोकैलोरी/किग्रा या जूल/किग्रा होता है।
- प्रयोगों द्वारा यह पाया गया है कि किसी निश्चित ताप पर पदार्थ की अवस्था बदलने के लिए उसे दी जाने वाली अथवा ली जाने वाली ऊष्मा की मात्रा (Q), उस पदार्थ के द्रव्यमान (m) के समानुपाती होती है अर्थात्

$$Q \propto m$$

या $$Q = mL \text{ या } L = \frac{Q}{m}$$

जहाँ, L एक नियतांक है, जिसे पदार्थ की अवस्था-परिवर्तन की गुप्त ऊष्मा कहते हैं।

यह दो प्रकार की होती है

(i) **गलन की गुप्त ऊष्मा** नियत ताप पर ठोस के एकांक द्रव्यमान को द्रव में बदलने के लिए आवश्यक ऊष्मा की मात्रा को ठोस के गलन (Fusion) की गुप्त ऊष्मा कहते हैं।
1 ग्राम बर्फ को 0°C पर पानी में बदलने के लिए 80 कैलोरी ऊष्मा की आवश्यकता होती है। अत: बर्फ के गलन की गुप्त ऊष्मा का मान 80 कैलोरी प्रति ग्राम है।

(ii) **वाष्पन की गुप्त ऊष्मा** नियत ताप पर द्रव के एकांक द्रव्यमान को वाष्प में बदलने के लिए आवश्यक ऊष्मा की मात्रा को द्रव के वाष्पन (Vaporisation) की गुप्त ऊष्मा कहते हैं।
1 ग्राम जल 100°C पर भाप बनने के लिए 539 कैलोरी ऊष्मा लेता है। अत: वाष्पन की गुप्त ऊष्मा 539 कैलोरी/ग्राम होती है।

गुप्त ऊष्मा के अनुप्रयोग

- पहाड़ों की बर्फ धीरे-धीरे पिघलती है।
- ओलों की वर्षा के बाद वायुमंडल का ताप कम हो जाना
- ठंडे प्रदेशों में झील तथा तालाब के जल का धीरे-धीरे जमना
- दाँतों को बर्फ के जल की अपेक्षा आइसक्रीम अधिक ठंडी लगती है।
- उबलते जल की तुलना में उसी ताप की भाप से जलना अधिक पीड़ादायक होता है।

ऊष्मा स्थानांतरण या संचरण

ताप में अन्तर के कारण किसी निकाय के एक भाग से दूसरे भाग में अथवा एक निकाय से दूसरे निकाय में ऊष्मा के प्रवाहित होने की क्रिया को ऊष्मा स्थानान्तरण कहते हैं।

जिस प्रकार द्रव का स्वत: प्रवाह सदैव ऊँचे तल से नीचे तल की ओर होता है, ठीक उसी प्रकार ऊष्मा का स्वत: स्थानान्तरण भी सदैव ऊँचे ताप से नीचे ताप की ओर होता है। ऊष्मा स्थानान्तरण की तीन विधियाँ है-चालन, संवहन तथा विकिरण।

चालन

- जब किसी वस्तु के विभिन्न भागों में तापान्तर होता है, तो वस्तु के उच्च ताप वाले कण अपने निकट के अपेक्षाकृत निम्न ताप वाले कणों को परस्पर सम्पर्क से ऊष्मा देते हैं। अत: ऊष्मा उच्च ताप वाले भाग से निम्न ताप वाले भाग की ओर जाने लगती है।
- ऊष्मा के संचरण की इस प्रक्रिया को जिसमें वस्तु के कण अपने स्थान से नहीं हटते, चालन (Conduction) कहलाती है। ठोसों में ऊष्मा का संचरण चालन प्रक्रिया द्वारा होता है।

दैनिक जीवन में चालन के अनुप्रयोग

- धातु के प्याले में चाय पीना कठिन है, जबकि चीनी मिट्टी के प्याले में चाय पीना आसान है।
- शीत ऋतु में लकड़ी एवं लोहे की कुर्सियाँ एक ही ताप पर होती हैं।

संवहन

- जब किसी तरल पदार्थ (द्रव अथवा गैस) में किसी एक स्थान का ताप दूसरे स्थान के ताप की अपेक्षा अधिक हो जाता है, तो उस स्थान पर पदार्थ का घनत्व दूसरे स्थान की अपेक्षा कम हो जाता है।
- अत: पदार्थ के अपेक्षाकृत अधिक ताप पर कण ऊपर उठने लगते हैं तथा उनका स्थान निम्न ताप वाले कण लेने लगते हैं।
- यह प्रक्रिया तब तक चलती रहती है, जब तक कि सम्पूर्ण पदार्थ एक ही ताप पर नहीं आ जाते।
- ऊष्मा संचरण की इस प्रक्रिया को जिसमें कण स्वयं स्थानान्तरित होते हैं, संवहन (Convection) कहते हैं।

दैनिक जीवन में संवहन के अनुप्रयोग

- बड़े-बड़े कारखानों में गर्म वायु व धुआँ निकालने में चिमनियों का उपयोग किया जाता है।
- फ्रिज में शीतलन कुंडलियाँ (फ्रीजर पेटिका) ऊपर की ओर लगी होती हैं।
- कमरे में एयर कण्डीशनर को ऊपर लगाया जाता है।
- समुद्री समीर दिन के समय सूर्य की ऊष्मा से पृथ्वी की सतह समुद्र की तुलना में अधिक गर्म हो जाती है, क्योंकि पानी की विशिष्ट ऊष्मा अधिक होती है। समुद्र की सतह के पानी द्वारा सौर ऊष्मा का अवशोषण होने के पश्चात् इसका वितरण समुद्र में स्थित बहुत अधिक पानी की मात्रा में हो जाता है।
- पृथ्वी की सतह के समीप की गर्म हवा हल्की होकर ऊपर की ओर उठ जाती है तथा ठण्डी हवाएँ समुद्र से पृथ्वी की सतह की ओर प्रवाहित होती है। इस कारण समुद्र से पवनें पृथ्वी की ओर प्रवाहित होती है, जो समुद्री समीर (Sea Breezes) कहलाती है। रात्रि में यह प्रक्रिया विपरीत हो जाती है। पृथ्वी समुद्र की अपेक्षा शीघ्रता से ठण्डी हो जाती है। गर्म हवा समुद्र की सतह से ऊपर उठ जाती है। यह गर्म हवा, ठण्डी हवा द्वारा विस्थापित हो जाती है। ये हवाएँ पृथ्वी हवाएँ (Land Breezes) कहलाती हैं।

विकिरण

ऊष्मा संचरण की वह विधि जिसमें एक स्थान से दूसरे स्थान तक ऊष्मा सरल रेखा में बिना किसी माध्यम के गमन करती है, विकिरण (Radiation) कहलाती है।

दैनिक जीवन में विकिरण के अनुप्रयोग निम्न हैं

- रेगिस्तान दिन में बहुत गरम तथा रात में बहुत ठण्डे हो जाते हैं।
- पॉलिश किए हुए जूते धूप से शीघ्र गर्म नहीं होते हैं।
- बादलों वाली रात, स्वच्छ आकाश वाली रात की अपेक्षा गर्म होती है।
- चाय की केतली की बाहरी सतह चमकदार बनाई जाती है।
- गर्मियों के दिनों में सफेद कपड़े पहनना।
- पहाड़ गर्मियों में भी ठण्डे रहते हैं।

अवशोषण क्षमता तथा उत्सर्जन क्षमता

- किसी पृष्ठ द्वारा अवशोषित विकिरण ऊर्जा की मात्रा (Qa) तथा उस पृष्ठ पर आपतित कुल विकिरण ऊर्जा की मात्रा (Q) के अनुपात को उस पृष्ठ की अवशोषण क्षमता (Absorption Power) कहते हैं। इसे a से प्रदर्शित करते हैं, यह मात्रक विमाहीन राशि है।

$$a = \frac{Q_a}{Q}$$

- किसी तप्त पृष्ठ की सतह के प्रति एकांक क्षेत्रफल (A) द्वारा प्रति सेकण्ड (t) उत्सर्जित विकिरण ऊर्जा की मात्रा (Q) को उस वस्तु की उत्सर्जन क्षमता (Emissive Power) कहते हैं।

$$e = \frac{Q}{A \times t}$$

- इसका मात्रक जूल/मी^{2}-सेकण्ड अथवा वाट/मीटर^2 है।

किरचॉफ का विकिरण नियम

- इस नियम के अनुसार, किसी निश्चित ताप पर किसी दी हुई तरंगदैर्ध्य के लिए सभी पृष्ठों की उत्सर्जन क्षमता तथा अवशोषण क्षमता की निष्पत्ति समान एवं नियत होती है और यह उसी ताप पर एक पूर्णत: (आदर्श) कृष्णिका की उत्सर्जन क्षमता तथा अवशोषण क्षमता के अनुपात के बराबर होती है।

अर्थात् $e_\lambda / a_\lambda = E_\lambda$

जहाँ, e_λ = वस्तु की उत्सर्जन क्षमता

a_λ = वस्तु की अवशोषण क्षमता तथा E_λ = नियतांक

- अत: किरचॉफ के नियमानुसार, "अच्छे अवशोषक ही अच्छे उत्सर्जक होते हैं।"

लाल रंग की वस्तु गर्म होने पर हरा प्रकाश उत्सर्जित करेगी। इसीलिए लाल काँच की गेंद को गर्म करके अन्धेरे कमरे में देखा जाए, तो वह हरी दिखाई देती है और हरे काँच की पर्याप्त रूप से गर्म गेंद लाल दिखाई देगी।

किरचॉफ नियम के अनुप्रयोग

किरचॉफ नियम के अनुप्रयोग निम्न हैं

- गर्मियों में सफेद एवं जाड़ों में रंगीन कपड़े सुखदायी होते हैं।
- खाना पकाने वाले बर्तनों की तली काली तथा खुरदरी रखी जाती है।
- रेगिस्तान दिन में बहुत गर्म एवं रात में बहुत ठण्डे हो जाते हैं।
- बादलों वाली रात स्वच्छ आकाश वाली रात की अपेक्षा गर्म होती है।
- लोहे को गर्म करने पर पहले वह हल्का लाल, फिर गहरा लाल, फिर पीला और अन्त में सफेद दिखाई देता है।
- यदि आकाश में दो तारे क्रमश: हरे एवं नीले रंग के प्रकाश को उत्सर्जित करते हैं, तो नीले रंग का प्रकाश उत्सर्जित करने वाले तारे का ताप अधिक होता है।

कृष्णपिण्ड

- जो वस्तु अपने पृष्ठ पर आपतित सम्पूर्ण विकिरण को पूर्णत: अवशोषित कर लेती है, उसे कृष्ण पिण्ड (Black body) कहते हैं। काली वस्तु ऊष्मा की अच्छी अवशोषक होती है।
- वास्तव में कृष्ण पिण्ड से तात्पर्य उस पिण्ड से है, जो उस पर बाहर से आपतित सभी विकिरणों को अवशोषित कर लेता है या उच्च ताप पर सभी तरंगदैर्ध्यों के संगत विकिरणों को उत्सर्जित करता है।
  उदाहरण—सूर्य को कृष्णिका मान सकते हैं, क्योंकि सूर्य सभी तरंगदैर्ध्य के विकिरणों को उत्सर्जित करता है, जबकि यह श्वेत दिखाई देता है।

वीन का विस्थापन नियम

- इस नियम के अनुसार, "कृष्णिका के अधिकतम उत्सर्जन से सम्बद्ध तरंगदैर्ध्य (λ_m) का मान कृष्णिका के ताप में वृद्धि के साथ घटता है।
- λ_m तथा T के मध्य सम्बन्ध वीन का विस्थापन का नियम कहलाता है।

$$\lambda_m \times T = \text{नियतांक } (b)$$

नियतांक का मान 2.9×10^{-3} mK होता है।

- वीन-नियम का उपयोग खगोलीय पिण्ड; जैसे-चाँद, सूर्य या अन्य तारों की सतह के ताप का अनुमान लगाने में करते हैं। क्रमिक गर्म करने पर काला किया हुआ प्लेटिनम का तार पहले मन्द लाल, फिर नीला और अन्त में श्वेत दिखाई देता है।

स्टीफन का नियम

किसी पिण्ड के एकांक पृष्ठ क्षेत्रफल से प्रति सेकण्ड उत्सर्जित विकिरण ऊर्जा (E) उसके परमताप (T) के चतुर्थ घात के अनुक्रमानुपाती होती है अर्थात् $E \propto T^4$ या $E = \sigma T^4$

यहाँ σ स्टीफन नियतांक है। इसका मात्रक जूल/मी^{2}-सेकण्ड है।

σ का मान $= 5.67 \times 10^{-8}$ वाट/मी^{2}-K^4

न्यूटन का शीतलन नियम

- किसी वस्तु के ठण्डे होने की दर वस्तु तथा उसके चारों ओर के वातावरण के तापान्तर के अनुक्रमानुपाती होती है।
  अत: वस्तु जैसे-जैसे ठण्डी होती जाएगी उसके ठण्डे होने की दर कम होती जाएगी। न्यूटन के शीतलन का नियम स्टीफन के नियम का व्युत्पन्न है।

$$\frac{-dQ}{dt} = K(T - T_0)$$

इस नियम के लागू होने की निम्न शर्तें हैं

- वस्तु तथा वातावरण के मध्य कम तापान्तर होना चाहिए।
- ऊष्मा हानि केवल विकिरण द्वारा होनी चाहिए।

न्यूटन के शीतलन नियम के अनुप्रयोग निम्न हैं

- यदि किसी बाल्टी में भरा गर्म जल 75°C से 70°C तक t_1 मिनटों में, 70°C से 65°C तक t_2 मिनटों में तथा 65°C से 60°C तक t_3 मिनटों में ठण्डा होता है, तब $t_3 > t_2 > t_1$ होता है।
- यदि किसी व्यक्ति को बिना दूध की गर्म चाय एवं कमरे के ताप पर दूध अलग-अलग प्याले में दिया जाता है और वह कुछ देर बाद गर्म चाय पीना चाहता है, तो उसे तुरन्त चाय में दूध मिलाकर रख देना चाहिए।

ऊष्मागतिकी

भौतिक विज्ञान की वह शाखा, जो ऊष्मा एवं यान्त्रिक ऊर्जा के पारस्परिक सम्बन्धों को व्यक्त करती है तथा उनके परस्पर रूपान्तरण का अध्ययन किया जाता है, ऊष्मागतिकी (Thermodynamics) कहलाती है।

ऊष्मागतिकी निकाय

निश्चित सीमाओं से परिबद्ध बहुत अधिक संख्याओं में अणुओं, परमाणुओं के एक ऐसे समूह को जिनका एक निश्चित दाब, आयतन एवं ताप हो, ऊष्मागतिकी निकाय (Thermodynamic System) कहते हैं;
जैसे—सिलेण्डर में भरी गैस।

तापीय साम्य

- जब विभिन्न तापों वाली दो वस्तुओं को परस्पर एक-दूसरे के सम्पर्क में रखा जाता है, तो ऊष्मा उच्च ताप की वस्तु से निम्न ताप की वस्तु की ओर संचरित होने लगती है। यह संचरण तब तक होता रहता है, जब तक कि दोनों वस्तुओं के ताप समान नहीं हो जाते हैं।
- ताप समान होने पर ऊष्मा का स्थानान्तरण रूक जाता है, इस अवस्था में दोनों वस्तुएँ ऊष्मीय साम्य में हो जाती हैं।
  अंत: यदि किन्हीं दो वस्तुओं को परस्पर सम्पर्क में रखने पर उनके मध्य ऊष्मा का कोई आदान-प्रदान न हो, तब वे वस्तुएँ परस्पर तापीय साम्य (Thermal Equilibrium) कहलाती हैं।

ऊष्मागतिकी के नियम

ऊष्मागतिकी का शून्य नियम

जब तीन वस्तुओं A, B तथा C में A वस्तु B के साथ ऊष्मीय साम्य में हो तथा B वस्तु C के साथ ऊष्मीय साम्य में हो, तो A वस्तु C के साथ निश्चित रूप से ही ऊष्मीय साम्य में होगी अर्थात् यदि दो निकाय किसी तीसरे निकाय के साथ अलग-अलग तापीय साम्य में है, तो वे परस्पर भी तापीय साम्य में होंगे।

ऊष्मागतिकी का प्रथम नियम

- इसके अनुसार, किसी निकाय को दी गई ऊष्मा (ΔQ) परिवेश के विरुद्ध निकाय के द्वारा किए गए कार्य (ΔW) और आन्तरिक ऊर्जा (ΔU) में वृद्धि के योग के बराबर होती है, इसे ऊर्जा संरक्षण का नियम भी कहते हैं।

$$\Delta Q = \Delta U + \Delta W$$

ऊष्मागतिकी प्रक्रम

- किसी निकाय को दाब, आयतन व ताप की एक अवस्था से दूसरी अवस्था में ले जाने के लिए जिस प्रक्रिया का प्रयोग किया जाता है, उसे ऊष्मागतिकी प्रक्रम (Thermodynamic Process) कहते हैं। ऊष्मागतिकी प्रक्रम के निम्न प्रकार हैं
  - समतापी प्रक्रम (Isothermal Process) इस प्रक्रम में निकाय में कोई प्रक्रिया इस प्रकार होती है, कि ताप स्थिर रहता है।
  - रुद्धोष्म प्रक्रम (Adiabatic Process) इस प्रक्रम में निकाय में कोई प्रक्रिया इस प्रकार होती है कि निकाय व वातावरण के बीच ऊष्मा का आदान-प्रदान नहीं होता।

- **समदाबीय प्रक्रम और समआयतनिक प्रक्रम** (Isobaric Process and Isochoric Process) इस प्रक्रम में क्रमश: दाब एवं आयतन स्थिर रहता है।
- **चक्रीय प्रक्रम** (Cyclic Process) इस प्रक्रम में निकाय अपनी प्रारम्भिक अवस्था में लौट आता है। आन्तरिक ऊर्जा समान रहती है।

$$dU = 0$$

$$\text{चक्र की दक्षता } (\eta) = \frac{\text{किया गया कार्य}}{\text{दी गई ऊष्मा}}$$

- चक्रीय प्रक्रम में किया गया कार्य p-V वक्र द्वारा बद्ध क्षेत्रफल द्वारा आकलित किया जा सकता है।
- **उत्क्रमणीय प्रक्रम** (Reversible Process) वह प्रक्रम है जो विपरीत परिस्थितियों के अल्पमात्र परिवर्तन से विपरीत क्रम में पुन: लौट सकता है। इस प्रक्रिया में कार्यकारी पदार्थ उन सभी अवस्थाओं से गुजरता है जिनसे सीधे प्रक्रम तथा सीधे प्रक्रम में होने वाले सभी परिवर्तनों की उत्क्रमित दिशा में ठीक-ठीक पुनरावृत्ति होती है। जैसे-समान ताप की दो वस्तुओं में ऊष्मा का स्थानान्तरण भी उत्क्रमणीय क्रिया है जिसमें ऊष्मा का स्थानान्तरण दोनों दिशाओं में होता है।
- **अनुत्क्रमणीय प्रक्रम** (Irreversible Process) वे प्रक्रम जो नियंत्रक बलों के उलटने पर विपरीत क्रम में सम्पन्न न किये जा सकते हों अनुत्क्रमणीय प्रक्रम हैं; जैसे-घर्षण द्वारा ऊष्मा का उत्पादन अथवा किसी प्रतिरोध में धारा के बहने पर उत्पन्न ऊष्मा।

ऊष्मा का यान्त्रिक तुल्यांक

जब भी कार्य ऊष्मा में बदलता है या ऊष्मा कार्य में बदलती है, तो किए गए कार्य व उत्पन्न ऊष्मा का अनुपात एक स्थिरांक होता है, जिसे ऊष्मा का यान्त्रिक तुल्यांक (Mechanical Equivalent of Heat) कहते हैं।

$$J = \frac{(W)}{(Q)}$$

या $$W = JQ$$

यान्त्रिक तुल्यांक J का मान 4186 जूल/किलोकैलोरी या 4.186 जूल/कैलोरी पर 4.184×10^7 अर्ग/कैलोरी होता है।

ऊष्मा इंजन

- ऊष्मा इंजन (Heat Engine) ऐसी युक्ति है, जो ऊष्मा को यान्त्रिक कार्य में परिवर्तित करती है। ऊष्मा इंजन की दक्षता (Efficiency)

$$\Rightarrow \quad \eta = \frac{W}{Q_1} = 1 - \frac{Q_2}{Q_1} = 1 - \frac{T_2}{T_1}$$

ऊष्मागतिकी का द्वितीय नियम

- ऊष्मागतिकी का द्वितीय नियम प्रथम नियम का पूरक है। इसके अनुसार, ऊष्मा का सम्पूर्ण रूप से यान्त्रिक ऊर्जा में परिवर्तन असम्भव है।
- आंशिक रूप में ऊष्मा के कार्य में परिवर्तन के लिए यह भी आवश्यक है कि उच्च ताप पर स्रोत से ऊष्मा ली जाये और उस ऊष्मा का कुछ भाग, कार्य में परिवर्तित हो तथा शेष भाग, निम्न ताप पर किसी वस्तु/सिंक को दिया जाये अर्थात् ऊष्मा के कार्य में रूपान्तरण के लिये ऊष्मा का प्रवाह होना आवश्यक प्रतिबन्ध है, जो स्रोत तथा सिंक के तापान्तर के कारण ही होता है।

इस नियम को मुख्यत: निम्न कथनों द्वारा व्यक्त किया जाता है

- **केल्विन प्लांक कथन** "ऊष्मा का सम्पूर्ण रूप से कार्य में परिवर्तन असम्भव है।" इस कथन पर ऊष्मा इंजन आधारित है।
- **क्लॉसियस का कथन** "बिना बाह्य ऊर्जा का उपयोग किए ऊष्मा को शीतल वस्तु (सिंक) से तप्त वस्तु (स्रोत) को देना सम्भव नहीं है।" इस कथन पर प्रशीतित्र आधारित है।
- **कार्नो इंजन** कार्य करने वाला कोई **उत्क्रमणीय ऊष्मा इंजन** कार्नो इंजन कहलाता है। इसकी दक्षता 100% होती है, परन्तु वास्तव में ऐसा इंजन सम्भव नहीं है। दो तापों के मध्य कार्य करने वाला व्यावहारिक इंजन कभी भी कार्नो इंजन से अधिक दक्ष नहीं हो सकता है।

प्रशीतित्र

यह ऊष्मा इंजन का व्युत्क्रम उपकरण है। यह ठण्डी वस्तु से ऊष्मा लेता है तथा कुछ कार्य करने के पश्चात् बची ऊष्मा को गर्म वस्तु को दे देता है। प्रशीतित्र का **कार्यशीलता गुणांक** (Coefficient of Performance) है।

$$\beta = \frac{Q_2}{W} = \frac{Q_2}{Q_1 - Q_2} = \frac{T_2}{T_1 - T_2} = \frac{1-\eta}{\eta}$$

गैसों का अणुगति सिद्धान्त

- गैसों का अणुगति सिद्धान्त दाब एवं ताप की एक आण्विक व्याख्या प्रस्तुत करता है, जो आवोगाद्रो की परिकल्पना तथा गैस नियमों के अनुरूप है। यह अति विशिष्ट ऊष्माधारिता की भी व्याख्या करता है।
- इस सिद्धान्त के अनुसार, गैस अणुओं को सूक्ष्म माना गया है, जो गैस पात्र के अन्दर निरन्तर गतिशील है तथा इसके द्वारा किए गए संघट्ट प्रत्यास्थ होते हैं।

गैसीय नियम

नियम	विवरण
बॉयल का नियम	इस नियम के अनुसार, समान ताप (T) पर गैसों के लिए दाब (p) तथा आयतन (V) में व्युत्क्रम का सम्बन्ध होता है। अर्थात् $p \propto \frac{1}{V}$ या pV = नियतांक
चार्ल्स का नियम	इस नियम के अनुसार, समान दाब पर गैसों के लिए आयतन तथा ताप में अनुक्रम का सम्बन्ध होता है। अर्थात् $V \propto T$ या $\frac{V}{T}$ = नियतांक
गेलूसाक या दाब का नियम	स्थिर आयतन पर किसी गैस के निश्चित द्रव्यमान का दाब उसके परमताप के अनुक्रमानुपाती होता है। अर्थात् $p \propto T$ या $\frac{p}{T}$ = नियत
डॉल्टन का आंशिक दाब का नियम	इस नियम के अनुसार, यदि परस्पर अक्रियाशील कई गैसें किसी बर्तन में रखे जाने पर अलग-अलग दाब क्रमश: $p_1, p_2, p_3 \ldots$ आदि डालती हैं, तो उन सभी गैसों को एक साथ उसी बर्तन में रखे जाने पर मिश्रण का दाब (p) उनके द्वारा अलग-अलग डाले गए दाबों के योग के बराबर होता है। अर्थात् $p = p_1 + p_2 + p_3 + \ldots$
ग्राहम का विसरण का नियम	$\gamma \propto \frac{1}{\sqrt{d}}$

“प्रकृति में पाया जाने वाला प्रत्येक पिण्ड किसी न किसी माध्यम के सापेक्ष गति करता है यदि पिण्ड प्रत्यास्थ माध्यम में एक बिन्दु से दूसरे बिन्दु तक ऊर्जा तथा विक्षोभ के स्वरूप की सूचना का संचरण करता है, तो वह गति तरंग गति कहलाती है।

अध्याय आठ

आवर्त गति तथा तरंग गति

आवर्त गति

जब कोई पिण्ड एक निश्चित समयान्तराल में एक ही निश्चित पथ पर बार-बार अपनी गति को दोहराता है, तो उसकी गति आवर्त गति (Periodic Motion) कहलाती है, जैसे—पृथ्वी सूर्य के चारों ओर चक्कर लगाती है, तो पृथ्वी की यह गति आवर्त गति है जिसका आवर्तकाल 1 वर्ष होता है। चन्द्रमा, पृथ्वी के चारों ओर चक्कर लगाता है, तो चन्द्रमा की गति भी आवर्ती है, जिसका आवर्तकाल 27.3 दिन है।

दोलनी गति या कम्पनिक गति

यदि कोई पिण्ड आवर्त गति में एक ही पथ पर किसी निश्चित बिन्दु (साम्य स्थिति) के इर्द-गिर्द गति करता है, तो पिण्ड की गति को दोलनी गति (Oscillatory Motion) या कम्पनिक गति कहते हैं; जैसे-दीवार घड़ी के लोलक की गति, सरल लोलक आदि।

सरल आवर्त गति

यदि कोई कण किसी सरल रेखा पर मध्यमान स्थिति (Mean Position) के इर्द-गिर्द इस प्रकार से गति करे कि कण का त्वरण मध्यमान स्थिति से वस्तु के विस्थापन के समानुपाती हो तथा त्वरण की दिशा मध्यमान स्थिति की ओर दिष्ट हो, तो उसकी गति सरल आवर्त गति (Simple Harmonic Motion) कहलाती है। उदाहरण—डोरी से लटके लोलक की गति, स्प्रिंग से लटके भार की ऊपर-नीचे की गति।

सरल आवर्त गति की विशेषताएँ

- सरल आवर्त गति करने वाला कण जब अपनी मध्यमान स्थिति (Mean Position) से गुजरता है, तब
  - उस पर कोई बल कार्य नहीं करता है।
  - उसका त्वरण तथा स्थितिज ऊर्जा शून्य होता है।
  - वेग तथा गतिज ऊर्जा अधिकतम होता है।
- सरल आवर्त गति करने वाला कण जब अपनी गति के अन्तिम बिन्दुओं (Extreme or End points) से गुजरता है, तो
  - उसका त्वरण तथा स्थितिज ऊर्जा अधिकतम होते हैं।
  - वेग तथा गतिज ऊर्जा शून्य होता है।
  - उस पर कार्य करने वाला प्रत्यानयन बल (Restoring Force) अधिकतम होता है।

सरल आवर्त गति से सम्बन्धित महत्त्वपूर्ण परिभाषाएँ

सरल आवर्त गति से संबंधित महत्त्वपूर्ण परिभाषाएँ निम्नलिखित हैं

- आवर्तकाल (Time Period) वह न्यूनतम समय जिसके पश्चात् गति की पुनरावृत्ति होती है, आवर्तकाल कहलाता है।
- इसका SI मात्रक सेकण्ड होता है, इसे T से व्यक्त करते हैं।

$$\text{आवर्तकाल, } T = \frac{2\pi}{\omega}$$

- आवृत्ति (Frequency) सरल आवर्त गति करता हुआ कण एक सेकण्ड में जितने कम्पन पूरे करता है, उन कम्पनों की संख्या आवृत्ति कहलाती है। इसे n से व्यक्त करते हैं। आवृत्ति आवर्तकाल के व्युत्क्रम के बराबर होती है।

अर्थात् $$\text{आवृत्ति} = \frac{1}{\text{आवर्तकाल}}$$

इसका SI मात्रक हर्ट्ज होता है।

- विस्थापन (Displacement) सरल आवर्त गति करते हुए किसी कण की सन्दर्भ बिंदु या मूल बिन्दु के सापेक्ष कण की स्थिति में परिवर्तन विस्थापन कहलाता है। इसका SI मात्रक मीटर होता है, इसे y से व्यक्त करते हैं।
- आयाम (Amplitude) सरल आवर्त गति करते हुए किसी कण का उसकी माध्य स्थिति के किसी ओर अधिकतम विस्थापन, आयाम कहलाता है। इसका SI मात्रक मीटर होता है, इसे a से व्यक्त करते हैं।
- कला (Phase) सरल आवर्त गति करते हुए किसी कण के लिए कला वह राशि है, जो किसी समय पर उसकी स्थिति व गति की दिशा को व्यक्त करती है।

सरल आवर्त गति से सम्बन्धित महत्त्वपूर्ण पद

सरल आवर्त गति से सम्बन्धित महत्त्वपूर्ण पद निम्नलिखित हैं

- सरल आवर्त गति का विस्थापन समीकरण निम्न सूत्र द्वारा प्राप्त होता है

$$\text{विस्थापन, } y = a \sin \omega t = a \sin \frac{2\pi t}{T} \text{ तथा } x = a \cos \omega t$$

- सरल आवर्त गति में वेग निम्न सूत्र द्वारा प्राप्त होता है

$$\text{वेग, } v = \omega\sqrt{a^2 - y^2}$$

- सरल आवर्त गति में त्वरण निम्न सूत्र द्वारा प्राप्त होता है

$$\text{त्वरण, } \alpha = -\omega^2 y$$

- सरल आवर्त गति में कण के आवर्तकाल का सामान्य सूत्र निम्नलिखित है

$$\text{आवर्तकाल, } T = 2\pi\sqrt{\frac{\text{विस्थापन}}{\text{त्वरण}}}$$

- स्प्रिंग से लटके पिण्ड का आवर्तकाल निम्न सूत्र द्वारा प्राप्त होता है

$$\text{स्प्रिंग का आवर्तकाल, } T = 2\pi\sqrt{\frac{m}{k}}$$

जहाँ, k स्प्रिंग का बल नियतांक तथा m पिण्ड का द्रव्यमान है।

सरल आवर्त गति में ऊर्जा

- सरल आवर्त गति करता हुआ पिण्ड गतिशील होता है, इसलिए उसमें गतिज ऊर्जा होती है। पिण्ड पर प्रत्यानयन बल लगने के कारण वह साम्य स्थिति में आने का प्रयत्न करता है।
- सरल आवर्त गति के दौरान दोनों ऊर्जाएँ एक-दूसरे में रूपान्तरित होती रहती हैं, परन्तु असंरक्षी बलों (श्यान बल, घर्षण बल आदि) के अनुपस्थित रहने पर पिण्ड की कुल ऊर्जा नियत रहती है।

$$\text{गतिज ऊर्जा } K = \frac{1}{2} m\omega^2 (a^2 - y^2)$$

$$\text{स्थितिज ऊर्जा } U = \frac{1}{2} m\omega^2 y^2$$

- कुल ऊर्जा (Total energy) सरल आवर्त गति में पिण्ड की कुल ऊर्जा पिण्ड की गतिज ऊर्जा व स्थितिज ऊर्जा के योग के बराबर होती है।

$$\text{कुल ऊर्जा, } E = \frac{1}{2} m\omega^2 a^2$$

- इस प्रकार सरल आवर्त गति में पिण्ड की कुल ऊर्जा विस्थापन पर निर्भर नहीं करती है।

सरल लोलक

- यदि एक भारहीन लम्बाई में न बढ़ने वाली पूर्ण प्रत्यास्थ डोरी के निचले सिरे से पदार्थ के किसी गोल परन्तु भारी कण को लटकाकर डोरी को किसी दृढ़ आधार से लटका दें, तो इस समायोजन को सरल लोलक (Simple pendulum) कहते हैं।
- सरल लोलक का आवर्तकाल, $T = 2\pi\sqrt{\frac{l}{g}}$

  जहाँ, l लोलक की लम्बाई तथा g गुरुत्वीय त्वरण है।
- अनन्त लम्बाई के सरल लोलक का आवर्तकाल 84.6 मिनट होता है।
- आवर्तकाल लोलक के द्रव्यमान पर निर्भर नहीं करता है; जैसे- यदि झूलने वाली लड़की के बगल में कोई दूसरी लड़की आकर बैठ जाए, तो आवर्तकाल पर कोई प्रभाव नहीं पड़ेगा।
- आवर्तकाल प्रभावी लम्बाई के वर्गमूल के अनुक्रमानुपाती होता है $T \propto \sqrt{l}$ अर्थात् लम्बाई बढ़ने पर T भी बढ़ जाता है और यदि लम्बाई घट जाए तो T भी घट जाएगा।

चन्द्रमा पर g का मान पृथ्वी के g के मान का 1/6 गुना है, इसलिए चन्द्रमा पर लोलक घड़ी को ले जाने पर उसका आवर्तकाल बढ़ जाएगा।

- आवर्तकाल गुरुत्वीय त्वरण के व्युत्क्रमानुपाती होता है $T \propto \sqrt{\frac{1}{g}}$

  अर्थात् किसी लोलक घड़ी को पृथ्वी तल से ऊपर या नीचे ले जाया जाए, तो घड़ी का आवर्तकाल (T) बढ़ जाता है अर्थात् घड़ी सुस्त हो जाती है।

मुक्त दोलन व स्वाभाविक आवृत्ति

- जब किसी वस्तु को (जोकि दोलन कर सकती है) साम्य स्थिति से विस्थापित करके छोड़ दिया जाता है, तो वह निश्चित आवृत्ति से दोलन करने लगती है। इस निश्चित आवृत्ति को ही स्वाभाविक आवृत्ति (Natural frequency) कहते हैं।

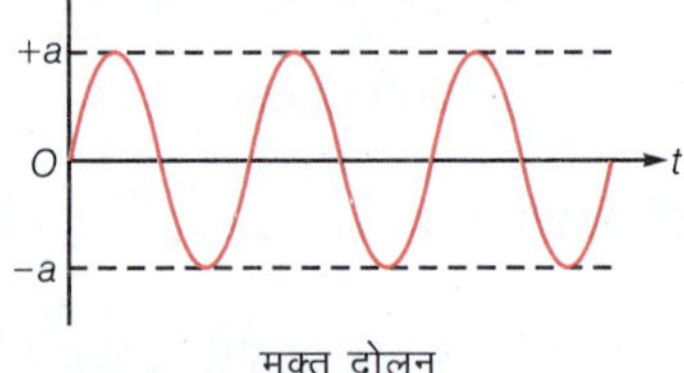

मुक्त दोलन

- यह आवृत्ति वस्तु की प्रत्यास्थता, आकार आदि गुणों पर निर्भर करती है। स्वाभाविक आवृत्ति से कंपन करने को ही मुक्त दोलन (Free oscillation) कहते हैं। मुक्त दोलनों पर किसी बाह्य बल (घर्षण बल) का प्रभाव नहीं पड़ता है।
- सरल लोलक को साम्य स्थिति से विस्थापित करके छोड़ने पर यह मुक्त दोलन करता है, जिनकी आवृत्ति (स्वाभाविक) लोलक की लंबाई तथा गुरुत्वीय त्वरण पर ही निर्भर करती है। इस स्थिति में, लोलक नियत आयाम से अनंत समय तक कंपन करता रहेगा। उदाहरण-ऊँचे भवन, पुल, जहाज, मशीन आदि के विभिन्न भाग के दोलन आदि।

अवमन्दन एवं अवमन्दित दोलन

- जब कोई वस्तु किसी माध्यम में दोलन करती है, तो वस्तु की गति के विरुद्ध अवरोधी बल (घर्षण बल) भी कार्य करते हैं, जिससे दोलन आयाम लगातार घटता जाता है और अन्त में शून्य हो जाता है। इस प्रकार के दोलन अवमन्दित दोलन (Damped Oscillations) कहलाते हैं।

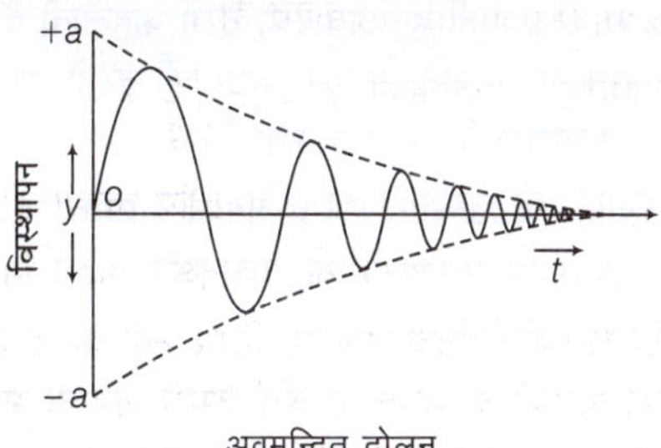

अवमन्दित दोलन

- आयाम के लगातार क्षय होने को अवमंदन (Damping) कहते हैं।
- यदि किसी माध्यम में दोलन करने वाली वस्तु का वेग कम है, तो माध्यम द्वारा वस्तु पर लगाया गया अवमंदक बल वस्तु के वेग के अनुक्रमानुपाती होता है तथा वस्तु के वेग की विपरीत दिशा में कार्य करता है।
  उदाहरण—सोनोमीटर (एक वैज्ञानिक उपकरण, जिसका उपयोग ध्वनि तरंगों की आवृत्ति मापने के लिए किया जाता है।) के तार के कंपन आदि।

प्रणोदित दोलन

- जब कोई वस्तु बाह्य आवर्ती बल के अंतर्गत अपनी स्वाभाविक आवृत्ति से भिन्न किसी आवृत्ति से दोलन करती है, तो वस्तु के इस प्रकार के दोलन प्रणोदित दोलन (Forced oscillations) कहलाते हैं।
  उदाहरण–
  - जब सरल लोलक के बॉब (Bob) को हाथ में रखकर कंपन कराना।
  - जब कंपन करते हुए किसी स्वरित्र त्रिभुज के दस्ते को हम हाथ में पकड़े रहते हैं, तो मंद ध्वनि सुनाई पड़ती है। किंतु यदि उस दस्ते को किसी मेज पर टिका देते हैं, तो तीव्र ध्वनि सुनाई देती है।
  - तार वाले वाद्य-यंत्रों (Musical instruments); जैसे-स्वरमापी, पियानो, सितार, वायलिन आदि में तार के नीचे एक खोखला बॉक्स होता है, जिसे ध्वनि बोर्ड कहते हैं। यह तारों में उत्पन्न कंपनों की तीव्रता बढ़ाने में सहायक होता है।

अनुनाद

- जब किसी वस्तु पर लगाए गए बाह्य बल की आवृत्ति वस्तु की स्वाभाविक आवृत्ति के बराबर अथवा पूर्ण गुणज में होती है, तो वस्तु के प्रणोदित दोलनों का आयाम बहुत अधिक बढ़ जाता है। इस घटना को अनुनाद (Resonance) कहते हैं तथा इन दोलनों को अनुनादी दोलन (Resonance Oscillations) कहते हैं।

उदाहरण—जब कोई सेना पुल पार करती है, तो सैनिक कदम मिलाकर नहीं चलते हैं।

तरंग

तरंग किसी माध्यम में उत्पन्न एक प्रकार का विक्षोभ है। जिसके द्वारा ऊर्जा का एक स्थान से दूसरे स्थान तक स्थानान्तरण होता है।

तरंगें मुख्यतः दो प्रकार की होती हैं

1. यान्त्रिक तरंगें

वे तरंगें, जिनके संचरण के लिए भौतिक माध्यम की आवश्यकता होती है यान्त्रिक तरंगें (Mechanical Waves) कहलाती हैं। इन्हें प्रत्यास्थ तरंग भी कहा जाता है; जैसे—ध्वनि तरंगें आदि।

यान्त्रिक तरंगें दो प्रकार की होती हैं

(i) अनुप्रस्थ तरंगें जिन यान्त्रिक तरंगों के संचरित होने पर माध्यम के कण तरंग के चलने की दिशा के लम्बवत् कम्पन करते हैं, अनुप्रस्थ तरंगें (Transverse Waves) कहलाती हैं; जैसे— पानी की सतह पर पत्थर फेंकने से उत्पन्न तरंगें, प्रकाश तरंगें, डोरी युक्त यंत्रों में उत्पन्न तरंगें आदि अनुप्रस्थ तरंग के उदाहरण हैं।

अनुप्रस्थ तरंगों के सतह से उठे हुए भाग को शृंग (Crest) तथा सतह से नीचे दबे हुए भाग को गर्त (Trough) कहते हैं और यह इसी प्रतिरूप में गति करते हैं।

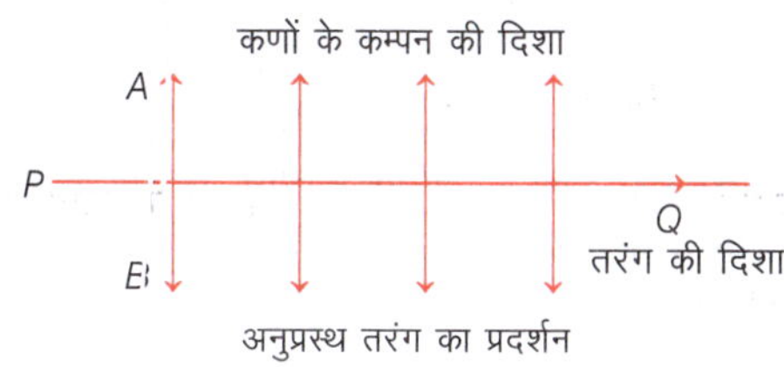

अनुप्रस्थ तरंग का प्रदर्शन

(ii) अनुदैर्ध्य तरंगें जिन यान्त्रिक तरंगों में माध्यम के कण अपनी माध्य स्थिति पर आगे-पीछे तरंग गति की दिशा में कम्पन करते हैं, अनुदैर्ध्य तरंगें (Longitudinal Waves) कहलाती हैं। ये तरंगें सम्पीडन (Compression) व विरलन (Rarefaction) के रूप में संचरित होती हैं और सम्पीडन तथा विरलन द्वारा एक तरंग की रचना होती है।

- वायु में ध्वनि, भूकम्प तरंगें तथा स्प्रिंग में उत्पन्न तरंगें भी अनुदैर्ध्य तरंगें होती हैं। तरंग गति के लिए भी आवर्तकाल, आयाम, तरंगदैर्ध्य, आवृत्ति आदि की परिभाषाएँ दोलनी गति के समान ही होती हैं।

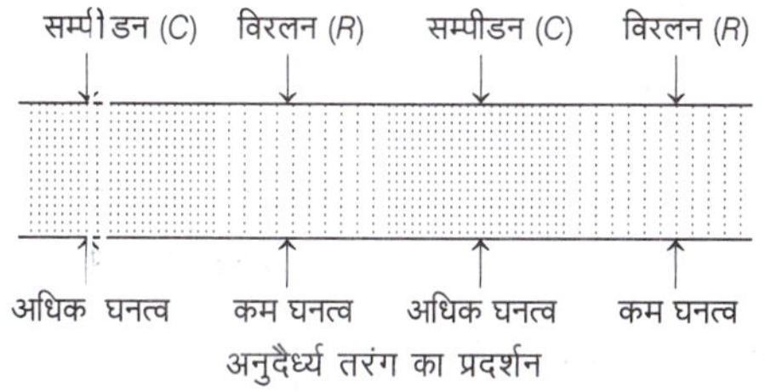

अनुदैर्ध्य तरंग का प्रदर्शन

2. विद्युत चुम्बकीय तरंगें

वे तरंगें, जिनके संचरण के लिए माध्यम की उपस्थिति आवश्यक नहीं होती है विद्युत चुम्बकीय (Electromagnetic Waves) या अप्रत्यास्थ तरंगें कहलाती हैं। उदाहरण—दृश्य प्रकाश तरंगें, पराबैंगनी किरणें आदि।

तरंग गति से सम्बन्धित महत्त्वपूर्ण परिभाषाएँ निम्न हैं

(i) तरंगदैर्ध्य (Wavelength) किन्हीं दो निकटवर्ती शृंगों अथवा गर्तों के बीच की दूरी होती है। इसे λ से प्रदर्शित करते हैं। इसका SI मात्रक मीटर होता है।

(ii) आवर्तकाल (Time Period) वह समय जिसमें दो निकटवर्ती तरंगों के सम्पीडन व विरलन स्थिति में एक स्थिर बिन्दु से गुजरने में लिया गया हो अर्थात् 1 कम्पन्न पूरा करने में लिया गया समय आवर्तकाल कहलाता है। इसे T से प्रदर्शित करते हैं। यह आवृत्ति का व्युत्क्रम होता है।

$$\text{आवर्तकाल} = \frac{1}{\text{आवृत्ति}}$$

(iii) चाल (Speed) 1 सेकण्ड में तरंग द्वारा चली गई दूरी होती है। इसे v से प्रदर्शित करते हैं। इसका मात्रक मीटर प्रति सेकण्ड होता है।

$$\text{तरंग चाल } v_1 = \text{आवृत्ति } (n_1) \times \text{तरंगदैर्ध्य } (\lambda_1)$$

ध्वनि तरंगें

- ध्वनि एक प्रकार की ऊर्जा है, जिसकी उत्पत्ति वस्तुओं के कम्पन से होती है, परन्तु यह आवश्यक नहीं हैं कि हर कम्पन से ध्वनि उत्पन्न हो।
- सामान्यतया ध्वनि तरंगें वायु के माध्यम में अनुदैर्ध्य तरंगें होती हैं। ध्वनि संचरण के लिए माध्यम की आवश्यकता होती है।

ध्वनि तरंगों का श्रव्यता परिसर

- अवश्रव्य तरंगें (Infrasonic Waves) वे अनुदैर्ध्य यांत्रिक तरंगें, जिनकी आवृत्ति 20 Hz से नीचे होती है, अवश्रव्य तरंगें कहलाती हैं। इन तरंगों को मनुष्य के कान सुन नहीं सकते हैं। इस प्रकार की तरंगों को बहुत बड़े आकार के स्रोतों से उत्पन्न किया जा सकता है।
- श्रव्य तरंगें (Audible Waves) वे तरंगें जिनकी आवृत्ति 20 Hz से 20000 Hz के बीच की होती है उन तरंगों को श्रव्य तरंगें कहते हैं। इन तरंगों को मनुष्य के कान द्वारा सुना जा सकता है।
- पराश्रव्य तरंगें (Ultrasonic Waves) वे तरंगें जिनकी आवृत्ति 20000 Hz से ऊपर होती है उन तरंगों को पराश्रव्य तरंगें कहते हैं। मनुष्य के कान इसे नहीं सुन सकते हैं। परन्तु कुछ जानवर; जैसे—कुत्ता, बिल्ली, चमगादड़ आदि इसे सुन सकते हैं।
- इन तरंगों को गाल्टन की सीटी के द्वारा तथा दाब-वैद्युत प्रभाव की विधि द्वारा क्वार्ट्ज के क्रिस्टल के कम्पनों से उत्पन्न करते हैं।
- इन तरंगों की आवृत्ति बहुत ऊँची होने के कारण इसमें बहुत अधिक ऊर्जा होती है।
- साथ ही इनकी तरंगदैर्ध्य छोटी होने के कारण इन्हें एक पतले किरण-पुँज के रूप में बहुत दूर तक भेजा जा सकता है।
- पराश्रव्य तरंगों का प्रयोग प्राय: संकेत भेजने में, गठिया रोग के उपचार में, दूध के अन्दर हानिकारक जीवाणुओं को नष्ट करने में, समुद्र की गहराई पता करने के लिए किया जाता है।

विद्युत चुम्बकीय तरंगों का आवृत्ति परिसर

विद्युत चुम्बकीय तरंगें	खोजकर्त्ता	तरंगदैर्ध्य परिसर	आवृत्ति परिसर (Hz में)	उपयोग
गामा किरणें	बैकुरल	10^{-14} मी से 10^{-10} मी तक	10^{20} से 10^{18} तक	इसकी भेदन क्षमता सर्वाधिक होती है, इसका उपयोग नाभिकीय अभिक्रिया तथा कृत्रिम रेडियोधर्मिता में किया जाता है।
एक्स-किरणें	रॉन्टजन	10^{-10} मी से 10^{-8} मी तक	10^{18} से 10^{16} तक	इसका उपयोग चिकित्सा एवं औद्योगिक क्षेत्र में किया जाता है।
पराबैंगनी किरणें	रिटर	10^{-8} मी से 10^{-7} मी तक	10^{16} से 10^{14} तक	इसका उपयोग जाँच पड़ताल करने, प्रकाश वैद्युत प्रभाव को उत्पन्न करने, बैक्टिरिया को नष्ट करने में किया जाता है।
दृश्य विकिरण	न्यूटन	3.9×10^{-7} मी से 7.8×10^{-7} मी तक	10^{14} से 10^{12} तक	इसमें हमें वस्तुएँ दिखलाई पड़ती हैं।
अवरक्त विकिरण	हर्शेल	7.8×10^{-7} मी से 10^{-3} मी तक	10^{12} से 10^{10} तक	ये किरणें ऊष्मीय विकिरण हैं। ये जिस वस्तु पर पड़ती हैं, उसका ताप बढ़ जाता है। इसका उपयोग कोहरे में फोटोग्राफी करने एवं रोगियों की सिकाई करने में किया जाता है। TV के रिमोट कण्ट्रोल में एवं रात्रि दृष्टि उपकरण में भी इनका प्रयोग किया जाता है।
लघु रेडियो तरंगें	हेनरिक हर्ट्ज	10^{-3} मी से 1 मी तक	10^{10} से 10^{8} तक	इसका उपयोग रेडियो, टेलीविजन एवं टेलीफोन में होता है।
दीर्घ रेडियों तरंगें	मारकोनी	1 मी से 10^{4} मी तक	10^{6} से 10^{4} तक	इस प्रकार की तरंगों का उपयोग रेडियो एवं टेलीविजन में होता है।

ध्वनि की चाल

ध्वनि तरंगें ठोस, द्रव एवं गैस में संचरण कर सकती हैं।

किसी माध्यम में ध्वनि तरंगों की चाल,

$$v = \sqrt{\frac{\beta}{\rho}}$$

जहाँ, β = माध्यम का आयतन प्रत्यास्थता गुणांक, ρ = घनत्व

किसी आदर्श गैस में ध्वनि तरंगों की चाल, $v = \sqrt{\frac{p}{s}}$

इस सम्बन्ध को सर्वप्रथम न्यूटन ने स्थापित किया था, अत: इसे न्यूटन का सूत्र भी कहते हैं।

> लाप्लास ने उपरोक्त सूत्र में संशोधन किया तथा वायु में ध्वनि की चाल को निम्न सूत्र द्वारा व्यक्त किया
>
> $$v = \sqrt{\frac{\gamma p}{\rho}}$$
>
> न्यूटन के सूत्र में इस संशुद्धि को **लाप्लास संशोधन** कहते हैं।
> वायु के लिए $\gamma = \frac{7}{5}$ होता है।

- द्रवों में ध्वनि की चाल गैसों की अपेक्षा अधिक तथा ठोसों में सबसे अधिक होती है।
- वायु में ध्वनि की चाल 332 मी/से, जल में ध्वनि की चाल 1493 मी/से तथा लोहे में ध्वनि की चाल 5130 मी/से होती है।
- जब ध्वनि एक माध्यम से दूसरे माध्यम में जाती है, तो ध्वनि की चाल तथा तरंगदैर्ध्य बदल जाती हैं।
- अत: किसी माध्यम में ध्वनि की चाल, ध्वनि की आवृत्ति पर निर्भर नहीं करती है।
- *ध्वनि की चाल पर विभिन्न भौतिक राशियों का प्रभाव निम्नलिखित है*
  - ताप का प्रभाव (Effect of Temperature) माध्यम का ताप बढ़ने पर उसमें ध्वनि की चाल बढ़ जाती है, क्योंकि गैस में ध्वनि की चाल गैस के परमताप के वर्गमूल के समानुपाती होती है। वायु में 1°C ताप बढ़ने पर ध्वनि की चाल 0.61 मी/से बढ़ जाती है।
  - आर्द्रता का प्रभाव (Effect of Humidity) नमी युक्त वायु का घनत्व, शुष्क वायु के घनत्व से कम होता है, अत: आर्द्र वायु में ध्वनि की चाल बढ़ जाती है। यही कारण है कि बरसात के मौसम में सीटी की आवाज बहुत दूर तक सुनाई देती है।
  - माध्यम के वेग का प्रभाव (Effect of Velocity of Medium) माध्यम के वेग की दिशा में ध्वनि की चाल बढ़ जाती है तथा इसकी विपरीत दिशा में घट जाती है।
  - गैसों का प्रभाव (Effect of Gases) भिन्न-भिन्न गैसों में ध्वनि की चाल भिन्न-भिन्न होती है। जो गैस जितनी हल्की होती है उसमें ध्वनि की चाल उतनी ही अधिक होती है। ऑक्सीजन गैस की अपेक्षा हाइड्रोजन गैस में ध्वनि की चाल अधिक होगी।

25°C पर विभिन्न माध्यमों में ध्वनि की चाल

माध्यम	पदार्थ	ध्वनि की चाल मी/से में
ठोस	एल्युमीनियम	6420
	निकिल	6040
	स्टील	5960
	आयरन	5950
	ताँबा	4700
	काँच	3980
द्रव	समुद्री जल	1531
	आसवन जल	1498
	ऐथेनॉल	1207
	मेथेनॉल	1103
गैस	हाइड्रोजन	1284
	हीलियम	965
	वायु	346
	ऑक्सीजन	316
	सल्फर डाई ऑक्साइड	312

> **मैक संख्या तथा ध्वनि बूम**
>
> - किसी माध्यम में किसी पिण्ड की चाल तथा उसी माध्यम में ताप व दाब की उन्हीं परिस्थितियों में ध्वनि की चाल के अनुपात को उस वस्तु की उस माध्यम में **मैक संख्या** (Mach Number) कहते हैं अर्थात्
>
> $$\text{मैक संख्या} = \frac{\text{किसी माध्यम में पिण्ड की चाल}}{\text{उसी माध्यम में ध्वनि की चाल}}$$
>
> - यदि मैक संख्या 1 से अधिक है, तो पिण्ड की चाल **पराध्वनिक** (Supersonic) कहलाती है। यदि मैक संख्या 5 से अधिक है, तो चाल **अतिपराध्वनिक** (Hypersonic) कहलाती है।
> - इस प्रकार की प्रघाती तरंगों से संबद्ध वायुदाब में परिवर्तन से एक बहुत तेज और प्रबल ध्वनि उत्पन्न होती है, जिसे **ध्वनि बूम** (Sonic Boom) कहते हैं।
> - पराध्वनिक वायुयान से उत्पन्न इस ध्वनि बूम में इतनी मात्रा में ऊर्जा होती है कि यह खिड़कियों के शीशे को तोड़ सकती है और यहाँ तक कि भवनों को भी क्षति पहुँचा सकती है।

ध्वनि के अभिलक्षण

ध्वनि के प्रमुख अभिलक्षण निम्नलिखित हैं

तारत्व अथवा पिच

- ध्वनि का वह गुण, जिससे ध्वनि का मोटा या पतला होना ज्ञात होता है; जैसे पुरुषों की आवाज की अपेक्षा स्त्रियों की आवाज पतली होती है मोटी ध्वनि को निम्न तारत्व की ध्वनि तथा पतली ध्वनि को उच्च तारत्व की ध्वनि कहा जाता है। ध्वनि का तारत्व उसकी आवृत्ति पर निर्भर करता है।

- अधिक तारत्व वाली ध्वनि की आवृत्ति अधिक होती है और कम तारत्व वाली ध्वनि की आवृत्ति कम होती है।
- किसी ध्वनि के तारत्व की माप संभव नहीं है। निम्न तारत्व की ध्वनि की आवृत्ति कम तथा उच्च तारत्व की ध्वनि की आवृत्ति अधिक होती है।

प्रबलता

- ध्वनि का वह लक्षण, जिसके आधार पर कोई ध्वनि कान को धीमी या तेज सुनाई पड़ती है।
- जब कोई ध्वनि हमें धीमी सुनाई पड़ती है, तो प्रबलता कम होती है, जबकि तेज सुनाई पड़ने वाली ध्वनि की प्रबलता अधिक होती है।
- यदि ध्वनि तरंगों के आयाम छोटे हों, तब ध्वनि धीमी या मृदु होगी और यदि ध्वनि तरंगों के आयाम बहुत बड़े हों, तब ध्वनि अधिक या असहज होगी। ध्वनि की प्रबलता व्यवहारत: डेसीबल (dB) में मापी जाती है। यह हमारे कानों की सुग्राहिता पर निर्भर करती है।
- इसका SI मात्रक वाट/मीटर होता है। उदाहरण-एक ही तीव्रता की ध्वनि एक सामान्य व्यक्ति के लिए बहुत प्रबल होगी, किंतु एक बहरे व्यक्ति के लिए प्रबलता शून्य ही होगी।

ध्वनि संबंधित परिघटनाएँ

ध्वनि का परावर्तन

- प्रकाश की भाँति, ध्वनि की दिशा में भी परिवर्तन हो सकता है, अर्थात् ध्वनि किसी ठोस या द्रव सतह से परावर्तित होती है। दो माध्यमों के अन्तरापृष्ठ, जिसे परावर्तक सतह कहते हैं, से टकराकर ध्वनि के वापस लौटने की घटना ध्वनि का परावर्तन (Reflection of Sound) कहलाती है। ध्वनि के परावर्तन के लिए, चिमनी और दर्पण की तरह चमकीली सतह की आवश्यकता नहीं है।
- ध्वनि भी प्रकाश की भाँति परावर्तन के निम्न नियमों का पालन करती है
  - आपतित ध्वनि तरंग, परावर्तित ध्वनि तरंग तथा अभिलंब तीनों एक ही तल में होते हैं।
  - आपतित कोण तथा परावर्तित कोण आपस में बराबर होते हैं।

प्रतिध्वनि

- किसी विस्तृत अवरोध से ध्वनि के परावर्तित होकर पुन: सुने जाने की घटना को प्रतिध्वनि (Echo) कहते हैं।
- हमारे मस्तिष्क में ध्वनि की संवेदना लगभग 0.1 सेकंड तक बनी रहती है।
- ध्वनि के स्रोत तथा अवरोधक के बीच की न्यूनतम दूरी 17.2 मी होती है।
- यह दूरी वायु (माध्यम) के ताप के साथ बदल जाती है, क्योंकि ताप के साथ ध्वनि की चाल में भी परिवर्तन होता है।
- ध्वनि के बार-बार परावर्तन के कारण हमें एक से अधिक प्रतिध्वनियाँ भी सुनाई दे सकती हैं।
- बादलों के गड़गड़ाहट की ध्वनि कई परावर्तक पृष्ठों; जैसे-बादलों तथा भूमि से बार-बार परावर्तन के फलस्वरूप उत्पन्न होती है। प्रतिध्वनि द्वारा समुद्र की गहराई, वायुयान की ऊँचाई, सुदूर स्थित पहाड़ की दूरी माप सकते हैं। सोनार ध्वनि के इसी गुण पर आधारित है।

अनुरणन

- किस बंद हॉल में ध्वनि स्रोत को बन्द करने के बाद भी ध्वनि का कुछ देर तक सुनाई देना अनुरणन (Reverberation) कहलाता है। बादलों की गर्जन अनुरणन का एक उदाहरण है।
- ध्वनि उत्पादन बन्द करने के बाद जितने समय तक प्रतिध्वनि सुनाई देती है, वह समय अनुरणन काल (Reverberation period) कहलाता है। अनुरणन काल का मान हॉल के आयतन तथा इसके कुछ अवशोषक क्षेत्रफल पर निर्भर करता है। दरवाजों पर भारी पर्दे लटकाकर हॉल की कुछ खिड़कियाँ खोलकर इसे कम किया जा सकता है।
- सिनेमाघरों की दीवारों तथा ओडिटोरियम (Auditorium) आदि की दीवारों में छोटे-छोटे छेद कर दिए जाते हैं अथवा दीवारें खुरदरी बनाई जाती हैं। जिससे ध्वनि के अनुरणन की स्थिति समाप्त हो जाती है।

सोनार

- ध्वनि के गुणों का उपयोग सोनार तकनीकी में किया जाता है। सोनार (SONAR) शब्द Sound Navigation And Ranging से बना है यह एक ऐसी व्यवस्था है जिसमें जल में स्थित पिण्डों की दूरी, दिशा तथा चाल को मापा जा सकता है।
- इसमें पराध्वनि तरंगों के उपयोग किए जाते हैं। सोनार विधि द्वारा निकाले गए परास को **प्रतिध्वनि परास** कहते हैं।
- सोनार में एक प्रेषित्र तथा एक संसूचक होता है, जिसे किसी कान में लगाया जाता है। प्रेषित्र, पराध्वनि तरंगें उत्पन्न तथा प्रेषित करता है।

ध्वनि का व्यतिकरण

- दो समान आवृत्ति व आयाम की ध्वनि तरंगें जब एक साथ एक रेखा पर चलती हुई किसी बिन्दु पर पहुँचती हैं, तो उस बिन्दु पर ध्वनि ऊर्जा का पुनर्वितरण हो जाता है, उसे ध्वनि का व्यतिकरण (Interference of sound) कहते हैं।
- जब दोनों तरंगें किसी बिन्दु पर एक ही कला (Phase) में पहुँचती हैं, तो ध्वनि की तीव्रता अधिकतम होती है। ऐसा व्यतिकरण संपोषी (Constructive) कहलाता है।
- लेकिन जब दोनों तरंगें विपरीत कला में मिलती हैं तो ध्वनि की तीव्रता न्यूनतम लगभग शून्य होती है, ऐसा व्यतिकरण विनाशी (Destructive) कहलाता है।
- समुद्र में स्थान-स्थान पर ऊँचे प्रकाश घर बनाए जाते हैं, जहाँ से बड़े-बड़े साइरन बजाकर जहाजों को संकेत भेजे जाते हैं। कभी-कभी जहाज ऐसे क्षेत्रों में आ जाते हैं जहाँ उसे साइरन की ध्वनि सुनाई नहीं देती। ऐसे क्षेत्रों को नीरव क्षेत्र (Silent zone) कहते हैं।
- ऐसे क्षेत्रों में जहाज पर साइरन से सीधे आने वाली ध्वनि पानी से परावर्तित होकर आने वाली ध्वनि के बीच विनाशी व्यतिकरण होता है, जिससे ध्वनि की तीव्रता अत्यन्त कम हो जाती है।

ध्वनि का विवर्तन

- ध्वनि की तरंगदैर्ध्य 1 मी कोटि की होती है। अत: जब इसी कोटि का कोई अवरोध ध्वनि के मार्ग में आता है, तो ध्वनि अवरोध के किनारे से मुड़कर आगे बढ़ जाती है। इस घटना को ध्वनि का विवर्तन

(Diffraction) कहते हैं। यही कारण है कि बाहर से आने वाली ध्वनि दरवाजों, खिड़की आदि पर मुड़कर हमारे कानों तक पहुँच जाती है।

ध्वनि तरंगों का अपवर्तन

- ध्वनि तरंगें जब एक माध्यम से दूसरे माध्यम में जाती हैं, तो अपने पथ से विचलित हो जाती हैं। यह घटना ध्वनि का अपवर्तन (Refraction) कहलाती है। ध्वनि तरंगों का अपवर्तन वायु की भिन्न-भिन्न पर्तों का ताप भिन्न-भिन्न होने के कारण होता है।
- गर्म वायु में ध्वनि की चाल, ठण्डी वायु की अपेक्षा अधिक होती है, इसलिए ध्वनि तरंगें जब गर्म वायु से ठण्डी वायु में या ठण्डी वायु से गर्म वायु में संचरित होती है, तो अपने मार्ग से विचलित हो जाती हैं अर्थात् अपवर्तित हो जाती है।

डॉप्लर प्रभाव

- जब ध्वनि स्रोत एवं श्रोता के बीच आपेक्षिक गति होती है, तो श्रोता को ध्वनि की आवृत्ति बदलती हुई प्रतीत होती है, इसी प्रभाव को **डॉप्लर प्रभाव** (Doppler effect) कहते हैं। इसमें तीन स्थितियाँ सम्भव हैं
  - जब आपेक्षिक गति के कारण स्रोत एवं श्रोता के बीच की दूरी घट रही होती है, तो आवृत्ति बढ़ती हुई प्रतीत होती है।
  - जब आपेक्षिक गति से स्रोत तथा श्रोता के बीच की दूरी बढ़ रही होती है, तो आवृत्ति घटती हुई प्रतीत होती है।
  - जब स्रोत एवं श्रोता के बीच की दूरी नियत रहती है, इसके बीच आपेक्षिक गति शून्य होती है, तो डॉप्लर प्रभाव शून्य रहता है। ध्वनि तरंगों के लिए आभासी आवृत्ति (Apparent frequency) इसकी वास्तविक आवृत्ति के समान होती है।

डॉप्लर प्रभाव के उपयोग निम्न हैं।

- इसका उपयोग वायु में उड़ते विमान के वेग का अनुमान लगाने में किया जाता है। राडार स्टेशन से वायु में उड़ते विमान की ओर राडार तरंगें भेजी जाती हैं तथा विमान से परावर्तित होकर लौटने वाली तरंगें स्टेशन पर प्राप्त की जाती हैं। स्टेशन से विमान की ओर भेजी गई तथा विमान से स्टेशन पर प्राप्त की गई तरंगों की आवृत्तियों के अन्तर से विमान के वेग की गणना की जा सकती है।
- इससे जल के भीतर चलती पनडुब्बी का वेग ज्ञात किया जा सकता है। इससे तारों तथा गैलेक्सियों की गति का अनुमान लगाया जाता है।
- दिन के समय सूर्य की गर्मी के कारण पृथ्वी के समीप की वायु परतों का ताप ऊपर की परतों की अपेक्षा अधिक होता है। जिसके कारण पृथ्वी के समीप की वायु की परतों का घनत्व कम होता है अर्थात् ये परतें विरल माध्यम का कार्य करती हैं तथा जैसे-जैसे ऊपर जाते हैं अर्थात् ये परतें सघन माध्यम का कार्य करती हैं। अतः पृथ्वी पर स्थित ध्वनि स्रोत से ध्वनि तरंगें, अभिलम्ब की ओर झुकती जाती हैं अर्थात् अपवर्तित हो जाती है।

मानव कर्ण

कर्ण (कान) एक अति संवेदी युक्ति है, जिसकी सहायता से हम सुन पाते हैं। यह श्रवणीय आवृत्तियों द्वारा वायु में होने वाले दाब परिवर्तनों को विद्युत संकेतों में बदलता है, जो श्रवण तन्त्रिका से होते हुए मस्तिष्क तक पहुँचते हैं।

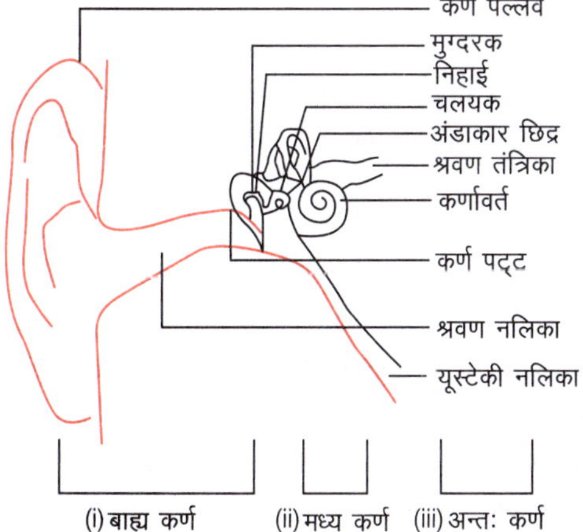

कर्ण तीन भागों बाह्य कर्ण, मध्य कर्ण तथा आंतरिक कर्ण से मिलकर बना होता है

(i) **बाह्य कर्ण** (Outer Ear) यह कर्ण (कान) का वह भाग है, जिसे हम कर्ण के बाहरी सिरे पर देखते हैं। बाह्य कर्ण, कर्ण पल्लव कहलाता है। यह परिवेश से ध्वनि को एकत्रित करता है, एकत्रित ध्वनि श्रवण नलियों से गुजरती है। श्रवण नलिका के सिरे पर एक पतली झिल्ली होती है, जिसे कर्ण पटह या कर्ण पटह झिल्ली कहते हैं।
जब माध्यम के सम्पीडन कर्ण पटह, तक पहुँचते हैं, तब झिल्ली के बाहर की ओर लगने वाला दाब बढ़ जाता है। दाब बढ़ने के कारण कर्ण पटह अंदर की ओर दबता है। इसी प्रकार, विरलन के कारण कर्ण पटह बाहर की ओर गति करता है। इस प्रक्रिया के अन्तर्गत कर्ण पटह कंपन करता है।

(ii) **मध्य कर्ण** (Middle Ear) मध्य कर्ण में तीन हड्डियाँ मुग्दरक, निहाई तथा वलयक विद्यमान होती हैं। ये हड्डियाँ एक-दूसरे से जुड़ी रहती हैं तथा ये कर्ण पटह के कंपनों को कई गुना बढ़ा देती है। इसके बाद मध्य कर्ण ध्वनि तरंगों से मिलने वाले इन दाब परिवर्तनों को आन्तरिक कर्ण तक संचारित कर देता है।

(iii) **आन्तरिक कर्ण** (Inner Ear) आन्तरिक कर्ण एक घुमावदार नलिका होती है, जिसे कर्णावर्त (Eustachin Tube) कहते हैं। इसका एक भाग मध्य कर्ण से होकर प्रत्यास्थ झिल्ली तक पहुँचता है तथा दूसरा भाग मस्तिष्क से जुड़ा होता है। इस कर्णावृत्त द्वारा दाब परिवर्तनों को विद्युत संकतों में परिवर्तित कर दिया जाता है। इन विद्युत संकतों को श्रवण तन्त्रिका द्वारा मस्तिष्क तक भेज दिया जाता है और मस्तिष्क इनकी ध्वनि के रूप में व्याख्या करता है।

"

प्रकाशिकी विज्ञान की वह शाखा है, जिसमें हम प्रकाश के गुणधर्मों का अध्ययन दो खण्डो में करते हैं- प्रथम खण्ड ज्यामितीय प्रकाशिकी (भौतिक गुण व कार्यविधि तथा द्वितीय खण्ड भौतिक प्रकाशिकी (प्रकाश की मूल प्रकृति)

अध्याय नौ

प्रकाशिकी

प्रकाश

- प्रकाश (Light) ऊर्जा का ही एक रूप है, जो हमारी आँखों पर एक दृश्य संवेदना उत्पन्न करता है। प्रकाश विद्युत चुम्बकीय अनुप्रस्थ तरंग है। वे विकिरण, जिनकी तरंगदैर्ध्य 400 nm से 750 nm तक होती है, उन्हें ही हमारी आँखें संसूचित कर सकती हैं।
- यह सरल रेखा में गमन करता है। भिन्न-भिन्न माध्यमों में प्रकाश की चाल भिन्न-भिन्न होती है। निर्वात् में प्रकाश की चाल 3×10^8 मी/से होती है।

प्रकाशिकी

विज्ञान की वह शाखा है, जिसमें हम प्रकाश के गुणधर्मों का अध्ययन दो खण्डों में करते हैं-प्रथम खण्ड ज्यामितीय प्रकाशिकी, जिसमें प्रकाश के भौतिक गुणों व कार्यविधियों को बताया जाता है तथा द्वितीय खण्ड भौतिक प्रकाशिकी, जिसमें प्रकाश की मूल प्रकृति के बारें में जानकारी प्राप्त की जाती है।

प्रकाश के स्रोत

- प्रकाश के प्राकृतिक स्रोत (Natural Source of Light) सूर्य एवं तारे प्रकाश के प्राकृतिक स्रोत हैं। इन तारों के अन्दर हाइड्रोजन परमाणु लगातार हीलियम परमाणु में बदलते रहते हैं।

प्रकाश के आधार पर वस्तुओं को निम्न भागों में बाँटा जा सकता है

- प्रदीप्त वस्तुएँ वे वस्तुएँ जो अपने स्वयं के प्रकाश से प्रकाशित होती हैं, प्रदीप्त वस्तुएँ (Luminous Bodies) कहलाती हैं; जैसे—सूर्य, बल्ब आदि।
- अप्रदीप्त वस्तुएँ वे वस्तुएँ जिनका अपना स्वयं का कोई प्रकाश नहीं होता, लेकिन उन पर प्रकाश डालने पर वे दिखाई देने लगती हैं, अप्रदीप्त वस्तुएँ (Non-luminous Bodies) कहलाती हैं; जैसे—किताब, कुर्सी आदि।

प्रकाशिक माध्यम निम्नलिखित तीन प्रकार के होते हैं

(i) पारदर्शक माध्यम वे माध्यम जिनसे होकर प्रकाश किरणें आर-पार हो जाती हैं, पारदर्शक माध्यम (Transparent medium) कहलाती हैं; जैसे—काँच।

(ii) अपारदर्शक माध्यम वे माध्यम जिनसे होकर प्रकाश की किरणें बाहर नहीं निकल पाती हैं, अपारदर्शक माध्यम (Opaque medium) कहलाती हैं; जैसे—धातुएँ।

(iii) अर्द्धपारदर्शक माध्यम वे माध्यम, जिन पर प्रकाश की किरणें पड़ने से उनका कुछ भाग तो अवशोषित हो जाता है तथा कुछ भाग बाहर निकल जाता है, अर्द्धपारदर्शक माध्यम (Translucent medium) कहलाती हैं; जैसे—तेल लगा हुआ कागज।

प्रकाश की प्रकृति

- कुछ घटनाओं जैसे परावर्तन, अपवर्तन, विवर्तन, व्यतिकरण व ध्रुवण आदि में प्रकाश को तरंग माना जाता है।
- जब प्रकाश एक माध्यम से दूसरे माध्यम में जाता है, तो प्रकाश की चाल तथा तरंगदैर्ध्य बदल जाती है, परन्तु इसकी आवृत्ति नहीं बदलती है।
- चन्द्रमा से पृथ्वी तक प्रकाश 1.28 सेकण्ड में पहुँचता है, जबकि सूर्य से पृथ्वी तक प्रकाश 8 मिनट 19 सेकण्ड अर्थात् 499 सेकण्ड में पहुँचता है।
- छाया का बनना, सूची छिद्र कैमरे में उल्टे चित्र का बनना, सूर्यग्रहण, चन्द्रग्रहण, प्रकाश के रेखीय गमन के द्वारा ही सम्भव हैं।

- जब प्रकाश किरणों के मार्ग में कोई अपारदर्शी वस्तु रूकावट का काम करती है, तो प्रकाश किरणें रुक जाती हैं, जिससे आगे प्रकाशित भाग के बीच में वस्तु के आकार का काला भाग दिखाई देता है, जिसे **छाया** कहते हैं।
- यदि छाया का भाग पूर्णत: अन्धकारमय होता है, तो इसे **प्रच्छाया** (Umbra) कहा जाता है। यदि छाया का भाग आंशिक रूप से अन्धकारमय होता है, तो इसे **उपच्छाया** (Penumbra) कहते हैं।

प्रकाश की चाल

- विभिन्न माध्यमों में प्रकाश की चाल भिन्न-भिन्न होती है, निर्वात् में प्रकाश की चाल सर्वाधिक होती है।
- सर्वप्रथम रोमर नामक वैज्ञानिक ने प्रकाश की चाल का अध्ययन किया था। उनके अनुसार, प्रकाश की चाल माध्यम के अपवर्तनांक पर निर्भर करती है।

विभिन्न माध्यमों में प्रकाश की चाल

माध्यम	प्रकाश की चाल (मी/से)
निर्वात्	3×10^8
पानी	2.25×10^8
तारपीन का तेल	2.04×10^8
काँच	2×10^8
राक सॉल्ट	1.95×10^8
नाइलॉन	1.96×10^8

प्रकाश का परावर्तन

प्रकाश के किसी वस्तु की सतह से या अवरोध से टकराकर वापस लौटने की घटना प्रकाश का परावर्तन (Reflection of Light) कहलाती है। समतल दर्पण प्रकाश का एक अच्छा परावर्तक है।

परावर्तन के नियम

- आपतित किरण, परावर्तित किरण तथा अभिलम्ब आपतन बिन्दु पर तीनों एक ही समतल में होते हैं।
- आपतन कोण, परावर्तन कोण के बराबर होता है।

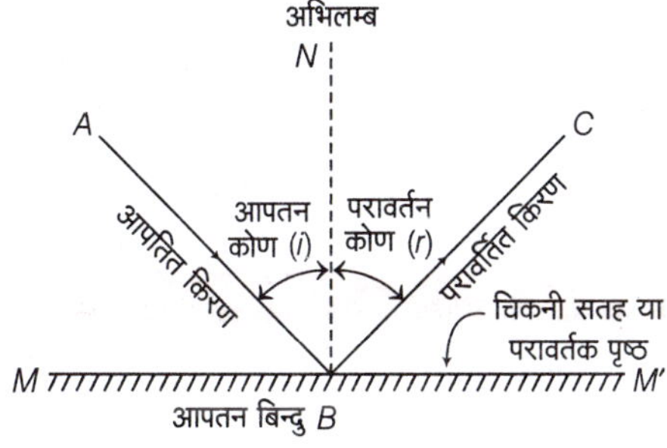

प्रकाश का परावर्तन

परावर्तन सम्बन्धित कुछ महत्त्वपूर्ण तथ्य निम्न हैं

- **परावर्तक पृष्ठ** प्रकाश जिस पृष्ठ से टकराता है, परावर्तक पृष्ठ कहलाता है।
- **आपतित किरण** वह किरण, जो परावर्तक पृष्ठ से टकराती है।
- **परावर्तित किरण** वह किरण, जो परावर्तक पृष्ठ से टकराकर पुन: लौट जाती है।
- **आपतन बिन्दु** वह बिन्दु जिस पर आपतित किरण समतल पृष्ठ पर टकराती है।
- **अभिलम्ब** आपतन बिन्दु से पृष्ठ के लम्बवत् खींची गई रेखा अभिलम्ब कहलाती है।
- **आपतन कोण** आपतित किरण तथा अभिलम्ब के मध्य बना कोण होता है।
- **परावर्तन कोण** परावर्तित किरण तथा अभिलम्ब के मध्य बना कोण होता है।

प्रतिबिम्ब

जब प्रकाश की किरणें परावर्तन के पश्चात् किसी दूसरे बिन्दु से आती हुई प्रतीत होती हैं, तो दूसरे बिन्दु को पहले बिन्दु का प्रतिबिम्ब (Image) कहते हैं।

वास्तविक प्रतिबिम्ब जब किसी बिन्दु वस्तु से चलने वाली प्रकाश किरणें परावर्तन के पश्चात् किसी दूसरे बिन्दु पर वास्तव में मिलती हैं, तो इस दूसरे बिन्दु पर बने प्रतिबिम्ब को उस बिन्दु का वास्तविक प्रतिबिम्ब (Real image) कहते हैं।

आभासी प्रतिबिम्ब जब किसी बिन्दु वस्तु से चलने वाली प्रकाश किरणें परावर्तन के पश्चात् किसी दूसरे बिन्दु पर वास्तव में नहीं मिलती हैं परन्तु दूसरे बिन्दु से आती हुई प्रतीत होती हैं, तो इस बिन्दु पर बने प्रतिबिम्ब को, उस बिन्दु का आभासी प्रतिबिम्ब (Virtual image) कहते हैं।

दर्पण

यदि किसी चिकने पारदर्शी माध्यम तल के एक पृष्ठ पर कलई अथवा लाल ऑक्साइड का लेप करके दूसरे पृष्ठ को परावर्तक पृष्ठ बना दिया जाए, तो यह निकाय दर्पण (Mirror) कहलाता है।

दर्पण दो प्रकार के होते हैं

समतल दर्पण

- यदि किसी दर्पण की परावर्तक सतह समतल हो, तो उसे समतल (Plane) दर्पण कहते हैं।
- इसमें शीशे की एक ओर चाँदी या पारे की परत की पॉलिश कर दी जाती है।
- समतल दर्पण द्वारा बने प्रतिबिम्ब की प्रकृति
  - दर्पण के उतना ही पीछे होता है, जितना बिम्ब दर्पण के सामने।
  - बिम्ब के समान आकार का होता है।
  - पार्श्विक रूप से परिवर्तित होता है।
  - आभासी तथा सीधा होता है।

समतल दर्पण से सम्बन्धित कुछ महत्त्वपूर्ण बिन्दु निम्न हैं

- समतल दर्पण की फोकस दूरी घनत्व व क्षमता शून्य होती है।
- समतल दर्पण का रेखीय आवर्धन 1 होता है।

- समतल दर्पण से व्यक्ति को अपना पूरा प्रतिबिम्ब देखने के लिए दर्पण की लम्बाई कम-से-कम व्यक्ति की लम्बाई की आधी होनी चाहिए।
- यदि कोई व्यक्ति समतल दर्पण के लम्बवत् किसी चाल से दर्पण के समीप आता है या दूर जाता है, तो उसे अपना प्रतिबिम्ब दोगुनी चाल से पास या दूर जाता हुआ प्रतीत होता है।
- दो समान्तर रखे (समतल) दर्पणों से अनन्त प्रतिबिम्ब बनते हैं।
- समकोण पर झुके दो दर्पणों के बीच रखे वस्तु के तीन प्रतिबिम्ब बनते हैं।
- यदि दो समतल दर्पण एक-दूसरे से θ कोण पर झुके हों तथा वस्तु के बीच स्थित हो, तो दर्पणों द्वारा बने प्रतिबिम्बों की संख्या
  - $n = \frac{360°}{\theta} - 1$ यदि $\frac{360°}{\theta}$ सम है, तो वस्तु सममित रूप में होती है।
  - $n = \frac{360°}{\theta}$ यदि $\frac{360°}{\theta}$ विषम है, तो वस्तु असममित रूप में होती है।

नोट *दैनिक जीवन में समतल दर्पण का उपयोग बहुदर्शी (Kaleidoscope) एवं परिदर्शी (Periscope) में किया जाता है।*

गोलीय दर्पण

वह दर्पण जिसकी एक सतह परावर्तक तथा दूसरी सतह पर कलई होती है। गोलीय दर्पण (Spherical Mirror) कहलाता है।

गोलीय दर्पण दो प्रकार के होते हैं

1. अवतल दर्पण

वह दर्पण, जिसका परावर्तन पृष्ठ अन्दर की ओर दबा होता है अर्थात् प्रकाश का परावर्तन अन्दर की सतह से होता है।

अवतल दर्पण (Concave Mirror) कहलाता है। इसे अभिसारी दर्पण (Converging Mirror) भी कहते हैं।

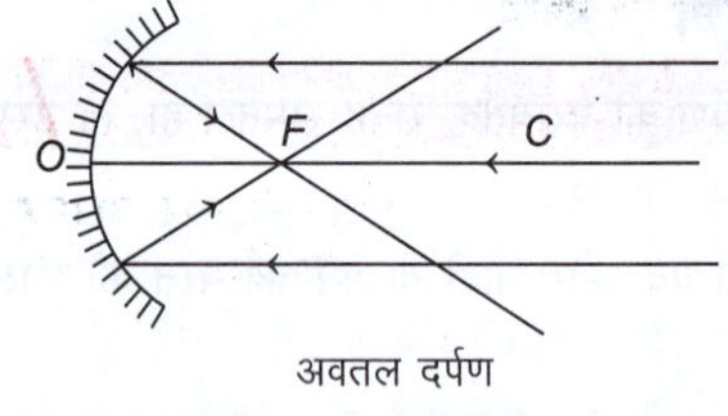

अवतल दर्पण

2. उत्तल दर्पण

वह दर्पण जिसका परावर्तन पृष्ठ बाहर की ओर उभरा होता है अर्थात् प्रकाश का परावर्तन बाहर की सतह से होता है, उत्तल दर्पण (Convex Mirror) कहलाता है। इसे अपसारी दर्पण (Diverging Mirror) भी कहते हैं।

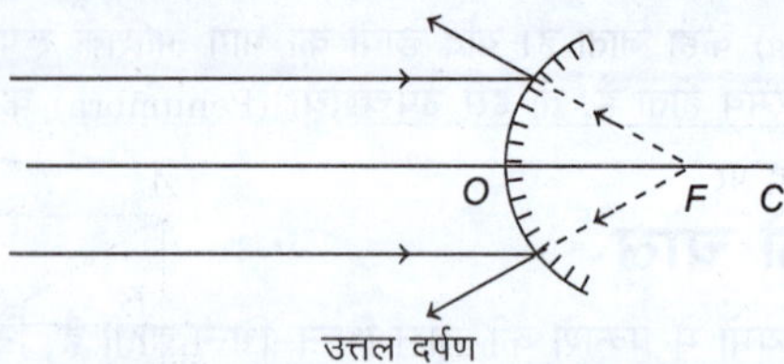

उत्तल दर्पण

गोलीय दर्पण से सम्बन्धित महत्त्वपूर्ण परिभाषाएँ निम्नलिखित हैं

- ध्रुव (Dipole) गोलीय दर्पण के परावर्तक पृष्ठ के केन्द्र को दर्पण का ध्रुव *(P)* कहते हैं।
- वक्रता त्रिज्या (Radius of Curvature) गोलीय दर्पण का परावर्तक पृष्ठ जिस गोले का भाग होता है, उसकी त्रिज्या दर्पण की त्रिज्या *(R)* कहलाती है।
- मुख्य अक्ष (Principal Axis) गोलीय दर्पण के ध्रुव तथा वक्रता त्रिज्या से गुजरने वाली एक सीधी रेखा को मुख्य अक्ष कहते हैं।
- फोकस (Focus) गोलीय दर्पण से परावर्तन के पश्चात् प्रकाश किरणें जिस बिन्दु पर मिलती हैं, उसे दर्पण का फोकस *(F)* कहते हैं।

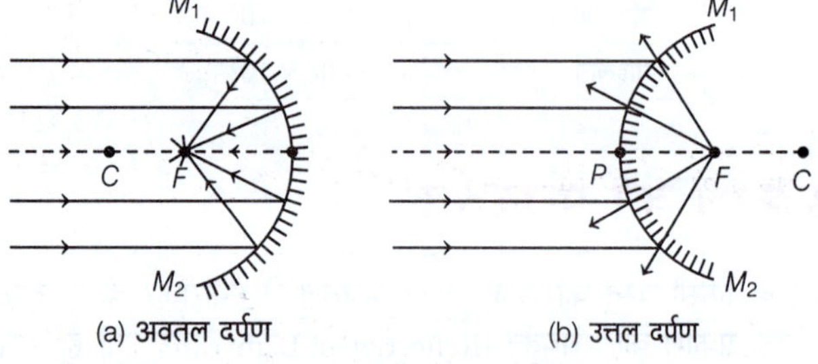

(a) अवतल दर्पण (b) उत्तल दर्पण

- फोकस दूरी (Focal length) गोलीय दर्पण के ध्रुव तथा मुख्य फोकस के बीच की दूरी को दर्पण की फोकस दूरी कहते हैं। दर्पण की फोकस दूरी f वक्रता त्रिज्या R की आधी होती है।

$$f = \frac{R}{2}$$

अवतल तथा उत्तल दर्पणों द्वारा प्रतिबिम्ब बनना

वस्तु की विभिन्न स्थितियों के लिए अवतल दर्पण तथा उत्तल दर्पण द्वारा बने प्रतिबिम्ब की स्थिति, आकार एवं प्रकृति निम्न सारणी में दी गई है

वस्तु की विभिन्न स्थितियों पर अवतल दर्पण द्वारा प्रतिबिम्ब का बनना

वस्तु की स्थिति	किरण आरेख	प्रतिबिम्ब की स्थिति	प्रतिबिम्ब की प्रकृति एवं आकार
अनन्त पर	A, C, F, P, अनन्त, B	मुख्य फोकस (*F*) पर या फोकस तल में	वास्तविक, उल्टा व बहुत छोटा

वस्तु की स्थिति	किरण आरेख	प्रतिबिम्ब की स्थिति	प्रतिबिम्ब की प्रकृति एवं आकार
वक्रता केन्द्र से पीछे परन्तु एक अनन्त दूरी पर		फोकस (F) तथा वक्रता केन्द्र (C) के बीच	**वास्तविक, उल्टा व छोटा**
वक्रता केन्द्र पर		वक्रता केन्द्र (C) पर	**वास्तविक, उल्टा व वस्तु के बराबर**
फोकस व वक्रता केन्द्र के बीच		वक्रता केन्द्र (C) से पीछे	**वास्तविक, उल्टा व वस्तु से बड़ा**
फोकस पर या फोकस तल में		अनन्त पर	**वास्तविक, उल्टा व अधिक आवर्धित**
ध्रुव व फोकस के बीच		दर्पण के पीछे	**आभासी, सीधा व आवर्धित**

वस्तु की विभिन्न स्थितियों पर उत्तल दर्पण द्वारा प्रतिबिम्ब का बनना

वस्तु की स्थिति	किरण आरेख	प्रतिबिम्ब की स्थिति	प्रतिबिम्ब की प्रकृति एवं आकार
अनन्त पर		मुख्य फोकस (F) पर	आभासी, सीधा तथा वस्तु से बहुत छोटा
अनन्त तथा ध्रुव के बीच		ध्रुव (P) व फोकस (F) के बीच	**आभासी, सीधा तथा वस्तु से छोटा**

दर्पण सूत्र

दर्पण सूत्र को निम्न प्रकार दिया जाता है

$$\frac{1}{v}+\frac{1}{u}=\frac{1}{f}$$

यहाँ, v = प्रतिबिम्ब की दूरी, u = वस्तु की दूरी, f = फोकस दूरी

रेखीय आवर्धन

प्रतिबिम्ब की लम्बाई और वस्तु की लम्बाई के अनुपात को रेखीय आवर्धन (Linear Magnification) कहते हैं और इसे m से प्रदर्शित करते हैं।

अर्थात् $m = \frac{\text{प्रतिबिम्ब की लम्बाई}}{\text{वस्तु की लम्बाई}} = \frac{\text{प्रतिबिम्ब की दूरी } (v)}{\text{वस्तु की दूरी } (u)}$

गोलीय दर्पणों के लिए चिन्ह परिपाटी

गोलीय दर्पण द्वारा परावर्तन के लिए दर्पण पर बिम्ब सदैव बाँई ओर आपतित होगा, यह गोलीय दर्पण की चिन्ह परिपाटी कहलाती है।

गोलीय दर्पणों के लिए पद

पद/प्राचल	उत्तल दर्पण	अवतल दर्पण
फोकस दूरी	धनात्मक	ऋणात्मक
वक्रता त्रिज्या	धनात्मक	ऋणात्मक
वस्तु की दूरी	ऋणात्मक	ऋणात्मक
वास्तविक प्रतिबिम्ब की दूरी	लागू नहीं	ऋणात्मक
आभासी प्रतिबिम्ब की दूरी	धनात्मक	धनात्मक
वास्तविक प्रतिबिम्ब की लम्बाई	लागू नहीं	ऋणात्मक
आभासी प्रतिबिम्ब की लम्बाई	धनात्मक	धनात्मक

दर्पणों के उपयोग

गोलीय दर्पणों के उपयोग निम्नलिखित हैं

(i) **अवतल दर्पण के उपयोग**

- बड़ी फोकस दूरी वाला अवतल दर्पण दाढ़ी बनाने में काम आता है।
- आँख, कान एवं नाक के डॉक्टर के द्वारा उपयोग में।
- गाड़ी की हेडलाइट (Head-Light) एवं सर्चलाइट (Search Light) में।
- सोलर कुकर (Solar Cooker), दूरदर्शी, प्रोजेक्टर में।

(ii) **उत्तल दर्पण के उपयोग**

- उत्तल दर्पण द्वारा काफी बड़े क्षेत्र की वस्तुओं का प्रतिबिम्ब एक छोटे से क्षेत्र में बन जाता है।
- इस प्रकार उत्तल दर्पण का दृष्टि क्षेत्र (Field-View) अधिक होता है। इसलिए इसे ट्रक-चालकों या मोटरकारों में चालक के बगल में पृष्ठ दृश्य दर्पण (Rear View Mirror) लगाया जाता है।
- सड़क में लगे परावर्तक लैम्पों में उत्तल दर्पण का प्रयोग किया जाता है, विस्तार क्षेत्र अधिक होने के कारण ये प्रकाश को अधिक क्षेत्र में फैलाते हैं।

प्रकाश का अपवर्तन

जब प्रकाश की किरणें एक पारदर्शी माध्यम से दूसरे पारदर्शी माध्यम में प्रवेश करती हैं, तो किरणें दोनों माध्यमों को अलग करने वाले तल पर अभिलम्बवत् आपतित होने पर बिना मुड़े सीधे निकल जाती हैं, परन्तु तिरछी आपतित होने पर वे अपनी मूल दिशा से विचलित हो जाती हैं। इस घटना को प्रकाश का अपवर्तन (Refraction of Light) कहते हैं।

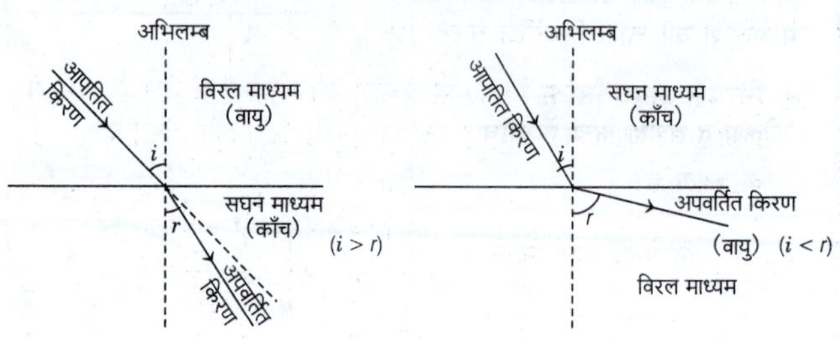

प्रकाश का अपवर्तन

अपवर्तन के नियम

- आपतित किरण (Incident Ray), अभिलम्ब तथा अपवर्तित किरण (Refracted Ray) तीनों एक ही समतल में स्थित होते हैं।
- किन्हीं दो माध्यमों के लिए आपतन कोण की ज्या (sine) i तथा अपवर्तन कोण की ज्या (sine) r का अनुपात एक नियतांक होता है। इस नियतांक को प्रथम माध्यम के सापेक्ष द्वितीय माध्यम का अपवर्तनांक (Refractive Index) कहते है।

अत: $$\frac{\sin i}{\sin r} = \mu \text{ (नियतांक)}$$

इस नियम को स्नैल का नियम भी कहते हैं।

वायुमण्डलीय अपवर्तन

- पृथ्वी पर वायुमण्डल सभी स्थानों पर एकसमान नहीं होता है, इसके वायुमण्डल को भिन्न-भिन्न घनत्वों की परतों में मान सकते हैं, जो एक-दूसरे के प्रति सघन एवं विरल माध्यम का कार्य करती हैं।
- इन परतों के कारण प्रकाश के अपवर्तन को वायुमण्डलीय अपवर्तन कहते हैं।
- वायुमण्डलीय अपवर्तन पर आधारित कुछ परिघटनाएँ निम्नलिखित हैं
  - तारों का टिमटिमाना वायुमण्डल की असमानता के कारण होता है। पृथ्वी का वायुमण्डल कभी शांत नहीं होता, गर्म तथा ठण्डी हवा की धाराएँ सदैव बहती रहती हैं। ठण्डी हवा की अपेक्षा गर्म हवा का घनत्व कम होता है। तारों से किरणें जितने समय में प्रेक्षक तक पहुँचती हैं उतने ही समय में ये किरणें वायुमण्डल के अपवर्तनांक में होने वाले परिवर्तनों के कारण अगल-बगल मुड़ जाती हैं।

– जब अक्षरों के ऊपर काँच का स्लैब रखकर देखते हैं, तो अपवर्तन के कारण अक्षर उठे हुए प्रतीत होते हैं।
– पानी में छड़ी का मुड़ना, पानी से भरी बाल्टी की गहराई का कम मालूम पड़ना तथा पानी में रखे नींबू का वास्तविक आकार से बड़ा दिखाई देना अपवर्तन के कारण ही होता है।
– सूर्योदय तथा सूर्यास्त के समय सूर्य चपटा दिखाई देता है।
– वायुमण्डलीय अपवर्तन के कारण सूर्य हमें वास्तविक सूर्योदय से लगभग 2 मिनट पूर्व तथा सूर्यास्त भी 2 मिनट पश्चात् दिखाई देता है।

अपवर्तनांक

अपवर्तनांक (μ) (Refractive Index) माध्यम का वह गुण है, जो माध्यम में प्रकाश की चाल निर्धारित करता है।

- **निरपेक्ष अपवर्तनांक** निर्वात् में प्रकाश की चाल तथा उस माध्यम में प्रकाश की चाल का अनुपात निरपेक्ष (Absolute) अपवर्तनांक कहलाता है।

$$\text{निरपेक्ष अपवर्तनांक} = \frac{\text{निर्वात् में प्रकाश की चाल}}{\text{माध्यम में प्रकाश की चाल}}$$

- **सापेक्ष अपवर्तनांक** जब प्रकाश किसी माध्यम-1 से दूसरे माध्यम-2 में जाता है, तब पहले माध्यम के सापेक्ष दूसरे माध्यम का अपवर्तनांक सापेक्ष (Relative) अपवर्तनांक कहलाता है।

$$_{\text{माध्यम}-1}\mu^{\text{माध्यम}-2} = \frac{\text{माध्यम - 2 का अपवर्तनांक}}{\text{माध्यम - 1 का अपवर्तनांक}} = \frac{\text{माध्यम - 1 में प्रकाश की चाल}}{\text{माध्यम - 2 में प्रकाश की चाल}}$$

पूर्ण आन्तरिक परावर्तन

- यदि सघन माध्यम से विरल माध्यम में जाने वाली प्रकाश की किरणों के लिए आपतन कोण क्रान्तिक कोण से अधिक हो जाए, तो प्रकाश की किरणें सघन माध्यम में लौट आती हैं। यह घटना पूर्ण आन्तरिक परावर्तन (Total Internal Reflection) कहलाती है।
- सघन माध्यम में वह आयतन कोण जिसके लिए विरल माध्यम में अपवर्तन कोण समकोण के बराबर हो जाता है। सघन माध्यम का क्रान्तिक कोण (Critical Angle) कहलाता है।

पूर्ण आन्तरिक परावर्तन के लिए प्रतिबन्ध निम्न हैं

- प्रकाश की किरणों को सघन माध्यम से विरल माध्यम में जाना चाहिए।
- सघन माध्यम में आपतन कोण को क्रान्तिक कोण से बड़ा होना चाहिए।

पूर्ण आन्तरिक परावर्तन के कुछ उदाहरण निम्नलिखित हैं

- मृग-मरीचिका (Mirage) प्राय: गर्मियों में मरुभूमि से सम्बन्धित प्रकाशीय भ्रम है।
- हीरे का चमकना हीरे का अपवर्तनांक (2.42) अधिक तथा क्रान्तिक कोण (24.4°) बहुत कम होने के कारण जब प्रकाश हीरे में प्रवेश करता है। तब इसके अन्दर विभिन्न स्थलों से प्रकाश पूर्ण परावर्तित होता रहता है, जिस कारण हीरा चमकता हुआ दिखाई पड़ता है।
- प्रकाशिक तन्तु (Optical Fibre) एक ऐसी युक्ति है, जो संकेतों को बिना ह्रास के पूर्ण आन्तरिक परावर्तन के द्वारा एक स्थान से दूसरे स्थान तक भेजने के लिए प्रयुक्त की जाती है।
- यह क्वाट्र्ज काँच के बहुत लम्बे तथा पतले हजारों रेशों से मिलकर बना होता है। प्रत्येक रेशे की मोटाई 10^{-4} सेमी होती है।
- आजकल दूर संचार कम्पनियाँ सिग्नल के संचरण के लिए इण्टरनेट संचार (Internet Communication) तथा मोबाइल फोन विद्युत संकेतों को प्रकाश संकेतों में बदलकर प्रेक्षित करना आदि में प्रकाशिक तन्तु का प्रयोग कर रही है।

इण्डोस्कोप

- मनुष्य के शरीर के आन्तरिक भागों के निरीक्षण के लिए प्रयुक्त यन्त्र अन्त:दर्शी कहलाता है।
- इसमें पूर्ण आन्तरिक परावर्तन कार्य फलित होता है। इण्डोस्कोप (Endoscope) के उदाहरण अर्स्किोप, गैस्ट्रोस्कोप, ब्रोन्कोस्कोप हैं।

लेन्स

लेन्स (Lens) पारदर्शक पदार्थ का वह टुकड़ा है, जो दो निश्चित ज्यामितीय सतहों से घिरा रहता है।

लेन्स दो प्रकार के होते हैं

उत्तल लेन्स

- उत्तल लेन्स में किनारे की अपेक्षा मध्य भाग अधिक मोटा होता है तथा अवतल लेन्स में मध्य की अपेक्षा किनारे का भाग अधिक मोटा होता है। उत्तल लेन्स अनन्त से आने वाली किरणों को सिकोड़ता है। अत: उसे अभिसारी (Converging) लेन्स भी कहते हैं।

अवतल लेन्स

- अवतल लेन्स अनन्त से आने वाली किरणों को फैलाता है। अत: उसे अपसारी (Diverging) लेन्स भी कहते हैं।

लेन्स से सम्बन्धित परिभाषाएँ

- प्रकाशिक केन्द्र (Optical Centre) लेन्स के मुख्य अक्ष पर स्थित वह बिन्दु, जिससे होकर जाने वाली प्रकाश की किरण अपवर्तन के पश्चात् बिना विचलित हुए सीधी निकल जाती है, लेन्स का प्रकाशिक केन्द्र कहलाता है।
- द्वारक (Aperture) लेन्स के अर्द्धवृत्ताकार सिरों के व्यास को लेन्स का द्वारक (AB) कहते हैं
- फोकस दूरी (Focal length) लेन्स के प्रकाशिक केन्द्र तथा फोकस की दूरी को लेन्स की फोकस दूरी कहते हैं।

लेन्स सम्बन्धित सूत्र

(i) लेंस सूत्र $\frac{1}{f} = \frac{1}{v} - \frac{1}{u}$

(ii) लेन्स मेकर सूत्र $\frac{1}{f} = (u-1)\left(\frac{1}{R_1} - \frac{1}{R_2}\right)$

(iii) आवर्धन $m = \frac{v}{u} = \frac{n^1}{n}$

(iv) लेन्स की क्षमता

- **लेन्स की क्षमता उसकी फोकस दूरी F के व्युत्क्रम के बराबर होती है। इसका मात्रक डायोप्टर है।**

$$\text{लेन्स की क्षमता } (P) = \frac{1}{\text{फोकस दूरी (मीटर में)}}$$

- **दो संस्पर्शी लेन्सों के समायोजन की क्षमता,** $P = \frac{1}{F} = \frac{1}{f_1} + \frac{1}{f_2}$

जहाँ, f_1 तथा f_2 लेन्सों की फोकस दूरियाँ हैं।

- **d दूरी पर रखे दो लेन्सों के समायोजन की क्षमता**

$$P = \frac{1}{F} = \frac{1}{f_1} + \frac{1}{f_2} - \frac{d}{f_1 f_2}$$

- **उत्तल लेन्स की क्षमता धनात्मक तथा अवतल लेन्स की क्षमता ऋणात्मक होती है।**

लेन्स से सम्बन्धित महत्त्वपूर्ण बिन्दु

- यदि किसी लेन्स के आधे भाग को काला कर दिया जाता है, तो लेन्स की फोकस दूरी नहीं बदलती है, लेकिन उसकी तीव्रता घट जाती है। पानी में डूबा हुआ वायु का बुलबुला अवतल लेन्स की तरह व्यवहार करता है, क्योंकि पानी का अपवर्तनांक वायु से अधिक होता है।
- यदि लेन्स को समान अपवर्तनांक वाले द्रव में डुबोया जाए, तो लेन्स की फोकस दूरी शून्य हो जाएगी और लेन्स समतल प्लेट की तरह व्यवहार करेगा।
- यदि लेन्स को अधिक अपवर्तनांक वाले द्रव में डुबाया जाए, तो लेन्स की प्रकृति बदल जाएगी अर्थात् उत्तल लेन्स, अवतल लेन्स, की तरह तथा अवतल लेन्स, उत्तल लेन्स की तरह व्यवहार करने लगेगा।
- लेन्सों का उपयोग प्रकाशिक यन्त्रों तथा दृष्टि दोष के निवारण हेतु किया जाता है।

वस्तु की विभिन्न स्थितियों पर उत्तल लेन्स द्वारा प्रतिबिम्ब का बनना

वस्तु की स्थिति	प्रतिबिम्ब की स्थिति	किरण आरेख	प्रतिबिम्ब का आकार	प्रतिबिम्ब की प्रकृति
अनन्त पर	F_2 पर	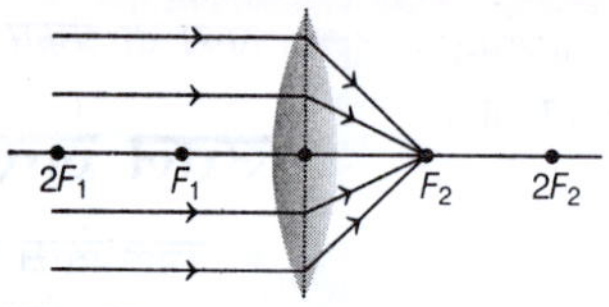 $2F_1$, F_1, F_2, $2F_2$	अत्यधिक छोटा बिन्दु आकार	वास्तविक व उल्टा
$2F_1$ के पीछे	F_2 व $2F_2$ के बीच	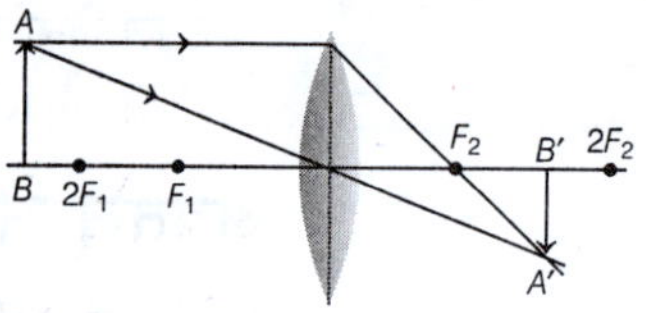 A, B, $2F_1$, F_1, F_2, B′, $2F_2$, A′	छोटा आकार	वास्तविक व उल्टा
$2F_1$ पर	$2F_2$ पर	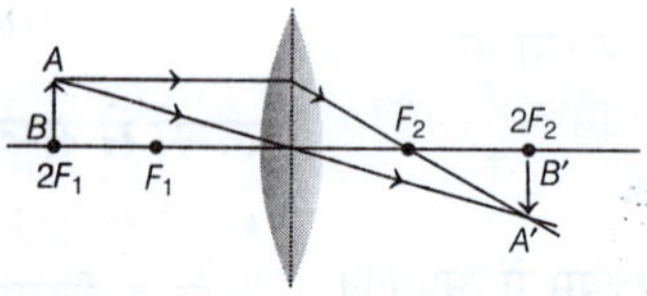 A, B, $2F_1$, F_1, F_2, $2F_2$, B′, A′	समान आकार	वास्तविक व उल्टा
F_1 व $2F_1$ के बीच	$2F_2$ के पीछे	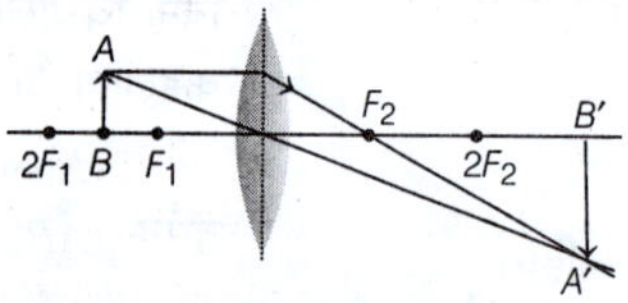 A, $2F_1$, B, F_1, F_2, $2F_2$, B′, A′	आवर्धित (magnified)	वास्तविक व उल्टा
F_1 पर	अनन्त पर	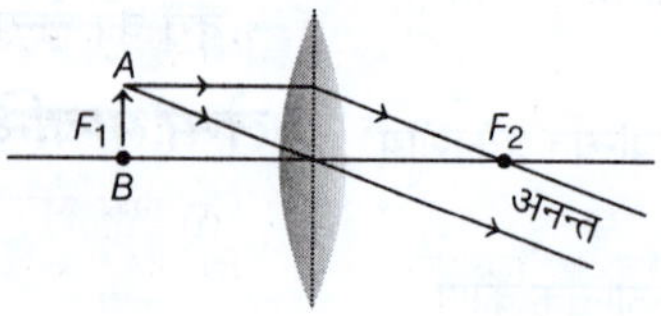 A, F_1, B, F_2, अनन्त	उच्च आवर्धित	वास्तविक व उल्टा
लेन्स व F_1 के बीच	लेन्स की दिशा में	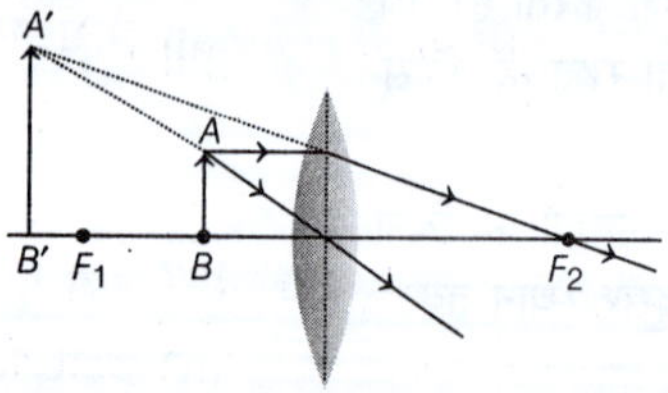 A′, A, B′, F_1, B, F_2	बड़ा आवर्धित	आभासी व सीधा

वस्तु की विभिन्न स्थितियों पर अवतल लेन्स द्वारा प्रतिबिम्ब का बनना

वस्तु की स्थिति	प्रतिबिम्ब की स्थिति	किरण आरेख	प्रतिबिम्ब का आकार	प्रतिबिम्ब की प्रकृति
अनन्त पर	फोकस (F) पर		अत्यधिक ऊँचा	आभासी तथा सीधा
अनन्त दूरी पर	फोकस (F) व प्रकाशिक केन्द्र (O) के बीच		अत्यधिक छोटा	आभासी तथा सीधा, वस्तु से छोटा

प्रिज्म

किसी कोण पर झुके दो समतल पृष्ठों के बीच घिरे किसी पारदर्शक माध्यम को प्रिज्म (Prism) कहते हैं।

प्रकाश का वर्ण-विक्षेपण

- जब प्रकाश किसी प्रिज्म से गुजरता है, तो यह अपवर्तन के पश्चात् प्रिज्म के आधार की ओर झुकने के साथ-साथ विभिन्न रंगों (वर्णों) के प्रकाश में विभक्त हो जाता है।
- प्रकाश के इस प्रकार विभिन्न वर्णों (रंगों) में विभक्त होने की घटना को प्रकाश का वर्ण-विक्षेपण (Dispersion of Light) कहते हैं तथा प्रिज्म के श्वेत निर्गत् प्रकाश से प्राप्त सात रंगों को वर्णक्रम (Spectrum) कहते हैं।

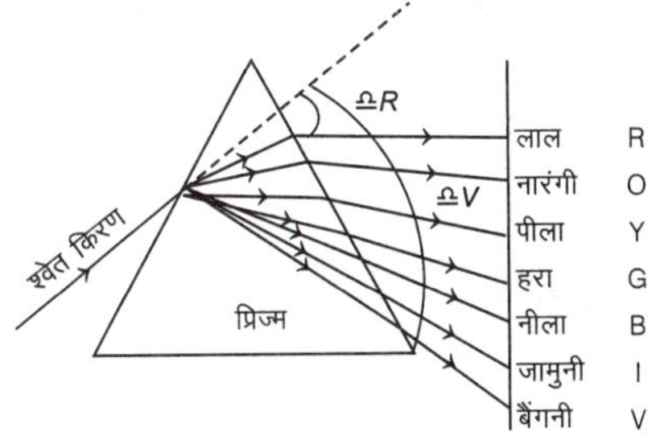

- इसमें रंगों का क्रम इस प्रकार होता है- VIBGYOR जिसके अंग्रेजी अक्षर रंग को प्रदर्शित करते हैं, वह है बैंगनी (V), जामुनी (I), नीला (B), हरा (G), पीला (Y), नारंगी (O) और लाल (R)।
- वर्णक्रम (अर्थात् स्पेक्ट्रम) की उत्पत्ति प्रिज्म द्वारा विभिन्न रंगों के अलग-अलग विचलन के कारण होती है।
- वर्णक्रम में लाल रंग का विचलन सबसे कम और बैंगनी रंग का विचलन सबसे अधिक अर्थात् अधिक तरंगदैर्ध्य के प्रकाश का विचलन, कम तरंगदैर्ध्य के प्रकाश की अपेक्षा कम होता है। विभिन्न रंगों के प्रकाश का विचलन काँच में विभिन्न चाल पर निर्भर करता है।

इन्द्रधनुष

प्रकृति में वायुमण्डल उपस्थित पानी की बूँदों से सूर्य के प्रकाश के अपवर्तन के फलस्वरूप वर्ण-विक्षेपण (Dispersion) से आकाश में दिखाई देने वाली प्राकृतिक सप्तरंगी चन्द्राकार पट्टी को इन्द्रधनुष (Rainbow) कहते हैं। इन्द्रधनुष दो प्रकार के होते हैं—

(i) **प्राथमिक इन्द्रधनुष** (Primary Rainbow) इसमें आपतित प्रकाश किरण का पानी की बूँद के अन्दर एक बार पूर्ण आन्तरिक परावर्तन तथा दो बार अपवर्तन के बाद न्यूनतम विचलन होता है।
यह अधिक चमकीला होता है। इसमें रंगों का क्रम लाल से बैंगनी की ओर अर्थात् क्षैतिज से लगभग 41° अक्षांश पर बैंगनी तथा 43° पर लाल होता है अर्थात् बैंगनी रंग अन्दर तथा लाल रंग बाहर होता है।

(ii) **द्वितीय इन्द्रधनुष** (Secondary Rainbow) इसमें आपतित प्रकाश किरण का बूँद के अन्दर दो बार पूर्ण आन्तरिक परावर्तन तथा दो बार अपवर्तन के बाद न्यूनतम विचलन होता है।
यह कम चमकीला होता है। इसमें रंगों का क्रम बैंगनी से लाल की ओर अर्थात् क्षैतिज से लगभग 51° अक्षांश पर लाल तथा 54° पर बैंगनी होता है अर्थात् लाल रंग अन्दर तथा बैंगनी रंग बाहर होता है।

वस्तुओं का वर्ण/रंग निर्धारण

- प्रकाश का परावर्तित भाग ही वस्तुओं का रंग निर्धारित करता है। अत: श्वेत प्रकाश में रखी गई लाल पुस्तक लाल इसलिए दिखाई देती है, क्योंकि वह श्वेत प्रकाश के केवल लाल अवयव को परावर्तित करती है और अन्य सभी रंगों को अवशोषित कर लेती है।

वर्णों के प्रकार

- **प्राथमिक वर्ण** नीले, हरे व लाल वर्णों को प्राथमिक रंग (Primary Colours) कहा जाता हैं, क्योंकि इन वर्णों को परस्पर उपयुक्त मात्रा में मिलाकर अन्य वर्ण प्राप्त किए जा सकते हैं तथा इन्हीं अन्य वर्णों के मिश्रण से प्राप्त भी नहीं किया जा सकता।
- **द्वितीय वर्ण** दो प्राथमिक वर्णों को मिलाने से जो वर्ण प्राप्त होता है, उसे द्वितीयक वर्ण (Secondary Colours) कहते हैं; जैसे—पीला, मैजेंटा, पीकॉक ब्लू आदि।
- **पूरक वर्ण** जिन दो वर्णों को मिलाने से श्वेत वर्ण प्राप्त होता है, वे पूरक वर्ण (Complementary Colours) कहलाते हैं।

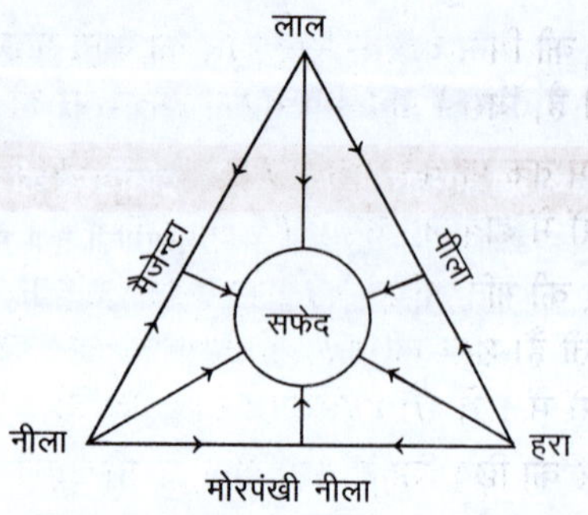

- विभिन्न रंगों को और इनके मिश्रण के परिणाम को एक **वर्ण त्रिभुज** (Colour Triangle) द्वारा दिखाया जा सकता है। ऑफसेट मुद्रण में मोरपंखी (C) मैजेन्टा (M), पीला (Y) अर्थात् CMYK उपयोग होता है।

प्रकाश का प्रकीर्णन

- सूक्ष्म कणों तथा गैसीय अणुओं द्वारा अवशोषित होकर प्रकाश का पुन: विकरित होना **प्रकीर्णन** (Scattering) कहलाता है।
- किसी रंग का प्रकीर्णन उसकी तरंगदैर्ध्य पर निर्भर करता है। जिस रंग की तरंगदैर्ध्य कम होती है, उसका प्रकीर्णन ज्यादा होता है और जिसकी तरंगदैर्ध्य ज्यादा होती है, उसका प्रकीर्णन कम होता है।
- चन्द्रमा पर वायुमण्डल नहीं होने के कारण वहाँ पर प्रकाश का प्रकीर्णन नहीं होता है, जिससे अन्तरिक्ष यात्री को चन्द्रमा से आकाश काला दिखाई पड़ता है। समुद्र का पानी भी प्रकीर्णन के कारण नीला दिखाई देता है। सूर्य उगते व डूबते समय प्रकीर्णन के कारण ही लाल दिखाई देता है।

मानव नेत्र

मानव नेत्र की सहायता से मनुष्य पास अथवा दूर की वस्तुओं को आसानी से देख सकता है। यह एक प्रकाश संवेदी अंग है। मानव नेत्र में दृढ़ पटल, रक्तक पटल, कॉर्निया, आइरिस, पुतली, नेत्र लेन्स, पक्ष्माभी, मांसपेशियाँ, रेटिना, जलीय एवं कांचाभ द्रव, पीत बिन्दु, अन्ध बिन्दु।

लेंस आइरिस के ठीक पीछे बना प्रोटीन का पारदर्शक तथा मुलायम द्विउत्तल लेंस

जलीय द्रव

पुतली आइरिस के मध्य में छिद्र जो प्रकाश की मात्रा को नियंत्रित करता है

कार्निया के पीछे रंगीन अपारदर्शक झिल्ली

कॉर्निया नेत्र गोलक के सामने उभरा तथा पारदर्शक भाग

पक्ष्माभी मांसपेशियाँ नेत्र लेंस की फोकस दूरी को कम या अधिक करने में सक्षम

दृढ़ पटल मानव नेत्र का 25 मिमी का खोखला गोला

रेटिना दृष्टि नाडियों से बना नेत्र का आंतरिक भाग

प्रकाश तन्त्रिका

कांचाभ द्रव कॉर्निया तथा नेत्र लेंस के मध्य नमकीन पारदर्शी

मानव नेत्र द्वारा प्रतिबिम्ब का बनाना

- किसी वस्तु से चलने वाली प्रकाश की किरणें सर्वप्रथम नेत्र के कॉर्निया पर आपतित होती हैं तथा अपवर्तित होकर क्रमश: जलीय द्रव, नेत्र लेन्स तथा कांचाभ द्रव में से होती हुई रेटिना पर पहुँचती हैं जहाँ पर वस्तु का वास्तविक व उल्टा प्रतिबिम्ब बनता है।
- प्रतिबिम्ब के बनने का सन्देश प्रकाश तन्त्रिकाओं द्वारा मस्तिष्क में पहुँचता है, जिससे मस्तिष्क अनुभव के आधार पर यह प्रतिबिम्ब सीधा दिखाई देता है। आँख के उत्तल लेन्स द्वारा किसी बाहरी बिन्दु का उल्टा प्रतिबिम्ब दृष्टिपटल पर बनता है।

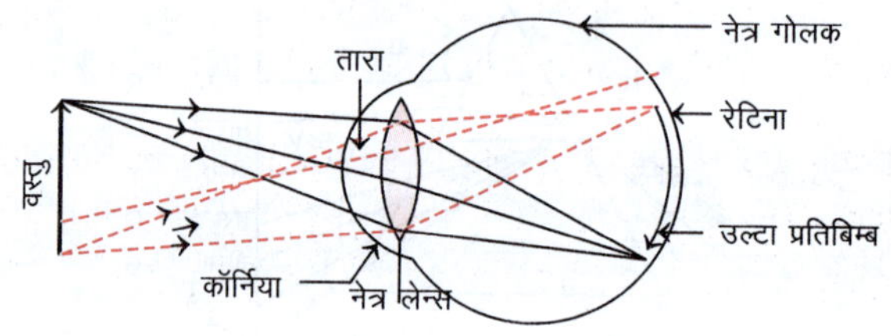

मानव नेत्र की समंजन क्षमता

मांसपेशियों द्वारा नेत्र लेन्स की फोकस दूरी को आवश्यकतानुसार परिवर्तित करने की क्षमता को नेत्र की समंजन क्षमता (Accommodation Power) कहते हैं।

मानव नेत्र की समंजन क्षमता को निम्न बिन्दुओं द्वारा बताया जा सकता है

(i) **नेत्र का दूर बिन्दु** Far Point of the Eye नेत्र से अधिकतम दूरी पर स्थित वह बिन्दु जिसे नेत्र बिना समंजन क्षमता के स्पष्ट देख सकता है, दूर बिन्दु कहलाता है। इस बिन्दु से नेत्र तक की दूरी स्पष्ट दृष्टि की अधिकतम दूरी कहलाती है। स्वस्थ मनुष्य के लिए इसका मान अनन्त होता है।

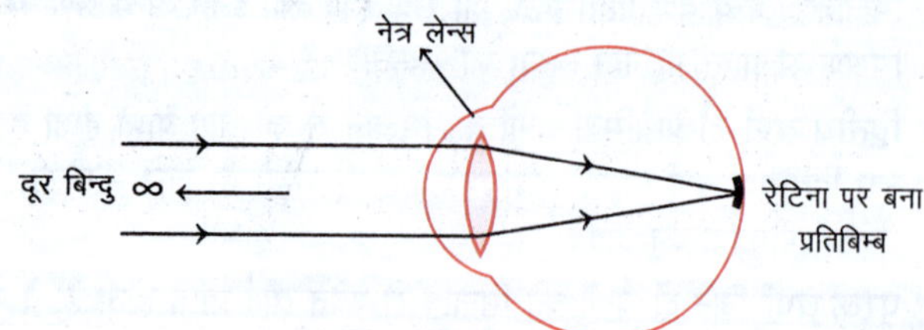

(ii) **नेत्र का निकट बिन्दु** Near Point of the Eye वह निकटतम बिन्दु जिसे नेत्र अपनी अधिकतम समंजन क्षमता लगाकर स्पष्ट देख सकता है नेत्र का निकट बिन्दु कहलाता है। नेत्र से इस बिन्दु की दूरी को स्पष्ट दृष्टि की न्यूनतम दूरी कहते हैं। स्वस्थ नेत्र के लिए स्पष्ट दृष्टि की न्यूनतम दूरी 25 सेमी होती है।

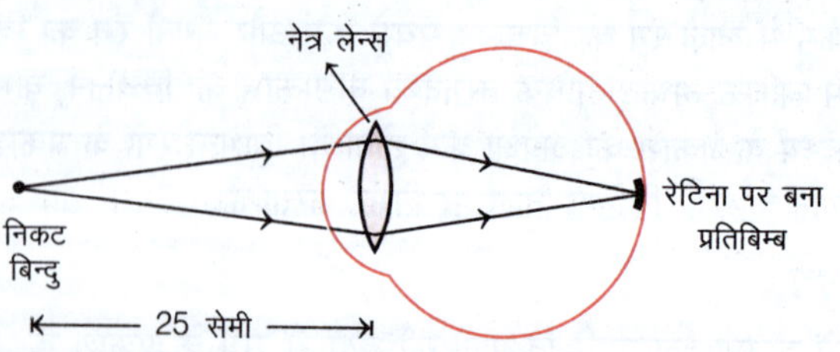

दृष्टि दोष तथा उनके निवारण

- सामान्य आँखों द्वारा अनन्त पर स्थित वस्तु को देखा जा सकता है। उसे स्पष्ट दृष्टि की न्यूनतम दूरी (Least Distance of Distinct Vision) कहते हैं और इसका मान 25 सेमी है। जब सामान्य आँख पर आपतित किरणें पड़ती हैं, तब इसका फोकसान्तर इस तरह समायोजित हो जाता है, कि प्रतिबिम्ब ठीक दृष्टिपटल पर नहीं बनता अपितु दृष्टिपटल के आगे या पीछे बनता है, तो उनके लिए कहा जाता है कि उन्हें दृष्टि दोष है, जोकि निम्न प्रकार हैं
  - दूर दृष्टि दोष इस दृष्टि दोष से पीड़ित व्यक्ति दूर की वस्तुओं को तो स्पष्ट देख लेता है, किन्तु पास की वस्तुएँ स्पष्ट नहीं देख पाता। इसमें प्रतिबिम्ब दृष्टिपटल के पीछे बनता है। दूर दृष्टि दोष (Hypermetropia) अधिक उम्र के व्यक्तियों को होता है।
  - दूर दृष्टि दोष का निवारण करने के लिए उत्तल लेन्स का प्रयोग किया जाता है।
  - निकट दृष्टि दोष (Myopia) से पीड़ित व्यक्ति अपने पास की वस्तुएँ तो स्पष्ट देख लेता है, लेकिन एक निश्चित दूरी से अधिक दूरी पर रखी वस्तुओं को स्पष्ट नहीं देख पाता। इसमें प्रतिबिम्ब दृष्टिपटल के आगे बनता है। इसका सुधार एक अपसारी चश्मा-लेन्स द्वारा होता है। लेन्स अपसारी (Divergent) प्रकृति का होने के कारण किरणों को फैलाकर रेटिना पर केन्द्रित कर देता है।
- अबिन्दुकता आँखों की वक्रता में सममिति में कमी होने पर एक दोष उत्पन्न होता है, जो अबिन्दुकता (Astigmatism) कहलाता है। इसमें व्यक्ति वस्तु के ऊर्ध्वाधर व क्षैतिज भागों को एक साथ स्पष्ट नहीं देख सकता इस दोष का सुधार गोलीय लेन्स के बदले बेलनाकार लेन्स (Cylindrical Lens) के व्यवहार से होता है।
- जरा दूरदर्शिता आयु में वृद्धि होने पर मानव नेत्र की समंजन क्षमता घट जाती है। अधिकांश व्यक्ति ऐसा अनुभव करते हैं, कि उनको न तो निकट की वस्तु न ही दूर की वस्तु स्पष्ट दिखाई देती है, जिसके परिणामस्वरूप वे उचित चश्में के बिना आराम से सुस्पष्ट नहीं पढ़ सकते। इस दोष को जरा दूरदर्शिता (Presbyopia) कहते हैं। ऐसे व्यक्तियों को प्राय: द्विफोकसी लेन्सों (Bifocal Lens) की आवश्यकता होती है।
- दृष्टि निर्बन्धता आँख से देखी गई कोई वस्तु रेटिना पर 1/10 सेकण्ड तक बनी रहती है। इस घटना को दृष्टि निर्बन्धता (Persistence of Vision) कहा जाता है। सिनेमा (Cinema) इसी आधार पर दिखाया जाता है।

वर्णान्धता कुछ व्यक्तियों की आँखों में सभी रंगों को देखने की क्षमता नहीं होती उसे वर्णान्धता (Colour Blindness) कहते हैं। यह आनुवंशिक बीमारी होती है, इसका इलाज नहीं किया जा सकता है, इससे ग्रसित व्यक्ति को हरे एवं लाल रंग की पहचान नहीं होती है।

प्रकाशिक यन्त्र

- प्रकाशिक यन्त्र (Optical Instrument), लेन्सों का उपयोग करके बनाए जाते हैं।
- आजकल अनेक प्रकार के प्रकाशिक यन्त्र उपयोग में लाए जाते हैं; जैसे—फोटो कैमरा, सरल सूक्ष्मदर्शी, संयुक्त सूक्ष्मदर्शी, दूरदर्शक द्विनेत्री आदि।

फोटो कैमरा

- वह प्रकाशीय यन्त्र, जिसके द्वारा फोटो खीचें जाते हैं, कैमरा कहलाता है।
- इसमें एक प्रकाशरोधी बॉक्स होता है, जिसके एक छोर पर एक उत्तल लेन्स और दूसरे छोर पर फोटो फिल्म रहता है। बॉक्स का भीतरी भाग काला रंगा हुआ होता है।
- वस्तु से आने वाली किरणें लेन्स से होकर फिल्म पर फोकस होती हैं, जिससे वस्तु का वास्तविक और उल्टा प्रतिबिम्ब बनता है।
- वस्तु की भिन्न दूरी के लिए ठोस को आगे पीछे करने की व्यवस्था रहती है, जिससे प्रतिबिम्ब हमेशा फिल्म पर ही बने।
- फिल्म तक पहुँचने वाले प्रकाश को नियन्त्रित करने के लिए अच्छे कैमरों में डायफ्राम तथा शटर लगे होते हैं।
- शटर की गति अधिक रहने पर तस्वीरें अधिक स्पष्ट खींची जा सकती हैं। शटर की गति या उद्भासन काल का मान सामान्य कैमरों में 1 से 1/100 सेकण्ड तक होता है।
- कैमरे का छिद्र जितना बड़ा होगा, उससे उतनी ही अधिक प्रकाश की मात्रा प्रवेश कर सकेगी।
- छिद्रों के विभिन्न आकार को f-स्टॉप अथवा f-नम्बर कहा जाता है।
- सामान्यतया f-नम्बर का मान 2, 2.8, 4, 5.6, 8, 11 तथा 16 होता है।

नोट *f-नम्बर जितना छोटा होता है, छिद्र का आकार उतना ही बड़ा होता है। इस यन्त्र के द्वारा मनुष्यों, वस्तुओं तथा प्राकृतिक दृश्यों का स्थायी प्रतिबिम्ब फोटोग्राफिक प्लेट अथवा फिल्म पर लिया जाता है।*

आवर्धन लेन्स या सरल सूक्ष्मदर्शी

- सरल सूक्ष्मदर्शी (Simple Microscope) या आवर्धन लेन्स (Magnifying Glass) वास्तव में कम फोकस दूरी वाला एक उत्तल लेन्स होता है।
- इसके फोकस के बीच किसी वस्तु का प्रतिबिम्ब सीधा, काल्पनिक तथा वस्तु से बड़ा होता है।
- लेन्स की फोकस दूरी जितनी कम होती है, उसकी आवर्धन क्षमता उतनी ही अधिक होती है।
- सरल सूक्ष्मदर्शी की आवर्धन क्षमता, $m = 1 + \frac{D}{f}$

  जहाँ, $D = 25$ सेमी स्पष्ट दृष्टि की न्यूनतम दूरी तथा f = सरल सूक्ष्मदर्शी के लेन्स की फोकस दूरी।
- इसका उपयोग घड़ी के बारीक पुर्जो को देखने के लिए होता है। पुस्तक के छोटे-छोटे अक्षरों को पढ़ने या यन्त्रों में लगे पैमानों का पठन लेने में इसका उपयोग किया जाता है।

संयुक्त सूक्ष्मदर्शी

- इसका आविष्कार गैलीलियो नामक वैज्ञानिक ने 1610 ई. में किया था।
- संयुक्त सूक्ष्मदर्शी (Compound Microscope) में कम फोकस दूरी के दो उत्तल लेन्स होते हैं।
- एक लेन्स जिसके निकट वस्तु को रखा जाता है, अभिदृश्यक कहलाता है, जबकि दूसरे लेन्स को जिसके निकट आँख रहती है, नेत्रिका कहते हैं।
- ये दो समान नलियों के किनारों पर लगे होते हैं। नेत्रिका की नली को अभिदृश्यक की नली में खिसकाने की व्यवस्था होती है।

इसका उपयोग प्राय: जीव विज्ञान की प्रयोगशालाओं में सूक्ष्म कोशिकाओं या जीवों के आवर्धित प्रतिबिम्ब को देखने के लिए किया जाता है।

दूरदर्शी

दूरदर्शी (Telescope) एक ऐसा प्रकाशिक यन्त्र है, जिसकी सहायता से आकाशीय पिण्डों अथवा बहुत अधिक दूरी पर स्थित वस्तुओं को आसानी से स्पष्ट रूप से देखा जाता है। दूरदर्शी दो प्रकार के होते हैं— अपवर्तक दूरदर्शी तथा परावर्तक दूरदर्शी।

अपवर्तक दूरदर्शी

- यह तीन प्रकार के होते हैं खगोलीय, पार्थिव तथा गैलीलियन दूरदर्शी।
  - खगोलीय दूरदर्शी (Astronomical Telescopes) इसका निर्माण डेनमार्क के खगोलशास्त्री केप्लर ने वर्ष 1911 में किया था।
  - इसकी सहायता से आकाशीय पिण्डों को आसानी से देखा जा सकता है।
  - इसमें बड़े फोकसान्तर वाले लेन्स को वस्तु की ओर रखा जाता है, जिसे अभिदृश्यक लेन्स कहते हैं तथा कम फोकसान्तर वाले लेन्स के समीप आँख को रखकर वस्तु के प्रतिबिम्ब को देखा जाता है, इसे नेत्रिका कहते हैं।
  - पार्थिव दूरदर्शी (Terrestrial Telescopes) इसका उपयोग पृथ्वी पर स्थित दूरस्थ वस्तुओं को देखने के लिए किया जाता है। इसमें प्रतिबिम्ब सीधा तथा काल्पनिक बनता है।
  - इसका समायोजन भी दोनों प्रकार से किया जा सकता है। इसमें तीन अभिसारी लेन्सों का उपयोग किया जाता है; अभिदृश्यक, नेत्रिका तथा प्रतिलोमक लेन्स।
  - गैलीलियन दूरदर्शी (Galilean Telescopes) इसका आविष्कार गैलीलियों ने सन् 1609 ई. में किया था। यह भी एक पार्थिव दूरदर्शी है, परन्तु इसका दृष्टि क्षेत्र कम होता है।
  - यह दो लेन्सों की सहायता से वस्तु का सीधा प्रतिबिम्ब बनाता है। इसमें अभिदृश्य अभिसारी एवं नेत्रिका अपसारी लेन्स है।

परावर्तक दूरदर्शी

- इस दूरदर्शी में परावर्तन के द्वारा प्रतिबिम्ब प्राप्त होता है। इस दूरदर्शी में अभिदृश्यक एक बड़ी फोकस दूरी व बड़े आकार का अवतल दर्पण होता है तथा नेत्रिका छोटी फोकस दूरी तथा छोटे द्वारक की होती है।
- इसमें समतल दर्पण को अवतल दर्पण की मुख्य अक्ष से 45° के कोण पर इसके फोकस से कुछ दूरी पहले रखा जाता है। परावर्ती दूरदर्शी में प्रतिबिम्ब अपवर्ती दूरदर्शी की अपेक्षा अधिक चमकीला बनता है।
- इससे बने प्रतिबिम्ब में वर्ण-विपथन का दोष नहीं होता। इसके द्वारा गोलीय विपथन के दोष को भी दूर किया जा सकता है। परावर्तक दूरदर्शी की आवर्धन क्षमता,

$$m = \frac{f_o}{f_e}$$

पेरिस्कोप

- इसमें दो छोरों पर समतल दर्पण व्यवस्थित होते हैं। इससे लड़ाई के मैदान में खाइयों में छिपकर दुश्मनों की गतिविधियों का निरीक्षण किया जाता है।
- इसका उपयोग जल के भीतर पनडुब्बी से बाहर स्थित (अथवा जल की सतह पर स्थित) वस्तुओं को देखने में भी किया जाता है।

इलेक्ट्रॉन सूक्ष्मदर्शी

किसी अत्यन्त छोटी वस्तु को स्पष्ट रूप से देखने हेतु वह सूक्ष्मदर्शी, जिसमें प्रकाश की जगह इलेक्ट्रॉनों की पुंज (Electronic Beam) का प्रयोग किया जाता है, इलेक्ट्रॉन सूक्ष्मदर्शी (Electron Microscope) कहलाती है। यह इलेक्ट्रॉन के तारंगिक गुण पर आधारित है।

प्रकाश का व्यतिकरण

- किसी क्षेत्र में दो तरंगों के एकसाथ रहने से ऊर्जा के पुनर्वितरण को व्यतिकरण (Interference) कहते हैं।
- प्रकाश के व्यतिकरण के कारण साबुन के बुलबुले श्वेत प्रकाश में देखने पर रंगीन दिखाई देते हैं।

प्रकाश का विवर्तन

जब प्रकाश किरणें पतले व अवरोध (तीक्ष्ण) पर पड़ती है, तो किरणें अवरोध के किनारों पर आंशिक रूप से मुड़ जाती हैं जिसे **प्रकाश का विवर्तन** (Diffraction) कहते हैं। सूर्य को रेशम के पतले कपड़े में देखने पर उसमें रंगीन धारियाँ दिखना तथा प्रकाश के मार्ग में सिक्का रखने पर बीच में काला धब्बा बनना विवर्तन के कारण होता है।

प्रकाश में डॉप्लर प्रभाव

- प्रकाश स्रोत तथा प्रेक्षक की सापेक्ष गति के कारण प्रकाश की आवृत्ति अथवा तरंगदैर्ध्य में होने वाले आभासी परिवर्तन को प्रकाश का डॉप्लर प्रभाव कहते हैं।
- प्रकाश में डॉप्लर प्रभाव द्वारा ही तारों तथा नक्षत्रों की गति का अनुमान लगाया जाता है तथा इसका उपयोग चिकित्सा विज्ञान जैसे सोनोग्राफी में किया जाता है।

प्रकाश का ध्रुवण

प्रकाश तरंगों का एक दिशा में कम्पित होना इसका ध्रुवण (Polarisation) कहलाता है।

प्रकाश में ध्रुवण का गुण यह बताता है, कि प्रकाश एक अनुप्रस्थ तरंग है। अनुदैर्ध्य तरंगों में यह गुण नहीं पाया जाता है।

पोलेरॉइड

- यह समतल ध्रुवित प्रकाश उत्पन्न करने की एक सस्ती विधि है। यह एक बड़े आकार की फिल्म होती है, जिसे दो काँच की प्लेटों के बीच रखा जाता है।
- पोलेरॉइड का उपयोग मोटरकारों में रात में सामने से आने वाली कार की हैडलाइट की चौंध से बचने के लिए किया जाता है।
- फोटो कैमरे के लेन्स के आगे पोलेरॉइड लगाकर बादलों के स्पष्ट फोटो खींचे जा सकते हैं। इसका उपयोग धातुओं के प्रकाशीय गुणों का अध्ययन करने तथा क्रिस्टलों का विश्लेषण करने में होता है। इसका उपयोग त्रिविमीय चित्रों को देखने में किया जाता है।

“

प्रकृति में पाए जाने वाले सभी सजीव व निर्जीव पदार्थों में आवेशन का गुण प्राय: वस्तुओं को रगड़कर उत्पन्न किया जा सकता है। इन गुणों का अध्ययन भौतिक विज्ञान की जिस शाखा में किया जाता है, वह वैद्युतिकी कहलाती है।

अध्याय दस

वैद्युतिकी

प्रकृति में पाए जाने वाले सभी सजीव व निर्जीव पदार्थों में आवेशन का गुण प्राय: वस्तुओं को रगड़कर उत्पन्न किया जा सकता है। यह गुण एक बार उत्पन्न होने के बाद हमेशा स्थिर रहता है।

वैद्युतिकी

भौतिक विज्ञान की वह शाखा जिसमें पदार्थों के विद्युतीय गुणों का अध्ययन किया जाता है, वैद्युतिकी (Electricity) कहलाती है, इसकी दो उपशाखाएँ होती हैं

(i) स्थिर वैद्युतिकी (Electrostatics) वैद्युतिकी की वह शाखा जिसमें स्थिर अवस्था में आवेशों का अध्ययन किया जाता है, स्थिर वैद्युतिकी कहलाती है।

(ii) गतिक वैद्युतिकी (Electrodynamics) वैद्युतिकी की वह शाखा जिसमें गतिक अवस्था में आवेशों का अध्ययन किया ज़ाता है, गतिक वैद्युतिकी कहलाती है।

वैद्युत आवेश

- पदार्थ के द्रव्यमान की तरह वैद्युत आवेश (Electric Charge) भी पदार्थ का मूलभूत गुण है। यह एक अदिश राशि है तथा इसका SI मात्रक कूलॉम है।
- आवेश द्रव्य का एक मूल गुण है इसे द्रव्य से अलग करना असम्भव है। यदि किसी एक वस्तु को दूसरी वस्तु से रगड़ने पर उसमें अन्य पदार्थों को आकर्षित करने का गुण आ जाता है, तो हम कहते हैं कि वह वस्तु आवेशित हो गई है।

वैद्युत आवेश के प्रकार

वैद्युत आवेश दो प्रकार के होते हैं

(i) धनावेश (Positive Charge) जिसमें इलेक्ट्रॉन की कमी होती है।

(ii) ऋणावेश (Negative Charge) जिसमें इलेक्ट्रान की अधिकता होती है।

वैद्युत आवेश सम्बन्धित कुछ तथ्य

- सजातीय आवेशों के बीच प्रतिकर्षण बल तथा विजातीय आवेशों के बीच आकर्षण बल कार्य करता है।
- आवेशों के संरक्षण नियमानुसार, आवेशों को न तो नष्ट किया जा सकता है न ही उत्पन्न किया जा सकता है, परन्तु इसका केवल एक वस्तु से दूसरी वस्तु में स्थानान्तरण किया जा सकता है। वस्तु पर आवेश सदैव एक इलेक्ट्रॉन के आवेश का पूर्ण गुणांक होता हैं।

कूलॉम का नियम

- इस नियम के अनुसार, यदि दो आवेश एक-दूसरे से r दूरी पर स्थित हैं, तो उनके बीच पारस्परिक आकर्षण बल या प्रतिकर्षण बल दोनों आवेशों के मान के गुणनफल के समानुपाती होता है तथा दूरी के वर्ग के व्युत्क्रमानुपाती होता है। यदि दो आवेशों का मान q_1 तथा q_2 हों, तो उनके बीच का पारस्परिक बल $F \propto q_1 q_2$ तथा $F \propto \frac{1}{r^2}$

अथवा $$F \propto \frac{q_1 q_2}{r^2} \quad \text{या} \quad F = k\frac{q_1 q_2}{r^2}$$

(जहाँ, k एक नियतांक है, k का मान 9×10^9 न्यूटन-मीटर^2/कूलॉम^2 है)

वैद्युत क्षेत्र

किसी विद्युत आवेश समुदाय के चारों ओर का वह क्षेत्र जिसमें कोई अन्य आवेश आकर्षण अथवा प्रतिकर्षण बल का अनुभव करता है, विद्युत क्षेत्र (Electric Field) कहलाता है। यह एक सदिश राशि है। इसका मात्रक न्यूटन/कूलॉम है।

वैद्युत क्षेत्र बल रेखाएँ

वैद्युत क्षेत्र में स्थित किसी आवेश पर एक बल लगता है। यदि आवेश गति करने के लिए स्वतन्त्र है, तो वह बल की दिशा में एक वक्र पथ पर गति करने लगता है, इस पथ को विद्युत बल रेखा (Electric Lines of Force) कहते हैं।

विद्युत बल रेखाओं के निम्नलिखित गुण हैं

- विद्युत बल रेखाएँ धनात्मक आवेश से प्रारम्भ होती हैं तथा ऋणात्मक आवेश पर समाप्त होती हैं।
- विद्युत बल रेखा के किसी बिन्दु पर खींची गई स्पर्श रेखा उस बिन्दु पर परिणामी विद्युत क्षेत्र की दिशा को प्रदर्शित करती है।
- दो बल रेखाएँ एक-दूसरे को काट नहीं सकती हैं।
- एकसमान विद्युत क्षेत्र में बल रेखाएँ समान्तर तथा समान दूरी पर होती हैं। विद्युत बल रेखाएँ बंद पाश नहीं बनाती हैं।

वैद्युत क्षेत्र की तीव्रता

- वैद्युत क्षेत्र में परीक्षण आवेश (Test-Charge) पर लगने वाले बल (F) तथा स्वयं परीक्षण आवेश (q_0) के अनुपात को किसी बिन्दु पर वैद्युत क्षेत्र की तीव्रता (Intensity) कहते हैं।
- यह एक सदिश राशि है। इसे E से प्रदर्शित करते हैं।

अत: $$E = \frac{F}{q_0} \text{ न्यूटन/कूलॉम}$$

वैद्युत फ्लक्स

विद्युत क्षेत्र में स्थित किसी पृष्ठ से अभिलम्बवत् गुजरने वाली कुल वैद्युत बल रेखाओं की संख्या पृष्ठ से बद्ध विद्युत फलक्स के बराबर होती है। इसे ϕ से प्रदर्शित करते हैं।

$$\Delta\phi_E = E.\Delta S = E.\Delta S \cos\theta$$

यहाँ E वैद्युत क्षेत्र की तीव्रता तथा Δs क्षेत्रफल सदिश है। इसका मात्रक वोल्ट-मीटर या न्यूटन-मीटर²/कूलॉम होता है।

गॉस का नियम

इस नियम के अनुसार, बन्द पृष्ठ से गुजरने वाला कुल विद्युत फ्लक्स ϕ_E, कुल आवेश q का $\frac{1}{\varepsilon_0}$ गुना होता है।

अर्थात् $$\phi_E = \Sigma E \cdot ds = \frac{1}{\varepsilon_0}\Sigma q$$

$\Sigma q =$ पृष्ठ का कुल आवेश

वैद्युत विभव

- एकांक धन आवेश को अनन्त से विद्युत क्षेत्र के किसी बिन्दु तक लाने में वैद्युत क्षेत्र के विरूद्ध जो कार्य करना पड़ता है, उसे विद्युत विभव (Electric Potential) कहते हैं।

अत: $$\text{विद्युत विभव, } V = \frac{W}{q_0}$$

- विद्युत विभव का SI मात्रक जूल प्रति कूलॉम होता है, जिसे वोल्ट भी कहते हैं। विद्युत विभव को मापने के लिए निर्देश बिन्दु के रूप में पृथ्वी के विभव को शून्य माना जाता है।
- पृथ्वी एक विशाल चालक है, जिसके कारण इसमें थोड़ा आवेश लेने या देने से इसके विभव में कोई अन्तर नहीं पड़ता है अर्थात् पृथ्वी का विभव हमेशा शून्य रहता है।

विभवान्तर

- एकांक धनात्मक आवेश को विद्युत क्षेत्र में एक बिन्दु से दूसरे बिन्दु तक ले जाने में विद्युत बल के विरूद्ध किया गया कार्य उन बिन्दुओं के मध्य विभवान्तर (Potential Difference) कहलाता है।

समविभव पृष्ठ

- किसी वैद्युत क्षेत्र में खींचा गया वह पृष्ठ, जिस पर स्थित सभी बिन्दुओं पर वैद्युत विभव बराबर हो, समविभव पृष्ठ (Equipotential Surface) कहलाता है।
- समविभव पृष्ठ के अनुदिश किसी आवेश को विस्थापित करने में किया गया कार्य शून्य होता है।
- वैद्युत क्षेत्र तथा वैद्युत बल रेखाएँ समविभव पृष्ठ के लम्बवत् होते हैं। वैद्युत क्षेत्र की तीव्रता (E) की दिशा वही होती है, जिस दिशा में वैद्युत विभव घटता है।

वोल्टमीटर

- धारामापी के श्रेणीक्रम में एक उच्च प्रतिरोध लगाकर वोल्टमीटर (Voltmeter) बनाया जाता है। इसकी सहायता से दो बिन्दुओं के बीच विभवान्तर ज्ञात किया जाता है।
- इसको उन दो बिन्दुओं के बीच समानान्तर क्रम में जोड़ते हैं, जिनके बीच विभवान्तर ज्ञात करना होता है। वोल्टमीटर का प्रतिरोध बहुत अधिक होता है। एक आदर्श वोल्टमीटर का प्रतिरोध अनन्त होना चाहिए।

विद्युत द्विध्रुव

दो आवेशित कण जिनकी प्रकृति विपरीत तथा परिमाण समान हो, वह लघु दूरी पर स्थित हो, तो ऐसे आवेशित कणों का युग्म विद्युत द्विध्रुव (Electric Dipole) कहलाता है। उदाहरण-HCL, HBr, H_2O इत्यादि।

विद्युत द्विध्रुव आघूर्ण

- यदि विपरीत प्रकृति के आवेशित दो कण $2d$ दूरी पर स्थित हो, तो उनका गुणनफल विद्युत द्विध्रुव आघूर्ण (Electric Dipole Moment) कहलाता है।

$$P = 2qd$$

- यह एक सदिश राशि है इसका मात्रक कूलाम-मीटर या डेबाई होता है।

1 डेबाई $= 3.3 \times 10^{-30}$ कूलाम-मीटर

वैद्युत धारिता

- चालक की आवेश ग्रहण करने की क्षमता को ही चालक की धारिता कहते हैं। धारिता का SI मात्रक फैराडे होता है।
- यदि किसी चालक को Q कूलॉम आवेश देने पर उसके विभव में V वृद्धि होती है, तो धारिता आवेश के समानुपाती होती है तथा विभव के व्युत्क्रमानुपाती होती है।

अत: $$C = \frac{Q}{V}$$

- धारिता को प्रभावित करने वाले कारक निम्न हैं
  - चालक के क्षेत्रफल में वृद्धि करने पर धारिता में वृद्धि होती है।
  - विभव में कमी होने से धारिता में वृद्धि होती है।

संधारित्र

यह एक ऐसी विद्युतीय व्यवस्था है जिससे आवेशों को संचित किया जा सकता है अर्थात् विद्युतीय ऊर्जा को संचित किया जा सकता है। अतः **विद्युत मोटर** तथा **इलेक्ट्रॉनिक परिपथ** इत्यादि में इसका उपयोग किए जाते हैं।

विद्युत धारा

- आवेश प्रवाह की दर विद्युत धारा (Electric Current) कहलाती है। अतः विद्युत धारा एक अदिश राशि है। इसका मात्रक ऐम्पियर है।
  यदि किसी चालक में किसी बिन्दु से t सेकण्ड में q आवेश प्रवाहित हो, तो विद्युत धारा

$$i = \frac{q}{t}$$

- ये दो प्रकार की होती हैं
  - दिष्ट धारा (Direct Current) इस धारा के परिमाण व दिशा में सामान्यतः कोई परिवर्तन नहीं होता तथा धारा का प्रवाह एक ही दिशा में होता है, तो यह दिष्ट धारा कहलाती है।
  - प्रत्यावर्ती धारा (Alternating Current) यदि धारा के परिमाण व दिशा में लगातार आवर्त रूप में अर्थात् समान्तर रूप में आगे व पीछे परिवर्तन होता रहे, तो वह धारा प्रत्यावर्ती धारा कहलाती है।

अमीटर

धारामापी के समानान्तर क्रम में शन्ट लगाकर अमीटर (Ammeter) बनाया जाता है। इसकी सहायता से विद्युत धारा का मान ऐम्पियर में ज्ञात किया जाता है। एक आदर्श अमीटर का प्रतिरोध शून्य होना चाहिए। अमीटर को विद्युत परिपथ के श्रेणीक्रम में लगाया जाता है।

ओम का नियम

- यदि चालक का ताप अचर रहे, तो चालक से प्रवाहित धारा चालक के सिरों के बीच के विभवान्तर के समानुपाती होती है। गणितीय रूप में ओम का नियम इस प्रकार लिखा जाएगा

$$I \propto V \text{ या } \frac{V}{I} = R$$

जहाँ, R समानुपातिक नियतांक है और यह चालक के प्रतिरोध की माप होता है। इसे चालक का प्रतिरोध कहते हैं।

प्रतिरोध

- किसी चालक का वह गुण जो विद्युत धारा के प्रवाह का विरोध करता है, प्रतिरोध (Resistance) कहलाता है। प्रतिरोध का मात्रक ओम होता है। विद्युत धारा के प्रवाह के विरुद्ध कोई चालक जितना प्रतिरोध उत्पन्न करती है वह निम्न बातों पर निर्भर करता है

(i) चालक की लम्बाई पर (ii) चालक की अनुप्रस्थ-काट पर
(iii) चालक के ताप पर (iv) चालक के पदार्थ की प्रकृति पर

विशिष्ट प्रतिरोध

- किसी चालक का प्रतिरोध (R) उसकी लम्बाई (l) के समानुपाती तथा उसके अनुप्रस्थ-काट के क्षेत्रफल (A) के व्युत्क्रमानुपाती होता है अर्थात्

$$R \propto \frac{l}{A} \Rightarrow R = \rho\frac{l}{A}$$

जहाँ, ρ एक नियतांक है, जिसे विशिष्ट प्रतिरोध (Specific Resistance) या प्रतिरोधकता कहते हैं।

- इसका मात्रक ओम-मीटर होता है। चाँदी का विशिष्ट प्रतिरोध सबसे कम होता है।

प्रतिरोध पर ताप का प्रभाव

- किसी चालक तार का प्रतिरोध ताप के बढ़ाने पर बढ़ जाता है, अर्थात् चालक तार के पदार्थ की प्रतिरोधकता बढ़ जाती है। मिश्र धातुओं की प्रतिरोधकता भी ताप के बढ़ाने पर बढ़ती है, परन्तु यह वृद्धि अपेक्षाकृत बहुत कम होती है।
- कुछ मिश्र धातुएँ; जैसे—मैंगनिन, कॉन्सटेण्टन, नाइक्रोम आदि प्रतिरोध पर ताप का प्रभाव बहुत ही कम होता है।
- अर्द्धचालक जैसे—सिलिकॉन, जर्मेनियम, कार्बन आदि का प्रतिरोध (प्रतिरोधकता) ताप के बढ़ने पर घटता है।

विद्युत चालकता एवं विशिष्ट चालकता

- विद्युत प्रतिरोध के व्युत्क्रम को विद्युत चालकता (Electrical Conductivity) कहते हैं। इसका मात्रक म्हो (mho) है।

$$G = \frac{1}{R}$$

- विशिष्ट प्रतिरोध के व्युत्क्रम को विशिष्ट चालकता (Specific conductivity) कहते हैं। इसका मात्रक म्हो मीटर$^{-1}$ होता है।

$$\text{विशिष्ट चालकता} = \frac{1}{\rho}$$

प्रतिरोधों का संयोजन

विद्युत परिपथ में प्रतिरोध का संयोजन दो प्रकार का होता है

(i) श्रेणीक्रम में संयोजन (Combination in Series) इस संयोग में सभी प्रतिरोधों में एक ही विद्युत धारा बहती है, परन्तु उनके सिरों पर विभवान्तर उनके प्रतिरोधों के अनुसार अलग- अलग होते हैं। इस क्रम में प्रतिरोध R_1, R_2 तथा R_3 का तुल्य प्रतिरोध

$$R = R_1 + R_2 + R_3$$

प्रतिरोधों का श्रेणीक्रम संयोजन

(ii) समान्तर क्रम में संयोजन (Combination in Parallel) इसमें सभी प्रतिरोधों के सिरों के बीच एक ही विभवान्तर लगता है परन्तु उनमें धारा भिन्न-भिन्न होती है। इस क्रम में प्रतिरोध R_1, R_2 तथा R_3 का तुल्य प्रतिरोध

$$\frac{1}{R} = \frac{1}{R_1} + \frac{1}{R_2} + \frac{1}{R_3}$$

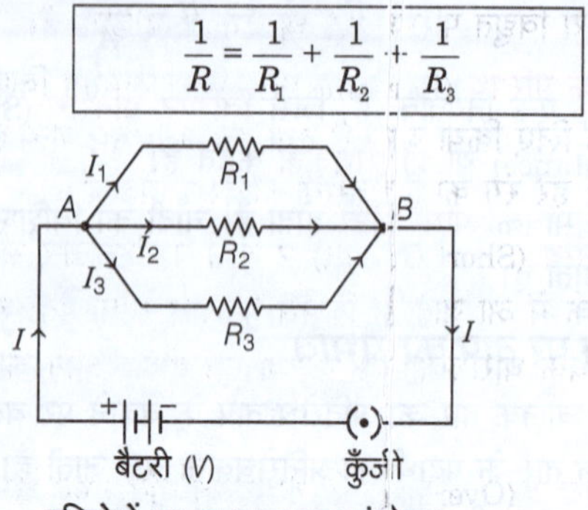

प्रतिरोधों का समान्तर क्रम संयोजन

कार्बन प्रतिरोध का वर्णकोड

- उच्च मान के प्रतिरोध विभिन्न विद्युत व इलेक्ट्रॉनिक परिपथों में प्रयुक्त होते हैं। ये कोड विभिन्न रंगों के वलय या पट्टियों के समूह में छपे होते हैं।
- इन वर्ण पट्टियों का मान ज्ञात कर हम प्रतिरोध का मान ज्ञात कर लेते हैं। कार्बन प्रतिरोधों पर सामान्यत: चार रंगीन वलय या पट्टियाँ (A, B, C और D) बनी होती हैं जैसा कि चित्र में दिखाया गया है।

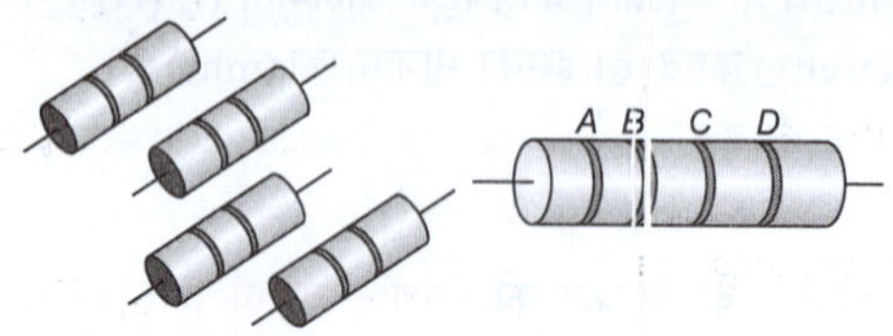

- **वर्णकोड A तथा B**—वर्ण पट्टी A और B प्रतिरोध के प्रथम दो सार्थक अंकों को व्यक्त करती है (ओम में)
- **वर्णकोड C**—C पट्टी दशम गुणक देती है अर्थात् शून्यों की संख्या जो A और B के सार्थक अंकों के पश्चात् आती है।
- **वर्णकोड D**—अन्तिम पट्टी D त्रुटि को प्रतिशत में व्यक्त करती है। दूसरे शब्दों में यह दर्शाए गए मान को प्रतिशत शुद्धता में व्यक्त करती है।
- सोने (Gold) के लिए त्रुटि ± 5% और चाँदी (Silver) के लिए ± 10% यदि केवल तीन बैण्ड ही कार्बन प्रतिरोध पर दिए गए हैं तब यह त्रुटि 20% व्यक्त करता है। $R = AB \times C \pm D\%$ जहाँ D सहनशीलता है।

कार्बन प्रतिरोधों के वर्ण कोड सारणी

याद रखने योग्य प्रथम शब्द	वर्ण	चित्र (A, B)	गुणांक (C)
B	काला	0	10^0
B	भूरा	1	10^1
R	लाल	2	10^2
O	नारंगी	3	10^3
Y	पीला	4	10^4
G	हरा	5	10^5
B	नीला	6	10^6
V	बैंगनी	7	10^7
G	सिलेटी	8	10^8
W	सफेद	9	10^9

नोट *क्रमबद्ध तरीके से वर्णकोड याद रखने के लिए अंग्रेजी का यह वाक्य याद रखने में सहायक रहता है।*
(B B R O Y Great Britain Very Good Wife)

विद्युत ऊर्जा

- किसी चालक में विद्युत आवेश प्रवाहित होने से जो ऊर्जा व्यय होती है, उसे विद्युत ऊर्जा (Electric Energy) कहते हैं।
- विद्युत ऊर्जा का मात्रक **जूल** (Joule) होता है।
अत: यदि चालक के सिरों के बीच विभवांतर 1 वोल्ट हो तथा चालक में 1 कूलॉम आवेश प्रवाहित किया जाए, तो 1 जूल ऊर्जा व्यय होगी।
चालक में 1 सेकण्ड में व्यय हुई विद्युत ऊर्जा,

$$W = VIt$$

$$W = I^2Rt = \frac{V^2t}{R} \text{ जूल}$$

किया गया कार्य $W = V \times q$

विद्युत शक्ति

- किसी विद्युत परिपथ में प्रति सेकण्ड व्यय होने वाली ऊष्मा को शक्ति (Power) कहते हैं। इसे P से प्रदर्शित करते हैं। यदि t समय में व्यय ऊष्मा W हो, तो शक्ति,

$$P = \frac{W}{t}$$

$$P = \frac{VIt}{t} = VI$$

$$= \frac{V^2}{R} = I^2R$$

इसका मात्रक जूल/सेकण्ड या वाट है।

- अनेक व्यावहारिक कार्यों के लिए शक्ति का मात्रक वाट होता है, इसके अन्य बड़े मात्रक निम्नलिखित हैं

1 किलोवाट = 10^3 वाट
1 मेगावाट = 10^6 वाट
1 अश्वशक्ति = 746 वाट

विद्युत ऊर्जा के व्यावहारिक मात्रक

- घरेलू व औद्योगिक कार्यों के लिए प्रयुक्त विद्युत ऊर्जा के मापन हेतु किलोवाट-घंटा अथवा बोर्ड ऑफ ट्रेड यूनिट का प्रयोग किया जाता है, जिसे सामान्य भाषा में **यूनिट** (Unit) कहा जाता है।
किलोवाट-घंटा अथवा यूनिटों की संख्या

$$= \frac{\text{वॉट} \times \text{घंटे}}{1000} = \frac{\text{वोल्ट} \times \text{ऐम्पियर} \times \text{घंटे}}{1000}$$

यदि 1 किलोवाट शक्ति का परिपथ 1 घंटे तक कार्य करता है, तो प्रयुक्त विद्युत ऊर्जा को किलोवाट-घंटा कहते हैं।

1 किलोवाट-घंटा = 3.6×10^6 जूल

विद्युत धारा के तापीय प्रभाव

- इसके अनुसार, जब किसी प्रतिरोध या चालक से विद्युत धारा प्रवाहित होती है, तो ऊष्मा उत्पन्न होती है।
- R प्रतिरोध वाले चालक से t समय तक धारा I उत्पन्न ऊष्मा $H = I^2Rt$ होगा। यह जूल का ऊष्मीय नियम (Joule's thermal law) कहलाता है।

तापीय प्रभाव पर आधारित युक्तियाँ

- विद्युत हीटर (Electric Heater) प्लास्टर ऑफ पेरिस से बनी एक खाँचेदार प्लेट होती है, जिसमें मिश्र धातु से बनी नाइक्रोम (निकिल एवं क्रोमियम की मिश्र धातु) का एलीमेन्ट लगा होता है।
- विद्युत प्रेस (Electric Iron) घरेलू विद्युत प्रेस में अभ्रक की प्लेट पर नाइक्रोम का तार लिपटा हुआ रहता है। अभ्रक एक अच्छा प्रतिरोधी है, जो ऊँचे ताप पर भी नहीं पिघलता है।
- विद्युत फ्यूज (Electric Fuse) ताँबा, टिन व सीसा की मिश्र धातु से बना होता है एवं उसका गलनांक कम होता है।
- विद्युत बल्ब (Electric Bulb) का आविष्कार एडीसन ने किया था। इस बल्ब में टंगस्टन का पतला कुण्डलीनुमा तन्तु लगा होता है। इस बल्ब में ऑर्गन या नाइट्रोजन जैसी अक्रिय गैसें भर देते हैं।
- ट्यूब लाइट (Tube Light) में काँच की एक लम्बी ट्यूब होती है, जिसके अन्दर की दीवारों पर परस्पर प्रतिदीप्त पदार्थ का लेप चढ़ा रहता है। परस्पर नीची आवृत्ति के प्रकाश का उत्सर्जन करते हैं।

घरेलू विद्युत परिपथ

- विद्युत शक्ति की आपूर्ति हेतु प्रयुक्त परिपथ को घरेलू विद्युत परिपथ (Domestic Electric Circuit) कहा जाता है।
- इस परिपथ में दो मुख्यत: तार प्रयुक्त किए जाते हैं, जिनमें से एक तार जिस पर लाल विद्युतरोधी आवरण होता है उसे जीवित तार अथवा धनात्मक तार या सम्बन्ध तार कहते हैं तथा अन्य तार जिस पर काला विद्युतरोधी आवरण होता है, उसे उदासीन तार (Neutral Wire) अथवा ऋणात्मक तार कहते हैं।

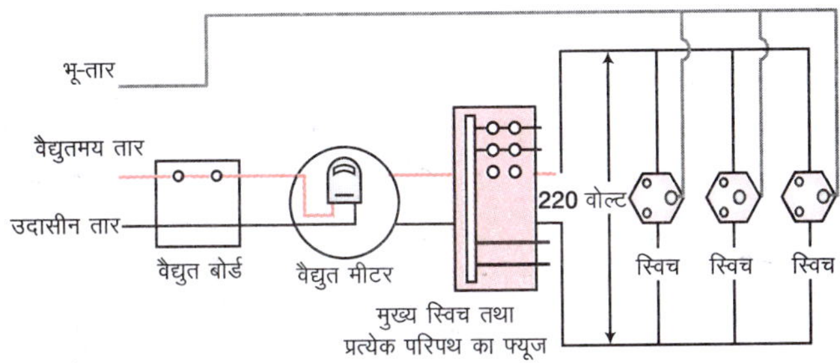

- हमारे देश में इन दोनों तारों के मध्य 220 वोल्ट का विभवान्तर तथा 50 हर्ट्ज की आवृत्ति होती है।
- घर में लगे मीटर बोर्ड में ये तार मुख्य फ्यूज से होते हुए मीटर में **प्रवेश** करते हैं।
- प्राय: घरों में दो पृथक् परिपथ होते हैं, एक 15A विद्युत धारा, **जिसका** उपयोग उच्च साधित्रों; जैसे गीजर, कूलर आदि के लिए किया **जाता है** तथा दूसरा विद्युत परिपथ 5A धारा के लिए होता है।
- भू-सम्पर्क परिपथ (Earthing Wire) का उपयोग विद्युत के झटकों से बचने के लिए किया जाता है तथा इसका विभव शून्य होता है तथा इन पर प्राय: हरे रंग का विद्युतरोधी आवरण होता है।
- शॉर्ट परिपथ (Short Circuit) में धारा प्रवाहित तार सीधे सम्बन्धित तारों के सम्पर्क में आ जाते हैं, जिससे प्रतिरोध सामान्यत: शून्य हो जाता है तथा अधिक धारा प्रवाह के कारण गर्म होकर आग का रूप धारण कर लेती है।
- ओवरलोडिंग (Overloading) के दौरान यदि उच्च क्षमता वाले बहुत सारे विद्युत उपकरण एक साथ जोड़े जाये, तो इस घटना की संभावना बढ़ जाती है।
- लघु परिपथ भंजक (Miniature Circuit Breaker) का उपयोग विद्युत उपकरणों की सुरक्षा के लिए किया जाता है।

विद्युत परिपथों में सामान्यत: उपयोग होने वाले कुछ अवयवों के प्रतीक

अवयव	प्रतीक
विद्युत सेल	
बैटरी अथवा सेलों का संयोजन	
(खुली) प्लग कुंजी अथवा स्विच	
(बन्द) प्लग कुंजी अथवा स्विच	
तार सन्धि	
(बिना सन्धि के) तार क्रॉसिंग	
विद्युत बल्ब	या
प्रतिरोध	
परिवर्ती प्रतिरोध अथवा धारा नियंत्रक	या
अमीटर	A
वोल्टमीटर	V

विद्युत धारा के रासायनिक प्रभाव

- जब विद्युत धारा किसी अम्लीय या क्षारीय घोल से प्रवाहित होती है तो घोल के अणुओं का आयनों के रूप में विखण्डित हो जाता है।
- विद्युत धारा के इस प्रभाव को विद्युत धारा का रासायनिक प्रभाव कहते हैं।
- वैद्युत सेल विद्युत धारा के रासायनिक प्रभाव के सिद्धान्त पर कार्य फलित होता है।

फैराडे के विद्युत अपघटन के नियम

फैराडे ने सन् 1834 में बहुत से विलयनों के साथ प्रयोग करके विद्युत अपघटन (Electrolysis) के सम्बन्ध में दो नियम दिये

प्रथम नियम

विद्युत अपघटन की क्रिया में किसी इलेक्ट्रोड पर मुक्त हुए कुल पदार्थ का द्रव्यमान, विद्युत अपघटन में प्रवाहित हुए सम्पूर्ण विद्युत आवेश के अनुक्रमानपाती होता है।

$$m \propto q \text{ या } m = zit$$

द्वितीय नियम

विद्युत अपघटन में समान समय में सामान धारा प्रवाहित की जाए तो मुक्त तत्वों के द्रव्यमान उनके रासायनिक तुल्यांकों के अनुक्रमानुपाती होते हैं।

तो $$\frac{m_1}{m_2} = \frac{w_1}{w_2}$$

फैराडे नियतांक

फैराडे नियतांक (Faraday's Constant) या फैराडे संख्या (F) विद्युत आवेश की वह मात्रा है, जो किसी पदार्थ के 1 तुल्यांक को विद्युत अपघटन द्वारा मुक्त करती है $F = 9.65 \times 10^7$ कूलॉम/किग्रा।

विद्युत लेपन

- विद्युत द्वारा किसी पदार्थ पर किसी वांछित धातु की परत निक्षेपित करने की प्रक्रिया को विद्युत लेपन (Electroplating) कहते हैं।
- विद्युत लेपन (Electroplating) में जिस धातु पर लेपन करना होता है उसे कैथोड बनाते हैं तथा जिस धातु का लेपन करना होता है उसे एनोड बनाते हैं।
- उदाहरणार्थ ताँबे पर चाँदी की सतह चढ़ाने के लिए सिल्वर नाइट्रेट ($AgNO_3$) का जलीय विलयन वोल्टमीटर में लेकर इसमें ताँबे की प्लेट का कैथोड व चाँदी की प्लेट का एनोड लेते हैं।
- जब विद्युत धारा प्रवाहित की जाती है, तो सिल्वर आयन ताँबे की प्लेट पर आकर जमा होने लगते हैं, जिससे इस पर चाँदी की पतली परत चढ़ जाती है।

वैद्युत सेल

- वैद्युत सेल एक ऐसी युक्ति है जो रासायनिक ऊर्जा को वैद्युत ऊर्जा में परिवर्तित करके, किसी परिपथ में आवेश के प्रवाह को निरन्तर बनाये रखती है।
- सेल के अन्दर वैद्युत अपघट्य में ऐसी रासायनिक क्रिया होती है। जिससे छड़ों पर आवेशों की पूर्ति होती रहती है तथा तार में आवेश का प्रवाह बना रहता है।

वैद्युत सेल मुख्य रूप से दो प्रकार के होते हैं

- प्राथमिक सेल इन सेलों द्वारा रासायनिक ऊर्जा सीधे ही वैद्युत ऊर्जा में बदल जाती है। इन्हें पुनः आवेशित नहीं किया जा सकता है; जैसे—शुष्क सेल, लैक्लांशें सेल आदि।
- द्वितीयक सेल इन सेलों को आवेशित करके वैद्युत ऊर्जा को रासायनिक ऊर्जा में बदला जाता है। इन सेलों को पुन:आवेशित किया जा सकता है। जैसे—सीसा संचायक सेल, क्षारीय संचायक सेल आदि।
  - सेल का विद्युत वाहक बल किसी सम्पूर्ण वैद्युत परिपथ में एकांक आवेश को प्रवाहित करने में सेल द्वारा आवेश पर किए गए कार्य अर्थात् आवेश को दी गई ऊर्जा को सेल का विद्युत वाहक बल (Electromotive Force) कहते हैं। इसे प्राय: E से प्रदर्शित करते हैं।

    $E = \frac{W}{q}$ जूल/कूलॉम व वोल्ट
  - सेल का आन्तरिक प्रतिरोध सेल के अन्दर उपस्थित विद्युत अपघट्य पदार्थ द्वारा, सेल के अन्दर आवेश के प्रवाह में, डाले गए विरोध अथवा रुकावट को ही सेल का आन्तरिक प्रतिरोध (Internal Resistance of a Cell) कहते हैं। इसे सामान्यत: प्रतीक r द्वारा प्रदर्शित किया जाता है। इसका मात्रक ओम (Ω) होता है।

किरचॉफ के नियम

विद्युतीय परिपथ के लिए किरचॉफ के दो नियम हैं

- **किरचॉफ के विद्युत धारा का नियम** (Kirchhoff's Current Law) किसी भी विद्युत परिपथ में सन्धि पर मिलने वाली धाराओं का बीजगणितीय योग शून्य होता है। यह नियम **आवेश संरक्षण पर आधारित** है।
- **किरचॉफ के विभव का नियम** (Kirchhoff's Voltage Law) विद्युत वाहक बलों तथा प्रतिरोधी अवयव वाले किसी बन्द लूप में विभवान्तरों का बीजगणितीय योग शून्य होता है। यह नियम **ऊर्जा संरक्षण सिद्धान्त पर आधारित** है।

वैद्युत धारा के चुम्बकीय प्रभाव

- जब किसी चालक में विद्युत धारा प्रवाहित की जाती है, तब उसके चारों ओर एक चुम्बकीय क्षेत्र उत्पन्न हो जाता है। यह घटना विद्युत धारा का चुम्बकीय प्रभाव कहलाती है।
- एक धारावाही चालक द्वारा उत्पन्न चुम्बकीय क्षेत्र का स्वरूप इसकी आकृति पर निर्भर करता है। भिन्न-भिन्न आकृति वाले धारावाही चालकों के द्वारा भिन्न-भिन्न चुम्बकीय क्षेत्र उत्पन्न होता है।
- चुम्बकीय क्षेत्र की दिशा निम्नलिखित नियमों द्वारा ज्ञात की जाती है

  (i) मैक्सवेल का दक्षिणावर्ती पेंच का नियम यदि हम पेंचकस को दाएँ हाथ से पकड़कर, पेंच को इस प्रकार घुमाएँ कि पेंच की नोंक चालक में बहने वाली धारा की दिशा में आगे बढ़े तो माध्यम के

किसी बिन्दु पर जिस दिशा में अँगूठा घूमता है, वही दिशा उस बिन्दु पर चुम्बकीय बल रेखाओं की दिशा होती है।

(ii) फ्लेमिंग के दाएँ हाथ का नियम इस नियम के अनुसार, दाएँ हाथ का अँगूठा तथा इसके पास वाली दोनों अँगुलियों [तर्जनी अँगुली (Forefinger) तथा मध्य अँगुली (Central Finger)] को परस्पर लम्बवत् रखकर इस प्रकार फैलाएँ कि तर्जनी अँगुली चुम्बकीय क्षेत्र की दिशा को तथा अँगूठा चालक की गति की दिशा को इंगित करें, तो मध्य (केन्द्रीय) अँगुली चालक के अन्दर प्रेरित धारा की दिशा को इंगित करती है।

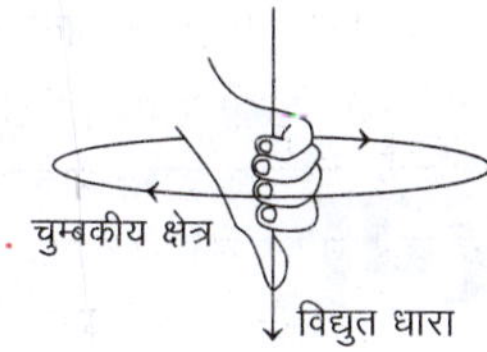

(iii) दाएँ हाथ के अँगूठे का नियम इस नियम के अनुसार, आप अपने दाएँ हाथ में विद्युत धारावाही चालक को इस प्रकार पकड़े हुए हैं कि आपका अँगूठा वैद्युत धारा की दिशा की ओर संकेत करता है, तो आपकी अँगुलियाँ चालक के चारों ओर चुम्बकीय क्षेत्र की क्षेत्र रेखाओं की दिशा में लिपटी होगी इसे दाएँ हाथ के अँगूठे का नियम कहते हैं।

बायो-सेवार्ट का नियम

बायो तथा सेवार्ट के अनुसार, यदि किसी धारावाही चालक AB में i धारा प्रवाहित हो रही है, जिसके छोटे खण्ड dl के मध्य बिन्दु O से r दूरी पर धारा की दिशा से θ कोण बनाते हुए कोई बिन्दु P है।

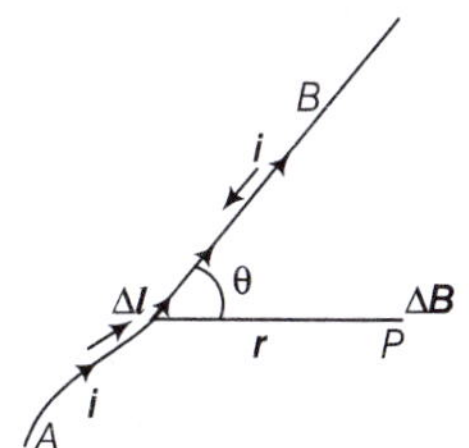

तब बिन्दु P पर उत्पन्न धारावाही तार के छोटे खण्ड dl के कारण चुम्बकीय क्षेत्र B की तीव्रता ΔB निम्न प्रकार होगी

या $$\Delta B = \frac{\mu_0}{4\pi} \frac{idl\sin\theta}{r^2}$$

जहाँ, $\frac{\mu_0}{4\pi}$ एक अनुक्रमानुपाती नियतांक है तथा μ_0 को निर्वात् की चुम्बकशीलता (Permeability Constant) कहते हैं।

परिनालिका में प्रवाहित वैद्युत धारा के कारण चुम्बकीय क्षेत्र

- पास-पास लिपटे वैद्युतरोधी ताँबे के तार की बेलन की आकृति की अनेक फेरों वाली कुण्डली को परिनालिका (Solenoid) कहते हैं।

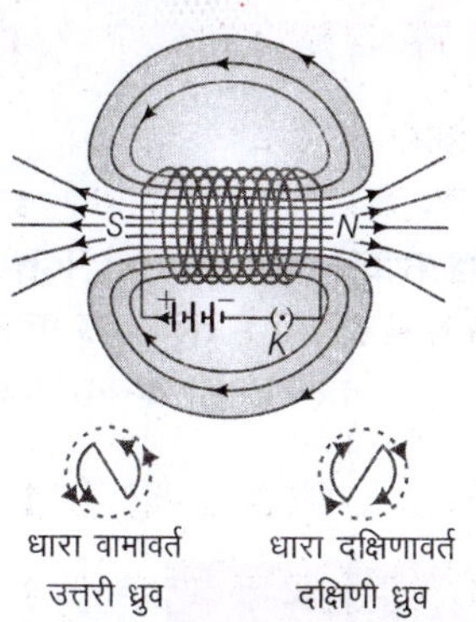

धारावाही परिनालिका के कारण चुम्बकीय क्षेत्र रेखाएँ

- एक धारावाही परिनालिका के चारो ओर का चुम्बकीय क्षेत्र दण्ड-चुम्बक द्वारा उत्पन्न चुम्बकीय क्षेत्र की भाँति समान होता है।

परिनालिका के भीतर चुम्बकीय क्षेत्र, $B = \mu_0 ni$

- किसी परिनालिका के भीतर सभी बिन्दुओं पर चुम्बकीय क्षेत्र समान होता है। परिनालिका की बाहरी सतह के स्थानों पर चुम्बकीय क्षेत्र शून्य होता है।

चुम्बकीय क्षेत्र में गतिमान आवेश पर बल

- जब एक धन आवेशित कण $+q$ एकसमान चुम्बकीय क्षेत्र B में वेग v से चुम्बकीय क्षेत्र से θ कोण बनाता है, तब गतिमान आवेश पर एकसमान चुम्बकीय क्षेत्र में लगने वाला बल

$$F = qvB\sin\theta$$

एकसमान चुम्बकीय क्षेत्र में धारावाही चालक पर बल

- जब एक धारावाही चालक को चुम्बकीय क्षेत्र में रखा जाता है, तो जब धारावाही चालक एक यान्त्रिकी बल का अनुभव करता है। चुम्बकीय क्षेत्र में धारावाही चालक पर लगने वाला यह बल निम्न सूत्र द्वारा प्राप्त होता है।

$$F = BilSin\theta$$

फ्लेमिंग के बाएँ हाथ का नियम

यदि हम बाएँ हाथ के अँगूठे के पास वाली दोनों अँगुलियों को परस्पर लम्बवत् इस प्रकार फैलाएँ कि पहली अँगुली चुम्बकीय क्षेत्र (B) की दिशा में, बीच की अँगुली धारा (I) की दिशा में हो, तो अँगूठा चालक पर लगने वाले बल (F) की दिशा को प्रकट करेगा।

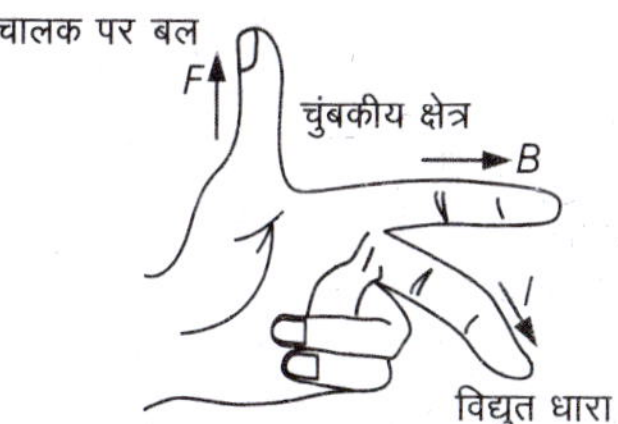

"

बाह्य चुम्बकीय क्षेत्र में रखे जाने पर सभी पदार्थ चुम्बकीय गुण प्रदर्शित करते हैं। कुछ पदार्थों का अपना चुम्बकीय क्षेत्र होता है तथा कुछ पदार्थ चुम्बकीय क्षेत्र के साथ परस्पर क्रिया करने पर चुम्बकीय क्षेत्र प्राप्त कर लेते हैं। चुम्बक के इन्हीं गुणों को चुम्बकत्व कहा गया है।

अध्याय ग्यारह

चुम्बकत्व एवं विद्युत चुम्बकीय प्रेरण

चुम्बक तथा चुम्बकत्व

चुम्बक प्रकृति में पाए जाने वाले ऐसे पदार्थ जो लौह तत्वों को आकर्षित करने का गुण रखते हैं, चुम्बक (Magnet) कहलाते हैं।

चुम्बकत्व बाह्य चुम्बकीय क्षेत्र में रखे जाने पर सभी पदार्थ चुम्बकीय गुण प्रदर्शित करते हैं। कुछ पदार्थों का अपना चुम्बकीय क्षेत्र होता है तथा कुछ पदार्थ चुम्बकीय क्षेत्र के साथ परस्पर क्रिया करने पर चुम्बकीय क्षेत्र प्राप्त कर लेते हैं। चुम्बक के इन्हीं गुणों को चुम्बकत्व कहा गया है।

चुम्बक के प्रकार

यह प्राय: दो प्रकार के होते हैं

1. प्राकृतिक चुम्बक प्रकृति में स्वतन्त्र रूप से पाए जाने वाले ऐसे पत्थरों को जो चुम्बकीय गुण रखते हैं, प्राकृतिक चुम्बक (Natural Magnet) कहते हैं। चुम्बक लोहे के छोटे-छोटे टुकड़ों को अपनी ओर आकर्षित करता है; जैसे—मैग्नेशिया नामक स्थान पर पाए गए मैग्नेटाइट के पत्थर।
2. कृत्रिम चुम्बक कृत्रिम विधियों द्वारा बनाए गए चुम्बकों को कृत्रिम चुम्बक (Artificial Magnet) कहते हैं। साधारणत: ये लोहे, कोबाल्ट, इस्पात के बनाए जाते हैं। कृत्रिम चुम्बक विभिन्न आकृतियों के बनाए जाते हैं; जैसे—छड़ चुम्बक, नाल चुम्बक, चुम्बकीय सुई, चुम्बकीय कम्पास आदि।

कृत्रिम चुम्बक दो प्रकार के होते हैं

(i) स्थायी चुम्बक (Permanent Magnet) स्थायी चुम्बकों में चुम्बकत्व का गुण स्थायी होता है। इनमें यह गुण शीघ्र नष्ट नहीं होता है।

(ii) अस्थायी चुम्बक (Temporary Magnet) अस्थायी चुम्बकों में चुम्बकत्व का गुण स्थायी नहीं होता है। इन्हें वैद्युत चुम्बक भी कहा जाता है। वैद्युत चुम्बकों का उपयोग वैद्युत मोटर, टेलीफोन, लाउडस्पीकर आदि में किया जाता है।

चुम्बक के सामान्य गुण

- चुम्बक लोहे को अपनी ओर आकर्षित करती है। चुम्बक के इस गुण को **चुम्बकत्व** कहते हैं।
- चुम्बक को स्वतन्त्रतापूर्वक लटकाने पर इसका एक ध्रुव सदैव उत्तर की ओर तथा दूसरा ध्रुव सदैव दक्षिण की ओर ठहरता है। इन्हें क्रमश: उत्तरी ध्रुव तथा दक्षिणी ध्रुव कहते हैं।
- दो चुम्बकों के दो विजातीय ध्रुव अर्थात् उत्तरी व दक्षिणी ध्रुव एक-दूसरे को आकर्षित करते हैं तथा दो सजातीय ध्रुव अर्थात् उत्तरी-उत्तरी ध्रुव अथवा दक्षिणी-दक्षिणी ध्रुव एक-दूसरे को प्रतिकर्षित करते हैं।
- किसी चुम्बक को गर्म करके, हथौड़े से पीटकर या चुम्बक पर वैद्युतरोधी तार लपेटकर उसमें प्रत्यावर्ती वैद्युत धारा प्रवाहित करके तथा धारा का मान कम करते हुए शून्य कर देने पर चुम्बक का चुम्बकत्व गुण समाप्त हो जाता है।

चुम्बक के चुम्बकत्व को अधिक समय तक बनाए रखने के लिए दो चुम्बकों के विपरीत ध्रुवों के बीच नर्म लोहे का टुकड़ा रख देते हैं, जिसे **चुम्बकीय रक्षक** कहते हैं। इनके रखने से विपरीत ध्रुवों के एक-दूसरे के प्रभाव को निरस्त करने की प्रवृत्ति लगभग समाप्त हो जाती है तथा चुम्बक का चुम्बकत्व लम्बे समय तक बना रहता है।

चुम्बकीय क्षेत्र

- चुंबक के चारों ओर का वह क्षेत्र जिसमें चुंबक के प्रभाव का अनुभव किया जा सके, चुंबकीय क्षेत्र (Magnetic field) कहलाता है।
- चुंबकीय क्षेत्र का SI मात्रक टेस्ला होता है। 1 टेस्ला = 10^4 गॉस।
- किसी अनुप्रस्थ परिच्छेद के एकांक क्षेत्रफल के लंबवत् गुजरने वाली चुंबकीय बल रेखाओं की संख्या ही उस स्थान पर चुंबकीय क्षेत्र की तीव्रता व्यक्त करती है।

चुम्बकीय बल रेखाएँ

किसी चुंबकीय क्षेत्र में चुंबकीय बल रेखाएँ (Magnetic field lines) वे काल्पनिक रेखाएँ हैं, जो उस स्थान में चुंबकीय क्षेत्र की दिशा को अविरत प्रदर्शित करती हैं तथा इन रेखाओं के किसी बिंदु पर खीचीं गई स्पर्श रेखा उस बिंदु पर चुंबकीय क्षेत्र की दिशा को प्रदर्शित करती है।

चुंबकीय बल रेखाओं के गुण निम्नलिखित हैं

- किसी चुंबक (या धारावाही परिनालिका) की चुंबकीय क्षेत्र रेखाएँ संतत बंद लूप बनाती हैं।
- चुंबक के बाहर इनकी दिशा उत्तरी ध्रुव से दक्षिणी ध्रुव की ओर होती है, जबकि चुंबक के भीतर इनकी दिशा दक्षिण दिशा से उत्तर की ओर होती है। चुम्बकीय क्षेत्र रेखा के किसी बिंदु पर खींची गई स्पर्श रेखा उस बिंदु पर परिणामी चुंबकीय क्षेत्र B की दिशा बताती है।

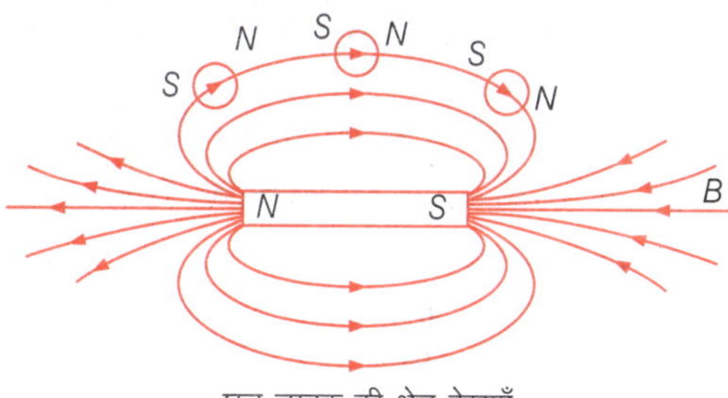

छड चुम्बक की क्षेत्र रेखाएँ

- चुंबकीय क्षेत्र रेखाएँ एक-दूसरे को काटती नहीं हैं। ऐसा इसलिए होता है क्योंकि इस स्थिति में कटान बिंदु पर चुंबकीय क्षेत्र की दिशा एक ही नहीं रह जाती है। चुम्बकीय क्षेत्र की आपेक्षिक प्रबलता को क्षेत्र रेखाओं की निकटता की कोटि द्वारा दर्शाया जाता है।

चुम्बकीय द्विध्रुव

- समान सामर्थ्य के दो विजातीय चुंबकीय ध्रुवों को एक-दूसरे से अल्पतम दूरी पर रखने पर निर्मित निकाय को चुंबकीय द्विध्रुव (Magnetic dipole) कहते हैं।
- किसी चुंबक के ध्रुवों के द्वारा चुंबकीय पदार्थो को अपनी ओर आकर्षित करने के सामर्थ्य को ध्रुव सामर्थ्य (Pole power) (m) कहते हैं। इसका मात्रक ऐम्पियर-मीटर होता है।

भू-चुम्बकत्व

- भौतिक विज्ञान की जिस शाखा के अंतर्गत पृथ्वी के चुंबकत्व का अध्ययन किया जाता है, उसे भू-चुंबकत्व (Geo-magnetism) कहते हैं। पृथ्वी इस तरह व्यवहार करती है जैसे इसके गर्भ में एक बहुत शक्तिशाली चुंबक रखी हो, जिसका दक्षिणी ध्रुव पृथ्वी के उत्तरी ध्रुव की ओर तथा उत्तरी ध्रुव पृथ्वी के दक्षिणी ध्रुव की ओर हो।
- वह ध्रुव जो पृथ्वी के भौगोलिक उत्तरी ध्रुव के निकट है, उत्तरी चुंबकीय ध्रुव कहलाता है। इसी प्रकार पृथ्वी के भौगोलिक दक्षिणी ध्रुव के निकट स्थित ध्रुव दक्षिणी चुंबकीय ध्रुव कहलाता है।
- किसी भी स्थान पर भौगोलिक उत्तर व भौगोलिक दक्षिण को मिटाने वाली रेखा में से होकर गुजरने वाला लम्बवत् तल भौगोलिक याम्योत्तर (Geographical meridian) कहलाता है।
- किसी भी स्थान पर पृथ्वी के उत्तरी ध्रुव तथा चुंबकीय दक्षिणी ध्रुव को मिलाने वाली रेखा अर्थात् पृथ्वी की चुंबकीय अक्ष से होकर गुजरने वाले लंबवत् तल को चुंबकीय याम्योत्तर (Magnetic meridian) कहते हैं।

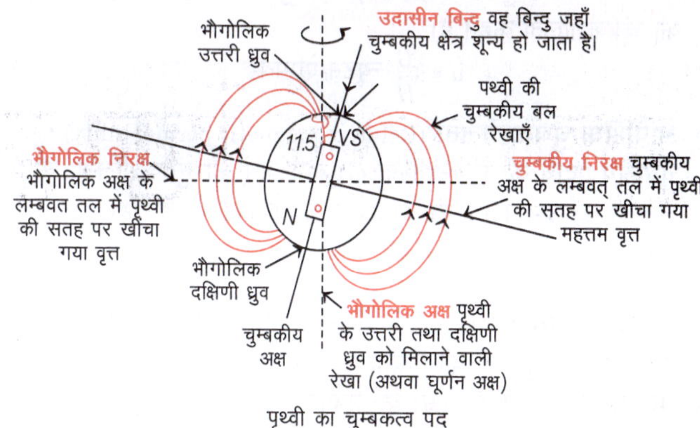

पृथ्वी का चुम्बकत्व पद

पृथ्वी के चुम्बकीय क्षेत्र के अवयव

किसी स्थान पर पृथ्वी के चुंबकीय क्षेत्र को तीन अवयवों द्वारा व्यक्त किया जाता है-दिक्पात कोण, नमन कोण तथा चुंबकीय क्षेत्र का क्षैतिज घटक। पृथ्वी के चुम्बकीय क्षेत्र के अवयव निम्नलिखित हैं

- **चुंबकीय क्षेत्र का क्षैतिज घटक** (Horizontal component of magnetic field) किसी स्थान पर पृथ्वी के सम्पूर्ण चुम्बकीय क्षेत्र (B_e) को क्षैतिज घटक (H) से ऊर्ध्वाधर घटक (V) में वियोजित कर सकते हैं। प्रायोगिक दृष्टिकोण से इनमें क्षैतिज घटक अधिक महत्त्वपूर्ण होता है।

$$B_e = \sqrt{H^2 + V^2} \text{ तथा } \tan\theta = \frac{V}{H}$$

भौगोलिक उत्तर
चुम्बकीय दक्षिण
दिकपात कोण चुम्बकीय याम्योत्तर तथा भौगोलिक याम्योतर के बीच बना कोण
नति कोण चुम्बकीय क्षेत्र की दिशा तथा क्षैतिज दिशा के मध्य बना कोण
भौगोलिक याम्योत्तर भौगोलिक उत्तर तथा दक्षिण को मिलाने वाली रेखा में से होकर गुजरने वाला बल
चुम्बकीय याम्योत्तर उत्तरी ध्रुव तथा दक्षिणी ध्रुव को मिलाने वाली रेखा में से होकर गुजरने वाला तल
L, P, α, O, B_H, θ, S, M, N, B_E, Q, R, B_V

चुंबकत्व से संबंधित परिभाषाएँ

पदार्थों के चुम्बकीय गुणों से संबंधित महत्वपूर्ण परिभाषाएँ निम्नलिखित हैं

- **चुंबकीय प्रेरण** (Magnetic induction) जब किसी चुंबकीय पदार्थ को बाह्य चुम्बकीय क्षेत्र में रखा जाता है, तो वह पदार्थ चुंबकित हो जाता है। इस प्रकार, उत्पन्न चुंबकत्व को चुंबकीय प्रेरण कहते हैं।

- **चुंबकन की तीव्रता** (Intensity of magnetisation) पदार्थ के प्रति एकांक आयतन में उत्पन्न नैट चुंबकीय आघूर्ण को उस पदार्थ की चुंबकन की तीव्रता (I) कहते हैं।

$$I = \frac{M}{V} \text{ ऐम्पियर/मी}$$

- **चुंबकीय तीव्रता** (Magnetic intensity) बाह्य चुंबकीय क्षेत्र में रखे गए पदार्थ को चुंबकित करने की क्षमता को उस क्षेत्र की चुंबकीय तीव्रता कहते हैं।
- **चुंबकशीलता** (Magnetic permeability) चुंबकीय क्षेत्र में रखे किसी पदार्थ में उत्पन्न चुंबकीय क्षेत्र (B) तथा चुंबकीय तीव्रता (H) के अनुपात को चुंबकशीलता कहते हैं।

$$\mu = \frac{B}{H} \text{ न्यूटन/ऐम्पियर}^2$$

- **आपेक्षिक चुंबकशीलता** (Relative magnetic permeability) चुंबकीय पदार्थ की चुंबकशीलता (μ) तथा वायु की चुंबकशीलता के अनुपात को उस पदार्थ की आपेक्षिक चुंबकशीलता कहते हैं।

$$\mu_r = \frac{\mu}{\mu_0}$$

- **चुम्बकीय प्रवृत्ति** (Magnetic susceptibility) चुंबकीय क्षेत्र में रखे गए पदार्थ के चुंबकन की तीव्रता (I) एवं उससे उत्पन्न होने वाले चुंबकन क्षेत्र की तीव्रता (H) के अनुपात को उस पदार्थ की चुंबकीय प्रवृत्ति कहते हैं। वायु में चुंबकीय प्रवृत्ति शून्य होती है।

$$\chi = \frac{I}{H}$$

चुंबकीय व्यवहार के आधार पर पदार्थों का वर्गीकरण

चुंबकीय व्यवहार के आधार पर पदार्थ निम्नलिखित तीन प्रकार के होते हैं

(i) **प्रतिचुंबकीय पदार्थ** (Diamagnetic material) ये वे पदार्थ होते हैं, जिनमें बाह्य चुंबकीय क्षेत्र में अधिक तीव्रता वाले भाग से कम तीव्रता वाले भाग की ओर जाने की प्रवृत्ति होती है। दूसरे शब्दों में कहें तो चुंबक लोहे जैसी धातुओं को तो अपनी ओर आकर्षित करता है, परंतु यह प्रतिचुंबकीय पदार्थों को विकर्षित करता है।
उदाहरण-बिस्मथ, ताँबा, सीसा, सिलिकॉन, आदि। सबसे अधिक असामान्य प्रतिचुंबकीय पदार्थ, अतिचालक होते हैं।

(ii) **अनुचुंबकीय पदार्थ** (Paramagnetic material) ये वे पदार्थ होते हैं, जो बाह्य चुंबकीय क्षेत्र में रखे जाने पर क्षीण चुंबकत्व प्राप्त कर लेते हैं। उनमें क्षीण चुंबकीय क्षेत्र से सशक्त चुंबकीय क्षेत्र की ओर जाने की प्रवृत्ति होती है अर्थात् ये चुंबक की ओर क्षीण बल द्वारा आकर्षित होते हैं। उदाहरण-ऐल्युमीनियम, सोडियम, कैल्शियम आदि।

(iii) **लौह-चुंबकीय पदार्थ** (Ferro-magnetic material) ये वे पदार्थ होते हैं, जो बाह्य चुंबकीय क्षेत्र में रखे जाने पर शक्तिशाली चुंबक बन जाते हैं।

उनमें चुंबकीय क्षेत्र के क्षीण भाग से शक्तिशाली भाग की ओर चलने की तीव्र प्रवृत्ति होती है अर्थात् वे चुंबक की ओर भारी आकर्षण बल का अनुभव करते हैं। उदाहरण-लोहा, कोबाल्ट, निकिल, गैडोलीनियम आदि। वह ताप जिस पर कोई लौह चुंबक, अनुचुंबक में परिवर्तित हो जाता है, क्यूरी ताप (Curie temperature) कहलाता है।

अस्थायी चुम्बक

- लौह चुंबकीय पदार्थ से बनाए गए वे चुंबक जो अल्प समय के लिए चुंबकत्व का गुण धारण करते हैं, अस्थायी चुंबक (Temporary magnet) कहलाते हैं।
- अस्थायी चुम्बक बनाने के लिए एक नर्म लोहे की क्रोड को परिनालिका के भीतर अक्ष के अनुदिश रखकर परिनालिका में धारा प्रवाहित कर देते हैं। नर्म लोहे की क्रोड चुंबक बन जाती है। इनका चुम्बकत्व तभी तक रहता है जब तक कि धारा प्रवाहित रहती है। उदाहरण-विद्युत चुम्बक
- विद्युत चुंबक बनाने हेतु प्रयुक्त लौह चुंबकीय पदार्थ की चुंबकशीलता बहुत उच्च एवं धारणशीलता बहुत कम होती है। विद्युत चुंबक का अनुप्रयोग, विद्युत घंटियों, ध्वनि विस्तारक एवं दूरभाष यंत्रों में होता है।

स्थायी चुंबक

वे पदार्थ जो कमरे के ताप (Room temperature) पर लौह चुंबकीय गुण दीर्घ काल के लिए बनाए रख सकते हैं, स्थायी चुंबक (Permanent magnet) कहलाते हैं। शक्तिशाली स्थायी चुंबक बनाने के लिए पदार्थ की धारणशीलता तथा निग्राहिता उच्च होती है। स्थायी चुंबकों के लिए उपयुक्त पदार्थ ऐल्निको (लोहा, ऐलुमीनियम, निकिल), कोबाल्ट स्टील, टिकोनल आदि होते हैं।

चुंबकीय फलक्स

- किसी चुंबकीय क्षेत्र में रखे पृष्ठ के अभिलम्बवत् गुजरने वाली चुंबकीय बल रेखाओं की संख्या को उस पृष्ठ से संबद्ध चुंबकीय फ्लक्स (Magnetic flux) कहते हैं।
- यदि एकसमान चुंबकीय क्षेत्र B में कोई समतल पृष्ठ जिसका क्षेत्रफल वेक्टर **A** हो, तो पृष्ठ से संबद्ध चुम्बकीय फ्लक्स, $\phi = \mathbf{B}.\mathbf{A} = BA\cos\theta$

चुंबकीय फ्लक्स का SI मात्रक वेबर होता है।

विद्युत चुंबकीय प्रेरण

- वह परिघटना जिसमें चुंबकीय क्षेत्र द्वारा विद्युत धारा उत्पन्न होती है, उसे विद्युत चुंबकीय प्रेरण (Electromagnetic induction) कहते हैं।
- विद्युत चुंबकीय प्रेरण की परिघटना में कुंडली एवं चुंबक के बीच आपेक्षिक गति के कारण कुंडली में प्रेरित धारा उत्पन्न होती है।
- विद्युत चुंबकीय प्रेरण की घटना की खोज **फैराडे** एवं **हेनरी** ने की थी।
- विद्युत चुंबकीय प्रेरण के दो नियम होते हैं।

(i) **प्रथम नियम** (First law) जब कभी परिपथ से सम्बद्ध चुम्बकीय फ्लक्स में परिवर्तन होता है, तब इसमें विद्युत वाहक बल प्रेरित हो जाता है। यदि परिपथ बन्द है, तो विद्युत वाहक बल के कारण परिपथ में एक विद्युत धारा भी प्रेरित हो जाती है।
परिपथ में विद्युत वाहक बल केवल तभी तक प्रेरित होता है, जब तक परिपथ से बद्ध चुंबकीय फ्लक्स में परिवर्तन होता है। इसे फैराडे का प्रथम नियम कहते हैं।

(ii) **द्वितीय नियम** (Second law) किसी परिपथ में प्रेरित विद्युत वाहक बल चुंबकीय फ्लक्स में परिवर्तन की ऋणात्मक दर के अनुक्रमानुपाती होता है, अर्थात् प्रेरित विद्युत वाहक बल, $e = -\frac{d\phi}{dt}$ इसे फैराडे का द्वितीय नियम कहते हैं।

लेंज का नियम

- लेंज के नियमानुसार प्रेरित विद्युत वाहक बल की दिशा इस प्रकार होती है कि यह उस कारण का विरोध करती है जिसके कारण यह स्वयं उत्पन्न हो रही है।
- लेंज का नियम, ऊर्जा संरक्षण के नियम (Law of conservation of energy) पर आधारित है।

स्वप्रेरण तथा अन्योन्य प्रेरण

- जब एक परिपथ में बहने वाली धारा में परिवर्तन होता है, तब परिपथ से सम्बद्ध चुंबकीय फ्लक्स में भी परिवर्तन होता है जिसके परिणामस्वरूप परिपथ में एक प्रेरित विद्युत बल स्थापित हो जाता है, तब इस घटना को स्वप्रेरण (Self induction) कहते हैं।
- जब दो चालक पाश या लूप एक-दूसरे के सन्निकट हों तथा उनमें से एक चालक प्रवाहित धारा के मान में परिवर्तन करें, तो दूसरे चालक में एक प्रेरित विद्युत वाहक बल उत्पन्न हो जाता है, तब इस घटना को अन्योन्य प्रेरण (Mutual induction) कहते हैं।

भँवर धाराएँ

जब किसी चालक वस्तु से संबद्ध चुंबकीय फ्लक्स में परिवर्तन होता है, तो धातु के संपूर्ण आयतन में प्रेरित धाराएँ उत्पन्न हो जाती हैं जो संबद्ध फ्लक्स में परिवर्तन का विरोध करती हैं। ये धाराएँ चक्करदार होती हैं, इसलिए इन्हें भँवर धाराएँ (Eddy currents) कहते हैं।

भँवर धाराएँ कुछ अनुप्रयोगों में उपयोग की जाती हैं; जैसे

(i) रेलगाड़ियों में चुंबकीय ब्रेक
(ii) विद्युत चुंबकीय अवमंदन
(iii) प्रेरण भट्‌टी
(iv) विद्युत शक्ति मीटर

प्रत्यावर्ती धारा तथा दिष्ट धारा

- वह विद्युत धारा जिसका परिमाण व दिशा आवर्त रूप से बदलता रहता है, **प्रत्यावर्ती धारा** (Alternating current) कहलाती है। प्रत्यावर्ती धारा की आवृत्ति 50 हर्ट्ज होती है। सुदुर स्थानों पर बिना ऊर्जा क्षय के विद्युत धारा को प्रत्यावर्ती विद्युत धारा के रूप में प्रेषित किया जाता है।
- वह विद्युत धारा जिसका परिमाण निश्चित रहता है तथा परिपथ के किसी भी बिंदु पर एक ही दिशा में प्रवाहित होती है, दिष्ट धारा (Direct current) कहलाती है।

विद्युत मोटर

- विद्युत धारा, चुम्बकीय प्रभाव के कारण किसी चुम्बकीय क्षेत्र में विद्युत धारावाही चालक पर बल लगता है। इसी सिद्धांत के प्रयोग से विद्युत ऊर्जा को यान्त्रिक ऊर्जा में बदलने की युक्ति को विद्युत मोटर (Electric motor) कहते हैं।
- विद्युत मोटर का उपयोग बिजली के उपकरण, जल पम्प, आटा चक्की, बड़ी-बड़ी मशीनें, विद्युत पंखे आदि को चलाने में किया जाता है।

विद्युत जनित्र

- वह यंत्र जो यांत्रिक ऊर्जा को विद्युत ऊर्जा में बदल देता है, विद्युत जनित्र (Electric generator) कहलाता है।
- यह विद्युत चुंबकीय प्रेरण के सिद्धांत पर कार्य करता है। प्रत्यावर्ती धारा उत्पन्न करने वाले जनित्र को प्रत्यावर्ती धारा जनित्र (Alternating current generator) कहते हैं।

दिष्ट जनित्र

ऐसी विद्युत धारा जो समय के साथ अपनी दिशा नहीं बदलती है, दिष्ट धारा (Direct current) कहलाती है।

ट्रांसफॉर्मर

- वह युक्ति जिसके द्वारा वोल्टता या धारा के मान को घटाया या बढ़ाया जा सकता है, ट्रांसफॉर्मर (Transformer) कहलाती है। ट्रांसफॉर्मर, अन्योन्य प्रेरण के सिद्धांत पर कार्य करता है।
- ट्रांसफॉर्मर दिष्ट वोल्टताओं के लिए उपयोगी नहीं है। कार्य के आधार पर ट्रांसफॉर्मर दो प्रकार के होते हैं
  (i) उच्चायी ट्रांसफॉर्मर (Step-up transformer) यह निम्न प्रत्यावर्ती वोल्टता को उच्च प्रत्यावर्ती वोल्टता में बदलता है।
  (ii) अपचायी ट्रांसफॉर्मर (Step-down transformer) यह उच्च प्रत्यावर्ती वोल्टता को निम्न प्रत्यावर्ती वोल्टता में बदलता है।

ट्रांसफॉर्मर की बनावट

ट्रांसफॉर्मर में दो कुंडलियाँ होती हैं जो एक दूसरे से विद्युतरुद्ध होती हैं। वे एक नर्म लौह-क्रोड पर लिपटी होती हैं। इसमें एक कुंडली दूसरी के ऊपर लिपटी होती है या फिर दोनों कुंडलियाँ क्रोड की अलग-अलग भुजाओं पर लिपटी होती हैं। एक कुंडली को प्राथमिक कुंडली (Primary coil) कहते हैं, इसमें N_p लपेटे होते हैं। दूसरी कुंडली को द्वितीयक कुंडली (Secondary coil) कहते हैं, इसमें N_s लपेटे होते हैं। प्राय: प्राथमिक कुंडली निवेशी कुंडली होती है एवं द्वितीयक कुंडली ट्रांसफॉर्मर की निर्गत् कुंडली होती है।

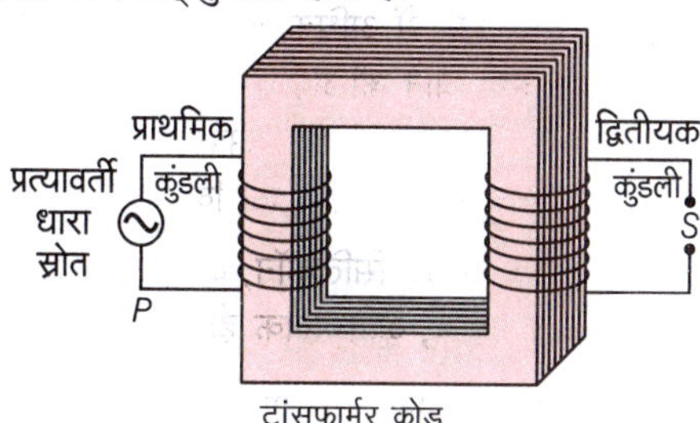

कार्य विधि

जब प्राथमिक कुंडली के सिरों के बीच प्रत्यावर्ती वोल्टता लगाई जाती है, तो परिणामी धारा एक प्रत्यावर्ती चुंबकीय फ्लक्स उत्पन्न करती है जो द्वितीयक कुंडली से संयोजित होकर इसके सिरों के बीच एक विद्युत वाहक बल प्रेरित करता है। इस विद्युत वाहक बल का मान द्वितीयक कुंडली में फेरों की संख्या पर निर्भर करता है।

उपयोग

विद्युत उत्पाद केंद्रों से दूरस्थ स्थानों पर विद्युत ले जाने के लिए उन्हें उच्च विभव पर ट्रांसमिट किया जाता है। उच्च विभव पर ट्रांसमिशन के कारण विद्युत क्षय कम होता है। उच्च विभव वाले ट्रांसमिशन से घरेलू उपयोग हेतु विद्युत ऊर्जा प्राप्त करने हेतु अपचायी ट्रांसफॉर्मर का प्रयोग करते हैं।

आधुनिक भौतिकी भौतिक विज्ञान की महत्वपूर्ण एवं जटिल शाखा है, इसमें न्यूटन के बाद की नवीन अवधारणाओं व सिद्धान्तों को प्रस्तुत किया गया। विश्व में आधुनिक भौतिकी में अणु-परमाणु तथा अतिदीर्घ आकार के कणों की व्याख्या की जाती है।

अध्याय बारह

आधुनिक भौतिकी (परमाणु एवं नाभिकीय)

प्राचीन काल से ही दार्शनिकों का मत था कि प्रत्येक पदार्थ छोटे-छोटे कणों से मिलकर बना है। न्यूटन की अवधारणाओं के पश्चात् भौतिक विज्ञान में अणु-परमाणु व नाभिकों के गुण, महत्व तथा इनसे सम्बन्धित अभिक्रियाओं के अध्ययन के लिए नवीन शाखा का निर्माण हुआ, जिसे **आधुनिक भौतिकी** कहा गया।

इलेक्ट्रॉन उत्सर्जन

- धातुओं में मुक्त इलेक्ट्रॉन होते हैं, जो उनकी चालकता (Conductivity) के लिए उत्तरदायी होते हैं। तथापि, मुक्त इलेक्ट्रॉन सामान्यतः धातु की सतह से बाहर नहीं निकल सकते, क्योंकि ऋणावेशित इलेक्ट्रॉन के बाहर आने पर धातु धनावेशित हो जाएगी और पुनः इलेक्ट्रॉन को आकर्षित कर लेगी। परिणामस्वरूप, केवल वही इलेक्ट्रॉन धातु की सतह से बाहर आ पाते हैं, जिनकी ऊर्जा इस आकर्षण से अधिक है।
- प्रकाश के एक फोटॉन की वह न्यूनतम ऊर्जा जो धातु से प्रकाश इलेक्ट्रॉन उत्सर्जित करने के लिए आवश्यक होती है, उस न्यूनतम ऊर्जा को कार्य-फलन (Work-Function) कहते हैं। इसे ϕ से दर्शाते हैं। कार्य-फलन को (इलेक्ट्रॉन वोल्ट) में मापते हैं। एक इलेक्ट्रॉन वोल्ट किसी इलेक्ट्रॉन को 1 वोल्ट विभवांतर के द्वारा त्वरित कराने पर प्राप्त ऊर्जा का मान है।

$$1 \text{ eV} = 1.602 \times 10^{-19} \text{V}$$

- कार्य-फलन धातु के गुणों और इसके पृष्ठ की प्रकृति पर निर्भर करता है।

इलेक्ट्रॉन उत्सर्जन के प्रकार

- धातु के पृष्ठ से इलेक्ट्रॉन उत्सर्जन के लिए मुक्त इलेक्ट्रॉनों को आवश्यक न्यूनतम ऊर्जा निम्नलिखित किसी भी एक भौतिक विधि के द्वारा दी जा सकती है

(i) तापायनिक उत्सर्जन (Thermionic Emission) में उपयुक्त तापन के द्वारा मुक्त इलेक्ट्रॉनों को पर्याप्त तापीय ऊर्जा दी जा सकती है, जिससे कि वे धातु से बाहर आ सकें।

(ii) क्षेत्र उत्सर्जन (Field Emission) में किसी धातु पर लगाया गया एक प्रबल विद्युत क्षेत्र (10^8 Vm^{-1} की कोटि का) इलेक्ट्रॉनों को धातु-पृष्ठ के बाहर ला सकता है, जैसा कि किसी स्पार्क प्लग में।

(iii) प्रकाश-विद्युत उत्सर्जन (Photoelectric Emission) में उपयुक्त आवृत्ति का प्रकाश जब किसी धातु-पृष्ठ पर पड़ता है, तो इलेक्ट्रॉनों का उत्सर्जन होता है। ये प्रकाशजनित इलेक्ट्रॉन प्रकाशिक इलेक्ट्रॉन कहलाते हैं।

प्रकाश वैद्युत प्रभाव

- जब किसी धातु के सतह पर समुचित ऊर्जा वाली प्रकाश-किरण आपतित होती है, तो इस सतह से इलेक्ट्रॉन के उत्सर्जन की घटना को प्रकाशवैद्युत प्रभाव (Photoelectric Effect) कहा जाता है जबकि उत्सर्जित इलेक्ट्रॉन को प्रकाश इलेक्ट्रॉन (Photo Electron) तथा इनसे सम्बन्धित धारा को प्रकाश धारा (Photo Current) कहा जाता है।

देहली आवृत्ति

किसी धातु की सतह पर आपतित प्रकाश की वह न्यूनतम आवृत्ति, जिसके लिए धातु की सतह से प्रकाश इलेक्ट्रॉनों का उत्सर्जन प्रारंभ हो जाता है, प्रकाश की देहली आवृत्ति (Threshold Frequency) कहलाती है।

प्रकाश विद्युत धारा

- प्रकाश विद्युत प्रभाव में इलेक्ट्रॉनों के उत्सर्जन के कारण परिपथ में विद्युत धारा प्रवाहित होती है, जिसे प्रकाश विद्युत धारा (Photoelectric current) कहते हैं।

- प्रकाशिक धारा, उत्सर्जित होने वाले प्रति सेकण्ड इलेक्ट्रॉनों की संख्या के अनुक्रमानुपाती होती है। अतः उत्सर्जित होने वाले प्रति सेकण्ड प्रकाशिक इलेक्ट्रॉनों की संख्या आपतित विकिरण की तीव्रता के समानुपाती है।

प्रकाश विद्युत धारा पर प्रकाश की आवृत्ति का प्रभाव

- प्रकाशिक इलेक्ट्रॉन के उत्सर्जन के लिए प्रकाश की आवृत्ति का मान देहली आवृत्ति से अधिक होना चाहिए।
- देहली आवृति का मान भिन्न-भिन्न धातुओं के लिए भिन्न-भिन्न होना चाहिए।
- प्रकाशिक इलेक्ट्रॉन की उच्चतम गतिज ऊर्जा, आपतित विकिरण की तीव्रता पर निर्भर नहीं करती है।
- जबकि यह आपतित विकिरण की आवृत्ति के साथ रैखिक रूप में परिवर्तित होती है।

प्रकाश विद्युत उत्सर्जन के नियम

- किसी दिए गए प्रकाश-संवेदी पदार्थ और आपतित विकिरण की आवृत्ति (देहली आवृत्ति से अधिक) के लिए, प्रकाश विद्युत धारा आपतित प्रकाश की तीव्रता के अनुक्रमानुपाती होती है। किसी दिए गए प्रकाश-संवेदी पदार्थ और आपतित विकिरण की आवृत्ति के लिए, संतृप्त धारा आपतित विकिरण की तीव्रता के अनुक्रमानुपाती होती है।
- देहली आवृत्ति के नीचे प्रकाशिक इलेक्ट्रॉनों का कोई उत्सर्जन नहीं होता चाहे आपतित प्रकाश कितना भी तीव्र क्यों न हो।
- देहली आवृत्ति के ऊपर, निरोधी विभव अथवा तुल्यत: उत्सर्जित प्रकाशिक इलेक्ट्रॉनों की उच्चतम गतिज ऊर्जा आपतित विकिरण की आवृत्ति के साथ रैखिकतः बढ़ती है, परंतु यह इसकी तीव्रता से स्वतंत्र होती है।

आइन्स्टीन का प्रकाश विद्युत समीकरण

- आइन्स्टीन के अनुसार, जब प्रकाशीय क्वाण्टा अर्थात् फोटॉन किसी धातु की सतह पर आपतित होते हैं, तो एक फोटॉन एक मुक्त इलेक्ट्रॉन से ही अनुक्रिया करता है, तो उसकी सम्पूर्ण ऊर्जा को इलेक्ट्रॉन पूर्ण रूप से अवशोषित कर लेता है।
- इलेक्ट्रॉन द्वारा प्राप्त इस ऊर्जा का एक भाग धातु के तल से इलेक्ट्रॉन निकालने या धातु के परमाणु से इलेक्ट्रॉन मुक्त करने में व्यय होता है। इस ऊर्जा को **कार्य फलन की ऊर्जा** (Energy of work function) (ϕ) कहते हैं तथा फोटॉन की शेष ऊर्जा उत्सर्जित इलेक्ट्रॉन को गतिज ऊर्जा प्रदान करती है। तब उत्सर्जित इलेक्ट्रॉन की अधिकतम गतिज ऊर्जा निम्न सूत्र द्वारा प्राप्त होती है

$$K_{max} = h\nu - \phi_0$$

यह आइन्स्टीन का प्रकाश विद्युत समीकरण (Einstein's photoelectric equation) कहलाता है।

प्रकाश की कणीय प्रवृत्ति : फोटॉन

- प्रकाश विद्युत प्रभाव की व्याख्या के लिए वैज्ञानिक मैक्स प्लांक ने क्वांटम सिद्धांत का प्रतिपादन किया।
- प्लांक के अनुसार, किसी पदार्थ अथवा पृष्ठ द्वारा ऊर्जा का उत्सर्जन तथा अवशोषण सतत न होकर ऊर्जा के छोटे-छोटे बंडलों अथवा पैकेटों के रूप में होता है, जिसे फोटॉन या क्वांटा (Photon or quanta) कहते हैं।
- प्रकाश के कण जैसे व्यवहार को ए.एच. क्वांटम के इलेक्ट्रॉन के द्वारा X-किरणों के प्रकीर्णन के प्रयोग से 1724 ई. में पुनः पुष्ट किया गया।

फोटॉनों के कुछ महत्वपूर्ण अभिलक्षण

फोटॉनों के प्रमुख अभिलक्षण निम्न हैं

(i) किसी भी स्रोत से विकिरण फोटॉन के रूप में उत्सर्जित होता है जोकि एक सरल रेखा के अनुदिश प्रकाश के वेग (3×10^8) मी/से से चलते हैं।

(ii) समान तरंगदैर्ध्य (λ) अथवा आवृत्ति (ν) के संगत उत्सर्जित समस्त फोटॉनों की ऊर्जा का मान समान होता है। जब फोटॉन एक माध्यम से दूसरे माध्यम में जाता है, तो उसकी आवृत्ति अपरिवर्तित रहती है, जबकि वेग परिवर्तित हो जाता है।

(iii) फोटॉन का विराम द्रव्यमान शून्य होता है।

(iv) फोटॉन की ऊर्जा $E = h\nu$ तथा संवेग $p = \frac{h}{\lambda}$ होता है।

(v) विद्युतीय रूप से फोटॉन, उदासीन प्रकृति के होते हैं, अत: सामान्य परिस्थितियों में यह विद्युतीय व चुम्बकीय क्षेत्रों से विक्षेपित नहीं किए जा सकते हैं।

द्रव्य की तरंग प्रकृति

- एक फ्रांसीसी भौतिक वैज्ञानिक लुईस विक्टर दे-ब्रोग्ली ने बताया कि पदार्थ के गतिमान कण तरंग सदृश गुण प्रदर्शित कर सकते हैं अर्थात् प्रकाश में कण व तरंग दोनों के ही गुण विद्यमान हैं अर्थात् प्रकाश की द्वैती प्रकृति होती है।
- गतिमान द्रव्य कणों से एक तरंग संबंधित होती है, जिसे द्रव्य तरंग (Mass Wave) कहते हैं।
- द्रव्य तरंगें विद्युत चुम्बकीय तरंगें नहीं हैं। द्रव्य तरंगों का वेग प्रकाश के वेग से अधिक हो सकता है। द्रव्य तरंगें निर्वात् में गमन करती हैं, अत: ये यान्त्रिक तरंगें नहीं हैं।
- दे-ब्रोग्ली के अनुसार, कोई कण जिसका संवेग p है, के साथ जुड़े तरंगदैर्ध्य λ को निम्न प्रकार से दर्शाया जाता है

$$\lambda = \frac{h}{p} = \frac{h}{mv}$$

- इसे दे-ब्रोग्ली का तरंग समीकरण (de-Broglie's Wave Equation) कहते हैं। दे-ब्रोग्ली तरंगदैर्ध्य कण की प्रकृति पर निर्भर नहीं करती है। द्रव्य कणों की तरंग प्रकृति को सत्यापित करने के लिए सर्वप्रथम प्रयोग डेविसन तथा जर्मर ने किया था।

एक्स-किरणें

जब तीव्र वेग से चलने वाली कैथोड किरणें किसी उच्च परमाणु भार तथा उच्च द्रवणांक वाली धातु से टकराती हैं, तो एक प्रकार की नई किरणें उत्पन्न होती हैं तथा ये फोटोग्राफिक प्लेट पर उसी प्रकार क्रिया करती हैं जैसे कि प्रकाश किरणें। लेकिन ये आँख से दिखाई नहीं देती। इन किरणों को **एक्स किरणें** (X-rays) कहा जाता है।

परमाणु संरचना

- ब्रह्माण्ड में सभी पिण्ड परमाणुओं (Atoms) से बने हैं, जो मूलत: तीन कणों से बने होते हैं, इलेक्ट्रॉन, प्रोटॉन तथा न्यूट्रॉन। परमाणु की त्रिज्या 10^{-8} सेमी कोटि की होती है।
- यह पदार्थ का वह सूक्ष्मतम कण है, जिसमें पदार्थ के सभी भौतिक तथा रासायनिक गुण उपस्थित रहते हैं, परमाणु विद्युत उदासीन होते हैं तथा यह रासायनिक अभिक्रिया में भाग लेते हैं।
- प्रोटॉन एक धनावेशित कण है जिसकी पुष्टि 1919 ई. में रदरफोर्ड ने की थी, इस पर 1.6×10^{-19} कूलॉम धनावेश होता है। इसका द्रव्यमान 1.67×10^{-27} किग्रा होता है।
- न्यूट्रॉन एक आवेश रहित मूल कण है, जिसकी पुष्टि 1932 ई. में चैडविक ने की थी।
- परमाणु में उपस्थित एक ऋणावेशित कण भी होता है, जिसे इलेक्ट्रॉन 1897 ई. में जे. जे. थॉमसन द्वारा कहा गया। इस पर 1.6×10^{-19} कूलॉम ऋणावेश होता है। इसका द्रव्यमान 9.1×10^{-31} किग्रा होता है।
- कई अन्य कणों की भी खोज की गई; जैसे– पॉजीट्रॉन, मेसॉन, न्यूट्रिनो, पाई मेसॉन, फोटॉन आदि।

परमाणु मॉडल

आवेशित कणों के परमाणुओं में वितरण की व्याख्या के लिए विभिन्न परमाणु मॉडल प्रस्तावित किए गए। इनका विवरण निम्न हैं

थॉमसन मॉडल

- थॉमसन मॉडल को 1898 ई. में जे.जे. थॉमसन ने प्रस्तावित किया। इसे प्लम पुडिंग, रेजिन पुडिंग अथवा तरबूज मॉडल कहा गया।
- इसके अनुसार, परमाणु धनावेशित गोले का बना होता है और इलेक्ट्रॉन उसमें धँसे होते हैं।
- ऋणात्मक और धनात्मक आवेश परिमाण में समान होते हैं, इसलिए परमाणु वैद्युतीय रूप से उदासीन होता है।

रदरफोर्ड का परमाणु मॉडल

- रदरफोर्ड ने सोने की बहुत पतली पन्नी (Gold Foil) पर α-कणों की बौछार की।
- इस मॉडल के अनुसार, परमाणु का धनावेश तथा अधिकांश द्रव्यमान एक अतिअल्प क्षेत्र में केन्द्रित होता है। परमाणु के इस अतिअल्प भाग को रदरफोर्ड ने नाभिक (Nuclear) कहा।
- नाभिक के चारों ओर, इलेक्ट्रॉन वृत्ताकार पथों में बहुत तेजी से गमन करते हैं, जिन्हें कक्षा (Orbit) कहा जाता है।
- इलेक्ट्रॉन और नाभिक आपस में आकर्षण के स्थिर वैद्युत बलों (Electrostatic Forces) के द्वारा बन्धित रहते हैं। नाभिक का आकार परमाणु के आकार की तुलना में काफी कम होता है।

बोहर का परमाणु मॉडल

- इलेक्ट्रॉन नाभिक के चारों ओर कुछ निश्चित कक्षाओं में घूम सकते हैं।
- इलेक्ट्रॉन केवल उन्हीं कक्षाओं में घूम सकता है, जिनमें कोणीय संवेग का मान $\frac{h}{2\pi}$ का पूर्ण गुणक होगा।
- किसी परमाणु द्वारा ऊर्जा का अवशोषण या उत्सर्जन केवल तभी किया जाता है। जब इलेक्ट्रॉन एक ऊर्जा स्तर से दूसरे ऊर्जा स्तर में जाता है।

$$\Delta E = E_2 - E_1 = \frac{hc}{\lambda}$$

नाभिक

नाभिक (Nucleus) की खोज का श्रेय 1911 ई में अर्नेस्ट रदरफोर्ड को जाता है। यह परमाणु के मध्य भाग में गोलाकार भाग होता है। इसकी त्रिज्या 10^{-15} मी. होती है। यह प्रोटॉन तथा न्यूट्रॉन से निर्मित होता है। परमाणु का सम्पूर्ण भार नाभिक में उपस्थित होता है।

- नाभिक का घनत्व 2.3×10^{17} किग्रा/मी^{3} होता है।
- नाभिक की त्रिज्या को सूत्र $R = R_0A^{1/3}$ द्वारा ज्ञात किया जाता है।

परमाणु संख्या तथा द्रव्यमान संख्या

परमाणु संख्या (Z)

परमाणु के नाभिक में प्रोटॉन विद्यमान होते हैं। एक परमाणु में उपस्थित प्रोटॉनों की संख्या उसकी परमाणु संख्या (Atomic Number) को बताती है। इसे Z द्वारा दर्शाया जाता है।

परमाणु संख्या (Z) = परमाणु के नाभिक में प्रोटॉनों की संख्या
= उदासीन परमाणु में इलेक्ट्रॉनों की संख्या

द्रव्यमान संख्या (A)

नाभिक में उपस्थित प्रोटॉनों और न्यूट्रॉनों को न्यूक्लिऑन कहते हैं। न्यूक्लिऑनों की कुल संख्या को परमाणु की द्रव्यमान संख्या (Mass Number) (A) कहते हैं।

द्रव्यमान संख्या (A) = प्रोटॉनों की संख्या (Z) + न्यूट्रॉनों की संख्या (n)

नाभिकों का वर्गीकरण

नाभिकों के परमाणु क्रमांक तथा प्रोटॉन व न्यूट्रॉन की संख्या के आधार पर नाभिकों को तीन प्रकार से वर्गीकृत किया गया है।

(i) समस्थानिक (Isotopes) किसी एक तत्व के परमाणु जिनमें नाभिकों का परमाणु क्रमांक समान हो, परन्तु द्रव्यमान संख्या भिन्न-भिन्न हो समस्थानिक कहलाता है।

जैसे– ऑक्सीजन के समस्थानिक $_8O^{16}, _8O^{17}, _8O^{18}$

निऑन के समस्थानिक $_{10}Ne^{20}, _{10}Ne^{21}, _{10}Ne^{22}$

यूरेनियम के समस्थानिक $_{92}U^{235}, _{92}U^{238}$

लीथियम के समस्थानिक $_3Li^6, _3Li^7$

(ii) समभारिक (Isobars) विभिन्न तत्वों के ऐसे परमाणु, जिनमें प्रोटॉन व न्यूट्रॉनों की कुल संख्या समान होती है, समभारिक कहलाते हैं;

जैसे– ${}_1H^3$ व ${}_2He^3$; ${}_8O^{17}$ व ${}_8I^{17}$

(iii) समन्यूट्रॉनिक (Isotones) विभिन्न तत्वों के ऐसे परमाणु जिनमें केवल न्यूट्रॉन की संख्या समान होती है, समन्यूट्रॉनिक कहलाते हैं।

जैसे- ${}_1H^3$ व ${}_2He^4$ में न्यूट्रॉन की संख्या = 2

${}_3Li^7$ व ${}_4Be^8$ में न्यूट्रॉन की संख्या = 4

नाभिकीय बल

- नाभिक कणों के बीच लगने वाले बल को नाभिकीय बल (Nuclear Force) कहा जाता है।
- यह प्रकृति का सर्वशक्तिशाली किन्तु अतिलघु परासीय बल है। यह अकेन्द्रीय (Non-Central) तथा क्षयकारी बल (Non-Conservative) होते हैं। यह कणों के आवेश पर निर्भर नहीं करता।

रेडियोऐक्टिवता

- नाभिक से स्वत: किरण उत्सर्जन की प्रक्रिया रेडियोऐक्टिवता (Radioactivity) कहलाती है तथा स्वयं नाभिक रेडियोऐक्टिव कहलाता है।
- रेडियोऐक्टिवता का आविष्कार हेनरी बेकुरल द्वारा सन् 1896 में हुआ।

रेडियोएक्टिव बैकुरल किरणें

रदरफोर्ड ने बताया कि वैद्युत और चुंबकीय क्षेत्र में रेडियोऐक्टिव पदार्थ से विकिरणों का उत्सर्जन निम्नलिखित तीन प्रकार से होता हैं

(i) विकिरण का वह भाग, जो ऋणात्मक प्लेट की ओर गति करता है, वह किरणें धनात्मक आवेशित α-**किरणें** कहलाती हैं। ये चुंबकीय क्षेत्र द्वारा विक्षेपित (Deflected) हो सकती हैं।

(ii) विकिरण का वह भाग, जो धनात्मक प्लेट की ओर गति करता है, वह किरणें ऋणात्मक आवेशित β-किरणें कहलाती हैं। ये चुंबकीय क्षेत्र द्वारा विक्षेपित हो सकती हैं।

(iii) विकिरण का वह भाग, जो वैद्युत और चुंबकीय क्षेत्र में अप्रभावित रहता है, वह किरणें γ-किरणें कहलाती हैं।

α, β तथा γ किरणों के गुण

गुण	α-किरणें	β-किरणें	γ-किरणें
प्रकृति	ये धनावेशित होती हैं। इन पर दो इकाई धनावेश तथा चार इकाई द्रव्यमान होता है, ये साधारणतया हीलियम नाभिक हैं।	ये ऋणावेशित होती हैं। इनका आवेश इलेक्ट्रॉन के आवेश के समान तथा द्रव्यमान भी इलेक्ट्रॉन के समान होता है।	इन पर कोई आवेश या द्रव्यमान नहीं होता है। X-किरणों का विद्युत चुंबकीय विकिरण समान होता है।
वेग	निर्वात् में प्रकाश के वेग का $\frac{1}{10}$वाँ भाग	प्रकाश के वेग का $\frac{9}{10}$ या 33.92%	प्रकाश के वेग के बराबर
भेदन क्षमता	अधिक द्रव्यमान तथा कम वेग के कारण, इनकी भेदन क्षमता β तथा γ-किरणों से कम होती है। ये किरणें 0.01 सेमी मोटी ऐल्युमीनियम की चादर को भेद सकती हैं।	कम द्रव्यमान तथा अधिक वेग होने के कारण इनकी भेदन क्षमता α-किरणों से अधिक तथा γ-किरणों से कम होती हैं। ये किरणें 0.2 सेमी मोटी ऐल्युमीनियम की चादर को भेद सकती हैं।	उच्च वेग तथा अद्रव्य प्रकृति के कारण इनकी भेदन क्षमता α तथा β-किरणों से अधिक होती हैं। ये किरणें 100 सेमी मोटी ऐल्युमीनियम की चादर को भेद सकती हैं।
गतिज ऊर्जा	उच्च	α-किरणों से कम	बहुत कम
आयनन क्षमता	इनकी गैसों को आयनित करने की क्षमता β-किरणों से 100 गुना तथा γ-किरणों से 10,000 गुना अधिक होती है।	इनकी गैसों को आयनित करने की क्षमता α-किरणों से 100 गुना कम तथा γ-किरणों से 100 गुना अधिक होती है।	इनकी गैसों को आयनित करने की क्षमता α-किरणों से 10,000 गुना तथा β-किरणों से 100 गुना कम होती है।
चुम्बकीय क्षेत्र में विचलन	चुम्बकीय क्षेत्र में ये उत्तरी ध्रुव की ओर मुड़ जाती हैं। अधिक द्रव्यमान होने के कारण चुम्बकीय क्षेत्र में इनका विचलन β-किरणों की तुलना में कम होता है।	चुम्बकीय क्षेत्र में ये दक्षिणी ध्रुव की ओर मुड़ जाती हैं। कम द्रव्यमान होने के कारण चुम्बकीय क्षेत्र में इनका विचलन γ-किरणों की तुलना में अधिक होता है।	आवेशहीन होने के कारण इन पर चुम्बकीय क्षेत्र पर कोई प्रभाव नहीं पड़ता है।
फोटोग्राफिक प्लेट पर प्रभाव	काला कर देती हैं।	काला कर देती हैं।	काला कर देती हैं।
जिंक सल्फाइड की प्लेट पर प्रभाव	प्रतिदीप्ति (Fluorescence) उत्पन्न करती हैं।	प्रतिदीप्ति उत्पन्न करती हैं।	प्रतिदीप्ति उत्पन्न करती हैं।

रेडियोऐक्टिवता की इकाई

- रेडियोऐक्टिव पदार्थ के सक्रियता का SI मात्रक बेकुरल तथा अन्य प्रमुख मात्रक क्यूरी व रदरफोर्ड हैं जिनको निम्नलिखित रूप से परिभाषित किया गया हैं

- क्यूरी (Curie) यदि किसी रेडियोऐक्टिव पदार्थ में 3.7×10^{10} विघटन प्रति सेकण्ड हों, तो उस पदार्थ की सक्रियता 1 क्यूरी कहलाती है।

अर्थात् 1 क्यूरी $= 3.7 \times 10^{10}$ विघटन/से

1 मिली-क्यूरी $(1\,mCi) = 10^{-3}$ क्यूरी

1 माइक्रो-क्यूरी $(1\,\mu Ci) = 10^{-6}$ क्यूरी

- **रदरफोर्ड** (Rutherford) यदि किसी रेडियोऐक्टिव पदार्थ में 10^6 विघटन प्रति सेकण्ड हों, तो उस पदार्थ की सक्रियता 1 रदरफोर्ड कहलाती है।

अर्थात् 1 रदरफोर्ड = 1 Rd = 10^6 विघटन/से

1 माइक्रो रदरफोर्ड = 10^6 रदरफोर्ड

= 1 विघटन प्रति सेकण्ड

= 1 Bq (बेकुरल)

- **बेकुरल** (Becquerel) यह रेडियोऐक्टिवता का SI मात्रक होता है तथा रेडियोऐक्टिव पदार्थ की मात्रा 1 विघटन प्रति सेकण्ड के द्वारा प्रदर्शित की जाती है।

$\therefore$ 1 बेकुरल (1 Bq) = 1 विघटन प्रति सेकण्ड

रेडियोसक्रिय विघटन का नियम

- इस नियम के अनुसार, किसी क्षण पर रेडियोसक्रिय क्षय की दर पदार्थ में उपस्थित परमाणुओं की संख्या (N) के समानुपाती होती है।

अर्थात् $-\frac{dN}{dt} \propto N \Rightarrow -\frac{dN}{dr} = \lambda N$

जहाँ, λ एक नियतांक है। जिसे उस रेडियोऐक्टिव पदार्थ का क्षय नियतांक कहते हैं।

t समय पर अक्षय परमाणुओं की संख्या $N = N_0 e^{-\lambda t}$

जहाँ, N_0 = प्रारम्भिक समय पर परमाणुओं की संख्या

तथा $N = t$ समय पर परमाणुओं की संख्या है।

रेडियोऐक्टिव पदार्थ की अर्द्ध-आयु एवं माध्य आयु

- 'वह समयान्तराल जिसमें किसी रेडियोऐक्टिव पदार्थ की मात्रा अर्थात् उसके अविघटित परमाणुओं की संख्या रेडियोएक्टिव क्षय के फलस्वरूप घटकर अपने प्रारम्भिक मान की आधी रह जाती है, उस रेडियोऐक्टिव पदार्थ की अर्द्ध-आयु (Half-Life of Radioactive Substance) कहलाती है।
- जो गणितीय समीकरण $t_{1/2} = \frac{0.693}{\lambda}$ द्वारा दी गयी है।
- किसी एक रेडियोऐक्टिव तत्व के लिए अर्द्ध-आयु का मान नियत रहता है और विभिन्न तत्वों के लिए भिन्न-भिन्न होता है। सभी नाभिकों की आयु के औसत को रेडियोऐक्टिव पदार्थ की औसत आयु या माध्य आयु कहते हैं।

कुछ पदार्थों की अर्द्ध-आयु

तत्व	अर्द्ध-आयु (वर्षों में)
यूरेनियम-236	4.51×10^9
रेडियम-226	1622
एक्टिनियम-227	22
थोरियम-222	1.39×10^{19}

- किसी रेडियोऐक्टिव पदार्थ की औसत आयु विघटन नियतांक (λ) के व्युत्क्रम के बराबर होती है

अर्थात् $T = 1/\lambda$

रेडियोऐक्टिव पदार्थ की सक्रियता

किसी रेडियोऐक्टिव पदार्थ के परमाणुओं के क्षय होने की दर सक्रियता कहलाती है। इसे R से व्यक्त करते हैं।

अर्थात् $R = -\frac{dN}{dt} = -\lambda N$

रेडियोऐक्टिव पदार्थों के उपयोग

रेडियोऐक्टिव पदार्थों के उपयोग निम्नलिखित हैं

- माँस उत्पादों के संरक्षण में।
- स्वास्थ्य उपचार में विकिरण समस्थानिकों के रूप में।
- जल में फ्लोराइड को हटाकर शुद्ध करने में।
- पाइपों में रिसाव का पता लगाने में।
- फसल सुधार, खाद्य सुरक्षा, कृषि सुरक्षा आदि में प्रयोग किया जाता है।

द्रव्यमान-ऊर्जा सम्बन्ध

- आइन्सटीन के सापेक्षता सिद्धान्त के अनुसार, प्रत्येक पदार्थ में उसके द्रव्यमान के कारण भी ऊर्जा होती है अर्थात् द्रव्यमान को ऊर्जा में व ऊर्जा को द्रव्यमान में बदला जा सकता है।
- यदि किसी प्रक्रिया में Δm द्रव्यमान की कमी हो, तो आइन्सटीन के अनुसार इस प्रक्रिया में उत्पन्न ऊर्जा ΔE निम्न प्रकार होगी।

$$\Delta E = (\Delta m)c^2 \text{ जूल}$$

जहाँ, c प्रकाश की चाल है। उपरोक्त समीकरण को आइन्सटीन की द्रव्यमान ऊर्जा समीकरण कहते है।

द्रव्यमान क्षति एवं नाभिकीय बन्धन ऊर्जा

- किसी नाभिक का वास्तविक द्रव्यमान नाभिक में उपस्थित प्रोटॉन व न्यूट्रॉनों की संख्या के योग से कम होता है।
- नाभिक में हुई इस द्रव्यमान की कमी को द्रव्यमान क्षति (Mass Defect) कहते हैं।

$$\Delta M = [ZM_p + (A-Z)M_n] - M$$

जहाँ Z प्रोटॉनों एवं $(A-Z)$ न्यूट्रॉनों की संख्या है तथा M_p व M_n प्रोटॉन व न्यूट्रॉनों के द्रव्यमान हैं।

- नाभिक को इसके विभिन्न अवयवों में विभक्त करने के लिए आवश्यक न्यूनतम ऊर्जा को नाभिकीय बन्धन ऊर्जा (Nuclear Binding Energy) कहते हैं।

नाभिक Z^{XA} की बन्धन ऊर्जा

$$E_b = [Zm_p + (A-Z)M_n - M]c^2$$

$$\text{प्रति नाभिक कण की बन्धन ऊर्जा} = \frac{\text{नाभिकीय बन्धन ऊर्जा}}{\text{द्रव्यमान संख्या}}$$

नाभिकीय अभिक्रियाएँ

नाभिक में होने वाली अभिक्रियाएँ नाभिकीय अभिक्रियाएँ (Nuclear Reaction) हैं, जिनमें एक नाभिक कण परस्पर दूसरे नाभिक कण में रूपान्तरित होते हैं।

नाभिकीय विखण्डन

- किसी तत्व के परमाणुओं के नाभिकों का दो या दो से अधिक छोटे-छोटे नाभिकों में विखण्डन होने की अभिक्रिया को नाभिकीय विखण्डन (Nuclear Fission) कहते हैं।
- जर्मन वैज्ञानिक ऑटोहोन तथा उनके सहयोगी फिट्ज ने 1939 में भारी तत्वों जैसे यूरेनियम ($Z = 92, A = 235$) पर तीव्रगामी न्यूटॉनों की बमबारी करने पर पाया कि नाभिक न्यूट्रॉनों को अवशोषित करके भारी आइसोटोप ($Z = 92, A = 236$) में परिवर्तित हो जाता है।

$$_{92}U^{235} + _0n^1 \rightarrow _{92}U^{236} + \gamma \text{ (ऊर्जा)}$$

परन्तु परिणामी पदार्थ में दो अपेक्षाकृत हल्के तत्व **बेरियम** ($Z = 56$) तथा क्रिप्टॉन ($Z = 36$) के आइसोटोप भी पाये गये अर्थात्

$$_{92}U^{235} + _0n^1 \rightarrow _{56}Ba^{141} + _{36}Kr^{92} + 3_0n^1 + \text{ऊर्जा (200 MeV)}$$

परमाणु बम

परमाणु बम का आकार एक सीमा से अधिक नहीं बढ़ाया जा सकता है, क्योंकि इसमें विखण्डनीय पदार्थ को दो अलग-अलग टुकड़ों के रूप में रखा जाता है तथा प्रत्येक टुकड़े का आकार, क्रान्तिक आकार से कम होता है। यह नाभिकीय विखण्डन की अनियन्त्रित शृंखला पर आधारित होता है।

नाभिकीय रिएक्टर

- नाभिकीय रिएक्टर (Nuclear Reactor) एक ऐसी व्यवस्था है जिनमें नियन्त्रित नाभिकीय शृंखला अभिक्रिया सम्पादित होती है। **एनरिंकों फर्मी** ने 1942 ई. में पहला नाभिकीय रिएक्टर बनाया इसके विभिन्न अवयव निम्नलिखित हैं

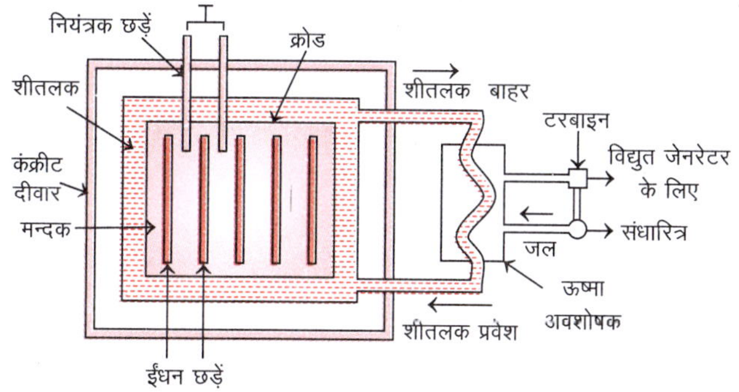

- **शीतलक** में ठण्डा जल, द्रवित ऑक्सीजन इत्यादि द्वारा विखण्डन क्रिया में उत्पन्न ऊष्मा को अवशोषित किया जाता है।
- **नियन्त्रक छड़** के रूप में कैडमियम तथा बोरॉन निर्मित छड़ों की न्यूट्रॉन अवशोषण क्षमता अधिक रहने के कारण इसे वियोजन अभिक्रिया में उत्सर्जित न्यूट्रॉन की संख्या को कम करने के लिए प्रयोग में लाया जाता है।
- **रिएक्टर की क्रोड** (Core) में यूरेनियम की ईंधन छड़ों को किसी मंदक (ग्रेफाइट, भारी जल अथवा समुद्री जल में डुबोकर रखा जाता है।)
- **कंक्रीट दीवार** रिएक्टर के पास कार्य करने वाले व्यक्तियों को हानिकारक विकिरण से बचाने के लिए प्रयुक्त होती है।
- **मन्दक** द्वारा रिएक्टर में उच्च गतिशील न्यूट्रॉन की गति को कम करने के लिए भारी जल, ग्रेफाइट तथा बेरीलियम ऑक्साइड मन्दक की तरह प्रयुक्त होते हैं, क्योंकि इनके परमाणु भार कम होते हैं।
- **ईंधन छडे** यह रिएक्टर का प्रमुख भाग है, जो विघटनशील पदार्थ के रूप में प्रयुक्त होते हैं
  जैसे—$_{92}U^{235}$, $_{92}U^{238}$, $_{94}Pu^{239}$ इत्यादि।

नाभिकीय रिएक्टर के प्रकार निम्नलिखित हैं

- **ऊष्मक रिएक्टर** (Thermal Reactor) वह रिएक्टर जिनमें नाभिकीय अभिक्रिया की शुरूआत U^{235} के विघटन से उत्सर्जित मन्द न्यूट्रॉन द्वारा होती है, ऊष्मक रिएक्टर कहलाते हैं। इनसे प्राप्त ऊर्जा काफी महंगी होती है।
- **ब्रीडर रिएक्टर** (Breeder Reactor) वह रिएक्टर जिनमें एक बार नाभिकीय अभिक्रिया शुरू होने के बाद पुन: ईंधन की आपूर्ति स्वत: ही होने लगती है, ब्रीडर रिएक्टर कहलाता है। इसमें U^{238} से Pu^{239} तथा Th^{232} से U^{233} निर्मित होते हैं।
- **उपयोग** इसका प्रयोग मुख्यत: रेडियो आइसोटोप के उत्पादन में, विद्युत जनित्रों में, विद्युत ऊर्जा उत्पादन में, प्लूटोनियम Pu^{239} के उत्पाद में, तीव्रगामी न्यूट्रॉनों के उत्सर्जन आदि में किया जाता है।

नाभिकीय संलयन

- वह नाभिकीय अभिक्रिया जिनमें दो लगभग समान द्रव्यमान वाले हल्के नाभिक मिलकर एक भारी नाभिक का निर्माण करते हैं, **नाभिकीय संलयन** (Nuclear Fusion) कहलाता है।
- इस प्रक्रिया में प्राप्त भारी नाभिक का द्रव्यमान, संयोग करने वाले दोनों नाभिकों के द्रव्यमान के योग से कम होता है।
- द्रव्यमान की यह क्षति आइन्सटीन के द्रव्यमान-ऊर्जा सम्बन्ध $\Delta E = \Delta mc^2$ के अनुसार ऊर्जा के रूप में प्राप्त होती है।

$$_1H^2 + _1H^2 \longrightarrow _1H^3 + _1H^1 + 4 \text{ MeV (ऊर्जा)}$$

दो भारी हाइड्रोजन नाभिक → ट्राइटियम प्रोटॉन

$$_1H^3 + _1H^2 \longrightarrow _2He^4 + _0n^1 + 17.6 \text{ MeV (ऊर्जा)}$$

हीलियम न्यूट्रॉन

हाइड्रोजन बम

- यह नाभिकीय संलयन प्रक्रिया पर आधारित है। चूँकि नाभिकीय संलयन क्रिया के लिए अति उच्च ताप तथा अति उच्च दाब की आवश्यकता होती है, अत: हाइड्रोजन बम बनाने के लिए पहले परमाणु बम बनाया जाता है।
- परमाणु बम को चारों ओर से भारी हाइड्रोजन (ड्यूटीरियम) के किसी यौगिक, जैसे लीथियम हाइड्राइड (LiH_2) से घेर देते हैं।
- परमाणु बम का विस्फोट कराकर ऊच्च ताप तथा उच्च दाब उत्पन्न किया जाता है, जिससे ड्यूटीरियम के नाभिकों में ऊष्मीय गति के कारण इतनी अधिक ऊर्जा आ जाती है कि वे एक-दूसरे के अत्यन्त निकट आ जाते हैं तथा संलयित हो जाते हैं। संलयन में अत्यधिक ऊर्जा मुक्त होती है।

“ जिन इलेक्ट्रॉन युक्तियों द्वारा इलेक्ट्रॉन के प्रवाह को नियन्त्रित किया जाता है, अर्द्धचालक युक्तियाँ कहलाती हैं। अर्द्धचालकों से पहले डायोड वाल्व व ट्रायोड वाल्व का उपयोग किया जाता था।

अध्याय तेरह

अर्द्धचालक इलेक्ट्रॉनिक्स तथा संचार प्रणाली

अर्द्धचालक

कुछ ठोस पदार्थ ऐसे भी होते हैं जिनकी विद्युत चालकता, चालकों से कम परन्तु कुचालकों से अधिक होती है। यह पदार्थ अर्द्धचालक (Semiconductor) कहलाते हैं; जैसे—सिलिकॉन तथा जर्मेनियम।

अर्द्धचालकों के गुणधर्म

अर्द्धचालकों के मुख्य गुणधर्म निम्न हैं

- इनकी विद्युत चालकता 10^{-5} से 10^{0} म्हो/मीटर होती है।
- इनकी प्रतिरोधकता 10^{5} से 10^{-2} ओम-मीटर होती है।
- भिन्न-भिन्न अर्द्धचालकों के लिए वर्जित ऊर्जा अन्तराल का मान भिन्न-भिन्न होता है। उदाहरण—Ge का 0.7 eV, Si का 1.1 eV आदि।
- इनके प्रतिरोध ताप-गुणांक (α) का मान ऋणात्मक होता है।
- ताप बढ़ाने पर इनकी चालकता बढ़ती है तथा प्रतिरोधकता कम होती है।
- परम शून्य ताप पर अर्द्धचालक एक आदर्श कुचालक की भाँति व्यवहार करते हैं।

अर्द्धचालक के प्रकार

अर्द्धचालक दो प्रकार के होते हैं

(i) निज अर्द्धचालक वे अर्द्धचालक जिसमें कोई अपद्रव्य न मिला हो, निज अर्द्धचालक (Intrinsic Semiconductor) कहलाते हैं। यह प्राकृतिक एवं शुद्ध अवस्था में पाये जाते हैं।
विद्युत क्षेत्र उत्पन्न होने के कारण अर्द्धचालक में मुक्त इलेक्ट्रॉन इस विद्युत क्षेत्र की दिशा के विपरीत दिशा में तथा कोटर (Hole) जोकि इलेक्ट्रॉनों की कमी के कारण उत्पन्न होते हैं।

(ii) बाह्य अर्द्धचालक वे अर्द्धचालक जिसमें अपद्रव्य मिलाकर उसकी विद्युत चालकता को बढ़ा दिया जाता है। मिश्रित अपद्रव्यों के आधार पर बाह्य अर्द्धचालकों को दो भागों में बाँटा गया हैं। *बाह्य अर्धचालक दो प्रकार के होते हैं*

(a) n-प्रकार के अर्द्धचालक ऐसे बाह्य अर्द्धचालक जिनमें विद्युत का प्रवाह मुक्त इलेक्ट्रॉनों की संख्या बढ़ जाने के कारण होता है, n-प्रकार के अर्द्धचालक कहलाते हैं। जब शुद्ध अर्द्धचालकों के बाह्यतम कोष में 4 इलेक्ट्रॉन होते हैं जिसमें पंचसंयोजी अपद्रव्य; जैसे-आर्सेनिक, एन्टीमनी, फॉस्फोरस मिलाने पर बाह्य कोश में 5 इलेक्ट्रॉन हो जाते हैं तथा एक संयोजी बंध का निर्माण करते हैं, तो इस प्रकार के अर्द्धचालक प्राप्त होते हैं।

(b) p-प्रकार के अर्द्धचालक जिन अर्द्धचालकों में विद्युत का प्रवाह कोटरों (Hole) की गति के कारण होता है, उन्हें p-प्रकार के अर्द्धचालक कहते हैं। जब शुद्ध अर्द्धचालक (जर्मेनियम) में त्रिसंयोजी अपद्रव्य (जैसे-एल्युमीनियम) मिलाया जाए तो नैज अर्द्धचालकों के चारो इलेक्ट्रॉन परमाणु के तीन इलेक्ट्रॉनों से संयोजी बंध का निर्माण करते हैं तो ऐसे अर्द्धचालक प्राप्त होते हैं।

p-n सन्धि डायोड

- जब p-टाइप क्रिस्टल के टुकड़े को परमाणवीय रूप से n टाइप क्रिस्टल के टुकड़े के सम्पर्क में लाकर जोड़ा जाता है, तब दो विभिन्न क्षेत्रों के बीच की परिसीमा को p-n सन्धि (p-n Junction) कहते हैं।

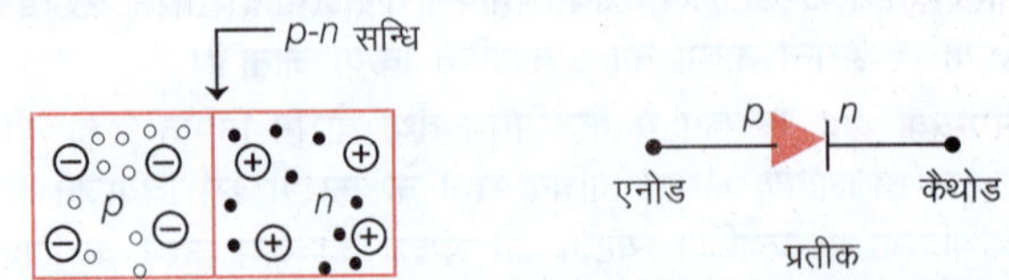

- p – टाइप क्षेत्र में कोटर (धनात्मक) बहुसंख्यक आवेश वाहक होते हैं एवं उतने ही स्थिर ऋणात्मक ग्राही आयन होते हैं। इसी तरह n-टाइप क्षेत्र में इलेक्ट्रॉन (ऋणात्मक) बहुसंख्यक आवेश वाहक होते हैं एवं उतने ही स्थिर धनात्मक दाता आयन होते हैं। इस तरह दोनों ही क्षेत्र विद्युत उदासीन होते हैं।

p-n सन्धि बनाने की विधियाँ

1. मिश्रधातु विधि

- यदि Ge या Si क्रिस्टल के ऊपर III समूह की अशुद्धि; जैसे— इण्डियम का छोटा टुकड़ा रखकर चित्र में दर्शाए अनुसार पिघलाया जाता है, तब अन्त में p-n सन्धि बन जाती है।

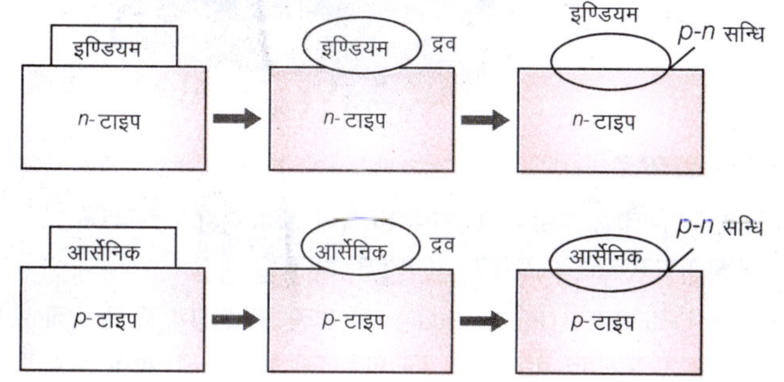

2. विसरण सन्धि

- जब n-टाइप के अर्द्धचालक को निर्वात् में गर्म करके इस पर त्रिसंयोजक (Al) अशुद्ध वाष्प छोड़ी जाती है, जो n-टाइप अर्द्धचालक में विसरित हो जाती है तथा p-n सन्धि निर्मित हो जाती है।

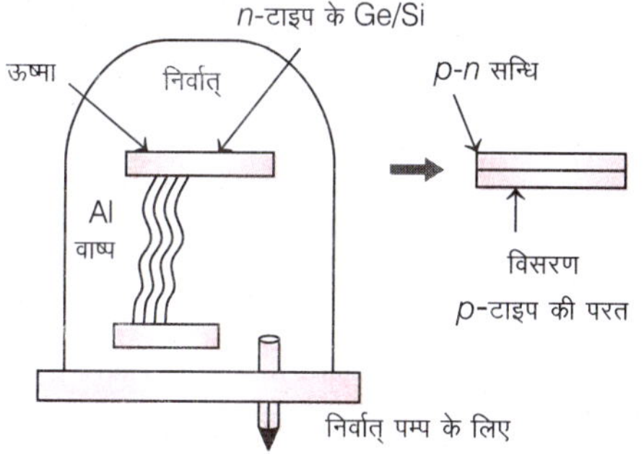

p-n सन्धि से सम्बन्धित मुख्य बिन्दु

- **विभव प्राचीर** परत के सिरों के बीच लगभग 0.1 वोल्ट से 0.5 वोल्ट के क्रम का विभवान्तर उत्पन्न हो जाता है, इसे विभव प्राचीर कहते हैं। विभव प्राचीर के कारण आवेश वाहकों का विसरण रुक जाता है।

$$E = \frac{V}{d} = \frac{0.5}{10^{-6}} = 5 \times 10^{5} \text{ वोल्ट/मी}$$

- **अवक्षय परत** सन्धि के समीप p-क्षेत्र के ऋणात्मक तथा n-क्षेत्र के धनात्मक आवेशों की अधिकता हो जाती है और सन्धि के दोनों ओर विपरीत आवेशों की एक पतली परत बन जाती है। इस परत को अवक्षय परत कहते हैं।

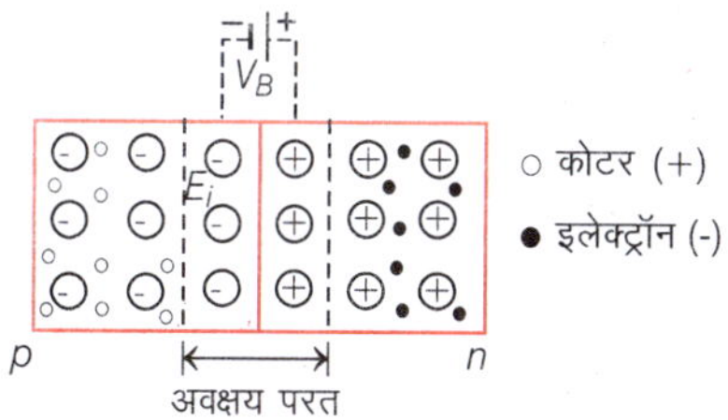

p-n सन्धि में धारा प्रवाह

1. **अग्र अभिनत** जब किसी बैटरी का धन (+) सिरा p-क्षेत्र से तथा ऋण (–) सिरा n-क्षेत्र से जोड़ा जाता है, तो यह संयोजन अग्र अभिनत कहलाता है। इस स्थिति में, p से n की ओर एक दिष्ट बाह्य विद्युत क्षेत्र E स्थापित हो जाता है।

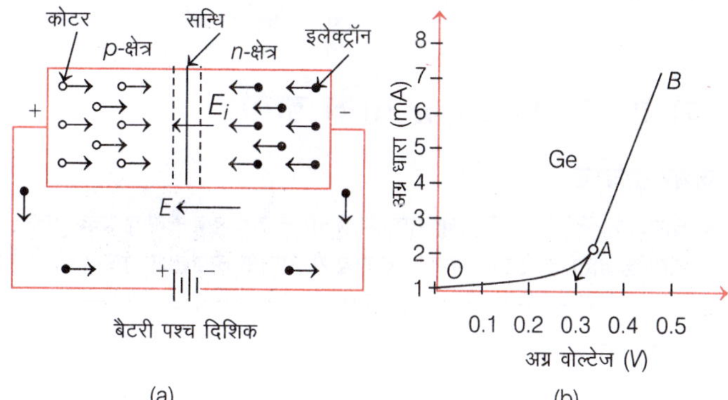

(a) (b)

2. **उत्क्रम अभिनत** यदि बैटरी का धन सिरा n-क्षेत्र से तथा ऋण सिरा p-क्षेत्र से जोड़ा जाए, तो यह संयोजन उत्क्रम अभिनत कहलाता है। इस स्थिति में, बाह्य क्षेत्र E, n से p की ओर दिष्ट होता है तथा अब यह आन्तरिक क्षेत्र E_i का सहायक होता है।

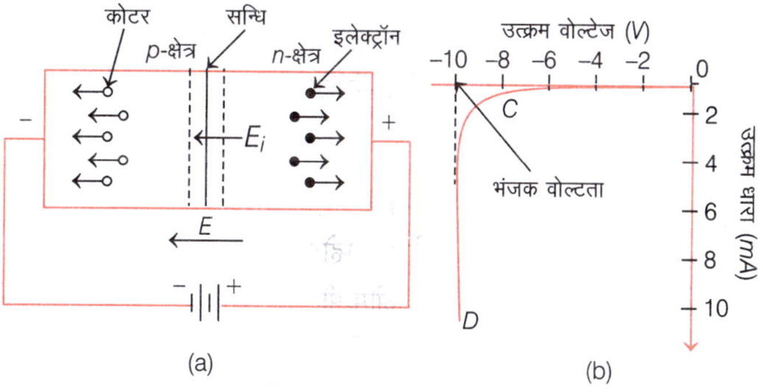

(a) (b)

p-n सन्धि डायोड दिष्टकारी के रूप में

1. **अर्द्धतरंग दिष्टकारी** वह उपकरण, जो प्रत्यावर्ती धारा (प्रत्यावर्ती वोल्टता) के आधे भाग का ही दिष्टकरण करता है।

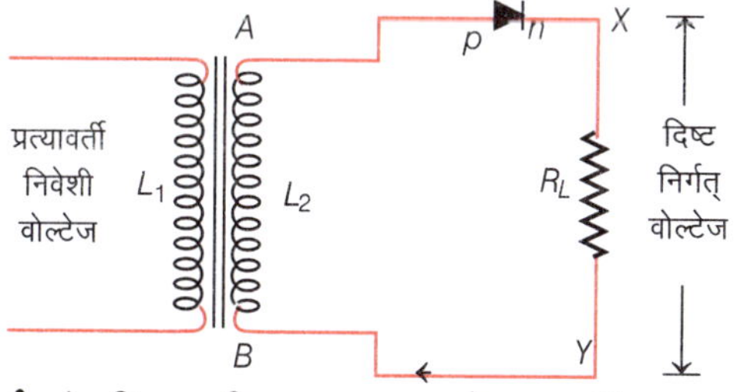

2. **पूर्ण तरंग दिष्टकारी** वह उपकरण, जो प्रत्यावर्ती धारा (प्रत्यावर्ती वोल्टता) के पूर्ण भाग का दिष्टकरण करता है।

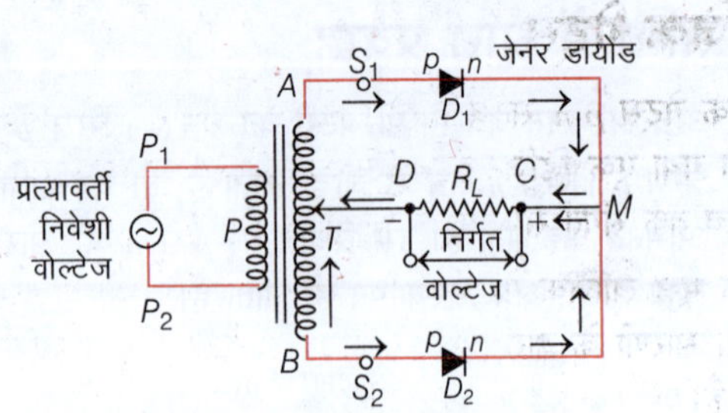

विशिष्ट प्रयोजन *p-n* सन्धि डायोड

जेनर डायोड

- वैज्ञानिक क्लारेन्स जेनर के नाम से प्रचलित यह एक विशेष प्रकार का डायोड होता है। इसमें सामान्य डायोड से अधिक अपमिश्रण किया जाता है।
- सामान्य डायोड सिलिकॉन एवं जर्मेनियम दोनों प्रकार के अर्द्धचालक पदार्थों से ही बनाए जाते हैं परन्तु सिलिकॉन के अधिक धारा स्थायित्व एवं अधिक ताप स्थायित्व के कारण जेनर डायोड (Zener diode) सिलिकॉन के ही बनाए जाते हैं।

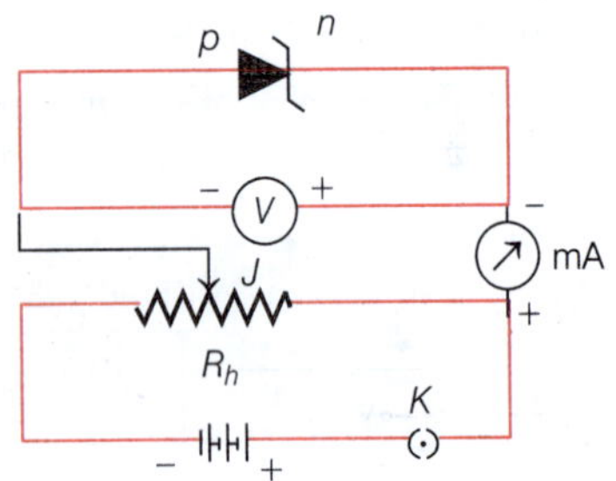

जेनर डायोड का वोल्टता रेगुलेटर परिपथ

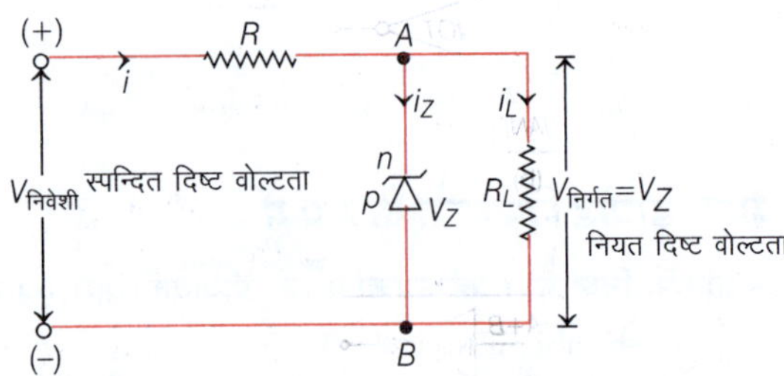

- इसमें *p*-क्षेत्र में ग्राही व *n*-क्षेत्र में दाता अशुद्धियों का अधिक मात्रा में अपमिश्रण किया जाता है अर्थात् मादन स्तर उच्च रखा जाता है। अतः कम उत्क्रम वोल्टता से ही सन्धि पर उत्पन्न प्रबल विद्युत क्षेत्र उत्पन्न हो जाता है।

प्रकाश उत्सर्जक डायोड

- यह एक ऐसा अतिमिश्रित डायोड होता है, जो बायसिंग बैटरी की विद्युतीय ऊर्जा का विकिरण ऊर्जा में परिवर्तन करता है।
- इन डायोडों में अलग-अलग अर्द्धचालक पदार्थ प्रयुक्त होते हैं, जिसके अनुसार ही ये विभिन्न रंग के प्रकाश उत्सर्जित करते हैं; जैसे- गैलियम फॉस्फाइड (GaP), हरे रंग का सिलिकॉन कार्बाइड (SiC), नीले रंग का गैलियम आर्सेनाइड (GaAs), अवरक्त (अदृश्य) प्रकाश उत्सर्जित करते हैं।

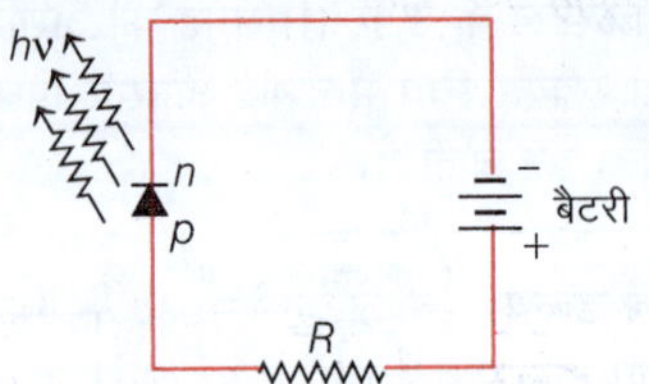

फोटो डायोड

- यह प्रकाशवैद्युत प्रभाव पर आधारित ऐसा डायोड होता है जोकि प्रकाशीय संकेतों के संसूचन में प्रयुक्त होता है।
- जब फोटो डायोड (Photo diode) की सन्धि पर प्रकाश डाला जाता है, तो परिपथ में प्रवाहित वैद्युत धारा का मान उसी अनुपात में बढ़ता जाता है इस प्रकार डायोड प्रकाश संसूचक की भाँति व्यवहार करता है। इस डायोड का उपयोग प्रकाश संचालित कुँजियों, कम्प्यूटर पंच कार्डों आदि को पढ़ने में किया जाता है।

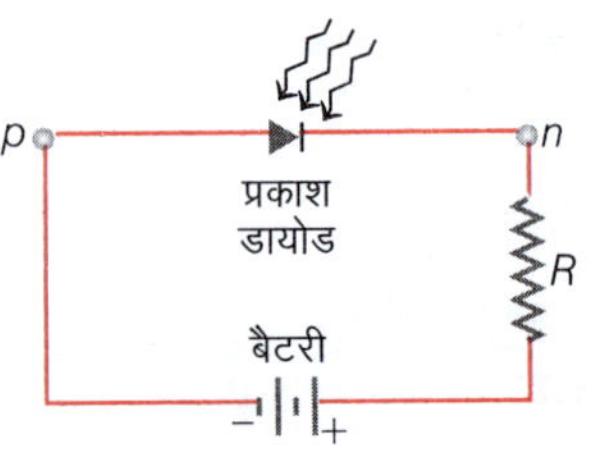

सोलर सेल

- यह सन्धि डायोड बहुत पतले भागों *p* व *n* से मिलकर बना है। जब डायोड पर प्रकाश ऊर्जा को डाला जाता है, तो यह प्रकाश को सन्धि तक पहुँचने से पहले इसे पूर्ण रूप से अवशोषित नहीं कर पाता है। इसका उपयोग प्रकाश ऊर्जा को विद्युत ऊर्जा में बदलने में किया जाता है। अतः सन्धि डायोड को सोलर सेल (Solar Cell) कहते हैं। सोलर सेल का अत्यधिक अनुप्रयोग सुदुर क्षेत्रों में वैद्युत ऊर्जा उत्पन्न करने के लिए किया जाता है।

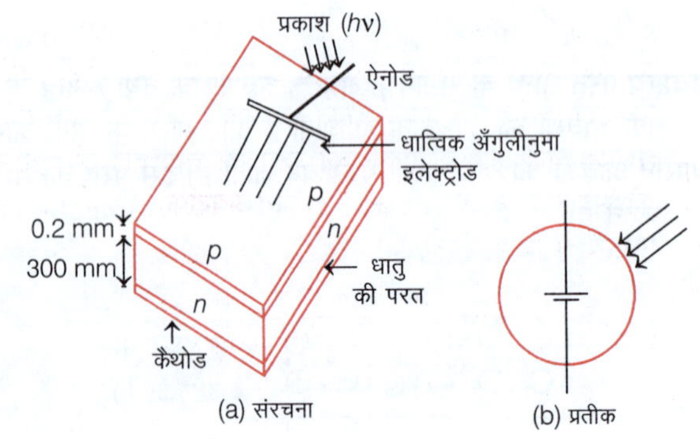

(a) संरचना (b) प्रतीक

नोट: *सड़क बत्तियों के रूप में, सोडियम बत्तियाँ की तुलना में LED बत्तियाँ की उपयोगिता अवधि अधिक होती हैं क्योंकि LED बत्तियों की आयु 25000 से 10,0000 घण्टे होती है जबकि सोडियम बत्ती की आयु 2400 घण्टे होती है।*

ट्रांजिस्टर

- जे. बारडीन एवं डब्ल्यू. एच. ब्रेटेन ने 1947 में एक बिन्दु ट्रांजिस्टर का अविष्कार किया। ट्रांजिस्टर p तथा n प्रकार के अर्द्धचालकों से बनी एक इलेक्ट्रॉनिक युक्ति है। इसमें तीन टर्मिनल अर्द्धचालक होते हैं तथा इसमें डोपिंग अर्द्धचालक की एक पतली परत को दो पतली पर्तों के बीच रखा जाता है।
- ट्रांजिस्टर में तीनों भागों की मोटाई एवं अपमिक्षण स्तर भिन्न भिन्न होते हैं। इनका वर्णन निम्न हैं
  (i) **उत्सर्जक** (Emitter) यह ट्रांजिस्टर का पहला भाग हैं, जो प्रवाहित धारा के लिए बहुसंख्यक आवेश वाहकों की अत्यधिक मात्रा में आपूर्ति करता है।
  (ii) **आधार** (Base) यह भाग उत्सर्जक तथा संग्राहक के मध्य रखा जाता है
  (iii) **संग्राहक** (Collector) यह भाग उत्सर्जक द्वारा प्रदान आवेश वाहकों के अधिकांश भाग का संगृहण करता है।

ट्रांजिस्टर के प्रकार

ट्रांजिस्टर दो प्रकार के होते हैं

(i) ***n-p-n* ट्रांजिस्टर** (*n-p-n* Transistor) इसमें p–टाइप अर्द्धचालक की एक बहुत पतली परत को दो n–टाइप अर्द्धचालकों के छोटे-छोटे क्रिस्टलों के बीच दबाकर रखते हैं। इस पतली परत p को आधार (Base) तथा इसके बाएँ व दाएँ क्रिस्टलों को क्रमशः **उत्सर्जक** (Emitter) व **संग्राहक** (Collector) कहते हैं।

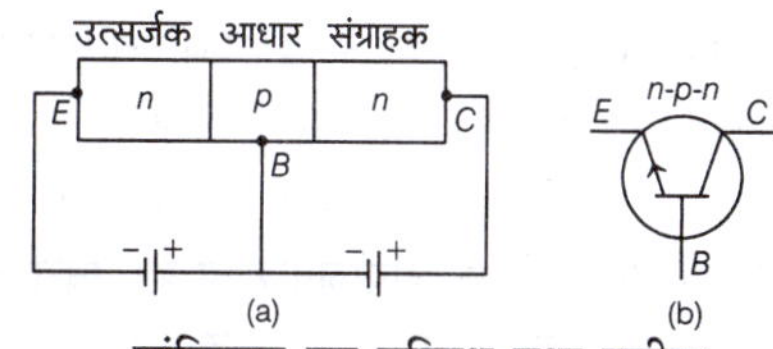

n-p-n ट्रांजिस्टर का परिपथ तथा प्रतीक

(ii) *p-n-p ट्रांजिस्टर* (*p-n-p* Transistor) इसमें n–टाइप अर्द्धचालक की एक पतली परत को p–टाइप अर्द्धचालकों के छोटे-छोटे दो क्रिस्टलों के बीच दबाकर रखते हैं। पहली परत को आधार (Base) बाईं ओर के गुटके को उत्सर्जक तथा दाईं ओर के गुटके को संग्राहक कहते हैं। इसका उपयोग **प्रवर्द्धक** (Amplifier) के परिपथ में किया जाता है।

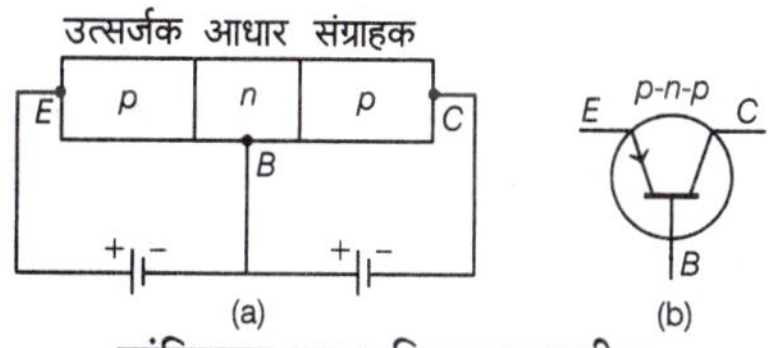

p-n-p ट्रांजिस्टर का परिपथ व प्रतीक

- ट्रांजिस्टर का उपयोग प्रवर्धन तथा दोलित्र के रूप में किया जाता है।

लॉजिक गेट्स

लॉजिक गेट्स *p-n* सन्धि डायोड अथवा ट्रांजिस्टर को प्रयुक्त करके बनाया गया एक डिजिटल विद्युत परिपथ है। ये निवेशी तथा निर्गत् सिग्नलों के बीच तर्क संगत सम्बन्ध पर आधारित होते हैं।

प्रत्येक मूल लॉजिक गेट का एक तर्कयुक्त प्रतीक है तथा इसका कार्य एक सत्यता सारणी के द्वारा अथवा बूलियन व्यंजक के द्वारा वर्णित किया जाता है।

मूल लॉजिक गेट्स संक्रियाएँ

गेट	प्रतीक चिन्ह	सारणी	बूलियन व्यंजक
OR गेट	निवेशी A, B → Y निर्गत	A B Y 0 0 0 1 0 1 0 1 1 1 1 1	$Y = A + B$
AND गेट	A, B → Y AND गेट	A B Y 0 1 0 1 0 0 0 1 0 1 1 1	$Y = A \cdot B$
NOT गेट	A → Y	A Y 0 1 1 0	$\overline{A} = Y$
NAND गेट	A, B → AND → $Y' = A \cdot B$ → NOT → Y (a) A, B → NAND → Y (b)	A B Y 0 0 1 1 0 1 0 1 1	$\overline{A \cdot B} = Y$
NOR गेट	A, B → OR → $Y' = A + B$ → NOT (a) A, B → NOR → Y (b)	A B Y 0 0 1 1 0 0 0 1 0	$\overline{A + B} = Y$
XOR गेट	A → NOT → $\bar{A}$; $\bar{A}$, B → AND → $Y_1 = \bar{A} \cdot B$ B → NOT → $\bar{B}$; A, $\bar{B}$ → AND → $Y_2 = A \cdot \bar{B}$ Y_1, Y_2 → OR → Y A, B → XOR → Y	A B Y 0 0 0 1 0 1 0 1 1	$Y = A \oplus B$ $= \bar{A} \cdot B$ $+ A \cdot \bar{B}$

सार्वत्रिक लॉजिक गेट्स

NAND गेट तथा NOR गेट सार्वत्रिक लॉजिक गेट कहलाते हैं, क्योंकि इनमें से किसी एक गेट द्वारा हम अन्य सभी गेट्स का निर्माण कर सकते हैं।

एकीकृत परिपथ

- वह वैद्युत परिपथों का समूह, जो अर्द्धचालक से निर्मित एक वर्ग मिमी^{2} क्षेत्रफल वाले एकल ब्लॉक पर स्थित होते हैं, एकीकृत परिपथ (Integrated Circuit) कहलाता है।
- एकीकृत परिपथ सिग्नलों के आधार पर दो प्रकार के होते हैं
  (i) रैखिक परिपथ में वोल्टता या धारा समय के साथ निरन्तर रूप से परिवर्तित होती है; जैसे-प्रवर्धक, दोलित्र।
  (ii) डिजिटल (आंकिक) परिपथ में वोल्टता या धारा के केवल दो स्तर होते हैं।
  इनमें सूचनाएँ संग्रह करना आसान हैं। लॉजिक गेट इन्हीं परिपथों की भाँति कार्य करते हैं। इनका उपयोग अन्तरिक्ष यानों में, श्रवण यंत्रों में, कम्प्यूटरों में किया जाता है।

संचार प्रणाली

संचार व्यवस्था वह व्यवस्था है जिसके द्वारा सूचनाओं अथवा सन्देशों को एक स्थान से दूसरे स्थान पर किसी विधि द्वारा प्रेषित किया जाता है तथा दूसरे स्थान पर इनको ग्रहण किया जाता है।

आजकल संचार प्रणाली का उपयोग इलेक्ट्रिक, इलेक्ट्रॉनिक या प्रकाशीय अवस्था में किया जाता है।

प्रत्येक संचार प्रणाली के तीन आवश्यक भाग होते हैं

(i) प्रेषी (Transmitter) यह भाग सन्देश (Signal) को उत्सर्जित करता है। सामान्यत: प्रेषी एक ट्रांसड्यूसर, मॉड्युलेटर, प्रवर्धक तथा प्रेषी एन्टीना से मिलकर बना होता है। संचार के लिए सन्देश सिग्नल अनुरूप या अंकीय हो सकते हैं।

(ii) संचार चैनल (Communication Channel) संचार चैनल का कार्य मॉडुलित संकेत को सम्प्रेषक से ग्राही तक ले जाना है। संचार चैनल को संचरण माध्यम या लिंक भी कहते हैं। विशिष्ट संचरण के लिए प्रदत्त आवृत्ति परास चैनल को व्यक्त करती है।

(iii) ग्राही (Receiver) यह भाग प्रेषी द्वारा भेजे गए संकेत को ग्रहण करता है। सामान्यत: ग्राही, ग्राही एन्टीना, डिमॉड्युलेटर, प्रवर्धक एवं ट्रांसड्यूसर से मिलकर बना होता है।

संचार व्यवस्था में प्रयुक्त महत्त्वपूर्ण पद

- संकेत (Signal) संचार तन्त्र में संकेत का अर्थ एक समय परिवर्ती विद्युत संकेत से है, जिसमें सूचना निहित होती है। ये अनुरूप तथा अंकीय संकेत हो सकते हैं।
  - अनुरूप संकेत (Analog Signals) सतत रूप से परिवर्ती संकेत (वोल्टेज या धारा) अनुरूप संकेत कहलाते हैं। इस प्रकार के संकेतों को सूचना स्रोत से एक उचित ट्रांसड्यूसर का उपयोग करके उत्पन्न करते हैं, भाषण तथा संगीत अनुरूप संकेत के उदाहरण हैं।
  - अंकीय संकेत (Digital Signals) वे संकेत जिनमें धारा या वोल्टेज के केवल दो मान होते हैं, अंकीय संकेत कहलाते हैं।
  - आँकड़ों को सूचीबद्ध करना तथा किताब में अक्षरों का छपना अंकीय संकेत के उदाहरण हैं। अनुरूप संकेत को अंकीय संकेत के अनुरूप बदल सकते हैं।
  - अनुरूप संकेत में समय के साथ धारा तथा वोल्टेज लगातार बदलती रहती है। अनुरूप संकेत समय के साथ असतत् (Discontinuous) रहता है। अत: इन संकेतों का नाड़ी (कम्पन) में उपयोग किया जाता है।
- ऊर्जा परावर्तक (Transducer) कोई युक्ति जो ऊर्जा के एक रूप को किसी दूसरे रूप में परावर्तित कर देती है उसे ट्रॉसड्यूसर कहते हैं। इलेक्ट्रॉनिक संचार व्यवस्थाओं में हमें प्राय: ऐसी युक्तियों से व्यवहार करना होता हैं, जिनका या तो निवेश अथवा निर्गत विद्युतीय रूप में होता है। उदाहरण माइक्रोफोन भाषण संकेतों को वैद्युत संकेतों में बदल देता है।
- शोर (Noise) संचार में अशान्ति या विकृति तथा संचार में सन्देश सिग्नलों का बनना शोर के रूप में जाना जाता है।
- क्षीणन (Attenuation) संचार चैनल के माध्यम से अपने प्रचार के दौरान एक संकेत की ताकत का नुकसान क्षीणन के रूप में जाना जाता है।
- प्रवर्धन (Amplification) किसी इलेक्ट्रॉनिक परिपथ के उपयोग से सिग्नल आयाम में वृद्धि करने की प्रक्रिया प्रवर्धन कहलाती है। संचार व्यवस्था में क्षीणता के कारण होने वाले क्षय की क्षतिपूर्ति के लिए प्रवर्धन आवश्यक है।
- अतिरिक्त सिग्नल प्रबलता के लिए आवश्यक ऊर्जा DC विद्युत स्रोत से प्राप्त होती है। प्रवर्धन, स्रोत तथा लक्ष्य के बीच उस स्थान पर किया जाता है, जहाँ सिग्नल की प्रबलता, आपेक्षिक प्रबलता से दुर्बल हो जाती है।
- परास (Range) यह ग्राही तथा प्रेषी के बीच की वह अधिकतम दूरी है जहाँ तक सिग्नल को उसकी पर्याप्त प्रबलता से प्राप्त किया जाता है।
- बैण्ड चौड़ाई (Bandwidth) साइड बैण्ड आवृत्तियाँ वाहक आवृत्ति के दोनों ओर आवृत्ति अन्तराल f_m पर स्थित होती हैं।
- पुनरावर्तक (Repeater) यह अभिग्राही (Receiver), प्रवर्धक (Amplifier) तथा प्रेषित्र (Transmitter) का संयोजन होता है। पुनरावर्तक प्रेषित्र से सिग्नल चयन करता है, उसे प्रवर्धित करता है तथा उसे अभिग्राही को पुन: प्रेषित कर देता है। कभी-कभी तो वाहक तरंगों की आवृत्ति में परिवर्तन भी कर देता है।

मॉडुलेशन

- यह मॉडुलन की व्युत्क्रम प्रक्रिया है। इसमें सामान्यत: भेजे जाने वाले अंकीय एवं अनुरूप संकेतों की आवृत्ति कम होती है, अत: इन्हें इनके मूल रूप में नहीं भेजा जा सकता है।
- इन संकेतों को भेजने के लिए वाहक की आवश्यकता होती है। ये वाहक उच्च आवृत्ति की तरंगें होती हैं।
- अल्प आवृत्ति के संकेतों, सिग्नल को उच्च आवृत्ति के संकेत पर अध्यारोपित करने की प्रक्रिया मॉडुलेशन (Modulation) कहलाती है। इसमें इनके आयाम, आवृत्ति तथा कला में श्रव्य सिग्नल के अनुसार परिवर्तन होता है।

मॉडुलेशन के प्रकार

उच्च आवृत्ति की वाहक तरंगों में श्रव्य तरंगों के तात्कालिक मान (Instantaneous Amplitude) के अनुसार किए गए विशिष्ट गुण में परिवर्तन के आधार पर मॉडुलेशन तीन प्रकार का होता है

- आयाम मॉडुलेशन (Amplitude Modulation) जब वाहक तरंग आयाम, मॉडुलक सिग्नल (Modulating Signal) के तात्कालिक मान के अनुसार परिवर्तित होता है, जबकि वाहक तरंग की आवृत्ति तथा कला स्थिर रहते हैं। इस प्रकार के मॉडुलेशन को आयाम मॉडुलेशन कहते हैं।
- आवृत्ति मॉडुलेशन (Frequency Modulation) जब वाहक तरंग की आवृत्ति, मॉडुलक सिग्नल के तात्कालिक मान के अनुसार परिवर्तित होती है, जबकि वाहक तरंग की कला तथा आयाम स्थिर रहता है, तो इस प्रकार के मॉडुलेशन को आवृत्ति मॉडुलेशन (FM) कहते हैं।

> - आवृत्ति मोडयूलेशन 1200 से 2400 बिट प्रति सेकण्ड तक मध्यम गति संचार रेंज को प्राथमिकता देता है।
> - आवृत्ति मॉडयूलेशन में डाटा की आवृत्ति को दर्शाने के लिए केवल वाहक (Carrier) सिग्नल को परिवर्तित किया जाता है। जबकि सिग्नल के चरण (Phase) और आयाम (amplitude) को अपरिवर्तित रखा जाता है।

- कला मोडुलेशन (Phase Modulation) कला मॉडुलेशन में वाहक तरंगों का कला कोण, मॉडुलक सिग्नल के तात्कालिक मान के अनुसार परिवर्तित होता है, जबकि वाहक तरंगों का आयाम तथा आवृत्ति स्थिर रहते हैं। इसमें सूचनाएँ केवल विशेष समय में परिवर्तित होती हैं।

लेसर

- इसकी खोज वर्ष 1960 में हुई थी। LASER शब्द अंग्रेजी वाक्य 'Light Amplification by Stimulated Emission of Radiation' का संक्षिप्त रूप है, जिसका अर्थ है 'विकिरण के उद्दीप्ति उत्सर्जन द्वारा प्रकाश का प्रवर्धन'।
- यह एक ऐसी युक्ति है जिससे एक तीव्र (Intense) एकवर्णी (Monochromatic), समान्तर (Collimated) तथा उच्च कला सम्बद्ध (Highly Coherent) प्रकाश पुँज प्राप्त किया जाता है।
- लेसर प्रकाश-पुँज अत्यधिक संकीर्ण, तीव्र, समान्तर, एकवर्णीय तथा उच्च कला-सम्बद्ध होता है।
- अत: इसका उपयोग अनेक क्षेत्रों जैसे— तकनीकी क्षेत्र, चिकित्सा विज्ञान, युद्ध क्षेत्र, विज्ञान तथा अनुसंधान कार्यों, फोटोग्राफी, बहुत बड़ी दूरियाँ नापने आदि में किया जाता है।

मेसर

- MASER शब्द अंग्रेजी वाक्य 'Microwave Amplification by Stimulated Emission of Radiation' का संक्षिप्त रूप है, जिसका अर्थ है 'विकिरण के उद्दीप्ति उत्सर्जन द्वारा माइक्रो-तरंगों का प्रवर्धन'।
- लेसर द्वारा दृश्य प्रकाश-तरंगों का कला-सम्बद्ध एकवर्णी, संकीर्ण तथा अति तीव्र पुँज प्राप्त होता है।
- ऐसा ही पुँज मेसर द्वारा अदृश्य माइक्रो-तरंगों का प्राप्त होता है। इसलिए लेसर को प्रकाशीत मेसर (Optical MASER) भी कहते हैं।
- लेसर के समान, मेसर में भी किसी माध्यम से समविष्ट प्रतिलोमन (Population Inversion) द्वारा उत्तेजित अणुओं की संख्या बढ़ाकर, उन पर उपयुक्त आवृत्ति की माइक्रो तरंगें गिराई जाती हैं, जिससे माइक्रो तरंगों का उद्दीप्ति उत्सर्जन (Stimulated Emission) होने लगता है। मेसर पुँज द्वारा अन्तरिक्ष में दूर-दूर तक तथा गहरे समुद्र के भीतर सन्देश भेजे जा सकते हैं। इनका उपयोग अधिक दूरियों से राडार संचार के लिए प्रवर्धक के रूप में भी किया जाता है। मेसर पुँज द्वारा जटिल ऑपरेशन सुगमता से किए जा सकते हैं। आँख में ट्यूमर के ऑपरेशन में मेसर (लगभग 10^{-4} सेकण्ड तक) वाँछित भाग पर डाली जाती है।

राडार

- राडार (RADAR) शब्द अंग्रेजी वाक्य 'Radio Detection and Ranging' का संक्षिप्त रूप है, इसका अर्थ है 'रेडियो संसूचन एवं सर्वेक्षण'। राडार में सूक्ष्म तरंगें प्रयुक्त होती हैं।
- इन तरंगों की आवृत्ति 1×10^9 हर्ट्ज से 3×10^{11} हर्ट्ज तक होती है। टेलीविजन में रेडियो तरंगें (Radiowaves) प्रयुक्त होती हैं, जिनकी आवृत्ति 3×10^4 हर्ट्ज से 3×10^9 हर्ट्ज तक होती है। वर्तमान राडार में रेडियों तरंगों के स्थान पर सूक्ष्मतरंगों का उपयोग किया जाता है, जिनकी आवृत्ति 1×10^9 हर्ट्ज से 3×10^{11} हर्ट्ज तक होती है।
- राडार द्वारा कोहरे के समय वायुयान पृथ्वी पर सुरक्षित उतर आते हैं। जब वायुयान हवाई अड्डे पर पहुँचता है, तो उसका चालक पृथ्वी पर लगे राडार से संकेत पाकर उचित मार्ग पर चलकर नीचे उतर जाता है।
- राडार (RADAR) के कारण अन्तरिक्ष में वायुयानों का तथा समुद्र में जलयानों का चलना सुरक्षित हो गया है।
- जल की बूँदों से परावर्तित रेडियो तरंग द्वारा बादलों की स्थिति तथा दूरी का पता लगाकर मौसम की भविष्यवाणी की जाती है तथा राडार की सहायता से पृथ्वी के नीचे स्थित धातु, तेल तथा अन्य उपयोगी वस्तुओं का पता लगाया जाता है।
- राडार के द्वारा आयनमण्डल (Ionosphere) की ऊँचाई भी ज्ञात की जा सकती है।
- विमानपत्तनों अथवा विमानों में यात्रियों के पास मौजूद स्वापक पदार्थों (नार्कोटिक्स) की पहचान के लिए एक्स रे मशीन, विशेष स्कैनर और स्नाइपर कुत्तों आदि के द्वारा किया जाता है, किन्तु कई देशों में रडार के माध्यम से भी इसकी पहचान की जा रही है।
- वर्षण के मॉनीटरिंग के लिए मौसम रडार का उपयोग किया जाता है। ये रडार रेडियो तरंगों का उत्सर्जन करके और वर्षा कणों से परिवर्तित संकेतों का विश्लेषण करके वर्षा, बर्फ और ओलावृष्टि आदि को ट्रेक करते हैं।
- पशुओं के प्रवास पर नजर रखना, विशेष पक्षियों और कीटों की गतिविधियों पर नजर रखने के लिए रडार का उपयोग किया जाता है।

“

विज्ञान की वह शाखा, जिसके अन्तर्गत आकाशीय पिण्डों; जैसे- तारे, ग्रह, आदि की बनावट, परिणाम तथा गति का अध्ययन किया जाता है, खगोल विज्ञान (Astronomy) कहलाती है तथा ये आकाशीय पिण्ड, क्रिस्टलीय पिण्ड कहलाते हैं।

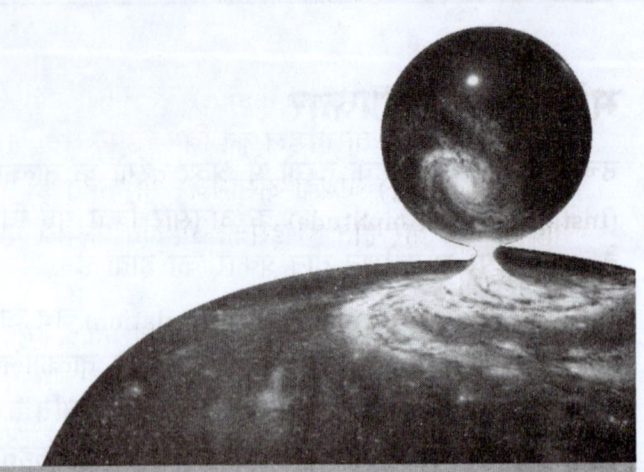

अध्याय चौदह

हमारा ब्रह्माण्ड

ब्रह्माण्ड

- पृथ्वी, अन्तरिक्ष तथा उसमें उपस्थित सभी खगोलीय पिण्डो (आकाशगंगा या मन्दाकिनी, तारें, आदि) को समग्र रूप से ब्रह्माण्ड (Universe) कहते हैं। बह्माण्ड से सम्बन्धित अध्ययन को **ब्रह्माण्ड विज्ञान** (Cosmology) कहा जाता है।
- वर्ष 1927 में जार्ज लेमेतेयर ने ब्रह्माण्ड की उत्पत्ति सम्बन्धित महाविस्फोटक सिद्धान्त दिया। वर्ष 1929 में एडविन हब्बल ने ब्रह्माण्ड के विस्तार सम्बन्धित सिद्धान्त दिया जिसे **रेड शिफ्ट परिघटना** कहा गया।
- **गॉड पार्टिकल्स** के नाम से जाना जाने वाला हिग्स बोसॉन अदृश्य पदार्थ है जिसमें ब्रह्माण्ड की उत्पत्ति के रहस्य छिपे हैं, क्योंकि इसे ब्रह्माण्ड की बेसिक यूनिट माना जाता है।
- गुरुत्वाकर्षण बल, विद्युत चुम्बकीय बल, प्रबल या दृढ़ बल और दुर्बल बल नामक चारों बल पूरे ब्रह्माण्ड को एक व्यवस्थित तरीके से बाँधे रखते हैं।

> आकाश में दिखाई देने वाले पिण्डों; जैसे— आकाशगंगा, तारा, ग्रह, उपग्रह, धूमकेतु आदि को खगोलीय पिण्ड (Celestial Body) कहते हैं। आकाशीय पिण्डों, उनकी बनावट, परिमाण और गति का अध्ययन विज्ञान की जिस शाखा के अन्तर्गत किया जाता है, खगौलिकी कहलाती है।

आकाशगंगा या मन्दाकिनी

- आकाश में जितने भी तारे हैं, वे सभी एक विशाल योजना के सदस्य हैं। तारों की इस योजना को मन्दाकिनी (Galaxy) कहा जाता है।
- प्रत्येक मन्दाकिनी में अरबों तारे हैं और इन तारों के चक्कर लगाते ग्रह भी उसी मन्दाकिनी का हिस्सा हैं।
- सूर्य जिस मन्दाकिनी में आता है, उसे आकाशगंगा (Milky Way) कहते हैं, इसमें 150 अरब से ज्यादा तारे हैं। इसका व्यास 100000 प्रकाश वर्ष है।
- प्रत्येक आकाशगंगा में तारों के अतिरिक्त गैसें तथा धूल भी होती है। आकाशगंगा का 98% भाग तारों से तथा शेष 2% गैसों या धूल से बना है।

सरस्वती मन्दाकिनी

- पुणे की इण्टर-यूनिवर्सिटी सेण्टर फॉर एस्ट्रोनॉमी एण्ड एस्ट्रोफिजिक्स (IUCAA) के खगोल विज्ञानियों ने ब्रह्माण्ड के एक विशालकाय मन्दाकिनी समूह का पता लगाया है।
- यह मन्दाकिनी समूह इतना विशाल है कि इसे मन्दाकिनियों का महासमुद्र कहा जा रहा है। इसको सरस्वती नाम दिया गया है। यह समूह इतना विशाल है कि इसमें 10 हजार से अधिक मन्दाकिनियाँ समा सकती हैं। इसका कुल द्रव्यमान दो लाख खरब सूर्यों के बराबर हैं।

तारे

- तारे विशाल पिण्ड हैं एवं इनके पास अपना प्रकाश होता है। तारों में 70% हाइड्रोजन, 28% हीलियम, 1.5% कार्बन, नाइट्रोजन व निऑन तथा 0.5% लौह व अन्य भारी तत्व होते हैं। सूर्य भी एक तारा है।
- तारे गुच्छों का निर्माण करते हैं। युग्मतारों (Binary Stars) की संख्या लगभग 30% है, 42% बहुसंख्यक तारे हैं तथा 28% ऐसे तारे हैं, जो अलग-अलग पड़े रहते हैं।
- तारे उत्पन्न होते हैं, ऊर्जा उत्सर्जित करते हैं व विकास करते हैं एवं अन्त में स्वत: नष्ट हो जाते हैं। आरियन नेबुला हमारी आकाशगंगा के सबसे चमकीले तारों का समूह है। तारे मृत अवस्था में चन्द्रशेखर सीमा के बाद कहलाते हैं। सूपरनोवा एक मृत प्राय तारा है।

तारामण्डल

- आकाश में वैसे तो अनेक धुंधलें तारे दिखाई देते हैं, परन्तु उनमें कुछ चमकीले तारों के समूह भी होते हैं, जिनकी कुछ विशेष आकृतियाँ होती हैं, इन्हें ही तारामण्डल (Constellation) कहते हैं।

सप्तऋषि (ग्रेट बियर) ओरॉयन, कैसोयोपिया तथा लिओ मेजर विशिष्ट प्रकार के तारामंडल हैं, जिनका वर्णन निम्नलिखित है

- **सप्तर्षि तारामंडल** (Ursa major) यह तारामंडल सबसे लोकप्रिय तारामंडल है, इस तारामंडल को बिग डिपर (Big dipper), बिग बीयर (Big bear) अथवा अर्सामेजर भी कहते हैं। इस तारामंडल में सात सुस्पष्ट तारे होते हैं। इसकी आकृति कलछी या प्रश्न चिन्ह जैसी प्रतीत होती है।
- यह पूर्व से पश्चिम की ओर बढ़ता हुआ प्रतीत होता है तथा सप्तर्षि (तारामंडल) ध्रुव तारे के चारों ओर चक्कर लगाता हुआ प्रतीत होता है। इस तारामंडल को गर्मियों में रात्रि के प्रथम प्रहर में देख सकते हैं।
- सप्तर्षि, सात प्रसिद्ध प्राचीन भारतीय संतों या ऋषियों के नाम के साथ संबद्ध है। प्राचीन पौराणिक कथाओं के अनुसार, सप्तर्षि नक्षत्र वेदों के शाश्वत ज्ञान को व्यक्त करते हैं।
- **ओरॉयन तारामंडल** (Orion constellation) ओरॉयन एक अन्य विख्यात तारामंडल है, जिसे हम सर्दियों में मध्यरात्रि में देख सकते हैं। यह आकाश में सर्वाधिक भव्य तारामंडलों में गिना जाता है। इसमें सात या आठ चमकीले तारे होते हैं, इसे शिकारी भी कहते हैं।
- **कैसोयोपिया तारामंडल** (Cassiopeia constellation) उत्तरी आकाश में एक अन्य प्रमुख तारामंडल कैसोयोपिया है। यह सर्दियों में रात्रि के प्रथम प्रहर में दिखाई देता है। यह अंग्रेजी के अक्षर *W* अथवा *M* के बिगड़े रूप जैसा दिखाई देता है।
- **लिओ मेजर तारामंडल** (Leo major constellation) यह तारामंडल ग्रीष्मकाल में रात्रि के प्रथम प्रहर में दिखाई देता है, इसमें 9 चमकीले तारे होते हैं। इस आकृति में बड़े सिंह की रूपरेखा बनती है।

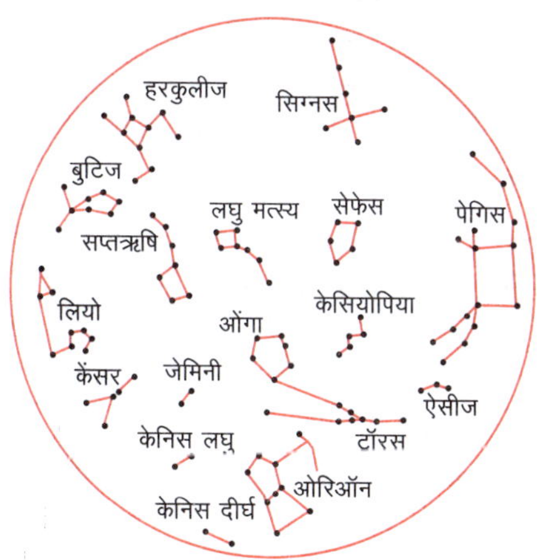

- अभी तक 89 तारामण्डलों की पहचान की गई है। इनमें सबसे बड़ा तारामण्डल सेण्टॉरस (Centaurus) है, जिसमें 94 तारे हैं। हाइड्रा (Hydra) में कम-से-कम 88 तारे हैं।
- श्वेत वामन तारा बाद में काला वामन तारा बनकर अन्तरिक्ष में लुप्त हो जाता है। लगभग 70% तारों का अन्त इसी प्रकार से होता है।
- न्यूट्रॉन तारा एक भयंकर विस्फोट (Supernova) के फलस्वरूप बनता है।
- ये कृष्ण विवर अर्थात् ब्लैक होल (Black hole) बनाने के लिए भी उत्तरदायी होते हैं। ब्लैक हॉल का घनत्व बहुत अधिक होता है।

ध्रुव तारा

- वह तारा जो हमेशा उत्तर दिशा में चमकता रहता है तथा उत्तरी ध्रुव के ठीक ऊपर स्थित होने के कारण एक ही दिशा में हमेशा दिखाई पड़ता है, उसे ध्रुव धारा कहते (Pole Star) हैं।
- यह ध्रुव तारा मत्स्य (Ursa Minor-Little Bear) तारा समूह का एक सदस्य है।
- पृथ्वी के सबसे निकटतम तारा सूर्य है।
- वर्नार्ड तारा तथा साइरस आदि तारे भी प्रसिद्ध तारे हैं।

सौरमण्डल

- सौरमण्डल (Solar System) में सूर्य के साथ आठ ग्रह, उनके उपग्रह, कुछ क्षुद्रग्रह (Asteroids) तथा बड़ी संख्या में धूमकेतु (Comets) सम्मिलित हैं। सौरमण्डल में कुल आठ ग्रह हैं—बुध, शुक्र, पृथ्वी, मंगल, बृहस्पति, शनि, अरुण और वरुण।
- पृथ्वी सहित सभी ग्रह सूर्य की परिक्रमा करते हैं। प्रत्येक ग्रह द्वारा सूर्य के चारों ओर एक परिक्रमा करने में लगा समय उस ग्रह का एक वर्ष कहलाता है।
- यह अवधि सूर्य से ग्रह की दूरी पर निर्भर करती है। सूर्य के चारों ओर घूमने वाले ग्रह अपनी ही धुरी (अक्ष) पर भी घूमते हैं, उनके एक चक्कर की अवधि को उनका एक दिन कहते हैं।

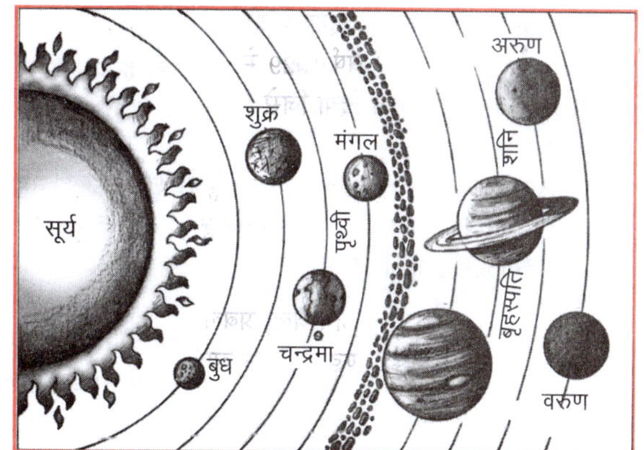

सूर्य

- सूर्य (Sun) एक गैसीय पिण्ड है। ठोस न होने के कारण इसके विभिन्न भागों में असमान गति पाई जाती है। इसका मध्य भाग 25 दिनों में तथा ध्रुवीय भाग 35 दिनों में एक घूर्णन करता है।
- सूर्य कई स्तरों से मिलकर बना है। सूर्य का सबसे आन्तरिक स्तर क्रोड कहलाता है, वह नाभिकीय भट्टी के समान है। सूर्य मुख्य रूप से हाइड्रोजन से भरा है।

नोट *सूर्य के द्रव्यमान का 70 प्रतिशत भाग हाइड्रोजन, 28 प्रतिशत हीलियम और 2 प्रतिशत अन्य भारी तत्त्व (जैसे—हीलियम, यूरेनियम) हैं। क्रोड के ठीक ऊपर का स्तर, संवाहक घेरा कहलाता है। इस स्तर में ऊर्जा का संवहन होता है।*

- सूर्य की ऊपरी सतह जो दिखाई देती है, प्रकाश मण्डल कहलाती है। इसी तरह सूर्य का विकिरण होता है। इसी से सूर्य का व्यास निर्धारित होता है। प्रकाश मण्डल के ऊपर का स्तर रक्तिम वर्णमण्डल होता है। यह स्तर मुख्य रूप से हाइड्रोजन गैस से बना होता है।
- यह पूर्ण सूर्यग्रहण के समय प्रकाश मण्डल के किनारे पर एक चमकीली गुलाबी दमक (Bright Pink Flash) के समान दिखाई देता है। वर्णमण्डल स्तर के पीछे सूर्य का प्रभामण्डल युक्त किरीट या कोरोना होता है।
- यह परत की तरह होती है, जिसे पूर्ण सूर्यग्रहण के समय देखा जा सकता है। सूर्य के केन्द्र का तापमान 1.5 करोड़ केल्विन है।

ग्रह

- ग्रह सूर्य के चारों ओर चक्कर लगाते हैं। इनका अपना दीर्घ वृत्तीय मार्ग होता है जिसे कक्ष कहते हैं। अपनी अक्ष के चारों ओर गति करने को घूर्णन तथा सूर्य के चारों और गति को परिक्रमा कहते हैं। इनकी अपनी चाल होती है। इन ग्रहों को दो भागों में विभाजित किया गया है।

1. आन्तरिक ग्रह या पार्थिव ग्रह

आन्तरिक ग्रह में बुध, शुक्र, पृथ्वी व मंगल को शामिल किया जाता है।

(i) बुध (Mercury) यह सूर्य का सबसे निकटतम ग्रह है। यह सौरमण्डल का सबसे छोटा ग्रह है। यह आकार में पृथ्वी के उपग्रह चन्द्रमा से थोड़ा बड़ा है। बुध, सूर्य के चारों ओर 88 दिनों में तथा अपनी अक्ष पर 59 दिनों में चक्कर लगाता है। इसका कोई उपग्रह नहीं है।

(ii) शुक्र (Venus) शुक्र का अपना कोई उपग्रह नहीं है यह अपने ध्रुव के चारों ओर पूर्व से पश्चिम की ओर गति करता है। शुक्र देखने में चन्द्रमा की तरह है।
यह आकार और भार में पृथ्वी के बराबर है। शुक्र का द्रव्यमान पृथ्वी का 4/5 गुना होता है। इसे सूर्य के चारों ओर कक्ष में चक्कर लगाने में 255 दिन तथा अपने ध्रुव के चारों और चक्कर लगाने में 243 दिन लगते हैं।

(iii) पृथ्वी (Earth) हमारी पृथ्वी पश्चिम से पूर्व की ओर अपने ध्रुव पर 1610 किमी/घण्टा की चाल से चक्कर लगाती है। इसे एक चक्कर लगाने में 23 घण्टे 56 मिनट तथा 4.09 सेकण्ड लगते हैं। पृथ्वी अपने अक्ष पर 23°26′59″ (लगभग $23\frac{1}{2}$°) अक्षांश झुकी हुई है। पृथ्वी के अपने ध्रुव पर घूर्णन के परिणामस्वरूप दिन-रात होते हैं।
पृथ्वी का द्रव्यमान और घनत्व क्रमशः 5.97×10^{24} किग्रा और 5.52 ग्राम/सेमी^{3} हैं। पृथ्वी, सूर्य का एक चक्कर लगाने में 365 दिन 5 घण्टे 48 मिनट और 45.51 सेकण्ड का समय लेती है तथा सूर्य के चारों ओर 107160 किमी/घण्टा की चाल से घूमती है। यह अपनी कक्ष में $66\frac{1}{2}$° अक्षांश से सूर्य के चारों ओर दीर्घ वृत्ताकार कक्षा में गति करती है।

हमारा केवल प्राकृतिक उपग्रह : चन्द्रमा

- छोटे पिण्ड का बड़े पिण्ड के चारों ओर घूमना उपग्रह कहलाता है। चन्द्रमा, पृथ्वी का उपग्रह है। ग्रह, सूर्य के उपग्रह हैं।
- ये प्राकृतिक उपग्रह है। ग्रहों, उपग्रहों का अपना कोई प्रकाश नहीं होता। जैसे चन्द्रमा, पृथ्वी के चारों और सूर्य के चारों ओर चक्रण करने पर तथा सूर्य से सम्बन्धित होने पर दिन और रात में परिवर्तन होता है। इसके परिणामस्वरूप चन्द्रमा की सम्बन्धित स्थितियों में प्रतिदिन परिवर्तन होता है। जैसे चन्द्रमा प्रत्येक रात अलग दिखाई देता है।
- चन्द्रमा, पृथ्वी के चारों ओर 27 दिन और 7 घण्टे में और इतने ही समय में अपनी धुरी पर भी चक्कर लगाता है। इसलिए हमारी पृथ्वी से इसकी एक ही सतह दिखाई देती है। चन्द्रमा पर कोई वातावरण नहीं है। चन्द्रमा का व्यास पृथ्वी का $\frac{1}{4}$ गुना है। चन्द्रमा, पृथ्वी से लगभग 384400 किमी दूर है।

(iv) मंगल (Mars) यह आकार में पृथ्वी का आधा है परन्तु इसका द्रव्यमान पृथ्वी का केवल $\frac{1}{10}$ गुना है। यह सूर्य के चारों ओर अपनी कक्षा में 687 दिन तथा अपनी अक्ष पर 1 दिन में घूमता है। मंगल पर वातावरण पृथ्वी से बहुत पतला (Thinner) है। यह शायद नाइट्रोजन रखता है। ऑक्सीजन के कण भी यहाँ पाए गए हैं।

2. बाह्य ग्रह या जोवियन ग्रह

यह मंगल की कक्षा के बाहरी ओर उपस्थित हैं। बड़े और हल्के सघन ग्रह; जैसे—बृहस्पति, शनि, अरुण, वरुण इस श्रेणी में आते हैं।

(i) बृहस्पति (Jupiter) यह सौरमण्डल का सबसे बड़ा ग्रह है। इसे सूर्य के चारों ओर अपनी कक्षा में चक्कर लगाने में 11 साल और 11 महीने और अपनी अक्ष पर चक्कर लगाने में 9 घण्टे 56 मिनट लगते हैं। इसमें 16 उपग्रह हैं।

(ii) शनि (Saturn) बृहस्पति के अलावा, शनि जोकि पीले रंग का दिखाई देता है। इसकी विशिष्टता यह है कि सौरमण्डल में इसके चारों ओर तीन सुन्दर वलय हैं। सूर्य के चारों ओर एक चक्कर लगाने में इसे 29 साल 5 महीने तथा अपने ध्रुव पर चक्कर लगाने में 10 घण्टे 40 मिनट लगते हैं।

(iii) अरुण (Uranus) यह पहला ग्रह है जोकि टेलिस्कोप की सहायता से खोजा गया है। विलियम हर्शेल ने यह ग्रह 1781 ई. में खोजा था। अरुण के वातावरण में हाइड्रोजन तथा मीथेन गैसें पाई जाती हैं। शुक्र को छोड़कर अरुण तथा सभी दूसरे ग्रहों की तरह समान दिशा में घूमते हैं।

(iv) वरुण (Neptune) यह सर विलियम हर्शेल द्वारा खोजा गया। यह न्यूटन के गुरुत्व के नियम पर आधारित है, जिसे न्यूटन ने 180 साल पहले दिया था। इसे सूर्य के चारों ओर एक चक्कर लगाने में 164 साल तथा अपने अक्ष पर एक चक्कर लगाने में 16 घण्टे 7 मिनट लगते हैं।

लघु सौरमण्डलीय पिण्ड

यह सौरमण्डलीय पिण्डों की तीसरी श्रेणी है, इसके अन्तर्गत क्षुदग्रह, धूमकेतु या पुच्छलतारा, उल्का, उपग्रह व अन्य छोटे खगोलीय पिण्डों को शामिल किया गया है।

- क्षुद्रग्रह या ग्रहिकायें (Asteroids) इन्हें लघु ग्रह, अवान्तर ग्रह आदि नामों से भी जाना जाता है। सूर्य की परिक्रमा करने वाले विभिन्न आकारों के चट्टानी मलबे (Rocky Debris) जो मुख्यत: बृहस्पति और मंगल की कक्षाओं के मध्य को 547 मिलियन किमी की पट्टी में विचरण करते हैं, क्षुदग्रह कहलाते हैं। अन्तरिक्ष में करीब 40000 क्षुद्रग्रह हैं। फोर वेस्टा (Four Vesta) एकमात्र क्षुद्रग्रह है, जिसे नंगी आँखों से देखा जा सकता है। कुछ अन्य बड़े क्षुद्रग्रह आटेन (Aten) पलास (Pallas), हाइजिया (Hygeia) तथा सबसे बडा सीरे (Cere) आदि है।
- धूमकेतु या पुच्छलतारा (Comets) धूमकेतु मुख्य रूप से बर्फ व धूलकणों का बना होता है। यह बर्फ, मिथेन, अमोनिया, कार्बन डाइ-ऑक्साइड, जल इत्यादि के जमने से बना होता है। धूमकेतु सूर्य के चारों ओर एक दीर्घवृत्तीय कक्षा में घूमता रहता है, इसकी पूँछ या फैलाव सदैव सूर्य के विपरीत दिशा में रहता है तथा सिर (Head or Coma) सूर्य की ओर रहता है, इसकी पूँछ में एक खतरनाक रसायन सायनोजोन (CN) होता है।
- उल्का (Meteor) रात्रि के समय आकाश में अत्यन्त चमकीले पदार्थ तेजी के साथ पृथ्वी की ओर गिरते नजर आते हैं, वस्तुत: ये क्षुद्रग्रह व अन्य आकाशीय पिण्ड के टुकड़े होते हैं। जब ये पृथ्वी के वायुमण्डल में प्रवेश करते हैं, तो ताप बढ़ने के कारण जलकर नष्ट हो जाते हैं। यह टूटते हुए तारे की तरह नजर आते हैं। कुछ उल्कायें पूरी तरह से नहीं जल पाती हैं और बचा हुआ भाग पृथ्वी पर गिर जाता है, जो उल्का पिण्ड कहलाता है। गिरते हुए उल्काओं के झुण्ड को उल्का वृष्टि कहते हैं।

कृत्रिम उपग्रह

- **कृत्रिम उपग्रह** (Artificial satellites) एक मानव निर्मित अंतरिक्षयान है, जिसे रॉकेट नामक प्रक्षेपणयान की सहायता से पृथ्वी की कक्षा में स्थापित किया जाता है। पृथ्वी के चारों ओर अपनी कक्षा में कृत्रिम उपग्रह की गति पृथ्वी के गुरुत्वाकर्षण खिंचाव के कारण होती है।
- भारत ने कई उपग्रहों का निर्माण तथा प्रक्षेपण किया है, आर्यभट्ट भारत का प्रथम उपग्रह था। कुछ अन्य भारतीय उपग्रह इनसैट (INSAT),, आई.आर.एस. (IRS), कल्पना-I, EDUSAT आदि हैं।

कृत्रिम उपग्रहों के व्यावहारिक अनुप्रयोग

- सामान्यत: कृत्रिम उपग्रह की सहायता से अन्य ग्रहों, तारों आकाशगंगाओं आदि के बारे में जानकारी एकत्र की जाती है।
- इस प्रकार के उपग्रहों का उपयोग संचार उद्देश्यों के लिए किया जाता है जैसे कि टेलीविजन कार्यक्रमों का लंबी दूरी का प्रसारण, टेलीफोन कॉल और इंटरनेट।
- इनका उपयोग पृथ्वी के प्राकृतिक संसाधनों; जैसे—खनिज, संभावित मछली पकड़ने के क्षेत्र, कृषि फसलों आदि के सर्वेक्षण के लिए किया जाता है।
- इनका उपयोग मौसम की भविष्यवाणी; जैसे—वर्षा, हिमपात आदि के लिए और चक्रवात तथा बाढ़ की अग्रिम चेतावनी देने के लिए भी किया जाता है।

"भौतिक परिवर्तन में पदार्थ के अणुओं की स्थिति परिवर्तित होती है लेकिन पदार्थ का रासायनिक संघटन अपरिवर्तित रहता है। रासायनिक परिवर्तन में पदार्थ का संघटन परिवर्तित हो जाता है तथा परिवर्तन के पश्चात् एक नए पदार्थ का निर्माण होता है।

अध्याय एक

पदार्थों का परिवर्तन तथा पृथक्करण

परिवर्तन

दैनिक जीवन में हमें अपने आस-पास बहुत से परिवर्तन (Change) दिखाई देते हैं, इन परिवर्तनों में एक या एक से अधिक पदार्थ सम्मिलित हो सकते हैं; जैसे—शक्कर को पानी में घोलना, दूध से दही का बनना।

मुख्यत: ये परिवर्तन निम्न दो प्रकार के होते हैं।

(i) भौतिक परिवर्तन उत्क्रमणीय (Reversible) होते हैं, अर्थात् अभिक्रिया की दशाओं को बदल कर पुन: मूल पदार्थ प्राप्त किया जा सकता है। उदाहरण— स्प्रिंग का खिंचना।

(ii) रासायनिक परिवर्तन के पश्चात् बने पदार्थ को मूल पदार्थ में पुन: परिवर्तित नहीं किया जा सकता अर्थात् रासायनिक परिवर्तन अनुत्क्रमणीय (Irreversible) होते हैं।
उदाहरण—लोहे में जंग लगना।

भौतिक तथा रासायनिक परिवर्तनों का तुलनात्मक अध्ययन

भौतिक परिवर्तन	रासायनिक परिवर्तन
पदार्थ के भौतिक गुण (आकार, रंग, अवस्था आदि) परिवर्तित होते हैं।	मूल पदार्थ का आन्तरिक आण्विक संघटन परिवर्तित हो जाता हैं।
कोई नया पदार्थ नहीं बनता है।	एक या अधिक नए पदार्थ बनते हैं।
परिवर्तन के साथ सामान्यतया ऊर्जा परिवर्तन नहीं होती है।	इन परिवर्तनों के दौरान सामान्यतया ऊर्जा परिवर्तन होती है।

रासायनिक संयोजन के नियम

लेवाइजिए एवं जोजफ एल. प्राउस्ट (Jaseph L. Proust) ने बहुत अधिक प्रायोगिक कार्यों के पश्चात् रासायनिक संयोजन के निम्नलिखित दो नियम प्रतिपादित किए।

द्रव्यमान संरक्षण का नियम

द्रव्यमान सरंक्षण के नियम के अनुसार, किसी रासायनिक अभिक्रिया में द्रव्यमान का न तो सृजन किया जा सकता है, न ही विनाश।

स्थिर अनुपात का नियम

- **लेवाइजिए** एवं अन्य वैज्ञानिकों के अनुसार, यौगिक दो या दो से अधिक तत्वों से निर्मित होता है। इस प्रकार प्राप्त यौगिकों में, इन तत्वों का अनुपात स्थिर होता है चाहे इसे किसी स्थान से प्राप्त किया गया हो।

द्रव्य का वर्गीकरण

भौतिक अवस्था के आधार पर द्रव्य को निम्न भागों में विभाजित किया गया है

ठोस अवस्था

- ठोस (Solid) पदार्थ की वह अवस्था है, जिसमें उसके आकार एवं आयतन निश्चित होते हैं; जैसे—कुर्सी, मेज, पत्थर की मूर्ति, कलम, ताँबा आदि।
- ठोसों में अन्तराणुक बल काफी प्रबल होते हैं, जिससे कण आपस में प्रबलता से बंधे होते हैं, इसलिए इनकी आकृति निश्चित होती है।
- ठोसों के कण आपस में अत्यधिक निकट होते हैं, जिससे उनमें उच्च घनत्व और असम्पीड्यता (Non-compressibility) होती है।
  उदाहरण— पत्थर, किताब, लकड़ी आदि।
- ठोसों को दो भागों में वर्गीकृत किया गया है, जोकि निम्न प्रकार हैं
  - क्रिस्टलीय ठोस (Crystalline solid) कठोर होते हैं। इनका गलनांक एवं क्वथनांक निश्चित होता है। इनकी आकृति निश्चित होती है। काटने पर ये समतल पृष्ठ देते हैं।
  - अक्रिस्टलीय अथवा छद्म् ठोस (Amorphous Solid) इनमें अवयवी कणों की व्यवस्था निश्चित नहीं होती हैं। इन्हें पूर्ण रूप से जमा हुआ द्रव भी कहते हैं।

द्रव अवस्था

- द्रव (Liquid) पदार्थ की वह अवस्था है, जिसमें उसका आयतन निश्चित होता है, परन्तु आकार अनिश्चित होता है, जैसे-दूध, पानी, तेल, शराब आदि।
- द्रवों में **अन्तराणुक बल** (परमाणु, अणु या आयन के बीच लगने वाले बल) इतना अधिक प्रबल होता है कि यह समूह में कणों को एकत्रित रखता है, परन्तु इतना अधिक मजबूत नहीं होता कि उनको निश्चित अवस्था में रखें। इसी कारण द्रव में तरलता होती है और निश्चित आकृति नहीं होती है।

गैस अवस्था

- गैस (Gas) पदार्थ की वह अवस्था है, जिसमें उसके आकार और आयतन दोनों अनिश्चित होते हैं; जैसे—वायु, हाइड्रोजन, नाइट्रोजन, ऑक्सीजन, क्लोरीन आदि। गैसों में अन्तराणुक बल अत्यन्त दुर्बल होते हैं और संघटक कणों की गति स्वतन्त्र होती है, अत: ये कण उपलब्ध खाली स्थानों को घेर लेते हैं।

प्रमुख गैसीय नियम

गैसीय नियम	सम्बन्ध	नियतांक
बॉयल का नियम	$V \propto \frac{1}{p}$	T
चार्ल्स का नियम	$V \propto T$	p
गैस समीकरण	$pV = RT$	—
आदर्श गैस समीकरण	$pV = nRT$	—
आवोगाद्रो का नियम	$V \propto n$	p, T
डाल्टन का आंशिक दाब का नियम	$p = p_1 + p_2 + p_3 + \ldots$	T, V

द्रव्य की दो अन्य अवस्थाएँ

आजकल द्रव्य की दो और अवस्थाएँ भी होती हैं, परन्तु ये दोनों अवस्थाएँ ताप और दाब की चरम दशाओं में ही पाई जाती हैं।

- **प्लाज्मा** (Plasma) यह अत्यधिक ऊर्जा वाले और अधिक उत्तेजित कणों से बना होता है। इस अवस्था में कण आयनीकृत (Ionised) गैस के रूप में होते हैं। फ्लोरसेन्ट ट्यूब और निऑन बल्ब में प्लाज्मा होता है। विद्युत प्रवाहित होने पर इनके अन्दर उपस्थित गैस आयनीकृत हो जाती है, जिसके कारण बल्ब या ट्यूब में चमकीला प्लाज्मा बनता है। उच्च तापमान के कारण तारों में भी प्लाज्मा बनता है, जिसके कारण इनमें चमक होती है।
- **बोस-आइन्स्टीन कण्डेनसेट** (Bose-Einstein Condensate, BEC) इस अवस्था का नाम वैज्ञानिक सत्येन्द्रनाथ बोस (भारत) और अल्बर्ट आईन्स्टीन के नाम पर रखा गया। सामान्य वायु के घनत्व के एक लाखवें भाग जितने कम घनत्व वाली गैस को बहुत ही कम तापमान पर ठण्डा करने से BEC तैयार होता है। वर्ष 2001 में यूएसए के ऐरिक ए. कॉर्नेल, उल्फगैंग केटरले और कार्ल ई. वेमैन ने **बोस-आइन्स्टीन कण्डनसेशन** की अवस्था प्राप्त करने के लिए भौतिकी में नोबेल पुरस्कार प्राप्त किया।

पदार्थ की भौतिक अवस्था में परिवर्तन

दाब, ताप और ऊर्जा के प्रभाव से द्रव्य की सभी अवस्थाओं को एक-दूसरे में परिवर्तित किया जा सकता है।

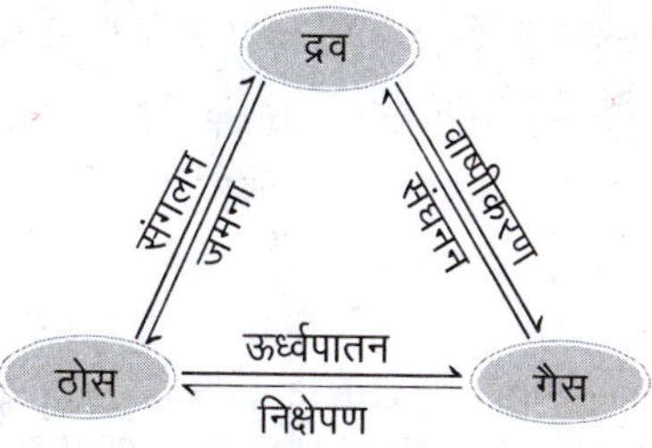

तीनों अवस्थाओं में पदार्थ का अन्तः परिवर्तन

द्रव्य की अवस्था से सम्बन्धित विभिन्न परिभाषिक शब्द निम्नलिखित हैं

- **संगलन एवं गलनांक** ठोस को गर्म करके द्रव में परिवर्तित करने की प्रक्रिया को संगलन (Melting) कहते हैं तथा जिस ताप पर कोई ठोस गलना प्रारम्भ करता है, वह ताप उस ठोस का गलनांक (Melting point) कहलाता है; जैसे—बर्फ का गलनांक 0°C है।
- **वाष्पीकरण एवं क्वथनांक** द्रव को गर्म करके वाष्प में परिवर्तित करने की प्रक्रिया वाष्पीकरण कहलाती है तथा जिस ताप पर कोई द्रव उबलना प्रारम्भ करता है, वह ताप उस द्रव का क्वथनांक (Boiling point) कहलाता है; जैसे—जल का क्वथनांक 100°C है।
- **वाष्पन** जब कोई द्रव कक्ष-ताप पर वाष्प में परिवर्तित होता है, तो यह प्रक्रिया वाष्पन (Evaporation) कहलाती है। ताप, पृष्ठ क्षेत्रफल तथा वायु की गति बढ़ने पर वाष्पन की दर बढ़ जाती है।
- **संघनन** किसी गैस का द्रव में परिवर्तन, संघनन (Condensation) कहलाता है।
- **जमना एवं हिमांक** किसी द्रव को ठण्डा करके ठोस में परिवर्तित करने की प्रक्रिया जमना (Freezing) कहलाती है तथा जिस ताप पर कोई द्रव, ठोस अवस्था में परिवर्तित होता है, वह ताप उस द्रव का हिमांक (Freezing point) कहलाता हैं; जैसे—जल का हिमांक 0°C होता है।
- **ऊर्ध्वपातन** किसी पदार्थ का उसकी ठोस अवस्था से बिना द्रव अवस्था में परिवर्तित हुए सीधे गैसीय अवस्था में परिवर्तित हो जाना ऊर्ध्वपातन (Sublimation) कहलाता है; जैसे—नैफ्थैलीन, कपूर आदि।
- **निक्षेपण** (Deposition) किसी पदार्थ का उसकी गैस अवस्था से बिना द्रव अवस्था में परिवर्तित हुए सीधे ठोस अवस्था में परिवर्तित हो जाना निक्षेपण कहलाता है; जैसे—जल वाष्प का सीधे बर्फ में परिवर्तित हो जाना।

द्रव्य का रासायनिक वर्गीकरण

पदार्थ के रासायनिक वर्गीकरण को निम्नानुसार वर्णित किया जा सकता है

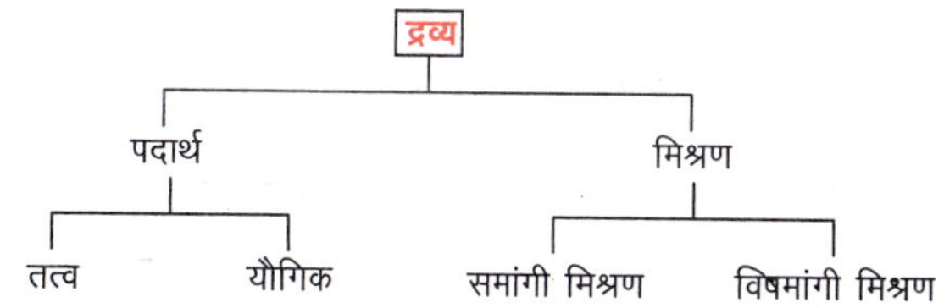

शुद्ध पदार्थ

वे पदार्थ जिनका रासायनिक संघटन निश्चित होता है, शुद्ध पदार्थ कहलाते हैं। ये निम्न दो प्रकार के होते हैं

तत्व

- तत्व (Element) द्रव्य का वह आधारभूत रूप है, जिसे रासायनिक अभिक्रियाओं द्वारा सरल पदार्थों में नहीं तोड़ा जा सकता है।
- एक तत्व केवल एक ही प्रकार के परमाणुओं से बना होता है। उदाहरण— हाइड्रोजन, नाइट्रोजन, आयरन, सोना, प्लैटिनम आदि।
- अब तक 118 तत्व ज्ञात हैं। इनमें से 94 तत्व प्रकृति में पाए जाते हैं, जबकि शेष तत्व वैज्ञानिकों ने प्रयोगशाला में कृत्रिम रूप से संश्लेषित किये हैं।

यौगिक

- यौगिक (Compound) वह शुद्ध पदार्थ है, जो दो या दो से अधिक तत्वों के निश्चित अनुपात में रासायनिक संयोग से बनता है तथा जिसे उचित रासायनिक विधियों द्वारा दो या दो से अधिक सर्वथा भिन्न गुणों वाले अवयवों (या अवयव तत्वों) में विभक्त किया जा सकता है।

मिश्रण

- दो या दो से अधिक भिन्न प्रकार के पदार्थों को किसी भी अनुपात में मिला देने पर बनते हैं तथा जिनके अवयवों को साधारण भौतिक विधियों द्वारा पृथक् (Separation) किया जा सकता है, मिश्रण कहलाते हैं।
  - समांगी मिश्रण वह मिश्रण जिसके प्रत्येक भाग का संघटन तथा गुणधर्म समान हो, समांगी मिश्रण कहलाता है।

  उदाहरण- नमक या चीनी तथा जल का मिश्रण एक समांगी मिश्रण है।
  - विषमांगी मिश्रण वह मिश्रण जिसका प्रत्येक भाग एकसमान नहीं होता, विषमांगी मिश्रण कहलाता है। उदाहरण-जल में चॉक या रेत का निलंबन एक विषमांगी मिश्रण है।

विलयन

- दो या दो से अधिक रासायनिक पदार्थों का समांगी मिश्रण विलयन (Solution) कहलाता है। विलयन के अवयवी पदार्थों के कणों का आकार 1 नैनोमीटर से भी कम होता है। विलयन में जो पदार्थ अपेक्षाकृत अधिक मात्रा में होता है, उसे विलायक (Solvent) कहते हैं तथा जो पदार्थ कम मात्रा में उपस्थित रहता है, उसे विलेय (Solute) कहते हैं।
- किसी निश्चित ताप पर बना एक ऐसा विलयन, जिसमें विलेय पदार्थ की अधिकतम मात्रा घुली हुई हो, संतृप्त विलयन कहलाता है। इसे सान्द्र विलयन (Concentrated solution) भी कहा जाता है।
  - किसी निश्चित ताप पर बना वह विलयन, जिसमें विलेय पदार्थ की और अधिक मात्रा उस ताप पर विलेय की जा सकती हो, असंतृप्त विलयन (Unsaturated solution) कहलाता है।
  - ऐसा संतृप्त विलयन, जिसमें विलेय की मात्रा उस विलयन को संतृप्त करने के लिए आवश्यक विलेय की मात्रा से अधिक हो, अतिसंतृप्त विलयन (Supersaturated solution) कहलाता है।
- विलयन के गुण निम्न प्रकार हैं
  - विलयन समांगी मिश्रण होता है।
  - विलयन के कण का व्यास बहुत सूक्ष्म होता है। अतः नग्न आँखों से नहीं देखा जा सकता है।
  - विलयन अत्यधिक स्थायी होते हैं।

विलयन के प्रकार

विलयनों के प्रकार	विलेय	विलायक	सामान्य उदाहरण
1. **ठोस विलयन** (Solid Solution)	गैस	ठोस	हाइड्रोजन का पैलेडियम (Pd) में अधिशोषण
	द्रव	ठोस	पारे का सोडियम के साथ अमलगम
	ठोस	ठोस	ताँबे में जिंक का विलयन
2. **द्रव विलयन** (Liquid Solution)	गैस	द्रव	जल में घुली ऑक्सीजन
	द्रव	द्रव	ऐल्कोहॉल का जल में विलयन
	ठोस	द्रव	शर्करा का जल में विलयन
3. **गैसीय विलयन** (Gaseous Solution)	गैस	गैस	गैसों के मिश्रण, वायु
	द्रव	गैस	क्लोरोफार्म + नाइट्रोजन
	ठोस	गैस	कपूर + नाइट्रोजन

विलयन की सान्द्रता

विलेय की वह मात्रा जो विलयन या विलायक की एक निश्चित मात्रा या आयतन में घुली रहती है, उसे विलयन की सान्द्रता (Concentration of Solution) कहते हैं। विलयन की सान्द्रता को निम्न इकाइयों से मापा जा सकता है

सान्द्रता की इकाई	परिभाषा	सूत्र
मोलरता (M)	किसी भी एक लीटर विलयन में उपस्थित विलेय के मोलों की संख्या को हम उस विलयन की मोलरता कहते हैं। यह ताप पर निर्भर करती है।	$\text{मोलरता} = \dfrac{\text{विलेय के मोलों की संख्या}}{\text{विलयन का लीटर में आयतन}}$
मोललता (m)	किसी एक किलोग्राम विलायक में उपस्थित मोलों की संख्या को उस विलयन की मोललता कहते हैं। यह ताप पर निर्भर नहीं करती है।	$\text{मोललता} = \dfrac{\text{विलेय के मोलों की संख्या}}{\text{विलायक का kg में द्रव्यमान}}$
नॉर्मलता (N)	किसी एक लीटर विलयन में विलेय पदार्थ की ग्राम में मात्रा के तुल्यांक को नॉर्मलता कहते हैं।	$\text{नॉर्मलता} = \dfrac{\text{विलेय के तुल्यांक ग्राम में}}{\text{1 लीटर विलयन का आयतन}}$
मोल अंश (x)	पदार्थ या अवयव के मोलों की संख्या तथा सभी पदार्थों या अवयवों के कुल मोलों की संख्या के अनुपात को ही उस मिश्रण का मोल अंश कहते हैं।	$\text{मोल अंश} = \dfrac{\text{किसी एक अवयव के मोलों की संख्या}}{\text{सभी अवयवों के मोलों की संख्या}}$

निलम्बन

- निलम्बन (Suspension) एक विषमांगी मिश्रण है। इसमें परिक्षेपित कणों का आकार 10^{-3} सेमी और 10^{-4} सेमी या इससे अधिक होता है। उदाहरण—नदी का गन्दा जल, मृदा का जलीय विलयन आदि।
- निलम्बन के प्रमुख गुण निम्न प्रकार हैं
  - यह एक विषमांगी मिश्रण है।
  - ये कण आँखों से देखे जा सकते हैं।
  - ये निलम्बित कण (Suspended particles) प्रकाश की किरणों को फैला देते हैं, जिससे उसका मार्ग दृश्य (Visible) हो जाता है।

कोलॉइडी विलयन

- कोलॉइडी विलयन (Colloidal solution) एक विषमांगी मिश्रण होता है। इसमें परिक्षेपित कणों (Dispersed particles) का आकार 10^{-5} सेमी से 10^{-7} सेमी के बीच होता है। उदाहरण- गोंद, रक्त, स्याही आदि।
- कोलॉइडी विलयन में निम्नलिखित दो प्रावस्थाएँ होती हैं
  (i) परिक्षिप्त प्रावस्था (Dispersed phase) वह प्रावस्था, जिसमें पदार्थ कोलॉइडी कणों के रूप में परिक्षिप्त या वितरित रहता है, परिक्षिप्त प्रावस्था कहलाती है। उदाहरण-विलेय।
  (ii) परिक्षेपण माध्यम (Dispersion medium) वह सतत् प्रावस्था (Continuous phase), जिसमें अन्य पदार्थ के कण परिक्षिप्त रहते हैं, परिक्षेपण माध्यम कहलाती है। उदाहरण—विलायक।
- कोलॉइडी विलयन के महत्त्वपूर्ण गुणधर्म निम्नलिखित हैं
  - एक कोलॉइड विषमांगी मिश्रण होता है।
  - कोलॉइड के कणों का आकार इतना छोटा होता है कि इन्हें पृथक् रूप से नग्न आँखों से नहीं देखा जा सकता है।
  - इसके कण छानन (Filtration) विधि द्वारा मिश्रण से पृथक् नहीं किए जा सकते हैं, परंतु इन्हें एक विशेष विधि अपकेंद्रीकरण तकनीक (Centrifugation technique) द्वारा पृथक् किया जा सकता है।

विभिन्न कोलॉइडी तन्त्र एवं उनके उदाहरण

परिक्षेपित प्रावस्था	परिक्षेपण माध्यम	कोलॉइडी विलयन का प्रकार	उदाहरण
ठोस	ठोस	ठोस सॉल	रंगीन काँच, रंगीन पत्थर, आदि।
ठोस	द्रव	सॉल	स्टार्च, प्रोटीन, आर्सेनिक सल्फाइड विलयन, स्वर्ण विलयन, ग्लू, भारतीय स्याही, गंदला जल, पेन्ट आदि।
ठोस	गैस	ऐरोसॉल	धुआँ, धूल आदि।
द्रव	द्रव	पायस	दूध, क्रीम, लीवर तेल आदि।
द्रव	गैस	ऐरोसॉल	बादल, कोहरा, ओस, कीटनाशक दवाइयाँ आदि।
गैस	ठोस	ठोस फॉम	धातुओं में अधिशोषित गैसें, प्युमिस पत्थर आदि।
गैस	द्रव	फॉम	झाग, फॉम, साबुन के झाग, फूली हुई क्रीम, तोड़े हुए अण्डे की सफेद जर्दी, बीयर आदि।
द्रव	ठोस	जैल	पनीर, मक्खन, जैली आदि।

टिण्डल प्रभाव

- किसी कोलॉइडी विलयन में उपस्थित कणों द्वारा प्रकाश का प्रकीर्णन होने की परिघटना टिण्डल प्रभाव कहलाती है; जैसे— जब एक अँधेरे कमरे में किसी एक छिद्र से प्रकाश आता है, तो हम देखते है कि इसका मार्ग हमें चमकता हुआ स्पष्ट दिखता है।
- इस स्थिति में कमरे में उपस्थित धूल के कण या धुएँ के कण कोलॉइड कणों की तरह कार्य करते हैं, जिससे प्रकाश प्रकिर्णित हो जाता है।

ब्राउनी गति

- कोलॉइडी कण परिक्षेपण माध्यम में सीधी रेखा में इधर-उधर (*Zig-Zag*) गति करते हैं। इस गति को ब्राउनी गति कहते हैं। कोलॉइडी कणों से परिक्षेपण माध्यम के अणु लगातार टकराते रहते हैं, जिससे कोलॉइडी कण एक-दूसरे कण से टकराते हैं तथा अपनी दिशा परिवर्तित कर लेते हैं।
- कोलॉइडी कणों का आकार छोटा तथा परिक्षेपण माध्यम की श्यानता कम होने पर ब्राउनी गति अधिक होती है।

पायस

ऐसा कोलॉइडी तन्तु, जिससे एक द्रव की छोटी-छोटी बूंदें, दूसरे द्रव में परिक्षिप्त रहती है, पायस (Emulsion) कहलाता है। उदाहरण- साबुन, प्रोटीन, गोंद, दूध आदि।

पायस के प्रकार

- जल में तेल प्रकार का पायस ऐसा पायस है, जिसमें तेल परिक्षिप्त प्रावस्था तथा जल परिक्षेपण माध्यम होता है। यह जल में तेल प्रकार का पायस कहलाता है; जैसे— दूध।
- तेल में जल प्रकार का पायस ऐसा पायस जिसमें जल परिक्षिप्त प्रावस्था तथा तेल परिक्षेपण माध्यम होता है। यह तेल में जल प्रकार का पायस कहलाता है; जैसे—मक्खन, कॉड लीवर तेल।

वास्तविक विलयन, कोलॉइडी विलयन तथा निलंबन में विभेद

गुण	वास्तविक विलयन	कोलॉइडी विलयन	निलम्बन
प्रकृति	समांगी	विषमांगी	विषमांगी
कण का आकार	< 1 nm ($\approx 10^{-7}-10^{-8}$cm)	1-100 nm ($\approx 10^{-5}-10^{-7}$cm)	> 100 nm ($\approx 10^{-3}-10^{-4}$cm)
पृथक्करण (i) सामान्य (ii) अतिसूक्ष्म निस्यन्दन	सम्भव नहीं सम्भव नहीं	संभव नहीं संभव	संभव संभव
कणों का बैठ जाना	नीचे नहीं बैठते हैं।	अपकेंद्रण के कारण नीचे बैठते हैं।	गुरुत्व के प्रभाव में नीचे बैठ जाते हैं।
कणों की दृश्यता	पारदर्शी	अल्प पारदर्शी या पारदर्शी	अपारदर्शी
टिण्डल प्रभाव	नहीं दर्शाते हैं।	दर्शाते हैं।	दर्शाते हैं।
कणों का विसरण	शीघ्रता से विसरित होते हैं।	मंद गति से विसरित होते हैं।	विसरित नहीं होते हैं।
ब्राउनी गति	नहीं दर्शाते हैं।	दर्शाते हैं।	दर्शा सकते हैं।

पदार्थों का पृथक्करण

- पदार्थों के पृथक्करण की कुछ सामान्य विधियाँ निम्न प्रकार हैं
  - हस्त-चयन (Hand picking) इस विधि का उपयोग गेहूँ , चावल तथा दालों से कुछ मिट्टी के बड़े कणों, पत्थर तथा भूसे को पृथक् करने में किया जा सकता है।
  - थ्रेशिंग (Threshing) सूखे पौधों की डंडियों से अन्नकणों अथवा अनाज को पृथक् करने के प्रक्रम को थ्रेशिंग कहते हैं। अत्यधिक मात्रा के अन्नकणों को डंडियों से पृथक् करने के लिए थ्रेशिंग मशीनों का उपयोग भी किया जाता है।
  - निष्पावन (Winnowing) पवनों अथवा वायु के झोंकों द्वारा किसी मिश्रण से भारी तथा हल्के अवयवों को पृथक् करने की विधि निष्पावन कहलाती है। साधारणतया किसान इस विधि का उपयोग हल्के भूसे को भारी अन्नकणों से पृथक् करने के लिए करते हैं।
  - चालन (Sieving) इस विधि का उपयोग मिश्रण के दो ऐसे अवयवों, जिनकी आमापों में अंतर हो, को पृथक् करने में किया जाता है। प्राय: आटे की मिल में गेहूँ को पीसने से पहले पत्थरों भूसे जैसी अशुद्धियों को हटाया जाता है।
  - अवसादन (Sedimentation) मिश्रण में जल मिलाने पर भारी अवयवों के नीचे तली में बैठे जाने के प्रक्रम को अवसादन कहते हैं।
  - निस्तारण (Decantation) अवसादित मिश्रण को बिना हिलाए जल को मिट्टी सहित उड़ेलने की क्रिया को निस्तारण कहते हैं। यही सिद्धांत ऐसे द्रवों के मिश्रण को पृथक् करने में भी उपयोग में लाया जाता है, जो आपस में मिश्रित नहीं होते।
    उदाहरण के लिए, तेल तथा जल को उनके मिश्रण से इसी विधि द्वारा पृथक् किया जा सकता है।
  - निस्यंदन (Filtration) ठोस तथा द्रव के मिश्रण को पृथक् करने के लिए निस्यंदन (Filtrate) का प्रयोग किया जाता है। इस विधि में ठोस तथा द्रव के मिश्रण को फिल्टर-पत्र (निस्यंदक) के ऊपर डालते हैं, जिससे मिश्रण के ठोस कण इसके छिद्रों से नहीं गुजर पाते तथा फिल्टर-पत्र पर ही रह जाते हैं तथा द्रव अन्य पात्र में एकत्र कर लिया जाता है। निस्यंदन विधि का उपयोग घरों में पनीर बनाने में भी होता है।

मिश्रण के घटकों का पृथक्करण

अपकेन्द्रण

यह विधि इस सिद्धान्त पर आधारित है कि तेजी से घुमाने पर सघन कण नीचे बैठ जाते हैं, जबकि हल्के कण सतह पर आ जाते हैं। इसका प्रयोग मक्खन से क्रीम निकालने के लिए किया जाता है।

क्रिस्टलन

- इस विधि में उपस्थित अशुद्ध ठोस या मिश्रण को उचित विलायक के साथ मिलाकर गर्म किया जाता है तथा गर्म अवस्था में ही इस विलयन को छाना जाता है। छानने के पश्चात् विलयन को ठण्डा किया जाता है। ठण्डा होने पर शुद्ध पदार्थ, क्रिस्टल के रूप में विलयन से पृथक् हो जाता है और इसमें उपस्थित अशुद्धियाँ शेष बचे द्रव को मातृ द्रव कहते हैं।

वाष्पीकरण

- इस विधि में ठोस और द्रव के मिश्रण को उबाला जाता है। इसे गर्म करने पर द्रव भाप बनने पर उड़ जाता है और ठोस घटक नीचे रह जाते हैं। वाष्पन किसी द्रव की सतह के कणों को गैस में बदलने की प्रक्रिया है।

ऊर्ध्वपातन

- कुछ ठोस पदार्थ ऐसे होते हैं जिन्हें गर्म करने पर वे द्रव अवस्था में आने की जगह सीधे वाष्प में बदल जाते हैं और वाष्प को ठण्डा किए जाने पर वह पुन: ठोस अवस्था में परिवर्तित हो जाते हैं। इस विधि द्वारा कपूर, नैफ्थेलीन, अमोनियम क्लोराइड, बेन्जोइक अम्ल, ऐन्थ्रासीन आदि ऊर्ध्वपातज पृथक् किए जाते हैं।

आसवन

- जब दो द्रवों के क्वथनांको में अधिक अन्तर होता है। तब इस विधि का प्रयोग किया जाता है।
- इस विधि में द्रव को वाष्प में बदलकर किसी दूसरे स्थान पर भेजा जाता है, जहाँ उसे ठण्डा करके पुन: द्रव अवस्था में परिवर्तित कर लिया जाता है।

प्रभाजी आसवन

- इस विधि के द्वारा उन मिश्रित द्रवों का पृथक्करण किया जाता है, जिनके क्वथनांको में बहुत कम अन्तर होता है। भूगर्भ से निकाले गए खनिज तेल से शुद्ध पेट्रोल, डीजल, मिट्टी का तेल आदि इसी विधि द्वारा पृथक् किए जाते हैं।

भाप आसवन

- इस विधि के द्वारा ऐसे कार्बनिक पदार्थों का शुद्धिकरण किया जाता है, जो जल में अघुलनशील, परन्तु वाष्प के साथ वाष्पशील होते हैं; जैसे—ऐसीटोन, मेथिल ऐल्कोहॉल, ऐसीटैल्डिहाइड आदि।

वर्णलेखन

यह विधि किसी मिश्रण के अवयवों की दो प्रावस्थाओं के मध्य वर्णात्मक वितरण के सिद्धान्त पर आधारित है। इनमें से एक प्रावस्था स्थिर प्रावस्था तथा दूसरी प्रावस्था गतिमान प्रावस्था होती है। इस विधि की सहायता से ठोस, द्रव तथा गैस, तीनों प्रकार के पदार्थों का पृथक्करण किया जाता है।

"सभी तत्व अनेक सूक्ष्म कणों से मिलकर बने होते हैं, जिन्हें परमाणु कहते हैं। परमाणु द्रव्य का सबसे सूक्ष्म उदासीन कण है। परमाणु के अस्तित्व और क्रियान्वयन को विभिन्न सिद्धान्तों के द्वारा प्रतिपादित किया गया है।

अध्याय दो

परमाणु संरचना

सर्वप्रथम 400 ई. पू. परमाणु के अस्तित्व (Existence) को भारतीय महर्षि कणाद एवं ग्रीक के दर्शनशास्त्री डिमोक्रिट्स ने प्रस्तावित किया था। उनके अनुसार परमाणु (Atom) द्रव्य के मूल संरचनात्मक भाग होते हैं।

डाल्टन का परमाणु सिद्धान्त

1808 ई. में डाल्टन ने यह सिद्धान्त प्रस्तुत किया था। इस सिद्धान्त के अनुसार,

- परमाणु एक अविभाजित कण है। किसी एक तत्व के सभी परमाणुओं के द्रव्यमान तथा गुणधर्म एकसमान होते हैं। विभिन्न तत्वों के परमाणुओं के द्रव्यमान तथा गुणधर्म भी भिन्न-भिन्न होते हैं।
- रासायनिक अभिक्रियाओं में परमाणु पुर्नव्यवस्थित होते हैं अर्थात् परमाणु को न तो बनाया जा सकता है और न ही नष्ट किया जा सकता है।
- एक से अधिक तत्वों के परमाणुओं के निश्चित अनुपात में संयोजन से यौगिक (Compounds) बनते है। किसी भी यौगिक में परमाणुओं की सापेक्ष संख्या एवं प्रकार निश्चित होते हैं।

विभिन्न तत्वों के परमाणुओं के आधुनिक प्रतीक

- डाल्टन ऐसे प्रथम वैज्ञानिक थे, जिन्होंने तत्वों के प्रतीकों का प्रयोग अत्यन्त विशिष्ट रूप में किया। उन्होंने तत्वों के प्रतीक का प्रयोग किया।

⊙ हाइड्रोजन	● कार्बन	⊙ ऑक्सीजन
फॉस्फोरस	⊕ सल्फर	(I) आयरन
(C) कॉपर	(L) सीसा	(S) सिल्वर
(G) गोल्ड	(P) प्लेटिनम	पारा

डाल्टन द्वारा सुझाए गए कुछ तत्वों के प्रतीक

कुछ तत्वों के प्रतीक

तत्व	प्रतीक	तत्व	प्रतीक	तत्व	प्रतीक
एल्युमीनियम	Al	कॉपर	Cu	नाइट्रोजन	N
आर्गन	Ar	फ्लोरीन	F	ऑक्सीजन	O
बेरियम	Ba	स्वर्ण (गोल्ड)	Au	पोटैशियम	K
बोरॉन	B	हाइड्रोजन	H	सिलिकॉन	Si
ब्रोमीन	Br	आयोडीन	I	चाँदी (सिल्वर)	Ag
कैल्सियम	Ca	आयरन	Fe	सोडियम	Na
कार्बन	C	सीसा	Pb	सल्फर	S
क्लोरीन	Cl	मैग्नीशियम	Mg	यूरेनियम	U
कोबाल्ट	Co	निऑन	Ne	जिंक	Zn

अणु तथा परमाणु

- परमाणु (Atom) किसी तत्व का वह सूक्ष्म कण है, जो रासायनिक अभिक्रिया में भाग लेता है। यह इलेक्ट्रॉन, प्रोटॉन तथा न्यूट्रॉन से मिलकर बना होता है।
- अणु (Molecule) किसी पदार्थ का वह सूक्ष्म कण है, जो रासायनिक अभिक्रिया में भाग नहीं लेता है।
- एक ही प्रकार के परमाणुओं से मिलकर बना अणु, समपरमाण्वीय (Homoatomic) अणु कहलाता है। उदाहरण— O_2, H_2, N_2 आदि।
- विभिन्न प्रकार के परमाणुओं से मिलकर बना अणु, विषम परमाण्वीय (Heteroatomic) अणु कहलाता है। उदाहरण HCl, N_2O, CO_2 आदि।

अवपरमाण्विक कण

20वीं शताब्दी के प्रारंभिक वर्षों में सर जे.जे. थॉमसन, गोल्डस्टीन, रदरफोर्ड, चैडविक, बोर आदि ने अपने अध्ययन से निष्कर्ष निकाला कि परमाणु इलेक्ट्रॉन, प्रोटॉन, न्यूट्रॉन आदि कई अवपरमाण्विक कणों (Sub-atomic particles) से मिलकर बना है।

इलेक्ट्रॉन की खोज

- इलेक्ट्रॉन की खोज जे.जे. थॉमसन द्वारा 1897 ई. में कैथोड किरणों के प्रयोग द्वारा की गई।
- इस प्रयोग में जब विसर्जन नलिका (Discharge) में दाब को निर्वातन (Vacuum) द्वारा 10^{-6} वायु पर नियंत्रित करके उच्च वोल्टता प्रयुक्त की गई, तो कैथोड से ऋणावेशित कणों की धारा प्रवाहित हुई, जिन्हें इलेक्ट्रॉन कहते हैं।
- इन किरणों को कैथोड किरणें (Cathode rays) कहा गया।

इलेक्ट्रॉन पर आवेश

- आर.ए. मिलिकन (1868-1953) ने इलेक्ट्रॉन पर आवेश के लिए एक विधि तैयार की, जो तेल बूँद प्रयोग (Oil Drop Experiment) कहलाती है।
- उनके अनुसार, इलेक्ट्रॉन पर आवेश -1.6×10^{-19} C, विद्युत आवेश का नवीनतम मान 1.602176×10^{-19} C है।
- थॉमसन के अनुसार, इलेक्ट्रॉन का द्रव्यमान 9.1094×10^{-21} kg है।

प्रोटॉन की खोज

- इलेक्ट्रॉन की खोज से पूर्व ही गोल्डस्टीन ने 1886 ई. में एक नए विकिरण की खोज की, जिसे उन्होंने कैनाल किरणों (Cannal rays) का नाम दिया। ये किरणें धनावेशित विकिरण थी, जिसके द्वारा अंततः दूसरे अवपरमाणुक कणों की खोज हुई।
- इस अवपरमाणुक कण पर आवेश, इलेक्ट्रॉन के आवेश के बराबर, किंतु विपरीत था। इसे 'प्रोटॉन' नाम रदरफोर्ड ने दिया।

न्यूट्रॉन की खोज

- जब बेरीलियम पर तीव्र गति के -कण टकराते हैं, तो विद्युत उदासीन कण उत्सर्जित होते हैं, जिनका द्रव्यमान, हाइड्रोजन के द्रव्यमान के बराबर होता है, इन्हें न्यूट्रॉन (Neutron) कहते हैं।
- चैडविक ने इन कणों की खोज वर्ष 1932 में की थी।

परमाणु के स्थायी मूल कणों की विशेषताएँ

कण	इलेक्ट्रॉन	प्रोटॉन	न्यूट्रॉन
प्रतीक	$_{-1}e^0$	$+\,_1p^1$ या $+\,_1H^1$	$_0n^1$
आवेश/SI में (कूलॉम)	-1.602×10^{-10}	$+1.602\times10^{-19}$	0
आवेश की मात्रा	– 1 इकाई	+ 1 इकाई	0
द्रव्यमान/SI में (किग्रा)	9.1×10^{-31}	1.6×10^{-27}	1.6×10^{-27}
u	0.005493 ≈ 0.00	1.00757 ≈ 1.00	1.00898 ≈ 1.00
खोजकर्त्ता	जे.जे. थॉमसन	अर्नेस्ट रदरफोर्ड	जेम्स चैडविक
उपस्थिति	नाभिक के बाहर	नाभिक के अंदर	नाभिक के अंदर

अन्य अपरमाणवीय कण

परमाणु में स्थायी मूल कणों के अतिरिक्त कुछ अन्य अपरमाण्वीय कण (Non-atomic particles) भी उपस्थित हो सकते हैं, परंतु इनका अस्तित्व निश्चित नहीं है। अतः इन्हें अस्थायी मूल कण भी कहते हैं।

(a) पॉजिट्रॉन (Positron) सन् 1932 में इसकी खोज एण्डरसन ने की थी। यह इलेक्ट्रॉन का प्रतिकण (Antiparticle) है। यह धनावेशित कण है इसका द्रव्यमान इलेक्ट्रॉन के द्रव्यमान के बराबर है। इसका प्रतीक e^+ है।

(b) एण्टीप्रोटॉन (Antiproton) यह प्रोटॉन का प्रतिकण है। इसकी खोज सन् 1955 में सीगर ने की थी। इस पर आवेश $-e$ है और इसका द्रव्यमान प्रोटॉन के द्रव्यमान के बराबर है। इसका प्रतीक p है।

(c) न्यूट्रिनो तथा एण्टिन्यूट्रिनों (Neutrino and Antineutrino) ये द्रव्यमान और आवेश रहित मूल कण हैं। (द्रव्यमान और आवेश दोनों शून्य) लेकिन ऊर्जा और संवेग इनमें होता है।

न्यूट्रिनो तथा एण्टिन्यूट्रिनो के चक्रण एवं रेखीय संवेग की दिशाएँ एक-दूसरे के विपरीत होते हैं। अतः ये आपस में एक दूसरे के प्रतिकण (Antiparticle) है। इनका प्रतीक ν है।

(d) पाई मेसॉन (Pi-meson) नाभिकीय बलों की व्याख्या न्यूक्लिऑनों के मध्य π-मेसॉन के विनिमय द्वारा की जाती है। π-मेसॉन तीन प्रकार के होते हैं। धनात्मक π-मेसॉन (π^+), ऋणात्मक π-मेसॉन (π^-) तथा उदासीन π-मेसॉन (π^0)। π^+ का द्रव्यमान इलेक्ट्रॉन के द्रव्यमान का 274 गुना होता है तथा π^0 का द्रव्यमान इलेक्ट्रॉन के द्रव्यमान का 264 गुना होता है।

(e) क्वार्क और बोसॉन (Quark and Bosom) वे मौलिक कण जिनसे दूसरे भारी अवपरमाण्विक कण जैसे प्रोटॉन, न्यूट्रॉन, आदि बने हैं, क्वार्क कहलाते हैं।

इन पर भिन्नात्मक आवेश (fractional charge) होता है। बोसॉन वे कण है जिनके घूर्णनों की संख्या पूर्णांक होती हैं।

बोसॉन ⟶ मेसॉन + फोटॉन

- π-मेसॉन, बोसॉन और क्वार्क किसी मौलिक कण के प्रतिकण नहीं हैं।

परमाणु के अभिलक्षण

परमाणु संख्या और द्रव्यमान संख्या किसी परमाणु के अभिलाक्षणिक गुण होते हैं। जिनका वर्णन नीचे दिया गया है

- परमाणु संख्या या परमाणु क्रमांक (Z) यह किसी तत्व का मौलिक अभिलक्षण है। एक परमाणु के नाभिक में उपस्थित प्रोटॉनों की संख्या उसकी परमाणु संख्या को बताती है। इसे Z से निरूपित करते हैं।

> परमाणु संख्या (Z) = नाभिक में प्रोटॉनों की संख्या = परमाणु में इलेक्ट्रॉनों की संख्या

- परमाणु द्रव्यमान या परमाणु भार डाल्टन परमाण्वीय सिद्धान्त की प्रमुख संकल्पना आपेक्षिक परमाणु द्रव्यमान अथवा आपेक्षिक परमाणु भार है।

$$\text{आपेक्षिक परमाणु द्रव्यमान} = \frac{\text{तत्व के एक परमाणु का द्रव्यमान}}{\frac{1}{12} \times \text{एक कार्बन परमाणु का द्रव्यमान}}$$

- द्रव्यमान संख्या (A) नाभिक में उपस्थित प्रोटॉनों तथा न्यूट्रॉनों की कुल संख्या अर्थात् न्यूक्लिऑनों की संख्या को परमाणु की द्रव्यमान संख्या (A) कहते हैं।

  द्रव्यमान संख्या (A) = प्रोटॉनों की संख्या (Z) + न्यूट्रॉनों की संख्या (n)

आवोगाद्रो संख्या

- पदार्थ की वह मात्रा जिसमें कणों की संख्या (परमाणु, आयन, अणु या सूत्र इकाई, आदि) कार्बन-12 के ठीक 12 ग्राम में विद्यमान परमाणुओं के बराबर होती है अर्थात् 6.022×10^{23}।

- परमाणुकता किसी अणु में उपस्थित परमाणुओं की कुल संख्या परमाणुकता (Atomicity) कहलाती है।

कुछ तत्वों की परमाणुकता

तत्वों के प्रकार	नाम	परमाणुकता
अधातु	आर्गन	एक परमाणुक
	हीलियम	एक परमाणुक
	ऑक्सीजन	द्विपरमाणुक
	हाइड्रोजन	द्विपरमाणुक
	नाइट्रोजन	द्विपरमाणुक
धातु	सोडियम	एकपरमाणुक
	आयरन	एकपरमाणुक
	एल्युमीनियम	एकपरमाणुक
	कॉपर	एकपरमाणुक

आयन

- परमाणु वैद्युत रूप से उदासीन होता है। परमाणु में धन आवेशित नाभिक तथा ऋणावेशित इलेक्ट्रॉन होते हैं।
- इलेक्ट्रॉन त्यागने अथवा ग्रहण करने पर परमाणु विद्युत आवेशित कण में परिवर्तित हो जाते हैं, जिन्हें आयन (Ion) कहते हैं।

कुछ सामान्य, सरल एवं बहुपरमाणुक आयन

संयोजकता	आयन का नाम	संकेत	अधात्विक तत्व	संकेत	बहुपरमाणुक आयन	संकेत
1.	सोडियम	Na^+	हाइड्रोजन	H^+	अमोनियम	NH_4^+
	पोटैशियम	K^+	हाइड्राइड	H^-	हाइड्रॉक्साइड	OH^-
	सिल्वर	Ag^+	क्लोराइड	Cl^-	नाइट्रेट	NO_3^-
	कॉपर (I)*	Cu^+	ब्रोमाइड	Br^-		
			आयोडाइड	I^-	हाइड्रोजन कार्बोनेट	HCO_3^-
2.	मैग्नीशियम	Mg^{2+}	ऑक्साइड	O^{2-}	कार्बोनेट	CO_3^{2-}
	कैल्सियम	Ca^{2+}	सल्फाइड	S^{2-}	सल्फाइट	SO_3^{2-}
	जिंक	Zn^{2+}			सल्फेट	SO_4^{2-}
	आयरन (II)*	Fe^{2+}				
	कॉपर (II)*	Cu^{2+}				
3.	एल्युमीनियम	Al^{3+}	नाइट्राइड	N^{3-}	फॉस्फेट	PO_4^{3-}
	आयरन (III)*	Fe^{3+}				

परमाण्वीय स्पीशीज के प्रकार

परमाण्वीय स्पीशीज (Atomic species) के प्रकार निम्न हैं

- समस्थानिक (Isotopes) एक ही तत्व के वे परमाणु जिनका परमाणु क्रमांक (Z) समान, परंतु द्रव्यमान संख्या (A) भिन्न-भिन्न होती है, समस्थानिक कहलाते हैं। उदाहरण- ${}_1^1H, {}_1^2H, {}_1^3H$ हाइड्रोजन के तीन समस्थानिक हैं।
- समभारिक (Isobars) विभिन्न तत्वों के वे परमाणु जिनकी द्रव्यमान संख्या (A) समान, परंतु परमाणु क्रमांक (Z) भिन्न होते हैं, वे समभारिक कहलाते हैं। उदाहरण- ${}_{18}^{40}Ar$, ${}_{19}^{40}K$
- समइलेक्ट्रॉनिक (Isoelectronic) जिन स्पीशीजों में इलेक्ट्रॉनों की संख्या समान होती है, समइलेक्ट्रॉनिक कहलाते हैं।

  उदाहरण- F^-, Ne, Na^+, तथा Mg^{2+}
- समन्यूट्रॉनिक (Isotones) जिन स्पीशीजों में परमाणु क्रमांक तथा द्रव्यमान संख्या, दोनों भिन्न-भिन्न होते हैं, परंतु न्यूट्रॉनों की संख्या समान होती है, समन्यूट्रॉनिक कहलाते हैं।

  उदाहरण- ${}_1^3H$ तथा ${}_2^4He$

परमाणु मॉडल

परमाणु की संरचना को समझाने के लिए विभिन्न वैज्ञानिकों ने समय-समय पर अपने मॉडल प्रस्तुत किए। इनमें से कुछ प्रमुख मॉडल निम्न प्रकार हैं

थॉमसन का परमाणु मॉडल

- जे जे थॉमसन ने वर्ष 1904 में प्रथम परमाणु मॉडल प्रस्तुत किया।

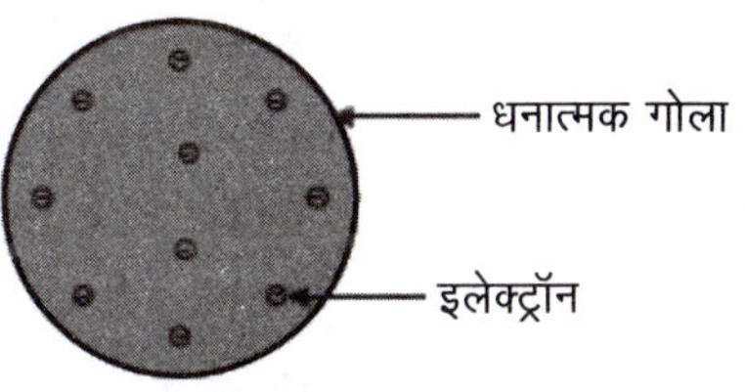

इस मॉडल को **तरबूज मॉडल** (Watermelon Model), **प्लम-पुडिंग मॉडल** (Plum-Pudding Model) तथा **रेजिन-पुडिंग मॉडल** (Raisin-Pudding Model) भी कहा जाता है।

रदरफोर्ड का परमाणु मॉडल

- रदरफोर्ड ने गीगर एवं मार्सडन के सहयोग से 1911 में α-कणों के प्रकीर्णन के प्रयोग से परमाणु की आन्तरिक व्यवस्था से सम्बन्धित एक आश्चर्यजनक तथ्य का पता लगाया।
- रदरफोर्ड ने धातु की पतली पन्नी; जैसे— सोना, चाँदी आदि पर तीव्र α-कणों की बौछार की (α-कणों को रेडियोऐक्टिव पदार्थ रेडियम से प्राप्त किया गया) तथा निम्न निष्कर्ष निकाले
  - अधिकांश α-कण परमाणु से सीधे निकल जाते हैं, अतः परमाणु का अधिकांश भाग रिक्त होता है।
  - कुछ α-कण धातु की पन्नी से प्रतिकर्षित हो जाते हैं, जिससे यह निष्कर्ष निकलता है कि परमाणु में कुछ धनावेशित एवं भारी कण होते हैं।
  - पूर्णतया विक्षेपित होने वाले α-कणों की संख्या बहुत कम होती है। इससे निष्कर्ष निकलता है कि परमाणु का समस्त भार एवं कुल धनावेश उसके केन्द्र में एक सूक्ष्म स्थान में स्थित होता है।

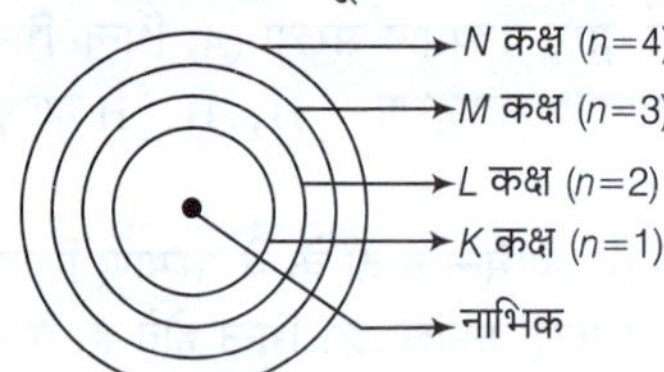

परमाणु में विभिन्न ऊर्जा स्तर

- उपरोक्त प्रयोग तथा निष्कर्षों के आधार पर रदरफोर्ड ने परमाणु मॉडल प्रस्तुत किया। इसके अनुसार,
  - परमाणु अति सूक्ष्म, गोलाकार विद्युत उदासीन कण है।
  - परमाणु का समस्त धनावेश उसके केन्द्र में स्थित रहता है, जिसे परमाणु का नाभिक कहते हैं। इसमें प्रोटॉन एवं न्यूटॉन रहते हैं।
  - इलेक्ट्रॉन नाभिक के चारों ओर रहते हैं। इलेक्ट्रॉनों की संख्या, प्रोटॉनों की संख्या के बराबर होती है। अतः परमाणु विद्युत उदासीन होता है।
  - परमाणु की त्रिज्या 10^{-8} सेमी तथा नाभिक की त्रिज्या 10^{-13} से 10^{-12} सेमी होती है।
  - रदरफोर्ड के मॉडल की रचना सूर्यमण्डल के समान है, जिसमें विभिन्न ग्रह सूर्य के चारों ओर चक्कर लगाते हैं, अतः यह मॉडल सौर मॉडल भी कहलाता है।

नील्स बोर का मॉडल

- नील्स बोर ने प्लांक के क्वाण्टम सिद्धान्त के आधार पर अपना परमाणु मॉडल प्रस्तुत किया।
  - स्थिर कक्षा में घूमते हुए इलेक्ट्रॉन का कोणीय संवेग $h/2\pi$ का पूर्ण गुणक अर्थात् $\frac{1h}{2\pi}, \frac{2h}{2\pi}, \frac{3h}{3\pi}$ होता है,

    अर्थात् कोणीय संवेग, $\boxed{mvr = \frac{nh}{2\pi}}$
  - ऊर्जा की इस निश्चित मात्रा को क्वाण्टम कहते हैं। एक क्वाण्टम का मान $h\nu$ होता है। (जहाँ, h = प्लांक नियतांक $= 6.626 \times 10^{-34}$ जूल-से तथा ν = आवृत्ति)
  - नाभिक की ओर से प्रारम्भ करके प्रथम, द्वितीय, तृतीय ...... कक्षाओं को क्रमशः 1, 2, 3..... n अंकों से अथवा K, L, M.... अक्षरों से प्रदर्शित करते हैं।

हाइजेनबर्ग का अनिश्चितता सिद्धान्त

- इस सिद्धान्त के अनुसार, "इलेक्ट्रॉन जैसे अत्यन्त सूक्ष्म कण की यथार्थ स्थिति तथा यथार्थ संवेग प्रयोगों द्वारा एक साथ ज्ञात करना असम्भव है।" अतः $\Delta x \times \Delta P \geq \frac{h}{4\pi}$
- हाइजेनबर्ग का अनिश्चित्ता का सिद्धान्त केवल सूक्ष्म कणों जैसे—इलेक्ट्रॉन, प्रोटॉन तथा न्यूट्रॉन आदि के लिए सत्य है।

परमाणु के संरचनात्मक लक्षण

परमाणु के संरचनात्मक लक्षण निम्नलिखित हैं

कोश तथा उपकोश

- मुख्य क्वाण्टम संख्या n के परमाणु कक्षकों के समूह को कोश (Shells) कहते हैं। कक्षकों के कोश को K, L, M, N आदि अक्षरों द्वारा निरूपित किया जाता है।

$$n = 1 \quad 2 \quad 3 \quad 4$$
$$\text{कोश} = K \quad L \quad M \quad N$$

- मुख्य क्वाण्टम संख्या n तथा द्विगंशी क्वाण्टम संख्या l के परमाणु कक्षकों के समूहों को उपकोश (Subshells) कहते हैं।

$$l = 1 \quad 2 \quad 3 \quad 4$$
$$\text{उपकोश} = s \quad p \quad d \quad f$$

कोश, उपकोश, कक्षक तथा इलेक्ट्रॉनों की संख्या

कोश	उपकोश	कक्षक	इलेक्ट्रॉनों की कुल संख्या
K-कोश (n = 1)	1 (कोश s)	1	2
L-कोश (n = 2)	2 (s और p)	1+ 3 = 4	8
M-कोश (n = 3)	3 (s, p और d)	1+ 3+ 5 = 9	18
N-कोश (n = 4)	4 (s, p, d और f)	1+ 3+ 5+ 7 = 16	32
O-कोश (n = 5)	5 (s, p, d और f)	1+ 3+ 5+ 7 = 16	32
P-कोश (n = 6)	6 (s, p और d)	1+ 3+ 5 = 9	18
Q-कोश (n = 7)	7 (s और p)	1+ 3 = 4	8

कक्षक

- परमाणु के नाभिक के चारों ओर वृत्तीय कक्षाएँ, जिनमें इलेक्ट्रॉन की उपस्थिति की सर्वाधिक सम्भावना होती है। इन क्षेत्रों को परमाणु कक्षक (Orbitals) कहते हैं।
- आकार की दृष्टि से परमाणु कक्षक चार प्रकार के होते हैं
  1. s- कक्षक $\rightarrow$ s- कक्षक गोलाकार आकृति का होता है।
  2. p- कक्षक $\rightarrow$ p- कक्षक डम्बल आकृति का होता है।
  3. d- कक्षक $\rightarrow$ d- कक्षक द्विडम्बल आकृति का होता है।
  4. f- कक्षक $\rightarrow$ f- कक्षक की आकृति जटिल होती है।

विभिन्न कोशों में इलेक्ट्रॉनों का वितरण

उपकोश	कक्षकों की संख्या (उपकोश में)	उपकोश में अधिकतम इलेक्ट्रॉनों की संख्या
s	1	2
p	3	6
d	5	10
f	7	14

कुछ मुख्य तत्व तथा उनके इलेक्ट्रॉनिक विन्यास

तत्व	परमाणु क्रमांक	इलेक्ट्रॉनिक विन्यास
H	1	$1s^1$
He	2	$1s^2$
Li	3	$1s^2 2s^1$
Be	4	$1s^2 2s^2$
B	5	$1s^2 2s^2 2p^1$
C	6	$1s^2 2s^2 2p^2$
N	7	$1s^2 2s^2 2p^3$
O	8	$1s^2 2s^2 2p^4$
F	9	$1s^2 2s^2 2p^5$
Ne	10	$1s^2 2s^2 2p^6$
Na	11	$1s^2 2s^2 2p^6 3s^1$
Al	13	$1s^2 2s^2 2p^6 3s^2 3p^1$
K	19	$1s^2 2s^2 2p^6 3s^2 3p^6 4s^1$

परमाणु की कक्षाओं में इलेक्ट्रॉनों का वितरण

- **बोर-बरी** ने वर्ष 1921 में विभिन्न कक्षाओं में इलेक्ट्रॉनों के वितरण के नियम दिए, जो निम्नलिखित हैं
  - किसी भी कक्षा में उपस्थित अधिकतम इलेक्ट्रॉनों की संख्या $2n^2$ होती है, जहाँ n उस कक्षा की संख्या है।
  - बाह्यतम कोश में अधिकतम इलेक्ट्रॉनों की संख्या 8 हो सकती है तथा इसके अन्दर वाले कोश में यह 18 से अधिक नहीं हो सकती।

इलेक्ट्रॉनों के भरने में प्रयुक्त नियम

परमाणु के कक्षक में इलेक्ट्रॉनों के भरे जाने के नियम निम्नलिखित हैं

- **पाउली का अपवर्जन सिद्धान्त** (Pauli exclusion principle) इस नियम के अनुसार, किसी परमाणु के दो इलेक्ट्रॉनों के लिए चारों क्वाण्टम संख्याएँ एकसमान नहीं हो सकती है; जैसे-

2s	2p
$n = 2$	2
$l = 0$	1
$m = 0$	$-1, 0, +1$
$s = \pm \frac{1}{2}$	$\pm -\frac{1}{2}$

- **हुण्ड का नियम** (Hund's rule) इस नियम के अनुसार, किसी भी उपकोश (Subshell) में इलेक्ट्रॉनों का युग्मन केवल उस समय प्रारम्भ होता है, जब प्रत्येक कक्ष में पहले एक-एक इलेक्ट्रॉन आ जाए।
  - **ऑफबाऊ का नियम** (Aufbau principle), "ऊर्जा की निकटतम अवस्था में इलेक्ट्रॉन अल्पतम ऊर्जा वाले उपकोश में प्रवेश करते हैं।" इस नियम से परमाणु में प्रवेश पाने वाले इलेक्ट्रॉन द्वारा ग्रहण की जाने वाली ऊर्जा के स्तर का निर्धारण होता है।

क्वाण्टम संख्याएँ

क्वाण्टम संख्याएँ (Quantum numbers) वे संख्याएँ हैं, जो किसी इलेक्ट्रॉन की स्थिति तथा उसकी ऊर्जा की जानकारी देती हैं। ये चार प्रकार की होती हैं

1. मुख्य यह इलेक्ट्रॉन की कक्षा अथवा ऊर्जा स्तर को दर्शाती है अर्थात् इलेक्ट्रॉन की नाभिक से दूरी को दर्शाती है। इसे n द्वारा निरूपित किया जाता है। इसका मान पूर्णांक 1, 2, 3 ... होता है।

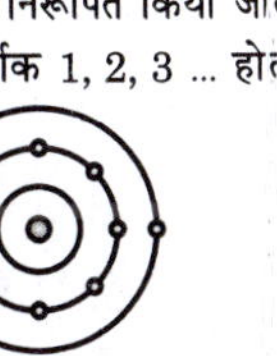

कोश n

0 1 2 3

उपकोश s p d f

0 | +1 0 −1 | +2 +1 0 −1 −2 | +3 +2 +1 0 −1 −2 −3

m_1 = कक्ष s p d f

3. चुम्बकीय यह कक्षकों के अभिविन्यास को दर्शाती है; इसे m से निरूपित करते है इसका मान l के मान पर निर्भर करता है। इसका मान $-l$ से 0 सहित $+l$ तक होता है।

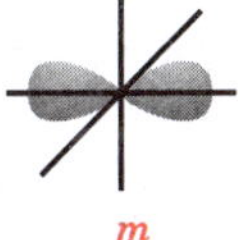

2. द्विगंशी यह इलेक्ट्रॉन की उपकक्षा को दर्शाती है साथ ही यह कक्षक की आकृति को दर्शाती है। इसे l द्वारा प्रदर्शित करते है इसका मान n के मान पर निर्भर करता है
$l = 0$ पर आकृति गोलीय; 1 पर डम्बलाकार; 2 द्विडम्बलाकार; l का मान 0 से $(n-1)$ होता है

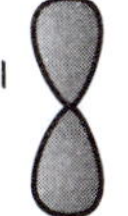

4. चक्रण यह इलेक्ट्रॉनों के चक्रण की दिशा को प्रदर्शित करता है। इसे s से निरूपित करते है। इसका मान $\pm 1/2$ होता है।

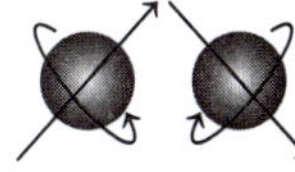

> किसी मौलिक गुण को आधार बनाकर की गई तत्वों की ऐसी व्यवस्था, जिसमें निश्चित अन्तराल के बाद समान गुण वाले तत्व पुनः उपस्थित हों, तत्वों का आवर्ती वर्गीकरण कहलाता है।

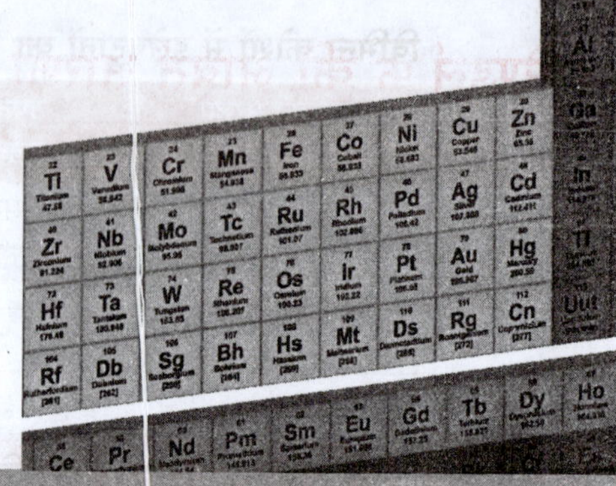

अध्याय तीन

तत्वों का आवर्ती वर्गीकरण

तत्वों का प्रारंभिक वर्गीकरण

- 19वीं शताब्दी में तत्वों (Elements) के वर्गीकरण के कई प्रयास किए गए, जिनमें प्राउट की परिकल्पना, डॉबेराइनर का त्रिक सिद्धान्त, ड्यूमा की सममूलक श्रेणी, न्यूलैण्ड का अष्टक नियम, लोथर मेयर का परमाणु आयतन तथा परमाणु भार वक्र, मेण्डलीफ का आवर्त नियम आदि प्रमुख हैं।
- तत्वों के वर्गीकरण के इन प्रारम्भिक प्रयासों में तत्वों के परमाणु भारों को वर्गीकरण का आधार बनाया गया है। अब तक लगभग 118 तत्वों की खोज हो चुकी है, जिनमें से 94 तत्व प्राकृतिक हैं तथा शेष तत्व कृत्रिम विधियों द्वारा प्राप्त किए गए हैं। डॉबेराइनर, न्यूलैण्ड्स, मेण्डलीफ आदि वैज्ञानिकों ने तत्वों को वर्गीकृत करने की दिशा में महत्त्वपूर्ण प्रयास किए, जिन्हें निम्न प्रकार से स्पष्ट किया गया है

डॉबेराइनर का त्रिक नियम

- डॉबेराइनर ने तीन तत्वों का त्रिक बनाया, जिन्हें परमाणु द्रव्यमान के आरोही क्रम में रखने पर बीच वाले तत्व का परमाणु द्रव्यमान, अन्य दो तत्वों के परमाणु द्रव्यमान का लगभग औसत होता है।

उदाहरण— **तत्व**	Li	Na	K
परमाणु भार	7	23	39

दोनों सिरों के तत्वों का औसत परमाणु भार

$$= \frac{7+39}{2} = 23$$

अतः Na तत्व का परमाणु भार = 23

(i) लिथियम (Li), सोडियम (Na), पोटैशियम (K)
(ii) कैल्सियम (Ca), स्ट्रांशियम (Sr) बेरियम (Ba)
(iii) क्लोरीन (Cl), ब्रोमीन (Br), आयोडीन (I)

- डॉबेराइनर केवल तीन ही त्रिक का पता लगा पाए। इसलिए त्रिक में वर्गीकृत करने की यह पद्धति सफल नहीं रही।

न्यूलैण्ड के अष्टक नियम

- न्यूलैण्ड के अष्टक नियम के अनुसार "जब तत्वों को उनके बढ़ते हुए परमाणु भार के अनुसार व्यवस्थित किया जाता है तो प्रत्येक आठवें तत्व के गुण पहले तत्व के गुणों के समान होते हैं।"
- पहला तत्व लीथियम (Li) और आठवें तत्व सोडियम (Na) के गुण समान होते हैं। उन्होंने इसकी तुलना संगीत के अष्टक से की और इसलिए उन्होंने इसे अष्टक का सिद्धांत कहा। इसे न्यूलैंड्स का अष्टक सिद्धांत (Newlands Octet Theory) के नाम से जाना जाता है।

सारणी : न्यूलैंड्स का अष्टक

संगीत के सुर	सा (डो)	रे	गा	मा	पा	धा	नि
	H	Li	Be	B	C	N	O
	F	Na	Mg	Al	Si	P	S
	Cl	K	Ca	Cr	Ti	Mn	Fe
	Co तथा Ni	Cu	Zn	Y	In	As	Se
	Br	Rb	Sr	Ce तथा La	Zr	—	—

> कैल्सियम (Ca) के बाद के तत्वों में अष्टक नियम का पालन नहीं होता है। अक्रिय गैसों की खोज के बाद यह नियम पूर्णतः असफल हो गया, क्योंकि अब नौवां तत्व प्रथम तत्व के समान था, न कि आठवाँ।

मेण्डलीफ की आवर्त सारणी

- मेण्डलीफ के अनुसार, यदि तत्वों को उनके बढ़ते हुए परमाणुभारों के क्रम में व्यवस्थित किया जाए तो एक निश्चित समयान्तराल के बाद लगभग समान गुण वाले तत्वों की पुनरावृत्ति होती है यह नियम मेण्डलीफ का आवर्त नियम कहलाता है।
- इस सारणी में ऊर्ध्वाधर और क्षैतिज पंक्तियो को क्रमश वर्ग और आवर्त कहते है।
- मेण्डलीफ के समय ज्ञात तत्वों की संख्या 63 थी।
- इस आवर्त सारणी में हाइड्रोजन का स्थान निश्चित नहीं या **समस्थानिक** (एक ही तत्व के परमाणु जिनकी परमाणु संख्या समान तथा परमाणु भार अलग-अलग होता है) के लिए कोई स्थान निश्चित नहीं था।

मेण्डलीफ की संशोधित आवर्त सारणी

क्रम संख्या	तत्वों के समूह								
	0	I	II	III	IV	V	VI	VII	VIII
1.	-	Hydrogen H 1.008	-	-					
2.	Helium He 4.0	Lithium Li 7.03	Beryllium Be 9.1	Boron B 11.0	Carbon C 12.0	Nitrogen N 14.04	Oxygen O 16.00	Fluorine F 19.0	
3.	Neon Ne 19.9	Sodium Na 23.5	Magnesium Mg 24.3	Aluminium Al 27.0	Silicon Si 28.4	Phosphorus P 31.0	Sulphur S 32.06	Chlorine Cl 35.45	
4.	Argon Ar 38	Potassium K 39.1	Calcium Ca 40.1	Scandium Sc 44.1	Titanium Ti 48.1	Vanadium V 51.4	Chromium Cr 52.1	Manganese Mn 55.0	Iron Fe 55.9 Cobalt Co 59 Nickel Ni 59 (Cu)
5.		Copper Cu 63.6	Zinc Zn 65.4	Gallium Ga 70.0	Germanium Ge 72.3	Arsenic As 75	Selenium Se 79	Bromine Br 79.95	
6.	Krypton Kr 81.8	Rubidium Rb 85.4	Strontium Sr 87.6	Yttrium Y 89.0	Zirconium Zr 90.6	Niobium Nb 94.0	Molybdenum Mo 96.0		Ruthenium Ru 101.7 Rhodium Rh 103.0 Palladium Pd 106.5 (Ag)
7.		Silver Ag 107.9	Cadmium Cd 112.4	Indium In 114.0	Tin Sn 119.0	Antimony Sb 120.0	Tellurium Te 127.6	Iodine I 126.9	
8.	Xenon Xe 128	Caesium Cs 132.9	Barium Ba 137.4	Lanthanum La 139	Cerium Ce 140	-	-	-	
9.		-	-	-	-	-	-	-	
10.	-	-		Ytterbium Yb 173	-	Tantalum Ta 183	Tungsten W 184	-	Osmium Os 191 Iridium Ir 193 Platinum Pt 194.9 (Au)
11.		Gold Au 197.2	Mercury Hg 200.0	Thallium Tl 204.1	Lead Pb 206.9	Bismuth Bi 208	-	-	
12.	-	-	Radium Ra 224	-	Thorium Th 232	-	Uranium U 239		
Higher Saline Oxides	R	R_2O	RO	R_2O_3	RO_2	R_2O_5	RO_3	R_2O_7	RO_4
Higher Gaseous Hydrogen Compounds					RH_4	RH_3	RH_2	RH	

- नए तत्वों की खोज (Discovery of new elements) इसके अतिरिक्त मेण्डलीफ ने अपनी आवर्त सारणी में कुछ रिक्त स्थानों को छोड़ दिया। जैसे बाद में ज्ञात होने वाले स्कैंडियम, गैलियम, जर्मेनियम के गुणधर्म क्रमशः एका-बोरॉन (Eka-boron), एका-एल्युमीनियम (Eka-aluminium) तथा एका- सिलिकॉन (Eka-silicon) के समान थे।

मेण्डलीफ द्वारा एका-एल्युमीनियम (गैलियम) तथा एका-सिलिकॉन (जर्मेनियम) तत्वों की प्रागुक्ति

गुण	एक-एल्युमीनियम (भविष्यसूचक तत्त्व)	गैलियम (खोजा गया तत्त्व)	एका सिलिकॉन (भविष्यसूचक तत्त्व)	जर्मेनियम (खोजा गया तत्त्व)
परमाणु-भार	68	70	72	72.6
घनत्व/ (g/cm^3)	5.9	5.94	5.5	5.36
गलनांक/K	निम्न	302.93	उच्च	1231
ऑक्साइड का सूत्र	E_2O_3	Ga_2O_3	EO_2	GeO_2
क्लोराइड का सूत्र	ECl_3	$GaCl_3$	ECl_4	$GeCl_4$

आधुनिक आवर्त सारणी

- वर्ष 1913 में हेनरी मोजले ने खोज की। तत्वों के गुणधर्म उनकी परमाणु संख्या के आवर्तीफलन (वे फलन जिनका मान एक नियम अन्तराल के बाद समान हो) होते हैं।
- इस आवर्त सारणी में 7 आवर्त तथा 18 वर्ग हैं।
- इसे दीर्घाकार या प्रवर्द्धत आवर्त सारणी कहते हैं।
- एक तत्व के सभी समस्थानिको कों एक साथ रखा गया।

आवर्तों के लक्षण

- किसी आवर्त में बाईं से दाईं ओर जाने पर संयोजकता इलेक्ट्रॉनों की संख्या 1 से 8 तक बढ़ती है।
- किसी आवर्त में तत्वों के क्रमवार परमाणु क्रमांक हैं। किसी आवर्त में बाईं से दाईं ओर जाने पर हाइड्रोजन के प्रति तत्वों की संयोजकता पहले 1 से 4 तक बढ़ती है, तत्पश्चात् शून्य तक घटती है।
- परमाणु त्रिज्या, विद्युत धनात्मक लक्षण, धात्विक गुण, तत्वों की अपचायक प्रवृत्ति तथा ऑक्साइडों की क्षारीय प्रकृति, ये सभी गुण आवर्त में बाईं से दाईं ओर जाने पर घटते हैं।
- ऋणविद्युती लक्षण, अधात्विक गुण, ऑक्साइडो की अम्लीय प्रकृति, आयनन विभव में किसी आवर्त में बाईं से दाईं ओर जाने पर वृद्धि होती है।
- किसी आवर्त में बाईं से दाईं ओर जाने पर विद्युत ऋणात्मकता और इलेक्ट्रॉन बन्धुता में भी वृद्धि होती है।

समूहों के लक्षण

- आवर्त सारणी में किसी समूह के सभी तत्वों में संयोजी इलेक्ट्रॉनों की संख्या समान होती है। किसी समूह में ऊपर से नीचे जाने पर परमाणु त्रिज्या, धनविद्युती लक्षण, धात्विक प्रकृति, तत्वों की अपचायक प्रकृति तथा ऑक्साइडों की क्षारीय प्रकृति में वृद्धि होती है।
- आवर्त सारणी में किसी समूह में ऊपर से नीचे जाने पर ऋणविद्युती प्रकृति, आयनन विभव, इलेक्ट्रॉन बन्धुता, विद्युत ऋणात्मकता, अधात्विक प्रकृति और ऑक्साइडो की अम्लीय प्रकृति में परमाणु क्रमांक बढ़ने के साथ कमी आती है। समूह में नीचे जाने पर धातुओं की क्रियाशीलता में वृद्धि होती है, लेकिन अधातुओं की क्रियाशीलता घटती है।

मोसले (1913)

तत्वों के भौतिक और रासायनिक गुणधर्म ⟵ आवर्ती फलन ⟶ **तत्वों के परमाणु क्रमांक**

आधुनिक आवर्त सारणी का दीर्घ रूप

आवर्त	श्रेणी	आवर्त में तत्वों की कुल संख्या	नाम
1	I	2	अतिलघु आवर्त
2	II	8	लघु आवर्त
3	III	8	लघु आवर्त
4	IV (सम)	18	दीर्घ आवर्त
	V (विषम)		
5	VI (सम)	18	दीर्घ आवर्त
	VII (विषम)		
6	VIII (सम)	32	अतिदीर्घ आवर्त
	IX (विषम)		
7	X	28	अतिदीर्घ आवर्त (अपूर्ण)

तत्वों के प्रकार

- तत्वों का इलेक्ट्रॉनिक विन्यास आवर्ती वर्गीकरण के लिये सैद्धान्तिक मूलाधार उपलब्ध कराता है। एक ही समूह या परिवार में उपस्थित तत्वों के रासायनिक गुणधर्म समान होते हैं क्योंकि इनके बाह्यतम कोश में इलेक्ट्रॉनों की संख्या और वितरण एक ही प्रकार का होता है।
- संयोजी इलेक्ट्रॉन ग्रहण करने वाले कक्षकों के प्रकार के आधार पर तत्वों को निम्न चार ब्लॉक में वर्गीकृत किया गया है

s-ब्लॉक तत्व

- इन तत्वों में संयोजी इलेक्ट्रॉन ns-कक्षक में प्रवेश करता है। आवर्त सारणी के समूह 1 और 2 (IA और IIA) इस ब्लॉक के तत्व हैं।
- आवर्त सारणी का समूह 1 (IA) सामूहिक रूप से क्षारीय धातुएँ (Alkalimetals) कहलाते हैं।
- आवर्त सारणी का समूह 2 (IIA) सामूहिक रूप से क्षारीय मृदा धातुएँ (Alkaline earth metals) कहलाते हैं।
- s-ब्लॉक तत्वों का सामान्य इलेक्ट्रॉनिक विन्यास क्षारीय धातुओं के लिए उत्कृष्ट गैस ns^1 तथा क्षारीय मृदा धातुओं के लिए उत्कृष्ट गैस (Noble gas) ns^2 हैं।
- ये नर्म धातुएँ प्रबल धनविद्युती तथा क्षारीय ऑक्साइड बनाती हैं।

संयोजकता इलेक्ट्रॉन प्राप्त करने वाले कक्षक के प्रकार के आधार पर, तत्वों को निम्न चार ब्लॉकों में वर्गीकृत किया जा सकता है।

s ब्लॉक तत्व

1 IA	2 IIA
1 H Hydrogen 1.008	
3 Li Lithium 6.941	4 Be Beryllium 9.0121
11 Na Sodium 22.990	12 Mg Magnesium 24.305
19 K Potassium 39.098	20 Ca Calcium 40.079
37 Rb Rubidium 85.468	38 Sr Strontium 87.62
55 Cs Caesium 132.505	56 Ba Barium 137.327
87 Fr Francium (223)	88 Ra Radium (226)

- इन तत्वों में संयोजी इलेक्ट्रॉन s-कक्षक में प्रवेश करता हैं।
- आवर्त सारणी के समूह 1 और 2 (IA और IIA) इस ब्लॉक के तत्व हैं।
- आवर्त सारणी का समूह 1 (IA) जैसे-लीथियम (Li), सोडियम (Na), पोटैशियम (K), रुबीडियम (Rb), सीजियम (Cs), फ्रांसियम (Fr)।
- सामूहिक रूप से क्षारीय धातुएँ (alkali metals) कहलाते हैं।
- आवर्त सारणी का समूह 2 (IIA) जैसे-बेरेलियम (Be), मैग्नीशियम (Mg), कैल्सियम (Ca), स्ट्रोंटियम (Sr), बेरियम (Ba), रेडियम (Ra)। सामूहिक रूप से क्षारीय मृदा धातुएँ (alkaline earth metals) कहलाते हैं।
- s-ब्लॉक तत्वों का सामान्य इलेक्ट्रॉनिक विन्यास क्षारीय धातुओं के लिए (उत्कृष्ट गैस)ns^1 तथा क्षारीय मृदा धातुओं के लिए (उत्कृष्ट गैस)ns^2 है।
- सभी क्षारीय धातुओं के लिए संयोजी इलेक्ट्रॉन एक और क्षारीय मृदा धातुओं के लिए संयोजी इलेक्ट्रॉन दो होते हैं।

d ब्लॉक तत्व

3 11IB	4 1VB	5 VB	6 VIB	7 VIIB	8 (VIII)	9 (VIII)	10 (VIII)	11 IB	12 IIB
21 Sc Scandium 44.956	22 Ti Titanium 47.867	23 V Vanadium 50.942	24 Cr Chromium 51.996	25 Mn Manganese 54.938	26 Fe Iron 55.845	27 Co Cobalt 58.933	28 Ni Nickel 58.693	29 Cu Copper 63.546	30 Zn Zinc 65.39
39 Y Yttrium 88.906	40 Zr Zirconium 91.224	41 Nb Niobium 92.906	42 Mo Molybdenum 95.94	43 Tc Technetium (98)	44 Ru Ruthenium 101.07	45 Rh Rhodium 102.906	46 Pd Palladium 106.42	47 Ag Silver 107.868	48 Cd Cadmium 112.411
57 La* Lanthanum 138.906	72 Hf Hafnium 178.49	73 Ta Tantalum 180.948	74 W Tungsten 183.84	75 Re Rhenium 186.207	76 Os Osmium 190.23	77 Ir Iridium 192.217	78 Pt Platinum 195.078	79 Au Gold 198.967	80 Hg Mercury 200.59
89 Ac**	104 Rf Rutherfordium (261)	105 Db Dubium (262)	106 Sg Seaborgium (263)	107 Bh Bohrium (262)	108 Hs Hassium (265)	109 Mt Meitnerium (266)	110 Ds Damstadtium (269)	111 Rg Rontgenium (272)	112 Cn Copernicium (285)

- इन तत्वों को संक्रमण तत्व कहा जाता है (जिंक, कैडमियम और मर्करी के अतिरिक्त)।
- d-ब्लॉक तत्वों में संयोजी इलेक्ट्रॉन d-कक्षक मे प्रवेश करते हैं।
- संयोजी कोश का इलेक्ट्रॉनिक विन्यास $(n-1)d^{1-10}ns^{1-2}$ होता है।
- आवर्त सारणी के इस ब्लॉक में समूह 3 से 12 तक के तत्व हैं।
- संक्रमण धातुओं की तीन श्रेणियाँ, $3d$ श्रेणी (Sc से Zn), $4d$ श्रेणी (Y से Cd) और $5d$ श्रेणी (La से Hg, Ce से Lu को निकालकर) से जानी जाती है।

f ब्लॉक तत्व

58 Ce Cerium 140.116	59 Pr Praseodymium 140.908	60 Nd Neodymium 144.908	61 Pm Promethium (145)	62 Sm Samarium 150.36	63 Eu Europium 151.064	64 Gd Gadolinium 157.25	65 Tb Terbium 158.925	66 Dy Dyprorium 162.50	67 Ho Holmium 164.930	68 Er Erbium 167.26	69 Tm Thulium 168.934	70 Yb Ytterbium 173.04	71 Lu Lutetium 174.957
90 Th Thorium 232.038	91 Pa Proactinium 231.036	92 U Uranium 238.029	93 Np Neptunium (237)	94 Pu Plutonium (244)	95 Am Amercium (243)	96 Cm Curium (247)	97 Bk Barkelium (247)	98 Cf Californium (251)	99 Es Einsteinium (269)	100 Fm Fermium (257)	101 Md Mendelevium (258)	102 No Nobelium (259)	103 Lr Lawrencium (262)

- आवर्त सारणी का f-ब्लॉक दो श्रेणियों लैन्थेनॉइडों (लैन्थेनम से आगे वाले 14 तत्व) तथा ऐक्टिनॉइडों (ऐक्टिनियम से आगे वाले 14 तत्व) से मिलकर बना है।
- लैन्थेनॉइडों का इलेक्ट्रॉनिक विन्यास $4f^{1-14}5d^{0-1}6s^2$ होता है।
- ऐक्टिनॉइडों का इलेक्ट्रॉनिक विन्यास अनियमित है। इस ब्लॉक के तत्व आन्तरिक संक्रमण तत्व (inner transition elements) भी कहलाते हैं।
- दुर्लभ शब्द का प्रयोग लैंथेनॉइडस हेतु भी किया जाता है, क्योंकि ये कम मात्रा में पाए जाते हैं और पृथ्वी की भू पर्पटी में गहराई में उपस्थित होते है, इसलिए इन्हें पृथ्वी की भू पर्पटी से निकालना कठिन होता हैं।
- यूरेनियम (परमाणु क्रमांक-92) के बाद वाले तत्व मानव निर्मित हैं अर्थात् मानव द्वारा कृत्रिम रूप से संश्लेषित किए गए हैं। अत: इन्हें परायूरेनियम या संश्लेषित तत्व (transuranium or synthetic elements) भी कहते हैं।

p ब्लॉक तत्व

13 IIIA	14 IVA	15 VA	16 VIA	17 VIIA	18 0(zero)
				1 H Hydrogen 1.006	2 He Helium 4.003
5 B Boron 10.811	6 C Carbon 12.011	7 N Nitrogen 14.007	8 O Oxygen 15.999	9 F Fluorine 18.998	10 Ne Neon 20.180
13 Al Aluminium 26.962	14 Si Silicon 28.086	15 P Phosphorus 30.914	16 S Sulphur 32.066	17 Cl Chlorine 35.453	18 Ar Argon 39.948
31 Ga Gallium 69.723	32 Ge Germanium 72.61	33 As Arsenic 7.822	34 Se Selenium 78.96	35 Br Bromine 79.904	36 Kr Krypton 83.30
49 In Indium 114.818	50 Sn Tin 118.710	51 Sb Antimony 121.80	52 Te Tellurium 177.60	53 I Iodine 125.904	54 Xe Xenon 131.29
81 Tl Thallium 204.383	82 Pb Lead 207.2	83 Bi Bismuth 208.980	84 Po Polonium (209)	85 At Astatine (210)	86 Rn Radon (222)
113 Nh Nihonium (286)	114 Fl Flerovium (289)	115 Mc Moscovium (290)	116 Lv Livermorium (291)	117 Ts Tennessine (294)	118 Og Oganesson (294)

अनसेप्टियम (टेनेसिन)

इसकी खोज एक अतिभारी रासायनिक तत्व के रूप में की गई थी, जिसका परमाणु क्रमांक 117 है। यह आवर्त सारणी में पाँच हैलोजन के नीचे समूह-17 का सदस्य है। इसके संश्लेषण का तथ्य 2010 में रूस के डबाना में एक संयुक्त रूसी-अमेरिकी सहयोग द्वारा किया गया था।

- p-ब्लॉक तत्वों में संयोजी इलेक्ट्रॉन p-कक्षक में प्रवेश करते हैं।
- इनके संयोजी कोश का इलेक्ट्रॉनिक विन्यास $ns^2\,np^{1-6}$ है।
- आवर्त सारणी में समूह-13 से 18 (IIIA से VIIIA) p-ब्लॉक तत्व हैं।
- समूह-15(VA), 16(VIA), 17(VIIA) के तत्वों को भी उनके बाहरी कोश में 5, 6 और 7 इलेक्ट्रॉन होने के कारण, क्रमश: निकोजन (pnicogens चैल्कोजन chatcogens) और हैलोजन्स कहते हैं।
- समूह 18 या 0 के तत्व को उत्कृष्ट गैस या अक्रिय गैस कहा जाता है, क्योंकि ये अक्रियाशील होते है तथा एकपरमाणुक रूप में पाए जाते हैं।
- यह एकमात्र ऐसा ब्लॉक है, जिसमें धातु, अधातु तथा उपधातु सभी हैं।

p-ब्लॉक तत्व

- *p*-ब्लॉक तत्वों में संयोजी इलेक्ट्रॉन *np*-कक्षक में प्रवेश करते हैं।
- आवर्त सारणी में समूह-13 से 18 (III A से VII A) *p*-ब्लॉक तत्व हैं। यह एकमात्र ऐसा ब्लॉक है, जिसमें धातु, अधातु तथा उपधातु (Metals, non-metals and metalloids) सभी हैं।
- इस ब्लॉक के भारी सदस्य अक्रिय युग्म प्रभाव (Inert pair effect) दर्शाते हैं, अर्थात् इनमें निम्न संयोजकता अधिक स्थायी है।

d-ब्लॉक तत्व

- इन तत्वों को संक्रमण तत्व कहा जाता है (जिंक, कैडमियम और मर्करी के अतिरिक्त)। *d*-ब्लॉक तत्वों में संयोजी इलेक्ट्रॉन $(n-1)\,d$-कक्षक मे प्रवेश करते हैं।
- संयोजी कोश का इलेक्ट्रॉनिक विन्यास $(n-1)\, d^{1-10}\, ns^{1-2}$ होता है। आवर्त सारणी के इस ब्लॉक में समूह 3 से 12 तक के तत्व हैं।
- संक्रमण धातुओं की तीन श्रेणियाँ, 3*d*-श्रेणी (Sc से Zn), 4*d*-श्रेणी (*Y* से Cd) और 5*d*-श्रेणी (La से Hg, Ce से Lu को निकालकर) से जानी जाती है।

f-ब्लॉक तत्व

- आवर्त सारणी का *f*-ब्लॉक दो श्रेणियों लैन्थेनाइडों (Lanthanides) (लैन्थेनम से आगे वाले 14 तत्व) तथा ऐक्टिनाइडों (Actinides) (ऐक्टिनियम से आगे वाले 14 तत्व) से मिलकर बना है।
- लैन्थेनॉइडों का इलेक्ट्रॉनिक विन्यास $6s^2\, 5d^{0-2}\, 4f^{1-14}$ होता है। ऐक्टिनॉइडों का इलेक्ट्रॉनिक विन्यास अनियमित है।
- इस ब्लॉक के तत्व आन्तरिक संक्रमण तत्व (Inner transition elemetnts) भी कहलाते हैं।

आवर्ती गुणधर्म

- तत्वों को उनके परमाणु क्रमांकों के बढ़ते क्रम में रखने पर एक निश्चित अवधि के पश्चात् उनके भौतिक एवं रासायनिक गुणों में पुनरावृत्ति होती है।
- उनके इन गुणों को आवर्ती गुण (Periodic properties) कहते हैं तथा इस प्रकार गुणों में समानताओं की पुनरावृत्ति को व्यक्त करने की घटना को आवर्तिता कहते हैं। इसका कारण यह है कि तत्वों को उनके बढ़ते हुए परमाणु क्रमांकों के क्रम में रखने पर भिन्न-भिन्न तत्वों की बाह्यतम् कक्षा में इलेक्ट्रॉनिक विन्यास क्रमिक रूप से दोहराए जाते हैं।

कुछ महत्त्वपूर्ण आवर्ती गुणधर्म निम्न प्रकार हैं

- परमाणु त्रिज्या किसी परमाणु के नाभिक के केन्द्र तथा बाह्यतम् कक्षा के इलेक्ट्रॉनों के बीच की दूरी को परमाणु त्रिज्या कहा जाता है।
- आयनन ऊर्जा किसी तत्व के उदासीन, विलगित गैसीय परमाणु की तलस्थ अवस्था में उसकी बाह्यतम् कक्षा से इलेक्ट्रॉन पृथक् करने हेतु आवश्यक ऊर्जा की मात्रा को उस तत्व की आयनन ऊर्जा कहते हैं।
- इलेक्ट्रॉन बन्धुता किसी तत्व के उदासीन, विलगित गैसीय परमाणु द्वारा अपनी बाह्यतम् कक्षा में एक अतिरिक्त इलेक्ट्रॉन ग्रहण कर ऋणायन में परिवर्तन के फलस्वरूप परिवर्तित ऊर्जा की मात्रा को इलेक्ट्रॉन बन्धुता कहते हैं।
- विद्युत ऋणात्मकता किसी सहसंयोजी यौगिक में किन्हीं दो परमाणुओं के मध्य बने बन्ध से एक तत्व के परमाणु द्वारा इलेक्ट्रॉन युग्म को अपनी ओर आकर्षित करने की प्रवृत्ति को विद्युत ऋणात्मकता कहते हैं।
- संयोजकता किसी आवर्त में बायीं से दायीं ओर जाने पर संयोजकता पहले 1 से 4 (संयोजी इलेक्ट्रॉन) तक बढ़ती है, तत्पश्चात् 4 से 0 तक घटती है।
- धात्विक लक्षण आवर्त में बायीं से दायीं ओर चलने पर तत्वों का धात्विक लक्षण घटता है तथा समूह में नीचे की ओर चलने पर धात्विक लक्षण बढ़ता है।
- ऑक्सीकारक एवं अपचायक गुण आवर्त में दायीं ओर चलने पर ऑक्सीकारक गुण बढ़ता है जबकि अपचायक गुण घटता है। समूह में नीचे की ओर चलने पर ऑक्सीकारक गुण घटता है तथा अपचायक गुण बढ़ता है।
- आवर्त में दायीं ओर चलने पर ऑक्साइडों की अम्लीय प्रकृति बढ़ती है तथा क्षारीय प्रकृति घटती है। समूह में नीचे की ओर चलने पर आक्साइडों की क्षारीय प्रकृति बढ़ती है तथा अम्लीय प्रकृति घटती है।

आवर्ती गुणों में प्रवृत्तियाँ

तत्वों के आवर्ती गुण	आवर्त में बाएँ से दाएँ	वर्ग में ऊपर से नीचे
आयनन ऊर्जा	वृद्धि होती है	घटती है
इलेक्ट्रॉन बन्धुता	वृद्धि होती है	घटती है
विद्युत-ऋणात्मकता	वृद्धि होती है	घटती है
ऑक्साइडों की अम्लीय प्रकृति	वृद्धि होती है	घटती है
परमाणु त्रिज्या	घटती है	वृद्धि होती है
ऑक्साइडों की क्षारीय प्रकृति	घटती है	वृद्धि होती है
धात्विक गुण	घटती है	बढ़ते हैं
अधात्विक गुण	घटती है	घटते हैं

कुछ तत्वों के उच्चतम और निम्नतम गुण

उच्चतम/निम्नतम गुण	तत्व
सबसे हल्का तत्व (अधातु)	हाइड्रोजन
सबसे भारी तत्व	ऑस्मियम
सबसे हल्की धातु	लीथियम
द्रव धातु	मर्करी
द्रव अधातु	ब्रोमीन
सबसे अच्छा सुचालक (धातु)	सिल्वर
दूसरा सबसे अच्छा सुचालक	कॉपर
सबसे अच्छा अधात्विक चालक	ग्रेफाइट
सबसे अधिक तन्य और आघातवर्धनीय धातु	गोल्ड
उच्चतम गलनांक वाली धातु	टंगस्टन
उच्चतम इलेक्ट्रॉन बन्धुता वाला तत्व	क्लोरीन
सर्वाधिक विद्युत ऋणात्मक तत्व	फ्लोरीन
मिट्टी के तेल में रखा जाने वाला तत्त्व	सोडियम
सर्वाधिक विषैली धातु	प्लूटोनियम

“किसी अणु में दो या दो से अधिक परमाणु जिस बल द्वारा एक-दूसरे से जुड़े होते हैं, वे रासायनिक बन्ध कहलाते हैं। वह प्रक्रम जिसमें रासायनिक बन्धों के टूटने या जुड़ने से एक या एक से अधिक पदार्थ, किसी नए पदार्थ में परिवर्तित हो जाते हैं, रासायनिक अभिक्रिया कहलाती है।

अध्याय चार

रासायनिक बन्ध, अभिक्रियाएँ और समीकरण

रासायनिक बन्धता

- अक्रिय गैसों को छोड़कर अन्य जितने भी तत्व हैं वे अपनी बाह्यतम् कक्षा में अपनी निकटतम अक्रिय गैस की भाँति इलेक्ट्रॉनों की संख्या पूर्ण कर लेने की प्रकृति रखते हैं ताकि ये स्थायी बन जाएँ।
- तत्वों के बीच रासायनिक संयोग होता है, इस रासायनिक संयोग की प्रक्रिया को रासायनिक बन्धता (Chemical bonding) कहते हैं।

संयोजकता

- संयोजकता शब्द का प्रयोग सर्वप्रथम फ्रैंकलैण्ड ने 1852 ई. में 'तत्वों के परमाणुओं की संयोग करने की क्षमता' के लिए किया। किसी तत्व की रासायनिक संयोग करने की क्षमता अर्थात् संयोजन क्षमता (Combining capacity) को उस तत्व की संयोजकता कहा जाता है।

तत्वों की संयोजकता

तत्व	संयोजकता (n)	तत्व	संयोजकता ($n-8$)
H	1	N	-3
Na	1	P	-3
K	1	O	-2
Mg	2	S	-2
Ca	2	F	-1
Al	3	Cl	-1
C	4	Br	-1

रासायनिक बन्ध

किसी अणु अथवा यौगिक में उपस्थित परमाणुओं के मध्य कार्यरत् वह आकर्षण बल जो इन्हें परस्पर जोड़े रखता है, रासायनिक बन्ध कहलाता है।

रासायनिक बन्धों के प्रकार

रासायनिक बन्धों को उनके स्थानान्तरित किए गए इलेक्ट्रानों या साझा किए गए इलेक्ट्रानों के आधार पर निम्न प्रकारों में विभाजित किया गया है

विद्युत संयोजक बन्ध

- एक परमाणु से दूसरे परमाणु में इलेक्ट्रॉनों के पूर्ण स्थानान्तरण से जो बन्ध बनते हैं उन्हें विद्युत संयोजक (Electrovalent) या आयनिक बन्ध कहते हैं।

विद्युत् संयोजक यौगिकों में निम्नलिखित गुण पाए जाते हैं

- विद्युत् संयोजक यौगिक दो विपरीत आवेशों वाले आयनों के मध्य स्थिर विद्युत् आकर्षण बल के कारण आपस में दृढ़ता से जुड़े होते हैं। इस कारण उनका क्वथनांक और गलनांक (द्रवणांक) उच्च होता है।
- ठोस अवस्था में ये विद्युत् के कुचालक होते हैं, क्योंकि इस अवस्था में इनके आयन एक स्थान से दूसरे स्थान की ओर स्वतन्त्रतापूर्वक गमन नहीं कर सकते लेकिन गलित अवस्था में अथवा जलीय घोल में ये विद्युत के सुचालक होते हैं।

- ये यौगिक बड़े आकार के ठोस क्रिस्टल बनाते हैं जिसमें आयन नियमित रूप से त्रिविम में फैले होते हैं।
- ये जल में विलेय होते हैं किन्तु कार्बनिक विलायकों (बेन्जीन, कार्बन टेट्राक्लोराइड आदि) में अविलेय होते हैं।
- विद्युत संयोजी यौगिक समावयवता प्रदर्शित नहीं करते।
- इन यौगिकों की अभिक्रिया प्राय: तीव्र गति से होती है।

कुछ महत्त्वपूर्ण विद्युत संयोजक यौगिक

नाम	रासायनिक सूत्र	उपस्थित आयन
सोडियम क्लोराइड (साधारण नमक)	$NaCl$	Na^+, Cl^-
सोडियम हाइड्रॉक्साइड (कॉस्टिक सोडा)	$NaOH$	Na^+, OH^-
एल्युमीनियम ऑक्साइड	Al_2O_3	Al^{3+}, O^{2-}
अमोनियम क्लोराइड	NH_4Cl	NH_4^+, Cl^-
मैग्नीशियम क्लोराइड	$MgCl_2$	Mg^{2+}, Cl^-
पोटैशियम क्लोराइड	KCl	K^+, Cl^-
कैल्सियम क्लोराइड	$CaCl_2$	Ca^{2+}, Cl^-
कैल्सियम नाइट्रेट	$Ca(NO_3)_2$	Ca^{2+}, NO_3^-
कॉपर सल्फेट	$CuSO_4$	Cu^{2+}, SO_4^{2-}

सहसंयोजक बन्ध

- परमाणुओं के मध्य इलेक्ट्रॉनों की सांझेदारी से बनने वाला बन्ध सहसंयोजक (Covalent) बन्ध कहलाता है तथा इस प्रकार का बन्ध जिन यौगिकों में उपस्थित होता है, वे सहसंयोजक यौगिक कहलाते हैं।

सहसंयोजक यौगिकों के कुछ मुख्य लक्षण निम्न हैं

- सहसंयोजक यौगिकों के गलनांक और क्वथनांक निम्न होते हैं क्योंकि इनमें **अन्तराण्विक बल** (Intermolecular forces) (परमाणु, अणु या आयन के बीच लगने वाले बल) बहुत दुर्बल होते हैं। उदासीन अणुओं से बने होने के कारण सहसंयोजक यौगिक, विलयन में आयन नहीं बनाते अर्थात् ये आयनों में नहीं टूटते। फलत: ये विद्युत के कुचालक होते हैं।
- ये यौगिक जल में अल्प घुलनशील हैं जबकि बेन्जीन, ईथर, क्लोरोफॉर्म जैसे कार्बनिक विलायकों में आसानी से घुलनशील हैं।
- अधिकांश सहसंयोजक यौगिक साधारण अवस्था में गैस या द्रव या वाष्पशील ठोस होते हैं।

कुछ महत्त्वपूर्ण सहसंयोजक यौगिक

नाम	रासायनिक सूत्र	उपस्थित तत्व
मेथेन	CH_4	C और H
एथेन	C_2H_6	C और H
एथिलीन	C_2H_4	C और H
ऐल्कोहॉल (एथेनॉल)	C_2H_5OH	C, H, और O
अमोनिया	NH_3	N और H
ऐसीटिलीन (एथाइन)	C_2H_2	C और H
कार्बन डाइऑक्साइड	CO_2	C और O
कार्बन ट्रेटाक्लोराइड	CCl_4	C और Cl
ग्लूकोस	$C_6H_{12}O_6$	C, H और O
शर्करा	$C_{12}H_{22}O_{11}$	C, H और O

उपसहसंयोजक बन्ध

लोरी व सिडविक (1923) के अनुसार, उपसहसंयोजक बन्ध (Coordinate Bond) एक विशेष प्रकार का सहसंयोजक बन्ध है, जिसमें दो परमाणु परस्पर साझे के एक इलेक्ट्रॉन युग्म के द्वारा बन्धे रहते हैं, परन्तु साझे का इलेक्ट्रॉन युग्म केवल एक ही परमाणु द्वारा दिया जाता है।

- इसके अनुसार, एक परमाणु जिसकी बाह्यतम कक्षा पूर्ण होती है, दूसरे परमाणु (जिसकी बाह्य कक्षा में एक इलेक्ट्रॉन युग्म की कमी होती है) को एक इलेक्ट्रॉन युग्म प्रदान करता है।
- इलेक्ट्रॉन युग्म प्रदान करने वाला परमाणु दाता (Donor) तथा ग्रहण करने वाला परमाणु ग्राही (Acceptor) कहलाता है।
- इस बन्ध को दाता से ग्राही की ओर एक तीर (→) के चिह्न द्वारा प्रदर्शित करते हैं।
- कुछ महत्त्वपूर्ण यौगिक जिनमें आयनिक तथा सहसंयोजक दोनों प्रकार के बन्ध पाए जाते हैं
  - पोटैशियम हाइड्रॉक्साइड (KOH), सोडियम सायनाइड (NaCN), कैल्सियम कार्बोनेट ($CaCO_3$), आदि।
- यौगिक जिनमें सहसंयोजक तथा उपसहसंयोजक दोनों प्रकार के बन्ध पाए जाते हैं
  - कार्बन मोनोक्साइड (CO), ओजोन (O_3), डाइनाइट्रोजन (N_2), डाइनाइट्रोजन ट्राइऑक्साइड (N_2O_3), नाइट्रिक अम्ल (HNO_3), आदि।
- यौगिक जिनमें विद्युत संयोजक, सहसंयोजक तथा उपसहसंयोजक तीनों प्रकार के बन्ध पाए जाते हैं।
  - अमोनियम क्लोराइड (NH_4Cl) तथा अमोनियम ब्रोमाइड (NH_4Br) आदि।

हाइड्रोजन बन्ध

वह बन्ध जो आकर्षण बल द्वारा ध्रुवीय सहसंयोजक यौगिक के एक अणु के हाइड्रोजन परमाणु को उसी अणु अथवा दूसरे अणु (समान या असमान) के ऋणविद्युती परमाणु (F, O अथवा N) के साथ बन्ध बनाता है, हाइड्रोजन बन्ध (Hydrogen bond) कहलाता है।

हाइड्रोजन बन्ध दो प्रकार का होता है

1. अन्तराणुक हाइड्रोजन जब हाइड्रोजन बन्ध, दो या दो से अधिक अणुओं के परमाणुओं के बीच बनता है, तो इसे अन्तराणुक हाइड्रोजन बन्ध कहते हैं।
   उदाहरण—HF, H_2O, NH_3, HCN, H_3PO_3 $NaHF_2$, H_2O_2 आदि।

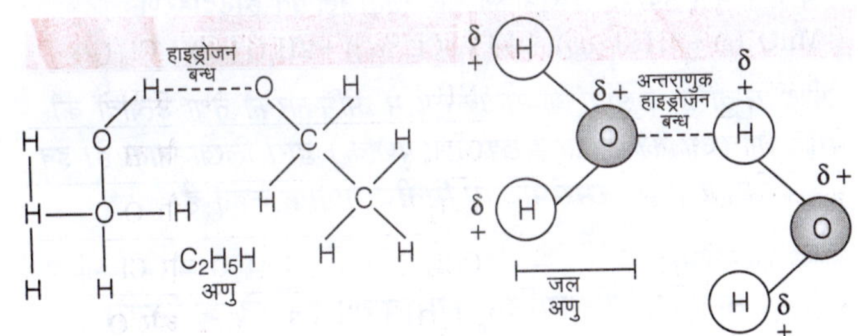

2. अन्त: अणुक हाइड्रोजन बन्ध जब हाइड्रोजन बन्ध एक ही अणु के परमाणुओं के बीच बनता है तो इसे अन्त:अणुक हाइड्रोजन बन्ध कहते हैं।

उदाहरण *ऑर्थो*-नाइट्रोफीनॉल, *ऑर्थो*-हाइड्राक्सी- बेन्जैल्डिहाइड, *ऑर्थो*-हाइड्रॉक्सी बेन्जोइक अम्ल, प्रोटीन, RNA आदि।

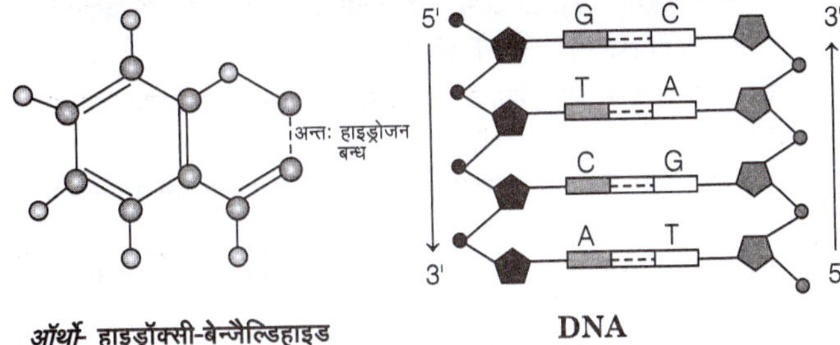

***ऑर्थो*- हाइड्रॉक्सी-बेन्जैल्डिहाइड** **DNA**

हाइड्रोजन बन्ध के अनुप्रयोग

- जिन यौगिकों में अन्तराअणुक हाइड्रोजन बन्ध होता है, उनके क्वथनांक व गलनांक उच्च होते हैं।
- वे यौगिक जो जल के साथ H-बन्ध बना सकते हैं, जल में विलेय होते हैं। उदाहरण ऐल्कोहॉल, कार्बोनिल यौगिक आदि जल के साथ H-बन्ध बना सकते हैं, अत: जल में विलेय होते हैं, जबकि हाइड्रोकार्बन यौगिक, थायोऐल्कोहॉल आदि जल में अल्पविलेय होते हैं।
- किसी यौगिक में एक अणु जितने अधिक अन्तराअणुक H-बन्ध बना सकता है, उसकी **श्यानता** (Viscosity) (द्रव का वह गुण जिससे वह अपनी विभिन्न परतों के बीच आपेक्षिक गति का विरोध करता है।) उतनी ही अधिक होती है। उदाहरण ग्लिसरॉल। अन्तराअणुक हाइड्रोजन बन्ध के कारण HF व H_2O द्रव है, जबकि HCl व H_2S गैस है।

वाण्डरवाल्स आकर्षण बल

ये सामान्यत: रासायनिक बन्धों की तुलना में दुर्बल बन्ध होते हैं तथा अणुओं के मध्य बनते हैं। ये निम्न प्रकार के हो सकते हैं

1. **दो द्विध्रुवों के मध्य लगने वाला बल** (स्थायी द्विध्रुव बल)

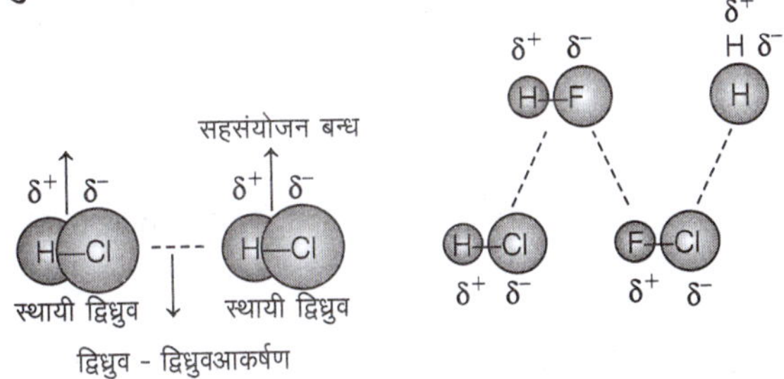

द्विध्रुव - द्विध्रुवआकर्षण

2. **एक द्विध्रुव तथा एक प्रेरित द्विध्रुव के मध्य लगने वाला बल** (डिबाई बल)।

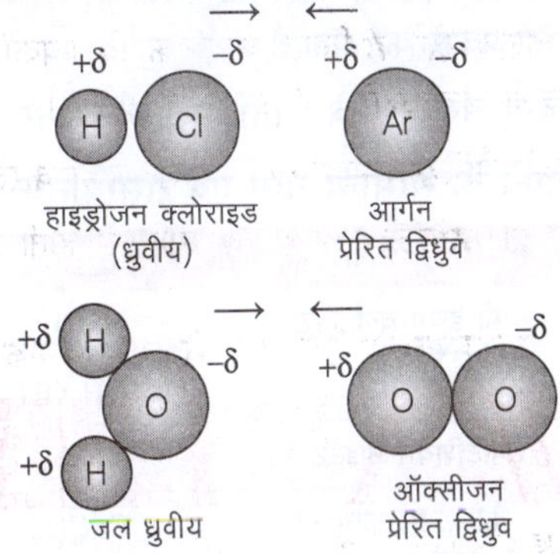

3. **लन्दन परिक्षेपण बल** दो प्रेरित द्विध्रुवों के मध्य लगने वाला बल (लन्दन परिक्षेपण बल): छिपकली के पंजो और दीवार के मध्य वाण्डरवाल्स आकर्षण बल (लंदन परिक्षेपण बल) कार्य करता है, जिसके कारण वह दीवार पर चिपकी रहती है।

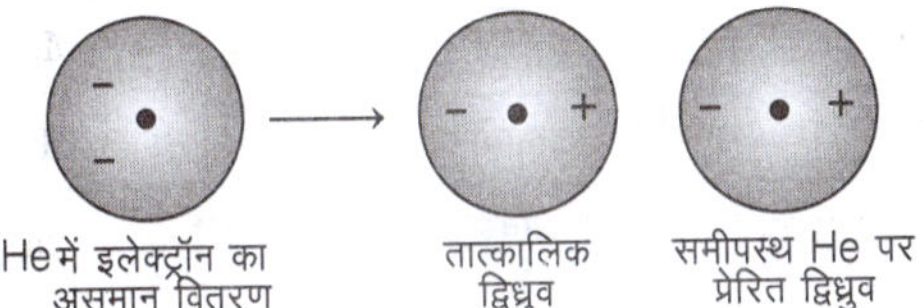

रासायनिक सूत्र

- तत्वों के प्रतीकों का वह समूह, जो किसी यौगिक के एक अणु को प्रदर्शित करता है, उस यौगिक का रासायनिक सूत्र (Chemical formula) कहलाता है।
- जल का आण्विक सूत्र H_2O है, अत: जल में ऑक्सीजन का एक परमाणु और हाइड्रोजन के दो परमाणु उपस्थित हैं।

रासायनिक सूत्रों के प्रकार

रासायनिक सूत्रों को मुख्यत: तीन भागों में विभाजित किया गया है, जो निम्नलिखित हैं

- अणुसूत्र (Molecular formula) वह सूत्र जिससे किसी यौगिक के एक अणु में उपस्थित तत्वों के परमाणुओं की वास्तविक संख्या का ज्ञान होता है, अणुसूत्र कहलाता है।
- जैसे-ग्लूकोज ($C_6H_{12}O_6$) के सूत्र से ज्ञात होता है कि ग्लूकोज के एक अणु में कार्बन और ऑक्सीजन के 6 परमाणु तथा हाइड्रोजन के 12 परमाणु उपस्थित हैं।
- मूलानुपाती या सरलतम सूत्र (Empirical Formula) वह सूत्र जिससे किसी यौगिक अथवा मूलक में उपस्थित तत्वों के परमाणुओं के सरल अनुपात का पता चलता है, मूलानुपाती सूत्र कहलाता है। जैसे-ग्लूकोस का अणुसूत्र $C_6H_{12}O_6$ है परन्तु सरलतम सूत्र CH_2O है तो यह दर्शाता है कि इसमें C, H व O का अनुपात 1:2:1 है। किसी यौगिक के अणुसूत्र तथा मूलानुपाती सूत्र में निम्न सम्बन्ध होता है।
  अणुसूत्र = (मूलानुपाती सूत्र)$_n$ (जहाँ, n = पूर्ण संख्या = 1, 2, 3..)

- संरचना सूत्र (Structural formula) वह सूत्र जो अणुसूत्र में स्थित तत्वों के परमाणुओं के परस्पर आबन्ध को स्पष्ट करता है अर्थात् अणु में स्थित परमाणुओं की व्यवस्था को स्पष्ट करता है, संरचना सूत्र कहलाता है। ये मुख्यत: दो प्रकार का होता है

(i) इलेक्ट्रॉन बिन्दु संरचना सूत्र (ii) रेखा-बन्ध संरचना सूत्र

यौगिकों के सामान्य नाम एवं रासायनिक सूत्र

सामान्य नाम	रासायनिक नाम	रासायनिक सूत्र
नमक	सोडियम क्लोराइड	$NaCl$
काष्ठस्प्रिट	मेथेनॉल	CH_3OH
साल्ट पीटर	पोटैशियम नाइट्रेट	KNO_3
चूना पत्थर	कैल्शियम कार्बोनेट	$CaCO_3$
चूना	कैल्शियम ऑक्साइड	CaO
हास्य गैस	नाइट्रस ऑक्साइड	N_2O
ऐल्कोहॉल	एथेनॉल	C_2H_5OH
हाइपो	सोडियम थायोसल्फेट	$Na_2S_2O_3$
धावन सोडा	सोडियम कार्बोनेट	Na_2CO_3
बेकिंग सोडा	सोडियम बाईकार्बोनेट	$NaHCO_3$
शुष्क बर्फ	कार्बन डाइ ऑक्साइड	CO_2
मार्श गैस	मेथेन	CH_4
सिरका	ऐसीटिक अम्ल	CH_3COOH
रसायनों का राजा	सल्फ्यूरिक अम्ल	H_2SO_4
लिथार्ज	लेड ऑक्साइड	PbO
जंग	आयरन ऑक्साइड	Fe_2O_3
जिप्सम	कैल्सियम सल्फेट डाइहाइड्रेट	$CaSO_4 \cdot 2H_2O$
नीला थोथा	कॉपर सल्फेट	$CuSO_4 \cdot 5H_2O$
फास्जीन	कार्बोनिल डाइक्लोराइड	$COCl_2$
लाल दवा	पोटैशियम परमैंगनेट	$KMnO_4$
सुहागा	बोरेक्स	$Na_2B_4O_7 \cdot 10H_2O$
नौसादर	अमोनियम क्लोराइड	NH_4Cl

रासायनिक समीकरण

- रासायनिक समीकरण (Chemical equation) किसी भी रासायनिक अभिक्रिया को संकेतों तथा सूत्रों के संगठन से प्रदर्शित करने का संक्षिप्त निरूपण है। इसमें अभिकारकों को बायीं ओर तथा उत्पादों को दायीं ओर प्रदर्शित करते हैं।
- रासायनिक समीकरण में अभिकारकों एवं उत्पादों के मध्य तीर (→) या बराबर (=) का चिन्ह लगाते हैं।
- अभिकारकों एवं उत्पादों की भौतिक अवस्था जैसे-ठोस के बाद (*s*) द्रव के बाद (*l*) तथा गैसीय पदार्थों के बाद (*g*) या ↑ (केवल उत्पाद के लिए) लिखते हैं।
- जल में घुले पदार्थों के सूत्रों के बाद (*aq*) लिखते हैं।उदाहरण
$MnO_2(s) + 4HCl(aq) \longrightarrow MnCl_2(aq) + 2H_2O(aq) + Cl_2(g)$

नोट *सन्तुलित रासायनिक समीकरण में अभिकारकों तथा उत्पादों की मात्राओं को उचित संख्याओं (पूर्णांक) द्वारा लिखा जाता है। इन संख्याओं को* ***रससमीकरणमितीय गुणांक*** *कहते हैं।*

सन्तुलित रासायनिक समीकरण लिखने के नियम

- शब्दों की जगह रासायनिक सूत्र का उपयोग करके रासायनिक समीकरणों को अधिक संक्षिप्त तथा उपयोगी बनाया जा सकता है।
- रासायनिक समीकरण किसी रासायनिक अभिक्रिया को दर्शाता है।
- यदि आप मैग्नीशियम, ऑक्सीजन तथा मैग्नीशियम ऑक्साइड के सूत्रों का स्मरण करें, तो उपरोक्त शब्द-समीकरण को इस प्रकार लिखा जा सकता है

$$\underset{(\text{अभिकारक})}{2Mg + O_2} \longrightarrow \underset{(\text{उत्पाद})}{2MgO}$$

- तीर के निशान के बाईं ओर के तत्वों के परमाणुओं की संख्या की गिनती कर उनकी तुलना करें।
- यदि दोनों ओर तत्वों के परमाणुओं की संख्या समान है, तो समीकरण सन्तुलित है।
यदि नहीं, तो समीकरण असन्तुलित है, क्योंकि समीकरण के दोनों ओर का द्रव्यमान बराबर नहीं है।
- किसी अभिक्रिया का ऐसा रासायनिक समीकरण ढाँचा, **रासायनिक समीकरण** (Chemical equation) कहलाता है।
- अत: उपरोक्त रासायनिक समीकरण मैग्नीशियम के वायु में जलना समीकरण है।

रासायनिक अभिक्रिया

- वह अभिक्रिया, जिसमें एक अथवा एक से अधिक रासायनिक पदार्थ परस्पर क्रिया करके स्वयं से अलग रासायनिक गुणधर्मों वाले पदार्थों को उत्पन्न करते हैं, रासायनिक अभिक्रिया (Chemical reaction) कहलाती है।
- रासायनिक अभिक्रिया में भाग लेने वाले पदार्थ अभिकारक (Reactants) तथा बनने वाले नए पदार्थ उत्पाद (Products) कहलाते हैं।

रासायनिक अभिक्रियाओं को प्रभावित करने वाले कारक

- अभिकारक का सांद्रण (Concentration of reactants) अभिक्रिया का सांद्रण बढ़ाने पर अभिक्रिया की दर बढ़ती है क्योंकि अभिकारक अणुओं की संख्या में वृद्धि हो जाती है।
- ताप (Temperature) ताप बढ़ाने पर अभिक्रिया की दर बढ़ती है क्योंकि 10°C ताप बढ़ाने पर अभिक्रिया की दर दोगुनी हो जाती है। ऐसा अभिक्रिया के क्रियाकारकों के अणुओं की टक्कर बढ़ने के कारण होता है।
- दाब (Pressure) गैसीय अभिक्रियाओं में दाब बढ़ाने पर अभिक्रिया की दर बढ़ती है।

रासायनिक अभिक्रियाओं के प्रकार

संयोजन अभिक्रियाएँ

- इसमें दो या दो से अधिक पदार्थ संयोग करके एक नया पदार्थ बनाते हैं।
- कार्बन का वायु में दहन करने पर कार्बन तथा ऑक्सीजन संयोग करके कार्बन डाइऑक्साइड बनाते हैं।

$$C + O_2 \longrightarrow CO_2, N_2 + 3H_2 \longrightarrow 2NH_3$$

अपघटन अभिक्रियाएँ

- जब एक बड़ा यौगिक दो या दो से अधिक छोटे यौगिकों अथवा अपने अवयवों में टूट जाता है तो यह क्रिया अपघटन (Decomposition) कहलाती है।

अपघटन अभिक्रियाएँ

1. **ऊष्मीय अपघटन** जब अभिक्रिया गर्म करने पर होती है तो उष्मीय अपघटन कहलाती है।

$$\underset{\text{पोटैशियम क्लोरेट}}{2KClO_3} \xrightarrow{\text{गर्म करने पर}} \underset{\text{पोटैशियम क्लोराइड}}{2KCl} + \underset{\text{ऑक्सीजन}}{3O_2}$$

2. **विद्युत-अपघटन** जब विद्युत प्रवाहित करने पर अभिक्रिया होती है तो विद्युत-अपघटन कहलाती है।

$$\underset{\text{जल}}{2H_2O} \xrightarrow{\text{विद्युत}} \underset{\text{हाइड्रोजन}}{2H_2} + \underset{\text{ऑक्सीजन}}{O_2}$$

3. **प्रकाश अपघटक** जब अभिक्रिया सूर्य के प्रकाश की उपस्थिति में होती है तो प्रकाश-अपघटन कहलाती है।

$$\underset{\text{सिल्वर क्लोराइड}}{2AgCl(s)} \xrightarrow{\text{सूर्य का प्रकाश}} \underset{\text{सिल्वर}}{2Ag(s)} + \underset{\text{क्लोरीन}}{Cl_2}$$

वियोजन अभिक्रियाएँ

- जब किसी यौगिक के ताप, दाब आदि में परिवर्तित करने पर वह दो या दो से अधिक पदार्थों में अपघटित हो जाता है तथा परिवर्तन के कारण हटा देने पर पुनः मूल यौगिक प्राप्त हो जाता है, तो वह अभिक्रिया वियोजन (Dissociation) कहलाती है।
- ऊष्मीय वियोजन जब अभिक्रिया गर्म करने पर होती है, तो ऊष्मीय वियोजन कहलाती है।

$$\underset{\text{अमोनियम क्लोराइड}}{NH_4Cl} \longrightarrow \underset{\text{अमोनिया}}{NH_3} + \underset{\text{हाइड्रोजन क्लोराइड}}{HCl}$$

- विद्युतीय वियोजन जब अभिक्रिया विद्युत प्रवाहित करने पर होती है, तो विद्युतीय वियोजन कहलाती है।

$$\underset{\text{सोडियम क्लोराइड}}{NaCl} \rightleftharpoons Na^+ + Cl$$

- अपघटन तथा वियोजन अभिक्रियाओं में मुख्य अन्तर यह है कि वियोजन क्रियाओं में मूल पदार्थ पुनः प्राप्त किया जा सकता है जबकि अपघटन क्रियाओं में मूल पदार्थ प्राप्त नहीं कर सकते।

प्रतिस्थापन अभिक्रियाएँ

- इसमें किसी यौगिक के अणु के एक परमाणु अथवा मूलक का स्थान कोई दूसरा परमाणु अथवा मूलक ले लेता है।
- विस्थापन अभिक्रियाएँ दो प्रकार की होती हैं। एकल विस्थापन और द्विविस्थापन जैसे— $CuSO_4 + Fe \longrightarrow Cu + FeSO_4$

मन्द तथा तीव्र अभिक्रियाएँ

- कुछ अभिक्रियाएँ बहुत ही मन्द (धीमी) गति से होती हैं तथा कभी-कभी तो उन्हे पूर्ण होने में कुछ दिन अथवा कुछ वर्ष भी लग जाते हैं। ऐसी अभिक्रियाएँ मन्द अभिक्रियाएँ (Slow reaction) कहलाती है। जैसे-लोहे पर जंग लगना।
- इसके विपरीत, कुछ अभिक्रियाएँ इतनी तीव्र होती हैं कि उन्हे पूर्ण होने में केवल कुछ सेकण्ड ही लगते हैं। ये अभिक्रियाएँ तीव्र अभिक्रियाएँ (Fast Reaction) कहलाती हैं।

पुनर्विन्यास अभिक्रिया

- उन कार्बनिक अभिक्रियाओं को पुनर्विन्यास अभिक्रिया (Rearrangement Reaction) कहते हैं जिनमें किसी अणु का कार्बन अपना विन्यास बदलकर मूल अणु का एक संरचनात्मक समावयवी बनता है।
- इन अभिक्रियाओं में प्रतिस्थापी एक परमाणु से दूसरे परमाणु पर चला जाता है।

$$\underset{\text{अमोनियम सायनेट}}{NH_4CNO} \longrightarrow \underset{\text{यूरिया}}{NH_2CONH_2}$$

प्रकाश रासायनिक अभिक्रिया

- वे रासायनिक अभिक्रियाएँ जो सूर्य के प्रकाश की उपस्थिति में सम्पन्न होती है, प्रकाश रासायनिक अभिक्रियाएँ कहलाती हैं।
- इन अभिक्रियाओं में प्रकाश ऊर्जा का अवशोषण होता है। जैसे- प्रकाश संश्लेषण (Photosynthesis)।

उत्क्रमणीय तथा अनुत्क्रमणीय अभिक्रियाएँ

- वे अभिक्रियाएँ, जो समान परिस्थितियों में अग्र (उत्पादों की ओर) तथा पश्च (अभिकारकों की ओर) दोनों दिशाओं में हो सकती हैं, उत्क्रमणीय (Reversible) अभिक्रियाएँ कहलाती हैं।
- इन्हें प्रदर्शित करने के लिए उत्क्रमणीयता के चिह्न (⇌) का प्रयोग किया जाता है।
- वे अभिक्रियाएँ, जो केवल अग्र दिशा में (उत्पादों की ओर) होती हैं, अनुत्क्रमणीय (Irreversible) अभिक्रियाएँ कहलाती हैं।

रासायनिक अभिक्रियाओं में ऊर्जा परिवर्तन

ऊर्जा परिवर्तन (Energy changes) के आधार पर रासायनिक अभिक्रियाओं को दो भागों में विभाजित किया जा सकता है

ऊष्माक्षेपी अभिक्रियाएँ

वे अभिक्रियाएँ जिनमें ऊष्मा मुक्त होती है, ऊष्माक्षेपी (Exothermic) अभिक्रियाएँ कहलाती हैं। जैसे—

$$C + O_2 \longrightarrow CO_2 + \text{ऊष्मा}$$

(यदि ऊष्मा की मात्रा ज्ञात हो, तो समीकरण में वह मात्रा भी लिख दी जाती है। जैसे—$C + O_2 \longrightarrow CO_2; +94300$ कैलोरी)

ऊष्माशोषी अभिक्रियाएँ

वे अभिक्रियाएँ जिनमें ऊष्मा का अवशोषण (Absorption) होता है, ऊष्माशोषी (Endothermic) अभिक्रियाएँ कहलाती हैं। जैसे—

$$N_2 + O_2 + \text{ऊष्मा} \longrightarrow 2NO$$

प्रकाश रासायनिक अभिक्रिया (Photo-chemical reaction) सूर्य के प्रकाश में सम्पन्न होने वाली अभिक्रियाएँ प्रकाश रासायनिक अभिक्रिया कहलाती हैं।

$$6CO_2 + 12H_2O \xrightarrow{\text{सूर्य का प्रकाश}} C_6H_{12}O_6$$

रेडॉक्स अभिक्रिया

- वह अभिक्रिया जिसमें ऑक्सीकरण तथा अपचयन क्रियाएँ एक ही समय पर एक साथ होती हैं, रेडॉक्स (Redox) अभिक्रिया कहलाती हैं। उदाहरण

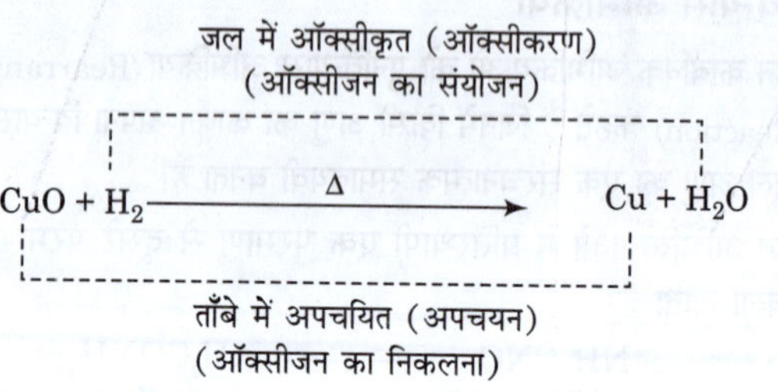

- कुछ पदार्थ ऑक्सीकारक एवं अपचायक दोनों के समान व्यवहार करते हैं।

ऑक्सीकरण या उपचयन

- ऑक्सीकरण (Oxidation) वह प्रक्रम है, जिसमें
  - ऑक्सीजन (O) का योग होता है अर्थात् ऑक्सीजन जुड़ती है या विद्युत ऋणात्मक तत्व जैसे—फ्लुओरीन (F), क्लोरीन (Cl) आदि का योग होता है या
  - हाइड्रोजन (H) की हानि (कमी) होती है या विद्युत धनात्मक तत्व जैसे—सोडियम (Na), कैल्सियम (Ca) निकलते है या इलेक्ट्रॉन (e^-) निकलते हैं। उदाहरण कोयले को वायु में जलाने पर कार्बन डाइऑक्साइड (CO_2) गैस निकलती है। इस प्रक्रम की रासायनिक समीकरण निम्न है

$$\underset{\text{कोयला}}{C} + \underset{\text{वायु}}{O_2} \longrightarrow CO_2$$

- इस प्रक्रम में ऑक्सीजन (O) का योग हो रहा है। अतः इसमें कोयले (C) का ऑक्सीकरण हो रहा है।
- किसी अभिक्रिया में वह पदार्थ जिसका ऑक्सीकरण होता है अपचायक या अवकारक (Reducing Agent) कहलाता है।

सभी धातु एवं अधातु के हाइड्राइड जैसे— NaH, CaH_2 आदि, धातु के लवण जैसे फेरस क्लोराइड, फेरस सल्फेट, क्युप्रस सल्फेट आदि, हाइड्रा अम्ल जैसे— HBr, HI, आदि, सल्फाइट, बाइसल्फाइट, नाइट्राइट, कार्बन, हाइड्रोजन, फॉस्फोरस, स्टेनस क्लोराइड ($SnCl_2$) एवं कार्बन मोनॉक्साइड (CO) आदि अवकारक पदार्थ हैं।

अपचयन या अवकरण

- यह ऑक्सीकरण का विपरीत (Opposite) प्रक्रम है, इसमें
  - ऑक्सीजन (O) की कमी होती है।
  - विद्युत ऋणात्मक तत्व की कमी होती है।
  - हाइड्रोजन (H) का योग होता है।
  - विद्युत धनात्मक तत्व का योग होता है।
  - इलेक्ट्रॉन (e^-) ग्रहण किए जाते हैं।
- किसी अभिक्रिया में वह पदार्थ जिसका अपचयन होता है, ऑक्सीकारक या उपचायक (Oxidising Agent) कहलाता है। उदाहरण हाइड्रोजन गैस (H_2) तथा ऑक्सीजन गैस (O_2) विशिष्ट परिस्थितियों में संयोग करके जल (H_2O) का निर्माण करती हैं

$$2H_2 + O_2 \longrightarrow 2H_2O$$

उपरोक्त अभिक्रिया में H_2 के साथ O (ऑक्सीजन) का योग हो रहा है। अतः इसमें H_2 का ऑक्सीकरण हो रहा है, अर्थात् H_2 यहाँ अवकारक है। समान प्रकार से इसमें O_2 के साथ हाइड्रोजन (H) का योग हो रहा है। अतः O_2 का अपचयन हो रहा है। इस कारण O_2 ऑक्सीकारक या उपचायक है।

- हाइड्रोजन परॉक्साइड (H_2O_2), मैंग्नीज डाइऑक्साइड (MnO_2), ओजोन (O_3), नाइट्रिक अम्ल (HNO_3), पोटैशियम परमैंगनेट ($KMnO_4$), पोटैशियम डाइक्रोमेट ($K_2Cr_2O_7$), सोडियम डाइक्रोमेट ($Na_2Cr_2O_7$) आदि महत्त्वपूर्ण ऑक्सीकारक या उपचायक हैं।
- कुछ पदार्थ ऑक्सीकारक एवं अपचायक दोनों के समान व्यवहार करते हैं। उदाहरण सल्फर डाइऑक्साइड (SO_2), हाइड्रोजन परॉक्साइड (H_2O_2), ओजोन (O_3), नाइट्रस अम्ल (HNO_2) आदि।

दैनिक जीवन में होने वाली अभिक्रियाओं के उदाहरण

दैनिक जीवन में होने वाली अभिक्रियाओं के उदाहरण निम्न है

संक्षारण

- किसी धातु को नम वायु में छोड़ने पर उसकी सतह पर एक परत जम जाती है अर्थात् सतह की धातु नम वायु के सम्पर्क में आकर धातु यौगिक में परिवर्तित हो जाती है।
  उदाहरण सिल्वर को खुली वायु में रखने पर यह सिल्वर सल्फाइड के निर्माण के कारण काला पड़ जाता है।
- ताँबे को आर्द्र वायु में रखने पर, हरे रंग के क्षारीय कॉपर कार्बोनेट के निर्माण के कारण इस पर हरी परत जम जाती है।
- इसी प्रकार लोहा भी नम वायु में भूरे रंग की परत से ढक जाता है जिसे जंग (Rust) कहते हैं। जंग का सूत्र $Fe_2O_3 \cdot xH_2O$ है।
- पेण्ट करके, तेल लगाकर, ग्रीस लगाकर, यशद लेपन (लोहे की वस्तु पर जस्ते की परत चढ़ाकर), क्रोमियम लेपन द्वारा, ऐनोडीकरण या मिश्रधातु बनाकर लोहे को जंग लगने से बचाया जा सकता है।

विकृतगन्धिता

- वसा युक्त एवं तैलीय पदार्थों को जब लम्बे समय तक खुले वातावरण में रखते हैं तो वायु, प्रकाश, आर्द्रता अथवा जीवाणु के प्रभाव से उनमें दुर्गंध उत्पन्न होती है जो मुख्यतः वसा एवं तेल के ऑक्सीकरण से होती है।
- इसे ही विकृतगन्धिता (Rancidity) कहते हैं।

तत्व तथा यौगिक शुद्ध पदार्थ होते हैं। दो या दो से अधिक तत्वों को उनके द्रव्यमानों के निश्चित अनुपात में मिलाने पर यौगिक प्राप्त होते हैं। तत्वों को तीन भागों में विभाजित किया गया है; जैसे- धातु, अधातु एवं उपधातु।

अध्याय पाँच

धातु एवं अधातु

धातु

वे सभी तत्व जो इलेक्ट्रॉन त्यागकर धनायन बनाने की प्रवृति रखते हैं, धातु (Metals) कहलाते हैं, जैसे—सोना, चाँदी, लैड, लोहा, पारा, आदि। आवर्त सारणी के कुल 118 तत्वों में 91 तत्व धातुएँ हैं।

धातुओं के सामान्य भौतिक गुण

- धातुएँ आघातवर्ध्य (Malleable) होती हैं अर्थात् हथौड़े से पीटने पर यह पतले वर्कों में परिवर्तित हो जाती हैं। सोना तथा चाँदी सर्वाधिक आघातवर्ध्य धातुएँ हैं।
- धातुएँ, तन्य (Ductile) होती हैं अर्थात् इन्हें खींचकर पतले तारों के रूप में ढाला जा सकता है, यद्यपि सभी धातुएँ समान रूप से तन्य नहीं होती। **सोना** सर्वाधिक तन्य धातु है। चाँदी, सोने के पश्चात् दूसरी सर्वाधिक तन्य धातु है।
- समस्त धातुएँ ऊष्मा की चालक हैं। चाँदी (Silver) ऊष्मा की सर्वोत्तम चालक है। धातुओं में सबसे कम चालक सीसा (Lead) है।
- धातुएँ उच्च विद्युत-चालकता (Electrical conductance) दर्शाती हैं। विद्युत के सर्वोत्तम चालक चाँदी तथा ताँबा हैं। इसके बाद विद्युत-चालकता में क्रमश: सोना, एल्युमीनियम तथा टंगस्टन का स्थान आता है। पारा तथा लोहा विद्युत धारा के प्रवाह में अपेक्षाकृत अधिक प्रतिरोध उत्पन्न करते हैं।
- धातुओं के गलनांक (Melting point) तथा क्वथनांक (Boiling point) उच्च होते हैं परन्तु गैलियम और सीजियम धातुओं का गलनांक बहुत कम होता है।

धातुओं के सामान्य रासायनिक गुण

- धातुओं की ऑक्सीजन से अभिक्रिया वायु में चमकदार श्वेत ज्वाला के साथ मैग्नीशियम का दहन होता है। लगभग सभी धातुएँ ऑक्सीजन के साथ मिलकर संगत धातु के ऑक्साइड बनाती हैं।

  धातु + ऑक्सीजन ⟶ धातु ऑक्साइड

- धातुओं की अम्लों से अभिक्रिया जब धातुएँ नाइट्रिक अम्ल के साथ अभिक्रिया करती हैं, तब हाइड्रोजन गैस उत्सर्जित नहीं होती है, क्योंकि HNO_3 एक प्रबल ऑक्सीकारक होता है, जो उत्पन्न H_2 को ऑक्सीकृत करके जल में परिवर्तित कर देता है

धातुओं की सक्रियता श्रेणी

सबसे अधिक क्रियाशील धातु से न्यूनतम क्रियाशील धातु तक सभी धातुओं का अवरोही क्रम में व्यवस्थित एवं क्रमबद्ध निरूपण धातुओं की सक्रियता श्रेणी (Reactivity series) कहलाती है। इस श्रेणी में सबसे क्रियाशील धातु सबसे ऊपर तथा सबसे कम क्रियाशील सबसे नीचे होती है।

सक्रियता श्रेणी की मुख्य विशेषताएँ

- विद्युत रासायनिक श्रेणी में धातुओं की अपचयन क्षमता ऊपर से नीचे की ओर जाने पर घटती जाती है।
- जिन परमाणुओं या आयनों की इलेक्ट्रॉन त्यागने की शक्ति कम होती है, उनकी इलेक्ट्रॉन ग्रहण करने की शक्ति अर्थात् ऑक्सीकरण क्षमता अधिक होती है।
- अत: ऊपर से नीचे की ओर जाने पर धातुओं की ऑक्सीकरण क्षमता बढ़ती जाती है।

सक्रियता श्रेणी : धातुओं की सापेक्ष अभिक्रियाशीलताएँ

K	पोटैशियम	सबसे अधिक अभिक्रियाशील
Na	सोडियम	↑
Ca	कैल्सियम	
Mg	मैग्नीशियम	
Al	एल्युमीनियम	
Zn	जिंक	
Fe	आयरन	घटती अभिक्रियाशीलता
Pb	लैड	
H	हाइड्रोजन	
Cu	कॉपर (ताँबा)	
Hg	मर्करी (पारद)	
Ag	सिल्वर	↓
Au	गोल्ड	सबसे कम अभिक्रियाशील

कुछ महत्त्वपूर्ण धातुएँ एवं उनके उपयोग

धातु	उपयोग
सोडियम (Na) (परमाणु क्रमांक-11, परमाणु द्रव्यमान-23)	• अत्यधिक क्रियाशील तत्व होने के कारण यह प्रकृति में मुक्त अवस्था में नहीं पाया जाता, इसे कास्टनर विधि या डाउन विधि द्वारा प्राप्त किया जाता है। यह चाँदी के समान सफेद धातु है तथा इसे चाकू से काटा जा सकता है। इसका प्रयोग शीतलकों, नाभिकीय रिऐक्टरों में तथा कृत्रिम रबड़ के बहुलकीकरण में उत्प्रेरक के रूप में किया जाता है। सोडियम लैम्पों के निर्माण में भी सोडियम का उपयोग किया जाता है।
मैग्नीशियम (Mg) (परमाणु क्रमांक-12, परमाणु द्रव्यमान-25)	• यह चाँदी की तरह उजली एवं चमकीली धातु है। Mg समुंद्र के जल में $MgCl_2$ के रूप में होती है। यह पौधों को हरा रंग प्रदान करने वाले वर्णक क्लोरोफिल या हरितलवक में पायी जाती है। इसका प्रयोग मिश्रधातु बनाने में तथा फोटोग्राफी में फ्लैश बल्ब के निर्माण में किया जाता है।
एल्युमीनियम (Al) (परमाणु क्रमांक-13, परमाणु द्रव्यमान-27)	• एल्युमीनियम का निष्कर्षण बॉक्साइट से किया जाता है। एल्युमीनियम, चाँदी के समान सफेद धातु है, लेकिन अपद्रव्यों की उपस्थिति के कारण इसका रंग कुछ नीला होता है। एल्युमीनियम के चूर्ण का प्रयोग फ्लैश लाइट एवं फोटोग्राफी में किया जाता है। एल्युमीनियम चूर्ण एवं एल्युमीनियम नाइट्रेट का मिश्रण, बमों में प्रयुक्त किया जाता है। यह भू-पर्पटी का 8% है।
आयरन या लोहा (Fe) (परमाणु क्रमांक-26, परमाणु द्रव्यमान-56)	• यह एक संक्रमण धातु है तथा हरी सब्जियों में प्रचुर मात्रा में पाया जाता है। लोहे के अधिकांश अयस्क, ऑक्साइड तथा सिलिकॉन डाइऑक्साइड के मिश्रण के रूप में पाए जाते हैं। • लोहे के निष्कर्षण के लिए **वात्या भट्टी** (Blast furnace) का प्रयोग किया जाता है। भट्टी से प्राप्त लोहा **कच्चा लोहा** (Pig iron) कहलाता है। कच्चे लोहे अथवा लौह अयस्कों से पिटवाँ लोहा तथा इस्पात बनाया जाता है।
कॉपर या ताँबा (Cu) (परमाणु क्रमांक-29, परमाणु द्रव्यमान-63.54)	• ताँबा मुख्यत: सल्फाइड अयस्क के रूप में प्राप्त होता है, जो चट्टानों में विभिन्न पदार्थों के साथ वितरित रहता है। अत: अयस्क को भट्टी में ले जाने से पूर्व उसके प्रसाधन (Dressing) अथवा संवर्धन (Enrichment) की आवश्यकता होती है। निष्कर्षण के पश्चात् प्राप्त ताँबे को फफोलेदार ताँबा (Blister copper) कहते हैं। शुद्ध ताँबा विद्युत परिष्करण द्वारा प्राप्त किया जाता है। विद्युत सुचालक होने के कारण इसका प्रयोग विद्युत यन्त्र (बिजली के तार) कैलोरीमीटर आदि बनाने में किया जाता है।
सिल्वर या चाँदी (Ag) (परमाणु क्रमांक-47, परमाणु द्रव्यमान-108)	• चाँदी ऊष्मा व विद्युत की सबसे अच्छी सुचालक तथा सफेद चमकदार धातु है। चाँदी का उपयोग सिक्के व आभूषण बनाने में, सिल्वर ब्रोमाइड (फोटोग्राफी में प्रयुक्त) बनाने में किया जाता है। चाँदी के द्वारा अमलगम बनाकर इससे दर्पण बनाए जाते हैं। यह दाँतों को भरने के काम भी आता है।
कैडमियम (Cd) (परमाणु क्रमांक-48, परमाणु द्रव्यमान-112.414)	• यह प्रकृति में ग्रीनोकाइट नामक अयस्क के रूप में पायी जाती है। कैडमियम चाँदी की तरह सफेद व नर्म धातु है। इसका प्रयोग रिएक्टर में मन्दक के रूप में किया जाता है।
पारा या मर्करी (Hg) (परमाणु क्रमांक-80, परमाणु द्रव्यमान-200)	• पारा सबसे भारी द्रव है, जिसका आपेक्षिक घनत्व 13.6 है। यह –39° C पर जमता है। प्रकृति में यह मुक्त अवस्था में पाया जाता है। साधारण ताप पर यह द्रव अवस्था में रहता है। इसे क्विक सिल्वर भी कहा जाता है। इसका मुख्य अयस्क सिनेबार (HgS) है। यह धातुओं से अभिक्रिया करके मिश्रधातु बनाता है। इसके द्वारा निर्मित मिश्रधातुएँ **अमलगम** कहलाती है। • पारा विद्युत तथा ऊष्मा का सुचालक है। पारे का उपयोग सोने और चाँदी के निष्कर्षण में, जल विलेय गैसों के एकत्रिकरण में, धातुओं के अमलगम बनाने में, कॉस्टिक सोडे के निर्माण में, बैरोमीटर, थर्मामीटर एवं अन्य उपकरणों के निर्माण में किया जाता है।
सोना (Au) (परमाणु क्रमांक-79, परमाणु द्रव्यमान-196.967)	• सोना पीले रंग की मृदु ,आघातवर्ध्य, तन्य तथा चमकदार धातु है। इसका निष्कर्षण मुख्यत: केसावेराइट तथा सिल्वेनाइट अयस्क से किया जाता है। • स्वर्ण की शुद्धता कैरेट में व्यक्त की जाती है। शुद्ध स्वर्ण 24 कैरेट का होता है। स्वर्ण मुद्राएँ 22 कैरेट की होती हैं अर्थात् इसमें सोना 22 भाग और ताँबा 2 भाग रहता है। इसी तरह स्वर्ण आभूषणों में प्रयोग किए जाने वाला सोना 18 कैरेट (18 भाग सोना + 6 भाग ताँबा) का होता है।

धातुकर्म

प्रकृति में उपस्थित धात्विक खनिजों से विभिन्न प्रक्रियाओं द्वारा शुद्ध धातु का निष्कर्षण (Extraction) धातुकर्म (Metallurgy) कहलाता है।

खनिज, अयस्क एवं आधात्री

पृथ्वी की भू-पर्पटी में प्राकृतिक रूप से पाए जाने वाले तत्वों या यौगिकों को खनिज (Minerals) कहते हैं। खनिज में प्राय: पत्थर के टुकड़े, मिट्टी के कण, कंकड़, बालू तथा चूने का पत्थर आदि अशुद्धियाँ मिली होती हैं। इन अपद्रव्यों को आधात्री (Matrix) कहते हैं। वे खनिज जिनसे धातु व्यापारिक रूप से निष्कर्षित की जाती हैं, अयस्क (Ores) कहलाते हैं। इस प्रकार सभी अयस्क, खनिज हैं परन्तु सभी खनिज, अयस्क नहीं हैं।

अयस्कों का सान्द्रण

- खनन के माध्यम से प्राप्त अयस्कों में अनेक अशुद्धियाँ होती हैं, जिन्हें गैंग (Gangue) कहा जाता है। इस प्रक्रिया से गैंग को पृथक् किया जाता है। *अयस्कों का सान्द्रण निम्न विधियों से किया जाता है।*

1. गुरुत्वीय पृथक्करण (Gravity separation) यह विधि ऑक्साइड एवं कार्बोनेट अयस्कों के सान्द्रण के लिए प्रयोग की जाती है।

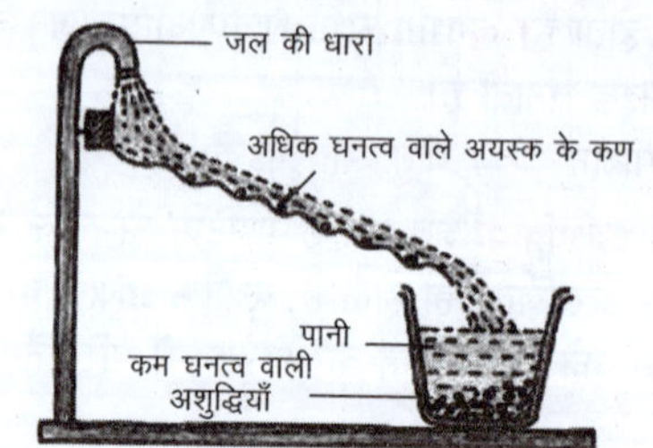

2. चुम्बकीय पृथक्करण (Magnetic separation) यदि अयस्क अथवा गैंग में से कोई एक चुम्बकीय गुणों वाला है तो अयस्कों के सान्द्रण के लिए चुम्बकीय पृथक्करण विधि का प्रयोग किया जाता है।

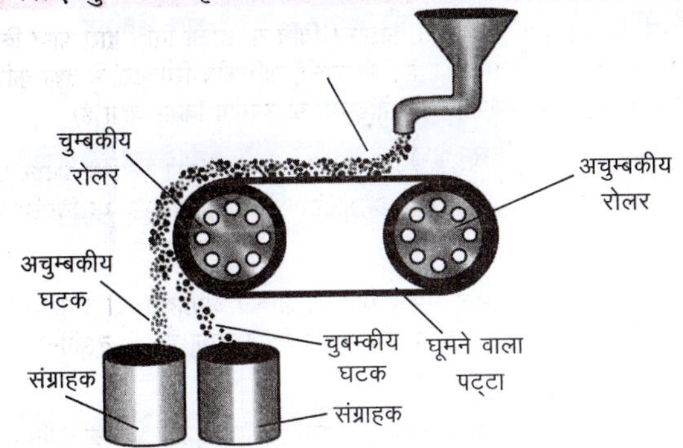

3. झाग प्लवन विधि (Froth Floatation Method) इस विधि के माध्यम से सल्फाइड अयस्कों का सान्द्रण किया जाता है।

धातु ऑक्साइड का धातु में अपचयन (Reduction of metals oxide into metal) धातु ऑक्साइड के अपचयन का उद्देश्य, उसमें उपस्थित ऑक्सीजन को पृथक् करके धातु को मुक्त अवस्था में प्राप्त करना है। अपचायक के रूप में कार्बन मोनो ऑक्साइड का प्रयोग किया जाता है।

$$2Fe_2O_3 + 3C \xrightarrow{\text{ताप}} 4Fe + 3CO_2$$

वायु
झाग
सान्द्रित अयस्क
बुलबुले
पिसा हुआ अयस्क
अशुद्धियाँ

धातुओं का शोधन

- धातुओं के निष्कर्षण के पश्चात् शेष अशुद्धियों को दूर करके पूर्णतः शुद्ध धातु प्राप्त करना धातुओं का शोधन (Refinement of metals) कहलाता है। धातु शोधन की अनेक विधियाँ निम्न हैं
- **विद्युत अपघटनी परिष्करण** कॉपर, सिल्वर, गोल्ड, एल्युमीनियम और लैड धातु का शोधन इस विधि द्वारा किया जाता है। अधिकतर धातुओं के शोधन में उपयोग की जाती है। इस प्रक्रिया में अशुद्ध धातु को ऐनोड बनाते हैं और शुद्ध धातु की पट्टी को कैथोड बनाते हैं और विद्युत अपघटनी पात्र में उसी धातु का लवण घुला हुआ होता है। शुद्ध धातु कैथोड पर प्राप्त होती है।

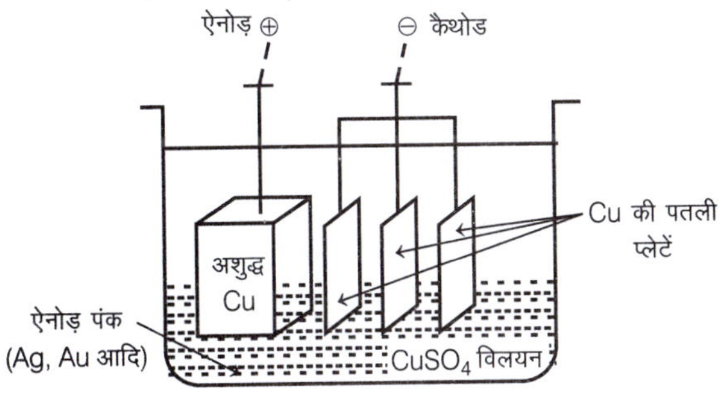

- द्रवण विधि ऐसी धातुएँ जो सरलता से द्रवित हो जाती है (जैसे-लैड, टिन, बिस्मिथ, इत्यादि) का शोधन इस विधि द्वारा किया जाता हैं। इस विधि में एक ढलान वाले चूल्हे पर अशुद्ध धातु को रखा जाता है और उसे उच्च ताप दिया जाता है। धातु का क्वंथनाक कम होने के कारण ताप मिलने से यह बहने लगती है और अशुद्धियाँ पीछे रह जाती है।

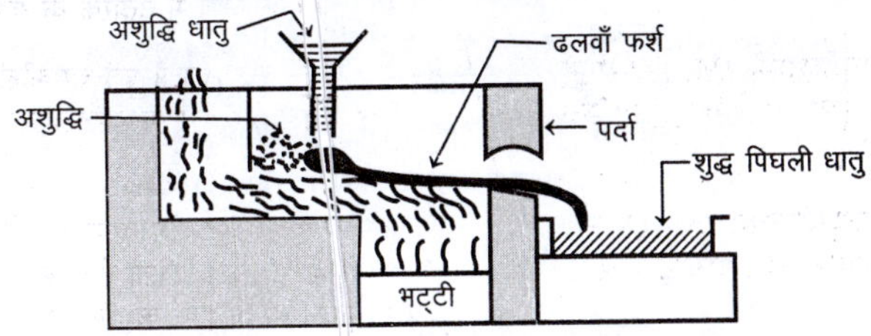

- मण्डल परिष्करण विधि (Zone refining method) यह विधि इस सिद्धान्त पर आधारित है कि अशुद्धियों की विलेयता धातु की ठोस अवस्था की अपेक्षा गलित (द्रव) अवस्था में अधिक होती है। इस विधि द्वारा Ge, Si तथा Ga का शोधन किया जाता है।

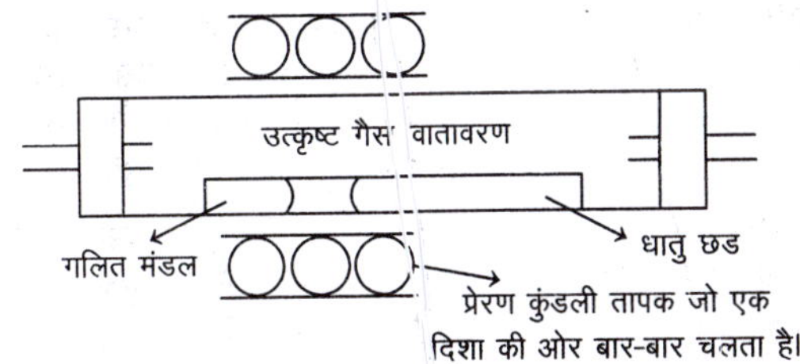

कुछ महत्त्वपूर्ण धातुओं के अयस्क

धातु	अयस्क	रासायनिक सूत्र
मैग्नीशियम	मैग्नेसाइड	$MgCO_3$
	एप्सोमाइट (एप्सम लवण)	$MgSO_4 \cdot 7H_2O$
	डोलोमाइट	$MgCO_3 \cdot CaCO_3$
	कार्नेलाइट	$MgCl_2 \cdot KCl \cdot 6H_2O$
	टेल्क	$Mg_2(Si_2O_5)_2 \cdot Mg(OH)_2$
	ऐस्बेस्टॉस	$CaMg_3(SiO_3)_4$
कॉपर	कॉपर पायराइट (ताम्र माक्षिक)	$CuFeS_2$
	कॉपर ग्लांस	Cu_2S
	क्यूप्राइट	Cu_2O
	मैलेकाइट	$Cu(OH)_2 \cdot CuCO_3$
	ऐजुराइट	$Cu(OH)_2 \cdot 2CuCO_3$
सिल्वर	अर्जेण्टाइट (सिल्वर ग्लांस)	Ag_2S
	रुबी सिल्वर (पाइरैजिराइट)	$3Ag_2S \cdot Sb_2S_3$
	हॉर्न सिल्वर	$AgCl$
जिंक	जिंक ब्लैंड	ZnS
	कैलेमाइन	$ZnCO_3$
	विलेमाइट	Zn_2SiO_4
	जिंकाइट (लाल जिंक ऑक्साइड)	ZnO
एल्युमीनियम	बॉक्साइट	$Al_2O_3 \cdot 2H_2O$
	क्रायोलाइट	Na_3AlF_6
	काओलिनाइट	$Al_2O_3 \cdot 2SiO_2 \cdot 2H_2O$
	फेल्सपार	$KAlSi_3O_8$
	कोरेण्डम	Al_2O_3

धातु	अयस्क	रासायनिक सूत्र
	अभ्रक	$K_2O \cdot 3Al_2O_3 \cdot 6SiO_2 \cdot 2H_2O$
	डायस्पार	$Al_2O_3 \cdot H_2O$
टिन	कैसिटेराइट (टिन स्टोन)	SnO_2
लोहा	हैमेटाइट (लाल हेमेटाइट)	Fe_2O_3
	मैग्नेटाइट	Fe_3O_4
	लिमोनाइट (भूरा हेमेटाइट)	$Fe_2O_3 \cdot 3H_2O$
	आयरन पायराइट (लौह माक्षिक)	FeS_2
	सिडेराइट (फेरस आयरन अयस्क)	$FeCO_3$
लेड	गैलेना	PbS
	सेरूसाइट	$PbCO_3$
	एंग्लेसाइट	$PbSO_4$
	लैनरकाइट	$PbO \cdot PbSO_4$
सोडियम	साधारण लवण (रॉक साल्ट)	NaCl
	चिली साल्टपीटर	$NaNO_3$
	ग्लोबेराइट (ग्लोबर लवण)	$Na_2SO_4 \cdot 10H_2O$
	बोरेक्स	$Na_2B_4O_7 \cdot 10H_2O$
	सोडा ऐश	Na_2CO_3
पोटैशियम	सिल्वाइन	KCl
	नाइट्रेट (साल्टपीटर या शोरा)	KNO_3
कैल्सियम	जिप्सम	$CaSO_4 \cdot 2H_2O$
	लाइमस्टोन	$CaCO_3$
	फॉस्फोराइट	$Ca_3(PO_4)_2$
	फ्लोरस्पार	CaF_2
मर्करी	सिनेबार	HgS
मैंगनीज	पायरोल्यूसाइट	MnO_2

मिश्रधातु

एक धातु का किसी अन्य धातु अथवा अधातु के साथ मिश्रण मिश्रधातु (Alloy) कहलाता है। मिश्रधातु शुद्ध धातुओं की तुलना में अधिक बेहतर गुण प्रदर्शित करती है। मिश्र धातुएँ अधिक मजबूत और अधिक संक्षारण प्रतिरोधी (Corrosion resistant) होती हैं।

कुछ महत्त्वपूर्ण मिश्र धातुएँ एवं उनके उपयोग

मिश्रधातु	संघटन %	उपयोग
पीतल	कॉपर 70%, जिंक 30%	बर्तन, तार, पाइप, पुर्जे बनाने में
काँसा	कॉपर 88%, टिन 12%	बर्तन तथा मूर्तियाँ
जर्मन सिल्वर	कॉपर 60%, जिंक 20%, निकिल 20%	जेवर, बर्तन, मूर्तियाँ
गन धातु	कॉपर 90%, जिंक 2%, टिन 8%	बन्दूकों तथा मशीनों के पुर्जे
फॉस्फोरस ब्रॉन्ज	कॉपर 85%, टिन 12%, फॉस्फोरस 2%	रेडियो के ऐरियल
मुद्रा मिश्रधातु	कॉपर 95%, टिन 4%, फॉस्फोरस 1%	सिक्के
बेल धातु	कॉपर 80%, टिन 20%	घण्टे, बर्तन, मूर्तियाँ
कान्सटेनटन	कॉपर 60%, निकिल 40%	विद्युत उपकरण
रॉल्ड गोल्ड	कॉपर 95%, एल्युमीनियम 5%	आभूषण, मूर्तियाँ
मोनेल धातु	कॉपर 28%, निकिल 70%, लोहा 2%	क्षार प्रतिरोधी
मैग्नालियम	एल्युमीनियम 95-96%, मैग्नीशियम 2%	तराजू, बीमों एवं हल्के उपकरणों के निर्माण में
डच्च धातु	ताँबा 80%, जस्ता 20%	सस्ते आभूषण बनाने में
डेल्टा धातु	ताँबा 55%, जस्ता 41% तथा लोहा 4%	बेयरिंग, कपाट तथा जलयानों के पंखे बनाने में
ड्यूरालुमिन	एल्युमीनियम 95% , ताँबा 4%	प्रेशर कुकरों तथा वायुयानों को बनाने में
मुन्ज धातु	ताँबा 60% तथा जस्ता 40%	नावों का तख्ता बनाने में
टाका	टिन 67% तथा सीसा 33%	धातुओं में टाँका लगाने में
जंगरोधी इस्पात	लोहा 73%, क्रोमियम 18%, निकिल 8% तथा कार्बन 1%	मोटर साइकिल तथा बर्तन आदि बनाने में
वुड्स धातु	सीसा 33%, बिस्मिथ 33.5%, टिन 19%, कैडमियम 14.5%	डाइफ्रेम बनाने में
टाइप मेटल	सीसा 75%, ऐण्टिमनी 20%, टिन 5%	छापने वाली खानों के प्रकार बनाने में
टंगस्टन इस्पात	लोहा 94%, टंगस्टन 5% तथा कार्बन 1%	तेज धार वाले मशीनी, औजार बनाने में

अधातुएँ

अधातुएँ (Non-Metals) सामान्यत: ऋणायन बनाती है। अत: इन्हें विद्युत ऋणात्मक तत्व भी कहा जाता है। धातुओं के विपरीत ये मृदु तथा भंगुर होती हैं। हाइड्रोजन के अलावा सभी अधात्विक तत्व p-ब्लॉक में स्थित हैं।

नोट *ब्रोमीन द्रव अधातु है। हाइड्रोजन, नाइट्रोजन, क्लोरीन, ऑक्सीजन आदि गैसीय अधातुएँ हैं। कार्बन, सल्फर, फॉस्फोरस, आयोडीन आदि ठोस अधातुएँ हैं।*

अधातुओं के भौतिक गुण

- सामान्यत: अधातुएँ चमकहीन होती हैं परन्तु आयोडीन एक चमकीली अधातु है। साधारण ताप पर अधातुएँ ठोस, द्रव या गैस अवस्था में होती हैं।
- इनके गलनांक व क्वथनांक कम होते हैं, परन्तु हीरे तथा ग्रेफाइट के गलनांक अत्यधिक उच्च लगभग 3000°C के निकट होते हैं।
- अधातुएँ सामान्यत: ऊष्मा एवं विद्युत की कुचालक होती है, परन्तु ग्रेफाइट विद्युत व ऊष्मा का अच्छा चालक होता है।
- पीटने पर अधातुएँ चूर-चूर हो जाती हैं।
- ये मृदु होती हैं, जबकि हीरा (Diamond) कठोरतम पदार्थ है।
- अधातुओं के ऑक्साइड अम्लीय होते हैं।

अपररूप

वे पदार्थ जो एक ही तत्व से बने होते हैं परन्तु उनकी संरचना तथा संघटन भिन्न-भिन्न होते हैं, अपररूप (Allotropes) कहलाते हैं तथा उनका यह गुणधर्म अपररूपता (Allotropy) कहलाता है। यह गुण केवल अधातुओं में ही पाया जाता है। कुछ अधातुओं के अपररूप निम्न हैं

अधातु	अपररूप
कार्बन	हीरा, ग्रेफाइट, ग्रेफीन, फुलेरीन, काष्ठ, चारकोल, रक्त चारकोल आदि।
फॉस्फोरस	पीला फॉस्फोरस, लाल फॉस्फोरस, काला फॉस्फोरस, स्कार्लेट फॉस्फोरस आदि।
ऑक्सीजन	ऑक्सीजन एवं ओजोन
सल्फर	रॉम्बिक सल्फर, मोनोक्लीनिक सल्फर, अक्रिस्टलीय सल्फर, कोलॉइडी सल्फर, प्लास्टिक सल्फर आदि।

अधातुओं के रासायनिक गुण

- अधातुओं की ऑक्सीजन से अभिक्रिया अधातुएँ ऑक्सीजन से क्रिया करके ऑक्साइड निर्मित करती हैं। इन ऑक्साइडों की प्रकृति अम्लीय/उदासीन होती है।

$$C(s) + O_2(g) \longrightarrow CO_2(g) \text{ (अम्लीय)}$$

- अधातुओं की जल से अभिक्रिया जल के साथ सामान्यतया अभिक्रिया नहीं दर्शाती हैं।
- अधातुओं की अम्लों से अभिक्रिया सामान्य अधातुएँ तनु अम्लों से क्रिया प्रदर्शित नहीं करती हैं। इनकी अभिक्रिया केवल तभी सम्भव है, जब अभिक्रिया में निर्मित प्रोटॉनों को इलेक्ट्रॉनों की पूर्ति हो जाए।

$$H_2SO_4(aq) \longrightarrow 2H^+(aq) + SO_4^{2-}(aq)$$

$$2H^+(aq) + 2e^- \longrightarrow H_2(g)$$

अधातुओं की प्रकृति इलेक्ट्रॉन ग्रहण करने की होती है। अत: इनके द्वारा इलेक्ट्रॉन की पूर्ति नहीं हो पाती है। इस कारण अधातुएँ तनु अम्लों से क्रिया करके हाइड्रोजन विस्थापित नहीं कर पाती हैं।

- अधातुओं की क्लोरीन से अभिक्रिया अधातुएँ क्लोरीन से अभिक्रिया द्वारा क्लोराइड निर्मित करती हैं।
निर्मित क्लोराइडों की प्रकृति सहसंयोजक होती है।

$$\underset{\text{फॉस्फोरस}}{P_4} + \underset{\text{क्लोरीन}}{6Cl_2} \longrightarrow \underset{\text{फॉस्फोरस ट्राइक्लोराइड}}{4PCl_3(g)}$$

- अधातुओं की हाइड्रोजन से अभिक्रिया अधातुएँ, हाइड्रोजन से क्रिया करके हाइड्राइड निर्मित करती हैं।

$$\underset{\text{नाइट्रोजन}}{N_2(g)} + \underset{\text{हाइड्रोजन}}{3H_2} \longrightarrow \underset{\text{अमोनिया}}{2NH_3(g)}$$

$$\underset{\text{कार्बन}}{C(s)} + \underset{\text{हाइड्रोजन}}{2H_2(g)} \longrightarrow \underset{\text{मेथेन}}{CH_4(g)}$$

हाइड्रोजन

- यह आवर्त सारणी का प्रथम तत्व है, इसका संकेत H तथा परमाणु संख्या 1 होती है तथा इसका परमाणु द्रव्यमान 1.008 होता है।
- हाइड्रोजन को भविष्य का ईंधन भी कहा जाता है। इसके नाभिक में केवल एक प्रोटॉन पाया जाता है तथा यह आवर्त सारणी का एकमात्र ऐसा तत्व है, जिसके नाभिक में न्यूट्रॉन नहीं पाया जाता।

हाइड्रोजन के समस्थानिक

हाइड्रोजन के तीन समस्थानिक (Isotopes) होते हैं, जो निम्नलिखित हैं

- **प्रोटियम** ($_1H^1$), **ड्यूटीरियम** ($_1H^2$ या D) तथा **ट्राइटियम** ($_1H^3$ या T) ड्यूटीरियम को **भारी हाइड्रोजन** भी कहते हैं।
- इसका प्रयोग नाभिकीय अभिक्रियाओं में बमबारी के लिए किया जाता है। ट्राइटियम, हाइड्रोजन का एक दुर्लभ रेडियोऐक्टिव समस्थानिक है। यह एक β-उत्सर्जक है तथा इसकी अर्द्ध-आयु 12.4 वर्ष होती है।

हाइड्रोजन के समस्थानिकों के प्रतीक, द्रव्यमान संख्या, परमाणु द्रव्यमान व प्रतिशत संघटन

समस्थानिक प्रतीक	द्रव्यमान संख्या प्रोटॉन + न्यूट्रॉन $(p+n)$	परमाणु द्रव्यमान	प्राकृतिक हाइड्रोजन का प्रतिशत संघटन (भार में)
प्रोटियम या हल्की हाइड्रोजन ^1_1H या H	1 + 0 = 1	1.0078	99.9844%
ड्यूटीरियम या भारी हाइड्रोजन ^2_1H या D	1 + 1 = 2	2.014	0.0156%
ट्राइटियम ^3_1H या T	1 + 2 = 3	3.016	10^{-15} %

हाइड्रोजन के यौगिक जल और भारी जल के भौतिक गुण

भौतिक गुण	H_2O (जल)	D_2O (भारी जल)
हिमांक	0°C	3.8°C
क्वथनांक	100°C	101.4°C
घनत्व (25°C पर), g cm^{-3}	0.997	1.1044
उच्चतम घनत्व का ताप	4°C	11.6°C
उच्चतम घनत्व/g cm^{-3}	1.0000	1.1059
वाष्पदाब (25°C पर), mm Hg	23.75	20.51
विस्कापिता (25°C पर) सेण्टीपाइज	0.8903	1.107
पृष्ठ तनाव (19°C पर), dyne cm^{-1}	73.66	72.83
अपवर्तनांक, $n\frac{20}{D}$	1.333	1.328
डाइलेक्ट्रिक स्थिराक (25°C पर)	78.39	78.06
वाष्प की गुप्त ऊष्मा, cal/g	536	557
गलन की गुप्त ऊष्मा, cal/g	80	75.5
NaCl की विलेयता (25°C पर) g/100 g जल	36	30.5

कार्बन

- कार्बन का संकेत C तथा परमाणु संख्या 6 होती है। इसमें संयोजी इलेक्ट्रॉनों की संख्या 4 होती है। कार्बन प्रकृति में प्रचुर मात्रा में पाया जाने वाला तत्व है।

- यह मुक्त अवस्था में हीरा, ग्रेफाइट, तथा कोयले के रूप में पाया जाता है तथा संयुक्त अवस्था में यह धातु कार्बोनेट, बाइकार्बोनेट, CO_2 आदि के रूप में पाया जाता है।
- कार्बन एक सार्वभौमिक तत्व है। इसमें श्रृंखलन का गुण सर्वाधिक पाया जाता है।
- इस गुण के कारण ही कार्बन के सर्वाधिक यौगिक ज्ञात हैं। कार्बन विभिन्न अपररूपों में पाया जाता है।

कार्बन के अपररूप

- कार्बन के क्रिस्टलीय और अक्रिस्टलीय दोनों ही अपररूप (Allotropes) होते हैं। हीरा तथा ग्रेफाइट कार्बन के दो प्रमुख क्रिस्टलीय रूप हैं। एच. डब्ल्यू. क्रोटो, ई. स्मैले तथा आर. एफ. कार्ल (H.W. Kroto, E. Smalley and R.F. Curl) ने वर्ष 1985 में कार्बन के एक अन्य रूप फुलेरीन की खोज की।
- हीरा (Diamond) यह कार्बन का सर्वाधिक शुद्ध रूप है। यह रूस, दक्षिण अफ्रीका, ब्राजील, अमेरिका तथा भारत में पाया जाता है। इसे प्रयोगशाला में भी बनाया जा सकता है, जिसे कृत्रिम हीरा (Artificial diamond) कहते हैं। शुद्ध हीरा रंगहीन, पारदर्शक तथा कठोरतम होता है। इसी कारण यह शीशे को काट देता है। इसका आपेक्षिक घनत्व (Relative density) 3.52 है। यह विद्युत का कुचालक होता है। बहुत अधिक गर्म करने पर यह जलने लगता है तथा केवल CO_2 बनाता है। यह सभी विलायकों में अघुलनशील होता है। यह बहुमूल्य जवाहरात बनाने, कठोर पदार्थों को पॉलिश करने आदि में प्रयुक्त होता है।
- ग्रेफाइट (Graphite) प्रकृति में हीरे से अधिक मात्रा में ग्रेफाइट पाया जाता है। ग्रेफाइट गहरे धूसर रंग का नर्म पदार्थ है। यह स्पर्श करने में चिकना लगता है तथा इसमें धात्विक चमक होती है। इसका आपेक्षिक घनत्व 2.5 के लगभग होता है। इसी कारण यह हीरे से हल्का होता है। यह विद्युत का सुचालक होता है। ग्रेफाइट का उपयोग विद्युत भट्टी में इलेक्ट्रोड बनाने में, उच्च तार पर चलने वाली मशीनों के लिए स्नेहक के रूप में, क्रुसिबल तथा लेड पेन्सिल बनाने में, नाभिकीय रिएक्टर में न्यूट्रॉनों की गति को कम करने के लिए मन्दक के रूप में किया जाता है।

हीरा एवं ग्रेफाइट के तुलनात्मक अध्ययन

गुण	हीरा	ग्रेफाइट
संरचना	त्रिविमीय जालक	षट्कोणीय वलय में व्यवस्थित द्विविमीय चादर जैसी संरचना
कठोरता	अत्यधिक कठोर	मुलायम, मृदु और चिकना
घनत्व	$3.67\ g/cm^3$	$2.25\ g/cm^3$
चालकता	विद्युत का कुचालक	विद्युत का चालक
संकरण	sp^3	sp^2
क्रियाशीलता	रासायनिक रूप से अक्रिय	रासायनिक रूप से क्रियाशील
स्थायित्व/ऊर्जा	कम स्थायी एवं कम ऊर्जा	अत्यधिक स्थायी एवं अधिक ऊर्जा

- फुलेरीन (Fullerene) कार्बन के इस अपररूप में कार्बन परमाणुओं की संख्या 60 होती है। इसमें दो प्रकार के वलय अर्थात् पंचभुज (Pentagons) तथा षट्भुज (Hexagons) उपस्थित होते हैं। इसे बकमिन्सटर फुलेरीन भी कहा जाता है।

ग्रैफीन

ग्रैफीन (Graphene) यह भी कार्बन का एक अपररूप है। इसकी संरचना में कार्बन परमाणुओं की समतल परतें जो एक परत मोटी होती है, छत के आकार की जालक संरचना में व्यवस्थित होती है। शब्द ग्रेफीन को ग्रेफाइट तथा उपसर्ग ईन के मिश्रण से प्राप्त किया गया है। यह एक द्विविमीय पदार्थ है जिसकी चालकता उच्च कोटि की होती है। इसका प्रयोग टच स्क्रीन, LCD तथा LED के लिए चालक इलेक्ट्रोड के रूप में किया जाता है।

कार्बन के यौगिक

- कार्बन मोनॉक्साइड (Carbon monoxide-CO) यह रंगहीन, स्वादहीन, विषैली, जल में अत्यन्त अल्प घुलनशील, हवा के बराबर भारी तथा ज्वलनशील गैस है। यह नीली लौ या ज्वाला के साथ जलती है।
- कार्बन डाइऑक्साइड (Carbon dioxide-CO_2) यह एक रंगहीन, गन्धहीन गैस है। वायुमण्डल में कार्बन डाइऑक्साइड आयतनानुसार 0.03% पायी जाती है। इसका जलीय विलयन अम्लीय होता है।

नाइट्रोजन

- वायु में नाइट्रोजन एक बड़ा संघटक है जो सम्पूर्ण आयतन का लगभग 79% है। नाइट्रोजन जीवन के लिए आवश्यक है। यह वायु में अत्यन्त क्रियाशील गैस ऑक्सीजन के प्रभाव को नियंत्रित करती है।
- ऑक्सीजन में लगातार साँस लेने से शरीर का ताप अत्यधिक बढ़ जाता है जो घातक हो सकता है। यदि प्राणियों को केवल ऑक्सीजन में रखा जाए तो वह शीघ्र मर जाता है।
- प्रयोगशाला में नाइट्रोजन, सोडियम नाइट्राइट तथा अमोनियम क्लोराइड के सान्द्र विलयनों को गर्म करके बनायी जाती है।
- अमोनिया के आधिक्य की क्लोरीन से क्रिया करने पर नाइट्रोजन प्राप्त होती है। अमोनियम डाइक्रोमेट को गर्म करने पर शुद्ध नाइट्रोजन प्राप्त होती है।
- यह रंगहीन, स्वादहीन, वायु से हल्की, जल में बहुत कम विलेय तथा लिट्मस के प्रति उदासीन गैस है। यह दहन में सहायक नहीं है लेकिन मैग्नीशियम (Mg) का जलता हुआ तार गैस में जलता रहता है।
- नाइट्रोजन द्वारा अनेक रासायनिक पदार्थ, जैसे—नाइट्रिक अम्ल, कैल्सियम सायनेमाइड, अमोनिया, उर्वरक आदि बनाए जाते हैं। ऑक्सीजन तथा नाइट्रोजन का 1 : 4 का मिश्रण कृत्रिम श्वसन के लिए प्रयुक्त किया जाता है।
- N_2 को विद्युत बल्बों में भरा जाता है। इसका प्रयोग चिप्स आदि के पैकेटों में निर्वात् उत्पन्न करने के लिए भी किया जाता है।
- कृत्रिम गर्भाधान के लिए बैल के वीर्य को द्रव नाइट्रोजन में रखा जाता है।

नाइट्रोजन के यौगिक

- **अमोनिया** (NH_3) अमोनिया, नाइट्रोजन व हाइड्रोजन का यौगिक है। इसका व्यावसायिक उत्पादन हैबर विधि द्वारा किया जाता है।

$$N_2 + 3H_2 \xrightleftharpoons[4.0°C]{Fe, Mo} 2NH_3$$

200-900 दाब

- यह उच्च दाब पर कार्बन डाइऑक्साइड के साथ गर्म करने पर यूरिया बनाता है। द्रवित अमोनिया का उपयोग रेफ्रिजरेटरों में बर्फ जमाने के लिए किया जाता है।
- नाइट्रस ऑक्साइड यह एक विषैली, रंगहीन गैस है। जब इसे औसत मात्रा में सूँघा जाता है, तो यह हँसी उत्पन्न करती है। अतः इसे हास गैस (Laughing gas) भी कहा जाता है।
- नाइट्रिक अम्ल यह एक प्रबल ऑक्सीकारक है। यह सोना एवं प्लेटिनम को छोड़कर अन्य सभी धातुओं से क्रिया करता है।
- यह बर्क लेण्ड आइड प्रक्रम और रिटॉर्ट प्रक्रम द्वारा भी निर्मित किया जाता है। अति सान्द्र एवं संधूम्र HNO_3 लोहे से क्रिया नहीं करता है क्योंकि इसके सम्पर्क में आते ही लोहा निष्क्रिय हो जाता है।

फॉस्फोरस

- यह शैलों, खनिजों और पशुओं की हड्डियों में पाया जाता है। फॉस्फोरस के दो अपररूप ज्ञात हैं : लाल फॉस्फोरस और पीला या श्वेत फॉस्फोरस। श्वेत फॉस्फोरस को प्रकाश में छोड़ देने पर यह धीरे-धीरे पीला हो जाता है। इसमें लहसुन जैसी गन्ध आती है। यह एक विषैला पदार्थ है।
- श्वेत फॉस्फोरस का हवा में दहन, स्वतः दहन का उदाहरण है। श्वेत फॉस्फोरस से आतिशबाजी के सामान बनाये जाते हैं। श्वेत फॉस्फोरस से युद्धकाल में प्रयुक्त होने वाले अग्नि बम एवं धूम्र बम बनाये जाते हैं। श्वेत फॉस्फोरस का उपयोग चूहे मारने में किया जाता है।
- लाल फॉस्फोरस स्फुरदीप्ति प्रदर्शित नहीं करता है। यह विषैला भी नहीं होता है। इसका उपयोग दियासलाई के निर्माण में किया जाता है।
- दियासलाई बनाने में लाल फॉस्फोरस और फॉस्फोरस डाइसल्फाइड (P_4S_2) का उपयोग किया जाता है।

गुण	श्वेत फॉस्फोरस	लाल फॉस्फोरस
संरचना	चतुष्फलकीय	रेखीय
कठोरता	मोम जैसा मृदु तथा चाकू से काटा जा सकता है	कठोर
अवस्था	मोमीय ठोस	भंगुर पदार्थ
रंग	श्वेत, प्रकाश की उपस्थित में पीला हो जाता है।	लाल
गंध	लहसुन जैसी	गन्धहीन
विषैली प्रकृति	विषैला	अविषैला
क्रियाशीलता	अतिक्रियाशील	कम क्रियाशील
स्फुरदीप्ति	प्रदर्शित करता है	नहीं करता है

ऑक्सीजन

- यह पारदर्शक, रंगहीन, स्वादहीन, गन्धहीन, वायु से भारी तथा लिट्मस के प्रति उदासीन गैस है।
- ठण्डा करने पर यह नीले रंग के द्रव में बदल जाती है। द्रव ऑक्सीजन का क्वथनांक 183°C होता है। यह स्वयं नहीं जलती किन्तु जलने में सहायक है।
- ऑक्सीजन को प्राणवायु कहा जाता है। आयतन के अनुसार वायु में लगभग 20.29% ऑक्सीजन होती है। प्रयोगशाला में ऑक्सीजन गैस, पोटैशियम क्लोरेट को MnO_2 उत्प्रेरक की उपस्थिति में गर्म करके बनायी जाती है।
- ऑक्सीजन जीवित रहने के लिए आवश्यक है। यह धातुओं को जोड़ने व काटने के काम आती है। यह इस्पात बनाने में प्रयुक्त की जाती है। ऑक्सीजन, ऑक्सीहाइड्रोजन ज्वाला तथा ऑक्सी ऐसीटिलीन ज्वाला के रूप में उच्च तापमान उत्पन्न करने में प्रयुक्त होती है।
- इन ज्वालाओं के द्वारा धातुओं को जोड़ा जाता है। द्रव ऑक्सीजन का उपयोग रॉकेट ईंधन के रूप में होता है।

ओजोन

- यह ऑक्सीजन का त्रिपरमाणुक अपररूप है। वायुमण्डलीय ऑक्सीजन पर UV-किरणों के प्रभाव से ओजोन उत्पन्न होती है। इसकी गन्ध मछली की तरह होती है। ओजोन गैस सूर्य से आने वाली पराबैंगनी किरणों (Ultraviolet rays) को पृथ्वी की सतह पर आने से रोकती है। ओजोन गैस, चाँदी (Ag) की चमक को काला कर देती है।
- ओजोन गैस ऑक्सीकारक एवं अपचायक दोनों प्रकार के गुण प्रदर्शित करती है। इसकी सान्द्रता समुद्र तल से 25 किमी की ऊँचाई पर अधिकतम होती है। इसका उपयोग कीटाणुनाशक के रूप में, जल को साफ एवं शुद्ध करने में, विरंजक के रूप में तथा खाद्य पदार्थों को सड़ने से बचाने में किया जाता है।

सल्फर

- सल्फर के अनेक अपररूप हैं जिसमें पीली विषम लम्बाक्ष (α-सल्फर) तथा एकनताक्ष (β-सल्फर) रूप अति महत्त्वपूर्ण हैं।
- सल्फर प्रकृति में मुक्त एवं संयुक्त दोनों अवस्थाओं में पाया जाता है। यह प्याज, लहसुन, अंडे व सरसों के तेल में पाया जाता है। सल्फर का उपयोग रबड़ के वल्कनीकरण में किया जाता है।
- इसका उपयोग जीवाणुओं एवं कीटाणुओं को नष्ट करने में किया जाता है। यह फफूँदीनाशी होता है। इसका उपयोग औषधि उद्योग व दियासलाई उद्योग में करते हैं।

सल्फर के यौगिक

- सल्फर डाइऑक्साइड (SO_2) यह एक रंगहीन, दम घोटने वाली, गन्धयुक्त, हवा से भारी तथा विषैली गैस है। इसका जलीय विलयन सल्फ्यूरस अम्ल (H_2SO_3) कहलाता है।
- अमोनिया तथा कार्बन डाइऑक्साइड की तरह आसानी से द्रवीभूत होने के कारण सल्फर डाइऑक्साइड का उपयोग रेफ्रिजरेशन में होता है। इस गैस का उपयोग प्रतिक्लोर (Antichlor) के रूप में होता है।
- यह विरंजन गुण प्रदर्शित करती है परन्तु इसकी विरंजन क्रिया अस्थायी होती है।
- सल्फर ट्राइऑक्साइड (SO_3) जल में शीघ्रता से घुलकर सल्फ्यूरिक अम्ल (H_2SO_4) बनाती है।

- अत: यह सल्फ्यूरिक अम्ल की ऐनहाइड्राइड कहलाती है। H_2SO_4 में घुलकर यह संधूम्र गन्धक का अम्ल अथवा ओलियम बनाती है।
- सल्फ्यूरिक अम्ल (H_2SO_4) को रसायनों का सम्राट कहा जाता है। यह कसीस का तेल भी कहलाता है। औद्योगिक पैमाने पर सल्फ्यूरिक अम्ल बनाने की दो विधियाँ हैं

(i) सम्पर्क विधि (ii) लेड कक्ष विधि

हैलोजन

हैलोजन ग्रीक भाषा का शब्द है जिसका अर्थ लवण उत्पादक होता है। फ्लुओरीन (F), क्लोरीन (Cl), ब्रोमीन (Br), आयोडीन (I), ऐस्टेटाइन (At) हैलोजन परिवार के तत्व हैं।

फ्लुओरीन तथा क्लोरीन गैसीय अवस्था में पाए जाते हैं। ब्रोमीन द्रव एवं आयोडीन ठोस अवस्था में पाया जाता है।

फ्लुओरीन

फ्लुओरीन हैलोजन समूह का सदस्य है। यह एक गैस है तथा इसका वर्गीकरण अधातु के रूप में किया जाता है। यह हरे पीले रंग की खतरनाक रूप से अभिक्रियाशील गैस है।

इस गैस की गन्ध तीक्ष्ण होती है, जिससे इसकी अल्प मात्रा से भी इसका पता आसानी से लगाया जा सकता है। यह सर्वाधिक इलेक्ट्रॉन नेगेटिव तत्व है। अर्थात् यह अन्य इलेक्ट्रॉन को अपनी ओर आकर्षित करता है।

क्लोरीन

- यह हरे-पीले रंग की तीखी तथा दम घोटने वाली गैस है। यह विषैली गैस है। कीटाणुओं के लिए यह विष का काम करती है। अत: कीटाणुनाशक के रूप में क्लोरीन गैस का प्रयोग जल को कीटाणुरहित बनाने में होता है। क्लोरीन ऑक्सीकरण क्रिया द्वारा विरंजन का कार्य करती है।
- क्लोरीन प्रयोग ब्लीचिंग पाउडर के निर्माण में, पेय जल को शुद्ध करने में, जीवाणुनाशक के रूप में, विरंजक पदार्थ के रूप में, युद्धोपयोगी गैसें जैसे—फॉस्जीन, मस्टर्ड गैस आदि के उत्पादन में किया जाता है।

ब्रोमीन

- यह एक द्रव अधातु है। सामान्य ताप पर यह एक गाढ़ा भूरा तरल पदार्थ है जिससे ब्रोमीन की भूरी वाष्प निकलती रहती है। यह एक विषैला पदार्थ है तथा यह शरीर की त्वचा को जलाकर फफोले उत्पन्न कर देता है।
- ब्रोमीन उपयोग रंजक व औषधि बनाने में तथा सिल्वर ब्रोमाइड बनाने में किया जाता है। पोटैशियम ब्रोमाइड का उपयोग नींद लाने की दवा के रूप में किया जाता है।

आयोडीन

- यह एक ठोस अधातु है। यह बैंगनी रंग की होती है तथा इसमें धात्विक चमक पायी जाती है। मानव शरीर में आयोडीन, थाइरायड ग्रन्थि में थाइरॉक्सिन नामक कार्बनिक यौगिक के रूप में पायी जाती है। मानव शरीर में आयोडीन की कमी से घेंघा या गण्डमाला (Goitre) की बीमारी हो जाती है।

अक्रिय गैसें

- हीलियम (He), निऑन (Ne), ऑर्गन (Ar), क्रिप्टॉन (Kr), जिनॉन (Xe) तथा रेडॉन (Rn) आवर्त सारणी के शून्य वर्ग के तत्व हैं। शून्य वर्ग के तत्व रासायनिक दृष्टि से निष्क्रिय होते हैं।

इस कारण इन तत्वों को अक्रिय गैस (Inert gases) या उत्कृष्ट गैस (Noble gases) कहा जाता है। रेडॉन (Rn) को छोड़कर अन्य सभी अक्रिय गैसें वायुमण्डल में पायी जाती हैं।

अक्रिय गैस	उपयोग
हीलियम (He)	हवाई जहाज के टायरों में, निम्न तापीय-भौतिकी में हीलियम द्रव निर्माण में, गोताखोरों के गैसीय सिलेण्डर में
नियॉन (Ne)	छपाई उद्योग में, विद्युत यंत्रों (वोल्टमीटर), स्फुरदिप्ती बल्बों में।
ऑर्गन (Ar)	विद्युत बल्बों, रेडियो एवं वैल्डिंग में।
क्रिप्टॉन (Kr) एवं जिनॉन (Xe)	दोनों गैसों का उपयोग विद्युत बल्बों, टेलीविजन को ट्यूब, प्रकाश स्तम्भों व खनन बत्ती में
रेडॉन (Rn)	रेडियोथेरेपी के रूप में कैंसर के इलाज में

उपधातु

- उपधातुओं (Metalloids) में धातुओं और अधातुओं के मध्यवर्ती गुण पाए जाते हैं।

इनमें निम्न सात तत्व उपधातु हैं-

1. बोरॉन 2. सिलिकॉन 3. जर्मेनियम
4. आर्सेनिक 5. एण्टीमनी 6. टेल्यूरियम
7. पोलोनियम

महत्त्वपूर्ण उपधातु तथा उनके उपयोग

- **बोरॉन** भू-पर्पटी के कुल भार में बोरोन की 0.001% मात्रा विद्यमान होती है। बोरॉन का उपयोग इस्पात की कठोरता बढ़ाने में, फाइबर ग्लास को विद्युतरोधी बनाने में तथा एण्टीसेप्टिक दवाओं के निर्माण में होता है।
- **सिलिकॉन** भू-पर्पटी में कुल भार में सिलिकॉन 28% होता है। यह एक अर्धचालक है। इसका उपयोग ट्रॉजिस्टर के निर्माण में किया जाता है। सिलिकॉन का एक महत्त्वपूर्ण यौगिक सिलिका (SiO_2) होता हैं।
- **जर्मेनियम** में आर्सेनिक एवं कुछ अन्य तत्व मिश्रित करने पर यह अर्द्धचालक के गुण प्रदर्शित करता है। इसका उपयोग ट्रॉजिस्टर के रूप में किया जाता है।
- **आर्सेनिक** का उपयोग काष्ठ परिरक्षक एवं कृषि में कीटनाशक के रूप में किया जाता है। आर्सेनिक के एक यौगिक गैलियम आर्सेनाइड का प्रयोग LEDs के निर्माण में किया जाता है।
- **एण्टीमनी** का उपयोग अग्निरोधक के रूप में किया जाता है। इसका उपयोग सीसा धातु के साथ मिश्रधातु बनाने में किया जाता है।
- **टेल्यूरियम** का उपयोग धातुकर्म में किया जाता है। मिट्टी के बर्तनों को रंगने में किया जाता है।
- **पोलोनियम** रेडियोसक्रिय तत्व है। पोलोनियम अल्फा कणों का उत्सर्जक है। इसका उपयोग अनुसंधान के क्षेत्र में किया जाता है।

“

अम्ल वे रासायनिक यौगिक हैं जो स्वाद में खट्टे होते हैं तथा जल में घुलकर हाइड्रोजन आयन (H+) देते हैं। तथा क्षार वे रासायनिक यौगिक हैं, जो स्वाद में कड़वे होते हैं तथा जल में घुलकर हाइड्रॉक्साइड आयन (OH–) देते हैं।

अध्याय छ:

अम्ल, क्षारक एवं लवण

प्रकृति में पाए जाने वाले रासायनिक यौगिक उनमें उपस्थित तत्वों के आधार पर कई प्रकार के होते हैं। रासायनिक यौगिकों में विभिन्न प्रकार के गुणधर्म पाए जाते हैं। रासायनिक यौगिकों को उनके गुणधर्मों के आधार पर तीन मुख्य वर्गों में विभाजित किया जाता है

1. अम्ल (Acid) 2. क्षारक (Base) 3. लवण (Salt)

अम्ल

- अम्ल (Acids) शब्द की उत्पत्ति एसिडस शब्द से हुई है, जिसका अर्थ होता है- खट्टा, इसलिए अम्ल स्वाद में खट्टे होते है और जल में घुलकर प्रोटॉन (H^+आयन) देते हैं। अम्ल नीले लिटमस को लाल रंग में परिवर्तित कर देते हैं। उदाहरण— हाइड्रोक्लोरिक अम्ल (HCl), सल्फ्यूरिक अम्ल (H_2SO_4), नाइट्रिक अम्ल (HNO_3)।
- आर्हेनियस (Arrhenius) के अनुसार, अम्ल वह पदार्थ है जो जल में घुलकर हाइड्रोजन आयन (H^+) देता है।

  उदाहरण— HCl, H_2SO_4, HNO_3, CH_3COOH आदि।

$$HCl + \text{जल} \rightleftharpoons H^+ (aq) + Cl^- (aq)$$

- ब्रॉन्स्टेड-लॉरी (Bronsted-Lowry) के अनुसार, अम्ल वह अणु अथवा आयन है जो प्रोटॉन देने की क्षमता रखता है। अम्ल से प्रोटॉन के निष्कासन के पश्चात् शेष बची स्पीशीज संयुग्मी क्षार कहलाती है।

$$\text{अम्ल} \rightleftharpoons \underset{\text{प्रोटॉन}}{H^+} + \text{संयुग्मी क्षार}$$

उदाहरण— $NH_4^+ \longrightarrow NH_3 + H^+$

$$HCO_3^- \longrightarrow CO_3^{2-} + H^+$$

- लुईस के अनुसार, वह रासायनिक पदार्थ जो एक इलेक्ट्रॉन युग्म ग्रहण करने की क्षमता रखता है, लुईस अम्ल (Lewis acid) कहलाता है। जैसे—BF_3, $AlCl_3$।

अम्लों के प्रकार

- हाइड्रोजन आयन त्याग करने की क्षमता के आधार पर अम्लों को निम्न प्रकार से वर्गीकृत किया जा सकता है
  - प्रबल अम्ल (Strong acid) वे अम्ल जो जलीय विलयन में पूर्णत: आयनित (Ionised) हो जाते हैं, प्रबल अम्ल कहलाते हैं। प्रबल अम्लों में प्रोटॉन त्याग करने की उच्च क्षमता होती है। जैसे-सल्फ्यूरिक अम्ल (H_2SO_4), हाइड्रोक्लोरिक अम्ल (HCl)।
  - दुर्बल अम्ल (Weak Acid) वे अम्ल जो जलीय विलयन में पूर्णत: आयनित न होकर आंशिक रूप से आयनित होते हैं, दुर्बल अम्ल कहलाते हैं। जैसे- ऐसिटिक अम्ल (CH_3COOH), फॉर्मिक अम्ल (HCOOH)।

अम्लों के गुण

- अम्ल विद्युत के चालक होते हैं।
- सक्रिय धातुओं से क्रिया करके अम्ल हाइड्रोजन मुक्त करते हैं।
- अम्ल, धातु कार्बोनेटों तथा धातु बाईकार्बोनेटों से अभिक्रिया करके कार्बन डाइऑक्साइड गैस मुक्त करते हैं।
- अम्ल, क्षारकों के साथ क्रिया करके लवण तथा जल बनाते हैं।
- अम्लों की प्रकृति **संक्षारक** (Corrosive) (कोई भी रसायन जो दूसरे पदार्थ की मूल संरचना को नष्ट करने में सक्षम है) होती है।

प्रमुख अम्लों के स्रोत, निर्माण विधि एवं उपयोग

अम्ल	प्राकृतिक स्रोत	औद्योगिक निर्माण विधि	उपयोग
सिट्रिक	खट्टे फल, नींबू, नारंगी (सन्तरा), टमाटर	कच्ची शर्करा के किण्वन से	खाद्य पदार्थों में, दवाओं के निर्माण में, धातुओं को साफ करने एवं कपड़ा उद्योग में।
ऐसीटिक	फलों के रसों में, सुगन्धित तेलों में, दूध में	सिरके से, ऐसीटिलीन से	खट्टे खाद्य पदार्थ बनाने में, ऐसीटोन बनाने में, विलायक के रूप में।
फॉर्मिक	लाल चीटियाँ (बिच्छू में)		फलों को संरक्षित रखने में एवं जीवाणुनाशक के रूप में, चमड़ा व्यवसाय में एवं रबर के स्कन्दन में।
सल्फ्यूरिक	हरा कसीस	सीसा कक्ष और सम्पर्क विधि से	संचायक बैटरी बनाने में, विस्फोटक निर्माण में, रंग व औषधि निर्माण में तथा पेट्रोलियम के शोधन में।
नाइट्रिक	फिटकरी व शोरा	साल्टपीटर व बर्कलैंड अर्क प्रक्रम द्वारा	फोटोग्राफी में, अम्लराज बनाने में, औषधि एवं उर्वरक बनाने में।
बेन्जोइक	घास, पत्ते व मूत्र	बेन्जोइल क्लोराइड से	दवा व खाद्य पदार्थों के संरक्षण में।
ऑक्सेलिक	सारेल के वृक्ष	सोडियम फॉर्मेट से	फोटोग्राफी में, चमड़े के विरंजक के रूप में, कपड़ों की छपाई व रंगाई में, कपड़ों से स्याही के धब्बे हटाने में।
मैलिक	सेब, केला, सन्तरे का छिलका, आलू, गाजर		सौन्दर्य प्रसाधनों में, त्वचा की सुरक्षा में प्रयुक्त उत्पादों में।

क्षारक

- प्रारम्भिक अवधारणाओं के अनुसार, वे पदार्थ जो कड़वें होते हैं तथा लाल **लिटमस** (यह जल में घुलनशील विभिन्न रंजकों का एक मिश्रण होता है, जो थैलोफाइटा समूह के **लिचेन** नामक पौधे से निकाला जाता है) पत्र को नीला कर देते हैं, क्षारक (Bases) कहलाते हैं।
- आर्हेनियस के अनुसार, क्षारक वे पदार्थ हैं जो जल में घुलकर हाइड्रॉक्सिल आयन (OH^-) देते हैं।

  उदाहरण– $Ca(OH)_2$, NaOH, NH_4OH आदि।

  $$NaOH + H_2O \rightleftharpoons Na^+ (aq) + OH^- (aq)$$

- ब्रॉन्स्टेड-लॉरी के अनुसार, क्षारक वे अणु या आयन होते हैं, जो प्रोटॉन लेने की क्षमता रखते हैं।

  $$\text{क्षारक} + H^+ \rightleftharpoons \text{संयुग्मी अम्ल}$$

  उदाहरण–
  $$NH_3 + H^+ \longrightarrow NH_4^+$$
  $$OH^- + H^+ \longrightarrow H_2O$$

- लुईस के अनुसार, वह रासायनिक पदार्थ जो एक इलेक्ट्रॉन युग्म का त्याग करने की क्षमता रखता है, लुईस क्षार (Lewis base) कहलाता है। जैसे–NH_3 (अमोनिया)।

क्षारकों के प्रकार

- जल में घुलने के पश्चात् हाइड्रॉक्सिल आयनों की संख्या के आधार पर क्षारकों को दो भागों में विभाजित किया जाता है।
  - प्रबल क्षारक (Strong base) वे क्षारक जो जलीय विलयन में पूर्णत: घुलकर आयनित हो जाते हैं, प्रबल क्षारक कहलाते हैं। जैसे- सोडियम हाइड्रॉक्साइड (NaOH), पोटैशियम हाइड्रॉक्साइड (KOH) आदि।
- दुर्बल क्षारक (Weak base) वे क्षारक, जो जलीय विलयन में पूर्णत: नही घुलते हैं अर्थात् पूर्णत: आयनित नहीं होते हैं, दुर्बल क्षारक कहलाते हैं। जैसे-मैग्नीशियम हाइड्रॉक्साइड $[Mg(OH)_2]$, अमोनियम हाइड्रॉक्साइड (NH_4OH) आदि।

क्षारकों के गुण

- क्षारक, विद्युत के चालक होते हैं।
- केवल कुछ धातुओं के साथ क्रिया करके क्षारक हाइड्रोजन मुक्त करते हैं। ये अम्लों से क्रिया करके लवण तथा जल बनाते हैं।

क्षार (Alkali)

- कुछ क्षारक जल में विलेय होते हैं जबकि कुछ नहीं। जल में विलेय क्षारक, **क्षार** कहलाते हैं।
- सभी क्षार, भस्म (क्षारक) होते हैं, लेकिन सभी भस्म क्षार नहीं होते। इसका कारण यह है कि सभी भस्म जल में विलेय नहीं होते हैं।

क्षारकों के उपयोग

क्षारक	उपयोग
कॉस्टिक सोडा (NaOH)	साबुन के निर्माण में, पेट्रोलियम के शुद्धिकरण में, कपड़ा एवं कागज उद्योग में, औषधि निर्माण में, घरों एवं कारखानों की सफाई आदि में।
पोटैशियम हाइड्रॉक्साइड (KOH)	प्रयोगशाला में अभिकर्मक के रूप में, मुलायम साबुन के निर्माण में, CO_2 तथा SO_2 जैसी गैसों के अवशोषक के रूप में आदि।
कैल्सियम हाइड्रॉक्साइड $[Ca(OH)_2]$	घरों में चूना पोतने में, गारा एवं प्लास्टर बनाने में, विरंजक चूर्ण के निर्माण में, जल को मृदु करने में, चमड़े के ऊपर के बाल साफ करने में, मिट्टी की अम्लीयता दूर करने में आदि।
सोडियम हाइड्रॉक्साइड (NaOH)	साबुन और डिटर्जेंट बनाने में, कागज बनाने और कागज का पुनर्चक्रण करने में, अचार बनाने में, दर्द निवारक बनाने में, रक्त के थक्के को रोकने के लिए एंटीकोएगुलंट्स बनाने में किया जाता है।
मैग्नीशियम हाइड्रॉक्साइड $[Mg(OH)_2]$	पेट की अम्लीयता को दूर करने में, अम्ल विषाक्तीकरण (Poisoning) के ऐन्टिडॉट (Antidote) के रूप में, चीनी उद्योग में शीरे से चीनी का निर्माण करने में आदि।
जिंक हाइड्रॉक्साइड $[Zn(OH)_2]$	चिकित्सा में सर्जरी के बाद, चोट से रक्त को अवशोषित करने के लिए बडे बैंडेज को जिंक यौगिक से ढका जाता है। कॉस्मेटिक उद्योग में, कीटनाशकों और रंगद्रव्यों के उत्पादन में उपयोग किया जाता है।

सूचक (Indicators)

- वे पदार्थ जिनका रंग अम्ल अथवा क्षारक को मिलाने पर परिवर्तित हो जाता है, **सूचक** कहलाते हैं।

सूचक एवं उनकी प्रकृति

सूचक	pH परास	अम्लीय विलयन में रंग	उदासीन विलयन में रंग	क्षारीय विलयन में रंग
लिटमस	5.5-7.5	लाल	जामुनी	नीला
फीनॉल्फ्थैलीन	5.0-9.8	रंग रहित	रंग रहित	गुलाबी
मिथाइल ऑरेंज	3.1-4.5	लाल	नारंगी	पीला

- हल्दी एक प्राकृतिक सूचक है। करक्यूमिन की उपस्थिति के कारण इसका रंग पीला होता है। करक्यूमिन द्वारा कैंसर के इलाज में सफलता मिलने की घोषणा कोलकाता के चिकित्सा वैज्ञानिकों ने की है।
- कैंसर होने पर रोगी की प्रतिरोधक क्षमता बहुत कम हो जाती है। अत: उसे अन्य बीमारियाँ होने की आशंका बनी रहती है।
- करक्यूमिन के प्रयोग से रोग प्रतिरोधक क्षमता बढ़ने से शरीर में कैंसर के कीटाणुओं से लड़ने की क्षमता बढ़ती है जबकि ऐलोपैथिक दवाएँ मरीज की प्रतिरोधक क्षमता कम कर देती हैं।

pH पैमाना

- किसी पदार्थ के तनु जलीय विलयन की अम्लता या क्षारकता को मापने के लिए सॉरेन्सन (Sorenson) ने एक पैमाना विकसित किया। जिस पर 1 से 14 तक संख्याएँ अंकित रहती हैं। ये संख्याएँ तनु जलीय विलयनों की अम्लता या क्षारकता को pH के रूप में व्यक्त करती हैं।
- pH मान 7 होने पर विलयन उदासीन हो जाता है। 7 से कम pH मान अम्लीय विलयन को दर्शाता है जबकि 7 से अधिक pH मान क्षारकीय विलयन को दर्शाता है। pH मान को हाइड्रोजन आयनों की सान्द्रता के रूप में भी व्यक्त किया जा सकता है।

$$pH = -\log[H^+]$$

$$= 3\log\frac{1}{[H^+]} \text{ या } = \log\frac{1}{[H_3O^+]}$$

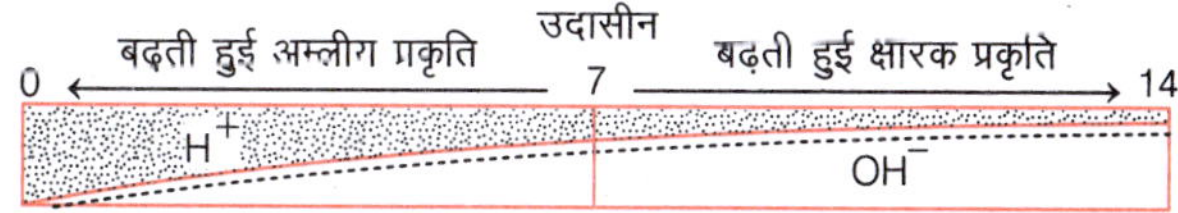

$H^+ (aq)$ एवं $OH^- (aq)$ की सांद्रता परिवर्तन के साथ pH की विभिन्नता

शुद्ध जल, मुक्त इलेक्ट्रॉनों की अनुपस्थिति के कारण उदासीन होता है।

दैनिक जीवन में pH का महत्त्व

- हमारा शरीर 7.0 से 7.8 pH परास के बीच कार्य करता है।
- pH परिवर्तन के कारण दंत-क्षय मुँह के pH का मान 5.5 से कम होने पर दाँतों का क्षय (Erosion of teeth) प्रारंभ हो जाता है।
- दाँतों का इनैमल (दन्तवल्क) कैल्शियम हाइड्रॉक्सी ऐपेटाइट (कैल्सियम फॉस्फेट का क्रिस्टलीय रूप) से बना होता है, जो शरीर का सबसे कठोर पदार्थ है।
- यह जल में नहीं घुलता, लेकिन मुँह का pH मान 5.5 से कम होने पर दंतक्षरण (Erosion) प्रारम्भ हो जाता है।
- मुँह में उपस्थित बैक्टीरिया, भोजन के पश्चात् मुँह में अवशिष्ट शर्करा एवं खाद्य पदार्थों का निम्नीकरण करके अम्ल उत्पन्न करते हैं।

विलयन के प्रकार	298 K पर H^+ आयनों की सान्द्रता
उदासीन	$[H^+] = 1.0 \times 10^{-7}\ mol\ L^{-1}$
अम्लीय	$[H^+] > 1.0 \times 10^{-7}\ mol\ L^{-1}$
क्षारीय	$[H^+] = 1.0 \times 10^{-7}\ mol\ L^{-1}$

कुछ पदार्थों के pH मान

पदार्थ	pH मान
1M हाइड्रोक्लोरिक अम्ल (HCl), बैटरी का अम्ल	0.5
आन्त्र रस	1.4
नींबू का रस	2.4
सिरका	3.0
वाइन	3.2
टमाटर	4.2
बीयर	4.3
कॉफी	4.9-5.0
वायु में उपस्थित जल (जलवाष्प)	5.5
मूत्र	5.5 से 7.5 के मध्य
दूध	6.4
शुद्ध जल	7
लार	7.2
मानव रक्त या आँसू	7.4
खाने का सोडा	8.4
अण्डे	7.8
घरों में प्रयुक्त अमोनिया	11.5
चूना	13
1 M कॉस्टिक सोडा (NaOH)	14

बफर विलयन

वह विलयन जो अम्ल या क्षार की साधारण मात्राओं को अपनी प्रभावी अम्लता या क्षारकता में पर्याप्त परिवर्तन किए बिना अवशोषित कर लेता है, **बफर विलयन** (Buffer solution) कहलाता है, जैसे—सोडियम ऐसीटेट तथा ऐसिटिक अम्ल का मिश्रण एक प्रभावी बफर विलयन है।

लवण

वे पदार्थ जो जल में आयनित होकर H^+ व OH^- बनाते हैं तथा अम्ल एवं क्षार के बीच उदासीनीकरण क्रिया (Neutralisation reaction) के फलस्वरूप बनते हैं, लवण (Salts) कहलाते हैं।

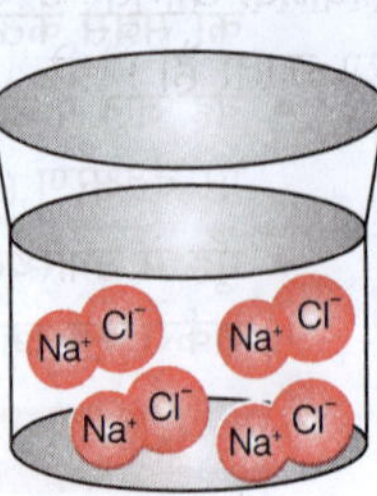

उदाहरण—CH_3COONa, NaCl, K_2SO_4 आदि।

लवणों का वर्गीकरण

- सामान्य लवण (Simple Salts) वे लवण जो अम्ल और क्षार के पूर्ण उदासीनीकरण के फलस्वरूप बनते हैं, सामान्य लवण कहलाते हैं। उदाहरण—NaCl, NH_4Cl, Na_2SO_4 आदि।
- अम्लीय लवण (Acidic Salts) वे लवण जो किसी क्षार के द्वारा किसी अम्ल के अपूर्ण उदासीनीकरण के फलस्वरूप बनते हैं, अम्लीय लवण कहलाते हैं। उदाहरण—$NaHSO_4$, NaH_2PO_4, $KHCO_3$ आदि।
- मिश्रित लवण (Mixed Salts) वे लवण जो एक अम्ल के दो क्षारों द्वारा अथवा एक क्षार के दो अम्लों द्वारा उदासीनीकरण के फलस्वरूप बनते हैं, मिश्रित लवण कहलाते हैं।
  उदाहरण—विरंजक चूर्ण (Bleaching powder) $Ca(OCl)_2$।
- द्विक लवण (Double Salts) वे लवण जो दो सामान्य लवणों के विलयन के वाष्पन के फलस्वरूप बनते हैं, द्विक लवण कहलाते हैं।
  उदाहरण— मोहर लवण $[FeSO_4 \cdot (NH_4)_2SO_4 \cdot 6H_2O]$।
- संकर लवण (Complex Salts) वे लवण जो दो यौगिकों की अभिक्रिया के फलस्वरूप बनते हैं तथा बनने वाले लवण के गुण, प्रयुक्त यौगिकों के गुणधर्मों से भिन्न होते हैं, संकर लवण कहलाते हैं। इन लवणों में इनके अवयवी आयन अपनी पहचान खो देते हैं।
  उदाहरण— पोटैशियम फेरोसायनाइड $[K_4[Fe(CN)_6]$
  (यह लवण Fe^{2+} तथा CN^- आयनों का परीक्षण नहीं देता है)।
- NaOH, KOH आदि प्रबल क्षार हैं जबकि H_2SO_4, HNO_3, HCl आदि प्रबल अम्ल हैं। ये ही लवण की प्रकृति निश्चित करते हैं। लवण के विलयन की प्रकृति निम्न प्रकार ज्ञात कर सकते हैं।
  - लवण के धनायन (क्षार से प्राप्त भाग) तथा ऋणायन (अम्ल से प्राप्त भाग) को अलग-अलग लिख लेते हैं। उदाहरण—कॉपर सल्फेट ($CuSO_4$) में क्षार से प्राप्त भाग Cu^{2+} तथा अम्ल से प्राप्त भाग SO_4^{2-} है।
  - जल, H^+ तथा OH^- में स्वयं वियोजित रहता है। जल के H^+ को अम्ल से प्राप्त भाग तथा OH^- को क्षार से प्राप्त भाग से जोड़ते हैं

$$Cu^{2+} + 2OH^- \longrightarrow \underset{\text{दुर्बल क्षार}}{Cu(OH_2)}$$

$$SO_4^{2-} + 2H^+ \longrightarrow \underset{\text{प्रबल अम्ल}}{H_2SO_4}$$

  - हमें दुर्बल क्षार तथा प्रबल अम्ल प्राप्त होता है। अत: कॉपर सल्फेट का विलयन, प्रबल अम्ल की उपस्थिति के कारण अम्लीय होता है।

- प्रबल अम्ल तथा दुर्बल क्षार के लवण जैसे—नौसादर (NH_4Cl), कॉपर सल्फेट ($CuSO_4$) तथा फेरिक क्लोराइड ($FeCl_3$) आदि का जलीय विलयन अम्लीय होता है अर्थात् इनका pH मान 7 से कम होता है।
- दुर्बल अम्ल तथा प्रबल क्षार के लवण जैसे—सोडियम कार्बोनेट (Na_2CO_3), सोडियम ऐसीटेट (CH_3COONa) आदि का जलीय विलयन क्षारीय होता है अर्थात् इनका pH मान 7 से अधिक होता है।
- प्रबल अम्ल तथा प्रबल क्षारक के लवण जैसे—नमक (NaCl), पोटैशियम सल्फेट (K_2SO_4) आदि का जलीय विलयन उदासीन होता है अर्थात् इनका pH मान 7 होता है।

कुछ सामान्य लवण एवं उनके उपयोग

लवण	उपयोग
सोडियम क्लोराइड (NaCl) अथवा साधारण नमक	• भोजन निर्माण एवं अचार के परिरक्षण हेतु • अत्यधिक ठण्डे देशों में जमी हुई बर्फ पिघलाने के लिए • बेकिंग सोडा एवं सोडियम हाइड्रॉक्साइड के निर्माण में
सोडियम कार्बोनेट (Na_2CO_3) अथवा धावन सोडा	• काँच, कागज, साबुन एवं बोरेक्स निर्माण में • ईंट निर्माण उद्योग में आर्द्रक अभिकर्ता (Wetting agent) के रूप में • जल की स्थायी कठोरता के उपचार में • दन्तमंजन (Toothpaste) में झाग अभिकर्ता (Foaming agent) के रूप में
सोडियम बाईकार्बोनेट या सोडियम हाइड्रोजन कार्बोनेट ($NaHCO_3$) अथवा बेकिंग सोडा	• अग्नि-शामक (Fire extinguisher) में • भोजन निर्माण में खमीर अभिकर्ता (Leavening agent) के रूप में • पैनकेक, ब्रेड, बन आदि सेके हुए खाद्य पदार्थों तथा तले हुए भोजन के निर्माण में
कैल्सियम हाइपोक्लोराइट $[Ca(OCl)_2]$ अथवा ब्लीचिंग पाउडर/विरंजक चूर्ण	• स्वीमिंग पूल को स्वच्छ करने में • पेयजल के कीटाणुशोधन में • कागज, ब्लीचिंग एजेंट के रूप में • क्लोरोफॉर्म ($CHCl_3$) तथा न सिकुड़ने वाले ऊन (Unshrinkable wool) के निर्माण में
कैल्सियम सल्फेट हेमीहाइड्रेट $\left(CaSO_4 \cdot \frac{1}{2}H_2O\right)$ अथवा प्लास्टर ऑफ पेरिस	• टूटी हुई हड्डियों को उनके सही स्थान पर स्थिर रखने में (प्लास्टर) • चॉक, अग्निरोधक पदार्थ, खिलौने एवं सजावटी वस्तुओं के निर्माण में • गृह-निर्माण में सतह को चिकना बनाने में
पोटैशियम नाइट्रेट (KNO_3)	• उर्वरक, काँच, गन पाउडर (बारूद) एवं औषधि निर्माण तथा संवेदनशील दाँतों के लिए दन्तमंजन (Toothpaste) के निर्माण में • रॉकेट ईंधन में ऑक्सीकारक (Oxidiser) के रूप में

"

कार्बनिक रसायन, रसायन विज्ञान की वह शाखा है, जिसके अन्तर्गत कार्बनिक यौगिकों का उनके निर्माण संरचना, गुणधर्मों, अभिक्रियाओं और उपयोगों का अध्ययन किया जाता है। फ्रेडरिक वोहलर को कार्बनिक रसायन का जनक कहा जाता है।

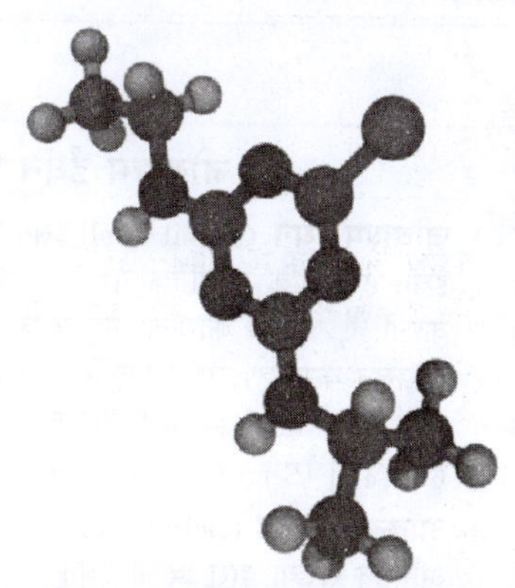

अध्याय सात

कार्बनिक रसायन

पेट्रोलियम : कार्बनिक यौगिक स्रोत

पेट्रोलियम मुख्यतया ऐलिफैटिक हाइड्रोकार्बनों तथा अल्प मात्रा में ऐरोमैटिक हाइड्रोकार्बनों का मिश्रण है, इसमें अल्प मात्रा में सल्फर तथा नाइट्रोजन के कार्बनिक यौगिक भी पाए जाते हैं।

पेट्रोलियम के विभिन्न घटक (अवयव) तथा उनके उपयोग

पेट्रोलियम के अवयव	उपयोग
द्रव रूप में पेट्रोलियम गैस (LPG)	घरों और उद्योगों में ईंधन के रूप में।
पेट्रोल	मोटर ईंधन, वैमानिक ईंधन, शुष्क धुलाई के लिए।
मिट्टी का तेल	स्टोव, लैंप, जेट वायुयान के लिए ईंधन।
डीजल	भारी मोटर वाहनों व विद्युत जनित्रों के लिए ईंधन।
स्नेहक तेल (Lubricating oil)	स्नेहन।
ग्रीस, वैसलीन (पेट्रोलियम जैली)	औषधीय निर्माण में।
पैराफिन मोम	मलहम, मोमबत्ती, वैसलीन, आदि में।
एस्फाल्ट (Asphalt) या टार (बिटुमिन)	पेंट और सड़क निर्माण में।

पेट्रोरसायन

- पेट्रोलियम तथा प्राकृतिक गैसों से अनेक उपयोगी पदार्थ प्राप्त किए जाते हैं, जिन्हे, पेट्रोरसायन (Petrochemicals) कहते हैं। संतृप्त हाइड्रोकार्बन (Saturated Hydrocarbons) (मेथेन, एथेन, प्रोपेन, आदि), असंतृप्त हाइड्रोकार्बन (एथिलीन, प्रोपिलीन, आदि), ऐरोमैटिक हाइड्रोकार्बन (Unsaturated hydrocarbons) (बेंजीन, टॉलुईन), ऐल्कोहॉल, फॉर्मेल्डिहाइड, ऐसीटोन, ऐसीटिक अम्ल, आदि कुछ पेट्रोरसायनों के उदाहरण हैं।
- पेट्रोरसायनों का उपयोग अपमार्जक (Detergents), रेशे (पॉलीएस्टर, नायलॉन, ऐक्रिलिक, आदि), पॉलीथीन और अन्य मानव निर्मित प्लास्टिक आदि के औद्योगिक निर्माण में किया जाता है। प्राकृतिक गैस से प्राप्त हाइड्रोजन गैस का उपयोग उर्वरकों (यूरिया) के उत्पादन हेतु किया जाता है।

विभिन्न ईंधनों के ऊष्मीय मान

ईंधन	ऊष्मीय मान (kJ/kg)
गोबर के उपले	6,000-8,000
लकड़ी	17,000-22,000
कोयला	25,000-33,000
पेट्रोल	45,000
मिट्टी का तेल	45,000
डीजल	45,000
मेथेन	50,000
सीएनजी (CNG)	50,000
एलपीजी (LPG)	55,000
जैव गैस (बायोगैस)	35,000-40,000
हाइड्रोजन	1,50,000

जीवाश्म ईंधन एवं ऑक्टेन संख्या

- **जीवाश्म ईंधन** (Fossil Fuel) इसमें **प्राकृतिक गैस** (Natural Gas) स्वच्छतम ईंधन है क्योंकि प्राकृतिक गैस बहुत कम मात्रा में प्रदूषणकारी गैसें उत्सर्जित करती हैं, जबकि कोयला, पेट्रोल व डीजल प्रदूषणकारी गैसों का अधिक उत्सर्जन करते हैं। मेथेन प्राकृतिक गैस का मुख्य घटक है। प्राकृतिक गैस एक रंगहीन, गन्धहीन पर्यावरण अनुकूल ऊर्जा स्रोत है। यह कई गैसों का मिश्रण होता है। जिसमें मुख्य रूप से मेथेन शामिल होता है।
- **ऑक्टेन संख्या** (Octane Number) यह पेट्रोल की गुणवत्ता की माप है। ऑक्टेन संख्या द्वारा किसी ईंधन के अपस्फोटन को व्यक्त किया जाता है। ऑक्टेन संख्या जितनी अधिक होगी अपस्फोटन उतना ही कम होगा तथा ईंधन की क्षमता और गुणवत्ता उतनी अधिक होगी। उच्च ऑक्टेन रेटिंग वाले ईंधन का उपयोग उच्च सम्पीडन वाले गैसोलीन इंजनों में किया जाता है। इसके विपरीत, कम ऑक्टेन वाले ईंधन डीजल इंजन के लिए आदर्श होते हैं, क्योंकि डीजल इंजन ईंधन को सम्पीड़ित नहीं करते हैं।

कार्बनिक यौगिकों का वर्गीकरण

कार्बन परमाणुओं की व्यवस्था के आधार पर कार्बनिक यौगिकों को दो मुख्य वर्गों में विभाजित किया गया है।

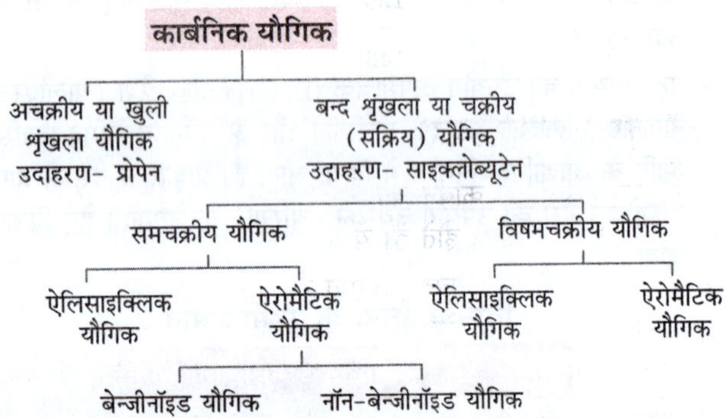

1. अचक्रीय शृंखला वाले यौगिक

- ऐसे कार्बनिक यौगिकों में कार्बन परमाणु परस्पर सीधी या शाखित संरचना से जुड़ा होता है।
- सीधी और खुली शृंखला वाले यौगिकों के उदाहरण मेथेन (CH_4), पेन्टेन (C_5H_{12}) आदि हैं।

मेथेन (CH_4)

पेन्टेन (C_5H_{12})

- शाखित शृंखला वाले यौगिकों में कार्बन परमाणु परस्पर शाखाओं से जुड़े रहते हैं। शाखित शृंखला वाले यौगिकों के उदाहरण—2-मेथिल ब्यूटेन, 3-ऐथिल पेन्ट-2-इन आदि हैं।

2-मेथिल ब्यूटेन

$CH_3—CH(CH_3)—CH_2—CH_3$

3-ऐथिल पेण्ट-2-इन

$CH_3—CH{=}C(C_2H_5)—CH_2—CH_3$

2. चक्रीय शृंखला वाले यौगिक

- ऐसे कार्बनिक यौगिकों में कार्बन परमाणु परस्पर जुड़कर एक वलय जैसी बन्द शृंखला का निर्माण करते हैं।

इन्हें दो वर्गों में विभाजित किया गया है

- समचक्रीय यौगिक (Homocyclic Compounds) ऐसे चक्रीय यौगिक जिनमें चक्रीय शृंखला का निर्माण केवल कार्बन परमाणुओं के मध्य होता है, समचक्रीय यौगिक कहलाते हैं। समचक्रीय यौगिक दो प्रकार के होते हैं।
- ऐरोमैटिक यौगिक (Aromatic Compounds) और ऐलिसाइक्लिक यौगिक (Alicyclic Compounds)। ऐरोमैटिक यौगिकों में एक विशेष प्रकार की सुगन्ध पायी जाती है तथा ये यौगिक हकल नियम $(4n+2)\pi$ इलेक्ट्रॉन नियम का पालन करते हैं। ऐलिसाइक्लिक यौगिकों में ऐरोमैटिक गुणधर्म नहीं पाए जाते हैं।

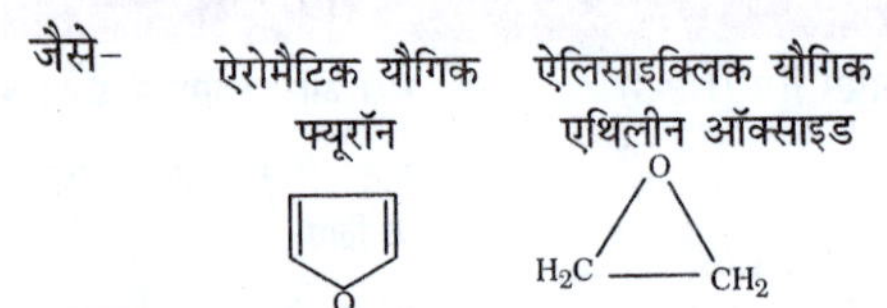

- विषमचक्रीय यौगिक (Heterocyclic Compounds) ऐसे कार्बनिक यौगिक जिनकी वलय में कार्बन के अतिरिक्त एक या अधिक तरह के विषम परमाणु और कोई अन्य तत्व (जैसे ऑक्सीजन, नाइट्रोजन, सल्फर) आदि होते हैं, विषम चक्रीय यौगिक कहलाते हैं।

जैसे- ऐरोमैटिक यौगिक फ्यूरॉन; ऐलिसाइक्लिक यौगिक एथिलीन ऑक्साइड

सजातीय श्रेणी

- कार्बनिक यौगिको के ऐसे समूह जिनमें एक ही प्रकार के क्रियात्मक समूह पाए जाते हैं, उन्हें कार्बनिक यौगिकों की सजातीय श्रेणी (Homologous Series) कहा जाता है।
- ये यौगिक इनमें उपस्थित मेथिलीन समूह (CH_2) की संख्या के आधार पर एक-दूसरे से भिन्न होते हैं। किसी सजातीय श्रेणी के क्रमागत यौगिकों के अणुसूत्रों में ($—CH_2$) इकाई का अन्तर होता है। जैसे-ऐल्केन सजातीय श्रेणी।

ऐल्केन सजातीय श्रेणी

अणुसूत्र	यौगिक का नाम
CH_4	मेथेन (Methane)
C_2H_6	एथेन (Ethane)
C_3H_8	प्रोपेन (Propane)
C_4H_{10}	ब्यूटेन (Butane)
C_5H_{12}	पेन्टेन (Pantane)

समावयवता

- दो या दो से अधिक कार्बनिक यौगिक जिनके अणुसूत्र समान हो, परन्तु गुण एवं विन्यास भिन्न-भिन्न हों, समावयवी (Isomers) कहलाते हैं तथा यह घटना समावयवता (Isomerism) कहलाती हैं। उदाहरण— अणुसूत्र C_2H_6O के दो समावयवी एथिल ऐल्कोहॉल तथा डाइमेथिल ईथर हैं।

समावयवता निम्न दो प्रकार की होती हैं

1. संरचनात्मक समावयवता (Structural Isomers) यौगिक जिनके अणुसूत्र समान होते हैं, किन्तु संरचना भिन्न होती है, उन्हें संरचनात्मक समावयवियों में वर्गीकृत किया जाता है। उदाहरण- आण्विक सूत्र C_5H_{12} के तीन शृंखला समावयवी
(a) *n*-पेन्टेन (b) *आइसो*-पेन्टेन (c) *निओ*-पेन्टेन हैं
2. त्रिविम समावयवता (Stereo Isomerism) त्रिविम समावयवी (Stereo Isomers) वे यौगिक हैं, जिनमें संरचना एवं परमाणुओं के आबन्धन का क्रम तो समान रहता है, परन्तु उनके अणुओं में परमाणुओं अथवा समूहों की त्रिविम स्थितियाँ भिन्न रहती हैं। इस प्रकार की समावयवता त्रिविम समावयवता कहलाती है।

हाइड्रोकार्बन

- वे यौगिक, जिनमें केवल कार्बन और हाइड्रोजन तत्व उपस्थित होते हैं, हाइड्रोकार्बन (Hydrocarbons) कहलाते हैं। उदाहरण-CH_4, C_2H_6, C_2H_4, C_6H_6 आदि।
- पेट्रोलियम या कच्चा तेल इनका प्राकृतिक स्रोत है। हाइड्रोकार्बन विभिन्न प्रकार के होते हैं। कार्बन-कार्बन आबंधों के प्रकार के आधार पर इन्हें तीन मुख्य वर्गों में वर्गीकृत किया गया है।

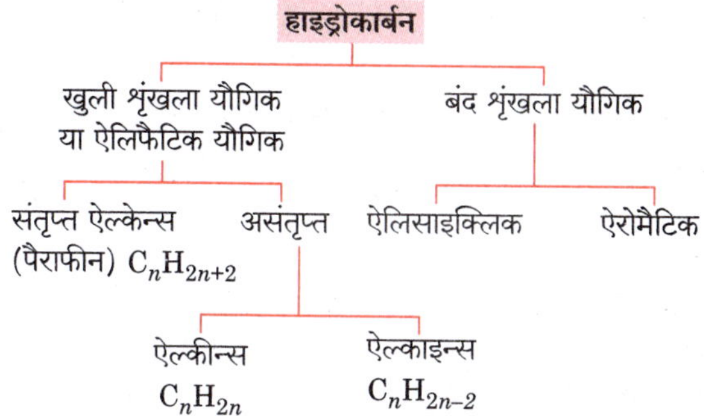

1. संतृप्त हाइड्रोकार्बन

इनमें कार्बन-कार्बन तथा कार्बन-हाइड्रोजन एकल आबंध होते हैं। ये दो प्रकार के होते हैं

(i) ऐल्केन या पैराफिन *पैराफिन* एक लैटिन शब्द है जिसका अर्थ है 'अल्प क्रियाशील', अतः ये रासायनिक रूप से अधिकांश रसायनों के प्रति निष्क्रिय हैं। इन यौगिकों में, विभिन्न कार्बन परमाणु एक-दूसरे से एकल आबंधों द्वारा जुड़कर कार्बन परमाणुओं की खुली शृंखला बनाते हैं। ऐल्केनों का सामान्य सूत्र C_nH_{2n+2} होता है।

(ii) साइक्लोऐल्केन साइक्लोऐल्केनों में कार्बन परमाणु बंद शृंखला या वलय (Ring) बनाते हैं। इनका सामान्य सूत्र C_nH_{2n+2} है। साइक्लोप्रोपेन (C_3H_8) इस परिवार का प्रथम सदस्य है।

कुछ एल्केन और उनके भौतिक गुण

कार्बन परमाणु की संख्या	नाम	आण्विक सूत्र	आण्विक भार (g)	गलनांक (°C)	क्वथनांक (°C)	संरचनात्मक समावयवों की संख्या
1	मेथेन	CH_4	16	–183	–162	1
2	ऐथेन	C_2H_6	30	–172	–89	1
3	प्रोपेन	C_3H_8	44	–187	–42	1
4	ब्यूटेन	C_4H_{10}	58	–138	0	2
5	पेंटेन	C_5H_{12}	72	–130	36	3
6	हैक्सेन	C_6H_{14}	86	–95	68	5
7	हैप्टेन	C_7H_{16}	100	–91	98	9
8	ऑक्टेन	C_8H_{18}	114	–57	126	18
9	नोनेन	C_9H_{20}	128	–54	151	35
10	डेकेन	$C_{10}H_{22}$	142	–30	–174	75

2. असंतृप्त हाइड्रोकार्बन

असंतृप्त हाइड्रोकार्बनों में कार्बन-कार्बन बहुआबंध जैसे द्विआबंध, त्रिआबंध या दोनों उपस्थित होते हैं। ये दो प्रकार के होते हैं

(i) ऐल्कीन ये द्विआबंध युक्त असंतृप्त हाइड्रोकार्बन होते हैं। इनका सामान्य सूत्र C_nH_{2n} होता है। इनका प्रथम सदस्य एथिलीन अथवा एथीन C_2H_4 है। ऐल्कीनों के प्रथम सदस्य एथिलीन की अभिक्रिया क्लोरीन से कराने पर तैलीय द्रव प्राप्त होता है। अतः ऐल्कीनों को ओलीफीन (Olefin) (तैलीय यौगिक बनाने वाले) भी कहते हैं।

(ii) ऐल्काइन ये कम से कम एक त्रिआबंध युक्त असंतृप्त हाइड्रोकार्बन होते हैं। इनका सामान्य सूत्र C_nH_{2n-2} होता है।
इनका प्रथम सदस्य ऐसीटिलीन या ऐथाइन (C_2H_2) है। सिल्वर नाइट्रेट के साथ ऐसीटिलीन की अभिक्रिया इसके अम्लीय गुण को दर्शाती है।

3. ऐरोमैटिक हाइड्रोकार्बन

वे हाइड्रोकार्बन, जिनमें कार्बन परमाणु आपस में सिग्मा (σ) अथवा पाई (π) बन्ध के द्वारा बन्द विवृत शृंखला में विन्यासित होते हैं, ऐरोमैटिक हाइड्रोकार्बन कहलाते हैं। इन्हें ऐरीन भी कहते हैं, क्योंकि इनके अधिकांश यौगिकों में विशिष्ट गंध होती है (ग्रीक शब्द *ऐरोमा* (Aroma) का अर्थ है सुगंध)। इनका सामान्य सूत्र C_nH_{2n-6} होता है। इनमें अधिकांश यौगिकों में बेंजीन वलय पाई जाती है।

हाइड्रोकार्बन के हैलोजन व्युत्पन्न एवं उनके उपयोग

हाइड्रोकार्बन	विवरण
एथिल ब्रोमाइड (C_2H_5Br)	एथिल ब्रोमाइड एक रंगहीन और वाष्पशील तरल है। यह हवा के संपर्क में आने पर पीले रंग में बदल जाता है। इसका उपयोग रेफ्रिजरेटर, और सॉल्वेंट के रूप में गैसोलीन में किया जाता है।
क्लोरोफॉर्म ($CHCl_3$)	इसकी खोज लीबिग ने सन् 1831 में की थी। क्लोरोफॉर्म प्रकाश की उपस्थिति में ऑक्सीकृत होकर विषैली गैस फॉस्जीन (कार्बोनिल क्लोराइड) बनाता है। इसलिये इसे भण्डारण के लिए पूर्णतः भरी हुई रंगीन बोतलों में रखा जाता है। जिससे इसमें वायु न रहे।
आयोडोफॉर्म (CHI_3)	यह पीले रंग का विशिष्ट गन्ध वाला उर्ध्वपातित क्रिस्टलीय ठोस है। यह आयोडीन, NaOH और एथेनॉल की अभिक्रिया जिसे हैलोफॉर्म अभिक्रिया कहते हैं के द्वारा बनाया जाता है। पूर्व में इसका उपयोगी पूतिरोधी (Antiseptic) के रूप में किया जाता था। इसका पूतिरोधक गुण मुक्त हुई आयोडीन के कारण होता है न कि स्वयं आयोडोफॉर्म के कारण। यह एक बैक्टीरियानाशक पदार्थ है।
क्लोरोफॉर्म ($CHCl_3$)	इसकी खोज लीबिग ने सन् 1831 में की थी। क्लोरोफॉर्म प्रकाश की उपस्थिति में ऑक्सीकृत होकर विषैली फॉस्जीन (कार्बोनिल क्लोराइड) बनाता है। इसलिये इसे भण्डारण के लिए पूर्णतः भरी हुई रंगीन बोतलों में रखा जाता है। जिससे इसमें वायु न रहे। सर्वप्रथम इसका प्रयोग सेम्पसन ने निश्चेतक के रूप में किया था बाद में इसका प्रयोग शल्य चिकित्सा में किया गया। यह वसा, ऐल्केलॉइडों, आयोडीन, रबड़, आदि के लिए विलायक के रूप में प्रयुक्त किया जाता है। इसका प्रयोग कीटनाशक के रूप में भी किया जाता है। वर्तमान में क्लोरोफॉर्म का प्रमुख उपयोग फ्रेऑन प्रशीतक R-22 बनाने में किया जाता है। क्लोरोफॉर्म को सूँघने से केन्द्रीय तन्त्रिका तन्त्र अवनमित हो जाता है इससे संवेदी अंग बन्द हो जाते हैं। इसलिये इसे निश्चेतक के रूप में प्रयुक्त किया जाता है।
कार्बन टेट्राक्लोराइड (CCl_4)	इसका अत्यधिक मात्रा में उत्पादन प्रशीतक बनाने तथा ऐरोसॉल कैन के लिए प्रणोदक के उत्पादन में उपयोग करने के लिए किया जाता है ग्रीस, दाग, धब्बे, आदि को छुड़ाने वाले द्रव के रूप में इसका प्रयोग किया जाता है। पायरीन नाम से इसे बिजली से लगी आग बुझाने में भी प्रयुक्त किया जाता है।
क्लोरोफ्लुओरोकार्बन (CFCs)	इन्हें फ्रेऑन भी कहते हैं। ये अत्याधिक स्थाई, अक्रियाशील, अविषैले (निरावेषी- Non-toxic), असंक्षारक (Non-corrosive) और आसानी से द्रवित होने वाली गैसें हैं। फ्रेऑन-12 उद्योगों में सर्वाधिक प्रयुक्त होने वाले सामान्य फ्रेऑनों में से एक है। इनका प्रयोग ऐरोसॉल प्रणोदक, प्रशीतक तथा वायु शीतलन में किया जाता है। ये क्षोभमण्डल में विसरित होकर ओजोन परत का क्षरण करते हैं तथा प्रकृति में ओजोन सन्तुलन को अनियन्त्रित कर देते हैं।
डाइक्लोरो डाइ फिनाइल ट्राइ क्लोरो ऐथेन (DDT)	यह मच्छर, जुओं के लिए एक प्रमुख कीटनाशक है तथा इसके अनेकों औद्योगिक उपयोग हैं।
क्लोरल (CCl_3CHO)	इसे ऐसीटैल्डिहाइड पर क्लोरीन की अभिक्रिया द्वारा बनाया जाता है। यह तैलीय रंगहीन द्रव है मुख्यतः इसका उपयोग डी.डी.टी. बनाने में किया जाता है।
बेन्जीन हेक्साक्लोराइड (BHC)	सूर्य के प्रकाश की उपस्थिति में बेन्जीन की क्लोरीन से अभिक्रिया के फलस्वरूप इसे प्राप्त किया जाता है। यह एक प्रबल कीटाणुनाशक है।
डाइक्लोरोमेथेन (CH_2Cl_2)	यह पॉलिहैलोजन यौगिक है इसका प्रयोग विलायक के रूप में, पेन्ट अपचायक के रूप में, ऐरोसॉल में प्रणोदक के रूप में तथा औषध निर्माण की प्रक्रिया में विलायक के रूप में तथा धातुओं की सफाई में किया जाता है।
परफ्यूरो कार्बन (PFCs)	इसका उपयोग दो प्रमुख चिकित्सा अनुप्रयोगों में किया जाता है। • कृत्रिम रक्त विकल्प के रूप में • तरल वेंटिलेशन के माध्यम के रूप में

कार्बन, हाइड्रोजन और ऑक्सीजन के कार्बनिक यौगिक

ये ऐल्कोहॉल, फीनॉल, ईथर, ऐल्डिहाइड, कीटोन, कार्बोक्सिलिक अम्ल, ऐसिड ऐनहाइड्राइड और एस्टर है।

ऐल्कोहॉल

- जब ऐलिफैटिक हाइड्रोकार्बन का कोई हाइड्रोजन परमाणु हाइड्रॉक्सिल (—OH) समूह द्वारा प्रतिस्थापित होता है, तो ऐल्कोहॉल बनते हैं। इनका सामान्य सूत्र $C_nH_{2n+1}OH$ है।

मेथिल ऐल्कोहॉल या मेथेनॉल

- इसे काष्ठ स्प्रिट (Wood Spirit) भी कहते हैं, क्योंकि इसे लकड़ी के भंजक आसवन से प्राप्त किया जाता है। यह फॉर्मेल्डिहाइड को पोटैशियम या सोडियम हाइड्रॉक्साइड के साथ गर्म करने पर भी प्राप्त किया जाता है। अभिक्रिया के दौरान सोडियम और पोटैशियम फॉर्मेट भी बनते हैं। यह रंगहीन, विषैला, वाइन जैसी गन्ध वाला द्रव है।

एथिल ऐल्कोहॉल या एथेनॉल

- औद्योगिक स्तर पर इसे शीरे (Molasses-a by-Product of Sugar Industry) या स्टार्च युक्त खाद्यान्न के किण्वन से बनाया जाता है। इसे फॉस्फोरिक अम्ल की उपस्थिति में एथीन की जल (भाप) के साथ अभिक्रिया द्वारा बनाया जाता है।

$$\underset{\text{एथीन}}{CH_2=CH_2} + H_2O \xrightarrow{H_3PO_4} \underset{\text{एथेनॉल}}{CH_3CH_2OH}$$

आसवित पेय, इनके स्रोत और ऐल्कोहॉल की प्रतिशत मात्रा

आसवित पेय	ऐल्कोहॉल की प्रतिशत मात्रा	स्रोत
ब्राण्डी	(40-50)%	अंगूर (किण्वित रस)
जिन	(35-40)%	मक्का
रम	(45-55)%	गन्ना
वोदका	40%	गेहूँ, मक्का
व्हिस्की	(40-50)%	शीरा

अनासवित पेय इनके स्रोत और ऐल्कोहॉल की प्रतिशत मात्रा

अनासवित पेय	ऐल्कोहॉल की प्रतिशत मात्रा	स्रोत
बियर	(4-6)%	जौ
साइडर	(2-6)%	सेब
शैम्पेन	(10-15)%	अंगूर
पोर्ट और शेरी	(15-25)%	अंगूर

फीनॉल

- जब ऐरोमैटिक हाइड्रोकार्बन का कोई H-परमाणु हाइड्रॉक्सिल समूह (—OH) द्वारा प्रतिस्थापित होता है, तो फीनॉल बनते हैं।
- बेन्जीन का सबसे सरलतम हाइड्रॉक्सिल व्युत्पन्न फीनॉल (C_6H_5OH) है। फेरिक क्लोराइड परीक्षण फीनॉलों की उपस्थिति को इंगित करता है।
- फीनॉल को सामान्यत: **कार्बोलिक अम्ल** भी कहते हैं। इसे **रुंगे** (Runge) ने सन् 1834 में बनाया था।
- इसका उपयोग रोगाणुनाशक के रूप में, पिक्रिक अम्ल (विस्फोटक), फिनॉल्फ्थैलीन (सूचक), बैकेलाइट, सैलिसिलिक अम्ल, ऐस्प्रिन, आदि के निर्माण में किया जाता है। कार्बोलिक साबुन बनाने में भी फीनॉल का प्रयोग किया जाता है।

बहुलक

- वे सभी उच्च अणुभार वाले यौगिक, जो अनेकों छोटे-छोटे अणुओं के परस्पर संयुक्त होने से बनते हैं, बहुलक (Polymer) कहलाते हैं।
- जिन छोटे अणुओं से बहुलक बनते हैं, वे एकलक इकाई (Monomer) कहलाते हैं। यह प्रक्रिया बहुलकीकरण कहलाती है।

$$\underset{\text{एथिलीन}}{n\,CH_2 = CH_2} \xrightarrow{\text{बहुलीकरण}} (-CH_2-CH_2-)_n$$

बहुलकों के प्रकार

बहुलकों को उनकी उत्पत्ति एवं स्रोत के आधार पर मुख्यत: तीन भागों में बाँटा गया है

- प्राकृतिक बहुलक (Natural Polymers) ये बहुलक पादपों और जन्तुओं से प्राप्त होते हैं; जैसे—प्रोटीन अमीनो अम्लों के बहुलक होते हैं। सेलुलोज, स्टार्च और रबड़ आदि इनके अन्य उदाहरण हैं।
- संश्लिष्ट बहुलक (Synthetic Polymers) ये बहुलक कृत्रिम रूप से बनाए जाते है; जैसे—टेफ्लॉन, पॉलीविनाइल क्लोराइड (PVC), पॉलीथीन, प्लास्टिक आदि।
- अर्द्ध-संश्लिष्ट बहुलक (Semi-Synthetic Polymers) ये बहुलक प्राकृतिक बहुलकों में कुछ रूपान्तरण करके बनाए जाते हैं; जैसे—रेयॉन, सेलुलोज, वल्कनीकृत रबड़ आदि।
- प्लास्टिक उच्च अणुभार वाले बहुलक होते हैं। बहुत से असंतृप्त हाइड्रोकार्बन; जैसे—एथिलीन, प्रोपिलीन आदि बहुलीकरण की क्रिया के पश्चात् जो उच्च बहुलक बनते हैं, उन्हें प्लास्टिक (Plastic) कहा जाता है। प्लास्टिक आधुनिक जीवन का उपयोगी पदार्थ है।

प्लास्टिक दो प्रकार की होती हैं

- प्राकृतिक प्लास्टिक गर्म करने पर मुलायम तथा ठण्डा करने पर कठोर हो जाती है। उदाहरण—टेफ्लॉन।
- कृत्रिम प्लास्टिक यह रासायनिक विधि से तैयार की जाती है। उदाहरण पॉलिथीन, PVC, टेफ्लॉन, बैकेलाइट आदि।प्लास्टिक को उनकी ताप सहन करने की क्षमता के अनुसार दो भागों में विभाजित किया जा सकता है
  - तापसुनम्य या थर्मोप्लास्टिक यह गर्म करने पर पिघल जाती है तथा ठण्डा करने पर पुन: ठोस अवस्था ग्रहण कर लेती है। इसमें श्रृंखलाओं के मध्य कोई तिर्यक बन्ध नहीं होता है। अत: यह दृढ़ नहीं होती है। इसे पिघलाकर विभिन्न साँचों में डालकर मनपसन्द आकृति में ढ़ाला जा सकता है। उदाहरण—पॉलिथीन, पॉलिस्टाइरीन, PVC आदि।
  - तापदृढ़ या थर्मोसेटिंग प्लास्टिक इस प्रकार की प्लास्टिक गर्म करने पर मुलायम हो जाती है, परन्तु ताप बढ़ाने पर ठोस, कठोर एवं अम्लीय हो जाती है। इसे पुन: गर्म करके मुलायम नहीं बनाया जा सकता है। ये तिर्यक बन्धित, स्थायी एवं कठोर होती हैं। उदाहरण—बैकेलाइट, यूरिया फॉर्मेल्डिहाइड, मेलैमाइन आदि।
  - प्लास्टिक उत्पाद की गुणवत्ता; जैसे—श्यानता, लचीलापन आदि को बढ़ाने के लिए जिन पदार्थों को मिलाया जाता है, उन्हें सुघट्यताकारी या प्लास्टिसाइजर कहते हैं।

> वे सभी पदार्थ, जो मानव ने प्राकृतिक पदार्थों का प्रयोग करके बनाए हैं, कृत्रिम पदार्थ कहलाते हैं। इन पदार्थों में सीमेण्ट, काँच, उर्वरक, विस्फोटक, बहुलक, साबुन, अपमार्जक, विटामिन तथा औषधि मुख्य रूप से हैं।

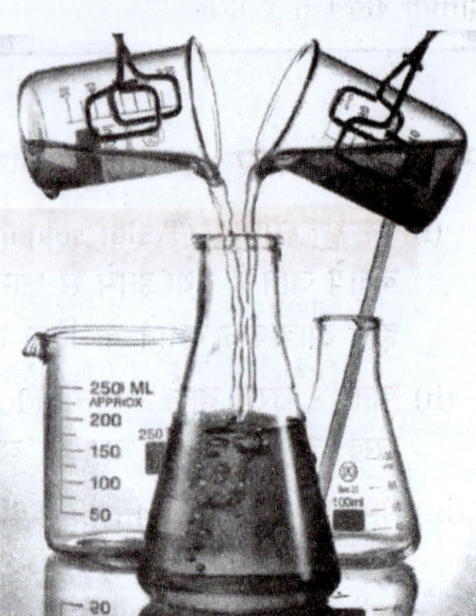

अध्याय आठ

दैनिक जीवन में रसायन

रेशे

रेशे (Fibre) लंबी तथा धागेनुमा संरचनाएँ होती हैं। ये निम्न प्रकार के होते हैं

(i) प्राकृतिक रेशे (Natural fibre) इन्हें जन्तुओं और पौधों से प्राप्त किया जाता है, ये जैव निम्नीकरणीय (Bio-degradation) होते हैं। पौधों से मिलने वाले रेशे सेलुलोस के बने होते हैं। सेलुलोस बड़ी संख्या में ग्लूकोस इकाइयों से निर्मित होता है। सेलुलोस कागज और टेक्सटाईल उद्योग में काम आता है। कॉटन (कपास), सन, जूट, आदि पौधों से प्राप्त होने वाले रेशे हैं। जन्तुओं से प्राप्त रेशे जैसे ऊन, रेशम, आदि प्रोटीन से बने होते हैं।

(ii) अर्द्ध-संश्लेषित रेशे (Semi-synthetic fibre) ये प्राकृतिक रेशों को कुछ रसायनों द्वारा उपचारित करके प्राप्त किए जाते हैं। उदाहरण—रेयॉन (Rayon), यह काष्ठ लुगदी (सेलुलोस - एक प्राकृतिक रेशा) के रासायनिक उपचार द्वारा प्राप्त किया जाता है;

सर्वप्रथम रेयॉन बनाने के लिए सेलुलोस (काष्ठ लुगदी) को सान्द्र तथा ठण्डे सोडियम हाइड्रॉक्साइड तथा बाद में कार्बन डाइसल्फाइड से उपचारित करके विस्कोस (Viscose) प्राप्त करते हैं। यही कारण है कि कभी-कभी रेयॉन को विस्कोस रेयॉन (Viscose rayon) कहा जाता है।

(iii) संश्लेषित रेशे (Synthetic fibre) इन्हें प्रयोगशालाओं या उद्योगों में रसायनों से प्राप्त किया जाता है। ये विभिन्न प्रकार के होते हैं; उदाहरण—कार्बन फाइबर नायलॉन, पॉलिएस्टर, धात्विक रेशे, सिलिकॉन कार्बाइड रेशे, आदि।

संश्लेषित रेशे व उनके उपयोग

रेशे	एकलक	उपयोग
नायलॉन	हेक्सामेथिलीन डाइऐमीन, $NH_2(CH_2)_6NH_2$ और ऐडिपिक अम्ल, $HOOC(CH_2)_4COOH$	टूथ ब्रशों के शूकों (Bristles), रस्सियाँ पैराशूट, मछली पकड़ने के जाल तथा कपड़ों आदि के निर्माण में।
पॉलिएस्टर	एथिलीन ग्लाइकॉल $CH_2OH—CH_2OH$ तथा टेरेफ्थैलिक अम्ल, $HOOC—C_6H_4—COOH$ HOOC—⌬—COOH	कपड़े तथा अग्निशमन में प्रयुक्त हौज पाइप आदि बनाने में।
कार्बन रेशे	कार्बन	अंतरिक्ष यानों के पुर्जे और खेलकूद के सामानों को बनाने में।
ऑरलॉन	ऐक्रिलोनाइट्राइल, $CH_2=CHCN$	ऊन के स्थान (Substitute) पर संश्लेषित कंबल आदि बनाने में।

साबुन और अपमार्जक

- इनका प्रयोग शोधन अभिकर्मक (Cleansing agent) के रूप में किया जाता है। ये चिकनाई (वसा) के निष्कासन (Removal) में सहायता करते हैं, जो कपड़ों और त्वचा के साथ दूसरे पदार्थों को चिपका देती है।

साबुन

- साबुन (Soaps) दीर्घ श्रृंखला वाले वसा अम्लों; उदाहरण-स्टिएरिक अम्ल ($C_{17}H_{35}COOH$), ओलिक अम्ल ($C_{17}H_{33}COOH$) और पामिटिक अम्ल ($C_{15}H_{31}COOH$) के सोडियम और पोटैशियम लवण हैं।

साबुन के प्रकार

(i) प्रसाधन साबुन (Toilet soaps) ये उत्तम प्रकार के वसा एवं तेलों से बनाये जाते हैं तथा इनमें से क्षार के आधिक्य को निकाल दिया जाता है। इन्हें आकर्षक बनाने के लिए इनमें रंग और सुगन्ध भी डाले जाते हैं।

(ii) पानी में तैरने वाले साबुन (Floating soaps) इन्हें बनाने के लिए इन्हें सख्त होने से पहले वायु के छोटे बुलबुले विस्पंदित किए जाते हैं।

(iii) पारदर्शी साबुन (Transparent soaps) ये साबुन को एथेनॉल (एथिल ऐल्कोहॉल) में घोलकर और फिर विलायक के आधिक्य को वाष्पित करके बनाए जाते हैं।

(iv) औषध-साबुन (Medicated soaps) इनमें औषधिय गुण वाले पदार्थ डाले जाते हैं।

अपमार्जक

- इनमें साबुन के सभी गुण होते हैं, लेकिन ये वास्तव में साबुन नहीं होते। ये मृदु और कठोर दोनों प्रकार के जल में उपयोग किए जाते हैं, क्योंकि इनके कैल्सियम और मैग्नीशियम लवण जल में विलेय होते हैं। अतः मलफेन नहीं बनता है।

संश्लेषित अपमार्जकों का वर्गीकरण

संश्लेषित अपमार्जकों को मुख्यतया तीन वर्गों में बाँटा गया है-

(i) ऋणायनी अपमार्जक (Anionic detergents) ये लंबी श्रृंखला वाले ऐल्कोहॉलों अथवा हाइड्रोकार्बनों के सल्फोनिल व्युत्पन्न होते हैं; उदाहरण-सोडियम ऐल्किन बेन्जीन सल्फोनेट। इन अपमार्जकों का ऋणायनी भाग शोधन क्रिया में भाग लेता है। इनका उपयोग घरेलू कार्यों तथा टूथपेस्ट (भंजन) में किया जाता है।

(ii) धनायनी अपमार्जक (Cationic detergents) ये ऐसीटेट, क्लोराइड या ब्रोमाइड ऋणायनों के साथ बने ऐमीनों के चतुष्क अमोनियम लवण हैं। उदाहरण-सेटिल ट्राइमेथिल अमोनियम ब्रोमाइड। यह जीवाणुनाशक होते हैं। सेटिल ट्राइमेथिल अमोनियम ब्रोमाइड केश कंडीशनरों में डाला जाता है।

(iii) अनआयनिक अपमार्जक (Non-ionic detergents) इनकी संरचना में कोई आयन नहीं होता है; उदाहरण-आंशिक एस्ट्रीकृत यौगिक; जैसे पेण्टाएरीथीटोल मोनोस्टिएरेट (Penta aerythritol monostearate) बर्तन धोने के द्रव अपमार्जक के रूप में।

विस्फोटक

ये वे पदार्थ हैं जो दहन के फलस्वरूप अत्यधिक ऊष्मा, ऊर्जा और तीव्र ध्वनि उत्पन्न करते हैं। ये शुद्ध यौगिक; जैसे टी एन टी के बने हो सकते हैं अथवा ये ईंधन और ऑक्सीकारक का मिश्रण भी हो सकते हैं। इन्हें प्राथमिक, द्वितीयक और तृतीयक विस्फोटकों में भी वर्गीकृत किया जा सकता है।

(i) ट्राइनाइट्रोग्लिसरीन (Trinitroglycerine-TNG) यह एक रंगहीन तैलीय द्रव है जो डायनामाइट बनाने के काम आता है यह ग्लिसरीन की सान्द्र नाइट्रिक अम्ल और सान्द्र सल्फ्यूरिक अम्ल की अभिक्रिया द्वारा बनाया जाता है इसे नोबल का तेल भी कहते हैं। इस विस्फोटक को सन् 1846 में खोजा गया था।

(ii) ट्राइनाइट्रोटॉलुईन (Trinitrotoluene-TNT) यह टॉलुईन की सान्द्र सल्फ्यूरिक अम्ल की उपस्थिति में सान्द्र नाइट्रिक अम्ल की अभिक्रिया द्वारा बनाया जाता है। इसकी खोज सन् 1863 में हुई थी लेकिन ब्रिटिश सेना द्वारा प्रयोग सन् 1914 में किया गया था।

(iii) रिसर्च एंड डेवेलपमेंट एक्सप्लोसिव (Research and Development Explosive) इसका रासायनिक नाम साइक्लोट्राइमिथाइलीन ट्राइनाइट्रामीन है। इसकी खोज जर्मनी के हैनिगं ने सन् 1899 में की थी इसे प्लास्टिक विस्फोटक भी कहते हैं। इसे साइक्लोनाइट (USA में), हेक्सोजन (जर्मनी में) तथा T-4 (इटली में) के नाम से भी जाना जाता है।

(iv) ट्राइनाइट्रोफीनॉल (Trinitrophenol-TNP) इसे पिक्रिक अम्ल भी कहते हैं। इसे फीनॉल के नाइट्रीकरण (सान्द्र सल्फ्यूरिक अम्ल की उपस्थिति में सान्द्र नाइट्रिक अम्ल से क्रिया) द्वारा प्राप्त किया जाता है। यह भी एक शक्तिशाली विस्फोटक है।

(v) डायनामाइट (Dynamite) इसे स्वीडिश वैज्ञानिक अल्फ्रेड नोबेल ने सन् 1863 में खोजा था। यह नाइट्रोग्लिसरीन को लकड़ी के बुरादे या कीजेलगूर में अवशोषित करके तथा अल्प मात्रा में सोडियम कार्बोनेट को मिश्रित करके बनाया जाता है। यह सुरंगों में विस्फोट करने के लिए प्रयुक्त किया जाता है।

अग्निशमन यन्त्र

- अग्निशमन यन्त्र में सोडियम कार्बोनेट और हाइड्रोक्लोरिक अम्ल का प्रयोग किया जाता है। इन दोनों रसायनों की अभिक्रिया से कार्बनडाइऑक्साइड गैस बनती है, जो अग्नि रोधक होती है।

$$Na_2CO_3 + 2HCl \longrightarrow 2NaCl + H_2O + CO_2$$

- सी.टी.सी अग्निशामक में कार्बन टेट्राक्लोराइड तथा ब्रोमोक्लोरो डाइफ्लुओरो मेथेन भरा रहता है इसका उपयोग विद्युत की आग बुझाने में किया जाता है।

उर्वरक

- पौधों की वृद्धि के लिए जल और धूप के अतिरिक्त कुछ खनिजों की भी आवश्यकता होती है; जैसे—नाइट्रोजन, फॉस्फोरस, कैल्सियम और पोटैशियम। ये तत्व उन्हें मिट्टी से प्राप्त होते हैं, लेकिन बार-बार फसलें उगाने के बाद मिट्टी में इन खनिजों की मात्रा कम हो जाती है, जिसके कारण पौधों का बढ़ना कम हो जाता है। दूसरे शब्दों में, मृदा अनुर्वर (Sterile) हो जाती है।
- मृदा की उर्वरकता को बनाए रखने के लिए इसमें बाहर से रासायनिक पदार्थ मिलाए जाते हैं, जिन्हें उर्वरक (Fertiliser) कहा जाता है। ये प्राकृतिक या संश्लेषित रसायन होते हैं।
- उर्वरक में निम्नलिखित गुण होने आवश्यक हैं
  - यह जल में विलेय होना चाहिए।
  - यह स्थायी होना चाहिए।
  - इसमें मृदा की अम्लीयता को कम करने का गुण होना चाहिए।
  - इससे पेड़-पौधों को नुकसान नहीं होना चाहिए।

उर्वरकों का वर्गीकरण

उर्वरकों में उपस्थित पोषक तत्वों आदि की प्रकृति के अनुसार, उर्वरकों को निम्नलिखित प्रकारों में वर्गीकृत किया गया है

- नाइट्रोजनी उर्वरक (Nitrogeneous Fertilisers) ये मृदा में नाइट्रोजन की कमी को पूर्ण करते हैं। उदाहरण— यूरिया, अमोनियम सल्फेट, अमोनियम नाइट्रेट, कैल्सियम साइनेमाइड आदि।
- फॉस्फेटी उर्वरक (Phosphatic Fertilisers) ये मृदा में फॉस्फोरस की कमी को पूर्ण करते हैं।
  उदाहरण—सुपरफॉस्फेट ऑफ लाइम, ट्रिपल सुपरफॉस्फेट, फॉस्फेटी धातुमल आदि।
- पोटाश उर्वरक (Potash Fertilisers) ये मृदा में पोटैशियम की कमी को पूर्ण करते हैं। उदाहरण—पोटैशियम क्लोराइड, पोटैशियम नाइट्रेट, पोटैशियम सल्फेट आदि।
- NPK उर्वरक (NPK Fertilisers) ये मृदा के लिए आवश्यक तीनों पोषक तत्वों (N, P और K) की कमी को पूर्ण करते हैं। इन्हें नाइट्रोजनी, फॉस्फेटी और पोटाश तीनों प्रकार के उर्वरकों को परस्पर उचित अनुपात में मिश्रित कर बनाया जाता है। इन्हें NPK उर्वरक भी कहते हैं।

कीटनाशक अथवा पीड़कनाशी

- वे जीव, जो लाभकारी जीवों की प्रजनन क्षमता अथवा लाभकारी पदार्थों को नुकसान पहुँचाते हैं, पीड़क (Pest) कहलाते हैं।
- जो रसायन इनको नष्ट करते हैं, वे पीड़कनाशी (Pesticides) कहलाते हैं।
- पीड़कनाशी वे रसायन हैं, जो कीटों, रोगोत्पादक जीवों, खरपतवारों, दीमकों तथा निमेटोड्स कहलाने वाले छोटे कृमियों और चूहों को भी मारते हैं। पेस्टीसाइड्स शब्द की उत्पत्ति लैटिन शब्द पेस्टिस से हुई है, जिसका अभिप्राय है विनाशकारी साधन।
  पेस्ट्स के अनुसार पीड़कनाशी को निम्नलिखित नाम दिये जा सकते हैं
  - **कवक नाशक** ये कवक रोगजनकों को मारते हैं।
  - **खरपतवार नाशक** ये खरपतवारों को नष्ट करते हैं।
  - **कीट नाशक** ये कीटों को मारते हैं।
  - **कृमि नाशक** ये कृमियों को नष्ट करते हैं।
  - **रोडण्ट नाशक** ये रोडण्ट्स को मारते हैं।

पीड़कनाशियों के प्रकार

रासायनिक संगठन के अनुसार पीड़कनाशी पदार्थों को निम्न वर्गों में बाँटा गया है

- ऑर्गेनोक्लोरीन्स ये बहुत धीमी गति से विघटित होने वाले प्रति अणु क्लोरीन के असंख्य परमाणुओं युक्त, क्लोरीन वाले कार्बनिक यौगिक होते हैं, जैसे—DDT, BHC, एल्ड्रिन, एण्डोसल्फास आदि। BHC तथा DDT, नशे वाले पदार्थ हैं, जबकि एल्ड्रिन विषैला है।
- ऑर्गेनोफॉस्फेट्स इनका प्रभाव अधिकतर तन्त्रिका तन्त्र पर होता है। ये फॉस्फोरिक, थायोफॉस्फोरिक अम्लों के कार्बनिक फॉस्फेट होते हैं; जैसे—मैलाथियॉन, पैराथियॉन, फेनेट्राथियॉन आदि।
- कार्बाट्स ये हाइपोथेटीकल कार्बोनिक अम्ल; जैसे—कार्बेरिल, कार्बोफ्यूरॉन, एडीकार्ब प्रपोक्सर के कार्बनिक इस्टर्स होते हैं।
- पाइरीथ्रॉइड्स ये पाइरीथ्रिन के संश्लेषित व्युत्पन्न हैं। पाइरीथ्रिन एक पौधे से प्राप्त किया जाता है, जिसका वानस्पतिक नाम *क्राइसेन्थेमम सिनेरेरीफोलियम* है।
- ट्राइएजीन्स इस समूह के वनस्पतिनाशक (Herbicides) यूरिया से उत्पादित किये जाते हैं। ये चाय, तम्बाकू तथा कपास की फसलों के खरपतवारों के नियन्त्रण में प्रयुक्त होते हैं; जैसे—सिमाजीन, अल्ट्राजीन आदि।

रंजक

- वे पदार्थ जो रेशों और खाद्य पदार्थों के रंगने में प्रयुक्त होते हैं, रंजक (Dyes) कहलाते हैं। पदार्थ में उपस्थित क्रोमोफोर समूह; जैसे नाइट्रो, ऐजो, आदि रंग के लिए उत्तरदायी होते हैं।
- ये समूह श्वेत प्रकाश का कुछ भाग अवशोषित कर लेते हैं। इसलिए बाहर दिखने वाले प्रकाश का रंग अवशोषित रंग का पूरक होता है।

रंजकों का वर्गीकरण

रंजकों को दो प्रकार से वर्गीकृत किया गया है

अनुप्रयोग के आधार पर

(i) अम्लीय रंजक (Acid dyes) ये अपने सोडियम लवणों के रूप में प्रयुक्त किए जाते हैं जो जल में विलेय है। ये ऊन सिल्क और नायलॉन को सीधे-रंगने में प्रयुक्त किए जाते हैं, लेकिन सूती कपड़े रंगने में इनका प्रयोग नहीं किया जाता है; उदाहरण—मेथिल ऑरेन्ज, मेथिल रेड, कॉन्गो रेड, ऑरेन्ज-I, ऑरेन्ज-II आदि।

(ii) क्षारीय रंजक (Basic dyes) ये नायलॉन और पॉलीएस्टर को रंगने में प्रयुक्त होते हैं; उदाहरण—ऐनिलीन यैलो, मैलेकाइट ग्रीन आदि।

(iii) प्रत्यक्ष रंजक (Direct dyes) इनके जलीय विलयन में डुबाकर सीधे-रेशों को रंगा जाता है; उदाहरण—मार्शियस यैलो, कॉन्गो रेड।

(iv) परिक्षिप्त रंजक (Disperse dyes) ये परिक्षिप्त रूप में प्रयुक्त किए जाते हैं; उदाहरण—सेलिटॉन फॉस्ट, पिंक-बी।

(v) रेशा क्रियाशील रंजक (Fibre reactive dyes) रासायनिक अभिक्रिया द्वारा ये रेशों से चिपक जाते हैं; उदाहरण—प्रोसियॉन, सिबा क्रॉन आदि।

(vi) वेट रंजक (Vat dyes) ये विशेषतया सूती कपड़ों को रंगने में काम आते हैं; उदाहरण—इण्डिगो।

(vii) बंधक रंजक (Mordant dyes) इन रंजकों को रेशे (Fibre) और रंजक के बीच रंग बंधक की आवश्यकता होती है।

रंग बंधकों के आधार पर एक ही रंजक विभिन्न रंग देता है। उदाहरण—ऐलिजेरिन एल्युमीनियम के साथ चमकीला लाल तथा बेरियम के साथ नीला रंग देता है।

काँच

- साधारण काँच (सोडा काँच अथवा खिड़की काँच) की लगभग संरचना $Na_2O \cdot CaO \cdot 6SiO_2$ है। यह रेत (Silica), सोडियम कार्बोनेट (सोडा) और कैल्सियम कार्बोनेट (चूना पत्थर) को उचित मात्रा में मिलाकर तथा उचित ताप पर पिघलाकर प्राप्त किया जाता है। कुछ काँच के टुकड़े मिश्रण में गालक (Flux) के रूप में मिलाए जाते हैं, जो मिश्रण को गलनीय बनाते हैं।

विभिन्न प्रकार के काँच, उनका संघटन व उपयोग

काँच	संघटन	उपयोग
सोडा काँच	सोडियम कार्बोनेट, कैल्सियम कार्बोनेट व सिलिका	ट्यूबलाइट, बोतलें, प्रयोगशाला के उपकरण, व दैनिक प्रयोग के बर्तन बनाने में
जल काँच	सोडियम कार्बोनेट व सिलिका	—
फोटोक्रोमेटिक काँच	सामान्य अवयवों के अतिरिक्त सिल्वर क्लोराइड भी उपस्थित होता है।	धूप के काले चश्मे बनाने में
जेना काँच (सर्वोत्तम काँच)	जिंक तथा बेरियम बोरी सिलिकेट का मिश्रण	रासायनिक पात्र व अन्य वैज्ञानिक उपकरणों के निर्माण में
फ्लिण्ट काँच	पोटैशियम कार्बोनेट, लेड ऑक्साइड व सिलिका	विद्युत बल्ब, कैमरा व दूरबीन, सूक्ष्मदर्शी के लेन्स एवं प्रिज्म निर्माण में
क्रुक्स काँच	सीरियम ऑक्साइड व सिलिका	धूप-चश्मों के लेन्स में
सीसा क्रिस्टल काँच	पोटैशियम कार्बोनेट, लेड ऑक्साइड व सिलिका	महँगें काँच पात्र बनाने में
पाइरेक्स काँच	बेरियम सिलिकेट व सोडियम सिलिकेट	प्रयोगशाला उपकरण एवं फॉर्मास्यूटिकल पात्र बनाने में
क्राऊन काँच	पोटैशियम ऑक्साइड, बेरियम ऑक्साइड व सिलिका	चश्में के लेन्स में
क्वार्ट्ज या सिलिका काँच	सिलिका को पिघलाकर प्राप्त किया जाता है।	पराबैंगनी लैम्पों के निर्माण में व रासायनिक अभिकर्मकों को रखने के पात्र बनाने में

रंग देने वाले पदार्थ	काँच का रंग
कार्बन	भूरा काला
कैडमियम सल्फाइड	नींबू पीला
कोबाल्ट ऑक्साइड	गहरा नीला
क्यूप्रस ऑक्साइड	ग्लिटर लाल
क्यूप्रिक ऑक्साइड	पीकॉक नीला
गोल्ड क्लोराइड	रूबी लाल
फैरिक लवण	फ्लुओरीसेन्ट पीला
निकैल और मैंगनीज मोनोऑक्साइड	काला
मैंगनीज डाइऑक्साइड	गुलाबी
फैरिक ऑक्साइड	भूरा
पोटैशियम डाइक्रोमेट	हरा या हरा पीला
सीलिनियम ऑक्साइड	ऑरेन्ज रेड
सोडियम क्रोमेट या फेरस ऑक्साइड	हरा

सीमेण्ट

- सीमेण्ट का प्रयोग सबसे पहले इंग्लैण्ड निवासी जोसेफ एस्पेडिन (Joseph Aspdin) नामक अंग्रेज वैज्ञानिक ने 1824 ई. में किया था। उन्होंने इसका नाम पोर्टलैण्ड सीमेण्ट रखा, क्योंकि उनके द्वारा निर्मित यह सीमेण्ट पोर्टलैण्ड में पाए जाने वाले चूने के पत्थरों से अत्यधिक स्तर तक समानता प्रदर्शित करता था।
- सीमेण्ट, कैल्सियम ऐलुमिनेट तथा कैल्सियम सिलिकेट का मिश्रण होता है।
- सीमेण्ट के उत्पादन के लिए चूना पत्थर एवं चिकनी मिट्टी का उपयोग कच्चे माल के रूप में किया जाता है।
- सीमेण्ट में कैल्सियम ऑक्साइड या चूना (CaO) 60-70%, सिलिका (SiO_2) 20-25%, ऐलुमिना (Al_2O_3) तथा फेरिक ऑक्साइड (Fe_2O_3) 2-3% होता है।
- चूना पत्थर कैल्सियम ऑक्साइड प्रदान करता है एवं चिकनी मिट्टी सिलिका, ऐलुमिना एवं फेरिक ऑक्साइड प्रदान करती है।

सीमेण्ट में चूने की मात्रा अधिक रहने पर जमते समय उसमें दरारे पड़ जाती हैं, जबकि सीमेण्ट में ऐलुमिना की मात्रा अधिक रहने पर वह शीघ्र जम जाता है। सीमेण्ट के साथ बालू व जल मिलाने पर प्राप्त मिश्रण को **मोर्टार** कहा जाता है। सीमेण्ट के साथ बालू, जल व छोटे-छोटे कंकड़ पत्थर मिलाने पर कंक्रीट प्राप्त होती है। यह भवन निर्माण की एक महत्त्वपूर्ण सामग्री है।

तेल एवं वसा

- इनमें संतृप्त वसीय अम्ल होते हैं। वसा सामान्य ताप पर ठोस होते हैं।
- तेल या वसा का क्षार की उपस्थिति में जल अपघटन कराने पर ग्लिसरॉल एवं साबुन प्राप्त होता है, इस प्रक्रिया को साबुनीकरण (Saponification) कहते हैं।
- तेलों का Ni की उपस्थिति में उच्च दाब पर हाइड्रोजनीकरण करने पर ये वसा में बदल जाते हैं, इसे तेलों का हाइड्रोजनीकरण (Hydrosination) कहते हैं। इस अभिक्रिया का उपयोग वनस्पति तेल से वनस्पति घी बनाने में किया जाता है।

औषधीय रसायन

औषधियाँ (Drugs) वे पदार्थ, जो किसी रोग के रोकने, आराम पहुँचाने या उपचार के लिए उपयोग में आते हैं, औषधि कहलाते हैं। प्रारम्भ में औषधियाँ पेड़-पौधों तथा जीव-जन्तुओं से प्राप्त की जाती थी।

औषधियों का वर्गीकरण

- ज्वरनाशी (Antipyretics) ये शरीर के ताप को कम करके ज्वर समाप्त करने के उपचार में प्रयुक्त होती हैं। इनका सेवन लम्बे समय तक नहीं करना चाहिए, क्योंकि ये शरीर को कमजोर करती हैं।
  उदाहरण—ऐस्प्रिन, पैरासिटामोल, फिनासीटीन आदि।
- दर्द निवारक (Analgesics) ये औषधियाँ दर्द निवारण के उपचार हेतु प्रयुक्त की जाती हैं।
  उदाहरण—ऐस्प्रिन, नोवेलजीन, ब्रूफेन, ऐनॉलजीन आदि। कुछ नार्कोटिक्स (अफीम युक्त); जैसे—मार्फीन, कोडीन, मारीजुआना, हेरोइन आदि का सेवन भी दर्द निवारक के रूप में किया जाता है, किन्तु ये निश्चेतक एवं निद्राकारी दोनों ही प्रभाव दर्शाते हैं।

- ऐस्प्रिन (Aspirin) ऐस्प्रिन एक सामान्य ज्वरनाशी है। इसका सेवन खाली पेट नहीं करना चाहिए, क्योंकि यह सैलिसिलिक अम्ल उत्पन्न करता है, जो पेट की आँत में **व्रण** (Ulcer) (शरीर पृष्ठ पर संक्रमण द्वारा उत्पन्न होता है। इस संक्रमण के जीव विष स्थानिक उपकला को नष्ट कर देते है।) कर सकता है, जिससे पेट के भीतर रक्तस्राव शुरू हो सकता है।

प्रतिरोधक (Antiseptics) वे रसायन, जो मानव ऊतकों को हानि पहुँचाए बिना जीवाणुओं की वृद्धि को रोकते हैं। इनका उपयोग कटे घावों, अल्सर तथा त्वचा की सतहों पर लगाने के लिए किया जाता है।

- विसंक्रामक (Disinfectants) विसंक्रामक या संक्रमणनाशी भी रोगाणुओं को समाप्त करते हैं, लेकिन इनका उपयोग जीवित ऊतकों के लिए सुरक्षित नहीं है।
- प्रशान्तक (Tranquiliser) ये औषधियाँ मानसिक दबाव, मन्द एवं तीव्र मानसिक बीमारियों के उपचार में प्रयुक्त की जाती हैं। ये चिन्ता, दवाब, चिड़चिड़ापन या उत्तेजना में आराम प्रदान करती हैं। बारबिट्यूरिक अम्ल, ल्यूमिनल, सैकोनल, वैरोनल आदि निद्रालु प्रशान्तक औषधि हैं, जबकि मैप्रोबैमेट व इक्वानिल अनिद्रालु प्रशान्तक हैं।
- निश्चेतक (Anaesthetic) निश्चेतक मुख्यत: संवेदना (Sensation) को कम करने के लिए प्रयुक्त की जाती हैं। उदाहरण—क्लोरोफॉर्म, पेण्टोथल सोडियम हैलोथेन, नाइट्रस ऑक्साइड, क्लोरोप्रोपेन, कोकीन, डायजीपॉम, डाइएथिल ईथर आदि। शुद्ध क्लोरोफॉर्म का हृदय पर कुप्रभाव पड़ता है। अत: क्लोरोफॉर्म को 30% ईथर के साथ मिलाकर उपयोग में लाते हैं।

प्रतिजैविक (Antibiotics) ये यौगिक कुछ सूक्ष्मजीवों; जैसे—बैक्टीरिया, कवक, फफूँद आदि द्वारा उत्पन्न किए जाते हैं तथा संक्रमण करने वाले अन्य सूक्ष्म जीवाणुओं को समाप्त करने में सहायक होते हैं। प्रतिजैविक औषधियाँ अन्य प्रकार के जीवाणुओं को मारती हैं तथा उनकी वृद्धि को रोकती है।

- प्रतिअम्ल (Antacids) आमाशय में अम्ल का अत्यधिक उत्पादन उत्तेजना एवं पीड़ा देता है। गम्भीर अवस्था में आमाशय में घाव हो जाते हैं।
- पहले अम्लता का उपचार केवल सोडियम हाइड्रोजन- कार्बोनेट या एल्युमीनियम और मैग्नीशियम हाइड्रॉक्साइड द्वारा किया जाता था, परन्तु अत्यधिक सोडियम हाइड्रोजन कार्बोनेट आमाशय को क्षारीय कर देता है तथा अधिक अम्ल उत्पादन को प्रेरित करता है। धात्विक हाइड्रॉक्साइड बेहतर उपचार है, क्योंकि अघुलनशील होने के कारण यह pH को उदासीनता से आगे नहीं बढ़ने देता है।
- प्रतिहिस्टैमिन (Antihistamines) संश्लिष्ट (सिथेटिक) औषधि, ब्रोमफेनिरामिन (डाइमेटेप) और टरफेनाडीन (सेलडेन) प्रतिहिस्टैमिन का कार्य करती है।
  यह हिस्टैमिन के साथ ग्राही की उस बन्धनी सतह के लिए प्रतिस्पर्धा करती है, जिस पर हिस्टैमिन अपना प्रभाव डालती है। इस प्रकार हिस्टैमिन के प्राकृतिक कार्य में बाधा डालती है।
- प्रतिजननक्षमता औषधि (Antifertility Drugs) जनन नियन्त्रण गोलियों में संश्लिष्ट एस्ट्रोजन एवं प्रोजेस्टेरोन व्युत्पन्नों का मिश्रण होता है। प्रोजेस्टेरोन अण्डोत्सर्ग को निरोधित करता है।
  नॉरएथिनड्रान संश्लिष्ट प्रोजेस्टेरोन व्युत्पन्न का एक उदाहरण है, जो जनन नियन्त्रण गोलियों में प्रयुक्त होता है। एथाइनिलएस्ट्राडाइऑल एक एस्ट्रोजन व्युत्पन्न है, जो प्रोजेस्टेरोन व्युत्पन्न के साथ जनन नियन्त्रण गोलियों में प्रयुक्त होता है।
- सल्फा ड्रग्स (Sulpha Drugs) इनमें मुख्य रूप से सल्फर व नाइट्रोजन पाई जाती हैं।
  ये दवाएँ कुछ जीवाणुओं के प्रति अत्यन्त प्रभावी होती हैं। सल्फानिलमाइड स्वयं एक औषधि है तथा इससे अन्य बेहतर औषधियाँ; जैसे—सल्फा पिरीडीन (निमोनिया रोग), सल्फाडाइजीन, सल्फाग्वानिडीन (दमा बन्द करने की दवा), सल्फाथायोजल आदि निर्मित की जाती हैं। *स्ट्रेप्टोकॉकस बैक्टीरिया* (*Streptococcus bacteria*) से उत्पन्न ड्रग्स संक्रामक रोगों के विरुद्ध उपयोग में लाई जाती हैं।
- क्यूनाइन (Quinine) प्रतिमलेरिया औषधि है। यह सिनकोना पेड़ की घास से प्राप्त की जाती है।

भोजन में रसायन

भोजन को संरक्षित करने में खाद्य पदार्थों की बनावट सुधारने के लिए रसायनों का उपयोग किया जाता है।

कुछ रसायन खाद्य पदार्थों में पोषण मूल्य भी जोड़ते हैं, जो निम्न प्रकार हैं

- सैकरीन (Saccharin) यह पहला कृत्रिम मधुरक (Sweetening Agents) था। इसका रासायनिक नाम O-सल्फोबेन्जिमाइड है। सैकरीन गन्ने की चीनी से पाँच सौ गुना अधिक मीठी होती है।
- एस्पार्टेम (Aspartame) यह एक कृत्रिम मधुरक (Sweetening Agents) है, जिसका रासायनिक सूत्र $C_{14}H_{18}N_2O_5$ है। यह फेनिलएलनिन डाइपेप्टाइड या एस्पर्टिक एसिड का मेथिल एस्टर है।
- सुक्रालोज (Sucralose) यह सुक्रोज का ट्राइक्लोरो त्युत्पन्न है। इसका रासायनिक सूत्र $C_{12}H_{19}Cl_3O_8$ है। सुक्रालोज की एक विशेषता यह है कि यह हमारे रक्त प्रवाह में नहीं टूटता है।
- खाद्य संरक्षक (Food Preservatives) भोजन को खराब होने से बचाने के लिए खाद्य संरक्षकों का उपयोग किया जाता है। सबसे सामान्य खाद्य संरक्षक सोडियम बेन्जोएट है।

सौन्दर्य प्रसाधनों में रसायन

सौन्दर्य प्रसाधनों में रसायनों का बहुतायत से उपयोग किया जाता है। इनके उदाहरण निम्न प्रकार हैं

सौन्दर्य प्रसाधन	उपयोगी रासायन
नेल पॉलिश	एथिल ऐसीटेट, ब्यूरिल ऐसीटेट, नाइट्रो-सेलुलोज, टॉलुईन
सिन्दूर	मर्क्यूरिक सल्फाइड (HgS), रेड लेड (Pb_3O_4)
लिपस्टिक	मोम, तेल, एण्टीऑक्सीडेण्ट्स, वर्णकों
काजल	स्टिबनाइट (Sb_2S_3) का चूर्ण, चारकोल, गैलेना
इत्र	सुगन्धित तेल, ऐल्कोहॉल, बेन्जिल ऐसीटेट, एथेनॉल और कपूर
शेविंग क्रीम	स्टिएरिक अम्ल, पोटैशियम हाइड्रॉक्साइड, ग्लिसरीन, एथेनॉल
वैसलीन	पैट्रोलियम जैली, पैराफिन मोम, खनिज तेल आदि
शैम्पू	सोडियम लौरिल सल्फेट, सिट्रिक एसिड, पेराबेन्स, एथेनॉल, सोडियम क्लोराइड आदि

"

प्राकृतिक स्रोतों तथा मानवीय गतिविधियों द्वारा वायु, जल तथा मृदा में अवांछनीय पदार्थों के मिश्रित होने से उनकी संघनता एक ऐसे स्तर पर पहुँच जाती है, जिससे पर्यावरण पर विपरीत व हानिकारक प्रभाव पड़ता है। ये प्रभाव पर्यावरण रसायन के अन्तर्गत आते हैं।

अध्याय नौ

पर्यावरण रसायन

पर्यावरण प्रदूषण

- जीवों के चारों ओर की वायु, जल तथा पृथ्वी के भौतिक, रासायनिक एवं जैविक लक्षणों में होने वाला ऐसा अवांछनीय परिवर्तन जो मानव जीवन, आवास तथा सांस्कृतिक मूल्यों पर प्रतिकूल प्रभाव डालता है, पर्यावरणीय प्रदूषण कहलाता है।

प्रदूषक

प्रदूषक वह पदार्थ, रसायन अथवा कारक (विकिरण, ध्वनि अथवा ऊष्मा) है, जिसमें जीवों के जीवन, औद्योगिक प्रक्रियाओं तथा प्राकृतिक स्रोतों पर हानिकारक प्रभाव डालने की सामर्थ्य होती है।

उदाहरण—उर्वरक जल के लिए प्रदूषक का कार्य करते हैं।

प्रदूषकों का वर्गीकरण

भौतिक अवस्था के आधार पर प्रदूषकों को निम्नलिखित वर्गों में वर्गीकृत किया जा सकता है

1. ठोस प्रदूषक

इन प्रदूषकों की भौतिक अवस्था ठोस होती है। उदाहरण—कूड़ा-करकट, व्यर्थ कीचड़, कीटनाशी, शाकनाशी, रसायन, आदि।

ऑडम *(Odum) के अनुसार ठोस प्रदूषक पुनः निम्न दो प्रकार के हो सकते हैं*

(i) जैवनिम्नीकृत ठोस प्रदूषक ये जीवाणुओं (सूक्ष्मजीवों) द्वारा अपघटित हो सकने वाले पदार्थ होते हैं। कम मात्रा में उपस्थित होने पर ये प्रदूषक का कार्य नहीं करते हैं, परन्तु अधिक मात्रा में उपस्थित होने पर ये जीवाणुओं (सूक्ष्मजीवों) द्वारा पूर्णतया अपघटित नहीं हो पाने के कारण प्रदूषण का कारण होते हैं। उदाहरण—मल, पशुओं का गोबर, फल-सब्जियों के छिलके, आदि।

(ii) अजैवनिम्नीकृत ठोस प्रदूषक ये जीवाणुओं द्वारा अपघटित न हो सकने वाले अथवा बहुत मन्द गति से अपघटित होने वाले पदार्थ होते हैं।

उदाहरण—डी डी टी, मर्करी, लेड, प्लास्टिक, काँच, आदि। इस प्रकार के प्रदूषक स्वतः नष्ट नहीं होते हैं।

2. द्रव प्रदूषक

इन प्रदूषकों की भौतिक अवस्था द्रव होती है। उदाहरण—गन्दे नालों द्वारा प्राप्त व्यर्थ जिसमें मल-मूत्र, कुछ जीवाणु तथा औद्योगिक व्यर्थ पदार्थ उपस्थित होते हैं।

3. गैसीय प्रदूषक

ये प्रदूषक गैसीय अवस्था में होते हैं। इस प्रकार के प्रदूषकों के उदाहरण—CO, NO, CO_2, SO_3, O_3, NO_2, CFCs आदि हैं। ये मुख्यतया वायुमण्डलीय प्रदूषण के कारण होते हैं।

4. अदृश्य प्रदूषक

ताप, शोर, रेडियोसक्रिय विकिरण आदि इस वर्ग के प्रदूषकों के उदाहरण हैं। ये तापीय, ध्वनि तथा रेडियोसक्रिय प्रदूषण के मुख्य स्रोत हैं।

प्रदूषकों को उनके निर्माण (उत्पत्ति) के आधार पर निम्नलिखित दो प्रकारों में वर्गीकृत कर सकते हैं

1. प्राथमिक प्रदूषक

वे प्रदूषक जो निर्माण के पश्चात् वातावरण में उसी रूप में रहते हैं, जिस रूप में उनका निर्माण हुआ था, प्राथमिक प्रदूषक कहलाते हैं।

उदाहरण—वायुमण्डल में उपस्थित O_2 व N_2 से आकाशीय बिजली द्वारा NO का निर्माण, यदि वायुमण्डल में इसकी मात्रा बढ़ जाती है, तो यह भी प्रदूषक का कार्य करती है।

2. द्वितीयक प्रदूषक

वे प्रदूषक जो प्राथमिक प्रदूषकों की वायुमण्डल में परस्पर क्रिया के फलस्वरूप उत्पन्न होते हैं, द्वितीयक प्रदूषक कहलाते हैं।

उदाहरण—वायुमण्डल में उपस्थित हाइड्रोकार्बन तथा नाइट्रोजन के ऑक्साइड परस्पर क्रिया करके हानिकारक यौगिक जैसे परॉक्सी ऐसीटिल नाइट्रेट (PAN-Peroxy Acetyl Nitrate) का निर्माण करते हैं।

कणिकीय प्रदूषक

- कणिकीय प्रदूषक (Particulate Pollutants) वायु में निलम्बित सूक्ष्म ठोस कण अथवा द्रवीय बूंदें होती हैं। ये सजीव तथा निर्जीव दोनों प्रकार के हो सकते हैं।
- जीवाणु, कवक, फफूँद, शैवाल आदि जीवित कणिकीय प्रदूषक हैं। धूम्र (जैसे—सिगरेट का धुँआ, तेल धूम्र), धूल, कोहरा तथा धूम्र आदि निर्जीव कणिकीय प्रदूषक हैं।

गैसीय वायु प्रदूषक के प्रभाव

गैसीय वायु प्रदूषक के प्रभाव निम्न है

हरित ग्रह प्रभाव

- हरित गृह प्रभाव एक प्रक्रिया है जिसके फलस्वरूप पृथ्वी के चारों ओर का वायुमण्डल सूर्य से आने वाली ऊष्मा अवशोषित करता है जबकि यहाँ से ऊष्मा को बाहर जाने नहीं देता है इसे हरित गृह प्रभाव कहते हैं।
- इसके लिए उत्तरदायी गैसें कार्बन डाइऑक्साइड, मेथेन, नाइट्रस ऑक्साइड, क्लोरोफ्लोरोकार्बन, ओजोन सल्फर डाइऑक्साइड तथा जलवाष्प है।

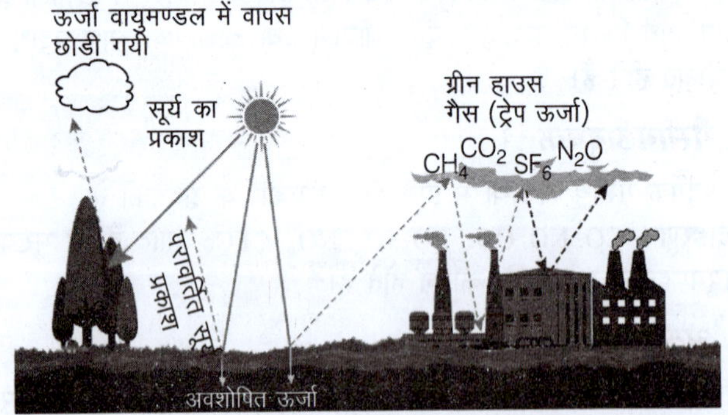

अम्ल वर्षा

- सल्फर डाइऑक्साइड (SO_2) तथा नाइट्रोजन डाइऑक्साइड (NO_2) ऑक्सीकरण के पश्चात् वर्षा जल के साथ अभिक्रिया करके क्रमशः सल्फ्यूरिक अम्ल तथा नाइट्रिक अम्ल बनाते हैं जो अत्यधिक प्रबल अम्ल होने के कारण वर्षा के जल को अम्लीय कर देते हैं।
- वायुमण्डल में उपस्थित कार्बन डाइऑक्साइड के जल में घुलने के कारण वर्षा के जल का pH मान 5.6 होता है। pH मान 5.6 से कम होने पर वर्षा अम्ल वर्षा (Acid Rain) कहलाती है।

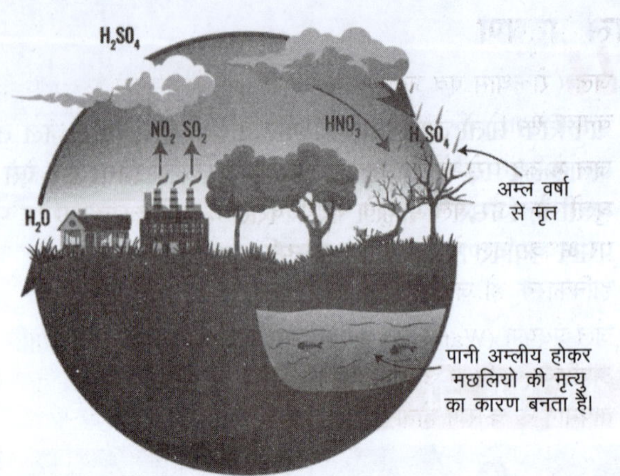

धूम्र कोहरा

धूम्र-कोहरा (Smog) शब्द धूम्र एवं कोहरे से मिलकर बना है। धूम्र कोहरे दो प्रकार के होते हैं

- सामान्य धूम्र कोहरा (Common Smog) यह ठण्डी नम जलवायु में होता है। यह धूम्र, कोहरे एवं सल्फर डाइऑक्साइड का मिश्रण है।
- रासायनिक रूप से यह एक अपचायक मिश्रण है। अतः इसे अपचायक धूम्र-कोहरा (Reducing Smog) भी कहते हैं।
- प्रकाश रासायनिक धूम्र कोहरा (Photochemical Smog) यह ऊष्ण, शुष्क एवं साफ धूप वाली जलवायु में होता है। यह स्वचालित वाहनों तथा कारखानों से निकलने वाले नाइट्रोजन के ऑक्साइडों तथा हाइड्रोकार्बनों पर सूर्य के प्रकाश की क्रिया के कारण उत्पन्न होता है।
- प्रकाश रासायनिक धूम्र कोहरे की रासायनिक प्रकृति ऑक्सीकारक होती है, क्योंकि इसमें ऑक्सीकारक अभिकर्मकों की सान्द्रता उच्च रहती है। अतः इसे ऑक्सीकारक धूम्र कोहरा (Oxidising Smog) कहते हैं। प्रकाश रासायनिक धूम्र कोहरे के सामान्य घटक ओजोन, नाइट्रिक ऑक्साइड, ऐक्रोलिन, फॉर्मेल्डिहाइड एवं परॉक्सीऐसीटिल नाइट्रेट (PAN) हैं।
- प्रकाश रासायनिक धूम्र कोहरे के कारण भी गम्भीर स्वास्थ्य समस्याएँ होती हैं। ओजोन एवं नाइट्रिक ऑक्साइड नाक एवं गले में जलन उत्पन्न करते हैं।

ओजोन परत क्षय

- समतापमण्डल के प्रदूषण के अन्तर्गत ओजोन परत (Ozone Layer) का क्षरण (Decay) आता है। क्लोरोफ्लोरो कार्बन ओजोन परत के क्षरण का मुख्य कारण है। क्लोरोफ्लोरो कार्बन, क्लोरीन, फ्लुओरीन तथा कार्बन के यौगिक हैं। इन्हें **फ्रिऑन** (Freon) भी कहा जाता है।
- क्लोरोफ्लोरो कार्बन (CFCs) के अतिरिक्त **हैलोजन** (क्लोरीन, फ्लोरीन, ब्रोमीन) तथा नाइट्रस ऑक्साइड भी ओजोन परत के क्षय के लिए उत्तरदायी होते हैं। ये रसायन ओजोन परत की ओजोन गैस (O_3) से अभिक्रिया करके ओजोन को ऑक्सीजन (O_2) के रूप में विघटित कर देते हैं, जिससे ओजोन परत का क्षरण होने लगता है। ओजोन परत के क्षय होने से अधिक-से-अधिक पराबैंगनी किरणें क्षोभमण्डल में पहुँचने लगेंगी तथा इस कारण त्वचा का जीर्णन, मोतियाबिन्द, सनबर्न (Sunburn), त्वचा का कैंसर आदि रोग उत्पन्न हो जायेंगे।

जल प्रदूषण

- जल (रोकथाम एवं प्रदूषण नियन्त्रण) अधिनियम को सन् 1976 में बनाया गया।
- जल में बहुत से खनिज लवण, कार्बनिक-अकार्बनिक पदार्थ तथा गैसें घुली रहती हैं। जल में घुले पदार्थों की मात्रा आवश्यकता से अधिक होने पर अथवा जल में अनुपस्थित अवयवों के जल में उपस्थित होने पर जल हानिकारक हो जाता है। इसे प्रदूषित जल कहा जाता है।
- जल प्रदूषण (Water Pollution) मुख्यत: घरेलू सीवेज, औद्योगिक अपशिष्ट, कृषि में उपयोग किए जाने वाले रासायनिक खाद तथा बढ़े हुए तापमान के कारण होता है। प्रदूषित जल के कारण निम्नलिखित रोग उत्पन्न हो जाते हैं, जैसे—हैजा, पीलिया, पेचिस, टाइफाइड, गैस्ट्रोएण्टराइटिस आदि।
- जल के एक नमूने के निश्चित आयतन में उपस्थित कार्बनिक पदार्थ को विखण्डित करने के लिए जीवाणु द्वारा आवश्यक ऑक्सीजन को जैव रासायनिक ऑक्सीजन माँग (Biochemical Oxygen Demand, BOD) कहा जाता है। स्वच्छ जल की BOD का मान 5 पीपीएम से कम होता है जबकि अत्यधिक प्रदूषित जल में यह 17 पीपीएम या इससे अधिक होता है।
- इस प्रकार यह शैवाल युक्त जल अन्य जीवों की वृद्धि को रोकता है। जल-निकायों में पौष्टिक अभिवृद्धि के फलस्वरूप ऑक्सीजन की कमी सुपोषण (Eutrophication) कहलाती है।

पेय जल के अन्तर्राष्ट्रीय मानव व उनकी उच्च सान्द्रता के प्रभाव

तत्व/आयन	स्रोत	मान्य सान्द्रता		उच्च सान्द्रता के हानिकारक प्रभाव
		WHO द्वारा	EV द्वारा	
फ्लोराइड (F)	बाह्य रूप से मिलाने पर	1.5 ppm	1.5 ppm	(i) ऐनामल (हाइड्रॉक्सीएपेटाइट $[3Ca_3(PO_4)_2 \cdot Ca(OH)_2]$ को अधिक कठोर फ्लोएपेटाइट $[3Ca_3(PO_4)_2 \cdot CaF_2]$ में परिवर्तित करता है।
				(ii) 2 ppm से अधिक सान्द्रता **दाँतों के भूरे रंग** (Brown Mottling of Teeth) को उत्पन्न कर देती है।
				(iii) उच्च सान्द्रता (> 10 ppm) हड्डियों तथा दाँतों के लिए हानिकारक है।
लेड (Pb)	लेड पाइप	0.01 ppm	0.01 ppm	किडनी, लीवर तथा पुनरुत्पादन तन्त्र को नष्ट करता है। **लेड विषाक्ता** (Lead Poisoning)
सल्फेट (SO_4^{2-})	अम्ल वर्षा उद्योग	500 ppm	250 ppm	**दस्तावर** (Laxative) प्रभाव
नाइट्रेट (NO_3^-)	उर्वरक	50 ppm	50 ppm	मेथेमोग्लोबनेमिया (ब्लू बेबी सिण्ड्रोम)

अन्य धातुएँ

(i) आयरन (Fe)	कोई दिशा निर्देश नहीं	0.2 ppm
(ii) मैंगनीज (Mn)	0.5 ppm	0.05 ppm
(iii) कॉपर (Cu)	2 ppm	2 ppm
(iv) एल्युमीनियम (Al)	0.2 ppm	0.2 ppm
(v) जिंक (Zn)	3 ppm	कोई दिशा निर्देश नहीं
(vi) कैडमियम (Cd)	0.003 ppm	0.005 ppm
(vii) सोडियम (Na)	200 ppm	200 ppm

मृदा प्रदूषण

- अपशिष्ट पदार्थों, पीड़कनाशी, शाकनाशी आदि के द्वारा मृदा की गुणवत्ता का कम होना मृदा (Soil) प्रदूषण कहलाता है।
- द्वितीय विश्वयुद्ध के समय मलेरिया तथा अन्य कीटजनित रोगों के नियन्त्रण में डीडीटी बहुत उपयोगी यौगिक पाया गया।
- DDT (रासायनिक नाम: डाइक्लोरो डाइफेनिल ट्राइक्लोरोएथेन) तथा गैमेक्सेन (रासायनिक नाम: बेन्जीन हेक्सा क्लोराइड) प्रमुख कीटाणुनाशक हैं। डीडीटी का निर्माण क्लोरल (रासायनिक नाम: ट्राइक्लोरो ऐसीटैल्डिहाइड) से किया जाता है। अधिकांश शाकनाशी, स्तनधारियों के लिए विषैले होते हैं, परन्तु ये कार्बो क्लोराइड के समान स्थायी नहीं होते हैं। ये रसायन कुछ ही माह में अपघटित हो जाते हैं। मानव में जन्मजात कमियों का कारण कुछ शाकनाशी हैं।

रेडियोधर्मी प्रदूषण

- रेडियोधर्मी पदार्थों से होने वाला प्रदूषण रेडियोधर्मी (Radioactive) प्रदूषण कहलाता है। 'एक्स-रे' के अधिक प्रयोग से मनुष्य के शरीर में कैंसर और अल्सर हो जाता है। रक्त-कोशिका एवं अस्थि-मज्जा में भी इन किरणों से अवान्छित परिवर्तन हो जाते हैं। जीवित कोशिकाएँ भी विकिरण से नष्ट हो जाती हैं।
- रेडियोधर्मी विघटन से विद्युत तरंगें निकलती हैं। ये विद्युत तरंगें जैविक दृष्टि से हानिकारक हैं। इससे कैंसर आदि रोग उत्पन्न होते हैं।

विषैली धातुएँ, उनके स्रोत तथा हानिकारक प्रभाव

धातु	स्रोत	हानिकारक प्रभाव
मर्करी	कीटाणुनाशक, कोयले की खान, औद्योगिक अपशिष्ट	(i) CH_3Hg^- अवस्था में अत्यन्त विषैली। (ii) मिनामाटा रोग; इसे 1952 में प्रथम बार खोजा गया, यह Hg युक्त संदूषित मछली को खाने से होता है। इस रोग के कारण डायरिया, रक्त वाहिनियों से रक्त का **स्राव**, (Haemolysis), मस्तिष्क की नाड़ियों में **सूजन** (Meningitis) तथा मृत्यु तक हो सकती है।
क्रोमियम	धातु लेपन उद्योग	कैंसरजन्य, स्नायु तन्त्र में समस्या उत्पन्न करना।
कैडमियम	औद्योगिक अपशिष्ट, Ni-Cd जीवाणु	(i) उच्च रक्त दाब, किडनी तथा मेरू रज्जू तन्त्र में अवरोध। (ii) *इटाई-इटाई (Itai-Itai)* रोग
लेड	सीसा उद्योग, खान, कोल गैसोलीन	(i) ऐनीमिया, किडनी, स्नायु तन्त्र में समस्या। (ii) ग्लूकोस अपचय में बाधक
जिंक	औद्योगिक अपशिष्ट	उल्टी आना, अंगों में ऐठन गुर्दे को हानि पहुँचना तथा पौधों के लिए विषाक्त कैंसरजन्य।
आर्सेनिक	रासायनिक व्यर्थ, कीटाणुनाशक	कैंसरजन्य
कॉपर	औद्योगिक व्यर्थ, निक्षालन (लींचिग) प्रक्रम	जन्तुओं के लिए अत्यन्त विषैला नहीं परन्तु पौधों तथा कवकों के लिए विषैला।

तेल जैपर

- यह TERI (The Energy and Resource Institute) द्वारा बनाई गई एक नई तकनीक है, जिसमें जीवाणु के उपयोग द्वारा बिखरे तेल को साफ किया जाता है। यह एक जीवोपचारण क्रिया है।

हरित रसायन

- हरित रसायन उत्पादन का वह प्रक्रम है, जो पर्यावरण में न्यूनतम प्रदूषण या खराबी लाए। एक प्रक्रम में उत्पन्न होने वाले सह उत्पादों को यदि लाभदायक तरीके से उपयोग नहीं किया जाए, तो वे पर्यावरण-प्रदूषण में सहायक होते हैं। ऐसे प्रक्रम न केवल पर्यावरणीय दृष्टि से हानिकारक हैं, बल्कि महँगें भी हैं।
- एक रासायनिक अभिक्रिया की सीमा, ताप, दाब, उत्प्रेरक के उपयोग आदि भौतिक मापदंड पर निर्भर करते हैं। यदि एक रासायनिक अभिक्रिया में अभिकारक एक पर्यावरणीय मैत्रीपूर्ण माध्यम में पूर्णत: पर्यावरणीय मैत्रीपूर्ण उत्पादों में बदल जाए, तो पर्यावरण में कोई रासायनिक प्रदूषक नहीं होगा।
- संश्लेषण के दौरान प्रारंभिक पदार्थ का चयन करते समय यह सावधानी रखनी चाहिए, ताकि जब भी वह अंतिम उत्पाद में परिवर्तित हो, तो अपविष्ट उत्पन्न ही न हो।

हरित रसायन के अनुप्रयोग

दैनिक जीवन में हरित रसायन के उदाहरण निम्न हैं

- कपड़ों की निर्जल धुलाई (Dry washing of clothes) इसमें टेट्राक्लोरोएथीन [$Cl_2C = CCl_2$] का उपयोग प्रारंभ में निर्जल धुलाई के लिए विलायक के रूप में किया जाता था। यह यौगिक भू-जल को प्रदूषित कर देता है। यह एक संभावित कैंसरजन्य भी है। धुलाई की प्रक्रिया में इस यौगिक का द्रव कार्बन डाइऑक्साइड एवं उपयुक्त अपमार्जक द्वारा प्रतिस्थापित किया जाता है। हैलोजनीकृत विलायक का द्रवित CO_2 से प्रतिस्थापन भू-जल के लिए कम हानिकारक है।
- पेपर का विरंजन (Filtration of paper) पूर्व में पेपर के विरंजन के लिए क्लोरीन गैस उपयोग में आती थी। आजकल उत्प्रेरक की उपस्थिति में हाइड्रोजन परॉक्साइड, जो विरंजन क्रिया की दर को बढ़ाता है, उपयोग में लाया जाता है।
- रसायनों का संश्लेषण (Synthesis of chemicals) औद्योगिक स्तर पर एथीन का ऑक्सीकरण आयनिक उत्प्रेरकों एवं जलीय माध्यम की उपस्थिति में करवाया जाए, तो लगभग 90% ऐथेनॉल प्राप्त होता है।

$$CH_2 = CH_2 + O_2 \xrightarrow[\text{Pd(II), Cu(II)}\ \text{जल में}]{\text{उत्प्रेरक}} CH_3CHO(90\%)$$

"

जीव विज्ञान, विज्ञान की वह शाखा है, जो जीवों के अध्ययन से सम्बन्धित है। जीव जगत के वर्गीकरण के अन्तर्गत जीवों को विभिन्न श्रेणियों में एक निश्चित क्रम (अवरोही क्रम–जगत से जाति की ओर) में रखा जाता है।

अध्याय एक

जीव विज्ञान का परिचय तथा सजीव जगत में विविधता

जीव विज्ञान का परिचय

- सभी सजीवों (Living Beings) (सूक्ष्मजीव, पादपों एवं जन्तुओं) की संरचना एवं सम्पूर्ण क्रियाओं का अध्ययन जीव विज्ञान (Biology; *Bios*–life; *logos*–study) शाखा के अन्तर्गत किया जाता है।
- जीव विज्ञान को अध्ययन की सुविधा की दृष्टि से विभिन्न शाखाओं में विभाजित किया जाता है, जिनमें से दो शाखाएँ प्रमुख हैं- वनस्पति विज्ञान (Botany) के अन्तर्गत पादपों का अध्ययन तथा प्राणि विज्ञान (Zoology) के अन्तर्गत जन्तुओं का अध्ययन किया जाता है।
- अरस्तू (Aristotle) ने 384-322 ईसा पूर्व में जन्तुओं की रचना, स्वभाव, जनन तथा मुर्गी के अण्डों में भ्रूणीय परिवर्धन (Embryological Development) आदि का अध्ययन किया और इनके आधार पर अपनी पुस्तक *हिस्टोरिया एनिमेलियम (Historia Animalium)* में 500 जन्तुओं का वर्णन किया था। इसी कारण इन्हें विज्ञान, जीव विज्ञान तथा जन्तु विज्ञान का जनक (Father of Science, Biology and Zoology) कहते हैं।
- थियोफ्रेस्टस (Theophrastus) ने 370-287 ईसा पूर्व में लगभग 500 पादपों का उनकी आयु तथा आकार के आधार पर अपनी पुस्तक *हिस्टोरिया प्लाण्टेरम* (*Historia Plantarum*) में वर्णन किया, इसलिए इन्हें वनस्पति विज्ञान का जनक (Father of Botany) कहा जाता है।

जीव विज्ञान की प्रमुख उपशाखाएँ

शाखा	विवरण
एग्रोस्टोलॉजी	घासों का अध्ययन।
एन्थोलॉजी	पुष्पों का अध्ययन।
क्रेनियोलॉजी	खोपड़ियों (Skulls) का अध्ययन।
साइटोलॉजी	कोशिकाओं की संरचना का अध्ययन।
कोर्डियोलॉजी	हृदय की रचना एवं कार्य का अध्ययन।
डेण्ड्रोलॉजी	वृक्ष एवं झाड़ी का अध्ययन।
हीमेटोलॉजी	रुधिर तथा इससे जनित बीमारियों का अध्ययन।
हेल्मिन्थोलॉजी	कृमियों का अध्ययन।
मायोलॉजी	पेशियों का अध्ययन।
मैमोलॉजी	स्तनधारियों का अध्ययन।
मैलेकोलॉजी	मोलस्का संघ के जीवों व कवचों का अध्ययन।
नियोनैटोलॉजी	दो माह से कम आयु के बच्चों का अध्ययन।
ऑन्कोलॉजी	ट्यूमर का अध्ययन; जैसे–कैंसर।
वर्गिकी (Taxomomy)	जीवों की पहचान, नामकरण तथा वर्गीकरण का अध्ययन।
वायरोलॉजी	विषाणुओं के वर्गीकरण का अध्ययन।

सजीव जगत

- पृथ्वी पर सजीव (Living) एवं निर्जीव (Non-living) दोनों प्रकार की वस्तुएँ उपस्थित हैं। वे वस्तुएँ, जो वृद्धि, विकास, प्रतिक्रिया तथा जीवन के दूसरे लक्षणों को प्रदर्शित करती हैं, सजीव कहलाती हैं।

सजीवों के विशेष लक्षण निम्न प्रकार से हैं

- जीवद्रव्य (Protoplasm)
- पोषण (Nutrition)
- उपापचय (Metabolism)
- श्वसन (Respiration)
- गति (Movement)
- वृद्धि (Growth)
- प्रजनन (Reproduction)
- कोशिका संरचना (Cell Structure)
- संवेदनशीलता तथा अनुकूलन (Sensitivity and Adaptability)
- उत्सर्जन (Excretion)

जीवों का वर्गीकरण

- जैव-विविधता किसी स्थान विशेष पर प्राकृतिक रूप से पाए जाने वाले जीव-जन्तु एवं पेड़-पौधों की भिन्न-भिन्न प्रजातियों में अनेक प्रकार की विभिन्नताएँ देखने को मिलती हैं, इन विभिन्नताओं को जैव-विविधता (Biodiversity) कहते हैं।
- जीवधारियों को उनकी समानताओं एवं विभिन्नताओं के आधार पर विभिन्न वर्गों में विभाजित किया गया है, जिसे जीवों का वर्गीकरण (Classification of Living Organisms) के नाम से जाना जाता है।
- जीवधारियों को सुविधाजनक रूप से पहचानने तथा मानव जाति के लिए इनकी उपयोगिता जानने के लिए जीवधारियों का वर्गीकरण (Classification) अत्यन्त आवश्यक है।
- वर्गीकरण से जीवों के जैव-विकास क्रम का ज्ञान होता है। वर्गीकरण पद्धति का मुख्य कार्य वर्गीकरण की आधारभूत इकाइयों को पहचानना तथा उनका वर्णन करना होता है; जैसे-जातियों और समान प्रकार की जातियों को क्रमशः सम्बन्धों के आधार पर उच्च श्रेणियों में वर्गीकृत किया जाता है।

वर्गिकी पदानुक्रम

- विभिन्न वर्गिकीय श्रेणियों (Taxonomical Series) को एक उचित क्रम में व्यवस्थित करना वर्गिकी पदानुक्रम (Taxonomic Hierarchy) या लिनियन पदानुक्रम (Linnaean Hierarchy) कहलाता है।
- वर्गीकरण की आधारभूत इकाई जाति (Species) है।

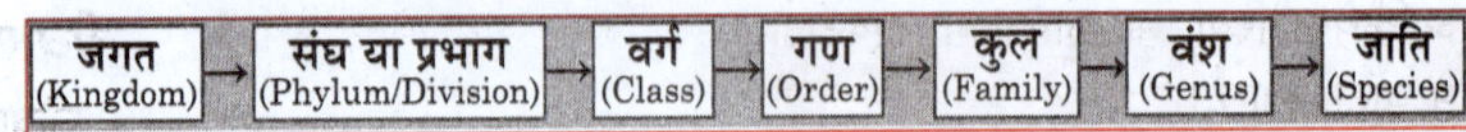

नोट *समान लक्षणों व अकारिकी वाले जीवों के समूह, जिनके सदस्यों के मध्य अन्त:प्रजनन (Interbreeding) सम्भव है, तथा नई सन्तति भी जनन सक्षम होती है, जाति कहलाती है।*

द्विनाम पद्धति

- द्विनाम पद्धति (Binomial System) को कैरोलस लिनियस (Carolus Linnaeus) ने प्रतिपादित किया। लिनियस ने अपनी पुस्तक *सिस्टेमा नेचुरी* के दसवें संस्करण (1758) में, जीव-जातियों का नामकरण द्विनाम पद्धति से किया।
- इस पद्धति के अनुसार, प्रत्येक जीव के नाम में दो शब्द होते हैं, प्रथम शब्द **वंश** का एवं द्वितीय **जाति** का होता है। वंश नाम का प्रथम अक्षर (अंग्रेजी में) बड़ा (Capital) लिखा जाता है तथा जाति नाम का प्रथम अक्षर (अंग्रेजी में) छोटा (Small) लिखा जाता है।
- वंश एवं जाति नाम को इटैलिक पद्धति द्वारा लिखा जाता है, जैसे, मनुष्य का जन्तु वैज्ञानिक नाम-*होमो सेपियन्स (Homo sapiens)* है।
- पाँच जगत वर्गीकरण (Five Kingdom Classification) के अन्तर्गत आर. एच. व्हिटेकर (RH Whittaker; 1969) ने जीवों को पाँच जगतों; जैसे—मोनेरा, प्रोटिस्टा, फन्जाई, प्लाण्टी तथा एनीमेलिया में विभाजित किया जिनका वर्णन निम्न है

पाँच जगत के लक्षणों के मध्य तुलना

लक्षण	मोनेरा	प्रोटिस्टा	फंजाई	प्लाण्टी	एनीमेलिया
कोशिका का प्रकार	प्रोकैरियोटिक	यूकैरियोटिक	यूकैरियोटिक	यूकैरियोटिक	यूकैरियोटिक
कोशिका भित्ति की उपस्थिति/ अनुपस्थिति एवं संगठन	पॉलीसैकेराइड (बहुशर्करा) + अमीनो अम्ल	कुछ में उपस्थित	उपस्थित (काइटिन युक्त)	उपस्थित (सेलुलोस युक्त)	अनुपस्थित
केन्द्रक झिल्ली की उपस्थिति/अनुपस्थिति	अनुपस्थित	उपस्थित	उपस्थित	उपस्थित	उपस्थित
संगठन संरचना	कोशिकीय	कोशिकीय	बहुकोशिकीय/सूकाय	ऊतक/अंग	ऊतक/अंग/अंग तन्त्र
पोषण की विधि	स्वपोषी (रसायन संश्लेषी एवं प्रकाश-संश्लेषी) तथा परपोषी (मृतपोषी एवं परजीवी)	स्वपोषी (प्रकाश-संश्लेषी) तथा परपोषी	परपोषी (मृतपोषी एवं परजीवी)	स्वपोषी (प्रकाश-संश्लेषी)	परपोषी (प्राणि समभोजी, मृतपोषी इत्यादि)
उदाहरण	जीवाणु-नील-हरित शैवाल, *माइकोप्लाज्मा, आदि।*	पादप, कवक व जन्तु के समान जीव;	कई तरह के कवक *राइजोपस, म्यूकर* आदि।	शैवाल, ब्रायोफाइटा, टेरिडोफाइटा, अनावृतबीजी।	सभी प्रकार के बहुकोशिकीय जन्तु।

छः जगत वर्गीकरण

आधुनिक वर्गीकरण के आधार पर मोनेरा जगत को **आर्किबैक्टीरिया** (Archaebacteria) तथा **यूबैक्टीरिया** (Eubacteria) में विभाजित किया गया है। यह वर्गीकरण *r*RNA की तुलना पर आधारित है। इसका प्रतिपादन **सी हूज ओ कण्डलर** तथा **एम. सी. व्हीलिस** ने वर्ष 1990 में किया।

मोनेरा जगत

- मोनेरा जगत (Kingdom-Monera) में सभी प्रोकैरियोटिक जीवों को स्थान दिया गया है, जिन्हें अध्ययन की सुविधा हेतु जीवाणु, आर्किबैक्टीरिया, माइकोप्लाज्मा, एक्टीनोमाइसिटीज व सायनोबैक्टीरिया में बाँटा गया है।
- इस जगत का मुख्य जीव जीवाणु (बैक्टीरिया) है। सर्वप्रथम एण्टोनी वान ल्यूवेनहॉक (Antonie van Leeuwenhoek, 1676) ने दाँत की खुरचन में इन अति सूक्ष्मजीवों को देखा। इनको जीवाणु विज्ञान (Bacteriology) का जनक कहा जाता है। ये सरल, एककोशिकीय तथा प्रोकैरियोटिक जीव हैं।
- ये सर्वव्यापी जीव गर्म जल के झरनों, मरुस्थल, बर्फ एवं गहरे समुद्र जैसे विषम स्थलों में भी पाए जाते हैं। जीवाणु दो प्रकार के होते हैं

आर्किबैक्टीरिया

- ये विशिष्ट प्रकार के जीवाणु अत्यधिक कठिन वास स्थानों में निवास करते हैं। इन्हें तीन भागों में विभाजित किया गया है
  (i) मैथेनोजन ये दलदली स्थानों तथा मवेशी पशुओं के प्रथम आमाशय (Rumen) में पाए जाते हैं। इन्हें मेथेन उत्पादक भी कहते हैं; जैसे-*मेथेनोबैक्टीरियम*।
  (ii) हैलोफाइल्स ये लवणीय वातावरण में उपस्थित होते हैं; जैसे-*हैलोबैक्टीरियम*।
  (iii) अधिताप अम्लरागी या थर्मोएसिडोफिल ये अधिक ताप एवं अम्ल वाले स्थानों पर उपस्थित होते हैं; जैसे-*सल्फोबोलस* बैक्टीरिया।

यूबैक्टीरिया

- इसकी संरचना दिए गए चित्र के माध्यम से समझ सकते हैं।

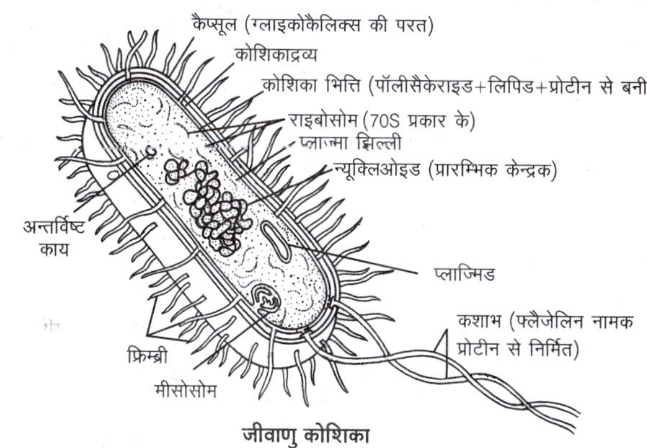

जीवाणु कोशिका

- जीवाणुओं को उनके आकार के आधार पर चार समूहों-गोलाकार-कोकस (बहुवचन-कोकाई), छड़ाकार-बैसिलस (बहुवचन-बैसिलाई), कॉमा आकार-विब्रियम (बहुवचन-विब्रियो) तथा सर्पिलाकार-स्पाइरिलम (बहुवचन-स्पाइरिला) में बाँटा गया है।

जीवाणु में पोषण

- पोषण (Nutrition) के आधार पर जीवाणु दो प्रकार के होते हैं, प्रथम स्वपोषी (Autotrophic), जो अपना भोजन स्वयं तैयार करते हैं तथा द्वितीय परपोषी (Heterotrophic), जो पोषण के लिए दूसरों पर आश्रित (Depend) होते हैं।

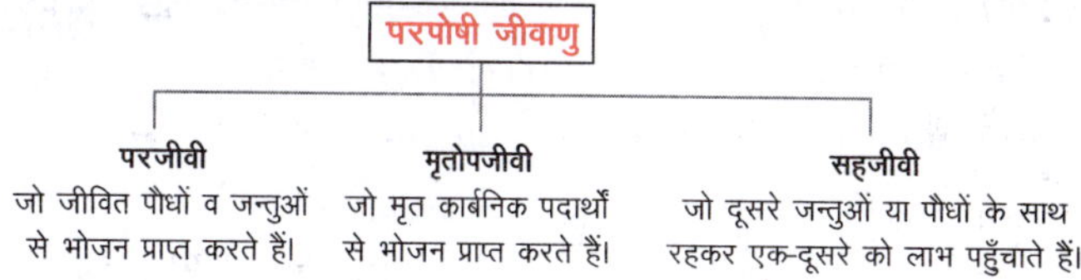

जीवाणुओं में प्रजनन

- जीवाणुओं में अलैंगिक जनन (Asexual Reproduction), कायिक जनन (Vegetative Reproduction) व लैंगिक जनन बीजाणुओं की सहायता से होता है। कायिक जनन प्रायः द्विविखण्डन (Binary Fission) द्वारा होता है।
- लेडरबर्ग एवं टाटम (Lederberg and Tatum; 1946) ने जीवाणुओं में लैंगिक जनन (*ई. कोलाई में*) का होना सिद्ध किया। इनमें तीन प्रकार से लैंगिक जनन पाया जाता है।
  (i) रूपान्तरण (Transformation) इस प्रक्रिया की खोज ग्रिफिथ (Griffith) ने सन् 1928 में की थी। इस प्रक्रिया में एक जीवाणु का DNA दूसरी जीवाणु कोशिका में प्रवेश करता है।
  (ii) पारक्रमण (Transduction) इसकी खोज जिण्डर एवं लेडरबर्ग द्वारा *साल्मोनेला टाइफीम्यूरियम (Salmonella typhimurium)* में सन् 1952 में हुई। पारक्रमण में, विषाणुओं द्वारा एक जीवाणु कोशिका से DNA का अंश दूसरे जीवाणु की कोशिका में स्थानान्तरित कर दिया जाता है।
  (iii) संयुग्मन (Conjugation) इस प्रक्रिया में प्रदाता (Donor) कोशिकाओं और ग्राही (Acceptor) कोशिकाओं के बीच आनुवंशिक पदार्थों का विनिमय एक नलिका, संयुग्मन नलिका (Conjugation Tube) के माध्यम से होता है।

जीवाणुओं का आर्थिक महत्त्व

कुछ प्रतिजैविक औषधियाँ जीवाणुओं की किण्वन क्रिया द्वारा बनाई जाती है।

प्रतिजैविक	स्रोत
बैसिट्रैसिन, पॉलीमिक्सिन	*बैसिलस सबटिलिस, बै. पॉलीमिक्सा*
वैन्कोमाइसिन	*स्ट्रेप्टोमाइसिस ओरिएण्टलिस*
स्ट्रेप्टोमाइसिन, क्लोरेम्फेनिकॉल	*स्ट्रे. ग्रीसियस, स्ट्रे. वेनिज्यूली*
इरिथ्रोमाइसिन, नियोमाइसिन	*स्ट्रे. इरीथ्रीस, स्ट्रे. फ्रेडी*
टेट्रासाइक्लिन, केनामाइसिन	*स्ट्रे. ओरियोफेसियस, स्ट्रे. केनामाइसिटीकस*

जीवाणु अनेक दुग्ध उत्पादों को बनाने में सहायक होते हैं।

उत्पाद	जीवाणु
मक्खन व योगहर्ट	*लैक्टोबैसिलस वल्गेरिकस*
दही	*स्ट्रेप्टोकोकस लैक्टिस*
पनीर	*लैक्टोबैसिलस लैक्टिस*

कुछ महत्त्वपूर्ण औद्योगिक उत्पाद व उनके स्रोत (जीवाणु)

उत्पाद	जीवाणु
एसीटिक अम्ल	*एसीटोबैक्टर एसीटी*
एसीटोन एवं ब्यूटेनॉल	*क्लॉस्ट्रिडियम एसीटोब्यूटीलाइकम*
लैक्टिक अम्ल	*स्ट्रेप्टोकोकस लैक्टी*
चाय व तम्बाकू में स्वाद व सुगन्ध हेतु	*बैसिलस मेगाथेरियम*
मीथेन (बायोगैस में उपयोग)	*मीथेनोबैसिलस*

हानिकारक क्रियाएँ

जीवाणुओं से होने वाली हानिकारक क्रियाएँ निम्नलिखित हैं

- भोजन का नष्टीकरण (Food Spoilage) कभी-कभी कुछ जीवाणु; जैसे—*स्टेफाइलोकोकस (Staphylococcus)*, *माइक्रोकोकस (Micrococcus)*, *क्लॉस्ट्रिडियम बॉटुलिनम (Clostridium botulinum)*, आदि भोज्य पदार्थों का अपघटन कर उसे विषैला बना देते हैं, जिनको खाने से खाद्य विषाक्तता उत्पन्न होने का भय रहता है।
- भूमि की उर्वरक क्षमता कम करना (Reduction of Soil Fertility) कुछ डीनाइट्रीफाइंग जीवाणु; जैसे—*बैसिलस डीनाइट्रीफिकेन्स (Bacillus denitrificans)* भूमि में उपस्थित नाइट्रेट को स्वतन्त्र नाइट्रोजन या अमोनिया में परिवर्तित कर देते हैं, जिससे भूमि की उर्वरा शक्ति कम हो जाती है।
- मनुष्य के रोग (Human Diseases) जीवाणुओं से होने वाले मनुष्य के रोग निम्नलिखित हैं- हैजा *(विब्रियो कोलेरी)*, डिफ्थीरिया *(कॉर्नीबैक्टीरियम डिफ्थीरी)* आदि।

माइकोप्लाज्मा

- माइकोप्लाज्मा सूक्ष्मतम्, एककोशिकीय, बहुरूपी, प्रोकैरियोटिक जीव हैं। इन्हें **पादप जगत का जोकर** कहा जाता है।
- माइकोप्लाज्मा की खोज **नोकॉर्ड** एवं **रॉक्स** ने 1898 ई. में की थी और इन्हें PPLO (Pleuro-Pneumonia Like Organism) कहा।

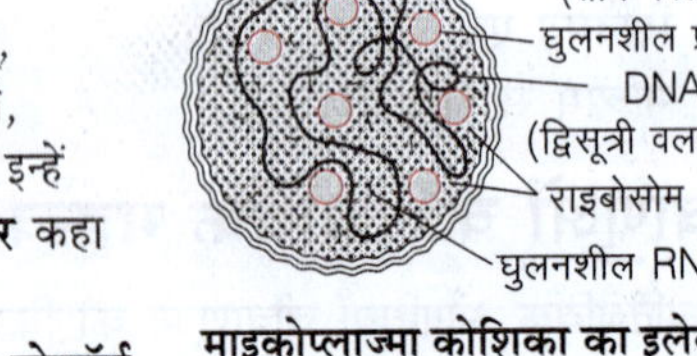

माइकोप्लाज्मा कोशिका का इलेक्ट्रॉन सूक्ष्मदर्शीय चित्र

प्रोटिस्टा जगत

- सभी एककोशिकीय यूकैरियोटिक जीवधारियों को प्रोटिस्टा (Protista) के अन्तर्गत रखा गया है। इनकी उत्पत्ति मोनेरा से हुई है तथा उच्च जीवों (कवक, प्लाण्टी, ऐनीमेलिया) की उत्पत्ति इनसे हुई मानते हैं।
- यूकैरियोटिक होने के कारण इनकी कोशिका में एक सुसंगठित केन्द्रक एवं अन्य झिल्लीबद्ध कोशिकांग पाए जाते हैं। इस जगत के अन्तर्गत निम्न वर्ग आते हैं

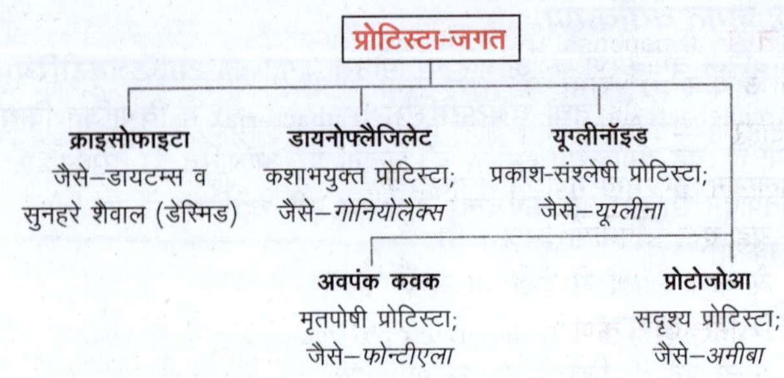

- इस जगत के सदस्य सामान्यतया एककोशिकीय, कभी-कभी बहुकोशिकीय होते हैं। सुविकसित केन्द्रक, 80S व 70S के राइबोसोम, कोशिकाद्रव्य प्रवाही गति (Streaming Movement) में रहता है। कोशिका भित्ति सेलुलोस की बनी होती है।
- इनमें गति अमीबीय या कशाभिकी/पक्ष्माभी प्रकार की होती है। पक्ष्माभ/कशाभिका में (9+2) सूक्ष्म नलिका व्यवस्था पायी जाती है।
- इस जगत के जीव पोषण में अत्यधिक विविधता प्रदर्शित करते हैं। ये पादप सम (Holophytic) जैसे- डायटम्स, *यूग्लीना* तथा जन्तुसम (Holozoic) जैसे-*अमीबा, पैरामीशियम* दोनों प्रकार का पोषण प्रदर्शित करते हैं।
- अत: ये स्वपोषी या परजीवी या मृतोपजीवी होते हैं। जीवों में कायिक, अलैंगिक व लैंगिक प्रजनन विधियाँ तथा सभी प्रकार के सूत्री विभाजन मिलते हैं।
- चलनांगों के आधार पर प्रोटोजोआ को चार समूह में बाँट सकते हैं
    - अमीबीय प्रोटोजोआ इनमें गमन के लिए कूटपाद पाए जाते हैं; उदाहरण-*अमीबा, एण्टअमीबा।*
    - कशाभीय प्रोटोजोआ इनमें कशाभ द्वारा चलन होता है; उदाहरण-*ट्रिपैनोसोमा।*
    - पक्ष्म्भी प्रोटोजोआ इनमें गमन हेतु पक्ष्माभ पाए जाते हैं; ये सबसे विकसित प्रोटोजोआ प्राणी होते हैं; उदाहरण-*पैरामीशियम।*
- स्पोरोजोआ इनमें विशेष गमनांग अनुपस्थित होते हैं तथा इनका वितरण बीजाणु (Spore) द्वारा होता है; उदाहरण-*प्लाज्मोडियम।*

कवक जगत

- पर्णहरिम (Chlorophyll) की अनुपस्थिति के कारण ये सड़े-गले कार्बनिक पदार्थों या जीवित प्राणियों के ऊपर परजीवी की तरह रह सकते हैं।
- इनमें काइटिन की बनी कोशिका भित्ति की उपस्थिति इनका मुख्य लक्षण है। कवकों का शरीर एक कवकजाल (Mycelium) कहलाता है, जो कवक तन्तु (Hyphae) से मिलकर बना होता है।
- पोषण की विधि के आधार पर कवक परजीवी, सहजीवी अथवा मृतोपजीवी (जीव, जो अन्य जीवों के मृत शरीर के जटिल कार्बनिक पदार्थों को सरल अकार्बनिक पदार्थों में विघटित कर भोजन प्राप्त करते हैं) होते हैं।
- इनमें जनन कायिक, अलैंगिक या लैंगिक विधियों द्वारा होता है।

- कवक जाल की आकारिकी, बीजाणु बनने तथा फलनकाय बनने की विधि जगत को विभिन्न वर्गों में विभक्त करने का आधार है

कवक

फाइकोमाइसिटीज
शैवाल सदृश्य कवक; जैसे–*म्यूकर, राइजोपस* (रोटी के कवक), *एल्ब्यूगो* (सरसों पर परजीवी कवक)

ऐस्कोमाइसिटीज
थैली कवक (Sac fungi); जैसे–यीस्ट, *पेनिसिलियम, एस्पर्जिलस, क्लेवीसेप्स, न्यूरोस्पोरा* [न्यूरोस्पोरा का प्रयोग जैव-रासायनिक तथा आनुवंशिक प्रयोगों में प्रायः किया जाता है।]

बैसिडियोमाइसिटीज
मशरूम, ब्रैकेट फंजाई, पफबॉल; जैसे–*एगेरिकस* (मशरूम), *आस्टीलैगो* (कंड), *पक्सिनिया* (किट्ट कवक)

ड्यूटेरोमाइसिटीज
अपूर्ण कवक; जैसे–*आल्टरनेरिया, कोलीटोट्राइकम, ट्राइकोडर्मा,* आदि।

कवकों का आर्थिक महत्त्व

- विभिन्न प्रकार के कवक; जैसे—*एगेरिकस (Agaricus), मॉर्सेला (Morchella)*, यीस्ट, *एमानिटा (Amanita)* आदि भोजन के रूप में प्रयोग होते हैं।
- *क्लेवीसेप्स परप्यूरिया (Claviceps purpurea)* से अरगॉट (Ergot) प्राप्त होता है।
- *सैकेरोमाइसीज सेरेविसी (S. cerevisiae)* विटामिन-B का, *एरीमोथिमियम एशबी (Eremothemium ashbyii)* विटामिन-B_{12} का तथा *रोडोटोरुला ग्रेसिलिस (Rhodotorula gracilis)* विटामिन-A का प्रमुख स्रोत है।
- *एस्पर्जिलस ओराइजी (Aspergillus oryzae)* द्वारा चावल के किण्वन (Fermentation) से मदिरा (Wine), जबकि *सैकेरोमाइसीज सेरेविसी (Saccharomyces cerevisiae)* से बीयर (Beer) तैयार की जाती है।
- *पेनिसिलियम केमेमबर्टी (Penicillium camemborti)* तथा *पेनिसिलियम रॉक्यूफॉर्टी (P. roqueforti)* पनीर बनाने के काम आते हैं। कवकों का उपयोग कार्बनिक अम्लों के उत्पादन में किया जाता है।

कवक से प्राप्त औद्योगिक उत्पाद

उत्पाद	कवक
सिट्रिक अम्ल	*एस्पर्जिलस नाइगर*
फ्यूमेरिक अम्ल	*राइजोपस नाइग्रीकन्स*
लैक्टिक अम्ल	*राइजोपस ओराइजी*
जिबरेलिक अम्ल	*फ्यूजेरियम मोनिलीफॉर्मे*
जाइमेज	*सैकेरोमाइसीस*
पेक्टीनेज	*एस्पर्जिलस वंटाई*
बीयर, रम, स्कॉच, शराब	*सैकेरोमाइसीस*
स्वादयुक्त चीज	*पेनिसिलियम*
कैल्वेसिन (एण्टी कैंसर औषधि)	*क्लेवैशिया*
विटामिन-B व D	यीस्ट प्रजातियाँ

कवकों से बनाई प्रतिजैविक औषधियाँ

औषधि	कवक
साइट्रिनिन	*पेनिसिलियम सिट्रिनम*
पेनिसिलिन	*पेनिसिलियम नोटेटम*
ग्रीसियोफुल्विन	*पेनिसिलियम ग्रीसियोफुल्वम*
इरगोटिन	*क्लेवीसेप्स परप्यूरिया*
कम्प्रेसट्रिन	*सैलियोटा कम्पेस्ट्रिस*
ग्लायोटॉक्सिन	*ट्राइकोडर्मा स्पीशीज*
प्रोलिफेरिन	*एस्पर्जिलस प्रोलिफेरन्स*
कीटोमिन	*कीटोमियम कॉक्लॉइड्स*
फ्यूमीगैलिन	*एस्पर्जिलस फ्यूमीगेटस नाइगर*
क्लैविसिन	*एस्पर्जिलस क्लेवेटस* एवं *एस्पर्जिलस फ्यूमीगेटस*

कवकों द्वारा उत्पन्न प्रमुख पादप रोग

पादप रोग	कवक
आलू का वार्ट रोग (Wart disease of potato)	*सिनकाइट्रियम एण्डोबायोटिकम (Synchytrium endobioticum)*
पपीते का स्टेम रॉट (Stem rot of papaya)	*पाइथियम एफेनोडर्मेटम (Pythium aphenodermatum)*
आलू की लेट ब्लाइट (Late blight of potato)	*फाइटोफ्थोरा इन्फेस्टेन्स (Phytophthora infestans)*
गेहूँ का पाउडरी मिल्ड्यू (Powdery mildew of wheat)	*ऐरीसाइफी ग्रेमिनिस (Erysiphe graminis)*
मटर का डाउनी मिल्ड्यू (Downy mildew of pea)	*पेरोनोस्पोरा पिसी (Peronospora pisi)*
क्रूसीफेरी-कुल के सदस्यों में डाउनी मिल्ड्यू (Downy mildew of Crucifer)	*पेरोनोस्पोरा स्पी. (Peronospora sp.)*
क्रूसीफेरी-कुल के सदस्यों में व्हाइट रस्ट (White rust of Crucifera)	*एल्ब्यूगो कैन्डिडा (Albugo candida)*

नोट : *कवकों द्वारा मानवों में एस्पर्जिलोसिस (एस्पर्जिलस फ्लेवस), स्पोरोट्राइकोसिस (ट्राइकोफाइटॉन परप्यूरियम), आदि रोग होते हैं।*

लाइकेन

- लाइकेन (Lichen) शैवाल तथा कवक के सहजीवी (Symbiosis) सहवास हैं। शैवाल घटक को **शैवालांश** (Phycobiont) तथा कवक के घटक को **कवकांश** (Mycobiont) कहते हैं, जो क्रमशः स्वपोषी तथा परपोषी होते हैं।
- शैवाल कवक के लिए भोजन संश्लेषित करता है और कवक शैवाल को आश्रय देता है तथा खनिज एवं जल का अवशोषण करता है। लाइकेन वायु प्रदूषण के बहुत अच्छे संकेतक हैं। वे प्रदूषित क्षेत्रों में नहीं उगते हैं।

“ पादप तथा जन्तुओं का वर्गीकरण सर्वप्रथम अरस्तू द्वारा प्रस्तावित किया गया। पादप जगत में पृथ्वी के सभी प्रकार के पौधों को सम्मिलित किया गया है तथा जन्तु जगत में सभी प्रकार के बहुकोशिकीय जन्तुओं को सम्मिलित किया गया है।

अध्याय दो

पादप एवं जन्तु जगत का वर्गीकरण

पादप जगत

- यह पाँच जगत वर्गीकरण में सबसे विकसित जगत है। वायरस सजीव और निर्जीव के बीच की कड़ी है, इसलिए इनको किसी भी जगत में सम्मिलित नहीं किया गया है।
- पादप जगत (Kingdom-Plantae) के अन्तर्गत वे यूकैरियोटिक, बहुकोशिकीय एवं स्वपोषी जीव आते हैं, जिनमें पर्णहरिम होता है तथा सूर्य के प्रकाश की उपस्थिति में ये प्रकाश-संश्लेषण करते हैं। कुछ पादप कीटभक्षी (ब्लेडरवर्ट तथा वीनस फ्लाई ट्रेप) तथा परजीवी (अमरबेल) भी होते हैं।
- कोशिका भित्ति में सेलुलोस की उपस्थिति पादप कोशिका का महत्त्वपूर्ण लक्षण है।
- स्वीडिश वैज्ञानिक कैरोलस लिनियस ने पौधे के वर्गीकरण पर *जेनेरा प्लाण्टेरम* पुस्तक लिखी, जिसमें पुष्पों में उपस्थित जननांगों के आधार पर पौधों को अपुष्पोद्भिद् तथा पुष्पोद्भिद् में विभाजित किया।
- एन्गलर (Engler) ने पादप जगत को थैलोफाइटा (भ्रूणीय अवस्था अनुपस्थित; जैसे- शैवाल), एम्ब्रियोफाइटा (भ्रूणीय अवस्था उपस्थित; जैसे-ब्रायोफाइटा) तथा ट्रेकियोफाइटा (संवहन तन्त्र उपस्थित; जैसे-टेरिडोफाइटा, जिम्नोस्पर्म, एन्जियोस्पर्म) में बाँटा।

अपुष्पोद्भिद् पादप

अपुष्पोद्भिद् (Cryptogamae) के अन्तर्गत उन पादपों को रखा गया है, **जिनमें** जनन अंग प्रत्यक्ष नहीं होते हैं तथा न ही इनमें बीज निर्माण की **क्षमता** होती है।

इसके अन्तर्गत निम्नलिखित प्रभाग आते हैं

थैलोफाइटा

- थैलोफाइटा (Thallophyta) प्रभाग के पादपों को सामान्यतया शैवाल (Algae) कहा जाता है।
- ये मुख्य रूप से जल में पाए जाते हैं।
- इन पादपों का शरीर जड़, तना एवं पत्ती में विभेदित नहीं होता है अर्थात् सूकायी (Thalloid) होता है।
- इसमें संचित भोज्य पदार्थ प्रायः स्टार्च (Starch) होता है। इनमें सूक्ष्म एककोशिकीय पौधों से लेकर बहुकोशिकीय पौधे शामिल होते हैं।
- शैवाल कायिक (विखण्डन विधि द्वारा), अलैंगिक (विभिन्न प्रकार के बीजाणुओं द्वारा सामान्यतया कशाभयुक्त बीजाणु) तथा लैंगिक (दो युग्मकों का संलयन) जनन करते हैं।

शैवाल वर्ग तथा उनके महत्त्वपूर्ण गुणों का सारांश

विभाग	सामान्य नाम	प्रमुख वर्णक	संचित भोजन
क्लोरोफाइसी	हरे शैवाल	क्लोरोफिल- a, b	स्टार्च
फियोफाइसी	भूरे शैवाल	क्लोरोफिल- a, c, फ्यूकोजैन्थिन	मैनीटोल लैमिनेरिन
रोडोफाइसी	लाल शैवाल	क्लोरोफिल-a, d, फाइकोऐरीथ्रिन	फ्लोरिडियन स्टार्च

शैवालों का आर्थिक महत्त्व

- शैवाल आर्थिक रूप से भी उपयोगी है, जिनके कुछ उदाहरण निम्न हैं
  - कुछ शैवाल; जैसे—*अल्वा, पोरफायरा, क्लोरेला, एलेरिया, सारगासम, स्पाइरुलिना, लेमिनेरिया,* आदि भोजन के रूप में प्रयोग किए जाते हैं। कुछ शैवाल; जैसे—*फ्यूकस, लेमिनेरिया* चारे के रूप में प्रयोग किए जाते हैं।

- कैराजीनिन नामक पॉलीसैकेराइड *कोन्ड्रस क्रिस्पस, जिगार्टिना* की कोशिका भित्तियों से प्राप्त होता है।
- *सिफेल्यूरॉस* शैवाल चाय की पत्तियों में परजीवी की तरह रहता है।

शैवालों से प्राप्त औद्योगिक उत्पाद

महत्त्वपूर्ण उत्पाद	स्रोत
अन्तरिक्ष यात्रियों के पोषण एवं ऑक्सीजन का माध्यम	*क्लोरेला*
क्लोरेलिन (प्रतिजैविक)	*क्लोरेला*
अगार-अगार (जैल सदृश्य पदार्थ)	*जेलेडियम* एवं *ग्रेसीलेरिया*
आयोडीन	*लैमीनेरिया* एवं *मेक्रोसिस्टिस*

ब्रायोफाइटा

- ब्रायोफाइटा को पादप जगत का उभयचर कहा जाता है, क्योंकि ये भूमि पर जीवित रह सकते हैं परन्तु लैंगिक जनन के लिए जल पर निर्भर रहते हैं।
- इनका शरीर थैलस (Thallus-like) के रूप में होता है या फिर तना और पत्तियों जैसी रचना में विभेदित रहता है। इनमें वास्तविक जड़ नहीं पाई जाती है। उसके स्थान पर राइजॉइड्स या मूलाभास पाई जाती है। इनमें संवहन ऊतक यानी जाइलम एवं फ्लोएम अनुपस्थित रहते हैं।
- मुख्य पौधा युग्मकोद्भिद् (Gametophyte) होता है। इसमें विविध प्रकार का कायिक जनन होता है; जैसे—विखण्डन, गेमा, प्रोटोनीमा, आदि।
- ब्रायोफाइट्स में पीढ़ी एकान्तरण स्पष्ट होता है। ये दोनों पीढ़ियाँ युग्मकोद्भिद् तथा बीजाणुद्भिद् होती हैं।
- ब्रायोफाइटा का जीवन चक्र निम्नवत् है- मुख्य पौधा युग्मकोद्भिद् → नर व मादा युग्मक → निषेचन (जल आवश्यक) → बीजाणुद्भिद् अवस्था (बीजाणु उत्पन्न करने वाली संरचना; फुट, सीटा व कैप्सूल में विभाजित) → बीजाणु → अंकुरण → मुख्य पादप शरीर का निर्माण (युग्मकोद्भिद्)

ब्रायोफाइटा का वर्गीकरण

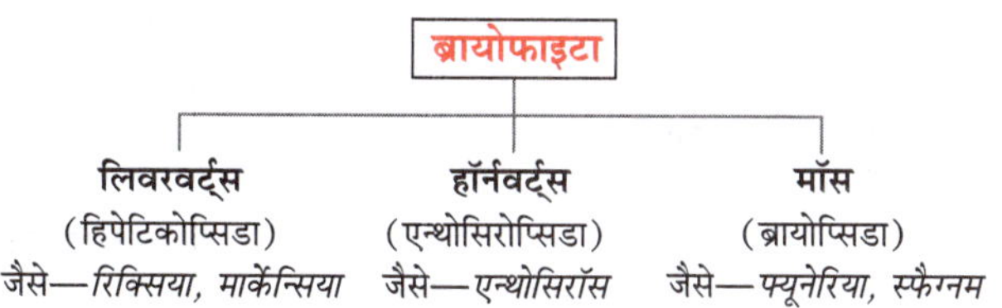

स्फैग्नम (Sphagnum) की कुछ स्पीशीज पीट कोयला प्रदान करती हैं, जिसका उपयोग ईंधन के रूप में करते हैं। इसका उपयोग पैकिंग में और सजीव पदार्थों को स्थानान्तरित करने में भी करते हैं, क्योंकि इनमें जल अवशोषण की उच्च क्षमता होती है।

टेरिडोफाइटा

- ये स्थल पर उगने वाले सर्वप्रथम पौधे हैं, इन्हें वानस्पतिक सर्प (Botanical Snakes) भी कहा जाता है। इनमें संवहन ऊतक अर्थात् जाइलम तथा फ्लोएम पाए जाते हैं, जिसके कारण ये संवहनी अपुष्पोद्भिद् भी कहलाते हैं। ये ठण्डे, गीले, छायादार स्थानों के साथ-साथ कुछ रेतीली मिट्टी में भी उगते हैं। इन्हें सजावटी पौधों के रूप में उगाते हैं।
- टेरिडोफाइटा समूह के पौधों में मुख्य पादप काय बीजाणुद्भिद् (Sporophyte) हैं, जिनमें प्राय: जड़, पत्ती तथा तना होता है।
- इन पौधों में निश्चित पीढ़ी एकान्तरण की उपस्थिति इनका विशेष लक्षण है।
- टेरिडोफाइटा का जीवन चक्र निम्नवत् है- मुख्य पादपकाय (बीजाणुद्भिद्) → बीजाणु → बीजाणुओं का अंकुरण → प्रोथैलस → नर व मादा युग्मकोद्भिद् → नर व मादा युग्मक → निषेचन → मुख्य पादप

टेरिडोफाइटा का वर्गीकरण

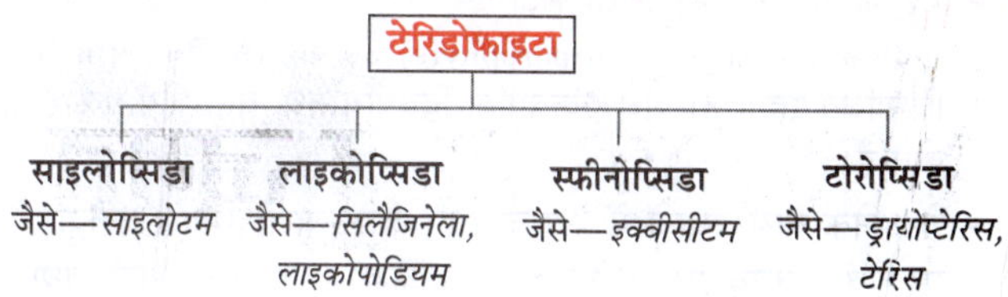

पुष्पोद्भिद् पादप

- वे पादप जो बीज का निर्माण करते हैं एवं जिनमें जनन ऊतक पूर्ण विकसित और विभेदित होते हैं, फैनेरोगैमी (Phanerogamae) (पुष्पोद्भिद्) कहलाते हैं।
- बीज में भ्रूण के साथ खाद्य पदार्थ संचित होता है, जोकि भ्रूण (Embryo) के विकास व अंकुरण (Germination) में उपयोगी होता है। बीज की अवस्था के आधार पर इस उपजगत के पादपों को दो भागों में बाँटा गया है।

अनावृतबीजी

- अनावृतबीजी (Gymnosperms), बीजीय पौधों (Spermatophytes) का वह उप-संघ है, जिसके अन्तर्गत वे पौधे आते हैं, जिनमें नग्न बीज (Naked Seeds) होते हैं अर्थात् बीजाण्ड (Ovules) तथा उनसे विकसित बीज (Seeds) किसी खोल या फल में बन्द नहीं होते हैं। इनमें अण्डाशय (Ovary) का पूर्ण अभाव होता है।
- इनकी जड़ें प्राय: मूसला जड़ें (Tap Root) होती हैं। *पाइनस* की जड़ें कवकों के साथ सहयोग करती हैं, जिसे कवकमूल या माइकोराइजा कहते हैं, जबकि *साइकस* की प्रवाल जड़ (Coralloid Roots) सायनोबैक्टीरिया (नाइट्रोजन स्थिरीकरण जीवाणु) के साथ सहयोग करती है।
- इनमें प्राय: जाइलम ऊतक में वाहिनिकाओं (Vessels) का तथा फ्लोएम ऊतक में सह-कोशिका (Companion Cell) का अभाव होता है।
- इनमें वायु परागण (Wind Pollination) होता है। जननांग (Reproductive Organs) शंकु (Cone) या स्ट्रॉबिलस (Strobilus) एकलिंगी होते हैं।

अनावृतबीजी को मुख्य रूप से दो वर्गों **साइकेडोफाइटा** (Cycadophyta); जैसे- *साइकस* तथा **कोनीफेरोफाइटा** (Coniferophyta); जैसे- *पाइनस* में विभाजित किया गया है।

- अनावृतबीजी का *सिकोया* वृक्ष सबसे लम्बा वृक्ष है।

- *साइकस* एक काष्ठीय अनावृतबीजी है, जिसमें नर व मादा शंकु अलग-अलग पेड़ों पर होते हैं।
- *जैमिया* से शर्करा (Starch), *साइकस* से सागो तथा *पाइनस* से चिलगोजा प्राप्त होता है।
- *एबीस बालसेमिया* से कनाडा बालसम, *पाइनस* से तारपीन का तेल तथा *इफेड्रा* से इफेड्रिन औषधि प्राप्त होती है।

आवृतबीजी

- यह पादप जगत का सबसे बड़ा एवं आधुनिक समूह है। इनमें मुख्य पादपकाय बीजाणुद्भिद् (Sporophyte) है, जो जड़, तना, पत्ती में विभाजित रहता है। पौधे एकवर्षीय, द्विवर्षीय तथा बहुवर्षीय प्रकार के होते हैं।
- ये अनेक वास-स्थानों में पाए जाते हैं; जैसे—जलोद्भिद् (जलकुम्भी), परजीवी (*कुस्कुटा*), अधिपादप (*ऑर्किड*)। इनमें पराग कण तथा बीजाण्ड पुष्प के अन्दर विकसित होते हैं।
- पुष्प में नर लैंगिक अंग पुंकेसर तथा मादा लैंगिक अंग स्त्रीकेसर होता है। प्रत्येक पुंकेसर में परागकोष तथा स्त्रीकेसर में अण्डाशय होता है।
- इनमें बीजो का विकास अण्डाशय के अन्दर होता है, जो बाद में फल बन जाता है। अत: इसमें बीज हमेशा फल के भीतर ही पाए जाते हैं, अत: ये हमेशा फलों के आवरण से ढके रहते हैं।
- इनमें भोजन का संचय या तो भ्रूणपोष में या बीजपत्रों में होता है।
- बीजों में बीजपत्र की संख्या के आधार पर इसे दो समूहों में बाँटा गया है- एकबीजपत्री तथा द्विबीजपत्री।

एकबीजपत्री तथा द्विबीजपत्री में अन्तर

एकबीजपत्री	द्विबीजपत्री
समानान्तर शिराविन्यास उपस्थित अपवाद- *स्माइलेक्स* व *डायोस्कोरिया*।	जालिकावत् शिराविन्यास उपस्थित *अपवाद-कैरोफिल्लम, कोरिम्बियम* व *इरिन्जियम*
एक बीजपत्र उपस्थित	दो बीजपत्र उपस्थित
अपस्थानिक जड़ तन्त्र उपस्थित	प्राय: मूसला जड़ तन्त्र उपस्थित
तने में बिखर संवहन पूल उपस्थित।	व्यवस्थित (वलय में) संवहन पूल उपस्थित।

जन्तु जगत

- जन्तु जगत (Kingdom-Animalia) के अन्तर्गत सभी प्रकार के यूकैरियोटिक बहुकोशिकीय तथा विषमपोषी जीव आते हैं।
- सामान्यतया जन्तुओं में तीन प्रकार की सममिति पाई जाती है।
- असममिति जन्तुओं को किसी भी तल से काटने पर बराबर भागों में नहीं बाँटा जा सकता। उदाहरण-*अमीबा।*
- अरीय सममिति जन्तुओं को एक से अधिक व्यासों पर समान अर्द्धभागों में उसी प्रकार काट सकते हैं। उदाहरण-*हाइड्रा।*
- द्विपार्श्व सममिति जन्तुओं को ठीक मध्य से काटने पर दो समान भागों में बाँटा जा सकता है।
- विकासीय पद्धति में जनन स्तरों के आधार पर जन्तुओं के दो वर्ग हैं

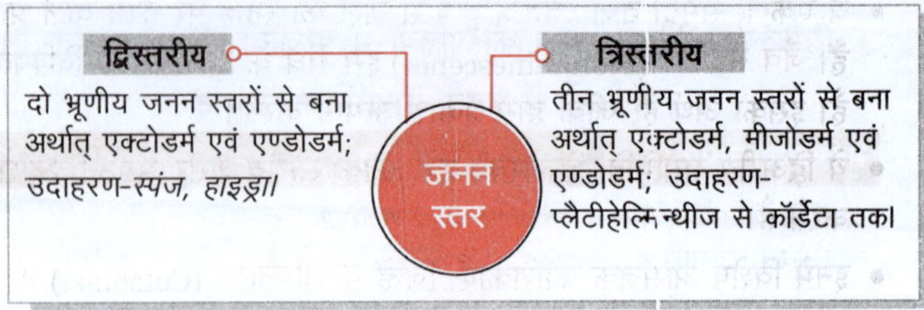

- पृष्ठरज्जु (Notochord) युक्त प्राणी को रज्जुकी (Chordates) कहते हैं तथा पृष्ठरज्जु रहित प्राणी को अरज्जुकी (Non-chordates) कहते हैं; जैसे-संघ पोरीफेरा से इकाइनोडर्मेटा तक।

संघ-पोरीफेरा

- सभी स्पंज जलीय होते हैं, जिनमें अधिकांश समुद्री तथा कुछ स्वच्छ जल; उदाहरण-स्पाँजिला *(Spongilla)* में पाए जाते हैं। इन्हें गर्म जल पसंद है। ये आकार में 1-200 सेमी लम्बे, नालवत्, वृत्ताकार, गोलाकार, प्याले या तश्तरी आकार, कीपनुमा या अनियमित आकार के होते हैं।
- ये कोशिकीय स्तर का संगठन प्रदर्शित करते हैं और इनका शरीर छिद्रयुक्त (Porous) होता है। ये छिद्र दो प्रकार के होते हैं-जल अन्दर खींचने वाले छिद्रों को ऑस्टिया (Ostia) कहते हैं तथा बाहर निकालने वाले छिद्र को अपवाही रन्ध्र या छिद्र (Osculum) कहते हैं। इनमें स्पंजगुहा (Spongocoel) उपस्थित होती है। उदाहरण- *साइकॉन* या *साइफा (Sycon* or *Scypha)*, *यूप्लेक्टेला (Euplectella)*।

संघ-निडेरिया या सीलेन्ट्रेटा

- यह सभी जलीय हैं, जिनमें से मुख्यतया समुद्री (Marine) एवं केवल कुछ स्वच्छ जलीय होते हैं; उदाहरण- *हाइड्रा (Hydra)*।
- ये अरीय सममिति (Radial Symmetry) प्रदर्शित करते हैं एवं ये द्विस्तरीय जन्तु (Diploblastic Animals) हैं।
- ये ऊतकीय स्तर का शरीर संगठन प्रदर्शित करते हैं। इनका शरीर आदर्श रूप से द्विरूपी होता है
  - बेलनाकार पॉलिप
  - तश्तरी, प्याली या छतरीनुमा मेड्यूसा
- बाह्य या आन्तरिक या दोनों जनन स्तरों में विशेष प्रकार की दंश कोशिकाएँ (Nematoblasts or Stinging Cells) होती हैं, जो आत्मरक्षा, किसी वस्तु से चिपकने या शिकार करने का कार्य करती है। यह हिप्नोटॉक्सिन (Hypnotoxin) नामक विषैले पदार्थ की सहायता से शिकार को अचेत कर मार देती है।
- इनमें मुख के साथ मध्य जठरवाहिनी गुहा (Central Gastrovascular Cavity) या सीलेन्ट्रॉन गुहा पाई जाती है, जो गुदा (Anus) की भाँति कार्य करती है। अत: इनमें अपूर्ण पाचन तन्त्र (Incomplete Digestive System) पाया जाता है। उदाहरण- *फाइसेलिया (Physalia)* (पुर्तगाली युद्धपोत का सिपाही)।

संघ-टीनोफोरा (समुद्री अखरोट या कंकत जैली)

- ये एकल, समुद्री तथा स्वतन्त्र रूप से जल की सतह पर तैरने वाले प्राणी हैं। जैव संदीप्ति (Bioluminescence) इस संघ के प्राणियों की विशेषता है। इसका अर्थ है, जीवों द्वारा प्रकाश उत्पन्न करना।
- ये द्विअरीय सममिति, द्विकोरकी एवं ऊतक स्तरीय शरीर संगठन प्रदर्शित करते हैं।
- इनमें विशेष आसंजक कोशिकाएँ, जिन्हें कोलोब्लास्ट (Coloblast) या लस्सों कोशिकाएँ (Lasso Cells) कहते हैं, जो कंटिकाओं की बाह्य त्वचा पर पायी जाती है। ये भोजन पकड़ने में सहायक होती है।
- संवेदी अंग स्टेटोसिस्ट अधोमुखी सतह पर स्थित होता है।
- ये जन्तु उभयलिंगी (Hermaphrodite) होते हैं। मुख्यतया लैंगिक जनन (Sexual Reproduction) पाया जाता है। निषेचन बाह्य होता है। पुनरुद्भवन तथा पीडोजेनेसिस पाया जाता है; उदाहरण- *टीनोप्लाइना (प्लूरोब्रैन्किया)*।

संघ-प्लैटीहेल्मिन्थीज (चपटे कृमि)

- इस संघ के अधिकांश प्राणी मुख्यतया कशेरुकी जन्तुओं के परजीवी होते हैं, जिनमें से कुछ रोगोत्पादक (Pathogenic) होते हैं। कुछ स्वतन्त्रजीवी (Free-living) भी होते हैं।
- इनका शरीर द्विपार्श्व सममिति प्रदर्शित करता है। इनमें अंग तन्त्र स्तर का शारीरिक संगठन पाया जाता है।
- जैव विकास के आधार पर ये प्रथम त्रिस्तरीय (Triploblastic) जन्तु हैं।
- ये चपटे कृमि हैं, जिनमें वर्ग-सेस्टोडा को छोड़कर सभी का शरीर खण्डविहीन होता है।
- ये अगुहिकीय (Acoelomate) होते हैं अर्थात् देहगुहा अनुपस्थित होती है।
- इनमें पाचन तन्त्र सामान्य व अपूर्ण तथा श्वसन सामान्य विसरण (Diffusion) द्वारा होता है। इनका उत्सर्जी तन्त्र नलिका सदृश ज्वाला या शिखा कोशिकाओं (Flame Cells) से बना होता है। इन्हें आदिवृक्कक (Protonephridia) या सोलेनोसाइट्स (Solenocytes) भी कहते हैं। अमोनिया इनका मुख्य उत्सर्जी पदार्थ है। उदाहरण- प्लेनेरिया या डुगोसिया (Planaria or Dugesia), यकृत कृमि-फैसिओला हिपेटिका।

संघ-निमैटोडा या निमैटीहेल्मिन्थीज (सूत्रकृमि या गोलकृमि)

- अधिकांश प्राणी जलीय तथा नम मृदा के वासी होते हैं। कुछ स्वतन्त्रजीवी (Free-living) तथा कुछ परजीवी (जैसे—*ऐस्केरिस*) होते हैं। ये द्विपार्श्व सममिति तथा अंग तन्त्र स्तर का शरीर संगठन प्रदर्शित करते हैं।
- इस संघ के जन्तुओं को गोलकृमि (Roundworms) कहते हैं, क्योंकि इनकी अनुप्रस्थ काट देखने पर ये वलयाकार दिखाई देते हैं। ये खण्डरहित होते हैं।
- इनकी देह भित्ति व आहारनाल के मध्य, भ्रूण की ब्लास्टोसील गुहा या कोरकगुहा से व्युत्पन्न, एक मिथ्यागुहा या कूटगूहा (Pseudocoel) होती है। इस गुहा में कूट गुहीय द्रव (Pseudocoelomic Fluid) भरा होता है, जो शरीर को आकार देने तथा पदार्थों के संवहन का कार्य करता है।
- इनमें पाचन तन्त्र उपस्थित होता है, जिसकी सीधी आहारनाल के दोनों छोर मुख तथा गुदा विरोधी सिरों पर स्थित होते हैं। आहारनाल में सुपरिवर्धित पेशीय ग्रसनी (Muscular Pharynx) होती है। *ऐस्केरिस (Ascaris)* में 'H' आकार की रेनेट कोशिकाएँ (Renette Cells) उत्सर्जन हेतु उपस्थित होती हैं। अमोनिया इनका मुख्य उत्सर्जी पदार्थ है, जबकि *ऐस्केरिस* यूरिया भी उत्सर्जित करता है।
- इनमें जनन तन्त्र विकसित होता है। एकलिंगी अर्थात् नर तथा मादा अलग-अलग होते हैं। मादा की तुलना में नर छोटा होता है। आन्तरिक निषेचन पाया जाता है। इनका जीवन-चक्र जटिल तथा परिवर्धन प्रत्यक्ष (शिशु वयस्क के समान दिखते हैं) या अप्रत्यक्ष (लार्वा अवस्था द्वारा) प्रकार का होता है।

> *एन्साइलोस्टोमा (Ancylostoma)* में फाइलैरीफॉर्म लार्वा (Filariform Larva), *वुचेरेरिया (Wuchereria)* में माइक्रोफाइलेरिया लार्वा (Microfilaria Larva) तथा *ऐस्केरिस (Ascaris)* व *एन्टेरोबियस (Enterobius)* में रैहब्डीटिफॉर्म लार्वा (Rhabditiform Larva) पाया जाता है।

संघ-एनेलिडा (खण्डयुक्त कृमि)

- ये स्वच्छ जल, समुद्री जल या नम मिट्टी में पाए जाते हैं। कुछ स्वतन्त्रजीवी होते हैं। कुछ बिलों में रहते हैं तथा कुछ परजीवी (उदाहरण-जोंक) होते हैं।
- ये द्विपार्श्व सममिति (Bilaterally Symmetry) प्रदर्शित करते हैं।
- इनका शरीर संगठन अंग तन्त्र प्रकार का होता है। इनके शरीर की सकल संरचना नली के भीतर नली (Tube within tube) के समान होती है, क्योंकि इनके नालवत् शरीर में नलिकाकार सीधी आहारनाल (Alimentary Canal) उपस्थित होती है।
- संघ–एनेलिडा के सदस्यों की विशेषता शारीरिक खण्डीभवन है।
- इनमें गमन (Locomotion) देह भित्ति में उपचर्म से बनी सूक्ष्म छड़नुमा सीटी (Setae) द्वारा होता है। इनका देहगुहीय द्रव कंकाल की भाँति कार्य करता है।
- इनमें सामान्यतया श्वसन (Respiration) त्वचा (Skin) के माध्यम से होता है, जिसे त्वचीय श्वसन (Cutaneous Respiration) कहते हैं। कुछ सदस्यों; जैसे—*टेरेबेला (Terebella)* में क्लोम या गलफड़ों (Gills) के माध्यम से श्वसन होता है, जिसे क्लोम श्वसन (Branchial Respiration) कहते हैं।
- परिसंचरण तन्त्र (Circulatory System) स्पष्ट तथा बन्द प्रकार (Closed Type) का होता है। श्वसन वर्णक (Respiratory Pigment) हीमोग्लोबिन (Haemoglobin) रुधिर प्लाज्मा में घुलित अवस्था में पाया जाता है।
- इसमें उत्सर्जन (Excretion) उत्सर्गिकाओं/ वृक्कक (Nephridia) के माध्यम से होता है, जो देह खण्डों में स्थित होते हैं।
- लैंगिक जनन (Sexual Reproduction) प्रदर्शित करते हैं। इस संघ के जन्तु एकलिंगी (Unisexual); उदाहरण—*नेरीस (Nereis)* तथा उभयलिंगी (Bisexual) उदाहरण—*फेरेटिमा (Pheretima)* होते हैं।
- इसमें परिवर्धन (Development) प्रत्यक्ष (उदाहरण—*फेरेटिमा* में) तथा अप्रत्यक्ष (उदाहरण—*नेरीस* में) प्रकार का होता है। अप्रत्यक्ष परिवर्धन में स्वतन्त्र ट्रोकोफोर लार्वा पाया जाता है; उदाहरण- *नेरीस* या *निएन्थीस, हिरुडिनेरिया*।

संघ-आर्थ्रोपोडा (संयुक्त उपांग)

- ये द्विपार्श्व सममिति (Symmetry) प्रदर्शित करते हैं। इनका शरीर संगठन (Body Organisation) अंग तन्त्र प्रकार का होता है।
- इनका शरीर सिर, वक्ष एवं उदर भागों में विभक्त रहता है। प्रत्येक खण्ड पर मूलतया एक जोड़ी पार्श्वीय एवं संधित उपांग (Lateral and Jointed Appendages) उपस्थित होते हैं। ये उपांग कार्यों के अनुसार, मुख उपांगों, क्लोमों, चलनपादों, आदि में रूपान्तरित हो जाते हैं।
- खण्डों के चारों ओर मोटी व कठोर काइटिन युक्त उपचर्म (Cuticle) का बाह्य कंकाल होता है।
- इनकी देहगुहा (Body Cavity) छोटी तथा जननांगों एवं उत्सर्जी अंगों में सीमित होती है। आन्तरांगों के चारों ओर सीलोम के स्थान पर, रुधिर पात्रों (Blood Sinuses) के मिलने से बनी, हीमोसील (Haemocoel) नामक बड़ी गुहा होती है।
- इनमें श्वसन (Respiration) के लिए जलीय सदस्यों में जल क्लोम (Gills), स्थलीय में वायु नलिकाएँ (Tracheae) या पुस्त फेफड़े (Book Lungs) उपस्थित होते हैं। कुछ में श्वसन देह भित्ति से विसरण (Diffusion) द्वारा भी सम्पन्न होता है।
- इनमें परिसंचरण तन्त्र (Circulatory System) खुले प्रकार (Open Type) का होता है अर्थात् रुधिर, रुधिर नलिकाओं (Blood vessels) में न बहकर हीमोसील (Haemocoel) में बहता है।
- इनमें उत्सर्जन (Excretion) विशेष प्रकार की मैल्पीघी नलिकाओं या ग्रीन ग्रन्थियों (Malpighian Tubules or Green Glands) द्वारा होता है। कुछ जन्तुओं में श्रोणि ग्रन्थियाँ (Coxal Glands) भी उत्सर्जी अंगों के रूप में उपस्थित होती हैं।
- परिवर्धन प्रत्यक्ष या अप्रत्यक्ष रूप से होता है। जीवन-चक्र में प्राय: एक या अधिक शिशु अवस्थाएँ होती हैं, जिनके कायान्तरण (Metamorphosis) से वयस्क बनता है; उदाहरण- बिच्छू (Scorpion), केकड़ा (Crab)।
- उदाहरण-*पेलिमॉन* (प्रॉन) बिच्छू, मकड़ी, तितली, *पेरीप्लेनेटा*, घरेलू मक्खी, मधुमक्खी, मच्छर, रेशम कीट आदि।

संघ-मोलस्का (कोमल शरीर वाले जन्तु)

- इस संघ के अधिकांश सदस्य समुद्र में, कुछ अलवणीय जल में तथा कुछ नम भूमि में पाए जाते हैं।
- इनका शरीर सिर, पाद तथा आंतरांगों (Visceral Organs) में बँटा होता है। देह भित्ति के चारों ओर वलन (Folding) से निर्मित प्रावार (Mantle) होता है, जो कैल्शियमयुक्त कवच (Calcified Shell) का स्रावण करता है।
- इनमें पाचन तन्त्र (Digestive System) में आहारनाल सीधी, U के आकार की या कुण्डलित होती है। मुखगुहा में भोजन चबाने के लिए रैडुला (Radula) नामक एक विशिष्ट अंग होता है। पाचन ग्रन्थियाँ तथा एक यकृत भी उपस्थित होता है।
- इनमें श्वसन (Respiration) एक या अधिक क्लोम या टीनिडिया (Ctenidia) या फुफ्फुस (Lungs) द्वारा होता है।
- इनमें खुला रुधिर परिसंचरण तन्त्र (Circulatory System) (वर्ग—सिफैलोपोडा में बन्द परिसंचरण तन्त्र) उपस्थित होता है। रुधिर रंगहीन या हीमोसायनिन (Haemocyanin) श्वसन वर्णक के कारण नीला या हरा होता है।
- इनमें उत्सर्जन (Excretion) अंग वृक्क (Kidney) या मेटानेफ्रीडिया (Metanephridia) या बोजेनस के अंग (Organ of Bojanus) या केबर की ग्रन्थि (Keber's Gland), आदि उपस्थित होते हैं। मुख्य उत्सर्जी पदार्थ अमोनिया है।
- ये जन्तु एकलिंगी (Unisexual) होते हैं। इनमें निषेचन (Fertilisation) आन्तरिक या बाह्य होता है।
- परिवर्धन प्रत्यक्ष या अप्रत्यक्ष प्रकार का होता है। जीवन-चक्र में स्वतन्त्रजीवी लार्वा वेलीजर (Veliger), ट्रोकोफोर (Trochophore) या ग्लोकीडियम (Glochidium) होता है; उदाहरण- *यूनियो (Unio)*।

संघ-इकाइनोडर्मेटा (कंटक त्वचीय प्राणी)

- इस संघ के सभी जन्तु समुद्री (Marine) होते हैं, जिसमें से अधिकांश समुद्र तल के वासी होते हैं।
- इसमें शिशु प्रावस्था में द्विपार्श्वीय, परन्तु वयस्क में पंचतयी अरीय (Pentamerous Radial) सममिति होती है। इनका शरीर संगठन अंग तन्त्र प्रकार का होता है।
- देह भित्ति बाह्यत्वचा (Epidermis) इकहरी तथा पक्ष्माभयुक्त (Ciliated) होती है। त्वचा में कैल्शियम कार्बोनेट से बनी अस्थिकाओं का अन्त:कंकाल पाया जाता है, जिसकी उत्पत्ति मध्य जनन स्तर (Mesoderm) से होती है।
- इस संघ के जन्तुओं में विशिष्ट प्रकार का जल परिवहन तन्त्र (Water Vascular System) पाया जाता है, जिसे एम्बुलेक्रल तन्त्र (Ambulacral System) भी कहते हैं।
- इसके नालपाद (Tube Feet) गमन (Locomotion), भोजन पकड़ने व श्वसन (Respiration) में सहायक होते हैं।
- इस संघ के कुछ जन्तुओं में कंटिकाएँ तथा पेडिसिलेरी नामक संरचनाएँ पाई जाती हैं। कंटिकाएँ सुरक्षा का कार्य करती हैं। पेडिसिलेरी शरीर पृष्ठ पर आए मलबे तथा सूक्ष्मजीवों को हटाकर सफाई करने में सहायक है।
- इनमें गैसों का आदान-प्रदान नालपाद के माध्यम से होता है। अनेक जन्तुओं में विशिष्ट श्वसन अंग उपस्थित होते हैं; उदाहरण—समुद्री अर्चिन में पेरिस्टोमिनल गलफड़े (Peristominal Gills), ब्रिटिल तारों में जनन बुर्सी (Genital Bursae), होलोथूरियन्स (Holothurians) में क्लोएकल श्वसन वृक्ष (Cloacal Respiratory Tree) तथा तारा मछली (Starfish) में डर्मल ब्रैन्की (Dermal Branchae)।
- इनमें विशिष्ट उत्सर्जी (Excretory) अंग अनुपस्थित होते हैं। उत्सर्जी पदार्थ गलफड़ों द्वारा विसरित हो जाते हैं। अमोनिया मुख्य उत्सर्जी पदार्थ है।
- पुनरुद्भवन (Regeneration) की अपार क्षमता पाई जाती है। इनमें बाह्य निषेचन होता है। परिवर्धन (Development) अप्रत्यक्ष होता है। जीवन-चक्र में एक द्विपार्श्वीय, पक्ष्माभयुक्त शिशु प्रावस्था (Larval Stage) पाई जाती है; उदाहरण- *एस्टेरियास (Asterias), इकाइनस, होलोथूरिया, एण्टीडॉन* आदि।

कॉर्डेटा

- कॉर्डेटा (Chordata) इस संघ के तीन विशिष्ट लक्षण हैं;
  (i) एक पृष्ठीय खोखला नलिकाकार तन्त्रिका रज्जु,
  (ii) एक पृष्ठरज्जु (नोटोकॉर्ड), जो तन्त्रिका रज्जु से अधर (Ventral) में होता है। उच्च कशेरुकियों में यह कशेरुक दण्ड में बदल जाता है,
  (iii) ग्रसनी (फैरिंक्स) में क्लोम विदर (गिल स्लिट) की उपस्थिति।
- इस संघ के जन्तुओं में द्विपार्श्वीय सममित, त्रिस्तरीय शरीर एवं वास्तविक देहगुहा (Enterocoel) पाई जाती है, जिसमें अंग-तन्त्र स्तर का संगठन पाया जाता है।
- इनमें परिवहन तन्त्र पूर्ण विकसित एवं बन्द प्रकार का होता है। रुधिर में हीमोग्लोबिन नामक श्वसन वर्णक पाया जाता है।

संघ–कॉर्डेटा का वर्गीकरण

- कॉर्डेटा-संघ को दो समूहों एक्रैनिएटा (Acraniata) तथा क्रैनिएटा (Craniata) में बाँटा गया है।
- एक्रैनिएटा में खोपड़ी (Cranium) का अभाव होता है। इसे तीन उप-संघों-हेमीकॉर्डेटा, यूरोकॉर्डेटा तथा सिफैलोकॉर्डेटा में बाँटा गया है।

उपसंघ–हेमीकॉर्डेटा

- इस उपसंघ के जन्तु कृमि के आकार के (Worm-like), होते हैं।
- इनका शरीर शुण्ड (Proboscis), कॉलर (Collar) तथा धड़ (Trunk) में विभाजित होता है। इन जन्तुओं में परिसंचरण तन्त्र खुला होता है।
- ये एकलिंगी जीव हैं और इनमें परिवर्धन के समय टॉरनेरिया (Tornaria) लार्वा पाया जाता है। उदाहरण—जीभ कृमि (Tongue Worm) या *बैलेनोग्लॉसस (Balanoglossus)*।

उपसंघ–यूरोकॉर्डेटा

- यूरोकॉर्डेट में ग्रसनी क्लोम दरारें, नालाकार पृष्ठ तन्त्रिका नाल तथा पृष्ठ रज्जु केवल डिम्भक की पुच्छ (भेक) में उपस्थित होती है।
- वयस्कों में कॉर्डेट लक्षण लुप्त हो जाते हैं, अत: प्रतिगामी कायान्तरण (Retrogressive Metamorphosis) (वह प्रक्रिया, जिसके फलस्वरूप पूर्ण विकसित लार्वा, कम विकसित व्यस्क में परिवर्तित हो जाते है।) पाया जाता है। उदाहरण—*हर्डमानिया (Herdmania)*, *साल्पा (Salpa)*, आदि।

उपसंघ–सिफैलोकॉर्डेटा

- सिफैलोकॉर्डेटा उपसंघ के जन्तुओं में पृष्ठ रज्जु (Nerve Cord) पूर्ण जीवन काल में होती है तथा सम्पूर्ण शरीर में पायी जाती है।
- इनमें पृष्ठीय खोखली तन्त्रिका रज्जु (Dorsal Hollow Nerve Cord) उपस्थित होती है।
- इनमें हृदय अनुपस्थित होता है परन्तु रुधिर परिसंचरण तन्त्र उपस्थित होता है। उदाहरण—*एम्फिऑक्सस (Amphioxus)*।

उपसंघ–क्रैनिएटा या वर्टीब्रेटा

- कशेरुकी उच्च कॉर्डेट होते हैं जिनमें मस्तिष्क के चारों ओर **कपाल** (Cranium) पाया जाता है।
- इनका अन्त:कंकाल उपास्थि या उपास्थि एवं प्रतिस्थापित अस्थियों का बना होता है तथा हृदय अधर भाग में स्थित होता है।
- इनमें पृष्ठरज्जु, मेरुरज्जु (Spinal Cord) के चारों ओर कशेरुक दण्ड (Vertebral Column) द्वारा तथा मस्तिष्क के चारों ओर कपाल द्वारा प्रतिस्थापित होती है।
- उपसंघ-क्रैनिएटा में दो समूहों एग्नैथा (Agnatha) अर्थात् जबड़े रहित तथा ग्नैथोस्टोमेटा (Gnathostomata) अर्थात् जबड़े सहित होते हैं। ग्नैथोस्टोमेटा को दो अधिवर्गों पिसीज (Pisces) तथा टेट्रापोडा (Tetrapoda) में बाँटा गया है।

अधिवर्ग–मत्स्य

- ये पूर्णतया जलीय होते हैं, जो स्वच्छ व समुद्री दोनों जल में मिलते हैं।
- इनके शरीर के ऊपर कंटकों एवं शल्कों का बना बाह्य कंकाल पाया जाता है।
- इनमें युग्मित उपाँग पाए जाते हैं, जो चलन में सहायता करते हैं।
- इनमें द्विवेश्मी हृदय पाया जाता है। ये क्लोमों द्वारा श्वसन करते हैं, जो पानी में घुलनशील ऑक्सीजन लेते हैं।
- इनमें कुछ मछलियों में वाताशय (Air Bladder) होता है, जो जल दाब को नियन्त्रित करता है तथा जल की गहराई में मछलियों की रक्षा करता है। यह तैरने में भी सहायक होता है। ये अनियततापी जन्तु (Cold-blooded) होते हैं।

मत्स्य अधिवर्ग को पुन: निम्न दो वर्गों में विभाजित किया गया है

- **उप-वर्ग-कॉण्ड्रिक्थीज** (उपास्थि युक्त मछली) उदाहरण—*स्कॉलियोडॉन* (शार्क/डॉग फिश), *प्रिस्टिस* (सॉ फिश), *स्फिरना* (हैमर हैडेड फिश)।
- **वर्ग-ऑस्टिक्थीज** (अस्थिल मछली) उदाहरण—*लेबियो* (रोहू), *कटला*, *हिप्पोकैम्पस* (समुद्री घोड़ा), *रिमोरा* (Sucker Fish), *एनाबस* (Climbing Perch)।

अधिवर्ग–टेट्रापोडा

अधिवर्ग-टेट्रापोडा को चार वर्गों उभयचर, सरीसृप, पक्षी व स्तनधारी में बाँटा गया है।

वर्ग–उभयचर

- ये जल एवं स्थल दोनों जगह पाए जाते हैं। इनका शरीर सिर, गर्दन, धड़ एवं पूँछ अथवा सिर व धड़ में विभाजित होता है।
- इनमें अस्थियों का बना अन्त:कंकाल पाया जाता है।
- इनमें हृदय त्रिवेश्मी (Three-chambered) होता है। ये जनन हेतु अण्डों को जन्म देते हैं, जो बाह्य वातावरण (जल) में निषेचित एवं विकसित होते हैं।
- ये अनियततापी होते हैं। उदाहरण—सेलामेण्डर (Salamander), टोड, मेंढक (*Rana tigrina*), *हाइला* (*Hyla*-tree frog) तथा *इक्थियोफिस (Ichothyophis)*, आदि।

वर्ग–सरीसृप

- इनका शरीर सिर, गर्दन, धड़ एवं पूँछ में विभाजित होता है। इनकी त्वचा सूखी एवं श्लेष्मरहित होती है। इन पर काँटेंदार शल्क का आवरण पाया जाता है, जो इनका बाह्य कंकाल बनाता है। इनमें अस्थियों का अन्त:कंकाल पाया जाता है।
- इनका हृदय त्रिवेश्मी (Three-chambered) होता है, परन्तु मगरमच्छ का हृदय चार वेश्मों का बना होता है।
- इनमें श्वसन फेफड़ों द्वारा होता है। कुछ जन्तु पानी में भी रहते हैं, परन्तु प्रजनन हेतु ये फिर धरातल पर आ जाते हैं। ये असमतापी होते हैं। उदाहरण— साँप, छिपकली, मगरमच्छ एवं कछुए।

वर्ग –एवीज

- इनका शरीर सिर, गर्दन, धड़ एवं पूँछ में विभाजित होता है। इनमें पश्चपाद चलने, कूदने तथा अग्रपाद उड़ने हेतु होते हैं। इनकी त्वचा पतली एवं शुष्क होती है। इनमें अस्थियों का बना हल्का अन्त:कंकाल पाया जाता है।
- इनका हृदय चार वेश्मों का बना होता है तथा ये नियततापी जीव (वे जीव जो बाह्य वातावरण की तुलना में स्वयं के आन्तिरक शरीर तापमान को बनाये रखनें में सक्षम होते हैं) होते हैं। ये शिशु के जन्म हेतु अण्डे देते हैं। उदाहरण— गौरेया, कौआ, कीवी (*Apteryx*), ऑस्ट्रिच (Ostrich), नर टफ्ट बत्तख (*Aythya fuligula*), सफेद स्टार्क (*Ciconia ciconia*), आदि।

विषाणु (Virus)

- इसकी खोज इवानोवस्की द्वारा तम्बाकू के पौधे में चितेरी (मोजैक) रोग के कारण का निरीक्षण करते समय की गई थी।
- ये अनिवार्य परजीवी (Obligate parasites) होते हैं।
- ये अकोशिकीय जीव होते हैं, जो जीवित कोशिका के बाहर निष्क्रिय क्रिस्टलीय संरचना प्रदर्शित करते हैं।
- पोषद (Host) के शरीर में प्रवेश करने पर, ये पोषद की मशीनरी का उपयोग करके, घातक व गम्भीर संक्रमण उत्पन्न करते हैं, जिसके फलस्वरूप व्यक्ति की मृत्यु हो जाती है।

वर्ग–स्तनधारी

- इनमें स्तन ग्रन्थियों की उपस्थिति मुख्य लक्षण है। इनकी त्वचा में स्वेद, दुग्ध, तेल एवं श्लेष्म ग्रन्थियाँ पाई जाती हैं।
- इनके शरीर पर बाल पाए जाते हैं, जो शारीरिक तापमान को नियत रखने में सहायता करते हैं।
- इनका शरीर सिर, गर्दन, धड़ एवं पूँछ में विभाजित होता है तथा शारीरिक आकार अनेक प्रकार के हो सकते हैं। इनमें एक जोड़ी अग्रपाद व पश्चपाद पाए जाते हैं, जो चलने, उछलने, पकड़ने का कार्य करते हैं।
- श्वसन फेफड़ों द्वारा एवं श्वसन क्रिया पेशीय डायाफ्राम द्वारा होती है।
- हृदय चार कोष्ठकीय होता है। इनमें लिंग अलग-अलग एवं निषेचन आन्तरिक होता है।
- एकिडना व प्लेटीपस को छोड़कर सभी स्तनधारी बच्चे को जन्म देते हैं। अत: जरायुज होते हैं। उदाहरण—कुत्ता, बिल्ली, मनुष्य, चमगादड़, चूहा, प्लेटीपस, आदि।

आनुवंशिक पदार्थ के आधार पर विषाणुओं के प्रकार

विषाणु के प्रकार	उदाहरण
ds DNA विषाणु	एडीनोवायरस, हर्पिज वायरस, पॉक्स वायरस
ss DNA विषाणु	पार्वो वायरस
ds RNA विषाणु	रियो वायरस
ss RNA विषाणु	पिकोरनो वायरस, टैंगो वायरस, रेट्रो वायरस

वाइरॉइड

- वर्ष 1971 में **टी.ओ. डाइनर** ने एक नया संक्रामक RNA कारक खोजा, जो वायरस से भी छोटा था तथा जिसके कारण **पोटैटो स्पिण्डल ट्यूबर** नामक रोग होता था। वाइरॉइड में प्रोटीन आवरण का अभाव होता है।
- वाइरॉइड के RNA का आण्विक भार कम होता है। ये कोशिकाओं की सामान्य जीन अभिव्यक्ति में बाधा डाल कर रोग उत्पन्न करते हैं।

"

पृथ्वी पर उपस्थित सभी जीवधारियों का शरीर एक या अनेक इकाईयों से मिलकर बना है, इन इकाइयों को कोशिका कहते हैं। प्रत्येक जीव चाहे वह विशाल हाथी हो या सूक्ष्म जीवाणु (Micro Bacteria) एक या अधिक छोटी-छोटी स्वतन्त्र इकाईयों (कोशिका) से मिलकर ही बना होता है।

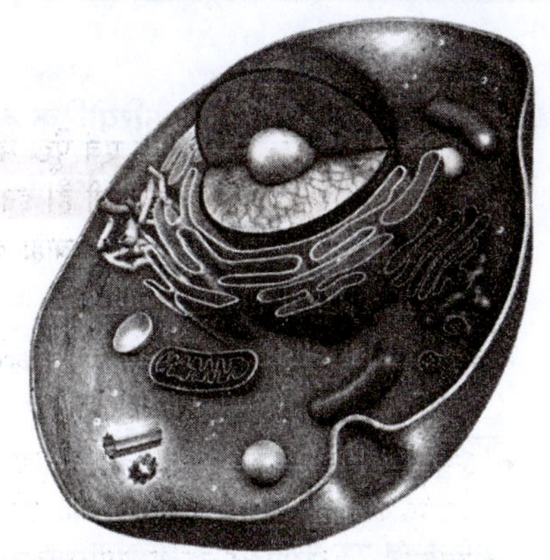

अध्याय तीन

कोशिका : जीवन की इकाई

कोशिका

- कोशिका की खोज 1665 ई. में रॉबर्ट हुक ने कॉर्क के टुकड़े में की थी। इन्होंने कॉर्क के टुकड़े (मृत पादप छाल) को अति सरल सूक्ष्मदर्शी (Simple Microscope) में देखा, उन्हें उसमें मधुमक्खी के छत्ते के समान छोटे-छोटे कोष्ठक दिखाई दिए, जिन्हें उन्होंने सेलुला या सेल (Cellula or Cell) नाम दिया। सेल एक लैटिन शब्द है, जिसका अर्थ 'छोटा कमरा' होता है।
- एण्टोनी वान ल्यूवेनहॉक ने सर्वप्रथम उन्नत सूक्ष्मदर्शी की सहायता से 1674 ई. में प्रथम जीवित कोशिका को देखा था, जिनमें *अमीबा, पैरामीशियम*, शुक्राणु, *क्लैमाइडोमोनास*, जीवाणु आदि शामिल हैं।
- कोशिकाओं की संख्या के आधार पर जीव एककोशिकीय (Unicellular) (उदाहरण-जीवाणु, *अमीबा, पैरामीशियम* आदि) एवं बहुकोशिकीय (Multicellular) (उदाहरण-जन्तु एवं पादप) होते हैं।

कोशिका सिद्धान्त

- वनस्पति विज्ञान शास्त्री मैथियस जे. श्लाइडेन (Matthias J. Schleiden) तथा जन्तु विज्ञान शास्त्री थियोडोर श्वान (Theodor Schwann) ने 1839 ई. में कोशिका सिद्धान्त (Cell Theory) प्रस्तुत किया, जिसके अनुसार,
  - सभी जीवों का शरीर एक या अनेक कोशिकाओं से मिलकर बना होता है। कोशिका जीव की संरचनात्मक एवं क्रियात्मक इकाई है।
  - रुडोल्फ विरचोव (Rudolf Virchow) ने कोशिकावाद को विस्तार दिया और बताया, कि सभी कोशिकाएँ पूर्ववर्ती जीवित कोशिकाओं से बनती हैं।

कोशिकाओं का आकार

- कुछ कोशिकाओं का आकार एवं आकृति अनियमित होती है; जैसे-श्वेत रुधिर कणिका (White Blood Cell-WBC) एवं *अमीबा।*
- शुतुरमुर्ग का अण्डा आकार में, सबसे बड़ी कोशिका (170mm × 130mm) होती है, जबकि माइकोप्लाज्मा PPLO (Pleuro Pneumonia Like Organism) आकार में सबसे छोटी कोशिका (0.1-0.5 μm) होती है।
- तन्त्रिका कोशिका (Neuron) लम्बाई में 90 cm-1m तक होती है, जोकि सबसे लम्बी जन्तु कोशिका है।

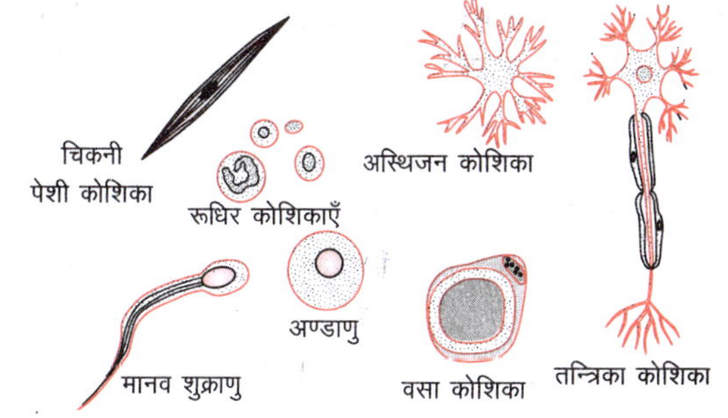

कोशिकाओं के प्रकार

कोशिकांगों एवं केन्द्रक की उपस्थिति के आधार पर कोशिका दो प्रकार की होती हैं अर्थात् प्रोकैरियोटिक (Prokaryotic) एवं यूकैरियोटिक (Eukaryotic) कोशिका। सभी यूकैरियोटिक कोशिकाएँ एक जैसी नहीं होती हैं।

प्रोकैरियोटिक एवं यूकैरियोटिक कोशिका में अन्तर

प्रोकैरियोटिक कोशिका	यूकैरियोटिक कोशिका
कोशिका का आकार प्राय: छोटा (1-10 μm) होता है।	कोशिका का आकार प्राय: बड़ा (5-100 μm) होता है।
केन्द्रक अनुपस्थित होता है (केन्द्रकीय क्षेत्र या केन्द्रकाभ केन्द्रक कला से नहीं घिरा होता है)।	केन्द्रक उपस्थित होता है (केन्द्रक पदार्थ केन्द्रक कला से घिरा होता है)।
इसमें केवल एक गुणसूत्र होता है।	इसमें एक से अधिक गुणसूत्र होते हैं।
झिल्लीबद्ध कोशिकांग अनुपस्थित होते हैं।	झिल्लीबद्ध कोशिकांग; जैसे-माइटोकॉण्ड्रिया, लवक, अन्त:प्रद्रव्यी जालिका, गॉल्जी उपकरण, लाइसोसोम, परऑक्सीसोम, इत्यादि उपस्थित होते हैं।
70S राइबोसोम उपस्थित	80S राइबोसोम उपस्थित

पादप तथा जन्तु कोशिका

- पादप तथा जन्तु कोशिकाएँ भिन्न होती हैं। पादप कोशिकाओं में कोशिका भित्ति, लवक एवं एक बड़ी केन्द्रीय रसधानी मिलती है, जबकि प्राणी कोशिकाओं में ये अनुपस्थित होती है।
- प्राणी कोशिकाओं में तारककाय मिलता है, जो लगभग सभी पादप कोशिकाओं में अनुपस्थित होता है।

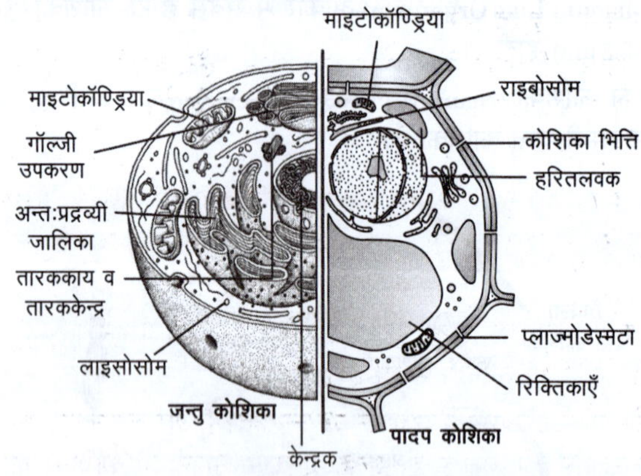

जन्तु तथा पादप कोशिका की संरचना

कोशिका की संरचना

कोशिका में भी विभिन्न कार्यों के क्रियान्वयन हेतु आन्तरिक श्रम विभाजन पाया जाता है अर्थात् प्रत्येक कार्य को एक विशिष्ट कोशिकीय घटक या कोशिकांग (Organelles) पूरा करता है। कोशिका की सम्पूर्ण संरचना को निम्नलिखित तीन भागों में बाँटा जा सकता है

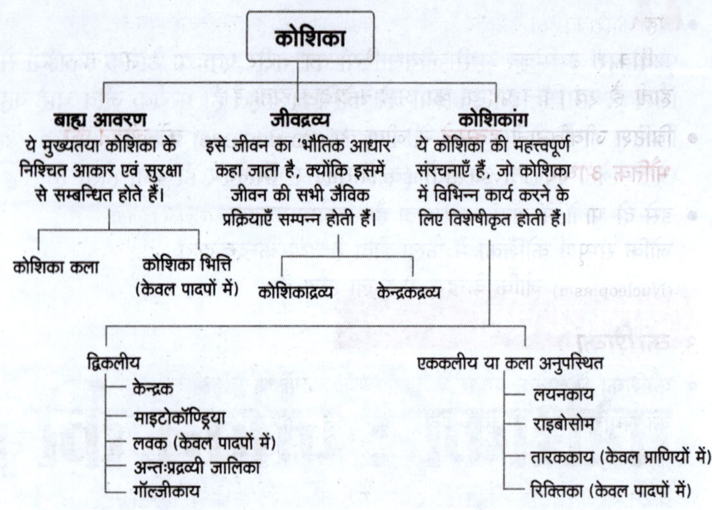

1. बाह्य आवरण

इसमें कोशिका भित्ति (Cell Wall) एवं कोशिका झिल्ली (Cell Membrane) सम्मिलित होती हैं, जिनका संक्षिप्त विवरण निम्न प्रकार है

कोशिका भित्ति

- यह जीवाणुओं, कवकों एवं पादपों में कोशिका की सबसे बाहरी परत होती है, जोकि निर्जीव होती है।
- जीवाणुओं में यह पेप्टाइडोग्लाइकेन (Peptidoglycan), कवकों में काइटिन (Chitin) एवं पादपों में सेलुलोस (Cellulose) की बनी होती है।
- कोशिका भित्ति कोशिका की बाह्य आघात और संक्रमण से रक्षा करती है एवं कोशिका को निश्चित आकार प्रदान करती है।

कोशिका झिल्ली

- यह अत्यन्त पतली, लचीली और अर्द्धपारगम्य (Semipermeable) अथवा चयनात्मक पारगम्य (Selective Permeable) होती है। जन्तु कोशिका में यह बाहरी आवरण बनाती है, जबकि पादप कोशिका में यह कोशिका भित्ति के अन्दर पाई जाती है।

सिंगर-निकोलसन (Singer and Nicolson, 1972) के तरल मोजैक (Fluid mosaic) मॉडल के अनुसार, कोशिका झिल्ली फॉस्फोलिपिड के दो स्तरों की बनी होती है, जिसमें बीच-बीच में एवं सतह पर प्रोटीन के अणु पाए जाते हैं। कोशिका झिल्ली जन्तु कोशिका को निश्चित आकार एवं सुरक्षा प्रदान करती है।

2. जीवद्रव्य

- वर्ष 1940 में पुरकिन्जे (Purkinje) ने सर्वप्रथम प्रोटोप्लाज्म शब्द का प्रयोग किया। कोशिका कला के भीतर के सम्पूर्ण पदार्थ को जीवद्रव्य कहते हैं। रासायनिक दृष्टि से द्रव्य कार्बनिक एवं अकार्बनिक पदार्थों का जटिल मिश्रण है।

- यह कोशिका का आधार द्रव्य है, जहाँ जीवन के लिए आवश्यक अधिकांश उपापचयी अभिक्रियाएँ प्रत्यक्ष या अप्रत्यक्ष रूप से सम्पन्न होती हैं एवं भिन्न पदार्थों का आदान-प्रदान होता है।
- ब्रिटिश जीवविज्ञानी हक्सले ने जीवद्रव्य (Protoplasm) को जीवन का भौतिक आधार (Physical Basis of Life) कहा है।
- इसे दो भागों में बाँटा जा सकता है—**कोशिकाद्रव्य** (Cytoplasm) जोकि सम्पूर्ण कोशिका में फैला होता है तथा **केन्द्रकद्रव्य** (Nucleoplasm) जोकि केन्द्रक में फैला होता है।

3. कोशिकांग

- कोशिका में अनेक प्रकार के उपापचयी कार्यों या प्रक्रियाओं को समुचित रूप से क्रियान्वित करने हेतु कोशिकाद्रव्यी स्तर पर श्रम विभाजन पाया जाता है अर्थात् प्रत्येक विशिष्ट उपापचयी कार्य को करने के लिए एक विशेष संरचना पाई जाती है। इन्हीं कोशिकीय विशिष्ट संरचनाओं को कोशिकांग (Cell Organelles) कहते हैं। कोशिका में पाए जाने वाले प्रमुख कोशिकांग निम्नवत् हैं

केन्द्रक

- यह कोशिका का सबसे महत्त्वपूर्ण कोशिकांग है, जिसकी खोज 1831 ई. में स्कॉटिश वैज्ञानिक रॉबर्ट ब्राउन (Robert Brown) ने की थी।
- केन्द्रक (Nucleus) को देखने के लिए कोशिका को आयोडीन विलयन, सैफ्रेनिन या मिथाइलीन ब्लू जैसे अभिरंजकों से अभिरंजित कर सूक्ष्मदर्शी में देखा जाता है।
- केन्द्रक निम्न प्रकार की संरचनाओं से मिलकर बना होता है
  - केन्द्रक झिल्ली (Nuclear Membrane) यह केन्द्रक का बाह्य आवरण होता है, जोकि द्विस्तरीय होता है एवं इसमें पदार्थों के आदान-प्रदान हेतु छोटे-छोटे छिद्र पाए जाते हैं।
  - केन्द्रकद्रव्य (Nucleoplasm) यह केन्द्रक का आधारद्रव्य (Matrix) है, जिसमें DNA, RNA आदि पाए जाते हैं।
  - क्रोमेटिन जालक (Chromatin material) यह क्रोमेटिन के तन्तुओं का गुच्छा होता है, जोकि DNA एवं क्षारीय हिस्टोन प्रोटीनों से मिलकर बना होता है। यह कोशिका विभाजन के समय संघनित (Condensed) होकर गुणसूत्र (Chromosome) बनाता है। DNA में कोशिका के कार्यों व संगठन से सम्बन्धित सभी आवश्यक सूचनाएँ पाई जाती हैं। DNA के क्रियात्मक खण्ड को जीन (Gene) (गुणसूत्र पर स्थित वह रचना है, जो किसी आनुवंशिक लक्षण को पीढ़ी दर पीढ़ी स्थानान्तरित करती है।) कहते हैं।
  - केन्द्रिका (Nucleolus) यह एक गोलाकार या अण्डाकार संरचना है, जो राइबोसोम का निर्माण करती है।
- केन्द्रक कोशिका की सभी उपापचयी क्रियाओं (Metabolic Activities) पर नियन्त्रण रखता है, इसलिए इसे कोशिका का नियन्त्रण कक्ष या मस्तिष्क (Control Chamber or Brain) भी कहते हैं।
- केन्द्रक क्रोमेटिन की उपस्थिति के कारण आनुवंशिक गुणों को नियन्त्रित करता है एवं कोशिका विभाजन (Cell Division) में मुख्य रूप से भाग लेता है।

अन्त:प्रद्रव्यी जालिका

- अन्त:प्रद्रव्यी जालिका की नलिकाओं द्वारा कोशिका के विभिन्न अंगकों व बाह्य पर्यावरण के बीच घुलित पदार्थों का अभिगमन होता है। ये दो प्रकार की होती हैं
  (i) **चिकनी अन्त:प्रद्रव्यी जालिका** इस प्रकार की अन्त:प्रद्रव्यी जालिका की कलाओं पर राइबोसोम नहीं पाए जाते हैं। यह उन कोशिकाओं में पाई जाती है, जिनमें लिपिड व स्टीरोल का स्राव होता है तथा यह कशेरुकी जन्तुओं के यकृत की कोशिका में विष तथा दवा के निराविषीकरण करने में सहायक होती हैं।
  (ii) **खुरदरी अन्त:प्रद्रव्यी जालिका** इस प्रकार की जालिका की कलाओं पर राइबोसोम लगे होने के कारण यह खुरदरी होती है। इस पर प्रोटीन-संश्लेषण होता है। इसमें बने प्रोटीन एन्जाइम्स व हॉर्मोन्स का कार्य करते हैं।

गॉल्जी उपकरण या गॉल्जीकाय

- गॉल्जी उपकरण की खोज इटली के जीवविज्ञानी कैमिलो गॉल्जी (Camillo Gogli) ने सन् 1898 में की थी। यह विभिन्न कोशिकीय पदार्थों के संग्रहण, परिवहन तथा विनिर्माण हेतु उत्तरदायी होता है, इसलिए इसे यूकैरियोटिक कोशिकाओं का विनिर्माण एवं परिवहन केन्द्र कहते हैं। इसे 'कोशिका का ट्रैफिक पुलिसमैन' भी कहते हैं।
- यह कोशिका का मुख्य स्रावण अंग है। यह लाइसोसोम एवं परऑक्सीसोम के निर्माण में सहायता करता है।
- पादप कोशिका विभाजन के समय यह कोशिका प्लेट बनाने में सहायता करता है। पादप कोशिका में इसे डिक्टियोसोम कहते हैं।

लयनकाय

- लयनकाय (Lysosome) की खोज का श्रेय डी डुवे (de Duve; 1955) को जाता है। यह एंजाइम्स की गोलाकार थैलियाँ हैं, जो एकल झिल्ली युक्त होती हैं।
- लयनकाय में उपस्थित एन्जाइम अम्लीय होते हैं, जो कोशिकीय वृहद् अणुओं का पाचन करने में सक्षम होते हैं।
- यदि कोशिकीय उपापचय में व्यवधान उत्पन्न होता है और लयनकाय की झिल्ली क्षतिग्रस्त हो जाती है, तो पाचक एन्जाइम अपनी ही कोशिका का पाचन कर देते हैं और कोशिका नष्ट हो जाती है। इसलिए लयनकाय को 'कोशिका की आत्मघाती थैली' (Suicidal Bag of Cell) कहा जाता है।

माइटोकॉण्ड्रिया

- माइटोकॉण्ड्रिया की खोज रिचर्ड आल्टमेन (Richard Altman) नामक वैज्ञानिक ने सन् 1890 में की थी।
- यह कोशिकाद्रव्य में पाई जाने वाली दोहरी झिल्लीबद्ध रचना है, जो कोशिकाद्रव्य में बिखरी रहती है। माइटोकॉण्ड्रिया का प्रमुख कार्य कोशिका हेतु ऊर्जा उत्पादन करना है। इसलिए 'कोशिका का ऊर्जा गृह' कहलाता है।

- यह कोशिका का अर्द्ध-स्वायत्त कोशिकांग है, जिसमें केन्द्रीय आधार द्रव्य में 70S राइबोसोम, DNA एवं स्वसंश्लेषित प्रोटीन पाए जाते हैं। अत: यह अपनी प्रतिकृति बना सकता है।

नोट *वे कोशिकांग जिनका अपना (DNA) होता है तथा वे केन्द्रक से स्वतन्त्र रूप से जनन करते हैं, अर्द्ध-स्वायत्त कोशिकांग (Semiautonomous organelles) कहलाते हैं।*

लवक

- लवक (Plastid) दो झिल्ली युक्त कोशिकांग होता है, जो पादप एवं शैवालों की कोशिकाओं में पाए जाते हैं।

ये तीन प्रकार के होते हैं।

(i) वर्णी लवक यह पादप के रंगीन भागों में पाए जाते हैं। इसमें जैन्थोफिल एवं कैरोटिनॉइड वर्णक उपस्थित होते हैं।

(ii) हरित लवक यह हरे रंग का लवक होता है। इसमें पर्णहरित वर्णक पाया जाता है।

(iii) ल्यूकोप्लास्ट या अवर्णी लवक यह रंगहीन लवक है, जोकि खाद्य संचय में उपयोगी है। यह तीन प्रकार का होता है

- एमायलोप्लास्ट कार्बोहाइड्रेट का संचय करते हैं।
- इलियोप्लास्ट तेल एवं वसा का संचय करते हैं।
- एल्यूरोप्लास्ट प्रोटीन का संचय करते हैं।

रसधानी

- पादपों में ही पाई जाने वाली यह संरचना एकल कला से बनी होती है, जिसे टोनोप्लास्ट व इसमें भरे द्रव को कोशिका रस (Cell Sap) कहते हैं। यह एक बड़ी लगभग गोलाकार संरचना है, जो पादप कोशिका का बड़ा भाग घेरती है।
- यह विभिन्न खाद्य-पदार्थों एवं जल का संग्रहण करती है। अत: इसे कोशिका का प्राकृतिक भण्डारगृह (Natural Storehouse) कहते हैं। इसे रसधानी भी कहते हैं तथा कार्यानुसार 'कोशिका का कचरापात्र' भी कह सकते हैं, क्योंकि इसमें अपशिष्ट पदार्थों का संचय होता है।

राइबोसोम्स

- राइबोसोम सूक्ष्म, घने, झिल्ली विहीन तथा गोलाकार कण हैं। इनका व्यास 150 Å से 250 Å होता है।
- ये प्रोटीन संश्लेषण के स्थल हैं, जो सामान्यतया अन्त:प्रद्रव्यी जालिका से संयुक्त होते हैं तथा केन्द्रक, माइटोकॉण्ड्रिया तथा हरितलवक, आदि कोशिकांगों में भी उपस्थित होते हैं।

तारककाय

- तारककाय बेलनाकार, प्राय: दो परस्पर लम्बवत् तारक केन्द्रकों से निर्मित होता है। प्रत्येक तारक केन्द्र समान दूरी पर स्थित ट्यूब्युलिन नामक प्रोटीन के 9 परिधीय तन्तुओं से निर्मित होता है।
- तारक केन्द्रक कोशिका विभाजन तथा सिलिया (Cilia) एवं कशाभिकाओं (Flagella) के निर्माण में भाग लेते हैं।
- तारककाय का मुख्य कार्य सूक्ष्म नलिकाओं अर्थात् माइक्रोट्यूब्युल्स को संगठित करना है, जो कोशिकीय कंकाल को स्थिर संरचना प्रदान करती है।

कोशिका चक्र व कोशिका विभाजन

- कोशिका में विभाजन की क्षमता पाई जाती है एवं यह विभाजन एक चक्रीय प्रक्रम में पूर्ण होता है, जिसे कोशिका चक्र कहते हैं।
- स्तनधारियों की तन्त्रिका कोशिका में जीवन पर्यन्त विभाजन नहीं पाया जाता है। कोशिका चक्र में दो अवस्थाएँ पाई जाती हैं

(i) अन्तरावस्था (Interphase)

(ii) विभाजन अवस्था (M-phase)

अन्तरावस्था

- इसे विश्रामावस्था कहा जाता है, लेकिन यह वास्तव में विश्रामावस्था नहीं है। इसमें निम्न चरण पाए जाते हैं
  - G_1-अवस्था इस अवस्था में प्रोटीन का संश्लेषण होता है। इस अवस्था में DNA संश्लेषण के लिए आवश्यक पदार्थों का संश्लेषण होता है। इसलिए इसे पूर्व-DNA संश्लेषी (Pre-DNA Synthesis Phase) अवस्था भी कहते हैं।
  - S-अवस्था इस अवस्था में DNA एवं तारक केन्द्र का द्विगुणन (Duplication) व हिस्टोन प्रोटीन का संश्लेषण होता है।
  - G_2-अवस्था इस दौरान RNA व प्रोटीन का संश्लेषण होता है। इस दौरान तर्कु तन्तु (Spindle Fibres) से सम्बन्धित प्रोटीन का भी संश्लेषण होता है।
  - G_0-अवस्था जब कोशिका विशेषीकृत या अविभाजनशील अवस्था में आ जाती है, तो इसे G_0-अवस्था कहते हैं। कोशिका इस समय कोशिका चक्र से हट जाती है। परिस्थितियों के बदलने पर कोशिका पुन: G_1-अवस्था में लौट जाती है।

विभाजन अवस्था

- कोशिका चक्र की M-अवस्था में सम्पूर्ण कोशिका का विभाजन होता है तथा सभी कोशिकांगों का प्रतिरूपण होता है।
- कोशिका विभाजन मुख्यतया दो प्रकार का होता है-समसूत्री व अर्द्धसूत्री विभाजन

समसूत्री विभाजन

- इसकी खोज सर्वप्रथम स्ट्रॉसबर्गर ने पादप कोशिकाओं में तथा डब्ल्यू फ्लेमिंग (1879) ने जन्तु कोशिकाओं में की थी। यह मुख्यतया कायिक कोशिकाओं में होता है। अत: इसे कायिक विभाजन (Somatic division) भी कहते हैं।
- इस विभाजन में सन्तति कोशिका में गुणसूत्र जनक कोशिका के समान होती है। समसूत्री विभाजन की प्रक्रिया चार प्रमुख चरणों पूर्वावस्था (Prophase), मध्यावस्था (Metaphase), पश्चावस्था (Anaphase) तथा अन्त्यावस्था (Telophase) में सम्पन्न होती है।

समसूत्री विभाजन में केन्द्रक विभाजन (Karyokinesis) की अवस्थाएँ

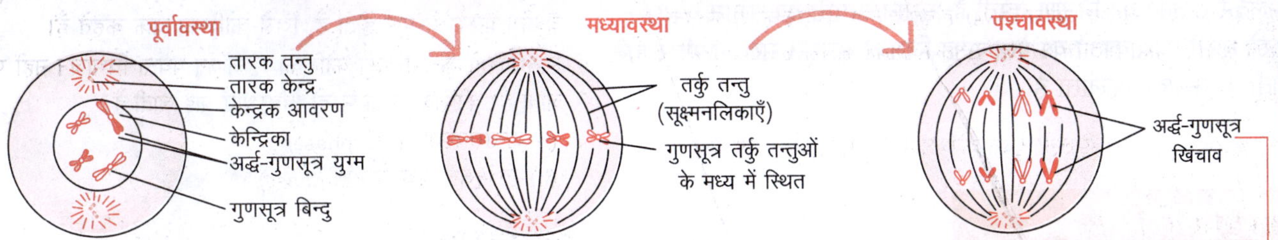

पूर्वावस्था

तारक तन्तु
तारक केन्द्र
केन्द्रक आवरण
केन्द्रिका
अर्द्ध-गुणसूत्र युग्म
गुणसूत्र बिन्दु

- लम्बी तथा प्रथम अवस्था है, जो 50 मिनट का समय लेती है
- गुणसूत्रों का अधिकतम संघनन, तारककेन्द्र विपरीत ध्रुवों की ओर जाते हैं। केन्द्रक व केन्द्रिका विलुप्त।

मध्यावस्था

तर्कु तन्तु (सूक्ष्मनलिकाएँ)
गुणसूत्र तर्कु तन्तुओं के मध्य में स्थित

- गुणसूत्र कोशिका द्रव्य में फैल जाते हैं तथा सर्वाधिक स्पष्ट होते हैं, जिससे उनका सरलता से अध्ययन किया जा सकता है।
- अर्द्धगुणसूत्र एक ध्रुव से तथा दूसरा अर्द्धगुणसूत्र दूसरे ध्रुव से जुड़ा होता है। गुणसूत्र मध्य पट्टिका पर एकत्रित।

पश्चावस्था

अर्द्ध-गुणसूत्र खिंचाव

- मध्यावस्था पट्टिका पर आए गुणसूत्र पृथक् होने लगते हैं, जिन्हें सन्तति गुणसूत्र कहते हैं।
- अर्द्धगुणसूत्र विपरीत ध्रुवों की ओर खिंच जाते हैं, जिससे 'V' की आकृति बनती हैं।

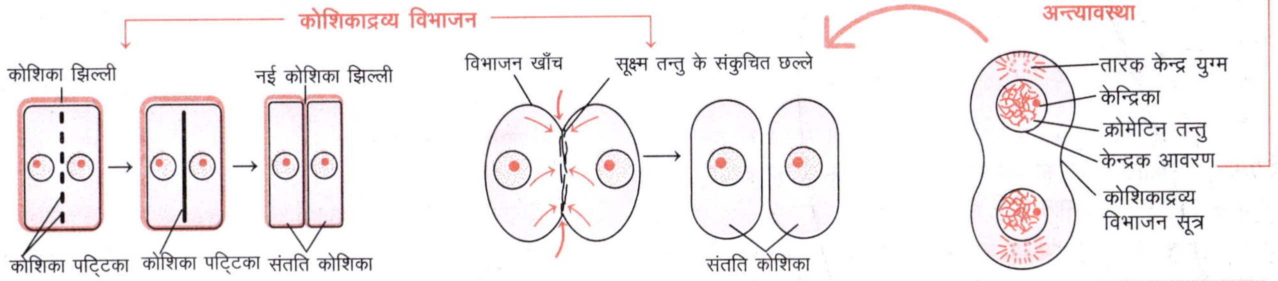

अन्त्यावस्था

तारक केन्द्र युग्म
केन्द्रिका
क्रोमेटिन तन्तु
केन्द्रक आवरण
कोशिकाद्रव्य विभाजन सूत्र

- पूर्वावस्था की विपरीत अवस्था
- गुणसूत्र पूर्ण रूप से विपरीत ध्रुवों की ओर चले जाते हैं। गुणसूत्र असंघनित होकर क्रोमेटिन के रूप में आ जाते हैं।
- केन्द्रिका तथा केन्द्रक कला का निर्माण।

कोशिकाद्रव्य विभाजन

कोशिका झिल्ली
नई कोशिका झिल्ली
कोशिका पट्टिका
कोशिका पट्टिका
संतति कोशिका

- इसमें कोशिका पट्ट विधि के द्वारा कोशिका द्रव्य विभाजन होता है।
- पादप कोशिका में कोशिकाद्रव्य विभाजन
- कोशिका द्रव्य विभाजन के दौरान सूत्रकणिका

विभाजन खाँच
सूक्ष्म तन्तु के संकुचित छल्ले
संतति कोशिका

- विदलन खाँच का निर्माण
- कोशिका मध्य भाग से अन्दर की ओर संकुचित होती है। परिणामस्वरूप कोशिका दो भाग में बँट जाती है।
- जन्तु कोशिका में कोशिकाद्रव्य विभाजन

अर्द्धसूत्री विभाजन

- अर्द्धसूत्री विभाजन शब्द **जे. बी. फॉर्मर** व **मूरे** ने वर्ष 1905 में दिया था। अर्द्धसूत्री विभाजन (Meiosis) में दो चरणों में एक मातृ कोशिका (Mother Cell) से चार सन्तति कोशिकाओं (Daughter Cells) का निर्माण होता है, जिनमें गुणसूत्र संख्या मातृ कोशिका की आधी होती है।
- इस विभाजन को न्यूनकारी विभाजन (Reductional Division) कहते हैं। इस विभाजन में समजात गुणसूत्रों का युगलन (दो समजात गुणसूत्रों के साथ आकर जोड़े बनाने की प्रक्रिया) व पुनर्योजन होता है। अर्द्धसूत्री विभाजन दो चरणों में पूर्ण होता है

(i) अर्द्धसूत्री विभाजन-*I (Meiosis-I)*

इस विभाजन में गुणसूत्र अपनी प्रतिकृति बनाकर अर्द्ध-गुणसूत्र का निर्माण करते हैं तथा द्विगुणित ($2n$) अवस्था से अगुणित (n) अवस्था तक आ जाते हैं। अत: इसे विषमरूपी विभाजन कहते हैं।

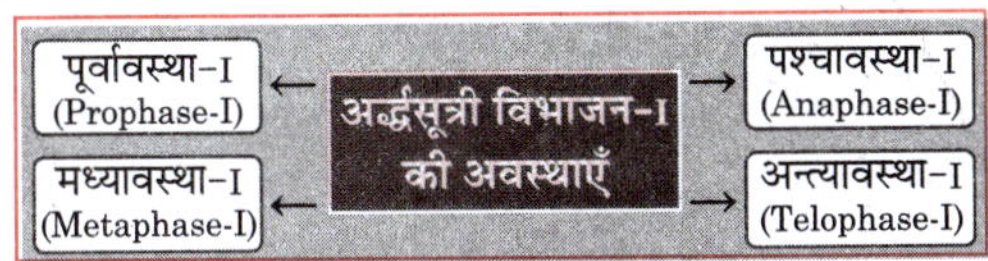

(ii) अर्द्धसूत्री विभाजन-*II (Meiosis-II)*

- इसे समरूप विभाजन भी कहते हैं, जो समसूत्री विभाजन जैसा होता है।
- इसमें गुणसूत्रों की संख्या में कमी नहीं होती है तथा प्रत्येक अगुणित केन्द्रक पुन: द्विगुणित केन्द्रक में विभाजित होता है जिसे सम्पूर्ण रूप से एक द्विगुणित केन्द्रक से चार अगुणित केन्द्रकों का निर्माण होता है।
- यह विभाजन जननांगों की जनन कोशिकाओं (Germ Cells) (जैसे-परागकोष, वृषण, अण्डाशय आदि) में पाया जाता है।
- यह विभाजन अगुणित युग्मक निर्माण द्वारा लैंगिक जनन (Sexual Reproduction) में सहायक होता है।
- इसमें जीन विनिमय (Crossing Over) के कारण आनुवंशिक विभिन्नताएँ उत्पन्न होती हैं।

"

बहुकोशिकीय जीवों में श्रम विभाजन अर्थात् इनमें कोशिकाएँ परस्पर मिलकर ऊतकों का निर्माण करती हैं, समान उत्पत्ति एवं समान कार्य करने वाली कोशिकाओं का ऐसा समूह जिनकी मूलभूत संरचना भी समान होती है, ऊतक कहलाता है।

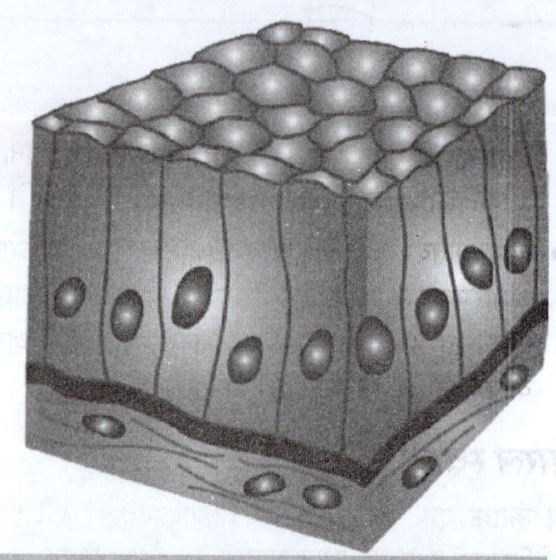

अध्याय चार

ऊतक

ऊतक शब्द एन. ग्रू (N Grew) ने दिया था। ऊतक एक समान संरचना या भिन्न प्रकार की कोशिकाओं का वह समूह है, जिसमें सभी कोशिकाएँ कार्य तथा उद्गम की दृष्टि से समान होती हैं।

ऊतकों के अध्ययन को औतिकी या ऊतक विज्ञान (Histology) कहते हैं। ऊतक एक विशिष्ट संगठन में व्यवस्थित होकर अंगों का निर्माण करते हैं।

पादप ऊतक

- इसे हिस्टोजन या ऊतकजनवाद नाम सन् 1870 में हैन्सटीन (Hanstein) ने दिया था।
- पादप ऊतकों को निम्न दो भागों में विभाजित किया गया है

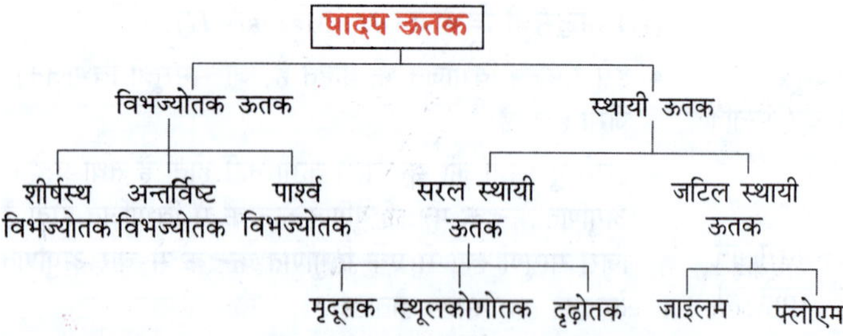

विभज्योतक ऊतक

- विभज्योतक जीवनभर विभाजित होते रहते हैं तथा ये पादपों में वृद्धि करने वाले भागों में ही पाए जाते हैं। ये ऊतक अवयस्क कोशिकाओं के बने होते हैं, जिनमें समसूत्री विभाजन होता है तथा ये विभाजित होकर स्थायी ऊतक बनाते हैं; उदाहरण–तने, फूल, पत्तियाँ, जड़, एधा, आदि में। पादप ऊतकों की उपस्थिति वाले क्षेत्रों के आधार पर इन्हें तीन भागों में वर्गीकृत किया गया है, जो निम्न प्रकार है

- शीर्षस्थ विभज्योतक (Apical Meristem) ये निरन्तर विभाजित होते रहते हैं तथा जड़ व तनों के सिरों पर वृद्धि बिन्दु का निर्माण करते हैं। ये पादपों की लम्बाई बढ़ाने में सहायक होते हैं।
- पार्श्वीय विभज्योतक (Lateral Meristem) ये ऊतक तने की परिधि एवं मूल में पाए जाते हैं। ये तने की चौड़ाई बढ़ाने में सहायक होते हैं तथा ये ऊतक तने तथा जड़ में द्वितीयक वृद्धि करते हैं, जिससे तने व जड़ की चौड़ाई में वृद्धि होती है।
- ये ऊतक संवहन ऊतक (Vascular Bundle) भी बनाते हैं। इन्हें द्वितीयक विभज्योतक (Secondary Meristem) भी कहते हैं; उदाहरण—एधा (Cambium) तथा वृक्ष की छाल के नीचे कॉर्क एधा।
- अन्तर्विष्ट या अन्तर्वेशी विभज्योतक (Inter-Calary Meristem) ये पत्तियों के आधार पर या टहनी के पर्व (Internode) के दोनों ओर उपस्थित होते हैं। ये वास्तव में शीर्षस्थ विभज्योतक के ही भाग हैं, जो तनों की लम्बाई बढ़ने के कारण शीर्षस्थ विभज्योतक से अलग हो जाते हैं। ये स्थाई ऊतकों के बीच-बीच में पाए जाते हैं। इनसे भी पादपों की लम्बाई में वृद्धि होती है; उदाहरण–ये घास के तनों, गेहूँ के आधार, पुदीने व *पाइनस* की पत्ती के आधार पर उपस्थित होते हैं।

स्थायी ऊतक

- ये ऊतक विभज्योतक द्वारा ही बनते हैं, परन्तु ये अपनी विभाजित होने की क्षमता खो देते हैं, जिसके कारण ये स्थाई ऊतकों में परिवर्तित हो जाते हैं।

- ये एक विशिष्ट कार्य को करने के लिए एक निश्चित व स्थाई आकार तथा संरचना ले लेते हैं। ये मृत तथा सजीव दोनों प्रकार के हो सकते हैं। इनकी कोशिकाएँ पतली या मोटी कोशिका भित्ति से घिरी रहती हैं।
- विभज्योतक की कोशिकाएँ विभेदित (वह प्रक्रिया जिसके द्वारा अपरिपक्व कोशिकाएँ विशिष्ट कार्यों वाली परिपक्व कोशिकाओं में विकसित होती हैं) होकर विभिन्न प्रकार के स्थाई ऊतकों का निर्माण करती हैं, जो निम्नलिखित हैं

सरल स्थायी ऊतक

ये ऊतक एक ही प्रकार की कोशिकाओं से बने होते हैं अर्थात् इनकी सभी कोशिकाएँ समांगी (Homogenous) होती हैं।

ये ऊतक तीन प्रकार के होते हैं

(i) मृदूतक (Parenchyma) ये सबसे सरल तथा अविशिष्ट ऊतक होते हैं। ये जीवित कोशिकाएँ होती हैं, जिनकी कोशिका भित्ति पतली होती है। इनके बीच में अन्तराकोशिकीय स्थान पाया जाता है, जिनमें गैसीय विनिमय होता है तथा ये मुख्य रूप से भोजन व जल का संचय करते हैं।

- कुछ मृदूतक प्रकाश-संश्लेषण कर पाते हैं, उन्हें हरित ऊतक कहते हैं तथा कुछ ऊतक पादपों को तैरने में सहायता प्रदान करते हैं, इन्हें वायोतक कहते हैं।

(ii) स्थूलकोणोतक (Collenchyma) ये कोशिकाएँ लम्बी तथा जीवित होती हैं। इनकी कोशिका भित्ति पर किनारे पर पेक्टिन तथा हेमीसेलुलोस का जमाव होता है। इनमें अन्तराकोशिकीय स्थान (Intercellular Space) प्राय: अनुपस्थित होते हैं। ये पादपों को यान्त्रिक सहायता प्रदान करते हैं। ये तने की अधस्त्वचा में पाए जाते हैं।

(iii) दृढ़ोतक (Sclerenchyma) दृढ़ोतक की कोशिकाएँ लम्बी तथा पतली होती हैं। इनके ऊपर सेलुलोस व लिग्निन की बनी मोटी भित्ति पाई जाती है। इन कोशिकाओं के भीतर कोई अन्तराकोशिकीय स्थान नहीं पाया जाता है एवं परिपक्व कोशिकाएँ मृत होती हैं।

- ये दो प्रकार के होते हैं- दृढ़ोतक तन्तु व दृढ़ कोशिकाएँ। ये बीजों एवं फलों के छिलकों, नारियल के रेशेदार छिलकों आदि में पाया जाता है।

जटिल स्थायी ऊतक

ये ऊतक एक से अधिक प्रकार की कोशिकाओं से मिलकर बने होते हैं, जो एक साथ मिलकर एक इकाई की तरह कार्य करते हैं।

जटिल स्थायी ऊतक दो प्रकार के होते हैं

(i) दारु (Xylem) यह जल संवाहक ऊतक (Water Conducting Tissues) कहलाता है। यह पादपों के सभी भागों; जैसे—जड़, तना एवं पत्तियों में पाया जाता है। इसका प्रमुख कार्य जड़ों द्वारा अवशोषित जल तथा खनिज लवणों को पादपों के विभिन्न भागों तक पहुँचाना है।

इसमें जल का एकदिशीय परिवहन होता है। इसके निर्माण में चार प्रकार की कोशिकाएँ भाग लेती है, जो निम्न हैं

कोशिकाएँ	विवरण
वाहिनिकाएँ (Tracheids)	इस प्रकार की कोशिकाएँ निर्जीव, लम्बी, नलिकाकार एवं दोनों सिरों पर नुकीली होती हैं। कोशिका भित्ति पर अत्यधिक लिग्निन जमा होता है।
वाहिकाएँ (Vessels)	ये भी पतली बेलनाकार, नलीनुमा वाहिनिकाओं की तरह कोशिकाएँ हैं, परन्तु इनकी चौड़ाई वाहिनिकाओं की तुलना में अधिक होती है। ये मृत कोशिकाएँ होती है।
दारु मृदूतक (Xylem Parenchyma)	ये वे जीवित कोशिकाएँ हैं, जो मृदूतक के समान ही होती हैं, परन्तु इनकी भित्ति लिग्निन के जमा होने के कारण थोड़ी मोटी हो जाती है।
दारु तन्तु (Xylem Fibres)	इस प्रकार की कोशिकाएँ निर्जीव, लम्बी, पतली और सिरों पर नुकीली होती हैं। ये पादपों को सहारा और दृढ़ता प्रदान करती हैं।

(ii) पोषवाह (Phloem) इनका मुख्य कार्य पादप के हरे भागों में निर्मित भोज्य पदार्थों को दूसरे भागों तक पहुँचाना है तथा इस ऊतक को बास्ट (Bast) कहते हैं। ये भोज्य पदार्थों की सभी दिशाओं में (द्विदिशीय) गति करा सकते है। ये कोशिकाओं के निम्न चार अवयवों से मिलकर बने होते हैं

कोशिकाओं के अवयव	विवरण
चालनी नलिकाएँ (Sieve Tubes)	ये विशेष नलिकाकार संरचनाएँ हैं, ये अनेक सजीव और लम्बी कोशिकाओं के सिरे कतार में जुड़ने के फलस्वरूप बनती हैं। इन कोशिकाओं के बीच-बीच में उपस्थित अनुप्रस्थ भित्तियों में अनेक छिद्र होते हैं, जिससे इनकी रचना छलनी के समान प्रतीत होती है। इसी कारण इन्हें **चालनी पट्टिकाएँ** (Sieve Plates) कहते हैं।
सहकोशिकाएँ (Companion Cells)	ये कोशिकाएँ लम्बी, पतली और चालनी नलिकाओं के पार्श्व में उपस्थित होती हैं। इन कोशिकाओं में एक बड़ा केन्द्रक तथा जीवद्रव्य पाया जाता है। केवल आवृतबीजी पादपों के पोषवाह में सहकोशिकाएँ पाई जाता हैं।
पोषवाह मृदूतक (Phloem Parenchyma)	चालनी नलिकाओं के बीच-बीच में साधारण मृदूतक समान जीवित, लम्बी एवं केन्द्रकयुक्त, छोटी-छोटी कोशिकाएँ पाई जाती हैं, जो पोषवाह मृदूतक कहलाती हैं।
पोषवाह रेशे (Phloem Fibres)	ये लम्बी दृढ़ कोशिकाओं के बने होते हैं तथा पोषवाह को यान्त्रिक शक्ति और दृढ़ता प्रदान करते हैं।

ऊतक तन्त्र

- उत्पत्ति, कार्यिकी या दोनों समानताओं के आधार पर ऊतक आपस में मिलकर ऊतक तन्त्र का निर्माण करते हैं। सैच्स (Sachs) के अनुसार, ऊतक तन्त्र निम्न तीन प्रकार का होता है

ऊतक तन्त्र

संवहन ऊतक तन्त्र
- जाइलम व फ्लोएम द्वारा निर्मित।
- जाइलम, फ्लोएम व कैम्बियम मिलकर संवहन पूल का निर्माण करते हैं।

भरण ऊतक तन्त्र
- भोज्य पदार्थों का निर्माण और उनका संग्रह करना।
- मृदूतक, दृढोतक व स्थूलकोण ऊतक से बना।
- वल्कुट, परिरम्भ व मज्जा उपस्थित।

बाह्यत्वचीय ऊतक तन्त्र
- रक्षात्मक बाहरी आवरण
- मरुद्भिद पादपों के तने में क्यूटिन नाम का जल-अवरोधक परत का स्रावण, जिसे क्यूटिकल कहते हैं।
- गैसों के विनिमय व वाष्पोत्सर्जन के लिए रन्ध्र उपस्थित।
- त्वचा रोम (Trichomes) का निर्माण।

प्राणी ऊतक

- सर्वप्रथम मार्सेलो मैल्पीघी (Marcello Malpighi) ने औतिकी (Histology) को जीव विज्ञान की एक नई शाखा के रूप में स्थापित किया। हिस्टोलॉजी नाम मेयर (Mayer) ने दिया।
- प्राणी ऊतक निम्नलिखित प्रकार के होते हैं
  (i) उपकला ऊतक (Epithelial Tissue) यह शरीर एवं शरीर के अंगों के रक्षात्मक आवरण व स्रावण से सम्बन्धित ऊतक है। इसके निर्माण में भ्रूण की तीनों प्राथमिक जनन स्तरों का योगदान होता है। संरचना के आधार पर ये ऊतक छ: प्रकार के होते हैं
  - सरल उपकला ऐसे ऊतकों में आधारकला पर कोशिकाओं का केवल एक ही स्तर होता है।
  - सरल घनाकार उपकला ये ऊतक श्वास नलिका में उपस्थित होते हैं व जहाँ अवशोषण व स्राव होता है, वहाँ अस्तर के रूप में उपस्थित होते हैं।
  - सरल स्तम्भी उपकला इस उपकला की कोशिकाएँ स्तम्भ के समान लम्बी, आयताकार व एक-दूसरे से सटी होती हैं। चषक कोशिकाएँ पाई जाती हैं।
  - पक्ष्माभी स्तम्भाकार उपकला जब स्तम्भाकर ऊतक के पक्ष्माभ अर्थात् एपीथीलियम की सतह पर बाल जैसी रचनाएँ होती हैं, तो पक्ष्माभी एपीथीलियम कहलाती हैं।
  - विशेषीकृत उपकला विशेषीकृत उपकला तीन प्रकार की होती है, अन्तर्वर्ती, रंगा एवं तन्त्रिका संवेदी उपकला।
  - ग्रन्थिल उपकला इनकी कोशिकाओं में स्पष्ट केन्द्रक होता है तथा ये कोशिकाएँ हॉर्मोन्स, एन्जाइम्स, श्लेष्म, आदि का कार्य करती हैं।

  (ii) संयोजी ऊतक (Connective Tissue) यह ऊतक शरीर के विभिन्न अंगों अथवा ऊतकों को परस्पर जोड़ने या बाँधने का कार्य करता है। इसका निर्माण भ्रूण के मध्य जननस्तर से होता है। यह तीन प्रकार के होते हैं
  - संवहनीय ऊतक विभिन्न ऊतकों एवं अंगों के मध्य भिन्न-भिन्न पदार्थों का स्थानान्तरण।
  - वास्तविक ऊतक विभिन्न ऊतकों के मध्य का स्थान जोड़ने एवं भरने में सहायक।
  - कंकालीय ऊतक शरीर को आधार प्रदान करना।

  (iii) पेशीय ऊतक (Muscular Tissue) यह शरीर के विभिन्न संरचनाओं को अवलम्बन प्रदान करने वाला ऊतक है, जो साथ ही जन्तु चलन में भी सहायक होता है। इसका निर्माण भी भ्रूण के मध्य जननस्तर से होता है। यह तीन प्रकार के होते हैं
  - रेखित ऊतक ये शरीर के विभिन्न बाह्य अंगों को गमन एवं गति प्रदान करते हैं।
  - अरेखित ऊतक ये पेशियाँ शरीर के आन्तरिक अंगों को गमन एवं गति प्रदान करती हैं।
  - हृद ऊतक ये पेशियों हृदय की विभिन्न गतियों से सम्बन्धित होती हैं।

नोट *मानव शरीर में सबसे छोटी कंकाल मांसपेशी स्टेपीडियस है। यह मध्य कान में स्थित होती है।*

  (iv) तन्त्रिका ऊतक (Nervous Tissue) यह जन्तु शरीर की संवेदनशीलता और उत्तेजनशीलता से सम्बन्धित ऊतक है। इसका निर्माण भ्रूण के बाह्यतम जनन स्तर से होता है। यह तन्त्रिका तन्त्र की कार्यात्मक एवं संरचनात्मक इकाई न्यूरॉन से बना होता है। मस्तिष्क व मेरुरज्जु इसी ऊतक द्वारा बने होते हैं। न्यूरॉन के तीन मुख्य भाग होते हैं।
  (i) **द्रुमिका (Dendrite)** ये पतली झाड़ीनुमा शाखाएँ होती हैं, जो आवेग या उद्दीपन ग्रहण करती हैं।
  (ii) **कोशिकाकाय** (Cyton) यह केन्द्रक, कोशिकांग एवं कोशिकाद्रव्य युक्त भाग है, जो द्रुमिका से आवेग ग्रहण करता है।
  (iii) **तन्त्रिकाक्ष** (Axon) यह एक लम्बा माइलिन युक्त या विहीन प्रवर्द्ध है, जो आवेग को कोशिकाकाय से दूर ले जाता है।

अरेखित, रेखित एवं हृद पेशियों में अन्तर

लक्षण	रेखित पेशियाँ	अरेखित पेशियाँ	हृद पेशियाँ
पेशी तन्तुओं की माप	पेशी तन्तु 2-4 μm सेमी लम्बा और 10-30 μm चौड़ा	पेशी तन्तु 100-200 μm लम्बा और 10 μm चौड़ा	पेशी तन्तु 50-100 μm लम्बा और 20 μm चौड़ा
पेशी तन्तुओं का आकार	लम्बे, बेलनाकार एवं अशाखित होते हैं।	लम्बे, तर्कुरूपी एवं अशाखित होते हैं।	लम्बे, बेलनाकार, शाखित एवं परस्पर जुड़कर जालवत्
पेशी तन्तुओं की स्थिति	कंकाल की अस्थियों से जुड़ी	आन्तरांगों की दीवार में	हृदय की दीवार में
सार्कोलेमा आवरण	स्पष्ट और अपेक्षाकृत मोटा	स्पष्ट एवं बहुत पतला	अस्पष्ट
मायोफाइब्रिल्स	मोटे और पेशी तन्तु की दूरी लम्बाई में फैले, A-पट्टियाँ गहरे एवं I-पट्टियाँ हल्के रंग की होती हैं।	बहुत पतले और छोटे होते हैं।	रेखित पेशी सदृश्य होती है।
अन्तर्विष्ट पट्टियाँ	अनुपस्थित	अनुपस्थित	उपस्थित
संकुचन का नियन्त्रण	ऐच्छिक	अनैच्छिक	अनैच्छिक

कुछ विशिष्ट जन्तु ऊतक

1. ग्रन्थियाँ

- विशेष रासायनिक पदार्थ का स्रावण करने वाली कोशिका या कोशिकाओं का समूह ग्रन्थि (Gland) कहलाता है। सभी ग्रन्थियाँ घनाकार या स्तम्भाकार कोशिकाओं की बनी होती हैं, जिनमें स्रावण की विशिष्ट क्षमता होती है। ये कोशिकाएँ हॉर्मोन्स (Hormones), विकर (एन्जाइम), श्लेष्मरस (Mucinogen) आदि तरल पदार्थों का स्रावण करती हैं।

इसे निम्न प्रकार से वर्गीकृत किया जा सकता है

(a) संख्या के आधार पर

(i) एककोशिकीय ग्रंथि (आहार नाल की ग्लोबलेट कोशिकाएँ) (ii) बहुकोशिकीय ग्रंथि (लार ग्रंथि)

(b) स्त्रवण के माध्यम के आधार पर

(i) अंतः स्त्रावी ग्रंथि (Endocrine glands) ये नलिका विहीन ग्रंथियाँ होती है, जो सीधे रुधिर में हॉर्मोनों का स्त्रवण करती हैं। उदाहरण-थायरॉइड ग्रंथि, पीयूष ग्रंथि आदि।

(ii) बहिःस्त्रावी ग्रंथि (Exocrine glands) ये नलिका युक्त ग्रंथियाँ हैं, ,जो हॉर्मोनों को नलिका द्वारा उनके लक्ष्य स्थल (अंग) तक पहुँचाती हैं। ये प्रायः लक्ष्य अंग के समीप ही स्थित होती हैं। उदाहरण-लार ग्रंथियाँ, अश्रु ग्रंथियाँ, जठर व आंत्रीय ग्रंथियाँ आदि।

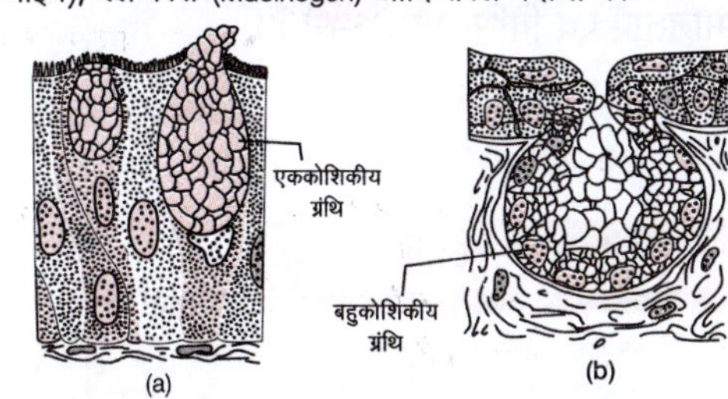

ग्रंथियाँ– (a) एककोशिकीय ग्रंथि, (b) बहुकोशिकीय ग्रंथि

2. रुधिर

- रुधिर लाल रंग का, चिपचिपा, जल से कुछ भारी, स्वाद में नमकीन व क्षारीय (pH-7.4) तरल पदार्थ है। यह अपारदर्शी होता है तथा इसमें विशिष्ट प्रकार की गन्ध होती है।
- मानव शरीर में रुधिर की मात्रा शरीर के भार का लगभग 7-8% होती है अर्थात् एक 70 किग्रा के मानव में इसकी औसत मात्रा लगभग 5-6 लीटर होती है।
- रुधिर को आभासी संयोजी ऊतक कहा जा सकता है, क्योंकि इसका आधार पदार्थ तन्तुरहित होता है। इसके अलावा रुधिर की कोशिकाओं में विभाजन भी नहीं होता है। रुधिर के निर्माण की प्रक्रिया रुधिरोत्पत्ति (Haemopoiesis) कहलाती है, जो लाल अस्थि मज्जा में होती है।
- रुधिर को दो भागों में बाँटा जा सकता है। पहला इसका तरल रुधिर भाग, जिसे प्लाज्मा (Plasma) कहते हैं व दूसरा इसका ठोस या कणिकीय भाग, जिसमें रुधिराणु जैसे- WBC, RBC प्लेटलेट्स आदि सम्मिलित हैं।

प्लेटलेट्स
(रुधिर में उपस्थित छोटे, रंगहीन खण्ड जो थक्के के निर्माण द्वारा रुधिर स्त्राव को रोकते हैं)

प्लाज्मा
(पीले रंग का तरल घटक जो रुधिर का 55% भाग बनाता है। यह पोषक तत्त्वों के वितरण, अपशिष्ट पदार्थों को हटाने व संक्रमण को रोकने का कार्य करता है।)

एरिथ्रोसाइट (लाल रुधिर कोशिका)
(छोटी, उभयावतल (Biconcave) कोशिकाएँ जो रुधिर का 45% भाग होती हैं। इनमें हीमोग्लोबिन पाया जाता है, जो पूरे शरीर में ऑक्सीजन का परिवहन करता है।)

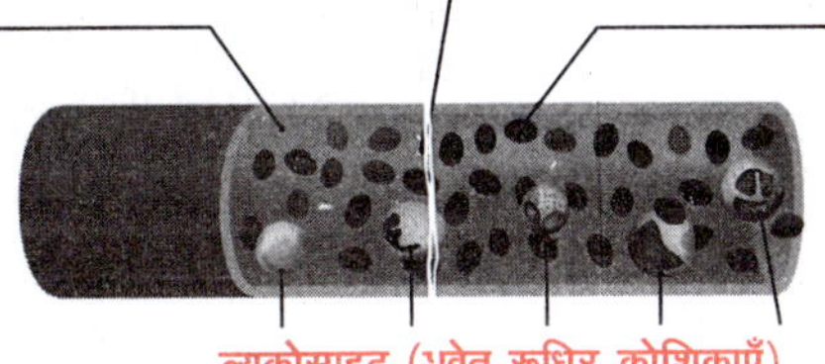

ल्यूकोसाइट (श्वेत रुधिर कोशिकाएँ)

प्रतिरक्षा तंत्र के मुख्य घटक, जो शरीर की बाह्य रोगजनकों व संक्रमण से रक्षा करता है। इसे निम्न प्रकारों में विभाजित किया जाता है–

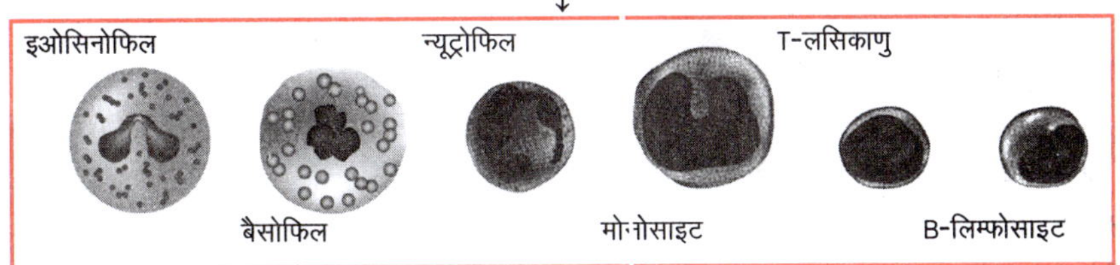

रुधिर की संरचना

3. अस्थि

- अस्थि एक दृढ़ संयोजी ऊतक है एवं उच्च कशेरुकियों में यह ऊतक शरीर का मुख्य अन्तः कंकाल बनाता है। यह शरीर को एक निश्चित आकार प्रदान करता है एवं माँसपेशियों को आधार स्थल प्रदान करती है।
- भ्रूण के मध्य जननस्तर की अस्थि कोशिकाएँ अर्थात् ऑस्टियोसाइट्स (Osteocytes) अस्थि का निर्माण करती हैं। इन कोशिकाओं में विभाजन की क्षमता नहीं होती है।

लाल अस्थि मज्जा (Red bone marrow)
(अस्थि के स्पंजी भाग में पाया जाने वाला विशिष्ट उत्तक, रुधिराणु निर्माण की प्रक्रिया हेमेटोपोइसिस (Haematopoiesis) का प्राथमिक स्थल)

पेरिऑस्टियम (Periosteum)
(दृढ़, मोटा आवरण जो उपास्थि को छोड़ कर सभी अस्थियों के बाह्य सतह पर पाया जाता है।)

एण्डोस्टियम (Endosteum)
(अस्थि मज्जा गुहा के बाहर स्थित झिल्ली की पतली परत)

पीली अस्थि मज्जा (Yellow bone marrow)
(लंबी अस्थि के दण्ड (Shaft) में उपस्थित, वसा कोशिकाओं से निर्मित)

पोषक छिद्र (Nutrient foramen)
(लंबी अस्थि के दण्ड में स्थित छिद्र जहाँ से अस्थि में रुधिर वाहिनियाँ व तंत्रिकाएँ प्रवेश करती हैं)

कंडरा (Tendons) व स्नायुबंधन (Ligaments)

ये रेशेदार उत्तक होते हैं, जो दो अस्थियों को परस्पर (उदाहरण स्नायुबंधन) व अस्थि को पेशी से (कंडरा) जोड़ते हैं। अत्याधिक खिंचाव की स्थिति में स्नायुबंधन में तनाव (strain) की स्थिति उत्पन्न हो जाती है।

"

पादपों एवं जन्तुओं के जटिल शरीर में विभिन्न कोशिकाओं के समूह प्रत्येक कार्य को समन्वय के साथ करते हैं। विभिन्न अंगों में कोशिकाओं के समूह की उत्पत्ति और कार्य में समानताएँ एवं विभिन्नताएँ होती हैं।

अध्याय पाँच

पादप आकारिकी एवं कार्यिकी

पादप आकारिकी

पादप आकारिकी (Plant Morphology) के अन्तर्गत पादपों की शारीरिक संरचना; जैसे—उसके विभिन्न अंगों जड़, तना, पत्ती, फूल, फलों एवं बीजों की रचना व उसके विकास का अध्ययन करते हैं।

- पादपों को 3 संवर्गों में विभाजित कर सकते हैं शाक, झाड़ी एवं वृक्ष।
- हरे एवं कोमल तने वाले पौधे शाक कहलाते हैं। ये सामान्यत: छोटे होते हैं और इनमें शाखाएँ अधिक नहीं होती हैं।
- कुछ शाखाएँ तने के आधार के समीप से निकलती हैं। तना कठोर होता है, परंतु अधिक मोटा नहीं होता, इन्हें झाड़ी कहते हैं।
- कुछ पौधे बहुत ऊँचे होते हैं तथा इनके तने सुदृढ़ एवं गहरे होते हैं। इनमें शाखाएँ भूमि से अधिक ऊँचाई पर तने के ऊपरी भाग से निकलती हैं, इन्हें वृक्ष कहते हैं।
- कमजोर तने वाले पौधे सीधे खड़े नहीं हो सकते और ये भूमि पर फैल जाते हैं। इन्हें विसर्पी लता कहते हैं, जबकि कुछ पौधे किसी की सहायता से ऊपर चढ़ जाते हैं, ऐसे पौधे आरोही लता कहलाते हैं।
- पादपों के प्रमुख भागों का विस्तृत वर्णन निम्नवत् हैं

जड़ें

- जड़ें (Roots) मूलांकुर से निर्मित विभिन्न शाखाओं में बँटकर भूमि के अन्दर प्रकाश से दूर, जल की खोज में, गुरुत्वाकर्षण की दिशा की ओर वृद्धि करती हैं।
- मूलांकुर के लम्बे होने से प्राथमिक मूल बनती है। इनमें पार्श्वीय मूल (Lateral Root) होती है, जिन्हें द्वितीयक तथा तृतीयक मूल कहते हैं।
- इस समूह को मूसला जड़ें (Tap Roots) कहते हैं। मूलांकुर की अतिरिक्त पादप के अन्य भाग से निकली मूल को अपस्थानिक मूल (Adventitious Root) कहते हैं।
- यह पादप को भूमि पर स्थिर रखती है। मूल का शीर्ष मूल गोप (Root Cap) से ढका होता है, जो कोमल शीर्ष की सुरक्षा करता है। जड़ों के परिपक्व क्षेत्र में उपस्थित मूलरोम मिट्टी से जल तथा खनिज लवणों का अवशोषण करते हैं।

मूसला जड़ के रूपान्तरण

मूसला जड़ निम्नलिखित रूपों में रूपान्तरित होती है

मूसला जड़

तर्कु रूप
ये जड़ें खाद्य पदार्थों के संग्रहण के कारण मध्य में मोटी और आधार एवं शीर्ष में संकीर्ण होती हैं; जैसे-मूली।

कुम्भी रूप
इन जड़ों में ऊपरी भाग गोलाकार व मोटा होता है, जबकि आधार की ओर पतला होता है; जैसे-शलजम।

शंकु रूप
इस प्रकार की जड़ों का ऊपरी भाग मोटा तथा आधारीय भाग संकीर्ण व पतला होता है; जैसे-गाजर।

अपस्थानिक जड़ों के मुख्य रूपान्तरण

भोजन संग्रह हेतु	सहारा देने हेतु	जैविक कार्यों हेतु
कन्द (Tuberous); जैसे-शकरकन्द।	स्तम्भ मूल (Prop root); जैसे-बरगद।	श्वसन मूल (Respiratory root) लवणोद्भिद् पौधों में; जैसे-*राइजोफोरा*।
कन्द गुच्छ (Fasciculated); जैसे-डहेलिया, सतावर।	जटामूल (Stilt root); जैसे-गन्ना, मक्का।	—
वलयाकार (Annular); जैसे-इपिकैक।	पुस्ता मूल (Buttress root); जैसे-*साल्मेलिया, टर्मिनेलिया*।	आर्द्रताग्राही वायवीय मूल (Hygroscopic aerial roots); अधिपादपों में जैसे-*ऑर्किड*।
ग्रन्थिमय (Glandular); जैसे-आमाहल्दी।	आरोही मूल (Climbing root); जैसे-*पोथोस, टिकोमा*, काली मिर्च।	स्वांगीकारी मूल (Assimilatory root); जैसे-*टिनोस्पोरा*।
मणिरूपाकार (Beaded); जैसे-अंगूर, अमरलता।	कुंचनशील मूल (Contractile root); जैसे-अदरक, लहसुन।	चूषक मूल (Sucking root or haustoria); जैसे-अमरबेल।

तना

- ये अक्ष का ऊपरी भाग है, पौधे का यह भाग अंकुरित बीज के भ्रूण के प्रांकुर से विकसित होता है। तने में पर्व तथा पर्वसन्धियाँ पाई जाती हैं।
- तना पादपों को स्थिर रखता है तथा सहारा प्रदान करता है तथा पत्तियों तक जल व खनिज पहुँचाने में सहायता करता है।

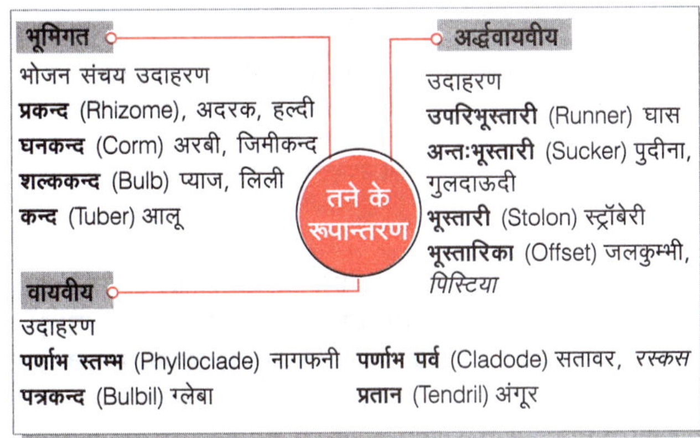

पत्ती

- पौधों का यह अंग तने की पर्वसन्धियों से निकलता है।
- ये अग्राभिसारी कायिक अंग भोजन का निर्माण करता है।
- एक प्रारुपी पत्ती (Leaf) के तीन भाग होते हैं; जैसे-पर्णाधार (Leaf base), पर्ण वृन्त (Petiole) तथा स्तारिका या फलक (Lamina)।
- पर्णाधार की सहायता से पत्ती तने से जुड़ती है। इसके पास उपस्थित छोटी पत्तीनुमा संरचना अनुपर्ण कहलाती है।
- स्तारिका में उपस्थित शिरा तथा शिरिकाओं का विन्यास शिरा विन्यास कहलाता है, जो दो प्रकार का होता है
    - जालिकावत् शिराविन्यास (जालनुमा, द्विबीजपत्री पौधों में)
    - समानान्तर शिराविन्यास (समानान्तर, एकबीजपत्री पौधों में)

  पत्तियाँ दो प्रकार की होती हैं
    - सरल पत्ती (Simple Leaf) जब स्तारिका अछिन्न हो या कटा भाग मध्य शिरा तक नहीं पहुँचता है।
    - संयुक्त पत्ती (Compound Leaf) जब स्तारिका का कटाव मध्य शिरा तक पहुँचे तथा पत्रकों में बँट जाए।
- तने अथवा शाखा पर पत्तियों के लगने का क्रम पर्णविन्यास कहलाता है।

फल व बीज

- यह एक परिपक्व अण्डाशय है, जो निषेचन के बाद विकसित होता है। यदि फल (Fruit) बिना निषेचन के विकसित हो, तो उसे अनिषेकी या पार्थिनोकार्पिक (Parthenocarpic) फल कहते हैं। फलभित्ति के प्राय: तीन स्तर होते हैं
  (i) बाह्य फलभित्ति (Epicarp)
  (ii) मध्य फलभित्ति (Mesocarp)
  (iii) अन्त:फलभित्ति (Endocarp)
- यदि फल के बनने में केवल अण्डाशय (Ovary) ही भाग लेता है, तो उस फल को सत्य फल (True fruit) कहते हैं, परन्तु कभी-कभी अण्डाशय के अतिरिक्त पुष्प के अन्य भाग; जैसे-पुष्पासन, बाह्यदल इत्यादि भी फल बनाने में भाग लेते हैं, ऐसे फलों को कूट फल (False fruit) कहते हैं; जैसे-सेब (Apple) में पुष्पासन (Thalamus) फल बनाने में भाग लेता है।
- निषेचन के बाद बीजाण्ड से बीज (Seed) बन जाते हैं। बीज में प्राय: एक बीजावरण तथा भ्रूण होता है।
- भ्रूण में एक मूलांकुर, एक भ्रूणीय अक्ष तथा एक (गेहूँ, मक्का) अथवा दो (चना, मटर) बीजपत्र होते हैं। बीज दो प्रकार के होते हैं-अभ्रूणपोषी व भ्रूणपोषी।

अभ्रूणपोषी व भ्रूणपोषी में अन्तर

अभ्रूणपोषी बीज	भ्रूणपोषी बीज
भ्रूणपोष अनुपस्थित	भ्रूणपोष उपस्थित
बीजपत्र मोटे	बीजपत्र पतले
उदाहरण- चना, मटर, दालें सेम	उदाहरण- मक्का, गेहूँ, अरण्डी

पुष्पक्रम

पुष्पी अक्ष पर फूलों के लगने का क्रम पुष्पक्रम (Inflorescence) कहलाता है। ये मुख्यतया दो प्रकार का होता है
- असीमाक्षी इसमें प्रमुख अक्ष में सतत् वृद्धि होती रहती है और पुष्प पार्श्व में अग्राभिसारी क्रम में लगे रहते हैं।
- ससीमाक्षी इसमें प्रमुख अक्ष के शीर्ष पर तलाभिसारी क्रम में पुष्प लगते हैं, इसलिए सीमित वृद्धि होती है।

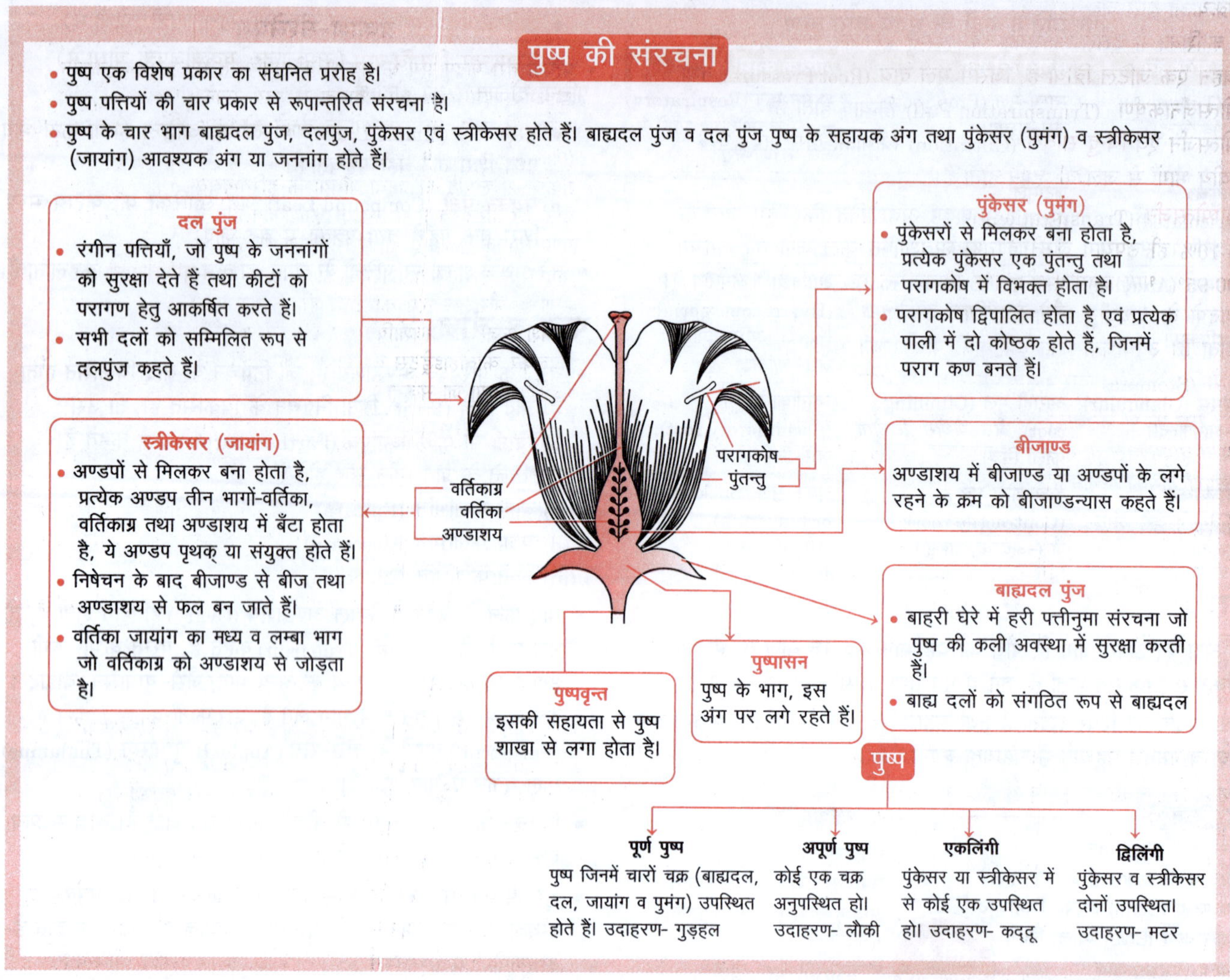

पादप कार्यिकी

वनस्पति विज्ञान की वह शाखा, जिसमें पौधों की विभिन्न जैविक क्रियाओं (Vital Activities) का अध्ययन किया जाता है, पादप शरीर क्रिया विज्ञान या पादप कार्यिकी (Plant Physiology) कहलाता है।

पादपों में परिवहन

- पौधों में जल एवं खाद्य पदार्थ के एक भाग से दूसरे भाग तक पहुँचने की प्रक्रिया को **परिवहन** (Transportation) कहते हैं।
- कोशिकाओं के मध्य निम्न जलीय सम्बन्ध पाए जाते हैं
  - **विसरण** (Diffusion) गैस, द्रव तथा ठोस के अणुओं की उनके अधिक सान्द्रता (Higher Concentration) के क्षेत्र से कम सान्द्रता (Lower Concentration) की ओर होने वाली गति को विसरण कहते हैं। यह गति तब तक होती रहती है, जब तक दोनों की सान्द्रता अर्थात् अणुओं का वितरण समान नहीं हो जाता है। प्रकाश-संश्लेषण की प्रक्रिया में जलवाष्प तथा ऑक्सीजन रध्रों द्वारा बाहर विसरित होते हैं।
  - **परासरण** (Osmosis) जब दो विभिन्न सान्द्रता वाले विलयनों को अर्द्धपारगम्य झिल्ली के द्वारा पृथक् किया जाता है, तब विलायक (Solvent) का कम सान्द्रता वाले विलयन से अधिक सान्द्रता वाले विलयन की ओर गमन, परासरण कहलाता है। परासरण के अन्तर्गत जब कोशिका में जल प्रवेश करता है, तब इसे **अन्त:परासरण** (Endosmosis) कहते हैं व जब जल कोशिका से बाहर की ओर गमन करता है, तब यह **बाह्य परासरण** (Exosmosis) कहलाता है।
  - **जीवद्रव्यकुंचन** (Plasmolysis) बहि:परासरण (Exomosis) की क्रिया के फलस्वरूप जल के अणु रिक्तिका रस से बाहर की ओर गति करते हैं, जिसके परिणामस्वरूप जीवद्रव्य कोशिका भित्ति से हटकर संकुचित हो जाता है। इस घटना को जीवद्रव्यकुंचन कहते हैं। कोशिका की यह अवस्था श्लथ (Flaccid) कहलाती है।

जल का परिवहन

- पादप जड़ों द्वारा जल एवं इसमें घूलित खनिज तत्व का अवशोषण करते हैं तथा उसे जाइलम द्वारा एक विशिष्ट तरीके से पादपों के अंतिम छोर तक प्रवाहित करते हैं। जल के अवशोषण में विसरण, परासरण तथा विभव प्रवणता (Potential Gradient) जैसी क्रियाएँ सम्मिलित होती हैं।

- इन क्रियाओं द्वारा जल का छोटे-छोटे स्थानों तक परिवहन होता है जैसे एक कोशिका से दूसरी कोशिका तक, परन्तु जल का लम्बी दूरी तक परिवहन एक जटिल क्रिया है, जिसमें मूल दाब (Root Pressure) तथा वाष्पोत्सर्जनाकर्षण (Transpiration Pull) क्रियाएँ होती हैं।
वाष्पोत्सर्जन एवं बिन्दु स्रावण (Guttation) क्रियाओं द्वारा पादप के वायवीय भागों से जल की हानि होती है।
  - वाष्पोत्सर्जन (Transpiration) पादप अवशोषित किए हुए जल का 5-10% ही उपयोग करते हैं तथा अवशोषित कुल जल का लगभग 90-95% भाग वाष्पोत्सर्जन द्वारा निष्कासित हो जाता है। वाष्पोत्सर्जन पादपों के वायवीय भागों द्वारा जल का वाष्प के रूप में उड़ जाना होता है। अत्यधिक जल की मात्रा पत्तियों की सतह पर उपस्थित रंध्रों (Stomata) द्वारा वाष्प के रूप में निष्कासित हो जाती है।

नोट : *रन्ध्र पादपों की बाह्यत्वचा में पाए जाने वाले अतिसूक्ष्म छिद्र हैं। ये पादप व वायुमण्डल के बीच गैसों के आदान-प्रदान तथा वाष्पोत्सर्जन में महत्त्वपूर्ण भूमिका निभाते हैं।*

कार्बनिक विलायकों का परिवहन

कार्बनिक पदार्थ मुख्यतया पत्तियों में प्रकाश-संश्लेषण की क्रिया द्वारा बनते हैं तथा ये जड़ व तने के नए हरे भागों में भी बनते हैं। ये पदार्थ फ्लोएम द्वारा पादपों के सभी भागों तक परिवहित होते हैं।

पादपों में खनिज पोषण

- पादप विभिन्न प्रकार के तत्वों के आयनों का प्रयोग करके अनेक जैविक क्रियाओं का नियमन करते हुए वृद्धि करते हैं।
- वे सभी तत्व, जो पादपों की वृद्धि एवं परिवर्धन के लिए आवश्यक होते हैं, खनिज तत्व (Mineral Elements) कहलाते हैं तथा पादपों द्वारा इन तत्वों का अवशोषण एवं प्रयोग करने की क्रियाविधि को खनिज पोषण (Mineral Nutrition) कहते हैं।
- तत्वों की मात्रात्मक आवश्यकता के आधार पर इन्हें दो मुख्य भागों में बाँटा गया है
  - दीर्घ या वृहद् पोषक तत्व (Macroelements)
  - लघु या सूक्ष्म पोषक तत्व (Microelements)

पोषण के आधार पर पादपों का वर्गीकरण

पोषण के आधार पर पादपों का वर्गीकरण दो प्रकार से किया गया है

- स्वपोषी पादप (Autotrophic Plants) ये अपना भोजन स्वयं संश्लेषित कर सकते हैं, इन्हें स्वपोषी पादप कहते हैं। उदाहरण—सभी हरे पादप।
- परपोषी पादप (Heterotrophic Plants) ये अपना भोजन स्वयं संश्लेषित नहीं कर सकते हैं, इन्हें परपोषी पादप कहते हैं। ये निम्न प्रकार के होते हैं
  - परजीवी पादप (Parasitic Plants) ये पादप खाद्य एवं जल हेतु अन्य पौधों पर निर्भर रहते हैं। इनमें खाद्य एवं जल के अवशोषण हेतु विशिष्ट जड़ें पाई जाती हैं, जो चूषक जड़ें अथवा चूषकांग (Sucking Roots or Haustoria) कहलाती हैं। उदाहरण— देवदार (Cedor) अथवा अमरबेल *(Cuscuta)*।
  - मृतोपजीवी पौधे (Saprophytic Plants) ये पादप मृत कार्बनिक पदार्थों पर उगते हैं। उदाहरण—कवक (Fungi)।

प्रकाश-संश्लेषण

- प्रत्येक हरा पादप सूर्य के प्रकाश की उपस्थिति में जल तथा कार्बन डाइऑक्साइड (CO_2) की सहायता से स्वयं अपने भोजन का निर्माण करता है। पादपों द्वारा यह भोजन बनाने की क्रिया ही प्रकाश-संश्लेषण (Photosynthesis) कहलाती है।
- प्रकाश-संश्लेषण की क्रिया पत्तियों के **हरितलवक** (Chloroplast) में होती है। हरितलवक हरे रंग के कोशिकांग होते हैं। ये पत्ती के पर्णमध्योतक (Mesophyll) में सर्वाधिक सक्रिय (Active) होते हैं।
- पादपों का हरा रंग पर्णहरिम (Chlorophyll) की उपस्थिति के कारण होता है और पर्णहरिम की उपस्थिति के कारण ही पादप सूर्य की प्रकाश ऊर्जा को अवशोषित कर इसे रासायनिक ऊर्जा के रूप में बदलकर कार्बोहाइड्रेट्स का निर्माण करते हैं। इसे निम्न समीकरण द्वारा प्रदर्शित किया जा सकता है

$$\underset{\text{कार्बन डाइऑक्साइड}}{6CO_2} + \underset{\text{जल}}{12H_2O} \xrightarrow[\text{पर्णहरिम}]{\text{सूर्य का प्रकाश}} \underset{\text{ग्लूकोस}}{C_6H_{12}O_6} + \underset{\text{जल}}{6H_2O} + \underset{\text{ऑक्सीजन}}{6O_2}\uparrow$$

- कार्बोहाइड्रेट पादपों को ऊर्जा प्रदान करते हैं, पादपों द्वारा कार्बोहाइड्रेट को तुरन्त उपयोग में नहीं लिया जाता है, उन्हें **स्टार्च** (Starch) के रूप में संचित कर लिया जाता है।

नोट : *प्रकाश संश्लेषण की दर सर्वाधिक लाल व नीले प्रकाश में होती है।*

पादपों में श्वसन

- जीवित कोशिकाओं में होने वाली उन सभी एंजाइमी अभिक्रियाओं (Enzymatic Reactions) को श्वसन (Respiration) कहते हैं, जिनमें ऑक्सीजन की उपस्थिति या अनुपस्थिति में कार्बनिक पदार्थों का ऑक्सीकरण होता है तथा ऊर्जा मुक्त होती है।
- जन्तुओं व मनुष्यों में श्वसन के लिए विशेष अंग पाए जाते हैं, परन्तु पादपों में श्वसन के लिए कोई विशेष अंग नहीं पाए जाते हैं। इनमें रंध्रों (Stomata) द्वारा ऑक्सीजन युक्त वायु प्रवेश करती है, जो पादपों के सभी भागों में पहुँचकर भोजन के ऑक्सीकरण अर्थात् कोशिकीय श्वसन (Cellular Respiration) में भाग लेती है।
- ऑक्सीजन की आवश्यकता के अनुसार, श्वसन दो प्रकार का होता है
  (i) वायवीय या ऑक्सी श्वसन (Aerobic Respiration) इसमें ऑक्सीजन की उपस्थिति में कार्बनिक पदार्थ का पूर्ण ऑक्सीकरण होता है। यह अधिकांश पादपों व जन्तुओं की माइटोकॉण्ड्रिया में सम्पन्न होता है। इसे निम्न समीकरण द्वारा दर्शाया जाता है

$$\underset{\text{ग्लूकोस}}{C_6H_{12}O_6} + \underset{\text{ऑक्सीजन}}{6O_2} \xrightarrow{\text{एन्जाइम}} \underset{\text{कार्बन डाइऑक्साइड}}{6CO_2} + \underset{\text{जल}}{6H_2O} + 38\ ATP \text{ या } 673 \text{ किलो कैलोरी ऊर्जा}$$

  (ii) अवायवीय या अनॉक्सी श्वसन (Anaerobic Respiration) इसमें ऑक्सीजन की अनुपस्थिति में कार्बनिक पदार्थ का अपूर्ण या आंशिक ऑक्सीकरण होता है। इस क्रिया को किण्वन (Fermentation) भी कहते हैं। उदाहरण—यीस्ट, दौड़ते समय मांसपेशियों में आदि। इसे निम्न समीकरण द्वारा दर्शाया जाता है

$$\underset{\text{ग्लूकोस}}{C_6H_{12}O_6} \xrightarrow[\text{श्वसन}]{\text{अनॉक्सी}} \underset{\text{ऐल्कोहॉल}}{2C_2H_5OH} + \underset{\text{कार्बन डाइऑक्साइड}}{2CO_2} + 2\ ATP \text{ या } 59 \text{ किलो कैलोरी ऊर्जा}$$

- श्वसन की तीन अवस्थाएँ होती हैं, जो निम्नलिखित हैं
  (i) **बाह्य श्वसन** (External Respiration) इसमें एक जीव तथा उसके वातावरण के मध्य श्वसनीय गैसों (O_2 एवं CO_2) का विनिमय होता है। पादपों में श्वसन दिन-रात होता रहता है। इसके अन्तर्गत पादप ऑक्सीजन ग्रहण करके कार्बन डाइऑक्साइड (CO_2) को मुक्त करते हैं। पादपों में प्राणियों की भाँति गैसीय आदान-प्रदान के लिए विशिष्ट अंग नहीं होते हैं। पादपों में श्वसन जड़, तना (वातरंध्र), पत्ती (रंध्र) द्वारा होता है।
  (ii) **आन्तरिक या ऊतक श्वसन** (Internal or Tissue Respiration) इसमें ऊतक तथा बाह्य कोशिकीय वातावरण के मध्य श्वसनीय गैसों का विनिमय (Exchange) होता है।
  (iii) **कोशिकीय श्वसन** (Cellular Respiration) यह एक एन्जाइम नियन्त्रित, चरणबद्ध (Stepwise) रासायनिक क्रिया है, जिसमें माइटोकॉण्ड्रिया के अन्दर ग्लूकोस का ऑक्सीकरण होने से अधिक ऊर्जायुक्त ATP अणु उत्पन्न होते हैं, जिनमें ऊर्जा, उच्च ऊर्जा बन्धों में संचित होती है। इस प्रकार श्वसन एक जैव-रासायनिक (Biochemical) ऑक्सीकरण क्रिया है। इस क्रिया को निम्नलिखित तीन पदों में विभाजित किया गया है

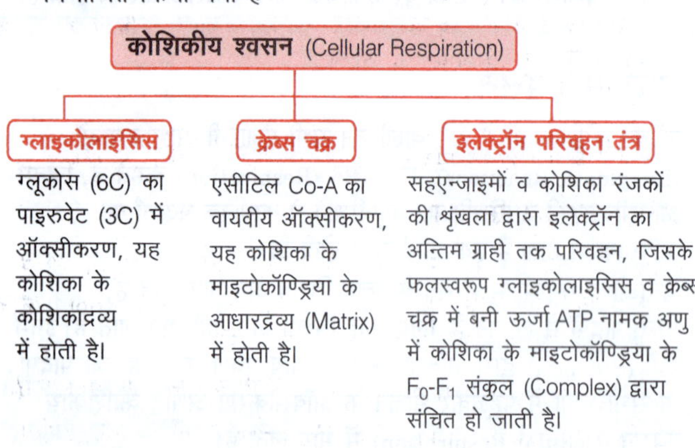

श्वसन गुणांक

- श्वसन द्वारा मुक्त हुई CO_2 तथा उपयोग में लाई गई O_2 का अनुपात श्वसन गुणांक (RQ) कहलाता है।

$$\text{श्वसन गुणांक} = \frac{\text{मुक्त हुई } CO_2 \text{ का आयतन}}{\text{उपयोग में लाई गई } O_2 \text{ का आयतन}}$$

- कार्बोहाइड्रेट का RQ – 1 प्रोटीन का RQ – 0.90

पादपों में समन्वयन

- पादपों में वातावरण के प्रभाव से अथवा आन्तरिक उद्दीपनों से सम्पूर्ण शरीर या शरीर का कोई अंग अपनी स्थिति में परिवर्तन करता है, तो इस परिवर्तन को **गति** (Movement) कहते हैं।
- पादपों में गति जीवद्रव्य की **संवेदनशीलता** (Sensitivity) अथवा **उत्तेजनशीलता** (Irritability) के कारण होती है।
- पादपों में गतियों को दो प्रकार से वर्गीकृत किया जा सकता है

(i) उद्दीपन के लिए तत्काल अनुक्रिया

- संवेदनशील पादप (छुईमुई) उद्दीपन (Stimulus) के प्रति तत्काल अनुक्रिया (Response) दर्शाते हैं। पादप के सभी भाग यह अनुक्रिया प्रदर्शित करते हैं अर्थात् गति करते हैं।
- जैसे ही पादप को स्पर्श किया जाता है, उसमें सूचनाओं का आदान-प्रदान होने लगता है।

(ii) वृद्धि के कारण गति

- पादप वृद्धि करते हुए किसी विशेष उद्दीपन के प्रति अनुक्रिया दर्शाते हैं। जब पादप में गति प्रदर्शित होती है, तो वृद्धि दिशात्मक होती है।
- कुछ पादप जैसे मटर, कद्दू और खीरा अन्य पादपों के सहारे से या प्रतान (Tendril) के माध्यम से ऊपर चढ़ते हैं अर्थात् आगे बढ़ते हैं। ये प्रतान स्पर्श के प्रति संवेदनशील होते हैं।
- इस प्रकार पादप धीरे-धीरे एक निश्चित दिशा में गति करके उद्दीपन के प्रति अनुक्रिया दर्शाता है। इसके अन्तर्गत दो प्रकार की गतियाँ प्रदर्शित होती हैं
  (a) **अनुवर्तनी गतियाँ** (Tropic Movements) ये गतियाँ पौधे के किसी भाग में एक पार्श्वीय (Lateral) दिशा से प्रभावित उद्दीपन के कारण होती हैं और उत्पन्न हुई अनुक्रिया (Response) से पौधों के विभिन्न भागों में असमान रूप से वृद्धि होकर उनमें वक्रता आ जाती है। इन गतियों में अनुक्रिया की दिशा उद्दीपन की स्थिति (दिशा) पर निर्भर करती है।
  (b) **अनुकुंचन गतियाँ** इस प्रकार की गतियों में पादप को उद्दीपन किसी भी ओर से मिले, गति एक पूर्व निश्चित दिशा में ही होगी अर्थात् उद्दीपन का प्रभाव गति की दिशा पर नहीं पड़ता है।

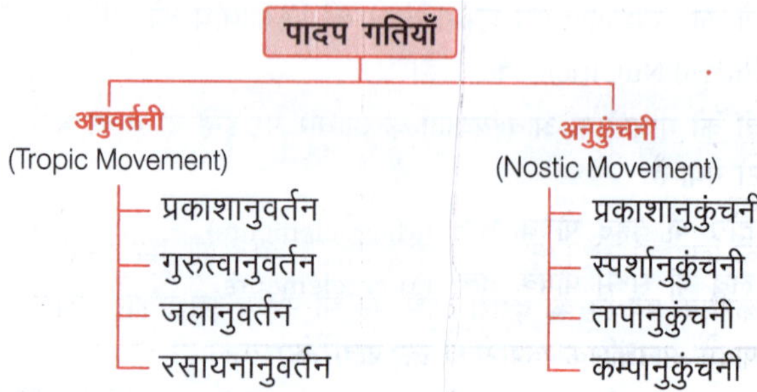

पादपों में हॉर्मोनल समन्वयन/पादप हॉर्मोन्स

- जन्तुओं की भाँति पादपों में भी पादप तन्त्र की कार्य प्रणाली के उचित समन्वयन (Coordination) व रासायनिक पदार्थों के परिवहन के लिए रासायनिक हॉर्मोन्स की आवश्यकता होती है।
- हॉर्मोन शब्द का प्रयोग सर्वप्रथम **अर्नेस्ट स्टरलिंग** (Ernest Starling) ने वर्ष 1905 में किया था। वे विशेष प्रकार के जटिल कार्बनिक रासायनिक पदार्थ, जो पादपों में वृद्धि तथा विकास को नियन्त्रित करते हैं, **पादप हॉर्मोन** (Plant Hormones) कहलाते हैं।

पादप हॉर्मोन्स का वर्गीकरण

हॉर्मोन्स	वर्गीकरण
ऑक्सिन	• ऑक्सिन (Auxin) की खोज **वेंट** (Went) नामक वैज्ञानिक ने की थी। ऑक्सिन शीर्ष कलिका (Apical bud) में उपस्थित होता है तथा उसको वृद्धि के लिए प्रेरित करता है। इसे **शीर्ष प्रमुखता** कहते हैं, क्योंकि इसके कारण पार्श्व कलिकाओं (Lateral buds) की वृद्धि नहीं हो पाती है, परन्तु शीर्ष कलिका को काट देने पर पार्श्व कक्षीय कलिकाओं में वृद्धि होने लगती है।
जिबरेलिन	• जिबरेलिन (Gibberellin) की खोज सर्वप्रथम जापानी वैज्ञानिक **कुरोसावा** (Kurosawa) ने वर्ष 1926 में धान के खेत में की थी। यह एक वृद्धि नियन्त्रक पदार्थ है, इसे जिबरेलिन 'GA' भी कहा जाता है। • यह हॉर्मोन आनुवंशिक बौने पादप के दीर्घीकरण में सहायक होते हैं; जैसे—मक्का एवं मटर। इसके अतिरिक्त यह हॉर्मोन पर्वों (Internodes) की कोशिकाओं का दीर्घीकरण भी करता है, जिससे तने की लंबाई बढ़ जाती है। इस प्रकार से तने का लंबाई में बढ़ना **बोल्टिंग** (Boltting) कहलाता है।
साइटोकाइनिन	• मिलर (Miller) तथा उनके सहयोगियों ने इसे सर्वप्रथम खमीर (Yeast) और फफूँद के DNA से प्राप्त किया और इसलिए इसे काइनेटिन नाम दिया गया, जो न्यूक्लिक अम्ल (DNA) के अपघटन से बनता है। **लेथम** एवं उसके सहयोगियों (Latham *et.al.*) ने वर्ष 1963 में प्रथम प्राकृतिक साइटोकाइनिन (Cytokinin) को अपरिपक्व मक्के के दाने में खोजा और इसलिए इसे जियाटिन (Zeatin) नाम दिया। • साइटोकाइनिन ऑक्सिन के साथ मिलकर कोशिका विभाजन को प्रेरित करता है।
एब्सिसिक अम्ल	• कार्न्स एवं एडिकोट (Carns and Addicott; 1961-65) ने एब्सिसिक अम्ल को कपास के पादपों की कलियों (Buds) से अलग किया था। एब्सिसिक अम्ल पत्तियों में विलगन तथा जीर्णता उत्पन्न करता है अर्थात् इसके छिड़काव से पत्तियाँ शीघ्र गिर जाती हैं। एब्सिसिक अम्ल एक वृद्धि संदमक (Inhibitor) के रूप में कार्य करता है तथा अनेक पादपों में कलिकाओं को प्रसुप्ति के लिए प्रेरित करता है। • एब्सिसिक अम्ल की उपस्थिति में कुछ अल्प प्रदीप्तिकाली पादपों का दीर्घ प्रदीप्तिकाली अवस्थाओं में पुष्पन हो जाता है, जबकि दीर्घ प्रदीप्तिकाली पादपों में यह पुष्पन को संदमित करता है।
इथाइलीन	• इथाइलीन को पादप जगत का गैसीय हॉर्मोन कहते हैं। बर्ग (Berg) ने इसे पादप हॉर्मोन सिद्ध किया। • इथाइलीन फल वृद्धि तथा उसके पकने को प्रेरित करता है, इस हॉर्मोन का उपयोग सेब, केला, आम, आदि को कृत्रिम रूप से पकाने में किया जाता है। **यह** हॉर्मोन पादपों की अनुलम्ब वृद्धि को सन्दमित करता है, किन्तु अनुप्रस्थ वृद्धि को उद्दीप्त (Stimulate) करता है। • इथाइलीन पत्तियों, फूलों तथा फलों में विलगन क्षेत्र के निर्माण को उद्दीप्त करता है।

पादप में अलैंगिक जनन

- अलैंगिक जनन में एकल जनक द्वारा संतति का उत्पादन होता है। इसमें आनुवंशिक रूप से क्लोन (Clone) पादप प्राप्त होते हैं।
- कुछ पादप; जैसे—गन्ना, गुलाब या अंगूर, आदि को उगाने के लिए कायिक प्रवर्धन (Vegetative Reproduction) का प्रयोग किया जाता है, क्योंकि इसके द्वारा उगाए गए पादपों में बीज की आवश्यकता नहीं होती है और बीज द्वारा उगाए गए पादपों की अपेक्षा पुष्प व फल कम समय में आ जाते हैं।
- यह पद्धति उन पादपों; जैसे—केला, संतरा एवं चमेली, आदि को उगाने के लिए भी उपयोगी है, जो बीज उत्पन्न करने की क्षमता खो चुके हैं।
- कायिक प्रवर्धन का दूसरा लाभ यह भी है कि इस प्रकार उत्पन्न सभी पादप आनुवंशिक रूप से जनक पादप के समान ही होते हैं।
- इस प्रक्रिया में पादप का कोई भी वर्धी भाग मातृ पादप से अलग होकर नए पादप का निर्माण करता है। कायिक प्रजनन या प्रवर्धन विभिन्न वर्धी भागों के आधार पर विभिन्न प्रकार का होता है। इन विभिन्न प्रकारों का अध्ययन दो शीर्षकों में कर सकते हैं, जो निम्न प्रकार हैं

प्राकृतिक कायिक प्रवर्धन

- इस क्रिया में प्राकृतिक रूप से पादप का कोई भी अंग या रूपान्तरित भाग मातृ पादप से अलग होकर नया पादप बनाता है। यह अनुकूल परिस्थितियों में सम्पन्न होता है।
- कायिक अंगों से जनन के आधार पर प्राकृतिक कायिक जनन (Natural Vegetative Reproduction) को निम्नलिखित भागों में बाँटा गया है
  - जड़ों द्वारा (By Roots); उदाहरण- शकरकंद, सतावर, पुदीना, आदि।
  - पत्ती द्वारा (By Leaves); उदाहरण- *ब्रायोफिल्लम, बिग्नोनिया,* घाव पत्ता, आदि।
  - तनों द्वारा (By Stems); उदाहरण—अदरक, आलू, आदि।

कृत्रिम कायिक प्रवर्धन

मानव द्वारा पादपों में कृत्रिम ढंग से किए गए कायिक जनन को कृत्रिम कायिक जनन या प्रवर्धन (Artificial Vegetative Reproduction) **कहते** हैं। पादपों में कृत्रिम कायिक जनन की विधियाँ निम्नलिखित हैं

- कलम लगाना (By Cutting) उदाहरण—गुलाब, गन्ना, गुड़हल आदि।
- दाब लगाना (By Layering) उदाहरण—नींबू, चमेली, अंगूर, आदि।
- पैबन्द लगाना या रोपण (By Grafting) उदाहरण-नींबू, **अमरूद, आदि।**

ऊतक संवर्धन

- ऊतक व अंगों (पादप टुकड़े) से प्रयोगशाला में उचित संवर्धन माध्यम की उपस्थिति में अधिक संख्या में रोगहीन पादपों का विकास करना, ऊतक संवर्धन (Tissue Culture) कहलाता है।
- इस तकनीक को *अन्त:पात्रे (In vitro)* **सूक्ष्मप्रवर्धन** (Micropropagation) भी कहते हैं, क्योंकि यह प्रयोगशाला में पात्र में होती है।

पुष्पीय पादपों में लैंगिक जनन

- उच्च पादपों आवृतबीजी (Angiosperm) में लैंगिक जनन की प्रक्रिया के लिए विशेष संरचनाएँ पाई जाती हैं, जिन्हें पुष्प (Flower) कहते हैं।
- इन पुष्पों के विशेष अंगों में जनन कोशिकाएँ पाई जाती हैं, जिनमें युग्मक (Gametes) बनते हैं। पादपों में होने वाले लैंगिक जनन के चार चरण निम्न हैं

1 युग्मकजनन

- अर्द्धसूत्री विभाजन द्वारा अगुणित युग्मकों (Gametogenesis) का निर्माण ही युग्मकजनन (Gametogenesis) कहलाता है।

- नर कोशिकाएँ या पराग कण के निर्माण को लघुबीजाणुजनन (Microsporogenesis) कहते हैं, जबकि अण्ड कोशिका के निर्माण को गुरुबीजाणुजनन (Megasporogenesis) कहते हैं।

(i) नर युग्मकोद्भिद् अथवा पराग कण का निर्माण

- पुंकेसर (Stamen) पर प्राय: दो परागकोष (Pollen sac) उपस्थित होते हैं। इनके दो-दो परागकोषों में पराग कणों का निर्माण विशेष लघुबीजाणु मातृ कोशिका (Microspore mother cell) से होता है। यह अर्द्धसूत्री कोशिका विभाजन के द्वारा एक साथ चार कोशिकाओं का निर्माण करती है।
- चार कोशिकाओं का यह समूह **चतुष्क** (Tetrad) कहलाता है तथा चतुष्क की प्रत्येक कोशिका एक लघुबीजाणु (Microspore) बनाती है, जो बाद में पराग कण (Pollen grain) में बदल जाती है। पराग कण परागकोषों में बिखरे रहते हैं।

(ii) मादा युग्मकजनन या मादा युग्मकोद्भिद् का निर्माण

- पुष्प के स्त्रीकेसर (Pistil) में अण्डाशय नामक भाग होता है। इसके आधारीय भाग में बीजाण्ड (Ovules) अपरा नामक संरचना से लगे होते हैं। बीजाण्ड के अन्दर उपस्थित भ्रूणकोष (Embryo Sac) नामक संरचना को मादा युग्मकोद्भिद् (Female Gametophyte) की संज्ञा दी जाती है।
- गुरुबीजाणु मातृ कोशिका (Megaspore Mother Cell) में अर्द्धसूत्री विभाजन द्वारा चार अगुणित गुरुबीजाणु कोशिकाएँ (Megaspore cells) बनती हैं। इनमें से सबसे नीचे की कोशिका आकार में बड़ी होकर सक्रिय गुरुबीजाणु कोशिका बनाती है, शेष तीनों कोशिकाएँ नष्ट हो जाती हैं। यह सक्रिय गुरुबीजाणु कोशिका परिवर्धन के उपरान्त भ्रूणकोष या मादा युग्मकोद्भिद् (Female Gametophyte) का निर्माण करती हैं।

2. *परागण*

किसी पुष्प के पराग कणों का उसी पुष्प अथवा उसी जाति के किसी अन्य पुष्प के वर्तिकाग्र (Stigma) पर पहुँचने की क्रिया को परागण (Pollination) कहते हैं। परागण मुख्य रूप से दो प्रकार का होता है

(i) स्व-परागण

किसी पादप के पुष्प के पराग कण उसी पुष्प के वर्तिकाग्र पर या उसी पादप के किसी अन्य पुष्प के वर्तिकाग्र पर पहुँचने को स्व-परागण (Self-Pollination) कहते हैं।

(ii) पर-परागण

जब एक पुष्प के पराग कण लिंगी जनन द्वारा उत्पन्न उसी जाति के अन्य पादप के वर्तिकाग्र पर विभिन्न माध्यमों से पहुँचते हैं, तो इसे पर-परागण (Cross-Pollination) कहते हैं। एकलिंगी पुष्प; जैसे- पपीता, मक्का, आदि में पर-परागण पाया जाता है। पर-परागण कीटों, वायु, जल और जन्तुओं के माध्यम से होता है।

3. *निषेचन*

- नर तथा मादा युग्मक केन्द्रकों का संलयन निषेचन (Fertilisation) कहलाता है। पुष्पी पादपों में द्विनिषेचन पाया जाता है। इनमें एक नर युग्मक अण्ड कोशिका से संलयित होकर युग्मनज बनाता है, इसे सत्य निषेचन (True Fertilisation) कहते हैं तथा दूसरा नर युग्मक द्वितीयक केन्द्रक (2n) से संयुग्मित होकर त्रिगुणित भ्रूणपोष केन्द्रक (3n) बनता है, इस प्रक्रिया को त्रिक संलयन (Triple Fusion) कहते हैं, क्योंकि इसमें तीन अगुणित (Haploid) केन्द्रकों का संलयन होता है।
- इस प्रकार दोनों नर युग्मक निषेचन प्रक्रिया में भाग लेते हैं अर्थात् निषेचन दो बार होता है, इसलिए इस प्रक्रिया को द्विनिषेचन (Double Fertilisation) कहते हैं।

4. *फल तथा बीज का निर्माण*

- निषेचन के बाद अण्डाशय (Ovary) से फल और बीजाण्डों से फल के अन्दर के बीज बनते हैं। परिपक्व अण्डाशय से सत्य फल बनता है।

पादप रोग

- पादप रोग, पादप की सामान्य कार्यिकी में उत्पन्न हुई बाधा है, जो पादप की जैव क्रियाओं को प्रभावित करती है।
- पादप में रोग किसी रोगाणु जैसे जीवाणु, कवक, विषाणु, आदि के संक्रमण से तथा कुछ पदार्थों की कमी से हो सकते हैं।
- पादपों में होने वाले कुछ मुख्य रोग व उनके कारण निम्न प्रकार हैं

अजैविक रोग या पोषक तत्व की कमी से होने वाले रोग

रोग	कारण
धान का खैरा रोग	जिंक की कमी से
नींबू का डाइबैक रोग	कॉपर की कमी से
मटर का मार्श रोग	मैंगनीज की कमी से
नींबू का लिटिल लीफ रोग	कॉपर की कमी से
आम का लिटिल लीफ रोग	जिंक की कमी से
पीली चाय रोग	सल्फर की कमी से
सिट्रस व अमरूद का खुरदुरी त्वचा रोग	बोरॉन की कमी से
फूलगोभी का व्हिपटेल रोग	मॉलिब्डेनम की कमी से
गन्ने का फगला अंगमारी रोग	मैंगनीज की कमी से
चावल का सूखी पत्ती रोग	पोटैशियम की कमी से
पादपों में छोटी पत्ती रोग	जिंक की कमी से
टमाटर का ब्लॉसम एण्ड रॉट	कैल्शियम की कमी से
टमाटर का फल फटने का रोग	बोरॉन की कमी से

जीवाणुओं से होने वाले पादप के रोग

रोग	रोग उत्पन्न करने वाले जीवाणु
सिट्रस कैंकर (Citrus canker)	*जैन्थोमोनास सिट्री* (*Xanthomonas citri*)
ब्लाइट ऑफ पैडी (Blight of paddy)	*जैन्थोमोनास ओराइजी* (*Xanthomonas oryzae*)
क्राउन गॉल (Crown gall)	*एग्रोबैक्टीरियम ट्यूमीफेसिएन्स* (*Agrobacterium tumifaciens*)
कपास का एन्गूलर लीफ स्पॉट (Angular leaf spot of cotton)	*जैन्थोमोनास माल्वेसिएरम* (*Xanthomonas malvacearum*)
आलू का रिंग रॉट (Ring rot of potato)	*जैन्थोमोनास सोलेनेसिएरम* (*Xanthomonas solanacearum*)

"

मानव शरीर क्रिया विज्ञान मनुष्य के भौतिक, यान्त्रिक, जैव-वैद्युत तथा जैव-रासायनिक क्रियाकलापों का अध्ययन है, जिनका केन्द्र मुख्यतया अंग तथा सम्बन्धित अंग-तन्त्र के स्तर तक होता है।

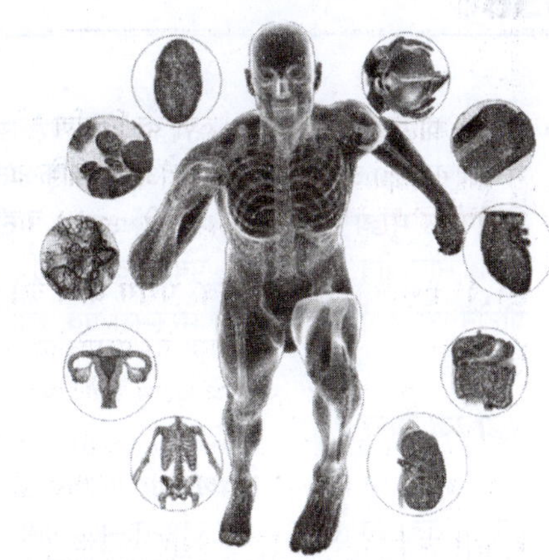

अध्याय छः

पोषण तथा मानव कार्यिकी

पोषण

- जीवों को अपने शरीर के विकास (Development), अनुरक्षण (Maintenance), वृद्धि (Growth) तथा शरीर की जैविक क्रियाओं को सम्पन्न करने के लिए ऊर्जा की आवश्यकता होती है। ऊर्जा को प्राप्त करने के लिए जीव विभिन्न प्रकार के भोज्य पदार्थ ग्रहण करते हैं, जिन्हें पोषक तत्व अथवा पोषक पदार्थ कहा जाता है।
- जीवों द्वारा पोषक पदार्थों के माध्यम से अपने शरीर की वृद्धि, विकास तथा अनुरक्षण करने की सम्पूर्ण प्रक्रिया पोषण (Nutrition) कहलाती है।

भोजन

भोजन (Food) वह पोषक पदार्थ है, जो किसी जीव द्वारा वृद्धि, कार्य, मरम्मत और जीवन क्रियाओं के संचालन हेतु ग्रहण किया जाता है। यह विभिन्न पदार्थों का मिश्रण होता है, जिसकी मात्रा एवं उसके अवयव भिन्न-भिन्न हो सकते हैं।

भोजन के सात मुख्य अवयव निम्नलिखित हैं

1. कार्बोहाइड्रेट

- कार्बोहाइड्रेट (Carbohydrates) पॉलीहाइड्रॉक्सी एल्डिहाइड या कीटोन होते हैं, जो C, H एवं O से बने होते हैं। इनमें C, H एवं O का अनुपात सामान्यतया 1 : 2 : 1 होता है।
  इसका सामान्य सूत्र $C_n(H_2O)n$ होता है, जहाँ n = कार्बन परमाणुओं की संख्या है।
- कार्बोहाइड्रेट हमारे शरीर हेतु मुख्य ऊर्जा के स्रोत (60-80%) होते हैं। ये ऑक्सीकरण के पश्चात् शरीर में ऊर्जा उत्पन्न करते हैं।
  1 ग्राम कार्बोहाइड्रेट से लगभग 17 किलो जूल या 4.1 किलो कैलोरी ऊर्जा प्राप्त होती है।
- इसके मुख्य स्रोत आलू, फल (केला, आम), अनाज (चावल, गेहूँ, मक्का), शर्करा, शहद, गन्ना, चुकन्दर, जैम, रोटी, दुग्ध, आदि हैं।

2. वसा या लिपिड

- वसा (Lipid) वसीय अम्लों एवं ग्लिसरॉल के एस्टर होते हैं, जो कार्बन (C), हाइड्रोजन (H) एवं ऑक्सीजन (O) के बने होते हैं।
- इसमें अत्यधिक कैलोरी (ऊर्जा) होती है और ये आवश्यक वसा अम्लों के मुख्य स्रोत हैं।
  1 ग्राम वसा से लगभग 37 किलो जूल या 9.2 किलो कैलोरी ऊर्जा प्राप्त होती है।
- जन्तु वसा अर्द्धठोस होती है, जबकि वनस्पति वसाएँ तरल रूप में होती हैं तथा तेल कहलाती हैं।
- घी, मक्खन, बादाम, पनीर, अण्ड पीतक, माँस, सोयाबीन और सभी वनस्पति तेल वसा के मुख्य स्रोत हैं।
- वसा की अत्यधिक मात्रा के सेवन से मोटापा हो जाता है। कोलेस्ट्रॉल के स्तर में वृद्धि से हृदय रोग उत्पन्न हो जाते हैं।

3. प्रोटीन

- प्रोटीन (Protein) शब्द जे. बर्जीलियस ने सन् 1930 में प्रतिपादित किया था।
- प्रोटीन अमीनो अम्लों के बहुलक होते हैं। ये वृद्धि, विकास तथा शरीर की मरम्मत में अहम् भूमिका अदा करते हैं।
- प्रोटीन, कार्बन (C), हाइड्रोजन (H), ऑक्सीजन (O) एवं नाइट्रोजन (N) से बने होते हैं। कुछ प्रोटीनों में गन्धक (S), फॉस्फोरस (P) और लौह (Fe) भी पाया जाता है।

- 1 ग्राम प्रोटीन से लगभग 5.65 किलो कैलोरी ऊर्जा प्राप्त होती है। प्रोटीनों में लगभग 20 प्रकार के अमीनो अम्ल पाए जाते हैं।
- प्रोटीन के मुख्य स्रोत दालें, मछली, अण्डा, पत्तीदार सब्जियाँ, दुग्ध, फल, सोयाबीन, मटर, सेम, पनीर, दही, आदि हैं।
- प्रोटीन की कमी से बच्चों में मैरेस्मस एवं क्वाशियोरकर रोग उत्पन्न हो जाते हैं।

4. खनिज तत्व

- धातु, अधातु एवं उनके लवण खनिज तत्व (Minerals) कहलाते हैं। खनिज तत्व हमारे शरीर का लगभग 4% भाग बनाते हैं।
- खनिज तत्व दो प्रकार के होते हैं
  - वृहत खनिज तत्व (Macronutrients) इन तत्वों की शरीर को अधिक मात्रा में आवश्यकता होती है। उदाहरण—कैल्शियम (Ca), फॉस्फोरस (P), पोटैशियम (K), गन्धक (S), सोडियम (Na), क्लोरीन (Cl) और मैग्नीशियम (Mg)।
  - सूक्ष्म तत्व (Micronutrients) इन तत्वों की शरीर को बहुत कम मात्रा में आवश्यकता होती है। उदाहरण—आयोडीन (I), लौह (Fe), कोबाल्ट (Co), फ्लोरीन (F), मोलीब्डेनम (Mo) और सेलीनियम (Se)।

खनिज लवणों के स्रोत

खजिन तत्व	मुख्य स्रोत	शारीरिक महत्त्व	कमी के प्रभाव
कैल्शियम (Calcium-Ca)	दूध, पनीर, हरी सब्जियाँ, फलियाँ, अनाज।	दाँतों और हड्डियों की रचना; रुधिर-स्कन्दन तन्त्रिकाओं एवं पेशियों के कार्य।	दाँत व हड्डियाँ दुर्बल, शरीर-वृद्धि कुण्ठित; टिटैनी।
फॉस्फोरस (Phosphorus-P)	दूध, माँस, अनाज	दाँतों और हड्डियों की रचना; अम्ल-क्षार सन्तुलन; ATP, DNA, RNA।	दाँत व हड्डियाँ दुर्बल, शरीर-वृद्धि एवं कार्यिकी कुण्ठित।
पौटेशियम (Potassium-K)	माँस, दूध, अनाज, फल सब्जियाँ।	अम्ल-क्षार सन्तुलन, जल-सन्तुलन तन्त्रिकाओं की कार्यिकी।	निम्न रक्तचाप, पेशियों की दुर्बलता; अंगघात की आशंका।
सोडियम (Sodium-Na)	खाने वाला नमक	अम्ल क्षार सन्तुलन, जल सन्तुलन तन्त्रिकाओं की कार्यिकी	निम्न रक्तचाप, भूख की कमी, पेशियों की ऐंठन
जिंक (Zinc-Zn)	अनाज, दूध, अण्डे, माँस, समुद्री भोजन।	जल-अपघटन अर्थात् पाचन एन्जाइमों सहित अनेक (लगभग 80) एन्जाइमों का सहघटक।	कुण्ठित वृद्धि, रक्तक्षीणता, खुरदरी त्वचा, दुर्बल प्रतिरक्षा-तन्त्र, जनन-क्षमता का क्षय।
लौह (Iron-Fe)	माँस, अण्डे, फलियाँ, अनाज, हरी सब्जियाँ।	हीमोग्लोबिन तथा साइटोक्रोम एन्जाइमों का घटक।	हीमोग्लोबिन की कमी से रक्तक्षीणता (Anaemia) दुर्बलता, शरीर प्रतिरक्षा-तन्त्र दुर्बल।
फ्लोरीन (Fluorine-F)	पीने वाला जल, चाय, समुद्री भोजन	हड्डियों और दाँतों का रख-रखाव।	दाँतों की दुर्बलता; आधिक्य से फ्लोरोसिस (Fluorosis) रोग, जिसमें दाँत चितकबरे हो जाते हैं।
आयोडीन (Iodine-I)	दूध; समुद्री भोजन, नमक	थायरॉक्सिन हॉर्मोन का महत्त्वपूर्ण घटक	घेंघा, जड़वामनता।
कोबाल्ट (Cobalt-Co)	दूध, पनीर, माँस।	विटामिन-B_{12} का महत्त्वपूर्ण घटक	रक्तक्षीणता (Anaemia)

5. विटामिन

- ये जटिल कार्बनिक पदार्थ होते हैं, जो शरीर को प्रतिरक्षा प्रदान करते हैं। इनकी कमी से अल्पतता रोग (Deficiency Diseases) हो जाते हैं।
- ये शरीर की उपापचयिक क्रियाओं के लिए भी अतिआवश्यक होते हैं। इन्हें वृद्धिकारक (Growth Factors) भी कहते हैं।

6. जल

- मानव शरीर का लगभग 60-80% भाग जल होता है। जल शरीर में होने वाली सभी जैविक क्रियाओं में भाग लेता है तथा सभी भोज्य पदार्थों के लिए विलायक का कार्य करता है।
- जल की कमी से निर्जलीकरण (Dehydration) की समस्या उत्पन्न हो जाती है।
- यह शरीर के तापमान को नियन्त्रित रखता है तथा पोषक पदार्थों के स्थानान्तरण में सहायता करता है।
- श्वसन की क्रिया में जल उत्पाद तथा प्रकाश-संश्लेषण में कच्चे माल के रूप में प्रयुक्त होता है।

7. रेशे

- यह कुछ भोज्य पदार्थों में पाया जाने वाला तन्तुमय पदार्थ है।
- यह शरीर की वृद्धि नहीं करता, क्योंकि हम इसका पाचन नहीं कर पाते हैं।
- यह कब्ज को रोकने हेतु अधिक मात्रा में भोजन में लिया जाता है।
- यह शरीर में जल को नियन्त्रित करता है तथा आहारनाल के मार्ग को साफ रखता है। इसके मुख्य स्रोत सलाद, अनाजों की बाह्य परत, सब्जियाँ एवं दलिया हैं।

प्रमुख विटामिन एवं उनसे सम्बन्धित तथ्य

नाम	स्रोत	प्रमुख कार्य	कमी का प्रभाव
		वसा में घुलनशील विटामिन	
विटामिन-A (रेटिनॉल)	कैरोटिन वर्णकों से यकृत व आँतीय श्लेष्मा की कोशिकाओं में संश्लेषित, दूध, मक्खन, अण्डा, यकृत, मछली का तेल।	दृष्टि वर्णकों का संश्लेषण, एपिथीलियमी स्तरों की वृद्धि एवं विकास।	कॉर्निया व त्वचा की कोशिकाओं का शल्कोष्ट रतौंधी (रात्रि-अन्धापन) कुण्ठित वृद्धि।
विटामिन-D (कैल्सीफेरॉल)	मक्खन, यकृत, मछली का तेल, गुर्दे, अण्डे, त्वचा और यीस्ट में सूर्य-प्रकाश में संश्लेषण।	कैल्सियम व फॉस्फोरस का उपापचय, हड्डियों और दाँतों की वृद्धि।	सूखा रोग (रिकेट्स), ऑस्टियोमैलेसिया
विटामिन-E (टोकोफेरॉल)	तेल, गेहूँ, अण्डे की जर्दी, सोयाबीन	कोशिका कला की सुरक्षा, जननिक एपिथीलियम की वृद्धि, पेशियों की क्रियाशीलता।	जनन क्षमता की कमी, जननांग तथा पेशी कमजोर।
विटामिन-K (नैफ्थोक्विनोन या फिल्लोक्विनोन)	हरी पत्तियाँ, अण्डा, यकृत, टमाटर, गोभी, सोयाबीन, आँत के जीवाणु।	यकृत में प्रोथ्रॉम्बिन का संश्लेषण।	चोट पर रुधिर का थक्का न जमने से अधिक रुधिर स्राव।
		जल में घुलनशील विटामिन	
विटामिन-B_1 (थायमीन)	अनाज, फलियाँ, सोयाबीन, दूध, यीस्ट, अण्डे, माँस।	कार्बोहाइड्रेट एवं अमीनो अम्ल उपापचय के लिए आवश्यक एन्जाइमों का सहएन्जाइम।	बेरी-बेरी
विटामिन-B_2 (राइबोफ्लैविन)	पनीर, अण्डे, यीस्ट, हरी पत्तियाँ, माँस, यकृत।	उपापचय में महत्त्वपूर्ण सह-एन्जाइमों, FAD तथा FMN का घटक	कीलोसिस
विटामिन-B_3 (निकोटिनिक अम्ल या नियासिन)	यीस्ट, माँस, यकृत, मछली, अण्डे, दूध, मटर, मेवा, फलियाँ।	उपापचय में महत्त्वपूर्ण सह-एन्जाइमों, NAD तथा NADP का घटक	पेलाग्रा
विटामिन-B_5 (पैण्टोथीनिक अम्ल)	अण्डे, जिगर, माँस, दूध, टमाटर, मूँगफली, गन्ना।	अपचय के सह-एन्जाइम-A	चर्म रोग, वृद्धि कम, बाल सफेद, जनन क्षमता कम
विटामिन-B_6 (पाइरिडॉक्सिन)	दूध, यीस्ट, अनाज, माँस, यकृत, मछली।	प्रोटीन उपापचय में आवश्यक एन्जाइमों का सह-एन्जाइम।	रक्तक्षीणता, चर्म रोग, पेशीय ऐंठन
विटामिन-B_7 (बायोटिन)	माँस, गेहूँ, अण्डा, मूँगफली, चॉकलेट, सब्जी, फल, यीस्ट।	वसीय एवं अमीनो अम्लों सहित कई अन्य पदार्थों की संश्लेषण अभिक्रियाओं में सह-एन्जाइम।	चर्म रोग, बालों का झड़ना
विटामिन-B_9 (फोलिक अम्ल)	हरी पत्तियाँ, यकृत, सोयाबीन, यीस्ट, गुर्दे, फलियाँ, आँत के जीवाणु।	वृद्धि, रुधिराणुओं का निर्माण, DNA का संश्लेषण।	रुधिरक्षीणता, कुण्ठित वृद्धि
विटामिन-B_{12} (सायनोकोबालेमीन)	माँस, मछली, यकृत, अण्डा, दूध, आँत के जीवाणु।	वृद्धि रुधिराणुओं का निर्माण, न्यूक्लिक अम्लों का संश्लेषण।	रुधिरक्षीणता, तन्त्रिका तन्त्र की गड़बड़ियाँ
विटामिन-C (एस्कॉर्बिक अम्ल)	नींबू वंश के फल, टमाटर, सब्जियाँ, आलू, अन्य फल।	आन्त्रकोशिकीय योजक पदार्थ, कोलैजन तन्तुओं, हड्डियों के मैट्रिक्स, दाँतों के डेण्टीन का निर्माण।	स्कर्वी

मानव कार्यिकी

- विज्ञान की वह शाखा जिसके अन्तर्गत किसी जीवधारी के जैविक प्रक्रमों का अध्ययन किया जाता है, कार्यिकी (Physiology) कहलाती है।
- मानव में पाचन, श्वसन, उत्सर्जन, जनन, आदि जैविक प्रक्रमों के सफल क्रियान्वयन एवं समुचित समन्वय हेतु अनेक अंग-तन्त्र पाए जाते हैं, जो आपस में मिलकर सभी आवश्यक जैविक कार्यों का विभाजन कर लेते हैं।
- मानव तन्त्र में पाए जाने वाले विभिन्न अंग-तन्त्र निम्न हैं
  - पाचन तन्त्र
  - श्वसन तन्त्र
  - परिसंचरण तन्त्र
  - उत्सर्जन तन्त्र
  - कंकाल तन्त्र
  - तन्त्रिका तन्त्र
  - अन्त:स्रावी तन्त्र
  - जनन तन्त्र

पाचन तन्त्र

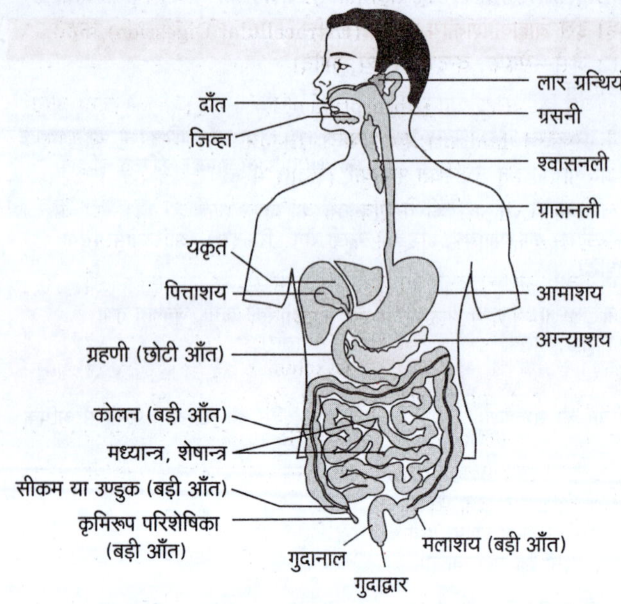

मानव की आहारनाल तथा उससे सम्बन्धित ग्रन्थियाँ

मानव की आहारनाल 8-10 मी. लम्बी होती है, जो मुख से मलद्वार या गुदाद्वार तक होती है। इसके निम्न भाग होते हैं

मुख या मुखगुहा

- इसमें तालु (Palate), जिव्हा तथा दाँत होते हैं। तालु मुख की छत बनाता है तथा मुख को नासा कक्ष (Nasal Chamber) से पृथक् करता है। जिव्हा पेशीय होती है, जिस पर स्वाद ग्रहण करने हेतु स्वाद कलिकाएँ (Taste Buds) पाई जाती हैं।
- इसकी लार में एमाइलेज (टायलिन) तथा लाइसोजाइम (जीवाणु को मारने वाले) एन्जाइम उपस्थित होते हैं।
- दाँत, जबड़े पर दन्त कोष्ठ (Teeth Sockets) में लगे होते हैं तथा चार प्रकार के होते हैं— कृन्तक (Incisors) (काटने वाले दाँत), रदनक (Canines) (फाड़ने वाले दाँत), अग्रचर्वणक (Premolars) तथा चर्वणक (Molar) (पीसने वाले दाँत)।
- एक वयस्क मानव के प्रत्येक जबड़े में 16 दाँत होते हैं।
- मानव जबड़े के प्रत्येक आधे भाग में, जो मध्य से लेकर पीछे तक जाता है, 2 कृन्तक, 1 रदनक, 2 अग्रचर्वणक, 3 चर्वणक (2 + 1 + 2 + 3) होते हैं। अत: मानव का दन्तविन्यास 2123/2123 होता है।
- दाँत अस्थिनुमा पदार्थ का बना होता है, जिसे डेण्टाइन (Dentine) कहते हैं, जो कि सफेद चमकीले पदार्थ से घिरा होता है, जिसे इनेमल कहते हैं।

ग्रसनी

- यह छोटे आकार (12-14 सेमी) का शंकुनुमा भाग होता है, जहाँ भोजन तथा वायु मार्ग एक-दूसरे को काटते हैं।
- यह तीन भागों में विभाजित होता है—नासा ग्रसनी (नासा कोष्ठ के पीछे), मुखग्रसनी (मुखगुहा के पीछे), कण्ठग्रसनी (ग्रसनी का निचला भाग)।

ग्रासनली

यह लम्बी (22-25 सेमी), संकरी, पेशीय तथा नलिका युक्त संरचना होती है।

आमाशय

- यह तीन भागों का बना होता है- कार्डियक आमाशय (Cardiac Stomach), पाइलोरिक आमाशय (Pyloric Stomach) तथा फण्डिक आमाशय (Fundic Stomach)।
- यह भोजन के यान्त्रिक मन्थन (Churning) तथा रासायनिक पाचन में सहायक है। भोजन आमाशय में लुगदी बनने के पश्चात् काइम (Chyme) कहलाता है।
- आमाशय, आमाशयी रस में HCl, लाइपेज व एमाइलेज एन्जाइम स्रावित करता है, जो क्रमश: वसा तथा स्टार्च को विघटित करते हैं।
- आमाशय में HCl का अधिक स्रावण पेप्टिक अल्सर का कारण बनता है।

छोटी आँत

- यह आहारनाल का सबसे लम्बा (लगभग 2 फीट से 6 फीट) भाग होता है। यह तीन भागों ग्रहणी (Duodenum), मध्यान्त्र (Jejunum) तथा क्षुद्रान्त्र (Ileum) में विभाजित होता है।
- ग्रहणी पित्त-अग्न्याशयी वाहिनी (Bile-Pancreatic Duct) से पाचक पित्त रस एवं अग्न्याशयी रस ग्रहण करती है। क्षुद्रान्त्र में वसीय अम्ल का अवशोषण तथा कार्बोहाइड्रेट्स, वसा तथा प्रोटीन का पूर्ण पाचन होता है।

> ◆ छोटी आँत की आन्तरिक श्लेष्मिका में अँगुली के समान अनेक उभार **रसांकुर** (Villi) एवं **सूक्ष्मांकुर** (Microvilli) निकले होते हैं, जो अवशोषण हेतु सतह का क्षेत्रफल बढ़ाते हैं।

बड़ी आँत

यह 1.5 सेमी लम्बी तथा 6-7 सेमी मोटी होती है। इसका मुख्य कार्य जल का अवशोषण तथा अपचित भोजन को निष्कासन करना है।

- इसके तीन भाग अन्धनाल (Caecum), वृहदान्त्र (Colon) तथा मलाशय (Rectum) होते हैं।
- कुछ शाकाहारियों, (जैसे—घोड़े तथा खच्चर) में अन्धनाल बड़ी होती है तथा सेलुलोस के सूक्ष्मजीवी पाचन का केन्द्र होती है।
- मानव में अन्धनाल बहुत छोटा, अवशेषी अंग है तथा परिशेषिका (Appendix) कहलाता है।
- वृहदान्त्र में जल का पुन:अवशोषण होता है। यह U-आकार का होता है।
- मलाशय 20 सेमी लम्बी नाल होती है इसके अन्तिम भाग को गुदा नाल कहते हैं, जो गुदा द्वारा बाहर खुलती है।
- यह अपचित खाद्य अवशेष का संग्रहण करके मल बनाता है, जो मलाशय में एकत्र हो जाता है।

पाचक ग्रन्थियाँ

- ये भोजन के पाचन के लिए पाचक रस (Digestive Juice) स्रावित करती हैं। ये चार प्रकार की होती हैं

(i) लार ग्रन्थियाँ यह लार उत्पन्न करती हैं। ये तीन जोड़ी होती हैं
- ◆ कर्णपूर्व ग्रन्थियाँ (Parotid Glands)
- ◆ अधोहनु ग्रन्थियाँ (Submaxillary Glands)
- ◆ अधोजिव्हा ग्रन्थियाँ (Sublingual Glands)

(ii) जठर ग्रन्थियाँ ये आमाशय में उपस्थित होती हैं। ये क्षारीय श्लेष्म, HCl, प्रोरेनिन पेप्सिनोजन व गैस्ट्रिन हॉर्मोन स्रावित करती हैं।

(iii) यकृत यह शरीर की सबसे बड़ी ग्रन्थि होती है, इसके दाईं पाली की ओर पित्ताशय होता है, जो यकृत द्वारा स्रावित पित्त रस को संग्रहित करता है।

नोट : *पित्त रस में कोई एन्जाइम नहीं होता है, परन्तु इसमें पित्त लवण तथा पित्त वर्णक (बिलिरुबिन-पीला तथा बिलिवर्डिन-हरा) होते हैं, जो वसा के पाचन में सहायक हैं।*

(iv) अग्न्याशय यह मिश्रित ग्रन्थि अग्न्याशयी रस में वसा, प्रोटीन तथा कार्बोहाइड्रेट का पाचन करने वाले एन्जाइमों का स्रावण करती है।

जन्तुओं में पाचन तन्त्र की क्रियाविधि

- अन्तर्ग्रहण (Ingestion) भोज्य पदार्थों के शरीर में पहुँचने या इन्हें ग्रहण करने की क्रिया को अन्तर्ग्रहण कहते हैं। मानव मुख से भोजन को ग्रहण करते हैं। इसके पश्चात् मुख में भोजन को चबाकर उसका अन्तर्ग्रहण किया जाता है।
- पाचन (Digestion) बहुकोशिकीय जन्तुओं में पाचन एक नलिकाकार आहारनाल में सम्पन्न होता है। इसमें अनेक पाचक ग्रन्थियों से स्रावित पाचक रस (Digestive Juice) की सहायता से भोजन का पाचन किया जाता है। इसे बाह्यकोशिकीय पाचन (Extracellular Digestion) कहते हैं; जैसे—मेंढक, बन्दर, मनुष्य, आदि।
- भोजन का अवशोषण (Absorption of Food) मनुष्य की छोटी आँत के मध्यान्त्र (Midgut) एवं शेषान्त्र (Illeum) में आन्तरिक स्तर पर अवशोषण हेतु उपस्थित रसांकुर (Villi) में रुधिर (Blood) एवं लसीका (Lymph) की केशिकाओं का जाल होता है। रसांकुर के मध्य भाग में आक्षीर वाहिनी या लैक्टियल्स (Lacteals) नामक लसीका केशिका उपस्थित होती हैं। इनमें से लसीका केशिकाएँ वसीय अम्ल तथा ग्लिसरॉल का अवशोषण करती हैं।
- अपचित भोजन का बहिष्करण (Exclusion of Undigested Food) अवशोषण के पश्चात् शेष बचा हुआ ठोस वर्ज्य पदार्थ विष्ठा (Faeces) कहलाता है, जो मलाशय (Rectum) में एकत्र हो जाता है। यह विष्ठा मलद्वार (Anus) के द्वारा समय-समय पर बाहर निकाल दिया जाता है।

मानव में उपस्थित पाचक एन्जाइम

आहारनाल का भाग	ग्रन्थियाँ	पाचक रस	माध्यम	एन्जाइम	क्रियाकार जिन पर क्रिया होती है	अन्तिम उत्पाद
मुखगुहा में पाचन	लार ग्रन्थि	लार रस	हल्का क्षारीय pH-7.2	टायलिन या एमाइलेज	स्टार्च	माल्टोस एवं डैक्सट्रीन (जटिल शर्करा)
आमाशय में पाचन	जठर ग्रन्थियाँ	जठर रस	उच्च अम्लीय pH-1.0-3.5	पेप्सिन	प्रोटीन	पेप्टोन्स व प्रोटीओसेज
				रेनिन	दूध का प्रोटीन	पैराकेसीन
				गैस्ट्रिक लाइपेज	वसा	वसा अम्ल + ग्लिसरॉल
ग्रहणी में पाचन	अग्न्याशय	अग्न्याशयी रस	क्षारीय pH-7.5-8.3	ट्रिप्सिन व काइमोट्रिप्सिन	प्रोटीन	पॉलीपेप्टाइड अणु
				एमाइलोप्सिन (एमाइलेज)	मण्ड एवं जटिल शर्करा अणु	डाइसैकेराइड्स (माल्टोस)
				कार्बोक्सिपेप्टिडेज	प्रोटीन के पॉलीपेप्टाइड	अमीनो अम्ल
				स्टिएप्सिन या अग्न्याशयी लाइपेज	वसा	वसा अम्ल व ग्लिसरॉल
क्षुद्रान्त्र में पाचन	आँत्रीय ग्रन्थियाँ	आँत्रीय रस	क्षारीय pH-8	ऐन्टीरोकाइनेज	ट्रिप्सिनोजन	सक्रिय ट्रिप्सिन
				इरेप्सिन	पॉली व ट्राइपेप्टाइड्स	अमीनो अम्ल
				माल्टेज	माल्टोस शर्करा	ग्लूकोस (मोनोसैकेराइड)
				सुक्रेज	डाइसैकेराइड सुक्रोस	ग्लूकोस + फ्रक्टोस
				लैक्टेज	शेष लैक्टोस शर्करा	वसा अम्ल एवं ग्लिसरॉल
				लाइपेज	शेष वसा	ग्लूकोस व गैलेक्टोस
				न्यूक्लिऐज	न्यूक्लियोसाइड्स	नाइट्रोजन क्षार + शर्करा

श्वसन तन्त्र

- मानव के प्रमुख श्वसनांग फेफड़े (Lungs) होते हैं। फेफड़ों तक बाहरी वायु के आवागमन हेतु नासिका, ग्रसनी, वायुनाल तथा इसकी शाखाएँ मिलकर एक जटिल वायु मार्ग बनाती हैं।
- इस प्रकार ये सभी संवाही अंग तथा फेफड़े मिलकर मानव का श्वसन तन्त्र बनाते हैं।
- श्वसन अंग भिन्न-भिन्न जन्तुओं में भिन्न-भिन्न होते हैं
  - फेफड़े (Lungs) मनुष्य, मेंढक, पक्षी, छिपकली, पशु, इत्यादि।
  - त्वचा (Skin) मेंढक, केंचुआ।
  - गिल्स (Gills) मेंढक का लार्वा, मछली, प्रॉन।
  - श्वासनली (Trachea) कीट।
- सामान्य शरीर सतह (General Body Surface) *अमीबा, यूग्लीना*, इत्यादि।

मानव श्वसन तन्त्र के अंग

मानव के प्रमुख संवाही या श्वसन अंग निम्नलिखित हैं

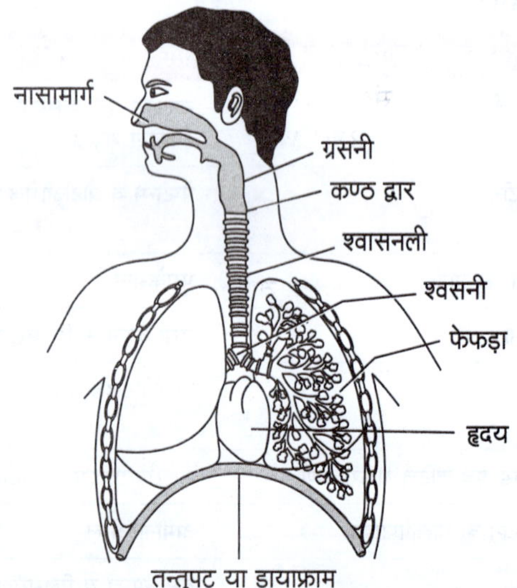

मानव का श्वसन तन्त्र

- नासाद्वार (Nostrils) के बीच का स्थान नासा वेश्म (Nasal Chamber) होता है। इसके पृष्ठ भाग में घ्राण उपकला (Olfactory Epithelium) होती है तथा शेष भाग में रोमाभि उपकला (Ciliated Epithelium) होती है।
- ग्रसनी (Pharynx) मुखगुहा का पिछला भाग है, जो घाँटी या ग्लॉटिस (Glottis) द्वारा लैरिंक्स (Larynx) में खुलता है। ग्लॉटिस के ऊपर एपिग्लॉटिस (Epiglottis) लगा होता है, जो भोजन निगलते समय श्वासनली का छिद्र बन्द कर देता है।
- कण्ठ या स्वर यन्त्र (Larynx) के चारों ओर उपास्थि की बनी चार प्लेट पाई जाती है।
- श्वासनाल (Trachea) श्वासनाल ग्रासनली (Oesophagus) के अधर तल से चिपकी रहती है। इसकी भित्ति में हायलाइन उपास्थि के बने C-आकार के छल्ले (Cartilaginous Rings) होते हैं।
- श्वसनी (Bronchus) श्वासनली वक्षगुहा में जाकर दो श्वसनी में विभक्त हो जाती है। इनकी भित्ति में भी उपास्थि के छल्ले होते हैं।
- श्वसनिका (Bronchiole) मानव में दाहिनी श्वसनी तीन श्वसनिकाओं में विभक्त हो जाती है। श्वसनिकाएँ कूपिका वाहिनियों में विभक्त हो जाती हैं। प्रत्येक कूपिका वाहिनी अपने छोर पर वायु कोष्ठकों (Alveoli) के एक गोल-से समूह में प्रवेश करती है। इस समूह में कई छोटे-छोटे वायुकोष होते हैं। प्रत्येक वायुकोष में दो या तीन छोटे-छोटे थैलीनुमा वायु कोष्ठक (Alveoli) (फेफड़ों व रक्त के बीच गैसीय विनिमय के प्राथमिक स्थल होते हैं) खुलते हैं।

श्वसन की क्रियाविधि

- डायाफ्राम तथा पसलियों में स्थित अन्तरापर्शुक पेशी (Intercostal Muscles) के संकुचन व शिथिलन के फलस्वरूप श्वसन की क्रिया होती है। इसमें अन्त:श्वसन तथा नि:श्वसन दो प्रक्रियाएँ होती हैं
  - अन्त: श्वसन (Inhalation) के समय डायाफ्राम की अरीय माँसपेशियाँ (Radial Muscles) तथा बाह्य अन्तरापर्शुक पेशी (External Intercostal Muscles) सिकुड़ती हैं, जिससे डायाफ्राम उदर की ओर झुक जाता है और पसलियाँ या वक्षीय भित्ति बाहर तथा ऊपर की ओर गति करती हैं। इस प्रकार वक्षीय गुहा का आयतन बढ़ जाता है। वक्षीय गुहा के बढ़ने से फुफ्फुस में वायु का दाब कम होता है, इसलिए वातावरण की वायु, नासिका छिद्रों द्वारा फेफड़ों में प्रवेश करती है।
  - नि: श्वसन (Exhalation) एक निष्क्रिय प्रक्रिया है। इसके अन्तर्गत अरीय पेशियों में तथा अन्तरापर्शुक पेशियों में शिथिलन होता है, जिसके फलस्वरूप डायाफ्राम वक्ष की ओर ऊपर उठता है और अन्तरापर्शुक में गति होती है। इसके फलस्वरूप वक्षीय भित्ति या पसलियाँ भीतर की ओर गति करती हैं। इससे फुफ्फुसीय वायु दाब अधिक हो जाता है और वायु नासिका छिद्रों से होती हुई बाहर निकल जाती है।

ऑक्सीजन का परिवहन

- हीमोग्लोबिन RBCs में स्थित लाल रंग का एक लौहयुक्त वर्णक है। हीमोग्लोबिन के साथ उत्क्रमणीय ढंग से बन्धकर ऑक्सीजन ऑक्सीहीमोग्लोबिन का गठन करता है। लगभग 97% O_2 का इसी प्रकार परिवहन होता है।

कार्बन डाइऑक्साइड का परिवहन

CO_2 हीमोग्लोबिन द्वारा कार्बमिनोहीमोग्लोबिन के रूप में वहन की जाती है। लगभग 7% CO_2 प्लाज्मा में घुलकर 23% कार्बमिनोहीमोग्लोबिन और 70% बाइकार्बोनेट के रूप में कार्बन डाइऑक्साइड का परिवहन करती है।

परिसंचरण तन्त्र

- जन्तुओं के शरीर में पोषक पदार्थों एवं अपशिष्ट तत्वों का संवहन तरल संयोजी ऊतकों द्वारा होता है। इस तरल के सुचारू संवहन हेतु बना तन्त्र ही परिसंचरण तन्त्र (Circulatory System) कहलाता है।
- परिसंचरण तन्त्र की खोज विलियम हार्वे (William Harvey) ने सन् 1628 में की थी। परिसंचरण तन्त्र दो प्रकार का होता है
  (i) बन्द परिसंचरण तन्त्र (ii) खुला परिसंचरण तन्त्र।

हृदय

- यह एक मोटा, पेशीय, स्वत: संकुचनशील पम्पिंग अंग है।
- इसका वह भाग, जो शरीर के ऊतकों से रुधिर ग्रहण करता है, अलिन्द (Auricle) कहलाता है तथा हृदय का वह भाग, जो ऊतकों में रुधिर पम्प करता है, निलय (Ventricle) कहलाता है।

मानव हृदय की संरचना

- मानव का हृदय पेरीकार्डियल गुहा (Pericardial Cavity) में स्थित होता है। हृदय पर दोहरा आवरण होता है, जिसे हृदयावरण या पेरीकार्डियम (Pericardium) कहते हैं।
- पुरुषों में हृदय का औसत वजन 280-340 ग्राम तथा स्त्रियों में 230-280 ग्राम होता है। नवजात शिशु के हृदय का वजन लगभग 20 ग्राम होता है।
- मानव का हृदय चार कोष्ठीय (Four-Chambered) होता है, जिसमें दो अलिन्द एवं दो निलय पाए जाते हैं।

(i) दायाँ अलिन्द (Right Auricle) दाएँ अलिन्द में सुपीरियर वेना कावा (Superior Vena Cava) एवं इन्फीरियर वेना कावा (Inferior Vena Cava) द्वारा अनॉक्सीकृत (Deoxygenated) रुधिर आता है। दायाँ अलिन्द, दाएँ निलय में एक चौड़े, वृत्तीय दाएँ अलिन्द-निलय छिद्र (Auriculoventricular Aperture) द्वारा खुलता है, जो ट्राइकस्पिड वाल्व या कपाट (Tricuspid Valve) द्वारा ढका होता है। यह दाएँ अलिन्द से दाएँ निलय की ओर रुधिर के एक दिशीय प्रवाह को नियन्त्रित करता है।

(ii) दायाँ निलय (Right Ventricle) इससे फुफ्फुस धमनी (Pulmonary Artery) निकल कर फेफड़ों में पहुँचती है, जिसमें अनॉक्सीकृत (Deoxygenated) रुधिर प्रवाहित होता है। फुफ्फुस धमनी के निकलने के स्थान पर तीन अर्द्धचन्द्राकार कपाट (Semilunar Valve) होते हैं, जो रुधिर को वापस निलय में आने से रोकते हैं।

(iii) बायाँ अलिन्द (Left Auricle) इसमें फुफ्फुस शिरा (Pulmonary Vein) के द्वारा फेफड़ों से ऑक्सीकृत रुधिर (Oxygenated Blood) आता है। अलिन्द-निलय छिद्र, बाइकस्पिड वाल्व (Bicuspid Valve) या मिट्रल वाल्व (Mitral Valve) द्वारा ढका रहता है तथा बाएँ अलिन्द से बाएँ निलय में रुधिर के विपरीत प्रवाह को रोकता है।

(iv) बायाँ निलय (Left Ventricle) इससे बड़ी रुधिर नलिका निकलती है, जिसे महाधमनी (Aorta) कहते हैं। यह शरीर के विभिन्न भागों में ऑक्सीकृत रुधिर प्रवाहित करती है। मानव हृदय का सबसे मोटा भाग बाएँ निलय की भित्ति होती है।

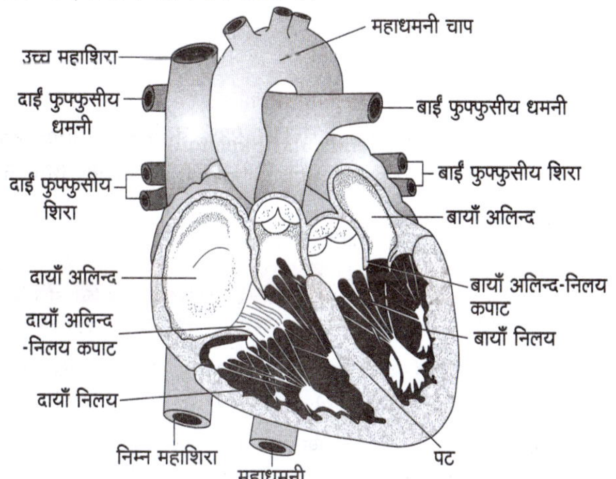

मानव के हृदय की आन्तरिक संरचना (अनुलम्ब काट)

- हृदय पेशियों का क्रमिक (Rhythmic) संकुचन (Contraction) एवं शिथिलन (Relaxation) हृदय स्पन्दन या हृदय चक्र कहलाता है, जो रुधिर दाब उत्पन्न करता है।

नोट *रुधिर वाहिकाओं की दीवारों के, विरूद्ध परिसंचारी रूधिर (Circulating blood) का दबाव, रूधिर दाब कहलाता है। एक सामान्य व्यक्ति का रुधिर दाब 120/80 mmHg होता है।*

- हृदयी प्रेरणा (Cardiac Impulse) की उत्पत्ति शिरा-अलिन्द नोड या साइनोएट्रियल नोड (SA Node) द्वारा होती है।
- शिरा-अलिन्द नोड (SA Node) हृदय का गति प्रेरक (Pacemaker) होता है। मानव का हृदय स्पन्दन 0.85 सेकण्ड का होता है।
- मानव का हृदय प्रति मिनट 72 से 75 बार धड़कता है तथा प्रति मिनट 5 लीटर रुधिर पम्प करता है।

नोट *पहली हृदय ध्वनि **लब** (Lubb) अलिन्द-निलय कपाट के बन्द होने के कारण उत्पन्न होती है। द्वितीय हृदय ध्वनि **डप** (Dupp) अर्द्धचन्द्राकार कपाटों के अचानक बन्द होने के कारण होती है।*

- एक मिनट में हृदय द्वारा पम्प किए गए रुधिर के मान को हृदयी उत्पादन कहते हैं।

रुधिर

- रुधिर एक प्रकार का संयोजी ऊतक (Connective Tissue) है, जो प्लाज्मा तथा रुधिर कणिकाओं (RBC, WBC व प्लेटलेट्स) से मिलकर बना होता है।

रुधिर वर्ग

मानव में दो मुख्य प्रकार के रुधिर वर्ग पाए जाते हैं

1. ABO रुधिर वर्ग ABO रुधिर वर्ग प्रतिजन A या प्रतिजन B की लाल रुधिराणुओं की उपस्थिति के आधार पर होता है। समान रूप से विभिन्न लोगों के प्लाज्मा में a या b प्राकृतिक प्रतिरक्षी, प्रतिजन की प्रतिक्रिया हेतु उपस्थित होती है।
2. Rh रुधिर वर्ग Rh प्रतिजन (रीसस बन्दर के प्रतिजन के समान) भी लाल रुधिराणुओं के सतह पर मिलता है (लगभग 80% लोगों में)। जिनमें Rh प्रतिजन होता है, उन्हें Rh^+ तथा जिनमें Rh प्रतिजन नहीं होता है, उन्हें Rh^- कहते हैं।

- O^+ रुधिर वर्ग के लोग सार्वत्रिक दाता (Universal Donor) तथा AB^+ वाले लोग सार्वत्रिक ग्राही (Universal Receivers) होते हैं।
- Rh^+ रुधिर, Rh^- रुधिर वाले व्यक्ति को नहीं दिया जा सकता है, परन्तु Rh^- रुधिर Rh^+ वाले व्यक्ति को दिया जा सकता है। अत: O^+ रुधिर AB^- को नहीं दिया जा सकता है।

रुधिर वाहिनियाँ

हृदय में होता हुआ, रुधिर पूर्ण शरीर में विस्तृत रूप से फैली मोटी-पतली रुधिर वाहिनियों में निरन्तर बहता रहता है। रुधिर वाहिनियों के तीन तन्त्र होते हैं

(i) धमनी तन्त्र (Arterial System)
(ii) शिरा तन्त्र (Venous System)
(iii) केशिकाएँ (Capillaries)

धमनी व शिरा में अन्तर

धमनी	शिरा
रुधिर को हृदय से अंगों में ले जाती है।	रुधिर को अंगों से हृदय की ओर लाती है।
फेफड़ों में जाने वाली फुफ्फुसीय धमनियों के अतिरिक्त सभी में शुद्ध रुधिर होता है।	फुफ्फुसीय शिराओं के अतिरिक्त सभी में अशुद्ध रुधिर होता है।
इनकी दीवार मोटी तथा कम लचीली होती है।	इनकी दीवार पतली तथा अधिक लचीली होती है।
इसकी गुहा संकरी होती है।	इसकी गुहा चौड़ी होती है।
इनके भीतर कपाट नहीं होते हैं।	इनके भीतर कपाट होते हैं।
रुधिरका दाब अधिक होता है।	रुधिर का दाब कम होता है।

- केशिकाएँ (Capilaries) धमरी से शिरा तक रुधिर को ले जाने वाली छोटी नलिकाएँ होती हैं, जो शरीर में ऊतकों के अन्दर होती हैं। इनकी पतली दीवारों से अपशिष्ट, पोषक पदार्थों, CO_2 तथा O_2 का विनिमय होता है।

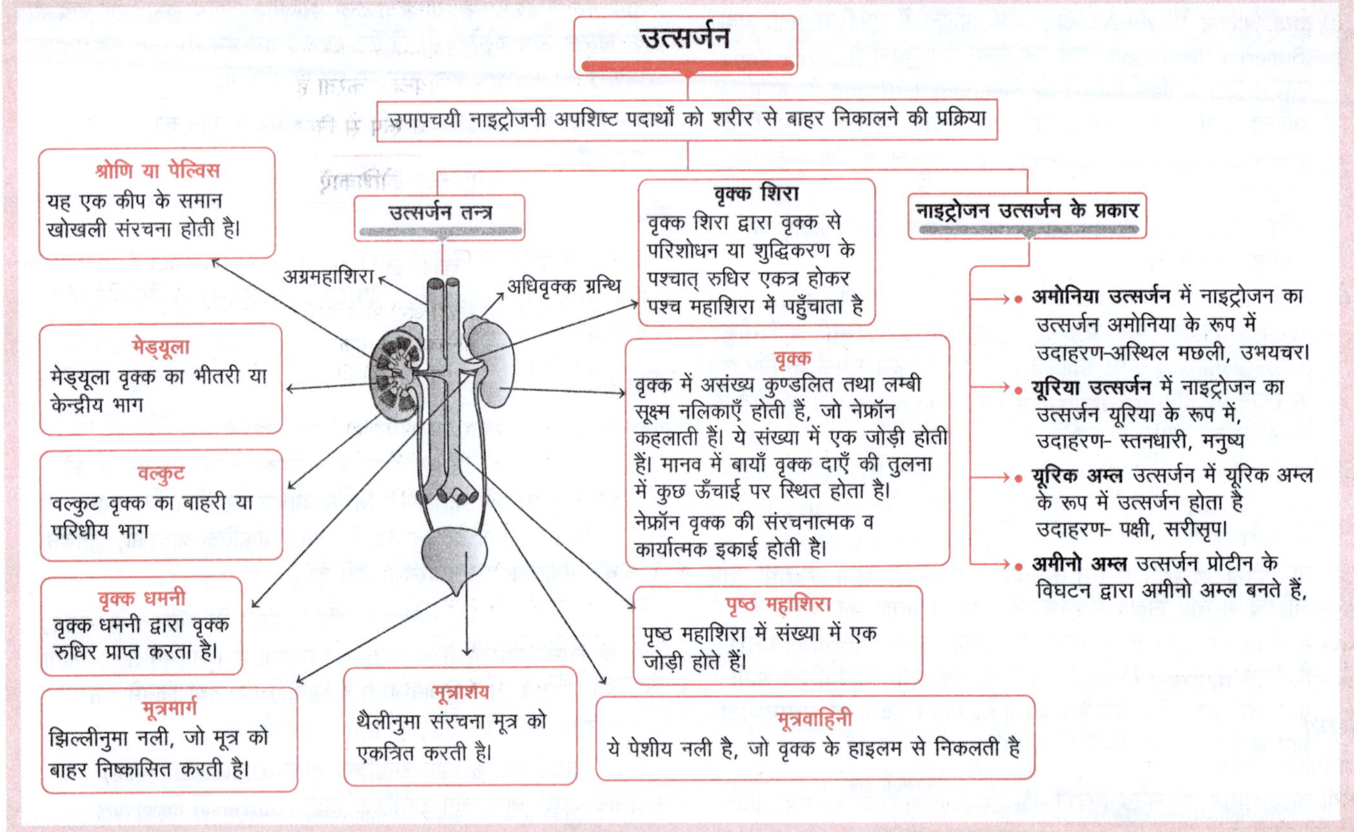

कंकाल तन्त्र

- कंकाल तन्त्र में अस्थियों का एक ढाँचा और उपास्थियाँ होती हैं। इसका प्रमुख कार्य आकार, सहारा, गति तथा सुरक्षा प्रदान करना है। कंकाल का अध्ययन अस्थि विज्ञान (Osteology) कहलाता है।
- वयस्क मानव के अन्त:कंकाल में कुल 206 अस्थियाँ तथा नवजात शिशु में 300 अस्थियाँ होती हैं।

मानव का कंकाल दो भागों में बाँटा गया है

(i) अक्षीय कंकाल (Axial Skeleton) इसके अन्तर्गत करोटि (खोपड़ी), कशेरुक, उरोस्थि एवं पसलियों की अस्थियाँ आती हैं। इसमें 80 अस्थियाँ होती हैं।

(ii) उपांगीय कंकाल (Appendicular Skeleton) इसके अन्तर्गत मेखलाएँ तथा हाथ-पैरों की अस्थियाँ आती हैं। इसमें 126 अस्थियाँ होती हैं।

अक्षीय कंकाल

अस्थियाँ	संख्या
करोटि (Skull)	29 (कपाल 8, चेहरा 14, कण्ठिका 01, कर्ण अस्थिका 06)
कशेरुक (Vertebrae)	26 (सेक्रम 10, अनुत्रिक 01, ग्रीवा 07, वक्षीय 12 तथा कटीय 05)
पसलियाँ (Ribs)	24 (प्रत्येक तरफ 12)
उरोस्थि (Sternum)	01

उपांगीय कंकाल

शरीर के भाग	अन्त: कंकाल के भाग	स्थिति	हड्डियों के नाम	संख्या
वक्ष	अंस मेखला	कन्धा	स्कैपुला क्लेविकल	2
कुल्हा	श्रोणि मेखला	श्रोणि	ओसिन्नोमिनेटम	2
ऊपरी उपांग	—	ऊपरी भुजा	ह्यूमरस	2
		भुजा	रेडियो-अल्ना	4
		कलाई	कार्पल	16
		हथेली	मेटाकार्पल	10
		अँगुली	अँगुलास्थि	28
निचला उपांग	—	जाँघ	फीमर	2
		पिण्डली	टीबियो फिबुला	4
		घुटना	पिटेला	2
		गट्टा	टार्सल	14
		तला	मेटाटार्सल	10
		अँगुली	अँगुलास्थि	28

- फीमर सबसे लम्बी तथा स्टेपीज (Stapes) सबसे छोटी अस्थि होती है। टीबिया सबसे चमकीली अस्थि होती है।

मानव में 12 जोड़ी पसलियों में से प्रथम सात जोड़ी पसलियाँ वास्तविक पसलियाँ (True Ribs) होती हैं। 8वीं, 9वीं तथा 10वीं जोड़ी की पसलियाँ अवास्तविक या कूट पसलियाँ (False Ribs), जबकि अन्तिम दो जोड़ी (11वीं व 12वीं) प्लवन (Floating) पसलियाँ कहलाती हैं।

- कण्डराएँ (Tendons) व स्नायु (Ligament) सघन (Dense) संयोजी ऊतक है, जो क्रमश: कोलेजन व इलास्टिन पीत तन्तु के बने होते हैं। कण्डरा कंकालीय माँसपेशियों को अस्थि से जोड़ती है। स्नायु एक अस्थि को दूसरी अस्थि से जोड़ती है।

सन्धियाँ

दो या अधिक अस्थियों के बीच जोड़ के स्थान को सन्धि (Joint) कहते हैं। सन्धियों के अध्ययन को सन्धि विज्ञान (Orthology) कहते हैं। सन्धियाँ तीन प्रकार की होती हैं

- अचल सन्धियाँ इनमें साइनोवियल सम्पुट (Synovial Capsule) नहीं होता है। करोटि की विभिन्न अस्थियों के बीच टेढ़ी-मेढ़ी सीवनों (Sutures) जैसी सन्धियाँ होती हैं, जो हिल-डुल नहीं सकती है।
- अल्प चल सन्धियाँ इसमें साइनोवियल सम्पुट नहीं होता है। सन्धि स्थानों पर स्नायु युक्त, तन्तुयुक्त या उपास्थिमय ऊतक दोनों अस्थियों को जोड़ने का कार्य करता है। उदाहरण— श्रोणि मेखला की प्यूबिस अस्थियों के बीच का जोड़।
- पूर्ण रूपेण चल सन्धियाँ यहाँ दोनों अस्थियाँ पूर्णत: हिल-डुल सकती हैं। यह सन्धि काचाभ (Hyaline) उपास्थि युक्त साइनोवियल सम्पुट से ढकी होती है। यह पाँच प्रकार की होती हैं
  - (i) कन्दुक-खल्लिका सन्धि (Ball and Socket Joint) मेखला एवं पादों की सन्धि।
  - (ii) कब्जा सन्धि (Hinge Joint) घुटने की सन्धि।
  - (iii) खूँटीदार सन्धि (Pivotal Joint) गर्दन में एटलस एवं एक्सिस कशेरुकाओं के मध्य एवं सन्धि।
  - (iv) विसर्पी सन्धि (Gliding Joint) टीबिया-फिबुला एवं गुल्फ की सन्धि तथा रेडियो-अल्ना कलाई की सन्धि।
  - (v) सैडल सन्धि (Saddle Joint) अँगूठे की मेटाकार्पल एवं कार्पल सन्धि।

तन्त्रिका तन्त्र

- शरीर का वह तन्त्र, जो सोचने, समझने तथा किसी चीज को याद रखने के साथ-साथ विभिन्न अंगों के कार्यों में सामंजस्य तथा सन्तुलन स्थापित करने का कार्य करता है, तन्त्रिका तन्त्र (Nervous System) कहलाता है।
- यह तन्त्रिका कोशिकाओं (Neurons) से बने ऊतकों के माध्यम से शरीर की विभिन्न क्रियाओं का नियन्त्रण करता है।
- तन्त्रिका कोशिकाएँ क्रियात्मक रूप से निम्न प्रकार की होती हैं

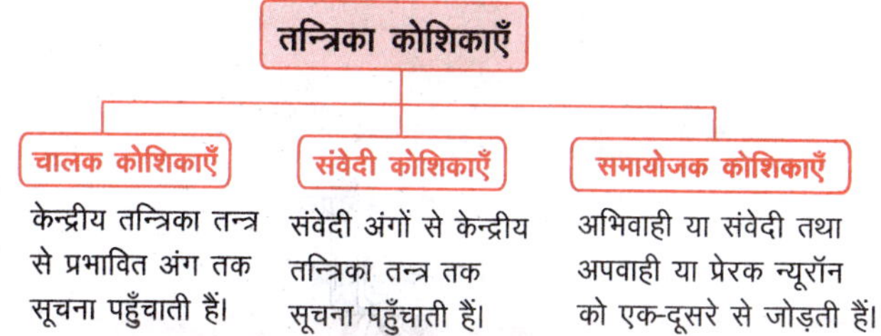

- युग्मानुबंधन या सिनैप्सिस (Synapsis) एक तन्त्रिका कोशिका के एक्सॉन से दूसरी तन्त्रिका कोशिका के एक्सॉन के मध्य संयोजन (Junction) होता है। तन्त्रिका आवेगों का एक न्यूरॉन से दूसरे न्यूरॉन तक संचरण सिनेप्सिस द्वारा होता है।
- सिनेप्सिस द्वारा आवेगों के संचरण में न्यूरोट्रान्समीटर (तन्त्रिका संचारी) कहलाने वाले रसायन सम्मिलित होते हैं; जैसे-एसिटाइलोकोलिन।
- मानव का तन्त्रिका तन्त्र मुख्यतया तीन भागों में विभक्त होता है

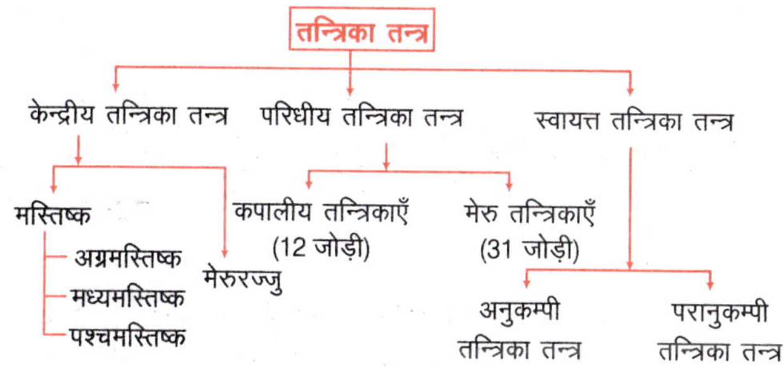

केन्द्रीय तन्त्रिका तन्त्र

तन्त्रिका तन्त्र का वह भाग, जो सम्पूर्ण शरीर तथा स्वयं तन्त्रिका तन्त्र पर नियन्त्रण रखता है, केन्द्रीय तन्त्रिका तन्त्र (Central Nervous System) कहलाता है। यह दो अंगों मस्तिष्क तथा मेरुरज्जु का बना होता है।

मस्तिष्क

- यह पूरे शरीर तथा स्वयं तन्त्रिका तन्त्र का नियन्त्रण कक्ष है।
- मानव का मस्तिष्क अस्थियों के खोल क्रेनियम (Cranium) में बन्द रहता है, जो इसे बाहरी आघातों से बचाता है। इसका औसत भार 1400 ग्राम होता है।
- इसके चारों ओर मैनिनजेस (Meninges) नामक आवरण पाया जाता है, जो तीन स्तरों का बना होता है। इस आवरण या झिल्ली की सबसे बाहरी परत को **ड्यूरामेटर**, मध्य परत को **एरेक्नॉइड** तथा सबसे अन्दर की परत को **पायामेटर** कहते हैं। पायामेटर ऑक्सीजन एवं भोज्य पदार्थ पहुँचाती है।

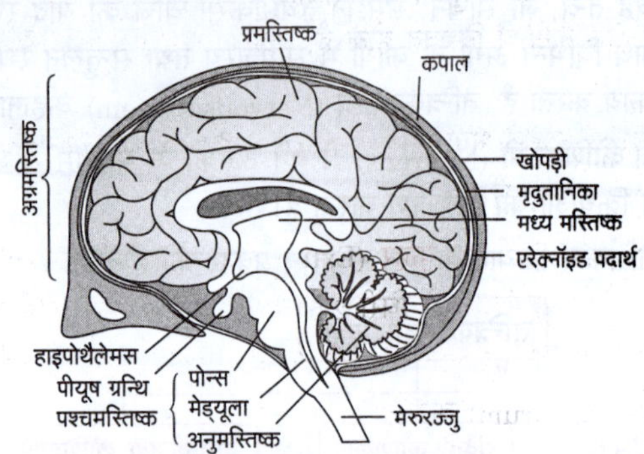

मानव मस्तिष्क का पार्श्व दृश्य

मस्तिष्क के भागों के कार्य

मस्तिष्क के भाग	विवरण
(i) **अग्रमस्तिष्क**	यह प्रमस्तिष्क, घ्राण पालियों एवं डाइएनसिफेलॉन का बना होता है।
प्रमस्तिष्क या सेरेब्रम	बुद्धिमता, स्मृति, इच्छा शक्ति, ऐच्छिक गतियाँ, वाणी व चिन्तन का केन्द्र।
थैलेमस	दर्द, ठण्डे-गर्म की पहचान।
हाइपोथैलेमस	भूख, प्यास, ताप नियन्त्रण, प्यार, घृणा, पसीना, सोना, यौन क्रिया, नियन्त्रण केन्द्र।
डायएनसिफैलॉन	पीड़ा, स्पर्श, दबाव, कम्पन आदि का नियन्त्रण केन्द्र।
(ii) **मध्यमस्तिष्क**	यह कॉर्पोरा क्वार्डीजेमिना तथा सेरेब्रल पेन्डकल का बना होता है।
(iii) **पश्चमस्तिष्क**	यह अनुमस्तिष्क, मेड्यूला ऑब्लांगेटा एवं पॉन्स वैरोलाई का बना होता है।
अनुमस्तिष्क या सेरेबेलम	शरीर का संतुलन बनाए रखना, ऐच्छिक पेशियों के संकुचन पर नियन्त्रण।
पॉन्स वैरोलाई	श्वसन पर नियन्त्रण।
मेड्यूला ऑब्लांगेटा	हृदय स्पन्दन, रुधिर नलिकाओं, लार स्राव, श्वसन गति की दर तथा प्रत्यावर्ती एवं अनैच्छिक गतियों पर नियन्त्रण।

मेरुरज्जु

- मेड्यूला ऑब्लांगेटा का पिछला भाग ही मेरुरज्जु बनाता है। मेरुरज्जु के चारों ओर भी ड्यूरामेटर, एरेक्नॉइड और पायामेटर का बना आवरण पाया जाता है। मेरुरज्जु बेलनाकार, खोखली तथा पृष्ठ एवं प्रतिपृष्ठ तल पर चपटी होती है।
- मेरुरज्जु के मध्य में एक संकरी नाल पाई जाती है, जिसे **केन्द्रीय नाल** कहते हैं। केन्द्रीय नाल में सेरीब्रोस्पाइनल द्रव्य भरा होता है।
- केन्द्रीय नाल के चारों ओर मेरुरज्जु का मोटा भाग दो स्तरों में बँटा होता है, भीतरी स्तर को **धूसर पदार्थ** (Grey Matter) तथा बाहरी स्तर को **श्वेत पदार्थ** (White Matter) कहते हैं।
- धूसर पदार्थ तन्त्रिका कोशिकाओं, उनके डेन्ड्रॉन्स तथा न्यूरोग्लिया के प्रवर्धों का बना होता है, जबकि श्वेत पदार्थ मेड्यूलेटेड तन्त्रिका तन्तुओं और न्यूरोग्लिया प्रवर्धों का बना होता है।

परिधीय तन्त्रिका तन्त्र

- यह मस्तिष्क एवं मेरुरज्जु से निकलने वाली तन्त्रिकाओं का बना होता है, जिन्हें क्रमशः कपालीय तन्त्रिकाएँ एवं मेरुरज्जु तन्त्रिकाएँ कहते हैं।
- मानव में 12 जोड़ी कपाल तन्त्रिकाएँ एवं 31 जोड़ी मेरु या रीढ़ तन्त्रिकाएँ पाई जाती हैं।

स्वायत्त तन्त्रिका तन्त्र

- इसकी खोज लेंगले ने की थी। यह पूर्णतया चालक तथा नियन्त्रण रहित होता है। स्वायत्त तन्त्रिका तन्त्र दो भागों में बँटा होता है
  (i) अनुकम्पी तन्त्रिका तन्त्र (Sympathetic Nervous System or SNS)
  (ii) परानुकम्पी तन्त्रिका तन्त्र (Parasympathetic Nervous System or PNS)
- अनुकम्पी तथा परानुकम्पी तन्त्रिकाएँ एक-दूसरे के विपरीत कार्य करती हैं तथा शरीर की सभी क्रियाओं की गतियों पर उचित नियन्त्रण रखती हैं।

प्रतिवर्ती क्रिया

- किसी उद्दीपन के प्रति होने वाली स्वायत्त एवं त्वरित प्रतिक्रिया को प्रतिवर्ती क्रिया कहते हैं। यह अनैच्छिक क्रिया बिना सोचे-विचारे तत्काल CNS की अनुपस्थिति में होती है।
- यह प्रायः मेरुरज्जु द्वारा नियन्त्रित होती है।
- **मार्शल हॉल** (1833) ने सर्वप्रथम प्रतिवर्ती क्रियाओं की खोज की।

तन्त्रिका तन्त्र के रोग

- अल्जाइमर रोग यह मस्तिष्क से सम्बन्धित रोग है, जोकि अग्र मस्तिष्क के हिप्पोकेम्पस भाग की तन्त्रिकाओं के नष्ट होने से उत्पन्न होता है।
- पार्किन्सन रोग यह रोग तन्त्रिका द्वारा उत्पन्न डोपामिन की क्षति के कारण उत्पन्न होता है।
- मिर्गी रोग यह केन्द्रीय तन्त्रिका तन्त्र सम्बन्धी गम्भीर रोग है। यह वंशागत या सिर की चोट के कारण हो सकता है।
- मल्टीपल स्क्लेरोसिस इस रोग में तन्त्रिका का ऊपर का आवरण नष्ट हो जाता है, जिसके कारण पक्षाघात या संवेदी विकार उत्पन्न हो जाते हैं।

संवेदी अंग

शरीर के बाह्य वातावरण तथा अन्त: वातावरण में होने वाले उद्दीपन को ग्रहण करके इन्हें विद्युत रासायनिक आवेगों का रूप देने वाले अंगों को संवेदांग या संवेदी अंग (Sense Organ) कहते हैं।

नेत्र

दो नेत्र दर्शनेन्द्रियाँ होती है, जिनके अध्ययन की शाखा को नेत्र विज्ञान (Ophthalmology) कहते हैं। आँख लगभग 2.5 सेमी. व्यास के नेत्र गोलक के रूप में होता है, जिसका उभरा भाग पारदर्शी होता है।

नेत्र संरचना के मुख्य भाग निम्नलिखित हैं

- दृढ़ पटल (Sclera) मानव का नेत्र एक खोखले गोले के समान होता है। यह बाहर से एक दृढ़ व अपारदर्शी श्वेत परत से ढका रहता है। इस परत को दृढ़ पटल कहते हैं। यह नेत्र के भीतरी भागों की सुरक्षा तथा प्रकाश के अपवर्तन में सहायता करता है।
- रक्तक पटल (Choroid) यह आँख पर आपतित होने वाले प्रकाश का अवशोषण करता है तथा आन्तरिक परावर्तन को रोकता है।

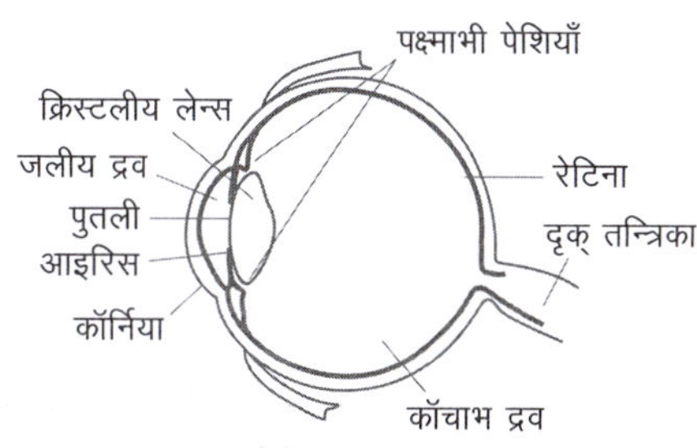

मानव नेत्र की संरचना

- कॉर्निया (Cornea) नेत्र में प्रकाश इसी भाग से होकर प्रवेश करता है।
- आइरिस (Iris) कॉर्निया के पीछे एक रंगीन एवं अपारदर्शी झिल्ली का पर्दा होता है। यह पुतली के आकार को नियन्त्रित रखता है।
- पुतली (Pupil) कॉर्निया से आया प्रकाश पुतली से होकर ही लेन्स पर पड़ता है।
- पुतली की यह विशेषता होती है कि अन्धकार में यह अपने आप बड़ी व अधिक प्रकाश में अपने आप छोटी हो जाती है। इस प्रकार नेत्र में सीमित प्रकाश ही जा पाता है। इस क्रिया को पुतली समायोजन कहते हैं।

दृष्टि ज्ञान की क्रियाविधि निम्न चरणों में पूर्ण होती है

(i) दर्शनीय तरंगदैर्ध्य की प्रकाश किरणें रेटिना पर कॉर्निया तथा लेन्स द्वारा भेजे उद्दीपन से शंकु तथा शलाकाओं पर केन्द्रित होती है।

(ii) रेटिना से आए प्रकाश में आँख की ऑप्सिन प्रोटीन की संरचना में परिवर्तन होता है, जिससे झिल्ली की पारगम्यता में परिवर्तन होता है।

(iii) साथ ही साथ प्रकाशग्राही कोशिकाओं में एक सिग्नल जाता है, जो प्रकाश तन्त्रिका तन्तुओं द्वारा मस्तिष्क के कॉर्टेक्स में जाता है तथा मस्तिष्क द्वारा ग्रहण करके रेटिना पर एक छवि बनाता है।

नेत्र विकार

- **निकट दृष्टि दोष** (Myopia) इसमें केवल निकट की वस्तुएँ स्पष्ट दिखाई देती हैं। प्रतिबिम्ब दृष्टिपटल के सामने बनता है। यह रोग अवतल लेन्स (Concave Lens) के उपयोग द्वारा ठीक हो सकता है।
- **दूर दृष्टि दोष** (Hypermetropia) इसमें केवल दूर की वस्तुएँ स्पष्ट दिखाई देती हैं। प्रतिबिम्ब दृष्टिपटल के पीछे बनता है। इस रोग को उत्तल लेन्स (Convex Lens) का उपयोग करके दूर किया जा

कर्ण/कान

कान द्वारा दो कार्य होते हैं—सुनना तथा शारीरिक सन्तुलन बनाना। कान मुख्यतया तीन भागों में विभक्त होता है; बाह्य कर्ण, मध्य कर्ण तथा अन्त: कर्ण।

- बाह्य कर्ण इनका बाहरी भाग कर्ण पिन्ना (Ear Pinna) कहलाता है, जो उपास्थि का बना होता है।
- इसका दूसरा भाग बाह्य कर्ण कुहर (External Auditory Meatus) होता है, जो टेम्पोरल हड्डी से घिरी 2.5 सेमी लम्बी नलिका होती है। इसके भीतरी सिरे पर कर्णपटल झिल्ली (Tympanum) होती है, जिसे कान का पर्दा (Eardrum) कहते हैं।
- मध्य कर्ण इसे कर्णगुहा (Tympanic Cavity) कहते हैं, जिसमें तीन छोटी-छोटी कर्ण अस्थियाँ होती हैं; जैसे- मैलियस (Malleus), इनकस (Incus) तथा स्टैपीज (Stapes)।
- ये कम्पनों को यान्त्रिक कम्पनों के रूप में अन्त: कर्ण में पहुँचाते हैं। ये ध्वनि ऊर्जा को यान्त्रिक ऊर्जा में बदलते हैं।
- अन्त: कर्ण यह अर्द्धपारदर्शक झिल्ली की बनी संरचना होती है, जिसे कलागहन (Membranous Labyrinth) कहते हैं। कलागहन अस्थिय गहन (Bony Labyrinth) होता है।
- अन्त: कर्ण में कोष्ठीय उपकरण (Vestibular Apparatus) होता है, जो सन्तुलन बनाए रखता है तथा कॉक्लिया उपकरण (Cochlear Apparatus) होता है, जो सुनने का कार्य करने के लिए उत्तरदायी होता है।

कर्ण की कार्यविधि

- वायु की ध्वनि तरंगें हमारे कर्ण पल्लवों से टकराकर कर्ण मार्ग में जाती है, जहाँ कम्पन्न उत्पन्न होता है। यह कम्पन्न कर्ण अस्थियों में होता हुआ अन्त: कर्ण में पहुँचता है।
- अन्त: कर्ण में कॉक्लिया उपकरण द्वारा यह प्रेरणा मस्तिष्क में श्रवण तन्त्रिका तक पहुँचती है।
- मस्तिष्क से उपयुक्त अपवाहक अंगों (Effector Organs) को आवश्यक प्रतिक्रिया भेजी जाती है जिससे ध्वनि तरंगों को सुना जाता है।

अन्त:स्रावी तन्त्र

- ऐसी ग्रन्थियाँ, जो अपने स्राव अर्थात् हॉर्मोन्स को सीधे रुधिर या लसीका में डालती हैं तथा विभिन्न अंगों की कार्यिकी, उपापचय, वृद्धि तथा प्रतिबल स्थितियों को नियन्त्रित करती हैं, अन्त:स्रावी ग्रन्थियाँ कहलाती है।

- अन्त:स्रावी विज्ञान के जनक थॉमस एडीसन (1793-1863) है।
- हॉर्मोन अन्त:स्रावी ग्रन्थियों से अल्प मात्रा में स्रावित होने वाले कार्बनिक पदार्थ हैं, जो जैव-उत्प्रेरकों (एंजाइम व प्रोटीन, जो जैव रासायनिक प्रतिक्रियाओं की दर को प्रभावित करते हैं) के रूप में कार्य करते हैं।

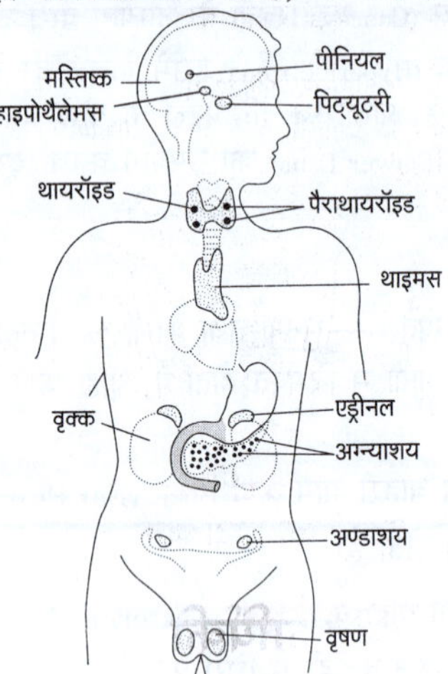

अन्त:स्रावी ग्रन्थियाँ

अन्त:स्रावी ग्रन्थि तथा उनके द्वारा स्रावित हॉर्मोन

अन्त:स्रावी ग्रन्थियाँ	स्रावित हॉर्मोन	कार्य
पीयूष ग्रन्थि	वृद्धि हॉर्मोन (GH)	शारीरिक वृद्धि तथा विकास
	थायरॉइड प्रेरक हॉर्मोन (TSH)	थायरॉइड ग्रन्थि का प्रेरण
	गोनेडोट्रॉफिक हॉर्मोन (GH, FSH)	जनदों का विकास एवं युग्मक जनन का प्रेरण
	प्रोलैक्टिन हॉर्मोन	स्तन ग्रन्थियों का विकास
	वेसोप्रेसिन (ADH)	मूत्र का सान्द्रण
	ऑक्सीटोसिन	प्रसव वेदना का प्रारम्भन एवं दुग्ध स्रावण को प्रेरित करना
पीनियल ग्रन्थि	मेलेटोनिन	जैविक कार्यों एवं दिनचर्या का नियमन
थायरॉइड ग्रन्थि	थाइरॉक्सिन	BMR, ताप, कायान्तरण, आदि का नियमन
पैराथायरॉइड ग्रन्थि	पैराथॉर्मोन	Ca तथा P के उपापचय का नियमन
	कैल्सिटोनिन	पैराथॉर्मोन के विपरीत
एड्रीनल ग्रन्थि	ग्लूकोकॉर्टिकॉइड एवं कॉर्टिसोल	कार्बोहाइड्रेट, वसा एवं प्रोटीन उपापचय का नियन्त्रण
	एड्रीनेलीन एवं नॉर-एड्रीनेलीन	हृदय स्पन्दन, रुधिर दाब का नियमन, आपातकालीन परिस्थिति की प्रतिक्रिया हेतु शरीर को तैयार करना
अग्न्याशय ग्रन्थि	इन्सुलिन एवं ग्लूकैगॉन	ग्लूकोस का उपापचय
वृषण (नर में)	टेस्टोस्टेरॉन	लैंगिक परिपक्वता एवं जननांगों का विकास
अण्डाशय (मादा में)	एस्ट्रोजन एवं प्रोजेस्टेरॉन	लैंगिक परिपक्वता एवं जननांगों का विकास, गर्भाशय का विकास

अन्त:स्रावी तन्त्र से सम्बन्धित कुछ रोग

रोग	विवरण
बौनापन (Dwarfism)	यह वृद्धि हॉर्मोन की कमी से होता है।
भीमकायता (Gigantism)	यह वृद्धि हॉर्मोन के बढ़ने से होता है। यह रोग बालपन में होता है, जिसमें शरीर की सामान्य से अधिक वृद्धि हो जाती है।
एक्रोमीगैली (Acromegaly)	यह वयस्क अवस्था में वृद्धि हॉर्मोन के ज्यादा स्रावण से होता है, जिसमें जबड़े व पादों का आकार बढ़ जाता है, परन्तु शरीर के अन्य अंग सामान्य रहते हैं।
जड़वामनता (Cretinism)	यह थायरॉक्सिन की कमी से बच्चों में होता है, जिसमें हृदय स्पन्दन दर, तापमान, वृद्धि, मानसिक विकास तथा जनन क्षमता में कमी आ जाती है।
एडिसन्स रोग (Addison's Disease)	यह मिनरेलोकॉर्टिकॉइड तथा ग्लूकोकॉर्टिकॉइड की कमी से होता है।
कुशिंग सिण्ड्रोम (Cushing's Syndrome)	यह कॉर्टिकॉइड की अधिकता से होता है जिसमें रुधिर शर्करा अधिक, मोटापा, रुधिर दाब में अधिकता हो जाती है। प्रोटीन अपचय (Protein Catabolism) बढ़ जाता है तथा हड्डियाँ अनियमित हो जाती हैं।
एल्डोस्टेरोनिस्म (Aldosteronism)	यह एल्डोस्टीरॉन हॉर्मोन की अधिकता से होता है।
एड्रीनल विरिलिज्म (Adrenal Virilism)	इसमें स्त्रियों में पुरुषों जैसे लक्षण आ जाते है; जैसे- मूँछ, दाढ़ी। यह रोग नर लिंग हॉर्मोन के अधिक स्रावण से होता है।
गाइनिकोमेस्टिमा (Gynaecomastia)	यह पुरुषों में लिंग हॉर्मोन के अधिक स्रावण से होता है, जिसमें पुरुषों में स्तनों का अधिक विकास हो जाता है।
मधुमेह (Diabtes Mellitus)	यह इन्सुलिन के अल्प-स्रावण के कारण होता है, जिसके कारण रक्त शर्करा का स्तर बढ़ जाता है।

जनन तन्त्र

वह प्रक्रिया, जिसके द्वारा जीवधारी अपने जैसे जीव उत्पन्न करते हैं, जनन (Reproduction) कहलाता है। नर तथा मादा युग्मकों का संयुग्मन लैंगिक जनन (Sexual Reproduction) कहलाता है।

मानव नर जनन तन्त्र

वृषण मुख्य नर जननांग होता है तथा शुक्रवाहिनी, मूत्रमार्ग, शिश्न और सहायक ग्रन्थियाँ आदि सहायक जननांग होते हैं।

वृषण

- यह ग्रन्थिल, अण्डाकार अंग है, जो वृषणकोष (Scrotum) में उपस्थित होता है। वृषणकोष का तापमान शरीर के तापमान से 2°C कम होता है।
- वृषणों की संरचनात्मक व क्रियात्मक इकाई शुक्रजनन नलिकाएँ (Seminiferous Tubules) होती हैं।

- शुक्रनलिकाओं में शुक्रजननीय कोशिकाएँ, जो शुक्राणु बनाती हैं तथा सस्टेन्टेकुलर कोशिकाएँ या सर्टोली कोशिकाएँ, जो शुक्राणु कोशिकाओं को पोषण प्रदान करती है, उपस्थित होती हैं।
- वृषण में स्थित लीडिग की कोशिकाएँ (Leydig's Cells) टेस्टोस्टेरॉन हॉर्मोन का स्रावण करती है।

शुक्रवाहिनी

- ये वृषण से निकलने वाली महीन नलिकाएँ होती हैं, जो कुण्डलित होकर अधिवृषण बनाती हैं। अधिवृषण शुक्रवाहिकाओं का समूह होता है, जिसमें शुक्राणु परिपक्व होते हैं।
- शुक्रवाहिनी अधिवृषण से निकलती है तथा मूत्रमार्ग के चारों ओर फैलकर शुक्राशय (Seminal Vesicle) बनाती हैं।
- शुक्राशय शुक्राणुओं का संग्रह तथा चालन करती है।

मूत्रमार्ग

यह मोटी दीवार वाली पेशीय वाहिका है, जो मूत्र तथा वीर्य दोनों की निकासी का मार्ग है। यह मूत्र जनन वाहिनी (Urinogential Duct) भी कहलाती है। यह शिश्न के शीर्ष पर खुलती है।

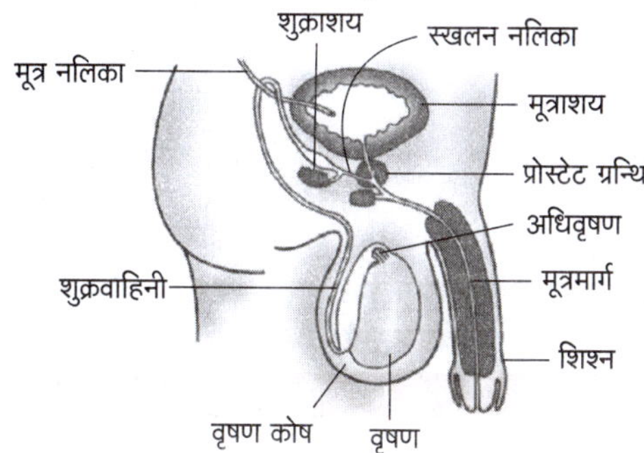

मानव का नर जनन तन्त्र

- **सहायक ग्रन्थियाँ** दो प्रकार की होती हैं—प्रोस्टेट ग्रन्थि एवं काउपर ग्रन्थि (बल्बोयूरेथ्रल ग्रन्थि)

मानव मादा जनन तन्त्र

अण्डाशय मुख्य मादा जननांग होता है तथा अण्डवाहिनी, गर्भाशय, योनि, सहायक ग्रन्थियाँ आदि सहायक जननांग हैं।

अण्डाशय

ये एक जोड़ी अण्डाकार, श्वेत संरचनाएँ वृक्क के निकट स्थित होती हैं। ये अण्डाणु एवं लिंग हॉर्मोन प्रोजेस्टेरॉन उत्पन्न करती हैं।

डिम्बवाहिनी या अण्डवाहिनी

यह अण्डाशय से गर्भाशय को जोड़ती है। यह निषेचन का केन्द्र होती है।

गर्भाशय

- यह उल्टी नाशपाती के आकार का होता है।
- यह मूत्राशय (Urinary Bladder) के ऊपर तथा पीछे स्थित होता है तथा स्नायु (Ligaments) के द्वारा शरीर से चिपका रहता है। गर्भाशय में भ्रूण अपरा (Placenta) के द्वारा जुड़ा रहता है।

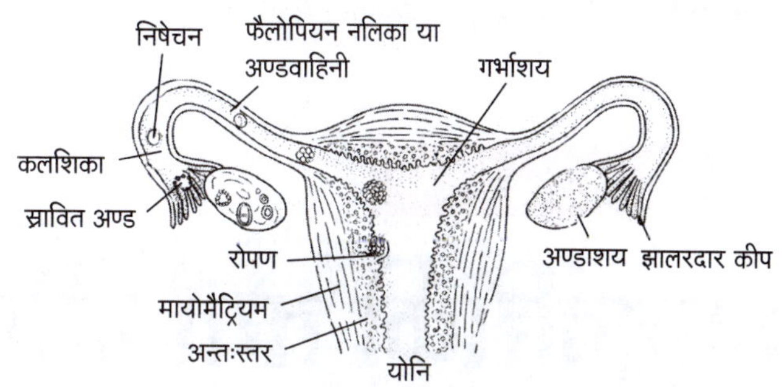

मानव का मादा जनन तन्त्र

मानवों में जनन की कार्यिकी

मानव जनन कार्यिकी तीन चरणों में विभाजित होती है

युग्मकजनन

- युग्मकजनन नर व मादा जनन कोशिकाओं द्वारा अगुणित (Haploid) युग्मक (Gamete) का बनना होता है। मादा व नर में युग्मकजनन निम्नवत् होता है
  - शुक्राणुजनन (Spermatogenesis) पुरुषों में वृषण द्वारा शुक्राणु के बनने को शुक्राणुजनन कहते हैं।
  - अण्डाणुजनन (Oogenesis) अण्डाणुजनन प्रक्रिया में स्त्री अण्डाशय से अण्डाणु (Ovum) का निर्माण होता है।

निषेचन

- अगुणित शुक्राणु एवं अण्डाणु के मिलने से द्विगुणित युग्मनज (Diploid Zygote) के निर्माण को निषेचन (Fertilisation) कहते हैं। यह प्रक्रिया मादा में अण्डवाहिनियों के तुम्बिका (Ampulla) भाग में होती है।
- अण्डाणु से एक ग्लाइकोप्रोटीन फर्टिलाइजिन (Fertilizin) स्रावित होता है तथा शुक्राणु में भी एक प्रोटीन पाया जाता है, जिसे एण्टी-फर्टिलाइजिन (Antifertilizin) कहते हैं। ये दोनों प्रोटीन शुक्राणु और अण्डाणु के मिलने में सहायता करते हैं। वह जोड़ जहाँ गर्दन सिर से मिलती है, क्या कहलाता है?

भ्रूणीय विकास

भ्रूणीय विकास (Embryonic Development) के दौरान, तीन भ्रूणीय परतों से समस्त अंगों का विकास होता है, जो बाह्यस्तर (Ectoderm), मध्य स्तर (Mesoderm) व अन्त:स्तर (Endoderm) है।

“

आनुवंशिकी सजीवों में जीन, वंशागति एवं विभिन्नताओं के अध्ययन का विज्ञान है, जबकि जैव-विकास में समष्टि पर्यावरण के प्रति क्रमिक रूप से अनुकूलित होती है। उत्परिवर्तन एवं वंशागत लक्षणों से उत्पन्न लाभकारी परिवर्तन जीवों के जैव-विकास में योगदान देते हैं।

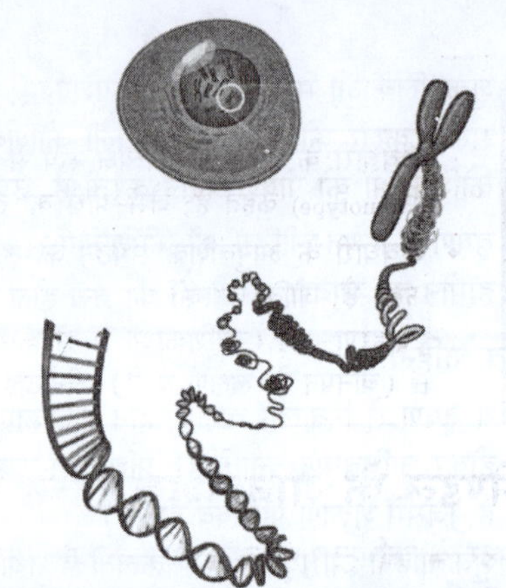

अध्याय सात

आनुवंशिकी तथा जीवन की उत्पत्ति एवं जैव-विकास

आनुवंशिकी

- प्रत्येक जीव में प्रजनन की क्रिया द्वारा सन्तान उत्पन्न करने की अद्भुत क्षमता होती है। कुछ लक्षण माता-पिता से सन्तान में पीढ़ी-दर-पीढ़ी पहुँचते रहते हैं, जिन्हें आनुवंशिक लक्षण (Hereditary Characters) कहा जाता है। वंशागत लक्षणों का अध्ययन आनुवंशिकता (Heredity) के अन्तर्गत किया जाता है।
- जीव विज्ञान की वह शाखा जिसके अन्तर्गत आनुवंशिक लक्षणों के माता-पिता से सन्तान में पहुँचने की विधियों एवं आनुवंशिक समानताओं एवं विभिन्नताओं का अध्ययन किया जाता है, आनुवंशिकी (Genetics) कहलाती है।

> - ग्रेगर जॉन मेण्डल ने मटर *(Pisum sativum)* के पौधों पर अनेक प्रयोग किए और उनके आधार पर कुछ निष्कर्ष निकाले, जिसकी रिपोर्ट सन् 1866 में प्रकाशित की गई। मेण्डल ने ऑस्ट्रिया के **ब्रून शहर** में 7 वर्षों तक उद्यान मटर पर संकरण के विभिन्न प्रयोग कर आनुवंशिकता के नियमों का प्रतिपादन किया।

- मेण्डल के अनुसार, जीवों में प्रत्येक आनुवंशिक लक्षण एक विशिष्ट कारक द्वारा निर्धारित किया जाता है, जो इनकी वंशागति को भी नियन्त्रित करता है।

मेण्डल द्वारा अध्ययन किए गए मटर के पौधे के विपर्यासी विशेषक

लक्षण	विपर्यासी विशेषक (प्रभावी/अप्रभावी)
तने की ऊँचाई	लम्बा/बौना
फूल का रंग	बैंगनी/सफेद
फूल की स्थिति	अक्षीय/अग्रस्थ
फली का आकार	फूला/सिकुड़ा
फली का रंग	हरा/पीला
बीज का आकार	गोल/झुर्रीदार
बीज का रंग	पीला/हरा

मेण्डल की आनुवंशिकी शब्दावली

- **एलील** प्रत्येक आनुवंशिक लक्षण एक इकाई द्वारा नियन्त्रित होता है जिसे एलील (Allele) कहते हैं; जैसे—गोल बीज (R) और झुर्रीदार बीज (r) एक-दूसरे के एलील हैं।
- **समयुग्मजी** (Homozygous) एक द्विगुणित अवस्था, जिसमें दोनों एलील एक समान होते हैं। उदाहरण- TT, tt
- **विषमयुग्मजी** (Heterozygous) एक द्विगुणित अवस्था, जिसमें दोनों एलील असमान होते हैं। उदाहरण- Tt

> **फीनोटाइप और जीनोटाइप**
> - जीवधारी के जो लक्षण प्रत्यक्ष रूप से दिखाई देते हैं, उसे **फीनोटाइप** (Phenotype) कहते हैं; जैसे-पौधे का लम्बापन व बौनापन।
> - जीवधारी के आनुवंशिक संगठन को उसका **जीनोटाइप** (Genotype) कहते हैं, जोकि कारकों का बना होता है।
> उदाहरण- TT (कोशिकाओं में दो कारक—दोनों लम्बे लक्षण वाले) व tt (बौनेपन के लक्षण वाले) जीनोटाइप कहलाते हैं।

मेण्डल के आनुवंशिकता के नियम

मटर के विभिन्न गुणों वाले पौधों के बीच संकरण कराके मेण्डल को जो परिणाम प्राप्त हुए, उनके आधार पर मेण्डल ने वंशागति के तीन महत्त्वपूर्ण नियम (मेण्डल के आनुवंशिकता के नियम) प्रतिपादित किए।

(i) *प्रभाविता का नियम*

- जब परस्पर विरोधी लक्षणों वाले दो शुद्ध जनकों के बीच संकरण कराया जाता है, तो उनकी सन्तानों में विरोधी लक्षणों में से एक लक्षण प्रभावी होता है और दूसरा दिखाई नहीं देता है, अत: अप्रभावी होता है।

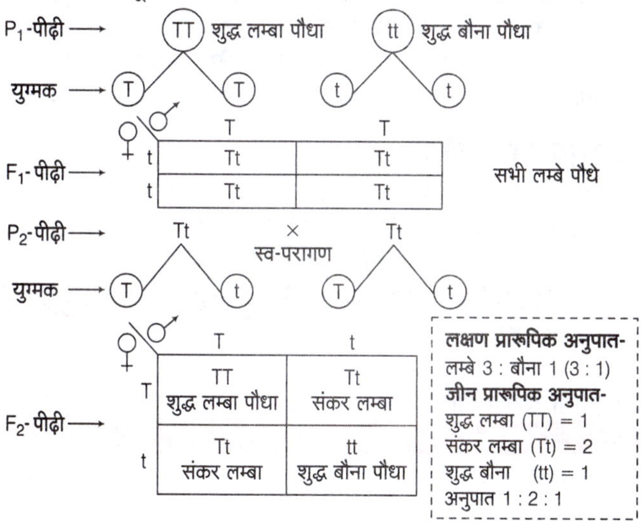

मेण्डल द्वारा सम्पादित एकसंकर संकरण का रेखाचित्र

(ii) *पृथक्करण या युग्मकों की शुद्धता का नियम*

- इस नियम के अनुसार, किसी भी जीन युग्म के अवयव युग्मक निर्माण के समय एक-दूसरे से पृथक् हो जाते हैं और एक युग्मक में जीन युग्म का एक ही जीन पहुँचता है, इसलिए इसे युग्मकों की शुद्धता का नियम भी कहते हैं। इन दोनों नियमों को मेण्डल के एकसंकर संकरण द्वारा समझा जा सकता है।

(iii) *स्वतन्त्र अपव्यूहन का नियम*

- इस नियम के अनुसार, जब दो या दो से अधिक असम्बन्धित प्रभावी लक्षणों वाले पौधों के मध्य संकरण कराया जाता है, तो उनके जीन युग्म के कारकों का पृथक्करण (Segregation) एवं अपव्यूहन (Assortment) स्वतन्त्र रूप से होता है अर्थात् ये स्वतन्त्र रूप से पृथक् होकर जनकों के अन्य किसी भी लक्षण के साथ संयोग न बनाते हुए सन्तति पीढ़ियों में जाते हैं।
- इसे द्विसंकर संकरण के रेखाचित्र द्वारा समझ सकते हैं

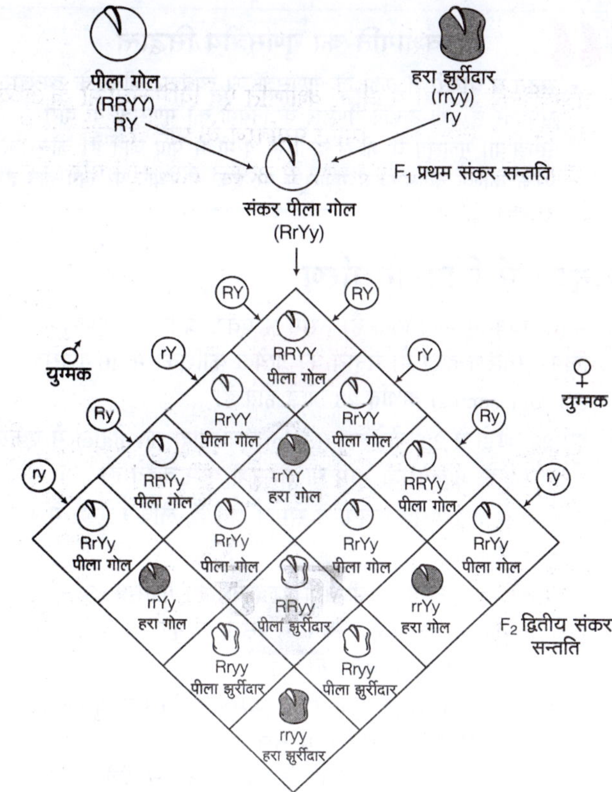

लक्षणप्रारूप अनुपात = पीला गोल : हरा गोल : पीला झुर्रीदार : हरा झुर्रीदार (9 : 3 : 3 : 1)
जीनप्रारूप अनुपात = 1 : 2 : 1 : 2 : 4 : 1 : 2 : 1

मेण्डल द्वारा मटर में सम्पादित द्विसंकर संकरण का रेखाचित्र

- ह्यूगो डी व्रीज, कोरेन्स तथा वॉन शेरमाक ने लक्षणों की वंशागति पर स्वतन्त्र रूप से अध्ययन व प्रयोग किए। उन्होंने मेण्डल द्वारा किए गए कार्य को पुन:खोजा।

मेण्डलवाद के अपवाद

मेण्डल के उपरोक्त प्रतिपादित नियम कुछ स्थितियों में पूर्ण रूप से सत्यता प्रदर्शित नहीं करते हैं, अत: मेण्डल के नियमों के कुछ अपवाद; जैसे—अपूर्ण प्रभाविता, सहप्रभाविता, संपूरक जीन एवं बहुविकल्पीकारक, इत्यादि हैं।

- अपूर्ण प्रभाविता (Incomplete Dominance) इसमें F_1-पीढ़ी में विषमयुग्मजी स्थिति में प्रभावी लक्षण पूरी तरह से प्रभावी न होकर मध्यवर्ती प्रभाव दर्शाता है अर्थात् अपूर्ण रूप से प्रभावी होता है। उदाहरण—गुलाबाँस (*Mirabilis jalapa*) में लाल पुष्प वाले पौधे को सफेद पुष्प वाले पौधे से क्रॉस कराने पर F_1-पीढ़ी में गुलाबी पुष्प वाले पौधे उत्पन्न होते हैं।
- सहप्रभाविता (Co-Dominance) यदि किसी जीन के दोनों युग्मविकल्पी या एलील F_1-पीढ़ी में समान रूप से साथ-साथ अभिव्यक्त होते हैं, तो इन युग्मविकल्पियों को सहप्रभावी युग्मविकल्पी कहते हैं तथा इनकी आनुवंशिकता को सहप्रभाविता कहते हैं। उदाहरण-मवेशियों में त्वचा के बालों के रंग से सम्बन्धित जीन के युग्मविकल्पी R_1 एवं R_2 तथा रुधिर वर्ग सहप्रभाविता दर्शाते हैं।

वंशागति का गुणसूत्रीय सिद्धान्त

- **सटन व बोवेरी** ने कहा कि गुणसूत्रों का व्यवहार जीन्स के व्यवहार के समान्तर है तथा उन्होंने मेण्डल के नियमों को गुणसूत्रों के द्वारा समझाया। गुणसूत्र व जीन्स दोनों ही युग्मों में पाए जाते हैं। जीन्स के दो पूरक कारक दो समजात गुणसूत्रों पर एक ही स्थान पर लगे होते हैं।

मनुष्य में लिंग-निर्धारण

- मनुष्य विषमयुग्मकी होता है। उसमें X एवं Y प्रकार के गुणसूत्रों द्वारा लिंग-निर्धारण होता है। मनुष्य की प्रत्येक कोशिका में 46 गुणसूत्र (Chromosomes) अर्थात् 23 जोड़े होते हैं।
- इन 23 जोड़ों में 22 जोड़े नर (Male) तथा मादा (Female) में एकसमान होते हैं। इन्हें अलिंगसूत्री युग्म या सहसूत्री युग्म कहते हैं।
- 23वें जोड़े के गुणसूत्र स्त्रियों में समान होते हैं, लेकिन पुरुष में ये असमान होते हैं।
- इस 23वें जोड़े को एक स्त्री तथा पुरुष में लिंग गुणसूत्र (Sex Chromosome) कहते हैं। स्त्रियों में इस लिंग गुणसूत्र को XX से तथा पुरुष में इन्हें XY से प्रदर्शित करते हैं।
- युग्मक निर्माण के समय दोनों लिंग गुणसूत्र दो विभिन्न युग्मकों (Gametes) अण्ड एवं शुक्राणु में चले जाते हैं।

इस प्रकार पुरुष में निम्न दो प्रकार के शुक्राणु उत्पन्न होते हैं

(a) जिनमें 22 +X गुणसूत्र होते हैं।

(b) जिनमें 22 +Y गुणसूत्र होते हैं।

- स्त्रियों में प्रत्येक युग्मक में 22 +X गुणसूत्र ही होते हैं।
- मानव में शिशु के लिंग का निर्धारण पिता का शुक्राणु करता है, माता का अण्डाणु नहीं।

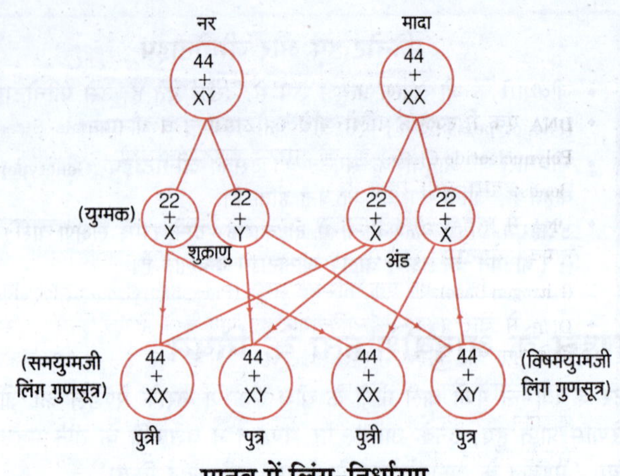

मानव में लिंग-निर्धारण

उत्परिवर्तन

- उत्परिवर्तन (Mutation) किसी जीव के जीनोम (DNA) में अचानक से उत्पन्न परिवर्तन होता है, जिसके परिणामस्वरूप जीव के जीनोटाइप एवं फीनोटाइप में परिवर्तन आ जाता है।
- उत्परिवर्तन उत्पन्न करने वाले भौतिक एवं रासायनिक कारक 'उत्परिवर्तनजन' (Mutagen) कहलाते हैं; जैसे—पराबैंगनी (UV) विकिरणें, X- किरणें, α, β तथा γ किरणें, मस्टर्ड गैस, आदि।

आनुवंशिक रोग

वे रोग जो अनुवंशिक पदार्थ में विकार या उत्परिवर्तन के कारण उत्पन्न होते हैं, आनुवंशिक रोग कहलाते हैं। ये निम्न तीन कारणों से हो सकते हैं।

(a) गुणसूत्र की संख्या या संरचना में परिवर्तन के कारण उत्पन्न

(b) DNA की संरचना या अनुक्रम में परिवर्तन के कारण उत्पन्न

(c) जीन की संरचना या अनुक्रम में परिवर्तन के कारण उत्पन्न

आनुवंशिक रोग/प्रकार एवं उसके लक्षण/प्रभाव

आनुवंशिक रोग	प्रकार	लक्षण/प्रभाव
हीमोफीलिया	X-लिंग गुणसूत्र सहलग्न अप्रभावी जीन विकार [विषमयुग्मजी मादा केवल वाहक (Xh X)]	रुधिर स्कन्दन कारक VIII एवं IX के अभाव के कारण क्रमश: हीमोफीलिया-A एवं B विकार में चोट लगने पर रुधिर का थक्का न बनना तथा अधिक रुधिर स्राव होना।
वर्णान्धता/डाल्टोनिज्म (Colour Blindness)	X-लिंग गुणसूत्र सहलग्न अप्रभावी जीन विकार	हरे एवं लाल रंग में विभेद न कर पाना।
दाँत्र-कोशिका अरक्तता (Sickle-cell Anaemia)	गुणसूत्र संख्या 11 पर उपस्थित हीमोग्लोबिन की β-श्रृंखला के जीन में उत्परिवर्तन	β-श्रृंखला में छठे स्थान पर ग्लूटामिक अम्ल की जगह वैलीन का पाया जाना एवं RBC का हँसियाकार होकर कम O_2 का परिवहन करना। इस रोग के उन्मूलन हेतु भारत सरकार ने 2023 में "राष्ट्रीय सिकल सेल ऐनिमिया उन्मूलन मिशन" प्रारम्भ किया जिसका लक्ष्य 2047 तक इस रोग को समाप्त करना है।
थैलेसीमिया	गुणसूत्र संख्या 11 पर उपस्थित हीमोग्लोबिन की β-श्रृंखला के जीन में उत्परिवर्तन	समयुग्मजी अवस्था में मृत्यु, जबकि विषमयुग्मजी अवस्था में β-श्रृंखला की जगह α-श्रृंखला का पाया जाना, जिससे बार-बार रक्ताधान की आवश्यकता।
डाउन सिण्ड्रोम	21वें गुणसूत्र की ट्राइसोमी (कुल गुणसूत्र = 47)	मंगोलियन जड़ता, नर नपुंसक, चौड़ा मस्तक, गर्दन व अँगुलियाँ छोटी तथा फूली हुई, मोटी जीभ, खुरदरी त्वचा
टर्नर सिण्ड्रोम	एक X-लिंग गुणसूत्र का अभाव (44 + XO) (कुल गुणसूत्र = 45)	44 + Y मृत्यु, जबकि 44 + X में मादा में अल्पविकसित अण्डाशय, बन्ध्यता, छोटा कद, झालरदार गर्दन, स्तनों एवं मासिक चक्र का अभाव
क्लाइनफेल्टर सिण्ड्रोम	X-लिंग गुणसूत्र की ट्राइसोमी (44 + XXY)	लम्बा कद, छोटे वृषण, अल्पविकसित स्तन, मन्दबुद्धि, नपुंसक, नर व मादा दोनों के लक्षणों युक्त

डीऑक्सीराइबोन्यूक्लिक अम्ल (DNA) व राइबोन्यूक्लिक अम्ल (RNA)

- DNA एक **द्विरज्जुक पॉलीन्यूक्लियोटाइड शृंखला** (Double- Stranded Polynucleotide Chain) है, जो परस्पर हाइड्रोजन बंधों (Hydrogen Bonds) द्वारा जुड़ी रहती है।
- DNA में प्रत्येक न्यूक्लियोटाइड इकाई का निर्माण एक डीऑक्सीराइबोस नामक **पेण्टोस शर्करा** (Pentose Sugar), एक नाइट्रोजनी क्षारक (Nitrogen Base) एवं एक **फॉस्फेट समूह** (Phosphate Group) द्वारा होता है।
- DNA में चार प्रकार के न्यूक्लियोटाइड पाए जाते हैं एवं इनमें उपस्थित विभिन्नता का कारण प्रयुक्त नाइट्रोजनी क्षारक होते हैं, जो चार प्रकार के होते हैं-एडीनीन (A) एवं ग्वानीन (G), जिन्हें **प्यूरीन क्षारक** कहते हैं तथा थाइमीन (T) एवं साइटोसीन (C), जिन्हें **पिरीमिडीन क्षारक** कहते हैं।
- राइबोन्यूक्लिक अम्ल सामान्यतया आनुवंशिक पदार्थ एवं द्विरज्जुक नहीं होता है (अपवाद-रियो विषाणु), यह DNA की तुलना में अस्थाई (Unstable) होता है।
- RNA में राइबोस नामक पेण्टोस शर्करा पाई जाती है, इसमें थाइमीन (T) के स्थान पर यूरेसिल (U) क्षारक पाया जाता है। ये तीन प्रकार के होते हैं—राइबोसोमल RNA (*r*RNA), स्थानान्तरण RNA (*t*RNA) तथा सन्देशवाहक RNA (*m*RNA)।

जीन

- जीन (Gene) शब्द का प्रयोग जोहन्सन (Johannsen; 1952) द्वारा कारक के स्थान पर किया गया। गुणसूत्र पर उपस्थित वह लघुखण्ड जो प्रोटीन संश्लेषण में पेप्टाइड को कूटित करता है, जीन कहलाता है। उपरोक्त संकल्पना अर्थात् एक जीन एक एन्जाइम का प्रतिपादन बीडल एवं टॉटम द्वारा किया गया।

अणुजैविकी का केन्द्रीय सिद्धान्त

- इस सिद्धांत का प्रतिपादन क्रिक ने सन् 1958 में किया, जिसके अनुसार DNA से *m*RNA तथा RNA से प्रोटीन बनने की क्रिया में एक सूचना का संचार, एक ओर से दूसरी ओर तक होता रहता है।
- टेमिन तथा बाल्टीमोर (Temin and Baltimore) ने सूचनाओं के विपरीत प्रवाह (Reverse Flow of Information) की खोज की, जो इस प्रकार है

जीवन की उत्पत्ति

- ब्रह्माण्ड (Universe) की उत्पत्ति आज से लगभग 20,000 करोड़ या 200 बिलियन वर्ष पूर्व मानी जाती है। जीवन की उत्पत्ति के सन्दर्भ में रूसी वैज्ञानिक ए. आई. ओपेरिन एवं इंग्लैण्ड के वैज्ञानिक जे. बी. एस. हेल्डेन ने प्रकृतिवाद या रासायनिक जैव विकास का सिद्धान्त (Naturalistic Theory or Theory of Chemical Evolution) दिया।
- इस सिद्धान्त के अनुसार, जीवन की सर्वप्रथम उत्पत्ति जीवन रहित कार्बनिक अणुओं; जैसे-प्रोटीन, RNA, आदि से हुई है। इस सिद्धान्त की प्रायोगिक पुष्टि स्टेनले मिलर ने वर्ष 1952-53 में की। इन्होंने एक बन्द फ्लास्क में मीथेन, हाइड्रोजन, अमोनिया तथा जलवाष्प लेकर 800°C ताप पर विद्युत डिस्चार्ज द्वारा अमीनो अम्लों का निर्माण किया।

जैव-विकास

सरल संरचना वाले आदिम जीवों से आधुनिक जटिल जीवों के क्रमिक विकास को जैव-विकास (Organic evolution) कहते हैं।

जैव-विकास के प्रमाण

जैव-विकास एक निरन्तर चलने वाली अत्यन्त धीमी एवं क्रमिक प्रक्रिया है, जिसे होने में सैकड़ों से हजारों वर्ष लग सकते हैं। अतः प्रकृति में होते हुए इसे देख पाना सम्भव नहीं है। इसके लिए ही जैव-विकास की पुष्टि जीवों में पाए जाने वाले कुछ लक्षणों या अन्य कारकों द्वारा की जाती है, जो निम्नवत् हैं

जीवाश्म विज्ञान से प्रमाण

- भूगर्भ एवं चट्टानों में दबे प्राचीन काल के मृत जन्तुओं एवं पादपों के परिरक्षित अवशेष जिससे उनके अस्तित्व एवं उनकी संरचना का ज्ञान होता है, जीवाश्म (Fossils) कहलाते हैं।
- जीवाश्मों की संरचना के तुलनात्मक (Comparative) अध्ययन एवं रेडियोधर्मी डेटिंग (Radioactive dating) (एक ऐसी विधि है, जो किसी पदार्थ या वस्तु की आयु की गणना करने के लिए रेडियोधर्मी तत्वों का उपयोग करती है।) विधि द्वारा जीव के संभावित समयकाल (जब वह अस्तित्व में था) को ज्ञात करने से जैव विकास की पुष्टि होती है।

तुलनात्मक आकारिकी एवं शारीरिकी से प्रमाण

- जन्तुओं में समजात, समवृत्ति व अवशेषी अंग की संरचनाओं से जैव-विकास की पुष्टि हुई है।
- समजात अंग (Homologous Organs) वे अंग जो उत्पत्ति एवं मूल संरचना में समान, परन्तु कार्यों में भिन्न हों; जैसे—सील के फ्लीपर, चमगादड़ के पंख, घोड़े की टांग, मनुष्य का हाथ, आदि।
- समवृत्ति अंग (Analogous Organs) वे अंग, जो समान कार्य हेतु उपयोग में लिए जाते हैं तथा एक से दिखाई देते हैं, परन्तु मूल रचना व भ्रूणीय परिवर्धन में भिन्न होते हैं; जैसे—तितली, पक्षी व चमगादड़ के पंख के कार्य समान हैं, परन्तु उत्पत्ति भिन्न है।
- अवशेषी अंग (Vestigial Organs) जन्तुओं के शरीर में अनेक ऐसी संरचनाएँ पाई जाती हैं, जिनका शरीर में कोई महत्त्व नहीं होता है। ये अवशेषी अंग कहलाते हैं। अवशेषी अंगों की उपस्थिति से प्रमाणित होता है कि ये रचनाएँ इन जन्तुओं के पूर्वजों में कभी विकसित और उपयोगी रही होंगी; उदाहरण-अजगर के पश्च पाद, कीवी पक्षी के पंख आदि।

संयोजक कड़ी से प्रमाण

- कुछ जीव-जातियों में इनसे कम विकसित, निम्न वर्गीय जातियों के तथा इनसे अधिक विकसित उच्च वर्गीय जातियों के लक्षणों का सम्मिश्रण पाया जाता है, इन्हें संयोजक कड़ियाँ (Connective Link) कहते हैं।

- आर्किओप्टेरिक्स (Archaeopteryx) सरीसृपों और पक्षियों के बीच की संयोजक कड़ी है।
- विषाणु, सजीव व निर्जीव के बीच की संयोजक कड़ी है।
- *निओपिलिना* मोलस्का और एनीलिडा के बीच की संयोजक कड़ी है।
- *पेरीपेटस* एनीलिडा और आर्थ्रोपोडा के बीच की संयोजक कड़ी है।

जैव-विकास के सिद्धान्त

जैव-विकास किस प्रकार हुआ इस सन्दर्भ में तीन सिद्धान्त प्रमुख हैं, जिनमें लैमार्क का उपार्जित लक्षणों का सिद्धान्त व राबर्ट डार्विन का डार्विनवाद और ह्यूगो डी व्रीज का उत्परिवर्तनवाद हैं।

लैमार्कवाद

- फ्रांस के प्रसिद्ध प्रकृति वैज्ञानिक जीन बैप्टिस्ट डी लैमार्क ने सन् 1809 में एक पुस्तक *फिलोसॉफिक जूलोजिक (Philosophic Zoologique)* में जैव-विकास के सम्बन्ध में अपने सुप्रसिद्ध सिद्धान्त की घोषणा की।
- लैमार्क के सिद्धान्त को उपार्जित लक्षणों की वंशागति का सिद्धान्त (Theory of Inheritance of Acquired Characters) भी कहते हैं।
- लैमार्क का सिद्धान्त निम्न तथ्यों पर आधारित है
  - वातावरण का सीधा प्रभाव प्रत्येक प्राणी पर वातावरण का सीधा प्रभाव पड़ता है जिसके कारण उसकी संरचना व स्वभाव में परिवर्तन होता है।
  - अंगों का उपयोग और अनुपयोग किसी अंग का निरन्तर उपयोग उस अंग को अधिक शक्तिशाली तथा क्रियाशील बनाता है, जबकि कम उपयोग के कारण अंगों की वृद्धि रुक जाती है तथा उनका ह्रास होने लगता है। ये अंग अवशेषी अंगों (Vestigial Organs) के रूप में रह जाते हैं या लुप्त भी होने लगते हैं। इस धारणा के कारण लैमार्कवाद को अंगों के कम या अधिक उपयोग का सिद्धान्त भी कहा जाता है।
  - लैमार्कवाद के अनुसार, कोई भी प्राणी अपने जीवनकाल में जितने भी गुण (लक्षण) अर्जित करता है, वे सभी उसकी आने वाली पीढ़ी में वंशागत हो जाते हैं। ऐसे लक्षणों को **उपार्जित लक्षण** तथा इनके सन्तान में पहुँचने की क्रिया को **उपार्जित लक्षणों की वंशागति** कहते हैं।

डार्विनवाद

- चार्ल्स डार्विन के जैव-विकास के सम्बन्ध में विचार विस्तारपूर्वक उनकी पुस्तक *प्राकृतिक चयन द्वारा जातियों का विकास (Origin of Species by Natural Selection)* में सन् 1859 में प्रकाशित हुए। डार्विनवाद के मुख्य बिन्दु इस प्रकार हैं
  - जीवों में सन्तानोत्पत्ति की प्रचुर क्षमता प्रत्येक जीव-जाति में सन्तानोत्पत्ति की प्रचुर क्षमता होती है। उदाहरण के लिए, फल-मक्खी *ड्रोसोफिला* एक बार में 200 अण्डे देती हैं, जिनसे 10-14 दिन में मक्खियाँ बन जाती हैं।
  - जीवन-संघर्ष सन्तानोत्पत्ति की प्रचुर क्षमता के बावजूद प्रकृति में प्रत्येक जाति के जीवधारियों की संख्या लगभग स्थिर रहती है। इसका कारण यह है कि जीवधारियों को अपने अस्तित्व को बनाए रखने, वृद्धि करने व जनन करने के लिए भोजन, प्रकाश, वास-स्थान, जनन के लिए साथी, आदि की आवश्यकता होती है। जीवधारियों को पैदा होते ही इनके लिए संघर्ष करना पड़ता है। यह संघर्ष तीन प्रकार का हो सकता है
  - (a) सजातीय (b) अन्तर्जातीय (c) वातावरणीय संघर्ष।
  - योग्यतम् की उत्तरजीविता व प्राकृतिक वरण जीवन-संघर्ष में वही जीवधारी सफल होते हैं, जिनमें परिस्थितियों के अनुकूल विभिन्नताएँ होती हैं।
  - नई जातियों की उत्पत्ति वातावरण या परिस्थितियाँ निरन्तर बदलती रहती हैं, फलस्वरूप निरन्तर नए लक्षणों का प्राकृतिक वरण होता रहता है। उपयोगी विभिन्नताएँ पीढ़ी-दर-पीढ़ी एकत्र होती रहती हैं और काफी समय बाद (सैकड़ों- हजारों वर्षों) उत्पन्न जीवधारियों के लक्षण मूल जीवधारी से इतने भिन्न हो जाते हैं कि एक नई जाति बन जाती है।
  - अत: प्रकृति में श्रेष्ठ व अनुकूलित जीवों का ही वरण होता है।

ह्यूगो डी व्रीज का उत्परिवर्तन सिद्धान्त

- इस सिद्धान्त के अनुसार, कुछ निश्चित कारकों के कारण किसी जीव में अकस्मात् वंशागति के लक्षणों में परिवर्तन उत्पन्न हो जाता है जिसे उत्परिवर्तन कहते हैं।
- किसी जाति के समूह में उत्पन्न ये परिवर्तन विभिन्नता (Variation) कहलाते हैं, जोकि कायिक अथवा आनुवंशिक हो सकते हैं।

मानव का विकास

ड्रायोपिथेकस (*Dryopithecus*) का जीवाश्म अफ्रीका और यूरोप से प्राप्त हुआ। यह चिम्पैन्जी से करीबी समानता दिखाता था और शाकाहारी था।

रामापिथेकस (*Ramapithecus*) भारत की शिवालिक पहाड़ियों से प्राप्त हुआ, यह पिछली टाँगों पर खड़ा होकर चलता था और कठोर नट व बीज खाता था।

ऑस्ट्रेलोपिथेकस (*Australoptihecus*) को मानव का प्रथम पूर्वज माना जाता है। इसकी कपाल क्षमता 500-700 घन सेमी थी और यह सर्वाहारी था।

पेकिंग मानव (*Peking Man*) (होमो इरेक्टस पेकिनेन्सिस) की कपाल गुहा का आयतन 850-1200 घन सेमी था। ये सर्वाहारी थे तथा पत्थरों के औजारों को शिकार करने और अपनी रक्षा के लिए प्रयोग करते थे।

मानव का उद्भव लगभग **2.4 करोड़ वर्ष** पूर्व एशिया तथा अफ्रीका में हुआ था।

निएण्डरथल मानव (Neanderthal Man) *(होमो सैपियन्स निएण्डरथेलेन्सिस)* की कपाल गुहा का आयतन 1600 घन सेमी था। ये सर्वाहारी थे। इनमें संस्कृति की उत्पति हुई तथा ये हथियार बनाना भी जानते थे।

क्रो-मैग्नॉन मानव (Cro-Magnon Man) *(होमो सैपियन्स फॉसिलिस)* की कपाल गुहा का आयतन 1660 घन सेमी था। अर्थात् ये आधुनिक मानव से अधिक बुद्धिमान थे। क्रो-मैग्नॉन मानव गुफाओं में सुन्दर चित्रकारी करते थे।

आधुनिक मानव (Modern Man) *(होमो सैपियन्स)* लगभग 10,000 वर्ष पूर्व क्रो-मैग्नॉन मानव से विकसित हुआ। आधुनिक मानव की कपाल गुहा का आयतन 1450 घन सेमी है। इसकी कुछ प्रजातियाँ निगरॉइड्स, कॉकेसॉइड्स, मन्गोलॉइड्स हैं।

"

स्वास्थ्य एक जीवित प्राणी की क्रियात्मक या उपापचयी दक्षता है। अच्छा स्वास्थ्य हमें एक बेहतर, स्वस्थ एवं सन्तुलित जीवन जीने में सहायता करता है।

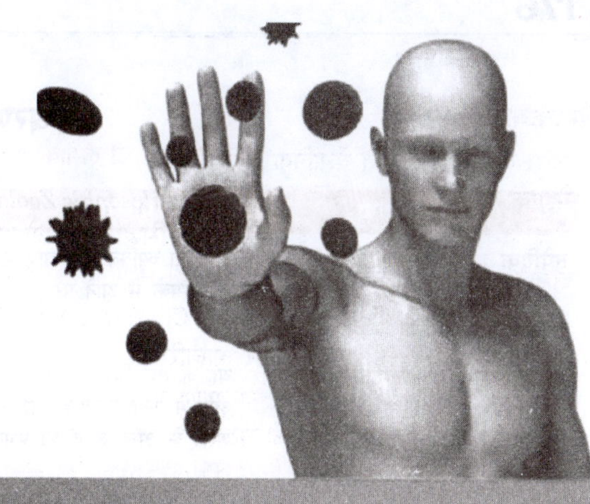

अध्याय आठ

मानव रोग एवं प्रतिरक्षा

मानव रोग

- रोग (Disease) शरीर की वह अवस्था है, जिसमें संक्रमण, दोषपूर्ण आहार, आनुवंशिक एवं पर्यावरणीय कारणों द्वारा शरीर के सामान्य कार्यों एवं कार्यिकी में अनियमितता उत्पन्न हो जाती है।
- संक्रमण (Infection) रोगाणु (Pathogen) का सुग्राही पोषी में भेदन, स्थिरीकरण तथा रोगाणु की वृद्धि है।

रोगाणु (Pathogens) का संचरण किसी अभिकर्त्ता (Agency); जैसे—जल, भोजन तथा अन्य कारकों (उदाहरण—मक्खियों, मच्छर, कीटों) के द्वारा होता है।

रोगों के प्रकार

रोग को उनकी प्रकृति, उत्पत्ति तथा लक्षणों के आधार पर दो वर्गों में विभाजित किया गया है

1. जन्मजात रोग (Congenital Disease) जो रोग जन्म के साथ ही होते हैं, उन्हें जन्मजात रोग कहते हैं।

- इन रोगों में शरीर में संरचनात्मक तथा क्रियात्मक व्याधि (Abnormalities) उत्पन्न हो जाती है।
- जन्मजात रोग आनुवंशिक विकार या पोषण की कमी के कारण हो सकते हैं अथवा ये रोग गर्भावस्था (Pregnancy) के दौरान भी विकसित हो सकते है।
- ये गर्भस्थ शिशु को गर्भ में किसी प्रकार के आघात से भी उत्पन्न हो सकते हैं। जब ये रोग गर्भावस्था के प्रथम महीने में होते हैं, तो इन्हें नवजात (Neonatal) रोग कहते हैं।
- इन रोग के कारकों को जन्मजात विकार कहते हैं, जिसमें विकासशील नवजात शिशुओं को हानि पहुँचती है।

2. उपार्जित रोग (Acquired Disease) जो रोग शरीर में जन्म के पश्चात् उत्पन्न होते हैं, उन्हें उपार्जित रोग कहते हैं तथा इन्हें जन्मोपरान्त उपार्जित (Post-Foetally Acquired) रोग भी कहते हैं।

- ये विभिन्न कारणों; जैसे—चोट लगना, संक्रमण होना या पोषण की कमी से हो सकते हैं। ये दो प्रकार के होते हैं
  - ◆ संक्रामक रोग (Communicable or Infectious Disease) ये फैलने वाले रोग होते हैं, जो एक व्यक्ति से दूसरे व्यक्ति में फैलते हैं। इन रोग को पैदा करने वाले के कारकों को संक्रामक कारक या रोगाणु (Infectious Agent or Pathogen) कहते हैं, जो विषाणु, जीवाणु, कवक, शैवाल, प्रोटोजोआ आदि सूक्ष्मजीव होते हैं तथा गोलकृमि जैसे निमेटोड, मच्छर, मक्खी, जूँ जैसे आर्थ्रोपोडा भी हो सकते हैं। ये सूक्ष्मजीव वायु, जल, भोजन, मिट्टी के द्वारा एक स्थान से दूसरे स्थान पर जाकर रोग को फैलाते हैं। ये रोगाणु एक रोगी के शरीर में अपनी वृद्धि करके तत्पश्चात् दूसरे व्यक्ति को संक्रमित करते हैं।
  - ◆ असंक्रामक रोग (Non-Communicable or Non-Infectious Disease) जो रोग एक व्यक्ति से दूसरे व्यक्ति तक नहीं फैलते, उन्हें असंक्रामक रोग कहते हैं। ये रोग बाह्य कारकों द्वारा होते हैं; जैसे—पोषण में कमी, किसी चोट के कारण जैसे- लकवा, अंगों की कार्यिकी में गड़बडी, कैंसर आदि।

संचरणीय रोग या संक्रामक रोग

जीवाणु जनित रोग

रोग	जीवाणु	संक्रमण माध्यम	लक्षण	रोकथाम
तपेदिक	*माइकोबैक्टीरियम ट्यूबरकुलोसिस*	संक्रमित व्यक्ति द्वारा वायु में मुक्त ड्रॉपलेट्स के सम्पर्क में आने पर	जिन व्यक्तियों में प्रतिरक्षी तन्त्र कमजोर होता है (HIV ग्रसित या वृद्ध व्यक्तियों में), उनमें यह सक्रिय हो जाता है।	इसका इलाज अक्रिय अवस्था में दवाइयों द्वारा सम्भव है।
टॉयफाइड	*साल्मोनेला टाइफी*	यह जीवाणु विषाक्त जल व भोजन द्वारा छोटी आँत में चला जाता है, तत्पश्चात् रुधिर द्वारा शरीर के अन्य अंगों को प्रभावित करता है।	इसके लक्षण तेज ज्वर (39-40°C), कमजोरी, पेट दर्द, कब्ज, सिरदर्द, भूख में कमी है।	निदान विडाल टेस्ट (Widal test) होता है। पूर्ण रूप से साफ-सफाई रखनी चाहिए, भोजन तथा जल शुद्ध लेना चाहिए। क्लोरोमाइसिटिन दवाई का प्रयोग किया जाता है।
टिटेनस	*क्लॉस्ट्रिडियम* या *बैसिलस टिटेनी*	चोट लगने पर संदूषित मृदा या धातु सतह के सम्पर्क में आने पर	इस रोग में लम्बे समय तक तन्त्रिका पेशियों में संकुचन होता है।	टीकाकरण करना।
हैजा	*विब्रियो कोलेरी*	रोगग्रस्त भोजन अथवा पानी से एवं घरेलू-मक्खी से होता है।	रोगी के शरीर में जल की कमी, धीमा रुधिर संचार, उल्टी, दस्त, माँसपेशियों में खिंचाव होता है।	पूर्ण रूप से पका हुआ भोजन तथा उबला जल पीना चाहिए, हैजे का टीकाकरण कराना चाहिए।
डिफ्थीरिया	*कोरनीबैक्टीरियम डिफ्थीरियाई*	रोगी व्यक्ति के द्वारा खाँसने या छींकने से फैले रोगाणुओं द्वारा तथा संक्रमित दूध के माध्यम द्वारा होता है।	श्वासावरोध, हल्का बुखार, गले में कृत्रिम झिल्ली का निर्माण हो जाता है।	डिफ्थीरिया एण्टीटॉक्सिन का टीकाकरण करना चाहिए, रोगी से उचित दूरी रखनी चाहिए।
प्लेग	*बैसिलस पेस्टिस*	इसका संक्रमण चूहों पर पाए जाने वाले पिस्सुओं द्वारा होता है। *जेनोप्सला केओपिस* प्लेग का भयानक पिस्सू है।	शारीरिक दर्द, गिल्टी, काँख तथा गर्दन की ग्रन्थियों में सूजन आ जाती है। न्यूमोनिक प्लेग में हल्का बुखार तथा सेप्टीसिमिक प्लेग में रुधिर में जीवाणु फैल जाता है।	सल्फाड्रग्स तथा स्ट्रेप्टोमाइसीन दवाइयों के प्रयोग द्वारा, चूहों को घर में प्रवेश करने से रोकना चाहिए।
निमोनिया	*डिप्लोकोकस न्यूमोनी*	रोगी व्यक्ति द्वारा खाँसने या छींकने से फैले जीवाणुओं द्वारा होता है।	तेज बुखार, साँस लेने में कठिनाई, फेफड़ों में सूजन आ जाती है।	ठण्ड से बचाव तथा प्रतिजैविकी दवाइयों का प्रयोग किया जाता है।
सिफिलिस	*ट्रैपोनेमा पैलिडम*	यह असुरक्षित यौन सम्बन्धों द्वारा फैलती है।	शिश्न व योनि पर लाल चकते, ऊतक क्षय होना, जननांगों में दर्द तथा सूजन आना।	पेनिसिलिन प्रतिजैविकी का प्रयोग किया जाता है।
गोनोरिया	*नाइसेरिया गोनोरियाई*	यह रोग रोगी व्यक्ति से सम्भोग करने पर फैलता है। इसमें मूत्रोजनन पथ की म्यूकस में संक्रमण होता है।	जोड़ों में दर्द, मूत्रमार्ग में लालपन, दर्द, सूजन तथा पस का होना।	सुरक्षित सम्भोग, पेनिसिलिन, ट्रेट्रासाइक्लिन, स्ट्रेप्टोमाइसिन प्रतिजैविकी दवाइयों का प्रयोग किया जाता है।

विषाणु जनित रोग

रोग	रोगकारक	वाहक/संक्रमण विधि	लक्षण	निवारण एवं नियन्त्रण
पीत ज्वर	*एडीज एजिप्टी*	मच्छर के काटने से होता है।	बुखार, ठण्ड, भूख में कमी व बेचैनी होना।	तुरन्त डॉक्टर से परामर्श लेना चाहिए तथा शुद्ध वातावरण रखना चाहिए।
एड्स	रिट्रो विषाणु (HIV)	संक्रमित व्यक्ति के तरल आधार द्रव्य से किसी भी प्रकार से सम्पर्क होने पर। मुख्यतया रुधिर, संक्रमित इन्जेक्शन या यौन क्रिया के दौरान होता है।	लसीका गाँठों में सूजन, ज्वर, रात्रि में पसीना आना, वजन कम होना, स्मरण शक्ति तथा बोलने व सोचने की क्षमता का ह्रास और प्रतिरक्षा तन्त्र का कमजोर होना।	AIDS के विषय में जागरूकता फैलाना, अनजान व्यक्ति से लैंगिक सम्पर्क न करना। दूसरों द्वारा प्रयुक्त सुईयों व रेजर का प्रयोग न करना। पूर्ण उपचार अभी सम्भव नहीं है।
रेबीज या हाइड्रोफोबिया	रैब्डो विषाणु	यह रोग संक्रमित कुत्ते, बिल्ली, बन्दर, गीदड़, आदि किसी भी जन्तु के काटने से हो सकता है।	सिरदर्द, तेज बुखार, छाती, गले की पेशियों में सूजन और ऐंठन इस रोग के लक्षण हैं। इनमें रोगी को बेचैनी होती है तथा दौरे पड़ने लगते हैं। रोगग्रस्त मनुष्य के गले में भयंकर पीड़ा होती है तथा वह कुछ भी नहीं निगल पाता है।	पालतू जानवर कुत्ता, बिल्ली, आदि को एण्टीरेबीज (Antirabies) का टीका लगवाकर प्रतिरक्षी कराना चाहिए। रेबीज के संक्रमण के उपचार हेतु जन्तु द्वारा काटे गए स्थान को लाल दवा से धोना चाहिए।

रोग	रोगकारक	वाहक/संक्रमण विधि	लक्षण	निवारण एवं नियन्त्रण
डेंगू	आरबो विषाणु	*एडीज* जाति के मच्छर द्वारा काटने पर।	सिरदर्द के साथ तेज ज्वर, वमन, कमजोरी व जोड़ों में दर्द होना।	आस-पास के वातावरण को स्वच्छ रखना, मच्छरों के प्रजनन स्थानों का निवारण करना व जन जागरूकता अभियान का संचालन।
पोलियो या पोलियो मायेलिटिस	पोलियो विषाणु	यह विषाणु संक्रमित भोजन, दूध तथा पेयजल के माध्यम से आहारनाल को संक्रमित करता है।	इस रोग के प्रारम्भिक लक्षण बुखार, उल्टी, सिर और बदन में दर्द एवं गले की पेशियों का सख्त होना है।	प्रारम्भिक अवस्था में इस रोग से सुरक्षा के लिए स्वच्छ वातावरण के साथ व्यक्तिगत स्वच्छता भी अत्यन्त महत्त्वपूर्ण है।

प्रोटोजोआ जनित रोग

निद्रालु रोग	लीश्मैनिएसिस	मलेरिया रोग
रोग निद्रालु रोग	**रोग** काला-अजार या लीश्मैनिएसिस	**रोग** मलेरिया रोग
रोगकारक ट्रिपैनोसोमा ब्रूसी	**रोगकारक** लीश्मैनिया डोनोवेनी	**रोगकारक** प्लाज्मोडियम
वाहक सी-सी मक्खी के काटने से होता है।	**वाहक** संक्रमित सैण्डफ्लाई के काटने से होता है।	**वाहक** मादा एनॉफिलीज मच्छर द्वारा फैलता है।
लक्षण उत्तेजना, ज्वर, सिरदर्द, खुजली आदि।	**लक्षण** तेज ज्वर, तिल्ली एवं यकृत का बढ़ जाना।	**लक्षण** सिरदर्द, उल्टी, पेशीय दर्द। ठण्ड के विशिष्ट पैटर्न के साथ तेज ज्वर, पसीना आना।
नियन्त्रण कीटरोधकों का प्रयोग, लम्बी बाँह के कपड़े पहनना। सी-सी मक्खी बहुल क्षेत्रों से बचना। एफ्लोरनिथिन औषधि का प्रयोग।	**नियन्त्रण** कीटरोधी का प्रयोग, एण्टीमनीयुक्त औषधि का प्रयोग इस रोग के उपचार हेतु किया जाता है।	**नियन्त्रण** मच्छरदानी का प्रयोग करें। जल को खुले में इकट्ठा न होने दें। खुली नालियों में कैरोसीन तेल डालें। खिड़कियों व दरवाजों पर जालियों का प्रयोग करें। मलेरिया की रोकथाम के लिए क्विनीन औषधि दी जाती है।

कवक जनित रोग

रोग	रोगकारक	वाहक/संक्रमण विधि	लक्षण	निवारण एवं नियन्त्रण
दाद	*ट्राइकोफाइटॉन*	हवा में फैले फफूँद के बीजाणुओं द्वारा होता है।	त्वचा पर लाल चकते, त्वचा पर जलन होना।	रोगी व्यक्ति से पूर्ण रूप से पृथक् रहना चाहिए।
एथलीट फुट	*ट्राइकोफाइटॉन*	संदूषित मृदा एवं पैरो में पसीने से द्वारा फैलता है।	त्वचा के मुलायम हिस्से पर संक्रमण।	नंगे पाँव नहीं रहना चाहिए।

हेल्मिन्थ जनित रोग

रोग	रोगाणु	संक्रमण	लक्षण	निवारण एवं नियन्त्रण
फाइलेरिया	*वाऊचेरिया बैंक्रोफ्टाई*	*क्यूलेक्स* मच्छरों के काटने से।	लसीका वाहिनी व ग्रन्थियाँ फूल जाती हैं, जिसे फाइलेरियोसिस कहा जाता है।	हेट्राजन दवाइयों द्वारा, रोगियों को दही, केला, चर्बी युक्त तथा प्रोटीन युक्त भोजन नहीं करना चाहिए, मच्छरों को नष्ट करना चाहिए (डीडीटी तथा विरंजक चूर्ण नामक कीटनाशक दवाइयों द्वारा)।
ऐस्कैरिएसिस	*ऐस्कैरिस लुम्ब्रीकॉइड्स*	संक्रमित भोजन द्वारा।	पेट में तेज दर्द, रुकी हुई वृद्धि, ज्वर, खाँसी, रुधिर में कमी होना।	व्यक्तिगत तथा सामाजिक सफाई रखनी चाहिए।
टीनिएसिस	*टीनिया सोलियम*	रोगी व्यक्ति की आँत में परजीवी पाया जाता है, जो मल के साथ बाहर आकर संक्रमण फैलाता है। इसका दूसरा पोषी सुअर है। इस अवस्था को ब्लैडर वर्म कहते हैं।	अपच, पेट में दर्द, कभी-कभी इनका लार्वा तन्त्रिका तन्त्र, आँख, फेफड़ों या मस्तिष्क में पहुँचकर रोगी की मृत्यु का भी कारण बनते हैं।	पूर्णतया पका हुआ सुअर का माँस खाना चाहिए।

असंचरणीय रोग या असंक्रामक रोग

ये निम्न प्रकार के होते हैं

ह्रासित रोग

यह शरीर के किसी भी अंग के नष्ट होने से उत्पन्न होते हैं, जैसे—कैंसर, हृदयाघात, मधुमेह, गठिया, आदि।

- कैंसर (Cancer) कोशिकाओं के अनियमित बनने से तथा अनावश्यक कोशिकाओं के बनने के कारण कोशिकाएँ एक जगह एकत्रित हो जाती हैं तथा गाँठ के प्रकार की रचना बन जाती है, जिसे ट्यूमर (Tumour) कहते हैं।
- कैंसर निम्न प्रकार के होते हैं
  - कार्सीनोमास, फेफड़े, स्तन, अग्न्याशय तथा आमाशय का कैंसर
  - सारकोमास अस्थि का कैंसर
  - ल्यूकैमिया रुधिर कैंसर
- हृदयघात (Heart Attack) में हृदय पेशियाँ हमेशा के लिए खराब हो जाती हैं। हृदय पेशियों को पोषण हेतु ऑक्सीकृत रुधिर की आवश्यकता होती है, जो उसे शिराओं द्वारा मिलता है। इस रोग के कारण शिरा का व्यास कम हो जाना है, जिससे रुधिर उसमें से बह नहीं पाता है। शिरा में बीच-बीच में वसीय पदार्थ, कैल्शियम, प्रोटीन व कोशिकाएँ जम जाती है, जिससे शिरा का मार्ग रुधिर परिसंचरण हेतु बन्द हो जाता है। हृदयघात से कभी-कभी मृत्यु भी हो जाती है।

मानसिक रोग

मानसिक रोग एक मानसिक अवस्था है, जिसका प्रभाव रोगी के विचारों, भावनाओं व व्यवहार पर दिखाई देता है। ये रोग तनाव से होते हैं, जो व्यक्ति के सामाजिक विकास को प्रभावित करते हैं। ये व्यक्ति के दैनिक कार्यों व जीवन की गुणवत्ता पर विपरीत प्रभाव डालते हैं।

कुछ मुख्य मानसिक रोग निम्न प्रकार से हैं

- सिज़ोफ्रेनिया इसमें व्यक्ति के सोचने, महसुस करने व व्यवहार करने का तरीका प्रभावित होता है।
- बाइपोलर् विकार व्यक्ति के मूड में अत्यधिक उतार-चढ़ाव आते हैं। इसे मैनिक डिप्रेशन भी कहते हैं।
- अतिसक्रियता विकार (ADHD) यह एक विकासात्मक विकार है, जो किसी व्यक्ति के व्यवहार को प्रभावित करता है। रोगी को ध्यान केंद्रित करने में कठिनाई होती है, वह अत्याधिक सक्रियता व आवेगशीलता दर्शाता है।
- एनोरेक्सिया नर्वोसा रोगी वजन बढ़ने के डर से खाना नहीं खाता।
- बुलिमिया नर्वोसा रोगी अत्याधिक भोजन का सेवन करता है।

अल्जाइमर रोग

- यह डिमेन्शिया का सामान्य प्रकार है, जिसका कोई इलाज नहीं है। उम्र बढ़ने के साथ यह रोग मृत्यु का कारण भी बन जाता है।
- इसे सर्वप्रथम जर्मन साइकाइट्रिस्ट व न्यूरोपैथोलोजिस्ट अलओइस अल्जाइमर ने सन् 1906 में बताया तथा इनके नाम पर ही इस रोग का नाम रखा गया है। सामान्यतया यह रोग 65 वर्ष की आयु के बाद ही पहचाना जाता है।

प्रदूषण जनित रोग

बीमारी	कारण
न्यूमोकोनिओसिस	कोल डस्ट
सिलिकोसिस	स्टोन डस्ट (सिलिका)
फेफड़ों की बीमारी	स्मोक (धुंआ)

प्रतिरक्षा

प्रतिरक्षा (Immunity) शरीर की रोगाणु से लड़ने की क्षमता को कहते हैं। यह दो प्रकार की होती है

- जन्मजात प्रतिरक्षा (Congenital Immunity) में वे सभी सुरक्षा तत्व सम्मिलित होते हैं, जो जीव में जन्म से होते हैं। यह अविशिष्ट प्रकार का प्रतिरक्षण तन्त्र है। इसमें रोगाणुओं से तथा बाहरी तत्वों से सुरक्षा हेतु यह तन्त्र कार्य करता है; जैसे—त्वचा, पेट में अम्ल, आँख से आँसू, सफेद रुधिराणु, आदि।
- उपार्जित प्रतिरक्षा (Acquired Immunity) यह रोगाणु विशिष्ट, जन्म के बाद विकसित होने वाला तथा जीवन भर रहने वाला प्रतिरक्षण तन्त्र है। यह तन्त्र रोगाणुओं के सम्पर्क में आने के बाद या टीकाकरण (Vaccination) द्वारा विकसित होता है।

इसके लक्षण निम्न हैं

- ◆ विशिष्टता (Sp[illegible]icity) अर्थात् विभिन्न प्रकार के रोगाणुओं की पृथक् पहचान करना।
- ◆ याद्दाश्त (Memory) अर्थात् दूसरी बार उसी रोगाणु के हमला करने पर जल्दी प्रभाव उत्पन्न करना। यह इस तन्त्र का विशिष्ट लक्षण है।

> **प्रतिरक्षी** रोगाणु के विरुद्ध B-लिम्फोसाइट द्वारा बने प्रोटीन कण होते हैं। T-कोशिकाओं द्वारा प्रतिरक्षी नहीं बनते हैं, अपितु यह B-कोशिकाओं की इनके उत्पादन में सहायता करते हैं।

- प्रतिरक्षण (Immunisation) यह एक प्रक्रिया है, जिसमें किसी व्यक्ति का प्रतिरक्षा तन्त्र किसी कारक के विरुद्ध दृढ़ हो जाता है। प्रतिरक्षा तन्त्र के महत्त्वपूर्ण अवयव T-कोशिका, B-कोशिका व प्रतिरक्षी है, जो प्रतिरक्षण द्वारा विकसित होती है। स्मृति B-कोशिका व स्मृति T-कोशिका, बाहरी अणु के विरुद्ध तीव्र प्रतिक्रिया हेतु उत्तरदायी होती है। निष्क्रिय प्रतिरक्षण में ये तत्व शरीर में सीधे प्रवेश कराए जाते हैं ना की शरीर स्वयं इन्हें बनाती है।
- स्वप्रतिरक्षा (Autoimmunity) यह वह अवस्था है, जिसमें शरीर अपने व बाहरी अणुओं में अन्तर नहीं कर पाता है तथा प्रतिरक्षी तन्त्र अपने ही अणुओं को नष्ट करना प्रारम्भ कर देता है। इससे शरीर को नुकसान होता है तथा कई प्रकार की प्रतिरक्षी रोग होते हैं; जैसे— रिह्यूमेटॉइड गठिया, एडीसन रोग, हाशिमोटो रोग, आदि।

टीके

- मृत, निष्क्रिय सूक्ष्मरोगाणु या उनके उत्पादों से निर्मित वह पदार्थ, जिसे शरीर में प्रवेश कराने पर बिना रोग उत्पन्न किए, रक्षात्मक (Protective) कोशिकाओं के निर्माण या प्रतिरक्षी के निर्माण को प्रेरित करके शरीर में प्रतिरक्षा उत्पन्न कराते हैं, टीका कहलाता है।
- टीका (Vaccine) एवं टीकाकरण (Vaccination) शब्द का प्रयोग सर्वप्रथम लुईस पाश्चर ने ही किया था। इस टीके का निर्माण गाय द्वारा किया गया, इसलिए इसे वैक्सीन नाम दिया गया, क्योंकि लैटिन भाषा में गाय को *वेका (Vacca)* कहते हैं।

टीकाकरण

- मृत, निष्क्रिय सूक्ष्मरोगाणु या उनके उत्पादों से निर्मित पदार्थ अर्थात् टीके को शरीर में प्रवेश कराने की क्रिया को टीकाकरण कहते हैं।
- टीके स्मृति-B व T-कोशिकाएँ बनाते हैं, जो रोगजनक को शीघ्र पहचान लेती है जिससे ज्यादा मात्रा में प्रतिरक्षी बना लिए जाते हैं। प्रतिरक्षा तन्त्र इस प्रकार, इन प्रतिजनों के विरुद्ध प्रतिरक्षी उत्पादित करने के लिए प्रेरित हो जाता है। टीकाकरण का सिद्धान्त प्रतिरक्षा तन्त्र के स्मृति गुण पर आधारित होता है। टीकाकरण से स्मृति-B व T-कोशिकाएँ बनती हैं, जोकि रोगजनक को जल्दी से पहचानकर प्रतिरक्षियों के उत्पादन द्वारा रोगजनकों (Pathogens) को खत्म करने में सहायता करती है। इस प्रकार का प्रतिरक्षण सक्रिय प्रतिरक्षण (Active immunisation) के अन्तर्गत आता है।

एलर्जी

- यह अतिरंजित (Exaggerated) एवं अतिविशिष्ट प्रक्रिया है, जो प्रतिरक्षा तन्त्र द्वारा वातावरणीय कारकों के विरुद्ध होती है, जब किसी व्यक्ति का सामान्य प्रतिरक्षा तन्त्र किसी हानिकारक पदार्थ उदाहरण धूल, पराग कण, गर्मी, ठण्ड, धागे, आदि एलर्जी कारकों (Allergens) से क्रिया करता है, तो एलर्जी प्रतिक्रिया होती है।
- एलर्जी कारकों के विरूद्ध IgE प्रकार की प्रतिरक्षी बनती हैं। इसके लवण छींक, आँखों से पानी आना, लाल चकते, बहती हुई नाक, साँस लेने में तकलीफ (अस्थमा), आदि हैं।

“
पर्यावरण उन सभी भौतिक, रासायनिक एवं जैविक कारकों की समष्टिगत एक इकाई है। पारितन्त्र को प्रकृति की एक क्रियाशील इकाई के रूप में जाना जाता है। जैव विविधता का सम्बन्ध विभिन्न प्रकार के जीव-जन्तुओं से है।

अध्याय नौ

पर्यावरण, पारिस्थितिकी एवं जैव-विविधता

पर्यावरण

- प्रत्येक जीव अपने पर्यावरण (Environment) की विशिष्ट इकाई होता है और पर्यावरण पर ही पूर्णतया निर्भर रहता है। पर्यावरण शब्द परि+आवरण से मिलकर बना है, जिसका अर्थ है—परिवेश।
- पर्यावरण, जैविक (Biotic) और अजैविक (Abiotic) दोनों प्रकार के घटकों से मिलकर बना होता है।
- जैविक पर्यावरण के अन्तर्गत वृहत्ताकार एवं सूक्ष्माकार जीव (जन्तु एवं पादप) पाए जाते हैं और अजैविक पर्यावरण के अन्तर्गत मृदा, जल, वायु, प्रकाश, ताप, आदि घटक आते हैं।

पर्यावरण का वर्गीकरण

हमारा पर्यावरण तीन तत्वों से मिलकर बना है; जैसे—वायु, जल और स्थल। इसी आधार पर इसे वायुमण्डल, जलमण्डल तथा स्थलमण्डल भागों में बाँटा गया है।

वायुमण्डल

- हमारे चारों ओर वायु से घिरा क्षेत्र (आवरण) वायुमण्डल (Atmosphere) कहलाता है अर्थात् पृथ्वी के चारों ओर स्थित पारदर्शी गैसीय आवरण को वायुमण्डल कहते हैं।
- पृथ्वी की सतह से लगभग 300 किमी ऊँचाई तक गैसों का एक आवरण होता है, गैसों का 95% भाग पृथ्वी की सतह से 20 किमी ऊँचाई तक के क्षेत्रों में होता है।
- अतिरिक्त शेष 5% गैसें 20 किमी के ऊपर 282 किमी ऊँचाई तक विस्तृत होती है।
- पृथ्वी के वायुमण्डल में गैसों का मिश्रण होता है, जिनमें से कुछ महत्त्वपूर्ण गैसें निम्नलिखित हैं

वायु का सामान्य संघटन

घटक	मात्रा (%) में
नाइट्रोजन	78.09%
ऑक्सीजन	20.95%
आर्गन	0.9%
कार्बन डाइऑक्साइड	0.039%
मीथेन	0.0002%
हाइड्रोजन	0.00005%

जलमण्डल

- पृथ्वी पर विद्यमान सभी जल कायों (Water Bodies) को सम्मिलित रूप से जलमण्डल (Hydrosphere) कहते हैं।
- इसके अन्तर्गत महासागर, सागर, तालाब, झीलें, नदियाँ, ग्लेशियर, आदि आते हैं।
- पृथ्वी का लगभग 71% भाग जल से ढका होने के कारण इसे नीला ग्रह (Blue Planet) भी कहते हैं।

स्थलमण्डल

- पृथ्वी की ऊपरी या बाहरी ऊबड़-खाबड़ उपजाऊ सतह को ही स्थलमण्डल (Lithosphere) कहते हैं।
- यह विभिन्न पर्वतों, गर्तों, मैदानों, पठारों, रेगिस्तानों, आदि से मिलकर बना होता है, जहाँ स्थलीय तथा वायवीय जीवों के अतिरिक्त विशाल वृक्षों द्वारा निर्मित वन पाए जाते हैं।

पारिस्थितिकी

- जीव तथा उसके पर्यावरण का पारस्परिक सम्बन्ध ही पारिस्थितिकी (Ecology) कहलाता है।
- जर्मन जैव-वैज्ञानिक रेटर (Reiter 1868) ने सर्वप्रथम पारिस्थितिक शब्द का प्रतिपादन तथा प्रयोग किया।

इस शब्द का प्रयोग 'Oekologie' के रूप में किया गया था। यह ग्रीक भाषा के शब्दों ***ऑइकॉस** (Oikos)*—घर या आवास तथा ***लोगस** (logos)*—अध्ययन' से मिलकर बना है।

समष्टि

- किसी विशिष्ट भौगोलिक क्षेत्र में किसी दिए गए समय पर निवास एवं परस्पर प्रजनन करने वाली समान जाति के जीवधारियों के समूह को उस जीव की समष्टि कहते हैं।
- किसी स्थान पर इकाई क्षेत्र में निश्चित समय पर उपस्थित एक ही जाति के कुल सदस्यों की संख्या को समष्टि घनत्व कहते हैं।
- किसी समष्टि में नए जीवों के उत्पन्न होने की दर को ही जन्म दर कहते हैं।
- मृत्यु दर किसी समष्टि में इकाई समय में मरने वाले व्यक्तियों की संख्या को मृत्यु दर कहते हैं। समष्टि में दिए गए इकाई समय में जन्म दर व मृत्यु दर के अनुपात को ही जैव सूचकांक (Vital Index) कहते हैं।
- किसी समष्टि में प्रति एक हजार पुरुषों पर स्त्रियों की संख्या को लिंग अनुपात कहते हैं। लिंग अनुपात इसलिए महत्त्वपूर्ण है, क्योंकि यदि समष्टि में स्त्रियों की संख्या अधिक है, तो इसका सीधा प्रभाव जन्म दर पर धनात्मक रूप से पड़ता है।
- आयु संरचना यह किसी समष्टि में उपस्थित व्यष्टियों के आयु वर्गों का प्रतिशत है। यह तीन प्रकार की होती है-
  (a) तीव्र वृद्धि करती समष्टि - जन्म दर, मृत्यु दर से अधिक होती है।
  (b) स्थिर समष्टि - जन्म व मृत्यु दर बराबर होती है।
  (c) घटती हुई समष्टि - मृत्यु दर, जन्म पर से अधिक होती है।

विभिन्न प्रकार की पारिस्थितिक अंतर्क्रियाएँ

अंतर्क्रियाएँ	विवरण
	धनात्मक अंतर्क्रियाएँ
सहभोजिता	इस प्रकार की अन्तर्क्रिया में भाग लेने वाली एक जाति लाभान्वित होती है, जबकि दूसरी अप्रभावित रहती है। उदाहरण—मनुष्य की आँत (Intestine) में रहने वाला जीवाणु *ई. कोलाई* भोजन तथा आश्रय प्राप्त करता है।
प्रोटोकॉपरेशन	इस सम्बन्ध के अन्तर्गत दो भिन्न जातियों के सदस्य जब परस्पर अन्तर्क्रिया करते हैं, तो वे दोनों लाभान्वित होते हैं, किन्तु ये पृथक्-पृथक् स्वतन्त्र रूप से भी निर्वाह कर सकते हैं। उदाहरण-पशु एवं कीटभक्षी पक्षी, क्योंकि ये पक्षी पशुओं के शरीर से जुएँ एवं कीट को भोजन के रूप में ग्रहण करते हैं और बदले में पशुओं को इन परजीवियों (Parasites) से छुटकारा मिल जाता है।
सहोपकारिता	यह दो भिन्न जातियों के जीवों के मध्य ऐसा सम्बन्ध है, जिसमें दोनों ही जीव लाभान्वित होते हैं। उदाहरण—रोमन्थी जीव (Ruminants) तथा सूक्ष्मजीव। रोमन्थी जीवों के आमाशय (Stomach) में सूक्ष्मजीव भोजन एवं आश्रय प्राप्त करते हैं और बदले में सेलुलोस पर क्रिया करके उसे पाचन योग्य बना देते हैं।
	ऋणात्मक अंतर्क्रियाएँ
एमेनसेलिज्म या प्रतिजीविता	इसमें एक जीव अपने विषैले स्राव द्वारा दूसरे जीव को हानि पहुँचाता है। इसमें हानि उठाने वाला **एमेनसल** (Amensal) तथा प्रभावित करने वाला जीव **सन्दमक** (Inhibitor) कहलाता है। उदाहरण—*स्ट्रेप्टोमाइसिस ग्राइसिमस*, स्ट्रेप्टोमाइसिन नामक प्रतिजैविक स्रावित करता है, जिससे अन्य जीवाणुओं का सन्दमन होता है।
प्रतिस्पर्द्धा	जब जीवन हेतु आवश्यक संसाधन सीमित मात्रा में पाए जाते हैं, तो उन्हें प्राप्त करने के लिए दो अथवा अधिक जीवों के मध्य प्रतिस्पर्द्धा होती है। यह प्रतिस्पर्द्धा अन्त:जातीय (Intraspecific) या अन्तर्जातीय (Interspecific) दोनों प्रकार की हो सकती है। उदाहरण—माँसाहारी जीव; जैसे— शेर, चीता, तेन्दुआ, बाघ इत्यादि शिकार हेतु प्रतिस्पर्द्धा करते हैं।
परजीविता	यह दो जातियों के भिन्न आकार वाले जीवों के मध्य ऐसा सम्बन्ध है, जिसमें छोटे जीव लाभान्वित होते हैं और बड़े जीव को हानि उठानी पड़ती है। लाभ प्राप्त करने वाला जीव परजीवी कहलाता है, जो बड़े जीव अर्थात् पोषी (Host) के शरीर पर अथवा उसके भीतर रहता है। उदाहरण—*एनॉफिलीज* मच्छर व मनुष्य में मलेरिया परजीवी *(प्लाज्मोडियम)* तथा जन्तुओं के शरीर पर जुएँ, इत्यादि।
परभक्षण	इस प्रकार की अन्तर्क्रिया में एक जीव किसी अन्य जीवित जीव को मारकर खा जाता है। भक्षण करने वाला जीव परभक्षी (Predator) तथा भोजन बनने वाला जीव भक्ष्य (Prey) कहलाता है। उदाहरण—सभी माँसाहारी शिकारी जीव परभक्षी होते हैं।

पारिस्थितिक तन्त्र

जीवों व पर्यावरण के मध्य होने वाले पारस्परिक सम्बन्धों से बने तन्त्र को ही पारितन्त्र या पारिस्थितिक तन्त्र (Ecosystem) कहते हैं।

इकोसिस्टम (Ecosystem) अर्थात् पारिस्थितिक तन्त्र शब्द का सर्वप्रथम प्रयोग **ए. जी. टेन्सले** (AG Tansley) ने वर्ष 1935 में किया था।

- पारिस्थितिक तन्त्र जैविक व अजैविक घटकों से मिलकर बना होता है।
- जैविक घटक के अन्तर्गत सजीव जैसे उत्पादक, उपभोक्ता तथा अपघटक सम्मिलित होते हैं।
- अजैविक घटक के अन्तर्गत ताप, जल, वायु, आर्द्रता, गैसें, आदि सम्मिलित होते हैं।
- अध्ययन की दृष्टि से पारिस्थितिक तन्त्र दो प्रकार का होता है
  - प्राकृतिक पारिस्थितिक तन्त्र (जलीय पारिस्थितिक तन्त्र तथा स्थलीय पारिस्थितिक तन्त्र)
  - कृत्रिम या मानव-निर्मित पारिस्थितिक तन्त्र

खाद्य शृंखला

- पारिस्थितिक तन्त्र में सभी जीव भोजन ग्रहण करने के लिए एक-दूसरे से परस्पर जुड़े रहते हैं और एक शृंखला बनाते हैं। यही शृंखला खाद्य शृंखला (Food Chain) कहलाती हैं।
- किसी भी खाद्य शृंखला में ऊर्जा का प्रवाह सदैव उत्पादकों से उपभोक्ताओं की ओर होता है तथा यह जीवों के मध्य के सम्बन्ध को प्रदर्शित करती है।

- खाद्य शृंखला में भोजन के रूप में ऊर्जा का प्रवाह विभिन्न पदों या स्तरों के द्वारा होता है। इन पदों या स्तरों को पोषक स्तर (Trophic Level) कहा जाता है।
- आवास के आधार पर खाद्य शृंखला निम्न दो प्रकार की होती है
    - स्थलीय खाद्य शृंखला यह स्थल में पाई जाने वाली खाद्य शृंखला है; जैसे—घास → टिड्डा → मेंढक → साँप → गिद्ध।
    - जलीय खाद्य शृंखला यह जल में पाई जाने वाली खाद्य शृंखला है; जैसे—पादपप्लवक → जन्तुप्लवक → छोटी मछली (रोहू) → बड़ी मछली (शार्क)।

प्रकृति में खाद्य शृंखला (a) वन में (b) घास के मैदानों में (c) तालाब में

- प्रकृति में खाद्य शृंखलाएँ तीन प्रकार की हो सकती हैं
    - परभक्षी खाद्य शृंखला (Predatory Food Chain) यह हरे पौधों से प्रारम्भ होकर, छोटे जन्तुओं में तथा तत्पश्चात् बड़े जन्तुओं की ओर जाती है।
    - परजीवी खाद्य शृंखला (Parasitic Food Chain) यह बड़े जन्तुओं से प्रारम्भ होकर छोटे जन्तुओं तक जाती है।
    - मृतोपजीवी खाद्य शृंखला (Detritus Food Chain) यह मृत प्राणियों से प्रारम्भ होकर सूक्ष्मजीवों की ओर जाती है।

खाद्य जाल

- जब अनेक प्रकार की खाद्य शृंखलाएँ आपस में जुड़ जाती हैं, तो पारितन्त्र में अन्तर्सम्बन्धों का स्वरूप एक जाल की भाँति दिखाई देता है, इस जटिल अन्तर्सम्बन्धों के जाल को खाद्य जाल (Food Web) कहते हैं। यह जीवों के समुदायों के मध्य के सम्बन्धों को प्रदर्शित करता है।
- इस जाल में एक प्राणी को खाने वाले कई परभक्षी (Predator) उत्पन्न हो जाते हैं अर्थात् यहाँ अनेक प्राथमिक, द्वितीयक तथा तृतीयक उपभोक्ता होते हैं।
- जिस पारितन्त्र का खाद्य जाल जितना अधिक जटिल होगा, वह उतना ही अधिक स्थिर होगा।

पारिस्थितिक अनुक्रमण

- पारितन्त्र में समुदाय कभी भी स्थिर नहीं होते हैं। इनमें समय तथा पर्यावरणीय दशाओं के अनुकूल साथ-साथ परिवर्तन होते हैं। यद्यपि इन परिवर्तनों की गति अत्यधिक धीमी होती है, परन्तु एक निश्चित अन्तराल के पश्चात् ये आसानी से दृष्टिगत होते हैं।
- अनुक्रमणन (Succession) में अनेक वर्षों में वानस्पतिक समुदायों की रचना और आकार में होने वाले परिवर्तन को दर्शाता है। यह परिवर्तन समुदाय एवं पर्यावरण के बीच होने वाली क्रिया का परिणाम होता है। अत: जैव समुदायों की आपेक्षित निश्चित श्रेणी है, जो एक निश्चित समय एवं स्थान में उपस्थित होती है, पारिस्थित अनुक्रमण (Ecological Succession) कहलाती है।
- इस प्रक्रिया में समुदाय और पर्यावरण में पारस्परिक क्रिया से जो परिवर्तन उत्पन्न होते हैं, उनके परिणामस्वरूप क्रमश: एक समुदाय दूसरे समुदाय के प्रतिस्थापित होते हैं। अत: यह एकल पथगामी पारिस्थितिक समय में होने वाला वानस्पतिक परिवर्तन है।

पारितन्त्र में ऊर्जा प्रवाह

- ऊर्जा का प्रवाह एकदिशीय होता है अर्थात् यह सूरज से उत्पादक की ओर, फिर वहाँ से उपभोक्ता की ओर जाती है। पारितन्त्र में ऊर्जा का प्रवाह भोजन के रूप में किया जाता है, जो उपापचयी क्रियाओं द्वारा ऊर्जा में परिवर्तित होती है। यह ऊर्जा जैवभार के रूप में संचित होती है।
- ऊर्जा स्थानान्तरण का 10% नियम **लिण्डमेन** द्वारा दिया गया था। अत: इसे **लिण्डमेन का नियम** भी कहते हैं। इस नियम के अनुसार, एक स्तर से दूसरे स्तर तक ऊर्जा के स्थानान्तरण में केवल 10% ऊर्जा ही स्थानान्तरित होती है तथा बाकी की ऊर्जा स्थानान्तरण श्वसन, पाचन, आदि में नष्ट हो जाती है।

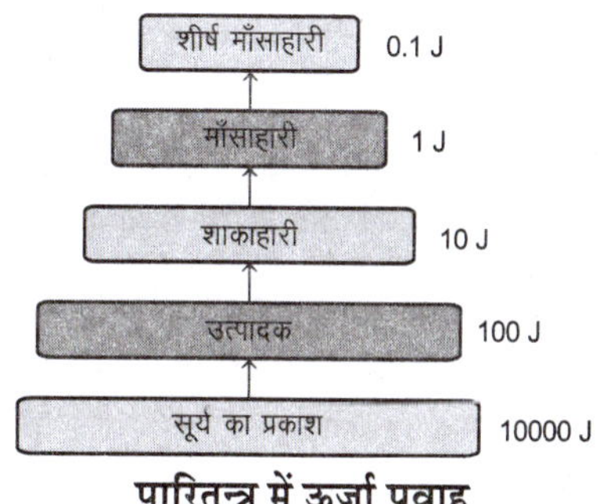

पारितन्त्र में ऊर्जा प्रवाह

जैव-रासायनिक चक्र

- वातावरण के निर्जीव और सजीव घटकों के मध्य होने वाले विभिन्न रासायनिक पदार्थों के तत्वों के चक्रण को जैव-रासायनिक चक्र कहते हैं।
- जैव-रासायनिक चक्र को मुख्यत: दो वर्गों में बाँटा गया है
    - गैसीय जैव-रासायनिक चक्र ये वायुमण्डल व जलमण्डल से सम्बन्धित रासायनिक चक्र है; उदाहरण-नाइट्रोजन, कार्बन, ऑक्सीजन व हाइड्रोजन चक्र।
    - अवसादीय जैव-रासायनिक चक्र यह मन्द गतिक व निम्न उपयोगी चक्र है; उदाहरण-फॉस्फोरस, सल्फर, पोटैशियम व कैल्शियम चक्र।

पारिस्थितिक पिरामिड

जीव संख्या का पिरामिड

- जीव संख्या का पिरामिड प्रत्येक पोषी स्तर पर जीवधारियों की संख्या के सम्बन्ध को दर्शाता है। घास के मैदान एवं तालाब के पारिस्थितिक तन्त्र में सीधा पिरामिड पाया जाता है, यहाँ उत्पादकों (हरे पादपों) की संख्या सर्वाधिक व शीर्ष उपभोक्ता की सबसे कम होती है। यह परभक्षी खाद्य शृंखला को दर्शाता है।
- जबकि, उल्टा पिरामिड परजीवी खाद्य शृंखला को दर्शाता है। इसमें उत्पादक की संख्या सबसे कम तथा प्रत्येक पोषी स्तर पर संख्या बढ़ती जाती है, जिससे यह उल्टा होता है।

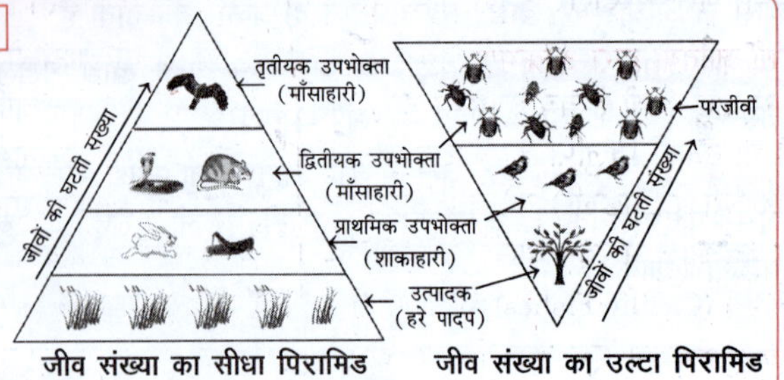

जीव संख्या का सीधा पिरामिड जीव संख्या का उल्टा पिरामिड

जैव भार का पिरामिड

- पारितन्त्र के प्रति इकाई क्षेत्र में उपस्थित जीवों का शुष्क भार जैवभार होता है।
- जैव भार का पिरामिड विभिन्न पोषक स्तरों में उपस्थित जैवभार की मात्रा के सम्बन्धों को दर्शाता है।
- घास के मैदान का पारिस्थितिक तन्त्र जैवभार के सीधे पिरामिड को दर्शाता है।
- तालाब के पारितन्त्र में स्थिति इसके उलट होती है, अन्तः यह उल्टा पिरामिड दर्शाता है।

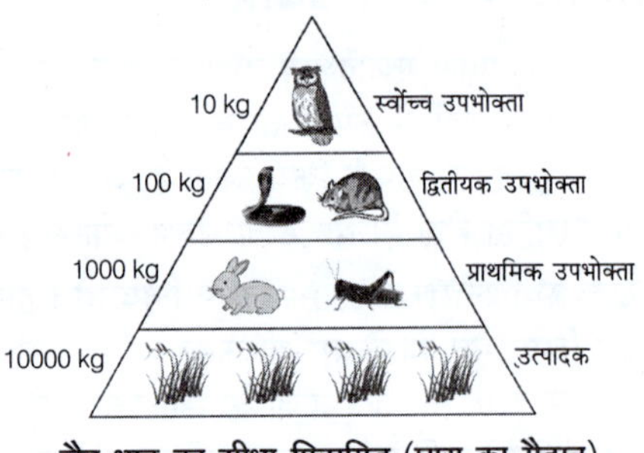

जैव भार का सीधा पिरामिड (घास का मैदान)

माँसाहारी मछलियाँ सर्वोच्च उपभोक्ता (12 ग्राम/मी^{2})

शाकाहारी मछलियाँ (द्वितीयक उपभोक्ता) (8 ग्राम/मी^{2})

जन्तुप्लवक व जलीय कीट (प्राथमिक उपभोक्ता) (4 ग्राम/मी^{2})

शैवाल व पादपप्लवक (उपभोक्ता) (2 ग्राम/मी^{2})

जैव भार का उल्टा पिरामिड (तालाब)

ऊर्जा का पिरामिड

- ऊर्जा पिरामिड, पारितन्त्र के प्रत्येक पोषी स्तर पर जीवों में संचित ऊर्जा के सम्बन्धों को प्रदर्शित करता है। चूँकि उत्पादकों से उपभोक्ताओं की ओर जाने पर प्रत्येक पोषी स्तर पर संचित ऊर्जा के मान में कमी आती है। इस कारण किसी भी पारिस्थितिक तन्त्र के लिए ऊर्जा का पिरामिड सदैव सीधा (Upright) प्राप्त होता है।
- ऊर्जा का प्रवाह सदैव एक दिशीय होता है।
- यह ऊर्जा **जैवभार** के रूप में संचित होती है।

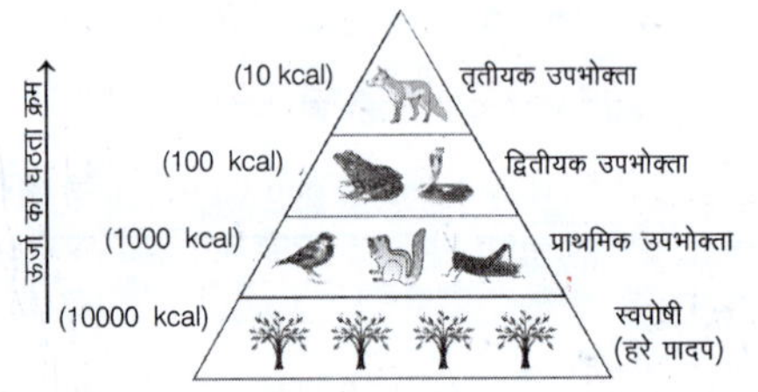

जैव-विविधता

- किसी भी पारिस्थितिकी तन्त्र एवं वातावरण में पारस्परिक निर्भरता तथा अन्योन्य क्रियाएँ करते हुए पादपों, जन्तुओं एवं सूक्ष्मजीवों की विभिन्न जातियों (स्वभाव, संरचना, आकार एवं आकृति में भिन्न) का पाया जाना, जैव-विविधता (Biodiversity) कहलाता है।
- जैव-विविधता शब्द का प्रयोग सर्वप्रथम रोजन (Rosen; 1985) ने किया था। एडवर्ड ओ. विल्सन (Edward O Wilson; 1985) को जैव- विविधता का जनक (Father of Biodiversity) कहा जाता है।

जैव-विविधता की क्षति

जैव-विविधता की क्षति के प्रमुख कारण निम्नलिखित हैं

- आवासीय क्षति तथा विखण्डन ये जन्तुओं एवं पादपों के विलुप्तिकरण (पृथ्वी से किसी जीव की प्रजाति का पूर्ण रूप से अस्तित्व समाप्त हो जाना) का मुख्य कारण है। उष्णकटिबन्धीय वर्षा-वनों के क्षेत्रफल में होने वाली आवासीय क्षति का सबसे अच्छा उदाहरण है। एक समय वर्षा वन पृथ्वी के 14% क्षेत्र में फैले थे, लेकिन अब 6% से अधिक क्षेत्र में नहीं है।

- अतिदोहन मानव हमेशा भोजन एवं आवास के लिए प्रकृति पर निर्भर रहा है, लेकिन अधिक की इच्छा रखने पर प्राकृतिक सम्पदा का अधिक दोहन आरम्भ हो जाता है। मानव द्वारा अतिदोहन से पिछले 500 वर्षों में कई जातियाँ; जैसे—स्टीलर समुद्री गाय, पैसेंजर कबूतर विलुप्त हुए हैं।
- विदेशी जातियों द्वारा आक्रमण जब बाहरी जातियाँ किसी भी लक्ष्य से एक क्षेत्र में लाई जाती है तब उनमें से कुछ आक्रामक होकर स्थानिक जातियों में कमी या उनकी विलुप्ति का कारण बन जाती हैं; उदाहरण—जब नाइल पर्च (नील नदी की मछली) को पूर्वी अफ्रीका की विक्टोरिया झील में डाला गया, तब झील में रहने वाली पारिस्थितिक रूप से बेजोड़ सिचलिड मछलियों (Cichlid Fishes) की 200 से अधिक जातियाँ विलुप्त हो गई।
- सहविलुप्तता जब एक जाति विलुप्त होती है, तब उस पर आधारित दूसरी जन्तु व पादप जातियाँ भी विलुप्त होने लगती हैं; जैसे—जब एक परपोषी मत्स्य जाति विलुप्त होती है, तब उसके ऊपर आश्रित विशिष्ट परजीवियों का भी वही भविष्य होता है।

जैव-विविधता का संरक्षण

जैव-विविधता संरक्षण की दो आधारभूत योजनाएँ हैं—*स्व:स्थाने* (*In situ*) और *बाह्य स्थाने* (*Ex situ*)।

1. *स्वस्थाने संरक्षण*

संरक्षण जिसमें जैव-विविधता का प्राकृतिक आवास में अथवा मानव-निर्मित पर्यावरण तन्त्र में ही संरक्षण किया जाता है, *स्वस्थाने* संरक्षण (*In-situ* Conservation) कहलाता है।

हॉटस्पॉट (तप्तस्थल)

- हॉटस्पॉट (Hotspots) का विचार सर्वप्रथम नॉर्मन मेयर (Norman Mayer) ने सन् 1988 में दिया।
- वह भौगोलिक क्षेत्र जहाँ जैव-विविधता की अधिकता हो (वन्यजीव या वनस्पति) तथा इसके प्राकृतिक आवास को खतरा हो अर्थात् प्राकृतिक संसाधनों का अतिदोहन हो रहा हो, जैव-संवेदी क्षेत्र या हॉटस्पॉट कहलाते हैं।

> विश्व के 36 तप्तस्थल में से तीन भारत में पाए जाते हैं। ये **पश्चिमी घाट** व **श्रीलंका, पूर्वी हिमालय, इण्डो-बर्मा** क्षेत्र में स्थित है। ये क्षेत्र उच्च **स्थानिकता** (Endemism) की उच्च कोटि को प्रदर्शित करते हैं। इन क्षेत्रों में बहुत ही उच्च कोटि की जैव-विविधता पाई जाती है। इन सभी तप्तस्थलों की जैव-विविधता लगभग 2% ही है।

राष्ट्रीय उद्यान

- वह क्षेत्र, जो वन्यजीवों के लिए पूर्णरूप से संरक्षित होता है तथा शिकार खेलना, पशु चराना, फसल बोना आदि निषेध होता है, राष्ट्रीय उद्यान (National Park) कहलाता है। इन क्षेत्रों में जन्तुओं या प्राणिजात (Fauna) तथा पादपों या वनस्पतिजात (Flora) दोनों का संरक्षण किया जाता है।
- जिम कॉर्बेट राष्ट्रीय उद्यान (Jim Corbett National Park) भारत का प्रथम राष्ट्रीय उद्यान है, जिसकी स्थापना सन् 1936 में हुई थी। यह अब उत्तराखण्ड में स्थित है।
- काजीरंगा राष्ट्रीय उद्यान में एक सींग वाला गैंडा *(राइनोसिरॉस)* विशिष्ट रूप से पाया जाता है, जो अत्यधिक शिकार के कारण विलुप्त हो रहा है।
- एशियाई शेरों के लिए एकमात्र प्राकृतिक वास गिर राष्ट्रीय उद्यान गुजरात में स्थित है, जो काठियावाडा क्षेत्र में पाए जाते हैं।
- घाना राष्ट्रीय उद्यान भरतपुर (राजस्थान) में स्थित है, जो प्रवासी पक्षी प्रजाति साइबेरियन सारस के कारण प्रसिद्ध है।

जैव-मण्डल रिजर्व

- जैव-मण्डल रिजर्व संरक्षित क्षेत्र की विशेष श्रेणी है। जैव-मण्डल रिजर्व में एक सीमा तक मानव गतिविधियाँ जारी रहती है, लेकिन इन गतिविधियों से जैव सम्पदा को कोई नुकसान नहीं पहुँचने दिया जाता। जैव-मण्डल रिजर्व का विचार सन् 1975 में यूनेस्को (UNESCO) द्वारा दिया गया। यूनेस्को ने इसी वर्ष मानव तथा जैव-मण्डल (MAB) प्रोग्राम प्रारम्भ किया। मई 2002 तक 94 देशों में 408 जैव-मण्डल रिजर्व घोषित किए जा चुके हैं।
- जैव-मण्डल रिजर्व तीन भागों में बँटा होता है
  (a) ट्रान्जीशन क्षेत्र (Transition Zone) यह जैव-मण्डल रिजर्व का बाहरी क्षेत्र हैं। इस क्षेत्र में मानव-बस्ती होती हैं। इसलिए यह मानव सक्रियता वाला क्षेत्र है।
  (b) बफर क्षेत्र (Buffer Zone) ट्रान्जीशन जोन के अन्दर का क्षेत्र बफर क्षेत्र कहलाता है। इस क्षेत्र में मानव बस्तियाँ तो नहीं होती, लेकिन सीमित मानव क्रिया होती हैं।
  (c) कोर क्षेत्र (Core Zone) यह जैव-मण्डल का केन्द्रीय भाग है। यह भाग पूरी तरह वन्य जीवों के लिए संरक्षित होता है और इस भाग में मानव क्रिया-कलाप पूर्णतया प्रतिबन्धित होते हैं।

अभयारण्य

- वे सामूहिक आरक्षित क्षेत्र हैं, जहाँ पादप एवं जन्तुओं की स्थानीय जातियों तथा अभिगमन करके आई जातियों को अनुकूल परिस्थितियाँ प्रदान की जाती हैं। अभयारण्य (Sanctuary) कहलाती है।

नोट: *भारत में 18 जैव-मण्डल संरक्षित क्षेत्र, 104 राष्ट्रीय उद्यान, 565 वन्यजीव अभयारण्य, 53 टाइगर रिजर्व, 37 वैट लैण्ड, 15 मैन्ग्रोव तथा 4 प्रवाल भित्ति संरक्षित क्षेत्र के रूप में मान्यता प्राप्त हैं।*

2. *बाह्य स्थाने संरक्षण*

- इस प्रकार के संरक्षण में जीवों को उसके प्राकृतिक आवास से बाहर मानव निर्मित आवास में रखा जाता है।
- इसके अन्तर्गत जन्तु उद्यान, वनस्पति उद्यान व वन्य जीव सफारी द्वारा पादपों व जीवों का संरक्षण किया जाता है। आज कई जन्तु जंगलों में खत्म हो गए हैं, किन्तु वह जन्तु उद्यानों में सुरक्षित व संरक्षित हैं।
- शीत परिरक्षण इसमें दुर्लभ तथा संकटग्रस्त जीवों के जर्मप्लाज्म का बहुत कम ताप (–196°C) पर नाइट्रोजन के साथ संग्रहण (Storage) किया जाता है। इस विधि में जैविक क्रियाएँ, विभाजन तथा आनुवंशिकी प्रभावित नहीं होती, यह विधि शीत परिरक्षण (Cryopreservation) कहलाती है।
- पादपों का ऊतक संवर्धन द्वारा वर्धन किया जाता है। आर्थिक महत्त्व के बीजों को बीज बैंक में लम्बे समय तक रखना सम्भव है।

"

आर्थिक वनस्पति विज्ञान एवं जीव विज्ञान की समाज में एक महत्त्वपूर्ण भूमिका है। कृषि, पादप प्रजनन, पशुपालन, आदि के क्षेत्र में हुई विभिन्न प्रगति ने जीवन की गुणवत्ता में सुधार किया है और लोगों के जीवन स्तर को ऊपर उठाया है।

अध्याय दस

आर्थिक वनस्पति एवं जीव विज्ञान

कृषि

कृषि (Agriculture) शब्द की उत्पत्ति लैटिन भाषा के दो शब्दों *अगर (Ager)* अर्थात् क्षेत्र एवं *कल्चर* अर्थात् उत्पादन/उगाना से हुई है। इसका अभिप्राय पृथ्वी के प्राकृतिक संसाधनों की सहायता से फसलों तथा पशुपालन सम्बन्धी क्रियाओं से है।

शस्य विज्ञान

यह कृषि विज्ञान की वह शाखा है, जिसमें फसलों के उत्पादन तथा भूमि प्रबन्धन का कार्य किया जाता है। विभिन्न फसलों के प्रबन्धन को खेती (Farming) कहते हैं। विभिन्न कृषकों द्वारा खेती की विभिन्न तकनीकों का प्रयोग किया जाता है।

फसलों का वर्गीकरण

उत्पादन के आधार पर फसलों के प्रमुख प्रकार निम्नवत् हैं

- अनाज (Cereal Crops) इन पौधों की कृषि, ऊर्जा की दैनिक आवश्यकताओं की पूर्ति हेतु की जाती है। उदाहरण–गेहूँ, मक्का, बाजरा तथा ज्वार ऊर्जा की आपूर्ति हेतु कार्बोहाइड्रेट प्रदान करते हैं।
- दालें (Pulses) इनकी कृषि प्रोटीन की आवश्यकताओं की पूर्ति हेतु की जाती है। उदाहरण—चना, मटर, उड़द, मूँग, अरहर, मसूर, आदि।
- तेलयुक्त बीजों वाली फसलें (Oil Seed Crops) इन पौधों से हमें आवश्यक वसा व तेल प्राप्त होते हैं। उदाहरण–सोयाबीन, मूँगफली, तिल, अरंडी, सरसों, अलसी, सूरजमुखी, आदि।
- सब्जियाँ, मसाले तथा फल (Vegetables, Spices and Fruits) इनसे हमें कुछ मात्रा में प्रोटीनयुक्त विटामिन तथा खनिज लवण, वसा व कार्बोहाइड्रेट प्राप्त होते हैं। उदाहरण–पत्तागोभी, प्याज, काली-मिर्च, आदि।
- चारा फसलें (Fodder Crops) इन फसलों का प्रयोग पशुधन के चारे के रूप में किया जाता है; जैसे—बर्सीम, जई तथा सूडान घास।

ऋतु के आधार पर फसलों को निम्न प्रकार से वर्गीकृत किया गया है

ऋतु के आधार पर फसलें

खरीफ	रबी
जून से अक्टूबर तक उत्पादन, **उदाहरण**-धान, सोयाबीन, अरहर, मक्का, कपास, चना, मूँगफली आदि।	नवम्बर से अप्रैल तक उत्पादन **उदाहरण**-गेहूँ, चना, मटर, सरसों, अलसी आदि।

फसल उत्पादन में सुधार

फसल उत्पादन में सुधार (Improvement in crop Yields) के प्रयासों को तीन चरणों में बाँटा जा सकता है- प्रथम, बोने हेतु बीजों का चयन, दूसरा, फसलों की उचित देखभाल तथा तीसरा, खेतों में उगी फसल की सुरक्षा तथा कटी हुई फसल को हानि से बचाना है।

1. फसल की किस्मों में सुधार

इस प्रयास का मुख्य उद्देश्य फसल की ऐसी किस्म की खोज करना है, जो विभिन्न परिस्थितियों; जैसे—उच्च मृदा लवणता, विविध जलवायु परिस्थितियाँ, जल उपलब्धता (सूखा व बाढ़) में भी जीवित रह सकें एवं बेहतर उत्पादन दे सकें।

फसल की किस्मों (प्रभेदों) के लिए विभिन्न उपयोगी गुणों; जैसे—रोग प्रतिरोधक क्षमता, उर्वरक के प्रति अनुरूपता, उत्पादन की गुणवत्ता तथा उच्च उत्पादन का चयन प्रजनन द्वारा कर सकते हैं। इन गुणों से युक्त नई किस्म उच्च रूप से स्वीकार्य होती है। फसल की किस्मों में ऐच्छिक गुणों को निम्न दो विधियों द्वारा स्थानांतरित किया जा सकता है

(I) संकरण इस विधि में भिन्न आनुवंशिक गुणों वाले पौधों में संकरण (Hybridisation) द्वारा नई किस्म (संकर) या उच्च उत्पादक किस्म (High Yielding Varieties, HYV) प्राप्त की जाती है।

यह अन्तराकिस्मीय, अन्तरास्पीशीज व अन्तरावंशीय प्रकार का होता है।

(II) आनुवंशिकीय रूपांतरित फसलें इसके द्वारा उच्च उत्पादकता, उच्च गुणवत्ता, आदि गुणों वाली रूपांतरित फसलें प्राप्त की जाती हैं। आनुवंशिकीय रूपांतरण द्वारा फसल में ऐच्छिक गुणों को उत्पन्न किया जा सकता है।

ट्रांसजीनी फसलें

- ऐसी फसलें, जो विभिन्न जीवों (एक से अधिक) के जीनों के संयुग्मन से बनाई जाती है, ट्रांसजीनी फसलें (Transgenic Crop) कहलाती हैं।
- इन फसलों के निर्माण में निम्न विधियाँ प्रयुक्त होती हैं
  - गुणकारी (इच्छित) जीन का चयन
  - जीन का पृथक्करण
  - इच्छित जीन को वाहक DNA में जोड़ना एवं *r*DNA का निर्माण।
  - *r*DNA का पोषद् कोशिका में स्थानान्तरण
  चयनित गुणों वाले पादपों का विकास एवं प्रवर्धन।

2. फसल उत्पादन प्रबंधन

- इसके अन्तर्गत उच्च उत्पादकता हेतु फसल उत्पादन के विभिन्न पहलुओं को नियंत्रित किया जाता है, जिसमें फसल उत्पादन के विभिन्न चरणों के कुशल कार्यान्वयन की आवश्यकता होती है। अत: फसल उत्पादन प्रबंधन (Crop production management) के अंतर्गत पोषकों, सिंचाई तथा कृषि पैटर्न का प्रबंधन आता है।
- फसल उत्पादन से पहले मिट्टी तैयार करना प्रथम चरण होता है। इसमें मिट्टी को पलटना व पोला बनाना सम्मिलित हैं।

बीज बोना

- पोषक प्रबन्धन में पादपों को पोषक पदार्थों की आवश्यकता होती है। पोषक पदार्थ अकार्बनिक तत्व होते हैं, जो पौधों को वायु, जल तथा मृदा से प्राप्त होते हैं। पादपों के लिए 16 पोषक पदार्थ (वृहत् पोषक तत्त्व व सूक्ष्मपोषक तत्त्व) आवश्यक है। अधिक उत्पादन प्राप्त करने के लिए मृदा में खाद तथा उर्वरक के रूप में इन पोषकों को मिलाया जाता है।
- खाद के रूप में कम्पोस्ट तथा वर्मी कम्पोस्ट व हरी खाद का प्रयोग किया जाता है तथा उर्वरक के रूप में नाइट्रोजन, फॉस्फोरस व पोटैशियम रासायनिक पादप पोषक मिलाए जाते हैं।

  नोट *केंचुओं का उपयोग करके तैयार की गई जैविक खाद वर्मी कम्पोस्ट कहलाती है। हरी खाद (Green Manure) मृदा की संरचना व उर्वरता को सुधारने हेतु प्रयुक्त एक प्रकार की कृषि तकनीक है, जिसमें फसल उगाने से पहले खेतों में कुछ पौधे (जैसे-पटसन, मूँग) उगा दिये जाते हैं और बाद में हल चला कर उन्हें मिट्टी में मिला दिया जाता है।*
- सिंचाई नहरों, जलाशयों, कुओं, ट्यूबवेल आदि द्वारा जल की आपूर्ति करने की प्रक्रिया है।
- सिंचाई के पारम्परिक तरीकों में मोट (घिरनी) चेन पम्प, ढेकली तथा रहट व आधुनिक तरीकों में छिड़काव तन्त्र व ड्रिप तन्त्र शामिल हैं।

- फसल पैटर्न का प्रयोग खेती हेतु भूमि के एक ही क्षेत्र का उपयोग करके अधिकतम लाभ प्राप्त करने हेतु किया जाता है।

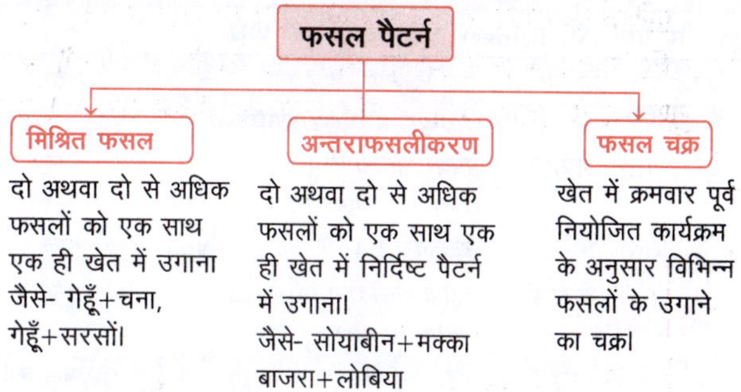

3. फसल सुरक्षा प्रबंधन

- खेतों में फसलों को खरपतवार, कीट-पीड़क, रोगों, आदि से सुरक्षा प्रदान करना अत्यंत आवश्यक है। फसल सुरक्षा प्रबंधन द्वारा इनकी संभावनाओं को कम किया जाता है।
- यदि खरपतवार तथा पीड़कों को नियंत्रित नहीं किया जाता, तो वे फसलों को बहुत हानि पहुँचाते हैं।

फसलों को हानि पहुँचाने वाले तत्व निम्न हैं

- खरपतवार (Weed) यह कृषि योग्य भूमि में उगे अनावश्यक पौधे होते हैं, जो भोजन, स्थान तथा प्रकाश के लिए फसलों से स्पर्द्धा करते हैं; उदाहरण–गोखरु *(जैंथियम)*, गाजर घास *(पार्थेनियम)* व मोथा *(साइरेनस रोटेंडस)*, आदि।
- रसायनों के उपयोग (2, 4 -D) से खरपतवार नियन्त्रण किया जाता है। खरपतवार हटाने को निराई कहते हैं। यह कार्य खुरपी या हैरो की सहायता से किया जाता है।
- कीट-पीड़क (Insect-Pest) कीट-पीड़क फसल के स्वास्थ्य को प्रभावित कर उत्पादन को कम करते हैं। प्राय: कीट-पीड़क पौधों पर निम्न प्रकार से आक्रमण करते हैं; ये मूल, तने तथा पत्तियों को काट देते हैं; जैसे-टिड्डा, ये तने तथा फलों में छिद्र कर देते हैं; जैसे—तना छेदक लार्वा।

सूक्ष्मजीवों द्वारा पौधों में होने वाले कुछ सामान्य रोग

पादप रोग	सूक्ष्मजीव	संचरण का तरीका
सिट्रस कैंकर	जीवाणु	वायु
गेहूँ का रस्ट	कवक	वायु एवं बीज
भिंडी का पीत मौजेक रोग	वायरस	कीट
चावल का झुलसा रोग	जीवाणु	जल

- फसल पकने के बाद उसे काटना कटाई (Harvesting) कहलाता है।
- किसान अपनी फसल उत्पाद का भण्डारण जूट के बोरों, धातु के बड़े पात्र में करते हैं, परन्तु बीजों का बड़े पैमाने पर भण्डारण साइलो और भण्डारगृहों में किया जाता है, जिससे फसल को कीटों व चूहों से सुरक्षित रखा जा सके।

विभिन्न पादप एवं उनकी उपयोगिता

सामान्य नाम	वानस्पतिक नाम	पौधे का मुख्य भाग	उपयोगिता
(a) औषधियाँ (Medicines)	प्रदान करने वाले पौधे		
(i) सर्पगन्धा	*राउवोल्फिया सर्पेन्टाइना (Rauwolfia serpentina)*	जड़	रेसरपीन एल्केलॉयड, जो उच्च रक्तचाप, साँप के काटने तथा मानसिक रोगों में दवाई के रूप में प्रयोग किया जाता है।
(ii) अफीम	*पेपेवर सोमनीफेरम (Papaver somniferum)*	कैप्सूल फल	मॉर्फीन व कोडेन नामक दवाइयाँ प्राप्त की जाती हैं, जो दर्द निवारक हैं।
(iii) कुनैन	*सिनकोना स्पी. (Cinchona sp.)*	छाल	मलेरिया की दवाई प्राप्त की जाती है।
(iv) बैलाडोना	*एट्रोपा बैलोडोना (Atropa belladonna)*	सूखी पत्तियाँ व जड़	एट्रोपीन एवं हायोसाइमस एल्केलॉयड होता है, जो केन्द्रीय तन्त्रिका तन्त्र (CNS) के ऊपर असर करके दर्द कम करती है।
(v) धतूरा	*धतूरा स्ट्रैमोनियम (Datura stramonium)*	फल का रस	बालों को साफ रखने (रूसी हटाने) व गले के रोगों में काम आता है।
(vi) आँवला	*एम्बलिका ऑफिसिनेलिस (Emblica officinalis)*	फल	मूत्र अधिक लाने के लिए, पेट साफ करने के लिए, खून के दस्त में काम आता है। प्रसिद्ध आयुर्वेदिक दवाई च्यवनप्राश बनाने में प्रयोग होता है।
(vii) कुचला	*स्ट्राइक्नॉसनक्स वोमिका (Stryconosnux vomica)*	बीज	एक एल्केलॉइड, स्ट्राइक्रम निकाला जाता है, जो लकवा (Paralysis) व दिमाग के रोगों के निदान में प्रयोग में आता है।
(b) मसाले (Spices)	प्रदान करने वाले पौधे		
(i) लाल मिर्च	*कैप्सिकम जाति (Capsicum sp.)*	बीज	मिर्च का चूर्ण सब्जी, भाजी बनाने में प्रयोग किया जाता है। कच्ची भी खाई जाती है।
(ii) काली मिर्च	*पाइपर निग्रम (Piper nigrum)*	बीज	मिर्च का चूर्ण व पूर्ण मिर्च शाक भाजी के रूप में प्रयोग की जाती है।
(iii) हल्दी	*कुरकुमा डोमेस्टिका (Curcuma domestica)*	राइजोम	भोज्य पदार्थों, आचार आदि में रंग हेतु, औषधि के रूप में।
(iv) लौंग	*शायजियम एरोमैटीकम (Syzygium aromaticum)*	कलिका	भोज्य पदार्थों के स्वाद को बढ़ाने में एवं टूथपेस्ट में।
(v) केसर	*क्रोकस सटाइवस (Crocus sativus)*	सूखा वर्तिकाग्र एवं वर्तिका	मसालों के रूप में, भोज्य पदार्थों में खुशबू एवं रंग हेतु।
(c) पेय (Drink)	पदार्थ प्रदान करने वाले पौधे		
(i) चाय	*थीया साइनेन्सिस (Thea sinensis)*	पत्ती	छोटी पत्ती एवं नई शीर्षस्थ तने से चाय प्राप्त की जाती है।
(ii) कॉफी	*कॉफिया अरेबिका (Coffea arabica)*	बीज	भुने हुए बीजों का चूर्ण कॉफी के रूप में प्रयोग किया जाता है।
(iii) कोको	*थीयोब्रोमा काकाओ (Theobroma cacao)*	बीज	बीज (फल) को लोहे के ड्रम में रखकर भूना जाता है फिर बीजों का चूर्ण बनाकर प्रयोग किया जाता है।

पशुपालन

- कृषि विज्ञान की वह शाखा, जिसके अन्तर्गत पालतू पशुओं के भोजन, आश्रय, स्वास्थ्य, प्रजनन, आदि का अध्ययन किया जाता है, पशुपालन (Animal Husbandry) कहलाती है। इसमें गोवंशी पशु, भैंस, बकरी, भेड़, सुअर, ऊँट आदि आते हैं।

गाय

वैज्ञानिक नाम *बॉस इण्डिकस (Bos indicus)* एवं *बॉस टॉरस (Bos tauras)*

भारतीय गाय की नस्लें

नस्ल	वितरण
साहिवाल	पंजाब, दिल्ली, उत्तर प्रदेश, बिहार एवं मध्य प्रदेश
सिंधी	कराची और हैदराबाद (सिन्ध) से आयातित, इलाहाबाद, हसूर, बंगलुरु एवं गुवाहाटी
गिर	दक्षिण काठियावाड़ का जूनागढ़ राज्य और पश्चिमी भारत के अन्य राज्य, बैंगलुरु, मुम्बई, पुणे एवं अहमदाबाद
देओनी	हैदराबाद के पश्चिम और उत्तर पश्चिम भागों में
कर्ण स्विस	हरियाणा, साहिवाल गाय और ब्राउन स्विस बैल से संकरण द्वारा उत्पन्न नस्ल
हरिया	रोहतक, हिसार, गुड़गाँव, करनाल और दिल्ली राज्य
ओन्गोल	आन्ध्र प्रदेश : गुंटूर, नरसागऊपेट, वेनुकोंडा, नैल्लोर का कंडुकर तालुका
थारपारकर	दक्षिणी-पूर्वी सिन्ध, अमरकोट, नौकोट, ढेरो नारो, पश्चिम भारत का कच्छ-रेगिस्तान, मारवाड़ और उत्तर मुम्बई का पालनपुर क्षेत्र
कंक्रेज	दक्षिण-पूर्व, कच्छ का रन, सिन्ध के थारपारकर से अहमदाबाद में ढोब्लका तक

भैंसें

वैज्ञानिक नाम *बुबेलिस बुबेलिस* (*Bubalus bubalis*)

भारतीय भैंसों की नस्लें

नस्ल	वितरण
मुर्रा	पंजाब, उत्तर प्रदेश, दिल्ली, राजस्थान एवं हरियाणा
नीली रावी	मोंटगोमरी (पाकिस्तान) एवं फिरोजपुर (भारत)
भदावरी	ग्वालियर, इटावा के आस-पास और यमुना व चम्बल नदियों के पास के क्षेत्र
तराई	टनकपुर और रामनगर के बीच, उत्तर प्रदेश के तराई क्षेत्र
नागपुरी	नागपुर, वाघी, अकोला, अमरावती, अचलपुर
मांडा	पर्लाकीमेडी की पहाड़ियों पर, मण्डोसा में जो ओडिशा और आन्ध्र प्रदेश की सीमा पर स्थित है।
टोडा	तमिलनाडु की नीलगिरि पहाड़ियाँ
सुरती	गुजरात का दक्षिण-पश्चिमी भाग आनन्द, नाडियाड, बड़ोदरा जिला
जाफराबादी	काठियावाड़ के गीड़ जंगल
मेहसाना	उत्तर गुजरात में मेहसाना, बनासकांठा जिले में पालनपुर और साबर-कांठा जिले में राघनपुर

भारतीय भेड़ों की किस्में

किस्म	विस्तार
छोटा नागपुरी	छोटा नागपुर, राँची, बिहार, प. बंगाल
शाहबादी	समस्त भारत
बालनगीर	ओडिशा एवं दक्षिण भारत

भारतीय बकरियों की किस्में

किस्म	विस्तार
गंजम	ओडिशा, बिहार, प. बंगाल
बंगाल	प. बंगाल, बिहार, असोम, ओडिशा
न्युबियन	समस्त भारत

आर्थिक जन्तु विज्ञान

मुर्गी या कुक्कट पालन

- मुर्गी पालन अण्डे व माँस के उत्पादन को बढ़ाने के लिए किया जाता है।
- अण्डों के लिए अण्डे देने वाली लेयरर्स (Layeres) मुर्गी व माँस के लिए ब्रायलर (Broiler) को पाला जाता है।
- नई उन्नत किस्में प्राप्त करने के लिए देशी (जैसे- एसिल) तथा विदेशी (लैगहॉर्न) नस्लों का संकरण कराया जाता है। उदाहरण- चिन्तागाँग तथा घाघस (देशी नस्लें) व सफेद लैगहॉर्न तथा न्यू हैम्पशायर (विदेशी नस्लें) आदि।

मधुमक्खी पालन

- शहद प्राप्त करने के लिए मधुमक्खियों को कृत्रिम विधि द्वारा पालना।
- हजारों की संख्या में मोम के छत्ते के कुछ कोष्ठकों में मधुमक्खियों द्वारा बनाया गया शहद एकत्रित रहता है तथा कुछ में अण्डों व शिशुओं का पालन पोषण होता है।
- मधुमक्खी की कॉलोनी में श्रम विभाजन के आधार पर तीन प्रकार की मधुमक्खियाँ पाई जाती हैं, क्रमशः रानी मक्खी, नर मक्खी व श्रमिक मक्खी इससे शहद विष, मोम प्राप्त होता है।

रेशम कीट पालन

रेशम प्राप्ति के लिए रेशम कीटों को पालना

भारत में रेखम कीट की निम्न चार जातियाँ पाई जाती हैं

- ***बॉम्बिक्स मोराई*** (*Bombyx mori*) या शहतूत का रेशम कीट-इससे मलबेरी रेशम (Mulberry silk) प्राप्त होता है।
- ***एन्थेरिया पैफिया*** (*Antheraea paphia*) या टसर रेशम कीट-इससे टसर रेशम प्राप्त होता है।
- ***फ्लोसामिया रिसिनी*** (*Phlosamia ricini*) या ऐरी रेशम कीट (Eri Silkworm) इससे एरी रेशम प्राप्त होता है।
- ***ऐन्थैरीया आसामेन्सिस*** (*Antheraea assamensis*) या मूँगा रेशम कीट-इससे मूँगा रेशम प्राप्त होता है।

मत्स्य पालन

- खाद्य पदार्थ की प्राप्ति हेतु मछलियों का पालन करना
- अलवण जलीय मछलियों के पालन को मीठा जल मत्स्य पालन या अन्त र्देशीय मछली पालन कहते हैं।
- समुद्र मत्स्य पालन में मुख्यतया समुद्र तट तथा नदमुख (Estuary) से मछलियाँ पकड़ी जाती हैं।
- अलवण जलीय मछलियों के उदाहरण–रोहू, कटला, मृगल आदि
- लवण जलीय मछलियों के उदाहरण–ईल, मुलेट, भेटकी आदि

लाख कीट पालन

- लाख की प्राप्ति के लिए लाख कीट को पालना।
- लाख एक चिपचिपा रेसिन है, जो *टैकार्डिया लैका* नामक लाख कीट से प्राप्त होता है।
- ये कीट अंजीर, साल, बरगद आदि वृक्षों की टहनियों से चिपके पाए जाते हैं।

मोती पालन

- मोती एक जीव उत्पाद है तथा यह मोलस्का संघ के पर्ल ऑएस्टर नामक जन्तु का स्रावित पदार्थ हैं।
- पर्ल ऑएस्टर का जन्तु वैज्ञानिक नाम *पिक्टाड़ा वुल्गेरिस* है।

जन्तु रोग

- पादप व मानव की तरह, जन्तु भी कई प्रकार के रोगों से ग्रसित होते हैं, जिनसे मानव ग्रसित नहीं होता है। जन्तुओं में रोग जीवाणु, कवक, विषाणु व परजीवियों द्वारा होते हैं।

जन्तुओं में होने वाली कुछ मुख्य बीमारियाँ निम्न हैं

कवक जनित रोग

रोग	कारक	प्रभावित जन्तु	लक्षण	बचाव	इलाज
रिंगवर्म	*माइक्रोस्पोरॉन, ट्राइकोफाइटॉन* एवं *इपिडर्मोफाइटॉन*	मवेशी, बकरी तथा भेड़	खाल पर गोल चकत्ते, तरल पदार्थ का स्रावण तथा रोगग्रस्त जगह से बालों का झड़ना	रोगग्रस्त हिस्से को ब्लीच तथा 4% फॉर्मेल्डिहाइड से धोना, रोगग्रस्त जन्तुओं का पृथक्करण, धूप द्वारा रोगाणु मुक्त वातावरण बनाना।	आयोडीन का 2% विलयन, व्हिटफील्डस मरहम तथा ग्रिसियोफुलविन का मौखिक प्रयोग
एथलीट फुट	*ट्राइकोफाइटॉन रुबरुम*	बिल्ली तथा कुत्ते	खुजली जलन तथा पैरों पर लाली आना, खाल में जलन तथा दरार	पैरों तथा अंगूठों के बीच के स्थान को सूखा व साफ रखना।	क्रीम, स्प्रे तथा लोशन
एस्पर्जिलोसिस	*एस्पर्जिलस*	पक्षी तथा पालतू जानवर	साँस लेने में परेशानी, वजन में कमी, नाक से स्रावण, डायरिया तथा उल्टी होना	मजबूत प्रतिरक्षण तन्त्र तथा साफ सुथरा वातावरण।	दवाइयाँ जैसे स्पोरोनॉक्स तथा लिटराकोनाजोल उपयोग

जीवाणु जनित रोग

रोग	कारक	प्रभावित जन्तु	लक्षण	बचाव	इलाज
एन्थ्रेक्स (मेरुरज्जु बुखार)	*एन्थ्रेक्स बैसिलस*	मवेशी	बुखार, सूजन, खाल पर चकत्ते, दूध उत्पादन में गिरावट, प्राकृतिक छिद्रों से काला, झागदार स्रावण होना	टीकाकरण	सिप्रोफ्लोक्सिन प्रतिजैविक तथा एन्थ्रेक्स प्रतिसीरम का उपयोग।
मैस्टीटिस	*स्ट्रेप्टोकोकस*	मवेशी	बुखार, सूजन व खुजली एवं पतला दूध	टीकाकरण तथा रोगग्रस्त जन्तुओं का पृथक्करण	ऑक्सीटोसिन तथा प्रतिजैविक का उपयोग।
न्यूमोनिया	*स्ट्रेप्टोकोकस, डिप्लोकोकस न्यूमोनाई* तथा *क्लैबसाइला न्यूमोनाई*	मवेशी	फेफड़ों में सूजन, बुखार तथा ठण्डा होना	मवेशियों को सूखी, हवादार व साफ जगह पर रखना, उचित प्रबन्धन एवं विभिन्न प्रजातियों एवं अधिक उम्र के मवेशियों को अलग रखना	प्रतिजैविकी उपचार, प्रति सूजन दवाइयों का उपयोग

विषाणु जनित रोग

रोग	कारक	प्रभावित जन्तु	लक्षण	बचाव	इलाज
फुट एवं माउथ रोग अथवा हूफ एवं माउथ रोग	कोक्सैकी विषाणु	मवेशी, भेड़, सुअर, भैंस एवं बकरी	बुखार, मुँह में छाले, शरीर के भार में तथा दूध उत्पादन में कमी।	रोगग्रस्त जन्तुओं का पृथक्करण, जन्तुओं के रहने के स्थान को रोगाणु मुक्त रखना एवं टीकाकरण	उपचार रहित
गाय पॉक्स	वैक्सीनिया विषाणु	मवेशी	अंगुलियों पर धारियाँ बुखार	रोगग्रस्त जन्तुओं का पृथक्करण एवं जन्तुबाड़े को रोगाणु मुक्त रखना	उपचार रहित परन्तु दवाइयों द्वारा बुखार का उपचार तथा प्रतिजैविक द्वारा द्वितीयक संक्रमण का उपचार सम्भव है।
रानीखेत	विषाणु	चूजे, घरेलू व जंगली पक्षी	डायरिया, दम घुटना, लकवा तथा भूख में कमी		उपचार रहित

परजीवी जनित रोग

रोग	कारक	प्रभावित जन्तु	लक्षण	बचाव	इलाज
ऐस्कैरिएसिस	*ऐस्कैरिस*	सुअर, भेड़ तथा मवेशी	कब्ज, डायरिया, एनीमिया, यकृत, फेफड़े तथा मेरुरज्जु पर प्रभाव	टीकाकरण रोगग्रस्त जन्तुओं का पृथक्करण, रोगाणु मुक्त आवास	पीपरेक्स, पीपराजीन एडीपेट, वार्मेक्स दवाइयों का उपयोग
फेशियोलिएसिस अथवा यकृत रोट	*फेसियोला हिपेटिका, जिगेन्टिका* (यकृत कृमि)	भेड़, बकरी तथा मवेशी	पित्त नलिका में सूजन, एनीमिया, डायरिया, भूख में कमी	तालाब में घोंघे खाने वाली मछलियों तथा बत्तखों को पालना, रोगग्रस्त जन्तुओं का ध्वस्तिकरण, मवेशियों के भोजन को रोगाणु मुक्त रखना	प्रतिहेल्मिन्थीज दवाइयों जैसे फिलसिन, हेक्साक्लोरो इथेन, इमिटीन फिनोथाइजीन, टेट्राक्लोरोइथेन, कार्बन ट्रेटाक्लोराइड आदि।

"विज्ञान एवं प्रौद्योगिकी हमेशा से ही भारतीय संस्कृति का अभिन्न अंग रहे हैं। भारतीय विज्ञान का प्रयोग लोगों के कल्याण के लिए प्राचीन काल से ही होता आ रहा है।

अध्याय एक

भारत में विज्ञान एवं प्रौद्योगिकी का विकास

परिचय

- विज्ञान शब्द का अंग्रेजी रूपान्तरण है- Science, जो लैटिन भाषा के साइण्टिया शब्द से बना है, जिसका शाब्दिक अर्थ है—ज्ञान/जानना।
- विज्ञान वह व्यवस्थित ज्ञान या विद्या है, जो विचार, अवलोकन, अध्ययन और प्रयोग से मिलती है, जो किसी अध्ययन के विषय की प्रकृति या सिद्धान्तों को जानने के लिए किए जाते हैं। प्रौद्योगिकी अर्थात् टेक्नोलॉजी है—विज्ञान का जीवन की आवश्यकताओं के लिए उपयोग। अत: टेक्नोलॉजी को हम कार्य रूप में विज्ञान कह सकते हैं।

प्राचीनकाल एवं मध्यकालीन विज्ञान-प्रौद्योगिकी

प्राचीनकाल से ही भारत में विज्ञान की परम्परा अत्यन्त उन्नत अवस्था में थी। इस समय अनेक ऐसे ग्रन्थों की रचना हुई, जो धार्मिक दृष्टि के साथ-साथ वैज्ञानिक एवं तकनीकी दृष्टि से महत्त्वपूर्ण हैं। यह परम्परा आगे चलकर मध्यकाल में भी स्थापित की गई। इस लम्बे कालक्रम में ज्योतिष, गणित, खगोल, रसायन, चिकित्सा आदि क्षेत्रों में अत्यधिक उन्नति हुई, जिसकी चर्चा उस समय के रचित ग्रन्थों में की गई है।

प्राचीनकाल में विज्ञान एवं प्रौद्योगिकी का विकास	मध्यकाल में विज्ञान एवं प्रौद्योगिकी का विकास
खगोल विज्ञान/नक्षत्र विज्ञान	**खगोल विज्ञान/नक्षत्र विज्ञान**
तैत्तिरीय ब्राह्मण ग्रन्थ में सूर्य, चन्द्रमा तथा मौसमों का विवरण मिलता है।	इस काल में खगोलीय मतों का वर्णन करने वाली टीकाएँ प्रकाशित हुईं।
'सांख्यायन श्रौत सूत्र' पुस्तक में गणना-विज्ञान (अंक गणना) की चर्चा मिलती है।	फिरोजशाह तुगलक ने दिल्ली तथा फिरोजशाह बहमनी ने दौलताबाद में वेद्यशाला बनवाई।
पंच सिद्धान्तिका ग्रन्थ वराहमिहिर द्वारा रचित है, जिसमें अयनांश का मान 50.32 सेकेण्ड बताया गया है।	इस समय सौर पंचांग और चन्द्र पंचांग दोनों का प्रयोग होता था।
आर्यभट्ट द्वारा रचित ग्रन्थ आर्यभट्टीयम (खगोल विज्ञान पुस्तक) में सूर्य और चन्द्रमा की गतियों का वर्णन, ग्रहों की गणना जैसे खण्ड हैं।	नीलकण्ठ सोमयाजी ने 1501 ई. में आर्यभट्ट की रचना 'आर्यभट्टीयम' पर टीका लिखी।
आर्यभट्ट ने सर्वप्रथम बताया की पृथ्वी गोल है, और यह अपनी धुरी पर घुमती है। 'वृहदसंहिता' में वराहमिहिर ने बताया कि चन्द्रमा पृथ्वी के चारों ओर परिक्रमा करता है।	जयपुर के महाराजा सवाई जयसिंह द्वितीय ने दिल्ली, उज्जैन, वाराणसी, मथुरा और जयपुर में नक्षत्रा-विषयक वेधशालाएँ बनवाईं।
गणित विज्ञान	**गणित विज्ञान**
• 8वीं शताब्दी ई०पू० में गणितज्ञ बौधायन ने पाई (π) के मान की गणना की।	• प्रारम्भिक मध्ययुग में गणित की दो प्रसिद्ध पुस्तक **श्रीधर** का गणितसार और **भास्कराचार्य** की लीलावती प्रमुख हैं।
• महावीराचार्य ने 9वीं सदी में गणितसार संग्रह की रचना की, जिसमें लघुत्तम निकालने की विधि की चर्चा है।	• गणितसार में गुणा, भाग, संख्या, घन, वर्गमूल, क्षेत्रामिति आदि विषय का वर्णन है।
• शुल्वसूत्र नामक ग्रन्थ में अग्निवेदिका के निर्माण के लिए **रेखागणित** का प्रयोग किया गया।	• वर्ष 1587 में लीलावती का अनुवाद **फैजी** ने फारसी भाषा में किया।
• पाइथागोरस प्रमेय का वर्णन प्रथम बार बादरायण ने किया था।	• शाहजहाँ के शासनकाल में अताउल्लाह रशीदी ने बीजगणित का अनुवाद किया।
• गणित सार संग्रह (महावीराचार्य) ग्रन्थ में लघुत्तम (LCM) निकालने की आधुनिक पद्धति की परिभाषा है। ब्रह्मस्फुट सिद्धान्त (ब्रह्मगुप्त) ग्रन्थ में शून्य, धनात्मक, और ऋणात्मक संख्याओं का वर्णन है।	• अकबर के दरबारी **ज्योतिर्विद** ने 'ताजिक' ग्रन्थ का संकलन किया, जिसमें विभिन्न तकनीकों का वर्णन है।

औषधि विज्ञान	औषधि विज्ञान
• अथर्ववेद में प्रथम बार ज्वर, खाँसी, खानपान, डायरिया और कुष्ठ रोग जैसी बीमारियों का वर्णन है।	• इस काल में चिकित्सा समग्र तथा भावप्रकाश जैसे आयुर्वेद ग्रन्थों की रचना हुई।
• चरकसंहिता (चरक) में मानव शरीर से सम्बन्धित सिद्धान्त, रोगों के लक्षण तथा चिकित्सा का वर्णन है।	• इस काल में बीमारियों पर शोध प्रबन्ध तथा निदान के लिए नाड़ी व मूत्र परीक्षण की व्यवस्था थी।
• सुश्रुत को शल्यचिकित्सा का जनक माना जाता है। इनकी प्रसिद्ध रचना सुश्रुत संहिता में शल्य चिकित्सा उपकरणों की सूची दी गई है।	• सारंग संहिता (शारंगधर) में अफीम को औषधि के रूप में प्रयोग किया गया।
• अष्टांगहृदयम ग्रन्थ (वागभट्ट कृत) में औषधि और शल्यविज्ञान की चर्चा है।	• इस समय यूनानी तिब्बत औषधि विज्ञान का प्रचलन हुआ। • यूनानी औषधि व्यवस्था 11वीं सदी में मुस्लिमों के साथ भारत आई थी।
धातुकर्म/तकनीक	**धातुकर्म/तकनीक**
• मोहनजोदड़ों से कांस्य मूर्ति की नर्तकी की प्रतिमा मिली है। • वराहमिहिर ने अपने ग्रन्थ में तलवार बनाने तथा उसके संरक्षण की विधि का वर्णन किया।	• कागज का आविष्कार मध्यकाल में हुआ। • टीपू सुल्तान के समय मैसूर में कागज बनाने का कारखाना था। • मुगलों के पास बारूद निर्माण और बन्दूक में प्रयोग की जानकारी थी।
• रसेन्द्र मंगलम (नागार्जुन कृत) में ताँबे को साफ करने की प्रक्रिया का वर्णन है। • मूर्ति बनाने के लिए लॉस्ट-वैक्स तकनीक का प्रयोग किया जाता था।	• विस्फोटक पदार्थों के बारे में जानकारी एवं तोप के गोले बनाने की चर्चा तुजुक-ए-बाबरी में मिलती है। • आइने अकबरी में अकबर के इत्र कार्यालय के नियमों का वर्णन है।

यूरोपीय तकनीकों का आगमन

भारत में पुर्तगालियों द्वारा 1556 ई. में गोवा में छापेखाने की शुरुआत की गई। इसमें छपी पहली पुस्तक कैटेकिस्मों दा डोट्रिना क्रिस्टा थी, जिसे फ्रांसिस जेवियर ने लिखा था।

स्वतन्त्रता पूर्व काल में विज्ञान एवं प्रौद्योगिकी का विकास

- विलियम जोंस ने 1784 ई. में कलकत्ता में एशियाटिक सोसायटी की स्थापना की और यह शीघ्र ही भारत में होने वाली सभी वैज्ञानिक गतिविधियों का केन्द्र बन गई।
- भारत में रेडियो ब्रॉडकास्टिंग (Radio Broadcasting) का प्रारम्भ वर्ष 1927 में हुआ था, परन्तु वर्ष 1930 तक यह राज्यों की जिम्मेदारी थी। वर्ष 1937 में ऑल इण्डिया रेडियो (All India Radio) का प्रारम्भ हुआ तथा वर्ष 1957 से इसे आकाशवाणी (Akashvani) के नाम से जाना जाने लगा।
- जगदीश चन्द्र बसु ने आधुनिक भौतिकी एवं पादप क्रिया विज्ञान के क्षेत्र में उल्लेखनीय योगदान दिया। उनके द्वारा बनाए गए यन्त्रों में क्रेस्कोग्राफ और सोशंग्राफ (Soshan graph) प्रमुख हैं।
- सी. वी. रमन ने प्रकाश-प्रकीर्णन (Scattering of light) पर अनुसन्धान किया। जिसके लिए उन्हें वर्ष 1930 में नोबेल पुरस्कार प्राप्त हुआ।
- डॉ. शान्ति स्वरूप भटनागर के प्रयासों से 26 सितम्बर, 1942 को दिल्ली में वैज्ञानिक और औद्योगिक अनुसन्धान परिषद् (CSIR) की स्थापना की गई। इसकी देशभर में दर्जनों सहायक प्रयोगशालाएँ स्थापित हैं।

स्वतन्त्रता पश्चात् भारत में विज्ञान एवं प्रौद्योगिकी का विकास

- भारत के प्रथम प्रधानमन्त्री पण्डित जवाहरलाल नेहरू ने विज्ञान तथा प्रौद्योगिकी को बढ़ावा देने के लिए कई उल्लेखनीय कदम उठाए। वर्ष 1948 में डॉ होमी जहाँगीर भाभा की अध्यक्षता में परमाणु ऊर्जा आयोग का गठन किया गया।
- देश का प्रथम भारतीय प्रौद्योगिकी संस्थान (IIT) पश्चिम बंगाल के खड़गपुर में 18 अगस्त, 1951 को प्रारम्भ हुआ। इसकी स्थापना भारत में तकनीकी शिक्षा को बढ़ावा देने के लिए गठित 22 सदस्यों की समिति की अनुशंसा के आधार पर की गई।
- इसके बाद 1950 से 1960 के दशक में बॉम्बे, मद्रास, कानपुर तथा दिल्ली में भी भारतीय प्रौद्योगिकी संस्थान (IIT) स्थापित हुए।
- परमाणु ऊर्जा विभाग की स्थापना 3 अगस्त, 1954 को एक राष्ट्रपति के आदेश के माध्यम से प्रधान मन्त्री के प्रत्यक्ष प्रभार के अन्तर्गत की गई थी।

आर्यभट्ट-भारत का पहला उपग्रह

- वर्ष 1962 में भारतीय राष्ट्रीय अन्तरिक्ष अनुसन्धान समिति (INCOSPAR) की स्थापना के साथ देश में अन्तरिक्ष गतिविधियों की शुरुआत की गई थी।
- इसी वर्ष तिरुवनन्तपुरम के पास थुम्बा भूमध्यरेखीय रॉकेट लान्चिंग स्टेशन (TERLS) पर भी काम शुरू हुआ।
- भारतीय अन्तरिक्ष अनुसन्धान संगठन (इसरो) की स्थापना वर्ष 1969 में भारत की राष्ट्रीय अन्तरिक्ष एजेन्सी के रूप में की गई थी।
- पहला भारतीय उपग्रह 'आर्यभट्ट' था, जिसे भारत में ही डिजाइन और निर्मित किया गया था और 19 अप्रैल, 1975 को लॉन्च किया गया था। इसरो ने आर्यभट्ट को एक्स-रे खगोल विज्ञान, एरोनॉमी और सौर भौतिकी को क्रियान्वित करने के लिए विकसित किया था।

पहला परमाणु परीक्षण

- भारत ने अपना पहला परमाणु परीक्षण 18 मई, 1974 को राजस्थान के पोखरण में किया था।
- इस परीक्षण को 'स्माइलिंग बुद्धा' नाम दिया गया था। यह परीक्षण भारत सरकार ने शान्तिपूर्ण कामों के लिए किया था।

प्रौद्योगिकी विजन-2035

- 3 जनवरी, 2016 को 103वीं भारतीय विज्ञान कांग्रेस का उद्घाटन करते हुए प्रधानमन्त्री ने प्रौद्योगिकी विजन-2035 का अनावरण किया।
- यह वर्ष 2035 में उपलब्ध होने वाली प्रौद्योगिकियों का उल्लेख मात्र नहीं है, बल्कि एक विजन है।
- विजन दस्तावेज के 12 चिह्नित क्षेत्र- शिक्षा, चिकित्सा, विज्ञान एवं स्वास्थ्य सेवा, खाद्य एवं कृषि, जल, ऊर्जा, पर्यावरण, आवास, यातायात, बुनियादी ढाँचा, निर्माण, सामग्री सूचना और संचार प्रौद्योगिकी हैं।

- प्रौद्योगिकी विजन दस्तावेज वर्ष 2035 का लक्ष्य सुरक्षा, समृद्धि में वृद्धि और प्रत्येक भारतीय की अस्मिता को सुनिश्चित करना है। इसका उल्लेख संविधान की आठवीं अनुसूची में उल्लिखित सभी भाषाओं के सम्बन्ध में दस्तावेज में हमारी आकांक्षा या विजन वक्तव्य के रूप में प्रस्तुत किया गया है।

प्रमुख संस्थागत प्रतिष्ठान

भारत के विभिन्न प्रमुख संस्थागत प्रतिष्ठान निम्नलिखित हैं

वैज्ञानिक तथा औद्योगिक अनुसन्धान परिषद् (CSIR)

- यह भारत का सबसे बड़ा अनुसन्धान एवं विकास संगठन है। इसकी स्थापना वर्ष 1942 में हुई थी। इसका मुख्यालय नई दिल्ली में स्थित है।
- CSIR एक अखिल भारतीय संस्थान है, जिसमें 37 राष्ट्रीय प्रयोगशालाओं, 39 दूरस्थ केन्द्रों, 3 नवोन्मेषी परिसरों और 5 इकाइयों का एक सक्रिय नेटवर्क शामिल है।
- 31 मार्च, 2020 तक लगभग 4162 तकनीकी और सहायक कर्मियों द्वारा समर्थित लगभग 3521 सक्रिय वैज्ञानिकों में CSIR की अनुसन्धान एवं विकास विशेषज्ञता और अनुभव सन्निहित है।
- CSIR विज्ञान एवं प्रौद्योगिकी मन्त्रालय द्वारा वित्तपोषित है तथा यह सोसायटी पंजीकरण अधिनियम, 1860 के अन्तर्गत एक स्वायत्त निकाय के रूप में पंजीकृत है। भारत के प्रधानमन्त्री इसके अध्यक्ष हैं।
- CSIR अपने दायरे में रेडियो एवं अन्तरिक्ष, भौतिकी, समुद्र विज्ञान, भू-भौतिकी, रसायन, जी. पी. एस., स्थूलिक्स, जैव प्रौद्योगिकी और नैनो-टेक्नोलॉजी से लेकर न्यूनतम वैमानिकी, उपकरण विज्ञान, पर्यावरण अभियान्त्रिकी और सूचना प्रौद्योगिकी की एक विस्तृत विषय शृंखला को शामिल करता है।

भारतीय कृषि अनुसन्धान परिषद् (ICAR)

- यह भारत सरकार के कृषि और किसान कल्याण मन्त्रालय के कृषि अनुसन्धान और शिक्षा विभाग (DARE) के अन्तर्गत एक स्वायत्त संगठन है। इसकी स्थापना 16 जुलाई, 1929 को रॉयल कमीशन (शाही आयोग) ऑन एग्रीकल्चर की रिपोर्ट के आधार पर सोसायटी पंजीकरण अधिनियम, 1860 के अन्तर्गत एक पंजीकृत सोसायटी के रूप में की गई थी।
- इस सोसायटी का नाम पहले इम्पीरियल काउन्सिल ऑफ एग्रीकल्चरल रिसर्च था। इसका मुख्यालय नई दिल्ली में स्थित है।
- यह भारत में बागवानी, मत्स्यन और पशु विज्ञान सहित कृषि के क्षेत्र में समन्वय, मार्गदर्शन और अनुसन्धान प्रबन्धन के लिए सर्वोच्च निकाय है।

भारतीय आयुर्विज्ञान अनुसन्धान परिषद् (ICMR)

- यह जैव चिकित्सा अनुसन्धान के समन्वय और प्रचार के लिए विश्व के सबसे पुराने चिकित्सा अनुसन्धान निकायों में से एक है, जिसका मुख्यालय नई दिल्ली में स्थित है।
- इसकी स्थापना वर्ष 1911 में इण्डियन रिसर्च फण्ड एसोसिएशन के नाम से हुई थी। बाद में वर्ष 1949 में इसका नाम बदलकर Indian Council of Medical Research, ICMR रखा गया।
- इसे भारत सरकार के स्वास्थ्य अनुसन्धान विभाग द्वारा स्वास्थ्य और परिवार कल्याण मन्त्रालय के माध्यम से वित्तपोषित किया जाता है। ICMR देश में जैव आयुर्विज्ञान अनुसन्धान को बढ़ावा देती है।

परमाणु ऊर्जा विभाग (DAE)

- इसकी स्थापना 3 अगस्त, 1954 को राष्ट्रपति के आदेश के माध्यम से प्रधानमन्त्री के प्रत्यक्ष प्रभार के अन्तर्गत की गई थी। इसका मुख्यालय मुम्बई में अवस्थित है। यह परमाणु ऊर्जा प्रौद्योगिकी के विकास, कृषि, चिकित्सा, उद्योग तथा बुनियादी अनुसन्धान के क्षेत्र में विकिरण प्रौद्योगिकियों के अनुप्रयोगों में लगा हुआ है।
- DAE में पाँच अनुसन्धान केन्द्र, तीन औद्योगिकी संगठन, पाँच सार्वजनिक क्षेत्र के उपक्रम तथा तीन सेवा संगठन शामिल हैं।
- यह बुनियादी विज्ञान, खगोल विज्ञान, खगोल भौतिकी, कैंसर अनुसन्धान और शिक्षा अनुसन्धान में लगी अन्तर्राष्ट्रीय ख्याति प्राप्त आठ संस्थाओं का भी समर्थन करता है।

रक्षा अनुसन्धान एवं विकास संगठन (DRDO)

- यह भारत सरकार के रक्षा मन्त्रालय का आर. एण्ड डी. (अनुसन्धान और विकास) विंग है, जो अत्याधुनिक रक्षा प्रौद्योगिकियों और प्रणालियों में आत्मनिर्भरता प्राप्त करने के लिए तथा भारत को सशक्त बनाने के लिए एक दृष्टि के साथ कार्यरत् है।
- इसका गठन वर्ष 1958 में भारतीय सेना के तत्कालीन पहले से चल रहे तकनीकी विकास प्रतिष्ठान (TDEs) और रक्षा विज्ञान संगठन (DSO) के साथ तकनीकी विकास एवं उत्पादन निदेशालय (DTDP) के समामेलन से किया गया था।
- इसका मुख्य उद्देश्य विश्वस्तरीय विज्ञान एवं प्रौद्योगिकी आधार की स्थापना द्वारा भारत को समृद्ध बनाना और उन्हें अन्तर्राष्ट्रीय स्तर पर प्रतिस्पर्द्धी प्रणालियों और समाधान से सुसज्जित कर हमारी रक्षा सेवा में निर्णायक बढ़त प्रदान करना था।

भारतीय अन्तरिक्ष अनुसन्धान संगठन (ISRO)

- यह भारत का एक अन्तरिक्ष संस्थान है, जिसका मुख्यालय बंगलुरु में स्थित है। इसका मुख्य कार्य भारत के लिए अन्तरिक्ष सम्बन्धी तकनीक उपलब्ध कराना है।
- ISRO की स्थापना 15 अगस्त, 1969 को की गई थी और वर्ष 1969 से पूर्व इसका नाम अन्तरिक्ष अनुसन्धान के लिए भारतीय राष्ट्रीय समिति (INCOS PAR) था।

एण्ट्रिक्स कॉर्पोरेशन लिमिटेड (ACL)

- यह बंगलुरु अन्तरिक्ष विभाग के प्रशासनिक नियन्त्रण के अन्तर्गत भारत सरकार की पूर्ण स्वामित्व वाली कम्पनी है।
- एण्ट्रिक्स कॉर्पोरेशन लिमिटेड को सितम्बर, 1992 में भारत सरकार के स्वामित्व वाली एक निजी लिमिटेड कम्पनी के रूप में शामिल किया गया था।
  जो अन्तरिक्ष उत्पादों के प्रचार और वाणिज्यिक दोहन, तकनीकी परामर्श सेवाओं और इसरो द्वारा विकसित प्रौद्योगिकियों के हस्तान्तरण के लिए इसरो की मार्केटिंग शाखा के रूप में थी।
- इसका एक अन्य प्रमुख उद्देश्य भारत में अन्तरिक्ष से सम्बन्धित औद्योगिक क्षमताओं के विकास को सुविधाजनक बनाना है। इसरो की वाणिज्यिक और विपणन शाखा के रूप में, एण्ट्रिक्स विश्वभर में अन्तर्राष्ट्रीय ग्राहकों को अन्तरिक्ष उत्पाद और सेवाएँ प्रदान करने में लगी हुई है।

न्यू स्पेस इण्डिया लिमिटेड (NSIL)

- यह भारतीय अन्तरिक्ष अनुसन्धान संगठन (इसरो) की वाणिज्यिक शाखा है, जिसकी प्राथमिक जिम्मेदारी भारतीय उद्योगों को उच्च प्रौद्योगिकी अन्तरिक्ष से सम्बन्धित गतिविधियों को शुरू करने में सक्षम बनाना है और यह भारतीय अन्तरिक्ष कार्यक्रम से निकलने वाले उत्पादों और सेवाओं के प्रचार और वाणिज्यिक दोहन के लिए भी जिम्मेदार है।
- अपने ग्राहकों की आवश्यकताओं को पूरा करने के लिए, एनएसआईएल भारतीय अन्तरिक्ष कार्यक्रम की सिद्ध विरासत और अन्तरिक्ष प्रौद्योगिकी की विविध शाखाओं में इसरो के विशाल अनुभव को आकर्षित करता है।

अन्य प्रमुख संस्थागत प्रतिष्ठान

प्रतिष्ठान	स्थापना	अवस्थिति	लोगो	विशेष/उद्देश्य
विज्ञान एवं प्रौद्योगिकी विभाग (DST)	1971	दिल्ली	विज्ञान एवं प्रौद्योगिकी मंत्रालय MINISTRY OF SCIENCE AND TECHNOLOGY सत्यमेव जयते	विज्ञान एवं प्रौद्योगिकी विभाग, विज्ञान एवं प्रौद्योगिकी के नए क्षेत्रों को बढ़ावा देने के उद्देश्य से स्थापित किया गया।
अन्तरिक्ष विभाग (DOS)	1972	बंगलुरु (कर्नाटक)	अंतरिक्ष विभाग DEPARTMENT OF SPACE सत्यमेव जयते	इसका उद्देश्य देश के सामाजिक-आर्थिक लाभ के लिए अन्तरिक्ष विज्ञान व प्रौद्योगिकी का विकास करना है।
वैज्ञानिक और औद्योगिक अनुसन्धान विभाग	1985	नई दिल्ली	DSIR	इसका प्रमुख उद्देश्य उद्योगों द्वारा अनुसन्धान एवं विकास को बढ़ावा देना है।
जैव प्रौद्योगिकी विभाग (DBT)	1986	नई दिल्ली	Department of BioTechnology, Government of India सत्यमेव जयते	इसका प्रमुख कार्य जैव प्रौद्योगिकी अनुसन्धान के क्षेत्र में नई सफलताएँ अर्जित करना है।
सी डैक प्रगत संगठन विकास केन्द्र (C-DAC)	1968	पुणे (महाराष्ट्र)		स्वदेशी महासंगणक (Super computer) बनाना

विज्ञान एवं प्रौद्योगिकी से सम्बन्धित प्रमुख पुरस्कार

क्र.सं.	पुरस्कार	प्रदानकर्ता	प्रमुख तथ्य
1.	राष्ट्रीय विज्ञान पुरस्कार (प्रारम्भ-2024)	विज्ञान और प्रौद्योगिकी मन्त्रालय	• प्रभावशाली अनुसन्धान, नवाचार या खोज के माध्यम से विशिष्ट योगदान देने वालों को प्रदान किया जाता है। • प्रथम बार वर्ष 2024 में प्रदान किए गए • वैज्ञानिकों का चयन 13 क्षेत्रों से • **पुरस्कार श्रेणी** : विज्ञान रत्न, विज्ञान टीम पुरस्कार, विज्ञान युवा-शान्ति स्वरूप भटनागर पुरस्कार, विज्ञान श्री
2.	आर्यभट्ट पुरस्कार (प्रारम्भ-1992)	एस्ट्रोनॉटिकल सोसायटी ऑफ इण्डिया (ASI)	• अन्तरिक्ष के क्षेत्र में उत्कृष्ट योगदान के लिए। • वर्ष 2024 के लिए **डॉ. सुब्बा राव पावुलुरी** को प्रदान किया गया।
3.	जी.डी. बिड़ला पुरस्कार (प्रारम्भ-1991)	के. के. बिड़ला फाउण्डेशन	• पिछले 5 वर्षों में उत्कृष्ट शोध के लिए भारत में रहने वाले 50 वर्ष से कम उम्र के वैज्ञानिक को • ₹ 5 लाख की नकद पुरस्कार राशि
4.	शान्ति स्वरूप भटनागर पुरस्कार (प्रारम्भ-1958)	वैज्ञानिक और औद्योगिकी अनुसन्धान परिषद् (CSIR)	• मुख्य उद्देश्य विज्ञान एवं प्रौद्योगिकी के क्षेत्र में उल्लेखनीय एवं असाधारण प्रतिभा के धनी व्यक्तियों को आगे लाना। • अनुसन्धान और विकास कार्यों के लिए युवा वैज्ञानिकों और इंजीनियरों की सबसे प्रतिष्ठित राष्ट्रीय पहचान है।
5.	बोरलॉग पुरस्कार (प्रारम्भ-1972)	कोरोमण्डल इण्टरनेशनल	• अनुसन्धान और कृषि एवं पर्यावरण के क्षेत्र में योगदान के लिए • हरित क्रान्ति के जनक नॉर्मन बोरलॉग के सम्मान में शुरु।

"अन्तरिक्ष प्रौद्योगिकी एक प्रकार की प्रौद्योगिकी है, जिसका विकास अन्तरिक्ष विज्ञान उद्योग द्वारा किया गया। इसका विकास अन्तरिक्ष उड़ान के कार्यक्रम, उपग्रह एवं अन्तरिक्ष को जानने हेतु किया गया।

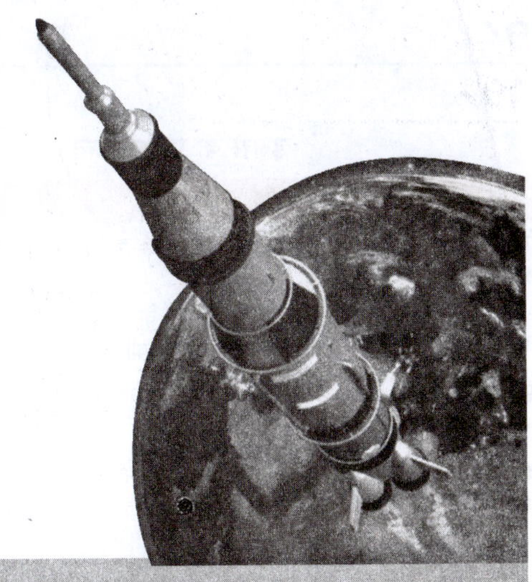

अध्याय दो

अन्तरिक्ष प्रौद्योगिकी एवं इसके अनुप्रयोग

अन्तरिक्ष प्रौद्योगिकी

अन्तरिक्ष प्रौद्योगिकी अन्तरिक्ष विज्ञान का व्यावहारिक पक्ष है। इसके अन्तर्गत बाह्य अन्तरिक्ष में विभिन्न प्रकार के उपग्रहों का प्रक्षेपण, सौरमण्डल एवं उसके बाहर के पिण्डों के सन्दर्भ में अन्तरिक्ष अभियानों का संचालन तथा अन्तरिक्ष सम्बन्धी अन्य अनुसन्धान गतिविधियों का संचालन किया जाता है।

आधुनिक समय में अन्तरिक्ष प्रौद्योगिकी अपार सम्भावनाओं वाला क्षेत्र है, जिसके अनुप्रयोगों में संचार, मौसम पूर्वानुमान, नौवहन प्रणाली, मानचित्रण, संसाधनों की खोज तथा राष्ट्रीय सुरक्षा आदि अत्यधिक महत्त्वपूर्ण हैं।

भारतीय अन्तरिक्ष कार्यक्रम

- भारत में अन्तरिक्ष कार्यक्रम की शुरुआत वर्ष 1962 में प्रसिद्ध अन्तरिक्ष वैज्ञानिक डॉ. विक्रम साराभाई की अध्यक्षता में गठित भारतीय राष्ट्रीय अन्तरिक्ष अनुसन्धान समिति (Indian National Committee for Space Research, INCOSPAR) के गठन के साथ हुई।
- भारतीय राष्ट्रीय अन्तरिक्ष अनुसन्धान समिति का पुनर्गठन करके वर्ष 1969 में भारतीय अन्तरिक्ष अनुसन्धान संगठन (Indian Space Research Organisation, ISRO) की स्थापना की गई।
- वर्ष 1963 में थुम्बा (केरल) में साउण्डिंग रॉकेट लॉन्चिंग फैसिलिटी सेण्टर की स्थापना के साथ भारत ने अन्तरिक्ष कार्यक्रम की दिशा में एक महत्त्वपूर्ण कदम रखा। 21 नवम्बर, 1963 को भारत ने पहला रॉकेट अन्तरिक्ष में छोड़ा।

अन्तरिक्ष आयोग

- राष्ट्रीय अन्तरिक्ष कार्यक्रमों को उपयुक्त तरीके से संचालित करने के लिए भारत सरकार ने वर्ष 1972 में अन्तरिक्ष आयोग (Space Commission) एवं अन्तरिक्ष विभाग (Department of Space) की स्थापना की।
- अन्तरिक्ष आयोग का दायित्व अन्तरिक्ष विज्ञान और तकनीक के प्रोत्साहन, विकास और व्यवहार से है। इस आयोग का कार्य नीति निर्धारण, अन्तरिक्ष विभाग का बजट बनाना तथा अन्तरिक्ष से सम्बन्धित नीतियों का कार्यान्वयन करना है।
- अन्तरिक्ष आयोग का अध्यक्ष भारत के अन्तरिक्ष विभाग का सचिव होता है। यह आयोग प्रधानमन्त्री कार्यालय के अधीन होता है। इसके सदस्यों में प्रधानमन्त्री का प्रधान सचिव, राष्ट्रीय सुरक्षा सलाहकार, कैबिनेट सचिव, विदेश सचिव तथा कुछ प्रतिष्ठित विज्ञान संस्थानों के प्रमुख शामिल हैं।

अन्तरिक्ष विभाग

- इस विभाग का मुख्य उद्देश्य अन्तरिक्ष विज्ञान के अनुसन्धान और ग्रहीय अन्वेषण को जारी रखते हुए राष्ट्र के विकास में अन्तरिक्ष प्रौद्योगिकी को उन्नत बनाना है। इसकी स्थापना जून, 1972 में की गई थी तथा सितम्बर, 1972 में इसरो को इसके अन्तर्गत शामिल किया गया।
- इसरो, एनआरएल, पीआरएल, एससीएल, एनई-सैक आदि के माध्यम से यह विभाग अन्तरिक्ष कार्यक्रमों को क्रियान्वित करता है।

इसरो

- इसरो की स्थापना वर्ष 1969 में की गई थी। इसका मुख्यालय कर्नाटक की राजधानी बंगलुरु में है।
- इसका मुख्य कार्य भारत के लिए अन्तरिक्ष सम्बन्धी तकनीक उपलब्ध कराना है। वर्तमान में इसरो विश्व की छः वृहत्तम अन्तरिक्ष एजेन्सियों में से एक है।

इसरो के प्रमुख केन्द्र

केन्द्र	विशेष
विक्रम साराभाई अन्तरिक्ष केन्द्र	• यह इसरो का प्रमुख केन्द्र है, जो तिरुवनन्तपुरम (केरल) में स्थित है। • इस केन्द्र में उपग्रहों के परिज्ञापी रॉकेटों के प्रमोचन यानों के विन्यास और विकास की गतिविधियाँ निष्पादित की जाती हैं।
सतीश धवन अन्तरिक्ष केन्द्र	• यह इसरो का प्रमुख प्रमोचन केन्द्र है, जो आन्ध्र प्रदेश के श्रीहरिकोटा में स्थित है।
द्रव प्रणोदन प्रणाली केन्द्र	• इसरो के प्रमोचन यान और अन्तरिक्ष यान कार्यक्रमों के लिए द्रव प्रणोदन के क्षेत्र में द्रव प्रणोदन प्रणाली केन्द्र एक उत्कृष्ट केन्द्र है।
अन्तरिक्ष अनुप्रयोग केन्द्र	• भारतीय अन्तरिक्ष अनुसन्धान संगठन के प्रमुख केन्द्रों में से एक है, जो अहमदाबाद में स्थित है। • केन्द्र का प्रमुख कार्य संचार, दिशा निर्देशन और मौसम विज्ञान से सम्बन्धित पेलोड का विकास करना है।
राष्ट्रीय सुदूर संवेदन केन्द्र	• यह हैदराबाद में स्थित है। इसे 1 सितम्बर, 2008 से इसरो के पूर्ण विकसित केन्द्र के रूप में परिवर्तित कर दिया गया। • यह केन्द्र सुदूर संवेदन उपग्रह आँकड़ों के एक्टिवजिशन और प्रोसेसिंग आँकड़ों के वितरण आपदा प्रबन्धन हेतु निर्णय समर्थन के लिए जिम्मेदार है।
भारतीय सुदूर संवेदन संस्थान	• भारतीय सुदूर संवेदन संस्थान, अन्तरिक्ष विभाग, भारत सरकार की एक यूनिट है, जो देहरादून में स्थित है। • यह सुदूर संवेदन, भू-सूचना, अवस्थिति व नौवहन प्रौद्योगिकी तथा तत्सम्बन्धित अनुप्रयोगों के क्षेत्र में क्षमता निर्माण के लिए शिक्षण, प्रशिक्षण और अनुसन्धान का एक महत्त्वपूर्ण संस्थान है।
समानव अन्तरिक्ष उड़ान केन्द्र (HSFC)	• डॉ. के. कस्तूरीरंगन, पूर्व अध्यक्ष, इसरो ने डॉ. के. शिवन, सचिव, अं.वि./अध्यक्ष, इसरो की उपस्थिति में 30 जनवरी, 2019 बंगलुरु में इसरो मुख्यालय परिसर में समानव अन्तरिक्ष उड़ान केन्द्र (एचएसएफसी) का उद्घाटन किया।
इसरो प्रणोदन कॉम्प्लेक्स (IPRC)	• यह तमिलनाडु के महेन्द्रगिरि में स्थित है। यह केन्द्र भारतीय अन्तरिक्ष कार्यक्रम के लिए अत्याधुनिक प्रणोदन प्रौद्योगिकी उत्पादों को साकार करने के लिए आवश्यक अत्याधुनिक सुविधाओं से लैस है।
इसरो टेलीमेट्री, ट्रेकिंग एण्ड कमाण्ड नेटवर्क (ISTRAC)	• यह केन्द्र कर्नाटक के बंगलुरु में स्थित है। केन्द्र के प्रमुख उद्देश्य सभी परिचालन सुदूर संवेदन और वैज्ञानिक उपग्रहों के मिशन संचालन को अंजाम देना, प्रक्षेपन यान के उत्थापन से लेकर कक्षा में उपग्रह के इंजेक्शन तक टैलीमेट्री, अनुवर्तन और कमाण्ड (टीटीसी) सेवाएँ प्रदान करना और इसकी प्रारम्भिक कक्षा का अनुमान लगाना आदि है।

भारतीय अन्तरिक्ष विजन-2025

- बंगलुरु में आयोजित भारतीय विज्ञान कांग्रेस-2003 में स्पेस विजन-2025 का अनावरण किया गया।
- प्रक्षेपण क्षमताओं में आत्मनिर्भरता प्राप्त करने और विदेशी एजेन्सियों पर निर्भरता कम करने पर बल दिया गया है।
- विजन में चन्द्रमा मिशन भी शामिल है। इसके लिए भारतीय अन्तरिक्ष अनुसन्धान संगठन (ISRO) नोडल एजेन्सी है।
- अन्तरिक्ष मिशन, अन्तरिक्ष अन्वेषण और खोज को सक्षम बनाना।
- देश में अन्तरिक्ष विज्ञान अनुसन्धान और शिक्षा को बढ़ावा देना, **उदाहरण**-भारत में टेली शिक्षा

उपग्रह प्रौद्योगिकी

उपग्रह विशेष रूप से दूरसंचार उद्देश्य के लिए बनाए जाते हैं। मुख्यत: इनका उपयोग मोबाइल अनुप्रयोगों; जैसे- जहाजों, वाहनों, विमानों, हाथ से चलने वाले टर्मिनलों और टीवी तथा रेडियो प्रसारण के संचार के लिए किया जाता है।

उपग्रह के भाग

कृत्रिम उपग्रह में उनके अनुप्रयोगों के आधार पर निम्नलिखित भाग होते हैं

- बस उपग्रह का यह भाग पेलोड और सम्बन्धित उपकरणों को वहन करता है। इसके अन्तर्गत विद्युत बैटरी, सोलर पैनल आदि भी कार्य करते हैं।
- पेलोड उपग्रह को उद्देश्य पूर्ति के लिए कैमरा, रडार, एण्टीना आदि उपकरणों की आवश्यकता होती है, इन्हें पेलोड (Paylod) कहते हैं। संचार उपग्रहों का मुख्य पेलोड ट्रांसपोण्डर होता है।
- ट्रांसपोण्डर यह फ्रीक्वेन्सी ट्रांसलेटर, फिल्टर, एम्प्लीफायर आदि से मिलकर बना होता है, जो पृथ्वी से कम आवृत्ति पर सन्देशों को ग्रहण करके उन्हें सम्वर्द्धित कर दूसरी आवृत्ति पर उस सन्देश का सम्प्रेषण करता है, जिसे पृथ्वी पर एंटीना द्वारा ग्रहण किया जाता है।
- विभिन्न आवृत्ति बैण्डों पर कार्य करने के आधार पर ये विभिन्न प्रकार के होते हैं; जैसे-Ku-बैण्ड ट्रांसपोण्डर, C-बैण्ड ट्रांसपोण्डर आदि।
- ऊँचाई नियन्त्रण तन्त्र यह उपग्रह को पृथ्वी के उस भाग की ओर केन्द्रित करता है, जिसके लिए उपग्रह का प्रक्षेपण किया जाता है।
- ऊर्जा तन्त्र यह उपग्रह के बाहर पैनलों में लगे हुए सोलर सेलों से बिजली उत्पन्न करता है।
- टेलीमेट्री व निर्देश तन्त्र उपग्रह अन्तरिक्ष में जाकर अपने संचालन के विषय में जो सूचनाएँ पृथ्वी पर प्रेषित करता है, उसे टेलीमेट्री कहा जाता है। इन्हीं सूचनाओं के आधार पर चालक उपग्रह को निर्देश जारी करता है।

विभिन्न उपग्रह कक्षाएँ

- भौतिकी में कक्षा या आर्बिट अन्तरिक्ष में स्थित एक बिन्दु के चारों ओर एक मार्ग है, जिस पर चलकर कोई वस्तु उस बिन्दु की परिक्रमा करती है।
- इस बिन्दु पर कोई बड़ा तारा या ग्रह स्थित होता है, जिसके चारों ओर छोटा ग्रह या उपग्रह अपनी कक्षा में उसकी परिक्रमा करता है।
- निम्न भू-कक्षा (Low Earth Orbit) यह कक्षा पृथ्वी की सतह से लगभग 200-2000 किमी की ऊँचाई में स्थित है। ध्रुवों के ऊपर से गुजरने के कारण इसे ध्रुवीय कक्षा (Polar Orbit) भी कहा जाता है। इन कक्षाओं में स्थित उपग्रहों से सुदूर संवेदन, मैपिंग, निगरानी अभियानों और पृथ्वी के पर्यावरणीय अध्ययन से सम्बन्धित महत्त्वपूर्ण सूचनाएँ प्राप्त की जा सकती हैं। ऐस्ट्रोसैट, हब्बल टेलीस्कोप, ISS, जासूसी उपग्रह आदि इसी कक्षा में स्थापित किए गए हैं।
- मध्य भू-कक्षा (Medium Earth Orbit) इसके अन्तर्गत अधिकतर उपग्रह 2000-35786 किमी की ऊँचाई पर अर्द्ध तुल्यकालिक कक्षा में स्थापित किए जाते हैं। इस कक्षा में चक्कर लगा रहे उपग्रहों का मुख्य

कार्य नैविगेशन संचार और अन्तरिक्ष वायुमण्डल का अध्ययन करना होता है। GPS, Galileo, Telstar जैसी नैविगेशन प्रणालियों में प्रयुक्त उपग्रह इसी कक्षा में स्थापित किए गए हैं।

- उच्च भू-कक्षा (High Earth Orbit) पृथ्वी की सतह से 35,786 किमी की दूरी पर और उससे आगे स्थित होती है। यह एक तरह का स्वीट स्पॉट है, जिसमें उपग्रह की कक्षा पृथ्वी के घूर्णन से मेल खाती है।
- इस कक्षा में एक उपग्रह एक ही देशान्तर पर स्थिर रहता है, हालाँकि यह उत्तर से दक्षिण की ओर गति कर सकता है। इस विशेष, उच्च पृथ्वी कक्षा को भू-समकालिक कक्षा के रूप में जाना जाता है।
- भारत द्वारा विकसित स्वदेशी संचार उपग्रहों की जीसैट शृंखला, जिसका उपयोग डिजिटल ऑडियो, डेटा और वीडियो प्रसारण के लिए किया जाता है। इसमें स्थापित किए जाते हैं।
- स्थानान्तरण कक्षाएँ स्थानान्तरण कक्षाएँ मध्यवर्ती कक्षाएँ होती हैं, जिनका उपयोग उपग्रह को एक कक्षा से दूसरी कक्षा में स्थानान्तरित करने के लिए किया जाता है। उपग्रहों को पृथ्वी से प्रक्षेपित किया जाता है और उनके प्रणोदन प्रणालियों की सहायता से बाद के चरणों में गन्तव्य कक्षा में रखे जाने से पहले स्थानान्तरण कक्षा में रखा जाता है। ये दो प्रकार की हैं
  - ध्रुवीय स्थानान्तरण कक्षा यह ध्रुवीय या निम्न पृथ्वी कक्षा से लगभग 100 किमी की ऊँचाई पर स्थित कक्षा है। सुदूर संवेदन उपग्रहों को पहले इस कक्षा में प्रक्षेपित किया जाता है और फिर, अपने स्वयं के प्रणोदन प्रणालियों का उपयोग करके, वे स्वयं को वांछित कक्षा में ले जाते हैं।
  - भू-स्थिर स्थानान्तरण कक्षा (Geostationary Transfer Orbit (GTO) यह कक्षा भू-स्थिर कक्षा से लगभग 200 किमी नीचे स्थित है। जीएसएस को पहले जीटीओ में प्रक्षेपित किया जाता है और फिर यह अपने स्वयं के प्रणोदन प्रणाली का उपयोग करके वांछित कक्षा में पहुँच जाता है।
- भू-स्थैतिक कक्षा (Geostationary Orbit) यह कक्षा पृथ्वी से लगभग 36000 किमी की ऊँचाई पर स्थित है। यहाँ स्थित उपग्रह पृथ्वी से सदैव एक ही स्थान पर दिखाई देगा। यह कक्षा भूमध्य रेखा के ऊपर स्थित होती है। संचार तथा मौसम उपग्रहों को इस कक्षा में स्थापित किया जाता है।
- भू-तुल्यकालिक कक्षा (Geosynchronous Orbit) यह पृथ्वी के चारों ओर 35786 किमी की ऊँचाई पर स्थित दीर्घवृत्ताकार कक्षा है। संचार उपग्रहों को सामान्यत: इसी कक्षा में रखा जाता है, ताकि पृथ्वी पर स्थित एण्टीने का स्थान और दिशा बार-बार बदलनी न पड़े।
- सौर तुल्यकालिक कक्षा (Sun-Synchronous Orbit) यह एक विशेष प्रकार की ध्रुवीय कक्षा है। यह उपग्रह उत्तर से दक्षिण में फैली एक निश्चित ऊँचाई (500-1000 किमी के बीच) वाली वृत्तीय घूमने वाली कक्षा में संचालित होते हैं। भारतीय सुदूर संवेदी उपग्रह इस श्रेणी के अन्तर्गत आते हैं।

लैग्रेंज पॉइण्ट/हेलो ऑर्बिट

लैग्रेंज बिन्दु सूर्य और पृथ्वी प्रणाली के बीच आकर्षण और प्रतिकर्षण के बढ़े हुए क्षेत्रों के पाँच विशेष बिन्दु हैं। इसका नाम जोसेफ-लुई लैग्रेंज के नाम पर रखा गया है, जो एक इतालवी-फ्रांसीसी गणितज्ञ थे।

- **L1 :** पृथ्वी और सूर्य के बीच स्थित होने के कारण यह उपग्रहों को सूर्य का निरन्तर दृश्य प्रदान करता है।
- आदित्य-एल1 मिशन जो कि सूर्य का अध्ययन करने वाला पहला अन्तरिक्ष-आधारित वेधशाला-श्रेणी का भारतीय सौर मिशन है। इसे लैग्रेंजियन बिन्दु (L1) के चारों ओर एक हेलो ऑर्बिट में रखा गया है।
- **L2 :** यह पृथ्वी के पीछे स्थित है। पृथ्वी L2 और सूर्य के बीच में है। यह बड़े ब्रह्माण्ड का निरीक्षण करने के लिए एक महत्त्वपूर्ण स्थान है। जेम्स वेब स्पेस टेलीस्कोप L2 पर रखा गया है।
- अन्य बिन्दु (L3, L4, L5): L3 सूर्य के दूसरी ओर, पृथ्वी के विपरीत दिशा में है। L4 और L5 दो समबाहु त्रिभुजों के शीर्ष पर पड़ते हैं।
- हेलो ऑर्बिट L1 पर एक आवधिक, त्रि-आयामी (3D) कक्षा है, जिसमें सूर्य, पृथ्वी और एक अन्तरिक्ष यान शामिल हैं।

संचार उपग्रह

- संचार उपग्रह कृत्रिम उपग्रह होते हैं, जिनका उपयोग दूरसंचार, प्रसारण आदि, जैसे संचार उद्देश्यों के लिए किया जाता है। वे एक ट्रान्सपोण्डर से युक्त होते हैं, जो
- पृथ्वी से रेडियो दूरसंचार संकेतों को रिले (अनवरत) और प्रवर्धित करता है और उन्हें वापस पृथ्वी पर भेजता है। इनको **भू-स्थिर कक्षा** (GEO) तथा **लो अर्थ ऑर्बिट** (LEO) में स्थापित किया जाता है।
- उदाहरण के लिए, इसरो की जीसैट शृंखला के उपग्रहों को प्रसारण, इण्टरनेट सेवाएँ आदि जैसी दूरसंचार सेवाएँ प्रदान करने के लिए जीईओ में रखा गया है, जबकि स्पेस-एक्स की स्टारलिंक परियोजना के 4,200 से अधिक उपग्रहों को लो अर्थ ऑर्बिट में स्थापित किया जा रहा है।

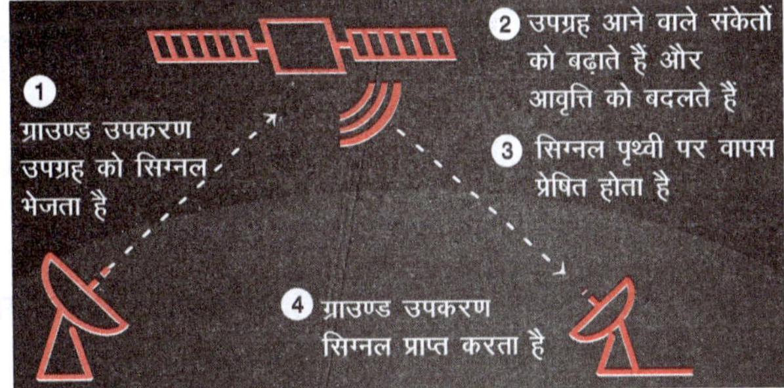

संचार उपग्रहों के अनुप्रयोग

संचार एवं प्रसारण सेवाएँ
भारतीय राष्ट्रीय उपग्रह (INSAT) प्रणाली एशिया-प्रशान्त क्षेत्र की सबसे बड़ी संचार उपग्रह प्रणालियों में से एक है।

उच्च गति इण्टरनेट सेवाएँ
आधुनिक संचार उपग्रह उच्च गति इण्टरनेट सेवाओं जैसी विशिष्ट सेवाएँ प्रदान कर रहे हैं।

स्टारलिंक परियोजना
विश्व का पहला और सबसे बड़ा उपग्रह समूह है।

मौसम विज्ञान
सी, विस्तारित सी और केयू-बैड जैसे ट्रांसपोण्डर मौसम विज्ञान में सेवाएँ प्रदान करते हैं; जैसे मौसम पूर्वानुमान, आपदा चेतावनी, खोज और बचाव कार्य।

वनवेब परियोजना
उपग्रह संचार कम्पनी वनवेब ने LEO में 648 उपग्रह स्थापित करने की योजना बनाई है। जीसैट-31 उन्नत केयू-बैण्ड ट्रांसपोण्डरों के साथ भारत में उच्च गति की इण्टरनेट कनेक्टिविटी प्रदान कर रहा है।

प्रारम्भिक भारतीय उपग्रह

उपग्रह का नाम	प्रक्षेपण केन्द्र	उद्देश्य
आर्यभट्ट (1975) (प्रथम भारतीय उपग्रह)	पूर्व सोवियत संघ के बैकानूर अन्तरिक्ष केन्द्र से इण्टरकॉस्मॉस प्रक्षेपण यान द्वारा प्रक्षेपित	• वायु विज्ञान प्रयोग, सौर भौतिकी प्रयोग तथा एक्स किरण खगोलिकी विज्ञान।
भास्कर-I (1979)	पूर्व सोवियत संघ के बैकानूर अन्तरिक्ष केन्द्र से कॉस्मॉस रॉकेट से प्रक्षेपित	• प्रायोगिक पृथ्वी पर्यवेक्षण उपग्रह। • जल विज्ञान, हिमगलन, समुद्र विज्ञान एवं वानिकी के क्षेत्र में भू-पर्यवेक्षण अनुसन्धान करना।
रोहिणी आर एस-1 (1980)	श्रीहरिकोटा (SHAR) से भारतीय प्रक्षेपण यान (ASLV-3) से प्रक्षेपित प्रथम भारतीय उपग्रह	• रोहिणी शृंखला के उपग्रहों के प्रक्षेपण का मुख्य उद्देश्य भारत के प्रथम प्रक्षेपण यान (ASLV-3) का परीक्षण करना।
भास्कर-II (1981)	बैकानूर अन्तरिक्ष केन्द्र से कॉस्मॉस रॉकेट से प्रक्षेपित	• समुद्री सतह का ताप, सामुद्रिक स्थिति, बर्फ गिरने व पिघलने जैसी घटनाओं का व्यापक विश्लेषण।
एप्पल (Ariane Passenger Payload Experiment or APPLE) (1981)	फ्रेंच गुयाना के कौरू अन्तरिक्ष प्रक्षेपण केन्द्र से यूरोपीय अन्तरिक्ष एजेन्सी के एरियन-4 रॉकेट से प्रक्षेपण	• भारत का प्रथम तुल्यकालिक प्रायोगिक संचार उपग्रह। • यह पृथ्वी से 36000 किमी की ऊँचाई पर भूस्थैतिक (Geo-Synchronous) कक्षा में स्थापित होने वाला भारत का प्रथम उपग्रह था। • राष्ट्रीय संचार व्यवस्था स्थापित करने, रेडियो प्रसारण, डाटा सम्प्रेषण आदि क्षेत्र में तकनीकी अनुभव प्रदान किया, परिणामस्वरूप इनसैट शृंखला के विकास एवं निर्माण में महत्त्वपूर्ण योगदान मिला।

उपग्रह कार्यक्रम : भारतीय उपग्रह

उपग्रह कार्यक्रम को दो वर्गों, भारतीय राष्ट्रीय उपग्रह प्रणाली (इनसैट) व भारतीय दूर संवेदन उपग्रह प्रणाली (आई आई आर एस) में विभाजित किया जा सकता है

भारतीय राष्ट्रीय उपग्रह प्रणाली (इनसैट)

- इसके अन्तर्गत वे उपग्रह सम्मिलित हैं, जो भू-स्थैतिक कक्षा (Geo-Orbit) में स्थापित किए जाते हैं। इनसैट (Indian National Satellite System or INSAT) प्रणाली के उपग्रह भूस्थिर उपग्रह (Geo-Stationary Satellite or GSS) हैं। इनसैट प्रणाली एशिया प्रशान्त क्षेत्र की विशालतम घरेलू संचार उपग्रह प्रणालियों में से एक है।
- इस प्रणाली की शुरुआत वर्ष 1983 में इनसैट 1-B की स्थापना से प्रारम्भ हुई। इस प्रणाली ने संचार क्षेत्र में व्यापक परिवर्तनों को जन्म दिया। इनसैट प्रणाली एक बहुउद्देशीय प्रणाली है, जिसका उपयोग दूरसंचार, मौसम/आँकड़ों के सम्प्रेषण, शिक्षा के प्रसार, टेलीविजन के प्रसारण आदि में होता है। इसके संचालन एवं प्रबन्धन का उत्तरदायित्व अन्तरिक्ष विभाग का है।
- यह अन्तरिक्ष विभाग, दूरसंचार विभाग, आकाशवाणी, दूरदर्शन तथा भारतीय मौसम विभाग का संयुक्त उद्यम है। इनसैट श्रृंखला के अन्तर्गत 43 उपग्रहों (कुल 48, इनमें 5 असफल) का विमोचन अब तक किया गया है, जिसमें 11 उपग्रह वर्तमान (2025) में कार्यरत् हैं।

जीसैट (GSAI) उपग्रह

2000 के दशक में इसरो ने इनसैट प्रणाली की क्षमता बढ़ाने के लिए तथा इण्टरनेट, ब्राडबैण्ड तथा मोबाइल टेलीफोन जैसी नई दूरसंचार सेवाएँ प्रदान करने के लिए जीसैट उपग्रहों का विकास प्रारम्भ किया, जहाँ इनसैट उपग्रह बहुउद्देशीय उपग्रह हैं, वहीं जीसैट उपग्रह मुख्य रूप से दूरसंचार सेवाओं को समर्पित हैं। ये दोनों ही प्रकार के उपग्रह भू-तुल्याकालिक कक्षा में स्थापित हैं।

प्रमुख इनसैट/जीसैट उपग्रह

उपग्रह	प्रक्षेपण का वर्ष	प्रक्षेपण यान	विशेषता
इनसैट-1B	1983	डेल्टा	• संचार, प्रसारण और मौसम विज्ञान के लिए इनसैट शृंखला का पहला सफल उपग्रह।
इनसैट-2A	1992	एरियन-44L H 10	• इसरो द्वारा निर्मित पहला बहुउद्देशीय उपग्रह
जीसैट-1	2001	जीएसएलवी-D1/जीएसएटी-1	• जीसैट शृंखला के अन्तर्गत पहला उपग्रह • डिजिटल ऑडियो प्रसारण, इण्टरनेट सेवाएँ और सम्पीड़ित डिजिटल टीवी प्रसारण, जैसे संचार प्रयोगों का संचालन करना।
कल्पना -1	2002	पीएसएलवी-C4	• इसरो द्वारा निर्मित विशिष्ट मौसम सम्बन्धी उपग्रहों की शृंखला में पहला।
एडुसैट (जीसैट-3)	2004	जीएसएलवी-F01/	• स्कूल स्तर से उच्च शिक्षा तक दूरस्थ कक्षा शिक्षा के लिए पहला समर्पित शैक्षिक उपग्रह।
हैमसेट	2005	पीएसएलवी-C6	• उपग्रह आधारित रेडियो सेवाएँ प्रदान करने के लिए माइक्रो-उपग्रह
जीसैट-8	2011	एरियन-5 VA-202	• संचार एवं नेविगेशन उपग्रह को इनसैट प्रणाली में शामिल किया गया।

उपग्रह	प्रक्षेपण का वर्ष	प्रक्षेपण यान	विशेषता
जीसैट-10	2011	पीएसएलवी-C17	• टेली-शिक्षा, टेलीमेडिसिन जैसी संचार सेवाओं और ग्राम संसाधन केन्द्रों के लिए।
जीसैट-19	2017	जीएसएलवी MK III-D1	• जीसैट शृंखला में पहला प्रक्षेपण जीएसएलवी एमके-III द्वारा किया जाएगा। • इसमें Ka/Ku-बैण्ड उच्च थ्रूपुट संचार ट्रांसपोण्डर लगे थे।
जीसैट-11	2018	एरियन-5 VA-246	• इसरो द्वारा निर्मित सबसे भारी उपग्रह। • भारतीय मुख्य भूमि और द्वीपों पर मल्टी-स्पॉट बीम एण्टीना कवरेज वाला संचार उपग्रह।
जीसैट-7A	2018	जीएसएलवी-F11	• केयू-बैण्ड में संचार ट्रान्सपोण्डर ले जाने वाला भूस्थिर उपग्रह।
जीसैट-31	2019	एरियन-5VA-247	• कक्षा में केयू-बैण्ड ट्रान्सपोण्डर क्षमता को बढ़ाएगा। इसरो के अनुसार, 15 वर्ष के मिशन जीवन वाले जीसैट-31 का उपयोग वीसैट नेटवर्क, टेलीविजन अपलिंक, डिजिटल सैटेलाइट समाचार एकत्रीकरण, डीटीएच टेलीविजन सेवाओं, सेलुलर बैक हॉल कनेक्टिविटी के लिए किया जाएगा।
जीसैट-30	2020	एरियन-5 VA-251	• सी और केयू बैण्ड में भूस्थिर कक्षा से संचार सेवाएँ प्रदान करने के लिए इसरो की उन्नत आई-3 के बस संरचना पर निर्मित। • इनसैट-4ए का स्थान लिया गया
सीएमएस-01	2020	पीएसएलवी-C 50	• आवृत्ति स्पेक्ट्रम के विस्तारित-सी बैण्ड में संचार सेवाओं के लिए।
जीसैट-24	2022	एरियन-5 VA-257	• जीसैट-24 माँग आधारित मिशन क्षेत्र में भारत का पहला उपग्रह यह उपग्रह न्यूस्पेस इण्डिया लिमिटेड (NSIL) और टाटा प्ले के साथ साझेदारी में प्रक्षेपित किया गया है। • जीसैट-24 एक 24-केयू बैण्ड संचार उपग्रह है, जिसे भारत सरकार द्वारा केवल टाटा प्ले की डीटीएच एप्लिकेशन आवश्यकताओं को पूरा करने के लिए लॉन्च किया गया है।
GSAT-N2 (GSAT-20)	2024	फाल्कन-9	• यह NSIL का दूसरा भाग आधारित उपग्रह है, इसे उपयोगकर्ताओं की सेवा आवश्यकताओं को पूरा करने के लिए माँग संचालित मोड में उपग्रहों का निर्माण, प्रेक्षण स्वामित्व और संचालन का अधिकार दिया गया है।

भारतीय सुदूर संवेदन उपग्रह प्रणाली

- भारतीय दूर संवेदन उपग्रह संस्थान (Indian Institute of Remote Sensing or IIRS) के द्वारा पृथ्वी के गर्भ में छिपे संसाधनों को स्पर्श किए बिना प्रकीर्णन विधि द्वारा उनकी जानकारी उपलब्ध कराई जाती है। इस प्रकार दूर संवेदी उपग्रह द्वारा भौगोलिक संरचनाओं, स्थलाकृतियों, वनस्पतियों, जल भण्डारों, खनिज संसाधनों की सटीक जानकारी प्राप्त की जाती है। आज इस तकनीक का प्रयोग भूतल मानचित्रण, पर्यावरण, मौसम, पर्यटन, जलवायु सम्बन्धी अध्ययन, अभियान्त्रिकी आदि में हो रहा है।
- आज के सन्दर्भ में सुदूर संवेदन (Remote Sensing) तकनीक का अर्थ उपग्रह आधारित दूर संवेदन तकनीक से है। इसी तकनीक के विकास के परिप्रेक्ष्य में टेल स्टार (1962), सिकोम II (1963), सिकोम III नामक उपग्रह भेजे गए।
- वर्ष 1972 में नासा द्वारा अर्थ रिसोर्सेस ऑब्जर्वेशन सिस्टम (Earth Resource Observation System or EROS) के प्रक्षेपण के साथ प्राकृतिक संसाधनों के आकलन की क्षमता में एक नए युग का शुभारम्भ हुआ। इसके बाद वर्ष 1976, 1982 एवं 1986 में लैण्डसैट शृंखला के तीन उपग्रह प्रक्षेपित किए गए, जिनकी संवेदन क्षमता पहले से अधिक थी।
- वर्ष 1986 में फ्रांस ने स्पॉट नामक दूर संवेदी उपग्रह प्रक्षेपित किया था। दूर संवेदन प्रणाली का विकास करने वाला भारत विश्व का पाँचवाँ देश है।
- भारत का पहला दूर संवेदी उपग्रह IRS-1A मार्च, 1988 में प्रक्षेपित किया गया था। यह भारतीय दूर संवेदन उपग्रह प्रणाली की प्रथम श्रेणी मानी जाती है।
- इसी श्रेणी में IRS-1B को वर्ष 1991 में छोड़ा गया। दूर संवेदी उपग्रह की दूसरी पीढ़ी में IRS-1C, 1D और 1E थे, जो वर्ष 1993-95 के मध्य चली। वर्ष 1996 से दूर संवेदी उपग्रह प्रणाली की तीसरी श्रेणी प्रारम्भ हुई, जो वर्तमान समय तक है, जिसके अन्तर्गत IRS-P1 से लेकर P6 तक के उपग्रह प्रक्षेपित किए गए।
- सुदूर संवेदन के अनुप्रयोग क्षेत्र निम्नांकित हैं
    - भूजल सर्वेक्षण
    - बंजर भूमि की निगरानी
    - आर्द्रभूमि, सूचीकरण और आकलन
    - हिम एवं हिमनदों का अध्ययन
    - तटवर्ती क्षेत्रों का अध्ययन
    - त्वरित सिंचाई लाभ कार्यक्रम के अधीन सिंचाई की सम्भाव्यता का आकलन
    - राष्ट्रीय कृषि सूखा आकलन एवं मॉनीटरन प्रणाली
    - जैव/विविधता विशिष्टीकरण
    - राष्ट्रीय शहरी सूचना प्रणाली
    - भारतीय दावानल अनुक्रिया और निर्धारण प्रणाली
    - जल संसाधन सूचना प्रणाली
    - विकेन्द्रीकृत योजना के लिए अन्तरिक्ष आधारित सूचना प्रणाली
    - प्राकृतिक संसाधन संगणना (खनिज, वन इत्यादि)
    - बाढ़ मानचित्रण एवं निगरानी
    - जल संग्रहण क्षेत्र निगरानी व विकास
    - सम्भाव्य मत्स्य क्षेत्र पूर्वानुमान

भारतीय दूर संवेदी उपग्रह

उपग्रह का नाम	प्रक्षेपण केन्द्र	विशेषताएँ
IRS-P6 या रिसोर्स सैट (17 अक्टूबर, 2003)	PSLV-C5 द्वारा श्रीहरिकोटा के सतीश धवन केन्द्र से प्रक्षेपण	• यह देश का आधुनिक और सर्वाधिक भार वाला 1360 किग्रा का दूर संवेदी उपग्रह है। • ध्रुवीय सौर समकालिक कक्षा (Polar Sun-Synchronous Orbit) में स्थापित इस उपग्रह ने IRS-1C और IRS-1D का स्थान ले लिया है। • इसका उपयोग कृषि, आपदा प्रबन्धन और भू-संसाधन के क्षेत्रों में आँकड़ों के एकत्रीकरण हेतु किया जा रहा है।
कार्टोसैट-2 (10 जनवरी, 2007)	PSLV-C7 द्वारा सतीश धवन अन्तरिक्ष केन्द्र से प्रक्षेपण	• यह 630 किमी की ऊँचाई पर सूर्य-तुल्यकालिक ध्रुवीय कक्षा में स्थापित है। • इसमें सिंगल पैनक्रोमैटिक कैमरा (PAN) लगा होने के कारण पहले से अधिक साफ मानचित्रीय तस्वीरें भेजेगा। • NRSA, हैदराबाद कार्टोसैट आँकड़ों का ग्रहण व प्रेक्षण भी करती है।
कार्टोसैट-2A	PSLV-C9 से सतीश धवन अन्तरिक्ष केन्द्र से प्रक्षेपण	• इसमें छायाचित्र उपलब्ध कराने की क्षमता है। • इसके द्वारा भेजी गई मानचित्रीय तस्वीरों को भारत के शहरी एवं ग्रामीण ढाँचे के निर्माण की योजना में प्रयोग किया जाएगा। • यह विभिन्न प्रकार की मिट्टियों, फसलों के प्रकार, उनकी खेती उपयुक्तता के विषय में भी जानकारी देगा।
रीसैट-2 (अप्रैल, 2009)	PSLV-C12 सतीश धवन अन्तरिक्ष केन्द्र से प्रक्षेपण	• यह भारत का जासूसी उपग्रह है, जिसे इजराइल से खरीदकर प्रक्षेपित किया गया। इस पर माइक्रोवेव इमेजिंग विन्यास उपलब्ध है। • रीसैट-2 SAR (Synthetic Aperature Radar) से युक्त है, जो बादल, कोहरे एवं रात में भी पृथ्वी की साफ-साफ तस्वीरें ले सकता है। इस प्रकार यह भारत की सुरक्षा सम्बन्धी आशंकाओं का उन्मूलन करेगा और भारत की अन्तर्राष्ट्रीय सीमा व नियन्त्रण रेखा पर अपनी दृष्टि रखेगा।
ओशनसैट-2 (सितम्बर, 2009)	PSLV-C14 द्वारा सतीश धवन अन्तरिक्ष केन्द्र से छोड़ा गया	• 960 किग्रा वाले इस उपग्रह को 720 किमी ऊपर यूरोप के 6 नैनो उपग्रहों (4 जर्मनी के 1 तुर्की का व 1 स्विट्जरलैण्ड का) के साथ स्थापित किया गया। • यह देश का 16वाँ दूर संवेदी उपग्रह है। यह महासागरों के अनुसन्धान के लिए भेजा गया है। यह मौसम की भविष्यवाणी व जलवायु अध्ययन के लिए महत्त्वपूर्ण सूचनाएँ उपलब्ध कराएगा। इसका कार्यकाल 5 वर्ष होगा।
कार्टोसैट-2 बी (जुलाई, 2010)	PSLV-C15 द्वारा सतीश धवन अन्तरिक्ष केन्द्र से प्रक्षेपण	• यह एक चक्रण में बहुचित्रण छायाचित्र भेज सकता है।
रिसोर्ससैट-2		• इससे प्राकृतिक संसाधनों के अध्ययन तथा प्रबन्धन में सहायता मिल रही है। इसने रिसोर्ससैट-1 का स्थान ले लिया है। उत्तराखण्ड के जोशीमठ से केरल के कन्नूर तक के लगभग 3000 किमी के भारतीय भू-भाग की तस्वीरें इससे मिली हैं, जिन्हें हैदराबाद के निकट शादनगर स्थित इसरो के पृथ्वी स्टेशन में प्रसंस्कृत किया गया है।
मेघा ट्रॉपिक्स-1 (12 अक्टूबर, 2011)	PSLV-C18 द्वारा शार केन्द्र श्रीहरिकोटा	• यह भारत एवं फ्रांस का संयुक्त उपग्रह मिशन है। • यह शब्द मेघ (बादल) तथा फ्रांसीसी शब्द ट्रॉपिक (उष्णकटिबन्ध) से मिलकर बना है। • इसका उत्थापन भार 1000 किग्रा है। यह जल चक्र एवं ऊर्जा विनिमय का अध्ययन करेगा। इसका मुख्य उद्देश्य संवहनी प्रणाली के जीवन-चक्र को समझना है। • मार्च, 2023 में सेवा मुक्त होने के बाद इसे नियन्त्रित पुनः प्रवेश के द्वारा प्रशान्त महासागर में उतारा गया।
रीसैट -1	PSLV-C19 द्वारा सतीश धवन प्रक्षेपण केन्द्र से 26 अप्रैल, 2012 को प्रक्षेपित	• यह भारत का पहला रडार इमेजिंग उपग्रह है। • 1858 किग्रा वजनी रीसैट- 1 पूर्व में प्रक्षेपित सभी संवेदी उपग्रहों से भारी है। • यह उपग्रह चौबीस घण्टे पृथ्वी की सतह के चित्र लेने में सक्षम है। इस उपग्रह की कार्यकारी अवधि 5 वर्ष है।
सरल (25 फरवरी, 2013)	PSLV-C20 द्वारा सतीश धवन प्रक्षेपण केन्द्र श्रीहरिकोटा से प्रक्षेपित	• यह सागरीय अध्ययन हेतु **भारत एवं फ्रांस** की संयुक्त परियोजना है। • अल्टिका (Altika) समुद्र विज्ञान अध्ययन हेतु तथा आर्गोस (Argos) आँकड़ा संचयन हेतु भेजे गए पेलोड हैं। • यह समुद्र विज्ञान सम्बन्धी अध्ययन, मौसम पूर्वानुमान, जलवायु निगरानी, महाद्वीपीय हिम अध्ययन, समुद्री पारिस्थितिकी तन्त्र बन्धन एवं संरक्षण, सागरीय सुरक्षा आदि सेवाएँ प्रदान करेगा।
रिर्सोससैट 2-A	PSLV-C36 द्वारा सतीश धवन प्रक्षेपण केन्द्र श्रीहरिकोटा से प्रक्षेपित	• यह 1235 किग्रा वजनी उपग्रह है। • इसके माध्यम से प्रेक्षित आँकड़ों एवं सूचनाओं का लाभ फसल क्षेत्र में वृद्धि उत्पादन अनुमान तथा सूखा के निरीक्षण जैसी महत्त्वपूर्ण प्रवृत्तियों में हो सकता है।
स्कैट सैट-1	PSLV-C35 द्वारा सतीश धवन अन्तरिक्ष केन्द्र, श्रीहरिकोटा से प्रक्षेपित	• यह PSLV का पहला मिशन है, जिसके अन्तर्गत उपग्रहों को दो अलग-अलग कक्षाओं में स्थापित किया गया है। • स्कैट सैट-1 उपग्रह द्वारा भेजे गए डाटा हवा वेक्टर उत्पादों के सृजन के माध्यम के साथ-साथ चक्रवात का पता लगाने और यह ओशनसैट-2 का पूरक मिशन है, जो ट्रेकिंग के साथ मौसम की जानकारी उपलब्ध कराने में मदद करेंगे।
कार्टोसैट-2D	PSLV-C37 द्वारा 15 फरवरी, 2017 में सतीश धवन अन्तरिक्ष केन्द्र श्रीहरिकोटा से प्रक्षेपित किया गया।	• यह कार्टोसैट श्रेणी का पाँचवाँ उपग्रह है। • 714 किग्रा वजन का यह उपग्रह पृथ्वी का प्रेक्षण करेगा।

उपग्रह का नाम	प्रक्षेपण केन्द्र	विशेषताएँ
कार्टोसैट-2E	PSLV-C38 द्वारा 23 जून, 2017 को सतीश धवन अन्तरिक्ष केन्द्र श्रीहरिकोटा से प्रक्षेपित किया गया।	• यह कार्टोसैट श्रेणी का सातवाँ उपग्रह है। • इसका भार 715 किग्रा है। इसे उच्च रिजॉल्यूशन शहरी नियोजन, बुनियादी ढाँचे के विकास और यातायात प्रबन्धन में उपयोग के लिए बड़े पैमाने पर इमेजरी इकट्ठा करने के लिए बनाया गया है।
कार्टोसैट-2F	PSLV-C40 द्वारा 12 जनवरी, 2018 को प्रक्षेपित किया गया।	• यह शहरी, ग्रामीण और तटीय भूमि के मानचित्रण तथा भूमि उपयोग के नक्शों के निर्माण में सहायता करेगा।
हाइसिस	PSLV-C43 द्वारा 29 नवम्बर, 2018 को प्रक्षेपित किया गया।	• यह एक अर्थ आब्जर्वेशन सैटेलाइट है, जिसका मुख्य उद्देश्य विद्युत चुम्बकीय उपक्रम के दृश्य, निकट, अवरभ्र तथा लघु अवभ्र क्षेत्रों में पृथ्वी की सतह का अध्ययन करना है। हाइसिस के सहयात्रियों में 8 विभिन्न देशों के 1 सूक्ष्म तथा 29 नैनो उपग्रह शामिल हैं।
माइक्रोसैट-R **कलामसैट-V-2**	PSLV-C44 द्वारा 24 जनवरी, 2019 को प्रक्षेपित किया गया।	• माइक्रोसैट-R एक प्रतिबिम्बन उपग्रह है, जबकि कलामसैट-V-2 एक विद्यार्थी केन्द्रित उपग्रह है।
एमिसैट	PSLV-C45 द्वारा 1 अप्रैल, 2019 को प्रक्षेपित किया गया।	• इसका उद्देश्य विद्युत चुम्बकीय स्पेक्ट्रम का मापन करना है। इस उपग्रह का वजन 436 किग्रा तथा यह 748 किमी की ऊँचाई पर अपनी सूर्य तुल्यवाली ध्रुवीय कक्षा में सफलतापूर्वक स्थापित किया गया है।
रिसैट-2V	PSLV-C46 द्वारा 22 मई, 2019 को प्रक्षेपित किया गया।	• 615 किग्रा के उत्थापन भार वाला रिसैट-2V राडार प्रतिबिम्बन भूप्रेक्षक उपग्रह है। इस उपग्रह का लक्ष्य कृषि, वानिकी एवं आपदा प्रबन्धन के क्षेत्रों में सेवाएँ प्रदान करना है।
कार्टोसैट-3	PSLV-C47 द्वारा 27 नवम्बर, 2019 को प्रक्षेपित किया गया।	• यह एक अर्थ आब्जर्वेशन सैटेलाइट है, इस सैटेलाइट के साथ अमेरिका के 13 नैनो उपग्रहों का भी प्रक्षेपण किया गया है। कार्टोसैट श्रृंखला का यह 9वाँ उपग्रह है। इस उपग्रह का वजन 1625 किग्रा तथा कार्यकाल 5 वर्ष है।
रिसैट-2V, R-1	PSLV-C48 द्वारा 11 दिसम्बर, 2019 को प्रक्षेपित किया गया।	• रिसैट-2 V-R1 एक राडार प्रतिबिम्बन भू-प्रक्षेपण उपग्रह है, जिसका वजन 628 किग्रा की कक्षा में स्थापित किया गया है। यह उपग्रह PSLV का 50वाँ मिशन है।
पृथ्वी अवलोकन उपग्रह EOS-01	PSLV-C49 द्वारा प्रक्षेपित	• सतीश धवन श्रीहरिकोटा (7 नवम्बर, 2020) • कृषि, वानिकी, आपदा प्रबन्धन एवं भू-प्रक्षेपण उपग्रह
EOS 3 (G/SAT-1)	GSLV F10 द्वारा प्रक्षेपित 12 अगस्त, 2021 को	• GSLV में कमी के कारण प्रक्षेपण असफल रहा।
EOS 4 (R/SAT-1A)	PSLV C-52 द्वारा 14 फरवरी, 2022 को प्रक्षेपित किया गया।	• कृषि, वानिकी तथा मृदा के मानचित्रीकरण में सहायक है।
EOS-6 मिशन	PSLV C-54 द्वारा 26 नवम्बर, 2022 को प्रक्षेपित किया गया।	• यह ओशनसैट श्रृंखला में तीसरी पीढ़ी का उपग्रह है। यह परिचालन अनुप्रयोगों को बनाए रखने हेतु महासागर के रंग और पवन वेक्टर डेटा की डेटा निरन्तरता सुनिश्चित करता है।
DSEO मिशन	PSLV C-53 द्वारा 30 जून, 2022 को प्रक्षेपित किया गया।	• यह न्यू स्पेस इण्डिया लिमिटेड (NSPL) का दूसरा समर्पित वाणिज्यिक मिशन है। • यह भूमि वर्गीकरण के लिए पूर्ण रंगीन तस्वीर (छवियाँ) प्रदान करेगा और मानवीय सहायता तथा आपदा राहत आवश्यकताओं को पूरा करेगा।
EOS-07	SSLV-D2 द्वारा 10 फरवरी 2023 को प्रक्षेपित किया गया	• इसमें वेव ह्यूमिडिरी साउण्डर ओर स्पेक्ट्रम मौनीटरिंग पेलोड शामिल किए गए है।
DS-SAR	PSLV-C56 द्वारा 30 जुलाई, 2023 को लॉन्च	• DS-SAR उपग्रह को DTSA (सिंगापुर सरकार का प्रतिनिधित्व) और ST इंजीनियरिंग के बीच साझेदारी के तहत विकसित किया गया है।
TeLEOS-2	PSLV-C55 द्वारा 22 अप्रैल, 2023 को लॉन्च किया गया।	• यह NSIL के माध्यम से एक समर्पित वाणिज्यिक मिशन है, जिसमें प्राथमिक उपग्रह के रूप में TeLEO-2 और अन्य उपग्रह के रूप में Lumelite-4 है। इस मिशन में PSLV ऑर्बिटल एक्सपेरीमेण्टल मॉडयूल (POEM-2) भी लॉन्च किया गया है। • यह पीएसएलवी रॉकेट के चौथे चरण को एक स्थिर कक्षीय स्टेशन में बदल देता है इससे इस हिस्से का अन्तरिक्ष कचरा नहीं बनता है।

भुवन

भुवन, भारतीय अन्तरिक्ष अनुसन्धान संगठन (इसरो) द्वारा निर्मित एक सॉफ्टवेयर है, जिससे देश के भू-भागों को त्रि-विमिय (3-D) रेज्योल्यूशन में देखा जा सकता है। यह गूगल अर्थ तथा विकीमैपिया के समान ही भू-भागों को अलग-अलग ऊँचाई से दर्शाने में सक्षम है। भुवन वेब पोर्टल सेवा से दिखाई देने वाली तस्वीरें भारतीय सुदूर संवेदी उपग्रहों द्वारा ली गई थी। इसमें तस्वीरें 10 मीटर के रेज्योल्यूशन से दिखाई देगी।

इवोल्व्ड लिसा

इवोल्व्ड लिसा (Laser Interferometer Space Antenna, LISA) का प्रयोग ऐसे तीन अन्तरिक्षयानों को कार्य में लाएगा, जो एक समबाहु त्रिभुज की आकृति में उड़ान भरेंगे, जिसमें प्रत्येक भुजा एक मिलियन किमी लम्बी है और यन्त्रों के बीच लेजर चमक उपस्थित रहती है।

LISA अन्तरिक्ष-समय के खगोलीय स्रोतों से गुरुत्वाकर्षण तरंग छोटे तरंगों का पता लगाने और सटीक रूप से मापने के लिए एक प्रस्तावित अन्तरिक्ष जाँच है। LISA पहला समर्पित अन्तरिक्ष आधारित गुरुत्वाकर्षण तरंग डिटेक्टर है।

नौवहन प्रौद्योगिकी

नौवहन प्रौद्योगिकी के अन्तर्गत उपग्रहों के द्वारा भूमि पर अन्तरिक्ष में तथा समुद्र में नौवहन सेवाएँ उपलब्ध कराई जा सकती हैं। भारत में इस प्रकार की सेवाएँ गगन प्रणाली एवं IRNSS द्वारा प्रदान की जा रही है।

गगन (GAGAN)

- भारतीय अन्तरिक्ष अनुसन्धान संगठन अर्थात् इसरो ने 25 मई, 2015 को GPS समर्थित जियो ऑगमेंटेड नेविगेशन अर्थात् गगन (GPS Aided Geo Augmented Navigation or GAGAN) के पूर्णतया संचालन आरम्भ करने की घोषणा की।
- इसके ऑपरेशनल होने से देश के विशाल हवाई क्षेत्र, पड़ोसी देशों और आस-पास के उच्च समुद्री क्षेत्रों में उपग्रह आधारित हवाई नौवहन सेवाओं के संचालन में मदद मिलेगी।
- भारतीय अन्तरिक्ष अनुसन्धान संगठन और भारतीय विमानपत्तन प्राधिकरण द्वारा संयुक्त रूप से विकसित इस प्रणाली के ऑपरेशनल होते ही अमेरिका, यूरोप और जापान के पश्चात् भारत विश्व का चौथा ऐसा देश बन गया है, जिसके पास उपग्रह आधारित संवर्द्धन प्रणाली है।
- वहीं गगन प्रणाली पहली उपग्रह आधारित विस्तार प्रणाली (Satellite-based Augmentation System or SBAS) है, जो विषुवतीय क्षेत्रों में भी सेवाएँ देगा।

भारतीय क्षेत्रीय नौवहन उपग्रह प्रणाली/नाविक

- भारतीय क्षेत्रीय नौवहन उपग्रह प्रणाली (Indian Regional Navigational Satellite System or IRNSS) इसरो द्वारा विकसित एक क्षेत्रीय स्वायत्त उपग्रह नौवहन प्रणाली है, जो पूर्णतया भारत सरकार के अधीन होगी।
- भारत के प्रधानमन्त्री नरेन्द्र मोदी ने इसे मछुआरों को समर्पित करते हुए नाविक (NaVIC) नाम दिया है।
- इस नौवहन प्रणाली में कुल 7 उपग्रह हैं, जिसमें से 3 भू-स्थिर कक्षा में तथा 4 ध्रुवीय कक्षा में स्थापित किए गए हैं।
- यह नौवहन उपग्रह प्रणाली देश की सीमा से 1500 किमी की दूरी तक के भू-भाग की जानकारी देने में सक्षम है। यह नागरिक व सैन्य दोनों ही उद्देश्यों की पूर्ति करने में सक्षम है।

नई पीढ़ी का नौवहन उपग्रह NVS-01

- यह उपग्रह इसरो के नेविगेशनल सैटेलाइट (NVS) शृंखला के पेलोड की दूसरी पीढ़ी के उपग्रहों में से पहला है।
- इसे 29 मई, 2023 को आन्ध्र प्रदेश के श्रीहरिकोटा के सतीश धवन अन्तरिक्ष केन्द्र से जीएसएलवी-एफ12 रॉकेट की सहायता से लॉन्च किया गया था।
- NVS-01 नेविगेशन पेलोड के साथ L1, L5 और S बैण्ड भेजा गया। इसका उद्देश्य NaVIC की सेवाओं को निरन्तरता प्रदान करना है।
- इस उपग्रह में रुबिडियम परमाणु घड़ी (Rubidium Atomic Clock) लगाई गई है, जो भारत द्वारा विकसित एक महत्त्वपूर्ण तकनीक है।
- उपग्रह-आधारित पोजिशनिंग प्रणाली स्थानों को निर्धारित करने हेतु परमाणु घड़ियों द्वारा सटीक समय मापन करती हैं।
- यह मौजूदा उपग्रहों द्वारा प्रदान किए जाने वाले L5 और S फ्रीक्वेन्सी सिग्नल के अतिरिक्त तृतीय फ्रीक्वेन्सी के L1 सिग्नल भी भेजेगा।
- L1 फ्रीक्वेन्सी ग्लोबल पोजिशनिंग सिस्टम (GPS) में सबसे अधिक उपयोग की जाने वाली फ्रीक्वेन्सी में से एक है।
- यह पहनने योग्य उपकरणों में सिंगल-फ्रीक्वेन्सी चिप्स का उपयोग करने वाले व्यक्तिगत ट्रैकर्स में क्षेत्रीय नेविगेशन सिस्टम के उपयोग को बढ़ाएगी।

भारत का पहला प्राइवेट रॉकेट 'विक्रम एस'

- विक्रम एस रॉकेट (Vikram S Rocket) भारत का पहला प्राइवेट रॉकेट है, जिसे 18 नवम्बर, 2022 को इसरो के लॉन्चिंग केन्द्र श्रीहरिकोटा सतीश धवन स्पेस सेण्टर से लॉन्च किया गया। इस प्रक्षेपण यान का नाम भारतीय अन्तरिक्ष कार्यक्रम के जनक विक्रम साराभाई के नाम पर रखा गया है।
- विक्रम-एस, सिंगल स्टेज सब-ऑर्बिटल लॉन्च व्हीकल, भारत का पहला निजी तौर पर विकसित रॉकेट है।
- इसे हैदराबाद बेस्ड स्टार्टअप स्काईरूट एयरोस्पेस द्वारा विकसित किया गया है।

अन्तर्राष्ट्रीय नौवहन प्रणालियाँ

नाम	शुरुआत	महत्त्वपूर्ण तथ्य
ग्लोबल पॉजिशनिंग सिस्टम (GPS) (अमेरिका)	27 अप्रैल, 1995	• वैश्विक नौवहन उपग्रह प्रणाली है। • प्रमुख प्रयोग मानचित्र बनाने, भूमि का सर्वेक्षण करने, वाणिज्यिक कार्य, वैज्ञानिक प्रयोग, सर्विलांस आदि में
बेड्डू नौवहन प्रणाली (Beidaou) (चीन)	अक्टूबर, 2000 में प्रथम उपग्रह (अन्तिम उपग्रह 23 जून, 2020)	• परियोजना का पहला चरण बेड्डू-1 के नाम से जाना जाता है, जो वर्ष 2012 में सेवा से बाहर हो गया। • बेड्डू-2 या कम्पास सिस्टम ने एशिया-प्रशान्त क्षेत्र की सेवा दिसम्बर, 2012 से प्रारम्भ की • वर्तमान में इसके अन्तर्गत 20 उपग्रह संचालित हैं।
ग्लोनास (Global navigation Satellite System or (GLONAS) (रूस)	वर्ष 1976 में	• रेडियो आधारित उपग्रह नौवहन प्रणाली • 12 अक्टूबर, 1982 से लेकर 1995 तक, कई रॉकेट प्रक्षेपणों के माध्यम से इस प्रणाली में पर्याप्त मात्रा में उपग्रहों को शामिल किया गया।
गैलीलियो (यूरोपीयन यूनियन)	15 दिसम्बर, 2016	• इसका नाम ग्लोबल नेविगेशन सैटेलाइट सिस्टम है। • परिचालन यूरोपियन स्पेस एजेन्सी द्वारा किया जा रहा है। • इसका लक्ष्य सार्वजनिक डाटा परिशुद्धता को 1 मीटर तक लाना है।

रॉकेट इंजन प्रौद्योगिकी

रॉकेट (Rocket) एक प्रकार का वाहन है, जो किसी वस्तु को आगे बढ़ाने के लिए आवश्यक बल या धक्का उत्पन्न करते हैं। अन्तरिक्ष यान प्रक्षेपण मिसाइल दागने आदि में इनका उपयोग किया जाता है।

रॉकेट प्रणोदक

- प्रणोदक एक प्रकार का रासायनिक मिश्रण है, जो जलने पर रॉकेट को पृथ्वी से अन्तरिक्ष की ओर धकेलने हेतु आवश्यक बल उत्पन्न करता है।
- यह ईंधन और ऑक्सीडाइजर का मिश्रण होता है। प्रक्षेपण यान का 50% भार रॉकेट प्रणोदक का होता है, इसलिए पेलोड क्षमता बढ़ाने हेतु हल्के ईंधन की आवश्यकता होती है, जिससे वह कम स्थान घेरेगा और अधिकतम बल उत्पन्न करके उच्च निष्पादन प्राप्त करेगा।
- ईंधन प्रणोदक दो प्रकार के होते हैं—ठोस और द्रव

ठोस प्रणोदक	द्रव प्रणोदक
इसमें ठोस ईंधन व ऑक्सीडाइजर का मिश्रण कम्बंशन चैम्बर में ठोस रूप में रखा जाता है।	इसमें द्रव ईंधन व ऑक्सीडाइजर को अलग-अलग टैंक में रखकर कम्बंशन चैम्बर में पम्प किया जाता है।
ठोस प्रणोदक मोटरों का प्रयोग होता है, जिन्हें बन्द नहीं किया जा सकता।	इन्हें बन्द किया जा सकता है तथा अपेक्षित थ्रस्ट प्राप्त करने हेतु इसकी मात्रा को नियन्त्रित भी किया जा सकता है।
निम्न विशिष्ट आवेश	उच्च विशिष्ट आवेश
भण्डारण, उपयोग व परिवहन अपेक्षाकृत आसान	भण्डारण, परिवहन आदि कठिन उदाहरण - VIKASH इंजन [GSLV, PSLV, LVM3 में प्रयुक्त]

प्रणोदन प्रणालियाँ

वायु श्वास प्रणोदन (Air Breathing)	अवायु श्वास प्रणोदन (Non air Breathing)
ईंधन के दहन में वातावरण में मौजूद ऑक्सीजन का उपयोग करते हैं।	इसमें पहले ही ऑक्सीजन आपूर्ति हेतु सिलेण्डर लगे होते हैं।
पृथ्वी के वातावरण (वायुमण्डल) में ही प्रयोग के योग्य, जिसमें इन्हें ऑक्सीजन आपूर्ति सुनिश्चित होती रहती है।	पृथ्वी के वातावरण व बाह्य अन्तरिक्ष दोनों में प्रयोग योग्य (ईंधन के साथ ऑक्सीजन का प्रयोग)
जेट शब्द केवल एयर ब्रीथिंग प्रणोदन प्रणाली के सन्दर्भ में प्रयुक्त किया जाता है। उदाहरण: टर्बोजेट, रैमजेट, स्क्रैमजेट पल्सजेट इत्यादि	उन्हें सामान्यत: रॉकेट कहते हैं तथा ये 3 प्रकार के होते हैं: 1. ठोस प्रणोदक इंजन 2. द्रव प्रणोदक इंजन 3. क्रायोजेनिक इंजन

प्रक्षेपण यान प्रौद्योगिकी

- प्रक्षेपण यान का उपयोग उपग्रहों तथा अन्तरिक्षयानों का अन्तरिक्ष में परिवहन करने तथा स्थापित करने के लिए किया जाता है।
- वर्ष 1972 में अन्तरिक्ष विभाग तथा अन्तरिक्ष आयोग के गठन के साथ ही उपग्रह निर्माण एवं उन्हें इनकी निर्धारित कक्षा में स्थापित करने के उद्देश्य से प्रक्षेपण यान या रॉकेट विकसित करने का कार्य भी प्रारम्भ कर दिया गया।
- इसरो की इसी दूरदर्शिता का परिणाम है कि भारत आज प्रक्षेपण यान प्रौद्योगिकी के विकास में भी आत्मनिर्भरता प्राप्त कर चुका है। इसके उपग्रह प्रक्षेपणों का विवरण निम्न प्रकार है

प्रक्षेपण यान

ऐतिहासिक प्रक्षेपण यान	ऑपरेशनल प्रक्षेपण यान	भविष्य के प्रक्षेपण यान
• एस.एल.वी. • ए.एस.एल.वी.	• पी.एस.एल.वी. • जी.एस.एल.वी. • जी.एस.एल.वी.एम.के. III • एस.एस.एल.वी • ध्वनि रॉकेट	• एच.आर.एल.वी. • आर.एल.वी.टी.डी. • आर.एल.वी.एल.इ. एक्स. • स्क्रैमजेट इंजन-टी.डी.

साउण्डिग रॉकेट

- साउण्डिग रॉकेट (Sounding rocket) एक या दो चरण वाले ठोस प्रणोदक रॉकेट होते हैं, जिनका उपयोग ऊपरी वायुमण्डल का अन्वेषण करने के साथ-साथ अन्तरिक्ष अनुसन्धान करने के लिए किया जाता है।
- साउण्डिग रॉकेटों ने रॉकेट-जनित उपकरणों के उपयोग से वायुमण्डल की जाँच करना सम्भव बना दिया।
- पहले रॉकेट दो-चरणीय रूसी (एम-100) और फ्रेंच (सेण्टाउरे) रॉकेट थे। इसरो ने वर्ष 1965 में स्वदेशी रूप से निर्मित साउण्डिग रॉकेट लॉन्च करना शुरू किया।
- पहला साउण्डिग रॉकेट वर्ष 1963 में तिरुवनन्तपुरम् के निकट थुम्बा से प्रक्षेपित किया गया, जिससे भारतीय अन्तरिक्ष कार्यक्रम की शुरुआत हुई।
- रोहिणी साउण्डिग रॉकेट (आरएसआर) कार्यक्रम ने वर्ष 1975 में सभी साउण्डिग रॉकेट गतिविधियों को समेकित कर दिया। वर्तमान में तीन परिचालनात्मक साउण्डिग रॉकेट संस्करण उपलब्ध हैं, जिनमें पेलोड 8 से 100 किग्रा तक और अपोजी 80 से 475 किमी तक है।

उपग्रह प्रक्षेपण यान (SLV)

- 18 जुलाई, 1980 को उपग्रह प्रक्षेपण यान-3 (Satellite Launch Vehicle-3 or SLV-3) के सफल परीक्षण के साथ भारत ने प्रक्षेपण यान प्रौद्योगिकी के क्षेत्र में कदम रखा और स्वयं अन्तरिक्ष क्लब का छठा सदस्य बन गया (अमेरिका, चीन, रूस, फ्रांस, जापान एवं भारत)।
- चार चरणों वाला साधारण क्षमता का यह प्रक्षेपण यान 40 किग्रा भार वर्ग के उपग्रहों को पृथ्वी की निचली कक्षा में स्थापित कर सकता था।
- इसकी लम्बाई 22.7 मी व भार 17 टन था, इसका ईंधन ठोस था। SLV-3 की चतुर्थ उड़ान द्वारा रोहिणी RS-D2 को वर्ष 1983 में सफलतापूर्वक कक्षा में स्थापित किया गया।
- एल वी एस-3 इसरो द्वारा विकसित भारी उपग्रह प्रक्षेपण यान है। यह 4 टन भार वाले उपग्रहों को भूस्थिर कक्षा में स्थापित करने में सक्षम है। इस यान में स्वदेश में विकसित क्रायोजेनिक इंजन लगा है।

लघु उपग्रह प्रक्षेपण यान (SSLV)

- लघु उपग्रह प्रक्षेपण यान (एसएसएलवी) 3 चरण का प्रक्षेपण यान है, जिसे टर्मिनल चरण के रूप में तीन ठोस प्रणोदन चरणों और तरल प्रणोदन आधारित वेग ट्रिमिंग मॉड्यूल (वीटीएम) के साथ कॉन्फिगर किया गया है।

- यह 'लान्च ऑन डिमाण्ड' आधारित प्रक्षेपण यान है।
- एसएसएलवी की प्रमुख विशेषताएँ कम लागत, कम टर्न-अराउण्ड समय, कई उपग्रहों को समायोजित करने में लचीलापन, माँग पर लॉन्च व्यवहार्यता, न्यूनतम लॉन्च इन्फ्रास्ट्रक्चर आवश्यकताएँ आदि हैं।

SSLV के प्रक्षेपण

प्रक्षेपण यान/उपग्रह	प्रक्षेपण तिथि	परिणाम
एसएसएलवी-D3 EOS-8	16 अगस्त, 2024	सफल
एसएसएलवी-D2-E0S-07	10 फरवरी, 2023	सफल
एसएसएलवी-D1-E0S-02	7 अगस्त, 2022	सफल

संवर्द्धित उपग्रह प्रक्षेपण यान (ASLV)

- संवर्द्धित उपग्रह प्रक्षेपण यान (Augmented Satellite Launch Vehicle or ASLV) SLV-3 का ही संवर्द्धित रूप है।
- यह पाँच चरणों वाला संवर्द्धित प्रक्षेपण यान था, जो 100-150 किग्रा भार के उपग्रहों को पृथ्वी की निचली कक्षा में स्थापित करने में सक्षम था।
- इसकी कुल लम्बाई 24 मी तथा वजन 40 टन था। इसकी प्रथम दो उड़ानें असफल रहीं तथा वर्ष 1992 व 1994 में दो सफल उड़ानों द्वारा स्रॉस (Sross) उपग्रह को सफलतापूर्वक अन्तरिक्ष में पहुँचाया।

ध्रुवीय उपग्रह प्रक्षेपण यान (PSLV)

- वर्ष 1960 के आधुनिकतम परिज्ञापन ध्वनि/साइड रॉकेटों से प्रारम्भ करके आज भारत ने ध्रुवीय उपग्रह प्रक्षेपण यान (Polar Satellite Launch Vehicle or PSLV) के द्वारा सुदूर संवेदन उपग्रहों के प्रमोचन में विशिष्टता प्राप्त कर ली है।
- इसरो द्वारा PSLV का विकास 1600 किग्रा वर्ग के सुदूर संवेदन उपग्रहों को 620-900 किमी ऊँचाई तक की ध्रुवीय सूर्य तुल्यकालिक/समकालिक कक्षा तथा 1050 किग्रा भार वाले उपग्रहों को जियोसिंक्रोनस ट्रांसफर कक्षा में स्थापित करने के उद्देश्य से किया गया था।

PSLV के संस्करण

- PSLV के चार वैरियेण्ट- PSLV-CA,PSLV-DL, PSLV-QL और PSLV-XL हैं। PSLV प्रथम चरण द्वारा प्रदान किए गए थ्रस्ट (Thrust) को बढ़ाने के लिए 6,4,2 ठोस रॉकेट स्ट्रैप-ऑन मोटर्स का उपयोग क्रमशः PSLV-XL, QL व DL वैरियेण्ट में करता है, किन्तु PSLV-CA में स्ट्रैप-ऑन का उपयोग नहीं किया जाता है।
- उपरोक्त में PSLV-XL सबसे शक्तिशाली है। यह 600 किमी की ऊँचाई के सूर्य-तुल्यकालिक ध्रुवी कक्षाओं में 1750 किग्रा (पेलोड) को ले जा सकता है। जबकि यह जियोसिन्क्रोनस व जियोन्स्टेशनरा कक्षाओं में 1425 किग्रा (पेलोड) को ले जाने में सक्षम है।
- PSLV ने अपनी पहली उड़ान 20 दिसम्बर, 1993 को भरी थी।

- चन्द्रयान-1, मंगल मिशन तथा स्पेस कैप्सूल रिकवरी उपग्रह इसकी उल्लेखनीय उपलब्धता है। PSLV चार चरणों वाला ध्रुवीय उपग्रह प्रक्षेपण यान है, जिसके प्रथम व तृतीय चरण में ठोस प्रणोदक (ईंधन) तथा द्वितीय व चतुर्थ चरण में द्रव प्रणोदकों का प्रयोग किया जाता है।

भू-तुल्यकालिक उपग्रह प्रक्षेपण यान (GSLV)

- भू-तुल्यकालिक उपग्रह प्रक्षेपण यान (Geo-Satellite Launch Vehicle or GSLV) का निर्माण इसरो द्वारा विकसित उपग्रहों को 36000 किमी की ऊँचाई पर स्थित, भू-स्थैतिक (Geo-Stationary) कक्षा में स्थापित करने के लिए किया गया। GSLV तीन चरण वाला प्रमोचन यान है, जिसकी लम्बाई 49 मी है। यह तीन चरणों वाला प्रमोचन यान है।
- GSLV की पहली तीन उड़ानें वर्ष 2001, 2003 व 2004 में सम्पन्न हुई थी। इनमें पहली दो प्रायोगिक उड़ानें थीं, जिनके द्वारा जी सैट-1 व जी सैट-2 को तथा तीसरी कार्यकारी उड़ान द्वारा एडूसैट (EDUSAT) को भू-समस्थानिक कक्षा में स्थापित किया गया।
- GSLV-F02 की चौथी उड़ान असफल रही एवं इसके द्वारा इनसैट-4C का प्रक्षेपण नहीं हो सका। 2 सितम्बर, 2007 को GSLV-F04 की सफल उड़ान द्वारा संचार उपग्रह इनसैट-4CR का सफल प्रक्षेपण किया गया।

GSLV के चरण

- प्रथम चरण यह ठोस प्रणोदक आधारित चरण है, जिसमें S-139 इंजन लगा है। ठोस प्रणोदक के रूप में हाइड्रोक्सिल टर्मिनेटेड पॉली ब्यूटाडाइन का उपयोग होता है।
- द्वितीय चरण यह चरण विकास इंजन द्वारा संचालित होता है। इसमें तरल प्रणोदक के रूप में अनसिमेटिकल डाईमिथाइल हाइड्रोजन तथा ऑक्सीकारक के रूप में नाइट्रोजन टेरोक्साइड (N_2O_4) का उपयोग होता है।
- तृतीय चरण यह चरण क्रायोजेनिक इंजन आधारित होता है, जिसमें ईंधन के रूप में द्रव हाइड्रोजन (H_2) तथा ऑक्सीकारक के रूप में द्रव ऑक्सीजन का प्रयोग होता है।

GSLV के संस्करण

GSLV के दो संस्करण होते हैं, जो निम्न हैं

1. GSLV-MK II

- यह संस्करण स्वदेशी क्रायोजेनिक इंजनों का उपयोग करते हुए 2250 किग्रा भार वाले संचार उपग्रहों को भू-स्थिर कक्षा में तथा 6000 किग्रा भार को पृथ्वी की निचली कक्षा में स्थापित करने के लिए किया जाता है। इसके प्रथम संस्करण MLI में रूसी क्रायोजेनिक इंजन का उपयोग होता था।
- इसने अपनी पहली उड़ान 18 अप्रैल, 2001 को भरी थी, जबकि स्वदेशी क्रायो चरण के साथ इसने पहली उड़ान 5 जनवरी, 2014 को भरी थी।

2. GSLV मार्क-III

- यह भारत का सबसे शक्तिशाली रॉकेट है। इसे फैट बॉय (Fat Boy) के नाम से भी जाना जाता है।
- जीएसएलवी मार्क-III के द्वारा 5 जून, 2017 को संचार उपग्रह जीसैट-19 का सफल प्रक्षेपण किया गया। ध्यातव्य है कि जीसैट-19 अब तक इस भारतीय रॉकेट द्वारा उठाया जाने वाला सबसे भारी उपग्रह है।
- 3136 किग्रा भारी जीसैट-19 संचार उपग्रह को पृथ्वी से 179 किमी की ऊँचाई पर ले जाने वाले इस रॉकेट का भार 640 टन था। भारत ने 18 दिसम्बर, 2014 को श्रीहरिकोटा के सतीश धवन अन्तरिक्ष केन्द्र से जीएसएलवी मार्क-III का सफल परीक्षण किया।
- सबसे प्रसिद्ध प्रक्षेपण 22 जुलाई, 2019 को चन्द्रयान-2 का रहा है।

जीएसएलवी के प्रक्षेपण

प्रक्षेपण यान/उपग्रह	तिथि	यान के प्रकार	कक्षा	परिणाम
जीएसएलवी-D1/जीसैट-1	18 अप्रैल, 2001	जीएसएलवी एम के II	जीटीओ(जियोसिक्रोनस ट्रांसफर ऑर्बिट)	सफल
जीएसएलवी-D2/जीसैट-2	8 मई, 2003	जीएसएलवी एम के II	जीटीओ	सफल
जीएसएलवी -F01एडुसैट (जीसैट-3)	20 सितम्बर, 2004	जीएसएलवी एम के II	जीटीओ	सफल
जीएसएलवी -F02 इनसैट-4 C	10 जुलाई, 2006	जीएसएलवी एम के II	जीटीओ	असफल
जीएसएलवी-F04-इनसैट-4 CR	2 सितम्बर, 2007	जीएसएलवी एम के II	जीटीओं	सफल
जीएसएलवी- D3 जीसैट-4	15 अप्रैल, 2010	जीएसएलवी एम के II	-	सफल
जीएसएलवी- F06 जीसैट-5P	25 दिसम्बर, 2010	जीएसएलवी एम के II	जीटीओ	असफल
जीएसएलवी-D5 जीसैट-14	5 जनवरी, 2014	जीएसएलवी एम के II	जीटीओ	असफल
जीएसएलवी D-6 जीसैट-6	27 अगस्त, 2015	जीएसएलवी एम के II	जीटीओ	सफल
जीएसएलवी- F05 इनसैट -3DR	8 सितम्बर 2016	जीएसएलवी एम के II	जीटीओ	सफल
जीएसएलवी-F09 जीसैट-9	5 मई, 2017	जीएसएलवी एम के II	जीएसओ (जियोसिन्क्रोनस ऑर्बिट)	सफल
जीएसएलवी -F08 जीसैट-6A	29 मार्च, 2018	जीएसएलवी एम के II	जीएसओ	सफल
जीएसएलवी -F-11 जीसैट-7	19 अगस्त, 2018	जीएसएलवी एम के II	-	सफल
जीएसएलवी F-10 EOS-03	12 अगस्त, 2021	जीएसएलवी एम के II	जीटीओ	असफल
जीएसएलवी F-12 NVS-01	29 मई, 2023	जीएसएलवी एम के II	जीटीओ	सफल
जीएसएलवी F-14 इनसैट-3DS	17 फरवरी, 2024	जीएसएलवी एम के II	जीटीओ	सफल
जीएसएलवी F-14 इनसैट-3DS	17 फरवरी, 2024	जीएसएलवी एम के II	जीटीओ	सफल
जीएसएलवी F-15 NVS-02	29 जनवरी, 2025	जीएसएलवी एम के II	जीटीओ	सफल

एलवीएम 3-M4

- यह इसरो द्वारा विकसित भारत का सबसे भारी रॉकेट है, जिसने चन्द्रयान-3 को कक्षा में पहुँचाया था। यह तीन चरणों वाला मध्यम-लिफ्ट लॉन्च व्हीकल है। चन्द्रयान-3 को 14 जुलाई, 2023 को आन्ध्र प्रदेश के श्रीहरिकोटा स्थित सतीश धवन अन्तरिक्ष केन्द्र से लॉन्च किया गया था।
- यह वाहन 43.5 मी ऊँचा और 640 टन वजनी है। इसका शक्तिशाली इंजन और क्रायोजेनिक चरण, इसे 600 किमी की ऊँचाई पर निचली पृथ्वी की कक्षाओं में भारी पेलोड ले जाने में सक्षम बनाता है।
- चन्द्रयान-3 के प्रक्षेपण के बाद, रॉकेट के क्रायोजेनिक ऊपरी चरण को 15 नवम्बर, 2023 को पृथ्वी के वायुमण्डल में अनियन्त्रित रूप से पुन: प्रवेश कराया गया।

स्क्रैमजेट इंजन

- भारतीय अन्तरिक्ष अनुसन्धान संगठन (इसरो) ने 28 अगस्त, 2016 को स्क्रैमजेट इंजन का सफलतापूर्वक परीक्षण किया। इसे सुपरसोनिक कॉम्ब्यूशन रैमजेट इंजन के नाम से भी जाना जाता है। इस इंजन को आन्ध्र प्रदेश के श्रीहरिकोटा सतीश धवन स्पेस सेण्टर से लॉन्च किया गया।
- यह एयर ब्रीदिंग टेक्नोलॉजी पर काम करेगा। एयर ब्रीदिंग प्रोपल्शन सिस्टम (एबीपीएस) वातावरण से ही ऑक्सीजन लेकर रॉकेट में ईंधन भरता है, जिससे इसकी कार्य प्रणाली और भी सरल हो जाती है।
- वर्तमान इंजन रॉकेट के ईंधन के रूप में ऑक्सीडाईजिंग एजेण्ट्स का उपयोग किया जाता है, जिससे वाहन भारी हो जाता है एवं इसकी लागत भी अधिक हो जाती है।

क्रायोजेनिक प्रौद्योगिकी

- निम्न ताप अवस्था (क्रायोजेनिक अवस्था) वाले इंजनों में अति निम्न ताप पर हाइड्रोजन का ईंधन के रूप में तथा ऑक्सीजन का ऑक्सीकारक के रूप में प्रयोग होता है। इस प्रौद्योगिकी में इन प्रणोदकों को तरल अवस्था में ही प्रयोग किया जाता है। इसमें ईंधन को परमतापीय अवस्था में प्रयोग करने की विशेषता के कारण इसे क्रायोजेनिक इंजन कहते हैं।
- क्रायोजेनिक इंजन की प्रमुख विशेषता यह है कि इसमें प्रयुक्त होने वाले द्रव हाइड्रोजन एवं द्रव ऑक्सीजन के दहन से जो ऊर्जा या विशिष्ट थ्रस्ट उत्पन्न होता है, वह ठोस आधारित इंजन से प्राप्त ऊर्जा से कई गुना अधिक होता है। इनमें ईंधन के ज्वलन की दर को नियन्त्रित करना सरल होता है। वर्ष 2006 में तमिलनाडु के महेन्द्रगिरि में स्थित स्वदेश में विकसित क्रायोजेनिक इंजन का सफल परीक्षण किया गया।
- इसका प्रयोग GSLV-D3 की उड़ान के लिए किया गया, परन्तु क्रायोजेनिक इंजन चालू नहीं हो सका, जिसके कारण यह उड़ान असफल रही। 20 जुलाई, 2015 को भारतीय वैज्ञानिकों ने 800 सेकण्ड तक क्रायोजेनिक इंजन का सफल परीक्षण करने में सफलता प्राप्त की है।
- इस इंजन का उपयोग GSLV मार्क-III में किया जाएगा, जोकि आठ टन तक के संचार उपग्रहों को जियोस्टेशनरी कक्षा में स्थापित करने में सक्षम है। क्रायोजेनिक इंजन की क्षमता वाला भारत छठा देश हो गया है, अन्य देश अमेरिका, रूस, चीन, जापान एवं यूरोप हैं।

सेमी-क्रायोजेनिक इंजन में लिक्विड ऑक्सीजन और केरोसीन प्रयोग की जाएगी, जिसे भारत में विकसित किया जा रहा है। विश्व में पहली बार क्रायोजेनिक इंजन का प्रयोग अमेरिका द्वारा **एटलाण्टिस** नामक रॉकेट में किया गया।

भविष्य के प्रक्षेपण यान

- पुन: प्रयोज्य लॉन्च वाहन-प्रौद्योगिकी प्रदर्शक (आरएलवी-टीडी) (Reusable Launch Vehicle Technology Demonstrator (RLV-TD) अन्तरिक्ष में कम लागत की पहुँच को सक्षम करने के लिए पूर्ण रूप से पुन: प्रयोज्य लॉन्च वाहन के लिए आवश्यक प्रौद्योगिकियों के विकास की दिशा में इसरो के सबसे तकनीकी रूप से चुनौतीपूर्ण प्रयासों में से एक है।
- आरएलवी-टीडी का विन्यास एक विमान के समान है और प्रक्षेपण यान और विमान दोनों की जटिलता को जोड़ती है।
- पंख वाले आरएलवी-टीडी को हाइपरसोनिक उड़ान, स्वायत्त लैण्डिंग और संचालित क्रूज उड़ान जैसी विभिन्न तकनीकों का मूल्यांकन करने के लिए उड़ान परीक्षण बिस्तर के रूप में कार्य करने के लिए कॉन्फिगर किया गया है।
- भविष्य में, इस वाहन को भारत के पुन: प्रयोज्य दो चरण कक्षीय प्रक्षेपण यान का पहला चरण बनने के लिए बढ़ाया जाएगा।

अगली पीढ़ी का प्रक्षेपण यान (NGLV)

- भारत सरकार ने अगली पीढ़ी का प्रक्षेपण यान (NGLV) विकसित करने की मंजूरी सितम्बर, 2024 में दे दी है, जो भारतीय अन्तरिक्ष स्टेशन की स्थापना और संचालन तथा वर्ष 2040 तक चन्द्रमा पर भारतीय चालक दल के उतरने की क्षमता विकसित करने की सरकार की कल्पना की दिशा में एक महत्त्वपूर्ण कदम होगा।
- एनजीएलवी की एलवीएम3 की तुलना में 1.5 गुना लागत के साथ वर्तमान पेलोड क्षमता का 3 गुना होगी और इसकी पुन: उपयोगिता भी होगी, जिसके परिणामस्वरूप अन्तरिक्ष और मॉड्यूलर ग्रीन प्रोपल्शन सिस्टम तक कम लागत में पहुँच होगी।

प्रसिद्ध विदेशी प्रक्षेपण वाहन

इसरो अनेक संचार उपग्रहों के प्रक्षेपण के लिए विभिन्न विदेशी प्रक्षेपण वाहनों का उपयोग भी करता है, जिनमें से कुछ निम्नलिखित हैं

प्रक्षेपण वाहन	प्रमुख तथ्य
एरियन 5	• यूरोपीय अन्तरिक्ष एजेन्सी द्वारा उपयोग किए जाने वाले विशाल लॉचरों में से एक • यह 20 मीट्रिक टन से अधिक पेलोड को LEO में और 10 मीट्रिक टन से अधिक पेलोड को भूस्थिर स्थानान्तरण कक्षा में ले जाने में सक्षम है। भारत में INSAT-3D और GSAT-3D को इसी से प्रक्षेपित किया।
फाल्कन 9	• यह अमेरिकी अन्तरिक्ष एजेन्सी स्पेस एक्स द्वारा डिजाईन और निर्मित विश्व का पहला दो-चरण वाला आर्बिटल क्लास पुन: प्रयोज्य रॉकेट है।
स्पेस लॉन्च सिस्टम्स (SLS)	• नासा द्वारा विकसित एक सुपर हेवी-लिफ्ट रॉकेट है। • एकमात्र रॉकेट जो एक ही मिशन में ओरियन अन्तरिक्षयान, चार अन्तरिक्ष यात्रियों और पेलोड को चन्द्रमा तक ले जाने में सक्षम है।
सोयुज S	• रूसी अन्तरिक्ष एजेन्सी का सबसे भारी प्रक्षेपण यान • यह LEO में 27 मिट्रिक टन वजन ले जाने में सक्षम है।

इसरो के भावी मिशन (स्वीकृत)

मिशन	प्रमुख तथ्य
गगनयान	• भारत का मानवयुक्त अन्तरिक्ष मिशन • मिशन सफल होने पर व्यक्ति को अन्तरिक्ष में भेजने वाला भारत चौथा देश बन जाएगा (इससे पहले रूस, अमेरिका एवं चीन) • मिशन पर कुल ₹ 10 हजार करोड़ खर्च का अनुमान
निसार	• NISAR - NASA-ISRO Synthetic Apartor Radar • यह NASA और ISRO द्वारा संयुक्त रूप से विकसित की जा रही एक निम्न पृथ्वी कक्षा (LEO) वेधशाला है। • यह 12 दिनों में पूरे ग्लोब का नक्शा तैयार करेगा और पृथ्वी के पारिस्थितिकी तन्त्र, बर्फ के द्रव्यमान, वनस्पति बायोम, समुद्र के स्तर में वृद्धि, भूजल और भूकम्प सुनामी, ज्वालामुखी और भूस्खलन सहित प्राकृतिक खतरों को समझने के लिए स्थानिक और अस्थायी रूप से सुसंगत डेटा प्रदान करेगा। • NISAR में एल (L) और एस (S) दोहरे बैण्ड सिन्थैटिक एपर्चर रडार (SAR) को वहन करता है। • इसमें इण्टीग्रेटेड रडार इंस्ट्रमेण्ट स्ट्रक्चर (IRIS) पर लगे SAR पेलोड और अन्तरिक्ष यान बेस को एक साथ वेधशाला कहा जाता है। • इसे वर्ष 2025 में भारत से ही लॉन्च किया जाना है।
शुक्रयान-1	• यह एक ऑर्बिटर मिशन होगा। • इसके वैज्ञानिक पैलोड में एक उच्च-रिजॉल्यूशन सिन्थेटिक एपर्चर रडार (SAR) और एक ग्राउण्ड-पेनेट्रेटिंग रडार शामिल है। • इसका उद्देश्य शुक्र की सतह प्रक्रिया और उथले उपसतह स्ट्रेटोग्राफी की जाँच करना है। यह वर्ष 2028 में लॉन्च किया जाएगा।
चन्द्रयान-4	• केन्द्रीय मन्त्रिमण्डल ने 18 सितम्बर, 2024 को चन्द्रयान-4 मिशन के विस्तार को स्वीकृति दे दी, जिसमें मानवयुक्त चन्द्रमा मिशन के लिए प्रारम्भिक उपाय शामिल हैं। • इस महत्वाकांक्षी परियोजना का उद्देश्य चन्द्रमा पर सॉफ्ट लैण्डिंग करना चन्द्र चट्टान के नमूने एकत्र करना ओर उन्हें पृथ्वी पर वापस लाना है।
लुपेक्स मिशन	• राष्ट्रीय अन्तरिक्ष आयोग ने पाँचवें चन्द्र मिशन-लुपेक्स (Lunar Polar Exploration Mission) को स्वीकृति दे दी है। • राष्ट्रीय अन्तरिक्ष अयोग देश में अन्तरिक्ष मिशनों से जुड़ी सर्वोच्च संस्था है। • भारतीय अन्तरिक्ष अनुसन्धान संगठन (इसरो) और जापान एयरोस्पेस एक्सप्लोरेशन एजेन्सी का एक संयुक्त मिशन है। • यह मिशन भारत के बड़े चन्द्र रोडमैप का हिस्सा है, जिसका उद्देश्य अन्तत: एक अन्तरिक्ष यात्री को चन्द्रमा पर भेजना और सुरक्षित रूप से वापस लाना है।
भारतीय अन्तरिक्ष स्टेशन (BAS)	• भारतीय अन्तरिक्ष स्टेशन (BAS) वैज्ञानिक अनुसन्धान के लिए भारत का अपना अन्तरिक्ष स्टेशन होगा। • भारत वर्ष 2026 तक अपना स्वयं का अन्तरिक्ष स्टेशन प्रक्षेपित करेगा वर्ष 2035 तक इसे क्रियाशील करने की योजना बना रहा है तथा वर्ष 2040 तक मानवयुक्त चन्द्र मिशन को पूरा करने की योजना बना है। • वर्तमान में केवल दो ही अन्तरिक्ष स्टेशन कार्यरत हैं-अन्तर्राष्ट्रीय अन्तरिक्ष स्टेशन (ISS) और चीन का तियागोंगा।

भारत के प्रमुख अन्तरिक्ष अनुसन्धान मिशन

मिशन	विवरण
चन्द्रयान-I	• 22 अक्टूबर, 2008 में भारत ने चन्द्रमा के लिए अपना पहला उपग्रह चन्द्रयान-1 को श्रीहरिकोटा में सतीश धवन अन्तरिक्ष केन्द्र से PSLV-C11 के माध्यम से छोड़ा तथा पृथ्वी से लगभग 34000 किमी (Geo-stationary Transfer Orbit or GTO) ऊँचाई पर स्थापित किया गया। यहाँ से यह चन्द्रमा की कक्षा में पहुँच गया। • इस परियोजना का उद्देश्य चन्द्रमा के सम्बन्ध में वैज्ञानिक समझ का विस्तार करना तथा ग्रह सम्बन्धी अनुसन्धान में रुचि रखने वाले युवा वैज्ञानिकों के लिए आधार सुविधा की स्थापना करना है। इसके साथ ही भारत चन्द्रमा की सतह की पड़ताल के लिए अभियान भेजने वाला विश्व का छठा देश हो गया। • चन्द्रयान-1 अभियान एक सफल अभियान रहा, जिसने चन्द्रमा की सतह पर पानी की उपस्थिति का पता लगाया। चन्द्रमा पर उपस्थित खनिजों; जैसे—हीलियम-3, इरीडियम, एल्युमीनियम, काँच, लोहा, मैग्नीशियम, सिलिकॉन आर्माकोलाइट आदि से सम्बन्धित आँकड़े ग्रहण एवं चित्र भेजने से सम्बन्धित जानकारी एकत्र की। चन्द्रमा की सतह का त्रिआयामी मानचित्रीकरण (Three-Dimensional Mapping) सम्भव हुआ और चन्द्रमा पर मिनी चुम्बक मण्डल की मौजूदगी का पता लगा।
चन्द्रयान-II	• चन्द्रयान-2, पूर्व चन्द्रयान-1 का अनुवर्ती मिशन था, जिसमें चन्द्रमा की सतह के नमूने एकत्र करने और चन्द्रमा की मिट्टी के रासायनिक एवं खनिज विज्ञानीय अध्ययन के लिए एक लैण्डर और एक रोवर शामिल था। • इसरो ने 22 जुलाई, 2019 को श्रीहरिकोटा के सतीश धवन अन्तरिक्ष केन्द्र (SDSC) से इसे सफलतापूर्वक प्रक्षेपित किया। • इसे GSLV-Mk III (बाहुबली) द्वारा प्रक्षेपित किया गया। 6 सितम्बर, 2019 को चन्द्रमा पर लैण्ड करने से पूर्व वह अपनी कक्षा से दूर चला गया तथा विनष्ट हो गया।
चन्द्रयान-3	• यह मिशन चन्द्रयान-2 का अनुवर्ती मिशन है, जिसने चन्द्रमा की सतह पर सुरक्षित लैंडिंग और रोवर को संचालित करने की भारत की क्षमता को प्रदर्शित किया है। चन्द्रयान-III के **लैण्डर विक्रम** और **रोवर प्रज्ञान** ने 23 अगस्त, 2023 को चन्द्र दक्षिणी ध्रुव की सतह पर ऐतिहासिक सॉफ्ट लैण्डिंग की। इस प्रकार भारत चन्द्रमा के दक्षिणी ध्रुव की सतह पर सॉफ्ट लैंडिंग करने वाला पहला देश बन गया है और कुल मिलाकर पृथ्वी के प्राकृतिक उपग्रह पर कहीं भी सॉफ्ट लैंडिंग करने वाला चौथा देश बन गया। भारतीय अन्तरिक्ष अनुसन्धान संगठन ने 14 जुलाई, 2023 को श्रीहरिकोटा से जियोसिंक्रोनस सैटेलाइट लॉन्च व्हीकल मार्क III (LVM3) का उपयोग करके चन्द्रयान-3 मिशन लॉन्च किया। • चन्द्रमा की सतह पर सॉफ्ट लैण्डिंग और रोविंग की क्षमता प्रदर्शित करने के साथ-साथ प्रयोग करने के उद्देश्य से, चन्द्रयान 3 मिशन का उद्देश्य अन्तरिक्ष खोज और नवाचार में भारत की क्षमता को मजबूत करना है। अपने पूर्ववर्तियों (चन्द्रयान-1 और चन्द्रयान-2) की सफलता को जारी रखते हुए, इस मिशन ने भारत को विशिष्ट अन्तरिक्ष क्लब में शामिल कर दिया है।
प्रक्षेपण वाहन	• चन्द्रयान-III मिशन को LVM3 रॉकेट सिस्टम का उपयोग करके लॉन्च किया गया था। LVM3 इसरो का नया लॉन्च व्हीकल है, जिसमें मॉड्यूल को कम लागत में GTO (जियोसिंक्रोनस ट्रान्सफर ऑर्बिट) में रखने की क्षमता है। यह तीन चरणों वाला लॉन्च व्हीकल है, जिसमें दो सॉलिड स्ट्रैप स्टेज और एक कोर लिक्विड स्टेज है। लॉन्चर, LVM3 M4 ने एकीकृत मॉड्यूल को लगभग 170 × 36500 किमी (एक GTO) के आकार की एलिप्टिक पार्किंग कक्षा में रखा।
चन्द्रयान-III मिशन के उद्देश्य	• लैण्डर द्वारा चन्द्र सतह पर सुरक्षित एवं सॉफ्ट लैण्डिंग। रोवर द्वारा चन्द्रमा पर भ्रमण और इन-सीटू वैज्ञानिक प्रयोग। • बर्फ की खोज करना, जो भविष्य में चन्द्रमा पर मानव जीवन को सहरा दे सके और भविष्य के अन्तरग्रहीय मिशनों में अन्तरिक्ष यान के लिए प्रणोदक की आपूर्ति भी कर सके।
मंगलयान	• मंगलयान या **मार्स ऑर्बिटर मिशन** भारत का पहला मंगल अभियान है। यह भारतीय अन्तरिक्ष अनुसन्धान संगठन की एक महत्त्वाकांक्षी अन्तरिक्ष परियोजना है। इस परियोजना के अन्तर्गत 5 नवम्बर, 2013 को मंगल ग्रह की परिक्रमा करने के लिए छोड़ा गया उपग्रह आन्ध्र प्रदेश के श्रीहरिकोटा में स्थित सतीश धवन अन्तरिक्ष केन्द्र से ध्रुवीय उपग्रह प्रक्षेपण यान PSLV सी-25 के द्वारा सफलतापूर्वक छोड़ा गया। • इसके साथ ही भारत भी उन देशों में शामिल हो गया है, जिन्होंने मंगल पर अपने यान भेजे हैं। अब तक मंगल को जानने के लिए आरम्भ किए गए दो-तिहाई अभियान असफल रहे हैं, लेकिन 24 सितम्बर, 2014 को मंगल ग्रह की कक्षा में पहुँचने के साथ ही भारत विश्व में अपने प्रथम प्रयास में ही सफल होने वाला पहला देश बन गया है।
आदित्य-एल1	• आदित्य-एल 1 सूर्य का अध्ययन करने वाला भारत का पहला अन्तरिक्ष-आधारित सौर मिशन है। इसे 2 सितम्बर, 2023 को भारतीय अन्तरिक्ष अनुसन्धान संगठन (इसरो) द्वारा सूर्य-पृथ्वी लैग्रेंज बिन्दु 1 (L1) के चारों ओर एक हेलो कक्षा में PSLV57 द्वारा लॉन्च किया गया था। • 6 जनवरी, 2024 को सूर्य के लैग्रेजियन बिन्दु 1 पर अपनी लक्षित हेलो कक्षा में पहुँचा था। • आदित्य-एल1 लम्बे समय तक सूर्य का निर्बाध दृश्य प्रदान करेगा, जो निम्न पृथ्वी कक्षाओं की सीमाओं को पार करता है जहाँ दृश्य अक्सर पृथ्वी द्वारा ही अवरुद्ध होता है। • आदित्य-एल1 भारत को अन्तरिक्ष में अपनी सौर वेधशाला स्थापित करने में मदद करेगा, जिसके दैनिक जीवन में कई अनुप्रयोग होंगे। इसके अतिरिक्त इसकी सफलता इसरो को नासा और ईएसए के साथ एक विशिष्ट अन्तरिक्ष क्लब में स्थान दिलाएगी।
स्पैडेक्स मिशन	• 30 दिसम्बर, 2024 को इसरो द्वारा इस मिशन को लॉन्च किया गया। • इस प्रक्षेपण के साथ भारत विश्व में चौथा ऐसा देश हो गया है, जो 'डॉकिंग' के माध्यम से अन्तरिक्ष में दो उपग्रहों को जोड़ सकता है।

बाह्य अंतरिक्ष संधि, 1967
आर्टेमिस समझौता, 2020
आवृत्ति बैण्ड के लिए
QR Code Scan करें।

भारत की अन्तरिक्ष अनुसन्धान वेधशालाएँ

1. एस्ट्रोसैट

- भारत की पहली समर्पित बहु-तरंगदैर्ध्य खगोल वेधशाला है।
- उद्देश्य एक्स रे, ऑप्टिकल और यूवी स्पैक्ट्रल बैण्ड में आकाशीय स्रोतों का एक साथ अध्ययन करना।
- प्रक्षेपण 28 सितम्बर, 2015 में श्रीहरिकोटा के सतीश धवन अन्तरिक्ष केन्द्र से पीएसएलवी-सी 38 के माध्यम से प्रक्षेपित किया गया था।
- खोज LAXPC और SXT पेलोड द्वारा बाइनरी सिस्टम में ब्लैक होल को यथासम्भव तीव्र गति से घुमते हुए देखा गया।

2. एक्सपोसेट (XPosat)

- X-ray Polarimetu Satellite अर्थात् XPoSat को PSLV-C58 द्वारा 1 जनवरी, 2024 को शार केन्द्र श्रीहरिकोटा से लॉन्च किया गया।
- एक्सपोसेट विश्व का दूसरा उपग्रह आधारित मिशन है, जो एक्सरे पोलारिनेट्री माप के लिए समर्पित है।
- यह एक्स रे-ध्रुवीकरण और इसके ब्रह्माण्डीय स्रोतों; जैसे- ब्लैक होल, न्यूट्रॉन तारे और मैग्नेटर्स का अध्ययन करने के लिए लॉन्च किया गया।
- इसमें दो पेलोड लगे हुए हैं

(I) पोलिक्स

विश्व का पहला उपकरण, जो 8 से 30 किलो इलेक्ट्रॉन वोल्ट (KeV) ऊर्जा बैण्ड के मध्यम एक्स-रे में संचालित करने के लिए डिजाइन किया गया है। यह मध्यम एक्स-रे ऊर्जा बैण्ड में पहला पेलोड है, जो पोलारिमेट्री माप के लिए समर्पित है।

(II)-XSPECT

यह एक्स-रे स्पेक्ट्रोस्कोपी और टाइमिंग पेलोड है, जो सॉफ्ट एक्स-रे में तेज टाइमिंग और अच्छा स्पेक्ट्रोस्कोपिक रिजॉल्यूशन प्रदान कर सकता है।

हिमालयन चन्द्र टेलीस्कोप

- हिमालयन चन्द्र टेलीस्कोप (HCT) को 4500 मी (15000 फीट) की ऊँचाई पर भारतीय खगोलीय वेधशाला (IAO) द्वारा माउण्ट सरस्वती, दिग्पा-रत्सा-री पर हानले (लद्दाख) में स्थापित किया गया है।
- इसे भारतीय खगोल-भौतिकी संस्थान (IIA), बंगलुरु द्वारा संचालित किया जाता है।
- यह टेलीस्कोप ऑप्टिकल, इन्फ्रारेड और गामा-रे दूरबीनों के लिए विश्व की सबसे ऊँची स्थित साइटों में से एक है। भारतीय खगोलीय वेधशाला (IAO), भारत का पहला डार्क-स्काई संरक्षित क्षेत्र है।

उच्च ऊँचाई गामा किरण दूरबीन (HAGAR)

- यह सात दूरबीनों का समूह है, जो हानले (लेह) में सितम्बर, 2008 से कार्यरत् है तथा हिमालयन गामा-रे ऑब्जर्वेटरी (HIGRO) परियोजना का प्रथम चरण है।
- यह चेरेनकोव विकिरण को भी देखता है, यद्यपि ऊर्जा की निचली श्रेणी पर।

ग्रोथ-इण्डिया टेलीस्कोप

- यह पूर्ण रूप से भारत का पहला पूरी तरह से रोबोटिक ऑप्टिकल रिसर्च टेलीस्कोप है। यह टेलीस्कोप, लद्दाख के हानले में स्थित भारतीय खगोलीय वेधशाला में है।
- यह टेलीस्कोप, ब्रह्माण्ड में होने वाली क्षणिक घटनाओं का अध्ययन करने के लिए बनाया गया है। इसका निर्माण ग्रोथ-इण्डिया टेलीस्कोप, भारतीय खगोल भौतिकी संस्थान (IIA) और भारतीय प्रौद्योगिकी संस्थान बॉम्बे (IITB) ने मिलकर बनाया है।
- इस टेलीस्कोप का निर्माण डीएसटी-एसईआरबी और आईयूएसएसटीएफ़ के समर्थन से हुआ था। ग्रोथ-इण्डिया टेलीस्कोप, ग्रोथ परियोजना का हिस्सा है, जो वेधशालाओं का एक अन्तर्राष्ट्रीय नेटवर्क है।

सारस दूरबीन

- भारत में सारस (Shaped Antenna Measurement of the Background Radio Spectrum) रेडियो दूरबीन का निर्माण आकाशगंगा की जाँच करने तथा इसके परिणामस्वरूप अनेक खगोलीय खोज करने के लिए किया गया था।
- इसे भारत के रमन रिसर्च इन्स्टीट्यूट (बंगलुरु) में डिजाइन और निर्मित किया गया है। यह कॉस्मिक डॉन के अध्ययन में अपनी भूमिका के लिए महत्त्वपूर्ण है-(वह अवधि जब ब्रह्माण्ड के पहले सितारे और आकाशगंगाएँ बनीं।)

प्रमुख अन्तरिक्ष वेधशालाएँ

ये वेधशालाएँ उपग्रहों के रूप में अन्तरिक्ष में स्थापित की जाती हैं। प्रमुख वेधशालाएँ निम्न प्रकार हैं

- हब्बल अन्तरिक्ष वेधशाला इस वेधशाला (दूरबीन) को अन्तरिक्ष में कृत्रिम उपग्रह के रूप में स्थापित किया गया है। हब्बल अन्तरिक्ष वेधशाला की महानतम् उपलब्धियों ने उसे खगोल भौतिकी के इतिहास में सर्वाधिक महत्त्वपूर्ण वेधशाला बना दिया हैं। इसका प्रक्षेपण स्पेस शटल डिस्कवरी द्वारा 25 अप्रैल, 1990 को किया गया था।
- चन्द्रा एक्स-रे वेधशाला ब्रह्माण्ड के एक्स-रे स्रोतों को पकड़ने के लिए चन्द्रा एक्स-रे वेधशाला को अन्तरिक्ष में प्रक्षेपित किया गया। इस वेधशाला को चन्द्रा नाम भारतीय मूल के प्रसिद्ध वैज्ञानिक सुब्रमणियन् चन्द्रशेखर चन्द्रा के सम्मान में दिया गया है। यह दूरबीन किसी अन्य एक्स-रे दूरबीन की तुलना में लगभग 30 गुना अधिक सेंसिटिव है। इसका प्रक्षेपण स्पेस शटल कोलम्बिया द्वारा 3 जुलाई, 1999 को किया गया।

जेम्स वेब स्पेस टेलीस्कोप (JWST)

- यह टेलीस्कोप नासा, यूरोपीय अन्तरिक्ष एजेन्सी (ESA) और कनाडाई अन्तरिक्ष एजेन्सी के बीच एक अन्तर्राष्ट्रीय सहयोग का परिणाम है, जिसे 25 दिसम्बर, 2021 में लॉन्च किया गया था।
- यह वर्तमान में अन्तरिक्ष में एक बिन्दु पर है, जिसे सूर्य-पृथ्वी L2 लैग्रेंज बिन्दु के रूप में जाना जाता है, जो सूर्य के चारों ओर पृथ्वी की कक्षा से लगभग 1.5 मिलियन किमी दूर है। इसको मुख्य रूप से अवरक्त स्पेक्ट्रम में ब्रह्माण्ड का निरीक्षण करने के लिए डिजाइन किया गया है।
- यह अब तक का सबसे बड़ा, सबसे शक्तिशाली इन्फ्रारेड स्पेस टेलीस्कोप है और इसे हबल टेलीस्कोप का उत्तराधिकारी माना जाता है।

- यह इतनी दूर आकाशगंगाओं की तलाश में बिग बैंग के ठीक बाद के समय में अतीत की ओर देख सकता है, जिस प्रकाश को उन आकाशगंगाओं से हमारी दूरबीनों तक पहुँचने में कई अरब वर्ष लग गए।

इवेण्ट होराइजन टेलीस्कोप (EHT)

- यह अन्तर्राष्ट्रीय सहयोग से निर्मित आठ भू-आधारित रेडियो दूरबीनों का एक ग्रह-स्तरीय समूह है। इसे ब्लैक होल की तस्वीरें लेने के लिए डिज़ाइन किया गया था। यह वैज्ञानिकों को ब्रह्माण्ड की नई सीमाओं पर शोध करने का अवसर प्रदान करता है।
- इस टेलीस्कोप में ब्लैक होल की छवियों को कैद करने के लिए वेरी-लॉन्ग-बेसलाइन इण्टरफेरोमेट्री (VLBI) नामक तकनीक का उपयोग किया जाता है। वैज्ञानिकों ने 53 मिलियन प्रकाशवर्ष दूर स्थित एक विशालकाय ब्लैक होल के बारे में नए विवरण का खुलासा किया है, जिसकी तस्वीर पहली बार वर्ष 2017 में पृथ्वी-व्यापी इवेण्ट होराइजन टेलीस्कोप (EHT) द्वारा ली गई थी।

LIGO परियोजना

- लेजर इण्टरफेरोमीटर ग्रेविटेशनल-वेव ऑब्जर्वेटरी (LIGO) इण्डिया एक नियोजित वेधशाला है, जिसे वैश्विक नेटवर्क के एक भाग के रूप में भारत में बनाया जाएगा। भारत और संयुक्त राज्य अमेरिका में LIGO प्रयोगशाला के अनुसन्धान संस्थानों का एक अन्तर्राष्ट्रीय संघ LIGO इण्डिया परियोजना पर एक साथ काम करेगा। इसके अन्तर्गत पहली लिगो लैब महाराष्ट्र के हिंगोली जिले के औंधा में स्थापित की जा रही है।
- आइन्स्टीन के सामान्य सापेक्षता के सिद्धान्त द्वारा भविष्यवाणी की गई और लेजर इण्टरफेरोमीटर ग्रेविटेशनल-वेव ऑब्जर्वेटरी द्वारा वर्ष 2015 में पहली बार देखी गई, गुरुत्वाकर्षण तरंगों का पता लगाने में बेहतर दक्षता के लिए इसे विश्व भर में संयुक्त सहयोग की आवश्यकता है। LIGO इण्डिया इस सम्बन्ध में एक ऐसा ही कदम है।
- गुरुत्वीय तरंगें अन्तरिक्ष समय में उठने वाली तरंगें हैं, जो ब्रह्माण्ड में हिंसक और ऊर्जावान प्रक्रियाओं के कारण उत्पन्न होती हैं।

विश्व के प्रसिद्ध अन्तरिक्ष मिशन

अन्तरिक्ष मिशन	विवरण
स्पुतनिक I (Sputnik I)	4 अक्टूबर, 1957 को, स्पुतनिक I को पूर्व सोवियत संघ के बैकोनूर कॉस्मोड्रोम से लॉन्च किया गया और पृथ्वी की कक्षा में प्रवेश किया, जो अन्तरिक्ष में प्रवेश करने वाली पहली मानव निर्मित वस्तु बन गई।
पायनियर कार्यक्रम (Pioneer Programme)	यह ग्रहों की खोज के लिए नासा का मानव रहित अन्तरिक्ष मिशन था। पायनियर शृंखला के अन्तरिक्ष यान ने सूर्य, बृहस्पति, शनि और शुक्र के बारे में अपनी तरह का पहला अन्वेषण किया। इसे वर्ष 1958 में प्रारम्भ किया गया था।
वोस्तोक-I (Vostok-I)	सोवियत अन्तरिक्ष यात्री यूरी गगारिन 12 अप्रैल, 1961 को अन्तरिक्ष में जाने वाले पहले व्यक्ति बने, जब उन्होंने वोस्तोक I में पृथ्वी की परिक्रमा की। इतिहास बनाने वाली यह यात्रा केवल 108 मिनट तक चली।
वोस्तोक 6 (Vostok-VI)	वैलेण्टिना टेरेश्कोवा 26 वर्षीय सोवियत अन्तरिक्ष यात्री 16 जून, 1963 को वोस्तोक-6 से अन्तरिक्ष में जाने वाली पहली महिला बनीं।
मेरिनर 4 (Mariner 4)	14 जुलाई, 1965 को नासा के अन्तरिक्ष यान मेरिनर 4 ने किसी दूसरे ग्रह की पहली तस्वीरें लीं। अपनी यात्रा के दौरान, अन्तरिक्ष यान मंगल ग्रह के 6,118 मील के अन्दर आया और उसकी तस्वीरें लीं।
अपोलो 11 (Apollo 11)	फ्लोरिडा के केप कैनेडी से लॉन्च होने के चार दिन बाद, नील आर्मस्ट्रांग ने 20 जुलाई, 1969 को मानव जाति के लिए एक बड़ी छलांग लगाई और अपोलो 11 मिशन के हिस्से के रूप में चन्द्रमा पर चलने वाले पहले इन्सान बन गए। इसके 20 मिनट बाद बज एल्ड्रिन ने भी चन्द्रमा की धरती पर कदम रखा। आर्मस्ट्रांग और एल्ड्रिन 24 जुलाई को पृथ्वी पर लौट आए।
सोवियत वेनेरा मिशन (Soviet Venera Mission)	वर्ष 1970 में प्रक्षेपित वेनेरा 7, किसी दूसरे ग्रह (शुक्र) पर सफलतापूर्वक उतरने वाला पहला मिशन था।
अन्तर्राष्ट्रीय अन्तरिक्ष स्टेशन (ISS)	अन्तर्राष्ट्रीय अन्तरिक्ष स्टेशन पृथ्वी की कक्षा में एक बड़ा अन्तरिक्ष यान है। यह एक घर के रूप में कार्य करता है, जहाँ अन्तरिक्ष यात्रियों और अन्तरिक्ष यात्रियों के दल रहते हैं। अन्तरिक्ष स्टेशन एक अद्वितीय विज्ञान प्रयोगशाला भी है। यह पाँच अन्तरिक्ष एजेन्सियों के बीच एक अद्वितीय अन्तर्राष्ट्रीय सहयोग था: अमेरिका की नासा (NASA), रूस की रोस्कॉसमोस (Roscosmos), जापान की जाक्सा (JAXA), यूरोपियन अन्तरिक्ष एजेन्सी (ESA) और चीनी स्पेस एजेन्सी (CSA)। हालाँकि, यूक्रेन पर रूसी आक्रमण के तुरन्त बाद, रूस ने घोषणा की कि वह वर्ष 2024 में (ISS) से हट जाएगा और साझेदारी छोड़ देगा।
तियांगोंग अन्तरिक्ष स्टेशन (Tiangong Space Station)	तियांगोंग (आकाश महल) चीन का स्थायी रूप से चालक दल वाला अन्तरिक्ष स्टेशन है । इसके विभिन्न मॉड्यूल्स में पहला मॉड्यूल, तियानहे (कोर मॉड्यूल) 29 अप्रैल, 2021 को लॉन्च किया गया था। इसके बाद वेण्टियन (स्वर्ग की खोज), 24 जुलाई, 2022 को लॉन्च किया गया; दूसरा, मेंगटियन (स्वर्ग का सपना देखना), 31 अक्टूबर, 2022 को लॉन्च किया गया।
मार्स ओडिसी मिशन (Mars Odyssey Mission)	वर्ष 2001 में नासा का मार्स ओडिसी मिशन मंगल ग्रह की सतह के रासायनिक तत्त्वों एवं खनिजों का वैश्विक मानचित्र बनाने वाला पहला अन्तरिक्ष यान था। इस अन्तरिक्ष यान के पास पृथ्वी के अतिरिक्त किसी अन्य ग्रह की कक्षा (Orbit) में सबसे लम्बे समय तक लगातार सक्रिय रहने का भी रिकॉर्ड है।
मंगल ग्रह रिकोनिसेंस ऑर्बिटर (Mars Reconnaissance Orbiter)	नासा का मार्स रिकॉनिस्सेंस ऑर्बिटर (MRO) 2001 मार्स ओडिसी के बाद मंगल ग्रह की परिक्रमा करने वाला दूसरा सबसे लम्बे समय तक चलने वाला अन्तरिक्ष यान है। इसे 12 अगस्त, 2005 को दो वर्ष के लिए मंगल ग्रह पर वैज्ञानिक सर्वेक्षण के लिए भेजा गया था।
केपलर मिशन	7 मार्च, 2009 को केपलर को फ्लोरिडा (अमेरिका) के केप कैनावेरल से लॉन्च किया गया। इस मिशन का उद्देश्य 'ग्रह प्रणालियों की संरचना और विविधता का पता लगाना' था। मई 2016 तक, केपलर ने 1,284 नए ग्रहों की पहचान कर ली थी। उनमें से केवल नौ को ही रहने योग्य क्षेत्र में माना गया था। अपने नौ वर्षों के अन्त तक, केपलर ने पाँच लाख से ज़्यादा तारों के बीच 2,600 से ज़्यादा ग्रहों की खोज की।
मैसेंजर (Messenger)	मैसेंजर (Mercury Surfae, Space Environment, Geochemistry, and Ranging) एक नासा रोबोटिक अन्तरिक्ष यान था, जिसने बुध के रासायनिक संरचना, भूविज्ञान और चुम्बकीय क्षेत्र का अध्ययन करने के लिए 2011 से 2015 के बीच में भेजा गया था।

"

नैनो टेक्नोलॉजी अणुओं व परमाणुओं की इंजीनियरिंग है, जो भौतिकी रसायन, बायो इन्फॉर्मेटिक्स व बायो टेक्नोलॉजी जैसे विषयों को आपस में जोड़ती है।

अध्याय तीन

नैनो प्रौद्योगिकी एवं इसके अनुप्रयोग

परिचय

- नैनो तकनीक के सम्बन्ध में प्रथम परिकल्पना वर्ष 1959 में एक भौतिकविद् रिचर्ड पी. फेनमैन द्वारा की गई थी। नैनो एक ग्रीक शब्द है, जिसका शाब्दिक अर्थ है- बौना। [1 नैनोमीटर = 10^{-9} मीटर] नैनो टेक्नोलॉजी शब्द का प्रयोग सर्वप्रथम वर्ष 1974 में टोक्यो विज्ञान विश्वविद्यालय के प्रो. नोरियो तानिगुची ने किया।
- प्रारम्भ में नैनो तकनीक एक वैज्ञानिक परिकल्पना मात्र थी, जिसे स्कैनिंग टनलिंग माइक्रोस्कोप की खोज ने वास्तविकता में बदल दिया। इस खोज के लिए गर्ड बिन्निंग [Gerd Binning] तथा हेनरिक हैरर [Heinrich Harrer] को संयुक्त रूप से वर्ष 1986 में भौतिकी का नोबेल पुरस्कार प्रदान किया गया था।
- नैनो तकनीक के पिता की संज्ञा रिचर्ड फेनमैन को तथा भारत में नैनो तकनीक के जनक की संज्ञा प्रो. सीएनआर राव को दी जाती है।
- इस प्रकार नैनो प्रौद्योगिकी सूक्ष्मता के मापन, अध्ययन और अनुप्रयोग पर आधारित विज्ञान की एक शाखा है, जिसमें अतिसूक्ष्म स्तर पर प्रयुक्त की जाने वाली तकनीकों और सम्बन्धित सिद्धान्तों का समग्र अध्ययन किया जाता है।
- नैनो कणों का आकार कुछ नैनोमीटर से लेकर 100 नैनोमीटर तक होता है। इसमें एक नैनोमीटर 10^{-9} मीटर के एक एंगस्ट्रॉम 10^{-10} मीटर के तथा एक नैनोमीटर 10 एंगस्ट्रॉम के बराबर होता है। नैनोमीटर, मीटर के एक अरबवें हिस्से को कहा जाता है।

नैनो असेम्बलर्स

नैनो असेम्बलर्स ऐसे उपकरण होते हैं, जो नैनो प्रौद्योगिकी के माध्यम से किसी वांछित वस्तु के निर्माण के दौरान उस वस्तु की संरचना में प्रयुक्त होने वाले अणुओं व परमाणुओं को आस-पास के पर्यावरण में उपलब्ध संसाधनों से अलग कर पुन: व्यवस्थित करते हैं।

नैनो पदार्थ

- ऐसे पदार्थ जिनकी तीन विमाओं (Dimensions) में से एक विमा नैनोस्केल के दायरे में हो, नैनो पदार्थ कहलाते हैं। नैनो पदार्थों को निम्न चार भागों में विभक्त किया गया है
  - शून्य विमीय नैनो पदार्थ (0-D Nanomaterials) ऐसे पदार्थ जिनकी तीनों विमाएँ 100 नैनोमीटर से कम होती हैं, शून्य विमीय नैनो पदार्थ कहलाते हैं; जैसे-क्वाण्टम डॉट्स, फुलेरीन आदि।
  - एक विमीय नैनो पदार्थ (1-D Nanomaterials) ऐसे पदार्थ जिनकी केवल एक विमा नैनोस्केल के दायरे से बाहर हो, एक विमीय नैनो पदार्थ कहलाते हैं; जैसे-नैनोरॉड, नैनो-ट्यूब आदि।
  - द्वि-विमीय नैनो पदार्थ (2-D Nanomaterials) ऐसे पदार्थ जिनकी दो विमाएँ नैनोस्केल के दायरे से बाहर हों, द्वि-विमीय नैनो पदार्थ कहलाते हैं; जैसे-ग्राफीन नैनोफिल्म्स, नैनोकोटिंग आदि।
  - त्रि-विमीय नैनो पदार्थ (3-D Nanomaterials) ऐसे पदार्थ जिनकी तीनों विमाएँ नैनोस्केल के दायरे से बाहर हों, त्रि-विमीय नैनो पदार्थ कहलाते हैं; जैसे-बल्क पाउडर पॉलीक्रिस्टल्स, नैनो वायर के बण्डल आदि।

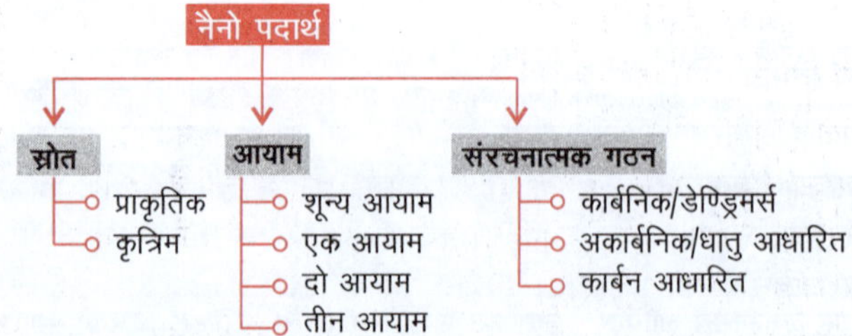

कार्बनिक/डेण्ड्रिमर्स नैनो पदार्थ

पॉलिमर, लिपिड या प्रोटीन जैसे कार्बनिक अणुओं से बने, जिसमें डेण्ड्रिमर्स एक विशिष्ट प्रकार की अत्यधिक शाखित कार्बनिक संरचना होती है।

कार्बन आधारित नैनो पदार्थ

ये कण अपनी कम विसाक्तता, उच्च विद्युत चालकता, लचीलेपन और प्रकाशकीय पारदर्शिता के लिए जाने जाते है। इनमें निम्नलिखित पदार्थ शामिल हैं।

ग्रेफाइट (Graphite)

- इसके अन्तर्गत सह-संयोजक बन्ध द्वारा आपस में जुड़े कार्बन परमाणुओं की परतें पाई जाती हैं, जिसमें प्रत्येक कार्बन परमाणु अपने निकटतम तीन कार्बन परमाणुओं से जुड़ा होता है।
- उल्लेखनीय है कि कार्बन की संयोजकता 4 होती है, अत: इसके बाहरी कोश में चार इलेक्ट्रॉन होते हैं, जो दूसरे परमाणुओं से अधिकतम 4 बन्ध बना सकते हैं, किन्तु ग्रेफाइट में प्रत्येक कार्बन परमाणु तीन बन्ध ही बनाता है, जिस कारण 1 इलेक्ट्रॉन परत में घूमने हेतु स्वतन्त्र रहता है। इस स्वतन्त्र इलेक्ट्रॉन के कारण ही हीरे के विपरीत ग्रेफाइट विद्युत का सुचालक होता है।
- ग्रेफाइट में विद्यमान परतें आपस में वाण्डरवाल वॉण्ड्स द्वारा जुड़ी होती हैं, जो अपेक्षाकृत कमजोर होते हैं। यही ग्रेफाइट की पतली एक परत (ग्राफीन) कहलाती है, जो नैनो पदार्थ है।

ग्राफीन (Graphene)

- ग्राफीन को एक परमाणु वाली पतली परत के रूप में परिभाषित किया जा सकता है। यह कार्बन परमाणुओं की द्वि-विमीय चालक होती है।
- यह ग्रेफाइट, चारकोल, कार्बन नैनो-ट्यूब एवं फुलेरीन जैसे आधारभूत तत्त्वों वाला समस्थानिक है।
- यह अब तक ज्ञात पदार्थों में सबसे पतला एवं प्रबल तत्त्व है।
- जेम और नोवोसेलेव को ग्राफीन जैसी अद्वितीय खोज के लिए कई पुरस्कारों से सम्मानित किया गया।
- ग्राफीन का प्रयोग हल्की, पतली, लचीली, पारदर्शी और मजबूत डिस्प्ले स्क्रीन; जैसे-LCD, LED में चालक इलेक्ट्रोड के रूप में किया जाता है।
- वर्ष 2015 में कोलम्बिया यूनिवर्सिटी के वैज्ञानिकों ने अणु जितनी पतली ग्राफीन की परत की सहायता से विश्व का सबसे छोटा बल्ब बनाया।

फुलेरीन (Fullerene)

- यह कार्बन का अणु है, जो गोलाकार, दीर्घवृत्ताभ (Ellipsoid), ट्यूब आदि रूपों में पाया जाता है। गोलाकार फुलेरीन को बकमिंस्टर फुलेरीन या बकीबॉल कहते हैं।
- यह शून्य विमीय नैनो पदार्थ है।
- इसकी खोज अमेरिकन शिल्पी बकमिंस्टर फुलर ने की थी। उनके सम्मान में ही इसका नामकरण किया गया है। यह कार्बन का अपरूप है। C 60 बकीबॉल का निर्माण कार्बन के 60 परमाणु को परस्पर कीर्स के साथ वृत्ताकार जोड़ने पर होता है।
- एक बकीबॉल का व्यास लगभग 0.71 नैनोमीटर होता है। फुलेरीन में अत्यधिक दबाव के प्रति असाधारण प्रतिरोधक क्षमता होती है।
- कार्बन के नैनो-ट्यूब बेलनाकार फुलेरीन हैं, जिनके उपयोग से बैटरी बनाई जाती है।

कार्बन नैनो-ट्यूब

- यह ग्राफीन से निर्मित होने वाली बेलनाकार नैनो संरचना है। कार्बन नैनो-ट्यूब अत्यधिक मजबूत होती है, इसलिए यह जल्दी क्षतिग्रस्त नहीं होती है। कार्बन नैनो ट्यूब त्रि-विमीय (3D) नैनो पदार्थ है।
- कार्बन नैनो-ट्यूब मुख्य रूप से दो प्रकार की होती हैं-एकल भित्ति कार्बन नैनो-ट्यूब तथा बहुभित्ति कार्बन नैनो-ट्यूब। ये यान्त्रिक रूप से लचीली और कठोर होती हैं, साथ-साथ विद्युत की अच्छी सुचालक भी होती हैं।
- मोटरवाहन और विमानन उद्योगों में कम वजन के निर्माण कार्यों में कार्बन नैनो-ट्यूब का बहुतायत उपयोग हो रहा है।
- जीवेक्स टेक्नोलॉजीज ने कार्बन नैनो-ट्यूब का उपयोग कर हल्के वजन वाली नाव का निर्माण किया है।

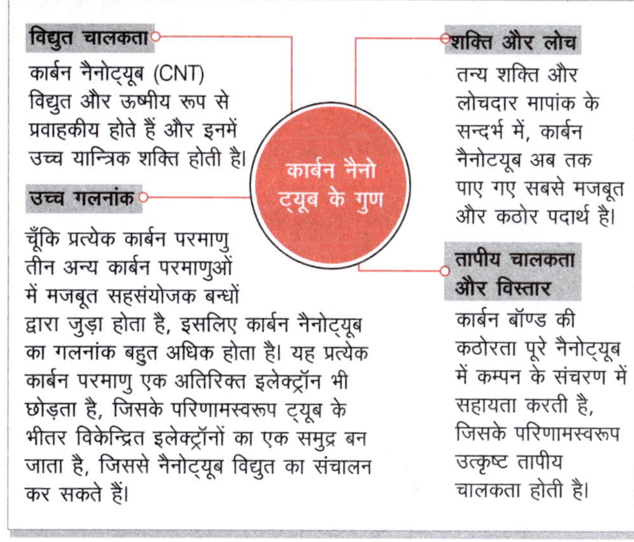

धातु आधारित नैनो पदार्थ

धातु नैनोकण ऐसे नैनो पदार्थ होते हैं, जो केवल एक तत्त्व के बने होते हैं। ये बहुत छोटे अकार्बनिक कण होते हैं

क्वाण्टम डॉट्स

- ये 10 नैनोमीटर से छोटे आकार वाले कण होते हैं। ये धातु या अर्द्धचालक पदार्थ के बने होते हैं। इसे कृत्रिम परमाणु के रूप में भी जाना जाता है, क्योंकि इनके निश्चित क्षेत्र में इलेक्ट्रॉनों की संख्या भी निश्चित होती है।
- क्वाण्टम डॉट्स के आकार को नियन्त्रित किया जा सकता है तथा इससे अलग-अलग तरंगदैर्ध्यों के प्रकाश का उत्सर्जन और अवशोषण करवाया जा सकता है।
- ऊर्जा के दृष्टिकोण से क्वाण्टम डॉट्स विविधतापूर्ण तथा चमकयुक्त होते हैं, जिसके कारण इनका उपयोग टेलीविजन, नवीन प्रकाश स्रोतों तथा चिकित्सा इमेजिंग में डिस्प्ले प्लेटफॉर्म के रूप में किया जाता है। इसके अतिरिक्त इनका उपयोग कम्पोजिट्स सोलर सेलों तथा किसी जैविक अणु की पहचान करने में किया जाता है।

क्वाण्टम वेल

- क्वाण्टम वेल हेटेरोस्ट्रक्चर हैं, जिसमें एक अर्धचालक पदार्थ की पतली परत होती है, जो एक अलग अर्धचालक पदार्थ की दो परतों के बीच सैण्डविच होती है, जिससे एक हेटेरोजंक्शन बनता है। ये संरचनाएँ ऊर्जा अन्तराल में अन्तर के कारण इलेक्ट्रॉनों को मध्य परत में सीमित करती हैं, जिससे इलेक्ट्रॉन व्यवहार के सटीक नियन्त्रण की अनुमति मिलती है और कॉम्पैक्ट इलेक्ट्रॉनिक और ऑप्टोइलेक्ट्रॉनिक उपकरणों के विकास को सक्षम किया जाता है।
- इसका प्रयोग कॉम्पैक्ट इलेक्ट्रॉनिक और ऑप्टोइलेक्ट्रॉनिक उपकरणों के विकास में किया जाता है। इसे बनाने के लिए आणविक बीम एपिटेक्सी (MBE) या धातु-कार्बनिक रासायनिक वाष्प जमाव (MOCVD) जैसी तकनीकों का प्रयोग किया जाता है।
- क्वाण्टम वेल, नैनो संरचना का एक प्रकार है, नैनो संरचनाओं को उनके नैनो आयाम के आधार पर तीन प्रकार से बाँटा गया है:-
  (i) यदि केवल एक आयाम नैनो आयाम का है, तो संरचना को क्वाण्टम वेल कहा जाता है।
  (ii) यदि दो आयाम नैनो आयाम के हैं, तो संरचना को क्वाण्टम वायर कहा जाता है।
  (iii) यदि सभी तीन आयाम नैनो आयाम के होते हैं, तो संरचना को क्वाण्टम डॉट कहा जाता है।

नैनो-टाइटेनियम डाइऑक्साइड

- प्रकाशीय तथा उत्प्रेरक गुण के आधार पर यह एक महत्त्वपूर्ण नैनो पदार्थ है। इसके अन्तर्गत अल्ट्रावायलेट किरणों को अवशोषित करने का गुण तथा प्रकाश के प्रकीर्णन को कम करने की क्षमता पाई जाती है।
- यह पारदर्शी पदार्थ होता है, इसलिए इसका उपयोग पारदर्शी कोटिंग और नई पीढ़ी के सनस्क्रीनों में होता है।
- नैनो-टाइटेनियम डाइऑक्साइड एक अच्छा प्रकाश उत्प्रेरक भी है। इसी गुण के कारण जल और वायु के प्रकाश उत्प्रेरक शुद्धिकरण में भी इसका उपयोग किया जाता है।
- खिड़कियों को सेल्फ-क्लीनिंग गुण प्रदान करने के लिए नैनो-टाइटेनियम डाइऑक्साइड की पतली फिल्मों का उपयोग किया जाता है।

गेको प्रभाव

गेको (छिपकली) में गुरुत्वाकर्षण के विरुद्ध खुरदरी दीवारों पर चलने का विशिष्ट गुण होता है। छिपकली में यह गुण उसके पाँवों में पाए जाने वाले अरबों छोटे-छोटे बालों के कारण होता है। इन बालों के सिरे की विशिष्ट संरचनाओं तथा सतह के बीच लगने वाले वाण्डरवाल बल के कारण ही छिपकली बिना गिरे किसी सतह पर चल सकती है।

नैनो विनिर्माण की तकनीकें

नैनो तकनीक में दो प्रकार की तकनीकों का उपयोग करके विनिर्माण किया जाता है

(i) टॉप-डाउन एप्रोच इसके अन्तर्गत किसी बड़े आकार के पदार्थ को सीधे विघटित कर नैनो स्तर पर लाया जाता है। इस तकनीक में बड़ी मात्रा में पदार्थ की आवश्यकता होती है। यह तकनीक प्राय: विश्वसनीय होती है और इसके द्वारा जटिल पदार्थों का निर्माण किया जाता है।

(ii) बॉटम-अप एप्रोच इसके अन्तर्गत उत्पादों का विनिर्माण विद्युत रसायन प्रौद्योगिकियों के माध्यम से आण्विक और परमाण्विक स्तर के घटकों में किया जाता है।
इस तकनीक के माध्यम से लघुत्तम उप-इकाइयों को एक-दूसरे से जोड़कर बड़ी संरचना का निर्माण किया जाता है। यह कार्य तीन तरीकों-रासायनिक संश्लेषण, सेल्फ असेम्बली और पोजीशनल असेम्बली से पूर्ण किया जाता है।

नैनो प्रौद्योगिकी के अनुप्रयोग

अनुप्रयोग के क्षेत्र	विवरण
चिकित्सा में नैनो प्रौद्योगिकी	• नैनो प्रौद्योगिकी की सहायता से दवा को शरीर के ठीक उसी भाग में भेजा जा सकता है, जो भाग रोगग्रस्त हो। इससे दवा का प्रभाव शीघ्र होता है। आजकल जिस पद्धति का प्रयोग इस कार्य के लिए किया जाता है, वह रेडियोलॉजी एवं कीमोथैरेपी कहलाती है। • नैनो पदार्थ रुधिर वाहिनियों में पड़े रुधिर के थक्का जमने को समाप्त करने में सक्षम है, जिसके कारण मानव में हृदयघात की सम्भावना कम की जा सकती है। नैनो प्रकाशिकी, आँख की पुतली की मरम्मत, आँखों से सम्बन्धित बीमारियों में लेजर सर्जरी तथा आँखों से सम्बन्धित बीमारियों को ठीक करने की सुनिश्चितता में वृद्धि कर सकती है। • नैनो प्रौद्योगिकी का अनुप्रयोग दवा आपूर्ति के अतिरिक्त चिकित्सीय उपचार में इमेजिंग थेरानोस्टिक्स, कैंसर, स्नायु कोशिकाओं के विकास आदि में किया जा सकता है।
वस्त्र उद्योग में नैनो प्रौद्योगिकी	• कुछ कपड़े निर्माता कपड़ों में नैनो आकार के कणों का प्रयोग कर कपड़ों को जलरोधी एवं दागरोधी बनाने पर कार्य कर रहे हैं। नैनो तकनीक की सहायता से कपड़ों को इस प्रकार बना पाना सम्भव है। • इन कपड़ों का उपयोग बुलेट प्रूफ जैकेट के रूप में भी किया जा सकता है। कपड़े की सिकुड़न को रोकने के लिए नैनो स्तर के एडहेसिव मिलाया जा सकता है।
मोबाइल में नैनो प्रौद्योगिकी	• नैनो तकनीक की सहायता से ऐसे मोबाइल बनाए जाने की सम्भावना है, जिन्हें मोड़ा जा सकता है। इस तकनीक का विकास होने से हमें विभिन्न प्रकार के मोबाइल देखने को मिल सकते हैं। • नोकिआ अनुसन्धान केन्द्र एवं कैम्ब्रिज विश्वविद्यालय मिलकर नैनो तकनीक आधारित पदार्थ मार्फ का उपयोग कर एक विशेष प्रकार के मोबाइल बनाने पर कार्य कर रहे हैं। मार्फ जलरोधी प्रकृति का पदार्थ होता है।

अनुप्रयोग के क्षेत्र	विवरण
ऊर्जा में नैनो प्रौद्योगिकी	• नैनो पदार्थ सूर्य के प्रकाश तथा घरों के अन्दर के प्रकाश को अवशोषित कर लेते हैं, जिन्हें विद्युत ऊर्जा में बदला जाता है। नैनो प्रौद्योगिकी वाले सोलर पैनल, परम्परागत सोलर पैनल से अधिक दक्षतापूर्ण कार्य करते हैं। • नैनो पदार्थ, फ्यूल सेल प्रौद्योगिकी के लिए आवश्यक झिल्ली को प्रबल बना सकता है। कम वजन वाली बैटरियों के निर्माण में नैनो प्रौद्योगिकी का प्रयोग किया गया है। जर्मेनियम से निर्मित नैनो वायर लीथियम आयन बैटरियों में प्रयोग किए जाते हैं, जो रिचार्ज करने पर क्रिस्टलों की संख्या में वृद्धि कर देते हैं। • पवन चक्की के ब्लेडो में प्रयोग होने वाले पदार्थ में कार्बन नैनो-ट्यूब का उपयोग किया जा रहा है।
अन्तरिक्ष तथा प्रतिरक्षा में	• स्पेस एलीवेटर के केबल का निर्माण करने में नैनो प्रौद्योगिकी महत्त्वपूर्ण है। इसकी सहायता से दृढ़ तथा कम वजन के फाइबर का विकास किया जाता है। कम वजन के विमानों का निर्माण कार्बन नैनो-ट्यूब के प्रयोग से किया जा सकता है। • वायुमण्डलीय परिवर्तनों का पता लगाने के लिए नैनो सेंसर लगाए जाते हैं। नैनो पदार्थों के द्वारा ही सैनिकों के लिए हल्के बुलेट प्रूफ जैकेट भी विकसित किए जाते हैं।
इलेक्ट्रॉनिक्स में सूक्ष्म प्रौद्योगिकी	• नैनो प्रौद्योगिकी की सहायता से समतल डिस्प्ले को लचीला एवं अधिक पतला बनाया जा सकता है। नैनो प्रौद्योगिकी की सहायता से चिपयुक्त कपड़े भी बनाए जा सकते हैं। • नैनो प्रौद्योगिकी की सहायता से ऐसे सौर सेलों का निर्माण भी सम्भव होगा, जो सूर्य से मिलने वाले प्रकाश का 40% उपयोग कर हमें अधिक ऊर्जा प्रदान करने में सक्षम होंगे। नैनो बैटरी पुनः चार्ज करने योग्य बैटरी होती है एवं इसमें उपयोग किए जाने वाले नैनो पदार्थ का निपटारा आसानी से किया जा सकता है।
कम्प्यूटर में नैनो प्रौद्योगिकी	• कार्बन नैनो-ट्यूब आधारित ट्रांजिस्टर कम्प्यूटर के सिलिकॉन ट्रांजिस्टर का स्थान ले सकते हैं। • नैनो रॉड की सहायता से आने वाले समय में ऐसे डिस्प्ले के निर्माण होने की सम्भावना है, जो कम ऊर्जा की खपत करेगा। नैनो वायर लेपित टाइटेनियम ऑक्साइड का उपयोग मैमोरी संयन्त्र के रूप में किया जा सकता है। • नैनो प्रौद्योगिकी की सहायता से माइक्रोप्रोसेसर का आकार बहुत ही छोटा किया जाना सम्भव हो जाएगा।
कृषि और खाद्य में नैनो प्रौद्योगिकी	• नैनो सेंसरों के माध्यम से मिट्टी की स्थितियों और फसलों पर नजर रखी जा सकती है। • खाद्य-पदार्थों की पैकिंग से पूर्व उनमें रोगाणुओं तथा रासायनिक तत्त्वों की उपस्थिति का पता लगाने में नैनो सेंसर का उपयोग किया जाता है। सिल्वर नैनो कणों के द्वारा खाद्य पदार्थों को अधिक समय तक सुरक्षित रखा जा सकता है।
पर्यावरण में नैनो प्रौद्योगिकी	• प्रदूषण पर नजर रखने वाले नैनो सेंसरों का उपयोग कर पर्यावरण प्रदूषण पर ध्यानपूर्वक नजर रखी जा सकती है। टाइटेनियम डाइऑक्साइड (TiO_2) के नैनो कणों का उपयोग प्रकाश उत्प्रेरक के रूप में भी किया जाता है। • सिल्वर नैनो कणों में बहुत मजबूत जीवाणुरोधक क्षमता होती है। बहुत-से पदार्थों की सतहों पर जीवाणुओं को पनपने से रोकने में इसका प्रयोग होता है। कम लागत पर पानी के शुद्धिकरण में भी नैनो तकनीक काफी उपयोगी सिद्ध हुई है। कार्बन नैनो-ट्यूब की झिल्लियों से पानी का शुद्धिकरण और फिल्ट्रेशन सस्ती लागत पर किया जा सकता है।
कॉस्मेटिक्स में नैनो प्रौद्योगिकी	• कॉस्मेटिक उत्पाद क्रीम, शैम्पू, लोशन आदि में नैनो स्तर के पदार्थों— जिंक ऑक्साइड और टाइटेनियम डाइऑक्साइड का उपयोग किया जाता है। इससे उत्पादों के क्लीनिंग और सोखने के गुणों में वृद्धि होती है। साथ ही उत्पादों की ऑक्सीकरण रोधी और जीवाणुरोधी क्षमता भी बढ़ जाती है।

भारत में नैनो प्रौद्योगिकी

- भारत में सी.एन. आर. राव को नैनो प्रोद्यौगिकी का जनक माना जाता है। अकार्बनिक नैनो-ट्यूब और कार्बन नैनो-ट्यूब पर उनका काम नैनो केमिस्ट्री में महान योगदान माना जाता है।
- नैनो तकनीक ज्ञान आधारित और सक्षम प्रौद्योगिकी है, जो राष्ट्रीय अर्थव्यवस्था तथा विकास के लिए दूरगामी प्रभाव वाले उत्पादों और प्रक्रियाओं की एक विस्तृत श्रृंखला को प्रभावित कर सकती है।
- सम्पूर्ण देश के विश्वविद्यालयों, प्रयोगशालाओं और उद्योगों के विशेषज्ञों ने सामाजिक चुनौतियों का सामना करने के लिए नैनो विज्ञान और नैनो तकनीक के क्षेत्र में हो रहे सहयोगी अनुसन्धान को रेखांकित किया है।
- भारत सरकार सूक्ष्म प्रौद्योगिकी को देश में कृषि उत्पाद में वृद्धि करने के साधन के रूप में देख रही है।
- नीति आयोग के अनुसार, नैनो प्रौद्योगिकी आधारित कृषि उपकरण; जैसे-सूक्ष्म संवेदक, सूक्ष्म तकनीक आधारित स्मार्ट डिलिवरी सिस्टम प्राकृतिक संसाधनों के संरक्षण में अत्यधिक उपयोगी सिद्ध होगा।
- वर्तमान में नैनो बारकोड तथा इस पर आधारित कई अन्य तकनीकें कृषि उत्पादों के सर्वेक्षण में बहुत उपयोगी हैं।
- नैनो प्रौद्योगिकी भारत में कृषि उत्पाद में वृद्धि कर भुखमरी की समस्या को समाप्त कर सकती है।
- भारत में नैनो प्रौद्योगिकी का उपयोग स्वास्थ्य क्षेत्र में भी बड़े पैमाने पर किया जा सकता है, जैसा कि नैनो तकनीक की सहायता से कृत्रिम हड्डियों का निर्माण सम्भव हो पाया है।
- भारत में सूक्ष्म प्रौद्योगिकी आधारित जल शोधक का विकास भी किया जा रहा है, जो अधिक-से-अधिक लोगों को शुद्ध जल उपलब्ध कराकर हृदयघात जैसी बड़ी बीमारियों से बचने में सहायक सिद्ध होगा।

नैनो प्रौद्योगिकी में कुछ अन्य विकास

नैनो प्रौद्योगिकी के क्षेत्र में कुछ अन्य विकास निम्नलिखित हैं

नैनो रोबोट

- यह एक सूक्ष्म रोबोट है, जो नैनो स्तर पर किसी कार्य को पूर्ण सटीकता के साथ सम्पन्न कर सकता है।
- इसे नैनोमीटर स्केल द्वारा नियन्त्रित किया जा सकता है। नैनो रोबोट में आत्म-प्रतिकृति का गुण भी हो सकता है अर्थात् यह अपनी खराब होने वाली इकाइयों को विस्थापित कर पुनः निर्मित हो सकता है।

नैनो फाइबर

- यह ऐसा फाइबर है, जिसका व्यास नैनोमीटर रेंज (100 नैनोमीटर से कम) में होता है। ये विभिन्न प्रकार के बहुलकों से प्राप्त किए जा सकते हैं।
- इनका उपयोग कैंसर का पता लगाने, एयर फिल्टरेशन आदि में किया जा सकता है।

नैनो सेंसर

- यह नैनो स्तर पर घटने वाली घटनाओं की पहचान करता है।
- ये रासायनिक और भौतिक दोनों तरह के हो सकते हैं। एक आदर्श नैनो सेंसर अत्यधिक सूक्ष्म होता है।

नैनो फोटोनिक्स

- जब फोटॉन नैनो संरचना वाले पदार्थों; जैसे-कार्बन नैनो-ट्यूब, नैनो क्रिस्टलों के सम्पर्क में आते हैं, तो इस परिघटना को नैनो फोटोनिक्स कहा जाता है। इसके अन्तर्गत नैनोमीटर स्तर पर प्रकाश के गुणों का अध्ययन किया जाता है।
- भारत में इस पर सर्वप्रथम अनुसन्धान कार्य वर्ष 2005 में आई.आई.टी. दिल्ली में शुरू हुए थे।

नैनो-इलेक्ट्रो मैकेनिकल सिस्टम (NEMS)

- NEMS, नैनोस्केल पर विद्युत और यान्त्रिक कार्यक्षमता को एकीकृत करने वाले उपकरणों का एक वर्ग है। सेंसर, एक्सीलरोमीटर आदि इस तकनीक के उदाहरण हैं।
- सेलफोन, इंकजेट प्रिण्टर तथा कार में इनका प्रयोग किया जाता है। NEMS प्रौद्योगिकी के माध्यम से भविष्य में अति सूक्ष्म सेंसरों के विकसित होने की सम्भावना है।

एकीकृत ऑप्टिकल सर्किट या फोटॉनिक एकीकृत सर्किट (IOC or PIC)

- यह सामान्य इलेक्ट्रॉनिक सर्किट की तरह होते हैं, किन्तु फोटॉन इसके अन्तर्गत उच्च गति से सूचना का प्रवाह करते हैं।
- माइक्रो इलेक्ट्रॉनिक्स में इलेक्ट्रॉनिक प्रौद्योगिकी को विस्थापित कर फोटॉनिक सर्किट से उच्च प्रदर्शन वाली कम्प्यूटिंग प्रौद्योगिकी विकसित की जा सकती है।
- इसके लिए प्रकाश की गति को नैनो स्तर पर नियन्त्रित करने वाले उपकरणों की आवश्यकता है। इसके लिए सिलिकॉन फोटॉनिक एकीकृत डिवाइस का प्रयोग किया गया है।

भारत में नैनो प्रौद्योगिकी विकास से जुड़े संस्थान

- भारत में बंगलुरु में स्थित **जवाहरलाल नेहरू सेण्टर फॉर एडवांस्ड साइण्टिफिक रिसर्च** के अन्तर्गत नैनो विज्ञान पर कार्य सम्पन्न किए जा रहे हैं।
- **नैनो विज्ञान और प्रौद्योगिकी संस्थान** (INST) नैनो विज्ञान के क्षेत्र और देश में प्रौद्योगिकी के क्षेत्र में अनुसन्धान को बढ़ावा देने के लिए सोसायटी पंजीकरण अधिनियम के अन्तर्गत पंजीकृत भारत सरकार के विज्ञान और प्रौद्योगिकी विभाग द्वारा स्थापित एक स्वायत्तशासी संस्थान है।
- **राष्ट्रीय रसायन प्रयोगशाला** (पुणे) द्वारा नैनो कणों की दिशा में महत्त्वपूर्ण कार्य किया गया है। इन्स्टीट्यूट ऑफ नैनो साइंस एण्ड टेक्नोलॉजी (पंजाब) तथा केन्द्रीय इलेक्ट्रॉनिकी अभियान्त्रिकी अनुसन्धान संस्थान (राजस्थान) नैनो प्रौद्योगिकी की दिशा में शोधरत हैं।
- **भारत में विज्ञान और प्रौद्योगिकी विभाग** (DST) नैनो प्रौद्योगिकी विकास का नोडल विभाग है। नैनो मेडिसिन से जुड़ी गतिविधियों में **जैव प्रौद्योगिकी विभाग** (DBT) सक्रिय है।
- ऊर्जा, मौसम विज्ञान और नैनो मेडिसिन जैसे क्षेत्रों में वैज्ञानिक तथा औद्योगिक अनुसन्धान परिषद् (CSIR) शोधरत है।
- **डी.आर.डी.ओ.** तथा **परमाणु ऊर्जा विभाग** भी भारत के अन्तर्गत नैनो तकनीक विस्तार में कार्यरत् हैं।
- भारत में वर्ष 2006 में **सूचना प्रौद्योगिकी विभाग** ने बॉम्बे तथा बंगलुरु में दो नैनो इलेक्ट्रॉनिक्स केन्द्र स्थापित किए हैं।
- **राष्ट्रीय सूक्ष्म प्रौद्योगिक संस्थान** (NNI) सूचना प्रौद्योगिकी के विकास के लिए सरकार द्वारा बंगलुरु, मुम्बई तथा कोलकाता को तीन प्रमुख शहरों के रूप में चुना गया है। जनवरी, 2008 में राष्ट्रीय नैनो तकनीक नीति के विकास हेतु **विजन ग्रुप** की स्थापना की गई। इसका उद्देश्य देश में नैनो तकनीक से जुड़े कार्यक्रमों के विकास के लिए नीति बनाना है।

"

ऐसी सभी प्रौद्योगिकियों को नाभिकीय प्रौद्योगिकी कहते हैं, जिनमें कोई नाभिकीय अभिक्रिया सम्मिलित हो। वास्तव में नाभिकीय प्रौद्योगिकी का क्षेत्र बहुत विस्तृत हो चुका है।

अध्याय चार

नाभिकीय प्रौद्योगिकी

नाभिकीय ऊर्जा

- नाभिकीय ऊर्जा को परमाणु ऊर्जा भी कहा जाता है। इसकी खोज सर्वप्रथम फ्रेंच वैज्ञानिक हेनरी बैकेरल ने 1890 ई. में की थी। नाभिकीय ऊर्जा का उपयोग ऊर्जा स्रोत के रूप में होता है।
- बैकेरल ने बताया कि यूरेनियम और उसके लवणों से कुछ विशिष्ट तरह के विकिरण निकलते हैं, जिनके गुण एक्स विकिरण से भिन्न होते हैं। इस परिघटना को सही रूप मैडम क्यूरी ने दिया। क्यूरी ने अपने पति पियरी क्यूरी के साथ मिलकर यूरेनियम के खनिज से 1898 ई. में एक नया तत्त्व रेडियम प्राप्त किया।
- क्यूरी ने यह भी प्रतिपादित किया कि प्रकृति में कुछ भारी और अस्थायी तत्त्वों का स्वत: क्षय होता रहता है। यह क्षय तब तक होता है, जब तक ये तत्त्व स्थायी तत्त्वों में नहीं बदल जाते। इसे रेडियोएक्टिव क्षय (Radioactive Decay) का नाम दिया गया। जिन तत्त्वों के नाभिक में यह गुण होता है, उन्हें रेडियोएक्टिव तत्त्व (Radioactive Elements) कहते हैं।
- ऑटोहान और फ्रिट्ज स्ट्रॉसमैन ने बताया कि जब $_{92}U^{235}$ (यूरेनियम-235) के नाभिक पर न्यूट्रॉन की बौछार की जाती है, तो इसका नाभिक दो भागों में टूट जाता है तथा अपार ऊर्जा प्रवाहित होती है।

परमाणु

- किसी तत्त्व का वह सूक्ष्मतम कण, जो अपनी रासायनिक पहचान खोए बिना सभी भौतिक एवं रासायनिक अभिक्रियाओं में भाग लेता है, परन्तु स्वतन्त्र अवस्था में नहीं रह सकता, परमाणु (Atom) कहलाता है।
- परमाणु सामान्यत: तीन मौलिक कणों इलेक्ट्रॉन, न्यूट्रॉन तथा प्रोटॉन से बना होता है। न्यूट्रॉन तथा प्रोटॉन परमाणु के नाभिक में रहते हैं, जबकि इलेक्ट्रॉन नाभिक की परिक्रमा करते हैं।
- प्रत्येक परमाणु का केन्द्रीय भाग होता है, जो प्रोटॉनों तथा न्यूट्रॉनों से मिलकर बना होता है।

द्रव्यमान क्षति

- परमाणु के नाभिक में प्रोटॉन व न्यूट्रॉन रहते हैं, जिन्हें संयुक्त रूप से न्यूक्लिऑन कहते हैं।
- जब न्यूक्लिऑन मिलकर नाभिक बनाते हैं, तो नाभिक का वास्तविक द्रव्यमान, उसके अवयवी न्यूक्लिऑनों के द्रव्यमानों के योग से सदैव कम होता है। इसी द्रव्यमान अन्तर को द्रव्यमान क्षति (Mass Defect) कहते हैं।

नाभिकीय बन्धन ऊर्जा

- नाभिक के बनने पर कुछ मात्रा में ऊर्जा मुक्त होती है, जिसका स्रोत द्रव्यमान क्षति है।
- मुक्त ऊर्जा की मात्रा को $E = mc^2$ समीकरण द्वारा निकाला जा सकता है। इसी मुक्त ऊर्जा को नाभिकीय बन्धन ऊर्जा (Nuclear Binding Energy) कहते हैं।

नाभिकीय बल

नाभिक को बाँधे रखने हेतु एक अत्यधिक शक्तिशाली आकर्षण बल आवश्यक होता है, साथ ही यह बल नाभिक में प्रोटॉनों के बीच लगने वाले विद्युत चुम्बकीय प्रतिकर्षण बल से अत्यधिक होता है। यह बल नाभिकीय बल (Nuclear force) कहलाता है।

रेडियोधर्मिता

ऐसे नाभिक जिनमें न्यूट्रॉनों तथा प्रोटॉनों की संख्या एक निश्चित अनुपात में नहीं होती, वे अस्थायी नाभिक होते हैं तथा α, β, γ विकिरणों को छोड़कर स्थायित्व प्राप्त करने का प्रयास करते हैं। स्थायित्व प्राप्त करने की यह प्रक्रिया रेडियोधर्मिता (Radioactivity) कहलाती है।

कृत्रिम रेडियोधर्मिता

कुछ स्थायी तत्त्वों पर कुछ विशिष्ट कणों की बौछार से उन्हें रेडियोधर्मी तत्त्वों में बदला जा सकता है। इस प्रकार उत्पन्न की गई रेडियोधर्मिता कृत्रिम रेडियोधर्मिता (Artificial Radioactivity) कहलाती है।

रेडियोएक्टिव तत्त्वों की अर्ध आयु

किसी रेडियोएक्टिव पदार्थ का द्रव्यमान जितने समय के पश्चात् अपने प्रारम्भिक मान का आधा रह जाता है, उस समय को उस रेडियोएक्टिव तत्त्व की **अर्ध आयु** (Half life) कहते हैं।

नाभिकीय अभिक्रियाएँ

नाभिकीय अभिक्रियाएँ मूलत: दो प्रकार की होती है, जिनसे नाभिकीय ऊर्जा मुक्त होती है।

नाभिकीय विखण्डन (Nuclear Fission)

- यह एक ऐसी प्रक्रिया है, जिसमें एक बड़ा नाभिक दो छोटे नाभिकों में विखण्डित होकर ऊर्जा मुक्त करता है।
- विखण्डन की प्रक्रिया का आरेखीय समीकरण निम्न है- $_{92}U^{235} + _0n^1 \rightarrow _{92}U^{236} \rightarrow _{56}Ba^{144} + _{36}Kr^{89} + 3_0n^1 +$ ऊर्जा
- नाभिकीय विखण्डन के फलस्वरूप गामा विकिरणों के रूप में तथा उत्सर्जित कणों की गतिज ऊर्जा के रूप में बड़ी मात्रा में ऊर्जा मुक्त होती है।
- यूरेनियम की विखण्डन प्रक्रिया में मन्द न्यूट्रॉन भाग लेते हैं एवं उनका उत्पाद हमेशा बेरियम व क्रिप्टन नहीं होता एवं इससे टुकड़ों के सम्भावित जोड़े उत्पन्न होते है।
- यूरेनियम विखण्डन में मुक्त न्यूट्रॉन की औसत संख्या 2.5 है। परमाणु बम तथा भारत का नाभिकीय ऊर्जा विकास कार्यक्रम विखण्डन प्रक्रिया पर आधारित है।

शृंखला अभिक्रिया

- विखण्डन शृंखला अभिक्रियाएँ (chain reactions) न्यूट्रॉन और विखण्डनीय समस्थानिकों (जैसे-235U) के बीच परस्पर क्रिया के कारण होती हैं। जब यूरेनियम का एक परमाणु विभाजित होता है, तो अधिक न्यूट्रॉन निकलते हैं। ये न्यूट्रॉन अन्य यूरेनियम परमाणुओं से टकराते रहते हैं और यह प्रक्रिया अनिश्चित काल तक दोहराई जाती है।
- इसे परमाणु शृंखला अभिक्रिया के रूप में जाना जाता है। परिणामस्वरूप, चक्र एक आत्मनिर्भर प्रतिक्रिया उत्पन्न करता रहता है।
- परमाणु ऊर्जा संयन्त्र रिएक्टरों में, वांछित मात्रा में ऊष्मा उत्पन्न करने के लिए इस प्रक्रिया को नियन्त्रित किया जाता है।
- कैडमियम छड़ों और भारी जल, ग्रेफाइट आदि जैसे मन्दकों के उपयोग से कुछ न्यूट्रॉनों को अवशोषित करके इसे नियन्त्रित किया जा सकता है, जो न्यूट्रॉनों को धीमा कर देते हैं।
- यदि पर्याप्त न्यूट्रॉन बनाए रखे जाते हैं, तो विखण्डन प्रतिक्रिया आत्मनिर्भर हो जाती है और इस बिन्दु को 'क्रिटिकल मास (Critical Mass)' कहा जाता है। अनियन्त्रित शृंखला अभिक्रिया से अपार ऊर्जा उत्पन्न होती है और इसे ही परमाणु बम और हाइड्रोजन बम कहा जाता है।

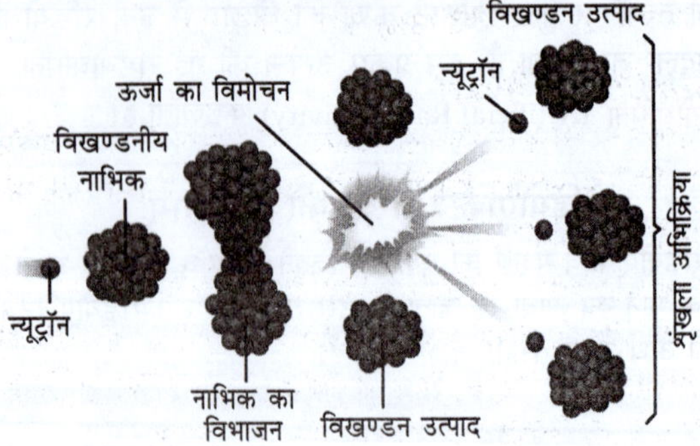

नाभिकीय संलयन (Nuclear Fussion)

- जब नाभिक अत्यधिक तेज गति से घूम रहे हों या दो या दो से अधिक हल्के नाभिक जुड़कर एक भारी नाभिक का निर्माण करते हैं, तो यह प्रक्रिया नाभिकीय संलयन कहलाती है।
- संलयन अभिक्रिया को निम्न समीकरण द्वारा समझा जा सकता है
$$_1H^1 + _1H^1 \rightarrow _1H^2 + Q = 0.42 \text{ mev}$$
- नाभिकीय संलयन को थर्मोन्यूक्लियर रिएक्शन भी कहा जाता है।

तापनाभिकीय संलयन (Thermo Nuclear Fusion)

- तापनाभिकीय संलयन, परमाणुओं के संलयन की एक प्रक्रिया है, जो बहुत अधिक तापमान पर होती है। इस प्रक्रिया में कम भार वाले दो तत्त्व मिलकर एक भारी तत्त्व बनाते हैं। इससे बहुत अधिक ऊर्जा उत्पन्न होती है।
- सूर्य में होने वाली अभिक्रियाएँ थर्मोन्यूक्लियर फ्यूजन का उदाहरण है।
- संलयन के लिए प्रोटॉन या भारी अभिकारक नाभिकों को इलेक्ट्रोस्टैटिक प्रतिकर्षण पर काबू पाने के लिए पर्याप्त निकट लाना होगा, ताकि नाभिकीय प्रबल बल उन्हें संलयित होने में मद्द कर सकें।
- यह तब सम्भव होता है, जब नाभिक को बहुत उच्च तापीय परमाणु तापमान पर गर्म किया जाता है, ताकि तापीय कणों की गतिज ऊर्जा इलेक्ट्रोस्टैटिक प्रतिकर्षण पर काबू पाने के लिए पर्याप्त हो। इसलिए इसे तापीय परमाणु संलयन के रूप में भी जाना जाता है।
- ड्यूटेरियम और ट्रिटियम नाभिक के लिए लगभग 10 keV (अर्थात् 100 मिलियन °C) तापमान की आवश्यकता होती है।
- रिएक्टरों का उपयोग करके स्वच्छ ऊर्जा प्रदान करने के लिए संलयन का उपयोग किया जा सकता है। हमारे सूर्य सहित तारों में ऊर्जा संलयन प्रतिक्रिया पर आधारित है, जिसमें हाइड्रोजन का संलयन करके हीलियम बनाया जाता है।

नाभिकीय रिएक्टर

नाभिकीय रिएक्टर (Nuclear Reacter), जिसे पूर्व में परमाण्विक संचयन के नाम से भी जाना जाता है सतत् नाभिकीय शृंखला अभिक्रिया की शुरुआत एवं नियन्त्रण हेतु एक संयन्त्र है। वर्तमान में नाभिकीय रिएक्टरों का उपयोग विद्युत ऊर्जा उत्पादन के लिए किया जा रहा है।

नाभिकीय रिएक्टर के घटक

घटक	विवरण
ईंधन	यूरेनियम एक आधारभूत ईंधन है। सामान्यत: यूरेनियम ऑक्साइड के पैलेट को ईंधन छड़ के निर्माण हेतु ट्यूब में व्यवस्थित कर दिया जाता है। पुन: इन्हें रिएक्टर के कोर में एकत्रित किया जाता है।
मन्दक	मन्दक उत्सर्जित न्यूट्रॉन, जिसकी गति परास अत्यन्त अधिक होती है, को धीमा करने में प्रयुक्त होता है। कुछ सामान्य मन्दक ग्रेफाइट, भारी जल, बेरेलियम एवं अन्य कार्बनिक द्रव हैं।
शीतलक	शीतलक रिएक्टर के कोर में विकसित ऊष्मा की अत्याधिक मात्रा को हटाता है। जल, वाष्प, हीलियम, CO_2, वायु, प्रगलित धातु आदि का शीतलक के रूप में प्रयोग किया जाता है।
नियन्त्रक छड़ें	नियन्त्रक छड़ का उपयोग नाभिकीय रिएक्टर में नाभिकीय विखण्डन अभिक्रिया को शुरू व बन्द करने के लिए किया जाता है।

नाभिकीय ईंधन

नाभिकीय ईंधन में यूरेनियम, संवर्द्धित यूरेनियम तथा थोरियम का उपयोग होता है।

प्रथम चरण ईंधन यूरेनियम

- यूरेनियम एक भारी धातु है, यह पृथ्वी से, चट्टानों से और समुद्र से भी प्राप्त की जा सकती है।
- यूरेनियम की खोज जर्मन रसायनशास्त्री मार्टिन क्लाप्रोथ (Martin Klaproth) के द्वारा 1789 ई. में 'पिच ब्लेण्ड' नामक खनिज में की गई। इसका नाम यूरेनस ग्रह के नाम पर रखा गया।
- यूरेनियम 1132°C ताप पर प्रगलित (Melt) होता है। इसका रासायनिक चिह्न U है।
- नाभिकों के बढ़ते भार के अनुसार व्यवस्थित करने पर प्राकृतिक रूप से प्रकट होने वाले सभी तत्त्वों में यूरेनियम सर्वाधिक भारी है।
- वाणिज्यिक रूप से यह यूरेनिटाइट (Uranitite) एवं पिच ब्लेण्ड (Pitchblende) जैसे खनिजों से प्राप्त किया जाता है।
- प्रकृति में यूरेनियम-238 (99.28%), यूरेनियम-235 (0.715%) एवं यूरेनियम-234 (0.005%) के रूप में पाया जाता है।
- यूरेनियम-238 का अर्द्ध-जीवन काल (Half life) 4.47 अरब वर्ष एवं यूरेनियम 235 का 70.4 करोड़ वर्ष होता है। आइसोटोप U-235 अत्यन्त महत्त्वपूर्ण है, क्योंकि यह विखण्डनीय होता है।

संवर्द्धित यूरेनियम (Enriched Uranium)

- जिस यूरेनियम में यूरेनियम 235 की मात्रा बढ़ाई गई हो, उसे संवर्द्धित यूरेनियम कहते हैं, प्राकृतिक रूप से पाए जाने वाले यूरेनियम में यूरेनियम 235 की मात्रा 0.7% से भी कम होती है।
- संवर्द्धित की प्रक्रिया में यूरेनियम से अवांछित यूरेनियम 238 को हटाकर यूरेनियम 235 की मात्रा बढ़ाई जाती है। संवर्द्धित यूरेनियम का प्रयोग परमाणु ऊर्जा उत्पादन और सैन्य हथियार बनाने में किया जाता है।

संवर्द्धित यूरेनियम के प्रकार

- निम्न समृद्ध यूरेनियम इसमें प्राकृतिक यूरेनियम की तुलना में U-235 की सान्द्रता अधिक होती है, लेकिन फिर भी यह 20% से कम होती है। इसका उपयोग वाणिज्यिक परमाणु ऊर्जा रिएक्टरों में ईंधन के रूप में किया जाता है।
- अत्यधिक समृद्ध यूरेनियम इसमें U-235 सान्द्रता 20% से अधिक होती है। ऐतिहासिक रूप से इसका उपयोग सैन्य अनुप्रयोगों, विशेषकर परमाणु हथियारों के निर्माण में किया जाता रहा है।

द्वितीय चरण–प्लूटोनियम

- जहाँ यूरेनियम 235 (U235) का नाभिक विखण्डनीय होता है, वहीं यूरेनियम 238 रिएक्टर के कोर में गति कर रहे न्यूट्रॉन को गृहीत कर प्लूटोनियम 239 बन जाता है, जो विखण्डनीय है।
- प्लूटोनियम विखण्डन में यूरेनियम 235 से काफी समानता रखता है। जब प्लूटोनियम 239 न्यूट्रॉन से टकराता है, तो अत्यधिक ऊर्जा विमुक्त करता है।
- चूँकि रिएक्टर के कोर में यूरेनियम 238 अत्यधिक मात्रा में होता है, इसलिए ये अभिक्रियाएँ निरन्तर होती रहती हैं।
- वास्तव में ईंधन की कुल ऊर्जा का एक-तिहाई प्लूटोनियम 239 के दहन से आता है।

नोट *वर्ष 1945 में नागासाकी (जापान) में गिराए गए बमों में प्लूटोनियम विस्फोटक का प्रयोग किया गया था।*

तृतीय चरण–थोरियम

- थोरियम एक प्राकृतिक रेडियोसक्रिय रासायनिक तत्त्व है, जिसका प्रतीक Th एवं परमाणु संख्या 90 है।
- इसका सबसे महत्त्वपूर्ण स्रोत मोनाजाइट (Monazite) है।
- प्रकृति में थोरियम, थोरियम 232 के रूप में पाया जाता है। इसका क्षय हल्का कण विमुक्त करके होता है एवं इसका अर्द्ध-जीवनकाल 14.05 अरब वर्ष होता है।
- पृथ्वी की ऊपरी परत में इसकी मात्रा यूरेनियम के लगभग चार गुणा है और मोनाजाइट रेत से प्राप्त दुर्लभ धातुओं के निष्कर्षण के दौरान निकला हुआ एक उप-उत्पाद है।
- इसमें यूरेनियम से प्रति इकाई 250 गुणा तक अधिक ऊर्जा प्राप्त की जा सकती है।
- यूरेनियम 235 की तरह थोरियम विखण्डनीय नहीं होता।
- थोरियम 232 न्यूट्रॉन ग्रहण करने के पश्चात् थोरियम 233 (U-233) में परिवर्तित हो जाता है, जो अस्थिर है एवं क्षयित होकर प्रोटेक्टीनियम 233 (Protactinium) में बदल जाता है, जो पुन: यूरेनियम 233 में परिवर्तित हो जाता है।

भारत में यूरेनियम

भारत में यूरेनियम का उत्खनन एवं प्रसंस्करण परमाणु ऊर्जा विभाग के सहायक भारतीय यूरेनियम निगम द्वारा जादूगोड़ा एवं भटिन (1967 से), नरवापहाड़ (1995 से) तथा तुरामडीह (2002 से) में किया जा रहा है। ये सभी स्थान झारखण्ड में स्थित हैं।

भारत में थोरियम

- भारत के पास थोरियम का विशाल भण्डार है, जिसका अनुमान 500,000 टन से अधिक है, जो विश्व के ज्ञात भण्डार का लगभग 25% है।
- यह मुख्य रूप से मोनाजाइट, जिरकोन और इल्मेनाइट जैसे खनिजों के साथ पाया जाता है। पूर्वी तट के किनारे समुद्रतटीय रेत और प्लेसर जमाव थोरियम के सबसे बड़े स्रोत हैं।
- प्रमुख थोरियम भण्डार आन्ध्र प्रदेश (31%), तमिलनाडु (22%), ओडिशा (20%), केरल (12%), गुजरात (3%) और बिहार (2%) है।

भारत में लिथियम के भण्डार

- फरवरी, 2023 में भारत के जियोलॉजिकल सर्वे (GSI) ने जम्मू-कश्मीर के रियासी जिले के सलाल हैमाना क्षेत्र में 59 लाख टन लिथियम के भण्डार मिलने की घोषणा की।
- इस खोज के बाद भारत, लिथियम भण्डार के मामले में विश्व का सातवाँ बड़ा देश बन गया है। इसके अलावा कर्नाटक, छत्तीसगढ़ और राजस्थान में इसके भण्डार खोजे गए हैं, साथ ही बिहार, आन्ध्र प्रदेश, ओडिशा और गुजरात में भी लिथियम के भण्डार होने की सम्भावना है।

- छत्तीसगढ़ के कोरबा जिले में स्थित कठघोरा क्षेत्र में भारत की सबसे पहली लिथियम खदान से इस दुर्लभ धातु को निकालने की तैयारी शुरू हो गई है।
- विश्वभर में क्रिटिकल मिनरल्स की बहुत माँग है। ऐसी धातुएँ, जिनकी उपलब्धता बहुत सीमित होती है, लेकिन माँग अधिक होती है, इन्हें क्रिटिकल मिनरल कहा जाता है।
- एण्टीमनी, बेरीलियम, बिस्मथ, कोबाल्ट, कॉपर, गैलियम समेत 30 ऐसी धातुएँ हैं, जिन्हें क्रिटिकल मिनरल्स की कैटेगरी में रखा गया है। 'लिथियम' भी एक ऐसी ही धातु है, जिसे 'सफेद सोना' कहा जाता है।

रेडियो समस्थानिक

- जिनकी परमाणु संख्या समान, परन्तु द्रव्यमान संख्या भिन्न हो, समस्थानिक (Isotope) कहलाते हैं। वैज्ञानिक रूप में हाइड्रोजन के तीनों समस्थानिकों—प्रोटियम (Protium), डाइट्रियम (Ditrium) तथा ट्रिटियम (Tritium) को क्रमशः $_1H^1$, $_1H^2$, $_1H^3$ लिखा जाता है।
- नीचे की संख्या परमाणु संख्या (Atomic Number) है तथा ऊपर की संख्या द्रव्यमान संख्या (Mass Number) कहलाती है।
- यदि इन दोनों संख्याओं को घटा दिया जाए, तो परमाणु में उपस्थित न्यूट्रॉनों की संख्या प्राप्त हो जाती है।
- एक तत्त्व के सभी समस्थानिकों के रासायनिक गुण समान होते हैं। यूरेनियम के नाभिक में 92 प्रोटॉन होते हैं।
- यूरेनियम के सबसे प्रचुर समस्थानिक में न्यूट्रॉनों की संख्या 146 होती है, इसलिए इसकी द्रव्यमान संख्या 238 होती है। वैज्ञानिक इस समस्थानिक को यूरेनियम-238 या U-238 कहते हैं।
- नाभिकीय रिएक्टरों में ईंधन के रूप में जिस यूरेनियम समस्थानिक का उपयोग किया जाता है, उसमें न्यूट्रॉनों की संख्या 143 होती है, इसलिए इसकी द्रव्यमान संख्या 235 (92 + 143) होती है।
- इस समस्थानिक को यूरेनियम-235 या U-235 कहा जाता है।

रेडियो कार्बन डेटिंग

- पुरातात्विक साक्ष्यों के काल-निर्धारण के लिए विभिन्न विधियों का प्रयोग किया जाता है। 500 से 40,000 वर्षों के तिथि निर्धारण के लिए C-14 तिथि निर्धारण, रेडियो कार्बन तिथि निर्धारण विधि का उपयोग किया जाता है।
- 40,000 वर्षों से अधिक की जानकारी के लिए पोटैशियम-आर्गन विधि तथा यूरेनियम लेड विधि का उपयोग किया जाता है। भारत में तिथि निर्धारण की रेडियो कार्बन विधि का सर्वाधिक उपयोग होता है।
- कार्बन-14 (C-14) द्वारा काल-निर्धारण की विधि का प्रयोग पुरातत्त्व-जीव विज्ञान में जन्तुओं एवं पादपों के प्राप्त अवशेषों के आधार पर जीवनकाल, समय-चक्र का निर्धारण करने में किया जाता है।

टोकामैक

- चुम्बकीय बल के प्रयोग द्वारा गर्म और सघन प्लाज्मा को संगृहीत करने के लिए प्रयुक्त उपकरण टोकामैक (Tokamak) कहलाता है। इसका विकास रूसी भौतिक वैज्ञानिक टैम और सकारोव द्वारा वर्ष 1950 में किया गया था।
- यह उस अवधारणा पर आधारित है, जिसमें परिवर्तनशील चुम्बकीय स्थान पर एक अभिप्रेरित विद्युत क्षेत्र की उत्पत्ति होती है।
- यह एक प्रायोगिक मशीन है जिसका उपयोग परमाणु संलयन की ऊर्जा का दोहन करने के लिए किया जाता है।

भारत में नाभिकीय ऊर्जा का विकास

- भारत में परमाणु ऊर्जा कार्यक्रम के पितामह डॉ. होमी जहाँगीर भाभा थे।
- मार्च, 1944 में डॉ. भाभा ने सर दोराबजी ट्रस्ट से भारत में नाभिकीय अनुसन्धान प्रारम्भ करने हेतु सम्पर्क किया, जिसके फलस्वरूप 19 दिसम्बर, 1945 को मुम्बई में टाटा फण्डामेण्टल रिसर्च इन्स्टीट्यूट की स्थापना की गई।

परमाणु ऊर्जा आयोग

- राष्ट्रहित के लिए परमाणु ऊर्जा के उपयोग को सही दिशा देने के लिए स्वतन्त्रता के उपरान्त 10 अगस्त, 1948 को परमाणु ऊर्जा आयोग (Atomic Energy Commission or AEC) की स्थापना की गई। यह परमाणु ऊर्जा विभाग (Department of Atomic Energy or DAE) की कार्यकारी शाखा है।
- परमाणु ऊर्जा आयोग के प्रमुख कार्यों में परमाणु प्रौद्योगिकी से जुड़े वैज्ञानिकों के लिए शोध की व्यवस्था करना, परमाणु वैज्ञानिकों को प्रशिक्षित करना, आयोग की स्वयं की प्रयोगशालाओं में शोध क्रियाओं को बढ़ावा देना तथा भारत में परमाणु खनिजों का अधिग्रहण कर औद्योगिक स्तर पर उनके उत्पादन को सुनिश्चित करना आदि शामिल हैं।

परमाणु ऊर्जा नियामक बोर्ड

- परमाणु ऊर्जा नियामक बोर्ड (Atomic Energy Regulatory Board or AERB) अधिनियम के अन्तर्गत कुछ नियामक और सुरक्षा कार्यों को पूर्ण करने के लिए परमाणु ऊर्जा अधिनियम, 1962 की धारा 27 द्वारा प्रदत्त शक्तियों का प्रयोग कर भारत के राष्ट्रपति द्वारा 15 नवम्बर, 1983 को गठित किया गया था।
- बोर्ड का लक्ष्य भारत में यह सुनिश्चित करना है कि विकिरण और परमाणु ऊर्जा का उपयोग स्वास्थ्य और पर्यावरण के लिए अनुचित या जोखिम का कारण तो नहीं है।

परमाणु ऊर्जा विभाग

परमाणु ऊर्जा विभाग (Department of Atomic Energy or DAE) की स्थापना 3 अगस्त, 1954 को की गई थी। भारत का परमाणु ऊर्जा विभाग एक महत्त्वपूर्ण विभाग है, जो सीधे प्रधानमन्त्री के अधीन रहता है। इसका मुख्यालय मुम्बई में है। परमाणु ऊर्जा विभाग द्वारा निम्नलिखित उद्देश्यों की पूर्ति हेतु अनुसन्धान एवं विकास कार्यक्रम चलाए जा रहे हैं

- स्वदेशी और अन्य प्रयोग हुई प्रौद्योगिकियों के द्वारा नाभिकीय ऊर्जा की भागीदारी को बढ़ाना और उपयुक्त ईंधन चक्र संयन्त्रों से फास्ट ब्रीडर रिएक्टर और थोरियम रिएक्टर विकसित करना।
- विकिरण समस्थानिकों के उत्पादन तथा औषधि विज्ञान, कृषि और उद्योग के क्षेत्रों में विकिरण तकनीक के उपयोग के लिए अनुसन्धान रिएक्टरों का निर्माण और प्रचलन।

- एक्सेलेरेटर, लेजर आदि विकसित तकनीकों का विकास और उद्योगों में तकनीकों के हस्तान्तरण को बढ़ावा देना।
- नाभिकीय ऊर्जा और विज्ञान के सम्बद्ध क्षेत्रों में आधारभूत अनुसन्धान तथा विश्वविद्यालय और उच्च शैक्षिक संस्थानों के बीच आपसी सम्बन्ध बढ़ाने में सहयोग करना, ऐसी अनुसन्धान और विकास परियोजनाओं का सहयोग करना, जो विभाग के कार्यक्रमों से जुड़ी हों, इन क्षेत्रों में अनुसन्धान में अन्तर्राष्ट्रीय सहयोग को बढ़ावा देना और राष्ट्रीय सुरक्षा में योगदान करना।

शोध एवं विकास संस्थान

इसके अधीन छ: शोध एवं विकास संस्थान कार्यरत् हैं

1. भाभा परमाणु अनुसन्धान केन्द्र (BARC), मुम्बई इसकी स्थापना वर्ष 1957 में की गई थी। इसका प्रमुख कार्य नाभिकीय शोध एवं विकास है। इसने उद्योग, औषधि तथा कृषि के क्षेत्र में रेडियो आइसोटोप के चिकित्सीय उपयोगों सहित परमाणु ऊर्जा के शान्तिपूर्ण कार्यों में उपयोग की प्रौद्योगिकी का विकास किया है।
2. इन्दिरा गाँधी परमाणु अनुसन्धान केन्द्र (IGCAR), तमिलनाडु इसकी स्थापना वर्ष 1971 में की गई। यह केन्द्र फास्ट ब्रीडर रिएक्टर के सम्बन्ध में अनुसन्धान एवं विकास करता है।
3. राजा रमन्ना सेण्टर फॉर एडवांस टेक्नोलॉजी (RRCAT), इन्दौर इसकी स्थापना वर्ष 1984 में की गई। यह केन्द्र लेजर, क्रायोजेनिक्स के क्षेत्र में प्रौद्योगिकी का विकास कर रहा है।
4. वैरियेबल एनर्जी साइक्लोन सेण्टर (VECC), कोलकत्ता इसकी स्थापना वर्ष 1977 में की गई थी। यह केन्द्र परमाणु भौतिकी, रसायनशास्त्र, विभिन्न उद्योगों के लिए रेडियो समस्थानिकों के उत्पादन एवं रिएक्टरों को विभिन्न स्तरों से होने वाली क्षति का उच्च अध्ययन करता है।
5. एटॉमिक मिनरल्स डायरेक्टोरेट (AMD), हैदराबाद यह निदेशालय तेलंगाना मे स्थित है, जिसका कार्य रेडियोमेट्रिक एवं भू-सर्वेक्षण से सम्बन्धित शोध और विकास करना तथा विभिन्न प्रकार के खनिजों का अन्वेषण एवं विकास करना है।
6. ग्लोबल सेण्टर फॉर न्यूक्लियर एनर्जी पार्टनर (GCNEP), बहादुरगढ़ इसकी स्थापना हरियाणा में भारतीय एवं अन्तर्राष्ट्रीय वैज्ञानिकों/परमाणु ऊर्जा एजेन्सी के विशेषज्ञों और सामयिक मुद्दों पर इच्छुक देशों द्वारा शोध प्रशिक्षण व अन्तर्राष्ट्रीय संगोष्ठी के माध्यम से परमाणु ऊर्जा के क्षेत्र में सहयोग हेतु की गई है।

सार्वजनिक उपक्रम

परमाणु ऊर्जा विभाग के अधीन निम्नलिखित सार्वजनिक उपक्रम सम्मिलित हैं

- न्यूक्लियर पावर कॉर्पोरेशन ऑफ इण्डिया लिमिटेड (NPCIL) इस कम्पनी को वर्ष 1987 में कम्पनी अधिनियम, 1956 के अन्तर्गत सार्वजनिक लिमिटेड कम्पनी के तौर पर पंजीकृत किया गया था। इस कम्पनी का उद्देश्य परमाणु ऊर्जा अधिनियम, 1962 के अन्तर्गत भारत सरकार की योजनाएँ और कार्यक्रमों के अनुसरण में बिजली का उत्पादन करने हेतु परमाणु बिजलीघर का परिचालन तथा नाभिकीय शक्ति परियोजनाएँ कार्यान्वित करना है।
- इण्डियन रेयर अर्थ्स लिमिटेड (IREL) यह भारत सरकार का उपक्रम है। इसका मुख्यालय मुम्बई में स्थित है। 18 अगस्त, 1950 को इण्डियन रेयर अर्थ्स लिमिटेड को भारत सरकार और कोचीन के संयुक्त स्वामित्व वाली एक प्राइवेट लिमिटेड कम्पनी के रूप में निगमित किया गया था। यह वर्ष 1963 में परमाणु ऊर्जा विभाग के प्रशासनिक नियन्त्रण में पूर्ण रूप से भारत सरकार का उपक्रम होने के पश्चात् इसने देश के दक्षिण भाग में तटीय रेत खनिज के खनन एवं पृथक्करण में संलग्न अनेक निजी कम्पनियों को अधिकार में लेकर दो प्रभागों— चवरा (केरल) में तथा मनवलाकुरिची (तमिलनाडु) में स्थापना की।
- भारतीय यूरेनियम निगम लिमिटेड (UCIL) यह यूरेनियम खनन और प्रौद्योगिकी के लिए परमाणु ऊर्जा विभाग के अन्तर्गत भारत सरकार का एक सार्वजनिक उपक्रम है। निगम की स्थापना वर्ष 1967 में हुई थी। इसका प्रमुख उद्देश्य भारत में यूरेनियम अयस्क का खनन एवं शोधन करना है।
- इलेक्ट्रॉनिक्स कॉर्पोरेशन ऑफ इण्डिया लिमिटेड (ECPL) इसकी स्थापना परमाणु ऊर्जा विभाग के अन्तर्गत 11 अप्रैल, 1967 को हुई। इसका मुख्य उद्देश्य व्यवसायिक श्रेणी इलेक्ट्रॉनिक्स के क्षेत्र में सशक्त स्वदेशी क्षमता का विकास करना था।
- भारतीय नाभिकीय विद्युत निगम लिमिटेड (BHAVINI) भारतीय नाभिकीय विद्युत निगम लिमिटेड (भाविनि), भारत सरकार का पूर्णतया स्वामित्वाधीन उद्यम है। यह 22 अक्टूबर, 2003 को निगमित एक सार्वजनिक कम्पनी है, जिसका उद्देश्य परमाणु ऊर्जा अधिनियम, 1962 के प्रावधान के अन्तर्गत भारत सरकार की योजनाएँ एवं कार्यक्रमों के अनुसरण में तमिलनाडु स्थित कलपक्कम में पहला 500 मेगावाट फास्ट ब्रीडर रिएक्टर का निर्माण एवं प्रवर्तन करना एवं ऊर्जा उत्पादन हेतु उत्तरवर्ती द्रुत प्रजनन रिएक्टरों के निर्माण, प्रवर्तन, प्रचालन एवं अनुरक्षण में लगे रहना है।

औद्योगिक एवं खनिज क्षेत्र

(i) भारी जल बोर्ड (HWB) परमाणु ऊर्जा विभाग के अन्तर्गत उद्योग एवं खनिज क्षेत्र की एक संघटक इकाई है। मुम्बई में स्थित यह बोर्ड नाभिकीय विद्युत के साथ-साथ अनुसन्धान रिएक्टरों में मन्दक एवं शीतलक के रूप में उपयोग किए जाने वाले भारी जल (ड्यूटीरियम ऑक्साइड, D_2O) के उत्पादन के लिए मुख्य रूप से उत्तरदायी है।

(ii) न्यूक्लियर फ्यूल कॉम्प्लेक्स (NFC) हैदाराबाद में स्थित इस कॉम्प्लेक्स की स्थापना वर्ष 1971 में की गई थी। यह देश में कार्यरत सभी परमाणु ऊर्जा रिएक्टरों में जिरकोलॉच क्लेड यूरेनियम ऑक्साइड ईंधन और जिरकोनियम अलोय स्ट्रक्चरल कम्पोनेण्ट्स की आपूर्ति करता है।

(iii) बोर्ड ऑफ रेडियएशन एण्ड आइसोटोप टेक्नोलॉजी (BRIT) इसे सामान्यत: ब्रिट के नाम से जाना जाता है। इसकी स्थापना वर्ष 1989 में की गई थी। यह मुख्यतया रेडियो आइसोटोप आधारित उत्पादों के निर्माण, विकास रेडिएशन प्रोसेसिंग तथा रेडियो विश्लेषण सेवाओं का संचालन करती है।

भारतीय त्रिस्तरीय नाभिकीय ऊर्जा कार्यक्रम

परमाणु ऊर्जा विभाग तीन चरणों में नाभिकीय ऊर्जा कार्यक्रम चला रहा है।

*(i) **दाबित भारी जल/गुरुजल रिएक्टर** (PHWR)*

- इन रिएक्टरों में ईंधन के रूप में प्राकृतिक यूरेनियम को तथा भारी जल (D_2O) को मन्दक एवं शीतलक के रूप में प्रयोग किया जाता है।
- वर्ष 1960 में भारतीय नाभिकीय ऊर्जा कार्यक्रम की शुरुआत के समय पहले चरण के रिएक्टर के रूप में दाबित गुरुजल रिएक्टर (Pressurised Heavy Water Reactor or PHWR) का चयन किया गया था, लेकिन संचालन अनुभव प्राप्त करने के लिए शुरू में तारापुर (महाराष्ट्र) में एक परमाणु ऊर्जा केन्द्र लगाया गया।
- भारत में प्रथम भारी जल संयन्त्र नांगल (पंजाब) में स्थापित किया गया था।

*(ii) **फास्ट ब्रीडर रिएक्टर कार्यक्रम** (FBR)*

- परमाणु ऊर्जा उत्पादन के दूसरे चरण में फास्ट ब्रीडर रिएक्टरों की स्थापना और उनके साथ पुन: पुनर्प्रसंस्करण (Reprocessing) संयन्त्रों और प्लूटोनियम आधारित ईंधन संविचरण केन्द्रों की स्थापना का प्रस्ताव है।
- ये फास्ट ब्रीडर प्रणालियाँ जितना ईंधन प्रयोग करती हैं, उससे अधिक का उत्पादन कर देती हैं। इनमें ईंधन का प्रयोग PHWR की तुलना में लगभग साठ गुना अधिक तक हो सकता है।
- परमाणु ऊर्जा विभाग के इन्दिरा गाँधी परमाणु अनुसन्धान केन्द्र ने अक्टूबर, 1985 में कलपक्कम, तमिलनाडु में फास्ट ब्रीडर परीक्षण रिएक्टर की स्थापना के साथ अपना ब्रीडर कार्यक्रम शुरू किया। स्वदेश में ही विकसित मिश्रित यूरेनियम-प्लूटोनियम कार्बाइड ईंधन के उपयोग से इस केन्द्र ने अपना प्रौद्योगिकी लक्ष्य प्राप्त कर लिया है।

*(iii) **थोरियम आधारित रिएक्टर** (Thorium based Reactor)*

- सतत आधार पर ऊर्जा सुरक्षा देने के लिए भारतीय परमाणु ऊर्जा कार्यक्रम का दीर्घावधि केन्द्रीय उद्देश्य थोरियम का प्रयोग है। इसका कारण भारत में थोरियम के प्रचुर भण्डारों का उपलब्ध होना है, जबकि यूरेनियम की कमी है। अत: भारतीय कार्यक्रम का तीसरा चरण थोरियम, यूरेनियम-233 चक्र पर आधारित है।
- यूरेनियम-233 को थोरियम के विकिरण से प्राप्त किया जाता है। इस दिशा में एक छोटी शुरुआत के तौर पर सीमित रूप से थोरियम का अनुसन्धान रिएक्टरों और दाबित गुरुजल रिएक्टरों में प्रयोग किया गया है।

भारत के परमाणु कार्यक्रम दूसरे चरण में प्रवेश

- भारत के तीन चरणों वाले परमाणु कार्यक्रम के दूसरे चरण में प्रवेश मार्च, 2024 में हुआ। इस उपलब्धि के रूप में कलपक्कम, तमिलनाडु में भारत के पहले स्वदेशी फास्ट ब्रीडर रिएक्टर (500 मेगावाट) में 'कोर लोडिंग' की शुरुआत की गई। कोर लोडिंग के पूरा होने पर, अति-महत्त्वपूर्ण चरण (क्रिटिकलिटी) का पहला भाग प्राप्त कर लिया जाएगा, जिससे बाद में बिजली का उत्पादन होगा।
- फास्ट ब्रीडर रिएक्टर (FBR) शुरू में यूरेनियम-प्लूटोनियम मिश्रित ऑक्साइड (MOX) ईंधन का उपयोग करेगा। ईंधन कोर के आस-पास का यूरेनियम 238 'ब्लैंकेट' अधिक ईंधन का उत्पादन करने के लिए परमाणु रूपान्तरण से गुजरेगा, जिससे इसे 'ब्रीडर' नाम मिलेगा।
- इस चरण में ब्लैंकेट के रूप में थोरियम 232, जो अपने आप में एक विखण्डनीय पदार्थ नहीं है, का उपयोग भी प्रस्तावित है। रूपान्तरण द्वारा, थोरियम विखण्डनीय यूरेनियम 233 बनाएगा, जिसका उपयोग तीसरे चरण में ईंधन के रूप में किया जाएगा। इस प्रकार एफबीआर; कार्यक्रम के तीसरे चरण के लिए एक महत्त्वपूर्ण कदम है, जो अन्तत: भारत के प्रचुर थोरियम भण्डार के पूर्ण उपयोग का मार्ग प्रशस्त करेगा।
- सुरक्षा के सन्दर्भ में, पीएफबीआर एक उन्नत तीसरी पीढ़ी का रिएक्टर है, जिसमें अन्तर्निहित निष्क्रिय सुरक्षा विशेषताएँ हैं, जो आपात स्थिति में संयन्त्र को तुरन्त और सुरक्षित रूप से बन्द करना सुनिश्चित करती हैं।
- चूँकि यह पहले चरण से खर्च किए गए ईंधन का उपयोग करता है, एफबीआर उत्पन्न परमाणु कचरे में महत्त्वपूर्ण कमी के मामले में भी बड़ा लाभ प्रदान करता है। इस कारण बड़ी भू-वैज्ञानिक निपटान सुविधाओं की आवश्यकता से भी बचा जा सकता है।

भारत के प्रमुख अनुसन्धान रिएक्टर

अनुसन्धान रिएक्टर	विवरण
अप्सरा	यह वर्ष 1956 में भाभा एटॉमिक रिसर्च सेण्टर द्वारा आरम्भ किया गया था। यह **देश का पहला** अनुसन्धान रिएक्टर है। इसकी क्षमता एक मेगावाट है। इसमें प्रयुक्त ईंधन का सम्मिश्रण, परिष्कृत यूरेनियम और एल्युमीनियम मिश्रधातु इत्यादि प्रारम्भ में ब्रिटेन से मँगवाया गया था।
साइरस (Canada India Reactor Utility Service - CIRUS)	इसे भाभा एटॉमिक रिसर्च सेण्टर द्वारा वर्ष 1960 में कनाडा के सहयोग से मुम्बई में स्थापित किया गया था। इसकी क्षमता 40 मेगावाट थी। इसकी स्थापना रेडियो आइसोटोप के उत्पादन और उनका परीक्षण करने के उद्देश्य से की गई थी। 31 दिसम्बर, 2010 को इसे बन्द कर दिया गया।
पूर्णिमा I, II और III (पूर्णिमा-1 विश्व का पहला रिएक्टर जो U-233 का उपयोग ईंधन के रूप में करता था)	BARC द्वारा ट्रॉम्बे में पूर्णिमा-I तीव्र रिएक्टर का निर्माण किया गया। पूर्णिमा-I में प्लूटोनियम-ऑक्साइड का ईंधन के रूप में प्रयोग हुआ। पूर्णिमा-II में यूरेनियम-233 का ईंधन के रूप में प्रयोग हुआ तथा पूर्णिमा-III का मुख्य ईंधन $Al\text{-}U^{233}$ मिश्रधातु था।
ध्रुव (एशिया का पहला परमाणु रिएक्टर)	इसकी क्षमता 100 मेगावाट थी। इसे समस्थानिकों के उत्पादन और उन्नत नाभिकीय भौतिकी में अनुसन्धान हेतु वर्ष 1985 में घरेलू तकनीक से निर्मित किया गया था।
कामिनी (भारत का पहला न्यूट्रॉन रिएक्टर)	इसकी क्षमता 30 किलोवाट है तथा यह कलपक्कम में स्थित है। इसने 17 सितम्बर, 1997 को कार्य करना प्रारम्भ किया। इस रिएक्टर में यूरेनियम-233 तथा एल्युमीनियम मिश्रधातु का उपयोग परमाणु ईंधन के रूप में किया जाता है। यह टैंक टाइप रिएक्टर है।

भाभा-इसरो का RTGs

- भाभा परमाणु अनुसन्धान केन्द्र (BARC) के साथ मिलकर भारतीय अन्तरिक्ष अनुसन्धान संगठन (इसरो) ने रेडियो थर्मोइलेक्ट्रिक जनरेटर (RTGs) के संयुक्त विकास का कार्य शुरू किया है, जो एक अभिनव प्रयास है, जिसका उद्देश्य अन्तर्ग्रहीय यात्राओं के लिए पारम्परिक रासायनिक इंजनों की बाधाओं को दूर करना है।
- आरटीजी का उपयोग अमेरिकी अन्तरिक्ष यान जैसे कि वॉयजर, कैसिनी और क्यूरियोसिटी द्वारा असाधारण उपलब्धियों वाले मिशनों को शक्ति प्रदान करने के लिए सफलतापूर्वक किया गया है।

- आरटीजी नवीन ऊर्जा स्रोत हैं, जिन्हें गहरे अन्तरिक्ष मिशनों में चुनौतियों का समाधान करने के लिए डिजाइन किया गया है। आर.टी.जी. रेडियोधर्मी पदार्थों का उपयोग करते हैं, जैसे—प्लूटोनियम 238 या स्ट्रॉन्टियम 90, जो समय के साथ क्षय होने पर ऊष्मा उत्सर्जित करते हैं।
- इस ऊष्मा का उपयोग कर उसे बिजली में परिवर्तित किया जाता है, जिससे अन्तरिक्षयान को चलाने में सहायता मिलती है।
- सौर ऊर्जा चालित प्रणालियों के विपरीत आरटीजी, अन्तरिक्षयान की सूर्य से दूरी की परवाह किए बिना प्रभावी ढंग से कार्य करते हैं। यह विशेषता प्रक्षेपण खिड़कियों और ग्रहों के संरेखण से सम्बन्धित बाधाओं को समाप्त करती है। आर.टी.जी. ऊर्जा का एक सतत् एवं विश्वसनीय स्रोत है, जो लम्बे समय तक गहरे अन्तरिक्ष मिशनों को जारी रखने के लिए आवश्यक है। रेडियोधर्मी पदार्थों का क्रमिक क्षय ऊष्मा और बिजली की निरन्तर आपूर्ति सुनिश्चित करता है।

भारत में परमाणु ऊर्जा की स्थिति

- गैस, कोयला, जलविद्युत और पवन ऊर्जा के बाद, परमाणु ऊर्जा भारत में बिजली का पाँचवाँ सबसे बड़ा स्रोत है।
- अक्टूबर, 2024 तक कुल परमाणु ऊर्जा संयन्त्र क्षमता 8080 मेगावाट की कुल स्थापित क्षमता के साथ, भारत 7 परमाणु ऊर्जा स्टेशनों में फैले 24 परमाणु रिएक्टरों का संचालन करता है।

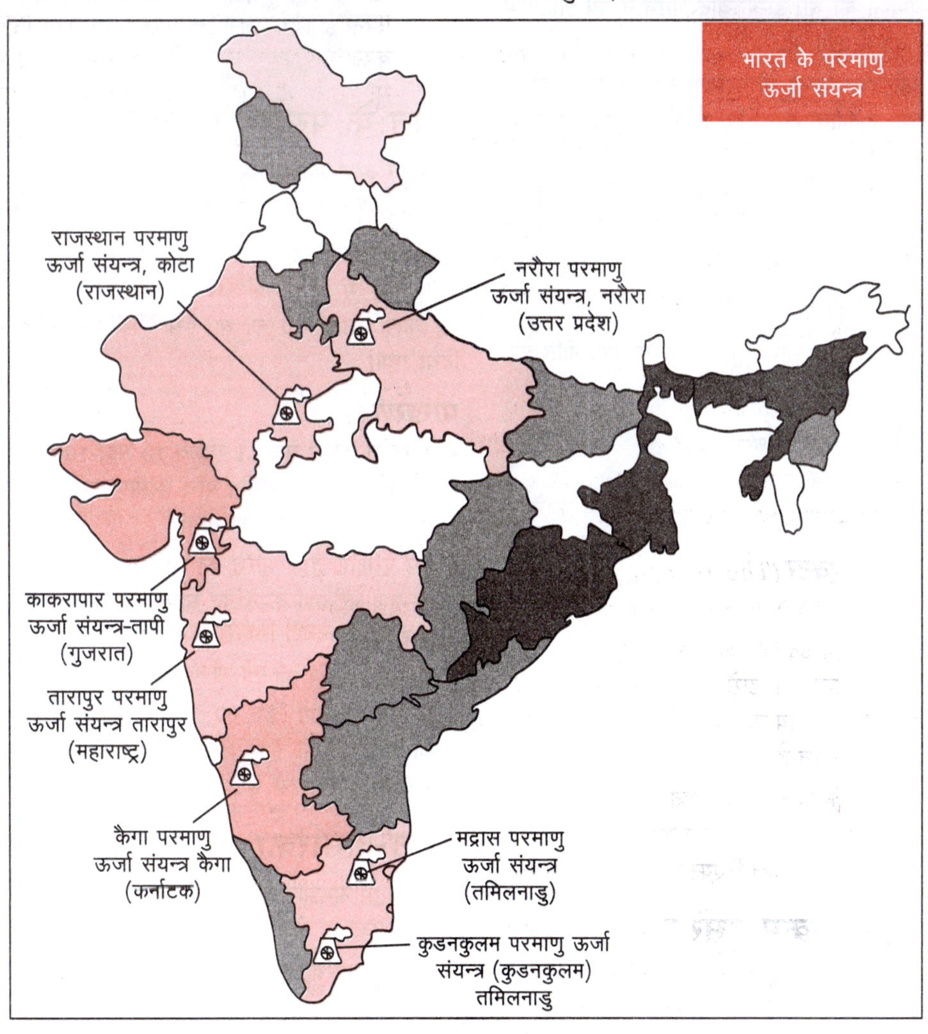

भारत का परमाणु कार्यक्रम

- स्वतन्त्रता की पूर्व संध्या पर भारत में होमी जहाँगीर भाभा के नेतृत्व में परमाणु कार्यक्रम की शुरुआत की गई। भारत के प्रथम प्रधानमन्त्री जवाहरलाल नेहरू परमाणु के सैन्य उपयोग के पक्षधर नहीं थे, अत: आरम्भ में परमाणु कार्यक्रम को केवल असैन्य उपयोग तक ही सीमित रखा गया। द्वितीय विश्वयुद्ध के पश्चात् धीरे धीरे अमेरिका, ब्रिटेन, रूस तथा फ्रांस ने परमाणु शक्ति प्राप्त कर ली।
- वर्ष 1962 में चीन के साथ युद्ध, वर्ष 1964 में चीन द्वारा परमाणु परीक्षण तथा वर्ष 1965 में पाकिस्तान से युद्ध आदि घटनाक्रम के पश्चात् भारत को अपनी नीति में बदलाव के लिए विवश होना पड़ा।
- इस नीति में बदलाव के साथ भारत ने पोखरण में वर्ष 1974 में प्रथम परमाणु परीक्षण किया। यह परीक्षण इसलिए भी आवश्यक था कि वर्ष 1965 के पश्चात् ऐसे देश जो परमाणु शक्ति सम्पन्न थे, उनको छोड़कर किसी अन्य को परमाणु क्षमता प्राप्त करने पर रोक लगा दी गई।

- इस भेदभावपूर्ण नीति का भारत द्वारा विरोध किया गया, क्योंकि कुछ शक्तिशाली देशों को ही परमाणु क्षमता के योग्य माना गया तथा अन्य देशों पर निर्योग्यताएँ थोप दी गई।
- भारत का मानना था कि यह भेदभाव समाप्त होना चाहिए तथा विश्व को निरस्त्रीकरण की ओर बढ़ना चाहिए, किन्तु वर्ष 1968 में विभिन्न देशों पर परमाणु अप्रसार सन्धि (NPT) थोप दी गई, हालाँकि भारत ने इस सन्धि पर अभी तक हस्ताक्षर नहीं किए हैं।

भारत की परमाणु नीति

- चीन ने परमाणु परीक्षण के पश्चात् विश्व में सर्वप्रथम 'नो फर्स्ट यूज़' की नीति की घोषणा की थी। इसके बाद भारत ने वर्ष 2003 में इसी प्रकार की नीति की घोषणा की।
- भारत एवं चीन के अतिरिक्त किसी भी परमाणु सम्पन्न देश ने इस नीति को नहीं अपनाया। हालाँकि रूस और अमेरिका सुरक्षा के लिए इसके उपयोग की बात करते रहे हैं।
- वर्ष 1998 में पोखरण में दूसरे परमाणु परीक्षण के पश्चात् भारत ने स्वयं को परमाणु क्षमता सम्पन्न देश घोषित कर दिया, इसके साथ ही एक परमाणु नीति की आवश्यकता महसूस की गई।
- वर्ष 1999 में परमाणु नीति का ड्राफ्ट प्रस्तुत किया गया।
- वर्ष 2003 में सुरक्षा पर कैबिनेट समिति (CCS) ने परमाणु नीति की घोषणा की।

भारत की परमाणु नीति के मुख्य बिन्दु

- एक विश्वसनीय न्यूनतम निवारक (Minimum credible deterrence) का निर्माण और रख-रखाव। 'पहले प्रयोग न करने' (No-first-use) की स्थिति में परमाणु हथियारों का प्रयोग केवल भारतीय क्षेत्र या कहीं भी भारतीय सेना पर परमाणु हमले के जवाब में किया जाएगा।
- प्रथम हमले का परमाणु जवाब बहुत बड़ा होगा तथा शत्रु को असीमित क्षति पहुँचाने के लिए डिजाइन किया जाएगा।
- परमाणु जवाबी हमले की अनुमति केवल परमाणु कमान प्राधिकरण के माध्यम से असैन्य राजनीतिक नेतृत्व द्वारा ही दी जा सकती है।
- गैर-परमाणु हथियार राज्यों के विरुद्ध परमाणु हथियारों का प्रयोग नहीं किया जाएगा। हालाँकि, भारत या भारतीय सेना के खिलाफ कहीं भी जैविक या रासायनिक हथियारों से बड़े हमले की स्थिति में, भारत के पास परमाणु हथियारों से जवाब देने का विकल्प बना रहेगा।
- परमाणु एवं मिसाइल सम्बन्धी सामग्रियों एवं प्रौद्योगिकियों के निर्यात पर कठोर नियन्त्रण जारी रखना, विखण्डनीय पदार्थ कटौती सन्धि वार्ता में भागीदारी करना तथा परमाणु परीक्षणों पर रोक का निरन्तर पालन करना।
- वैश्विक, सत्यापन योग्य और गैर-भेदभावपूर्ण परमाणु निरस्त्रीकरण के माध्यम से परमाणु हथियार मुक्त विश्व के लक्ष्य के प्रति निरन्तर प्रतिबद्धता।

परमाणु कमान प्राधिकरण (NCA)

- एनसीए भारत के परमाणु हथियार कार्यक्रम के सम्बन्ध में कमान, नियन्त्रण और परिचालन सम्बन्धी निर्णय लेने के लिए जिम्मेदार सर्वोच्च प्राधिकरण है। इसकी स्थापना 4 जनवरी, 2003 को की गई थी। इसके दो भाग हैं

राजनीतिक परिषद्

राजनीतिक परिषद् की अध्यक्षता प्रधानमन्त्री करते हैं। यह एकमात्र निकाय है, जो परमाणु हथियारों के इस्तेमाल को अधिकृत कर सकता है।

कार्यकारी परिषद्

कार्यकारी परिषद् की अध्यक्षता राष्ट्रीय सुरक्षा सलाहकार द्वारा की जाती है। यह परमाणु कमान प्राधिकरण द्वारा निर्णय लेने के लिए इनपुट प्रदान करता है और राजनीतिक परिषद् द्वारा दिए गए निर्देशों को क्रियान्वित करता है।

भारत के परमाणु परीक्षण

भारत ने अब तक दो परमाणु परीक्षण किए हैं

पोखरण *I*

भारत ने पहला स्वदेशी परमाणु परीक्षण 18 मई, 1974 में पोखरण (जैसलमेर, राजस्थान) में श्रीमती इन्दिरा गाँधी के प्रधानमन्त्रित्व काल में किया। यह बम 12 किलो टन क्षमता का था। इसे स्माइलिंग बुद्धा (Smilling Buddha) नाम दिया गया।

पोखरण *II*

- भारत ने दूसरी बार 11 मई व 13 मई, 1998 को जैसलमेर जिले के खेतोलोई गाँव के समीप पाँच परमाणु परीक्षण किए, जिसे शक्ति-98 (Shakti-98) नाम दिया गया।
- इस परीक्षण द्वारा भारत को सुपर कम्प्यूटर की मद्द से प्रयोगशाला में ही परमाणु परीक्षण करने का सामर्थ्य हासिल हो गया है। उस समय भारत के प्रधानमन्त्री अटल बिहारी वाजपेयी थे।
- 13 मई, 1998 को लो यील्ड श्रेणी के विखण्डन डिवाइस पर आधारित दो परमाणु परीक्षण किए गए, जिनकी क्षमता 0.5 किलो टन तथा 0.3 किलो टन थी। इन्हें अपक्रान्तिक परीक्षण कहते हैं। एक किलो टन से कम का विस्फोट होने के कारण इसे सब किलो टन डिवाइस या शून्य विस्फोट भी कहते हैं।

भारत-अमेरिका असैन्य परमाणु समझौता, 2008

- इसे 123 समझौते के नाम से भी जाना जाता है, यह असैन्य परमाणु प्रौद्योगिकी के क्षेत्र में दोनों देशों के बीच सहयोग की अनुमति देता है।
- भारत-अमेरिका परमाणु समझौते का एक प्रमुख पहलू यह था कि परमाणु आपूर्तिकर्ता समूह (NSG) ने भारत को एक विशेष छूट दी, जिसने उसे एक दर्जन देशों के साथ सहयोग समझौतों पर हस्ताक्षर करने में सक्षम बनाया।
- इसने भारत को अपने नागरिक और सैन्य कार्यक्रमों को अलग करने में सक्षम बनाया तथा अपनी असैनिक परमाणु सुविधाओं को अन्तर्राष्ट्रीय परमाणु ऊर्जा एजेन्सी (IAEA) के सुरक्षा उपायों के तहत रखा।

- यह भारत को उन राज्यों के संवर्द्धन और उन्हें पुनर्संसाधन प्रौद्योगिकियों के हस्तान्तरण से रोकता है, जो कि उनके पास नहीं हैं तथा भारत को उनके प्रसार को सीमित करने के अन्तर्राष्ट्रीय प्रयासों का भी समर्थन करना चाहिए।

भारत-रूस परमाणु समझौता, 2009

- इस समझौते पर वर्ष 2009 में हस्ताक्षर किए गए। इसके द्वारा रूस से भारत के परमाणु रिएक्टर के लिए यूरेनियम और परमाणु तकनीक मिलने का प्रावधान किया गया है।
- इस समझौते से दोनों देशों के बीच सहयोग और व्यापक हुआ है, अब न केवल परमाणु रिएक्टर को आपूर्ति के क्षेत्र में समझौता हुआ है, बल्कि परमाणु ऊर्जा के क्षेत्र में शोध और विकास पर भी सहमति हुई है।

जापान के साथ असैन्य परमाणु समझौता, 2016

- यह परमाणु सुरक्षा और प्रौद्योगिकी जैसे क्षेत्रों में परमाणु सहयोग पर केन्द्रित है।
- भारत एकमात्र गैर-एनपीटी हस्ताक्षरकर्ता देश है, जिसके साथ जापान ने असैन्य परमाणु समझौता किया है।
- इस समझौते के तहत भारत परमाणु सामग्री और उप-उत्पादों का पुनर्प्रसंस्करण कर सकता है।
- इस समझौते के तहत, भारत परमाणु परीक्षण नहीं करेगा, यदि भारत परमाणु परीक्षण करता है, तो जापान इस समझौते को रद्द कर सकता है।

प्रमुख वैश्विक नाभिकीय संगठन संस्थान

विश्व में नाभिकीय ऊर्जा के नियमन, आपूर्ति तथा अन्तर्राष्ट्रीय सन्धियों से सम्बन्धित अनेक संगठन हैं, इनका विवरण निम्नलिखित है

परमाणु आपूर्तिकर्ता समूह

(Nuclear Supplier & Group NSG)

- यह परमाणु आपूर्तिकर्ता देशों का एक समूह है, जो परमाणु निर्यात और परमाणु सम्बन्धित निर्यात के लिए दिशा-निर्देशों के दो सेटों के कार्यान्वयन के माध्यम से परमाणु हथियारों के अप्रसार में योगदान करना चाहता है।
- यह वर्ष 1974 में एक गैर परमाणु हथियार राज्य (भारत) द्वारा परमाणु उपकरण के विस्फोट के बाद बनाया गया था, जिसने प्रदर्शित किया कि शान्तिपूर्ण उद्देश्यों के लिए हस्तान्तरित परमाणु तकनीक का दुरुपयोग किया जा सकता है।
- समूह में 48 प्रतिभागी सरकारें शामिल हैं और NSG दिशा निर्देश प्रत्येक सदस्य द्वारा अपने राष्ट्रीय कानूनों तथा प्रथाओं के अनुसार लागू किए जाते हैं। NSG सर्वसम्मति से निर्णय लेता है।

अन्तर्राष्ट्रीय परमाणु ऊर्जा एजेन्सी

(International Atomic Energy Agency IAEA)

- यह एक अन्तर्सरकारी संगठन है, जो परमाणु ऊर्जा के शान्तिपूर्ण उपयोग को बढ़ावा देना और परमाणु हथियारों सहित किसी भी सैन्य उद्देश्य के लिए इसके उपयोग को रोकना चाहता है।
- इसकी स्थापना वर्ष 1957 में संयुक्त राष्ट्र के अन्तर्गत विश्व की 'शान्ति के लिए परमाणु' संगठन के रूप में की गई थी और यह अपनी स्वयं की संस्थापक सन्धि के कानून द्वारा शासित है।
- यह संयुक्त राष्ट्र महासभा (UNGA) व संयुक्त राष्ट्र सुरक्षा परिषद् (UNSC) दोनों को रिपोर्ट करता है और इसका मुख्यालय ऑस्ट्रिया के विएना में संयुक्त राष्ट्र कार्यालय में है।
- वर्ष 2005 में इसे एक सुरक्षित और शान्तिपूर्ण विश्व के लिए किए गए काम के लिए नोबेल शान्ति पुरस्कार से सम्मानित किया गया था।
- इसमें 180 सदस्य (179 कुक आइलैण्ड, 180 सोमालिया) देश हैं, भारत इसके संस्थापक सदस्यों में से एक है।
- वैश्विक परमाणु सुरक्षा समुदाय के लिए परमाणु सुरक्षा पर अन्तर्राष्ट्रीय सम्मेलन (ICONS) अन्तर्राष्ट्रीय परमाणु ऊर्जा एजेन्सी (IAEA) का एक महत्त्वपूर्ण कार्यक्रम है।

आईएईए सुरक्षा उपाय

- IAEA सुरक्षा उपायों का उद्देश्य परमाणु सामग्री या प्रौद्योगिकी के दुरुपयोग का शीघ्र पता लगाकर परमाणु हथियारों के प्रसार को रोकना है। इससे यह विश्वसनीय आश्वासन मिलता है कि राज्य अपने कानूनी दायित्वों का सम्मान कर रहे हैं कि परमाणु सामग्री का उपयोग केवल शान्तिपूर्ण उद्देश्यों के लिए किया जा रहा है।
- भारत ने मई, 2024 में 2 और परमाणु सुविधाओं KKNPP-5 और 6 को IAEA सुरक्षा उपायों के तहत् रखा है, जिससे IAEA सुरक्षा उपायों (Safeguards) के तहत कुल 31 परमाणु सुविधाएँ आ गई हैं।

वासेनार व्यवस्था (Wassenaar Arrangement)

- वासेनार व्यवस्था एक स्वैच्छिक निर्यात नियन्त्रण व्यवस्था है। जुलाई, 1996 में औपचारिक रूप से स्थापित इस व्यवस्था में 42 सदस्य हैं, जो पारम्परिक हथियारों और दोहरे उपयोग वाली वस्तुओं और प्रौद्योगिकियों के हस्तान्तरण पर सूचनाओं का आदान-प्रदान करते हैं।
- दोहरे उपयोग से तात्पर्य किसी वस्तु या प्रौद्योगिकी को बहु प्रयोजनों के लिए उपयोग करने की क्षमता से है-आमतौर पर शान्तिपूर्ण और सैन्य प्रयोजनों के लिए।
- वासेनार व्यवस्था का सचिवालय **ऑस्ट्रिया के विएना** में है।
- भारत वर्ष 2017 में इस व्यवस्था का सदस्य बना।
- यह समूह, समूह के बाहर के देशों को बेची जाने वाली या न दी जाने वाली परम्परागत और परमाणु-सक्षम दोनों प्रकार की प्रौद्योगिकी के सम्बन्ध में नियमित रूप से सूचनाओं का आदान-प्रदान करता है।
- **वासेनार व्यवस्था पूर्ण अधिवेशनः** यह व्यवस्था का निर्णय लेने वाला निकाय है।

ऑस्ट्रेलिया समूह (Australia Group)

- ऑस्ट्रेलिया ग्रुप उन देशों का सहकारी और स्वैच्छिक समूह है, जो सामग्रियों, उपकरणों और प्रौद्योगिकियों के निर्यात को नियन्त्रित करते हैं, ताकि रासायनिक और जैविक हथियारों (CBW) के विकास या अधिग्रहण में इनका प्रयोग ना किया जा सके।

- इसका यह नाम इसलिए है, क्योंकि ऑस्ट्रेलिया ने यह समूह बनाने के लिए पहल की थी और वही इस संगठन के सचिवालय का प्रबन्धन देखता है।
- ईरान-इराक युद्ध (1984) में जब इराक ने रासायनिक हथियारों का प्रयोग किया, (1925-जेनेवा प्रोटोकॉल का उल्लंघन) तब रासायनिक व जैविक हथियारों के आयात-निर्यात और प्रयोग पर नियन्त्रण स्थापित करने के लिए वर्ष 1985 में इस समूह का गठन किया गया।
- ऑस्ट्रेलिया समूह का मुख्य उद्देश्य रासायनिक तथा जैविक हथियारों की रोकथाम हेतु नियम निर्धारित करना है।
- ऑस्ट्रेलिया समूह के सभी सदस्य रासायनिक हथियार सम्मेलन (CWC) और जैविक हथियार सम्मेलन (BWC) का अनुसमर्थन करते हैं।
- 19 जनवरी, 2018 को भारत औपचारिक रूप से ऑस्ट्रेलिया समूह का सदस्य बन गया है। भारत इस समूह का सदस्य बनने वाला 43वाँ सदस्य है।

परमाणु सामग्री पर अन्तर्राष्ट्रीय पैनल
International Panel on Fissile Materials (IPFM)

- इस पैनल की स्थापना जनवरी, 2006 में हुई थी। यह परमाणु हथियार और गैर-परमाणु हथियार दोनों देशों के हथियार नियन्त्रण और अप्रसार विशेषज्ञों का एक स्वतन्त्र समूह है।
- आईपीएफएम का मिशन अत्यधिक समृद्ध यूरेनियम और प्लूटोनियम के भण्डार को सुरक्षित, समेकित और कम करने के लिए व्यावहारिक और प्राप्त करने योग्य नीतिगत पहलों के लिए तकनीकी आधार का विश्लेषण करना है।
- ये विखण्डनीय पदार्थ परमाणु हथियारों में मुख्य तत्त्व हैं और उनका नियन्त्रण परमाणु हथियारों के निरस्त्रीकरण, परमाणु हथियारों के प्रसार को रोकने और यह सुनिश्चित करने के लिए महत्त्वपूर्ण है कि आतंकवादी परमाणु हथियार प्राप्त न कर सकें।

प्रमुख सन्धियाँ

- विश्व में परमाणु प्रसार को रोकने और नियन्त्रित करने के लिए अनेक बहुपक्षीय और द्विपक्षीय सन्धियाँ हैं। इनका विवरण निम्नवत है

परमाणु अप्रसार सन्धि (NPT)

- यह एक अन्तर्राष्ट्रीय सन्धि है, जिसका उद्देश्य परमाणु हथियार और हथियार प्रौद्योगिकी के प्रसार को रोकना, परमाणु ऊर्जा के शान्तिपूर्ण उपयोग को बढ़ावा देना और निरस्त्रीकरण के लक्ष्य को आगे बढ़ाना है। इस पर वर्ष 1968 में हस्ताक्षर किया गया था और यह वर्ष 1970 से प्रवर्तित हुआ। वर्तमान में 191 राष्ट्र-राज्य इसके सदस्य हैं।
- उल्लेखनीय है कि भारत ने इस सन्धि पर हस्ताक्षर नहीं किए हैं और इसका सदस्य नहीं है।
- सन्धि के तहत सदस्य देशों को परमाणु हथियार निर्माण की किसी भी वर्तमान या भविष्य की योजना का त्याग करना होगा और इसके बदले उन्हें परमाणु ऊर्जा के शान्तिपूर्ण उपयोग हेतु पहुँच प्राप्त होगी।
- यह परमाणु हथियार सम्पन्न राज्यों (Nuclear-Weapon States- NWS) द्वारा निरस्त्रीकरण के लक्ष्य के लिए एक बहुपक्षीय सन्धि में एकमात्र बाध्यकारी प्रतिबद्धता का प्रतिनिधित्व करता है।
- एनडब्ल्यू में वे देश शामिल हैं, जिन्होंने 1 जनवरी, 1967 के पूर्व परमाणु हथियार या अन्य परमाणु विस्फोटक उपकरणों का निर्माण या परीक्षण किया हो अर्थात् चीन, फ्रांस, रूस, यूनाइटेड किंगडम और संयुक्त राज्य अमेरिका।

एनपीटी पर भारत का दृष्टिकोण

भारत का तर्क है कि एनपीटी परमाणु हथियारों के कानूनी कब्जे को उन राज्यों तक सीमित करके 'परमाणु सम्पन्न' और 'परमाणु रहित' का एक बड़ा समूह बनाता है, जिन्होंने वर्ष 1967 से पहले उनका परीक्षण किया था, लेकिन सन्धि कभी यह स्पष्ट नहीं करती है कि किस नैतिक आधार पर ऐसा भेद वैध है।

भारत एनपीटी को एक दोषपूर्ण सन्धि मानता है और इसने सार्वभौमिक, गैर-भेदभावपूर्ण सत्यापन और नवाचार की आवश्यकता को मान्यता नहीं दी है।

व्यापक परमाणु परीक्षण प्रतिबन्ध सन्धि
Comprehension Nuclear-Test-Ban Treaty (CTBT)

- सीटीबीटी एक बहुपक्षीय सन्धि है, जिसका उद्देश्य सभी परमाणु विस्फोटों पर प्रतिबन्ध लगाना है, भले ही वे सैन्य अथवा शान्तिपूर्ण उद्देश्यों के लिए हों।
- सीटीबीटी की जड़ें शीत युद्ध के युग में निहित हैं, जब संयुक्त राज्य अमेरिका और सोवियत संघ परमाणु हथियारों को प्राप्त करने में लगे थे तथा कई परमाणु परीक्षण कर रहे थे।
- वर्ष 1963 की सीमित परमाणु परीक्षण प्रतिबन्ध सन्धि (Limited Nuclear Test-Ban Treaty- LTBT) ने वायुमण्डल, बाह्य अन्तरिक्ष और जल के भीतर परमाणु परीक्षण पर रोक लगा दी, लेकिन भूमिगत परीक्षणों को अनुमति दी।
- वर्ष 1974 की थ्रेसहोल्ड टेस्ट प्रतिबन्ध सन्धि (TTBT), 150 किलोटन से अधिक की क्षमता वाले परीक्षणों पर रोक लगाकर एक परमाणु 'सीमा' स्थापित करती है, फिर भी यह सभी परमाणु परीक्षणों पर व्यापक प्रतिबन्ध लगाने में विफल रही। इसके बाद सीटीबीटी पर वर्ष 1994 में जेनेवा में निरस्त्रीकरण सम्मेलन में वार्ता की गई थी।
- वर्ष 1996 में संयुक्त राष्ट्र ने सीटीबीटी को अपनाया, जिसने पिछली सन्धियों द्वारा रिक्त अन्तराल को समाप्त करते हुए परमाणु हथियारों के परीक्षण पर पूर्ण प्रतिबन्ध लगा दिया।
- इस पर 187 देशों द्वारा हस्ताक्षर किए गए हैं और 178 देशों द्वारा अनुमोदित किया गया है। हालाँकि यह सन्धि तब तक औपचारिक रूप से लागू नहीं हो सकती, जब तक कि इसे 44 विशिष्ट देशों द्वारा अनुमोदित नहीं किया जाता है।
- इनमें से आठ देशों ने अभी तक सन्धि का अनुमोदन नहीं किया है, ये हैं: चीन, भारत, पाकिस्तान, उत्तर कोरिया, इज़रायल, ईरान, मिस्र व संयुक्त राज्य अमेरिका।

सीटीबीटी पर भारत का दृष्टिकोण

- सीटीबीटी पर हस्ताक्षर न करने का भारत का निर्णय मुख्यत: राष्ट्रीय सुरक्षा कारणों पर आधारित है।
- भारत परमाणु हथियारों को पड़ोसी देशों, विशेषकर पाकिस्तान और चीन से सम्भावित सुरक्षा खतरों के विरुद्ध निवारक के रूप में देखता है।
- भारत का यह भी मानना है कि सी.टी.बी.टी. पर हस्ताक्षर करने से उसकी राष्ट्रीय सुरक्षा और सामरिक स्वायत्तता कमजोर होगी, क्योंकि इससे परमाणु परीक्षण करने की उसकी क्षमता पर प्रतिकूल प्रभाव पड़ेगा।
- भारत का यह निर्णय न्यायसंगत और सार्वभौमिक परमाणु निरस्त्रीकरण की उसकी इच्छा तथा राष्ट्रीय सुरक्षा सम्बन्धी चिन्ताओं पर आधारित है।

परमाणु सुरक्षा पर कन्वेंशन (CNS)

- सीएनएस एक कानूनी रूप से बाध्यकारी सन्धि है, जिसे वर्ष 1994 में अपनाया गया था और इसका उद्देश्य परमाणु ऊर्जा संयन्त्रों की सुरक्षा सुनिश्चित करना है।
- सीएनएस एक प्रोत्साहन-आधारित सन्धि है, जिसके तहत राज्यों को परमाणु सुरक्षा के लिए एक नियामक ढाँचा स्थापित करने और बनाए रखने की आवश्यकता होती है।
- सीएनएस का उद्देश्य लोगों, समाज और पर्यावरण को आयनकारी विकिरण के हानिकारक प्रभावों से बचाना भी है।

संयुक्त व्यापक कार्य योजना (JCPOA)

- इस समझौते को वर्ष 2015 ईरान परमाणु समझौता के नाम से भी जाना जाता है। जेसीपीओए ईरान और पी 5+1 (चीन, फ्रांस, रूस, यूनाइटेड किंगडम, संयुक्त राज्य अमेरिका, जर्मनी और यूरोपीय संघ [EU]) के बीच वर्ष 2013 और 2015 के बीच चली लम्बी वार्ता का परिणाम था।
- इस समझौते के तहत ईरान ने अपने सेण्ट्रीफ्यूज, संवर्द्धित यूरेनियम और भारी पानी के भण्डार में महत्त्वपूर्ण कटौती करने पर सहमति व्यक्त की, जो परमाणु हथियारों के लिए सबसे प्रमुख घटक हैं।
- ईरान ने एक प्रोटोकॉल लागू करने पर भी सहमति व्यक्त की, जिसके तहत् अन्तर्राष्ट्रीय परमाणु ऊर्जा एजेन्सी (आईएईए) के निरीक्षकों को उसके परमाणु स्थलों तक पहुँचने की अनुमति होगी, ताकि यह सुनिश्चित किया जा सके कि ईरान गुप्त रूप से परमाणु हथियार विकसित करने में सक्षम नहीं होगा।
- अमेरिका द्वारा वर्ष 2018 में समझौते को छोड़ने और बैंकिंग और तेल प्रतिबन्धों को फिर से लागू करने के बाद, ईरान ने अपने परमाणु कार्यक्रम को तेजी से आगे बढ़ाया और वर्ष 2015 से पूर्व की अपनी परमाणु क्षमताओं के लगभग 97% पर वापस आ गया।

न्यू स्टार्ट सन्धि (STARY Treaty)

- नई सामरिक शस्त्र न्यूनीकरण सन्धि (Strategic Arms Reduction Treaty- START) या न्यू स्टार्ट सन्धि संयुक्त राज्य अमेरिका और रूस के बीच सामरिक हथियारों में कमी लाने तथा उन्हें सीमित करने सम्बन्धी एक सन्धि है।
- यह सन्धि 5 फरवरी, 2011 को लागू हुई थी।
- यह नई स्टार्ट सन्धि शीत युद्ध के अन्त में वर्ष 1991 में हुई 'स्टार्ट सन्धि-1' की अनुवर्ती है। वर्ष 1991 की सन्धि दोनों पक्षों के लिए रणनीतिक परमाणु वितरण वाहनों की संख्या को 1,600 और वारहेड्स की संख्या को 6,000 तक सीमित करती है।
- इसकी अवधि दस वर्ष अर्थात् वर्ष 2021 तक थी, जिसे पाँच वर्ष और बढ़ाकर वर्ष 2026 तक कर दिया गया था।

मिसाइल प्रौद्योगिकी नियन्त्रण व्यवस्था (MTCR)

- यह मिसाइल और मानव रहित हवाई वाहन प्रौद्योगिकी के प्रसार को रोकने हेतु 35 देशों के मध्य एक अनौपचारिक और स्वैच्छिक साझेदारी है, जो 300 किमी से अधिक दूरी के लिए 500 किग्रा से अधिक पेलोड ले जाने में सक्षम है।
- इस प्रकार सदस्यों को ऐसी मिसाइलों और यूएवी प्रणालियों की आपूर्ति करने से रोका जाता है, जो गैर-सदस्यों के लिए MTCR द्वारा नियन्त्रित होती हैं। इसकी स्थापना अप्रैल, 1987 में जी-7 देशों अमेरिका, यूके, फ्रांस, जर्मनी, कनाडा, इटली और जापान द्वारा की गई थी।
- यह कानूनी रूप से बाध्यकारी सन्धि नहीं है। इसलिए शासन के दिशा-निर्देशों का पालन न करने के खिलाफ कोई दण्डात्मक उपाय नहीं किया जा सका है। वर्ष 2016 में भारत 35वें सदस्य के रूप में मिसाइल प्रौद्योगिकी नियन्त्रण व्यवस्था में शामिल हुआ।

जेंगर समिति

- जेंगर समिति, जिसे परमाणु निर्यातक समिति के रूप में भी जाना जाता है, परमाणु हथियारों के अप्रसार पर सन्धि (एनपीटी) के द्वारा गठित की गई है।
- ज़ेंगर समिति परमाणु-सम्बन्धित रणनीतिक वस्तुओं की एक ट्रिगर सूची (आपूर्ति की शर्त के रूप में ट्रिगरिंग सुरक्षा उपाय) बनाए रखती है, ताकि निर्यात नियन्त्रण के अधीन उपकरणों और सामग्रियों की पहचान करने में एनपीटी पक्षों की सहायता की जा सके। जेंगर समिति में सभी परमाणु हथियार सम्पन्न देशों सहित 39 सदस्य हैं।

कृत्रिम सूर्य प्रयोग (Artificial Sun Experiment)

- वर्ष 2020 में चीन द्वारा अपने 'कृत्रिम सूर्य' परमाणु संलयन रिएक्टर (Artificial Sun Nuclear Fusion Reactor) का सफलतापूर्वक संचालन किया गया, जो देश के परमाणु ऊर्जा अनुसन्धान क्षमता के क्षेत्र में एक महान उपलब्धि है।
- इस परमाणु रिएक्टर से स्वच्छ ऊर्जा प्राप्त होने की उम्मीद है। HL-2M टोकामक रिएक्टर (HL-2M Tokamak reactor) चीन का सबसे बड़ा और सबसे उन्नत परमाणु संलयन प्रौद्योगिकी अनुसन्धान उपकरण है। वैज्ञानिकों को उम्मीद है कि यह उपकरण एक शक्तिशाली स्वच्छ ऊर्जा स्रोत के लिए मार्ग प्रशस्त करेगा।
- प्राकृतिक रूप से सूर्य में होने वाली परमाणु संलयन प्रक्रिया की प्रतिकृति के लिए इसमें HL-2M टोकामक यन्त्र का उपयोग किया गया है। इसमें गर्म प्लाज्मा को संलयित करने के लिए एक शक्तिशाली चुम्बकीय क्षेत्र का उपयोग किया गया है तथा इसमें तापमान को सूर्य के कोर के तापमान की तुलना में लगभग दस गुना अधिक तक गर्म (150 मिलियन डिग्री सेल्सियस) करने की क्षमता है।

- सिचुआन प्रान्त में स्थित इस रिएक्टर को सामान्यत: 'कृत्रिम सूर्य' के नाम से जाना जाता है, जो अत्यधिक गर्मी एवं ऊर्जा उत्पन्न करता है।

अन्तर्राष्ट्रीय थर्मोन्यूक्लियर प्रायोगिक रिएक्टर

- वर्ष 1985 में अन्तर्राष्ट्रीय थर्मोन्यूक्लियर प्रायोगिक रिएक्टर (International Thermonuclear Experimental Reactor- ITER) को 35 देशों की सहभागिता में शुरू किया गया।
- यह फ्रांस में अवस्थित है। इसका उद्देश्य विश्व के सबसे बड़े टोकामक यन्त्र का निर्माण करना है, ताकि बड़े पैमाने पर कार्बन-मुक्त ऊर्जा के स्रोत के रूप में संलयन की व्यवहार्यता को सिद्ध किया जा सके।

प्रमुख परमाणु दुर्घटनाएँ

प्रमुख परमाणु दुर्घटनाएँ निम्नलिखित हैं

हिरोशिमा और नागासाकी

जापान के हिरोशिमा और नागासाकी पर क्रमश: 6 अगस्त और 9 अगस्त, 1945 को दूसरे विश्व युद्ध के दौरान परमाणु बम गिराए गए। इसमें लगभग डेढ़ लाख से अधिक लोग मारे गए। इन परमाणु बमों में यूरेनियम-235 और प्लूटोनियम-239 ईंधनों का प्रयोग किया गया।

थ्री माइल आइलैण्ड दुर्घटना

वर्ष 1979 में अमेरिका के थ्री माइल आइलैण्ड में स्थित परमाणु केन्द्र में विस्फोट हुआ, जिसके कारण आस-पास के वातावरण में भारी मात्रा में रेडियोधर्मी गैसों का प्रवेश हो गया।

चेर्नोबिल दुर्घटना

26 अप्रैल, 1986 को यूक्रेन के चेर्नोबिल परमाणु संयन्त्र में हुए विस्फोट से भीषण आग लग गई तथा रेडियोधर्मी पदार्थ प्लाण्ट से बाहर बिखर गए। इस दुर्घटना में केवल चार लोगों की मृत्यु हुई तथा कम-से-कम 100 से अधिक लोगों के शरीर में रेडियोधर्मी विकिरण काफी अधिक मात्रा में प्रवेश कर गया।

फुकुशिमा परमाणु दुर्घटना

जापान के फुकुशिमा शहर में वर्ष 2011 में सुनामी आने के बाद परमाणु संयन्त्र क्षतिग्रस्त हो गया था, जिसके कारण हजारों लोगों को विस्थापित करना पड़ा।

परमाणु ऊर्जा से सम्बन्धित प्रमुख शब्दावली

प्रमुख शब्द	विवरण
लिटिल ब्वॉय	यह 6 अगस्त, 1945 को जापान के हिरोशिमा में गिराए गए बम का कूट नाम था। बम विस्फोट से 70,000 लोग मारे गए और लगभग इतने ही घायल हुए।
एनोला गे	अमेरिकी वायु सेना का B-29 विमान, जिसका नाम एनोला गे था, से 31,000 फीट की ऊँचाई से लिटिल ब्वॉय बम गिराया गया था। इस वायुयान को पॉल तिबेट्स चला रहे थे।
फैटमैन	9 अगस्त, 1945 को जापान के नागासाकी में गिराए गए बम का नाम फैटमैन था। इस बम विस्फोट से लगभग 40,000 लोग मारे गए और लगभग इतने ही घायल हुए।
बोक्सकार	यह उस B-29 बमवर्षक विमान का नाम था, जिससे फैटमैन को नागासाकी पर गिराया गया था। फैटमैन को कोकुरा स्थान पर गिराना था, लेकिन बादल होने की वजह से नागासाकी पर गिराया गया।
ट्रिनिटी टेस्ट	16 जुलाई, 1945 को अमेरिका द्वारा पहली बार किए गए परमाणु परीक्षण का नाम ट्रिनिटी टेस्ट था, जिसे न्यू मैक्सिको में अलामोगोर्डो के नजदीक किया गया था।
फर्स्ट लाइटनिंग	29 अगस्त, 1949 को सोवियत संघ द्वारा किए गए पहले परमाणु परीक्षण का नाम फर्स्ट लाइटनिंग था।
फोर, आर डी एस-37, सार बम	रूस द्वारा किए गए हाइड्रोजन बम परीक्षण का नाम था।
पीला केक	यह एक ठोस यूरेनियम ऑक्साइड यौगिक है, जिसको यह नाम उसके रंग और बनावट के आधार पर दिया गया है। यह यूरेनियम को पीसने की प्रक्रिया का उत्पाद है, जो ईंधन संवर्द्धन तथा ईंधन गोली के निर्माण के लिए प्रयुक्त होता है।
न्यूक्लियर फॉलआउट	परमाणु विस्फोट के साथ रेडियोधर्मी पदार्थ नीचे वनस्पतियों पर गिर जाते हैं। इन्हें न्यूक्लियर फॉलआउट कहते हैं।
फिसाइल मैटीरियल	ऐसे पदार्थ, जो विखण्डनीय परमाणु सामग्री; जैसे–यूरेनियम-235 अथवा प्लूटोनियम-239 का प्रयोग परमाणु शस्त्रों के निर्माण में किया जाता है, फिसाइल मैटीरियल कहलाते हैं।
यिल्ड	परमाणु विस्फोट के दौरान उत्सर्जित ऊष्मा की मात्रा, जिसे TNT में मापा जाता है, को यिल्ड के रूप में जाना जाता है।

"किसी देश की अखण्डता, सम्प्रभुता, अन्तर्राष्ट्रीय सीमा, एकता तथा भू-आर्थिक हितों का संरक्षण तथा उन्हें बनाए रखना रक्षा कहलाता है।। यह भूमि, समुद्र तथा वायुमार्ग से देश पर किसी प्रकार के हमले की अनुमति नहीं देता है।

अध्याय पाँच

रक्षा प्रौद्योगिकी

परिचय

- रक्षा से तात्पर्य किसी राष्ट्र/राज्य की अखण्डता, सम्प्रभुता, अन्तर्राष्ट्रीय सीमाओं और भू-आर्थिक हितों की रक्षा करने से है।
- विश्व की अन्य शक्तिशाली एवं आधुनिक सेनाओं की भाँति ही भारतीय सेनाओं को भी उत्तरदायित्व एवं विशेषज्ञता के आधार पर सुनियोजित तरीके से संगठित किया गया है।
- भारतीय रक्षा सेनाओं का सर्वोच्च कमाण्डर राष्ट्रपति होता है एवं उसे युद्ध एवं शान्ति की घोषणा करने की शक्ति प्राप्त है, किन्तु राष्ट्रपति की शक्तियाँ प्रतीकात्मक महत्त्व की हैं, क्योंकि वास्तव में देश का रक्षा सम्बन्धी दायित्व मन्त्रिमण्डल का है।
- रक्षा से सम्बन्धित सभी महत्त्वपूर्ण मामलों पर निर्णय मन्त्रिमण्डलीय समिति लेती है, जिसका अध्यक्ष प्रधानमन्त्री होता है।

भारतीय सशस्त्र सेनाएँ

- भारतीय सेना में 13 लाख से अधिक सक्रिय सैन्य कर्मी, 6 परिचालन और एक प्रशिक्षण कमान है।
- भारतीय वायु सेना में 1,27,000 से अधिक सक्रिय कर्मी, 5 परिचालन कमान, 1 प्रशिक्षण कमान, 1 रख-रखाव कमान है।
- भारतीय नौसेना में 58,000 से अधिक सक्रिय कर्मी, तीन परिचालन कमान, एक संयुक्त रक्षा कमान के साथ ब्लू वाटर नेवी है।
- ब्लू-वाटर नौसेना उस समुद्री बल को कहा जाता है, जो विश्व स्तर पर खुले महासागरों में अभियान करने में सक्षम होती है।
- जबकि ब्राउन-वाटर नेवी तटीय क्षेत्र में सैन्य अभियान करने में सक्षम नौसेना को कहा जाता है। वहीं ग्रीन-वॉटर नेवी अपने तटीय क्षेत्रों में संचालन करने और आस-पास के सीमान्त समुद्रों में संचालित करने की सीमित योग्यता रखती है।

रक्षा मन्त्रालय

- रक्षा मन्त्रालय भारत का रक्षा के क्षेत्र में सर्वोच्च नीति-निर्माता निकाय है, जो सशस्त्र सेनाओं के देश की सुरक्षा के सम्बन्ध में उनकी जिम्मेदारी निभाने के लिए नीति सम्बन्धी ढाँचा तथा साधन उपलब्ध कराता है। रक्षा मन्त्री रक्षा मन्त्रालय के प्रमुख होते हैं।

रक्षा मन्त्रालय की संरचना

रक्षा विभाग
यह एकीकृत रक्षा स्टाफ (आई.डी.एस.) और तीनों सेनाओं तथा विभिन्न अन्तर-सेवा संगठनों सम्बन्धी कार्य करता है। यह विभाग रक्षा बजट, स्थापना सम्बन्धी मामलों, रक्षा नीति संसद सम्बन्धी मामलों, विदेशों के साथ सहयोग और रक्षा सम्बन्धी सभी कार्य-कलापों के समन्वय के लिए भी उत्तरदायी होता है।

रक्षा अनुसन्धान एवं विकास विभाग
रक्षा अनुसन्धान तथा विकास विभाग का सचिव तथा प्रमुख रक्षा मन्त्रालय का वैज्ञानिक सलाहकार होता है। यह सेवाओं द्वारा अपेक्षित उपकरणों के लिए अनुसन्धान, डिजाइन तथा विकास योजनाएँ तैयार करता है।

रक्षा उत्पादन विभाग
यह रक्षा सामग्री उत्पादन, आयातित सामग्री तथा उपकरण का स्वदेशीकरण, आयुद्ध डिपो बोर्ड उत्पादक इकाई विभाग तथा रक्षा नीति के कार्यों का संचालन व नियन्त्रण करता है।

सैन्य कार्य विभाग
इस विभाग के प्रमुख चीफ ऑफ डिफेन्स स्टाफ (सी.डी.एस.) होते हैं और यह विभाग संसाधनों के इष्टतम् उपयोग और तीनों सेनाओं के मध्य संयुक्तता को बढ़ावा देने के लिए बनाया गया है।

भूतपूर्व-सैनिक कल्याण विभाग
यह भूतपूर्व सैनिकों के पुनर्वास, कल्याण तथा पेंशन से जुड़े कार्यों को देखता है।

- इस मन्त्रालय का प्रमुख कार्य रक्षा और सुरक्षा सम्बन्धी मामलों पर नीति सम्बन्धी निर्देश तैयार करना और उन्हें कार्यान्वयन हेतु तीनों सेना के मुख्यालयों, अन्तर-सेवा संगठनों, उत्पादन स्थापनाओं तथा अनुसन्धान एवं विकास संगठनों को सूचित करना है।
- इससे यह भी अपेक्षित है कि वह सरकार के नीति-निर्देशों का प्रभावी कार्यान्वयन तथा आवण्टित संसाधनों के अन्दर अनुमोदित कार्यक्रमों का निष्पादन सुनिश्चित करें।
- रक्षा सचिव, रक्षा विभाग के प्रमुख के रूप में कार्य करता है और वह अतिरिक्त रूप से मन्त्रालय के विभागों के कार्य-कलापों में समन्वय बनाने के लिए भी उत्तरदायी होता है।

रक्षा अनुसन्धान एवं विकास संगठन (DRDO)

- रक्षा अनुसन्धान एवं विकास संगठन (Defence Research and Development Organisation, DRDO) की स्थापना वर्ष 1958 में की गई।
- कालान्तर में रक्षा अनुसन्धान एवं विकास संगठन (डी.आर.डी.ओ.) तथा उसकी प्रयोगशालाओं के प्रबन्धन के लिए वर्ष 1980 में रक्षा अनुसन्धान तथा विकास विभाग की स्थापना की गई।
- यह रक्षा मन्त्रालय का अनुसन्धान एवं विकास संगठन है, जिसका उद्देश्य रक्षा प्रौद्योगिकियों में भारत का सशक्तीकरण करना है।
- इसका मिशन स्वदेशीकरण तथा नवाचार द्वारा रक्षा प्रौद्योगिकियों तथा प्रणालियों में स्वावलम्बन प्राप्त करना है।
- इसके साथ ही सशस्त्र सेनाओं को अति आधुनिक शस्त्र प्रणालियों तथा उपकरणों से सुसज्जित करना है।
- इस संगठन का प्रमुख रक्षामन्त्री का वैज्ञानिक सलाहकार होता है, जो रक्षा अनुसन्धान और विकास विभाग का सचिव तथा अनुसन्धान एवं विकास महानिदेशक भी होता है।
- प्रसिद्ध वैज्ञानिक और शिक्षाविद् डॉ. डी. एस. कोठारी इस संगठन के पहले प्रमुख थे। यह संगठन भारतीय रक्षा मन्त्रालय की एक अनुषंगिक इकाई के रूप में कार्य करता है।

DRDO के प्रमुख अंग

अंग	स्थापना	अवस्थिति
डिफेन्स रिसर्च एण्ड डेवलपमेण्ट लेबोरेट्री	1962	हैदराबाद
डिफेन्स एवियोनिक्स रिसर्च इस्टैब्लिशमेण्ट	1986	बंगलुरु
एयरोनॉटिकल डेवलपमेण्ट इस्टैब्लिशमेण्ट	1959	बंगलुरु
सेण्टर फॉर एयरबोर्न सिस्टम	1991	बंगलुरु
गैस टरबाइन रिसर्च इस्टैब्लिशमेण्ट	1959	बंगलुरु (इसकी स्थापना कानपुर मे हुई थी)
डिफेन्स मेटलर्जिकल रिसर्च लेबोरेट्री	1963	हैदराबाद
डिफेन्स इन्स्टीट्यूट ऑफ हाई अल्टीट्यूड रिसर्च (पहले फील्ड रिसर्च लेबोरेटरी)	1962	लेह (लद्दाख)
आर्डिनेन्स फैक्ट्रीज बोर्ड	1979	कोलकत्ता
इलेक्ट्रॉनिक्स एण्ड रडार डेवलपमेण्ट इस्टैब्लिशमेण्ट	1958	बंगलुरु

रक्षा अधिग्रहण परिषद (DAC)

- रक्षा मन्त्रालय में तीनों सेनाओं तथा भारतीय तटरक्षक हेतु नई नीतियों एवं पूँजी अधिग्रहण पर निर्णय लेने के लिए सर्वोच्च निर्णय लेने वाली संस्था है।
- रक्षा मन्त्री परिषद का अध्यक्ष होता है और इसके सदस्यों में चीफ ऑफ डिफेन्स स्टाफ (सीडीएस) और सेना, नौसेना और वायु सेना के प्रमुख शामिल होते हैं। कारगिल युद्ध (1999) के बाद वर्ष 2001 में 'राष्ट्रीय सुरक्षा प्रणाली में सुधार' पर मन्त्रियों के समूह की सिफारिशों के बाद इसका गठन किया गया था

राष्ट्रीय तकनीकी अनुसन्धान संगठन (NTRO)

- यह भारत के प्रधानमन्त्री कार्यालय में राष्ट्रीय सुरक्षा सलाहकार के अधीन एक तकनीकी खुफिया एजेन्सी है।
- इसका गठन वर्ष 2004 में देश के राष्ट्रीय सुरक्षा तन्त्र को मजबूत करने के लिए किया गया था।
- यह प्रधानमन्त्री कार्यालय के प्रत्यक्ष नियन्त्रण में है और एक स्वायत संगठन के रूप में कार्य करता है ।

उद्देश्य

- इसका कार्य तकनीकी खुफिया जानकारी इकट्ठा करना, जिसमें संचार संकेतों, इमेजरी खुफिया जानकारी और साइबर खुफिया जानकारी को रोकना और उनका विश्लेषण करना शामिल है।
- इसका मुख्यालय नई दिल्ली में स्थित है और देश के विभिन्न भागों में इसके परिचालन केन्द्र हैं।

सार्वजनिक क्षेत्र के रक्षा उपक्रम

संस्थान	मुख्यालय	स्थापना	उद्देश्य
गार्डन रीच शिप बिल्डर्स एण्ड इंजीनियर्स लिमिटेड	कोलकाता	1934	• यह शिपयार्ड व सामान्य इंजीनियरिंग की एक बहुउद्देशीय इकाई है, जिसकी कोलकाता के आस-पास 6 इकाइयाँ हैं तथा राँची (झारखण्ड) में इसका एक डीजल इंजन संयन्त्र कार्यरत है। इस संस्थान के तीन प्रमुख विभाग हैं—(i) जहाजरानी (ii) अभियान्त्रिकी (iii) इंजन निर्माण • यह प्रतिष्ठान नौसेना तथा तटरक्षक सेना के लिए विभिन्न प्रकार के युद्धपोतों एवं सहायक पोतों के निर्माण एवं मरम्मत के कार्यों में संलग्न है। भारत का पहला फ्लीट टैंकर इसी संस्थान ने बनाया।
भारत इलेक्ट्रॉनिक्स लिमिटेड	बंगलुरु	1954	• भारत की सशस्त्र सेनाओं एवं अर्द्धसैनिक बलों के लिए उपयोगी इलेक्ट्रॉनिक्स उपकरणों और अद्यतन कलपुर्जों का डिजाइन करना, उनका विकास व निर्माण करना इसका उद्देश्य है। • यह संस्थान सेना के अतिरिक्त आकाशवाणी, दूरदर्शन, दूरसंचार विभाग, पुलिस एवं मौसम विभाग को अपने उपकरण उपलब्ध कराता है।
गोवा शिपयार्ड लिमिटेड	वास्कोडिगामा	1957	• जहाजों एवं जलपोतों का निर्माण एवं मरम्मत करना, रक्षा नौकाएँ, अवतरण पोत, गश्ती नौकाएँ बनाना।
मझगाँव डॉक लिमिटेड	मुम्बई	1960	• भारत में जलपोत निर्माण का सबसे बड़ा उपक्रम है। रक्षा क्षेत्र के लिए विध्वंसक फ्रिगेट प्रक्षेपास्त्र, नौका एवं पनडुब्बियों का निर्माण करता है। • समुद्र में पाइप बिछाने एवं उसकी कोटिंग करने का कार्य, जहाजों तथा समुद्री तेल कुओं के लिए प्लेटफार्म का निर्माण भी इस संस्थान के द्वारा किया जाता है।
हिन्दुस्तान एयरोनॉटिक्स लिमिटेड	बंगलुरु	1940	• विभिन्न प्रकार के लड़ाकू विमानों, हेलीकॉप्टरों एवं उनसे सम्बन्धित हवाई इंजनों के उपकरणों तथा कलपुर्जों का डिजाइन और उनका निर्माण करना। • जगुआर व मिग-27 विमान, चीता व चेतक हेलीकॉप्टर के निर्माण में विशेष योगदान देता है। • इसके कारखाने नासिक, बंगलुरु, कोरापुट, कोरबा, कानपुर, बैरकपुर, लखनऊ एवं इलाहाबाद में हैं। यह भारत की पहली प्राइवेट लिमिटेड कम्पनी थी, जिसे पब्लिक लिमिटेड कम्पनी में वर्ष 1995 में बदला गया।
भारत अर्थ मूवर्स लिमिटेड	बंगलुरु	1964	• रेल डिब्बे, पुल, भारी बोझ उठाने वाले उपकरणों (जैसे—बुलडोजर, क्रेनर, स्क्रेपर) ट्रकों, एवं डीजल इंजनों का निर्माण करता है। • इस उपक्रम की तीन उत्पादन इकाइयाँ बंगलुरु कोलार स्वर्णखान क्षेत्र एवं मैसूर में तथा सहायक ढलाई इकाई कर्नाटक के तारीकेरे में कार्यरत हैं।
भारत डायनामिक्स लिमिटेड (BDL)	हैदराबाद	1970	• भारत डायनेमिक्स लिमिटेड भारत की अग्रणी मिसाइल और गोला-बारूद प्रणाली निर्माताओं में से एक है। आज भारत डायनेमिक्स लिमिटेड वैश्विक स्तर पर स्थापित कुछ उद्योगों में से एक बन गया है, जिसके पास भारतीय सशस्त्र बल के लिए पानी के नीचे के हथियारों, निर्देशित मिसाइलों, सम्बद्ध रक्षा उपकरणों और हवाई उत्पादों की आपूर्ति और निर्माण के लिए अत्याधुनिक सुविधाएँ हैं।
मिश्र धातु निगम लिमिटेड (MIDHANI)	हैदराबाद	1973	• मिधानि की स्थापना विभिन्न सुपर मिश्र धातुओं, विशेष स्टील्स, रक्षा की सामग्रियों, अन्य सामरिक सामग्री के उत्पादन और आपूर्ति में आत्मनिर्भरता प्राप्त करने के उद्देश्य से की गई है।
हिन्दुस्तान शिपयार्ड लिमिटेड (HSL)	विशाखापत्तनम	1941	• सिन्धिया शिपयार्ड के रूप में स्थापित किया गया था। वर्ष 1961 में शिपयार्ड का राष्ट्रीयकरण कर दिया गया और इसका नाम बदलकर हिन्दुस्तान शिपयार्ड लिमिटेड (HSL) कर दिया गया। • वर्ष 2010 में, एचएसएल को जहाजरानी मन्त्रालय से रक्षा मन्त्रालय में स्थानान्तरित कर दिया गया था। यार्ड ने परमाणु ऊर्जा से चलने वाली अरिहन्त श्रेणी की पनडुब्बी के विकास में महत्त्वपूर्ण भूमिका निभाई।

मिसाइल प्रौद्योगिकी

- यह एक पायलट रहित, स्वचालित तथा लक्ष्य-निर्देशित हथियार तन्त्र है, जिसका प्रयोग शत्रु के ठिकाने या लक्ष्य को नष्ट करने के उद्देश्य से भार (Payload) को एक निश्चित बिन्दु तक वहन (Carry) करने के लिए किया जाता है।
- मिसाइल में प्रयुक्त होने वाली प्रमुख तकनीकें/क्रियाविधियाँ निम्नलिखित हैं
  - प्रणोदक तन्त्र एक ऐसी मशीन है, जो किसी वस्तु को आगे की ओर संचालित करने हेतु बल उत्पन्न करती है। इसमें गैस या कार्यरत तरल को इंजन द्वारा त्वरित किया जाता है।
  - मिसाइल को इच्छित उड़ान मार्ग पर बनाए रखने का कार्य निर्देशन तन्त्र का होता है। यह तन्त्र ऑटो-पायलट की तरह कार्य करता है।

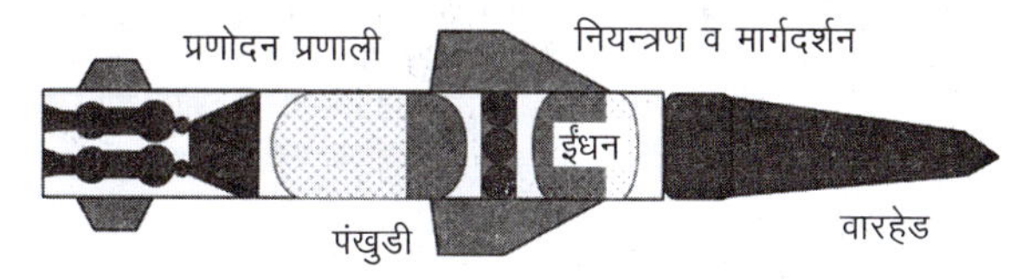

मिसाइल के घटक

प्रयोग के आधार पर मिसाइलों का वर्गीकरण

प्रयोग के आधार पर मिसाइलों का वर्गीकरण दो प्रकार से किया जाता है

1. क्रूज मिसाइल

- क्रूज मिसाइल (Cruise Missile) स्वचालित एवं स्वनिर्देशित होती हैं। ये सतह के नजदीक उड़ान भरती हैं। ये ज्वलनशील विस्फोटक के द्वारा लक्ष्य को भेदती हैं।

- ये मिसाइल प्राय: जेट इंजन से संचालित होती हैं। इन मिसाइलों को विस्फोटक को उच्च सटीकता एवं उच्च गति से ले जाने के लिए बनाया जाता है। क्रूज प्रक्षेपास्त्र को दागने के बाद कभी-भी इनकी दिशा में परिवर्तन किया जा सकता है। बहुत कम ऊँचाई पर उड़ने के कारण ये शत्रु के रडार की पकड़ में नही आती।

गति के आधार पर क्रूज मिसाइल के प्रकार

- **सबसोनिक क्रूज मिसाइल** इस प्रकार की क्रूज मिसाइल की गति ध्वनि की रफ्तार से कम होती है। ये लगभग 0.8 मैक की गति से उड़ सकती हैं। इस प्रकार की मिसाइल का उदाहरण अमेरिका की **टॉमहाक मिसाइल** और हार्यून है।
- **सुपरसोनिक क्रूज मिसाइल** ये मिसाइलें 2 या 3 मैक की रफ्तार से उड़ने में सक्षम होती हैं। ये अति विध्वंसक प्रकृति की होती हैं। भारत एवं रूस के द्वारा संयुक्त रूप से विकसित **ब्रह्मोस** इस प्रकार की मिसाइल का प्रमुख उदाहरण है।
- **हाइपरसोनिक क्रूज मिसाइल** 5 मैक से अधिक रफ्तार से उड़ने वाली मिसाइल को हाइपरसोनिक मिसाइल कहा जाता है। भारत में **ब्रह्मोस-II** का विकास इस श्रेणी में किया जा रहा है।

2. बैलिस्टिक मिसाइल

- यह प्रक्षेपास्त्र ऐसी तकनीक पर आधारित होते है, जिसमें रॉकेट इंजन प्रक्षेपास्त्र को आरम्भिक चरण में प्रणोदित करता है। इसके पश्चात् प्रक्षेपास्त्र का प्रक्षेपण मार्ग गुरुत्वाकर्षण द्वारा निर्धारित होता है।
- ईंधन के एक बार जल जाने के बाद बैलिस्टिक प्रक्षेपास्त्र के प्रक्षेपण मार्ग में परिवर्तन नहीं किया जा सकता, चूँकि इसमें लगा रॉकेट इंजन स्वयं ईंधन का वहन करता है।
- इसे दहन के लिए वायुमण्डलीय ऑक्सीजन की आवश्यकता नहीं होती है, इसी कारण यह पृथ्वी के वायुमण्डल के बाहर भी प्रक्षेपित की जा सकती है। पृथ्वी, अग्नि और धनुष बैलिस्टिक प्रक्षेपास्त्र है।

क्रूज मिसाइल और बैलिस्टिक मिसाइल में अन्तर

क्रूज मिसाइल	बैलिस्टिक मिसाइल
एक क्रूज मिसाइल को नेविगेशन प्रणाली का उपयोग करके पूर्व निर्धारित भूमि-आधारित लक्ष्य की ओर निर्देशित किया जाता है।	बैलिस्टिक मिसाइल सामान्यत: वायुमण्डल में छोड़ी जाने वाली मिसाइल है।
क्रूज मिसाइलें कम ऊँचाई पर उड़ान भरने और उच्च गतिशीलता के लिए जानी जाती हैं, इसीलिए उनका यह नाम ऐसा है।	बैलिस्टिक मिसाइलों को वायुमण्डल के बाहर प्रक्षेपित किया जाता है, जहाँ इसके वारहेड्स अलग हो जाते हैं और लक्ष्य पर प्रहार करते हैं। यह पृथ्वी के गुरुत्वाकर्षण का उपयोग करता है और इस प्रकार एक परवलयिक पथ (Parabolic path) का अनुसरण करता है और इसी कारण इसका यह नाम पड़ा है।
क्रूज मिसाइल की छोटी रेंज 300 से 1000 किमी है। ब्रह्मोस - 290 से 450 किमी, निर्भय - 700 से 1000 किमी है।	बैलिस्टिक मिसाइल की लम्बी दूरी 1000 किमी तक है। (ICBM) अग्नि V- 5000 किमी है।
उच्च टर्मिनल गति के कारण अवरोधन आसान है।	5000 मीटर/सेकण्ड की उच्च टर्मिनल गति के कारण अवरोधन करना कठिन है।
नेविगेशन प्रणाली के कारण उच्च परिशुद्धता	अपेक्षाकृत कम परिशुद्धता
अपेक्षाकृत सस्ती प्रौद्योगिकी है, इसलिए पारम्परिक वारहेड दागने के लिए उपयुक्त	महँगा और इसलिए परमाणु हथियार दागने के लिए उपयुक्त।

प्रक्षेपण के आधार पर मिसाइलों का वर्गीकरण

मिसाइलों का वर्गीकरण	विवरण
सतह-से-सतह पर मार करने वाली मिसाइल (Surface to Surface)	यह किसी निश्चित वाहन या स्थान से प्रक्षेपित की जाती हैं। इनका संचालन रॉकेट इंजनों या निश्चित स्थान पर होने के कारण विस्फोटकों द्वारा भी किया जाता है; जैसे—अग्नि।
सतह से हवा में मार करने वाली मिसाइल (Surface to Air)	इनका उपयोग विमानों, हेलीकॉप्टर और बैलेटिक मिसाइलों को ध्वस्त करने के लिए किया जाता है। भारत की पिचोरा तथा त्रिशूल इसके उदाहरण हैं।
सतह से समुद्र में मार करने वाली मिसाइल (Surface to Sea)	इनका उपयोग समुद्र तट से समुद्र स्थित लड़ाकू युद्धपोतों आदि को ध्वस्त करने के लिए किया जाता है।
हवा से हवा में मार करने वाली मिसाइल (Air to Air)	इनका उपयोग लड़ाकू विमानों द्वारा शत्रु के विमानों को नष्ट करने के लिए किया जाता है। इनकी गति 4 मैक तक हो सकती है; जैसे—अस्त्र।
हवा से सतह पर मार करने वाली मिसाइल (Air to Surface)	इनका उपयोग लड़ाकू विमानों द्वारा शत्रु के सैन्य ठिकानों, टैंक आदि को ध्वस्त करने के लिए किया जाता है।
पनडुब्बी से दागी जाने वाली मिसाइल	पनडुब्बी से दागी जाने वाली मिसाइल को मुख्यत: पनडुब्बियों पर तैनात किया जाता है। ये मिसाइलें युद्धपोतों, विमानवाहक पोतों, पनडुब्बियों को अपना निशाना बनाती हैं। भारत में K-15 सागरिका इसका प्रमुख उदाहरण है।
समुद्र से समुद्र में मार करने वाली मिसाइल (Sea to Sea Missile)	एक जहाज से दूसरे जहाज पर लॉन्च करने के लिए डिजाइन किया गया है।
समुद्र से सतह (तट) मिसाइल (Sea to Cost Missile)	जहाज से जमीन आधारित लक्ष्यों पर लॉन्च करने के लिए डिजाइन किया गया है।
टैंक रोधी मिसाइल (Anti Tank Missile)	टैंक रोधी मिसाइल एक निर्देशित मिसाइल है, जिसे मुख्य रूप से भारी बखतरबन्द टैंकों और अन्य बखतरबन्द लड़ाकू वाहनों को मारने और नष्ट करने के लिए डिजाइन किया गया है।

दूरी या मारक क्षमता के आधार पर मिसाइल का वर्गीकरण

दूरी या मारक क्षमता के आधार पर मिसाइलें निम्न प्रकार की होती हैं

- कम दूरी की बैलिस्टिक मिसाइल ये मिसाइल 1000 किमी तक मार करने में सक्षम होती है। ये प्राय: परमाणु मुखास्त्रों से आक्रमण करती हैं। भारत की पृथ्वी मिसाइल इसका उदाहरण है।
- मध्यम दूरी की बैलिस्टिक मिसाइल इनकी मारक क्षमता 1000 से 3000 किमी तक होती है। भारत की अग्नि-I तथा II इसी श्रेणी की मिसाइल हैं।
- इण्टरमीडिएट रेंज बैलिस्टिक मिसाइल इसकी मारक क्षमता 3000 से 5000 किमी तक होती है। भारत की अग्नि-II, अग्नि-IV तथा K-4 (SLBM) इस श्रेणी में शामिल हैं।
- अन्तरमहाद्वीपीय बैलिस्टिक मिसाइल इस मिसाइल की मारक क्षमता 5500 किमी से अधिक होती है। ये एक महाद्वीप से दूसरे महाद्वीप तक मार करने में सक्षम है। भारत की अग्नि-V मिसाइल इसी श्रेणी की है।

प्रणोदन या संचालक शक्ति के आधार पर मिसाइलों के प्रकार

- ठोस प्रणोदन (Solid Propulsion) इस प्रकार की मिसाइल में ठोस ईंधन का उपयोग होता है। यह प्रमुख रूप से एल्युमीनियम का पाउडर होता है। इस प्रकार के ईंधनों का लाभ यह होता है कि इन्हें आसानी से संगृहीत किया जा सकता है।
- यह बहुत जल्दी बहुत अधिक गति तक पहुँच सकता है।
- तरल प्रणोदन (Liquid Propulsion) इस प्रकार की मिसाइल में तरल ईंधन का उपयोग किया जाता है। ये ईंधन मुख्य रूप से हाइड्रोकार्बन होते हैं। इन मिसाइलों का प्रक्षेपण नियन्त्रित करना आसान होता है, क्योंकि तरल ईंधन की आपूर्ति आसानी से रोकी जा सकती है। इन मिसाइलों का आवेग बेहतर होता है।
- हाईब्रिड प्रणोदन (Hybrid Propulsion) इस प्रकार की मिसाइल में ठोस व द्रव दोनों प्रकार के ईंधन का उपयोग किया जाता है।

निर्देशन प्रणाली के आधार पर मिसाइलों के प्रकार

निर्देशन प्रणाली के आधार पर मिसाइलों के निम्न प्रकार हैं

- वायर निर्देशित मिसाइल इस प्रकार की मिसाइलों में तार (वायर) द्वारा निर्देश दिए जाते हैं, जो प्रक्षेपण के निर्देश देने के बाद उससे अलग हो जाते हैं।
- कमाण्ड निर्देशित मिसाइल इस प्रकार की मिसाइलों पर प्रक्षेपण के पश्चात् भी नजर रखी जाती है तथा मिसाइल द्वारा भेजे गए चित्र भी प्राप्त किए जा सकते हैं। इन्हें रेडियो, लेजर आदि से निर्देशित किया जा सकता है।
- तुलनात्मक भू-भागीय निर्देशित इस प्रकार की निर्देश प्रणाली मिसाइल में ऊँचाई मापक अल्टीमीटर लगा होता है, जिसके आधार पर ये गति करती हैं। ये मुख्यतया क्रूज मिसाइल होती हैं।
- स्थलीय या पार्थिव निर्देशित इस प्रकार की प्रणाली वाली मिसाइल पूर्व निर्धारित कमाण्ड के आधार पर गति करती है।
- जड़त्वीय निर्देशित ये निर्देश प्रणाली से युक्त मिसाइलों में गाइरो स्कोप तथा एक्सेलरोमीटर आदि आधुनिक यन्त्र लगे होते हैं। ये प्राय: सतह-से-सतह पर मार करने वाली क्रूज मिसाइल होती है।
- लेजर द्वारा निर्देशित मिसाइल लेजर किरणों की सहायता से भी मिसाइलों का निर्देशन किया जाता है। इसके लिए लक्ष्य पर लेजर बीम को प्रक्षेपित किया जाता है।
- बीम राइडर निर्देशन बीम राइडर तन्त्र में एक लेजर किरण लक्ष्य पर डाली जाती है। इसी किरण के मध्य में मिसाइल चलती है। मिसाइल के पिछले भाग में लगा रिसीवर लेजर किरण द्वारा निर्देशित होता है। इस प्रणाली में मिसाइल का पथ उसमें लगे जायरोस्कोप द्वारा निर्धारित होता है।
- आरएफ और जीपीएस निर्देशित आरएफ (रेडियो फ्रीक्वेन्सी) और जीपीएस (ग्लोबल पोजिशनिंग सिस्टम) ऐसी तकनीकों के उदाहरण है, जिनका उपयोग मिसाइल निर्देशन प्रणाली में किया जाता है। मिसाइल में लक्ष्य को निर्धारित करने हेतु जीपीएस सिग्नल का उपयोग किया जाता है।
- रेडियो आवृति प्रणाली में मिसाइल रेडियो आवृति का उपयोग कर मिसाइल लक्ष्य की ओर बढ़ती है।

वारहेड के आधार पर मिसाइलों के प्रकार

वारहेड के आधार पर मिसाइलों को दो भागों में बाँटा जा सकता है

- पारम्परिक वारहेड इसमें उच्च ऊर्जा विस्फोटक होते हैं। यह एक रसायन विस्फोट से भरा होता है और विस्फोटक के विस्फोट और उसके परिणामस्वरूप धातु आवरण के विखण्डन पर मारक तन्त्र के रूप में निर्भर करता है।
- सामरिक वारहेड इसमें रेडियो सक्रिय पदार्थ विद्यमान होते हैं और जब ट्रिगर किया जाता है, तो ये विशाल रेडियो गतिविधि प्रदर्शित करते हैं, जो शहरों को भी मिटा सकते हैं। आमतौर पर ये बड़े पैमाने पर विनाश के लिए डिजाइन किए जाते हैं।

भारत में मिसाइल प्रौद्योगिकी

- भारत डायनामिक्स लिमिटेड की स्थापना वर्ष 1970 में मिसाइल उत्पादन के लिए की गई। वर्ष 1970 में भारत डायनामिक्स लिमिटेड ने फ्रांस के लाइसेंस के अन्तर्गत SS-11B टैंक प्रतिरोधी मिसाइल बनाई।
- वर्ष 1971-74 के दौरान द्रव ईंधन से संचालित मिसाइल इंजन के निर्माण के लिए प्रोजेक्ट वैलियण्ट (Project Valiant) तथा प्रोजेक्ट डेविल (Project Devil) प्रारम्भ किया गया। इन दोनों का उद्देश्य अन्तरमहाद्वीपीय बैलिस्टिक मिसाइल (ICBM) का विकास करना था।
- इनको वर्ष 1979 में बन्द करना पड़ा, परन्तु इन्होंने भविष्य के मिसाइल कार्यक्रमों को दिशा प्रदान की। इसी दौरान नेविगेशन सिस्टम को विकसित किया गया और एवरो एयरक्राफ्ट पर परीक्षण किया गया। वर्ष 1980 के दौरान प्रोपल्शन, नेविगेशन और उच्च धातुओं को मिलाकर मिसाइल कार्यक्रम शुरू करने की योजना तैयार की गई।

समन्वित निर्देशित प्रक्षेपास्त्र विकास कार्यक्रम (IGMDP)

- समन्वित निर्देशित प्रक्षेपास्त्र विकास कार्यक्रम (The Integrated Guided Missile Development Programme, IGMDP) की परिकल्पना भारत के पूर्व राष्ट्रपति व प्रसिद्ध वैज्ञानिक **डॉ. एपीजे अब्दुल कलाम** द्वारा की गई थी।
- मिसाइल प्रौद्योगिकी के क्षेत्र में आत्मनिर्भरता प्राप्त करने हेतु भारत सरकार द्वारा वर्ष 1983 में इस कार्यक्रम (Integrated Guided Missile Development Programme, IGMDP) की जिम्मेदारी **डॉ. एपीजे अब्दुल कलाम** के नेतृत्व में रक्षा अनुसन्धान एवं विकास संगठन (Defence Research and Development Organisation, DRDO) को सौंपी गई।

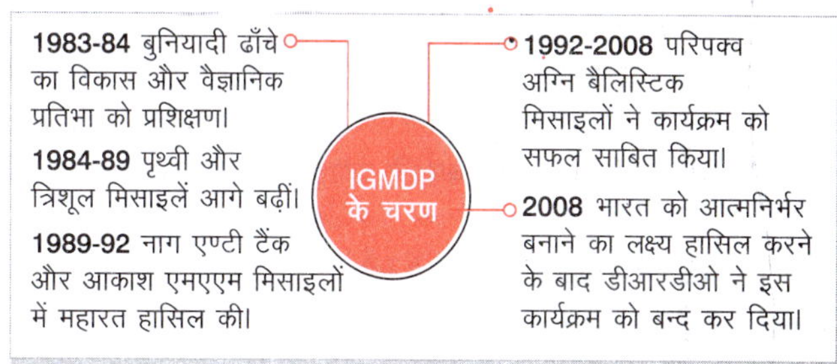

- इस कार्यक्रम के अन्तर्गत निम्नलिखित पाँच मिसाइलों के विकास की परिकल्पना की गई थी

1. पृथ्वी मिसाइल 2. त्रिशूल मिसाइल 3. अग्नि मिसाइल
4. आकाश मिसाइल 5. नाग मिसाइल

पृथ्वी मिसाइल

यह भारत द्वारा निर्मित प्रथम स्वदेशी मिसाइल है। यह सतह से सतह पर मार करने वाली छोटी दूरी की मिसाइल है। यह परमाणु क्षमता से युक्त भारत की एकमात्र मिसाइल है, जिसे तैनात किया जा चुका है। पृथ्वी के तीन संस्करण पृथ्वी-I, पृथ्वी-II तथा पृथ्वी-III हैं। पृथ्वी-I तथा पृथ्वी-II में सिंगल स्टेज लिक्विड फ्यूल, ड्यूअल मोटर तथा पृथ्वी-III में सिंगल स्टेज सॉलिड फ्यूल इंजन प्रयोग होते हैं।

पृथ्वी मिसाइलों का तुलनात्मक वर्णन

	पृथ्वी-I	पृथ्वी-II	पृथ्वी-III/धनुष
प्रकृति	थल सेना संस्करण, सतह-से-सतह तक मार करने वाला कम दूरी का बैलिस्टिक प्रक्षेपास्त्र	वायु सेना संस्करण	नौसेना संस्करण
परीक्षण	प्रथम परीक्षण 25 फरवरी, 1988 चाँदीपुर परीक्षण केन्द्र	प्रथम परीक्षण 1996	अन्तिम परीक्षण वर्ष 2009
मारक क्षमता	150 किमी (थल सेना में शामिल, 1994)	250 किमी	350 किमी
आयुध भार (वारहेड्स)	1000 किग्रा परमाणु विस्फोटक ले जाने में सक्षम	500 किग्रा विस्फोटक ले जाने में सक्षम	1000 किग्रा परमाणु विस्फोटक ले जाने में सक्षम

त्रिशूल मिसाइल

- यह सतह से हवा में मार करने वाली स्वदेशी मिसाइल है, जिसमें ठोस प्रणोदक का प्रयोग किया गया है।
- यह मिसाइल 5.5 किग्रा तक के वारहेड्स को वहन कर सकती है।
- इसे सेना के तीनों अंग। (नौसेना, थलसेना, वायु सेना) प्रयोग कर सकते हैं।
- मिसाइल में फ्लार्ड कैनर रडार का उपयोग हुआ है, जो प्रत्येक मौसम में कार्य करता है। इसके नौसैनिक संस्करण को टॉरपीडो एम K-2 भी कहा जाता है।
- इसका परीक्षण वर्ष 1996 में किया गया था। इसकी लम्बाई 3.1 मी व वजन/भार 130 किग्रा है। इसकी मारक क्षमता 9 से 12 किमी है।

अग्नि मिसाइल

- यह मिसाइल सतह-से-सतह पर मार करने वाली अन्तरद्वीपीय परास की बैलिस्टिक मिसाइल है, जिसे DRDO ने विकसित किया और भारत डायनामिक्स लिमिटेड द्वारा निर्मित किया गया।
- अग्नि मिसाइल परियोजना के अन्तर्गत अग्नि-I, II,III, IV, V एवं VI मिसाइल क्रमशः विकसित किए गए हैं। इसमें रिएण्ट्री डिमॉन्स्ट्रेट प्रौद्योगिकी का उपयोग किया गया है।

अग्नि मिसाइलों का तुलनात्मक वर्णन

	अग्नि I	अग्नि II	अग्नि III	अग्नि IV	अग्नि V	अग्नि VI
प्रकृति	मध्यम दूरी का बैलिस्टिक प्रक्षेपास्त्र	मध्यम दूरी का बैलिस्टिक प्रक्षेपास्त्र	मध्यम दूरी का बैलिस्टिक प्रक्षेपास्त्र	मध्यम दूरी का बैलिस्टिक प्रक्षेपास्त्र	अन्तर महाद्वीपीय बैलिस्टिक प्रक्षेपास्त्र	मध्यम दूरी का बैलिस्टिक प्रक्षेपास्त्र
परीक्षण	1989	1999 (ओडिशा)	2006 में	5 नवम्बर, 2011	19, अप्रैल 2012	निर्माणाधीन
मारक क्षमता	700-800 किमी	2500 किमी	3500-5000 किमी	3000- 4000 किमी	5000 किमी से अधिक	8000-10,000 किमी
आयुध भार	1 टन	1 टन	1.5 टन	1 टन	1.5 टन	3 टन

नोट *अग्नि-IV प्रक्षेपास्त्र धरातल से धरातल पर मार करने वाला प्रक्षेपास्त्र है।*

आकाश मिसाइल

- इसका सफल प्रक्षेपण चाँदीपुर (ओडिशा) से मई, 2014 में किया गया था।
- सतह से हवा में मार करने वाला मध्यम दूरी का प्रक्षेपास्त्र है, जो एक साथ पाँच एयरक्राफ्ट या मिसाइल को दाग सकता है। यह पहली भारतीय मिसाइल है जिसके प्रणोदक में रैमजेट सिद्धान्तों का प्रयोग किया गया है। अमेरिका के बाद प्रथम बार भारत ने क्रैज शिफ्टर प्रणाली का आकाश में प्रयोग किया।
- इसकी मारक क्षमता 25-30 किमी है तथा यह 2.5 मैक से अधिक की रफ्तार से उड़ सकती है।
- इसका प्रथम परीक्षण वर्ष 1990 में किया गया था।
- यह मिसाइलें 18 किमी तक की ऊँचाई तक भी जा सकती हैं।

नाग मिसाइल

- इसका प्रक्षेपण वर्ष 1990 में हुआ था। इसकी मारक क्षमता 3-7 किमी है। इसमें टैंक भेदी प्रक्षेपास्त्र (सतह-से-सतह पर मारक), प्रणोदक ठोस ईंधन के रूप में धूमरहित उच्च ऊर्जान्वित नाइट्रोमीन का प्रयोग किया गया है।
- इसका मूलमन्त्र है— दागो और भूल जाओ (Fire and Forget)। इस प्रक्षेपास्त्र को किसी भी प्रक्षेपास्त्र वाहन या हेलीकॉप्टर से दागा जा सकता है। हेलीकॉप्टर से दागे जाने वाली हेलिना (ध्रुवास्त्र) मिसाइल नाग मिसाइल का ही संक्षिप्त रूप है।

इण्टरकॉण्टिनेण्टल बैलिस्टिक मिसाइल

मिसाइल	देश	मारक क्षमता (किमी)
आर-36 एम-2	रूस	16,000
एल जी एम-30	यू.एस.ए.	14,000
डेंगफेंग-41	चीन	12000-15000 किमी
एम-51	फ्रांस	10,000
अग्नि-V	भारत	7000-8000
जेरिचो	इजराइल	5,000-11,000
हवासोंग-15	उत्तर कोरिया	13000 किमी
आर-29 आर.एम.यू. सिनेवा (डेल्टा-IV)	रूस	11,547 किमी

अन्य प्रमुख मिसाइलें

मिसाइलें	विवरण
प्रहार	• प्रहार एक ठोस ईंधन वाली सतह-से-सतह पर निर्देशित कम दूरी की बैलिस्टिक मिसाइल है, जिसे डीआरडीओ द्वारा स्वदेशी रूप से विकसित किया गया। • प्रहार में बहु-बैरल रॉकेट प्रणाली **पिनाका** और मध्यम दूरी की बैलिस्टिक मिसाइल पृथ्वी के बीच की खाई को पाटने की क्षमता है।
धनुष	• यह पृथ्वी-III मिसाइल का नौसैनिक संस्करण है। यह सतह-से-सतह पर मार करने वाली मिसाइल है, जो परमाणु आयुध ले जाने में सक्षम है। इसका प्रथम आंशिक सफल परीक्षण वर्ष 2000 (ओडिशा के ऑफ शोर पेट्रोल व्हीकल आई एन एस सुभद्रा से किया) में हुआ। पूर्णत: सफल परीक्षण, वर्ष 2007 में, जो 500 किग्रा के आयुध ले जाने में सक्षम था।
ब्रह्मोस	• यह भारत एवं रूस की संयुक्त परियोजना है। इसका परीक्षण वर्ष 2003 में किया गया था। ब्रह्मोस नाम भारत की ब्रह्मपुत्र एवं रूस की मोस्कोवा नदी से लिया गया है। • जमीन-से-जमीन पर मार करने वाली ध्वनि से तेज सुपरसोनिक क्रूज मिसाइल है। यह दागो व भूल जाओ (Fire and Forget) के सिद्धान्त पर कार्य करती है। यह विश्व की तीव्रतम ऑपरेशनल क्रूज मिसाइल है। • 20 मार्च, 2013 को ब्रह्मोस के पनडुब्बी संस्करण का परीक्षण किया गया। किसी सुपरसोनिक क्रूज मिसाइल के पानी के अन्दर परीक्षण किए जाने तथा अपनी दूरी (290 किमी) पूरी किए जाने का यह विश्व इतिहास में प्रथम अवसर था। • यह दो चरणों वाली (पहले चरण में ठोस प्रणोदक इंजन और दूसरे में तरल रैमजेट) मिसाइल है। • यह एक मल्टीप्लेटफॉर्म मिसाइल है, जिसे स्थल, वायु एवं समुद्र में बहुक्षमता वाली मिसाइल से सटीकता के साथ लॉन्च किया जा सकता है, जो खराब मौसम के बावजूद दिन और रात में काम कर सकती है। • यह 200 से 300 किलोग्राम वजन का पारम्परिक हथियार ले जा सकता है, इसमें भूमि, समुद्र और उप-समुद्री प्लेटफॉर्मों के लिए एक समान विन्यास है और परिवहन, भण्डारण और प्रक्षेपण के लिए ट्रांसपोर्ट लॉन्च कैनिस्टर (टीएलसी) का उपयोग किया जाता है। • भारत ने जनवरी, 2022 में फिलीपीन्स से ब्रह्मोस मिसाइल की बिक्री के लिए 375 मिलियन डॉलर (₹ 3130 करोड़) की डील की थी। • ब्रह्मोस प्राप्त करने वाला फिलीपीन्स पहला बाहरी देश है।
ब्रह्मोस-II	• इसे ब्रह्मोस मार्क II के नाम से भी जाना जाता है, यह एक **हाइपरसोनिक क्रूज मिसाइल** (HCM) है। इसका उपयोग हिन्द महासागर क्षेत्र में भारतीय नौसेना की आक्रामक क्षमताओं को बढ़ाने के लिए जहाज-आधारित HCM के रूप में किया जाएगा। • इससे भारत को इण्डो-पैसिफिक क्षेत्र में चीन की बढ़ती आक्रामकता का मुकाबला करने में मदद मिलेगी। • हाइपरसोनिक ब्रह्मोस-II रूस की 3_M22 सिरकोन एण्टी-शिप हाइपरसोनिक क्रूज मिसाइल से प्रेरित होगी, विशेष रूप से इसमें प्रयुक्त स्क्रैमजेट इंजन तकनीक से। • **अपेक्षित सीमा:** 300 मील से अधिक, 7 मैक तक की गति। • भूमि, वायु और समुद्र सहित विभिन्न प्लेटफॉर्मों से प्रक्षेपण सक्षम।
अस्त्र	• **हवा-से-हवा** में मार करने वाली मध्यम दूरी की स्वदेशी तकनीकी से निर्मित प्रथम मिसाइल, जिसमें ठोस प्रणोदक का उपयोग होता है और 15 किग्रा विस्फोटक वहन करने में सक्षम है। इसका परीक्षण वर्ष 2003 में किया गया।
सागरिका/K-15	• यह भारत की प्रथम परमाणु क्षमता सम्पन्न सबमरीन लॉन्च बैलिस्टिक मिसाइल है, जिसका उपयोग समुद्र के अन्दर किया जा सकता है। इसका अन्तिम परीक्षण वर्ष 2013 में विशाखापत्तनम में किया गया। • DRDO द्वारा विकसित 8.5 मी लम्बी इस मिसाइल को K-15 के नाम से भी जाना जाता है। • सागरिका की तैनाती भारत की प्रथम स्वदेशी परमाणु पनडुब्बी अरिहन्त पर की जाएगी। • इसकी सीमा 750 किमी और पेलोड क्षमता 1000 किग्रा है। • इसका नाम डॉ. एपीजे अब्दुल कलाम के सम्मान में K-15 (कलाम-15) रखा गया है।
शौर्य	• यह सतह-से-सतह पर मार करने वाला मध्यम दूरी का प्रक्षेपास्त्र है, जो द्विस्तरीय ठोस प्रणोदक युक्त इंजन पर आधारित है। • इसका परीक्षण वर्ष 2008 में किया गया। एक टन वजन का आयुध ले जाने में यह सक्षम है। यह मिसाइल जल के अन्दर छोड़ी जाने वाली K-15 (सागरिका) का ही थल संस्करण है।
नोवेटर-के 100	• यह हवा-से-हवा में मार करने वाली मिसाइल है। 300-400 किमी की दूरी तक मार करने में सक्षम इस मिसाइल को भारत के सुखोई एयरक्राफ्ट में तैनात किया गया है। यह भारत और रूस के मध्य संयुक्त उद्यम है।
पिनाका	• यह सतह-से-सतह पर मार करने वाली कम दूरी की मल्टी बैरल रॉकेट लॉन्चर प्रणाली है, जिसका नाम भगवान शंकर के धनुष के नाम पर रखा गया है। इसकी मारक क्षमता 75 किमी तक है तथा इसमें टैंकों, शस्त्रागारों एवं सैन्य दलों को नष्ट करने की क्षमता है। यह 44 सेकेण्ड में 12 रॉकेट दाग सकता है।
निर्भय	• भारतीय रक्षा अनुसन्धान संगठन की एडवांस्ड सिस्टम लेबोरेटरी में सबसोनिक क्रूज मिसाइल निर्भय का विकास किया जा रहा है। • इसकी मारक क्षमता 1000 किमी तथा गति 0.8 मैक है। • यह 200-300 किग्रा तक के हथियार ले जाने में सक्षम है। • यह एक मल्टी प्लेटफार्म मिसाइल होगी एवं इसका परीक्षण जमीन, समुद्र एवं आकाश तीनों जगह से किया जाएगा।

मिसाइलें	विवरण
बराक-8	• यह भारत और इजराइल द्वारा विकसित एक संयुक्त उद्यम है। • यह लम्बी दूरी की सतह से हवा में मार करने वाली मिसाइल है। • यह विभिन्न खतरों के विरुद्ध 360 डिग्री की रक्षा प्रदान करेगी।
K-4 बैलिस्टिक मिसाइल	• इस मिसाइल का सफल परीक्षण भारतीय नौसेना द्वारा वर्ष 2024 में आईएनएस अरिघात से लॉन्च करके किया गया। • इसकी रेंज 3500 किमी तक है।
रुद्रम	• रक्षा अनुसन्धान एवं विकास संगठन (DRDO) ने स्वदेशी रूप से विकसित हथियार प्रणाली न्यू जनरेशन एण्टी रेडिएशन मिसाइल' (NGARM) को विकसित किया है। इस प्रणाली को 'रुद्रम-1' भी कहा जाता है। • एण्टी-रेडिएशन मिसाइलों को विरोधियों या शत्रुओं के रडार, संचार साधनों और अन्य रेडियो आवृत्ति स्रोतों का पता लगाने तथा उनको ट्रैक व प्रभावहीन करने के लिए डिजाइन किया गया है। इसका महत्त्व इसलिए है क्योंकि रडार, संचार साधन और रेडियो आवृत्ति स्रोत को सामान्यतया वायु रक्षा प्रणालियों का महत्त्वपूर्ण हिस्सा माना जाता है।
क्विक रिएक्शन सरफेस-टू-एयर मिसाइल (QRSAM)	• यह एक कम दूरी की सतह से हवा में मार करने वाली मिसाइल (SAM) प्रणाली है, जिसे मुख्य रूप से DRDO द्वारा डिज़ाइन और विकसित किया गया है, ताकि दुश्मन के हवाई हमलों से सेना के बख्तरबन्द क्षेत्रों को सुरक्षा कवच प्रदान किया जा सके। • यह मिसाइल गतिशील लक्ष्यों का पता लगाती है और उनकी निगरानी करती है। • यह थोड़े समय अन्तराल पर फायर कर सकती है। • इसमें पूरी तरह से स्वचालित कमाण्ड और कण्ट्रोल सिस्टम है।
वरुणास्त्र	• यह एक उन्नत अत्याधुनिक, भारी वजन वाला, पनडुब्बी रोधी टॉरपीडो जहाज है, जो उथले/गहरे पानी में चलने वाली पनडुब्बियों को निशाना बनाने में सक्षम है। • इसकी रफ़्तार : 27 एवं 40 समुद्री मील और परिचालन गहराई : 8 से 600 मी है। • यह जीपीएस (GPS) और नाविक (NaVIC) उपग्रह मार्गदर्शन से युक्त है।
मध्यम दूरी की सतह से हवा में मार करने वाली मिसाइल (MRSAM)	• यह एक उच्च प्रतिक्रिया, त्वरित प्रतिक्रिया, लम्बवत लॉन्च की गई सुपरसोनिक मिसाइल है, जिसे दुश्मन के हवाई खतरों - मिसाइलों, विमानों, निर्देशित बमों, हेलीकॉप्टरों को निष्क्रिय करने के लिए डिज़ाइन किया गया है। • सेना, नौसेना और वायु सेना द्वारा विभिन्न प्रकारों के रूप में उपयोग किया जाता है।
प्रलय मिसाइल	• प्रलय भारत की पहली पारम्परिक अर्द्ध-बैलिस्टिक मिसाइल है और उत्तरी या पश्चिमी सीमाओं से किसी भी पारम्परिक मिसाइल हमले का जवाब देने में सक्षम है। • एक अर्द्ध-बैलिस्टिक मिसाइल का प्रक्षेपवक्र कम होता है और यद्यपि यह काफी हद तक बैलिस्टिक मिसाइल के समान ही होती है, यह उड़ान के दौरान मन्यूवर' (Maneuver) में सक्षम होती है। • इसकी तुलना चीन के डोंग फेंग 12 और यूक्रेन के साथ चल रहे युद्ध में इस्तेमाल की गई रूसी इस्कन्दर मिसाइल से की जा सकती है।इस मिसाइल की रेंज 150-500 किमी है और इसे मोबाइल लॉन्चर से लॉन्च किया जा सकता है। • यह लगभग 250 से 200 किग्रा तक पारम्परिक आयुध ले जाने में सक्षम है।

नोट *DRDO द्वारा त्रिशूल मिसाइल कार्यक्रम को वर्तमान में बन्द कर दिया है। इसका प्राथमिक उद्देश्य 6 सेकेण्ड से कम प्रतिक्रिया समय के साथ कम दूरी की सतह से हवा में मार करने वाली मिसाइल का उत्पादन करना था।*

नई मिसाइल रेंज

- प्रधानमन्त्री नरेन्द्र मोदी की अध्यक्षता वाली सुरक्षा मामलों की केन्द्रीय कैबिनेट समिति (सीसीएस) ने एक नई मिसाइल रेंज आन्ध्र प्रदेश के नागयालंका क्षेत्र में स्थापित करने को मंजूरी दे दी है।
- नई मिसाइल परीक्षण रेंज का इस्तेमाल सतह से हवा में मार करने वाली मिसाइल प्रणाली, टैंक रोधी मिसाइल और सामरिक मिसाइल प्रणालियों के परीक्षण के लिए किया जाएगा।
- भारत अपनी अधिकांश मिसाइलों का परीक्षण अब्दुल कलाम द्वीप और ओडिशा के चान्दीपुर परीक्षण रेंज से करता है।

मिशन दिव्यास्त्र

- मिशन दिव्यास्त्र एमआईआरवी तकनीक के साथ स्वदेशी रूप से विकसित अग्नि-5 मिसाइल है।
- एमआईआरवी अर्थात् मल्टीपल इण्डिपेण्डेण्टली टारगेटेबल री-एण्ट्री व्हीकल एक ऐसी तकनीक है, जिसके माध्यम से एक मिसाइल में कई वॉरहेड ले जाए जा सकते हैं तथा इन वॉरहेडों को अलग-अलग लक्ष्यों पर निर्देशित किया जा सकता है।

अग्नि पी प्राइम मिसाइल

- अग्नि प्राइम डीआरडीओ द्वारा विकसित सतह से सतह पर मार करने वाली मिसाइल यह मध्यम दूरी की परमाणु सक्षम बैलिस्टिक मिसाइल है।
- यह दो चरणों वाली कैनिस्टरकृत ठोस प्रणोदक मिसाइल है। इसकी मारक क्षमता 1000 किग्रा. पेलोड के साथ 2000 किमी तक है।

भारतीय बैलिस्टिक मिसाइल रक्षा कार्यक्रम

भारत का बैलिस्टिक मिसाइल रक्षा कार्यक्रम द्विस्तरीय रक्षा प्रणाली है, जिसके पहले स्तर पर पृथ्वी एयर डिफेन्स तथा दूसरे स्तर पर एडवांस्ड एयर डिफेन्स कार्यक्रम संचालित किया जाता है।

पृथ्वी एयर डिफेन्स

- यह बैलिस्टिक मिसाइलों को रोकने के लिए बनाया गया एक एण्टी-बैलिस्टिक मिसाइल सिस्टम है। जिसका विकास DRDO कर रहा है। पृथ्वी एयर डिफेन्स मिसाइल को ही प्रद्युम्न मिसाइल के नाम से जाना जाता है।
- यह मिसाइल 80 किमी तक की अधिकतम ऊँचाई का एक अन्तर्ग्रहण है, जोकि 300 किमी-2000 किमी तक की बैलिस्टिक मिसाइलों को भेदने में सक्षम है। इसलिए इसे एक्सो-एटमॉस्फेरिक प्रणाली कहा जाता है।
- जुलाई, 2024 में इसके दूसरे चरण का सफल परीक्षण किया गया। अब यह 5000 किमी तक भारक क्षमता वाली शत्रु बैलिस्टिक मिसाइलों को रोकने में सक्षम हो गया है।

एडवांस्ड एयर डिफेन्स (अश्विन)

- यह एक एण्टी-बैलिस्टिक मिसाइल है, जिसे 20 से 40 किमी की ऊँचाई पर एण्डो वायुमण्डल में आने वाली बैलिस्टिक मिसाइलों को रोकने के लिए डिजाइन किया गया है।
- यह सतह से हवा में मार करने में सक्षम इण्टरसेप्टर मिसाइल ट्रैकिंग रडार से संकेत मिलते ही अपनी ओर आने वाली किसी भी मिसाइल को हवा में ही भेदने में सक्षम है।
- इसे अश्विन के नाम से भी जाना जाता है।

स्टील्थ प्रौद्योगिकी

इसे **Low Observable प्रौद्योगिकी** भी कहा जाता है। स्टील्थ तकनीक का अर्थ एक ऐसे सैन्य विमान, पनडुब्बी, प्रक्षेपास्त्र आदि के निर्माण से है, जो रडार, इन्फ्रारेड, सोनार एवं अन्य पकड़ने वाली तकनीकी से भी पकड़ा ना जाए।

नेत्र (NETRA)

- यह एक उन्नत किस्म का रडार है, जिसका कार्य सर्विलांस, ट्रैकिंग और सूचना प्रदान करता है।
- नेत्रा के पास एम्ब्रेयर ईआरजे 145 विमान पर लगा एक स्वदेशी एक्टिव इलेक्ट्रॉनिकली स्कैन्ड एरे (AESA) रडार सिस्टम है।

वेरी शॉर्ट रेंज एयर डिफेन्स सिस्टम (VSHORADS)

- यह एक चौथी पीढ़ी की मानव-पोर्टेबल वायु रक्षा प्रणाली है।
- इसका उपयोग विमान रोधी युद्ध और कम दूरी पर कम ऊँचाई वाले हवाई खतरों को बेअसर करने के लिए किया जाता है।
- इस मिसाइल और लॉन्चर को ऐसे डिजाइन किया गया है कि इसे आसानी से कहीं भी ले जाया जा सके।
- वेरी शॉर्ट रेंज एयर डिफेन्स सिस्टम मिसाइलें किसी भी बड़े शहर या स्ट्रेटजिकली इम्पोर्टेण्ट लोकेशन की सेफ्टी के लिए जरूरी हैं।
- इसे रिसर्च सेण्टर इमारत (RCI), हैदराबाद ने DRDO और भारतीय कम्पनियों के सहयोग से बनाया है।

अन्य देशों की कुछ प्रमुख रक्षा प्रणालियाँ

क्र.सं.	प्रणाली	सम्बन्धित देश	प्रमुख तथ्य
1.	थाड प्रणाली (THAAD System) (Terminal High Attitude Area Defence)	अमेरिका	• एयर डिफेन्स सिस्टम है, जो वायुमण्डल के अन्दर और बाहर बैलिस्टिक मिसाइलों को रोकने में सक्षम है। • छोटी और मध्यम दूरी की बैलिस्टिक मिसाइलों को नष्ट करने में सक्षम। • रेंज - 150-200 किमी
2.	आयरन डोम (Iron Dome)	इजरायल	• छोटी दूरी का सतह से हवा में मार करने वाला एयर डिफेन्स सिस्टम है। • इसमें एक रडार और तामिर (Tamir) इण्टरसेप्टर मिसाइल शामिल है। • यह दिन, रात और सभी मौसमों में कार्य करने में सक्षम।
3.	एस-400 (S-400)	रूस	• सतह से हवा में मार करने वाली मिसाइल प्रणाली है। • यह 400 किमी के क्षेत्र में शत्रु के विमान मिसाइल और यहाँ तक कि ड्रोन को नष्ट करने में सक्षम है।

रडार प्रौद्योगिकी

- रेडियो डिटेक्शन एण्ड रेंजिंग सिस्टम (RADAR) एक ऐसा शब्द है, जो रेडियो तरंगों का पता लगाने और उन्हें ट्रैक करने वाली प्रणाली को सन्दर्भित करता है।
- यह एक विद्युत चुम्बकीय प्रणाली है, जो RADAR के स्थान से वस्तु की स्थिति और दूरी का पता लगाती है।
- रडार लम्बी दूरी पर विभिन्न प्रकार की वस्तुओं का पता लगा सकता है, उनका विश्लेषण कर सकता है और उन्हें पहचान सकता है।
- यह लक्ष्य के रूप में सन्दर्भित वस्तुओं को विद्युत चुम्बकीय ऊर्जा भेजकर और फिर प्रतिध्वनि सुनकर काम करता है। विमान, जहाज, उपग्रह, ऑटोमोबाइल, खगोलीय पिण्ड और कभी-कभी पक्षी, कीड़े और बारिश भी लक्ष्य हो सकते हैं।
- डीआरडीओ के इलेक्ट्रोनिक्स एवं रडार विकास स्थापना (एलआरडीई) ने आरएफ, एल्गोरिदम और मैकेनिकल के क्षेत्रों में अनुसन्धान एवं विकास किया है और रडार के विकास के लिए आवश्यक विभिन्न प्रौद्योगिकियों की स्थापना की है।
- इन अनुसन्धान एवं विकास प्रयासों के आधार पर रडार को स्वदेशी रूप से साकार करने के लिए विभिन्न रडार उप-प्रणालियाँ विकसित की गई हैं। इनका विवरण निम्नवत है

भारत के प्रमुख रडार

रडार	विवरण
इन्द्र-I	यह निचले स्तर के लक्ष्यों का पता लगाने के लिए 2D, गतिशील निगरानी रडार है। यह रडार दो पहिए वाले वाहन में लगाया गया है। इस रडार को DRDO ने डिजाइन किया है तथा इसका उत्पादन भारत इलेक्ट्रॉनिक्स लिमिटेड (BEL) द्वारा किया गया है।
इन्द्र-II	लक्ष्यों पर जमीन से नियन्त्रित निशाना साधने के लिए इस रडार का उपयोग किया जाता है। इसका उत्पादन भारत इलेक्ट्रॉनिक्स लिमिटेड द्वारा किया जाता है। यह शत्रु विमान की सूचना 90 किमी दूर से ही दे सकता है।
राजेन्द्र रडार	यह प्रणाली 3-D (त्रिविमीय) लक्ष्य संसूचन हेतु समन्वित एवं निर्देशित प्रक्षेपास्त्र विकास कार्यक्रम का एक भाग है। इस रडार में व्यापक खोज, बहु लक्ष्यों और प्रक्षेपास्त्रों का पीछा करने के साथ-ही-साथ प्रक्षेपास्त्र को कमान तथा मार्ग दिखाने की भी क्षमता है। इसका विकास DRDO द्वारा किया गया है।
रोहिणी	यह एक S-बैण्ड डॉप्लर रडार है, जो जमीन पर स्थापित रहता है। यह रडार प्रणाली युद्ध के दौरान हवा में विमानों का पता लगाने और आकाश पर निगरानी रखने में समर्थ है।
रेवती	यह मीडियम रेंज 3D रडार है, जो हवा में निगरानी रखने में सक्षम है। प्राथमिक सेंसर के रूप में समुद्र को सतह पर भी निगरानी रखने में सक्षम है।
भारणी	यह 2D रडार है, जो हल्का और बैटरी से संचालित होने वाला रडार है। यह दुर्गम पहाड़ी क्षेत्रों में कम ऊँचाई पर उड़ने वाले घातक लड़ाकू विमानों, हेलीकाप्टरों आदि पर निगरानी रखता है।
अश्लेषा	यह जमीन पर स्थापित S-बैण्ड निगरानी रडार है। इसे मैदानी क्षेत्रों, रेगिस्तानों, पहाड़ों और ऊँचाई की जगहों पर लक्ष्यों का पता लगाने के लिए स्थापित किया जाता है।
स्वाति	यह एक वेपन लोकेटिंग रडार है, जो शत्रु की ओर से हो रही फायरिंग की लोकेशन का सही पता लगाता है।

रक्षा परियोजनाएँ

भारत सरकार द्वारा भारतीय सैन्यबलों के सशक्तिकरण के लिए समय-समय पर अनेक परियोजनाएँ संचालित की गई हैं, इनका विवरण निम्नलिखित हैं

प्रोजेक्ट कुशा

- रक्षा अनुसन्धान एवं विकास संगठन (डीआरडीओ) के नेतृत्व में प्रोजेक्ट कुशा भारत की एक महत्त्वाकांक्षी रक्षा पहल है, जिसका उद्देश्य 2028-29 तक अपनी लम्बी दूरी की वायु रक्षा प्रणाली विकसित करना है।
- लम्बी दूरी की वायु रक्षा प्रणालियाँ, लम्बी दूरी पर स्थित क्रूज मिसाइलों, स्टील्थ लड़ाकू विमानों और ड्रोनों सहित दुश्मन के प्रक्षेपास्त्रों और कवच का पता लगाने और उन्हें नष्ट करने में सक्षम होंगी।
- इसमें तीन प्रकार की इण्टरसेप्टर मिसाइलें होंगी, जिनकी मारक क्षमता 150 किमी, 250 किमी और 350 किमी होंगी तथा उन्नत लम्बी दूरी की निगरानी और अग्नि नियन्त्रण रडार होंगे।
- अनुमान है कि प्रोजेक्ट कुशा रूस की प्रसिद्ध एस-400 प्रणाली और इजरायल की आयरन डोम प्रणाली की प्रभावशीलता के बराबर होगी।

प्रोजेक्ट 15B

- भारत ने भारतीय नौसेना के लिए स्वदेशी रूप से फ्रण्टलाइन विध्वंसक बनाने हेतु वर्ष 2021 में पहला प्रोजेक्ट 15B विध्वंसक प्रारम्भ किया।
- भारत का स्वदेशी विध्वन्सक निर्माण कार्यक्रम 1990 के दशक के अन्त में तीन दिल्ली श्रेणी (पी-15 श्रेणी) युद्धपोतों के साथ शुरू हुआ और इसके एक दशक बाद तीन कोलकाता श्रेणी (पी-15ए) विध्वंसक बनाए गए।
- वर्तमान में, परियोजना 15ए में प्राप्त सफलता और तकनीकी प्रगति के बाद, पी-15बी (विशाखापत्तनम वर्ग) के अन्तर्गत कुल चार युद्धपोतों (विशाखापत्तनम, मोरमुगाओ, इम्फाल, सूरत) की योजना बनाई गई है।
- परियोजना 15बी (ब्रावो) का उद्देश्य विशाखापत्तनम श्रेणी के विध्वन्सकों के रूप में कोलकाता श्रेणी के उन्नत संस्करण का निर्माण करना था। इस वर्ग की पहचान इसके प्रमुख जहाज के नाम से होती है, इसलिए इसे विशाखापत्तनम वर्ग के नाम से जाना जाता है।
- प्रोजेक्ट 15बी का प्रमुख जहाज आईएनएस विशाखापत्तनम है, जिसे नवम्बर, 2021 में कमीशन किया गया था।
- आईएनएस मोरमुगाओ दिसम्बर, 2022 में कमीशन किया जाने वाला दूसरा जहाज है और आईएनएस सूरत मई, 2023 में लॉन्च किया गया था।
- इन जहाजों को भारतीय नौसेना के युद्धपोत डिजाइन ब्यूरो द्वारा डिजाइन किया गया है और इनका निर्माण मुम्बई स्थित मझगाँव डॉक शिपबिल्डर्स लिमिटेड (एमडीएल) द्वारा किया गया है।

प्रोजेक्ट 75

- प्रोजेक्ट-75, जो प्रोजेक्ट-75' (I) का पूर्ववर्ती है, वर्ष 1997 में दो स्वदेशी एसएसके (संयुक्त राज्य अमेरिका डीजल-इलेक्ट्रिक) पनडुब्बियों के निर्माण के उद्देश्य से शुरू किया गया था।
- परियोजना को दो चरणों में विभाजित किया गया: चरण I और चरण II।
- प्रथम चरण में प्रोजेक्ट-75 के अन्तर्गत एमडीएल (मझगाँव डॉक्स लिमिटेड) में कुछ पनडुब्बियों का निर्माण किया गया।
- चरण II में बाद में स्वदेशी क्षमताओं का उपयोग करके अतिरिक्त पनडुब्बियों के निर्माण की योजना शामिल थी।
- वर्ष 1999 में रक्षा मन्त्रालय ने 30 वर्ष की अवधि में कुल 24 पनडुब्बियों के निर्माण की योजना को मंजूरी दी थी।

परियोजना 75 (I)

- यह प्रोजेक्ट, प्रोजेक्ट 75 का अनुवर्ती है।
- प्रोजेक्ट 75 (I) में छ: कलवरी श्रेणी की डीजल-इलेक्ट्रिक अटैक (आक्रमणकारी) पनडुब्बियों के स्वदेशी निर्माण की परिकल्पना की गई है। इस परियोजना के तहत पनडुब्बियों को समकालीन उपकरणों, हथियारों, सेंसर, आधुनिक मिसाइलों और अत्याधुनिक जवाबी कार्रवाई प्रणालियों से लैस किया जाएगा।
- अपने पूर्ववर्ती प्रोजेक्ट 75 की तुलना में सबसे महत्त्वपूर्ण सुधार ईंधन-सेल-आधारित-AIP (एयर इण्डिपेण्डेण्ट प्रोपल्शन) प्रणाली है।

- यह आत्मनिर्भर भारत के तहत परियोजना के हिस्से के रूप में नवीनतम पनडुब्बी डिजाइन और प्रौद्योगिकियों को लाने के अलावा भारत में स्वदेशी पनडुब्बियों की गुप्त क्षमता और निर्माण क्षमता को एक बड़ा बढ़ावा देगा।
- प्रोजेक्ट 75 में संख्या 75 स्कॉर्पीन वर्ग के लिए एक विशिष्ट पहचानकर्ता को सन्दर्भित करती है।
- प्रोजेक्ट 75 के अन्तर्गत निर्मित छः पनडुब्बियाँ हैं- आईएनएस कलवरी, आईएनएस खण्डेरी, आईएनएस करंज, आईएनएस वेला, आईएनएस वागीर और आईएनएस वाग्शीर।

प्रोजेक्ट 28

- **पी** 28 एक परियोजना है, जिसके तहत भारत में चार एण्टी सबमरीन युद्धपोतों का निर्माण किया जाना था।
- इसका उद्देश्य भारत में युद्धपोत निर्माण उद्योग के स्थानीयकरण और विकास को बढ़ावा देना है।
- इसके तहत निर्मित युद्धपोतों के नाम हैं, INS कामोर्टा, INS कदमत्त, INS किल्तान और INS कवरत्ती।
- इन युद्धपोतों को भारतीय नौसेना के नौसेना डिजाइन निदेशालय द्वारा डिजाइन किया गया था और कोलकाता में गार्डन रीच शिपबिल्डर्स एण्ड इंजीनियर्स (GRSE) द्वारा बनाया गया था।
- इन्हें परमाणु, जैविक और रासायनिक युद्ध की स्थितियों में तैनात किया जा सकता है और इनका निर्माण भारत में उत्पादित उच्च श्रेणी के (DMR) 249-Aस्टील का उपयोग करके किया गया है।

प्रोजेक्ट 17

- प्रोजेक्ट 17A या 17 अल्फा के तहत नौसेना के लिए सात युद्धपोत बनाए जा रहे हैं। जिनमें से मझगाँव डाक लि. मुम्बई द्वारा चार जहाज और गार्डन रीच शिपबिल्डर्स एण्ड इंजीनियर्स (GRSE) द्वारा तीन युद्धपोत बनाए जा रहे हैं।
- प्रोजेक्ट 17ए जहाजों को भारतीय नौसेना के युद्धपोत डिजाइन ब्यूरो द्वारा इन-हाउस डिजाइन किया गया है, जो सभी युद्धपोत डिजाइन गतिविधियों के लिए अग्रणी संगठन है। ये युद्धपोत प्रोजेक्ट 17 फ्रिगेट (शिवालिक क्लास) के अनुवर्ती हैं, जिनमें बेहतर स्टील्थ फीचर्स, उन्नत हथियार और सेंसर और प्लेटफॉर्म प्रबन्धन प्रणाली हैं।
- इसके तहत इन युद्धपोतों का निर्माण किया जा रहा है- 'नीलगिरि', 'उदयगिरि' तारागिरि,, 'महेन्द्रगिरि' (एमडीएल में निर्माणाधीन), 'दूनागिरि', 'विन्ध्यगिरि' 'हिमगिरि' (जीआरएसई में निर्माणाधीन) हैं। प्रोजेक्ट 17ए के तहत लॉन्च किया गया पहला स्टील्थ शिप नीलगिरि था, जिसे वर्ष 2019 में लॉन्च किया गया था। वहीं उदयगिरि का जलावतरण 17 मई, 2022 को किया गया।

युद्धपोत

एक युद्धपोत या लड़ाकू जहाज एक नौसैनिक जहाज है, जिसे मुख्य रूप से नौसैनिक युद्ध के लिए बनाया गया है। आमतौर पर वे एक राष्ट्र या देश के सशस्त्र बलों से जुड़े होते हैं। सशस्त्र होने के साथ-साथ, युद्धपोतों को नुकसान का सामना करने के लिए डिजाइन किया जाता है।

भारत के प्रमुख युद्धपोत

युद्धपोत का नाम	श्रेणी	विशेषता
INS विक्रमादित्य	विमानवाहक युद्धपोत	इसे जून 2014 में भारतीय नौसेना में शामिल किया गया है। यह पूर्व में रूसी सेना में **एडमिरल गोर्शकोव** नाम से तैनात था। इसे भारत ने रूस से वर्ष 2004 में खरीदा था। इस पर मिग 29 (K) C हैरियर लड़ाकू विमान तथा ध्रुव, कामोव और चेतक जैसे लड़ाकू विमान तैनात हैं। (भारतीय नौसेना का सबसे बड़ा जहाज)
INS विक्रान्त (2013)	विमानवाहक युद्धपोत	यह भारत का स्वदेशी विमानवाहक युद्धपोत है। इसका नाम पुराने विक्रान्त विमानवाहक पोत के नाम पर ही रखा गया है। कोचीन शिपयार्ड में निर्मित इस पोत का जलावतरण जून, 2015 को हुआ। यह 2 सितम्बर, 2022 को नौसेना में शामिल किया गया है। यह भारत का सबसे विशालतम निर्मित विमान वाहक पोत है। यह मिग-29 लडाकू जेट, कामोव-31 हैलीकॉप्टर का संचालन करेगा।
INS कोलकाता	कोलकाता श्रेणी विध्वंसक युद्धपोत	परियोजना 15A (15 Alpha) के अन्तर्गत मझगाँव डॉक लिमिटेड (Mazagon Dock Limited, MDL) मुम्बई में निर्मित यह युद्धपोत स्टील्थ तकनीक से युक्त है, जिस कारण रडार की पकड़ में नहीं आता। इस पर अत्याधुनिक युद्धक प्रणालियाँ एवं मिसाइलें तैनात हैं। यह 3-D रडार और ब्रह्मोस मिसाइल आदि से युक्त है। इसे वर्ष 2014 में नौसेना में शामिल किया गया।
INS कोच्चि	कोलकाता श्रेणी विध्वंसक युद्धपोत	यह परियोजना 15A के अन्तर्गत निर्मित दूसरा विध्वंसक युद्धपोत है। इसका निर्माण भी मझगाँव डॉक लिमिटेड मुम्बई में किया गया है। यह सितम्बर, 2015 में भारतीय नौसेना में शामिल किया गया।
INS चेन्नई	कोलकाता श्रेणी विध्वंसक युद्धपोत	यह परियोजना 15A के अन्तर्गत निर्मित होने वाला तीसरा व अन्तिम युद्धपोत है। इसका निर्माण भी मझगाँव डॉक लिमिटेड में किया जा रहा है। इस पर ब्रह्मोस मिसाइल को तैनात किया जाएगा। 21 नवम्बर, 2016 को इसे भारतीय नौसेना कमीशन प्रदान किया गया। यह भारत में स्वदेश निर्मित सबसे बड़ा विध्वंसक युद्धपोत है।
INS विशाखापत्तनम	विशाखापत्तनम श्रेणी विध्वंसक युद्धपोत	यह परियोजना 15B के अन्तर्गत मझगाँव डॉक लिमिटेड द्वारा निर्मित स्टील्थ तकनीक युक्त निर्देशित मिसाइल विध्वंसक युद्धपोत है। यह परमाणु, जैविक व रासायनिक तीनों ही प्रकार के आक्रमण करने में सक्षम है। अप्रैल, 2015 में यह जलावतरित किया गया।
INS शिवालिक	शिवालिक श्रेणी युद्धपोत	INS शिवालिक का निर्माण परियोजना 17 के अन्तर्गत (MDL) मुम्बई में किया गया है। इस श्रेणी के अन्य युद्धपोत INS सतपुड़ा तथा INS सह्याद्रि हैं।

युद्धपोत का नाम	श्रेणी	विशेषता
INS अस्त्रधारिणी	टारपीडो लॉन्च एवं रिकवरी पोत	6 अक्टूबर, 2015 को भारतीय नौसेना में शामिल किया गया यह पोत समुद्र के अन्दर पनडुब्बियों एवं जलपोतों को ध्वस्त करने में प्रयुक्त होने वाले हथियार टारपीडो को लॉन्च करने में सक्षम है। यह दागे गए टारपीडो को हाइड्रोलिक क्रेन की सहायता से पुनः प्राप्त करने में भी सक्षम होता है।
INS नीलगिरी	V-17A श्रेणी	इसको 28 सितम्बर, 2019 को लॉन्च किया गया। यह युद्धपोत MDL में प्रोजेक्ट P17 के अन्तर्गत बनाए जाने वाले 7 स्टील्थ फ्रिग्रेट्स में पहला है। 2650 टन वजनी और 149 मी लम्बे इस युद्धपोत को अगस्त, 2022 तक सेना में कमीशंड किया जाएगा।
INS मोरमुगाओ	–	यह भारतीय नौसेना के विशाखापत्तनम श्रेणी के स्टील्थ निर्देशित मिसाइल विध्वंसक का दूसरा जहाज है, जिसे 18 दिसम्बर, 2022 को कमीशन (रक्षा मन्त्री) द्वारा किया गया है। यह 163 मी लम्बा और 17 मी चौड़ा है, जिसमें 7,400 टन का विस्थापन और 30 समुद्री मील (लगभग 55 किमी/घण्टा) की अधिकतम गति है। यह भारतीय नौसेना के प्रोजेक्ट 15B के अन्तर्गत निर्मित (कुल चार का विकास करना है) दूसरा जहाज है। इस परियोजना के अन्तर्गत निर्मित अन्य तीन युद्धपोत हैं-INS विशाखापत्तनम (नौसेना में शामिल) INS इम्फाल व INS सूरत।
भारतीय तटरक्षक पोत	–	वर्ष 2016 में प्रधानमन्त्री मोदी द्वारा भारतीय तटरक्षक बल हेतु पाँच अपतटीय गश्ती पोतों के निर्माण की स्वदेशी परियोजना प्रारम्भ की गई थी। इसके अन्तर्गत सुजीत, सजग सार्थक और सक्षम तटरक्षक पोत शामिल हैं। इन पोतों का निर्माण गोवा शिपयार्ड लिमिटेड (GSL) द्वारा किया गया है।
आईएनएस सूरत	–	इसका निर्माण प्रोजेक्ट 15B के तहत एमडीएल मुम्बई में किया जा रहा है। इस युद्धपोत का मई, 2022 में जलावतरण किया गया। इस श्रेणी के युद्धपोत भारतीय नौसेना की अगली पीढ़ी के स्टेल्थ (रडार को चकमा देने में सक्षम) निर्देशित मिसाइल विध्वन्सक हैं।
आईएनएस महेन्द्रगिरि	–	मझगाँव डॉक शिपबिल्डर्स लिमिटेड (एमडीएल) की ओर से निर्मित भारतीय नौसेना के युद्धपोत 'महेन्द्रगिरी' को सितम्बर, 2023 को मुम्बई में लॉन्च किया गया। ओडिशा में पूर्वी घाट में सबसे ऊँची पर्वत चोटी के नाम पर निर्मित यह युद्धपोत 'परियोजना 17-ए' के बेड़े के तहत निर्मित सातवाँ जहाज है।
आईएनएस विन्ध्यगिरि	–	इसका जलावतरण अगस्त, 2023 को कोलकाता के गार्डन रीच शिपबिल्डर्स एण्ड इंजीनियर्स लिमिटेड पोतनिर्माण केन्द्र में किया गया। यह भी प्रोजेक्ट 17A के तहत निर्मित किया गया है। इसका नाम विन्ध्यांचल पर्वत शृंखला के नाम पर रखा गया है।
आईएनएस तारागिरि	–	प्रोजेक्ट 17 ए युद्धपोत-तारागिरी को मुम्बई के मझगाँव डॉक शिपबिल्डर्स लिमिटेड, मुम्बई में सितम्बर, 2022 में लॉन्च किया गया। तारागिरी नाम हिमालय की गढ़वाल पर्वत शृंखला के नाम पर रखा गया है।
आईएनएस इम्फाल		'प्रोजेक्ट 15 B विशाखापत्तनम क्लास' गाइडेड मिसाइल विध्वन्सक में से तीसरा है। इसे 20 अप्रैल, 2019 को लॉन्च किया गया और इसका नाम 'इम्फाल' रखा गया।

नोट *प्रोजेक्ट 17 A प्रोजेक्ट 17 'अल्फा फ्रिगेट्स (P-17A) को भारतीय नौसेना द्वारा वर्ष 2019 में स्टील्थ गाइडेड मिसाइल फ्रिगेट की शृंखला के निर्माण के लिए लॉन्च किया गया था। इसके अन्तर्गत नीलगिरी, तारागिरी, हिमगिरी और उदयगिरी जैसे युद्धपोतों का निर्माण सम्मिलित है।*

पनडुब्बियाँ

पनडुब्बियाँ	विवरण
स्कोर्पियन श्रेणी	• इस श्रेणी की पनडुब्बियाँ डीजल-इलेक्ट्रिक पनडुब्बियाँ होती हैं। • इनका निर्माण व विकास फ्रांस एवं स्पेन ने संयुक्त रूप से किया था। • प्रोजेक्ट 75 मे स्कॉर्पीन श्रेणी की छह पनडुब्बियों का निर्माण शामिल है। वर्ष 2007 में स्वीकृत प्रोजेक्ट 75 इण्डिया, स्वदेशी पनडुब्बी निर्माण के लिए भारतीय नौसेना की 30 वर्षीय योजना का भाग है। • उल्लेखनीय है कि मेक इन इण्डिया के अन्तर्गत बनने वाली इन पनडुब्बियों को विदेशी कम्पनियों की सहायता से भारत में बनाया गया है। • इसके अन्तर्गत निर्मित पनडुब्बी है -INS कलवरी, INS खण्डेरी, INS करंज, INS वेला, INS वागीर तथा INS वागशीर।
INS कलवरी	• यह स्कॉर्पीन श्रेणी की पहली पनडुब्बी है, जिसको वर्ष 2015 में लॉन्च किया तथा दिसम्बर, 2017 में इसे कमीशन किया गया।
INS खण्डेरी	• इसे सितम्बर, 2019 में भारतीय नौसेना में शामिल किया गया।
INS करंज	• इसे जनवरी, 2018 में लॉन्च किया गया तथा 10 मार्च, 2021 को भारतीय नौसेना मे शामिल किया गया।
INS वेला	• स्कॉर्पीन श्रेणी की इस चौथी पनडुब्बी को 25 नवम्बर, 2021 को भारतीय नौसेना में शामिल किया गया।
INS वागीर	• इसे फरवरी, 2022 में लॉन्च किया (जलावतरण) गया तथा 23 जनवरी, 2023 को भारतीय नौसेना में शामिल किया गया।
INS वागशीर	• यह प्रोजेक्ट 75 के अन्तर्गत निर्मित अन्तिम एवं छठी पनडुब्बी है, जिसे अप्रैल, 2022 में मझगाँव डॉक शिपयार्ड पर अनावरण (लॉन्च) किया गया।

पनडुब्बियाँ	विवरण
सिन्धुघोष श्रेणी	• सिन्धुघोष श्रेणी की पनडुब्बियाँ भारतीय नौसेना द्वारा प्रयोग की जाने वाली डीजल-इलेक्ट्रिक चालित पनडुब्बियाँ हैं। ये रूस और भारत के मध्य हुए समझौते के अन्तर्गत बनी हैं। इन पनडुब्बियों की विस्थापन क्षमता 3000 टन है। • अधिकतम गहराई 300 मीटर व अधिकतम गति 18 नॉट है। 53 नाविकों के साथ यह 45 दिन तक अकेले ऑपरेट कर सकती है। इस श्रेणी की प्रमुख पनडुब्बियाँ- INS, सिन्धुघोष, सिन्धुध्वज, सिन्धुराज, सिन्धुवीर, सिन्धुरत्न, सिन्धुकेसरी, सिन्धुकीर्ति तथा सिन्धुराष्ट्र हैं।
शिशुमार श्रेणी	• ये भी डीजल-इलेक्ट्रिक चालित पनडुब्बियाँ हैं, जिनका विकास जर्मनी द्वारा किया गया है। • इनकी जल उत्थापन क्षमता 1660 टन है तथा ये 22 नॉटस प्रतिमील की गति से चल सकती हैं।
INS अरिहन्त	• यह देश की प्रथम स्वदेशी परमाणु पनडुब्बी है। इसे 18 अक्टूबर, 2016 को भारतीय नौसेना में शामिल किया गया। • इसका निर्माण एडवांस्ड टेक्नोलॉजी वैसल (ATV) परियोजना के अन्तर्गत विशाखापत्तनम स्थित शिप बिल्डिंग सेण्टर में हुआ है। • इसकी विस्थापन क्षमता 6000 टन है। इसका जलावतरण 26 जुलाई, 2009 को हुआ। यह 83 मेगावाट के प्रैशराइज्ड लाइट वाटर रिएक्टर से शक्ति प्राप्त करेगा, जोकि संवर्द्धित यूरेनियम का प्रयोग करेगा। यह K-15 मिसाइलों अथवा सम्भावतया 3500 किमी मारक क्षमता वाली K-4 मिसाइलों से युक्त होगी। • इसके निर्माण से भारत, यू एस ए, यू के, फ्रांस, रूस तथा चीन के विशिष्ट समूह में शामिल हो गया है। • 10 अगस्त, 2013 को इसके रिएक्टर को सक्रिय कर दिया गया था। अत: इसको समुद्र के अन्दर परीक्षण के लिए भेजा जा सकता है।
INS चक्र या नेरपा परमाणु पनडुब्बी	• रूस से प्राप्त इस अकुला श्रेणी 2 परमाणु पनडुब्बी पर न्यूक्लियर क्षमता वाली 28 क्रूज मिसाइलें लगी हैं, जिनकी मारक क्षमता 3000 किमी तक है, लेकिन भारत को प्राप्त होने वाली परमाणु पनडुब्बी में 3 M 54 क्लब मिसाइलें जोड़ी गई हैं, जिनकी मारक क्षमता 300 किमी है। INS चक्र नाम से सर्वप्रथम वर्ष 1986 में भी नेरपा श्रेणी की पनडुब्बी रूस से ली गई है, जिसे वर्ष 1991 में वापस लौटाया गया। • रूस ने 29 दिसम्बर, 2011 को अपनी परमाणु पनडुब्बी KIS2 नेरपा भारत को सौंप दी थी, जिसको भारतीय नौसेना में अप्रैल, 2012 में INS चक्र के नाम से शामिल किया गया। • भारत-रूस के मध्य हुए 92 करोड़ डॉलर के सौदे के अन्तर्गत यह भारत को 10 वर्ष की लीज पर प्राप्त हुई है।
आईएनएस अरिघात	• अगस्त, 2024 में भारत ने उन्नत प्रौद्योगिकी पोत (ATV) परियोजना के तहत निर्मित अपनी दूसरी परमाणु ऊर्जा चालित बैलिस्टिक मिसाइल SSBN पनडुब्बी आईएनएस अरिघात (S-3) को नौसेना में शामिल किया। • SSBN का तात्पर्य 'जहाज़, पनडुब्बी, बैलिस्टिक, परमाणु' (Ship, Submersible, Balistic, Nuclear) है और यह एक प्रकार की पनडुब्बी को सन्दर्भित करता है, जो परमाणु-युक्त बैलिस्टिक मिसाइलों का वहन करती है। • आईएनएस अरिघात अपने आईएनएस अरिहन्त के साथ नौसेना में शामिल होने वाली दूसरी परमाणु पनडुब्बी है। इसका उद्देश्य देश की 'न्यूक्लियर ट्रायड' (जल, थल और वायु से परमाणु हथियार दागने की क्षमता) को और अधिक सुदृढ़ करना है। • आकार और विस्थापन में आईएनएस अरिहन्त के समान होने के पश्चात् भी आईएनएस अरिघाट अधिक K-15 मिसाइलों का वहन कर सकता है। • इसमें रूसी सहायता से विकसित 83 मेगावाट के प्रेशराइज्ड लाइट-वाटर रिएक्टर शामिल हैं। • अरिघात में चार बड़े वर्टिकल लॉन्च सिस्टम (VLS) ट्यूब हैं, जो सागरिका SLBM (K-15) का वहन करेंगे। सागरिका एक हाइब्रिड प्रणोदन, दो-चरण, ठोस-प्रणोदक मिसाइल है, जिसकी मारक क्षमता 700 किमी. से अधिक है।

दो निर्माणाधीन परमाणु पनडुब्बियाँ

- भारत की तीसरी परमाणु पनडुब्बी INS अरिदमन (अरिधमान)/(कोड नाम एस 4) निर्माणाधीन है, जो 3,500 किमी मारक क्षमता वाली K-4 मिसाइलों को वहन करने में सक्षम है, यह वर्ष 2025 में नौसेना में शामिल की जाएगी।
- इसके अलावा कोडनेम एस 4 स्टार (S4*) वाली एक अन्य एसएसबीएन भी निर्माणाधीन है, जो अरिदमन के साथ ही नौसेना में शामिल की जाएगी।
- दोनों आगामी संस्करणों की विस्थापन क्षमता 7,000 टन है, जो INS अरिघाट और INS अरिहन्त दोनों से 1,000 टन अधिक है, जिससे अधिक उन्नत प्रणालियों और हथियारों को एकीकृत करना सम्भव हो गया है।
- इनमें चार के बजाय आठ मिसाइल ट्यूब भी होंगी।
- एस4 और एस4 (स्टार) में के-5 पनडुब्बी से प्रक्षेपित बैलिस्टिक मिसाइलें (एसएलबीएम) होंगी, जिनकी रेंज लगभग 5,000 से 6,000 किलोमीटर है और वे दो टन तक का पेलोड ले जा सकती हैं।
- चूँकि SSBN का पता लगाना कठिन है और दुश्मन द्वारा अचानक पहला हमला करने पर वे जवाबी हमला कर सकते हैं, इसलिए शक्ति सन्तुलन की दृष्टि से यह आवश्यक हैं।

रोबोट

रक्षा अनुसन्धान एवं विकास संगठन (डीआरडीओ) ने कई तरह के रोबोट बनाए हैं, जिनका इस्तेमाल कई कार्यों में किया जाता है-

दक्ष

रिमोट से चलने वाला रोबोट दक्ष विस्फोटक उपकरण पहचान और हैण्डलिंग के लिए बहुमुखी उपकरण है। इसका उपयोग परमाणु और रासायनिक संदूषण स्तरों के सर्वेक्षण और निगरानी के लिए भी किया जा सकता है।

मानव रहित हवाई वाहन (UAV) 'नेत्रा'

इस मिनी यूएवी को निगरानी अनुप्रयोगों के लिए विकसित किया गया है। यह बैटरी से चलने वाला डे कैमरा से लैस है। इसमें रात के संचालन के लिए एक वैकल्पिक थर्मल इमेजर भी है।

टैंक वाहन

टैंक	विवरण
अर्जुन टैंक	• इसका विकास DRDO ने किया है। **1400 हॉर्स पावर** वाला यह टैंक अपने चारो ओर 360° घूमकर निशाना लगाता है। 58.5 टन भार वाले इस टैंक की अधिकतम गति 72 किमी/घण्टा है। टैंक में पेरोनायिक साइट सुविधा के कारण इस टैंक में अन्दर बैठकर चारो ओर की निगरानी की जा सकती है। • इस टैंक में एक विशेष प्रकार के फिल्टर के उपयोग के कारण जवानों की जहरीली गैसों एवं विकिरण प्रभाव से रक्षा होती है। इस फिल्टर का निर्माण बार्क ने किया है। • इस टैंक में 120 मिमी की तोप लगी है, जो एक मिनट में 8 राउण्ड फायर कर सकती है। यह टैंक 2500 मी से अधिक दूरी के लक्ष्य को भेदने की क्षमता रखता है। यह रेगिस्तान, दलदली एवं नदी क्षेत्रों में भी आसानी से चल सकता है।
कर्ण टैंक	• DRDO द्वारा यह टैंक अर्जुन टैंक तथा रूसी T-72 टैंक की विशेषताओं को मिलाकर बनाया गया है। यह मध्यम श्रेणी का हल्का टैंक है, जिसका वजन 48 टन है। • यह टैंक नाभिकीय, जैविक एवं रासायनिक युद्ध सह सकता है तथा रात्रि में भी सक्रिय रह सकता है। इस टैंक में विमान को ध्वस्त कर देने वाली मशीनगन लगी है।
भीष्म टैंक/T-90 भीष्म	• भीष्म टैंक रूसी टैंक T90S टैंक का भारतीय संस्करण है। यह एक मध्यम श्रेणी का युद्धक टैंक है (50 टन से कम वजन का है)। यह टैंक जैविक तथा रासायनिक (Biotic and Chemical) आक्रमण की स्थिति में भी सक्रिय रह सकता है तथा बारूदी सुरंगों से भी स्वयं का बचाव कर सकता है। • भारत ने रूस से कुछ टैंक (T-90) खरीदे हैं एवं शेष टैंकों का निर्माण रूस द्वारा आयातित कलपुर्जों द्वारा भारत में **अवाड़ी** (चेन्नई) में किया जा रहा है।
अर्जुन मार्क-II	• भारत के स्वदेश निर्मित युद्धक टैंक का नवीन संस्करण अर्जुन मार्क-II का परीक्षण वर्ष 2012 में हुआ और इसे 2014 में सार्वजनिक रूप से प्रदर्शित किया गया। इसका वजन 66 टन, गति 40-60 किमी/घण्टा और लागत ₹ 35 करोड़ है। इसके निर्माण में प्रयुक्त 90% उपकरण भारतीय हैं। यह मिसाइल दागने में सक्षम है।

युद्धक विमान

विमान	विवरण
राफेल	• राफेल लड़ाकू विमान चौथी पीढ़ी का विकसित संस्करण है, जो दो इंजनों से युक्त है तथा स्टील्थ डिजाइन के कारण रडार की पकड़ से बाहर है, इसकी अन्य विशेषताएँ निम्न हैं यह विमान 2130 किमी/घण्टे की गति से 3700 किमी तक मार कर सकने में सक्षम है। • यह हवा-से-हवा में तथा हवा से जमीन (स्थल) पर मार कर सकने में सक्षम है। और 9500 किग्रा तक वारहेड ले जाने में सक्षम है। • यह अमेरिका के F-16 की तुलना 0.82 फीट अधिक ऊँचा तथा 0.79 फीट अधिक लम्बा है। • यह जमीनी सैन्य ठिकानों के अतिरिक्त विमानवाहक पोत से उड़ान भरने में सक्षम है। • 15 दिसम्बर, 2022 को 36वाँ व अन्तिम राफेल विमान भारत आया। उल्लेखनीय है कि सितम्बर, 2016 में भारत सरकार के 36 राफेल विमान को खरीदने हेतु फ्रांस के साथ एक अन्तर-सरकारी समझौता किया था। इस प्रकार भारत को सभी 36 विमानों की आपूर्ति की जा चुकी है।
P-8 I पोसीडोन	• विमान बनाने वाली प्रमुख अमेरिकी कम्पनी बोइंग द्वारा विकसित **बोइंग P-8 I पोसीडोन** एक बहु-प्रयोजनीय नौसैनिक विमान है, जो इलेक्ट्रॉनिक निगरानी, जासूसी और आक्रमण प्रणालियों से सुसज्जित है। • P-8 पोसीडोन के भारतीय संस्करण को P-8 I नेप्च्यून नाम दिया गया है। भारतीय नौसेना को समुद्री सीमा निगरानी के लिए आठ P-8 I नेप्च्यून विमानों की शृंखला का पहला विमान 19 दिसम्बर, 2012 को प्राप्त हो गया। • यह विमान भारतीय नौसेना में वर्तमान में तैनात रूस निर्मित टुपोलेव TU-142 M समुद्रीय गश्ती एवं पनडुब्बी-रोधी युद्धक विमानों का स्थान लेगा।
ध्रुव	• एडवांस्ड लाइट हेलिकॉप्टर ध्रुव दो इंजन वाला स्वदेशी हेलीकॉप्टर है, जिसका निर्माण हिन्दुस्तान एयरोनॉटिक्स लिमिटेड द्वारा किया गया है। • इसकी अधिकतम गति 245 किमी/घण्टा है। यह तटरक्षकों के सर्वेक्षण, लोगों के विशिष्ट यातायात प्रबन्ध तथा बाढ़ सर्वेक्षण हेतु अत्यधिक उपयोगी है।
रुद्र	• यह ध्रुव का हथियारबन्द संस्करण है। 55 टन श्रेणी का दो इंजन से युक्त, यह हेलीकॉप्टर 25 किमी/घण्टे की गति से उड़ने में सक्षम है। इसे 20 मिमी की बन्दूकों, 70 मिमी के टैंकनाशी निर्देशित मिसाइलों से लैस किया जाएगा। यह विमान हिन्दुस्तान एयरोनॉटिक्स लिमिटेड द्वारा निर्मित है। इसकी पहली उड़ान 16 अगस्त, 2007 को भरी गई थी। इसके दो मुख्य संस्करण हैं— (i) मार्क-III यह इलेक्ट्रॉनिक प्रणालियों से युक्त है, परन्तु हथियारबन्द नहीं है। (ii) मार्क-IV यह संस्करण फ्रांसीसी कम्पनियों MBDA द्वारा निर्मित मिसाइलों, नेक्स्टेर द्वारा निर्मित बन्दूकों तथा बेल्जियम में निर्मित रॉकेटों से युक्त होगा।
LCA तेजस	• तेजस हिन्दुस्तान एयरोनॉटिक्स लिमिटेड द्वारा विकसित किया जा रहा एक हल्का व अनेक प्रकार की भूमिकाओं वाला लड़ाकू एकल इंजन संचालित डेल्टा विंग डिजाइन वाला जेट विमान है, जो हल्के लड़ाकू विमान (Light Combat Aircraft, LCA) के रूप में जाना जाता है। • इस विमान का आधिकारिक नाम तेजस 4 मई, 2003 को तत्कालीन प्रधानमन्त्री अटल बिहारी वाजपेयी ने रखा। आरम्भ में इसे फाल्कन नाम से जाना जाता था। यह विमान सभी मौसमों में उड़ान भरने में सक्षम होने के साथ-साथ हवा-से-हवा, हवा से जमीन व हवा से समुद्र में मार करने की क्षमता से भी पूर्ण है। इसकी गति 1.8 मैक व वजन 5500 किग्रा है। • यह हिन्दुस्तान एयरोनॉटिक्स लिमिटेड द्वारा स्वदेश में निर्मित पहला सुपरसोनिक लड़ाकू विमान है, इसकी सामान्य रेंज 850 किमी और लड़ाकू रेंज 500 किमी है। जनवरी, 2015 में भारतीय वायु सेना में शामिल कर लिया गया।

विमान	विवरण
सुखोई-30 एम के आई	• रूस निर्मित विश्व का आधुनिक प्रकार का बहुप्रयोजनीय लड़ाकू विमान, जिसे भारतीय वायु सेना में शामिल किया गया है। इससे विभिन्न प्रकार की 12 मिसाइलें एक साथ दागी जा सकती हैं। • इसके अतिरिक्त इसमें 4000 किग्रा के शस्त्रास्त्र भी ले जाए जा सकते हैं। इसके रियर कॉकपिट में एक विशेष व्यवस्था होती है, जिससे इस विमान को मिनी अवाक्स के रूप में भी प्रयोग किया जाता है। वर्ष 2004 से इसका निर्माण भारत में ही हिन्दुस्तान एयरोनॉटिक्स लिमिटेड द्वारा किया जा रहा है।
HTT-40	• यह एक स्वदेशी प्रशिक्षक (Trainer) विमान है। • हिन्दुस्तान एयरोनॉटिक्स लिमिटेड द्वारा किया गया है। • अधिकतम गति 450 किमी प्रति घण्टा और अधिकतम सर्विस सीलिंग 6 किमी है।
लॉकडीह मार्टिन सी-130 जे सुपर हरक्यूलिस	• एक चार इंजन टर्बोप्रॉप वाला सैन्य परिवहन विमान है। • अमेरिका द्वारा विकसित इस विमान का प्रयोग सैनिक और उपकरणों को ले जाने, मौसम, खोज और बचाव कार्यों में किया जाता है।
गौरव/गौतम बम	• डीआरडीओ की हैदराबाद स्थित अनुसन्धान केन्द्र इमारत (आरसीआई) प्रयोगशाला भारतीय वायु सेना के लिए **गौरव** और **गौतम** नामक लम्बी दूरी के ग्लाइड बम विकसित कर रही है। • गौरव एक पंखों वाला लम्बी दूरी का ग्लाइड बम है, जिसका वजन 1000 किलोग्राम है और इसकी ग्लाइड रेंज 100 किमी है। • गौतम बम जिसका वजन 550 किलोग्राम है, एक गैर-पंख वाला लम्बी दूरी का ग्लाइड बम है, जिसकी ग्लाइड रेंज 30 किमी है। • गौतम बम में एक हाइब्रिड नेविगेशन सिस्टम है, जिसमें इनर्शियल नेविगेशन सिस्टम (आईएनएस) और ग्लोबल पोजिशनिंग सिस्टम (जीपीएस) है।

न्यू स्टार्ट सन्धि

- यह नई स्टार्ट सन्धि संयुक्त राज्य अमेरिका और रूस के बीच सामरिक हथियारों में कमी लाने तथा उन्हें सीमित करने सम्बन्धी एक सन्धि है।
- यह सन्धि 5 फरवरी, 2011 को लागू हुई थी तथा शीत युद्ध के अन्त में हुई स्टार्ट सन्धि की अनुवर्ती है।

मानवरहित विमान (Unmanned Aerial Vehicle)

- यह एक प्रकार के विमान हैं जिन्हें सैन्य अभियानों में शत्रु क्षेत्र की टोह लेने, सैन्य संचालन, सर्वेक्षण, बचाव, राहत कार्य एवं आवश्यकता पड़ने पर आक्रमण करने के लिए उपयोग में लाया जा सकता है।
- इसे सामान्यत: ड्रोन भी कहा जाता है। चूँकि इन्हें रिमोट कण्ट्रोल के द्वारा नियन्त्रित किया जा सकता है अत: इन्हें किसी मानव चालक की आवश्यकता नहीं होती है।
- डीआरडीओ (DRDO) द्वारा विकसित प्रमुख मानवरहित विमान

नाम	प्रमुख तथ्य
लक्ष्य (Lakshya)	• सतह से हवा और हवा से हवा में मार करने वाली मिसाइलों और तोपों से निशाना लगाने के उद्देश्य से एक लक्ष्य के रूप में प्रयोग • सबसे महत्त्वपूर्ण लाभ है इसकी कम कीमत और एक से अधिक बार प्रयोग करने की सुलभता। • इसे 100 किमी की रेंज से नियन्त्रित किया जा सकता है।
निशान्त (Nishant)	• मुख्यत: युद्ध अवधि में पर्यवेक्षण और टोह लेने के उद्देश्यों के साथ विकसित किया गया है। • इसे भूमि से 160 किमी की दूरी पर भी नियन्त्रित किया जा सकता है। • यह निगरानी हेतु इलेक्ट्रो ऑप्टिकल पेलोड ले जाने में सक्षम है। • यह मजबूत फाइबर ग्लास का बना होने के कारण रडार की पकड़ में नहीं आता।
पंछी (Panchi)	• यह निशान्त का आधुनिक पहियायुक्त संस्करण है। • यह भी एक लॉन्चर आधारित सामरिक यूएवी है, जो पारम्परिक रूप से उड़ान भरने में सक्षम है।
रुस्तम (Rustom)	• सभी मौसमों में उपयोगी रहने वाला मध्यम ऊँचाई और लम्बी सहनशीलता (Endurance) वाला यूएवी है। • यह जल, थल एवं वायु तीनों सेनाओं के उपयोग में शामिल है। • इसे लगभग 3000 फीट की ऊँचाई पर संचालित किया जा सकता है। • यह उच्च गुणवत्ता के सजीव चित्र लेने, खुफिया जानकारी देने और लक्ष्य पर सटीक मार करने में सक्षम है।
नेत्र (NETRA)	• इसे निगरानी रोही और बचाव कार्यों के लिए शामिल किया गया है। • यह बैटरी चालित है और दिन और रात दोनों में संचालन के लिए उपयुक्त है।

"

लेजर 20वीं शताब्दी के सबसे महत्त्वपूर्ण आविष्कारों में से एक है। 1960 के दशक में इसकी शुरुआत के पश्चात् लेजर ने अनगिनत वैज्ञानिक चिकित्सा, औद्योगिक और वाणिज्यिक अनुप्रयोगों को सम्भव बनाया है।

अध्याय छः

लेजर प्रौद्योगिकी

लेजर

लेजर शब्द विकिरण के उद्दीप्त उत्सर्जन के द्वारा प्रकाश प्रवर्द्धन का एक संक्षिप्त रूप है। लेजर प्रोटॉनों की सुव्यवस्थित एवं केन्द्रित किरण होती हैं। इनकी तरंगदैर्ध्य सामान्य प्रकाश की तरह अलग-अलग नहीं, बल्कि नियत होती है। लेजर का कार्य सिद्धान्त अनुनादी प्रभाव (Resonant Effects) के परिणाम पर निर्भर करता है।

> प्रथम लेजर वर्ष 1960 में **थियोडोर एच. मैमन** द्वारा तैयार किया गया था। यद्यपि इसके आधारभूत सिद्धान्त का उल्लेख महान वैज्ञानिक **अल्बर्ट आइन्सटीन** ने वर्ष 1917 में किया था। लेजर किरणें प्रकृति में नहीं पाई जाती हैं। इन्हें विशेष तकनीक द्वारा तैयार किया जाता है।

लेजर को अन्य उपयोग क्षमता प्रदान करने वाले गुण निम्नलिखित हैं

- सम्बद्धता (Coherence) लेजर में सुसंगत तरंगें समय तथा स्थान के सन्दर्भ में एकसाथ लॉक हो जाती हैं।
- एकवर्णी (Mono-Chromatic) लेजर किरणें एकल रंग का प्रकाश होती हैं। अपने एकवर्णता के गुण के कारण लेजर प्रकाश, स्पेक्ट्रोस्कोपी के क्षेत्र में बहुत उपयोगी सिद्ध हुआ।
- अभिसरण (Convergence) लेजर प्रकाश सामान्य प्रकाश स्रोत की तुलना में बहुत कम होता है अर्थात् इनमें दिए गए व्यास में न्यूनतम बिखराव होता है।
- तीव्रता (Intensity) सामान्य प्रकाश स्रोत की ऊर्जा सभी दिशाओं में फैल जाती है, जिससे इनकी तीव्रता कम हो जाती है, क्योंकि यह दूरी के वर्गानुपात में स्रोत से दूर हट जाती है। यद्यपि लेजर किरण की उच्च दिशात्मकता के कारण प्रकाश ऊर्जा बहुत छोटे क्षेत्र में संकेन्द्रित हो जाती है। इसका परिणाम बहुत उच्च स्तर की तीव्रता के रूप में होता है।

लेजर की संरचना

- लेजर प्रकाश उत्पन्न करने में जो पदार्थ प्रयुक्त होता है, उसे प्राप्ति माध्यम कहा जाता है, जिसकी संरचना ठोस, द्रव, गैस अथवा प्लाज्मा में हो सकती है। जब लेजर प्रकाश उत्पन्न किया जाता है, तब पदार्थ को उत्तेजित अवस्था में एक चैम्बर में रखते हैं, जिसका एक भाग 100% परावर्तक तथा दूसरा कम परावर्तक होता है।
- जब फोटॉन उत्तेजित परमाणु से टकराता है, तब उसी आवृत्ति का फोटॉन उत्सर्जित होता है। एक ही आवृत्ति के अनेक कला सम्बद्ध फोटॉन कम परावर्तक तल से बाहर आकर लेजर बीम (Laser Beam) का निर्माण करते हैं।

मेसर

- इसका शाब्दिक अर्थ है-विकिरण के उद्दीप्त उत्सर्जन द्वारा माइक्रोवेव्स का प्रवर्द्धन। लेजर जिस सिद्धान्त पर कार्य करता है, उसी पर मेसर भी कार्य करता है।
- लेजर में प्रकाश किरणें उत्पन्न होती हैं, जबकि मेसर में माइक्रोवेव्स। रडार में मेसर तरंगों का उपयोग कर विमान आदि का पता लगाया जाता है। इसके साथ ही इन तरंगों का उपयोग समुद्र के अन्दर सन्देश भेजने में भी किया जाता है।

लेजर के प्रमुख घटक

लेजर के तीन मुख्य घटक हैं, जिसमें पहला लेजिंग माध्यम, दूसरा उत्तेजक ऊर्जा स्रोत तथा तीसरा ऑप्टिकल गुजंयमान यन्त्र है।

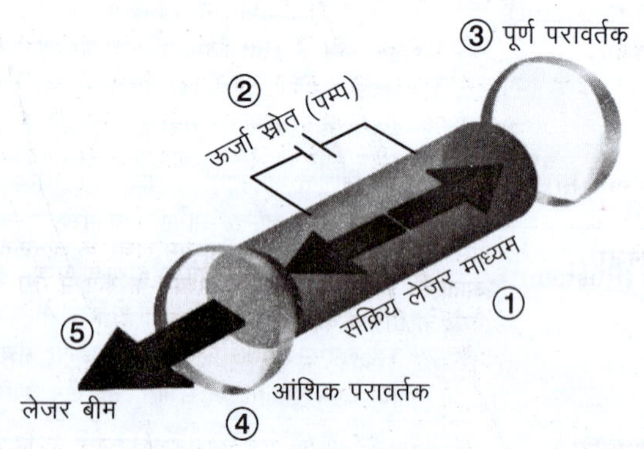

- सक्रिय लेजर माध्यम यह परमाणुओं या अणुओं का एक संग्रह है, जो उत्तेजित उत्सर्जन से गुजर सकता है। सक्रिय माध्यम गैसीय, तरल या ठोस रूप में हो सकता है, क्योंकि एक लेजर का उत्सर्जित प्रकाश लाभ माध्यम के दो परिमाणित अवस्थाओं के बीच संक्रमण द्वारा निर्मित होता है। लेजर प्रकाश हमेशा एकवर्णी (Monochromatic) होता है।

- ऊर्जा स्रोत (पम्प) लेजिंग होने के लिए लाभ माध्यम को उत्तेजित उत्सर्जन से गुजरने में सक्षम उत्तेजित अवस्था में पम्प किया जाना चाहिए। उत्तेजना के लिए आवश्यक ऊर्जा की आपूर्ति अक्सर विद्युत प्रवाह या तीव्र प्रकाश स्रोत; जैसे- फ्लैश लैम्प या उत्तेजना लेजर द्वारा की जाती है।
- पूर्ण परावर्तक यह लेजर ट्रान्समिशन सिस्टम में एक महत्त्वपूर्ण तत्त्व है, क्योंकि ये CO_2 लेजर डिवाइस में एक पूर्ण ऑप्टिकल पथ बनाने के लिए लेजर फोकस लेन्स के साथ सहयोग करते हैं।
- आंशिक परावर्तक (आउटपुट कपलर) यह एक अर्द्ध-पारदर्शी डाईइलेक्ट्रिक दर्पण होता है, जिसका उपयोग लेजर अनुनादक में किया जाता है।
- लेजर बीम यह एक एकल तरंगदैर्ध्य में केन्द्रित, सुसंगत प्रकाश की एक धारा है। यदि लेजर बीम के कोण को समायोजित किया जाता है, तो प्रकाश के तल को क्षैतिज से ऊर्ध्वाधर तक किसी भी कोण पर प्रक्षेपित किया जा सकता है।

लेजर प्रकाश व सामान्य प्रकाश में अन्तर

लेजर प्रकाश	सामान्य प्रकाश
लेजर प्रकाश अत्यधिक सुसंगत होता है।	साधारण प्रकाश प्रकृति में असंगत होता है।
यह केवल एक दिशा में यात्रा करता है, जो ऑप्टिकल अक्ष के सामान्तर होती है।	सामान्य प्रकाश की तीव्रता दूरी के साथ कम हो जाती है, क्योंकि यह छोटी लम्बाई और कम अवधि के छोटे स्पन्दो के रूप में यात्रा करता है।
ये अत्याधिक एकवर्णी (मोनोक्रोमैटिक) होते हैं।	ये एकवर्णी (मोनोक्रोमैटिक) नहीं होते हैं।

लेजर के प्रकार

लेजर के प्रकार	विवरण
ठोस लेजर	• ठोस लेजर सर्वप्रथम ज्ञात लेजर है। ये उच्च घनत्व ग्राह्य माध्यम के अन्तर्गत आते हैं। इनका प्राप्ति माध्यम ठोस पदार्थ होता है। • इस लेजर का प्रयोग विभिन्न पदार्थों को काटने, ड्रिलिंग और वेल्डिंग जैसे कार्यों में किया जाता है।
द्रव लेजर	• इस लेजर में सक्रिय माध्यम का निर्माण जल, एल्कोहॉल जैसे घोलकों में कुछ निश्चित रंजकों के घोलने से होता है। • ये रंजक ठोस लेजर के मुकाबले अधिक सौम्य एवं ग्राह्य होते हैं। इनमें पॉली मीथेन, जैन्थेन, कॉमरीन जैसे रंजकों का उपयोग किया जाता है।
गैस लेजर	• गैस लेजर निम्न घनत्व ग्राह्य माध्यम लेजर के अन्तर्गत आता है। इस लेजर में प्राप्ति माध्यम के रूप में गैस या गैसों के मिश्रण का प्रयोग किया जाता है। • हीलियम-निऑन, कार्बन डाइ-ऑक्साइड, ऑर्गन-आयन आदि गैस लेजर के उदाहरण हैं।
अर्द्धचालक लेजर	• यह विशेष रूप से डिजाइन किया गया पी.एन. सन्धि डायोड होता है, जो आगे की ओर संगठित प्रकाश उत्सर्जित करता है; जैसे-एकल सन्धि लेजर, बहुसन्धि लेजर। • अर्द्धचालक लेजरों (Semiconductor Lasers) को विशेष रूप से इन्फ्रारेड लेजर पुंज की लम्बी दूरी तक ट्रान्समिशन के लिए उपयोग किया जाता है।
एक्साइमर लेजर	• ये ऐसे अणु होते हैं, जो परमाणु की उत्तेजित अवस्था में ही अस्तित्व में आते हैं। इसके अन्तर्गत अधिकतर अक्रिय गैसों के यौगिकों का प्रयोग किया जाता है। ये लेजर पराबैंगनी प्रकाश उत्पन्न करते हैं।
मुक्त इलेक्ट्रॉन लेजर	• ये विशेष चुम्बकीय क्षेत्र से जाने वाले उच्च वेगीय इलेक्ट्रॉन, फोटॉन उत्पन्न करते हैं। • इनकी आवृत्ति सर्वाधिक होती है तथा ये अधिक ट्यूनेबल हैं। ये दृश्य लेजर से पराबैंगनी तथा एक्स-रे लेजर तक विस्तारित हैं।
रासायनिक लेजर	• ये दो से अधिक पदार्थों की रासायनिक अभिक्रिया से निकलने वाली ऊर्जा से उच्च ऊर्जा पुंज उत्पन्न करते हैं। • इन लेजरों में फ्लोरीन तथा हाइड्रोजन का उपयोग होता है। ये बहुत शक्तिशाली होते हैं। इनका प्रयोग सैन्य क्षेत्र में किया जाता है।
हीलियम-नियॉन लेजर	• यह वर्ष 1961 में विकसित किया गया प्रथम लेजर है। यह व्यापक रूप से प्रयोग में लाया जाता है। • यह एक परमाणविक लेजर है, जिसमें चार स्तरीय उत्सर्जन करने की क्षमता होती है। इसमें सक्रिय पदार्थ के रूप में हीलियम एवं नियॉन के मिश्रण का उपयोग किया जाता है, जो 10 : 1 के अनुपात में होता है।

लिडार

- यह एक ऐसा प्रकाशीय दूर संवेदी यन्त्र है, जो लम्बी दूरी का मापन प्रतिध्वनि तकनीक की सहायता से कर सकता है।
- इसकी सहायता से पराबैंगनी अथवा अवरक्त प्रकाश का उपयोग कर बड़े लक्ष्य, अधात्विक वस्तु, रासायनिक पदार्थ, बादल, बारिश तथा सूक्ष्म अणुओं का चित्रण भी आसानी से किया जा सकता है।
- एक सामान्य लिडार उपकरण में एक लेजर, एक स्कैनर और एक विशेष जी.पी.एस. रिसीवर होता है तथा यह उपकरण किसी हवाई जहाज या हैलीकॉप्टर पर लगा होता है।

भारत में लेजर प्रौद्योगिकी

- भारत में लेजर प्रौद्योगिकी को 1960 के दशक में ही अपना लिया गया था। भारत में लेजर प्रौद्योगिकी के विकास के सन्दर्भ में सबसे प्रमुख इकाई भाभा परमाणु अनुसन्धान केन्द्र (BARC) ट्रॉम्बे है।
- बार्क द्वारा वर्ष 1964 में गैलियम-आर्सेनिक (Ga - As) सेमीकण्डक्टर का निर्माण किया गया। इसने 20 किमी की दूरी में प्रकाशीय संचार लिंक स्थापित करने में लेजर का उपयोग किया था।
- इस संस्थान ने कार्बन डाइ-ऑक्साइड लेजर, सोडियम ग्लास लेजर, माणिक्य लेजर आदि का विकास किया है।
- लेजर प्रणालियों और इलेक्ट्रॉन बीम एक्सीलेरेटर्स के क्षेत्रों में भारत अग्रणी देशों में से एक है।
- भारत, पाकिस्तान सीमा पर लेजर की दीवार की सहायता से 40 सुरक्षित बन्द घेरे बनाने की योजना पर कार्य कर रहा है।
- लेजर दीवार इस तकनीक पर आधारित है कि इसमें संवेदक एवं लेजर किरणों का उपयोग किया जाएगा। वर्तमान में भारत, जर्मनी के साथ मिलकर चित्रण संसूचक एवं लेजर तकनीक हेतु उपयोग किए जाने वाले नए पदार्थ के विकास पर कार्य कर रहा है।
- वर्ष 2016 में DRDO ने लक्ष्य भेदी तकनीक एवं लेजर तकनीक की सहायता से UAV जैसे लक्ष्यों को भेदने के लिए 10 किलो वाट के लक्ष्य भेदी आधारित हथियार का निर्माण किया। DRDO का लेजर विज्ञान एवं तकनीक केन्द्र, रसायन लेजर के रूप को परिवर्तित करने पर कार्य कर रहा है।
- लेजर विज्ञान और प्रौद्योगिकी केन्द्र दिल्ली ने नेत्र चिकित्सा के लिए एक लेजर तकनीक विकसित की है, इसका नाम दृष्टि-1064 रखा गया है। मोतियाबिन्द के बाद होने वाले धुँधलेपन और ग्लूकोमा के उपचार में यह तकनीक अत्यधिक प्रभावशाली है।

लेजर और प्लाज्मा प्रौद्योगिकी विभाग द्वारा कुछ विकसित प्रौद्योगिकियाँ

प्रौद्योगिकी	विवरण
लेजर सर्फ-चेक (Laser Surf- Check)	• यह एक लेजर आधारित गैर-आक्रामक, हाथ से आयोजित, पोर्टेबल, स्टैण्ड-अलोन खुरदरापन मापने वाला उपकरण है। • यह 0.05 µm से 0.2 µm की सीमा में फ्लैट धातु पॉलिश सतहों की खुरदरापन माप के लिए या समान सतहों की नियमित तुलना के लिए सबसे अधिक उपयुक्त है।
अपशिष्ट प्रबन्धन के लिए एयर प्लाज्मा गैसीफायर यूनिट (Air Plasma Gasifier Unit for Waste Management)	• गैसीफायर कक्ष, द्वितीयक कक्ष और स्क्रबर प्रणाली से मिलकर एक वायु प्लाज्मा आधारित गैसीफायर इकाई विकसित की गई है। पर्यावरण उत्सर्जन मानदण्डों का पालन करते हुए रूपान्तरण दक्षता 99% से अधिक है। • वायुमण्डल से वायु को प्लाज्मा में परिवर्तित किया जाता है, जो कार्बोनेसियम कचरे से ईंधन गैस के रूप में CO और H_2 का उत्पादन करता है।
गतिशील विस्थापन लेजर सेंसर (Dynamic Displacement Laser Sensor)	• कम्पन संवेदन अनुप्रयोगों के लिए फाइबर ऑप्टिक फेब्री पेरोट इण्टरफेरोमीटर आधारित गतिशील विस्थापन सेंसर विकसित किया गया। • सेंसर को फाइबर ऑप्टिक्स जाँच का उपयोग करके दूरस्थ रूप से सटीक कम्पन को मापने के लिए डिजाइन किया गया है। • सिलिका आधारित फाइबर ऑप्टिक्स और रिमोट इलेक्ट्रॉनिक्स का उपयोग सेंसर को विकिरण वातावरण में मापन के लिए उपयुक्त बनाता है।
लस्कन डाया-गेज (LASCAN DIA-GAUGE)	• बीम स्कैनिंग की ऑप्टिकल तकनीक पर आधारित आयाम माप के लिए एक उपकरण है। • डायोड लेजर से दृश्यमान प्रकाश की एक महीन किरण एक घूर्णन दर्पण और कोलिमेटिंग ऑप्टिक्स का उपयोग करके मापने वाले विमान को स्कैन करती है। मापने वाले विमान में रखी गई वस्तु स्कैनिंग बीम को उसके आयाम के अनुपात में समय के लिए बाधित करती है।
लेजर वेग मीटर (Laser Velocity Meter)	• लेजर वेलोसिटी मीटर एक गैर-सम्पर्क, माइक्रोकण्ट्रोलर आधारित स्टैण्ड-अलोन वेग मापक उपकरण है, जो उड़ान सिद्धान्त के समय पर आधारित है। • प्रक्षेप्य के वेग की गणना के लिए दो समानान्तर ऑप्टिकल शीट्स को काटने से उत्पन्न गतिमान वस्तु की छाया का उपयोग किया जाता है।
लेजर वाइब्रोमीटर (कम्पन) [Laser Vibrometer] (Kampan)	• लेजर वाइब्रोमीटर ऑप्टिकल त्रिभुजन के सिद्धान्त पर कार्य करता है, जहाँ लेजर बीम लक्ष्य पर पड़ता है और पीछे बिखरी हुई रोशनी उपयुक्त प्रकाशिकी द्वारा एक स्थिति संवेदनशील डिटेक्टर (PSD) पर ध्यान केन्द्रित करने के लिए एकत्र की जाती है। • संसूचक पर केन्द्रित स्थान की स्थिति संवेदक से लक्ष्य की दूरी से सम्बन्धित है। जैसे-जैसे वस्तु इधर-उधर चलती है (कम्पन करती है), PSD पर केन्द्रित स्थान भी गति करता है। PSD पर फोकस किए गए स्थान की गति लक्ष्य के केन्द्र की स्थिति से विस्थापन के समानुपाती होती है।
फ्री स्पेस वॉयस/डाटा कम्युनिकेशन (Free Space voice/Data Communication)	• सेमीकण्डक्टर लेजर वॉयस कम्युनिकेटर 10 KBPS पर संचालित पल्स फ्रीक्वेंसी मॉड्यूलेशन का उपयोग करके फुल डुप्लेक्स मोड में कम लागत, कम रेन्ज, कॉम्पैक्ट और लाइट वेट, सुरक्षित इन्फ्रारेड स्पीच कम्युनिकेशन प्रदान करता है। • प्रणाली में लेजर ट्रान्सरिसीवर इकाइयों के दो सेट होते हैं, जो 1.5 KM की सीमा में 10kbit/sec ध्वनि सूचना प्रसारित और प्राप्त कर सकते हैं।
तापीय धारिता जाँच थर्मल प्लाज्मा निदान इकाई (Enthalpy Probe Thermal Plasma Diagnosis Unit)	• भारत में पहली बार 10,000K से नीचे की सीमा में प्लाज्मा तापमान के प्रत्यक्ष निर्धारण के लिए एक पोर्टेबल स्टैण्ड-अलोन एन्थैल्पी जाँच प्लाज्मा डायग्नोसिस यूनिट विकसित की गई है। • प्रणाली में एक तापीय धारिता जाँच, अवशिष्ट गैस विश्लेषक, गैस प्रवाह सेंसर, तापमान सेंसर, वैक्यूम प्रणाली और डेटा अधिग्रहण प्रणाली शामिल हैं।

प्रति लेजर (Anti Laser)

- लेजर के आविष्कार के 50 वर्षों से अधिक समय के पश्चात् येल विश्वविद्यालय के वैज्ञानिकों ने प्रथम बार प्रति लेजर की खोज की।
- यह एक प्रकाश की युक्ति है, जो प्रकाश किरणों को अवशोषित कर उसे ऊष्मा एवं विद्युत ऊर्जा जैसी ऊर्जा में परिवर्तित कर देती है।
- प्रति लेजर को प्रकाश के श्रेष्ठ अवशोषक के रूप में भी जाना जाता है, क्योंकि यह प्रकाश किरणों को अच्छी तरह से अवशोषित कर सकता है। प्रति लेजर लगभग 1 सेमी का होता है और यह आने वाले प्रकाश को 99.5% तक को अवशोषित कर लेता है।

लेजर कार्बन

पानी के इलेक्ट्रोलिसिस को अधिक कुशल बनाने और हाइड्रोजन का उत्पादन करने के लिए पानी के इलेक्ट्रोलिसिस में महँगे धातु आधारित उत्प्रेरकों को बदलने के लिए नवीन कार्बन आधारित उत्प्रेरक।

स्पैक्ट्रोस्कॉपी

यह विज्ञान की वह शाखा है जिसमें पदार्थों द्वारा उत्सर्जित या अवशोषित विद्युत चुम्बकीय विकिरणों के स्पेक्ट्रम का अध्ययन किया जाता है। जब किसी पदार्थ पर प्रकाश डाला जाता है, तो वह कुछ तरंगदैर्ध्य के प्रकाश को अवशोषित कर लेता है और कुछ को उत्सर्जित करता है।

प्रयोग

- किसी पदार्थ के रासायनिक संघटन और संरचना का पता लगाने के लिए।
- अणुओं, परमाणुओं और अणु आधारित प्रक्रियाओं के अध्ययन में।
- जैविक तत्त्वों की संरचना और गतिविधि का विश्लेषण।
- ब्रह्माण्ड में मौजूद तारे, ग्रह और अन्य आकाशीय पिण्डों में अध्ययन के लिए, ताकि उनमें रासायनिक गुणों और तापमान का पता लगाया जा सके।

रमन स्पैक्ट्रोस्कॉपी

- एक विश्लेषणात्मक तकनीक जहाँ किसी नमूने की कम्पन ऊर्जा मोड को मापने के लिए स्कैडर्ड रोशनी का उपयोग किया जाता है।
- इसका नाम भारतीय वैज्ञानिक सी.वी. रमन के नाम पर रखा गया है, जो के.एस. कृष्णन के साथ वर्ष 1928 में रमन स्कैटरिंग का अवलोकन करने वाले पहले व्यक्ति थे।
- यह एक ही किरण को दो या दो से अधिक किरणों में विभाजित करता है। यह आविष्कार प्रो. डगलस स्टोन एवं उनके सहपाठियों के सैद्धान्तिक अध्ययन पर आधारित है।

वाटर-वेव लेजर

- इजरायल के वैज्ञानिकों ने विश्व के प्रथम वाटर-वेव लेजर का निर्माण किया है।
- यह प्रकाश एवं जल तरंगों की अन्तर्क्रिया के माध्यम से लेजर लाइट बीम का उत्सर्जन करता है।

होलोग्राफी

यह किसी वस्तु की पूर्ण तस्वीर अभिलेखित करने की एक तकनीक है। इस तकनीक में लेजर के प्रयोग से वस्तु की 3D छवि बना सकते हैं। इसलिए इसे **लेजर होलोग्राफी** भी कहते हैं। होलोग्राम के निर्माण हेतु एक लेजर किरण को दर्पण आदि की सहायता से दो किरणों में तोड़ दिया जाता है।

लेजर प्रौद्योगिकी में नवीनतम विकास

लेजर प्रौद्योगिकी में हाल के वर्षों में अनेक विकास हुए हैं, इनमें कुछ महत्त्वपूर्ण उल्लेख निम्नवत हैं

लेजर के माध्यम से अन्तर्ग्रहीय संवाद

- पृथ्वी को पहली बार अन्तरिक्ष से लेजर सन्देश मिला है। यह सन्देश 16 मिलियन किलोमीटर (10 मिलियन मील) की दूरी पर Psyche स्पेसक्राफ्ट से पृथ्वी पर भेजा गया।
- अब तक रेडियो सिग्नल का प्रयोग करके स्पेसक्राफ्ट के साथ संचार स्थापित किया जाता था, लेकिन अब लेजर के माध्यम से भी सन्देश भेजे जा सकेंगे।
- Psyche स्पेसक्राफ्ट को 13 अक्टूबर, 2023 को फ्लोरिडा स्थित केनेडी स्पेस सेण्टर से लॉन्च किया गया था। इस एक्सपेरिमेण्ट के लिए **डीप स्पेस ऑप्टिकल कम्युनिकेशंस** (DSOC) सिस्टम का प्रयोग किया गया।
- इस सिस्टम का प्रयोग लेजर-बीम मैसेज को पृथ्वी पर वापस भेजने के लिए किया जाता है।
- Psyche स्पेसक्राफ्ट ने कैलिफोर्निया में पालोमर ऑब्जर्वेटरी में हेल टेलिस्कोप के साथ एक कम्युनिकेशन लिंक स्थापित किया। इस कम्युनिकेशन लिंक के सफल प्रयोग को 'फर्स्ट लाइट' नाम दिया गया है।

- इस दौरान DSOC के नियर-इंफ्रारेड फोटॉन को Psyche से पृथ्वी तक यात्रा करने में लगभग 50 सेकण्ड का समय लगा। इस टेस्ट के दौरान डेटा को 'क्लोजिंग द लिंक' तकनीक के तहत अपलिंक और डाउनलिंक लेजर के माध्यम से भेजा गया था।

नासा इन-ऑर्बिट लेजर रिले सिस्टम

- अमेरिकी अन्तरिक्ष एजेन्सी नासा ने इन-ऑर्बिट लेजर रिले सिस्टम के साथ अपना पहला लेजर लिंक पूरा कर लिया है। इसे स्पेस कम्युनिकेशन टेक्नोलॉजी में एक महत्त्वपूर्ण प्रगति माना जा रहा है।
- विभिन्न कक्षाओं में लेजर टर्मिनलों के बीच टू-वे लेजर कम्युनिकेशन का सफल प्रदर्शन पृथ्वी और चन्द्रमा या उससे भी अधिक दूरी के बीच तेजी से संचार के लिए महत्त्वपूर्ण आधार प्रदान कर सकता है।
- इस इण्टीग्रेटेड लेजर कम्युनिकेशन रिले डिमोन्सट्रेशन (LCRD) लो अर्थ ऑरबिट यूजर मॉडम एम्प्लिफायर टर्मिनल (इल्यूमा-टी) नाम की तकनीक के प्रदर्शन और परीक्षण के लिए नासा ने इण्टरनेशनल स्पेस स्टेशन को ही चुना है।
- लेजर कम्युनिकेशन को ऑप्टिकल कम्युनिकेशन के रूप में भी जाना जाता है। यह सिग्नल भेजने और प्राप्त करने के लिए पारम्परिक रेडियो तरंगों के बजाय अवरक्त प्रकाश का उपयोग करता है।
- लेजर की बहुत छोटी, अवरक्त तरंग दैर्ध्य रेडियो की लम्बी तरंग दैर्ध्य की तुलना में प्रत्येक ट्रांसमिशन के साथ बहुत अधिक मात्रा में जानकारी भेजने की अनुमति देती है।
- इस कम्युनिकेशन की कुछ चुनौतियाँ भी हैं, जिनमें ट्रांसमीटरों और रिसीवरों को सटीक रूप से एक निश्चित एंगल पर रखना और अन्तरिक्ष में उपयोग के लिए इसके कम्पोनेण्ट को छोटा, हल्का और कम ऊर्जा की खपत वाला बनाना शामिल है।

लेजर इण्टरनेट

- गूगल की पैरेण्ट कम्पनी अल्फाबेट (Alphabet) लेजर इण्टरनेट (Laser Internet) के माध्यम से भारत के दूर-दराज क्षेत्रों को हाई स्पीड इण्टरनेट देने के लिए लेजर इण्टरनेट प्रोजेक्ट प्रारम्भ कर रही है।
- इसके लिए गूगल ने भारती एयरटेल के साथ साझेदारी की है। इस प्रोजेक्ट को तारा (Tara) नाम दिया गया है। यह प्रोजेक्ट गूगल के इनोवेशन लैब का हिस्सा है, जिसे "Moonshot Factory के नाम से भी जाना जाता है।
- Tara प्रोजेक्ट के तहत 13 देशों में इण्टरनेट की सर्विस पहले से ही दी जा रही है, जिनमें ऑस्ट्रेलिया, केन्या और फिजी शामिल हैं। दावा किया जा रहा है कि तारा प्रोजेक्ट के तहत लोगों को लेजर इण्टरनेट टेक्नोलॉजी के तहत कम कीमत में हाई-स्पीड इण्टरनेट की सेवा दी जाएगी।
- लेजर इण्टरनेट टेक्नोलॉजी के माध्यम से केबल के बिना फाइबर-ऑप्टिक इण्टरनेट की सेवा दी जा सकती है। इसके लिए एक निश्चित दूरी पर मशीनों को इंस्टॉल किया जाएगा।
- लेजर इण्टरनेट की सबसे विशेष बात यह है कि बिना स्पीड गवाए लम्बी दूरी तय करता है और इसमें दो मशीनों के बीच किसी तार की जरूरत नहीं होती है।
- जर इण्टरनेट, सैटेलाइट, फाइबर और मोबाइल डाटा के मुकाबले काफी तेज होता है।
- लेजर इण्टरनेट की स्पीड 20Gbps तक होती है। यह स्पीड 20 किमी तक एक जैसी ही रहती है और सबसे विशेष बात यह है कि यह स्पीड बायडायरेक्शनल होती है।

भारत में लेजर एसोसिएशन

एसोसिएशन	विवरण
इण्डियन लेजर एसोसिएशन (ILA)	• इण्डियन लेजर एसोसिएशन (ILA) लेजर तकनीक और अनुप्रयोगों में रुचि रखने वाले व्यक्तियों का एक संघ है। यह गैर-लाभकारी बहु-विषयक पेशेवर संगठन है। इसका उद्देश्य विभिन्न गतिविधियां; जैसे— सेमिनार, संगोष्ठी और प्रशिक्षण पाठ्यक्रम के आयोजन के माध्यम से भारत में शिक्षा, उन्नति और लेजर विज्ञान और प्रौद्योगिकी के अनुप्रयोगों को बढ़ावा देना है।
ऑप्टिकल सोसायटी ऑफ इण्डिया (OSI)	• ऑप्टिकल सोसायटी ऑफ इण्डिया (OSI) की स्थापना वर्ष 1965 में की गई थी। इसका उद्देश्य प्रकाशिकी के ज्ञान को अपनी सभी शाखाओं में लागू करना, अनुसन्धान गतिविधियों को प्रोत्साहित करना आदि है। यह उच्च शक्ति वाले लेजर क्षेत्रों में कार्य करता है।
IEEE लेजर और इलेक्ट्रो- ऑप्टिक्स सोसायटी (LEOS)	• 1 जनवरी, 1985 से प्रभावी, क्वाण्टम इलेक्ट्रॉनिक्स एण्ड एप्लीकेशन सोसायटी (QEAS) का नाम बदलकर IEEE लेजर एण्ड इलेक्ट्रो-ऑप्टिक्स सोसायटी (LEOS) कर दिया गया। • LEOS फोटोनिक्स टेक्नोलॉजी लेटर्स, जर्नल ऑफ क्वाण्टम इलेक्ट्रॉनिक्स, क्वाण्टम इलेक्ट्रॉनिक्स में चयनित विषय और लाइट वेव टेक्नोलॉजी जर्नल प्रकाशित कर रहा है।
फोटोनिक्स सोसायटी ऑफ इण्डिया (PSI)	• फोटोनिक्स सोसायटी ऑफ इण्डिया (PSI), वर्ष 2000 में स्थापित, भारत में फोटोनिक्स के साथ काम करने वाले व्यक्तियों, संस्थानों और कम्पनियों का एक पेशेवर संगठन है। • PSI फोटोनिक्स अनुसन्धान और अनुप्रयोगों के हितों के लिए एक स्वतन्त्र भारतीय पेशेवर संगठन है। यह एक निर्वाचित कार्यकारी समिति द्वारा शासित है तथा कोचीन विज्ञान और प्रौद्योगिकी विश्वविद्यालय, कोचीन में स्थित इण्टरनेशनल स्कूल ऑफ फोटोनिक्स (आईएसपी) द्वारा प्रशासित है। • इसका मुख्य उद्देश्य शोधकर्ताओं, वैज्ञानिकों, शिक्षकों और उद्योगपतियों का एक नेटवर्क तैयार करना है, जो भारत में फोटोनिक्स से सम्बन्धित कार्यक्रमों में भाग लेने के इच्छुक हैं।
पावर बीम सोसायटी ऑफ इण्डिया (PSI)	• पावर बीम सोसायटी ऑफ इण्डिया (पीएसआई) एक भारतीय आधारित गैर-लाभकारी संगठन (एनजीओ) है, जिसमें उद्योगों, अनुसन्धान संस्थानों, शैक्षणिक संस्थानों और विश्वविद्यालयों से तैयार पेशेवर शामिल हैं। • इसका मुख्य उद्देश्य सामग्री प्रसंस्करण में पावर बीम्स (लेजर, प्लाज्मा और इलेक्ट्रॉन बीम) के विकास को बढ़ावा देना है और नई उभरती हुई तकनीक में उद्योगों तथा अनुसन्धान के बीच रचनात्मक समन्वय स्थापित करना है।

> कम्प्यूटर एक इलेक्ट्रॉनिक मशीन है, जिसका प्रयोग सूचनाओं के संग्रह, आदान-प्रदान एवं विभिन्न गणनाओं को तेजी से करने के लिए किया जाता है। विश्व का पहला कम्प्यूटर मार्क-1 नाम से वर्ष 1937 में बनाया गया था।

अध्याय सात

कम्प्यूटर एवं सूचना प्रौद्योगिकी

कम्प्यूटर का इतिहास

- अबेकस (Abacus) गणना करने वाला प्रारम्भिक यन्त्र था, जिससे मैन्युअल रूप से गणना की जाती थी। इसका आविष्कार लगभग दूसरी शताब्दी ई. पू. चीन में हुआ था। यद्यपि अबेकस के प्रयोग के प्रमाण मेसोपोटामिया वर्तमान इराक में लगभग 3500 ई. पू. में मिलते हैं।
- फ्रांसीसी गणितज्ञ ब्लेज पास्कल ने 1642 ई. में पास्कल कैलकुलेटर (पहला यान्त्रिक कैलकुलेटर) बनाया, जो जोड़ और घटाव कर सकता था।
- ब्रिटिश वैज्ञानिक चार्ल्स बैबेज ने 1822 ई. में 'डिफरेन्स इंजन' का डिजाइन प्रस्तुत किया। उन्हें 'कम्प्यूटर का जनक' कहा जाता है। उनके 'एनालिटिकल इंजन' के लिए पहला एल्गोरिथ्म लिखने के कारण एडा लवलेस को विश्व का पहला प्रोग्रामर माना जाता है।
- विश्व का पहला इलेक्ट्रॉनिक कम्प्यूटर 'एटानसोफ-बेरी कम्प्यूटर' (ABC) वर्ष 1937-1942 के बीच जॉन विन्सेट एटानसोफ और क्लिफर्ड बेरी ने विकसित किया। पहला व्यावसायिक इलेक्ट्रॉनिक डिजिटल कम्प्यूटर 'ENIAC' वर्ष 1946 में अमेरिका की पेन्सिल्वेनिया यूनिवर्सिटी में बनाया गया।
- विश्व का पहला डेस्कटॉप पर्सनल कम्प्यूटर इटैलियन कम्पनी ओलिवेट्टी (Oliverti) ने वर्ष 1964 में 'प्रोग्राम 101' के रूप में विकसित किया था, जबकि व्यापक रूप से लोकप्रिय पहला डेस्कटॉप कम्प्यूटर IBM ने वर्ष 1981 में पेश किया।

कम्प्यूटर का वर्गीकरण

कम्प्यूटरों को उनके आकार, क्षमता, स्मृति एवं गति के आधार पर निम्नलिखित भागों में बाँटा जा सकता है

आकार के आधार पर

- सुपर कम्प्यूटर (Super Computer) ये कम्प्यूटर सर्वाधिक गति, संग्रह क्षमता एवं उच्च विस्तार वाले होते हैं। सुपर कम्प्यूटर का उपयोग मौसम की भविष्यवाणी करने, एनिमेशन तथा चलचित्र का निर्माण करने, अन्तरिक्ष यात्रा के लिए अन्तरिक्ष यात्रियों को अन्तरिक्ष में भेजने इत्यादि कार्यों में किया जाता है। उदाहरण के लिए, परम, प्रत्युष, फुगाकु आदि।
- मेनफ्रेम कम्प्यूटर (Mainframe Computer) यह कम्प्यूटर एकसाथ कई लाख गणनाएँ प्रति सेकण्ड में कर सकता है। इस पर एकसाथ कई व्यक्ति कार्य कर सकते हैं। यह एक स्थान पर लगाया जाता है और जितने लोगों को इस पर कार्य करना होता है, उन्हें टर्मिनल के माध्यम से इस कम्प्यूटर से सम्बद्ध कर देते हैं। उदाहरण-IBM Z series, System Z9 आदि।
- मिनी कम्प्यूटर (Mini Computer) मध्यम श्रेणी के कम्प्यूटर, जिन पर कुछ व्यक्ति एकसाथ कार्य कर सकते हैं, मिनी कम्प्यूटर कहलाते हैं। ऐसे कम्प्यूटरों से जुड़े कम्प्यूटर सामान्यत: एक ही बिल्डिंग में होते हैं। ऐसे कम्प्यूटरों का उपयोग बीमा कम्पनियों, बैंकों, फैक्ट्रियों में हिसाब-किताब रखने आदि में किया जाता है। उदाहरण PDP-11, हनीवेल 200 आदि।
- माइक्रो कम्प्यूटर (Micro Computer) ऐसे कम्प्यूटर, जिन पर एक समय में केवल एक ही व्यक्ति कार्य कर सकता है, माइक्रो कम्प्यूटर कहलाते हैं। ये आकार में छोटे होते हैं और वर्तमान में इन कम्प्यूटरों की संख्या सर्वाधिक है। इन्हें पर्सनल कम्प्यूटर (Personal Computer, PC) भी कहा जाता है। माइक्रो कम्प्यूटर कई प्रकार के होते हैं; जैसे—डेस्कटॉप कम्प्यूटर, लैपटॉप, नोटबुक, पामटॉप, आइपैड, टैबलेट कम्प्यूटर आदि।
- क्वाण्टम कम्प्यूटर (Quantum Computer) यह एक नवीनतम किस्म का कम्प्यूटर होता है, जो मानव मस्तिष्क और सुपर कम्प्यूटर की पहुँच से बाहर समस्याओं को हल करने में सक्षम है। इस कम्प्यूटर में क्यूबिट्स का प्रयोग होता है, जो शून्य और एक का अध्यारोपण है।

> क्यूबिट्स (Qubits) क्वॉटम बिट्स का संक्षिप्त रूप है, जो क्वॉटम कम्प्यूटर में सूचना की मूल इकाई है। पारम्परिक बिट्स 0 या 1 होते हैं, जबकि क्यूबिट्स 0 या 1 सुपरपोजिशन (0 और 1 दोनों) होते हैं और अधिक शक्तिशाली होते हैं।

कार्य के आधार पर

- एनालॉग कम्प्यूटर (Analog Computer) इन कम्प्यूटर्स का प्रयोग भौतिक मात्राओं; जैसे—दाब, तापमान, लम्बाई, पारा इत्यादि को मापकर उनके परिणाम को अंकों में प्रस्तुत करने के लिए किया जाता है। इनका उपयोग विज्ञान और इंजीनियरिंग क्षेत्रों में अधिक किया जाता है; जैसे—स्पीडोमीटर, भूकम्प-सूचक यन्त्र आदि।
- डिजिटल कम्प्यूटर (Digital Computer) इन कम्प्यूटर्स का उपयोग अंकों की गणना करने के लिए किया जाता है। आधुनिक युग में प्रयुक्त अधिकतर कम्प्यूटर डिजिटल कम्प्यूटर की श्रेणी में ही आते हैं। ये इनपुट किए गए डाटा और प्रोग्राम्स को 0 और 1 में परिवर्तित करके इन्हें इलेक्ट्रॉनिक रूप में प्रस्तुत करते हैं। उदाहरण लैपटॉप, स्मार्टफोन आदि।
- हाइब्रिड कम्प्यूटर (Hybrid Computer) इनमें एनालॉग तथा डिजिटल दोनों ही कम्प्यूटर्स के गुण सम्मिलित होते हैं। इसके द्वारा भौतिक मात्राओं को अंकों में परिवर्तित करके उसे डिजिटल रूप में ले आते हैं। चिकित्सा के क्षेत्र में, इसका सर्वाधिक उपयोग होता है; जैसे—ECG, DIALYSIS मशीन आदि।

उद्देश्य के आधार पर

- सामान्य उद्देशीय कम्प्यूटर (General Purpose Computer) इनके द्वारा दस्तावेज तैयार करने, उन्हें छापने, डाटाबेस बनाने तथा शब्द प्रक्रिया द्वारा पत्र तैयार करने इत्यादि क्षेत्रों में सामान्य कार्य किए जाते हैं। जैसे—डेस्कटॉप कम्प्यूटर, लैपटॉप।
- विशिष्ट उद्देशीय कम्प्यूटर (Special Purpose Computer) इन्हें विशेष कार्यों के लिए डिजाइन किया जाता है। इनका उपयोग अन्तरिक्ष विज्ञान, मौसम विज्ञान, उपग्रह संचालन, यातायात नियन्त्रण, कृषि-विज्ञान, इंजीनियरिंग, भौतिक तथा रासायनिक विज्ञान में शोध, उपग्रह संचालन इत्यादि क्षेत्रों में विशिष्ट उद्देश्यों के लिए किया जाता है। उदाहरण-ATM मशीन, औद्योगिक मशीन।

कम्प्यूटर की पीढ़ियाँ

आधुनिक कम्प्यूटर्स के इतिहास को तकनीकी विकास के अनुसार कई भागों में बाँटा जाता है, जिन्हें कम्प्यूटर की पीढ़ियाँ (Generations of Computer) कहा जाता है। ये पीढ़ियाँ निम्न हैं

पीढ़ी	स्विचिंग डिवाइस	स्टोरेज डिवाइस/गति	ऑपरेटिंग सिस्टम/भाषा	विशेषताएँ	उपयोग/उदाहरण
प्रथम (1940-56)	वैक्यूम ट्यूब	मैग्नेटिक ड्रम/मिली सेकण्ड	बैच ऑपरेटिंग सिस्टम /मशीनी भाषा (बाइनरी नम्बर 0's और 1's)	• सीमित मुख्य स्टोरेज क्षमता • मन्द गति से इनपुट-आउटपुट • नॉन पोर्टेबल	• मुख्यतया वैज्ञानिक और सामान्य व्यापार सिस्टम; जैसे—एनिएक, यूनिवैक, मार्क-1 आदि।
द्वितीय (1956-63)	ट्रांजिस्टर (सेमीकण्डक्टर से बने)	मैग्नेटिक कोर टेक्नोलॉजी /माइक्रो सेकण्ड	मल्टीटास्किंग और टाइम शेयरिंग/असेम्बली भाषा, उच्च स्तरीय भाषा (COBOL, FORTRAN)	• ट्रांजिस्टर का उपयोग आरम्भ • आकार और ताप में कमी • तीव्र और विश्वसनीय	• व्यापक व्यावसायिक प्रयोग; जैसे—PDP-8, IBM-1401 आदि।
तृतीय (1964-71)	इण्टिग्रेटेड सर्किट (IC) (सिलिकॉन से बने)	मैग्नेटिक कोर प्राथमिक स्टोरेज माध्यम/नैनो सेकण्ड	रियल टाइम/ उच्च स्तरीय भाषा (फोरट्रॉन, कोबोल, एलगोल)	• चुम्बकीय कोर और सॉलिड स्टेट का मुख्य स्टोरेज के रूप में उपयोग • इनपुट-आउटपुट को नियन्त्रित करने के लिए सॉफ्टवेयर उपलब्ध	• डाटाबेस मैनेजमेण्ट सिस्टम, ऑनलाइन सिस्टम, रिजर्वेशन सिस्टम; जैसे —NCR 395, B6500 आदि।
चतुर्थ (1971-वर्तमान)	बड़े पैमाने पर इण्टिग्रेटेड सर्किट (LSI)/ माइक्रोप्रोसेसर्स	HDD, फ्लॉपी डिस्क /पीको सेकण्ड	टाइम शेयरिंग/फोरट्रॉन IV, पास्कल, ADA, कोबोल-74	• मिनी कम्प्यूटर के उपयोग में वृद्धि। • भिन्न-भिन्न हार्डवेयर निर्माता के यन्त्रों के बीच एक अनुकूलता, जिससे उपभोक्ता किसी एक विक्रेता से बँधा न रहे।	• इलेक्ट्रॉनिक फण्ड ट्रांसफर, व्यावसायिक उत्पादन और व्यक्तिगत उपयोग; जैसे— मैकिण्टोश, इण्टेल 4004 चिप आदि।
पंचम (1980-वर्तमान तक)	VLSI, न्यूरल नेटवर्क चिप, ऑप्टिकल स्विच	SSD, कलाउड स्टोरेज	नॉलेज इन्फॉर्मेशन प्रोसेसिंग सिस्टम	• पोर्टेबल पीसी डेस्कटॉप लैपटॉप स्मार्ट फोन से व्यापक विस्तार	• डिजिटल क्रान्ति, AI रोबोटिक्स का विकास हो रहा है। • उदाहरण-IBM Watson, Fugaku

हार्डवेयर

ये कम्प्यूटर का भौतिक अवयव है, जिनका उपयोग डेटा प्रोसेसिंग, इनपुट, आउटपुट और स्टोर करने के लिए किया जाता है। *हार्डवेयर निम्न प्रकार के होते हैं*

इनपुट डिवाइस	आउटपुट डिवाइस
इस डिवाइस का प्रयोग उपयोगकर्ता के द्वारा कम्प्यूटर को डाटा और निर्देश प्रदान करने के लिए किया जाता है।	इस डिवाइस का प्रयोग कम्प्यूटर से प्राप्त परिणाम को देखने अथवा प्राप्त करने के लिए किया जाता है।
की-बोर्ड (Keyboard) विभिन्न बटन को दबाकर कम्प्यूटर को टेक्स्ट, आदेश और डाटा देते हैं।	**मॉनिटर** (Monitor) यह एक डिस्प्ले पर कम्प्यूटर से प्राप्त जानकारी को दृश्य रूप में प्रदर्शित करता है।
माउस (Mouse): इससे स्क्रीन पर कर्सर को इंगित करके विभिन्न प्रोग्रामों को संचालित किया जाता है।	**प्रिण्टर** (Printer) कम्प्यूटर से प्राप्त डाटा को कागज पर छापता है। इसमें सेमीकण्डक्टर लेजर प्रयुक्त होती है।
ट्रैकपैड (Track pad) यह एक सपाट सतह होती है, जिससे अँगुली से छूकर कर्सर को नियन्त्रित किया जाता है।	**स्पीकर** (Speaker) कम्प्यूटर से प्राप्त ध्वनि संकेतों को ध्वनि तरंगों में परिवर्तित करता है।
स्कैनर (Scanner) दस्तावेजों या तस्वीरों को डिजिटल प्रारूप में परिवर्तित करता है।	**प्रोजेक्टर** (Projector) कम्प्यूटर से प्राप्त छवियों को बड़ी स्क्रीन पर प्रोजेक्ट करता है।

मॉनिटर के प्रकार

सीआरटी	**CRT** (Cathode Ray Tube) तकनीक के मॉनिटर आरम्भिक दौर में उपयोग होते थे। ये आकार में बड़े होते थे।
एलसीडी	**LCD** (Liquid Crystal Display) मॉनीटर आधुनिक मॉनीटर हैं। ये हल्के, पतले व कम ऊर्जा खपत वाले मॉनीटर हैं।
प्लाज्मा	इसे **गैस डिस्चार्ज्ड डिस्प्ले** (gas discharge display) भी कहा जाता है, क्योंकि इस डिस्प्ले में प्रकाश उत्पन्न करने के लिए नयॉन और जियॉन गैसों का उपयोग किया जाता है।
एलईडी	**LED** (Light Emitting Diode) मॉनीटर भी अन्य फ्लैट पैनल मॉनीटर की तरह वजन में हल्के होते हैं।
ओएलईडी	**OLED** (Organic Light Emitting Diode) मॉनीटर एक अत्याधुनिक मॉनीटर है, जो काफी पतला होता है। इसका उपयोग स्मार्टफोन और टैबलेट की स्क्रीन बनाने के लिए किया जाता है।
डीएलपी	**DLP** (Digital Light Processing) मॉनीटर का उपयोग बड़ी स्क्रीन में चित्रों को डिस्प्ले करने के लिए किया जाता है।
थ्रीडी	**3D** (Three Dimension) मॉनीटर आउटपुट को तीन आयामों (3D) में दर्शाता है।
टीएफटी	**Thin Film Transistor** (TFT) मॉनीटर की मुख्य विशेषता यह है कि हम इसमें बने चित्र को विभिन्न कोणों (Angles) से भी देख सकते हैं, जबकि अन्य मॉनीटर में विभिन्न कोणों से चित्र देखने पर चित्र स्पष्ट दिखाई नहीं देते हैं।

सीपीयू

- सीपीयू कम्प्यूटर के सेण्ट्रल प्रोसेसिंग यूनिट (Central Processing Unit) का संक्षिप्त रूप है। इसे **कम्प्यूटर का मस्तिष्क** भी कहा जाता है। यह सिस्टम के प्रमुख कार्यों को नियन्त्रित करता है और सभी डिवाइसों के बीच संवाद स्थापित करता है। सीपीयू तीन भागों में विभाजित होता है
- कण्ट्रोल यूनिट (CU) जो निर्देशन एवं नियन्त्रण करता है। अर्थमैटिक लॉजिक यूनिट (ALU) अंकीय एवं तार्किक निर्देशों का कार्यान्वयन करता है।

कम्प्यूटर मैमोरी

कम्प्यूटर मैमोरी का उपयोग डाटा और निर्देशों को स्थायी या अस्थायी रूप से संग्रहित करने के लिए करता है। इसे मुख्यत: तीन भागों में विभाजित किया जा सकता है-

1. प्राथमिक मैमोरी 2. द्वितीयक मैमोरी 3. कैश मैमोरी

- प्राथमिक मैमोरी (Primary Memory) प्राथमिक मैमोरी कम्प्यूटर की वह मैमोरी होती है, जो CPU का ही भाग है। इसके निम्नलिखित प्रकार हैं
    - रैम (Random Access Memory, RAM) यह कम्प्यूटर की मुख्य स्मृति के समान है। इसे रीड और राइट (Read and Write) स्मृति भी कहते हैं, जिसका तात्पर्य यह है कि रैम में आँकड़ों को लिखा जा सकता है और पढ़ा भी जा सकता है। यह शॉर्ट-टर्म मैमोरी है। अत: कम्प्यूटर बन्द होने पर इसमें संग्रहित डाटा समाप्त हो जाता है। रैम दो प्रकार की होती है- डायनेमिक रैम और स्टैटिक रैम।
    - रोम (Read Only Memory, ROM) प्रत्येक कम्प्यूटर में रोम मैमोरी अवश्य होती है, जिसमें ऐसे निर्देश (Instruction) संग्रहित होते हैं, जो कम्प्यूटर के ऑन होने पर प्रयुक्त होते हैं। यह मैमोरी केवल पढ़ने के लिए होती है। रोम निम्न प्रकार के होते हैं
        1. पी-रोम (Programmable Read Only Memory, PROM)
        2. ई-पी रोम (Erasable Programmable Read Only Memory, EPROM)
        3. ई-पीरोम (Electrically Erasable Programmable Read Only Memory, E-EPROM)
- द्वितीयक मैमोरी (Secondary Memory) कम्प्यूटर की मुख्य मैमोरी में उपस्थित डाटा स्विच बन्द कर देने पर नष्ट हो जाता है अर्थात् न तो हम उसे इच्छानुसार बढ़ा सकते हैं और न ही हम उसमें कोई सूचना स्थायी रूप से स्टोर कर सकते हैं। इसलिए हमें सहायक मैमोरी या द्वितीयक मैमोरी का उपयोग करना पड़ता है। कुछ द्वितीयक मैमोरी निम्न हैं

मैग्नेटिक स्टोरेज डिवाइस

डेटा को मैग्नेटिक कोटिंग वाली डिस्क या टेप पर संग्रहित किया जाता है।

- हार्ड डिस्क ड्राइव (HDD)– धातु की घूर्णनशील डिस्क पर डेटा संग्रहित होता है।
- फ्लॉपी डिस्क यह पतली प्लास्टिक डिस्क है, जिस पर रिकॉर्डिंग के लिए चुम्बकीय पदार्थ की पतली परत चढ़ी होती है।
- मैग्नेटिक टैप डेटा को प्लास्टिक टेप पर मैग्नेटिक कोट पर संग्रहित की जाती है।

ऑप्टिकल स्टोरेज

- इसमें जिस डेटा को संग्रहित करना है, उसको पहले मशीनी भाषा में परिवर्तित कर लिया जाता है और फिर उससे एक लेजर किरण को मॉडुलेट करके प्लेटर की सतह पर रिकॉर्ड कर लिया जाता है। इस संग्रहित सूचना को लेजर किरण द्वारा पढ़ा जा सकता है।

- सीडी (CD-Compact Disc) संगीत, वीडियों तथा सॉफ्टवेयर संग्रहित के लिए उपयोगी।
- डी वी डी (Digital Versatile Disc) सीडी से अधिक स्टोरेज क्षमता।
- ब्लू-रे डिस्क (Blue Ray Disc) डी वी डी से अधिक स्टोरेज क्षमता।

फ्लैश मैमोरी

- डेटा को इलेक्ट्रॉनिक रूप से स्टोर किया जाता है और बार-बार लिखा और मिटाया जा सकता है।
- SSD (सॉलिड स्टेट ड्राइव) - HDD की तुलना में तेज
- USB पेन ड्राइव - पोर्टेबल स्टोरेज डिवाइस
- SD कार्ड - कैमरा व मोबाइल में उपयोग

वर्चुअल मैमोरी - यह एक मैमोरी प्रबन्धन तकनीक है, जिसमें सेकेण्डरी मैमोरी का उपयोग इस तरह किया जाता है, जैसे कि वह मुख्य मैमोरी का भाग है। वर्चुअल मैमोरी का आकार डिस्क स्पेस पर निर्भर करता है।

कैश मैमोरी *(Cache Memory)*

- कैश मैमोरी एक तेज व अस्थायी स्टोरेज होती है, जिसका उपयोग CPU द्वारा बार-बार एक्सेस किए जाने वाले डेटा और निर्देशों को स्टोर करने के लिए किया जाता है। यह CPU एवं RAM के बीच बफर जोन का कार्य करती है, जिससे डेटा तक पहुँचने का समय तेजी से घटता है।

मैमोरी की इकाइयाँ

1 बिट	=	बाइनरी डिजिट (0 या 1)
4 बिट्स	=	1 निबल (Nib)
8 बिट्स	=	1 बाइट (Byte)
1024 बाइट्स	=	1 किलोबाइट (1 KB)
1024 किलोबाइट	=	1 मेगाबाइट (1 MB)
1024 मेगाबाइट	=	1 गीगोबाइट (1 GB)
1024 गीगाबाइट	=	1 टेराबाइट (1 TB)
1024 टेराबाइट	=	1 पेटाबाइट (1 PB)
1024 पेटाबाइट	=	1 एक्साबाइट (1 EB)
1024 एक्साबाइट	=	1 जेटाबाइट (1 ZB)
1024 जेटाबाइट	=	1 योटाबाइट (1 YB)
1024 योटाबाइट	=	1 ब्रोण्टोबाइट (Bronto Byte)
1024 ब्रोण्टोबाइट	=	1 जीओपबाइट (Geop Byte)

नोट *बिट सबसे छोटी मैमोरी इकाई है। जीओपबाइट सबसे बड़ी मैमोरी इकाई है।*

सॉफ्टवेयर

- कम्प्यूटरों में सैकड़ों की संख्या में प्रोग्राम होते हैं, जो अलग-अलग कार्यों के लिए लिखे या बनाए जाते हैं।
- इन सभी प्रोग्रामों के समूह को सम्मिलित रूप से सॉफ्टवेयर (Software) कहा जाता है। सॉफ्टवेयर को कार्य तथा संरचना के आधार पर तीन भागों में बाँटा गया है

सिस्टम सॉफ्टवेयर

ये सॉफ्टवेयर कम्प्यूटर को चलाने, उसे नियन्त्रित करने, उसके विभिन्न भागों की देखभाल करने के लिए बनाए जाते हैं। इनमें निम्नलिखित प्रोग्राम शामिल हैं

ऑपरेटिंग सिस्टम

- यह एक ऐसा सॉफ्टवेयर है, जो यूजर व कम्प्यूटर हार्डवेयर के मध्य एक इण्टरफेस का कार्य करता है। यह सुनिश्चित करता है कि समस्त हार्डवेयर साधनों की क्षमता का पर्याप्त उपयोग हो। यह प्रोसेसिंग प्रबन्धन, मैमोरी प्रबन्धन, इनपुट-आउटपुट प्रबन्धन, फाइल प्रबन्धन का कार्य करता है।
- ऑपरेटिंग सिस्टम के कुछ मुख्य उदाहरण हैं- एण्ड्रॉयड (Android), BSD, iOS, Linux, Mac OS X, माइक्रोसॉफ्ट विण्डोज, MS-DOS आदि।

भरोस (BharOS)

- BharOS, एण्ड्रॉयड या आईओएस की तरह ही एक स्वदेशी ऑपरेटिंग सिस्टम है। इसे भारतीय प्रौद्योगिकी संस्थान, मद्रास (IIT) ने विकसित किया है।
- यह भारत सरकार द्वारा वित्त पोषित एक प्रोजेक्ट है। इसका उद्देश्य, स्मार्टफोन में विदेशी ऑपरेटिंग सिस्टम पर निर्भरता कम करना और स्थानीय रूप से विकसित प्रौद्योगिकी का प्रयोग बढ़ाना है।

भाषा अनुवादक

ये ऐसे प्रोग्राम हैं, जो विभिन्न प्रोग्रामिंग भाषाओं में लिखे गए प्रोग्रामों का अनुवाद कम्प्यूटर की मशीनी भाषा में करते हैं। भाषा अनुवादक निम्न प्रकार के हैं

- असेम्बलर यह असेम्बली भाषा में लिखे गए किसी प्रोग्राम को पढ़ता है और उसका अनुवाद मशीनी भाषा में करता है।
- कम्पाइलर यह किसी प्रोग्रामर द्वारा उच्च स्तरीय प्रोग्रामिंग भाषा में लिखे गए सोर्स प्रोग्राम का अनुवाद मशीनी भाषा में करता है। यह एक बार में पूरे प्रोग्राम का अनुवाद करता है।
- इण्टरप्रेटर यह किसी प्रोग्रामर द्वारा उच्च स्तरीय प्रोग्रामिंग भाषा में लिखे गए सोर्स प्रोग्राम का अनुवाद मशीनी भाषा में करता है, परन्तु यह एक बार में सोर्स प्रोग्राम के केवल एक कथन को मशीनी भाषा में अनुवाद करता है।

प्रोग्रामिंग भाषा की पीढ़ियाँ

1 GL	मशीन भाषा/बाइनरी कोड (0, 1)
2 GL	असेम्बली
3 GL	C, C ++, Java, FORTRAN, PASCAL
4 GL	SQL, Pythoh, Perl, Ruby, MATLAB
5 GL	प्रोलॉग, OPS5, मर्करी

एप्लीकेशन सॉफ्टवेयर

- ये वे प्रोग्राम हैं, जो उपयोगकर्ता के विशिष्ट व्यक्तिगत, शैक्षणिक या व्यावसायिक इत्यादि कार्य करने के लिए कम्प्यूटर में स्थापित किए जाते हैं; जैसे—MS office, Tally, My SQL, VSCode, VLC Player आदि।

यूटिलिटी सॉफ्टवेयर

- ये प्रोग्राम कम्प्यूटर के रख-रखाव से सम्बन्धित कार्य करते हैं और ये कम्प्यूटर के कार्यों को सरल बनाने, उसे अशुद्धियों से दूर रखने तथा सिस्टम के विभिन्न सुरक्षा कार्यों के लिए बनाए जाते हैं।
- ये पैकेज होते हैं, जो सॉफ्टवेयर को इन्स्टॉल करते समय कम्प्यूटर में लोड हो जाते हैं। उदाहरण-डिस्क कम्प्रेशन, डिस्क फ्रेग्मेण्टर, डिस्क क्लीनर्स, एण्टीवायरस आदि।

नोट *मन्त्रा, मशीन एसिस्टेड ट्रांसलेशन टूल है, जो विविध अंग्रेजी दस्तावेजों; जैसे—(प्रशासनिक, वित्तीय, औद्योगिक, कृषि, सूचना प्रौद्योगिकीय, स्वास्थ्य, शिक्षा, बैंकिंग आदि का हिन्दी में अनुवाद करता है।*

सॉफ्टवेयर 2.0

- सॉफ्टवेयर 2.0, डीप लर्निंग के जरिए कोड लिखने का एक तरीका है। इसमें, सॉफ्टवेयर डेवलपर को प्रोग्रामिंग एल्गोरिदम डिजाइन करने की जरूरत नहीं होती, बल्कि उन्हें बड़े डेटासेट डिजाइन और क्यूरेट करने होते हैं।
- यह मनुष्यों द्वारा लिखे गए कोड (सॉफ्टवेयर 1.0) से एआई द्वारा लिखे गए कोड की ओर बढ़ने का कदम है। सॉफ्टवेयर 2.0 को उन स्थितियों में ज्यादा उपयोग किया जाएगा, जहाँ डेटा की मात्रा अत्यधिक हो।
- इसके लिए डेटा वैज्ञानिकों, डेटा इंजीनियरों, एमएल इंजीनियरों और मशीन लर्निंग ऑपरेशन (MLOps) जैसी भूमिकाओं की जरूरत होगी।

सुपर कम्प्यूटिंग

- सुपर कम्प्यूटिंग उच्च प्रदर्शन वाली कम्प्यूटिंग का एक रूप है, जो एक शक्तिशाली कम्प्यूटर अर्थात् सुपर कम्प्यूटर का उपयोग करके गणना करता है, जिससे समाधान में लगने वाला समय अत्यधिक कम हो जाता है।
- सुपर कम्प्यूटिंग तकनीक में सुपर कम्प्यूटर शामिल हैं, जो ये 'नॉन-वॉन न्यूमान सिद्धान्त' (Non-Von Neumann Concept) के आधार पर तैयार किए जाते हैं।
- पारम्परिक कम्प्यूटरों के विपरीत, सुपर कम्प्यूटर एक से अधिक सेण्ट्रल प्रोसेसिंग यूनिट (सीपीयू) का उपयोग करते हैं। इन सीपीयू को कम्प्यूट नोड्स में समूहीकृत किया जाता है, जिसमें एक प्रोसेसर या प्रोसेसरों का एक समूह-सिमेट्रिक मल्टीप्रोसेसिंग (एसएमपी) और एक मैमोरी ब्लॉक शामिल होता है। इसे समानान्तर प्रक्रिया (Parallel Processing) कहते हैं।
- इनका उपयोग भारी मात्रा में डेटा प्रोसेसिंग के लिए किया जाता है। जैसे-अन्तरिक्ष अन्वेषण, भूकम्पीय अनुसन्धान और परमाणु परीक्षण आदि।
- सुपर कम्प्यूटिंग की गति को FLOPS (floating-point operations per second) में मापा जाता है।
- सुपर कम्प्यूटिंग 1950 के दशक में प्रारम्भ हुई, जब अमेरिकी सरकार ने उच्च प्रदर्शन वाली कम्प्यूटर प्रौद्योगिकी के विकास के लिए लगातार वित्त पोषण शुरू किया, जिसका मुख्य उद्देश्य सैन्य अनुप्रयोगों पर केन्द्रित था।

भारत में सुपर कम्प्यूटर

- PARAM 8000 भारत का पहला सुपर कम्प्यूटर था। इसे सी-डैक (कम्प्यूटिंग विकास केन्द्र) द्वारा वर्ष 1991 में लॉन्च किया गया था। विजय भटकर (भारतीय सुपर कम्प्यूटर के जनक) ने परम सुपर कम्प्यूटर का नेतृत्व किया था।
- वर्ष 1993 में, PARAM 9000 शृंखला जारी की गई, जिसकी अधिकतम कम्प्यूटिंग शक्ति 5 GFLOPS थी।
- वर्ष 1998 में, PARAM 10000 शृंखला ने LINPACK बेंचमार्क पर 38 GFLOPS का निरन्तर प्रदर्शन किया था।
- AI सुपर कम्प्यूटर 'ऐरावत' (स्पीड- 13170 teraflops) वर्तमान में भारत का सबसे तेज सुपर कम्प्यूटर है। जून, 2023 तक ऐरावत को विश्व में 75वाँ स्थान दिया गया है।
- प्रधानमन्त्री नरेन्द्र मोदी द्वारा तीन नए सुपर कम्प्यूटर लॉन्च किए गए हैं
  - परम रुद्र
  - अर्का और अरूणिका
- इन तीन सुपर कम्प्यूटरों को पुणे, दिल्ली और कोलकाता में स्थापित किया गया है।

राष्ट्रीय सुपर कम्प्यूटिंग मिशन

- इलेक्ट्रॉनिक्स और सूचना प्रौद्योगिकी मन्त्रालय ने वर्ष 2015 में 2022 तक पूरे देश में 73 स्वदेशी सुपर कम्प्यूटर स्थापित करने के लिए राष्ट्रीय सुपर कम्प्यूटिंग मिशन (NSM) की घोषणा की थी।
- इसका उद्देश्य भारत में शैक्षणिक और अनुसन्धान संस्थानों में उच्च प्रदर्शन कम्प्यूटिंग की क्षमता और योग्यता को बढ़ाना है।
- कार्यान्वयन एजेन्सियाँ उन्नत कम्प्यूटिंग विकास केन्द्र (सी-डैक) और भारतीय विज्ञान संस्थान (IISc) बंगलुरु।

नेशनल सुपर कम्प्यूटिंग मिशन के अन्तर्गत स्थापित प्रणालियाँ

क्रमांक	संस्थान का नाम	प्रणाली का नाम	कम्प्यूटिंग शक्ति
1.	आईआईटी (बीएचयू), वाराणसी	परम शिवाय	838TF
2.	आईआईएसईटी, पुणे	परम ब्रह्मा	1.70PF
3.	आईआईटी, खड़गपुर	परम शक्ति	1.66PF
4.	जेएनसीएएसआर, बंगलुरु	परम युक्ति	1.8PF
5.	आईआईटी, कानपुर	परम संगणक	1.66PF
6.	सी-डैक, पुणे	परम सिद्ध-एआई	5.2PF/210PF (AI)
7.	आईआईटी, हैदराबाद	परम सेवा	838TF
8.	नाबी, मोहाली	परम स्मृति	838TF
9.	आईआईएससी, बंगलुरू	परम प्रवेग	3.3PF
10.	सी-डैक, बंगलुरु	परम उत्कर्ष	838TF
11.	आईआईटी, रुड़की	परम गंगा	1.66PF
12.	आईआईटी, गाँधीनगर	परम अनन्त	838TF
13.	एनआईटी, त्रिची	परम पोरुल	838TF
14.	आईआईटी, गुवाहाटी	परम कामरूप	838TF
15.	आईआईटी, मण्डी	परम हिमालय	838TF

कम्प्यूटर नेटवर्क

कम्प्यूटर नेटवर्क से हमारा तात्पर्य आस-पास या दूर बिखरे हुए कम्प्यूटर्स को इस प्रकार जोड़ने से है कि उनमें से प्रत्येक कम्प्यूटर किसी दूसरे कम्प्यूटर के साथ सम्पर्क बनाकर सूचनाओं या सन्देशों का आदान-प्रदान कर सके और एक-दूसरे के साधनों तथा सुविधाओं को साझा कर सके।

कम्प्यूटर नेटवर्क के प्रकार

- लॉकल एरिया नेटवर्क (LAN) ऐसे नेटवर्क्स के सभी कम्प्यूटर्स एक सीमित क्षेत्र में स्थित होते हैं। ये क्षेत्र लगभग एक किमी की सीमा में होने चाहिए; जैसे-कोई बड़ी बिल्डिंग या उनका एक समूह।
- मेट्रोपॉलिटन एरिया नेटवर्क (MAN) जब बहुत अधिक लोकल एरिया नेटवर्क्स अर्थात् लैन किसी नगर या शहर के अन्तर्गत एक-दूसरे से जुड़े रहते हैं, तो इस प्रकार के नेटवर्क को मेट्रोपॉलिटन एरिया नेटवर्क कहा जाता है।
- वाइड एरिया नेटवर्क (WAN) इस नेटवर्क से जुड़े हुए कम्प्यूटर तथा उपकरण एक-दूसरे से हजारों किमी की भौगोलिक दूरी पर भी स्थित हो सकते हैं। इनका कार्यक्षेत्र कई महाद्वीपों तक विस्तारित हो सकता है।

वर्चुअल प्राइवेट नेटवर्क (VPN)

- यह एक ऐसी तकनीक है, जो उपयोगकर्ता के डिवाइस एवं इण्टरनेट के बीच एक सुरक्षित एवं निजी कनेक्शन स्थापित करती है। यह इण्टरनेट ट्रैफिक को एन्क्रिप्ट करते हैं और उपयोगकर्ता की ऑनलाइन पहचान अर्थात् IP पते को छिपाते हैं।
- किसी भिन्न स्थान पर वीपीएन सर्वर से कनेक्ट करके उपयोगकर्ता उन सामग्री एवं वेबसाइटों तक पहुँच सकते हैं, जो उनके क्षेत्र में प्रतिबन्धित अथवा अवरुद्ध हो सकती हैं।

इण्टरनेट

इण्टरनेट नेटवर्कों का नेटवर्क है, जिसमें लाखों निजी व सार्वजनिक लोकल से ग्लोबल स्कोप वाले नेटवर्क शामिल होते हैं। सामान्यत: नेटवर्क दो या दो से अधिक कम्प्यूटर सिस्टम्स को आपस में जोड़कर बनाया गया एक समूह है।

भारत में इण्टरनेट

- भारत में इण्टरनेट का इतिहास 15 अगस्त, 1995 को विदेश संचार निगम लिमिटेड (VSNL) के द्वारा इण्टरनेट सेवा को लॉन्च करने पर शुरू हुआ था।
- वर्ष 2004 में सरकार ने ब्रॉडबैण्ड पॉलिसी शुरू की, जिसमें इण्टरनेट कनेक्शन 256k bit/s [KbPs] या उससे अधिक डाउनलोड स्पीड के साथ परिभाषित किया गया।

इण्टरनेट की प्रमुख सेवाएँ

- ई-मेल इसके माध्यम से कोई भी उपयोगकर्ता किसी भी अन्य व्यक्ति को इलेक्ट्रॉनिक रूप में सन्देश भेज सकता है तथा उसे प्राप्त कर सकता है।
- वीडियो कॉन्फ्रेन्सिंग इसके माध्यम से कोई व्यक्ति या व्यक्तियों का समूह किसी अन्य व्यक्ति या समूह के साथ दूर होते हुए भी आमने-सामने रहकर वार्तालाप कर सकता है।
- ई-कॉमर्स इसके अन्तर्गत वस्तुओं का लेन-देन, व्यापारिक सम्बन्धों को बनाए रखना व व्यापारिक जानकारियों को शेयर करना, धनराशि का लेन-देन इत्यादि भी सम्मिलित हैं।

इण्टरनेट प्रोटोकॉल

- इण्टरनेट तथा अन्य नेटवर्क पर एक कम्प्यूटर से दूसरे कम्प्यूटर में डेटा का आदान-प्रदान करने हेतु नियमों का समूह इण्टरनेट प्रोटोकॉल कहलाता है।
- इन नियमों (प्रोटोकॉल्स) को Institute of Electrical and Electronic Engineers (IEEE) द्वारा प्रकाशित किया गया था और RFC 791 में उल्लेखित हैं।

IP एड्रेस

- डेटा को सुरक्षित सही प्राप्तकर्ता (Destination) तक पहुँचाने के लिए सही और सार्वभौमिक पहचान की आवश्यकता होती है।
- इस पहचान को ही IP Address कहा जाता है, जो प्रत्येक कनेक्टेड कम्प्यूटर का विशिष्ट पता कहलाता है।
- IP Address का बँटवारा IPv4 या फिर IPv6 के मानकों के आधार पर किया जाता है।
- IPv 4 सबसे अधिक उपयोग वाला इण्टरनेट प्रोटोकॉल है, जिसे वर्ष 1970 में विकसित किया गया था।
- यह 32-bit Format में आईपी एड्रेस का बँटवारा करता है।
- Internet Protocol Version 6 (IPv6) पुराने Ipv 4 का अपग्रेड वर्जन है। इसका विकास The Internet Engineering Task Force (IETF) द्वारा वर्ष 1998 में किया गया।
- IPv6 128-bit फॉर्मेट में IP Addresses का आवण्टन करता है।

प्रमुख प्रोटोकॉल

- **ट्रांसमिशन कण्ट्रोल प्रोटोकॉल (TCP)** डेटाग्राम का क्रम निर्धारण ट्रांसमिशन कण्ट्रोल प्रोटोकॉल **(TCP)** द्वारा किया जाता है।
- **फाइल ट्रांसफर प्रोटोकॉल (FTP)** इस प्रोटोकॉल का उपयोग एक सिस्टम से दूसरे सिस्टम में टेक्स्ट, ऑडियो, वीडियो आदि मल्टीमीडिया फाइल ट्रान्सफर करने के लिए किया जाता है।
- **हाइपर टैक्सट ट्रान्सफर प्रोटोकॉल (Hyper Text Transfer Protocol, HTTP)** हाइपर टैक्सट ट्रान्सफर प्रोटोकॉल (HTTP) का उपयोग वेब सर्वर (Web Servier) से डेटा को वेब ब्राउजर (Web Browser) में स्थानान्तरित करने के लिए किया जाता है।
- **वायरलैस एप्लीकेशन प्रोटोकॉल (WAP)** यह स्मार्टफोन, व्यक्तिगत डिजिटल सहायक, पेजर और अन्य वायरलेस उपकरणों पर संचार प्रोटोकॉल (इण्टरनेट संचार और टेलीफोनी सेवाएँ) का एक सेट वितरित करने के लिए विश्वव्यापी मानक है।
- **वॉयस ऑवर इण्टरनेट प्रोटोकॉल (VoIP)** यह इण्टरनेट के माध्यम से किसी अन्य कम्प्यूटर या टेलीफोन पर टेलीफोन कॉल करने की अनुमति देता है।

OSI मॉडल

OSI (Open Systems Interconnection) मॉडल एक सैद्धान्तिक रूपरेखा है, जो नेटवर्किंग में डेटा संचार के लिए सात परतें (7 Layers) में विभाजित है। यह विभिन्न नेटवर्क डिवाइस और प्रोटोकॉल के बीच इण्टर ऑपरेबिलिटी सुनिश्चित करता है।

OSI मॉडल की 7 परतें

1. भौतिक परत

- यह परत नेटवर्क के भौतिक (Hardware) माध्यम से सम्बन्धित है।
- कार्य डेटा केबिट्स को विद्युत सिग्नल या ऑप्टिकल सिग्नल में बदलना
- उदाहरण Ethernet , USB, Bluetooth

2. डाटा लिंक परत

- यह परत त्रुटिहीन डेटा ट्रांसमिशन सुनिश्चित करती है।
- डेटा को फ्रेम्स में विभाजित करता है।
- उपकरण - स्विच ब्रिज
- प्रोटोकॉल - Ethernet, PPP

3. नेटवर्क परत

- नेटवर्क परत डेटा का स्रोत से गन्तव्य तक रूट करने का कार्य करता है।
- कार्य - IP एड्रेसिंग और रूटिंग पैकेट निर्माण
- उपकरण - राउटर
- प्रोटोकोल - IPv4, IPv6

4. परिवहन परत

- परिवहन परत डेटा के सम्पूर्ण और क्रमबद्ध डिलीवरी को सुनिश्चित करती है।
- कार्य - संगमेंटेशन और री-असेम्बली, त्रुटि नियन्त्रण बफ्लो नियन्त्रण

5. सत्र परत

- सत्र परत स्रोत और गन्तव्य के बीच सत्र की स्थापना, प्रबन्धन और समाप्ति को नियन्त्रित करती है।
- कार्य सत्र का समन्वय और रख-रखाव, डेटा एक्सचेन्ज की सिंक्रोनाइजेशन।

6. प्रस्तुति परत

- प्रस्तुति परत डेटा के स्वरूप को प्रेषण और ग्रहण के अनुसार परिवर्तित करती है।
- कार्य डेटा एन्क्रिप्शन और डिक्रिप्शन डेटा कम्प्रेशन
- उदाहरण JPEG, MP3, ASCII

7. अनुप्रयोग परत

- अनुप्रयोग परत उपयोगकर्ता और नेटवर्क के बीच इण्टरफेस प्रदान करती है।
- कार्य उपयोगकर्ता से सम्बन्धित कार्य, जैसे—ई-मेल, वेब ब्राउजिंग
- उदाहरण HTTP, FTP, SHTP

सैटेलाइट इण्टरनेट

- अन्तरिक्ष इण्टरनेट प्रणाली का उपयोग जियोस्टेशनरी सैटेलाइट (Geostationary Satellite) के माध्यम से चुनिन्दा उपयोगकर्ताओं के लिए किया जा रहा है। लेकिन अब आम उपभोक्ताओं के लिए विभिन्न निजी कम्पनियाँ लो अर्थ ऑर्बिट (LEO) उपग्रहों के अपने बेड़े के माध्यम से दुनिया भर में ब्रॉडबैण्ड उपग्रह इण्टरनेट प्रसारित करने का लक्ष्य बना रही हैं।
- LEO उपग्रह पृथ्वी से लगभग 500 किमी से 2000 किमी की दूरी पर स्थित हैं।
- वनवेब (OneWeb) एक निजी कम्पनी है, जिसने LEO में 218 उपग्रहों के तारामण्डल को सफलतापूर्वक लॉन्च किया है।
- प्रमुख सैटेलाइट इण्टरनेट कम्पनी-वनवेब, स्पेस एक्स, स्टारलिंक, अमेजन, कुइपर आदि।

क्लाउड कम्प्यूटिंग

- यह एक इण्टरनेट आधारित कम्प्यूटिंग है, जिसमें कम्प्यूटर और अन्य डिवाइस के लिए अनुरोध पर डाटा और रिसॉर्स शेयर किए जाते हैं।
- यह एक ऐसी तकनीक है, जिसके माध्यम से यूजर अपने कम्प्यूटर की ड्राइव के साथ-साथ इण्टरनेट पर भी अपना डाटा सुरक्षित कर सकता है। यदि भविष्य में यूजर का कोई डाटा कम्प्यूटर से डिलीट हो जाता है, तो वह उसे क्लाउड कम्प्यूटिंग (Cloud Computing) के माध्यम से प्राप्त कर सकता है।
- Amazon AWS, Microsoft Azure, Google Cloud, Alibaba Cloud और IBM Cloud आदि कुछ क्लाउड कम्प्यूटिंग सर्विस प्रोवाइडर हैं।

क्लाउड कम्प्यूटिंग के लाभ को उपयोग करने के क्रम में, भारत सरकार ने एक GI क्लाउड की शुरुआत की, जिसका नाम **मेघराज** (Megh Raj) रखा। इस पहल का फोकस देश में ई-सेवाओं की डिलीवरी की गति बढ़ाना है।

ग्रिड कम्प्यूटिंग

- ग्रिड कम्प्यूटिंग नेटवर्क से जुड़े कम्प्यूटरों का एक समूह है, जो बड़े कार्यों को करने के लिए एक वर्चुअल सुपरकम्प्यूटर के रूप में एक साथ काम करते हैं, जैसे विशाल डेटा सेट का विश्लेषण करना।
- ग्रिड कम्प्यूटिंग डेटा ग्रिड में भाग लेने वाले प्रत्येक कम्प्यूटर पर विशेष सॉफ्टवेयर चलाकर काम करती है।

भारत का अपना GARUDA

- भारत सरकार ने राष्ट्रव्यापी कम्प्यूटेशनल ग्रिड GARUDA को तैनात करने के लिए सेण्टर फॉर डेवलपमेण्ट ऑफ एडवांस्ड कम्प्यूटिंग (C-DAC) को वित्त पोषित किया है, जो देशभर के 17 शहरों को ग्रिड नेटवर्क कम्प्यूटिंग को अनुसन्धान प्रयोगशाला में लाने के उद्देश्य से जोड़ेगा।
- GARUDA एक राष्ट्रव्यापी ग्रिड पर वैज्ञानिक और तकनीकी शोधकर्ताओं का एक सहयोग है, जिसमें कम्प्यूटेशनल नोड्स, मास स्टोरेज और वैज्ञानिक उपकरण शामिल हैं।

इण्टरनेट से सम्बन्धित पद

- वर्ल्ड वाइड वेब (www) यह एक सिंगल इण्टरफेस पर कई इण्टरनेट प्रोटोकॉल्स एक्सेस करने के लिए हाइपर टेक्स्ट और मल्टीमीडिया का समर्थन करने वाला एक इण्टरनेट सर्वर है। यह 13 मार्च, 1989 को टिम बर्नर्स ली द्वारा प्रस्तावित किया गया था।
- वेब ब्राउजर यह एक सॉफ्टवेयर एप्लीकेशन है, जिसका प्रयोग वर्ल्ड वाइड वेब के कंटेंट को ढूँढ़ने व प्रदर्शित करने में होता है।
- वेब पेज ये डॉक्यूमेण्ट्स HTML में लिखे जाते हैं तथा वेब ब्राउजर द्वारा प्रदर्शित किए जाते हैं। वेब पेज दो प्रकार के होते हैं—स्टैटिक वेब पेज व डायनमिक वेब पेज।
- वेबसाइट एक वेबसाइट वेब पेजों का संग्रह होती है, जिसमें सभी वेब पेज हाइपरलिंक द्वारा एक-दूसरे से जुड़े होते हैं। किसी भी वेबसाइट का पहला पेज होमपेज कहलाता है।

URL (यूनिफॉर्म रिसॉर्स लॉकेटर) यह इण्टरनेट से जुड़े होस्ट कम्प्यूटर पर फाइलों के इण्टरनेट एड्रेस को दर्शाते हैं। टिम बर्नर्स ली ने वर्ष 1991 में पहला URL बनाया, जो वर्ल्ड वाइड वेब पर हाइपरलिंक्स को प्रकाशित करने में प्रयोग होता है।

- HTTP (हाइपर टैक्स्ट ट्रान्सफर प्रोटोकॉल) यह इस बात को सुनिश्चित करता है कि सन्देशों को किस प्रकार फॉर्मेट व संचरित किया जाता है तथा विभिन्न कमाण्ड्स के रेस्पॉन्स में वेब सर्वर तथा ब्राउजर क्या कार्य करेंगे।
- HTTPS (हाइपर टैक्स्ट ट्रांसफर प्रोटोकॉल सिक्योर) यह HTTP का विस्तारक है। यह कम्प्यूटर नेटवर्क पर सुरक्षित कम्युनिकेशन के लिए प्रयोग होता है।
- HTML (हाइपर टैक्स्ट मार्कअप लैंग्वेज) इसका प्रयोग वेब पेजों के डिजाइन बनाने में होता है। मार्कअप लैंग्वेज, मार्कअप टैग का एक सेट होता है, जो वेब ब्राउजर को यह दर्शाता है कि वेब पेज पर शब्दों, इमेजों इत्यादि को उपयोगकर्ता के लिए किस प्रकार प्रदर्शित करना है।
- FTP (फाइल ट्रान्सफर प्रोटोकॉल) इसके द्वारा इण्टरनेट उपयोगकर्ता अपने कम्प्यूटर्स से फाइलों को विभिन्न वेबसाइटों पर अपलोड कर सकते हैं या वेबसाइट से अपने PC में डाउनलोड कर सकते हैं।
- TCP/IP (ट्रान्समिशन कण्ट्रोल प्रोटोकॉल/ इण्टरनेट प्रोटोकॉल) यह End to End कनेक्टिविटी प्रदान करता है, जिसमें डाटा की फॉर्मेटिंग, एड्रेसिंग संचरण के रूट्स और इसे प्राप्त करने की विधि इत्यादि सम्मिलित हैं।
- बैण्डविथ इसका प्रयोग डाटा ट्रान्सफर की दर निर्धारित करने में होता है। इसे HbPS या GbPS में मापा जाता है।
- SSL (सिक्योर सॉकेट लेयर) यह एन्क्रिप्शन बेस्ड इण्टरनेट सिक्योरिटी प्रोटोकॉल है। यह नेटस्केप के द्वारा वर्ष 1995 में डेवलप हुआ था।

नेशनल इण्टरनेट एक्सचेन्ज ऑफ इण्डिया (NIXI)

NIXI एक नॉन प्रॉफिट संस्थान है। इसकी स्थापना 19 जून, 2003 को की गई। यह कम्पनीज एक्ट-2013 के अन्तर्गत पंजीकृत है। इसका उद्देश्य भारतीय नागरिकों के लिए इण्टरनेट इन्फ्रॉस्ट्रक्चर को विकसित करना है।

वेब का विकास

- वर्ल्ड वाइड वेब को सामान्यत: WWW या W3 या वेब के रूप में संक्षिप्त किया जाता है। वर्ल्ड वाइड वेब एक-दूसरे से जुड़े वेब पेजों की प्रणाली है, जिन्हें इण्टरनेट के माध्यम से सर्फ किया जाता है और हम उनके माध्यम से जानकारी तक पहुँच सकते हैं।
- वेब विकास के विभिन्न संस्करण निम्नलिखित हैं

वेब 1.0

- वर्ष 1989 में टिम बर्नर्स ली एक ब्रिटिश कम्प्यूटर वैज्ञानिक ने एक वैश्विक हाइपरटेक्स्ट स्पेस बनाने का सुझाव दिया, जिसमें किसी भी नेटवर्क तक पहुँचने वाली जानकारी को एक एकल यूनिवर्सल डॉक्यूमेण्ट आइडेण्टिफायर (UDI) द्वारा सन्दर्भित किया जाएगा।
- वेब 1.0 मुख्य रूप से रीड ओनली वेब था। यह स्थिर और कुछ सीमा तक मोनो डायरेक्शनल भी था।
- व्यवसाय वेब का उपयोग करके अपनी प्रस्तुतियों को प्रस्तुत करने के लिए कैटलॉग या ब्रॉशर प्रदान कर सकते हैं, जिससे लोग उन्हें पढ़ सकते हैं और व्यवसायों से सम्पर्क कर सकते हैं। वेब 1.0 के मुख्य प्रोटोकॉल HTTP, HTML और URI हैं। उदाहरण—नेट स्केप, नेविगेटर, मौजैक आदि

वेब 2.0

- वेब 2.0 शब्द को आधिकारिक रूप से वर्ष 2004 में डेल डौघर्टी द्वारा परिभाषित किया गया था, जिन्होंने इसे कम्प्यूटर उद्योग में व्यापार क्रान्ति के रूप में वर्णित किया था, जो इण्टरनेट को प्लेटफॉर्म के रूप में ले जाने के कारण हुआ था।
- वेब 2.0 को विजडम वेब, पीपुल सेण्ट्रिक वेब, पार्टिसिपेटिव वेब और रीड राइट वेब के नाम से भी जाना जाता है। इसमें सूचना को पढ़ने के साथ-साथ लिखा भी जा सकता है। वेब द्वि-दिशात्मक हो सकता है।
- उदाहरण—फेसबुक, यूटयूब, गूगल डॉक्स आदि।

वेब 3.0 (सिमेण्टिक वेब)

- यह ब्लॉकचेन पर आधारित इण्टरनेट है, जो संचालन के लिए विकेन्द्रीकृत तकनीक का उपयोग करता है।
- इसे वर्ष 2006 में न्यूयॉर्क टाइम्स के जॉन मार्कोफ द्वारा वेब की तीसरी पीढ़ी के रूप में सुझाया गया था।
- वेब 3.0 का उद्देश्य डाटा प्रबंधन में सुधार करना, मोबाइल इण्टरनेट की एक्सेस का समर्थन करना, रचनात्मक और नवाचार का अनुकरण करना, वैश्वीकरण की घटनाओं के कारक को प्रोत्साहित करना, ग्राहकों की सन्तुष्टि को बढ़ाना और सामाजिक वेब में सहयोग को व्यवस्थित करने में सहायता करना है। उदाहरण—ब्रेव ब्राउजर, सिरी आदि।

वेब 4.0 (सिम्बायोटिक वेब)

वेब 4.0 को सिम्बायोटिक वेब के रूप में भी जाना जाता है, जिसका उद्देश्य सहजीवन (Symbiosis) में मनुष्यों और मशीनों के बीच परस्पर क्रिया करना है।

वेब 5.0

- (Web 5.0) को जैक डोर्सी की बिटकॉइन बिजनेस यूनिट, द ब्लॉक हेड (The Block Head-TBH) द्वारा विकसित किया जा रहा है।
- वेब 5.0 का उद्देश्य एक अतिरिक्त विकेन्द्रीकृत वेब का निर्माण करना है, जो किसी के डेटा और पहचान को नियन्त्रित कर सकता है।
- वेब 5.0, वेब 2.0 और वेब 3.0 का संयुक्त संस्करण है, जो उपयोगकर्ताओं को इण्टरनेट पर अपनी पहचान बनाए रखने और 'अपने डेटा को नियन्त्रित करने की अनुमति देगा।

सरफेस वेब (Surface Web)

- सरफेस वेब को दृश्य वेब (Visible Web) भी कहते हैं। यह सर्च इंजन पर Searching के लिए इण्डेक्स किया गया होता है।
- यह हर किसी की पहुँच में होता है, जिसे कोई भी यूजर आसानी से एक्सेस कर सकता है। यह www यानी World Wide Web का एक भाग है।
- इसे किसी भी सर्च इंजन द्वारा सर्च करके एक्सेस किया जा सकता है। उदाहरण के लिए Google या बिंग जो भी सर्च किया जाता है। वह Surface Web का भाग होती है।
- Surface Web पूरे Internet का केवल 5% के भाग के करीब ही है और लगभग 95% भाग Deep Web के अन्दर आता है।

डीप वेब (Deep Web)

- डीप वेब को Deep Net, The Under Net, The Invisible Web और The Hidden Web के नाम से भी जाना जाता है। यह इण्टरनेट का वह भाग है, जिसे कोई भी आम यूजर आसानी से एक्सेस नहीं कर सकता है।
- इसके सभी Content HTML Forms में Hide रहते हैं। जैसे कि ई-मेल, नेट बैंकिंग डीप वेब का सबसे साधारण उदाहरण है।

डार्क वेब (Dark Web)

- डार्क वेब इण्टरनेट का वह भाग है, जहाँ वैध और अवैध दोनों तरीके के काम होते हैं। डार्क वेब को खोलने के लिए टॉर ब्राउजर (Tor Browser) का इस्तेमाल किया जाता है।
- डार्क वेब ओनियन राउटिंग टेक्नलॉजी (onion routing technology) पर काम करता है।
- ये यूजर्स को ट्रैकिंग और सर्विलांस से बचाता है और उनकी गोपनीयता बरकरार रखने के लिए सैकड़ों जगह रूट और री-रूट करता है।

संचार माध्यम

- किसी कम्प्यूटर से टर्मिनल या किसी टर्मिनल से कम्प्यूटर तक डेटा के संचार के लिए माध्यम की आवश्यकता होती है।
- संचार माध्यम दो प्रकार के होते हैं-
  1. निर्देशित माध्यम (Guided medium)
  2. अनिर्देशित माध्यम (Unguided medium)

निर्देशित माध्यम (Guided medium)

- इसमें सिग्नल को ट्रांसमिशन (transmission) के लिए एक भौतिक माध्यम जैसे केबल की आवश्यकता होती है।
- इसे वायर्ड कम्युनिकेशन (Wired Communication) या बाउण्डेड ट्रांसमिशन मीडिया (Bounded Transmission Media) भी कहा जाता है।
- इसके अन्तर्गत ताँबे, एल्युमीनियम, टिन, सिल्वर की तारों और ऑप्टिकल फाइबर केबल (OFC) के द्वारा सिग्नल का ट्रांसमिशन होता है। उदाहरण- ट्विस्टेड पेयर केबल, फाइबर ऑप्टिक केबल, कोएक्सियल केबल आदि।

अनिर्देशित माध्यम (Unguided Medium)

- इसमें सिग्नल का ट्रांसमिशन वायरलेस माध्यमों (Wireless mediums) से होता है। इसलिए इसे वायरलेस माध्यम भी कहा जाता है; जैसे- रेडियो तरंगों, माइक्रोवेव, प्रकाश तरंगों आदि के माध्यम से संचार।
- उदाहरण के लिए रेडियो, मोबाइल, सैटेलाइट, इन्फ्रारेड, वाई-फाई, ब्लूटूथ आदि का संचार।

डाटा ट्रान्समिशन

- एक डिजिटल डिवाइस से दूसरे डिजिटल डिवाइस में डाटा ट्रान्सफर की प्रक्रिया को डाटा ट्रान्समिशन कहा जाता है।
- यह स्थानान्तरण प्वॉइण्ट-टू-प्वॉइण्ट डाटा स्ट्रीम या चैनल के माध्यम से होता है। ये चैनल पहले ताँबे के तारों के रूप में होते थे, लेकिन अब वायरलैस नेटवर्क का भाग होने की अधिक सम्भावना है।
- डाटा संचरण की प्रभावशीलता वाहक चैनल के आयाम और संचरण की गति पर बहुत अधिक निर्भर करती है।
- एक निश्चित समय अवधि के अन्तर्गत स्थानान्तरित डाटा की मात्रा डाटा अन्तरण दर है, जो निर्दिष्ट करती है कि जटिल डाटा-गहन अनुप्रयोगों की आवश्यकता वाले कार्यों के लिए नेटवर्क का उपयोग किया जा सकता है या नहीं।
- डाटा ट्रान्समिशन दो प्रकार के होते हैं
  (i) एनालॉग ट्रान्समिशन डाटा ट्रान्समिशन के इस रूप में, डाटा को ट्रान्समीटर और रिसीवर के बीच एनालॉग सिग्नल की सहायता से ट्रान्सफर किया जाता है।
  किसी भी डाटा को पहले विद्युत रूप में परिवर्तित किया जाता है और उसके पश्चात् इसे संचार चैनल से गुजारा जाता है। एनालॉग ट्रान्समिशन एक निरन्तर संकेत का उपयोग करता है, जो एक चर (Variable) के अनुपात में समय के साथ आयाम, चरण या कुछ अन्य सम्पत्ति में भिन्न होता है।
  (ii) डिजिटल ट्रान्समिशन इसके अन्तर्गत स्रोत और गन्तव्य के बीच संचार के लिए एनालॉग सिग्नल का उपयोग किया जाता है। डिजिटल ट्रान्समिशन में डाटा को असतत सन्देशों के रूप में पैकेट में तोड़ा जा सकता है, परन्तु एनालॉग ट्रान्समिशन में इसकी अनुमति नहीं है।

मॉड्यूलेशन

मॉड्यूलेशन वह प्रक्रिया है, जिसमें किसी सन्देश संकेत (Message Signal) को उच्च आवृत्ति वाले वाहक संकेत (carrier Signal) के साथ जोड़कर संचार प्रणाली में प्रसारित किया जाता है। यह सन्देश/संकेत को लम्बी दूरी तक भेजने और शोर से बचाने में मदद करता है।

मॉडयूलेशन के मुख्य प्रकार

एम्प्लीट्यूड मॉडयूलेशन (AM)	आवृत्ति मॉडयूलेशन (FM)	चरण मॉडयूलेशन (PM)
इसमें कैरियर सिग्नल के आयाम को सन्देश संकेत के अनुसार परिवर्तित किया जाता है।	इसमें कैरियर सिग्नल की आवृत्ति (Frequency) को सन्देश संकेत के अनुसार परिवर्तित किया जाता है।	इसमें कैरियर सिग्नल के चरण (Phase) को सन्देश संकेत के अनुसार परिवर्तित किया जाता है।
शोर के प्रति संवेदनशील, कम गुणवत्ता	जटिलता और उस बैडविड्थ की आवश्यकता	जटिल हार्डवेयर की आवश्यकता
उपयोग-रेडियो प्रसारण, एनालॉग टीवी	**उपयोग**-एफएम रेडियो	**उपयोग**-वाई-फाई और उपग्रह संवाद

ऑप्टिकल फाइबर प्रौद्योगिकी

- ऑप्टिकल फाइबर या फाइबर ऑप्टिक्स, मानव के बाल के व्यास के बराबर सावधानी से खींचे गए काँच के लम्बे, पतले तार होते हैं। एक फाइबर ऑप्टिक केबल में प्लास्टिक आवरण के अन्दर सैकड़ों ऑप्टिकल फाइबर होते हैं।
- ऑप्टिकल फाइबर प्रौद्योगिकी का उपयोग इण्टरनेट सेवाओं द्वारा लम्बी दूरी पर काँच या प्लास्टिक से बने फाइबर के माध्यम से प्रकाश की प्लस के रूप में सूचना प्रसारित करने के लिए किया जाता है। चूँकि ऑप्टिक फाइबर केबल गैर धातु है। यह विद्युत चुम्बकीय हस्तक्षेप से प्रभावित नहीं होती है, जो संचरण की गति को कम कर सकते हैं। फाइबर केबल भी सुरक्षित होते हैं, क्योंकि उनमें करंट नहीं होता है, इसलिए वे चिंगारी उत्पन्न नहीं करते हैं।

वायरलेस संचार प्रौद्योगिकी

- वायरलेस संचार प्रौद्योगिकी को IR (इन्फ्रारेड), RF (रेडियो फ्रीक्वेन्सी), सैटेलाइट आदि जैसे विद्युत चुम्बकीय तरंगों का उपयोग करके हवा में सूचना प्रसारित करने की प्रक्रिया के रूप में परिभाषित किया जा सकता है।
- कुछ आधुनिक वायरलेस तकनीकें GPS, Wi-Fi, सैटेलाइट टेलीविजन, वायरलेस कम्प्यूटर कम्पोनेण्ट्स, NFC और ब्लूटूथ आदि हैं।

इलेक्ट्रोमैग्नेटिक वेब (EM वेब)

इलेक्ट्रोमैग्नेटिक वेबं विकिरण इलेक्ट्रोमैग्नेटिक तरंगों से बने होते हैं, जो इलेक्ट्रिक फिल्ड के चुम्बकीय क्षेत्र के सम्पर्क में आने पर उत्पन्न होते हैं।

> **इन्फ्रारेड** (IR) इस प्रकार का संचार मुख्य रूप से लघु और मध्यम श्रेणी के संचार के लिए उपयोग किया जाता है, जहाँ उपकरणों या प्रणालियों के बीच सूचना को इन्फ्रारेड (IR) विकिरण के माध्यम से स्थानान्तरित किया जाता है, जो एक विद्युत चुम्बकीय ऊर्जा है, जिसमें लम्बी तरंगदैर्ध्य होती है। उदाहरण के लिए मोबाइल फोन, टीवी, सुरक्षा सिस्टम आदि।

- सैटेलाइट संचार संचार की इस विधा (Mode) में सैटेलाइट को संकेत भेजा जाता है, जिसे सैटेलाइट प्रवर्द्धित (Amplify) करता है और एण्टीना वापस रिसीवर को भेजता है, जो पृथ्वी की सतह पर स्थित होता है। सैटेलाइट संचार में मुख्य रूप से दो घटक अन्तरिक्ष-खण्ड और भू-खण्ड होते हैं।
- वायरलेस फिडेलिटी (Wi-Fi) यह एक वायरलेस लोकल एरिया नेटवर्क के निर्माण की अनुमति देती है। अन्य वायरलेस तकनीकों की भाँति, वायरलेस फिडेलिटी रेडियो सिग्नल की कुछ आवृत्तियों की सहायता से उपकरणों के बीच सिग्नल भेजकर कार्य करता है। Wi-Fi 2.4 गीगाहर्ट्ज और 5 गीगाहर्ट्ज के बैण्डविड्थ पर कार्य करता है। उदाहरण के लिए, स्मार्टफोन, लैपटॉप आदि।

> **व्हाइट वाई-फाई** (White Wi-Fi) इसे प्रायः सुपर वाई-फाई और व्हाइट स्पेस वाई-फाई के रूप में सन्दर्भित किया जाता है। यह सामान्य वाई-फाई नेटवर्क द्वारा उपयोग की जाने वाली 2.4 गीगाहर्ट्ज रेडियो आवृत्ति के विपरीत एनालॉग टीवी प्रसारण आवृत्तियों के अन्दर वायरलेस नेटवर्क बनाने की एक विधि है। व्हाइट स्पेस आधारित वाई-फाई का मुख्य लाभ इसकी पारम्परिक वाई-फाई की तुलना में अधिक लम्बी दूरी तय करने की

Wi-Fi डायरेक्ट

- Wi-Fi डायरेक्ट एक ऐसी विधि है जो दो Wi-Fi-सक्षम डिवाइस को मौजूदा नेटवर्क या एक्सेस पॉइण्ट से कनेक्ट किए बिना एक-दूसरे से सीधे संवाद करने की अनुमति देती है।
  - डिवाइस की एक विस्तृत श्रृंखला में Wi-Fi तकनीक के प्रचलन को देखते हुए, यह अतिरिक्त तकनीक या सॉफ़्टवेयर की आवश्यकता के बिना डिवाइस को एक-दूसरे से बात करने का एक सरल तरीका प्रदान करता है।
  - वाई-फाई डायरेक्ट, पीयर-टू-पीयर संचार के लिए ब्लूटूथ वायरलेस तकनीक के समान सिद्धान्तों का पालन करता है। हालाँकि, वाई-फाई डायरेक्ट ब्लूटूथ पर महत्त्वपूर्ण लाभ प्रदान करता है।
- वाईमैक्स वर्ल्डवाइड इण्टरऑपरेबिलिटी फॉर माइक्रोवेव एक्सेस इण्टरनेट प्रोटोकॉल पर आधारित एक वायरलेस ब्रॉडबैण्ड एक्सेस तकनीक है। इसका प्रदर्शन सेलुलर नेटवर्क की सेवा की गुणवत्ता और कवरेज के मामले में वाई-फाई नेटवर्क के बराबर है।
- लाइट-फिडेलिटी (Li-Fi) लाई-फाई एक विजिबल लाइट कम्युनिकेशन्स सिस्टम है, जो वायरलेस इण्टरनेट संचार को अधिक तेज गति से प्रसारित करता है। Li-Fi ट्रान्समिशन की गति 100 Gbps से अधिक हो सकती है, जो Wi-Fi से 14 गुना तेज है, जिसे विश्व का सबसे तेज वाई-फाई भी कहा जाता है।
- VoIP (वॉयस ओवर इण्टरनेट प्रोटोकॉल) यह तकनीक आपको नियमित फोन लाइन के अतिरिक्त ब्रॉडबैण्ड इण्टरनेट कनेक्शन का उपयोग करके वॉयस कॉल करने की अनुमति देती है। VoIP सेवाएँ किसी की आवाज को डिजिटल सिग्नल में बदल देती हैं, जो इण्टरनेट पर ट्रैवल करता है। यदि कोई नियमित फोन नम्बर पर कॉल कर रहा है, तो सिग्नल गन्तव्य तक पहुँचने से पहले नियमित टेलीफोन सिग्नल में परिवर्तित हो जाता है।

- NFC (नियर फिल्ड कम्युनिकेशन) यह इलेक्ट्रोमैग्नेटिक रेडियो फिल्डस के द्वारा डाटा ट्रान्समिट करता है, ताकि दो डिवाइस एक-दूसरे से कम्युनिकेट कर सकें। कार्य करने के लिए दोनों उपकरणों में NFC चिप्स होनी चाहिए, क्योंकि लेन-देन बहुत कम दूरी के अन्दर होता है। कुछ NFC सेवाएँ एप्पल पे, एण्ड्रॉयड पे और सैमसंग पे हैं।
- ब्लूटूथ टेक्नोलॉजी यह एक वायरलेस संचार तकनीक है, जिसका उपयोग एक डिजिटल डिवाइस से दूसरे डिवाइस मे क्लोज रेंज डाटा ट्रान्समिशन के लिए किया जा सकता है। ब्लूटूथ अनिवार्य रूप से एक वायरलेस कनेक्शन है, जो 2.4 गीगाहर्ट्ज बैण्ड रेडियो तरंगों का उपयोग करता है। उदाहरण के लिए सेल फोन जो हैण्ड्स-फ्री ईयरफोन, माउस और वायरलेस की-बोर्ड आदि से जुड़े हैं।
- RFID (रेडियो फ्रीक्वेन्सी आइडेण्टिफिकेशन) यह एक वायरलेस सिस्टम को सन्दर्भित करता है, जिसमें दो घटक- टैग और रीडर होते हैं। रीडर एक ऐसा उपकरण है, जिसमें एक या एक से अधिक एण्टीना होते हैं, जो रेडियो तरंगों का उत्सर्जन करते हैं और RFID टैग से सिग्नल वापस प्राप्त करते हैं।
- टैग, जो अपनी पहचान और अन्य जानकारी को पास के रीडर्स तक पहुँचाने के लिए रेडियो तरंगों का उपयोग करते हैं, निष्क्रिय या सक्रिय हो सकते हैं। निष्क्रिय RFID टैग रीडर द्वारा संचालित होते हैं तथा इनमें बैटरी नहीं होती है और सक्रिय RFID टैग बैटरी द्वारा संचालित होते हैं।

मोबाइल/वायरलेस संचार प्रौद्योगिकी का विकास

- 1980 के दशक की शुरुआत में पहली पीढ़ी के मोबाइल नेटवर्क की शुरुआत के बाद पिछले कुछ दशकों में मोबाइल वायरलेस संचार प्रणाली कई विकास के चरणों से गुजरी है।
- विश्वभर में अधिक कनेक्शन्स की भारी माँग के कारण, अधिक उपयोगकर्ताओं को समर्थन देने के लिए मोबाइल संचार मानकों में तेजी से सुधार हुआ।
- 1970 के दशक के दौरान मोटोरोला के एक इंजीनियर मॉर्टिन कूपर ने वायरलेस तरीके से दो तरफा संचार करने में सक्षम हैण्डहेल्ड डिवाइस पर कार्य करते हुए पहली पीढ़ी के मोबाइल फोन का आविष्कार किया।

मोबाइल संचार की पीढ़ियाँ

- 1G-पहली पीढ़ी की मोबाइल संचार प्रणाली मोबाइल नेटवर्क की पहली पीढ़ी जापान में निप्पॉन टेलीफोन एण्ड टेलीग्राफ (NTT) कम्पनी द्वारा वर्ष 1979 के दौरान टोक्यो में स्थापित की गई थी। 1980 के दशक की शुरुआत में इसने अमेरिका, फिनलैण्ड, ब्रिटेन और यूरोप में लोकप्रियता प्राप्त की। यह सिस्टम एनालॉग सिग्नल का प्रयोग करता था और इसका प्रयोग केवल फोन कॉल करने के लिए किया जा सकता था।
- 2G-दूसरी पीढ़ी की संचार प्रणाली (GSM) इस पीढ़ी ने वायरलेस ट्रान्समिशन के लिए एक नई डिजिटल तकनीक की शुरुआत की, जिसे ग्लोबल सिस्टम फॉर मोबाइल कम्युनिकेशन (GSM) के रूप में भी जाना जाता है। बाद में वायरलेस मानकों में और विकास के लिए GSM तकनीक आधार मानक बन गई।
- 3G-तीसरी पीढ़ी की संचार प्रणाली तीसरी पीढ़ी के मोबाइल संचार की शुरुआत यूनिवर्सल मोबाइल टेरेस्ट्रियल/ टेलीकम्युनिकेशन सिस्टम्स (UTNS) के साथ हुई। UMTS की डाटा दर 384 Kbps है और यह मोबाइल उपकरणों पर पहली बार वीडियो कॉलिंग का समर्थन करता है।

वर्तमान में स्मार्ट फोन विश्व में लोकप्रिय हो चुके हैं। स्मार्टफोन के लिए विशिष्ट एप्लीकेशन विकसित किए गए हैं, जो मल्टीमीडिया चैट, ई-मेल, वीडियो कॉलिंग, गेम, सोशल मीडिया और स्वास्थ्य देखभाल को सम्भालते हैं।

- 3.5G से 3.75G संचार प्रणाली मौजूदा 3G नेटवर्क में डाटा दर बढ़ाने के लिए, नेटवर्क मे दो और प्रौद्योगिकी सुधार पेश किए गए हैं। HSDPA (हाई स्पीड डाउनलिंक पैकेट एक्सेस) और HSUPA (हाई स्पीड अपलिंक पैकेट एक्सेस) विकसित और मौजूदा 3G नेटवर्क पर नियोजित हैं। 3.5G नेटवर्क 2mbps डाटा दर तक का समर्थन कर सकता है। 3.75G सिस्टम HSPA+ के साथ 3G नेटवर्क का उन्नत संस्करण है।
- 4G-चौथी पीढ़ी की संचार प्रणाली 4G सिस्टम IEEE द्वारा विकसित 3G नेटवर्क का उन्नत संस्करण है, जो उच्च डाटा दर प्रदान करता है और अधिक उन्नत मल्टीमीडिया सेवाओं को सम्भालने में सक्षम है। इसके अतिरिक्त इसमें पिछले संस्करण के साथ अनुकूलता है। इसलिए LTE उन्नत नेटवर्क का नियोजन और उन्नयन सम्भव है।
LTE प्रणाली के साथ आवाज और डाटा का एकसाथ प्रसारण सम्भव है, जो डाटा दर में अधिक सुधार करता है। बॉक्स सेवाओं सहित सभी सेवाओं को IP पैकेट्स पर प्रेषित किया जा सकता है।

लॉन्ग टर्म इवोल्यूशन (LTE)

LTE एक मोबाइल संचार मानक है। सेलुलर नेटवर्क में, मोबाइल डाटा को पहले वायरलेस संचार मानकों के अन्तर्गत संचार की तुलना में बड़ी मात्रा में और उच्च गति पर हवा में स्थानान्तरित किया जा सकता है। 5G के लॉन्च से इसमें कोई बदलाव नहीं आएगा।

- 5G-पाँचवीं पीढ़ी की संचार प्रणाली 5G नेटवर्क ग्राहकों को अल्ट्रा फास्ट इण्टरनेट और मल्टीमीडिया अनुभव प्रदान करने के लिए उन्नत तकनीकों का उपयोग कर रहा है। मौजूदा LTE उन्नत नेटवर्क भविष्य में सुपरचार्ज्ड 5G नेटवर्क में बदल जाएँगे।
  - 5G नेटवर्क नॉन स्टैण्डअलोन मोड और स्टैण्डअलोन मोड में कार्य करता है। नॉन स्टैण्डअलोन मोड में LTE स्पेक्ट्रम और 5G-NR स्पेक्ट्रम दोनों का एक साथ उपयोग किया जाएगा। कण्ट्रोल सिग्नलिंग गैर-स्टैण्डअलोन मोड में LTE कोर नेटवर्क से जुड़ा होगा।
- 6G-छठी पीढ़ी की संचार प्रणाली 5G की तैनाती अभी भी अपने शुरुआती चरण में है, लेकिन 6G अनुसन्धान और विकास पहले से ही चल रहा है। 6G के काफी तेज होने और कम विलम्बता होने की उम्मीद है। इसमें सैकड़ों गीगाहर्ट्ज (GHz) या टेराहर्ट्ज (THz) तरंगों पर डेटा स्थानान्तरित हो सकेगा। 6G नेटवर्क में लगभग 1 मिलीमीटर तरंगदैर्ध्य (THz में आवृत्ति) वाली रेडियो तरंगों का उपयोग किया जाएगा।

- इसमें ट्रैफिक को प्रबन्धित करने और डेटा वितरण विश्वसनीयता सुनिश्चित करके 6G नेटवर्क के प्रदर्शन को बेहतर बनाने के लिए AI का उपयोग किया जाएगा।
- दूरसंचार विभाग ने भारत 6G विज़न बनाने के लिए 6G पर प्रौद्योगिकी नवाचार समूह (TIG-6G) की स्थापना की है, जो 2030 तक भारत में 6G प्रौद्योगिकी विकसित करने की रणनीति है।

मोबाइल संचार प्रौद्योगिकी की विभिन्न तकनीकें

- AMPS (एडवान्स मोबाइल फोन सर्विस) यह उत्तर और दक्षिण अमेरिका में उपयोग की जाने वाली मानक सेलुलर फोन सेवा है। 1980 के दशक की शुरुआत में AT&T द्वारा AMPS पेश की गई थी। यह सेलुलर फोन प्रौद्योगिकी की पहली पीढ़ी थी और सम्पूर्ण संयुक्त राज्य में व्यापक है।
- TDMA (टाइम डिवीजन मल्टीपल एक्सेस) यह एक चैनल एक्सेस मैथड है, जिसका उपयोग बिना किसी व्यवधान के चैनल शेयरिंग को सुविधाजनक बनाने के लिए किया जाता है। TDMA कई स्टेशन्स के सिग्नल को अलग-अलग समय स्लॉट में विभाजित करके एक ही ट्रान्समिशन चैनल को साझा करने की अनुमति देता है।
- CDMA (कोड डिवीजन मल्टीपल एक्सेस) यह एक डिजिटल सेलुलर नेटवर्क मानक है, जो स्प्रेड स्पेक्ट्रम तकनीक का उपयोग करता है। यह तकनीक बैण्डविड्थ के डिजिटल सिग्नल या फ्रीक्वेन्सी को सीमित नहीं करती है, लेकिन इसे पूर्ण रूप से उपलब्ध स्पेक्ट्रम या कई चैनल्स में विभाजन के माध्यम से फैलाती है।
- GSM (ग्लोबल सिस्टम फॉर मोबाइल कम्युनिकेशन) यह यूरोपीय दूरसंचार मानक संस्थान द्वारा 24 डिजिटल सेलुलर नेटवर्क के लिए प्रोटोकॉल का वर्णन करने के लिए विकसित एक मानक है।

सैटेलाइट फोन

- इसे Sat Phone के नाम से भी जाना जाता है। यह एक ऐसा फोन है, जो विभिन्न मोबाइल ऑपरेटरों द्वारा लगाए गए टावर का उपयोग करने के बजाय उपग्रहों का उपयोग करके सिग्नल प्राप्त करता है और संचार करता है। सैटेलाइट फोन विश्व में कहीं भी सम्पर्क करने की अनुमति देते हैं।
- मोटोरोला ने वर्ष 1989 में दूरसंचार उपग्रहों पर आधारित पहली पोर्टेबल टेलीफोनी प्रणाली का प्रस्ताव रखा था।
- यह अत्यधिक महँगा तथा जनसाधारण के उपयोग के लिए आसानी से उपलब्ध नहीं होता है। भारत में सुरक्षा बल इसका उपयोग करते हैं।

उभरती प्रौद्योगिकी

भारत वर्तमान में अनेक अत्याधुनिक तकनीकों के लिए तैयारी कर रहा है। कुछ आधुनिक तकनीकों का विवरण निम्नलिखित है

इण्टरनेट ऑफ थिंग्स (IoT)

IoT को भौतिक ऑब्जेक्ट्स के नेटवर्क के रूप में वर्णित किया जा सकता है, जो इण्टरनेट पर अन्य उपकरणों और प्रणालियों के साथ डाटा को जोड़ने और आदान-प्रदान करने के उद्देश्य से सेन्सर, सॉफ्टवेयर और अन्य तकनीकों के साथ एम्बेडेड है। ये उपकरण साधारण घरेलू वस्तुओं से लेकर परिष्कृत औद्योगिक उपकरणों तक हैं।

ब्लॉकचेन

- ब्लॉकचेन तकनीक एक विकेन्द्रीकृत, वितरित बहीखाता है, जो डिजिटल सम्पत्ति के स्वामित्व के रिकॉर्ड को स्टोर करता है।
- ब्लॉकचेन पर स्टोर किसी भी डाटा को संशोधित करने में असमर्थ है, जिसमें प्रौद्योगिकी भुगतान, साइबर सुरक्षा और स्वास्थ्य देखभाल जैसे उद्योगों के लिए वैध विघटनकर्ता बन जाती है।

ब्लॉकचेन तकनीक अब सभी प्रकार के वैश्विक उद्योगों के लिए एक प्रबन्धन समाधान बन गई है। **राष्ट्रीय सूचना विज्ञान केन्द्र** (NIC) द्वारा जनवरी, 2020 से एक सेवा के रूप में ब्लॉकचेन प्रदान करने और सभी हितधारकों को साझा सीखने, अनुभवों और संसाधनों से लाभान्वित करने की अनुमति दी गई है।

ब्लॉकचेन तकनीक के अनुप्रयोग

- क्रिप्टोकरैन्सी (Cryptocurrency) ब्लॉकचेन का उपयोग करके क्रिप्टोकरैन्सी कई लाभों में से एक है, क्योंकि इसकी कोई भौगोलिक सीमा नहीं है। यह विकल्प भारत में पेटीएम जैसे क्षेत्रीय भुगतान एप्प से अधिक उचित है, जो केवल किसी विशेष देश या भौगोलिक क्षेत्र में प्रासंगिक है और अन्य देशों में लोगों को पैसे का भुगतान करने के लिए उपयोग किया जा सकता है।
- मतदान (Voting) ब्लॉकचेन तकनीक का उपयोग यह सुनिश्चित कर सकता है कि कोई भी दो बार मतदान नहीं कर सकता है। केवल पात्र मतदाता ही मतदान करने में सक्षम है और न ही वोटों के साथ छेड़-छाड़ नहीं की जा सकती है और तो और यह आपके स्मार्टफोन पर कुछ बटन दबाने जितना सरल बनाकर वोटिंग की एक्सेस बढ़ा सकता है।
- बैंकिंग लेन-देन (Banking Transaction) मौजूदा मनी ट्रान्सफर सेवाओं का उपयोग करने की तुलना में ब्लॉकचेन का उपयोग करके मनी ट्रान्सफर कम खर्चीला और तेज हो सकता है।
- बीमा (Insurance) ब्लॉकचेन पर स्मार्ट अनुबन्धों का उपयोग ग्राहकों और बीमा प्रदाताओं के लिए अधिक पारदर्शिता प्रदान कर सकता है। ब्लॉकचेन पर सभी क्लेम (Claim) को दर्ज करने से ग्राहक एक ही घटना के लिए डुप्लिकेट क्लेम करने से बचेंगे।
- आपूर्ति शृंखला ट्रैकिंग (Supply Chain Tracking) आपूर्ति शृंखला नेटवर्क के माध्यम से वस्तुओं को ट्रैक करने के लिए ब्लॉकचेन तकनीक का उपयोग करने से अनेक लाभ मिल सकते हैं। सबसे पहले, यह भागीदारों के बीच संचार को अधिक सरल बनाता है, क्योंकि डेटा एक सुरक्षित सार्वजनिक खाताबही पर उपलब्ध है। दूसरा यह अधिक सुरक्षा और डाटा अखण्डता प्रदान करता है।

अग्मेण्टेड रियलिटी *(AR)*

- अग्मेण्टेड रियलिटी एक ऐसी तकनीक है, जो आपके डिवाइस के कैमरे का उपयोग करके वास्तविक दुनिया की वस्तुओं पर ध्वनि, वीडियो ग्राफिक्स और अन्य सेंसर आधारित इनपुट को बढ़ाने के लिए कम्प्यूटर दृष्टि आधारित मान्यता एल्गोरिथ्म पर कार्य करती है।

अग्मेण्टेड रियलिटी के अनुप्रयोग

- AR एप्लीकेशन शिक्षा उद्योग की रीढ़ (Backbone) बन सकते हैं। ऐसे ऐप्प विकसित किए जा रहे हैं, जो टेक्स्ट, इमेज और वीडियो के साथ-साथ वास्तविक दुनिया के पाठ्यक्रम को एम्बेड करते हैं।
- प्रिण्टिंग और विज्ञापन उद्योग वास्तविक विश्व पत्रिकाओं के शीर्ष पर डिजिटल कण्टेण्ट प्रदर्शित करने के लिए एप्प विकसित कर रहे हैं।
- AR की सहायता से, यात्री अपना कैमरा व्यूफाइण्डर को विषयों की ओर इंगित करके ऐतिहासिक स्थानों के वास्तविक समय की जानकारी प्राप्त कर सकते हैं।
- यूनिटी 3D इंजन की सहायता से AR का उपयोग रियल टाइम 3D गेम विकसित करने के लिए किया जा रहा है।

वर्चुअल रियलिटी

- वर्चुअल रियलिटी (Virtual Reality, VR) एक सिम्युलेटेड अनुभव है, जो विश्व में कही भी हो सकता है।
- इन दिनों अधिक लोग VR हेडसेट से परिचित हैं, जो किसी के सिर पर फिट होते हैं और उन्हें चश्मे की तरह पहना जा सकता है।
- वर्चुअल रियलिटी सिम्युलेटेड वातावरण बनाने के लिए कम्प्यूटर प्रौद्योगिकी का उपयोग है।
- वर्चुअल रियलिटी यूजर को त्रि-आयामी (3D) अनुभव का आभास कराती है।

वर्चुअल रियलिटी के अनुप्रयोग

- VR रिटेल अनुभव और बॉडी स्कैनिंग तकनीक के साथ, हम आभासी दुनिया में कपड़ों पर ट्राई कर पाएँगे कि वे व्यक्तिगत रूप से कैसे दिखेंगे।
- VR का उपयोग मनोरंजन उद्योग में 360° फिल्मों (उदाहरण के लिए YouTube पर) के अनुभव को बढ़ाने और पात्रों या फिल्म के साथ भावनात्मक सम्बन्ध बढ़ाने के लिए किया जा रहा है।

मेटावर्स

- मेटावर्स (Metaverse) कोई नया विचार नहीं है; साइंस फिक्शन लेखक **नील स्टीफेंसन** ने वर्ष 1992 में इस शब्द को गढ़ा था और यह अवधारणा वीडियो गेम कम्पनियों के बीच आम है। मेटावर्स सामाजिक सम्पर्क पर केन्द्रित इण्टरनेट का अगला संस्करण है।
- इसे एक सिम्युलेटेड डिजिटल वातावरण (Simulated Digital Environment) के रूप में परिभाषित किया जा सकता है, जो वास्तविक दुनिया की नकल करते हुए समृद्ध उपयोगकर्ता सम्पर्क वाले स्थान के सृजन के लिए सोशल मीडिया से प्राप्त अवधारणाओं के साथ-साथ संवर्द्धित वास्तविकता (AR), आभासी वास्तविकता (VR) और ब्लॉकचैन तकनीकी का उपयोग करता है।
- इसे लगातार विकसित होते पहलुओं वाली एक 3D आभासी दुनिया के रूप में समझा जा सकता है, जिसे इसके निवासियों द्वारा सामूहिक रूप से साझा किया जाता है; यह रियल-टाइम घटनाओं और ऑनलाइन अवसंरचना से युक्त एक आभासी दुनिया है।

पहनने योग्य उपकरण

- डिजिटल वियरेबल्स इलेक्ट्रॉनिक डिवाइस को सन्दर्भित करते हैं, जो शरीर पर पहने जाने वाले आइटम में सहजता से एकीकृत होते हैं, जो वास्तविक समय की ट्रैकिंग और निगरानी क्षमता प्रदान करते हैं।
- मोशन सेंसर से लैस, ये डिवाइस दैनिक गतिविधियों को कैप्चर करते हैं और मोबाइल डिवाइस या लैपटॉप के साथ डेटा को सिंक्रोनाइज करते हैं।
- ये पहनने योग्य उपकरण इण्टरनेट ऑफ थिंग्स (IoT) का उदाहरण है, जो वस्तुओं को मानवीय हस्तक्षेप के बिना इण्टरनेट पर डेटा का आदान-प्रदान करने में सक्षम बनाते हैं, जिसमें इलेक्ट्रॉनिक्स, सॉफ्टवेयर, सेंसर और कनेक्टिविटी शामिल हैं।
- इनमें शल्य चिकित्सा द्वारा त्वचा के नीचे प्रत्यारोपित किए जा सकने वाले उपकरण भी शामिल हैं, जो चिकित्सा प्रयोजनों की पूर्ति करते हैं, जैसे कि गर्भनिरोधक का पता लगाना या इंसुलिन के स्तर की निगरानी करना तथा स्वास्थ्य सम्बन्धी मूल्यवान जानकारी प्रदान करना।
- मुख्य रूप से पहनने योग्य उपकरणों में स्मार्ट घड़ियाँ, फिटनेस ट्रैकर, हेड माउण्टेड डिस्प्ले, एआर/वीआर हैडसेट आदि शामिल हैं।

साइबर सुरक्षा

साइबर सुरक्षा कम्प्यूटर, सर्वर, मोबाइल डिवाइस, इलेक्ट्रॉनिक सिस्टम, नेटवर्क और डाटा को दुर्भावनापूर्ण हमलों से बचाने का अभ्यास है।

इसे **सूचना प्रौद्योगिकी सुरक्षा** या **इलेक्ट्रॉनिक सूचना सुरक्षा** के रूप में भी जाना जाता है।

साइबर सुरक्षा खतरे के स्रोत

साइबर खतरे या आक्रमण नुकसान पहुँचाने के इरादे से कम्प्यूटर या कम्प्यूटर नेटवर्क तक अनाधिकृत पहुँच हासिल करने का एक प्रयास है। साइबर आक्रमण के स्रोत निम्न प्रकार हैं

साइबर खतरे के विभिन्न रूप

कीलॉगिंग (Ceylogging)	• (hacker) यह पता लगा सकता है कि की बोर्ड पर क्या टाइप किया जा रहा है। • इसके द्वारा हैकर पासवर्ड, डेबिट कार्ड, क्रेडिट कार्ड और वेब सर्च डिटेल आदि को रिकॉर्ड कर देता है। • यह बैकग्राउण्ड में चलने वाला एक सॉफ्टवेयर है, जिससे कि यूजर को इसका पता नहीं चल पाता।
फाइललेस मैलवेयर (Fileless Malware)	• फाइललेस मैलवेयर एक प्रकार का अटैक है, जो चोरी छिपे होता है। इस अटैक के बारे में यूजर को कोई जानकारी नहीं होती। • यह यूजर के कम्प्यूटर में प्रवेश करके जरूरी जानकारी को चुराता है। • इस मैलवेयर को एण्टीवायरस के द्वारा नहीं पकड़ा जा सकता, क्योकि यह हमला चोरी छिपे होता है। • अन्य मैलवेयर की तुलना में यह अधिक खतरनाक होता है।

साइबर खतरे के विभिन्न रूप

स्केयरवेयर (Scareware)	स्केयरवेयर को "rogue security software" भी कहा जाता है। एक स्केयरवेयर अक्सर स्क्रीन पॉप-अप या ई-मेल के माध्यम से लॉन्च किया जाता है। यह यूजर को झूठी चेतावनी देता है कि उनका कम्प्यूटर या फ़ाइलें संक्रमित हो गई हैं और फिर एक समाधान पेश करता है। इस सोशल इंजीनियरिंग रणनीति का उद्देश्य लोगों को ऐसे सॉफ्टवेयर के लिए भुगतान करने हेतु डराना है।
बोटनेट्स (Botnets)	बोटनेट उस कम्प्यूटर के ग्रुप को कहते हैं, जिन्हें साइबर अपराधी कण्ट्रोल करते हैं और इनके जरिए मालवेयर फैलाया जाता है। यदि आसान शब्दों में कहें तो किसी व्यक्ति का कम्प्यूटर बोटनेट के साथ इन्फेक्ट उस स्थिति में होता है, जब साइबर अपराधी उसे फर्जी अटैचमेण्ट या लिंक वाला ईमेल भेज देते हैं या सोशल मीडिया पर फर्जी पोस्ट के जरिए या कम्प्यूटर में सुरक्षा खामियों का फायदा लेकर किया जा सकता है। बोटनेट हमलों का उपयोग साइबर अपराधियों द्वारा तीव्र स्क्रैपिंग, DDoS और अन्य बड़े पैमाने पर साइबर अपराध को अंजाम देने के लिए किया जाता है।
स्पैम (Spem)	इण्टरनेट पर लोगों को सन्देश या विज्ञापन बार-बार भेजना जिसका उन्होंने अनुरोध नहीं किया है, स्पैम कहलाता है। अर्थात् **अवांछित संदेश या विज्ञापन लोगों** को भेजना **स्पैम** कहलाता है। स्पैम इण्टरनेट के सभी उपयोगकर्ताओं के विरुद्ध एक अपराध है, क्योंकि यह आईएसपी की भण्डारण और नेटवर्क क्षमताओं दोनों को बर्बाद करता है, साथ ही अक्सर आक्रामक भी होता है।
बैकडोर (Backdoor)	पिछले दरवाजे से हमला तब होता है, जब धमकी देने वाले हमलावर किसी सिस्टम तक दूरस्थ पहुँच हासिल करने के लिए पिछले दरवाजे का निर्माण या उपयोग करते हैं। ये हमले हमलावरों को सिस्टम संसाधनों पर नियन्त्रण हासिल करने, नेटवर्क टोही करने और विभिन्न प्रकार के मैलवेयर इंस्टॉल करने देते हैं।
इमोटेट (Emotet)	इमोटेट को एक **उन्नत, मॉड्यूलर बैंकिंग ट्रोजन** (an advanced, modular banking Trojan) के रूप में वर्णित किया जाता है, जो मुख्य रूप से अन्य बैंकिंग ट्रोजन के डाउनलोडर या **ड्रॉपर** के रूप में कार्य करता है। इमोटेट सबसे महँगे और विनाशकारी मैलवेयर में से एक बना हुआ है।
स्पूफिंग (Spoofing)	स्पूफिंग, सामान्य रूप से, एक कपटपूर्ण या दुर्भावनापूर्ण व्यवहार (Fraudulent or malicious behaviour) है, जिसमें संचार (Communication) को अज्ञात स्रोत (Unknown Source) से भेजा जाता है, जो रिसीवर को ज्ञात स्रोत (Known Source) के रूप में Display होता है। स्पूफिंग संचार तन्त्र (Communication system) में सबसे अधिक प्रचलित है, जिसमें उच्च स्तर की सुरक्षा का अभाव है। जिस प्रकार हैकिंग करने वाले को **हैकर** कहते हैं उसी प्रकार स्पूफिंग करने वाले को स्पूफर कहते हैं।
साइबर-वेंटिंग (Cyber-venting)	साइबर-वेंटिंग एक ऐसी क्रिया है, जिसमें किसी व्यक्ति के नियोक्ता, वरिष्ठ अधिकारियों, सहकर्मियों आदि के बारे में भड़ास निकालने के इरादे से बुरा-भला कहा जाता है, इसके लिए वेबसाइटों का उपयोग किया जाता है और ऐसी टिप्पणियों को सभी के देखने के लिए सार्वजनिक कर दिया जाता है।
फिशिंग (Phising)	हैकर्स उपयोगकर्ता को धोखे से उनकी संवेदनशील जानकारी देने के लिए गुमराह करते है। इसके लिए वे वेबसाइट या ई-मेल आदि का उपयोग करते हैं।
क्रॉलर (Crawler)	वेब क्रॉलर/वेब स्पाइडर एक प्रकार का सॉफ्टवेयर है, जो इण्टरनेट पर स्वचालित रूप से वेब साइट्स को ब्राउज करता है और जानकारी एकत्रित करता है।

कम्प्यूटर वायरस (Computer Virus)

- कम्प्यूटर वायरस एक विशेष प्रकार के सॉफ्टवेयर प्रोग्राम (software program) होते हैं, जिन्हें कम्प्यूटर को हानि पहुँचाने के उद्देश्य से बनाया जाता है।
- वायरस भी मैलवेयर का ही एक प्रकार है। इसलिए सभी वायरस मैलवेयर होते हैं, जबकि सभी मैलवेयर वायरस नहीं होते।
- VIRUS का पूरा नाम Vital Information Resources Under Siege (वाइटल इनफार्मेशन रिसोर्सेज अंडर सीज) होता है।
- कम्प्यूटर वायरस खुद को दूसरे प्रोग्राम से जोड़ लेता है और उपयोगकर्ता के कम्प्यूटर पर इंस्टॉल होने के बाद अपनी प्रतिकृति बना सकता है और फैला सकता है।
- जब कोई कम्प्यूटर अपने सामान्य रूप से काम करने के तरीके को बदल देता है, तो उसे वायरस से संक्रमित कहा जाता है। यह वायरस एक कम्प्यूटर से दूसरे कम्प्यूटर में फैल सकता है।
- वायरस कम्प्यूटर सिस्टम में मौजूद डेटा और फाइल्स को नुकसान पहुँचाता है या उसे पूरी तरह नष्ट कर देता है।
- फ्रेड कोहेन (Fred Cohen) जो कि एक अमेरिकी कम्प्यूटर साइंटिस्ट थे। इन्होंने वर्ष 1985 में वायरस शब्द का पहली बार प्रयोग किया था।
- सबसे पहले कम्प्यूटर वायरस को वर्ष 1971 में रॉबर्ट थॉमस (Robert Thomas) ने विकसित किया था, जिसका नाम Creeper था।

साइबर अटैक

- साइबर अटैक वाक्यांश का इस्तेमाल शत्रु देशों या आतंकी समूहों द्वारा इण्टरनेट के माध्यम से किए जाने वाले हमलों को बताने के लिए किया जाता है।
- इनमें कम्प्यूटर वायरस जैसे साधनों के माध्यम से कम्प्यूटर नेटवर्क में जान-बूझकर बड़े पैमाने पर किया गया व्यवधान शामिल है। विशेष रूप से इण्टरनेट से जुड़े किसी संगठन के कम्प्यूटर में।
- इसके अन्तर्गत निम्नलिखित को शामिल किया जाता है

डिनायल ऑफ सर्विस

- डिनायल-ऑफ-सर्विस अटैक [Dos Attack] किसी संगठन वेबसाइट को स्लो करने का एक हैकिंग तरीका है।
- इसमें हैकर या हैकरों के समूह के द्वारा एक समय में टार्गेटेड वेबसाइट (targeted website) पर लिमिट से ज्यादा ट्राफिक को भेजकर अर्थात् रिक्वेस्ट भेजकर साइट डाउन कर दिया जाता है।
- जिससे उसे वेबसाइट पर कोई अन्य विजिटर विजिट नहीं कर पाते हैं, जिससे उस कम्पनी की सेवा प्रभावित होती है।

मैन-इन-द-मिडिल (MitM) अटैक

- एक मैन-इन-द-मिडल (MitM) अटैक एक प्रकार का हमला है, जहाँ हमलावर दो पक्षों के बीच संचार को रोकता है और हेर-फेर करता है।
- हमलावर इससे संचार पर नजर रख सकता है, संवेदनशील जानकारी चुरा सकता है या अपने लाभ के लिए संचार को संशोधित भी कर सकता है।

- क्रॉस-साइट स्क्रिप्टिंग (XSS) अटैक: (XSS) अटैक हमलावरों को एक वेबसाइट में मैलीसियस (malicious) कोड इंजेक्ट करने की अनुमति देते हैं, जिसे बाद में साइट पर आने वाले यूजर्स द्वारा निष्पादित किया जाता है।

हाल के वर्षों के कुछ चर्चित साइबर अटैक

- सोलरविण्ड्स (solarwinds) वर्ष 2020 के अन्त में, 'सोलरविण्ड्स नामक एक प्रमुख साइबर हमले को रूस से प्रायोजित माना गया था।
- इसमें रक्षा, ऊर्जा और राज्य सहित अमेरिकी सरकार की कई शाखाओं में डेटा उल्लंघन शामिल था।
- हाफनियम (hafnium) वर्ष 2021 की शुरुआत में एक चीनी समूह हाफनियम द्वारा एक असामान्य रूप से आक्रामक साइबर हमले में हजारों अमेरिकी संगठनों को हैक कर लिया गया था।
- नोबेलियम (nobelium) इसके बाद एक अन्य रूस समर्थित समूह नोबेलियम ने अमेरिका के यूएसएआईडी और कई अन्य संगठनों को निशाना बनाते हुए 3,000 ई-मेल खातों पर फिशिंग हमला किया।
- इस घटना के बाद कई हमले हुए जिन्होंने भारत को निशाना बनाया, जिसमें स्टक्सनेट (Stuxnet) भी शामिल था, इसने ईरान में परमाणु रिएक्टरों को बन्द कर दिया था।
- सकफ्लाई (Suckfly) नामक एक साइबर हमले में न केवल सरकारी, बल्कि निजी संस्थाओं को भी निशाना बनाया गया, इसमें नेशनल स्टॉक एक्सचेन्ज को तकनीकी सहायता प्रदान करने वाली एक कम्पनी भी शामिल थी।

साइबर सुरक्षा के उपाय

- साइबर सुरक्षा के उपायों में पासवर्ड सुरक्षा, एण्टीवायरस और बायोमेट्रिक, फायरवाल आदि को शामिल किया जाता है।

एण्टीवायरस (Antivirus)

- एण्टीवायरस वह सॉफ्टवेयर या प्रोग्राम होता है, जो कम्प्यूटर में छिपे सभी virus प्रोग्राम को डिलीट करने का कार्य करता है।
- Antivirus को Anti-Malware सॉफ्टवेयर के रूप में भी जाना जाता है, क्योंकि यह सिस्टम में Malware Spyware आदि द्वेषपूर्ण प्रोग्राम्स का पता लगाने तथा उन्हें डिलीट करने में सक्षम होता है।
- वर्तमान समय में अत्याधुनिक तकनीक के एण्टीवायरस किसी सिस्टम में Adware Spyware Ransomware, Keyloggers, Backdoors, Trojan Horse आदि दुर्भावना से प्रेरित प्रोग्राम से यूजर के डेटा को सुरक्षित करता है।
- **रे टॉमलिंसन** (Ray Tomlinson) ने 80 दशक के अन्त में द रीपर (The Reaper) नाम से पहला एण्टीवायरस बनाया जो कि क्रीपर वायरस को नष्ट करने के लिए बनाया गया था।

बायोमेट्रिक प्रणाली

- बायोमेट्रिक प्रणाली सुरक्षा की आधुनिकतम तकनीकों में से एक है। इस तकनीक में किसी व्यक्ति की पहचान करने के लिए उसके बायोलॉजिकल आँकडों; जैसे–अँगूठे और अँगुलियों के निशान (Thumb and finger impressions (prints) और आवाज (Voice) एवं आँखों का रेटिना (retina), नसों के इम्प्रेशन (impressions of nerves) आदि का इस्तेमाल किया जाता है। फिंगरप्रिण्ट का उपयोग पहली बार 1858 ई. में भारत में एक ब्रिटिश प्रशासक विलियम जेम्स हर्शेल द्वारा व्यावसायिक सेटिंग में किया गया था।
- भारत की आधार नम्बर परियोजना (aadhaar number Project) बायोमेट्रिक पंजीकरण का प्रतीक है।
- आधार विश्व की सबसे व्यापक बायोमेट्रिक पहचान प्रणाली है और भारत में विश्वसनीय पहचान और प्रमाणीकरण की आधारशिला है।
- आधार संख्या सभी भारतीय निवासियों को जारी की जाने वाली 12 अंकों की विशिष्ट पहचान संख्या है। यह संख्या उनके जीवनी और बायोमेट्रिक डेटा (एक तस्वीर, दस अँगुलियों के निशान और दो आईरिस स्कैन) पर आधारित है।

फायरवॉल

- फायरवॉल नेटवर्क सुरक्षा में उपयोग किया जाने वाला एक घटक है।
- फायरवॉल एक डेडिकेटेड हार्डवेयर भी हो सकता है और केवल एक सॉफ्टवेयर भी।
- इसका मुख्य कार्य होता है—नेटवर्क में इनकमिंग और आउटगोइंग ट्रैफिक को स्कैन कर तय किए गए नियमों के अनुसार डाटा पैकेट को पास-आउट करना। यह इण्टरनेट से भेजे जाने वाले के अनुसार हानिकारक प्रोग्राम को नियम पालन न करने पर रोक देता है।
- यह एक प्रकार से डेटा फिल्टर (data filter)का कार्य करता है।

कैप्चा

- CAPTCHA का पूर्णरूप 'कम्प्लीटली ऑटोमेटेड पब्लिक ट्यूरिंग टेस्ट टू टेल कम्प्यूटर्स एण्ड ह्युमन्स अपार्ट' (Completely Automated Public Turing Test to tell Computers and Humans Apart) है, जो सर्वर को कम्प्यूटर और लोगों को पहचानने में सहायता करता है
- यह सिस्टम को स्पैम से बचाने और किसी भी वेबसाइट द्वारा Bots के इस्तेमाल को प्रतिबन्धित (Banned) करने के लिए किया जाता है।
- CAPTCHA ऐसी चुनौतियाँ प्रदान करता है, जो कम्प्यूटर के लिए पहचान करना मुश्किल है, लेकिन मनुष्यों के लिए अपेक्षाकृत (comparatively) आसान है।
- उदाहरण के लिए, बड़े Letters या Numbers की पहचान करना या किसी स्पेशल जगह (Specific Area) में क्लिक करना।

पैच

- पैच (Patch) किसी प्रोग्राम में सुरक्षा, प्रदर्शन या अन्य सुविधा की दृष्टि से बेहतर बनाने के लिए किया गया परिवर्तन है।
- किसी पैच को कभी-कभी बग फिक्स (bug fix) के रूप में सन्दर्भित किया जाता है, क्योंकि पैच का कारण कोई कमी होती है, जिसे उसके डेवलपर्स या यूजर्स द्वारा खोजा जाता है।

डिजिटल हस्ताक्षर

- डिजिटल हस्ताक्षर एक गणितीय तकनीक है, जिसका उपयोग किसी डिजिटल दस्तावेज, सन्देश या सॉफ्टवेयर की प्रामाणिकता और सत्यता को वैध बनाने के लिए किया जाता है।
- यह डिजिटल रूप में हाथ से किए गए हस्ताक्षर या मुहर के समान है।

- डिजिटल हस्ताक्षर का उद्देश्य डिजिटल संचार में छेड़छाड़ और पायरेसी की समस्या को हल करना है।
- अमेरिका सहित कई देशों में, डिजिटल हस्ताक्षरों को पारम्परिक हस्तलिखित दस्तावेज हस्ताक्षरों की तरह ही कानूनी रूप से वैध माना जाता है।
- डिजिटल हस्ताक्षर सार्वजनिक कुंजी क्रिप्टोग्राफी (Public key cryptography) पर आधारित होते हैं, जिन्हें असममित क्रिप्टोग्राफी (asymmetric cryptography) के रूप में भी जाना जाता है।
- डिजिटल प्रमाणपत्र, जिसे सार्वजनिक कुंजी प्रमाणपत्र (public key certificates) भी कहा जाता है। इसमें सार्वजनिक कुंजी, उसके मालिक के बारे में जानकारी, समाप्ति तिथियाँ और प्रमाणपत्र जारीकर्ता के डिजिटल हस्ताक्षर शामिल होते हैं।

प्रॉक्सी सर्वर

- प्रॉक्सी सर्वर (Proxy) का अर्थ होता है-किसी दूसरे की ओर से कार्य करना या किसी दूसरे का प्रतिनिधित्व करना।
- इण्टरनेट में जब यूजर किसी वेबसाइट को अपने कम्प्यूटर की IP से एक्सेस न करके अन्य दूसरे सर्वर की IP का उपयोग करके एक्सेस करता है, तो ऐसे सर्वर को Proxy Server कहते हैं।
- प्रॉक्सी सर्वर कम्प्यूटर सुरक्षा को अधिक मजबूत बनाता है। इन्हें कम्प्यूटर को मैलवेयर जैसे इण्टरनेट खतरों से बचाने के लिए वेब फिल्टर या फायरवॉल के रूप में सेट किया जा सकता है।
- सुरक्षित वेब गेटवे या अन्य ईमेल सुरक्षा प्रोडक्ट्स के साथ जोड़े जाने पर यह अतिरिक्त सुरक्षा भी देता है। भारत सरकार ने देश में साइबर सुरक्षा के लिए अनेक महत्त्वपूर्ण प्रयास किए हैं। इनका विवरण निम्न है

भारत में साइबर सुरक्षा के प्रयास

सर्ट-इन	सर्ट-इन (Indian Computer Emergency Response Team-CERT-In) सरकार द्वारा आदेशित (Government Mandated) एक सूचना प्रौद्योगिकी सुरक्षा संगठन है। इसकी स्थापना केन्द्रीय इलेक्ट्रॉनिक्स और सूचना प्रौद्योगिकी मन्त्रालय (MEITY) के अन्तर्गत वर्ष 2004 में की गई थी। यह नियमित आधार पर नवीनतम साइबर खतरों और जवाबी उपायों के सम्बन्ध में अलर्ट और सलाह जारी करता है। यह इण्टरनेट से सम्बन्धित बुनियादी ढाँचे को सुरक्षित करने और साइबर हमलों से सुरक्षा प्रदान करने के सम्बन्ध में सरकार और महत्त्वपूर्ण क्षेत्र के प्रशासकों और मुख्य सूचना सुरक्षा अधिकारियों के लिए नियमित प्रशिक्षण कार्यक्रम आयोजित करता है।
साइबर क्राइम पोर्टल	इसका उद्देश्य नागरिकों को बाल पोर्नोग्राफी/बाल यौन शोषण सामग्री या यौन स्पष्ट सामग्री; जैसे—बलात्कार/सामूहिक बलात्कार (CP/RGR) से सम्बन्धित ऑनलाइन सामग्री की रिपोर्ट करने में सक्षम बनाना है। इसकी शुरुआत वर्ष 2019 में की गई।
भारतीय साइबर अपराध समन्वय केन्द्र	देश में साइबर अपराध से समन्वित और प्रभावी तरीके से निपटने के लिए गृह मन्त्रालय ने 2018-2020 की अवधि के लिए 'भारतीय साइबर अपराध समन्वय केन्द्र (आई 4 सी)' योजना शुरू की है। इस योजना के निम्नलिखित सात घटक हैं (i) राष्ट्रीय साइबर अपराध खतरा विश्लेषण इकाई। (ii) राष्ट्रीय साइबर अपराध रिपोर्टिंग पोर्टल। (iii) संयुक्त साइबर अपराध जाँच दल के लिए मंच। (iv) राष्ट्रीय साइबर अपराध फोरेंसिक प्रयोगशाला पारिस्थितिकी तन्त्र। (v) राष्ट्रीय साइबर अपराध प्रशिक्षण केन्द्र। (vi) साइबर क्राइम इकोसिस्टम प्रबन्धन इकाई। (vii) राष्ट्रीय साइबर अनुसन्धान और नवाचार केन्द्र।
साइबर सुरक्षित भारत पहल	यह इलेक्ट्रॉनिक्स और सूचना प्रौद्योगिकी मन्त्रालय (MeitY) की एक पहल है, जिसका उद्देश्य भारत में एक मजबूत साइबर सुरक्षा पारिस्थितिकी तन्त्र बनाना है। यह 'डिजिटल इण्डिया' के लिए सरकार के विजन के अनुरूप है। राष्ट्रीय ई-गवर्नमेण्ट डिवीजन (NeGD) ने इस कार्यक्रम को प्रायोजित किया।
साइबर स्वच्छता केन्द्र	यह इलेक्ट्रॉनिक्स और सूचना प्रौद्योगिकी मन्त्रालय (MeitY) के अन्तर्गत वर्ष 2017 में स्थापित किया गया। इसे **बॉटनेट क्लीनिंग एण्ड मैलवेयर एनालिसिस सेण्टर** (Botnet Cleaning and Malware Analysis Centre) भी कहा जाता है। इसका उद्देश्य बॉटनेट संक्रमणों का पता लगाकर भारतीय उपयोगकर्ताओं के लिए सुरक्षित साइबर स्पेस बनाना है।
राष्ट्रीय सूचना बोर्ड	राष्ट्रीय सूचना बोर्ड साइबर सुरक्षा नीति पर भारत सरकार में अन्तर-मन्त्रालयी समन्वय के लिए सर्वोच्च निकाय के रूप में कार्य करता है। इसकी अध्यक्षता भारत का राष्ट्रीय सुरक्षा सलाहकार करता है।
राष्ट्रीय तकनीकी अनुसन्धान संगठन	वर्ष 2004 में स्थापित यह संगठन भारत के प्रधानमन्त्री कार्यालय में राष्ट्रीय सुरक्षा सलाहकार के अधीन एक तकनीकी खुफिया एजेन्सी है। इसका प्राथमिक उद्देश्य तकनीकी खुफिया जानकारी एकत्र करना, जिसमें संचार संकेतों, इमेजरी इण्टेलिजेन्स और साइबर इण्टेलिजेन्स को रोकना और उनका विश्लेषण करना शामिल है।
राष्ट्रीय साइबर सुरक्षा समन्वयक	वर्ष 2015 में भारतीय प्रधानमन्त्री द्वारा राष्ट्रीय साइबर सुरक्षा समन्वयक कार्यालय की स्थापना की गई, जो प्रधानमन्त्री को रणनीतिक साइबर सुरक्षा मुद्दों पर सलाह देता है। यह राष्ट्रीय सुरक्षा परिषद् सचिवालय (NSCS) के अन्तर्गत साइबर सुरक्षा मामलों के लिए राष्ट्रीय स्तर पर विभिन्न एजेंसियों के साथ समन्वय करता है।
डिफेन्स साइबर एजेन्सी,	मई, 2019 में भारत में साइबर हमलों से निपटने के लिए डिफेन्स साइबर एजेन्सी का गठन हुआ था। इस एजेन्सी का काम चीन और पाकिस्तान के हैकर्स की ओर से होने वाले साइबर हमले को रोकना है। ये एजेन्सी तीनों सेनाओं को मदद करती है। एजेन्सी के पास नेटवर्क हैक करने, माउण्ट सर्विलांस ऑपरेशन करने, हनी पॉट्स रखने, हार्ड ड्राइव और सेलफोन से डिलीट किए गए डेटा को रिकवर करने, एन्क्रिप्टेड कम्युनिकेशन और चैनल्स को ब्रेक करने जैसी क्षमता है।
राष्ट्रीय महत्त्वपूर्ण सूचना अवसंरचना संरक्षण केन्द्र	वर्ष 2014 में देश में महत्त्वपूर्ण सूचना अवसंरचना की सुरक्षा के लिए राष्ट्रीय महत्त्वपूर्ण सूचना अवसंरचना संरक्षण केन्द्र (NCIIPC) की स्थापना की गई है। एनसीआईआईपीसी ने मुख्य रूप से निम्नलिखित को महत्त्वपूर्ण क्षेत्रों के रूप में पहचाना है; जैसे-बिजली ऊर्जा, बैंकिंग, वित्तीय सेवाएँ और बीमा, दूरसंचार परिवहन, सरकार, सामरिक एवं सार्वजनिक उद्यम।

सूचना प्रौद्योगिकी अधिनियम (आईटी एक्ट), 2000

- सूचना प्रौद्योगिकी अधिनियम, 2000 भारतीय संसद द्वारा वर्ष 2000 में अधिनियमित किया गया था। यह साइबर अपराध और ई-कॉमर्स से सम्बन्धित मामलों के लिए भारत में प्राथमिक कानून है।
- यह अधिनियम इलेक्ट्रॉनिक, वाणिज्य और इलेक्ट्रॉनिक लेन-देन को कानूनी मंजूरी देने, ई-गवर्नेन्स को सक्षम करने और साइबर अपराध को रोकने के लिए अधिनियमित किया गया था। इस कानून के अन्तर्गत, भारत में स्थित कम्प्यूटर या नेटवर्क से जुड़े किसी भी अपराध के लिए विदेशी नागरिकों पर भी आरोप लगाया जा सकता है।
- यह कानून विभिन्न साइबर अपराधों (cyber crimes) और **डिजिटल/इलेक्ट्रॉनिक प्रारूप** (digital/electronic format) के माध्यम से धोखाधड़ी के लिए दण्ड निर्धारित करता है। यह **डिजिटल हस्ताक्षरों** (digital signatures) को कानूनी मान्यता भी देता है।
- आईटी अधिनियम ने भारतीय दण्ड संहिता (आईपीसी), बैंकर्स बुक एविडेन्स एक्ट, 1891, भारतीय साक्ष्य अधिनियम, 1872 और भारतीय रिजर्व बैंक अधिनियम, 1934 के कुछ प्रावधानों में भी संशोधन किया, ताकि इन कानूनों को नई डिजिटल प्रौद्योगिकियों के अनुरूप बनाया जा सके।

साइबर अपराध

- व्यक्ति या व्यक्तियों के समूहों के विरुद्ध प्रतिष्ठा को नुकसान पहुँचाने या शारीरिक या मानसिक आघात पहुँचाने के लिए किए गए किसी भी अपराध को साइबर अपराध के रूप में परिभाषित किया जा सकता है।
- इलेक्ट्रॉनिक साधनों में इण्टरनेट (चैट रूम, ईमेल, नोटिस बोर्ड और समूह सहित नेटवर्क) और मोबाइल फोन जैसे आधुनिक दूरसंचार नेटवर्क का उपयोग शामिल हो सकता है, लेकिन यह इन्हीं तक सीमित नहीं है।

भारत में साइबर अपराध के विरुद्ध कानून (laws against cyber crime in india) भारत में साइबर कानून की शुरुआत के बाद से, सूचना प्रौद्योगिकी अधिनियम (आईटी अधिनियम) 2000 भारत में साइबर कानून के अन्तर्गत विभिन्न प्रकार के अपराधों को शामिल करता है। इनके अन्तर्गत प्रमुख अपराध निम्नलिखित हैं, जो साइबर अपराध आईटी अधिनियम, 2000 के अन्तर्गत आते हैं।

पहचान की चोरी	वित्तीय सेवाओं का लाभ उठाने या वित्तीय सम्पत्तियों की चोरी करने के लिए किसी व्यक्ति की निजी जानकारी की चोरी करना।
साइबर आतंकवाद	साइबर आतंकवाद किसी व्यक्ति, व्यक्तियों के समूह या सरकारों को गम्भीर नुकसान पहुँचाने या किसी भी प्रकार की जबरन वसूली करने के उद्देश्य से किया जाता है।
साइबरबुलिंग	इलेक्ट्रॉनिक साधनों या सोशल मीडिया जैसे तरीकों के उपयोग के माध्यम से डराने-धमकाने, उत्पीड़न, बदनाम करने या किसी अन्य प्रकार के मानसिक प्रताड़ना का कार्य है।
मानहानि	वैसे तो प्रत्येक व्यक्ति को इण्टरनेट प्लेटफॉर्म पर भी बोलने का अधिकार है, लेकिन यदि उनके बयान एक सीमा पार करते हैं और किसी व्यक्ति या संगठन की प्रतिष्ठा को नुकसान पहुँचाते हैं, तो उन पर मानहानि कानून का आरोप लगाया जा सकता है।
ट्रेड सीक्रेट का उल्लंघन	इण्टरनेट संगठन सॉफ्टवेयर, एप्लिकेशन और टूल विकसित करने में अपना बहुत अधिक समय और पैसा खर्च करते हैं और अपने डेटा और ट्रेड सीक्रेट्स को चोरी से बचाने के लिए साइबर कानूनों पर विश्वास करते हैं। इसे किसी अन्य द्वारा उजागर करना दण्डनीय अपराध है।
अभिव्यक्ति की आजादी का दुरुपयोग	जब इण्टरनेट की बात आती है, तो बोलने की आज़ादी और साइबर अपराध के बीच बहुत पतली रेखा होती है। चूंकि अभिव्यक्ति की स्वतन्त्रता व्यक्तियों को अपने मन की बात कहने में सक्षम बनाती है, जबकि साइबर कानून अभिव्यक्ति की स्वतन्त्रता के नाम पर वेब पर अश्लीलता को रोकता है।
फार्मिंग	यह एक प्रकार का साइबर हमला है, जहाँ साइबर अपराधी जानबूझकर किसी का यूजरनेम और पासवर्ड चुराने के लिए यूज़र को उस वेबसाइट के नकली संस्करण पर रीडायरेक्ट करता है, जिस तक यूजर पहुँचने की कोशिश करता है।
उत्पीड़न और पीछा करना	इण्टरनेट प्लेटफार्मों पर भी उत्पीड़न और पीछा करना प्रतिबन्धित है। साइबर कानून पीड़ितों की रक्षा करते हैं और अपराधी पर इस अपराध के विरुद्ध मुकदमा चलाते हैं।
'साइबर-स्क्वैटिंग'	जिसमें कोई व्यक्ति आधिकारिक तौर पर किसी और के प्रसिद्ध नाम को इण्टरनेट पते (डोमेन) के रूप में खरीद लेता है। ताकि वह बाद में उस नाम वाले व्यक्ति या संगठन को ऊँची कीमत पर बेच सकें।
सोशल इंजीनियरिंग	जब वेब पर आने वाले लोगों को, गुमराह करके ऐसी गतिविधियाँ कराने की कोशिश की जाती है, जिनसे उन्हें खतरा हो सकता है, तो उसे सोशल इंजीनियरिंग हमला कहते हैं। सोशल इंजीनियरिंग के जरिए, कई तरह से नुकसान पहुँचाया जा सकता है; जैसे-फिशिंग (phishing), धोखाधड़ी वाला कॉण्टेण्ट (fraudulent content) आदि।
फिशिंग अटैक	यह साइबर वर्ल्ड में हैकर के द्वारा उपयोग किया जाने वाला सबसे सामान्य तरीका है, जिसमें हैकर प्रलोभन के साथ मैलिशियस ईमेल भेजकर आपसे किसी लिंक पर क्लिक करवाकर आपकी जानकारी चुराने की साजिश रचता है। जैसे-अपने आप को किसी बैंक का प्रतिनिधि बनकर धोखाधड़ी करना।
व्हेलिंग अटैक	व्हेलिंग एक सामान्य साइबर हमला है, जो तब होता है जब कोई हमलावर बड़े, हाई-प्रोफाइल लक्ष्य का पीछा करने के लिए स्पीयर फिशिंग तरीकों का उपयोग करता है।
निषिद्ध सामग्री	जब कोई अनुचित सामग्री/जानकारी साझा करता है, जो उपयोगकर्ताओं के लिए अपमानजनक साबित होती है। ऐसी प्रतिबन्धित सामग्री में यौन गतिविधि (sexual activity), बाल पोर्नोग्राफी (child pornography), हिंसक चित्र/वीडियो आदि शामिल हैं।
हैकिंग	धोखाधड़ी या अनैतिक तरीकों से जानकारी तक अनाधिकृत पहुँच को हैकिंग के रूप में जाना जाता है। यह आम जनता को ज्ञात साइबर अपराध का सबसे सामान्य रूप है।

संचार प्रौद्योगिकी से सम्बन्धित पहलें

भारत में सूचना एवं संचार प्रौद्योगिकी के क्षेत्र में अनेक पहलें की जा रही हैं, इनमें से प्रमुख निम्नलिखित हैं

डिजिटल इण्डिया

- डिजिटल इण्डिया 1 जुलाई, 2015 को भारत सरकार द्वारा लॉन्च किया गया था। यह कार्यक्रम 1990 के दशक के मध्य में शुरू हुए ई-गवर्नेन्स प्रयासों पर आधारित है, लेकिन इसमें सामंजस्य और अन्तरक्रियाशीलता का अभाव था।
- इसका उद्देश्य डिजिटल विभाजन को कम करना था। यह पहल तकनीक-प्रेमी व्यक्तियों और सीमित डिजिटल पहुँच वाले लोगों के बीच असमानता को कम करने के लिए काम करती है।
- डिजिटल इण्डिया के लिए उठाए गए विभिन्न डिजिटल इण्डिया कदम आधार : एक बायोमेट्रिक पहचान प्रणाली, जो निवासियों को 12 अंकों की विशिष्ट पहचान संख्या प्रदान करती है।
- स्टार्टअप इण्डिया उद्यमशीलता को बढ़ावा देने और प्रोत्साहन, वित्त पोषण और मार्गदर्शन के माध्यम से स्टार्टअप्स को समर्थन देने की एक पहल है।
- ई-नाम एक ऑनलाइन व्यापार मंच है, जो कृषि बाजारों को जोड़ता है, उपज की कुशल बिक्री की सुविधा प्रदान करता है।
- डिजिटल लॉकर महत्त्वपूर्ण दस्तावेजों को सुरक्षित रूप से संग्रहीत करने और डिजिटल रूप से उन तक पहुँचने के लिए एक क्लाउड आधारित प्लेटफॉर्म।
- भीम यूपीआई एक डिजिटल भुगतान प्रणाली जो स्मार्टफोन का उपयोग करके सुरक्षित पीयर-टू-पीयर लेन-देन को सक्षम बनाती है।
- ई-साइन फ्रेमवर्क डिजिटल हस्ताक्षर का उपयोग करके दस्तावेजों पर ऑनलाइन हस्ताक्षर करने की अनुमति देता है।
- माईगव एक नागरिक सहभागिता मंच जो शासन और नीतिगत चर्चाओं में भागीदारी को सुगम बनाता है।
- ई-अस्पताल ऑनलाइन पंजीकरण और स्वास्थ्य रिकॉर्ड तक पहुँच सहित डिजिटल अस्पताल सेवाएँ।

भारत सेमीकण्डक्टर मिशन (ISM)

- आईएसएम को इलेक्ट्रॉनिक्स और आईटी मन्त्रालय (एमईआईटीवाई) के तत्वावधान में 76,000 करोड़ रुपये के कुल वित्तीय परिव्यय के साथ 2021 में लॉन्च किया गया था।
- यह देश में टिकाऊ सेमीकण्डक्टर और डिस्प्ले पारिस्थितिकी तन्त्र के विकास के लिए व्यापक कार्यक्रम का भाग है।
- इस कार्यक्रम का उद्देश्य सेमीकण्डक्टर, डिस्प्ले विनिर्माण और डिजाइन पारिस्थितिकी तन्त्र में निवेश करने वाली कम्पनियों को वित्तीय सहायता प्रदान करना है।
- सेमीकण्डक्टर और डिस्प्ले उद्योग के वैश्विक विशेषज्ञों के नेतृत्व में , आईएसएम योजनाओं के कुशल, सुसंगत और सुचारू कार्यान्वयन के लिए नोडल एजेन्सी के रूप में काम करेगा।

भारतनेट

- नेशनल ऑप्टिकल फाइबर नेटवर्क (NOFN) अक्टूबर, 2011 में लॉन्च किया गया था और वर्ष 2015 में इसका नाम बदलकर भारत नेट प्रोजेक्ट कर दिया गया।
- यह ऑप्टिकल फाइबर का उपयोग करने वाला विश्व का सबसे बड़ा ग्रामीण ब्रॉडबैण्ड कनेक्टिविटी कार्यक्रम है, जो भारत ब्रॉडबैण्ड नेटवर्क लिमिटेड (BBNL) द्वारा कार्यान्वित एक प्रमुख मिशन भी है।
- BBNL कम्पनी अधिनियम, 1956 के अन्तर्गत भारत सरकार द्वारा स्थापित एक विशेष प्रयोजन वाहन (SPV) है। इसे संचार मन्त्रालय के अन्तर्गत दूरसंचार विभाग द्वारा कार्यान्वित किया जा रहा है।
- इस परियोजना में निष्पादन रणनीति में बदलाव करना और अन्तिम मील तक फाइबर कनेक्शन प्रदान करने के लिए ग्राम स्तरीय उद्यमियों (Udyamis) को नियोजित करना शामिल है, जिससे अगले 2.5 वर्षों में कनेक्टिविटी प्रक्रिया में तेजी आएगी।

"

रोबोट एक स्वसंचालित यन्त्र है,जो मनुष्य के द्वारा किए जाने वाले कार्यों को करने में सक्षम होता है हालाँकि यह आवश्यक नहीं कि इसकी कार्यक्षमता मनुष्य के समरूप हो।

अध्याय आठ

रोबोटिक्स एवं आर्टिफिशियल इण्टेलीजेन्स

रोबोटिक्स

- रोबोटिक्स विज्ञान एवं प्रौद्योगिकी की वह शाखा है, जिसमें रोबोट के डिजाइन, निर्माण संचालन एवं अनुप्रयोगों का अध्ययन कियां जाता है।
- वर्ष 1921 में कारेल कैपेक (Karel Capek) ने अपने नाटक Rossum's Universal Robots में ऐसे श्रेष्ठ धावक की परिकल्पना प्रस्तुत की, जिसकी बुद्धि मानव के समान थी।

जोसेफ एंजेलबर्गर को रोबोटिक का जनक माना जाता है और **डब्बाला राजगोपाल** को भारत में रोबोटिक्स का जनक की उपाधि दी जाती है।

- आइज़क असिमोव (Issac Asimov) ने वर्ष 1950 में आई अपनी किताब आई रोबोट (I, Robot) में रोबोटिक्स से सम्बन्धित कुछ नियम दिए, जिन्हें आज रोबोटिक्स के नियमों के तौर पर जाना जाता है, जो निम्न प्रकार हैं

रोबोटिक्स के नियम

- रोबोट को मानव जाति के लिए नुकसानदेह नहीं होना चाहिए।
- रोबोट मानव के द्वारा दिए गए सारे आदेशों का पालन करेगा, यदि वे पहले नियम से विपरीत न हो।
- रोबोट तब तक अपने अस्तित्व की रक्षा करेगा, जब तक के ऐसी रक्षा पहले अथवा दूसरे नियम के विपरीत न हो।

रोबोट के प्रमुख घटक

इसके अन्तर्गत रोबोट का बाहरी ढाँचा और उपकरणों को शामिल किया जाता है। ये घटक हैं

- सेंसर सूचनाओं को संग्रह करने में रोबोट द्वारा इसका प्रयोग किया जाता है।
- उन्नत किस्म के रोबोट में तापमान तथा दाब का पता लगाने के लिए थर्मामीटर तथा बैरोमीटर लगे होते हैं। वर्तमान युग के रोबोट में आस-पास के वातावरण का त्रिविमीय (3D) चित्र बनाने के लिए लाइट डिटेक्शन एण्ड रेजिंग सेंसर का प्रयोग होता है।
- इफेक्टर रोबोट का यह भाग वास्तविक कार्य का सम्पादन करता है। इफेक्टर को विशेष कार्य के लिए रोबोट से सम्बद्ध किया जाता है। मैग्नेट, पेंचकस, ड्रिलिंग, वैक्यूम आदि रोबोट के लिए सामान्य इफेक्टर हैं।
- मोटर यह रोबोट के विभिन्न भागों को उसके पहियों से जोड़ती है। ये ऐसे भाग हैं, जिसमें संचित ऊर्जा से रोबोट में क्रियाशीलता होती है। मोटर को रोबोट की मांसपेशियाँ कहा जाता है। रोबोट में व्यापक रूप से इलेक्ट्रिक मोटर का उपयोग किया जाता है।
- मैनीपुलेटर अक्षों तथा जोड़ो के संयोजन से इसकी रचना होती है। रोबोट का यह भाग मनुष्य की बाँह (Arm) की तरह कार्य करता है।
- कण्ट्रोल सिस्टम इसके द्वारा रोबोट का व्यवहार निर्देशित किया जाता है। डिजिटल कम्प्यूटर रोबोट के लिए यह नियन्त्रक की भाँति कार्य करता है।

रोबोट के प्रकार

अनुप्रयोग एवं कार्य के प्रकृति के अनुसार रोबोट अनेक प्रकार के होते हैं

- स्वायत्त रोबोट इस प्रकार के रोबोट जटिल वातावरण में भी कार्य कर सकते हैं। इन्हें कार्य करने के लिए मानवीय संचालन की आवश्यकता नहीं होती है। ये स्वयं के संचालन और अपने वातावरण से सूचनाएँ एकत्र करने के लिए स्वयं जिम्मेदार होते हैं।
- ऑगमेण्टिग रोबोट इस प्रकार के रोबोट सीधे मनुष्य के अंगों से जुड़े होते हैं। ये मनुष्य के ऐसे शारीरिक कौशल को बढ़ा सकते हैं, जो दुर्घटना से कम हो गया है। इनका प्रयोग गोदामों और कारखानों के फर्श जैसे नियन्त्रित वातावरण में सामग्री वितरित करने और वस्तुओं को स्थानान्तरित करने के लिए किया जाता है।

- ह्यूमेनॉइड इस प्रकार के रोबोट की बनावट मानव शरीर की तरह होती है। इस रोबोट में सिर, धड़, हाथ तथा पाँव होते हैं। रोबोनॉट नासा द्वारा बनाया गया ह्यूमेनॉइड रोबोट है। FEDOR एक रूसी ह्यूमेनॉइड रोबोट है और वर्ष 2021 में ISS पर इसका परिचालन शुरू हो गया है। नासा, मंगल पर लम्बे मिशन के लिए एक ह्यूमेनॉइड रोबोट बना रहा है। इसे वाल्कीरी नाम दिया गया है।
- व्योममित्र यह एक महिला जैसा दिखने वाला अन्तरिक्ष यात्री ह्यूमेनॉइड रोबोट है। यह लोगों से बात कर सकती है और उन्हें पहचान भी सकती है अर्थात् अभियान के दौरान यह अन्तरिक्ष यात्रियों को पहचानने, उनसे बात करने के साथ ही उनके प्रश्नों के उत्तर भी दे सकती है।

ऑप्टिमस

यह एक **प्रोटोटाइप ह्यूमनॉइड रोबोट** है। इसको टेक्सास स्थित अमेरिकी कम्पनी टेस्ला ने विकसित किया है। ये रोबोट, जो पौधों को पानी देने, बॉक्सो को छोने और धातु की वस्तुओं को उठाने जैसे सरल कार्य कर सकता हैं ऑप्टिमस में दुनिया को देखने, योजना बनाने और नेविगेट करने की संज्ञानात्मक क्षमता भी है। उनके प्रश्नों के उत्तर भी दे सकती है।

- प्री-प्रोग्राम्ड रोबोट यह साधारण वातावरण में कार्य करता है, जो एक ही कार्य को बार-बार सम्पन्न करता है। इसे एक सामान्य नियन्त्रण प्रणाली से नियन्त्रित किया जा सकता है।
- टेलीऑपरेटेड रोबोट टेलीऑपरेटेड रोबोट अर्द्ध-स्वायत्त रोबोट है, जो मानव नियन्त्रण को सुरक्षित दूरी से सक्षम करने के लिए वायरलेस नेटवर्क का उपयोग करते हैं। ये रोबोट सामान्यत: औद्योगिक स्थितियों, मौसम और परिस्थितियों में कार्य करते हैं।

रेक्स एमके *II*

- सितम्बर, 2021 में इजरायल एयरोस्पेस इण्डस्ट्रीज (IAI) ने रिमोट कण्ट्रोल आधारित सशस्त्र रोबोट रेक्स एमके का अनावरण किया, जो युद्ध क्षेत्रों में गश्त करने, घुसपैठियों को ट्रैक करने तथा हमला या फायरिंग करने में सक्षम है।
- यह रोबोट स्थलीय सैनिकों के लिए खुफिया जानकारी एकत्र कर सकता है, घायल सैनिकों को ले जा सकता है।

भारत का पहला बैंकिंग रोबोट : लक्ष्मी

नवम्बर, 2016 में कुम्भकोणम (तमिलनाडु) सिटी यूनियन बैंक ने भारत का प्रथम बैंकिंग रोबोट **लक्ष्मी** लॉन्च किया। यह एक कृत्रिम बुद्धि युक्त रोबोट है, जो अंग्रेजी में बात करने में सक्षम है। इस रोबोट को कोर बैंकिंग सॉल्युशन से जोड़ा गया है, जिससे ग्राहकों की बैंक सम्बन्धी समस्याओं का समाधान हो सके।

रोबोट के अनुप्रयोग

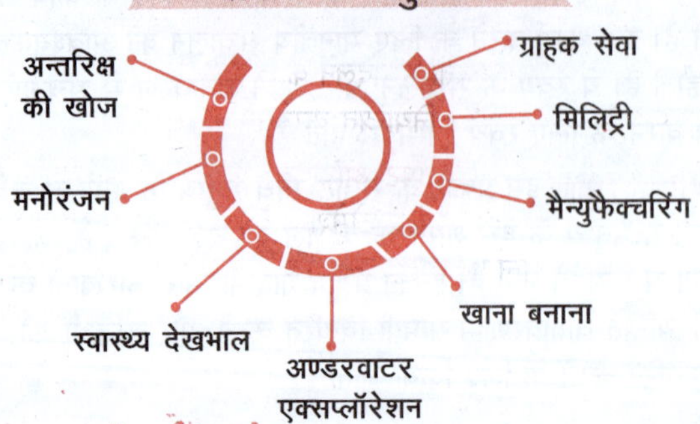

चर्चित रोबोट

भारत एवं विश्व में अनेक प्रसिद्ध रोबोट निर्मित किए गए हैं, इनमें से प्रमुख निम्नलिखित हैं

- मानव (Manav) भारत का पहला 3D-प्रिण्टिड ह्यूमेनॉइड रोबोट है, जिसमें एक अन्तर्निहित दृष्टि और ध्वनि प्रसंस्करण क्षमता है और यह मुख्य रूप से अनुसन्धान उद्देश्यों के लिए है तथा अनुसन्धान संस्थानों के लिए उपलब्ध है, जो रोबोटिक्स को अध्ययन के विषय के रूप में पेश करते हैं।
- मित्रा (Mitra), पहला स्वदेशी रूप से निर्मित ह्यूमेनॉइड रोबोट मनुष्यों के साथ स्मार्ट तरीके से बातचीत करने में सक्षम है। इसे वर्ष 2018 में प्रधानमन्त्री नरेन्द्र मोदी और संयुक्त राज्य अमेरिका के राष्ट्रपति डोनाल्ड ट्रम्प की बेटी इवांका ट्रम्प द्वारा लॉन्च किया गया था। इसे बंगलुरू में केनरा बैंक और PVR सिनेमा के गलियारों में ग्राहकों के साथ बातचीत करते हुए देखा जा सकता है।
- रोबोकॉप हैदराबाद में तैनात कानून, व्यवस्था और यातायात प्रबन्धन को सम्भालने में सहायता करने के लिए एक पुलिस रोबोट है। यह कार्यालयों, मॉल, हवाई अड्डों, सिग्नल पोस्ट और अन्य सार्वजनिक स्थानों की सुरक्षा के लिए डिजाइन किया गया है और स्वायत्त रूप से तैनात किए जाने पर सुरक्षा का ध्यान रख सकता है। यह बॉम्ब को भी डिफ्यूज कर सकता है।
- केम्पा (KEMPA), एक विशेष रोबोट सहायक है जिसे कम्पेगौड़ा अन्तर्राष्ट्रीय हवाई अड्डे की आवश्यकताओं के अनुरूप बनाया गया है, जो भ्रमित यात्रियों के प्रश्नों के उत्तर अंग्रेजी के साथ-साथ कन्नड़ में भी देगा।
- राडा (RADA), टाटा सन्स और सिंगापुर एयरलाइन्स के बीच एक संयुक्त उद्यम, विस्तारा द्वारा विकसित एक अद्वितीय आर्टिफिशियल इण्टेलिजेन्स आधारित रोबोट है, जो सरल कार्यों को स्वचालित करता है और ग्राहक अनुभव को बेहतर बनाता है।
- **IRA** (इण्टेलिजेण्ट रोबोटिक असिस्टेण्ट) एक चमकदार सफेद इण्टरैक्टिव ह्यूमेनॉइड है, जो अनिवार्य रूप से बैंक शाखा के कर्मचारियों को ग्राहकों की सेवा करने में सहायता करता है। इसे मुम्बई में वर्ष 2018 में लॉन्च किया गया था।
- इण्ड्रो (INDRO), कथित तौर पर भारत में निर्मित सबसे ऊँचा ह्यूमेनॉइड रोबोट है। यह एक स्वायत्त रोबोट है, जिसे एक घर के अन्दर आसानी से उपलब्ध कम लागत वाली सामग्री; जैसे- एल्युमीनियम, लकड़ी, कार्डबोर्ड, प्लास्टिक आदि से बनाया गया है। इसका उपयोग मनोरंजन, शिक्षा और कुछ घरेलू जैसे हल्के कार्यों के लिए किया जा सकता है।
- दक्ष (Daksh) मेक-इन-इण्डिया रोबोट डी आर डी ओ द्वारा विकसित किया गया है। यह मुख्य रूप से इम्प्रोवाइज्ड एक्सप्लोसिव डिवाइसेज (IED) का पता लगाने और उसे रिकवर करने के लिए डिजाइन किया गया है। इसे वर्ष 2011 में भारतीय सेना में शामिल किया गया था। अपनी एक्स-रे दृष्टि का उपयोग करके, दक्ष एक खतरनाक वस्तु की पहचान कर सकता है।
- वर्ष 2015 में इसे रासायनिक, जैविक, रेडियोलॉजिकल और परमाणु खतरे का पता लगाने वाले तन्त्र से लैस किया गया है।

- सोफिया यह एक मानव सदृश सामाजिक रोबोट है, जिसका विकास हाँगकाँग की कम्पनी हेनसन रोबोटिक्स द्वारा किया गया।
- चेहरे के 62 से अधिक हाव-भाव प्रदर्शित करने की क्षमता से युक्त सोफिया ने बहुत से हाई प्रोफाइल साक्षात्कारों में भाग लिया। अक्टूबर 2017 में सोफिया को सऊदी अरब की नागरिकता प्रदान की गई। इसके साथ ही यह किसी देश की नागरिकता प्राप्त करने वाला प्रथम रोबोट बन गया।

भारत में रोबोटिक्स

- विश्व रोबोटिक्स रिपोर्ट, 2024 के अनुसार, भारत का विश्व में सातवाँ स्थान है। यह रिपोर्ट 'इण्टरनेशनल फेडरेशन ऑफ रोबोटिक्स' (IFR) द्वारा जारी की जाती है।
- भारत सरकार रोबोटिक्स के विकास के सम्बन्ध में उपयोगी कदम उठा रही है

रक्षा अनुसन्धान एवं विकास संगठन (DRDO)

- आर्टिफिशियल इण्टेलिजेंस और रोबोटिक्स केन्द्र (CAIR) : DRDO के अन्तर्गत वर्ष 1986 में बंगलुरु में आरोग्य स्वामी पॉलराज द्वारा स्थापित यह केन्द्र स्वायत नेविगेशन, कम्प्यूटर विजन प्रोसेसिंग और एआई के क्षेत्र में उन्नत स्वायत्त रोबोटिक और मानव रहित प्रणालियों के विकास पर कार्यरत है।
- अनुसन्धान एवं विकास प्रतिष्ठान (इंजीनियर्स) यह केन्द्र रक्षा अनुप्रयोगों के लिए रोबोटिक प्लेटफॉर्मों के विकास पर काम कर रहा है।
- लड़ाकू वाहन अनुसन्धान एवं विकास प्रतिष्ठान (CVRDE) और VRDE ये केन्द्र मानवरहित ट्रैकयुक्त और पहिएयुक्त वाहनों के विकास में सक्रिय हैं।

ऑल इण्डिया काउन्सिल फॉर रोबोटिक्स एण्ड ऑटोमेशन (AICRA)

- AICRA वर्ष 2014 में स्थापित एक गैर-लाभकारी संगठन है। यह शीर्ष निकाय है, जो भारत में रोबोटिक्स स्वचालन और शिक्षा उद्योग में मानक स्थापित करता है। यह संगठन नई दिल्ली में स्थित है।
- AICRA लगातार रोबोटिक्स एवं रोबोटिक्स प्रोसेस ऑटोमेशन (RPA) उद्योग का समर्थन करता रहा है तथा ये गुणवत्ता आश्वासन, सूचना प्रणाली और ट्रेन-द-ट्रेनर (TTT) अकादमियों जैसे संस्थानों को समर्थन प्रणाली प्रदान करता है।
- पूरक कौशल विकास को मजबूत करने के लिए, AICRA निजी क्षेत्र के नेतृत्व वाले प्रयासों को बढ़ावा देने पर ध्यान केन्द्रित करता है, जिसमें स्केलेबल मॉडल बनाने के लक्ष्य के साथ गैर-लाभकारी और लाभ के लिए, दोनों पहल शामिल हैं। रोबोटिक सोसायटी ऑफ इण्डिया (RSI) की स्थापना 10 जुलाई, 2011 में हुई।
- इसका प्रमुख कार्य रोबोटिक्स क्षेत्र में विकास व शोध कार्य कराना है।
- साथ ही दो वर्ष के अन्तराल में एडवांस इन रोबोटिक्स' (Advance in Robotics (AIR) सम्मेलन का आयोजन करता है।

कृत्रिम बुद्धिमता और रोबोटिक्स

यह केन्द्र राष्ट्रीय अन्त:विषय साइबर-भौतिक प्रणाली मिशन (एन एम-आईसीपीएस) के अन्तर्गत स्थापित किया गया। इसका उद्देश्य कृत्रिम बुद्धिमता (AI) और रोबोटिक्स के क्षेत्र में प्रौद्योगिकी नवाचार को प्रोत्साहित करना और इसका व्यावसायिक उपयोग सुनिश्चित करना है।

उन्नत विनिर्माण केन्द्र (सी ए एम आर ए एस)

रोबोटिक्स और स्वायत्त प्रणालियों के आयात को कम करने के उद्देश्य से स्थापित यह केन्द्र उन्नत तकनीकों के विकास पर केन्द्रित है।

आई-हब फाउण्डेशन फॉर कोबोटिक्स (INFC)

यह केन्द्र आईआईटी दिल्ली के तत्वाधान में संचालित है और मेडिकल सिमुलेटर, हेल्पकेयर रोबोटिक्स, पुनर्वास रोबोटिक्स ड्रोन एप्लीकेशन आदि के क्षेत्रों को आठ प्रमुख परियोजनाओं पर काम कर रहा है।

रोबोटिक्स के लिए राष्ट्रीय रणनीति

सरकार ने एक मसौदा रणनीति तैयार की है, जिसका उद्देश्य वर्ष 2030 तक भारत को रोबोटिक्स के वैश्विक नेता के रूप में स्थापित करना है।

इसरो और रोबोटिक्स

भारतीय अन्तरिक्ष अनुसन्धान संगठन (इसरो) मानव मिशनों के लिए मानव सदृश रोबोट विकसित करने की प्रक्रिया में है। इन रोबोटों का उद्देश्य अन्तरिक्ष में मानव गतिविधियों में सहायता करना और दीर्घकालीन मिशनों में मानव का स्थान लेना है।

भारत में निर्मित प्रमुख रोबोट

एण्टी टेरर रोबोट : दक्ष, मानव, मित्रा, व्योमित्र, रोबोकॉप, कैम्पा, राडा, IRA, इण्ड्रो, शालू

ऑटोमेशन

यह कम से कम मानव हस्तक्षेप के साथ वस्तुओं और सेवाओं का उत्पादन और वितरण करने के लिए प्रौद्योगिकियों का निर्माण और अनुप्रयोग है। ऑटोमेशन तकनीकों और प्रक्रियाओं के कार्यान्वयन से कई कार्यों की दक्षता, विश्वसनीयता या गति में सुधार होता है, जो पहले मनुष्यों द्वारा किए जाते थे।

ऑटोमेशन के प्रकार

- फिक्स्ड ऑटोमेशन फिक्स्ड ऑटोमेशन एक प्रकार का ऑटोमेशन है, जहाँ स्वचालित प्रक्रियाओं के एक निश्चित क्रम के बाद, निर्माण की प्रक्रिया को कॉन्फिगर किए जाने के तरीके से तय किया जाता है।
- प्रोग्रामेबल ऑटोमेशन प्रोग्रामेबल ऑटोमेशन उत्पादन उपकरण और ऑटोमेशन को बदलती जरूरतों में बदलने की अनुमति देता है। यह एक प्रोग्राम के माध्यम से ऑटोमेशन को नियन्त्रित करके किया जाता है।
- फ्लेक्सिबल ऑटोमेशन इसे सॉफ्ट ऑटोमेशन के रूप में भी जाना जाता है। अनिवार्य रूप से, फ्लेक्सिबल ऑटोमेशन पुन: प्रोग्रामिंग करते समय बिना समय व्यर्थ किए विभिन्न प्रकार के उत्पादों के उत्पादन को सक्षम बनाता है।

रोबोटिक्स प्रोसेस ऑटोमेशन (RPA)

- RPA एक सॉफ्टवेयर तकनीक है, जो व्यवसाय प्रक्रियाओं को स्वचालित (ऑटोमेण्ट) करने के लिए उपयोग की जाती है।
- यह तकनीक कम्प्यूटर सॉफ्टवेयर या बॉटस का उपयोग करके उन कार्यों को पूरा करती है, जिन्हें सामान्यत: मनुष्य मैन्युअल रूप से करता है।

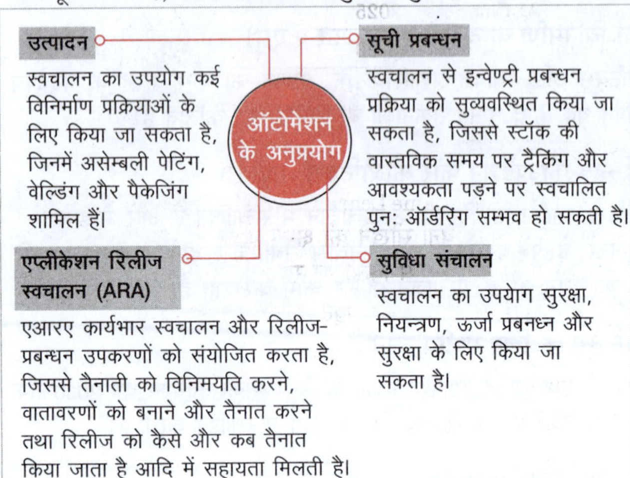

आर्टिफिशियल इण्टेलिजेन्स (कृत्रिम बुद्धिमत्ता)

- मानवीय गुणों के अनुरूप सोचने, समझने एवं तर्क करने की क्षमता के विकास को कम्प्यूटर में आर्टिफिशियल इण्टेलिजेन्स (Artificial Intelligence, AI) कहते हैं। कम्प्यूटर विज्ञान में, आर्टिफिशियल इण्टेलिजेन्स अनुसन्धान को बुद्धिमान एजेण्ट के रूप में परिभाषित किया गया है।
- आर्टिफिशियल इण्टेलिजेन्स के जनक जॉन मैकार्थी के अनुसार, यह विशेष रूप से बुद्धिमान कम्प्यूटर प्रोग्राम बनाने का साधन है। आर्टिफिशियल इण्टेलिजेन्स कम्प्यूटर बनाने, एक कम्प्यूटर नियन्त्रित रोबोट या एक सॉफ्टवेयर बनाने का तरीका है जो बुद्धिमानी से सोचता है।

एआई के प्रकार

कृत्रिम बुद्धिमत्ता के प्रकारों का वर्गीकरण दो आधारों पर किया जाता है

1. योग्यता के आधार पर

इस आधार पर कृत्रिम बुद्धिमत्ता को दो वर्गों में विभक्त किया जाता है

(i) **कमजोर/संकीर्ण कृत्रिम बुद्धिमत्ता**

कमजोर एआई को संकीर्ण एआई (Narrow AI) या आर्टिफिशियल नैरो इण्टेलिजेंस (Artificial Narrow Intelligence (ANI)) भी कहा जाता है। इसमें एआई को विशिष्ट कार्यों को करने के लिए प्रशिक्षित और केन्द्रित किया जाता है।

- संकीर्ण एआई वर्तमान में प्रचलित अधिकांश AI को संचालित करता है। जैसे कि एप्पल का सिरी (Apple's Siri), अमेज़ॅन का एलेक्सा (Amazon's Alexa), आईबीएम वॉटसन (IBM Watson), माइक्रोसॉफ्ट का कोरटाना (Cortana), सैमसंग का बिक्सबी (Bixby) और ऑटोमैटिक वाहन जैसे गूगल सेल्फ ड्राइविंग कार।

(ii) **मजबूत कृत्रिम बुद्धिमत्ता**

- मजबूत कृत्रिम बुद्धिमत्ता (Strong AI) आर्टिफिशियल जनरल इण्टेलिजेंस (Artificial General Intelligence, AGI) और आर्टिफिशियल सुपर इण्टेलिजेंस (Artificial Super Intelligence (ASI) से बना है।
- आर्टिफिशियल जनरल इण्टेलिजेंस (AGI) एआई का एक सैद्धान्तिक रूप है, जहाँ एक मशीन में मनुष्यों के बराबर बुद्धि होगी। इसमें एक आत्म-जागरूक चेतना (self-aware consciousness) होगी जिसमें समस्याओं को हल करने, सीखने और भविष्य के लिए योजना बनाने की क्षमता होगी।

आर्टिफिशियल सुपर इण्टेलिजेंस

- यह काल्पनिक स्थिति है जिसमें मशीन द्वारा मानव मस्तिष्क की बुद्धि और क्षमता के भी पार चले जाने की स्थिति होगी।
- इसके सबसे सटीक उदाहरण विज्ञान कथाओं (science fiction) में मिलते हैं, जैसे-HAL, द सुपर ह्यूमन (the superhuman) और रफ कम्प्यूटर असिस्टेंट: ए स्पेस ओडिसी (rogue computer assistant in 2001: A Space Odyssey) आदि।

2. कार्य के आधार पर कृत्रिम बुद्धिमत्ता के प्रकार

कार्य के आधार पर कृत्रिम बुद्धिमत्ता को चार वर्गों में बाँटा जा सकता है

(i) **पूर्ण प्रतिक्रियात्मक**

- पूर्ण प्रतिक्रियात्मक कृत्रिम बुद्धिमत्ता का सबसे आधारभूत प्रकार है। इसके अन्तर्गत मशीन वातावरण और परिस्थितियों से सीधे सूचना ग्रहण करती है और उसके आधार पर निर्णय लेती है। मशीन अनुभवों को संरक्षित नही कर सकती है, ना ही उनके आधार पर वर्तमान समस्या पर निर्णय ले सकती है।
- इस प्रकार की बुद्धिमत्ता से युक्त मशीनें दिए गए कार्य के अतिरिक्त कोई और कार्य अपनी बुद्धिमत्ता से नहीं कर सकती हैं। उदाहरण: IBM का डीप ब्लू (Deep Bleu) जिसने शतरंज चैम्पियन गैरी कास्पोरोव को हराया था।

(ii) **सीमित स्मृति**

कृत्रिम बुद्धिमत्ता के विकास में यह अगला चरण है। इस वर्ग में मशीन पिछले अनुभवों को सीमित मात्रा में सूचना के रूप में संरक्षित रखती है। इस सीमित स्मृति के आधार मशीन कृत्रिम बुद्धिमत्ता से निर्णय लेती है और उसके आधार पर अपना कार्य निर्धारित करती है। उदाहरण के लिए, गूगल या टेस्ला की स्वचालित कार चैटबाट, पर्सनल डिजिटल असीस्टेण्ट आदि।

(iii) **मस्तिष्क सिद्धान्त**

यह कृत्रिम बुद्धिमत्ता का भावी चरण होगा, जिसमें मानव के विचारों और मानव व्यवहार को प्रभावित करने वाली भावनाओं को समझने की क्षमता होगी। इसके उदाहरण साइंस फिक्सन फिल्मों में या कथाओं में कल्पित किए गए हैं; जैसे- स्टार वार फ़िल्मों के C-3PO तथा R2-D2, Robot फ़िल्म का चिट्ठी आदि।

(iv) **आत्म-जागरूक**

इस तरह के रोबोट अपना प्रतिनिधित्व स्वयं कर सकेंगे। यह मस्तिष्क सिद्धान्त का अगला चरण होंगे, वे अपनी आन्तरिक स्थिति से अवगत होंगे, वे दूसरों की भावनाओं को समझने में सक्षम होंगे तथा अपने आधार पर निर्णय ले सकेंगे। उदाहरण के लिए, वर्ष 2015 में आई फ़िल्म एक्स मशीन की इवा।

जेनरेटिव कृत्रिम बुद्धिमत्ता

- जेनरेटिव एआई (GAI) ऐसे एल्गोरिदम हैं, जिनकी मद्द से हम नया कंटेंट बना सकते हैं; जैसे-टेक्स्ट, ऑडियो, वीडियो, कोड और भी बहुत कुछ। यह मशीन लर्निंग (एमएल) का ही एक रूप है। जेनरेटिव एआई को लिखित आदेश देकर टेक्स्ट लिखवा सकते हैं या फिर इमेज वीडियो भी बनवा सकते हैं।
- चैटजीपीटी chatGPT ओपनएआई द्वारा विकसित एक एआई-संचालित चैटबाट है, जिसमें न केवल लिखित सामग्री तैयार करने, बल्कि उपयोगकर्ताओं के साथ धाराप्रवाह बातचीत करने की अद्वितीय क्षमता है।
- बार्ड BARD एक जनरेटिव AI चैटबाट है, जिसे Google ने LaMDA भाषा मॉडल तकनीक पर बनाया है। यह उपयोगकर्ताओं द्वारा पूछे गए प्रश्नों का उत्तर दे सकता है या टेक्स्ट या इमेज प्रॉम्प्ट से नई सामग्री बना सकता है।

एआई की कार्य-प्रणाली

- **अमोनिया उत्सर्जन** में नाइट्रोजन का उत्सर्जन अमोनिया के रूप में उदाहरण ए. आई. प्रणालियाँ डेटा प्राप्त करती हैं, उसे पूर्व-संसाधित करती हैं तथा प्रासंगिक विशेषताएँ निकालती हैं।
- पैटर्न सीखने के लिए मशीन लर्निंग, डीप लर्निंग या नियमों जैसे उपयुक्त एल्गोरिदम का चयन किया जाता है और डेटा पर उन्हें प्रशिक्षित किया जाता है।
- प्रशिक्षित मॉडलों का मूल्यांकन, अनुकूलन और नए इनपुट डेटा के आधार पर पूर्वानुमान या निर्णय लेने के लिए उनका परिनियोजन किया जाता है।
- यह प्राकृतिक भाषा प्रसंस्करण, कम्प्यूटर विज़न और तर्क जैसी तकनीकों को मिलाकर मानव जैसी बुद्धिमत्ता की नकल करती है।
- यह अधिक डेटा और फीडबैक के माध्यम से लगातार सीखता और सुधारता रहता है।

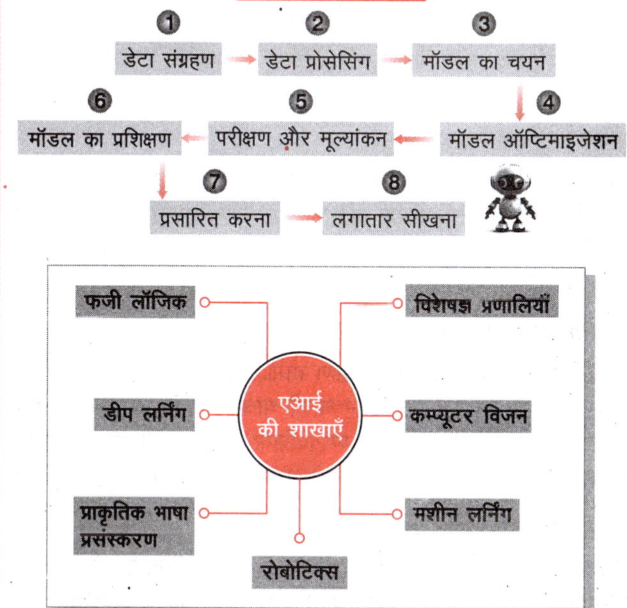

ए आई टूल्स के लान्चिंग वर्ष एवं कम्पनी

एआई टूल्स	लॉन्च वर्ष	कम्पनी
Deepseek (AI Chatboat)	2025	Deepseek
Qwen 2.5 Max	2025	Alibaba
Grok 3 (AI Chatbot)	2025	XAI
Gemini	2023	Google Deepmind
Chat GPT	2022	Microsoft

मशीन लर्निंग

- मशीन लर्निंग (Machine Learning, ML) वह तकनीक है, जो कम्प्यूटर को प्रोग्राम किए बिना सीखने की क्षमता देती है, इसका उपयोग दैनिक जीवन में सक्रिय रूप से किया जा रहा है।
- जैसे Gmail के इनबॉक्स में खुद जवाब देने की सुविधा।
- सैद्धान्तिक रूप से, यह वह विज्ञान है जो मशीनों को वास्तविक दुनिया की समस्याओं को हल करने के लिए डेटा का अनुवाद, निष्पादन और जाँच करने में सक्षम बनाता है।
- इसके लिए कम्प्यूटर प्रोग्रामर मशीन लर्निंग एल्गोरिदम (machine learning algorithms) डिजाइन करते हैं। ये एल्गोरिद्म एक सम्पूर्ण एमएल सिस्टम बनाने के लिए मशीन भाषा में कोडित होते हैं।
- मशीन लर्निंग शब्द वर्ष 1959 में आईबीएम के इन्जीनियर और कम्प्यूटर गेमिंग और कृत्रिम बुद्धिमत्ता के क्षेत्र में अग्रणी आर्थर सैमुअल द्वारा गढ़ा गया था।

मशीन लर्निंग के अनुप्रयोग

- सेल्फ-ड्राइविंग कारें, फोटो और आवाज की पहचान
- माँग पूर्वानुमान मॉडल
- चेहरे की पहचान
- वेब पर उत्पाद अनुशंसाएँ
- ईमेल ऑटोमेशन और स्पैम फ़िल्टरिंग
- सोशल मीडिया अनुकूलन
- मोबाइल वॉयस टू टेक्स्ट सेवा
- अनुमान लगाने वाले विश्लेषक की सेवा

डीप लर्निंग

- डीप लर्निंग मशीन को वह करना सिखाती है, जो मनुष्य पहले से जानता है। उदाहरण के लिए ड्राइवर रहित कारों के पीछे डीप लर्निंग एक प्रमुख तकनीक है, जो उन्हें रुकने के संकेत को पहचानने या पैदल यात्री को लैम्पपोस्ट से अलग करने में सक्षम बनाती है।
- मशीन लर्निंग के विपरीत, इसमें डेटा को संसाधित करने के लिए मानवीय हस्तक्षेप की आवश्यकता नहीं होती है। डीप लर्निंग मॉडल को अक्सर डीप न्यूरल नेटवर्क (deep neural network) के रूप में जाना जाता है।
- वर्ष 1972 में ब्रिटिश शोधकर्ता में जेफ्री हिण्टन ने एक तन्त्रिका नेटवर्क (Neural Network) को विकसित करने की संकल्पना दी थी।

- न्यूरल नेटवर्क से तात्पर्य है कि जैसे मानव मस्तिष्क अपने न्यूरॉन्स या तन्त्रिका कोशिकाओं (nerve cells) के नेटवर्क के साथ काम करता है, उसी प्रकार से एक मशीन भी विकसित किया जा सकता है।
- इसके अनुप्रयोगों में घरेलू सहायता उपकरण; जैसे- एलेक्सा, गूगल असिस्टेण्ट आदि, जो आवाज़ पर प्रतिक्रिया देते हैं।
- इस पर आधारित चैटबॉट्स-विभिन्न अनुप्रयोगों, सेवाओं और ग्राहक सेवा पोर्टलों में उपयोग किए जाते हैं।

कम्प्यूटर विज़न

- कम्प्यूटर विज़न छवियों, वीडियो या पॉइण्ट क्लाउड से जानकारी निकालने की तकनीकों का एक सेट है।
- कम्प्यूटर विजन में छवि पहचान, वस्तु पहचान, गतिविधि पहचान, 3डी पोज़ अनुमान, वीडियो ट्रैकिंग और गति अनुमान शामिल हैं।
- इसके अनुप्रयोगों में स्मार्टफोन में लॉग इन करने के लिए चेहरे की पहचान (Facial recognition), सेल्फ-ड्राइविंग वाहनों (Self-driving cars) में पैदल यात्री और वाहन से बचाव और मेडिकल एमआरआई में ट्यूमर का पता लगाना शामिल है।
- इनके अलावा रोबोटिक स्वचालन (Robotic automation), चिकित्सीय विसंगति का पता लगाने (Medical anomaly detection), खेल प्रदर्शन विश्लेषण, निर्माण कार्य में दोष का पता लगाना, कृषि निगरानी आदि में भी इसका उपयोग किया जाता है।

रोबोटिक्स

- एआई ने हाल के वर्षों में पर्याप्त प्रगति की है, और रोबोटिक्स के साथ इसका एकीकरण एक स्वाभाविक प्रगति साबित हुआ है। रोबोटिक्स में एआई का उपयोग करने का एक प्रमुख तरीका मशीन लर्निंग है।
- यह तकनीक रोबोटों को मानवीय क्रियाओं को देखकर और उनकी नकल करके विशिष्ट कार्य सीखने और निष्पादित करने में सक्षम बनाती है। एआई रोबोटों को एक कम्प्यूटर विज़न देता है, जो उन्हें नेविगेट करने, पता लगाने और तदनुसार अपनी प्रतिक्रियाओं को निर्धारित करने में सक्षम बनाता है।

विशेषज्ञ प्रणालियाँ

- यह कृत्रिम बुद्धिमत्ता की वह पद्धति है, जो मानव विशेषज्ञ की निर्णय लेने बौद्धिक क्षमता की नकल करती है।
- यह उपयोगकर्ता के प्रश्नों के सन्दर्भ में तर्क और अन्तर्दृष्टि नियमों को लागू करके अपने नॉलेज बेस से नॉलेज प्राप्त करके इसका संचालन करती है। उदाहरण के लिए, विशेषज्ञ प्रणाली Google सर्च इंजन में वर्तनी (spelling) और त्रुटियों (errors) के लिए सुझाव प्रदान करती है।

फजी लॉजिक

- फ़ज़ी शब्द उन चीज़ों को सन्दर्भित करता है, जो स्पष्ट नहीं हैं या अस्पष्ट हैं। 'फजी लॉजिक' शब्दसमूह का उपयोग सबसे पहले वर्ष 1965 में लोट्फी जादेह (Lotfi Zadeh) ने अस्पष्ट समुच्चय-सिद्धान्त (fuzzy set theory) के प्रतिपादन के साथ किया था।
- वास्तविक दुनिया में कई बार हमें ऐसी स्थिति का सामना करना पड़ता है, जब हम यह निर्धारित नहीं कर पाते हैं कि स्थिति सही है या गलत। ऐसी स्थिति में फजी लॉजिक महत्त्वपूर्ण तार्किक विकल्प प्रदान करता है।
- फण्ड प्रबन्धन, धोखाधड़ी रोकथाम और शेयर बाज़ार की भविष्यवाणियाँ आदि में इसका उपयोग किया जाता है।

प्राकृतिक भाषा प्रसंस्करण

- प्राकृतिक भाषा प्रसंस्करण (NLP) कृत्रिम बुद्धिमत्ता के अन्तर्गत कम्प्यूटर को पाठ और बोले गए शब्दों को उसी तरह समझने की क्षमता देने से सम्बन्धित है, जिस तरह मनुष्य समझते हैं।
- इसका उपयोग मशीनों द्वारा मानव की भाषाओं को समझने, विश्लेषण करने, उनमें बदलाव करने और व्याख्या करने के लिए किया जाता है।
- इसका अनुप्रयोग वॉयस ऑपरेटेड जीपीएस सिस्टम, डिजिटल असिस्टेण्ट, स्पीच-टू-टेक्स्ट डिक्टेशन सॉफ्टवेयर, भाषा के आधार पर स्पैम का पता लगाने, सोशल मीडिया पोस्ट कमेण्ट्स विश्लेषण करने और ट्रान्सलेसन आदि में किया जाता है।

अनुशंसा/सिफारिश प्रणालियाँ

- यदि आप यूट्यूब पर कोई मोटिवेशनल वीडियो देख रहे हैं, तो अगली बार आपके फ़ीड में अपने आप कुछ और मोटिवेशनल वीडियो देखने को मिलेंगे।
- इसे ही लोकप्रिय रूप से अनुशंसा प्रणाली के नाम से जाना जाता है। ऐसे बहुत से एप्लिकेशन हैं, जहाँ वेबसाइटें अपने उपयोगकर्ताओं से डेटा एकत्र करती हैं और उस डेटा का उपयोग अपने उपयोगकर्ताओं की पसन्द और नापसन्द का अनुमान लगाने के लिए करती हैं।

आर्टिफिशियल इण्टेलिजेन्स के अनुप्रयोग

- चिकित्सा में (In Healthcare) आर्टिफिशियल इण्टेलिजेन्स का प्रयोग चिकित्सा के क्षेत्र में दवाओं के साइड इफेक्ट, ऑपरेशन, एक्स-रे, बीमारी का पता करने तथा जाँच जैसे कार्यों में किया जा रहा है।
- गेमिंग में (In Gaming) AI शतरंज, पोकर, टिक-टैक टो आदि गेम में महत्त्वपूर्ण भूमिका निभाता है।
- व्यापार में (In Business) सामान्य रूप से मनुष्यों द्वारा अत्यधिक दोहराए जाने वाले कार्यों के लिए रोबोट प्रक्रिया ऑटोमेशन एप्लाई किया जा रहा है।
- बैंकिंग में (In Banking) बहुत से बैंकों ने ग्राहक को सहायता प्रदान करने, विसंगतियों (Anomalies) और क्रेडिट कार्ड धोखाधड़ी का पता लगाने के लिए पहले से ही AI आधारित प्रणाली को अपना रखा है।
- स्वायत्त वाहनों में (In Autonomous Vehicles) इन्सानों की तरह, सेल्फ ड्राइविंग कारों में अपने आस-पास की दुनिया को समझने के लिए सेंसर और एकत्रित जानकारी के आधार पर विशिष्ट क्रियाओं को इकट्ठा करने, संसाधित करने और चुनने के लिए एक मस्तिष्क होता है।

भारत और कृत्रिम बुद्धिमत्ता

- भारत सरकार और विभिन्न संगठनों ने देश में AI के विकास और अपनाने को बढ़ावा देने के लिए कई पहल की हैं। यहाँ कुछ प्रमुख पहल दी गई हैं
- एआई के लिए राष्ट्रीय रणनीति (2018) यह आर्थिक विकास और सामाजिक विकास के लिए आर्टिफिशियल इण्टेलिजेंस का लाभ उठाने के लिए विजन, मिशन और एक व्यापक योजना की रूपरेखा प्रस्तुत करती है।

- हाल ही में केन्द्रीय इलेक्ट्रॉनिक्स और सूचना प्रौद्योगिकी मन्त्रालय (Heity) ने India AI मिशन के तहत एक AI सुरक्षा संस्थान स्थापित करने के लिए चर्चा शुरू की है, जिसका उद्देश्य घरेलू और वैश्विक AI सुरक्षा चुनौतियों का समाधान करना, भारत की अद्वितीय शक्तियों का लाभ उठाना एवं अन्तर्राष्ट्रीय सहयोग को बढ़ाना है।

इण्डिया AI मिशन (2024)

- इस मिशन का उद्देश्य AI प्रणालियों के विकास और परीक्षण का समर्थन करने के लिए भारत में एक मजबूत AI कम्प्यूटिंग बुनियादी ढाँचे की स्थापना करना है।
- घरेलू AI विकास को समर्थन देना एवं विदेशी हार्डवेयर पर निर्भरता कम करना है।

क्षेत्र–विशिष्ट एआई पहलें

- सभी के लिए एआई एआई शिक्षा और अनुसन्धान को बढ़ावा देना।
- सामाजिक सशक्तिकरण के लिए उत्तरदायी एआई (RAISE) : सामाजिक भलाई के लिए एआई–आधारित समाधान विकसित करना।
- कृषि के लिए एआई : कृषि उत्पादकता और किसान कल्याण में सुधार करना।
- युवाओं के लिए उत्तरदायी एआई युवाओं को एआई की तैयारी के लिए आवश्यक कौशल और मानसिकता से लैस करना।
- एआई उत्कृष्टता केन्द्र सरकार ने एआई में अनुसन्धान और विकास को बढ़ावा देने के लिए आईआईटी जैसे विभिन्न संस्थानों और विश्वविद्यालयों में एआई उत्कृष्टता केन्द्र स्थापित किए हैं।
- फ्यूचरस्किल्स प्राइम (FutureSkills PRIME) यह नैसकॉम और मीटीई (MTE) की एक संयुक्त पहल है, जो एक कौशल विकास कार्यक्रम है, जिसका उद्देश्य प्रतिभा अन्तर को पाटने के लिए कृत्रिम बुद्धिमत्ता सहित उभरती प्रौद्योगिकियों में आईटी पेशेवरों को पुन: प्रशिक्षित करना और उनका कौशल बढ़ाना है।
- INDIAai यह भारत का राष्ट्रीय AI पोर्टल है तथा एक ज्ञान पोर्टल, एक अनुसन्धान संगठन और एक पारिस्थितिकी तन्त्र निर्माण पहल के रूप में कार्य करता है

डीप फेक तकनीक

- डीप फेक तकनीक आर्टिफिशियल इण्टेलीजेन्स का उपयोग करके वीडियो, छवियों, ऑडियो में हेरफेर करने की एक विधि है। इसका उपयोग फर्जी खबरें उत्पन्न करने और अन्य अवैध कामों के बीच वित्तीय धोखाधड़ी करने के लिए किया जाता है।
- यह पहले से मौजूद वीडियों, चित्र या ऑडियो के आधार पर एक किसी भी व्यक्ति को ऐसा करते ओर बोलते दिखा सकता है जो उसने किया ही नहीं।
- डीप फैक शब्द की शुरुआत वर्ष 2017 में हुई थी, जब एक अनाम Reddit उपयोगकर्त्ता ने खुद को डीप फेक कहा था। इस उपयोगकर्त्ता ने अश्लील वीडियो बनाने और पोस्ट करने के लिए गूगल की ओपन सोर्स, डीप-लर्निंग तकनीक में हेरफेर किया।

कृत्रिम बुद्धिमत्ता से सम्बन्धित चिन्ताएँ

- नौकरी का नुकसान : एआई स्वचालन से नौकरी का नुकसान हो सकता है, विशेष रूप से दोहराव वाले और नियमित कार्यों में। उदाहरण खुदरा क्षेत्र में स्व–चेकआउट प्रणाली से कैशियर की आवश्यकता कम हो गई है।
- नैतिक चिन्ताएँ एआई प्रणालियाँ प्रशिक्षण डेटा या एल्गोरिदम में मौजूद पूर्वाग्रहों को कायम रख सकती हैं। उदाहरण चेहरा पहचानने वाली प्रणालियाँ कुछ जातीय समूहों के प्रति पूर्वाग्रह प्रदर्शित करती हैं।
- सम्भावित दुरूपयोग कृत्रिम बुद्धिमत्ता प्रौद्योगिकियों का दुरूपयोग गोपनीयता भंग करने या साइबर हमलों जैसे दुर्भावनापूर्ण उद्देश्यों के लिए किया जा सकता है। उदाहरण गलत सूचना और दुष्प्रचार फैलाने के लिए डीपफेक।
- डेटा निर्भरता एआई मॉडल को प्रभावी प्रशिक्षण और सीखने के लिए बड़े, उच्च गुणवत्ता वाले डेटासेट की आवश्यकता होती है। उदाहरण अपूर्ण या पक्षपातपूर्ण रोगी डेटा के कारण गलत चिकित्सा निदान।
- मानवीय गुणों का अभाव एआई में रचनात्मकता, भावनात्मक बुद्धिमत्ता और सहानुभूति जैसे मानवीय गुणों का अभाव है। उदाहरण मानसिक स्वास्थ्य अनुप्रयोगों में भावनात्मक समर्थन प्रदान करने में चैटबॉट विफल हो रहे हैं।
- उच्च लागत एआई प्रणालियों का विकास और कार्यान्वयन संसाधन-गहन और महँगा हो सकता है। उदाहरण एआई अनुसन्धान और विकास के लिए महत्त्वपूर्ण निवेश की आवश्यकता है।
- व्याख्या की चुनौतियाँ जटिल आर्टिफिशियल इण्टेलिजेंस मॉडल अपारदर्शी हो सकते हैं, जिससे उनकी निर्णय लेने की प्रक्रिया को समझना मुश्किल हो जाता है। उदाहरण एआई-आधारित ऋण अनुमोदन प्रणालियों में पारदर्शिता का अभाव।

❝

आधुनिक प्रौद्योगिकी, इण्टरनेट प्रौद्योगिकी, सूचना प्रौद्योगिकी और दूर संचार प्रौद्योगिकी का एक इष्टतम संयोजन है। इण्टरनेट प्रौद्योगिकी के आगमन के साथ, कनेक्टिविटी का एक नया चैनल स्थापित किया गया।

अध्याय नौ

अन्य आधुनिक प्रौद्योगिकियाँ

परिचय

तकनीकी प्रगति तब ही सम्भव है, जब प्रौद्योगिकियाँ व विज्ञान अत्यधिक सटीक, कुशल, शक्तिशाली व सक्षम हों। इसको सफल बनाने के लिए वैज्ञानिकों व तकनीकी प्रगति ने सम्पूर्ण इतिहास में कई महत्त्वपूर्ण परिवर्तन किए हैं। विज्ञान और प्रौद्योगिकी से सम्बन्धित कुछ आधुनिक प्रगति निम्न प्रकार वर्णित है

बिग डेटा तकनीक

- बिग डेटा छोटी-छोटी सूचनाओं का विशाल स्तर पर संग्रहण है। ये सूचनाएँ संरचित, असंरचित और अर्द्ध-संरचित स्वरूप में होती हैं।
- इनके विश्लेषण द्वारा किसी भी व्यक्ति के बारे में 85 से 90% की सटीकता में अनुमान लगाया जा सकता है। डेटा को मूलत: 4V के स्वरूप से विशेषित किया जाता है, जो निम्न है।

बिग डेटा के 4Vs स्वरूप

वॉल्यूम (मात्रा) | वेलोसिटी (गति) | वेरायटी (प्रकृति) | वेरासिटी (सत्यता)

- बिग डेटा किसी भी स्थिति या व्यक्ति के बारे में छोटी-से-छोटी जानकारियों को एकत्र कर उसे विभिन्न अल्गोरिदम के द्वारा एक सूचना से दूसरी सूचना की तुलना करता है, उसके बीच सहसम्बन्ध खोजने का प्रयास करता है।

बिग डेटा के अनुप्रयोग

- बिग डेटा का उपयोग कर सरकार जरूरतमन्द लोगों तथा समुदायों तक सुविधाएँ पहुँचा सकती है और ऐसे ही नीति निर्माण में अलग-अलग प्रकार के जरूरतमन्द समूहों को ध्यान में रखकर नीतियाँ बनाई जा सकती हैं।
- बिग डेटा का उपयोग कर आपदाओं की प्रकृति एवं उसके प्रभाव का सूक्ष्म अध्ययन किया जा सकता है, साथ ही इसके प्रयोग से आने वाली आपदाओं के पैटर्न को समझा जा सकता है।
- बिग डेटा के विश्लेषण द्वारा दवाओं के उपयोग, रोग की सामान्य प्रकृति तथा लोगों द्वारा अपनाए जाने वाले उपायों आदि के आधार पर स्वास्थ्य को लेकर लोगों में जागरूकता उत्पन्न की जा सकती है।
- बिग डेटा के द्वारा लोगों का विभिन्न प्रकार के विषयों के प्रति रुझान तथा शिक्षा में रुचि लेने या न लेने के कारणों का पता लगाया जा सकता है।

3D प्रिण्टिंग

- 3D प्रिण्टिंग, जिसे सामान्यत: एडिटिव मैन्युफैक्चरिंग (AM) के रूप में जाना जाता है। एक उभरती हुई तकनीक है, जो विश्व भर में विनिर्माण प्रक्रियाओं को तेज़ी से बदल रही है।
- यह क्रान्तिकारी विधि कम्प्यूटर नियन्त्रण के तहत सामग्रियों को क्रमिक रूप से परतदार बनाकर 3-आयामी (3D) वस्तुएँ बनाती है। 3D प्रिण्टिंग में प्लास्टिक, कम्पोजिट या बायो-मटेरियल जैसी सामग्रियों को परतदार बनाना शामिल है, ताकि ऐसी वस्तुएँ बनाई जा सकें, जो आकार, कठोरता और रंग में भिन्न हों।

3D प्रिण्टिंग के प्रकार

- इंक-जेट प्रिण्टिंग इसमें इंकजेट तकनीक का उपयोग करके तरल फोटोपॉलिमर सामग्रियों को परत-दर-परत चुनिन्दा रूप से जमा किया जाता है, जिन्हें यूवी प्रकाश से ठीक किया जाता है। यह उच्च रिजॉल्यूशन और सतह की गुणवत्ता प्रदान करता है।
- **फ्यूज्ड डिपोजिशन मॉडलिंग** (FDM) एक प्लास्टिक फिलामेण्ट या धातु के तार को कुण्डली से खोल दिया जाता है और एक एक्सट्रूज़न नोजल को सामग्री की आपूर्ति की जाती है, जिसे चालू और बन्द किया जा सकता है। सामग्री को पिघलाने के लिए नोजल को गर्म किया जाता है तथा पिघली हुई सामग्री को निर्माण प्लेटफॉर्म पर पतली परतों में बिछा दिया जाता है।
- **स्टीरियोलिथोग्राफी** (SLA) एक लेजर का उपयोग तरल फोटोपॉलिमर रेजिन के एक टैंक को परत-दर-परत चुनिन्दा रूप से ठीक करने के लिए किया जाता है।
- **चयनात्मक लेजर सिंटरिंग** (SLS) उच्च शक्ति वाले लेजर का उपयोग प्लास्टिक, धातु, शिरैमिक या काँच के पाउडर के छोटे कणों को वांछित 3D आकार का प्रतिनिधित्व करने वाले द्रव्यमान में संयोजित करने के लिए किया जाता है।
- **इलेक्ट्रॉनिक बीम मेल्टिंग** (EBM) इसमें धातु पाउडर कणों को परत दर परत पिघलाने और संलयित करने के लिए निर्वात वातावरण में इलेक्ट्रॉन

बीम का उपयोग किया जाता है। आमतौर पर एयरोस्पेस और चिकित्सा प्रत्यारोपण में टाइटेनियम मिश्र धातु का उपयोग किया जाता है।

- लेमिनेटेड ऑब्जेक्ट मैन्युफैक्चरिंग (LOM) चिपकने वाले लेपित कागज, प्लास्टिक या धातु के लेमिनेट की परतों को क्रमिक रूप से एक साथ चिपकाया जाता है और चाकू या लेजर कटर से आकार में काटा जाता है।
- डिजिटल लाइट प्रोसेसिंग (DLP) स्टीरियोलिथोग्राफी के समान, लेकिन इसमें डिजिटल लाइट प्रोसेसिंग चिप होती है, जो प्रकाश स्रोत को नियन्त्रित करती है। जिससे निर्माण समय में तेजी आती है।

3D प्रिंटिंग के अनुप्रयोग

3D प्रिंटिंग तकनीक भारत में प्रमुख उद्योगों में बदलाव ला रही है, क्योंकि इसके कारण डिजाइन में तेजी से बदलाव, सरल उत्पादन कार्यप्रवाह और बेहतर अनुकूलन सम्भव हो पाया है।

विभिन्न अनुप्रयोगों में 3D प्रिंटिंग को अपनाने वाले प्रमुख क्षेत्र हैं

एयरोस्पेस

- हल्के मुद्रित विमान और अन्तरिक्ष यान के पुर्जे, वजन और सामग्री की आवश्यकता को कम करने के लिए पारम्परिक रूप से निर्मित पुर्जों का स्थान ले सकते हैं।
- एचएएल (HAL) और विप्रो (Wipro) ने डायरेक्ट मेटल लेजर सिंटरिंग (डीएमएलएस) का उपयोग करके तेजस विमान के लिए एयर ब्लोअर कम्पोनेण्ट को 3D प्रिण्ट किया। इससे पारम्परिक विनिर्माण की तुलना में 50% वजन में कमी आई।

ऑटोमोटिव

- ऑटोमोटिव उद्योग तेजी से प्रोटोटाइप बनाने और विशेष भागों और उपकरणों के उत्पादन के लिए 3D प्रिंटिंग का उपयोग करता है।
- मुद्रित भाग डिजाइन को बेहतर बनाने में मदद करते हैं और वजन कम कर सकते हैं।
- टाटा मोटर्स प्लास्टिक और रबर के स्पेयर पार्ट्स के बैच-उत्पादन के लिए चयनात्मक लेजर सिंटरिंग (SLS) का उपयोग करता है। इसने पारम्परिक तकनीकों की तुलना में लागत में 80-90% की कमी की है।

निर्माण

- भारत का पहला 3D प्रिण्टेड घर कंक्रीट एक्सट्रूजन तकनीक का उपयोग करके Tvasta द्वारा केवल 2 सप्ताह में बनाया गया था। यह तेज, टिकाऊ निर्माण को सक्षम बनाता है।
- केरल की पहली 3D मुद्रित इमारत 'अमेज 28' का निर्माण केवल 28 दिनों में 75% कम श्रम लागत पर किया गया।
- एल एण्ड टी और आई आई टी मद्रास द्वारा मात्र 45 दिनों में निर्मित भारत का पहला 3D मुद्रित डाकघर तीव्र निर्माण क्षमताओं को दर्शाता है।

स्वास्थ्य सेवा

3D प्रिंटिंग अनुकूलित कृत्रिम अंगों, प्रत्यारोपणों, शल्य चिकित्सा अभ्यास के लिए शारीरिक मॉडल और फार्मास्यूटिकल्स के साथ स्वास्थ्य सेवा में क्रान्ति ला रही है।

उपभोक्ता

- 3D प्रिंटिंग के साथ, उत्पादों को आसानी से किसी व्यक्ति की आवश्यकता के अनुसार, अनुकूलित या वैयक्तिकृत किया जा सकता है।
- इमेजिनेरियम रैपिड सोने और चाँदी में कस्टम डिजाइन के लिए अग्रणी आभूषण खुदरा विक्रेताओं को 3D प्रिंटिंग सेवाएँ प्रदान करता है।
- डोचब और कार्बन हील जैसी कम्पनियाँ अनुकूलित और लचीले फुटवियर डिजाइन के लिए 3D प्रिंटिंग को अपनाती हैं।

बायोमिमिक्री और 3D प्रिंटिंग

- बायोमिमिक्री जीवित चीजों की समान संरचनाओं के कार्यात्मक पहलुओं से समानताएँ लेकर सामग्री डिजाइन करना है। उदाहरणों में मकड़ी के जाले से प्रेरित हल्की संरचनाएँ, कमल के पत्ते की खुद-ब-खुद साफ होने वाली सतहें आदि शामिल हैं।
- प्रकृति के समय-परीक्षणित पैटर्न की नकल करके, बायोमिमिक्री 3D प्रिंटिंग को कम सामग्री का उपयोग करके अनुकूलित आकार, मजबूत संरचनाएँ, अनुकूलित सतहें और बहुत कुछ बनाने में मदद कर सकती है।
- 3D प्रिंटिंग में बायोमिमिक्री सिद्धान्तों को एकीकृत करने से टिकाऊ विनिर्माण के लिए रोमांचक सम्भावनाएँ उपलब्ध होती हैं।

QR कोड (त्वरित प्रतिक्रिया कोड)

- यह कोड एक प्रकार का द्वि-आयामी मैट्रिक्स बारकोड है, जो विभिन्न प्रकार के डेटा को संग्रहित कर सकता है; जैसे- अल्फान्यूमेरिक टेक्स्ट, वेबसाइट यूआरएल, सम्पर्क जानकारी आदि।
- इसका आविष्कार वर्ष 1994 में जापानी कम्पनी **डेंसो वेव** (DENSO Wave) के कर्मचारी मासाहिरो हारा ने मुख्य रूप से ऑटोमोबाइल के हिस्सों को ट्रैक व लेबल करने के उद्देश्य से किया गया था।
- QR कोड की विशेषता उसके विशिष्ट चौकोर आकार और सफेद पृष्ठभूमि पर काले वर्गों का एक पैटर्न है, जिसे QR कोड रीडर या स्मार्टफोन कैमरे का उपयोग करके स्कैन एवं भाषान्तरित/इण्टरप्रेट किया जा सकता है।

भारत QR

- भारत क्यूआर कोड को भारतीय रिजर्व बैंक (RBI) के निर्देशों के तहत् भारतीय राष्ट्रीय भुगतान निगम (NPCIL), वीजा मास्टरकार्ड और अमेरिकन एक्सप्रेस द्वारा संयुक्त रूप से विकसित किया गया है।
- इसे RBI के निर्देशों पर वर्ष 2016 में लॉन्च किया गया था।
- यह मास्टरकार्ड/वीज़ा/रुपे प्लेटफार्मों के लिए सामान्य इण्टरफेस के रूप में काम करता है और आधार-सक्षम भुगतान और एकीकृत भुगतान इण्टरफेस (UPI) की स्वीकृति की सुविधा भी प्रदान करता है।
- यह व्यक्ति को व्यापारी की आईडी या नम्बर का उपयोग किए बिना खुदरा विक्रेताओं को भुगतान करने में सक्षम बनाता है।

न्यूरोमॉर्फिक कम्प्यूटिंग

- न्यूरोमॉर्फिक कम्प्यूटिंग कम्प्यूटर इंजीनियरिंग की एक विधि है, जिसमें कम्प्यूटर के अवयव को मानव मस्तिष्क और तन्त्रिका तन्त्र की प्रणालियों के आधार पर मॉडल किया जाता है।

- जैव-प्रेरित कम्प्यूटर सिस्टम और हार्डवेयर बनाने के लिए न्यूरोमॉर्फिक इंजीनियर अनेक विषयों से प्रेरणा लेते हैं, जिसमें कम्प्यूटर विज्ञान, जीव विज्ञान, गणित, इलेक्ट्रॉनिक इंजीनियरिंग और भौतिकी शामिल हैं।
- न्यूरोमॉर्फिक कम्प्यूटिंग विज्ञान का एक उभरता हुआ क्षेत्र है, जिसका अभी तक वास्तविक दुनिया में कोई अनुप्रयोग नहीं है।
- विभिन्न समूह इस पर शोध कर रहे हैं, जिनमें विश्वविद्यालय, अमेरिकी सेना और इण्टेल लैब्स और आईबीएम जैसी प्रौद्योगिकी कम्पनियाँ शामिल हैं।

न्यूरोमॉर्फिक कम्प्यूटिंग के अनुप्रयोग

न्यूरोमॉर्फिक कम्प्यूटिंग के अनेक क्षेत्रों में अनुप्रयोग हैं, इनमें से महत्त्वपूर्ण क्षेत्र निम्नवत हैं

- आर्टिफिशियल इण्टेलिजेंस और मशीन लर्निंग न्यूरोमॉर्फिक कम्प्यूटिंग मानव मस्तिष्क की तन्त्रिका संरचना की नकल करती है, जिससे AI और मशीन लर्निंग कार्यों के लिए अधिक कुशल प्रसंस्करण सम्भव होता है। इससे तेज, अधिक अनुकूल एल्गोरिदम बन सकते हैं, जो कम डेटा से सीख सकते हैं।
- रोबोटिक्स और स्वायत्त सिस्टम न्यूरोमॉर्फिक चिप्स रोबोट की संवेदी प्रसंस्करण क्षमताओं को बढ़ा सकते हैं, जिससे वे वास्तविक समय में उत्तेजनाओं पर प्रतिक्रिया कर सकते हैं और जटिल वातावरण को अधिक प्रभावी ढंग से नेविगेट कर सकते हैं। यह स्वायत्त वाहनों और ड्रोन जैसे अनुप्रयोगों के लिए महत्त्वपूर्ण है।
- इण्टरनेट ऑफ़ थिंग्स (IoT): IoT उपकरणों में न्यूरोमॉर्फिक कम्प्यूटिंग को एकीकृत करके, हम डेटा विश्लेषण और निर्णय लेने के लिए ऊर्जा-कुशल प्रसंस्करण प्राप्त कर सकते हैं, जिससे बैटरी को संरक्षित करते हुए अधिक स्मार्ट और अधिक उत्तरदायी सिस्टम सक्षम हो सकते हैं।
- तन्त्रिका विज्ञान अनुसन्धान न्यूरोमॉर्फिक सिस्टम का उपयोग मस्तिष्क के कार्यों और तन्त्रिका नेटवर्क को मॉडल करने, संज्ञानात्मक प्रक्रियाओं और विकारों में अन्तर्दृष्टि प्रदान करने और न्यूरोप्रोस्थेटिक्स और मस्तिष्क-कम्प्यूटर इण्टरफेस के विकास में सहायता करने के लिए किया जा सकता है।
- पैटर्न पहचान और संवेदी प्रसंस्करण न्यूरोमॉर्फिक कम्प्यूटिंग उन कार्यों में उत्कृष्ट है, जिनमें वास्तविक समय पैटर्न पहचान की आवश्यकता होती है; जैसे—छवि और आवाज की पहचान। जैविक प्रणालियों के समान तरीके से सूचना को संसाधित करने की इसकी क्षमता स्वास्थ्य सेवा निदान से लेकर सुरक्षा प्रणालियों तक विभिन्न अनुप्रयोगों में प्रगति की ओर ले जा सकती है।

अतिचालकता

- अतिचालकता (Superconductivity) वह अवस्था है, जिसमें किसी पदार्थ को क्रान्तिक तापमान से नीचे ठण्डा करने पर उसमें शून्य विद्युत प्रतिरोध तथा चुम्बकीय फ्लक्स का निष्कासन होता है।
- अब तक यह घटना कुछ पदार्थों में बहुत कम तापमान पर देखी गई है, आमतौर पर परम शून्य (–273.15°C या 0 केल्विन) के करीब।
- हेइके कामेरलिंग ओन्स ने वर्ष 1911 में पारे में अतिचालकता की खोज की।
- सुपरकण्डक्टर में, विद्युत प्रतिरोध लगभग शून्य हो जाता है। जिससे प्रतिरोध के कारण ऊर्जा की किसी हानि के बिना विद्युत धारा प्रवाहित हो सकती है।

अतिचालक पदार्थ चुम्बकीय क्षेत्र के अन्तर्गत बहुत ही विशिष्ट व्यवहार प्रदर्शित करते हैं, जो एमआरआई स्कैन मशीन और पटरियों के ऊपर तैरने वाली सुपरफास्ट मैग्लेव रेलगाड़ियों जैसी प्रणालियों के कामकाज को सम्भव बनाता है।

नार्कोएनालिसिस, पॉलीग्राफी परीक्षण और ब्रेन मैपिंग

- नार्कोएनालिसिस एक प्रकार का नियन्त्रित दवा प्रयोग है, जो संदिग्ध व्यक्ति में अन्त: शिरा कृत्रिम निद्रावस्था की दवा की सहायता से किया जाता है। इस तकनीक का उपयोग प्रारम्भिक रूप से मनोचिकित्सा एवं पूछताछ में कानूनी प्रवर्तन हेतु किया जाता है।
- प्रशासनिक नार्को विश्लेषण के रूप में ट्रुथ ड्रग या ट्रुथ सीरम जैसे पदार्थों का प्रयोग किया जाता है।
- पॉलीग्राफी परीक्षण को लाई डिटेक्टर के नाम से भी जाना जाता है। इस जाँच के द्वारा यह पता लगाया जाता है कि व्यक्ति जाँच अधिकारी के द्वारा पूछे जाने वाले प्रश्नों का उत्तर देते समय सच बोल रहा है या झूठ। यह किसी भी प्रश्न के दौरान मानव शरीर में विभिन्न गतिविधियों; जैसे—रक्तचाप, नाड़ी श्वसन, श्वसन प्रणाली और विभिन्न अन्य गतिविधियों की जाँच के लिए कई उपकरणों का उपयोग करता है।
- ब्रेन मैपिंग एक न्यूरोसाइंस तकनीक है, जहाँ ब्रेन वेव फ्रीक्वेन्सी का विश्लेषण किया जाता है। यहाँ एक सेन्सर सिर से जुड़ा होता है और ऑन-बोर्ड कम्प्यूटर स्क्रीन से जुड़ा होता है। ये सेन्सर मस्तिष्क आधारित विद्युत गतिविधि की निगरानी करते हैं और इसके परिणाम उद्दीपनों के फलस्वरूप कुछ तरंगों के रूप में प्रकट होते हैं।
- भारत में सामान्यत: प्रयोग की जाने वाली विधि को ब्रेन इलेक्ट्रिकल एक्टिवेशन प्रोफाइल टेस्ट कहा जाता है, जिसे **P300** वेव्स टेस्ट के रूप में भी जाना जाता है।

ब्लू ब्रेन प्रोजेक्ट

ब्लू ब्रेन प्रोजेक्ट प्रतिलोम अभियान्त्रिकी का प्रयोग कर स्तनधारी प्राणियों के मस्तिष्क को उनकी आणविक अवस्था तक ले जाकर कृत्रिम मस्तिष्क बनाने की एक पहल है।

इस योजना का शुभारम्भ मई, 2005 में ब्रेन एण्ड माइण्ड इन्स्टीट्यूट ऑफ इकोल पॉलिटेक्निक फेडरल, डी ल्यूसियाना, स्विट्जरलैण्ड तथा आई.बी.एम. के मध्य हुए समझौते के अन्तर्गत किया गया।

इसका उद्देश्य मस्तिष्क को समझने हेतु सिमुलेशन (Simulation) न्यूरोसाइंस को प्रयोगात्मक, सैद्धान्तिक और नैदानिक तन्त्रिका विज्ञान के रूप में महत्त्वपूर्ण बनाना है। ब्लू ब्रेन का सिमुलेशन और पुनर्निर्माण सुपर कम्प्यूटर की सहायता से होता है। यह समझने का एक नया तरीका प्रदान करता है कि मस्तिष्क कई अलग-अलग स्तरों पर कैसे काम करता है।

बायो डाइजेस्टर प्रौद्योगिकी

- यह एक हरित तकनीक है, जिसे डी.आर.डी.ओ. द्वारा विकसित किया गया है। रेल मन्त्रालय ने इस तकनीक का उपयोग जैव शौचालय के निर्माण हेतु करने का निर्णय लिया है।
- यह गैर-वायवीय पाचन के माध्यम से कार्बनिक अपशिष्टों को द्रव खाद एवं जैव गैस में परिवर्तित कर देता है।
- इस तकनीक का उपयोग औद्योगिक एवं घरेलू उद्देश्यों के लिए कचरे के निपटारे या ऊर्जा के निर्माण में किया जाता है।
- जैव-शौचालय मानव अपशिष्ट का 100% निपटान है और यह हाथ से सफाई की आवश्यकता को समाप्त करता है। यह 0°C - 55°C में कुशलता से कार्य करने में सक्षम है, जहाँ जीवाणु इनाकुलम की सहायता से अपघटन कराया जाता है।

हाइपरलूप परिवहन तकनीक

- यह विद्युत-चुम्बकीय शक्ति पर आधारित परिवहन तकनीक है, जिसके अन्तर्गत मेट्रो की तर्ज पर ही बड़े-बड़े खम्भों के ऊपर पारदर्शी ट्यूब बिछाई जाती है। इस ट्यूब के भीतर पॉड में सफर किया जाता है।
- इसमें परिवहन एक लूप के माध्यम से होगा, जिसकी स्पीड 600-700 मील/घण्टा या इससे अधिक होगी।
- हाइपरलूप प्रणाली समय और धन की बचत के लिए अत्यन्त उपयोगी सिद्ध होगी। साथ ही उत्सर्जन और ध्वनि प्रदूषण जैसी समस्याओं से भी मुक्ति मिल पाएगी। इस प्रणाली का जहाँ प्रबन्धन करना सरल है, वहीं यह यातायात प्रणाली यातायात जाम से भी मुक्ति दिलाने में सहायक होगी।

पॉड टैक्सी

- यह छोटे समूह के यात्रियों के लिए फीडर और शटल सेवा प्रदान करती है। यह बाधा रहित परिवहन का अच्छा विकल्प है तथा मेट्रो से भी सस्ती सेवा है।
- यह जमीन से 5-10 मी ऊपर चलती है एवं वायरलेस, सेंसर और कमाण्ड आधारित प्रणाली से संचालित होती है।
- यह पर्यावरण के अनुकूल होने के साथ-साथ समय, धन व ईंधन की बचत में भी सहायक है।

माइक्रोवेव ओवन या सूक्ष्म तरंग चूल्हा

- यह एक रसोई घर उपकरण है, जो खाना पकाने और गर्म करने का कार्य करता है। यह गैर-आयनित विकिरण होता है, जो विद्युत-चुम्बकीय तरंगों के रूप में संचारित होता है।
- माइक्रोवेव ओवन में मैग्नेट्रॉन नाम की एक वैक्यूम ट्यूब होती है। इस ट्यूब से लगभग 2.45 गीगा हर्ट्ज आवृत्ति की माइक्रोवेव निकलती है।
- माइक्रोवेव ओवन केवल खाने को ही गर्म करता है, कण्टेनर और आस-पास की हवा को नहीं। माइक्रोवेव एक गैस स्टोव की तुलना में खाना गर्म करने के लिए बहुत कम समय लेता है।

हेपीफॉर्क

- शीघ्र खाना खाने से हमारे पाचन तन्त्र पर विपरीत प्रभाव पड़ता है। हेपीफॉर्क एक इलेक्ट्रॉनिक फॉर्क है, जो हमारे तेज खाना खाने के तरीके को अपनी निगरानी में रखता है तथा हमें इसके लिए जलाकर या वाइब्रेट होकर अलर्ट करता है।
- जिससे हम अपना खाना धीरे-धीरे अच्छे से चबाकर खाएँ। इसके प्रयोग से मोटापे की समस्या का निदान व पाचन तन्त्र को स्वस्थ रखा जा सकता है।

साइबर नाइफ

- साइबर नाइफ एक रोबोटिक रेडियो सर्जरी प्रणाली है, जिसका प्रयोग फेफड़े, मस्तिष्क, रीढ़, यकृत, गुर्दा आदि जैसे विभिन्न अंगों में कैंसर और गैर-कैंसर वाले ट्यूमर के उपचार के लिए किया जाता है।
- इस तकनीक में ट्यूमर के ऊपर सटीकता से उच्च मात्रा विकिरणों को प्रवाहित किया जाता है। यह उपचार की ऐसी तकनीक है, जिसमें किसी भी प्रकार की सर्जरी की आवश्यकता नहीं होती है। साथ ही यह एक पीड़ा रहित उपचार तकनीक है।

स्मार्ट घड़ी

- यह एक रिस्ट वॉच है, जो स्मार्ट फोन की सभी महत्त्वपूर्ण जानकारियाँ रिस्ट वॉच में संचालित कर देती है।
- अत: स्मार्ट फोन अब हर जगह ले जाए बिना इसकी जानकारियाँ हर समय उपलब्ध रहेंगी व घड़ी में अपडेट रहने के लिए भी सभी विशेषताएँ उपलब्ध हैं।

स्पेस मंकी

- स्पेस मंकी नामक उपकरण रिमोट डाटा सेण्टर से क्लाउड डाटा स्टोरेज लेकर घर या ऑफिस तक पहुँचाता है।
- यह एक सुरक्षित विकल्प है, जो डेटा तक पहुँचने की रिमोट सुविधा उपलब्ध कराता है। इस उपकरण के प्रयोग से सर्वर लोड की समस्या से छुटकारा मिलता है।
- ऑनलाइन डेटा स्टोरेज कम्पनियों में एक सीमित डेटा स्टोर करने की समस्या से भी छुटकारा मिलता है।

इण्डिया की आर्कटिक वेधशाला

- यह एक भारतीय आर्कटिक वेधशाला है, जो आर्कटिक क्षेत्र की जलवायु तथा इसके भारतीय मानसून प्रणाली पर प्रभाव के अध्ययन में वैज्ञानिकों हेतु सहायक होगी।
- इण्डआर्क तैनाती के बाद यह भारत की प्रथम अन्तर्जलीय बँधी हुई वेधशाला है, जो नॉर्वे तथा उत्तरी-ध्रुव के मध्य आधे मार्ग पर कोंगसफोर्डन फ्योर्ड में अवस्थित है।

"

जैव-प्रौद्योगिकी जैव-रसायन , सूक्ष्मजैविकी एवं अभियान्त्रिकी के ज्ञान तथा तकनीकों का अन्योन्य रूप से प्रयोग कर सूक्ष्मजीवों, संवर्धित ऊत्तकों, कोशिकाओं एवं इनके कोशिकांगों में इनकी क्षमताओं का लाभ उठाने का विज्ञान है।

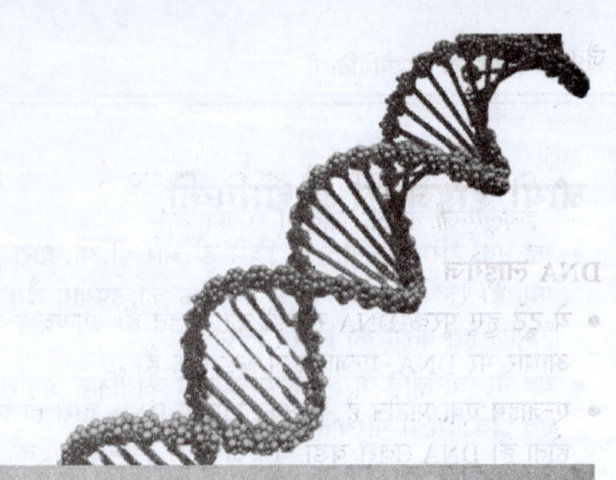

अध्याय दस

जैव-प्रौद्योगिकी

परिचय

- जैव-प्रौद्योगिकी (Biotechnology) विज्ञान की वह शाखा है, जिसके अन्तर्गत जैविक तन्त्रों एवं जैविक क्रियाओं का उपयोग मानव कल्याण हेतु किया जाता है।
- यह विज्ञान की आधुनिकतम शाखा है, जिसमें जैव-रसायन, सूक्ष्मजैविकी आण्विक जीव विज्ञान, आनुवंशिकी, आनुवंशिकी आदि के अध्ययन का विस्तृत उपयोग किया जाता है।
- जैव-प्रौद्योगिकी द्वारा औद्योगिक स्तर पर आनुवंशिक रूप से रूपान्तरित सूक्ष्मजीवियों, कवकों, पादपों व जन्तुओं द्वारा जैव-औषधियों व अन्य जैविक पदार्थों का उत्पादन किया जाता है।

जैव-प्रौद्योगिकी के सिद्धान्त

- इसके द्वारा कोशिकाओं की आनुवंशिक रूपरेखा को परिवर्तित किया जाता है।
- पुनर्योगज DNA के निर्माण हेतु वाँछित जीन को प्रतिबन्धन एण्डोन्यूक्लिएज एन्जाइम द्वारा पृथक् किया जाता है। तत्पश्चात् इस DNA खण्ड को **DNA लाइगेज** द्वारा दूसरे DNA अणु के साथ जोड़कर पुनर्योगज DNA का निर्माण किया जाता है।

जैव-प्रौद्योगिकी की विधियाँ

जैव-प्रौद्योगिकी में की गई प्रगति की पृष्ठभूमि में प्रौद्योगिकी विधियों की महत्त्वपूर्ण शृंखला है। इनमें मुख्य निम्नलिखित हैं।

आनुवंशिक अभियान्त्रिकी (Genetic Engineering)

- यह एक ऐसी प्रक्रिया है, जिसके द्वारा वैज्ञानिक एक जीव के जीनोम को संशोधित (modify) करते हैं।
- इसमें प्राणी के शरीर के बाहर DNA में जोड़-तोड़ (Manipulation) किया जाता है, जिसके परिणाम स्वरूप उस प्राणी की नई आनुवंशिक प्रतिकृति (Genetic Strains) बनाई जा सकती है तथा इनमें नए लक्षण विकसित किए जा [illegible]। आनुवंशिक अभियान्त्रिकी का आधार DNA का पुनर्योग [illegible] (Recombinant) है।

पुनर्योगज DNA तकनीक (Recombinant DNA Technique)

- जीन अभियान्त्रिकी या जेनेटिक इंजीनियरिंग के अन्तर्गत जीन का संलयन, (Fussion), संकरण (Hyberdization), प्रतिलोपन (Inversion) एवं स्थानान्तरण (Transfer) किया जाता है।
- इन सभी प्रक्रियाओं में सबसे महत्त्वपूर्ण जीन का संकरण है, जिसे पुर्नसंयोजी डीएनए प्रौद्योगिकी (Recombinant DNA Technology) कहा जाता है।
- यह एक ऐसी आधुनिक तकनीक है, जिसमें DNA अणु को इच्छानुसार वांछित स्थानों पर खण्डित करके इन विशिष्ट DNA खण्डों को अलग करने के उपरान्त किसी अन्य DNA अणु में वांछित स्थान पर प्रविष्ट करा दिया जाता है। इस प्रकार प्राप्त नए अणु को पुनर्योगज DNA (Recombinant DNA) कहते हैं तथा इस तकनीक को पुनर्योगज DNA तकनीक (Recombinant DNA Technique) कहते हैं।
- स्टैन्ले कोहन व हरबर्ट बोयर ने सर्वप्रथम पुनर्योगज DNA का निर्माण किया था।

पुनर्योगज DNA तकनीक के साधन

आनुवंशिक अभियान्त्रिकी हेतु निम्न साधनों की आवश्यकता होती है

एन्जाइम्स

एन्जाइम्स (Enzymes) पुनर्योगज DNA तकनीक या आनुवंशिक अभियान्त्रिकी में निम्न एन्जाइम प्रयुक्त होते हैं

- विदलन एन्जाइम (Cleavage Enzyme) ये एन्जाइम DNA के वाँछित खण्ड उत्पन्न करते हैं। ये निम्न प्रकार के होते हैं
  - एक्सोन्यूक्लिएज (Exonuclease) ये DNA के 5′ या 3′ सिरों से न्यूक्लियोटाइड को पृथक् करते हैं।
  - एण्डोन्यूक्लिएज (Endonuclease) ये DNA के अणु को मध्य से काटते हैं।
  - प्रतिबन्धन या रेस्ट्रिक्शन एण्डोन्यूक्लिएज इन्हें आण्विक कैंची (Molecular Scissors) या चाकू भी कहते हैं। ये DNA में विशिष्ट विलोमपद या पैलिन्ड्रोमिक (Palindromic) न्यूक्लियोटाइड्स को पहचानकर, वहाँ पर DNA को काटते हैं; जैसे—*Eco* RI. पैलिण्ड्रोम वर्णों के समूह हैं; जिन्हें आगे व पीछे दोनों ओर से पढ़ने पर एक ही शब्द बनता है; जैसे—मलयालम (Malayalam)।

- *Hind* III एन्जाइम की खोज स्मिथ एवं नैथन्स ने *हीमोफिल्स इन्फ्लूएन्जी* नामक जीवाणु में की थी।

DNA लाइगेज

- ये टूटे हुए पूरक DNA खण्डों को जोड़ते हैं। आण्विक आकार के आधार पर DNA, एन्जाइम से बड़े होते हैं।
- एन्जाइम एक प्रोटीन है, जिनका निर्माण DNA द्वारा ही किसी जीन से होता है। DNA सबसे बड़ा जैव अणु है। इसमें जीवों की सभी आनुवंशिक सूचनाएँ पाई जाती हैं।

क्लोनिंग वाहक या संवाहक

- क्लोनिंग वाहक या संवाहक (Cloning Vectors) आनुवंशिक अभियान्त्रिकी में जिस DNA अणु में वाँछित जीन को जोड़ा जाता है, उसे वाहक कहते हैं। इनमें निम्न विशेषताएँ होनी चाहिए
  - प्रतिकृतिकरण का उद्भव (Origin of Replication) DNA रज्जुक का यह खण्ड प्रतिकृति के समय आरम्भ बिन्दु के रूप में कार्य करता है।
  - मार्कर जीन या वरणयोग्य चिन्हक (Marker Gene or Selectable Marker) यह अरूपान्तरित कोशिकाओं से रूपान्तरित कोशिकाओं के वरण में सहायक होता है।
  - क्लोनिंग या पहचान स्थल (Cloning or Recognition Site) वाहक में प्रतिबन्धन एन्जाइम की क्रिया हेतु एक पहचान स्थल होना चाहिए।

पुनर्योगज तकनीक में निम्न वाहक प्रयुक्त होते हैं

- प्लाज्मिड (Plasmid) यह जीवाणु कोशिकाओं में पाया जाने वाला अतिरिक्त गुणसूत्रीय पदार्थ है, जो एक कोशिका से दूसरी कोशिका में जा सकता है। उदाहरण—pBR322। यह सर्वाधिक उपयोग किया जाने वाला प्लाज्मिड है। एपिसोम प्लाज्मिड्स से सम्बन्धित है।
- pBR322 में बिना गुणसूत्रीय नियन्त्रण के स्वतन्त्र रूप से जीवाणु कोशिकाओं के अन्दर प्रतिकृति करने की क्षमता होती है।

  नोट *प्रथम पुनर्योगज DNA बनाने के लिए सलमोनेला टायफीम्यूरियम बैक्टीरिया से पृथक्कृत प्लाज्मिड का उपयोग किया गया था।*
- जीवाणुभोजी (Bacteriophage) ये विषाणु पारगमन द्वारा जीवाणुओं को संक्रमित करते हैं। जीवाणुभोजी द्वारा एक जीव से दूसरे जीव में DNA का स्थानान्तरण पारगमन कहलाता है। ये भी क्लोनिंग वाहक के रूप में प्रयुक्त होते हैं; जैसे—लैम्डा (λ) फेज वाहक।

पादपों व जन्तुओं में जीन क्लोनिंग हेतु वाहक

पादपों में *एग्रोबैक्टीरियम ट्यूमीफेसिएन्स* के Ti-प्लाज्मिड को क्लोनिंग वाहक के रूप में प्रयोग करते हैं। जन्तुओं में जीन क्लोनिंग हेतु रेट्रो विषाणु (Retrovirus) का प्रयोग किया जाता है।

पुनर्योगज DNA प्रौद्योगिकी के प्रक्रम

पुनर्योगज DNA तकनीक निम्न चरणों में पूर्ण होती हैं

- सर्वप्रथम वाँछित जीन के विलगन हेतु उपयुक्त एन्जाइम (लाइसोजाइम-जीवाणु, सेलुलेज-पादप कोशिका एवं काइटिनेज-कवक) द्वारा कोशिका का विघटन कराते हैं। फिर राइबोन्यूक्लिएज द्वारा RNA व प्रोटिएज द्वारा प्रोटीन को अपघटित कराकर DNA प्राप्त किया जाता है।
- तत्पश्चात् प्रतिबन्धन एण्डोन्यूक्लिएज द्वारा DNA अणु के खण्ड प्राप्त किए जाते हैं। इन DNA खण्डों को जैल-इलेक्ट्रोफोरेसिस द्वारा पृथक् किया जाता है।
- स्रोत DNA व वाहक DNA को एक ही प्रतिबन्धन एन्जाइम द्वार काटा जाता है। फिर स्रोत DNA से प्राप्त ''वाँछित DNA खण्ड या जीन'' को वाहक के साथ DNA लाइगेज द्वारा जोड़ दिया जात है।
- पॉलीमरेज श्रृंखला अभिक्रिया (PCR) इस अभिक्रिया में सर्वाधिक प्रयोग होने वाला एन्जाइम DNA पॉलीमरेज है। इसके द्वारा वाँछित DNA खण्ड की अनेक प्रतियाँ प्राप्त कर ली जाती हैं। PCR तकनीक DNA संवर्धन के लिए आवश्यक है। इस तकनीक की खोज कैरी मुलिस (Kary Mullis) ने की थी।
- पुनर्योगज DNA को पोषद् के भीतर प्रवेश कराने हेतु विभिन्न विधियों का प्रयोग किया जाता है; जैसे—रूपान्तरण (Transformation) क्रिया के लिए जीवाणु कोशिकाओं को $CaCl_2$ से उपचारित किया जाता है। जिससे जीवाणु कोशिकाओं की कोशिका झिल्ली सुग्राही हो जाती है और उसके द्वारा माध्यम से विभाजित DNA को ग्रहण करने की क्षमता बढ़ जाती है व पारगमन द्वारा DNA स्थानान्तरण के लिए जीवाणुभोजी का प्रयोग होता है।
- बाह्य DNA के परपोषी कोशिकाओं में प्रत्यक्ष रूप से वाहक के बिना निषेचन को प्रत्यक्ष जीन स्थानान्तरण (Direct Gene Transfer) कहते हैं।
- ऊष्मीय झटका, इलेक्ट्रोपोरेशन, जीनगन, सूक्ष्म अन्त:क्षेपण आदि प्रत्यक्ष जीन स्थानान्तरण की विधियाँ हैं।
- वाँछित जीन का पुंजकीकरण या क्लोनिंग (Cloning) करके तथा लक्ष्य प्रोटीन की अभिव्यक्ति को प्रेरित करने वाली परिस्थितियों को अनुकूलतम बनाने के पश्चात् इनका व्यापक स्तर पर उत्पादन किया जा सकता है। DNA खण्डों की पुंजकीकरण विधि को शॉटगन विधि कहते हैं।
- इसके लिए बायोरिएक्टर (Bioreactor) का उपयोग किया जाता है। विलोडित हौज बायोरिएक्टर (Stirred Tank Bioreactor) सर्वाधिक प्रयोग में आने वाला बायोरिएक्टर है।
- जैव संश्लेषण अवस्था के पश्चात् उत्पाद के परिष्करण व विपणन से पूर्व उसका पृथक्करण व शोधन अनुप्रवाह संसाधन (Downstream Processing) कहलाता है।

***आरएनए हस्तक्षेप** (RNAi)*

- आरएनएआई (RNA Interference (RNAi) एक स्वाभाविक रूप से होने वाली पोस्ट-ट्रान्सक्रिप्शनल तन्त्र है, जो लगभग सभी कोशिकाओं में पाया जाता है। इसकी खोज वर्ष 2006 में एण्ड्रयू फायर और क्रेग मेलो ने की थी।
- आरएनएआई एक जीन साइलेंसिंग या जीन नॉकडाउन तकनीक है, जो आरएनए स्तर पर काम करती है। यह जीव के अपने mRNA अनुक्रम को लक्षित करता है और प्रोटीन संश्लेषण में हस्तक्षेप करता है।
- आरएनए हस्तक्षेप जीन विनियमन के एक मोड के रूप में कार्य करता है या किसी भी बाहरी रोगजनक आरएनए के विरुद्ध रक्षा तन्त्र के रूप में कार्य करता है।
- आरएनएआई का उपयोग आनुवंशिक इंजीनियरिंग में भी किया जाता है, ताकि विशेष जीन को कृत्रिम रूप से दबाया जा सके।

RNAi के अनुप्रयोग

- इसका उपयोग विशिष्ट गुणों वाले पौधे बनाने के लिए किया जा सकता है, जैसे उन्हें कीटों के प्रति प्रतिरोधी बनाना या कैफीन रहित कॉफी का उत्पादन करना।
- आरएनएआई थेरेप्यूटिक्स : यह चिकित्सा विज्ञान का एक नया क्षेत्र है, जहाँ वैज्ञानिकों ने *m*RNA को लक्ष्य करके जीन साइलेंसिंग की क्षमता का दोहन करना शुरू कर दिया है।
- इसने रोग से जुड़े विशिष्ट जीनों को लक्षित करके रोगों का इलाज करने की क्षमता दिखाई है, जैसे एचआईवी, हेपेटाइटिस सी और श्वसन रोग।

जैव-सूचना विज्ञान

- जैव-सूचना विज्ञान (Bioinformatics) जीव-विज्ञान का एक उपक्षेत्र है, जो जैविक डेटा के अधिग्रहण, भण्डारण, विश्लेषण और संचरण से सम्बन्धित है।
- यह बड़े और जटिल जैविक डेटा को समझने के लिए सॉफ्टवेयर उपकरण और विधियों को विकसित करने के लिए गणित, कम्प्यूटर विज्ञान, भौतिकी और जीव विज्ञान का उपयोग करता है।
- जैव-सूचना विज्ञान में जीनोमिक अनुक्रम निर्धारण और जीन अभिव्यक्ति पैटर्न के मापन सहित उच्च प्रवाहदर डाटा उत्पादन (High thronghput Data production) प्रयोगों का उपयोग किया जाता है।
- इन जैविक आँकड़ों का सम्भावित अनुप्रयोग दवा की खोज और विकास में होता है।
- जैव-सूचना विज्ञान का मुख्य उद्देश्य कम्प्यूटर आधारित सॉफ्टवेयर और उपकरणों का उपयोग करके जैविक डेटा के अनुक्रमों और पैटर्न पहचान विश्लेषण और व्याख्या के मानचित्रण और विश्लेषण के लिए कुशल एल्गोरिदम विकसित करना है।

जैव-सूचना विज्ञान के अनुप्रयोग

जैविक डेटा विज़ुअलाइज़ेशन
इसमें ग्राफिक्स और डेटा का अनुप्रयोग शामिल है और इसमें अनुक्रम, जीनोम, संरेखण, फाइलोजेनी, मैक्रोमॉलिक्यूलर संरचनाएँ, माइक्रोस्कोपी और अन्य इमेजिंग जानकारी शामिल है।

जीनोम सूचना विज्ञान
यह जीनोम-व्यापी परीक्षणों और प्रौद्योगिकियों के आउटपुट को संसाधित करने के लिए जैव सूचना विज्ञान उपकरणों का अनुप्रयोग है, जो डेटा की व्याख्या को सुविधाजनक बनाता है और जैव अणुओं का विश्लेषण करने के लिए उन्हें कार्य से जोड़ता है। उदाहरण के लिए-मानव जीनोम परियोजना

फाइलोजेनेटिक विश्लेषण
फाइलोजेनेटिक विश्लेषण किसी जीव के अन्य जीवों के साथ विकासात्मक सम्बन्ध को निर्धारित करने के लिए किया जाता है। यह इंगित करता है कि विकासवादी पैमाने पर वह जीव अन्य जीवों से कितना निकट से सम्बन्धित है।
उदाहरण के लिए-विकासवादी जीव विज्ञान

बायोमेडिसिन
बायोइन्फॉर्मेटिक्स द्वारा सक्षम डीएनए अनुक्रम के सटीक अध्ययन ने डेटा विश्लेषण के जैविक अनुसन्धान का मार्ग प्रशस्त किया। इसलिए डीएनए अनुक्रमों को पढ़ने में प्रगति ने व्यक्तिगत दवाओं, दवा वितरण और जीन थेरेपी के विकास को जन्म दिया।
उदाहरण - सिकल सेल एनीमिया और सिस्टिक फाइब्रोसिस को ठीक करने के लिए थेरेपी।

जीनोमिक्स
विज्ञान का एक क्षेत्र है जो जीनोम की संरचना, कार्य, विकास, मानचित्रण और संशोधन से सम्बन्धित है।

मानव जीनोम परियोजना (HGP)

- एचजीपी एक अन्तर्राष्ट्रीय, सहयोगात्मक अनुसन्धान कार्यक्रम था, जिसका लक्ष्य मानव के जीनोम (सभी जीन) का पूर्ण मानचित्रण और समझ विकसित करना था। यह बात पहली बार वर्ष 1988 में अमेरिकी राष्ट्रीय विज्ञान अकादमी की एक विशेष समिति द्वारा व्यक्त की गई थी।
- एचजीपी वर्ष 1990 में शुरू हुआ और वर्ष 2003 में पूरा हुआ। इससे मानव के सभी जीनों को अनुक्रमित और मैप करके सम्पूर्ण मानव जीनोम को डिकोड करने में मदद मिली।
- एचजीपी ने हमें पहली बार मानव निर्माण के लिए प्रकृति के सम्पूर्ण आनुवंशिक संरचना/ढाँचे को पढ़ने की क्षमता प्रदान की। इससे हमें रोगों को बेहतर ढंग से समझने और उचित उपचार करने में मदद मिल सकती है, उनके प्रभावों की अधिक सटीक भविष्यवाणी की जा सकती है।

जैव-प्रौद्योगिकी : जीनोम इण्डिया परियोजना (GIP)

- जैव प्रौद्योगिकी विभाग ने इसकी शुरुआत जनवरी, 2020 में की थी।
- इसका उद्देश्य भारतीयों की विविधता और जीवनशैली, पर्यावरण और विरासत में मिले जीन पर इसके प्रभाव का अध्ययन करना है।
- जीआईपी को 'परिशुद्ध स्वास्थ्य और इष्टतम कल्याण के लिए जैव विज्ञान मिशन' भी कहा जाता है।
- जीआईपी स्वास्थ्य एवं परिवार कल्याण मन्त्रालय, स्वास्थ्य अनुसन्धान विभाग और जैव प्रौद्योगिकी विभाग की एक संयुक्त पहल है।
- नेतृत्व : आईआईएससी बंगलुरु का मस्तिष्क अनुसन्धान केन्द्र।
- परियोजना के पहले चरण में देश भर से 10,000 व्यक्तियों के नमूनों को लेकर एक ग्रिड बनाया गया है। जिससे 'सन्दर्भ जीनोम' का विकास सम्भव हो सकेगा।

कैंसर जीनोम एटलस (TCGA)

- कैंसर जीनोमिक्स कार्यक्रम में 20,000 से अधिक प्राथमिक कैंसर की पहचान की गई तथा 33 प्रकार के कैंसर के नमूनों का मिलान किया गया।
- एनसीआई (NCI) और राष्ट्रीय मानव जीनोम अनुसन्धान संस्थान के बीच यह संयुक्त प्रयास वर्ष 2006 में शुरू हुआ।

भारतीय कैंसर जीनोम एटलस (ICGA)

- इसका उद्देश्य भारतीय जनसंख्या में व्याप्त सभी कैंसरों के आण्विक प्रोफाइल का स्वदेशी, ओपन-सोर्स डाटाबेस तैयार करना है।

क्लोनिंग

- क्लोनिंग प्राकृतिक या कृत्रिम रूप से समान या लगभग समान डीएनए वाले व्यक्तियों का उत्पादन करने की प्रक्रिया है।

जैव-प्रौद्योगिकी के प्रकार

- लाल जैव प्रौद्योगिकी यह स्वास्थ्य शाखा है और जैव प्रौद्योगिकी नवाचार संगठन (बीआईओ) के अनुसार, 250 से अधिक टीकों और एण्टीबायोटिक दवाओं, पुनर्योजी उपचारों और कृत्रिम अंगों के उत्पादन के विकास के लिए जिम्मेदार है।
- हरित जैव प्रौद्योगिकी इसका उपयोग सम्पूर्ण विश्व भर में 13 मिलियन से अधिक किसानों द्वारा कीटों से लड़ने, फसलों को पोषण देने तथा उन्हें सूक्ष्मजीवों और चरम मौसम की घटनाओं, जैसे सूखा और पाला, के विरुद्ध मजबूत बनाने के लिए किया जाता है।

- श्वेत जैव प्रौद्योगिकी औद्योगिक शाखा विनिर्माण प्रक्रियाओं में सुधार, जैव-ईंधन और अन्य प्रौद्योगिकियों के विकास के लिए काम करती है, ताकि उद्योगों को अधिक कुशल और टिकाऊ बनाया जा सके।
- पीत जैव प्रौद्योगिकी यह शाखा खाद्य उत्पादन पर केन्द्रित है और उदाहरण के लिए, यह खाना पकाने के तेलों में सन्तृप्त वसा के स्तर को कम करने के लिए अनुसन्धान करती है।
- ब्लू बायोटेक्नोलॉजी यह जलीय कृषि, सौन्दर्य प्रसाधन और स्वास्थ्य देखभाल उत्पादों को प्राप्त करने के लिए समुद्री संसाधनों का दोहन करता है। इसके अतिरिक्त, यह कुछ सूक्ष्म शैवाल से जैव ईंधन प्राप्त करने के लिए सबसे व्यापक रूप से उपयोग की जाने वाली शाखा है।
- ग्रे जैव प्रौद्योगिकी इसका उद्देश्य, जैव-उपचार प्रक्रियाओं के माध्यम से दूषित प्राकृतिक पारिस्थितिकी प्रणालियों का संरक्षण और पुनर्स्थापना है।
- गोल्डन बायोटेक्नोलॉजी इसे बायोइन्फॉरमैटिक्स के नाम से भी जाना जाता है, यह जैविक जानकारी, विशेष रूप से डीएनए और अमीनो एसिड अनुक्रमों से सम्बन्धित जानकारी को प्राप्त करने, भण्डारण, विश्लेषण और पृथक करने के लिए जिम्मेदार है।

डीएनए फिंगरप्रिन्टिंग *(DNA Fingerprinting)*

- इसे DNA टाइपिंग या आनुवंशिकी फिंगरप्रिन्टिंग भी कहते हैं। इसमें व्यक्ति के DNA के आधार पर उसकी पहचान की जाती है। इसे सर्वप्रथम वर्ष 1984 में एलेक जैफरी ने बताया। DNA में 99.9% भाग सभी प्राणियों में समान तथा 0.1% भाग सभी प्राणियों में भिन्न होता है, परन्तु एक युग्मनज (Zygote) जुड़वा बच्चों में DNA पूर्ण रूप से समान होता है।
- डीएनए फिंगरप्रिन्टिंग को डीएनए बहुरूपता का आधार माना जाता है।
- DNA फिंगरप्रिन्टिंग के लिए रुधिर, लार, बाल या किसी भी जीव तरल से या पदार्थ (रेजर एवं दन्तब्रश) से DNA लेते हैं। DNA को संचित शुक्राणु या अन्य संचित जैविक अणुओं से भी ले लेते हैं।
- इसी प्रकार दूसरे व्यक्ति का भी DNA लेते हैं तथा दोनों के न्यूक्लियोटाइड अणुओं के क्रम की समानता पर उन दोनों व्यक्तियों की समानता देखते हैं, तो दो व्यक्तियों के DNA अनुक्रमों के बीच तुलना करने हेतु DNA फिंगरप्रिण्टिंग का प्रयोग किया जाता है। DNA फिंगरप्रिण्टिंग निम्न में सहायक है;
  - यह पैतृत्व परीक्षण (Parental Experiment) में सहायक है।
  - यह रेप, मर्डर व अन्य अपराधों में अपराधी का निर्धारण करने में सहायक है।
  - इसके माध्यम से पहला अपराध इंग्लैण्ड में 1983 में हल किया गया था।
  - यह विलुप्तता की कगार पर खड़े जन्तुओं के संकरण में सहायक हैं।

जैव-प्रौद्योगिकी के अनुप्रयोग

जैव प्रौद्योगिकी का उपयोग छोटे और बड़े पैमाने पर विभिन्न क्षेत्रों में किया जाता है। इनमें से कुछ अनुप्रयोग इस प्रकार हैं

कृषि जैव-प्रौद्योगिकी

- जैव-प्रौद्योगिकी द्वारा उच्च उत्पादकता वाली फसलों की किस्म तैयार की गई।
- हरित-क्रान्ति के दौरान इन फसलों के प्रयोग से उत्पादन लगभग तीन गुना बढ़ गया।
- यह जीवों में आनुवंशिक स्तर पर रूपान्तरण द्वारा सम्भव हुआ। ऐसे जीव आनुवंशिक रूप से रूपान्तरित जीव (Genetically Modified Organisms-GMOs) कहलाते हैं। इनके द्वारा उत्पन्न फसलें -
  - अजैविक कारकों के प्रति प्रतिरोधी होती है।
  - रासायनिक कीटनाशकों पर कम निर्भर अर्थात् कीट-प्रतिरोधी होती है।
  - खनिजों का कुशलता से प्रयोग करने वाली होती है।
  - उच्च गुणवत्ता वाली फसलें होती है।
  - नॉन-लेग्यूमिनस पादपों में नाइट्रोजन-स्थिरीकरण की क्षमता के विकास हेतु इनका उपयोग किया जाता है। इनके कुछ उदाहरण निम्न हैं

Bt फसलें

- जैव-प्रौद्योगिकी द्वारा ऐसी फसलें उत्पन्न की जा रही हैं, जिनमें कीटनाशकों (Pesticides) की आवश्यकता नहीं होती है, क्योंकि ये पादप जातियाँ पीड़क प्रतिरोधी (Pest Resistant) होती हैं।
- *Bt* एक प्रकार का प्रतिविष है, जो *बैसिलस थ्यूरिन्जिएन्सिस (Bacillus thuringiensis* or *Bt*) जीवाणु से निर्मित होता है। यह एक भूमिगत जीवाणु है, जिसकी खोज जापानी वैज्ञानिक ईशीवाटा ने वर्ष 1902 में की थी। *Bt* जीव विष का जीन जीवाणु से निकालकर पादपों में स्थानान्तरित कर देते हैं।
- इससे पादप (फसल) में प्रतिविष का निर्माण होने लगता है और कीटनाशक की आवश्यकता नहीं पड़ती है, इस प्रकार की फसलों को *Bt* फसल (*Bt* crop) कहते हैं; जैसे—*Bt* कपास, *Bt* मक्का, *Bt* धान (Rice), *Bt* टमाटर, *Bt* सोयाबीन, *Bt* तम्बाकू, आदि।
- *Bt* तम्बाकू का निर्माण सर्वप्रथम किया गया।

> - Ti-प्लाज्मिड को **एग्रोबैक्टीरियम** से प्राप्त किया जाता है।
> - *Bt* आविष के रवे कुछ जीवाणुओं द्वारा बनाए जाते हैं, लेकिन ये स्वयं जीवाणु को नहीं मारते हैं, क्योंकि ये आविष जीवाणुओं में निष्क्रिय होते हैं।

- *Bt* कपास *बैसिलस थ्यूरिन्जिएन्सिस (Bacillus thuringiensis)* नामक भूमिगत जीवाणु ऐसी प्रोटीन (जीव विष) का निर्माण करता है, जिसमें अनेक प्रकार के कीट (तम्बाकू का कीट, सैनिक कीट, भृंग कीट) को नष्ट करने की क्षमता होती है।
- *बैसिलस* जीवाणु से बना जीव विष कीटनाशक होता है। ये जीवाणु में निष्क्रिय रहता है, परन्तु कीट में पहुँचते ही आहारनाल के क्षारीय माध्यम से सक्रिय हो जाता है तथा कीटों की मृत्यु हो जाती है।
- जीव विष को बनाने वाले जीवाणु से जीन को पृथक् करके फसलों में प्रवेश करा दिया जाता है। इसी प्रकार *Bt* कपास नामक पादप का निर्माण कर लिया गया है। *Bt* कपास पर शलभ (Ballworms) कृमि का प्रभाव नहीं होता और उत्पादन बढ़ जाता है। जीव विष को बनाने वाली जीन को *क्राई (cry)* कहते हैं। ये अनेक प्रकार की हो सकती हैं।
- बॉलगार्ड-1 और बॉलगार्ड-II प्रौद्योगिकी का उल्लेख आनुवांशिक रूप से रूपान्तरित फसलों, पादपों के विकास में किया जाता है।

गोल्डन धान (Golden Rice)

- जीन अभियान्त्रिकी द्वारा वैज्ञानिकों ने जीन परिवर्तन कर विटामिन-A की कमी को दूर करने वाले चावल का विकास किया गया है, जिसे सुनहरा चावल (गोल्डन राइस) नाम दिया गया है।
- इस चावल को उत्पन्न करने के लिए उसके पादपों पर तीन जीनों का प्रत्यारोपण किया जाता है।
- इस प्रक्रिया के अनुरूप β-कैरोटिन (डैफोडिल पादप से) युक्त पीले रंग का चावल उत्पन्न होता है।
- यही β-कैरोटिन शरीर में विटामिन-A में परिवर्तित हो जाता है। यह β-कैरोटिन, विटामिन-A का प्रमुख स्रोत है।

बायोफोर्टिफिकेशन (Biofortification)

- बायोफोर्टिफिकेशन या जैव- प्रबलीकरण वह प्रक्रिया है, जिसके द्वारा खाद्य फसलों के **पोषण मूल्य** को पादप प्रजनन, कृषि सम्बन्धी पद्धतियों और आधुनिक जैव-प्रौद्योगिक तकनीकों सहित विभिन्न माध्यमों से बढ़ाया जाता है।
- यह प्रक्रिया मूलत: बीज से लेकर आगे तक फसलों के पोषण मूल्य को बढ़ाने की प्रक्रिया है।
- इसके अन्तर्गत मुख्यत: जिंक और विटामिन-ए (Zinc and Vitamin-A) जैसे स्रोतों की कमी को पूरा करने पर ध्यान केन्द्रित किया जाता है।

फ्लैवर सेवर

इस ट्रान्सजेनिक टमाटर में एण्टीसेन्स RNA तकनीक के कारण कोशिका भित्ति की पेक्टिन को नष्ट करने वाले एन्जाइम पॉलीगेलैक्टोयूरोनेज का संश्लेषण कम होता है और यह टमाटर लम्बे समय तक ताजा बने रहते हैं।

पीड़क प्रतिरोधी पादप

- सूत्रकृमि (निमैटोड) *मिलोइडोगाइनी इनकोग्नीटा* तम्बाकू के पादपों की जड़ों को संक्रमित कर उसकी पैदावार को काफी कम कर देता है। इस संक्रमण को रोकने के लिए एक नवीन पद्धति RNA अन्तरक्षेप (RNA Interference RNAi) का प्रयोग किया जाता है। इस विधि में विशिष्ट *m*RNA की साइलेंसिंग (Silencing) की जाती है। *ds*RNA जीनों के अमोनीकरण में प्रयुक्त होता है।
- भारतीय बासमती चावल का अर्द्धबौनी किस्मों से संकरण कराकर एक नई खोज का दावा अमेरिकन कम्पनी द्वारा किया गया और इस बासमती चावल का पेटेन्ट भी अमेरिकन कम्पनी द्वारा करा लिया गया।

जीन साइलेन्सिंग (Gene Silicing)

- जीन साइलेन्सिंग एक अपेक्षाकृत नई उपचार तकनीक है, जो कुछ बिमारियों से जुड़े विशिष्ट जीन को दबाकर या साइलेन्स करके बीमारी को नियन्त्रित करने के लिए शरीर की प्राकृतिक प्रक्रियाओं का उपयोग करती है।
- इस प्रकार 'साइलेन्सिंग' का अर्थ किसी विशिष्ट जीन के सन्देश को अस्थायी रूप से अवरुद्ध करना है, जो अन्यथा अवांछित प्रभाव को ट्रिगर करेगा।

चिकित्सा जैव-प्रौद्योगिकी

चिकित्सीय जैव-प्रौद्योगिकी को लाल जैव-प्रौद्योगिकी भी कहा जाता है। इसका उपयोग निम्न प्रकार से किया जा रहा है

- मानव इन्सुलिन (Human Insulin) या ह्यूमुलिन तथा अन्य हॉर्मोन या प्रोटीनों का निर्माण अभियान्त्रिकी द्वारा *ई. कोलाई* के प्रयोग से सम्भव हो सकता है।
- मधुमेह के रोगियों के लिए एली लिली नामक एक अमेरिकन औषधि निर्माण कम्पनी ने 5 जुलाई, 1983 को दो DNA अनुक्रमों को तैयार किया, जो मानव इन्सुलिन की शृंखला A व B के समान थे। इन्सुलिन हॉर्मोन की दोनों शृंखलाएँ A व B में डाइसल्फाइड बन्धों से जोड़कर परिपक्व इन्सुलिन तैयार की गई। इस कार्य में फ्रैडरिक सेंगर ने प्रमुख भूमिका निभाई थी।
- फ्रैडरिक सेंगर ने गाय के अग्न्याशय से प्राप्त इन्सुलिन के अणु में A-एल्फा (α) तथा B-बीटा (β) नामक दो पॉलीपेप्टाइड शृंखलाओं का पता लगाया। ये दोनों ही शृंखलाएँ आपस में डाइसल्फाइड बन्धों (S-S bonds) की सहायता से जुड़ी होती हैं।
- फ्रेडरिक सेंगर को डीएनए सिक्वेंसिंग (DNA Sequencing) तकनीक की खोज का श्रेय दिया जाता है।
- फ्रैडरिक सेंगर के अनुसार, मवेशी के अग्न्याशय से प्राप्त इन्सुलिन की α एवं β-शृंखलाओं में अमीनो अम्लों की संख्या क्रमश: 21 व 30 होती है।
- आनुवंशिकी अभियान्त्रिकी की तकनीकी द्वारा रूपान्तरित प्रतिजैविकों का उत्पादन करते हैं।
- ह्यूमुलिन (Humulin) आनुवंशिकी अभियान्त्रिकी के सहयोग से बनाई गई प्रथम औषधि है। प्रोइन्सुलिन के परिपक्वन से इन्सुलिन बनते समय इन्सुलिन का 'C' पेप्टाइड हटा दिया जाता है।
- धमनियों के रुधिर के थक्के को घोलने के लिए उपयुक्त प्लाज्मीनोजन इसी तकनीक से तैयार किया जा रहा है। मानव वृद्धि हॉर्मोन का संश्लेषण भी जीन अभियान्त्रिकी द्वारा किया जा रहा है।
- हिपेटाइटिस-B के विरुद्ध प्रतिरक्षी भी पुनर्योजन DNA तकनीक से तैयार किए जा रहे हैं। इस तकनीक से बनाई गई प्रतिरक्षी अधिक शुद्ध हैं, क्योंकि ये इसमें केवल उन्हीं प्रोटीनों के विरुद्ध बनते हैं, जिनकी आवश्यकता होती है।

जीन चिकित्सा

- जैव-प्रौद्योगिकी की यह तकनीक एक बहुत ही महत्त्वपूर्ण तकनीक है, इसके द्वारा किसी जीव में पाए जाने वाले दोषित जीन को उसके स्थान से हटाकर उस स्थान पर स्वस्थ जीन को निवेशित किया जा सकता है। अत: जीनी चिकित्सा का सर्वाधिक उपयोग चिकित्सा के क्षेत्र में किया जाता है।
- जीन चिकित्सा दो प्रकार की होती हैं
  (i) कायिक जीन चिकित्सा (Somatic Gene Therapy) इस विधि में कायिक कोशिकाओं में किसी दोषित जीन को स्वस्थ जीन से बदला जाता है तथा यह आनुवंशिक नहीं होता है।
  (ii) आनुवंशिक जीन चिकित्सा (Germ Line Gene Therapy) इस विधि में अण्डाणु (Ovum) या शुक्राणु (Sperm) के जीन को परिवर्तित किया जाता है, जिसके कारण वह उनके द्वारा बनने वाले शिशु के जीनोम में आ जाता है तथा यह आनुवंशिक होता है।

- जीन चिकित्सा (Gene Therapy) द्वारा विकृत जीन को किसी दूसरे स्वस्थ जीन से प्रतिस्थापित करके अनेक रोगों का उपचार सम्भव है। सर्वप्रथम वर्ष 1990 में एक चार वर्ष की बच्ची (SCID से ग्रसित) में एडिनोसीन डीएमीनेज (ADA) न्यूनता के उपचार हेतु जीन चिकित्सा का प्रयोग किया गया।
- इण्टरफेरॉन प्रतिविषाणु ग्लाइकोप्रोटीन है, जो प्रतिरक्षा नियन्त्रक की भाँति कार्य करते हैं। इनका प्रयोग अनेक रोगों के उपचार हेतु किया जा रहा है। जीन थेरैपी का उपयोग आनुवंशिक रोग जैसे सिस्टिक फाइब्रोसिस के उपचार में भी इस विधि का उपयोग किया जाता है।
- आण्विक निदान पुनर्योगज DNA तकनीक, पॉलीमरेज शृंखला अभिक्रिया (PCR) व एन्जाइम लिंक्ड इम्यूनोसॉर्बेन्ट एस्से (ELISA) द्वारा रोगों की पहचान समय से पूर्व की जा सकती है। आजकल संदेहप्रद एड्स रोगियों में HIV की उपस्थिति का पता करने हेतु पॉलीमरेज शृंखला अभिक्रिया (PCR) तकनीक को प्रयोग किया जा रहा है।

दवाएँ विकसित करना

- बायोफार्मास्युटिकल्स (Biopharmaceuticals) : जैव-प्रौद्योगिकी रासायनिक संश्लेषण के बजाय कोशिकाओं और सूक्ष्मजीवों, जैसे-जैविक स्रोतों से चिकित्सीय प्रोटीन, एण्टीबॉडी, एन्जाइम, टीके और अन्य दवाओं के उत्पादन को सक्षम बनाती है। ये बायोफार्मास्युटिकल्स कैंसर, स्वप्रतिरक्षी विकार, संक्रमण आदि, जैसी बीमारियों के उपचार में बदलाव ला रहे हैं।
- फार्माकोजेनोमिक्स (Pharmacogenomics) इसमें यह अध्ययन किया जाता है कि आनुवंशिक अन्तर औषधि प्रतिक्रियाओं को किस प्रकार प्रभावित करते हैं। यह किसी व्यक्ति की आनुवंशिक संरचना के अनुरूप व्यक्ति विशेष के अनुसार औषधियों के विकास को सक्षम बनाता है।
- उच्च-थ्रूपुट स्क्रीनिंग (High throughput screening) जैव-प्रौद्योगिकी उपकरण, लक्षित रोगों/संक्रमणों के विरुद्ध हजारों औषधि उम्मीदवारों की त्वरित स्क्रीनिंग की अनुमति देते हैं, ताकि भविष्य के विकास के लिए सम्भावित सुरागों की पहचान की जा सके। इससे दवा खोज प्रक्रिया तीव्र और अधिक कुशल हो जाती है।

सीएआर टी सेल थेरेपी *(CAR) T-Cell Therapy*

कुछ रक्त कैंसर के उपचार के लिए रोगी की टी कोशिकाओं को उनके कैंसर कोशिकाओं को लक्षित करने के लिए इंजीनियर किया जाता है। अन्य सेल इंजीनियरिंग विधियों की भी खोज की जा रही है।

CRISPR जीन सम्पादन *(Crispr Gene Editing)*

- CRISPR क्लस्टर्ड, रेगुलरली इण्टरस्पेस्ड, शॉर्ट पैलिण्ड्रोमिक रिपीट्स का संक्षिप्त रूप है और हाल ही में विकसित जीन सम्पादन तकनीक को सन्दर्भित करता है, जो अत्यधिक लक्षित विधि से डीएनए को संशोधित, हटा और प्रतिस्थापित कर सकता है।
- यह तकनीक, गम्भीर बीमारियों के उपचार के लिए डीएनए के सटीक क्षेत्रों को संशोधित करने में मदद करती है।
- CRISPR-Cas 9 तकनीक को 'जेनेटिक कैंची' के नाम से भी जाना जाता है। इसके द्वारा जानवरों, पौधों और सूक्ष्मजीवों के डीएनए को बदलने में किया जा सकता है।
- तकनीक का इस्तेमाल, कैंसर ग्रस्त जीन को काटकर उसके स्थान पर स्वस्थ जीन को प्रतिस्थापित करने में किया जा सकता है। तकनीक का इस्तेमाल, फसल उत्पादन को बढ़ाने में भी किया जा सकता है।
- इसके अतिरिक्त इस तकनीक का इस्तेमाल मलेरिया को दूर करने के लिए और स्किल सेल एनीमिया के इलाज के लिए भी किया जा सकता है।

औद्योगिक जैव-प्रौद्योगिकी

- औद्योगिक जैव-प्रौद्योगिकी, जिसे अक्सर श्वेत जैव-प्रौद्योगिकी के रूप में सन्दर्भित किया जाता है, में औद्योगिक अनुप्रयोगों के लिए उत्पादों और प्रक्रियाओं को विकसित करने के लिए जैविक प्रणालियों, जीवों या व्युत्पन्नों का उपयोग शामिल है।
- यह क्षेत्र रसायन, सामग्री, ऊर्जा, खाद्य और फार्मास्यूटिकल्स सहित विभिन्न उद्योगों के लिए सन्धारणीय समाधान बनाने के लिए सेलुलर और जैव-आण्विक प्रक्रियाओं का उपयोग करता है। औद्योगिक जैव प्रौद्योगिकी के प्रमुख अनुप्रयोग निम्नवत हैं-
- बायोप्रोसेसिंग (Bioprocessing) औद्योगिक जैव प्रौद्योगिकी के प्राथमिक अनुप्रयोगों में से एक बायोप्रोसेसिंग है, जहाँ सूक्ष्मजीवों, एंजाइमों या पौधों की कोशिकाओं का उपयोग कच्चे माल को मूल्यवान उत्पादों में बदलने के लिए किया जाता है। उदाहरण के लिए, खमीर और बैक्टीरिया का उपयोग आमतौर पर इथेनॉल, कार्बनिक अम्ल और अन्य रसायनों के उत्पादन के लिए किण्वन प्रक्रियाओं में किया जाता है।
- जैव-ईंधन (Biofuels) औद्योगिक जैव प्रौद्योगिकी जैव-ईंधन के उत्पादन में महत्त्वपूर्ण भूमिका निभाती है, जो जैविक सामग्रियों से प्राप्त अक्षय ऊर्जा स्रोत हैं। मकई और गन्ने से इथेनॉल, वनस्पति तेलों से बायोडीजल और गैर-खाद्य बायोमास से उन्नत जैव-ईंधन इसके प्रमुख उदाहरण हैं। ये जैव-ईंधन जीवाश्म ईंधन पर निर्भरता कम कर सकते हैं और ग्रीनहाउस गैस उत्सर्जन को कम कर सकते हैं।
- बायोप्लास्टिक (Bioplastics) बायोप्लास्टिक का विकास औद्योगिक जैव-प्रौद्योगिकी में एक और महत्त्वपूर्ण प्रगति का प्रतिनिधित्व करता है। स्टार्च मकई या गन्ने जैसे नवीकरणीय संसाधनों से प्राप्त ये सामग्रियाँ पारम्परिक पेट्रोलियम-आधारित प्लास्टिक के लिए एक स्थायी विकल्प प्रदान करती हैं। पर्यावरण के अनुकूल उत्पादों की उपभोक्ता माँग को पूरा करने के लिए कम्पनियाँ बायोप्लास्टिक में तेज़ी से निवेश कर रही हैं।
- जैव-रसायन (Biochemicals) औद्योगिक जैव-प्रौद्योगिकी पारम्परिक रूप से जीवाश्म ईंधन से प्राप्त रसायनों के उत्पादन को बदल रही है। बायोकैटेलिसिस के माध्यम से एण्जाइमों का उपयोग सक्सेनिक एसिड, लैक्टिक एसिड और 1, 3-प्रोपेनडिओल, जैसे जैव-आधारित रसायनों को बनाने के लिए किया जा सकता है, जो भोजन, सौन्दर्य प्रसाधन और फार्मास्यूटिकल्स सहित विभिन्न अनुप्रयोगों के लिए आवश्यक हैं।
- सिन्थेटिक जीव विज्ञान (Synthetic Biology) सिन्थेटिक जीव विज्ञान में हाल की प्रगति ने नए जैविक भागों, उपकरणों और प्रणालियों के डिजाइन और निर्माण को सक्षम करके औद्योगिक जैव-प्रौद्योगिकी में क्रान्ति ला दी है। यह दृष्टिकोण अनुकूलित सूक्ष्मजीवों के निर्माण की अनुमति देता है, जो वांछित उत्पादों का कुशलतापूर्वक उत्पादन कर सकते हैं।

उदाहरण के लिए, शोधकर्ताओं ने लिग्नोसेल्यूलोसिक बायोमास को उन्नत जैव-ईंधन और रसायनों में परिवर्तित करने में सक्षम खमीर उपभेदों को विकसित किया है।

ऊर्जा जैव-प्रौद्योगिकी

जैव प्रौद्योगिकी ऊर्जा क्षेत्र में तेजी से महत्त्वपूर्ण भूमिका निभा रही है, जो सन्धारणीय ऊर्जा उत्पादन, अपशिष्ट प्रबन्धन और पर्यावरण संरक्षण के लिए अभिनव समाधान प्रदान करती है। इस क्षेत्र में कुछ प्रमुख अनुप्रयोग और नवीनतम विकास इस प्रकार हैं

जैव-ईंधन उत्पादन

- ऊर्जा में जैव-प्रौद्योगिकी के सबसे प्रमुख अनुप्रयोगों में से एक जैव-ईंधन (Biofuels) का उत्पादन है।
- पारम्परिक जीवाश्म ईंधन को बायोमास से प्राप्त जैव-ईंधन द्वारा प्रतिस्थापित किया जा रहा है, जिसमें फसलें, कृषि अपशिष्ट और यहाँ तक कि शैवाल भी शामिल हैं।
- बायोमास के किण्वन में इथेनॉल या बायोडीजल में उपयोग की जाने वाली एंजाइमेटिक प्रक्रियाओं को आनुवंशिक इंजीनियरिंग के माध्यम से काफी हद तक बढ़ाया गया है।
- उदाहरण के लिए, शोधकर्ताओं ने चीनी को बायोएथेनॉल में बदलने, उपज में सुधार और उत्पादन लागत को कम करने के लिए खमीर और बैक्टीरिया को इंजीनियर किया है।
- नवीनतम विकास : सिन्थेटिक जीव विज्ञान में प्रगति ने जैव ईंधन का अधिक कुशलता से उत्पादन करने में सक्षम इंजीनियर सूक्ष्मजीवों के निर्माण को जन्म दिया है।
  उदाहरण के लिए, कैलिफोर्निया विश्वविद्यालय, बर्कले के वैज्ञानिकों ने इंजीनियर बैक्टीरिया विकसित किए हैं, जो कार्बन डाइ-ऑक्साइड को ब्यूटेनॉल में बदल सकते हैं, जो एक मूल्यवान जैव-ईंधन है। यह न केवल एक अक्षय ऊर्जा स्रोत प्रदान करता है, बल्कि जलवायु परिवर्तन को सम्बोधित करते हुए कार्बन कैप्चर में भी योगदान देता है।

बायोगैस उत्पादन

- जैविक पदार्थों के अवायवीय पाचन के माध्यम से उत्पादित बायोगैस, जैव-प्रौद्योगिकी का एक और महत्त्वपूर्ण अनुप्रयोग है।
- माइक्रोबियल समुदाय कार्बनिक अपशिष्ट को विघटित करते हैं, जिससे मीथेन निकलती है, जिसका उपयोग ऊर्जा स्रोत के रूप में किया जा सकता है।
- बायोगैस का उपयोग हीटिंग, बिजली उत्पादन और वाहन ईंधन के रूप में किया जा सकता है।
- शोधकर्ताओं ने बैक्टीरिया के विशिष्ट उपभेदों को अलग किया है, जो मीथेन उत्पादन को बढ़ाते हैं, जिससे जैविक अपशिष्ट से अधिक उपज मिलती है।
- इसके अतिरिक्त, बायोगैस को प्राकृतिक गैस मानकों के अनुसार शुद्ध करने के लिए बायोगैस अपग्रेडिंग तकनीक जैसे नवाचार विकसित किए जा रहे हैं, जिससे यह अधिक बहुमुखी और मूल्यवान बन गया है।

माइक्रोबियल ईंधन सेल (MFC)

- माइक्रोबियल ईंधन सेल-जैव प्रौद्योगिकी का एक और रोमांचक अनुप्रयोग है, जो सूक्ष्मजीवों की चयापचय प्रक्रियाओं के माध्यम से बिजली उत्पन्न करता है। MFC में बैक्टीरिया कार्बनिक पदार्थों को तोड़ते हैं और इलेक्ट्रॉनों को इलेक्ट्रोड में स्थानान्तरित करते हैं, जिससे बिजली उत्पन्न होती है।
- शोधकर्ताओं ने सफलतापूर्वक ऐसे MFC विकसित किए हैं, जो अपशिष्ट जल के साथ कुशलतापूर्वक काम कर सकते हैं, इसे बिजली में परिवर्तित कर सकते हैं और साथ ही इसका उपचार भी कर सकते हैं। यह दोहरे उद्देश्य वाली तकनीक स्थायी ऊर्जा उत्पादन और अपशिष्ट प्रबन्धन के लिए एक आशाजनक दृष्टिकोण प्रदान करती है।

शैवाल जैव-ईंधन

- शैवाल अपनी उच्च लिपिड सामग्री और तेज़ वृद्धि दर के कारण जैव ईंधन के लिए एक आशाजनक फीडस्टॉक हैं। शैवाल की खेती और आनुवंशिक संशोधन में जैव-प्रौद्योगिकी प्रगति ने बढ़ी हुई तेल उत्पादन क्षमताओं वाले उपभेदों के विकास को जन्म दिया है।
- एल्जेनॉल और सैफायर एनर्जी जैसी कम्पनियाँ उच्च उपज वाले उपभेदों को बनाने के लिए आनुवंशिक इंजीनियरिंग का लाभ उठाते हुए बड़े पैमाने पर शैवाल जैव ईंधन उत्पादन में अग्रणी रही हैं। इन विकासों का उद्देश्य जीवाश्म ईंधन की तुलना में प्रतिस्पर्द्धी कीमतों पर जैव-ईंधन का उत्पादन करना है, जिससे वे भविष्य की ऊर्जा आवश्यकताओं के लिए एक व्यवहार्य विकल्प बन सकें।

कार्बन कैप्चर और उपयोग (CCU)

- कार्बन कैप्चर और उपयोग में जैव-प्रौद्योगिकी भी महत्त्वपूर्ण भूमिका निभाती है, जो CO_2 उत्सर्जन को उपयोगी उत्पादों में परिवर्तित करती है। औद्योगिक स्रोतों से ग्रीनहाउस गैस उत्सर्जन को कम करने के लिए यह प्रक्रिया महत्त्वपूर्ण है।
- सूक्ष्मजीवों को इंजीनियर करने के लिए अभिनव जैव प्रौद्योगिकी विधियों का विकास किया गया है, जो CO_2 को जैव-ईंधन और जैव-प्लास्टिक सहित विभिन्न उत्पादों में परिवर्तित कर सकते हैं। उदाहरण के लिए, म्यूनिख के तकनीकी विश्वविद्यालय के शोधकर्ता माइक्रोबियल सिस्टम विकसित कर रहे हैं, जो उच्च ऊर्जा वाले जैव ईंधन आइसोब्यूटेनॉल का उत्पादन करने के लिए CO_2 का उपयोग करते हैं, जो जलवायु परिवर्तन को कम करने में जैव-प्रौद्योगिकी हस्तक्षेप की क्षमता को प्रदर्शित करता है।

पर्यावरणीय जैव-प्रौद्योगिकी

- जैव-प्रौद्योगिकी पारिस्थितिकी तन्त्र को बहाल करने, अपशिष्ट प्रबन्धन और प्रदूषण से निपटने के लिए अभिनव समाधान प्रदान करके पर्यावरण और पारिस्थितिकी संरक्षण में एक महत्त्वपूर्ण भूमिका निभाती है।
- जैविक प्रक्रियाओं और जीवों का लाभ उठाकर, जैव-प्रौद्योगिकी जैव विविधता को बढ़ा सकती है, संसाधन प्रबन्धन में सुधार कर सकती है और सन्धारणीय प्रथाओं का समर्थन कर सकती है। इस क्षेत्र में कुछ प्रमुख अनुप्रयोग और हाल के विकास निम्न प्रकार हैं

बायोरेमेडिएशन

- पर्यावरण संरक्षण में जैव-प्रौद्योगिकी के सबसे महत्त्वपूर्ण अनुप्रयोगों में से एक बायोरेमेडिएशन (Bioremediation) है, जो मिट्टी, पानी और तलछट में प्रदूषकों को कम करने या डिटॉक्सीफाई करने के लिए सूक्ष्मजीवों का उपयोग करता है।

- यह प्रक्रिया दूषित स्थलों, जैसे-तेल रिसाव, भारी धातु प्रदूषण और कीटनाशक अवशेषों की सफाई के लिए महत्त्वपूर्ण है।
- वैज्ञानिकों ने आनुवंशिक रूप से इंजीनियर बैक्टीरिया विकसित किए हैं, जैसे कि स्यूडोमोनास पुटिडा (Pseudomonas putida), जो तेल रिसाव में पाए जाने वाले पॉलीसाइक्लिक एरोमैटिक हाइड्रोकार्बन (PAH) को कम करने में सक्षम हैं।
- ये बैक्टीरिया हानिकारक यौगिकों को पचा सकते हैं और उन्हें गैर-विषाक्त उपोत्पादों में परिवर्तित कर सकते हैं। फील्ड परीक्षणों से पता चला है कि इन इंजीनियर सूक्ष्मजीवों को लागू करने से सफाई प्रक्रिया में काफी तेजी आ सकती है।

फाइटोरेमेडिएशन

- फाइटोरेमेडिएशन (Phytoremediation) एक और जैव-प्रौद्योगिकी दृष्टिकोण है, जो पर्यावरण से दूषित पदार्थों को अवशोषित करने, जमा करने और विषहरण करने के लिए पौधों का उपयोग करता है। कुछ पौधों ने दूषित मिट्टी से भारी धातुओं और अन्य प्रदूषकों को सहन करने के लिए तन्त्र विकसित किए हैं।
- आनुवंशिक इंजीनियरिंग में प्रगति ने हाइपरएक्यूमुलेटर (hyperaccumulator) पौधों के निर्माण को जन्म दिया है, जो प्रदूषित वातावरण में पनप सकते हैं।
- शोधकर्ताओं ने अरेबिडोप्सिस थालियाना (Arabidopsis thaliana), एक मॉडल प्लाण्ट को इंजीनियर किया है, ताकि इसकी सीसा और अन्य भारी धातुओं को जमा करने की क्षमता को बढ़ाया जा सके। ये विकास न केवल मिट्टी के उपचार में सहायता करते हैं, बल्कि क्षरित भूमि की बहाली को भी बढ़ावा देते हैं।

अपशिष्ट प्रबन्धन

जैव-प्रौद्योगिकी खाद बनाने, अवायवीय पाचन और माइक्रोबियल ईंधन कोशिकाओं जैसी प्रक्रियाओं के माध्यम से अपशिष्ट प्रबन्धन के लिए प्रभावी समाधान प्रदान करती है। ये विधियाँ जैविक अपशिष्ट को बायोगैस और उर्वरकों जैसे मूल्यवान संसाधनों में परिवर्तित कर सकती हैं, जबकि लैण्डफिल के उपयोग और ग्रीनहाउस गैस उत्सर्जन को कम करती हैं।

लुप्तप्राय प्रजातियों का संरक्षण

- जैव-प्रौद्योगिकी आनुवंशिक तकनीकों, जैसे क्लोनिंग और सहायक प्रजनन, के माध्यम से लुप्तप्राय प्रजातियों के संरक्षण में भी प्रगति कर रही है। ये तकनीकें खतरे में पड़ी प्रजातियों में आनुवंशिक विविधता और जनसंख्या संख्या बढ़ाने में मदद कर सकती हैं।
- ब्लैक-फुटेड फेरेट (black-footed ferret) जैसी लुप्तप्राय : प्रजातियों को संरक्षित करने के लिए क्लोनिंग तकनीक का उपयोग किया जाता है।
- शोधकर्ताओं ने जमे हुए ऊतकों से व्यक्तियों को सफलतापूर्वक क्लोन किया है, जिससे जंगली आबादी में आनुवंशिक विविधता को फिर से लाने में मदद मिली है।
- इसी तरह, कृत्रिम गर्भाधान तकनीकों में प्रगति ने कैलिफ़ोर्निया कोण्डोर (California condor) जैसी प्रजातियों के लिए प्रजनन सफलता दर में वृद्धि की है।

जैव-विविधता निगरानी

- यह पर्यावरण डीएनए (eDNA) विश्लेषण के माध्यम से जैव विविधता संरक्षण में योगदान देती है, यह एक ऐसी विधि है, जो मिट्टी या पानी जैसे पर्यावरण के नमूनों में जीवों से डीएनए का पता लगाती है।
- यह तकनीक प्रजातियों और पारिस्थितिकी तन्त्रों की गैर-आक्रामक निगरानी की अनुमति देती है, जो संरक्षण प्रयासों के लिए महत्त्वपूर्ण डेटा प्रदान करती है।
- अध्ययनों ने पानी के नमूनों से कई मछली प्रजातियों का पता लगाने की क्षमता का प्रदर्शन किया है, जिससे मछली की आबादी और उनके आवासों की कुशल निगरानी की अनुमति मिलती है।
- इस दृष्टिकोण के मत्स्य पालन के प्रबन्धन और समुद्री जैव-विविधता की रक्षा के लिए महत्त्वपूर्ण निहितार्थ हैं।

पशु जैव-प्रौद्योगिकी

पशु जैव-प्रौद्योगिकी में पशु स्वास्थ्य में सुधार, उत्पादन दक्षता बढ़ाने और संरक्षण प्रयासों में योगदान देने के लिए जैव-प्रौद्योगिकी उपकरणों और तकनीकों का अनुप्रयोग शामिल है।

पशु जैव-प्रौद्योगिकी के प्रमुख क्षेत्र

जेनेटिक इंजीनियरिंग

- जेनेटिक इंजीनियरिंग (Genetic Engineering) पशु जैव-प्रौद्योगिकी की आधारशिला है, जो वैज्ञानिकों को विभिन्न उद्देश्यों के लिए जानवरों के डीएनए को संशोधित करने की अनुमति देती है।
- सबसे प्रसिद्ध उदाहरणों में से एक एक्वाबाउण्टी एक्वाएडवाण्टेज सैल्मन (Aqua Bounty Aqu Advantage salmon) मछली का निर्माण है, जिसे अपने गैर-जीएमओ समकक्षों की तुलना में तेज़ी से बढ़ने के लिए आनुवंशिक रूप से संशोधित किया गया है।
- यह सैल्मन पारम्परिक सैल्मन के लिए तीन साल की तुलना में लगभग 18 महीनों में बाजार के आकार तक पहुँच जाता है।
- यह नवाचार न केवल खाद्य उत्पादन दक्षता को बढ़ाता है, बल्कि संसाधन उपयोग को कम करके जलीय कृषि के पर्यावरणीय प्रभाव को भी कम करता है।
- वर्ष 2015 में यू. एस. खाद्य एवं औषधि प्रशासन (FDA) द्वारा एक्वाबाउण्टी सैल्मन की विनियामक स्वीकृति ने खाद्य आपूर्ति में आनुवंशिक रूप से संशोधित जीवों (GMO) के लिए एक महत्त्वपूर्ण मील का पत्थर साबित हुआ।

स्टेम सेल थैरेपी (Stem cell Therapy)

- यह एक उभरती हुई चिकित्सा प्रक्रिया है, जिसमें स्टेम सेल्स का उपयोग करके क्षतिग्रस्त या रोगग्रस्त कोशिकाओं और उत्तकों की मरम्मत की जाती है। इसे पुनर्जनन चिकित्सा (Regenerative Medicine) के नाम से जाना जाता है।
- स्टेम सेल्स ऐसी कोशिकाएँ होती हैं, जिनमें शरीर की किसी भी प्रकार की कोशिका बनने की क्षमता होती है।

थेरेपी के चरण

- स्टेम सेल्स को कीमोथेरेपी और ग्रोथ फैक्टर की मदद से अस्थिमज्जा से रक्त प्रवाह को स्थानान्तरित किया जाता है।
- मशीन के माध्यम से रक्त एकत्र कर स्टेम कोशिकाएँ अलग की जाती हैं।
- अस्थिमज्जा और प्रतिरक्षा प्रणाली को नष्ट करने के लिए अधिक कीमोथेरेपी दी जाती है।
- स्टेम कोशिकाएँ ड्रिप के जरिए शरीर में लौटाई जाती हैं।
- शरीर को ठीक होने में 3-6 महीने या अधिक समय लग सकता है।

स्टेम सेल्स के स्रोत

- भ्रूणीय ऊतक – भ्रूण, नाल, गर्भनाल, अग्नियोटिक द्रव
- –व्यस्क शरीर – अस्थिमज्जा, वसा, रक्त, त्वचा, मांसपेशी

पुन: प्रोग्राम की गई कोशिकाएँ – विभेदित कोशिकाओं को आनुवंशिक रूप से पुन: प्रोग्राम कर स्टेम सेल में बदला जाता है।

कोशिका क्षमता का पदानुक्रम

- टोटिपोटेण्ट स्टेम कोशिकाएँ– भ्रूणीय और प्लेसेण्टा में पाए जाने वाले 220 प्रकार कोशिकाओं में से किसी का भी निर्माण।
- प्लुरिपोटेण्ट स्टेम कोशिकाएँ– प्लेसेण्टा को छोड़कर शरीर की सभी कोशिकाओं का निर्माण
- मल्टीपोटेण्ट स्टेम कोशिकाएँ – विशेष वंश से सम्बन्धित कोशिकाओं का निर्माण
- यूनिपोटेण्ट स्टेम कोशिकाएँ – एक ही वंश में अपने ही प्रकार की कोशिकाओं का निर्माण।,

स्टेम सेल्स के लक्षण

- स्व–नवनीकरण – बिना किसी भेदभाव के सेल्स को विभाजित करता है और स्थायी आपूर्ति बनाए रखता है।
- प्लास्टिसिटी – मल्टीपोटेण्ट स्टेम में प्लास्टिसिटी होती है और ये विभेदन से गुजरते हैं।
- टोटिपोटेन्सी – रोगाणु कोशिकाओं सहित सभी प्रकार की कोशिकाओं को उत्पन्न करता है।
- प्लुरिपोटेन्सी – भ्रूणीय झिल्ली को छोड़कर सभी कोशिकाएँ उत्पन्न करता है।
- मल्टीपोटेन्सी – एक से अधिक परिपक्व कोशिकाओं में अन्तर करता है।

क्लोनिंग

- क्लोनिंग (Cloning) पशु जैव–प्रौद्योगिकी में एक और महत्त्वपूर्ण अनुप्रयोग है, जो आनुवंशिक रूप से समान जानवरों की प्रतिकृति बनाने की अनुमति देता है।
- सबसे उल्लेखनीय उदाहरणों में से एक डॉली भेड़ है, जो वयस्क दैहिक कोशिका से क्लोन की गई पहली स्तनपायी है।
- वर्ष 1996 में डॉली के जन्म ने महत्त्वपूर्ण नैतिक प्रश्न उठाए, लेकिन प्रजनन प्रौद्योगिकियों और आनुवंशिक अनुसन्धान में प्रगति के द्वार भी खोले।
- वैज्ञानिकों ने घटती आबादी को बढ़ाने के लिए संरक्षित आनुवंशिक सामग्री का उपयोग करके प्रेजेवाल्स्की के घोड़े जैसी लुप्तप्राय प्रजातियों का क्लोन बनाया है। यह दृष्टिकोण संरक्षण प्रयासों में क्लोनिंग की क्षमता को उजागर करता है।

ट्रान्सजेनिक जानवर

- ट्रान्सजेनिक जानवर (Transgenic Animals) वे होते हैं, जिन्हें विशिष्ट लक्षणों को व्यक्त करने के लिए आनुवंशिक रूप से संशोधित किया गया है। सबसे प्रसिद्ध उदाहरणों में से एक ग्लोफिश है, जो आनुवंशिक रूप से इंजीनियर जेबरा मछली है, जो विभिन्न रंगों में चमकती है।
- मूल रूप से पर्यावरण प्रदूषकों का पता लगाने के लिए विकसित, ग्लोफिश एक एक्वेरियम मछली के रूप में भी लोकप्रिय है।

पशु स्वास्थ्य और फार्मास्यूटिकल्स

- पशु स्वास्थ्य को बेहतर बनाने के लिए टीके और उपचार विकसित करने में पशु जैव–प्रौद्योगिकी एक महत्त्वपूर्ण भूमिका निभाती है। उदाहरण के लिए, पुन: संयोजक डीएनए तकनीक के उपयोग से एवियन इन्फ्लूएन्जा और वेस्ट नाइल वायरस जैसी बीमारियों के लिए टीके विकसित हुए हैं।
- कोविड–19 महामारी ने मनुष्य व पशु चिकित्सा टीकों में अनुसन्धान को गति दी है, जिससे mRNA तकनीक में तेजी से प्रगति हुई।

भारत में पशु जैव–प्रौद्योगिक विकास

- भारतीय पशु जैव–प्रौद्योगिकी में सबसे प्रभावशाली विकासों में से एक प्रजनन कार्यक्रमों में जीनोमिक चयन एवं प्रजनन (Genomic Selection and Breeding) का अनुप्रयोग है।
- भारतीय कृषि अनुसन्धान परिषद् (ICAR) ने देशी मवेशी नस्लों; जैसे गिर और साहीवाल के लिए जीनोमिक डेटाबेस विकसित करने की पहल शुरू की है, जो अपने सूखा प्रतिरोध और उच्च दूध उत्पादन के लिए जाने जाते हैं।
- यह भारत में पशु स्वास्थ्य में सुधार के लिए टीकाकरण और रोग नियन्त्रण महत्त्वपूर्ण हैं। उदाहरण के लिए, शोधकर्ताओं ने खुरपका और मुँहपका रोग (FMD) के विरुद्ध टीके विकसित किए हैं, जो भारत में पशुधन के लिए एक महत्त्वपूर्ण खतरा है।
- राष्ट्रीय विषाणु विज्ञान संस्थान और अन्य शोध संस्थान आधुनिक पुन: संयोजक टीकों पर काम कर रहे हैं, जो अधिक प्रभावी और सुरक्षित हैं। इसके अतिरिक्त, ब्रुसेलोसिस और एवियन इन्फ्लुएन्जा जैसी बीमारियों की पहचान करने के लिए जैव–प्रौद्योगिकी पर आधारित त्वरित निदान किट विकसित की गई हैं, जिससे समय पर हस्तक्षेप और नुकसान को कम करना सम्भव हो गया है।
- संकटग्रस्त प्रजातियों के बीच आनुवंशिक विविधता बनाए रखने में सहायता करने के लिए सहायक प्रजनन तकनीक (ART) जैसी तकनीकों का उपयोग किया जा रहा है। भारतीय गैण्डे और एशियाई शेर जैसी प्रजातियों के संरक्षण के उद्देश्य से परियोजनाएँ प्रजनन की सफलता को बढ़ाने के लिए ART का उपयोग कर रही हैं।
- तिलापिया और कैटफिश जैसी मछलियों की आनुवंशिक रूप से बेहतर प्रजातियों का विकास चल रहा है, जो विकास दर और रोग प्रतिरोध जैसे लक्षणों पर ध्यान केन्द्रित कर रही हैं।

भारत में जैव-प्रौद्योगिकी

- भारत में जैव-प्रौद्योगिकी भारतीय अर्थव्यवस्था के भीतर एक उभरता हुआ क्षेत्र है। जैव-प्रौद्योगिकी उद्योग से सम्बन्धित भारत सरकार की एजेन्सियों में जैव-प्रौद्योगिकी विभाग और प्रस्तावित भारतीय जैव-प्रौद्योगिकी नियामक प्राधिकरण शामिल हैं।
- **जैव-प्रौद्योगिकी विभाग** वर्ष 1986 में विज्ञान एवं प्रौद्योगिकी मन्त्रालय में एक पृथक् जैव-प्रौद्योगिकी विभाग (डीबीटी) बनाया गया। यह भारत में जैव-प्रौद्योगिकी क्षेत्र के अधिकांश कार्यक्रमों का प्रबन्धन करता है। इसके उद्देश्य हैं

अनुसन्धान, बुनियादी ढाँचे, मानव संसाधन सृजन, जैव प्रौद्योगिकी को लोकप्रिय बनाने, उद्योगों को बढ़ावा देने, उत्कृष्टता केन्द्रों के निर्माण के क्षेत्रों में सेवाएं प्रदान करना

सामाजिक लाभ के लिए आनुवंशिक रूप से संशोधित जीवों, पुनः संयोजक डीएनए उत्पादों और जैव-प्रौद्योगिकी आधारित कार्यक्रमों के लिए जैव सुरक्षा दिशानिर्देशों का कार्यान्वयन।

राष्ट्रीय और अन्तर्राष्ट्रीय स्तर पर वैज्ञानिक समुदाय में भारत के जैव सूचना विज्ञान मिशन के लिए एक सूचना नेटवर्क स्थापित करना।

- **राष्ट्रीय जैव संसाधन विकास बोर्ड (NBDB)** इसकी स्थापना डीबीटी के अन्तर्गत की गई है, ताकि अनुसन्धान और विकास तथा जैव-संसाधनों का स्थायी उपयोगिता विशेषकर नए उत्पादों और प्रक्रियाओं के विकास के लिए जैव-प्रौद्योगिकी और सम्बन्धित वैज्ञानिक तरीकों के प्रभावी अनुप्रयोग के लिए विस्तृत नीतिगत ढाँचे का निर्णय किया जा सके।
- **जेनेटिक इंजीनिरिंग मूल्यांकन समिति (CEAC)** जीईएसी पर्यावरण, वन और जलवायु परिवर्तन मन्त्रालय के अधीन कार्य करता है। यह पर्यावरणीय दृष्टिकोण से अनुसन्धान और औद्योगिक उत्पादन में खतरनाक सूक्ष्मजीवों और पुनः संयोजकों के बड़े पैमाने पर उपयोग से सम्बन्धित गतिविधियों के मूल्यांकन के लिए जिम्मेदार है।
- **राष्ट्रीय माइक्रोबियल संसाधन केन्द्र** एनसीएमआर की स्थापना भारत की विशाल माइक्रोबियल विविधता को संरक्षित करने और औद्योगिक एवं स्वास्थ्य अनुप्रयोगों के लिए इसकी जैव-प्रौद्योगिकीय क्षमता का पता लगाने के लिए की गई थी।
- **भारतीय जैविक डेटा केन्द्र** आईबीडीसी जीवन विज्ञान डेटा के लिए भारत का पहला राष्ट्रीय भण्डार है, जिसे क्षेत्रीय जैव प्रौद्योगिकी केन्द्र (RCB), डीबीटी के एक स्वायत्त संस्थान में स्थापित किया गया है। आईबीडीसी FAIR (खोजने योग्य, सुलभ, अन्तर-संचालनीय और पुनः प्रयोज्य) सिद्धान्तों पर आधारित डेटा साझाकरण की भावना का पालन करता है।
- **जैव-प्रौद्योगिकी उद्योग अनुसन्धान सहायता परिषद् (BIRAC)** इसकी स्थापना जैव प्रौद्योगिकी उद्योग विभाग द्वारा की गई थी और इसका उद्देश्य उभरते जैव-प्रौद्योगिकी उद्यमों को रणनीतिक अनुसन्धान और नवाचार करने के लिए मजबूत और सशक्त बनाना है।

भारत में जैव प्रौद्योगिकी के लिए कार्यक्रम/योजनाएँ

कार्यक्रम/योजनाएँ	विवरण
राष्ट्रीय बायोफार्मा मिशन (NBM)	• मई, 2017 में मन्त्रिमण्डल द्वारा राष्ट्रीय बायोफार्मा मिशन (NBM) को मंजूरी दी गई थी, जिसकी कुल लागत 250 मिलियन अमेरिकी डॉलर है, जिसका 50% सह-वित्तपोषित विश्व बैंक है। इनोवेट इन इण्डिया (I3) नामक कार्यक्रम जैव-प्रौद्योगिकी विभाग (DBT), भारत सरकार का एक उद्योग-अकादमिक सहयोगात्मक मिशन है। • यह विश्व बैंक के सहयोग से बायोफार्मास्युटिकल्स के शीघ्र विकास के लिए खोज अनुसन्धान में तेजी लाने के लिए है। इसे जैव-प्रौद्योगिकी उद्योग अनुसन्धान सहायता परिषद् (BIRAC) द्वारा कार्यान्वित किया जाना है। • एनबीएम का लक्ष्य भारत को नवीन, किफायती और प्रभावी बायोफार्मास्युटिकल उत्पादों और समाधानों के डिजाइन और विकास का केन्द्र बनाना है। यह कार्यक्रम देश में बीमारियों के बढ़ते बोझ को दूर करने के लिए नए टीकों, जैव-चिकित्सा, निदान और चिकित्सा उपकरणों के विकास पर ध्यान केन्द्रित करेगा। यह किफायती और सुलभ उत्पाद विकास के माध्यम से बड़े पैमाने पर भारतीय आबादी को लाभान्वित करेगा।
बायोटेक किसान	• डीबीटी ने वर्ष 2017 में बायोटेक कृषि नवाचार विज्ञान अनुप्रयोग नेटवर्क (बायोटेक किसान) लॉन्च किया। • इसका लक्ष्य विज्ञान प्रयोगशालाओं और किसानों को एक साथ लाकर खेत स्तर पर नवीन समाधान और प्रौद्योगिकियों का विकास और अनुप्रयोग करना है।
अटल जय अनुसन्धान बायोटेक मिशन	• इसे **जैव-प्रौद्योगिकी विभाग** (डी.बी.टी.) द्वारा कार्यान्वित किया गया था और इस मिशन का उद्देश्य मातृ एवं शिशु स्वास्थ्य, रोगाणुरोधी प्रतिरोध, संक्रामक रोगों के लिए टीके, खाद्य एवं पोषण तथा स्वच्छ प्रौद्योगिकियों की चुनौतियों का समाधान करना है।
वन हेल्थ कंसोर्टियम	• वर्ष 2021 में डीबीटी ने देश में जूनोटिक और ट्रान्सबाउण्ड्री रोगजनकों के महत्त्वपूर्ण जीवाणु, वायरल और परजीवी संक्रमणों का सर्वेक्षण करने के लिए 'वन हेल्थ' कंसोर्टियम की स्थापना की।
बायोटेक पार्क	• जैव-प्रौद्योगिकी विभाग देश भर में जैव-प्रौद्योगिकी पार्क और इनक्यूबेटर स्थापित करता है, ताकि आवश्यक बुनियादी ढाँचा सहायता प्रदान करके अनुसन्धान को उत्पादों और सेवाओं में परिवर्तित करने में मदद मिल सके। • ये जैव-प्रौद्योगिकी पार्क जैव-प्रौद्योगिकी के वाणिज्यिक विकास में तेजी लाने के लिए वैज्ञानिकों और एसएमई को प्रौद्योगिकी ऊष्मायन, प्रौद्योगिकी प्रदर्शन और पायलट संयन्त्र अध्ययन के लिए सुविधाएँ प्रदान करते हैं।

"

बौद्धिक सम्पदा अधिकार, मानव मस्तिष्क से निर्मित किसी भी चीज पर स्वामित्व का अधिकार है। यह अधिकार उनके स्वामियों को उनकी रचनाओं के उपयोग, वितरण और व्यवसायीकरण पर कानून के माध्यम से विशेष नियन्त्रण प्रदान करते हैं।

अध्याय ग्यारह

बौद्धिक सम्पदा अधिकार

परिचय

- बौद्धिक सम्पदा (intellectual property) से तात्पर्य बौद्धिक क्षमता द्वारा की गई रचनाओं से है; जैसे-आविष्कार, साहित्यिक और कलात्मक कार्य, डिजाइन तथा वाणिज्य में प्रयुक्त प्रतीक, नाम और चित्र आदि।
- इन सभी सम्पदाओं पर स्वामी को कॉपीराइट पेटेंट, ट्रेडमार्क आदि के माध्यम से लाभ प्रदान किया जाता है।
- यह अधिकार आविष्कारक या निर्माता या उसके उत्तराधिकारी को एक निश्चित समय के लिए अपने आविष्कार या सृजन का पूर्ण रूप से दोहन करने का एकमात्र अधिकार प्रदान करते हैं।
- बौद्धिक सम्पदा अधिकार मानव अधिकारों की सार्वभौमिक घोषणा के अनुच्छेद 27 में उल्लिखित हैं, जो विज्ञान, साहित्य या कला के कार्यों के लेखकत्व के परिणामस्वरूप किसी के भौतिक और नैतिक हितों के लिए सुरक्षा प्राप्त करने का अधिकार प्रदान करता है।
- आईपीआर के वैश्विक संरक्षण की देख-रेख करने वाली महत्त्वपूर्ण संस्था **विश्व बौद्धिक सम्पदा संगठन** (WIPO) है। यह बौद्धिक सम्पदा के महत्त्व को स्वीकार करने वाली पहली अन्तर्राष्ट्रीय सन्धियों की देख-रेख करता है, जो औद्योगिक सम्पत्ति के संरक्षण के लिए पेरिस कन्वेंशन (1883) एवं साहित्यिक और कलात्मक कार्यों के संरक्षण के लिए बर्न कन्वेंशन (1886) थीं।

बौद्धिक सम्पदा अधिकारों के उद्देश्य

- लोगों को अपनी बौद्धिक क्षमता द्वारा किए गए आविष्कारों और रचनाओं से अनन्य आर्थिक लाभ प्राप्त करने या लोकप्रियता प्राप्त करने की अनुमति देना।
- एक ऐसे वातावरण को बढ़ावा देना, जहाँ नवप्रवर्तकों के हितों और व्यापक सार्वजनिक हित के बीच सन्तुलन बनाकर रचनात्मकता और नवाचार को बढ़ावा दिया जा सके
- विश्व में समुदायों के पास संरक्षित पारम्परिक ज्ञान की रक्षा करना और उसका उन समुदायों, लोगों को लाभ प्राप्त कराना।

बौद्धिक सम्पदा अधिकार के प्रकार

- पेटेण्ट (Patent) पेटेण्ट एक अविष्कार के लिए दिया गया एक विशेष अधिकार है। आमतौर पर, एक पेटेण्ट उसके धारक को यह तय करने का अधिकार देता है कि आविष्कार का प्रयोग दूसरों द्वारा कैसे या किस प्रकार किया जा सकता है। इस अधिकार के बदले में, पेटेण्ट धारक आविष्कार के बारे में तकनीकी जानकारी को प्रकाशित पेटेण्ट दस्तावेज में सार्वजनिक रुप से उपलब्ध कराता है।
- पेटेण्ट सामान्यत: 20 वर्षों के लिए (सीमित अवधि) प्रदान किया जाता है। भारत की पेटेण्ट नीति में समय के अनुरूप परिवर्तन हुए हैं। जिनमें अधिकारों को पेटेण्ट अधिनियम 1970 को बौद्धिक सम्पदा अधिकारों के व्यापार सम्बन्धित पहलुओं के अनुरूप बनाने के लिए इसमें वर्ष 2005 में संशोधन किया गया है।
- कॉपीराइट (Copyright) कॉपीराइट एक कानूनी शब्द है, जिसका उपयोग रचनाकारों को उनके साहित्यिक और कलात्मक कार्यों पर प्राप्त अधिकारों का वर्णन करने के लिए किया जाता है।
- कॉपीराइट के अन्तर्गत आने वाले कार्यों में किताबें, संगीत, पेण्टिंग मूर्तिकता और फिल्में कम्प्यूटर प्रोग्राम, डेटाबेस विज्ञापन, नक्शे और तकनीकी चित्र शामिल हैं।
- ट्रेडमार्क (Trademark) ट्रेडमार्क को एक प्रतीक के रूप में परिभाषित किया जा सकता है, जिसका उपयोग एक कम्पनी के उत्पादों या सेवाओं को दूसरी कम्पनी से अलग करने के लिए किया जा सकता है। ट्रेडमार्क का अस्तित्व उस समय से है, जब कारीगर अपनी कृतियों पर हस्ताक्षर या चिह्न लगाते थे। भारत में ट्रेडमार्क पंजीकरण के लिए ट्रेडमार्क अधिनियम, 1999 एक महत्त्वपूर्ण कानून है, जो ट्रेडमार्क के पंजीकरण और सुरक्षा को नियन्त्रित करता है।
- व्यापार के रहस्य (Trade Secrets) व्यापार रहस्य निजी जानकारी (किसी उत्पाद, जैसे-पेप्सी के बारे में) पर बौद्धिक सम्पदा अधिकार है, जिन्हें लाइसेंस दिया जा सकता है या बेचा जा सकता है। इसे अनुचित व्यवहार तथा व्यापारिक गोपनीयता संरक्षण का उल्लंघन माना जाता है, जब अन्य लोग बिना अनुमति के ऐसी गुप्त जानकारी प्राप्त करते हैं, उसका उपयोग करते हैं या उसका खुलासा करते है, जो ईमानदार

वाणिज्यिक व्यवहारों के अनुरूप नहीं है। भारत में इस सम्बन्ध में कोई विशिष्ट कानून नहीं है।

- भौगोलिक संकेत (Geographical Indications) भौगोलिक संकेत और उत्पत्ति के नाम ऐसे लेबल हैं, जो उन उत्पादों पर लगाए जाते हैं, जिनकी उत्पत्ति की एक विशेष भौगोलिक पहचान होती है और जिनमें ऐसे गुण, प्रतिष्ठा या अन्य विशेषताएँ होती हैं, जिन्हें केवल उनके उत्पत्ति स्थान से ही जोड़ा जा सकता है।
- भारत में भौगोलिक संकेतों का पंजीकरण, भौगोलिक वस्तुओं (पंजीकरण और संरक्षण) अधिनियम, 1999 के तहत किया जाता है, जिसकी वैधता 10 वर्ष (प्रारम्भ में) होती है, यद्यपि इसको पुन: 10-10 वर्ष के (अनिश्चितकाल तक) नवीनीकृत किया जा सकता है।
- वाणिज्य एवं उद्योग मन्त्रालय के उद्योग संवर्द्धन एवं आन्तरिक व्यापार विभाग (डीआईपीआईटी) का एक प्रभाग भौगोलिक संकेत रजिस्ट्री, चेन्नई जीआई टैग जारी करने के लिए जिम्मेदार है।

बौद्धिक सम्पदा अधिकारों पर अन्तर्राष्ट्रीय निकाय/सम्मेलन

बौद्धिक सम्पदा अधिकारों की सुरक्षा के लिए अन्तर्राष्ट्रीय समुदाय ने विभिन्न सम्मेलनों और स्थापित निकायों की स्थापना की है, जिनका विवरण नीचे दिया गया है।

- विश्व बौद्धिक सम्पदा संगठन (WIPO) बौद्धिक सम्पदा अधिकारों के वैश्विक संरक्षण को बढ़ावा देना WIPO की जिम्मेदारी है। इसकी स्थापना 14 जुलाई, 1967 को हुई थी। इसका मुख्यालय जिनेवा, स्विट्जरलैण्ड में है। यह निम्नलिखित सन्धियों और सम्मेलनों की निगरानी भी करता है।
- औद्योगिक सम्पत्ति के संरक्षण के लिए पेरिस कन्वेंशन (1883) अपने व्यापक अर्थ में, यह कन्वेंशन औद्योगिक सम्पत्ति के सभी रूपों को कवर करता है, जिसमें पेटेण्ट, ट्रेडमार्क, औद्योगिक डिजाइन, उपयोगिता मॉडल, सेवा चिह्न, व्यापार नाम, भौगोलिक संकेत और अनुचित प्रतिस्पर्धा की रोकथाम शामिल है।
- साहित्यिक और कलात्मक कार्यों के संरक्षण के लिए बर्न कन्वेंशन (1886) यह एक कॉपीराइट समझौता है, जो अन्तर्राष्ट्रीय स्तर पर कॉपीराइट की मान्यता और सुरक्षा को नियन्त्रित करता है। कन्वेंशन में लेखकों के अधिकारों के साथ-साथ कार्यों की सुरक्षा भी शामिल है।
- बुडापेस्ट सन्धि (1977) यह सुनिश्चित करती है कि आवेदक, अर्थात् पेटेण्ट के लिए आवेदन करने वाले व्यक्ति को उन सभी देशों में जैविक सामग्री (सूक्ष्मजीवों) जमा करने की आवश्यकता नहीं है, जहाँ वह पेटेण्ट प्राप्त करना चाहता है। इस पर वर्ष 1977 में हस्ताक्षर किए गए और यह वर्ष 1980 में लागू की गई।
- मारकेश सन्धि (2013) मारकेश सन्धि, जिसकी देख-रेख WIPO द्वारा की जाती है, उन पुस्तकों के निर्माण और अन्तर्राष्ट्रीय हस्तान्तरण की सुविधा प्रदान करती है, जो विशेष रूप से अन्धे या दृष्टिबाधित लोगों के लिए अनुकूलित की गई है। मारकेश सन्धि 27 जून, 2013 को अपनाई गई तथा 30 सितम्बर, 2016 को लागू हुई। भारतीय कॉपीराइट (संशोधन) अधिनियम, 2012 मारकेश सन्धि के अनुरूप है।
- पेटेण्ट सहयोग सन्धि (1970) यह एक अन्तर्राष्ट्रीय सन्धि है, जिसके अन्तर्गत एक आविष्कार के लिए एकसाथ कई देशों में पेटेण्ट सुरक्षा प्राप्त की जा सकती है। इसका उद्देश्य विश्व को सुलभ बनाना, विभिन्न औपचारिकताओं की पूर्ति की प्रक्रिया को सरल बनाना, अन्तर्राष्ट्रीय पेटेण्ट संरक्षण से सम्बन्धित महत्त्वपूर्ण लागतों में विलम्ब करना तथा पेटेण्ट सम्बन्धी निर्णयों के लिए ठोस आधार प्रदान करना है।
- ट्रिप्स (व्यापार सम्बन्धी बौद्धिक सम्पदा अधिकार) समझौता, 1994 ट्रिप्स समझौता बौद्धिक सम्पदा अधिकारों के व्यापार-सम्बन्धी पहलुओं से जुड़ा एक अन्तर्राष्ट्रीय समझौता है, जिसे विश्व व्यापार संगठन ने वर्ष 1994 में अपनाया था। यह समझौता निम्न सात प्रकार की बौद्धिक सम्पदा की उपलब्धता, दायरे और उपयोग के लिए न्यूनतम मानक निर्धारित करता है-ट्रेडमार्क, कॉपीराइट, भौगोलिक संकेत, पेटेण्ट, औद्योगिक डिजाइन, एकीकृत सर्किट के लिए ले-आउट डिजाइन और अघोषित जानकारी या व्यापार रहस्य।

भारत और बौद्धिक सम्पदा अधिकार

- भारत बौद्धिक सम्पदा अधिकारों के संरक्षण में अग्रणी देश है। भारत में इससे सम्बन्धित पहलू निम्नलिखित हैं
- विभिन्न प्रकार के बौद्धिक सम्पदा अधिकारों के लिए कानूनी प्रावधान इस प्रकार हैं

कानूनी प्रावधान

भारतीय पेटेण्ट अधिनियम

भारत में पेटेण्ट सम्बन्धी कार्यों की निगरानी करने वाला कानून पेटेण्ट अधिनियम, 1970 है। भारतीय पेटेण्ट अधिनियम का प्रशासन पेटेण्ट, डिजाइन और ट्रेडमार्क महानियन्त्रक कार्यालय या सीजीपीडीटीएम द्वारा किया जाता है। इसका प्रमुख संशोधन 2005 में किया गया था।

डिजाइन अधिनियम 2000

अधिनियम के संरक्षण नवाचार का समर्थन करते हैं तथा 4 निर्माताओं और उपभोक्ताओं दोनों के हितों की रक्षा करते हैं।

ट्रेडमार्क अधिनियम 1999 और इसका संशोधन 2010

इसमें अन्तर्राष्ट्रीय स्तर पर ट्रेडमार्क पंजीकरण से जुड़ी महत्त्वपूर्ण धाराएँ हैं। अठारह महीनों के भीतर, निर्दिष्ट देशों को सुरक्षा प्रदान करने के लिए भारत में एक अन्तर्राष्ट्रीय आवेदन दायर किया जा सकता है।

वस्तुओं के भौगोलिक संकेत (पंजीकरण और संरक्षण) अधिनियम, 1999

उत्पादों से जुड़े भौगोलिक संकेतों के संरक्षण और पंजीकरण में सुधार के लिए एक कानून।
इसके अतिरिक्त, पेटेण्ट, ट्रेडमार्क और भौगोलिक संकेत से सम्बन्धित विभिन्न दिशा-निर्देश भी हैं।

कपिला कार्यक्रम

- 'कपिला, बौद्धिक सम्पदा साक्षरता एवं जागरूकता के लिए कलाम कार्यक्रम' (Kalam Programme for IP Literacy and Awarenes -KAPILA) नामक एक व्यवस्थित, व्यापक प्रयास, विशेष रूप से हमारे उच्च शिक्षा संस्थानों में, नवाचार पारिस्थितिकी तन्त्र में मौजूदा बाधाओं को दूर करता है।

- यह कार्यक्रम उच्च शिक्षा संस्थानों के छात्रों और शिक्षकों के बीच आईपी दाखिल करने के महत्त्व, इसमें शामिल प्रक्रियाओं और भारत एवं विश्व भर में आईपी दाखिल करने को नियन्त्रित करने वाले कानूनों के विषय में उचित जागरूकता उत्पन्न करेगा।

अन्तर्राष्ट्रीय सदस्यता

- विश्व व्यापार संगठन का सदस्य होने के नाते, भारत बौद्धिक सम्पदा के व्यापार-सम्बन्धित पहलुओं पर समझौते (ट्रिप्स समझौता) के प्रति प्रतिबद्ध है।
- भारत विश्व बौद्धिक सम्पदा संगठन का भी सदस्य है, इससे सम्बन्धित विभिन्न बौद्धिक सम्पदा सुरक्षा सन्धियों का हस्ताक्षरकर्ता भी है।

राष्ट्रीय आईपीआर नीति, 2016

- भारत में उद्योग और आन्तरिक व्यापार संवर्द्धन विभाग (DPIIT) (नोडल एजेन्सी) के नियन्त्रण में आईपीआर संवर्द्धन और प्रबन्धन प्रकोष्ठ (CIPAM) में माध्यम से बौद्धिक सम्पदा परिसम्पत्तियों के संवर्द्धन, निर्माण और व्यवसायीकरण को सुविधाजनक बनाने के लिए वर्ष 2016 में राष्ट्रीय आईपीआर नीति को अपनाया।
- यह भारत की पारम्परिक ज्ञान की समृद्ध विरासत को बढ़ावा देने का भी प्रयास करता है।
- यह देश में रचनात्मकता नवोन्मेष और उद्यमशीलता को बढावा देती है जिसका नारा ''रचनात्मक भारत; नवोन्मेषी भारत'' है।
- यह सभी आईपीआर को सम्मिलित करता है और उनके अन्तर्सम्बन्धों को ध्यान में रखते हुए उन्हें एक मंच पर लाता है, यह सभी प्रकार की बौद्धिक सम्पदा (आईपी), प्रासंगिक कानूनों और सरकारी संगठनों के बीच ताल-मेल को बढ़ावा देने और उसका लाभ उठाने का प्रयास करता है। यह कार्यान्वयन, निरीक्षण और मूल्यांकन के लिए एक औपचारिक प्रणाली स्थापित करता है।
- यह विश्व भर की सर्वोतम प्रथाओं को भारतीय सन्दर्भ में अनुकूलित एवं संशोधित करने का प्रयास करता है।
- बौद्धिक सम्पदा अधिकारों के व्यापार-सम्बन्धी पहलुओं पर विश्व व्यापार संगठन के समझौते को भारत की आईपीआर व्यवस्था (ट्रिप्स) द्वारा बरकरार रखा गया है।
- मजबूत बौद्धिक सम्पदा नियमों के बावजूद, भारत की आईपीआर प्रणाली में महत्त्वपूर्ण खामियाँ हैं, क्योंकि उनका प्रभावी ढंग से क्रियान्वयन नहीं किया गया है।

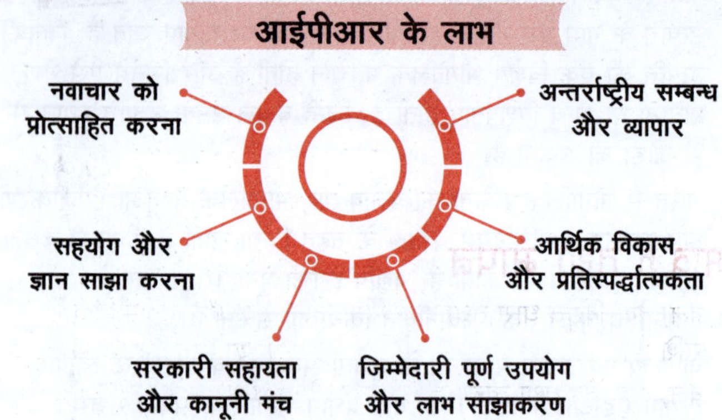

भारत में बौद्धिक सम्पदा अधिकार से सम्बन्धित मुद्दे

भारत में बौद्धिक सम्पदा के सम्बन्ध में फायदे और नुकसान के साथ, जो मुद्दे बने हुए हैं, वे हैं

एवरग्रीनिंग

- भारतीय पेटेण्ट अधिनियम, 1970 (जैसा कि वर्ष 2005 में संशोधित किया गया) ज्ञात पदार्थों के नए रूपों से सम्बन्धित आविष्कारों के लिए पेटेण्ट देने पर प्रतिबन्ध लगाता है, जब तक कि पदार्थ की प्रभावकारिता के सम्बन्ध में गुणों में महत्त्वपूर्ण अन्तर न हों।
- इससे पता चलता है कि भारतीय पेटेण्ट अधिनियम में पेटेण्ट को हमेशा के लिए बरकरार रखने की मनाही है। इससे दवा कम्पनियों के लिए समस्याएँ पैदा हो गई हैं।

अनिवार्य लाइसेंसिंग

- यह तब होता है, जब सरकार किसी संगठन को पेटेण्ट स्वामी की सहमति के बिना पेटेण्ट किए गए आविष्कार को बनाने, बेचने, आयात करने या उपयोग करने के लिए अधिकृत करती है। अनिवार्य लाइसेंसिंग भारतीय पेटेण्ट अधिनियम के अन्तर्गत आता है।
- प्रौद्योगिकी लाने वाले विदेशी निवेशकों के लिए अनिवार्य लाइसेंसिंग एक चुनौती है, क्योंकि उन्हें चिन्ता है कि उनके उत्पादों की नकल करने के लिए अनिवार्य लाइसेसिंग का दुरुपयोग किया जाएगा।

परिशिष्ट को पढ़ने के लिए QR कोड स्कैन करें

प्रीलिम्स फैक्ट्स

भौतिक विज्ञान

मात्रक तथा मापन

- बल, वेग, विद्युत धारा तथा कार्य में से कौन–सी राशि मूल भौतिक राशि है? *– विद्युत धारा* [BPSC (Pre) 2020]
- बल, दाब, वेग तथा त्वरण में से कौन–सी राशि अदिश राशि है? *– दाब* [BPSC (Pre) 2019]
- विस्थापन, वेग, तथा आयतन में से कौन–सी राशि सदिश नहीं है? *– आयतन* [BPSC (Pre) 2002]
- न्यूटन किस भौतिक राशि का मात्रक है? *– बल का* [MPPSC (Pre) 1990]
- जूल किस भौतिक राशि का मात्रक है? *– कार्य का* [UPPSC (Pre) 1996]
- प्रतिबल, बल, विकृति तथा दाब में से किस भौतिक राशि का मात्रक नहीं है? *– विकृति* [BPSC (Pre) 2019]
- जिस प्रकार जूल, भौतिक राशि ऊर्जा से सम्बन्धित है, उसी प्रकार पास्कल किस भौतिक राशि से सम्बन्धित है? *– दाब* [MPPSC (Pre) 2009, CGPSC (Pre) 2015]
- हर्ट्ज में क्या मापा जाता है? *– आवृत्ति* [BPSC (Pre) 2019]
- ओम–मीटर किस भौतिक राशि का मात्रक है? *– प्रतिरोधकता की ईकाई* [BPSC (Pre) 2020]
- छः फीट लम्बे व्यक्ति की ऊँचाई नैनोमीटर में कितनी होगी? – 183×10^7 *नैनोमीटर* [IAS (Pre) 2008]
- एक माइक्रोन कितने मिलीमीटर के बराबर होता है? – $\frac{1}{1000}$ *मिलीमीटर* [BPSC (Pre) 1994]
- एक माइक्रोन का मान सेमी में कितना होता है? – 10^{-4} *सेमी* [UPPSC (Pre) 2011]
- प्रकाश वर्ष किस भौतिक राशि का मात्रक है? *– दूरी का* [JPSC 2024] [MPPSC (Pre) 2009, BPSC (Pre) 2020]
- डॉब्सन इकाई का प्रयोग किसे मापने में किया जाता है? *– ओजोन परत की मोटाई मापने में* [UKPSC (Pre) 2005, 2010], [MPPSC 2024]
- रेडियोएक्टिव पदार्थ की सक्रियता का मात्रक क्या होता है? *– बेकुरल* [UPPSC (Pre) 2022]
- अन्तरिक्ष यात्री, डॉक्टरों, इन्जीनियरों तथा नौसंचालक में से किसके द्वारा सोनार का उपयोग किया जाता है? *– नौसंचालकों द्वारा* [CGPSC (Pre) 2011, UPPSC (Pre) 2013]
- एनीमोमीटर से क्या मापा जाता है? *– वायु गति* [MPPSC (Pre) 2013, 2023 UPPSC (Pre) 2016]
- पाइरेलियोमीटर का प्रयोग किसे मापने के लिए किया जाता है? *– सोलर रेडिएशन को* [UPPSC (Pre) 2015]
- मैकमीटर का प्रयोग किसमें किया जाता है? *– वायुयान में* [MPPSC (Pre) 2008]
- फैदोमीटर का उपयोग किसे नापने में किया जाता है? *– समुद्र की गहराई* [MPPSC (Pre) 2015]
- सम्पूर्ण विकिरण पाइरोमीटर से कितने ताप का मापन किया जा सकता है? *– 800°C से -3000°C* [UPPSC (Pre) 2013]
- हवा में आर्द्रता मापने के लिए कौन–सा उपकरण प्रयोग किया जाता है? *– हाइग्रोमीटर* [BPSC (Pre) 2018]
- दूध का आपेक्षिक घनत्व किस उपकरण द्वारा ज्ञात किया जा सकता है? *– लैक्टोमीटर* [UPPSC (Pre) 2012, MPPSC (Pre) 2015]
- पानी की सतह पर तेल की उपस्थिति ज्ञात करने के लिए किस उपकरण का प्रयोग किया जाता है? *– ग्रेनीमीटर* [MPPSC (Pre) 2010]
- ध्वनि की तीव्रता किस उपकरण द्वारा मापी जाती है? *– ऑडियोमीटर* [MPPSC (Pre) 2012]
- किस मीटर का उपयोग वाहन द्वारा तय की गई दूरी को मापने के लिए किया जाता है? *– ओडोमीटर* [BPSC (Pre) 2024]

यान्त्रिकी

- त्वरण किस सूत्र द्वारा ज्ञात किया जाता है? – $a = \frac{v-u}{t}$ [UPPSC (Pre) 2003]
- यदि किसी वस्तु को ऊर्ध्वाधर ऊपर की ओर फेंका जाए तो अधिक ऊँ चाई पर वस्तु का वेग कितना होगा? *– शून्य* [HPSC (Pre) 2023]
- एक ऊँची इमारत से 9.8 मी/से^{2} के एकसमान त्वरण से गिराई गई गेंद का 3 सेकण्ड बाद वेग कितना होगा? *– 29.4 मी/से* [IAS (Pre) 1998]
- हवा में लोहे और लकड़ी की समान भार की गेंदों को समान ऊँचाई से गिराने पर कौन–सी गेंद बाद में गिरेगी? *– लकड़ी की गेंद* [UPPSC (Pre) 1992]
- गति को सर्वप्रथम किसने परिभाषित किया था? *– गैलीलियो* [BPSC (Pre) Re-exam 2022]
- वस्तु की विरामावस्था का अध्ययन भौतिक विज्ञान की किस शाखा के अन्तर्गत किया जाता है? *– स्थिति विज्ञान* [MPPSC (Pre) 2012]
- यदि कोई वाहन आधी दूरी एकसमान चाल v_1 के साथ तथा आधी दूरी एकसमान चाल v_2 के साथ तय करता है, तब वाहन की औसत चाल क्या होगी? – $\frac{2v_1v_2}{v_1+v_2}$ [UPPSC (Pre.) 2024, WBCS (Pre) 2021]
- एक पत्थर को रस्सी से बाँधकर घुमाया जाता है। यदि घूमते हुए पत्थर की रस्सी को छोड़ा जाता है, तब पत्थर किस दिशा में जाएगा? *– स्पर्श रेखा की दिशा में* [WBCS (Pre) 2018]

- घण्टे की सुई तथा मिनट की सुई के वेगों का अनुपात क्या होगा?
  -1:72 [WBCS (Pre) 2021]
- एकसमान वृत्तीय गति त्वरित गति क्यों कहलाती है?
  - पिण्ड के वेग में परिवर्तन के कारण [HPSC (Pre) 2023]

बल तथा न्यूटन के गति विषयक नियम

- चुम्बकीय बल किस प्रकार का बल है?
  - गैर सम्पर्क (असम्पर्क बल) [BPSC (Pre) 2024]
- न्यूटन का गति का प्रथम नियम किस नाम से जाना जाता है?
  - जड़त्व का नियम [CGPSC (Pre) 2019]
- पदार्थ के संवेग और वेग के अनुपात से कौन-सी भौतिक राशि प्राप्त की जाता है? *- द्रव्यमान [BPSC (Pre) 2002]*
- कम बल लगाकर अधिक मात्रा में काम करने के लिए किसका प्रयोग किया जाता है? *- साधारण यन्त्र [IAS (Pre) 1996]*
- सड़क पर चलने की अपेक्षा बर्फ पर चलना कठिन है। इसका क्या कारण है?
  - घर्षण का कम होना [UPPSC (Pre) 1994]
- बॉल बियरिंग के उपयोग से स्थैतिक घर्षण किस घर्षण में परिवर्तित हो जाता है? *- रोलिंग घर्षण [BPSC Pre 2023]*
- गतिज ऊर्जा का ऊष्मीय ऊर्जा में परिवर्तन किस कारण होता है?
  - घर्षण [BPSC (Pre) 2023]
- वॉशिंग मशीन का कार्य सिद्धान्त किस पर निर्भर है?
  - अपकेन्द्रण [IAS (Pre) 2004]
- मथने के पश्चात् क्रीम का दूध से पृथक होने का कारण क्या है?
  - अपकेन्द्रीय बल [JPSC (Pre) 2013]
- एक मनुष्य स्थिर नाव से 5 मी/से की चाल से कूदता है और नाव 0.5 मी/से की चाल से खिसकती है। तब नाव का द्रव्यमान मनुष्य के द्रव्यमान का कितने गुना है? *-10 गुना [IAS (Pre) 1994]*
- नाव की गति में न्यूटन की गति का कौन-सा नियम लागू होता है?
  - न्यूटन का तृतीय नियम [WBCS (Pre) 2014]
- साइकिल में बॉल बियरिंग का प्रयोग क्यों किया जाता है?
  - पहिए और एक्सल (Axle) के सम्पर्क क्षेत्र को घटाने के लिए [UPPSC (Pre) 2013]
- बल किन दो भौतिक राशियों के गुणनफल से व्यक्त किया जाता है?
  - द्रव्यमान और त्वरण [BPSC (Pre) 2002]

कार्य, ऊर्जा और शक्ति

- वायु शक्ति में ऊर्जा का कौन-सा रूप विद्युत ऊर्जा में परिवर्तित होता है?
  - गतिज ऊर्जा [UPPSC (Pre) 2016]
- ऊर्जा का अक्षय स्रोत क्या है? *- सूर्य [BPSC (Pre) 2023]*
- लकड़ी, परमाणु ऊर्जा, गोबर तथा कोयले में से कौन-सा बायोमास ऊर्जा का स्रोत नहीं है? *- परमाणु उर्जा [UPPSC (Pre) 2022]*
- गैर पारम्परिक ऊर्जा स्रोत कैसे स्रोत हैं? *- नवीकरणीय [UPPSC (Pre) 2023]*
- भूतापीय ऊर्जा, पवन ऊर्जा, नाभिकीय ऊर्जा तथा बायोमास ऊर्जा में से कौन-सी ऊर्जा सूर्य से व्युत्पन्न नहीं होती है?
  - नाभिकीय ऊर्जा [UPPSC (Pre) 2022]
- समान गतिज ऊर्जा की भारी वस्तु और हल्की वस्तु में से कौन-सी अधिक संवेग रखती है? *- भारी वस्तु [WBCS (Pre) 2021]*
- अप्रत्यास्थ संघट्ट में कौन-सी भौतिक राशि संरक्षित रहती है?
  - रेखीय संवेग [MPPSC (Pre) 2019]
- एक व्यक्ति 25 किग्रा का बैग लेकर 30 सेकण्ड में 5 मीटर की ऊँचाई तक चढ़ता है। व्यक्ति की क्षमता क्या होगी? *- 40.83 वाट [MPPSC (Pre) 2021]*
- ईंधन के जलने मे कौन-सी ऊर्जा, ऊष्मीय ऊर्जा में बदलती है?
  - रासायनिक ऊर्जा [MPPSC (Pre) 2010]
- सोलर सेल मे कौन-सी ऊर्जा विद्युत सेल में परिवर्तित होती है?
  - सौर ऊर्जा [MPPSC (Pre) 2010]
- वैद्युत ऊर्जा का ध्वनि ऊर्जा में रूपान्तरण किस युक्ति द्वारा होता है?
  - लाउडस्पीकर [UPPSC (Main) 2002]
- किस क्रिया द्वारा रासायनिक ऊर्जा पहले ऊष्मा में तथा अन्त में प्रकाश ऊर्जा में परिवर्तित होती है? *- ईंधन दहन [UPPSC (Main) 2002]*

गुरुत्वाकर्षण

- गुरुत्वाकर्षण के सर्वभौमिक नियम का प्रतिपादन किसने किया?
  - न्यूटन ने [MPPSC (Pre) 2010]
- स्वतन्त्र रूप से गिरने वाली वस्तुएँ किस बल के अन्तर्गत पृथ्वी पर गिरती हैं? *- पृथ्वी के गुरुत्वाकर्षण बल के अन्तर्गत [HPPSC (Pre) 2023]*
- किसने न्यूटन से पूर्व ही बता दिया था कि सभी वस्तुएँ पृथ्वी की ओर गुरुत्वाकर्षित होती हैं? *- ब्रह्मगुप्त [IAS (Pre) 1998]*
- यदि पृथ्वी और सूर्य के बीच की दूरी दोगुनी कर दी जाए, तो सूर्य द्वारा पृथ्वी पर लगने वाले गुरुत्वाकर्षण बल का मान कितना घट जाएगा?
  - एक चौथाई [UPPSC (Pre) 2009]
- गुरुत्व, विद्युत चुम्बकत्व, दुर्बल नाभिकीय बल और प्रबल नाभिकीय बल में से कौन-सा सबसे कमजोर बल है? *- गुरुत्व [IAS (Pre) 2013]*
- पीसा की झुकी हुई मीनार के न गिरने का कारण क्या है?
  - गुरुत्वाकर्षण केन्द्र से जाने वाली ऊर्ध्वाधर रेखा का तल के अन्दर रहना। [UPPSC (Pre) 2009]
- स्वतन्त्र रूप से गिरने वाले पिण्ड का त्वरण पिण्ड के द्रव्यमान तथा त्रिज्या में से किस पर निर्भर करता है? *- किसी पर भी नहीं [HPSC (Pre) 2023]*
- यदि पृथ्वी का द्रव्यमान वही रहे और त्रिज्या 1% से कम हो जाए, तो पृथ्वी तल पर g का मान कितने प्रतिशत बढ़ जाएगा? *- 2% [IAS (Pre) 2003]*
- भिन्न द्रव्यमान की दो वस्तुएँ, चन्द्रमा की सतह के पास स्वतंत्र रूप से गिरने से कौन-सी भौतिक राशि अपरिवर्तित रहेगी?
  - वेग [BPSC (Pre) 2023]
- विनाशकारी भूकम्प के गुरुत्व के कारण उत्पन्न त्वरण का मान क्या होगा?
  - 950 सेमी/से से अधिक [IAS (Pre) 1994]
- मानव शरीर का भार पृथ्वी के किस स्थान पर अधिकतम होता है?
  - ध्रुवों पर [UPPSC (Pre) 2006, 2015]
- जब कोई वस्तु ऊपर से गिराई जाती है, तो उसके भार में क्या परिवर्तन होता है? *- अपरिवर्तित रहता है [MPPSC (Pre) 1992]*
- जब किसी वस्तु को पृथ्वी से चन्द्रमा पर ले जाया जाता है, तो उसके भार में क्या कमी आएगी? *- घट जाएगा [UPPSC (Pre) 2016]*
- जब एक पत्थर को चाँद की सतह से पृथ्वी पर लाया जाता है, तो उसके भार और द्रव्यमान में से क्या बदलेगा? *- भार [BPSC (Pre) 2004]*

- यदि पृथ्वी का गुरुत्वाकर्षण बल अचानक लुप्त हो जाता है, तो भार और द्रव्यमान में से क्या परिवर्तित होगा? *- भार [UPPSC (Pre) 2012]*
- अन्तरिक्ष यात्री के निर्वात् में सीधे खड़े नहीं होने का क्या कारण है? *- गुरुत्व का अभाव [UPPSC (Pre) 2007]*
- गुरुत्वाकर्षण की शून्य स्थिति क्या कहलाती है? *- भारहीनता [MPPSC (Pre) 1991]*
- जब लिफ्ट में बैठे हुए व्यक्ति को अपना भार अधिक मालूम पड़ता है, तो लिफ्ट की दिशा क्या होगी? *- ऊपर की ओर [UPPSC (Pre) 1990]*
- एक वस्तु का पृथ्वी पर द्रव्यमान 100 किग्रा है। तब चन्द्रमा पर वस्तु का द्रव्यमान क्या होगा? *- 100 किग्रा [IAS (Pre) 2001]*
- ग्रहों की गति के नियम किसके द्वारा प्रतिपादित किए गए थे? *- केप्लर द्वारा [UPPSC (Pre) 2010]*
- पृथ्वी के चारों ओर परिक्रमा कर रहा कृत्रिम उपग्रह का पृथ्वी पर नहीं गिरने का क्या कारण है? *- उपग्रह को घूमने के लिए पृथ्वी के गुरुत्वाकर्षण से आवश्यक अभिकेन्द्र बल प्राप्त होना [IAS (Pre) 2011, UPPSC (Pre) 2006]*
- चक्कर लगाते हुए अन्तरिक्ष यान से छोड़े गए सेब की गति पर क्या प्रभाव पड़ेगा? *- सेब अन्तरिक्ष यान के साथ-साथ उसी गति से गतिमान होगा [UPPSC (Pre) 2010]*
- चन्द्रमा पर वायुमण्डल नहीं होने का क्या कारण है? *-इस पर गैस अणुओं का पलायन वेग उसके वर्ग-माध्य मूल वेग से कम होता है [UPPSC (Pre) 2012]*
- पृथ्वी अपनी कक्षा में लगभग 4400 किमी/घण्टा की चाल से चलती है, फिर भी इस चाल का अनुभव हम क्यों नहीं करते हैं? *-क्योंकि पृथ्वी की कक्षा पर पृथ्वी के सापेक्ष, हमारी सापेक्ष चाल शून्य है [UPPSC (Pre) 2013]*
- भू-स्थिर उपग्रह का आवर्तकाल तथा इसकी पृथ्वी तल से ऊँचाई क्या होगी? *–24 घण्टे तथा 36000 किमी [UPPSC (Pre) 2011, MPSC (Pre) 2018]*
- कृत्रिम उपग्रह की दिशा क्या होती है? *- पश्चिम से पूर्व [UPPSC (Pre) 2002]*

पदार्थ के यांत्रिक गुण

- वायुमण्डल हमारे ऊपर बहुत अधिक दबाव डालता है, परन्तु हम इसका अनुभव नहीं करते हैं? *- क्योंकि हमारा रक्त वायुमण्डल के दाब से कुछ अधिक दबाव डालता है [UPPSC (Pre) 2010]*
- यदि किसी झील के तल से उठकर वायु का बुलबुला ऊपरी सतह तक आएगा, तो उसके आकार पर क्या प्रभाव पड़ेगा? *- बढ़ जाएगा [IAS (Pre) 1996]*
- द्रव चालित ब्रेक और द्रव चालित लिफ्ट युक्तियों में तरल का प्रयोग किसके संचरण के लिए होता है? *- दाब [JPSC (Pre) 2003]*
- वायु, बल, हाइड्रोजन तथा नाइट्रोजन में से किसमें पिण्ड का भार अधिकतम होता है? *- हाइड्रोजन [UPPSC (Mains) 2012]*
- समुद्र मे प्लावन करते हुए आइसबर्ग का कितना भाग समुद्र की सतह से ऊपर होता है? *- 1/9 भाग [UPPSC (Pre) 2005]*
- लोहे की कील पारे पर क्यों तैरती है? *- क्योंकि लोहे का घनत्व पारे से कम होता है [UPPSC (Pre) 1994, IAS (Pre) 2002]*
- जब कोई जहाज नदी से निकलकर सागर में प्रवेश करता है, तो वह कुछ ऊपर क्यों उठ जाता है? *- क्योंकि सागर के जल का घनत्व नदी के जल के घनत्व से अधिक होता है [UPPSC (Pre) 2003]*
- ताप बढ़ाने पर द्रव की श्यानता पर क्या प्रभाव पड़ता है? *- वह घटती है [UKPSC (Pre) 2016]*
- जल, वायु, खून और शहद में से किसकी श्यानता अधिक होती है? *- शहद की [BPSC (Pre) 2020]*
- लोहे की सुई पानी की सतह पर किस कारण तैरती रहती है? *- पृष्ठ तनाव के कारण [UPPSC (Pre) 2012]*
- तेल का जल के तल पर फैलने का क्या कारण है? *- तेल के पृष्ठ तनाव का जल के पृष्ठ तनाव से कम होना [UPPSC (Pre) 2010, 1994]*
- साबुन के बुलबुले के अन्दर का दाब वायुमण्डलीय दाब से होता है *- अधिक [UPPSC (Pre) 2014]*
- पौधे की जड़ों से जल का इसके पर्ण समूह की ओर बढ़ने के लिए उत्तरदायी घटनाएँ कौन-सी हैं? *- केशिकात्व, प्रस्वेदन तथा ससंजक आदि क्रियाएँ [IAS (Pre) 1999]*
- यदि ताँबे का घनत्व 8.9×10^3 किग्रा/मी^{3} है, तो ताँबे का आपेक्षिक घनत्व क्या होगा है? *- 8.9 [MPPSC (Pre) 2014]*
- हाइड्रॉलिक प्रेस किस नियम पर आधारित युक्ति है? *- पास्कल के नियम पर [WBCS (Pre) 2015]*
- कोई वस्तु आंशिक रूप से तैर रही है। यदि वस्तु को चाँद पर ले जाया जाये, तो वस्तु पर क्या प्रभाव पड़ेगा? *- वस्तु पहले की भाँति तैरती रहेगी [WBCS (Pre) 2018]*
- वेन्चूरीमीटर (Venturimeter) का प्रयोग क्यों किया जाता है? *- तरल वेग को नापने के लिए [Tripura PSC (Pre) 2012]*
- शेविंग ब्रुश को जल में डुबाकर निकालने पर उसके बाल चिपक क्यों जाते हैं? *- जल मे पृष्ठ तनाव के कारण [WBCS (Pre) 2017]*
- सूती कपड़े का एक हिस्सा जल में डुबाने पर वह पूरा गीला किस घटना के कारण हो जाता है? *- केशिकात्व के कारण [WBCS (Pre) 2010]*

ऊष्मा, ताप तथा ऊष्मागतिकी

- किस ताप क्रम पर सेल्सियस और फॉरेनहाइट थर्मामीटर में दोनों के ताप समान होगें? *- 40°C [IAS (Pre) 1993, UPPSC (Pre) 2015, BPSC (Pre) 2020]*
- सामान्य मानव शरीर का तापक्रम कितना होता है? *- 98.4 F [UPPSC (Pre) 2015]*
- केल्विन मान में शरीर का सामान्य ताप कितना होता है? *- 310K [IAS (Pre) 2010]*
- सैद्धान्तिक रूप से न्यूनतम सम्भव तापमान को क्या कहते हैं? *- परमशून्य ताप [JPSC (Pre) 2010]*
- 200°F पैमाने का सेल्सियस पैमाने पर क्या मान होगा? *- 93.3°C [UPPSC (Pre) 2020]*
- फारेनहाइट (°F) तथा सेल्सियस (°C) में सम्बन्ध क्या होता है? *- $°F + \frac{9°}{5}C + 32$ [UPPCS (Pre) 2024]*
- पानी का आपेक्षिक घनत्व किस ताप पर सर्वाधिक होता है? *- 4°C या 277 K पर [BPSC (Pre) 1999, IAS (Pre) 2008]*

- यदि जल को 0°C से 10°C तक गर्म किया जाए, तो इसके आयतन पर क्या प्रभाव पड़ेगा? *- पहले घटेगा फिर बढ़ेगा [UPPSC (Pre) 2002, IAS (Pre) 2021]*
- जब पानी में नमक मिलाया जाता है, तो उसके क्वथनांक व जमाव बिन्दु (हिमांक बिन्दु) पर क्या प्रभाव पड़ता है? *- क्वथनांक बढ़ता है और जमाव बिन्दु घटता है [UPPSC (Mains) 2006, MPPSC (Pre) 2020]*
- ऊँचाई वाले स्थानों में भोजन पकाने के लिए उसमें नमक क्यों मिलाया जाता है? *- क्वथनांक बढ़ाने के लिए [UKPSC (Pre) 2012]*
- सीले बिस्किटों को फ्रिज के अन्दर रखने पर कुरकुरे होने का क्या कारण है? *- फ्रिज के अन्दर आर्द्रता कम होने पर बिस्किट की अतिरिक्त नमी का कम होना [UPPSC (Pre) 2009]*
- शरीर की सतह से स्वेदन (पसीना बहना) द्वारा जल की हानि किस पर निर्भर करती है? *- वातावरण के ताप तथा नमी पर [UPPSC (Pre) 2019]*
- मिट्टी के घड़े में किस क्रिया के कारण जल ठण्डा रहता है? *- वाष्पीकरण के कारण [UPPSC (Pre) 2012]*
- वह कौन-सी गैस है, जिसकी मात्रा ऊँचाई के साथ घटती है? *- जलवाष्प [UPSC (Pre) 2024]*
- गैसों तथा द्रवों में ऊष्मा का संचरण किस विधि द्वारा सम्भव है? *- संवहन द्वारा [MPPSC (Pre) 2017]*
- मोटर कार में शीतलन तन्त्र किस सिद्धान्त पर कार्य करता है? *- केवल संवहन पर [IAS (Pre) 2020]*
- सूर्य से हम तक ऊष्मा का आना कौन-सा प्रक्रम कहलाता है? *- विकिरण [HPSC (Pre) 2024]*
- किस प्रकिया द्वारा ऊष्मा स्थानान्तरण के लिए माध्यम की आवश्यकता नहीं होती है? *- विकिरण [BPSC (Pre) 2024]*
- प्रेशर कुकर में एबोनाइट का हत्था क्यों लगाया जाता है? *- क्योंकि एबोनाइट ऊष्मा का कुचालक पदार्थ है [UKPSC (Pre) 2012]*
- 100°C ताप की भाप, समान ताप के जल की अपेक्षा अधिक जलन क्यों उत्पन्न करती है? *- क्योंकि भाप में अतिरिक्त गुप्त ऊष्मा होती है [CGPSC (Pre) 2008]*

आवर्त गति तथा तरंग गति

- दो क्रमागत संपीडनों के बीच की दूरी को क्या कहते हैं? *- तरंगदैर्ध्य [JPSC (Pre) 2024, BPSC (Pre) 2002]*
- विद्युत चुम्बकीय तरंगों का वेग कितना होता है? *- 3×10^8 मी/से [BPSC (Pre) 2020]*
- सीटी स्कैन करने में कौन-सी तरंगें प्रयोग में लाई जाती हैं? *- X- किरणें [UPPSC (Pre) 2019]*
- रात्रि दृष्टि उपकरणों में कौन-सी विद्युत चुम्बकीय तरंगों का प्रयोग किया जाता हैं? *- अवरक्त तरंग [IAS (Pre) 2017]*
- दृश्यप्रकाश, अवरक्त तरंगें, विद्युत चुम्बकीय तरंगें तथा सूक्ष्म तरंगों में से कौन-सी तंरगें दूरसंचार के लिए प्रयोग की जाती हैं? *- सूक्ष्मतरंगें [UPPSC (Pre) 2002, 2013]*
- भोजन पकाने में किस विद्युत चुम्बकीय विकिरण का उपयोग किया जाता है? *- केवल सूक्ष्म तरंग विकरण का [MPPSC (Pre) 2021]*
- पराध्वनिक तरंगें, γ-किरण, X-किरण तथा पराबैंगनी किरण में से कौन विद्युत चुम्बकीय तरंग का उदाहरण नहीं है? *- पराध्वनिक तरंगें [JPSC (Pre) 2021]*
- ध्वनि तरंगें किन माध्यमों में गति कर सकती हैं? *- ठोस, द्रव, गैस तीनों माध्यमों में [UPPSC (Pre) 2002, IAS (Pre) 2014]*
- चन्द्रमा पर दो व्यक्ति एक-दूसरे की बात नहीं सुन सकते हैं, क्योंकि *- चन्द्रमा पर वायुमण्डल नहीं है [UPPSC (Pre) 2013]*
- किसी ध्वनि तरंग की आवृत्ति 4kHz है और उसकी तरंगदैर्ध्य 35 सेमी है, तो वह 3 किमी दूरी तय करने में कितना समय लेगी? *- 2.14 सेकण्ड [CGPSC (Pre) 2021]*
- ध्वनि का एक अभिलक्षण, तारत्व किस पर निर्भर करता है? *- आवृत्ति पर [JPSC (Pre) 2008]*
- विश्व स्वास्थ संगठन के अनुसार एक नगर के लिए सुरक्षित ध्वनि प्रदूषण का स्तर कितना है? *- 45 डेसीबल [UPPSC (Pre) 2010]*
- मनुष्य की श्रवणता की सीमा क्या होती है? *- 20 हर्ट्ज से 20000 हर्ट्ज तक [MPPSC (Pre) 2018]*
- पराश्रव्य ध्वनियों की आवृत्ति कितनी होती है? *- 20000 हर्ट्ज से अधिक [UPPSC (Pre) 2012]*
- प्रतिध्वनि का कारण क्या है? *- ध्वनि का परावर्तन [JPSC (Pre) 2024]*
- डॉप्लर प्रभाव, राडार, सोनार तथा पल्सर में से किसके द्वारा कृत्रिम उपग्रह पृथ्वी से सुस्पष्टता के साथ ट्रैक किया जा सकता है? *- डॉप्लर प्रभाव द्वारा [UPPSC (Pre) 2017]*

प्रकाशिकी

- प्रकाश का वेग किसमें अधिक होता है? *- निर्वात में [UPPSC (Pre) 2014]*
- किसी व्यक्ति का पूरा प्रतिबिम्ब देखने के लिए एक समतल दर्पण की न्यूनतम ऊँचाई कितनी होनी चाहिए? *- व्यक्ति की ऊँचाई की आधी [UPPSC (Pre) 2011]*
- जब दो समान्तर समतल दर्पणों के बीच कोई वस्तु रख दी जाती है, तो बनने वाले प्रतिबिम्बों की संख्या कितनी होती है? *- अनन्त [UPPSC (Pre) 2013]*
- किसी उत्तल दर्पण द्वारा अनन्त तथा दर्पण के ध्रुव P के बीच रखे बिम्ब के प्रतिबिम्ब की प्रकृति क्या होगी? *- आभासी तथा सीधा [CGPSC (Pre) 2021]*
- कार के पीछे आने वाले यातायात को देखने के लिए किस प्रकार के दर्पणों का उपयोग किया जाता है? *- उत्तल दर्पण का [UPPSC (Pre) 2018]*
- जब प्रकाश एक माध्यम से दूसरे माध्यम मे जाता है, तो प्रकाश का क्या अपरिवर्तित रहता है? *- आवृत्ति [IAS (Pre) 2020]*
- प्रकाश का पूर्ण आन्तरिक परावर्तन कब होता है? *-जब प्रकाश सघन माध्यम से विरल माध्यम में जाता है [IAS (Pre) 1996]*
- मृग मरीचिका का क्या कारण है? *- प्रकाश का पूर्ण आन्तरिक परावर्तन [JPSC (Pre) 2008, IAS (Pre) 2002]*
- रेगिस्तान में मरीचिका, कैलाइडोस्कोप, हीरे की झिलमिलाहट तथा ऑप्टिकल फाइबर में से किसमें प्रकाश के पूर्ण आन्तरिक परावर्तन का उपयोग नहीं होता है? *- कैलाइडोस्कोप [HPSC (Pre) 2021]*
- डॉक्टरों द्वारा रोगी व्यक्ति के पेट के आन्तरिक परीक्षण हेतु प्रयुक्त अन्तर्दर्शी, प्रकाश की किस घटना पर आधारित है? *- पूर्ण आन्तरिक परावर्तन पर [JPSC (Pre) 2010, UPPSC (Pre) 2014]*
- समान फोकस दूरी वाले काँच के उत्तल तथा अवतल लेन्सों को एक-दूसरे से सटाकर रखने पर बना युग्म किस प्रकार का व्यवहार करेंगे? *- काँच की समतल चादर की भाँति [IAS (Pre) 2012]*

- रोगी के दाँतों का प्रतिबिम्ब देखने के लिये दाँतों के डॉक्टरों द्वारा किस प्रकार के दर्पण का उपयोग किया जाता है? ***– अवतल दर्पण** [CGPSC (Pre) 2016]*
- प्रकाश का वर्ण विक्षेपण किसके द्वारा सम्भव है? ***– प्रिज्म द्वारा** [BPSC (Pre) 2020]*
- एक रंगीन टेलीविजन में तीन आधारभूत रंग कौन-कौन से हैं? ***– लाल, हरा तथा नीला** [UKPSC (Pre) 2020]*
- सूर्यास्त के समय सूर्य लाल दिखाई देता है, क्योंकि? ***– लाल रंग का, अन्य रंगों की अपेक्षा कम प्रकीर्णन होता है** [BPSC (Pre) 2014]*
- मानव की सामान्य स्वस्थ आँख के लिए स्पष्ट दृष्टि की न्यूनतम दूरी कितनी मापी जाती है? ***– 25 सेमी** [UPPSC (Pre) 2016]*
- दो झिर्रियाँ 1 मिमी दूर बनाई गई हैं और पर्दे को 1 मी दूर रखा गया है। फ्रिंज अन्तराल कितना होगा, जहाँ 500 nm तरंगदैर्ध्य का नीला-हरा प्रकाश प्रयोग में लाया जाता है? ***– 0.5mm** [UKPSC (Pre) 2024]*

वैद्युतिकी

- तड़ित से वृक्ष में आग लगने का क्या कारण है? ***– तड़ित में अत्यधिक मात्रा में विद्युत ऊर्जा का होना** [MPPSC (Pre) 2017]*
- विद्युत धारा का सूत्र क्या होता है? – विद्युत धारा $= \frac{\text{आवेश}}{\text{समय}}$ *[MPPSC (Pre) 2009]*
- दो आवेशित वस्तुओं के बीच विद्युत धारा का प्रवाह कब नहीं होगा? ***– जब वस्तुओं के विभव समान हो** [UPPSC (Pre) 2014]*
- मानव शरीर (युवक) के विद्युत प्रतिरोध के परिणाम की कोटि क्या है? ***– 10^6 ओम** [IAS (Pre) 2005]*
- विद्युत का सबसे अच्छा सुचालक कौन-सा है? ***– चाँदी** [UKPSC (Pre) 2022, UPSC (Pre) 2021]*
- कौन-से पदार्थों में बड़ी संख्या में मुक्त इलेक्ट्रॉन्स होते हैं और कम प्रतिरोधकता दर्शाते हैं? ***– चालक** [UKPSC (Pre) 2022]*
- किसी तार का प्रतिरोध ज्ञात किया जाता है? ***– $R = \frac{V}{I}$ से** [BPSC (Pre) 2024]*
- दो समान्तर प्रतिरोध वाले सर्किट का कुल प्रतिरोध 1.403 किलो-ओम है। यदि एक प्रतिरोध का मान 2.0 किलो-ओम है, तो दूसरे प्रतिरोधक का मान क्या होगा? ***– 4.70 किलो-ओम** [BPSC (Pre) 2020]*
- कौन-सी धातु रोशनी के बल्बों में फिलामेण्ट के रूप में प्रयोग की जाती है? ***– टंगस्टन** [BPSC (Pre) 2000]*
- विद्युत बल्ब के अन्दर कौन-सी गैस होती है? ***– नाइट्रोजन एवं ऑर्गन** [MPPSC (Pre) 2000]*
- किस प्रकार के संयोजन में जोड़ने पर विद्युत बल्ब अधिक रोशनी देते हैं? ***– समान्तर** [UP RO/ARO (Pre) 2021]*
- सामान्य ट्यूब लाइट में कौन-सी गैस होती है? ***– ऑर्गन के साथ मरकरी वाष्प** [MPPSC (Pre) 1993]*
- CFL का पूरा नाम क्या है? ***– कॉम्पैक्ट फ्लोरोसेण्ट लैम्प** [UPPSC (Pre) 2015]*
- फ्यूज किस सिद्धान्त पर कार्य करता है? ***– विद्युत धारा के ऊष्मीय प्रभाव पर** [BPSC (Pre) 1999]*
- घरेलू विद्युत तार को मूलतः कौन-से क्रम में लगाया जाता है? ***– सामान्तर क्रम में** [IAS (Pre) 1996]*
- घरेलू विद्युत सप्लाई उदासीन तार का रंग क्या होता है? ***– काला** [CGPSC (Pre) 2015]*
- विद्युत उपकरण में अर्थ का उपयोग क्यों किया जाता है? ***– सुरक्षा के लिए** [UPPSC (Pre) 2002]*
- एक तार में प्रवाहित विद्युत धारा एवं विभवान्तर प्रत्येक को दोगुना कर दिया जाए, तो विद्युत शक्ति कितने गुना हो जाएगी? ***– चार गुना** [CGPSC (Pre) 2016]*
- एक किलोवाट-घण्टा का मान कितना होता है? ***– 3.6×10^6 जूल** [UPPSC (Pre) 2006]*
- तीन पिन वाले बिजली के प्लग में सबसे लम्बी पिन को किससे जोड़ना चाहिए? ***– आधार सिरे से** [UPPSC (Pre) 2007]*
- 220 वोल्ट जनरेटर से एक बल्ब जुड़ा है। जिसमें 0.5 ऐम्पियर की धारा प्रवाहित होती है, तब बल्ब की शक्ति कितनी होगी? ***– 110 वाट** [CGPSC (Pre) 2016]*
- आमतौर पर सुरक्षा फ्यूज लगाने के लिए प्रयोग होने वाली तार किस पदार्थ की बनी होती है? ***– टिन और सीसे की एक मिश्रधातु की** [BPSC (Pre) 2004]*
- आवेश की वह कौन-सी मात्रा है जो किसी पदार्थ के एक तुल्यांक भार को विद्युत अपघटन द्वारा मुक्त करती है? ***– फैराडे स्थिरांक** [BPSC (Pre) 2020]*
- दो तारों की लम्बाइयाँ, धारा और प्रतिरोधकताएँ सभी 1:2 के अनुपात में हैं। यदि पतले तार का प्रतिरोध 10 ओम है, तो मोटे तार का प्रतिरोध क्या होगा? ***– 10 ओम** [IAS (Pre) 2002]*
- फ्यूज का प्रयोग एक सुरक्षा युक्ति के रूप में होता है। इसका गलनांक कैसा होना चाहिए? ***– इसका गलनांक निम्न होना चाहिए** [IAS (Pre) 1998]*
- विद्युत मोटर कौन-सी ऊर्जा को यान्त्रिक ऊर्जा में बदलता है? ***– विद्युत ऊर्जा को** [UKPSC (Pre) 2005, UPPSC (Pre) 2002]*
- कैलकुलेटर, कार्डलेन्स इलेक्ट्रॉनिक उपकरण और ट्रॉजिस्टरों में से किसमें निकिल-कैडमियम का प्रयोग होता है? ***– इन सभी में** [UKPSC (Pre) 2016]*
- जब किसी चालक से धारा प्रवाहित की जाती है, तो उसके चारों ओर कौन-सा क्षेत्र उत्पन्न होता है? ***– चुम्बकीय क्षेत्र** [Manipur PSC (Pre) 2020]*
- किसी तार की प्रतिरोधकता किस पर निर्भर करती है? ***– तार के पदार्थ और ताप पर** [Punjab PSC (Pre) 2014]*
- ऐसा पदार्थ जिनमें धारा प्रवाहित करने पर प्रतिरोध उत्पन्न नहीं होता है, क्या कहलाता है? ***– अति चालक** [WBCS (Pre) 2020]*
- परिपथ में धारा का अचानक बहुत तेजी से बढ़ना क्या कहलाता है? ***– लघुपथन** [Punjab PSC (Pre) 2012]*
- माइका किस प्रकार का पदार्थ है? ***– माइका ऊष्मा तथा विद्युत दोनों के लिए कुचालक पदार्थ है** [CGPSC (Pre) 2003]*

चुम्बकत्व एवं विद्युत चुम्बकीय प्रेरण

- लोहा, निकिल, कोबाल्ट तथा ऐल्युमीनियम में से कौन-सी धातु चुम्बक द्वारा आकर्षित नहीं होती है? ***– ऐल्युमीनियम** [UPPSC (Pre) 2002]*
- लोहा, हाइड्रोजन, ऑक्सीजन तथा नाइट्रोजन में से कौन-सा अनुचुम्बकीय पदार्थ है? ***– ऑक्सीजन** [IAS (Pre) 2002]*
- टेस्ला के समतुल्य होता है ***– न्यूटन प्रति एम्पीयर-मीटर** [BPSC (Pre) 2024]*

- भारत में विद्युत प्रणाली किस आवृत्ति पर काम करती है?
- 50Hz [MPPSC (Pre) 2008]
- बिजली उत्पादन हेतु कथित रूप से प्रयोग में आने वाला डायनेमो ऊर्जा का परिवर्तक कहलाता है तथा यह किस ऊर्जा को विद्युत ऊर्जा में परिवर्तित करता है?
- यान्त्रिक ऊर्जा [BPSC (Pre) 2000, UPPSC (Pre) 2009, UPPSC (Pre) 2012]
- किसी AC जनित्र तथा DC जनित्र में मूलभूत अन्तर क्या है?
- AC जनित्र में सर्पीवलय होते हैं, जबकि DC जनित्र दिक्परिवर्तक होता है [CGPSC (Pre) 2018]
- बिजली उत्पादन हेतु प्रयुक्त युक्ति कौन-सी है?
- डायनेमो [RAS RTS 2012]
- डायनेमो द्वारा कौन-सी धारा उत्पन्न होती है?
- प्रत्यावर्ती धारा [BPSC 2013]
- ट्रान्सफॉर्मर का उपयोग क्यों किया जाता है?
- प्रत्यावर्ती विभव को उच्चायी अथवा अपचायी करने के लिए [UPPSC (Pre) 2006, 2014]
- मोबाइल चार्जर किस प्रकार का ट्रांसफॉर्मर होता है?
- अपचायी [UPPSC (Pre) 2012]
- पृथ्वी में चम्बुकीय क्षेत्र क्यों उत्पन्न होता है?
- पृथ्वी की क्रोड में धाराओं के बहने के कारण [UPPSC (Pre) 2004]
- चुम्बकीय ध्रुव पर नति कोण का मान क्या होता है?
- शून्य [WBCS (Pre) 2019, 2020]
- ऐसे पदार्थ, जो चुम्बक द्वारा प्रतिकर्षित होते हैं, क्या कहलाते हैं?
- प्रतिचुम्बकीय पदार्थ [Manipur PSC (Pre) 2016]
- शक्तिशाली चुम्बक बनाने के लिए किस पदार्थ का उपयोग किया जाता है?
- नर्म लोहे का [Manipur PSC (Pre) 2016]

आधुनिक भौतिकी (परमाणु एवं नाभिकीय)

- द्रव्य प्रकाश, अवरक्त तरंगें, पराबैंगनी किरणें तथा X-किरणों में से किसकी ऊर्जा अधिकतम होती है? *- X-किरणों की [UPPSC (Pre) 2018]*
- छोटी तरंगदैर्ध्य की सूर्य से उत्पन्न कॉस्मिक किरणें किस प्रकार के कणों से बनी होती है? *- अधिक ऊर्जा वाले आवेशित कणों से [UPPSC (Pre) 2005, BPSC (Pre) 2015]*
- परमाणु की संरचना का प्रथम मॉडल प्रस्तावित करने वाले पहले व्यक्ति कौन थे? *- जे.जे. थॉमसन [BPPSC (Pre) 2024]*
- उस कण का क्या नाम है, जो अल्बर्ट आइन्सटीन के सापेक्षता सिद्धान्त को गलत साबित कर सकता है? *- माइक्रोवेव फोटॉन [UPPSC (Pre) 2009]*
- नाभिकीय रिएक्टरों में ग्रेफाइट को किस रूप में प्रयोग किया जाता है?
- मन्दक के रूप में [UPPSC (Pre) 2011, 2015]
- एक नाभिकीय रिएक्टर में भारी जल का क्या कार्य है?
- न्यूट्रॉन की गति को कम करना [IAS (Pre) 2011]
- ऐसा यूरेनियम जिसमें रेडियोधर्मी U^{235} आइसोटोप का घटक कृत्रिम रूप से बढ़ाया जाता है, क्या कहलाता है? *- संवृद्ध यूरेनियम [UPPSC (Pre) 2009]*
- यूरेनियम, थोरियम, प्लूटोनियम तथा लेड में से कौन-सा परमाणवीय ईंधन के रूप में प्रयोग नहीं होता है? *- लेड [CGPSC (Pre) 2014]*
- परमाणु बम का सिद्धान्त किस पर आधारित है?
- नाभिकीय विखण्डन पर [BPSC (Pre) 1994, MPPSC (Pre) 2014]
- सितारों में अक्षय ऊर्जा के स्रोत का कारण क्या है? *- नाभिकीय संलयन द्वारा हीलियम का हाइड्रोजन में परिवर्तन [UPPSC (Pre) 2009]*
- हाइड्रोजन बम किसके द्वारा विकसित किया गया था?
- एडवर्ड टेलर द्वारा [UPPSC (Mains) 2018]
- जब प्रकाश छोटे-छोटे कणों में चलता है, तो वह क्या कहलाता है?
- फोटॉन [MPSC (Pre) 2012]
- प्लूटोनियम न्यूक्लास $_{94}PU^{242}$ के नाभिक में न्यट्रॉन की संख्या कितनी होती है? *- 148 [BPSC (Pre) 2020]*
- एक रेडियोऐक्टिव पदार्थ की अर्द्ध-आयु चार महीने है। इस पदार्थ में तीन-चौथाई का क्षय होने में कितना समय लगेगा? *- 8 महीने [UKPSC (Pre) 2024]*
- यूरेनियम के रेडियोधर्मी विघटन का अन्तिम उत्पाद क्या है?
- सीसा [CGPSC (Pre) 2013]
- एक परमाणु के केन्द्र का धनावेशित भाग क्या कहलाता है?
- नाभिक [BPSC (Pre) 2017]

अर्द्धचालक इलेक्ट्रॉनिक्स तथा संचार प्रणाली

- तापीय सक्रियता, संघट्ट आयनीकरण, प्रकाशिक सक्रियता तथा अशुद्धि अन्त:क्षेप तकनीकों में से कौन-सी तकनीक इलेक्ट्रॉन-हॉल युग्म पैदा करने में प्रयोग नही की जा सकती है?
- अशुद्धि अन्त:क्षे तकनीक [MPPSC (Pre) 2023]
- किसी अर्द्धचालक को गर्म करने पर उसके प्रतिरोध पर क्या प्रभाव पड़ता है?
- वह घटता है [UPPSC (Pre) 2018]
- प्रकाश-वोल्टीय सेल क्या होते हैं? *- सोलर सेल [UPPSC (Pre) 2016]*
- फोटो वोल्टाइक सेल द्वारा कौन-सी ऊर्जा को विद्युत ऊर्जा में परिवर्तित किया जाता है? *- सौर ऊर्जा को [UPPSC (Pre) 2022]*
- 1200 से 2400 बिट प्रति सेकण्ड तक मध्यम गति संचार रेंज के लिए कौन-सी मोडूलेशन तकनीक को प्राथमिकता दी जाती है?
- आवृत्ति मोडूलेशन [UKPSC 2022]
- जेनर डायोड, बैरक्टर डायोड, टनल डायोड तथा शॉट्की डायोड में से किस का प्रयोग अत्यन्त उच्च गति स्विचिंग इलेक्ट्रॉनिक परिपथ में किया जाता है?
- शॉट्की डायोड [MPPSC (Pre) 2023]
- एकीकृत परिपथ चिप में किस पदार्थ की परत चढ़ी होती है?
- सिलिकॉन [CGPSC (Pre) 2013]
- दूरदर्शन के संकेत एक निश्चित दूरी के बाद नहीं मिल सकते हैं, क्योंकि
- पृथ्वी की सतह वक्राकार है [UPPSC (Pre) 2010]
- दूरदर्शन प्रसारण में श्रव्य संकेतों का प्रेषण करने के लिए प्रयुक्त तकनीक कौन-सी है? *- आवृत्ति मॉडुलेशन [UPPSC (Pre) 2007]*
- LASER का पूर्ण प्रारूप क्या है? *- Light Amplification by Stimulated Emission of Radiation [JPSC (Pre) 2003]*
- किस विकिरण प्रवर्धन द्वारा वर्षण का मॉनिटरिंग किया जाता है?
- राडार [UPSC (Pre) 2024]
- पशुओं के प्रवास पर नजर रखने के लिए किसका उपयोग किया जाता है?
- राडार [UPSC (Pre) 2024

रसायन विज्ञान

पदार्थों का परिवर्तन तथा पृथक्करण

- जल का वाष्प में परिवर्तन किस प्रकार का परिवर्तन है? *- भौतिक परिवर्तन* [UPPSC (Pre) 1992]
- लोहे में जंग लगना किस प्रकार का परिवर्तन है। *- रासायनिक परिवर्तन* [HPPSC (Pre) 2024]
- क्रोमेटोग्राफी की तकनीक का प्रयोग किस लिए किया जाता है? *- एक मिश्रण से पदार्थों को अलग करने के लिए* [BPSC (Pre) 1997]
- रेत और नैफ्थैलीन के मिश्रण को किस विधि द्वारा अलग कर सकते हैं? *- ऊर्ध्वपातन (Sublimation)* [BPSC (Pre) 2020]
- किसी वस्तु के नमूने को हवा में खुला रखने पर वह कुछ समय पश्चात् गायब हो जाता है जैसे कपूर, शुष्क बर्फ। इस परिघटना को क्या कहते हैं? *- ऊर्ध्वपातन (Sublimation)* [UPPSC (Pre) 2019]
- जब कपास की कटाई की जाती है और उसे ओटने (गिनिंग) के लिए रखा जाता है, तो इसमें 64% से अधिक बिनौला, 2% अपशिष्ट तथा 34% रेशेदार पदार्थ होता है। ओटाइ का प्रयोग क्यों किया जाता है? *- पृथक्करण करने के लिए* [HPSC (Pre) 2024]
- कोहरे में किस प्रकार का कोलॉइडी तन्त्र होता है? *- गैस में द्रव प्रकार का कोलॉइडी तन्त्र* [IAS (Pre) 1993]
- सामान्य गैस की समीकरण क्या है? *- $pV = nRT$* [RAS/RTS (Pre) 2007]
- पायस का एक उदाहरण है। *- दूध* [UPPSC (Pre) 2024]
- यदि 100 gm चीनी को आधा लीटर पानी में मिलाकर एक असंतृप्त चीनी का घोल तैयार किया जाए तो कौन-सी भौतिक राशि नहीं बदलेगी? *- आयतन* [UPPSC (Pre) 2017]
- कौन-सी परिस्थिति गैसों के द्रवीकरण के लिए सर्वाधिक उपयुक्त होती है। *- निम्न ताप, उच्च दाब* [BPSC (Pre) 2024]

परमाणु संरचना

- परमाणु के केन्द्र का धनावेशित भाग क्या कहलाता है? *- नाभिक* [BPSC (Pre) 2017]
- परमाणु में न्यूट्रॉन की खोज किसके द्वारा की गई? *- चैडविक* [UPPSC (Pre) 1996, UKPSC (Pre) 2007]
- डाल्टन का परमाणु सिद्धान्त सफलतापूर्वक व्याख्या करता है।
  - द्रव्यमान संरक्षण नियम
  - स्थिर संघटन का नियम
  - बहु अनुपात का नियम [BPSC (Pre) 2024]
- परमाणु में इलेक्ट्रॉन की खोज किसने की? *- जे.जे थॉमसन* [Nagaland PSC (Pre) 2012]
- परमाणु की संरचना के लिए सबसे पहले मॉडल प्रस्तावित करने वाला व्यक्ति था। *- जे.जे. थॉमसन* [BPSC (Pre) 2024]
- परमाण्वीय नाभिक की खोज किसने की? *- रदरफोर्ड* [RAS/RTS (Pre) 2003]
- परमाणु नाभिक के प्रमुख अवयव क्या हैं? *- प्रोटोन और न्यूट्रॉन* [UPPSC (Pre) 1996, BPSC (Pre) 1999]
- प्लूटोनियम न्यूक्लाइड [$_{94}PU^{242}$] के नाभिक में न्यूट्रोनों की संख्या कितनी होती है? *- 148* [BPSC (Pre) 2020]
- कौन-सा रेडियोधर्मी समस्थानिक (Radio isotope) कैंसर के उपचार में प्रयोग में लाया जाता है? *- फॉस्फोरस 32* [BPSC (Pre) 2017]
- एक तत्त्व में इलेक्ट्रोनों और न्यूट्रोनों की संख्या क्रमश: 18 तथा 20 है, उस तत्त्व की द्रव्यमान संख्या क्या होगी? *- 38* [BPSC (Pre) 2019]
- जिस तत्त्व के परमाणु में दो प्रोटोन, दो न्यूट्रॉन और दो इलेक्ट्रोन हों, उस तत्त्व की द्रव्यमान संख्या क्या होगी? *- 4* [BPSC (Pre) 1999]
- हीलियम के नाभिक में कितने प्रोटोन व कितने न्यूट्रॉन उपस्थित होते हैं? *- दो प्रोटॉन व दो न्यूट्रॉन* [RAS/RTS (Pre) 1996]
- M-Shell में इलेक्ट्रानों की अधिकतम संख्या कितनी होती है? *- 18* [Nagaland PSC (Pre) 2021]
- प्रकृति में पाए जाने वाले यूरेनियम का सर्वाधिक सामान्य समस्थानिक कौन-सा है? *- यूरेनियम 238* [HPSC (Pre) 2014]
- रासायनिक तत्त्व के अणु के सन्दर्भ में चुम्बकीय क्वाण्टम संख्या का सम्बन्ध किससे होता है? *- अभिविन्यास से* [IAS (Pre) 2003]
- परमाणु के कक्षों को भरने का क्रम किस सिद्धान्त द्वारा नियन्त्रित होता है? *- ऑफबाऊ के सिद्धान्त द्वारा* [IAS (Pre) 2010]
- अनिश्चितता का सिद्धान्त किसने दिया? *- हाइजेनवर्ग* [Tripura PSC (Pre) 2011

तत्वों का आवर्ती वर्गीकरण

- मेण्डलीफ की आवर्त सारणी किस पर आधारित है? *- परमाणु भार पर* [UPPSC (Pre) 2012]
- आधुनिक आवर्त सारणी किस पर आधारित है? *- परमाणु क्रमांक पर* [UPPSC (Pre) 2012]
- ब्रह्माण्ड में अत्यधिक आसानी से पाया जाने वाला तत्त्व कौन-सा है? *- हाइड्रोजन* [UPPSC (Pre) 2007]
- कौन-सा तत्त्व एक मौलिक तत्त्व है? *- कार्बन* [UPPSC (Pre) 1997]
- ऑक्सीजन के बाद सबसे प्रचुर मात्रा में पाया जाने वाला तत्त्व कौन-सां है? *- सिलिकॉन* [MPPSC (Pre) 2005]
- प्रथम तत्त्व कौन-सा है, जो कृत्रिम रूप से निर्मित किया गया था? *- टेक्नीशियन (Tc)* [BPSC (Pre) 2024]
- यूनेस्को ने 2019 के उत्सव को रासायनिक तत्त्वों की आवर्त सारणी के अन्तर्राष्ट्रीय वर्ष के रूप में कितने वर्षों के पूरा होने के उपलक्ष्य में मनाया? *- 150 वर्ष* [BPSC (Pre) 2019]
- आवर्त सारणी में परमाणु त्रिज्या क्रमश: ऊपर से नीचे और बाएँ से दाएँ जाने पर कैसे बदलती है? *- ऊपर से नीचे जाने पर बढ़ती है तथा बाएँ से दाएँ जाने पर घटती है।* [BPSC (Pre) 2020]
- आवर्त सारणी में समूह में ऊपर से नीचे जाने पर इलेक्ट्रॉन बन्धुता कैसे बदलती है? *- घटती है।* [IAS (Pre) 2003]
- एक समूह में, इलेक्ट्रॉन बन्धुता घटने पर, परमाणु भार पर क्या प्रभाव पड़ता है? *- वह बढ़ता है।* [IAS (Pre) 2003]

- फ्लोरीन, क्लोरीन तथा ब्रोमीन समूह 17 में पाए जाते हैं। इनके पास समान संख्या में क्या होता है? *– अणु की संयोजन क्षमता [Nagaland PSC (Pre) 2015]*
- माचिस बनाने में प्रयुक्त होने वाला मुख्य तत्त्व कौन–सा है? *– फॉस्फोरस [UP Lower 2004]*
- कौन–सा तत्त्व अंधेरे तथा हवा में चमकीला नजर आता है? *– सफेद फॉस्फोरस [UPPSC (Mains) 2016]*

धातु एवं अधातु

- मोती मुख्य रूप से किस रसायन से बना होता है? *– कैल्शियम कार्बोनेट [RAS/RTS (Pre) 2000]*
- हाइड्रोजन को जलाने से कौन–सा पदार्थ बनता है? *– पानी [BPSC (Pre) 2005]*
- भार के अनुसार पानी (H_2O) मेंहाइड्रोजन की प्रतिशतता कितनी होती है? *– 11.11% [UK UDA/LDA (Mains) 2006]*
- कौन–सा एक पदार्थ है, जोकि बहुत कठोर और बहुत तन्य होता है? *– नाइक्रोम [IAS (Pre) 2000]*
- शुद्ध सोना कितने कैरेट का होता है? *– 24 [MPPSC (Pre) 1995]*
- हीरे का निर्माण किस पदार्थ से होता है? *– कार्बन से [UPPSC (Pre) 2006]*
- बॉक्साइट अयस्क से किस धातु को प्राप्त किया जाता है? *– ऐलुमिनियम [UPPSC (Pre) 2006, UP UDA/LDA (Pre) 2006]*
- जहरीली गैसों को खत्म करने के लिए उत्प्रेरक रूपान्तरणों में किस धातु का उपयोग किया जाता है? *– रोडियम धातु [छत्तीसगढ़ 2024]*
- वह कौन–सा पदार्थ है जो ऊष्मा और विद्युत दोनों का कुचालक होता है? *– अभ्रक (Mica) [CGPSC (Pre) 2003]*
- किस धातु से बनाई गई मिश्रधातु को हवाई जहाज तथा रेल के डिब्बे के पुर्जों में काम में लिया जाता है? *– एल्युमीनियम [BPSC (Pre) 1999]*
- चूना पत्थर का रासायनिक नाम क्या है? *– कैल्शियम कार्बोनेट [UPPSC (Pre) 1993]*
- लोहा किस अयस्क से प्राप्त किया जाता है? *– हेमेटाइट अयस्क से [RAS/RTS (Pre) 1999]*
- डॉक्टर, कलाकार एवं मूर्तिकार कैल्शियम सल्फेट का उपयोग करते हैं, उसका लोकप्रिय नाम क्या है? *– प्लास्टर ऑफ पेरिस [UP Lower 2004]*
- गैल्वनीकृत लोहे पर किस धातु का लेप होता है? *– जस्ते का [CGPSC (Pre) 2011]*
- अभ्रक कच्चे माल के रूप में किस उद्योग में प्रयुक्त होता है? *– वैद्युत उद्योग [UPPSC (Pre) 2010]*
- वह कौन–सी धातु है जो सामान्य ताप पर द्रव होती है? *– पारा [BPSC (Pre) 2000, UPPSC (Mains) 2014]*
- अत्यधिक मुलायम खनिज टाल्क (सोप स्टोन) मुख्यत: कौन–सा होता है? *– मैग्नीशियम सिलिकेट [RAS/RTS (Pre) 1997]*
- ताँबा, सीसा, टिन और बॉक्साइट किस प्रकार के खनिज है? *– अलौह खनिज [हरियाणा 2024]*
- मैगनीज, निकिल और क्रोमाइट कैसे खनिज हैं? *– लौह खनिज [हरियाणा 2024]*
- पोटाश, मार्बल और ग्रेनाइट कैसे खनिज हैं? *– अधात्विक खनिज [हरियाणा 2024]*
- बहुमूल्य धातु कौन–सी है? *– प्लेटीनम [हरियाणा 2024]*
- भारी जल का रासायनिक सूत्र क्या होता है? *– D_2O [JPSC (Pre) 2003]*
- मौनाजाइट किस धातु का अयस्क होता है? *– थोरियम [IAS (Pre) 1994]*
- लोहे का एक महत्वपूर्ण अयस्क है *– लिमोनाइट [BPSC (Pre) 2024]*
- कोरेण्डम और क्रायोलाइट किस धातु के अयस्क है? *– एल्युमीनियम [BPSC (Pre) 2024]*
- प्लास्टर ऑफ पेरिस का सूत्र क्या होता है? *– $CaSO_4 \cdot \frac{1}{2}H_2O$ [BPSC (Pre) 1997]*
- पीतल किस मिश्रधातु से मिलकर बना होता है? *– ताँबा एवं जस्ता [RAS/RTS (Pre) 1997]*
- वायुयानों के टायरों को भरने में किस गैस का प्रयोग किया जाता है? *– नाइट्रोजन [UP RO/ARO (Pre) 2014]*
- कौन–सी धातु पीतल, कांस्य तथा जर्मन सिल्वर में उभय घटक के रूप में विद्यमान होती है? *– ताँबा [UP Lower 2002]*
- हीरा और ग्रेफाइट मूलतः किन परमाणुओं से बने होते हैं? *– कार्बन [छत्तीसगढ़ 2024]*
- हैलोजनों में सबसे अधिक क्रियाशील तत्त्व कौन–सा होता है? *– फ्लोरीन [IAS (Pre) 1997]*
- किस गैस को 'स्ट्रेंजर गैस' कहा जाता है? *– जीनॉन [IAS (Pre) 2008]*
- टाँका मिश्रधातु किस–किस धातु से मिलकर बनी होती है? *– टिन तथा सीसे से [UPPSC (Pre) 2005]*
- जर्मन सिल्वर में चाँदी का प्रतिशत कितना होता है? *– 0% [CGPSC (Pre) 2020]*
- लैड पेन्सिल किस धातु की बनी होती है? *– ग्रेफाइट [UP UDA/LDA (Pre) 2003*

अम्ल, क्षारक एवं लवण

- रसायन उद्योग में कौन–सा पदार्थ मूल रसायन माना जाता है? *– H_2SO_4 [BPSC (Pre) 1999]*
- जल में कार्बन डाइऑक्साइड प्रवाहित करने पर बना सोडा वाटर किस प्रकृति का होता है? *– अम्लीय प्रकृति का [RAS/RTS (Pre)1996]*
- मधुमक्खी के डंक में कौन–सा अम्ल होता है? *– फॉर्मिक (मेथेनॉइक) अम्ल [HPSC 2024]*
- शुक्र के वायुमण्डल में कौन–सा अम्ल उपस्थित होता है? *– H_2SO_4 [HPSC 2024]*
- $Ca(OH)_2$ किसका उदाहरण है? *– प्रतिअम्ल [HPSC 2024]*
- दही, पालक, चींटी के डंग एवं अंगूर में क्रमशः कौन–सा अम्ल पाया जाता है? *– लैक्टिक अम्ल, ऑक्सेलिक अम्ल, फॉर्मिक अम्ल एवं टार्टरिक अम्ल [HPSC 2024]*
- सिरके में कौन–सा अम्ल पाया जाता है? *– ऐसीटिक अम्ल [MPPSC (Pre) 2010, 2016]*
- स्वर्णकारों द्वारा प्रयुक्त एक्वारेजिया किसका मिश्रण है? *– नाइट्रिक अम्ल तथा हाइड्रोक्लोरिक अम्ल [UPPSC (Mains) 2014, HPSC (Pre) 2021]*

- नीबू किस अम्ल के कारण खट्टा होता है? ***- सिट्रिक अम्ल के कारण [BPSC (Pre) 1994]***
- किस अम्ल का उपयोग सीसा संचायक बैटरी में किया जाता है? ***- सल्फ्यूरिक अम्ल [UPPSC (Pre) 2006]***
- सोडा अम्ल अग्निशामक के घटक हैं ***- तनु सल्फ्यूरिक अम्ल और सोडियम बाइ कार्बोनेट [BPSC (Pre) 2024]***
- कौन–सा अम्ल पेट में स्त्रावित होता है? ***- हाइड्रोक्लोरिक अम्ल [BPSC (Pre) 2024]***
- क्षारक का जल में घुलना कौन–सी प्रक्रिया है? ***- ऊष्माक्षेपी [HPSC 2016]***
- जल में घुलनशील क्षारक को क्या कहते है? ***- क्षार [HPSC 2024]***
- आयोडीकृत लवण में क्या रहता है? ***- पोटैशियम आयोडाइड [BPSC (Pre) 2016]***
- बेकिंग सोडे का सूत्र क्या होता है? - $NaHCO_3$ ***[CGPSC (Pre) 2018]***
- जब इनो (ENO) लवण को जल में घोलते हैं, तो बुलबुले बनते हैं। इसका कारण क्या है? - CO_2 ***गैस का बनना [RAS/RTS (Pre) 1999]***
- पानी की टंकी में कवक को नष्ट करने के लिए उपयोग किया जाने वाला रसायन होता है? ***- कॉपर सल्फेट [BPSC (Pre) 2020]***
- धावन सोडे का रासायनिक नाम क्या है? ***- सोडियम कार्बोनेट*** ($Na_2CO_3 \cdot 10H_2O$) ***[CGPSC 2024, BPSC (Pre) 1996]***
- बेकिंग सोडा का सूत्र है। - $NaHCO_3$ ***[UPPSC (Pre) 2024]***
- फोटोग्राफी की प्लेट पर किसकी परत चढ़ाई जाती है? ***- सिल्वर ब्रोमाइड [UP Lower 2021]***
- फोटोग्राफी में 'स्थायीकरण' के रूप में प्रयुक्त होने वाला कौन– सा रसायन होता है? ***- सोडियम थायोसल्फेट [IAS (Pre) 1995]***
- कौन–सा लवण सागर में सर्वाधिक पाया जाता है? ***- सोडियम क्लोराइड [UK UDA/LDA (Pre) 2003]***
- पानी आयनिक लवण का सुविलायक, होने का कारण है? ***- अधिक द्विध्रुव आघूर्ण [IAS (Pre) 1994]***
- क्षारीय भूमि को किसके द्वारा सुधारा जा सकता है? ***- जिप्सम के द्वारा [JPSC 2024]***
- खाने का नमक (NaCl) किससे बनता है? ***- प्रबल अम्ल और प्रबल क्षार की अभिक्रिया से [BPSC (Pre) 2011]***
- pH किसका मूल्यांक दर्शाता है? ***- किसी घोल के अम्लीय या क्षारीय होने का मूल्यांकन [MPPSC (Pre) 1996]***
- एक दूध वाला दूध में थोड़ी मात्रा में बेकिंग सोडा मिलाता है, इससे दूध के pH मान पर क्या प्रभाव पड़ता है? ***- दूध दुर्बल क्षारीय हो जाता है। [IAS (Pre) 2021]***
- अम्लीय परिस्थितियों में किसान मिट्टी को किससे उपचारित करता है? ***- कैल्शियम ऑक्साइड [HPSC 2024]***
- अम्लीय वर्षा का pH मान कितना होता है? ***- 6 से 7 के बीच [HPSC 2024]***
- मुँह के pH मान कितना होने पर इनैमल का शरण होने लगता है? ***- 7 से अधिक होने पर [HPSC 2024]***

कार्बनिक रसायन

- प्रयोगशाला में बनाया गया पहला कार्बनिक यौगिक कौन–सा था? ***- यूरिया [RAS/RTS (Pre) 2010]***
- आन्तरिक दहन इंजन में बिना किसी पूर्व प्रज्वलन के सम्पीडन को झेलने की ईंधन की क्षमता की एक मानक माप क्या कहलाती है? ***- ऑक्टेन संख्या [CGPSC 2024]***
- कौन–सा प्राकृतिक संसाधन गैर–नवीनकरणीय संसाधन माना जाता है? ***- जीवाश्म ईंधन [HPSC 2024]***
- फलों को पकाने के लिए किस रसायन का प्रयोग किया जाता है? ***- कैल्शियम कार्बाइड [UPPSC (Mains) 2011]***
- बेन्जीन में कितने सिग्मा व पाई बन्ध पाए जाते हैं? ***- 12 व 3 [CGPSC (Pre) 2014]***
- वुड स्प्रिट किसे कहा जाता है? ***- मेथिल ऐल्कोहॉल को [UPPSC (Mains) 2015]***
- शक्कर के किण्वन से क्या बनता है? ***- एथिल ऐल्कोहॉल [BPSC (Pre) 2005]***
- सूक्ष्म जीवों द्वारा कार्बनिक पदार्थो को तोडने की प्रक्रिया कहलाती है? ***- किण्वन [BPSC (Pre) 2024]***
- औद्योगिक स्तर पर शीरा किस पदार्थ के उत्पादन के लिए अति उत्तम कच्चा माल माना जाता है? ***- एथिल ऐल्कोहॉल [CGPSC (Pre) 2005]***
- छपाई में प्रयोग की जाने वाली स्याही किस पदार्थ के अपघटन से प्राप्त होती है? ***- मीथेन [JPSC (Pre) 1996]***
- पीने वाली शराब का मुख्य अवयव क्या होता है? ***- एथिल ऐल्कोहॉल***
- मार्श गैस किसे कहते हैं? ***- मीथेन को [BPSC (Pre) 2019]***
- व्हिस्की और ब्रांडी में एथिल एल्कोहोल की मात्रा कितने प्रतिशत होती है? ***- 40-45% [Tripura PSC (Pre 2011]***
- ग्लूकोस को एथिल एल्कोहोल में परिवर्तित करने के लिए किस एन्जाइम का प्रयोग किया जाता है? ***- जाइमेज [BPSC (Pre) 2020]***
- अंकुरित जौं के किण्वन से कौन–सी शराब प्राप्त होती है? ***- बीयर [UP RO/ARO (Mains) 2014]***
- शराब पीकर गाड़ी चलाने वालों की जाँच के लिए पुलिस द्वारा किए जाने वाले सांस परीक्षण में फिल्टर पेपर पर कौन–सा यौगिक प्रयोग किया जाता है? ***- पोटैशियम डाइक्रोमेट-सल्फ्यूरिक एसिड [BPSC (Pre) 2020]***
- सिरका किस अम्ल का विलयन होता है? ***- एसिटिक अम्ल [IAS (Pre) 1993, UPPSC (Pre) 2009, MPPSC (Pre) 2010, BPSC (Pre) 2017]***
- दूध से दही बनने की प्रक्रिया में कौन–से अम्ल का निर्माण होता है? ***- लैक्टिक अम्ल [RAS/RTS (Pre) 2008, 2010]***
- टमाटर किस अम्ल का अच्छा स्रोत है? ***- सिट्रिक अम्ल [RAS/RTS (Pre) 2013]***
- टेफ्लॉन का सामान्य नाम क्या होता है? ***- पॉलिटेट्राफ्लुओरो एथिलीन [UKPSC (Pre) 2016]***
- बैकेलाइट के विनिर्माण के लिए प्लास्टिक उद्योग में किसका व्यापक प्रयोग किया जाता है। ***- फीनॉल का [BPSC (Pre) 2016]***
- बुलेट–प्रुफ जैकेट के निर्माण में किस बहुलक पदार्थ का उपयोग किया जाता है? ***- केवलर [JPSC (Pre) 2010]***
- फर्श टाइल्स बनाने के लिए उपयोग किया जाने वाला मेलामाइन एक उदाहरण है। ***- थर्मो सेटिंग प्लास्टिक [BPSC (Pre) 2024]***

दैनिक जीवन में रसायन

- प्रशीतन खाद्य परिरक्षण जैव रासायनिक अभिक्रियाओं में किस प्रकार सहायता करता है? *- जैव रासायनिक अभिक्रियाओं की दर कम करने में [UPPSC (Pre) 2011, 2013]*
- बाजार में मिलने वाली अनेक च्यूइंगम किस पॉलिमर की उपस्थिति के कारण पर्यावरणीय प्रदूषण का स्रोत मानी जाती है? *- पॉलिवाइनिल एसीटेट [UPSC (Pre) 2024]*
- हाइड्रोजेलों का उपयोग किसमें किया जाता है? *- दवा वितरण प्रणाली तथा नियंत्रित औषधि डिलीवरी में [UPSC (Pre) 2024]*
- PFAS का उपयोग किसमें किया जाता है? *- पेयजल, खाद्य पैकेजिंग तथा खाद्य सामग्रियों में व्यापक रूप से उपस्थित [UPSC (Pre) 2024]*
- बुलेट-प्रूफ पदार्थ बनाने के लिए किस बहुलक का उपयोग किया जाता है? *- पॉलिकार्बोनेट्स [UPPSC (Pre) 2010]*
- भोजन में मोनोसोडियम ग्लूटामेण्ट (MSG) का उपयोग क्यों किया जाता है? *- स्वाद बढ़ाने के लिए [MPPSC (Pre) 2021]*
- वह कौन-सा सामान्य प्रशीतक होता है, जिसको घरेलू प्रशीतकों के रूप में प्रयुक्त किया जाता है? *- फ्रेऑन [UKPSC (Pre) 2013]*
- वह कौन-सा यौगिक होता है, जो शान्तिकारक औषधि के रूप में प्रयुक्त किया जाता है? *- पोटैशियम ब्रोमाइड [UPPSC (Pre) 2010]*
- फसलों में पर्णीय छिड़काव के लिए सबसे उपयुक्त उर्वरक कौन-सा होता है? *- यूरिया [UP Lower 2010]*
- 'गोबर गैस' प्रणाली का आविष्कार किसने किया था? *- सी. वी. देसाई [UPPSC (Pre) 2015]*
- उर्वरक में किस घटक का उपयोग शीघ्र विकास को प्रोत्साहित करने के लिए किया जाता है। *- फोस्फोरस [BPSC (Pre) 2024]*
- डाइअमोनियम फास्फेट (DAP) में कितने प्रतिशत फॉस्फोरस (P_2O_5) तथा नाइट्रोजन पाई जाती है? *- 18% नाइट्रोजन तथा 46% फॉस्फोरस [UPPSC (Mains) 2008]*
- आर.डी. एक्स (RDX) का आविष्कार किसके द्वारा किया गया था? *- हैनिंग द्वारा [UPPSC (Pre) 2016]*
- डायनामाइट के निर्माण में प्रयुक्त होने वाला रसायन कौन-सा होता है? *- नाइट्रोग्लिसरीन [JPSC (Pre) 2016]*
- किस विस्फोटक को 'नोबेल तेल' के नाम से जाना जाता है? *- टी. एन. जी. [UP Lower 2015]*
- प्राकृतिक रबड़ का वल्कनीकरण किस तत्व को डालकर किया जाता है जिससे कि इसे अधिक लचीला व मजबूत बनाया जा सके? *- सल्फर [MPPSC (Pre) 2017]*

जीव विज्ञान

जीव विज्ञान का परिचय तथा सजीव जगत में विविधता

- कौन-से जीवों को भोजन ग्रहण करने के लिए पृथक् अंग की आवश्यकता नहीं होती है? *- एककोशिकीय [IAS (Pre) 2021]*
- लाइकेन, जो एक नग्न चट्टान पर भी पारिस्थितिकी अनुक्रमण को प्रारम्भ करने में सक्षम है, वास्तव में किनके सहजीवी साहचर्य हैं? *- शैवाल और कवक [IAS (Pre) 2014]*
- प्रदूषित स्थान पर कौन-सा पादप नहीं उगता है? *- लाइकेन [RAS (Pre) 2023]*
- वे जीव जो 0-15 °C तापमान में सबसे अच्छी वृद्धि करते हैं, वे क्या कहलाते हैं? *- साइक्रोफाइल्स [UKPSC (Pre) 2024]*
- जन्तु विज्ञान में किसका अध्ययन किया जाता है? *- जीवित व मृत जन्तुओं दोनों का [IAS (Pre) 1995]*
- पेलियोबॉटनी के अन्तर्गत किसका अध्ययन किया जाता है? *- पौधों के जीवाश्म का [UKPSC (Pre) 2005]*
- फूलों के अध्ययन को क्या कहते हैं? *- एन्थोलॉजी [JPSC (Pre) 2003]*
- कीटों के वैज्ञानिक अध्ययन को क्या कहते है? *- एण्टोमोलॉजी [UP UDA/LDA (Pre) 2003]*
- कौन-सा विषय जनसंख्या एवं मानव जाति के महत्त्वपूर्ण आँकड़ों के अध्ययन से सम्बन्धित होता है? *- जनांकिकी [UPPSC (Pre) 1994]*
- जैविक-जगत में होने वाले कार्य, गुण व पद्धति के अध्ययन के ज्ञान को मशीनी जगत में उपयोग करने को क्या कहा जाता है? *- बायोनिक्स [RAS/RTS (Pre) 1994]*
- रेशम कीट पालन को क्या कहा जाता है?७ *- सेरीकल्चर [UK UDA/LDA (Pre) 2003]*
- मधुमक्खी का उपयोग किसमें किया जाता है? *- एपिकल्चर में [UK UDA/LDA (Pre) 2003]*
- विटिकल्चर में क्या उत्पन्न किया जाता है? *- अँगूर [UPPSC (Mains) 2003]*
- आयु बढ़ने (जीर्ण होने) की प्रक्रिया का विज्ञान क्या कहलाता है? *- जेरेण्टोलॉजी [MPPSC (Pre) 2010]*
- आनुवंशिकी किससे सम्बन्धित है? *- वंशागति एवं विभिन्नताओं के विज्ञान से [BPSC (Pre) 2011]*
- नामकरण की द्विनाम पद्धति का अर्थ है, जीव के नाम को दो भागों में लिखना। ये दो भाग क्रमशः कौन-से हैं? *- वंश तथा जाति [UPPSC (Pre) 2012]*
- पेडोलॉजी विज्ञान किसके अध्ययन से सम्बन्धित है? *- मिट्टी [MPPSC (Pre) 1999]*
- विज्ञान की किस शाखा के अन्र्तगत, अस्थियों का अध्ययन किया जाता है? *- ऑस्टियोलॉजी [UPPSC (Pre) 1990]*
- सर्पो के अध्ययन को क्या कहा जाता है? *- सर्पण्टोलॉजी [MPPSC (Pre) 2011, UKPSC (Pre) 2022]*
- पादपों को बिना मृदा पोषण के उगाना क्या कहलाता है? *- जल संवर्धन [UPPSC (Mains) 2009]*
- प्राणियों में पोषण, श्वसन और संश्लेषण तीन प्रमुख गुण किसके हैं? *- उपापचय के [UKPSC (Mains) 2002]*

- नाइट्रीकारी जीवाणु किस प्रकार के होते हैं? *- रसायनस्वपोषी* [BPSC (Pre) 2008]
- स्वायत्त विकास और प्रजनन में सक्षम सबसे छोटा जीव कौन-सा है? *- माइकोप्लाज्मा* [BPSC (Pre) 2015]
- आनुवंशिकी के सिद्धान्तों द्वारा मानव जाति की उन्नति का अध्ययन क्या कहलाता है? *- सुजननिकी* [UPPSC (Pre) 2012]
- वनस्पति विज्ञान का जनक किसे कहा जाता है? *- थियोफ्रेस्टस* [UPPSC (Pre) 2004]
- जन्तु विज्ञान का जनक किसे कहा जाता है? *- अरस्तू* [CGPSC (Pre) 2011]
- भारतीय पादप भ्रूण विज्ञान का पिता किसे कहा जाता है? *- पंचानन माहेश्वरी* [BPSC (Pre) 2009]
- इम्यूनोलॉजी (Immunology) का जनक किसे कहा जाता है? *- एडवर्ड जेनर* [MPPSC (Pre) 2013]
- वर्गिकी शब्द का प्रयोग सर्वप्रथम किसने किया? *- ए.पी.डी कैण्डोले* [RAS/RTS (Pre) 1998]
- टैक्सॉन की परिभाषा किसने दी? *- एडोल्फ मेयर अबीच* [MPPSC (Mains) 2010]
- पाँच जगत प्रणाली को किसने प्रस्तुत किया था? *- रॉबर्ट एच. व्हिटेकर ने* [BPSC (Pre) 2009]
- पादपों के वर्गीकरण का सही क्रम क्या होता है? *- जगत-संघ (प्रभाग)-वर्ग-गण* [UPPSC (Pre) 2024]

पादप एवं जन्तु जगत का वर्गीकरण

- केल्प क्या होता है? *- समुद्री शैवाल जिसमें आयोडीन प्रचुर मात्रा में हो* [MPPSC (Pre) 1992]
- ऐसा पादप जो बीजाणु और भ्रूण बनाता है एवं जिसमें बीज एवं संवहन ऊतक अनुपस्थित होते हैं, को किस समूह में रखा जाता है? *- ब्रायोफाइटा* [CGPSC (Pre) 2008]
- 'चिलगोजा' किस एक प्रजाति के बीज से प्राप्त होता है? *- पाइनस* [UPPSC (Pre) 2009]
- टिक और माइट वास्तव में किस वर्ग से सम्बन्धित होते हैं? *- मकड़ी* [IAS (Pre) 2002]
- लिवर फ्लूक प्रायः किसकी पित्तवाहिनी में रहता है? *- भेड़ की* [RAS/RTS (Pre) 2007]
- किसको मिट्टी की जुताई करने वाले के रूप में जाना जाता है? *- केंचुए को* [UKPSC (Pre) 2015]
- एक मधुमक्खी की औसत चाल क्या होती है? *- 16 किलोमीटर प्रति घण्टा* [MPPSC (Pre) 2010]
- अधिकांश कीट श्वसन कैसे करते हैं? *- वातक तन्त्र से* [IAS (Pre) 2007
- फेरोमोन्स प्रायः किसमें पाए जाते हैं? *- कीटों में* [RAS/RTS (Pre) 2008]
- दीमक को किस सामान्य नाम से जाना जाता है? *- श्वेत चींटी* [UKPSC (Mains) 2002]
- टूथ्ड व्हेल (Toothed Whale) की सबसे बड़ी प्रजाति कौन-सी है? *- स्पर्म व्हेल* [UPPSC (Pre) 2015]
- शार्क मछलियों में कितनी हड्डियाँ होती हैं? *- 0* [CGPSC (Pre) 2011]
- मधुमक्खी कॉलोनी के सदस्य एक-दूसरे को किस प्रकार पहचानते हैं? *- गन्ध से* [BPSC (Pre) 1994]
- बारूदी सुरंगों का पता लगाने में किस जीव का उपयोग किया जाता है? *- मधुमक्खी* [UPPSC (Pre) 2002]
- मकड़ियों द्वारा उत्पादित रेशम क्या कहलाता है? *- गॉसमिर रेशम* [UP RO/ARO (Pre) 2017]
- सबसे बड़ा अकशेरुकी कौन है? *- स्क्विड* [UPPSC (Mains) 2004]
- 'झींगा' मछली किस वर्ग से सम्बन्धित है? *- क्रस्टेशिया वर्ग से* [MPPSC (Pre) 2009]
- किसे सरीसृपों और पक्षी के बीच की कड़ी माना गया है? *- आर्कियोप्टेरिक्स* [BPSC (Pre) 2014]
- समुद्री शैवाल किसके महत्त्वपूर्ण स्रोत होते हैं? *- आयोडीन* [UPPSC (Pre) 2023]
- कौन-सा जलीय पौधा प्रायः जलप्लावित धान के खेत में जैव-उर्वरक के रूप में प्रयोग में लाया जाता है? *- एजोला* [UPPSC (Pre) 2023]
- पाइन, फर, स्प्रूस, सीडर, लार्क एवं साइप्रस प्रसिद्ध लकड़ी देने वाले पादप हैं। इनमें से अधिकांशतया पहाड़ी स्थानों पर पाए जाते हैं। ये सभी पादप किसके अन्तर्गत आते हैं? *- अनावृतबीजी पादप* [BPSC (Pre) 2022]
- जीव सिकाडा (साइकेडा), मण्डूक फुदक (फ्रॉगहॉपर) और ताल विसर्पी (पॉड स्केटर) क्या है? *- कीट* [UPPSC (Pre) 2024]
- लाल रुधिर कणिकाविहीन जन्तु का उदाहरण दीजिए। *- केंचुआ* [BPSC (Pre) Re-exam 2022]
- वह प्राणी कौन है, जो किसी वृक्ष या लकड़ी के लट्ठे में बने छिद्र में से कीटों को खुरचने के लिए लकड़ी का औजार बनाता है? *- औरंगउटान* [UPPSC (Pre) 2023]
- किसकी कोशिका में कोई एन्जाइम नहीं होता है? *- विषाणु (वायरस)* [IAS (Pre) 2019]
- निस्यन्दक भोजी (फिल्टर फीडर) का उदाहरण दीजिए। *- सीप (ऑयस्टर)* [IAS (Pre) 2021]
- किन जीवों में बीजाणु द्वारा प्रजनन होता है? *- कवक, शैवाल एवं फर्न* [BPSC (Pre) 2022]

कोशिका : जीवन की इकाई

- कोशिका सिद्धान्त किसके द्वारा प्रतिपादित किया गया? *- श्लाइडेन व श्वान के द्वारा* [IAS (Pre) 2002]
- ग्राम-पॉजिटिव एवं ग्राम-निगेटिव बैक्टीरिया के अन्तर के लिए मुख्यतः कौन उत्तरदायी है? *- कोशिका भित्ति* [UKPSC (Pre) 2013]
- प्राणी कोशिका में क्या अनुपस्थित होता है? *- कोशिका भित्ति* [MPPSC (Pre) 2010]
- कार्बनिक पदार्थों में से कौन-सा प्रकृति में सर्वाधिक प्रचुर मात्रा में पाया जाता है? *- सेलुलोस* [UPPSC (Mains) 2013, 2014]
- प्लाज्मा झिल्ली किससे बनी होती है? *- प्रोटीन व लिपिड से* [UPPSC (Mains) 2008]
- जब एक कोशिका को अतिपरासारी विलियन में रखा जाता है, तो इसका प्रोटोप्लास्ट सिकुड़ जाता है। यह प्रक्रिया किसके कारण होती है? *- बहिःपरासरण के कारण* [IAS (Pre) 2008]
- खीरे को काटकर अगर नमक डाला जाता है, तो उसमें किस कारण से पानी निकलता है? *- बहिःपरासरण* [UPPSC (Pre) 2021]
- कोशिका का कौन-सा भाग पावर हाउस कहलाता है? *- माइटोकॉण्ड्रिया* [UP RO/ARO (Mains) 2013, BPSC (Pre) 2018]

- केन्द्रक के अलावा कोशिका के किस कोशिकांग में DNA होता है? ***- माइटोकॉण्ड्रिया व हरितलवक में*** *[IAS (Pre) 2001]*
- सौर ऊर्जा *ATP* के रूप में किसमें बदलती है? ***- क्लोरोप्लास्ट में*** *[BPSC (Pre) 2019]*
- किसके कारण टमाटर का रंग लाल होता है? ***- लाइकोपीन*** *[UPPSC (Mains) 2016]*
- प्रोटीन-संश्लेषण में कोशिकांगो में से किनकी भूमिका सबसे अधिक महत्त्वपूर्ण है? ***- अन्तःप्रद्रव्यी जालिका और राइबोसोम*** *[IAS (Pre) 2001]*
- कोशिका चक्र की किस प्रावस्था में गुणसूत्र गुणन करते हैं? ***- S-प्रावस्था में*** *[CGPSC (Pre) 2011]*
- पादपों में अर्द्धसूत्री विभाजन के अध्ययन हेतु उपयुक्त भाग कौन-सा है? ***- परागकोष*** *[MPPSC (Pre) 2017]*
- प्रक्रमित कोशिका मृत्यु के कोशिकीय और आण्विक नियन्त्रण को क्या कहते हैं? ***- अपह्रासन*** *[IAS (Pre) 2001]*
- जीवन की संरचनात्मक एवं कार्यात्मक इकाई क्या है? ***- कोशिका*** *[BPSC (Pre) 2024]*

पादप आकारिकी एवं कार्यिकी

- अदरक एक तना है, जड़ नहीं क्यों? ***- इसमें नोड और इण्टरनोड होते हैं।*** *[BPSC (Pre) 2023]*
- कमजोर तना जो सीधा खड़ा नहीं हो सकता है, वह क्या कहलाता है ***- क्षुप*** *[BPSC (Pre) 2023]*
- परागण की परिभाषा क्या होती है? ***- परागकण का परागकोष से वार्तिकाग्र तक स्थानान्तरित होने की क्रिया।***
- पादपों में गूटी लगाने का कार्य किस उद्देश्य की पूर्ति हेतु किया जाता है? ***- कायिक प्रवर्धन हेतु***
- कीटभक्षी पौधे मिट्टी में किसकी कमी से उगते हैं? ***- नाइट्रोजन*** *[BPSC (Pre) 2022]*
- क्लोरोफिल सूर्य के प्रकाश के किस रंग के उच्च तरंगदैर्ध्य वाले भाग को अवशोषित करता है? ***- लाल और नीले*** *[BPSC (Pre) 2023]*
- पौधों की वृद्धि से सम्बन्धित एक वृहत्पोषक तत्त्व (मैक्रोन्यूट्रिएण्ट) का उदाहरण दीजिए। ***- पोटैशियम*** *[GPSC (Pre) 2021]*
- प्रकाश संश्लेषण की प्रक्रिया में ATP के कितने अणु ग्लूकोस के प्रत्येक अणु के संश्लेषण में शामिल रहते हैं? *- 18 [CGPSC (Pre 2020)]*
- किसमें परिवर्तन के कारण रन्ध्र खुलते या बन्द होते हैं? ***- कोशिकाओं में पानी की मात्रा*** *[BPSC (Pre) 2023]*
- सक्शन पुल के कारण पेड़ों में पानी बहुत ऊँचाई तक पहुँच जाता है, जिसका कारण क्या है? ***- वाष्पोत्सर्जन*** *[BPSC (Pre) 2023]*
- एक कीटभक्षी पादप का नाम बताइए ***- नेपेन्थिस*** *[UPPSC (Pre) 2023]*
- यदि किसी उभयलिंगी पुष्प में पुमंग और जायांग अलग-अलग समय पर परिपक्व होते हैं, तो इस तथ्य को क्या कहते हैं? ***- भिन्नकालपक्वता*** *[IAS (Pre) 2024]*
- पादप वृद्धि हॉर्मोन कौन-से होते हैं? ***- ऑक्सिन, जिबरेलिन, साइटोकाइनिन*** *[HPSC (Pre) 2024]*
- बाँस क्या है? ***- घास*** *[BPSC (Pre) 2011]*
- बीज के अंकुरण के दौरान, भ्रूण का जो भाग जड़ के रूप में वृद्धि करता है, वह क्या कहलाता है? ***- मूलांकुर*** *[UKPSC (Mains) 2006]*
- प्रकाश-संश्लेषण में प्रकाश-स्वतन्त्र अभिक्रियाएँ कहाँ होती हैं? ***- पीठिकीय आधात्री में*** *[UPPSC (Pre) 2003]*
- अधोभूमि उत्पादित सब्जियों में से कौन-सी एक रूपान्तरित जड़ का उदाहरण है? ***- शकरकन्द*** *[UPPSC (Mains) 2005]*
- ऑक्जेनोमीटर का प्रयोग किसमें किया जाता है? ***- पौधों की वृद्धि दर मापने में*** *[UPPSC (Mains) 2010]*
- गाजर की जड़ों का मुख्य अभिलक्षण क्या है? ***- छोटी मूलों सहित शंक्वाकार*** *[UPPSC (Pre) 2013]*
- पौधों में किस कमी के कारण लघुपर्ण रोग हो जाता है? ***- जस्ता*** *[IAS (Pre) 1993]*
- पौधा एक कौन-सी कली है? ***- एक भ्रूणीय टहनी*** *[BPSC (Pre) 2015]*
- जीवन-चक्र की दृष्टि से पौधे का सबसे महत्त्वपूर्ण अंग कौन-सा होता है? ***- पुष्प*** *[BPSC (Pre) 2003]*
- सबसे छोटा पुष्पीय पौधा कौन-सा होता है? ***- वॉल्फिया*** *[BPSC (Pre) 2014]*
- शहतूत किस प्रकार का फल है? ***- सोरोसिस*** *[UPPSC (Mains) 2006]*
- पौधे के किस भाग में भ्रूण मिलता है? ***- बीज में*** *[BPSC (Pre) 2011]*
- पौधों में कार्बनिक पदार्थों के परिवहन की द्रव्यमान प्रवाह संकल्पना किसने प्रस्तुत की? ***- मुंच*** *[UPPSC (Pre) 2010]*
- चन्दन का पेड़ कैसा होता है? ***- आंशिक जड़ परजीवी*** *[MPPSC (Pre) 2015]*
- पौधें व पेड़ों के खाना तैयार करने की विधि क्या कहलाती है? ***- प्रकाश संश्लेषण*** *[BPSC (Pre) 2000, UP RO/ARO (Mains) 2013]*
- प्रकाश-संश्लेषण हेतु सर्वाधिक क्रियाशील प्रकाश कौन-सा होता है? ***- लाल प्रकाश*** *[IAS (Pre) 2007]*
- कौन-सा पर्णहरित (क्लोरोफिल) का कार्य नहीं है? ***- कार्बोहाइड्रेट्स का ऑक्सीकरण*** *[IAS (Pre) 2021]*
- ऑक्सीजन, जो प्रकाश-संश्लेषण से उत्पन्न होती है, वह कहाँ से आती है? ***- जल से*** *[UP RO/ARO (Mains) 2017]*
- हरे पौधे में क्लोरोफिल के बनने के लिए कौन-सा तत्त्व अनिवार्य है? ***- मैग्नीशियम*** *[BPSC (Pre) 2020]*
- कौन-सा तत्त्व प्रोटीन-संश्लेषण के लिए अनिवार्य होता है? ***- नाइट्रोजन*** *[IAS (Pre) 2011]*
- रात्रि में पेड़ कौन-सी गैस छोड़ते हैं? ***- कार्बन डाइऑक्साइड*** *[UKPSC (Pre) 2006]*
- ऑक्सिन की उपस्थिति में कौन-सा हॉर्मोन कोशिका विभाजन को प्रेरित करता है? ***- साइटोकाइनिन*** *[UPPSC (Pre) 2015, UPPSC (Mains) 2016]*
- पौधे नाइट्रोजन को मृदा से किस रूप में अवशोषित करते हैं? ***- नाइट्रेट के रूप में*** *[CGPSC (Pre) 2009]*
- गैसीय अवस्था में पाया जाने वाला हॉर्मोन कौन-सा होता है? ***- एथिलीन*** *[CGPSC (Pre) 2013]*
- सूखा सहिष्णुता से सम्बन्धित हॉर्मोन कौन-सा होता है? ***- एब्सिसिक अम्ल*** *[UP Lower 2013]*
- प्रकाश-संश्लेषण में क्लोरोफिल का क्या उपयोग है? ***- प्रकाश को अवशोषित करना*** *[BPSC (Pre) 2011]*

पोषण तथा मानव कार्यिकी

- मानव शरीर में ग्रीवा कशेरुकाओं की संख्या कितनी होती है? *-7 [MPPSC (Pre) 2024]*

- किस दाल का लगातार सेवन करने से लेथाइरिज्म नामक रोग हो जाता है? ***– खेसारी दाल*** *[HPSC (Pre) 2024]*
- ब्लड ग्रुप (रुधिर समूह) 'O' वाले व्यक्ति की लाल रुधिर कोशिकाओं में निहित समूहजन (एग्लूटीनोजन) कौन-सा होता है? ***– न तो A और न ही B*** *[RAS (Pre) 2023]*
- स्कर्वी बीमारी किस विटामिन की कमी के कारण होती है? ***– विटामिन-C*** *[CGPSC (Pre) 2024]*
- मानव शरीर में कौन-सा पदार्थ संश्लेषित होता है, जो रुधिर वाहिकाओं को विस्तारित करता है और रुधिर प्रवाह को बढ़ाता है? ***– नाइट्रिक ऑक्साइड*** *[UPPSC (Pre) 2024]*
- कौन-सा हॉर्मोन पुन: संयोजक DNA प्रौद्योगिकी द्वारा उत्पादित पहला मानव हॉर्मोन है? ***–इन्सुलिन*** *[UKPSC (Pre) 2024]*
- लम्बे समय की कसरत का ईंधन क्या होता है? ***– कार्बोहाइड्रेट्स*** *[CGPSC (Pre) 2011]*
- यकृत व माँसपेशियों में ऊर्जा किसके रूप में जमा होती है? ***– ग्लाइकोजन के रूप में*** *[BPSC (Pre) 2015]*
- कड़वाहट के लिए मानव जीभ का संवेदनशील क्षेत्र कौन-सा होता है? ***– पश्च भाग*** *[BPSC (Pre) 2020]*
- मानव शरीर में प्रोटीन का पाचन किस अंग में प्रारम्भ होता है? ***– आमाशय*** *[UPPSC (Pre) 2020]*
- मानव शरीर में सबसे बड़ी ग्रन्थि कौन-सी है? ***– यकृत*** *[MPPSC (Pre) 1990, 2016]*
- पित्ताशय में उपस्थित (स्टोन) किसका पाचन प्रभावित करता है? ***– वसा का*** *[UPPSC (Pre) 2017]*
- एटलस और अक्ष के मध्य पाए जाने वाले जोड़ (पिवोट) को क्या कहते हैं? ***– सिनोवियल जोड़*** *[MPPSC (Pre) 2023]*
- मानव की मुख गुहा में किसका पाचन प्रारम्भ होता है? ***– कार्बोहाइड्रेट्स*** *[JPSC (Pre) 2013, MPPSC (Pre) 2019]*
- एक स्वस्थ वयस्क में कुल कितने लीटर रुधिर होता है? ***– 5-6 लीटर*** *[BPSC (Pre) 2015]*
- अस्थि एवं दन्त निर्माण हेतु किन तत्वों की आवश्यकता होती है? ***– कैल्शियम और फॉस्फोरस*** *[UKPSC (Pre) 2007]*
- हृदय की धड़कन नियन्त्रित करने के लिए कौन-सा खनिज आवश्यक है? ***– पोटैशियम*** *[JPSC (Pre) 2003, UPPSC (Pre) 2004, 2008]*
- सामान्यतया स्वस्थ मानव का हृदय प्रति मिनट में कितनी बार धड़कता है? ***– 72 बार*** *[MPPSC (Pre) 2000, UKPSC (Pre) 2016]*
- मानव कलाई में नाड़ी स्पन्दन किसके समान कार्य करती है? ***– हृदय के समान*** *[UPPSC (Mains) 2008, 2010]*
- जब वृक्क कार्य करना बन्द कर देते हैं, तो रुधिर में कौन-सा पदार्थ संग्रहित हो जाता है? ***– नाइट्रोजन युक्त अपशिष्ट पदार्थ*** *[UKPSC (Pre) 2007]*
- यकृत एवं माँसपेशियों में ऊर्जा किस रूप में जमा होती है? ***– ग्लाइकोजन के रूप में*** *[BPSC (Pre) 2015]*
- कौन-सा मुख्यतया कार्बोहाइड्रेट्स है? ***– चावल*** *[BPSC (Pre) 2017]*
- सेलुलोस किस रासायनिक समूह से सम्बन्धित है? ***– शर्करा*** *[UKPSC (Pre) 2022]*
- बच्चों में प्रोटीन की न्यूनता के कारण कौन-से रोग उत्पन्न होते हैं? ***– मैरेस्मस व क्वाशियोरकोर*** *[UPPSC (Pre) 2013]*
- निषेचन की क्रिया कहाँ होती है? ***– अण्डवाहिनी में*** *[IAS 2007, BPSC (Pre) 2011]*
- यौगिक के किस समूह को सहायक आहार कारक कहा जाता है? ***– विटामिन*** *[UP RO/ARO (Pre) 2014]*
- किस विटामिन का निर्माण हमारे शरीर में नही होता है? ***– विटामिन-A*** *[UPPSC (Pre) 2011, UP Lower (Pre) 2013]*
- सामान्य दृष्टि के लिए कौन-सा विटामिन आवश्यक होता है? ***– रेटिनॉल*** *[UPPSC (Pre) 2021]*
- घाव भरने के लिए विटामिनों में कौन सहायक है? ***– विटामिन-C*** *[UKPSC (Pre) 2006, UPPSC (Mains) 2017]*
- वह कौन-सा विटामिन है, जो रुधिर के थक्के बनाने में प्रभावी होता है? अथवा मनुष्यों में कौन-सा विटामिन रुधिर का थक्का जमने में सहायक होता है? ***– विटामिन-K*** *[UPPSC (Pre) 1991, BPSC (Pre) 2004, 2020, UPPSC (Mains) 2008, 2012, 2020, UKPSC (Pre) 2012, MPPSC (Pre) 2023]*
- वह जोड़ जहाँ गर्दन सिर से मिलती है, क्या कहलाता है? ***– पिक्टल जोड़*** *[UPPSC (Pre) 2024]*
- CPR (सी.पी.आर.) से क्या तात्पर्य है? ***– कार्डियोपल्मोनरी पुनर्जीवन*** *[UPPSC (Pre) 2024]*
- वह एकमात्र शिरा जो ऑक्सीजन युक्त रक्त वहन करती है क्या कहलाती है? ***– पल्मोनरी शिरा*** *[UPPSC (Pre) 2024]*
- मधुमेह जो कि एक बहुत ही सामान्य विकार है, किससे सम्बन्धित होता है? ***– अग्न्याशय*** *[UPPSC (Pre) 2024]*
- आहार नाल का कौन-सा भाग यकृत से पित्त प्राप्त करता है? ***– छोटी आँत*** *[BPSC (Pre) 2024]*
- निम्नलिखित में से कौन'सा रक्त का तरल भाग होता है? ***– प्लाज्मा*** *[BPSC (Pre) 2024]*

आनुवंशिकी तथा जीवन की उत्पत्ति एवं जैव-विकास

- मानव शरीर में आनुवंशिकता की इकाई को क्या कहते हैं? ***– जीन*** *[UPPSC (Pre) 2010]*
- जीन किसका भाग होता है? ***– DNA का*** *[UKPSC (Pre) 2016]*
- वर्तमान आनुवंशिकी का जनक कौन है? ***– ग्रेगर जॉन मेण्डल*** *[CGPSC (Pre) 2011, UPPSC (Pre) 2022]*
- मेण्डल ने अपने चिर प्रतिष्ठित 'वंशागति नियमों' को प्रतिपादित करने के लिए किस पादप का उपयोग किया था? ***– गॉर्डन पी (उद्यान मटर)*** *[UPPSC (Mains) 2002]*
- मेण्डल के आनुवंशिकता के सिद्धान्त किस पर आधारित हैं? ***– लैंगिक जनन पर*** *[BPSC (Pre) 2011]*
- गुणसूत्रों की वंशागति का सिद्धान्त किसने दिया था? ***– सटन एवं बॉवेरी ने*** *[JPSC (Pre) 2021]*
- जीवों में आनुवंशिक लक्षण सन्तान में किस प्रकार ले जाए जाते हैं? ***– क्रोमोसोम द्वारा*** *[RAS/RTS (Pre) 1995]*
- किसी भी प्रजाति में गुणसूत्रों की संख्या कैसी रहती है? ***– स्थायी रहती है*** *[CGPSC (Pre) 2019]*
- नोबेल पुरस्कार विजेता वैज्ञानिक जेम्स डी. वाटसन को किस कार्यक्षेत्र में अपने कार्य के लिए जाना जाता है? ***– आनुवंशिकी*** *[IAS (Pre) 2008]*

- जब एक जीन दो या दो से अधिक भिन्न-भिन्न लक्षणों को एकसाथ नियन्त्रित करता है, वह लक्षण क्या कहलाता है?
  - बहुप्रभाविता [IAS (Pre) 2002]
- 'प्लवमान जीन' (जम्पिग जीन) के सिद्धान्त का प्रतिपादन किसने किया था?
  - बारबरा मैक्लिंटॉक [IAS (Pre) 1993]
- DNA की विशिष्टता ने पीढ़ी-दर-पीढ़ी आनुवंशिक सूचना संग्रह करने और प्रेषण करने के लिए अद्वितीय रूप से किसे उपयुक्त बनाया है?
  - दो रज्जुकों की पूरकता [IAS (Pre) 2001]
- सजीव जीवों में एक नई जाति की उत्पत्ति के लिए सर्वाधिक महत्त्वपूर्ण घटक किसे माना जाता है?
  - उत्परिवर्तन [IAS (Pre) 2002]
- साँपों में अंगों का लोप होने को किससे स्पष्ट किया जा सकता है?
  - अंगों का उपयोग तथा अनुपयोग किए जाने से [IAS (Pre) 2002]
- आनुवंशिक लिंग सहलग्न रोग कौन-सा होता है?
  - रॉयल हीमोफीलिया [IAS (Pre) 1999, UPPSC (Pre) 2008]
- स्त्रियों की तुलना में पुरुष वर्णान्धता से अधिक पीड़ित क्यों होते हैं?
  - क्योंकि उनमें केवल एक X-क्रोमोसोम होता है। [BPSC (Pre) 1996]
- थैलेसीमिया किससे सम्बन्धित रोग होता है?
  - रुधिर से सम्बन्धित आनुवंशिक रोग [JPSC (Pre) 2013, UKPSC (Pre) 2016]
- ट्राइसोमी 21 को किस नाम से जाना जाता है?
  - डाउन सिण्ड्रोम [RAS/RTS (Pre) 2018, 2021, HPSC (Pre) 2024]
- कौन-सी गैस प्राचीन, (आदिम) पृथ्वी के वायुमण्डल में अनुपस्थित थी?
  - ऑक्सीजन [UP RO/ARO (Pre) 2016]
- पृथ्वी पर सबसे पुराना जीव कौन-सा है?
  - नील-हरित शैवाल [UPPSC (Mains) 2008]
- मैमथ किसका पूर्वज है? ***- हाथी का [RAS/RTS (Pre) 2008]***
- विकास का क्या कारण है?
  - पीढ़ी-दर-पीढ़ी अनुकूलन [BPSC (Pre) 1994, 2004]
- जैव-विकास के सिद्धान्त को सर्वप्रथम किसने प्रतिपादित किया?
  - लैमार्क [BPSC (Pre) 1999]
- जीवों में अत्याधिक विविधता किसके कारण उत्पन्न होती है?
  - अनुकूलन [BPSC (Pre) 2015]
- सर्वप्रथम अग्नि का उपयोग किस मानव ने करना शुरू किया?
  - होमो इरेक्टस [HPSC (Pre) 2011]
- माइक्रोसैटेलाइट DNA किस मामले में प्रयोग किया जाता है?
  -प्राणीजात की विभिन्न जातियों के बीच विकासपरक सम्बन्धों का अध्ययन करना [IAS (Pre) 2023]
- *m*RNA पद का विस्तारित रूप क्या है, जो महामारी की शुरुआत से ही व्यापक रूप से चर्चा में रहा है?
  -मैसेन्जर राइबोन्यूक्लिक एसिड [BPSC (Pre) 2023]
- एन्जाइम DNA गायरेज किस क्रिया से सम्बन्धित होता है?
  -DNA प्रतिलिपिकरण [IAS (Mains) 2013]
- चीन, मंगोलिया एवं जापान में कौन-सी मानव प्रजाति के लोग निवास करते हैं?
  -मंगोलॉयड [BPSC (Pre) 2024]

मानव रोग एवं प्रतिरक्षा

- एक स्वापक पीड़ाहारी (नारकोटिक एनाल्जोमाइनसिक) औषधी का उदाहरण दीजिए। ***- मॉर्फीन [RAS Pre) 2023]***
- *प्लाज्मोडियम* की वह प्रजाति, जो घातक मलेरिया का कारण बनती हैं।
  - फैल्सीपेरम [RAS (Pre) 2023]
- किसका उपयोग किडनी प्रतिरोपण के लिए प्रतिरक्षा दमनकारी के रूप में किया जाता है?
  - मोनोक्लोनल प्रतिरक्षी [UKPSC (Pre) 2024]
- एण्टिबायोटिक शब्द किसके द्वारा गढ़ा गया था?
  - सेलमैन वॉक्समैन [UKPSC (Pre) 2024]
- हाइब्रिडोमा तकनीक किसके द्वारा विकसित की गई थी?
  - जॉर्ज कोहलर और सिसर मिलस्टीन [UKPSC (Pre) 2024]
- 'ACE2' पद का उल्लेख किस सन्दर्भ में किया जाता है?
  - विषाणुजनित रोगों का प्रसार [IAS (Pre) 2021]
- किस प्रकार का टीका डिफ्थीरिया से बचाता है?
  - टोक्सॉइड [UPPSC (Pre) 2023]
- कौन-सी *m*RNA वैक्सीन का उपयोग कोविड-19 संक्रमण के विरुद्ध किया जाता है?
  - स्पूतनिक [UPPSC (Pre) 2023]
- एथलीट फुट (Athlete's Foot) किसके द्वारा होता है?
  - फफूँद से [IAS (Pre) 2001]
- अपरूपान्तरण (Metastasis) प्रक्रिया में क्या होता है?
  - रुधिर या लसीका तन्त्र में से कैंसर कोशिकाएँ दूसरे स्थानों या अंगों तक फैलती है। [IAS (Pre) 2001]
- प्रतिजन किस प्रकार का पदार्थ है?
  -प्रतिरक्षी (Antibody) के निर्माण को उद्दीप्त करता है [IAS (Pre) 1997, 2001]
- मानव शरीर की आन्तरिक संरचना के अवलोकन के लिए प्रयोग में आने वाली परिकलित होमोग्राफी में कौन-सी किरणें प्रयोग में लाई जाती हैं?
  -X-किरणें [IAS (Pre) 2007]
- एड्स विषाणु में क्या होता है? ***- RNA+ प्रोटीन [IAS (Pre) 1996, UPPSC (Mains) 2008, UP Lower 2013]***
- डेंगू किससे उत्पन्न होता है तथा दूसरे मनुष्यों में भी पहुँच जाता है?
  - वायरस और मादा एडीज मच्छर द्वारा [MPPSC (Pre) 2012, UPPSC (Pre) 2022]
- डेंगू बुखार में मानव के शरीर में किसकी कमी हो जाती है?
  - प्लेटलेट्स की [UPPSC (Pre) 2012]
- चेचक रोग के लिए कौन-सा विषाणु (वायरस) अत्यधिक संक्रमण के लिए जिम्मेदार होता है? ***- वेरिओला विषाणु [MPPSC (Pre) 2017]***
- बच्चों में प्रोटीन की न्यूनता के कारण कौन-से रोग उत्पन्न होते हैं?
  - मैरेस्मस व क्वाशियोरकोर [UPPSC (Pre) 2013]
- हिपेटाइटिस रोग से मनुष्य के शरीर का सीधा प्रभावित होने वाला अंग कौन-सा होता है? ***- यकृत (लीवर) [UPPSC (Mains) 2011]***
- EBOLA कैसा विषाणु है? ***- प्राणघातक विषाणु [UPPSC (Mains) 2014]***
- कौन-सा प्रदूषण मनुष्यों में इटाई-इटाई रोग करता है?
  - कैडमियम प्रदूषण [MPPSC (Pre) 2023]
- कौन-सी विकिरणें शरीर के दर्द से राहत पाने के लिए उपयोग की जाती है? ***- इन्फ्रारेड विकिरण [BPSC (Pre) 2024]***
- किस जीवाणु बीमारी को प्लीहा ज्वर कहा जाता है?
  - एन्थ्रेक्स [BPSC (Pre) 2024]
- R21/ मैट्रिक्स-M™ क्या है?
  - भारत में सीरम इंस्टीट्यूट ऑफ इण्डिया द्वारा विकसित मलेरिया वैक्सीन [UPPSC (Pre) 2024]

- हाल ही में कोविड-19 महामारी के कारण लगे वैश्विक विराम का क्या कारण है? *- SARS-CoV-2 [UPPSC (Pre) 2024]*
- रोग पैदा करने वाले सूक्ष्मजीव क्या कहलाते हैं? ***- रोगाणु** [UPPSC (Pre) 2024]*

पर्यावरण, पारिस्थितिकी एवं जैव-विविधता

- शुष्क जलवायु के प्रति भली-भाँति अनुकूलित पेड़-पौधों को क्या कहते हैं? ***- मरुद्भिद्** [RAS/RTS (Pre) 1993]*
- मरुस्थलीय पौधों की जड़ें लम्बी क्यों होती हैं? ***- जड़ें पानी की तलाश में लम्बी हो जाती हैं।** [UPPSC (Pre) 1996]*
- चट्टानों पर उगने वाले पादप क्या कहलाते हैं? ***- शैलोद्भिद्** [RAS/RTS (Pre) 2010]*
- पादप, जो नमक युक्त मिट्टी में उगते हैं, उनको क्या कहते हैं? ***- हैलोफाइट** [BPSC (Pre) 2011]*
- हाइड्रोफाइट किसे कहते हैं? ***- जलीय पौधे को** [RAS/RTS (Pre) 1999]*
- एपिफाइट्स पौधे अन्य पौधों पर किस लिए निर्भर हैं? ***- यान्त्रिक अवलम्ब के लिए** [IAS (Pre) 2001]*
- किस एक जीव की प्रजातियाँ कवकों के कृषकों के रूप में जानी जाती हैं? ***- चींटी** [IAS (Pre) 2022]*
- एक परजीवी पर दूसरे परजीवी के आश्रित रहने को क्या कहते हैं? ***- उपपरजीविता** (Parasitism) [UKPSC (Mains) 2002]*
- प्रथम पोषक स्तर के अन्तर्गत कौन-से पादप आते हैं? ***- हरित पादप** [MPPSC (Pre) 2016]*
- बायोमास का एक उल्टा पिरामिड किस पारिस्थितिकी तन्त्र में पाया जाता है? ***- जलीय (तालाब, समुद्र)** [RAS/RTS (Pre) 2021]*
- पारिस्थितिकी तन्त्र में ऊर्जा का पिरामिड कैसा होता है? ***- हमेशा सीधा** [MPPSC (Pre) 2021]*
- कौन-सा क्षेत्र जो दो पारिस्थितिकी तन्त्रों के मध्य सीमा रेखा अथवा संक्रमण क्षेत्र के रूप में कार्य करता है? ***- इकोटॉन** [MPPSC (Pre) 2023]*
- हमारे देश का कौन-सा क्षेत्र ''जैव-विविधता का तप्त स्थल'' कहलाता है? ***- पश्चिमी घाट** [MPPSC (Pre) 2023]*
- *नेपेन्थीस खासियाना* (घटपर्णी) नामक दुर्लभ एवं आपातीप पौधा कहाँ पाया जाता है? ***- मेघालय में** [UPPSC(Mains) 2011]*
- आसन कन्जर्वेशन रिजर्व कहाँ स्थित है? ***- उत्तराखण्ड** [IAS (Pre) 2021]*
- कॉर्बेट टाइगर रिजर्व किस भारतीय राज्य में स्थित है? ***- उत्तराखण्ड** [MPPSC (Pre) 2022]*
- मिजोरम में स्थित फांवगपूई राष्ट्रीय उद्यान को किस अन्य नाम से भी जाना जाता है? ***- नीला पर्वत उद्यान** [MPPSC (Pre) 2021]*
- किस जैवमण्डल संरक्षित क्षेत्र (बायोस्फीयर रिजर्व) में ज्वारनदमुख, पुलिन (बीच), प्रवाल भित्ति, लवण कच्छ और गरान, (मैंग्रोव) वाले द्वीपसमूह स्थित हैं? ***- मन्नार की खाड़ी जैवमण्डल संरक्षित क्षेत्र** [RAS/RTS (Pre) 2010]*
- भौगोलिक क्षेत्र, जो विशेष रूप से स्थानिक, दुर्लभ और संकटग्रस्त प्रजातियों से समृद्ध हैं और अपेक्षाकृत छोटे क्षेत्रों में सीमित व निवास स्थान के नुकसान का सामना कर रहे हैं। उन्हें क्या कहा जाता है? ***- हॉट स्पॉट्स** [UKPSC (Pre) 2024]*
- हाइड्रोफाइट्स को आर्द्रभूमि और दलदल में पनपने में कौन मदद करता है? जहाँ समय-समय पर जलस्तर में उतार-चढ़ाव होता है? ***- जलमग्न जड़ें** [UKPSC (Pre) 2024]*
- एक जलीय पारिस्थितिकी तन्त्र के तालाब में किस घटक का प्रतिनिधित्व कवकों, जीवाणुओं एवं फ्लैजेलेट्स के द्वारा किया जाता है? ***- अपघटक** [HPPSC (Pre) 2024]*
- लोटिक पारिस्थितिकी तन्त्र का उदाहरण दीजिए। ***- नदी** [UPPSC (Pre) 2023]*
- पोषक स्तर कैसे बनते हैं? ***- खाद्य शृंखला में जीवों के सम्बद्ध होने से** [UPPSC (Pre) 2023]*
- प्रथम पोषक स्तर के अन्तर्गत कौन सम्मिलित है? ***- हरित पादप** [MPPSC (Pre) 2016]*
- रेगिस्तान में आवास करने वाले जानवर क्या कहलाते हैं? ***- मरुद्भिद जानवर** [UPPSC (Pre) 2023]*
- कौन-सा कारक जैव-विविधता के लिए सर्वाधिक महत्त्वपूर्ण कारक है? ***- प्राकृतिक वास का विनाश** [UPPSC (Pre) 2023]*
- राष्ट्रीय उद्यानों में आनुवंशिक विविधता का रखरखाव कैसे किया जाता है? ***- इन सीटू संरक्षण द्वारा** [UPPSC (Pre) 2023]*
- भारत के किस भाग में हांगुल नाम का हिरण पाया जाता है? ***- जम्मू और कश्मीर में** [UPPSC (Pre) 2023]*
- विश्व वेटलैण्ड्स दिवस कब मनाया जाता है? ***- 2 फरवरी***
- रियो शिखर सम्मेलन, 1992 का 'एजेण्डा-21' किससे सम्बन्धित है? ***- सतत् विकास से** [UPPSC (Pre) 2023]*
- भूमि पर रहने वाले पौधे और जानवर क्या कहलाते हैं? ***- स्थलीय निवासी** [UPPSC (Pre) 2024]*

आर्थिक वनस्पति एवं जीव विज्ञान

- कौन-सा पदार्थ वृक्ष से प्राप्त किया जाता है? ***- हींग** [UP RO/ARO (Pre) 2016, UPPSC (Pre) 2020]*
- मसालों में से कौन-सी एक पुष्प कलिका होती है? ***- लौंग** [UPPSC (Mains) 2011]*
- प्याज के छिलके उतारने पर किस अम्ल के निष्कासन के कारण आँसू आते हैं? ***- सल्फेनिक अम्ल** [UPPSC (Pre) 2015]*
- मिर्च की तीक्ष्णता किसकी उपस्थिति के कारण होती है? ***- कैप्साइसिन की उपस्थिति** [UPPSC (Pre) 2016]*
- लहसुन की अभिलाक्षणिक गन्ध का क्या कारण है? ***- सल्फर यौगिक** [IAS (Pre) 1997, CGPSC (Pre) 2005, UPPSC (Mains) 2008]*
- पुदीने के भागों में से किस एक में तेल का अधिकतम प्रतिशत पाया जाता है? ***- पत्ती** [UPPSC (Pre) 2009]*
- पपीते में पीले रंग का क्या कारण है? ***-कैरिकाजैन्थिन** [UP Lower 2015]*
- चाय की पत्तियों में विद्यमान सर्वाधिक महत्त्व का उत्तेजक है? ***- कैफीन और टैनिन** [UPPSC (Mains) 2017]*
- कपास का प्रमुख घटक क्या है? ***- सेलुलोस** [UP Lower 2009]*
- व्हाइट लेग हॉर्न किसकी किस्म है? ***- कुक्कुट (मुर्गी) की** [UKPSC (Mains) 2002]*
- किस कुल के पौधों से टापा कपड़ा बनाया जाता है? ***- मोरेसी** [UPPSC (Pre) 2021]*
- मैड काउ रोग का मुख्य कारक कौन-सा है? ***- प्रियॉन** [UP Lower 2009]*
- नोस्कापीन किससे प्राप्त होता है? ***- पोस्त (पॉपी से)** [UPPSC (Mains) 2013]*
- हेरोइन किससे प्राप्त होती है? ***- अफीम पोस्त से** [UPPSC (Pre) 2005, MPPSC (Pre) 2017]*

- अफीम किस श्रेणी की दवा के अन्तर्गत आता है?
  – अवसादकारी [MPPSC (Pre) 2019]
- मलेरिया निदान हेतु आरटीथर नाम की औषधि किससे प्राप्त होती है?
  – बीजीय पादप से [UPPSC (Pre) 2005]
- तुलसी के पौधे का औषधीय महत्त्व किसकी उपस्थिति के कारण होता है?
  – फीनॉल एवं फ्लेवोनॉइड [UPPSC (Pre) 2019]
- अंगोरा ऊन किस जीव की प्रजाति से प्राप्त की जाती है?
  – शशक की एक प्रजाति से [UKPSC (Mains) 2002, UPPSC (Mains) 2010]
- मुर्गियों में रिकेट्स रोग किस विटामिन की कमी के कारण होता है?
  – विटामिन-D [MPPSC (Pre) 2006]
- विश्व में उत्पादन किया गया प्रथम शाकनाशी कौन-सा है?
  –2, 4 D [JKPSC (Pre) 2021]
- मूँगफली का अत्यधिक हानिकारक रोग कौन-सा है?
  –टिक्का [JPSC (Pre) 2021]
- प्राकृतिक मच्छर प्रतिकर्षी तैयार करने में किस घास का प्रयोग होता है?
  –लेमन घास [IAS (Pre) 2021]
- बायोडीजल पौधा क्या कहलाता है? *–जैट्रोफा [UPPSC (Pre) 2004, 21]*
- माही कंचन तथा आरसीबी 911 संकर किस्में किसकी हैं?
  –मक्का तथा बाजरे की [RAS (Pre) 2023]
- नकदी फसल का उदाहरण दीजिए। *–जूट, गन्ना, मूँगफली [JPSC 2024]*
- व्यावसायिक खाने योग्य गेहूँ में कौन-सी जीनोमिक स्थिति पाई जाती है?
  –ABC जीनोम [JPSC 2024]
- चारा कैसी फसल है? *–जायद [BPSC (Pre) 2024]*

विज्ञान एवं प्रौद्योगिकी

अन्तरिक्ष प्रौद्योगिकी एवं इसके अनुप्रयोग

- भारतीय सुदूर संवेदन संस्थान कहाँ स्थित है *– देहरादून [CGPSC (Pre) 2018]*
- भारत का पहला संचालन उपग्रह *IRNSS-1A* श्रीहरिकोटा, अहमदाबाद, तिरुवनन्तपुरम या बंगलुरु में से कहाँ से छोड़ा गया?
  – श्रीहरिकोटा [UKPSC (Pre) 2012]
- भारतीय उपग्रह शृंखला, जो दूरसंचार तन्त्र के लिए उपयोग में ली जा रही है, रोहिणी, भारतीय दूर संवेदन *(IRS)* कार्टोसैट और इनसेट में से कौन है?
  – इनसेट [UKPSC (Pre) 2017]
- फसल की उपज का आकलन, भौम जल (ग्राउण्डवाटर) संसाधनों का स्थान निर्धारण, खनिज का अन्वेषण तथा दूरसंचार और यातायात अध्ययन में से किसमें क्रियाकलापों में भारतीय दूर संवेदन *(IRS)* उपग्रहों का प्रयोग नहीं किया जाता है?
  – दूरसंचार और यातायात अध्ययन [IAS (Pre) 2015]
- प्रथम भारतीय सम्प्रेषण सैटेलाइट 'एप्पल' कब छोड़ा गया था?
  – 19 जून, 1981 को [CGPSC (Pre) 2008, UKPSC (Pre) 2007]
- कार्टोसैट-*1B*, कल्पना-*1*, इनसैट-*2E* और सत्यबामासैट में से कौन-सा उपग्रह शैक्षणिक संस्थान उपग्रह है? *– सत्यबामासैट [MPPSC (Pre) 2019]*
- आर्यभट्ट का प्रक्षेपण कब किया गया था?
  – 19 अप्रैल, 1975 को [UPPSC (Mains) 2006]
- उपग्रह प्रक्षेपण यान-*3 (SLV-3)* के द्वारा चन्द्रयान-*1*, रोहिणी, *SROSS-C* और एडुसैट उपग्रहों में से किसे प्रक्षेपित किया गया था?
  – रोहिणी [RAS/RTS (Pre) 2016]
- ध्रुवीय उपग्रह प्रक्षेपण यान *(PSLV)* द्वारा चन्द्रयान-*1*, रोहिणी, *SROSS-C* या एडुसैट उपग्रहों में से किसे लॉन्च किया गया था?
  – चन्द्रयान-1 [RAS/RTS (Pre) 2016]
- भूसमकालिक उपग्रह प्रक्षेपण यान *(GSLV)* के द्वारा *SROSS-C* रोहिणी, चन्द्रयान-*1* और एडुसैट उपग्रहों में से किसे लॉन्च किया गया?
  – एडुसैट [RAS/RTS (Pre) 2016]
- *GSLV III, GSLV-F07, GSLV-D5* और *PSLV-C9* में से किसका दिसम्बर, *2014* में भारत द्वारा सफलतापूर्वक प्रक्षेपण किया गया?
  – GSLV III [UPPSC (Pre) 2015]
- भारत में रॉकेट-कार्यक्षेत्र में पूर्ण निम्नताप अवस्था का सफल परीक्षण किस वर्ष किया गया? *– वर्ष 2006 में [IAS (Pre) 2017]*
- भारत ने अपने मंगल ग्रह ऑर्बिटर मिशन को श्रीहरिकोटा से कब सफलतापूर्वक प्रक्षेपित किया था? *– 5 नवम्बर, 2013 को [UPPSC (Pre) 2015]*
- *ISRO* द्वारा प्रमोचित मंगलयान को अन्य किस नाम से जाना जाता है?
  – मार्स ऑर्बिटर मिशन [IAS (Pre) 2016]
- चन्द्रमा पर जाने के लिए दुनिया की पहली प्राइवेट फ्लाइट योजना का नाम, मून एक्सप्रेस, मून फ्लाइट, चन्द्रयान या मूनमेल में से क्या है?
  – मून एक्सप्रेस [JPSC (Pre) 2016]
- अगस्त, *2016* में चीन ने 'मिसियस' उपनाम से एक प्रणाली विकसित की, वह किस प्रकार की प्रणाली है?
  – एक क्वाण्टम उपग्रह संचार प्रणाली [UP RO/ARO (Pre) 2016]
- नासा के मंगल ग्रह पर जाने वाले यान का नाम फीनिक्स, रोजर, फ्लोरिडा और जॉन कैनेडी में से क्या है? *– फीनिक्स [MPPSC (Pre) 2010]*
- नासा के अनुसार, मंगल ग्रह पर उपस्थित जीवन के अब तक पाए गए लक्षणों में सम्मिलित है/हैं *– जल, जिप्सम और मीथेन [UPPSC (Mains) 2009]*
- चुम्बकीय वेधशाला, जिसका उद्घाटन *30* मार्च, *2015* को किया गया था कहाँ स्थित है *– पोर्ट ब्लेयर में [UPPSC (Pre) 2015]*
- *ISRO* और *CNES* ने एक संयुक्त समुद्री निगरानी प्रणाली स्थापित करने के लिए एक समझौते पर हस्ताक्षर किए। *CNES* किस देश की अन्तरिक्ष एजेन्सी है?
  – फ्रांस [BPSC (Pre) 2019]
- वर्ष *2017* में इसरो के किस सेटेलाइट लॉन्च व्हीकल के द्वारा एक ही फ्लाइट में *104* सेटेलाइट सफलतापूर्वक लॉन्च किए गए थे?
  – पीएसएलवी – सी 37 [MPPSC (Pre) 2024]
- मंगल ग्रह के लिए भारत का पहला अन्तरग्रहीय मिशन कब सफलतापूर्वक लॉन्च किया गया था? *– वर्ष 2013 में [MPPSC (Pre) 2024]*

नैनो प्रौद्योगिकी एवं इसके अनुप्रयोग

- रिचर्ड फेनमैन (1959), नोरियो तानिगुची (1974), एरिक ड्रेक्सलर (1986) और सुमियोलाजिमा (1991) में से किसने 'नैनो टेक्नोलॉजी' शब्द का प्रयोग किया और कब? *—नोरियो तानिगुची ने वर्ष 1974 में [UKPSC (Pre) 2016]*
- 21वीं शताब्दी की परमाणु लेजर तकनीक, नैनो तकनीक, आनुवंशिकी और जल संवर्द्धन में कौन-सी तकनीक युक्ति लघुरूपण में महत्त्वपूर्ण भूमिका निभा सकती है? *—नैनो तकनीक [UPPSC (Mains) 2004]*
- एक-कण, जिसकी कम-से-कम एक विमा 10^{-7} मीटर से कम हो, क्या कहलाता है? *—नैनो पार्टिकल [RAS/RTS (Pre) 2018]*
- नैनो कण का आकार होता है *– 1 एन. एम. से 100 एन. एम. [UKPSC (Pre) 2012]*
- नैनो-प्लग एक छोटी बुलेट, एक छोटे सुनने के यन्त्र, एक छोटे रॉकेट लॉन्चर में से किससे सम्बन्धित है? *—एक छोटे सुनने के यन्त्र से [UPPSC (Mains) 2015]*
- नैनोकण द्वारा कितने डेसीबल (dB) तक कम ध्वनि सुनाई देती है? *—60dB तक [RAS/RTS (Pre) 2013]*
- नैनो तकनीक के एयरोसोल, 3-डी नेटवर्किंग, आण्विक विनिर्माण और लक्षित दवाएँ उत्पादों/उदाहरणों को नैनों की चार पीढ़ियों के बढ़ते क्रम में व्यवस्थित कीजिए *—एयरोसोल (प्रथम पीढ़ी के उत्पाद), लक्षित दवाएँ (द्वितीय पीढ़ी के उत्पाद), 3-डी नेटवर्किंग (तृतीय पीढ़ी के उत्पाद) आण्विक विनिर्माण (चतुर्थ पीढ़ी के उत्पाद) [RAS/RTS (Pre) 2016]*
- एक जेब के आकार का चालक रहित जासूसी वायुयान का नाम क्या है, जिसका विकास संयुक्त राज्य अमेरिका में किया गया है? *—नैनो हमिंग बर्ड [UPPSC (Mains) 2010]*
- यदि किसी पदार्थ की एक विमा को नैनो रेंज तक घटा दिया गया हो, जबकि अन्य दो विमाएँ वहीं बनी रहती हैं, तो प्राप्त संरचना कहलाती है *—क्वाण्टम वेल [RAS/RTS (Pre) 2024]*
- क्वाण्टम डॉट क्या है? *—अर्धचालक नैनो संरचना [RAS/RTS (Pre) 2021]*
- नैनो द्रव्यों का सर्वाधिक महत्त्वपूर्ण गुण होता है *—घर्षण [RAS/RTS (Pre) 2021]*

नाभिकीय प्रौद्योगिकी

- ऑटोहॉन ने अणु बम की खोज यूरेनियम विखण्डन, नाभिक विखण्डन, अल्फा विकिरण और गामा विकिरण में से किस सिद्धान्त के आधार पर की? *– नाभिक विखण्डन [UKPSC (Pre) 2006]*
- पोखरण में वर्ष 1998 में हुए परमाणु अभियान का नाम क्या है? *'ऑपरेशन शक्ति 98' [UPPSC (Pre) 1999]*
- भारत के सम्पूर्ण ऊर्जा उत्पादन में नाभिकीय उत्पादन-स्रोतों से क्षमता का प्रतिशत कितना है? *3% [UP Lower 2009]*
- प्रथम भारी पानी संयन्त्र बंगलुरु, भोपाल, नांगल तथा हैदराबाद में से कहाँ स्थापित किया गया था? *– नांगल (पंजाब) [UPPSC (Pre) 2010]*
- वर्ष 1945 में नागासाकी (जापान) में गिराए गए बमों में सोडियम, पौटेशियम, प्लूटोनियम और यूरेनियम में से कौन-सा विस्फोटक प्रयुक्त किया गया था? *– प्लूटोनियम [BPSC (Pre) 2015]*
- अन्तर्राष्ट्रीय ताप नाभिकीय प्रायोगिक रिएक्टर (ITER) परियोजना उत्तरी स्पेन, दक्षिणी फ्रांस, पूर्वी जर्मनी और दक्षिणी इटली में से किस स्थान पर बनाई जाएगी? *– दक्षिणी फ्रांस [IAS (Pre) 2008]*

रक्षा प्रौद्योगिकी

- पृथ्वी, आकाश, त्रिशूल और ब्रह्मोस में से मई, 2014 में चाँदीपुर (ओडिशा) से पृथ्वी से आकाश तक मार करने वाले किस प्रक्षेपास्त्र का सफलतापूर्वक परीक्षण किया गया? *– आकाश [UKPSC (Pre) 2012]*
- अग्नि-II प्रक्षेपास्त्र को प्रक्षेपित किया गया था *– चाँदीपुर से [IAS (Pre) 2001, UPPSC (Pre) 2002, UPPSC (Mains) 2004]*
- अग्नि-IV प्रक्षेपास्त्र के सन्दर्भ में सही है *– यह धरातल से धरातल तक मार करने वाला प्रक्षेपास्त्र है। [IAS (Pre) 2014]*
- DRDO द्वारा नाग, त्रिशूल और अग्नि में से कौन-सा मिसाइल कार्यक्रम बन्द कर दिया गया है? *– त्रिशूल [CGPSC (Pre) 2013]*
- धनुष मिसाइल, जिसका सफल परीक्षण भारत द्वारा मार्च, 2010 में किया गया, की मारक क्षमता कितनी है *– 350 किमी [UPPSC (Mains) 2008]*
- ब्रह्मोस (ब्रह्मोस) सुपरसोनिक क्रूज मिसाइल का निर्माण किन देशों द्वारा हुआ है *– भारत और रूस द्वारा [UPPSC (Pre) 2003, 2004]*
- भारत ने बराक-8 मिसाइल (नेक्स्ट जेनरेशन) रूस, यूएसए, इजरायल और फ्रांस में से किस देश के सहयोग से विकसित की है? *– इजराइल [IAS (Pre) 2008, UPPSC (Pre) 2016]*
- शौर्य, जिसका प्रतिरक्षा अनुसन्धान एवं विकास संगठन द्वारा 12 नवम्बर, 2008 को सफल परीक्षण किया गया है, एक *– थल-से-थल पर मार करने वाला प्रक्षेपास्त्र है। [UPPSC (Pre) 2008]*
- 'टर्मिनल हाई ऑल्ट्रियूड एरिया डिफेन्स' (THAAD) क्या है? *– अमेरिकी मिसाइल-प्रतिरोधी प्रणाली [IAS (Pre) 2018]*
- C-130J सुपर हरक्यूलिस भारतीय वायु सेना द्वारा प्रयोग में लिया जा रहा विश्व का अत्यधिक उन्नत एयर लिफ्टर (वायुयान) है। ये वायुयान इजरायल, संयुक्त राज्य अमेरिका, रूस और फ्रांस में से किसके द्वारा बनाए जाते हैं? *– संयुक्त राज्य अमेरिका द्वारा [RAS/RTS (Pre) 2013]*
- डिफेन्स रिसर्च डेवलपमेन्ट ऑर्गेनाइजेशन (DRDO) द्वारा बनाए गए मानवरहित एयरक्राफ्ट का INS विराट, शाल्की, लक्ष्य और सुखोई में से नाम क्या है? *– लक्ष्य [JPSC (Pre) 2003]*
- INS शक्ति भारत का स्वदेश निर्मित पहला युद्धपोत, पनडुब्बी, विध्वंसक और रॉकेट प्रक्षेपक में से क्या है? *– युद्धपोत [UPPSC (Mains) 2010]*
- INS अस्त्रधारिणी क्या है? *– टॉरपीडो प्रमोचन और पुनर्प्राप्ति जलयान [IAS (Pre) 2016]*
- मिशन दिव्यास्त्र का सम्बन्ध किससे है? *– एमआईआरवी तकनीक से [UKPSC (Pre) 2024]*
- निम्नलिखित में से किस स्कॉर्पीन श्रेणी की पनडुब्बी को जनवरी, 2023 में भारतीय नौसेना में शामिल किया गया? *– आई एन एस वागीर [UPPSC (Pre) 2023]*
- INS विराट, INS सिन्धु रक्षक, INS राजालि और INS विक्रान्त में से कौन-सी एक भारतीय नौसेना की पनडुब्बी है? *– INS सिन्धु रक्षक [MPPSC (Pre) 2016]*

- INS शाल्की, INS सिन्धुवीर, INS शिशुमार और INS चक्र में से कौन-सी एक भारतीय नौसेना की नाभिकीय ऊर्जा द्वारा संचालित पनडुब्बी है? ***– INS चक्र** [RAS/RTS (Pre) 2016]*
- INS तिहायु, INS विराट, INS अरिहन्त और INS अस्त्रधारिणी में से कौन भारत की पहली सशस्त्र परमाणु पनडुब्बी है? ***– INS अरिहन्त** [UKPSC (Pre) 2016]*
- भारतीय नौसेना के लिए चालक रहित हेलीकॉप्टर का विकास चीन, फ्रांस, इजरायल और अमेरिका में से किस देश के सहयोग से किया जा रहा है? ***– इजरायल** [UPPSC (Mains) 2008]*
- स्वदेशी तकनीक से तैयार किए गए प्रथम T-20 S युद्धक टैंक का नाम अर्जुन, भीम, भीष्म और तरंग में से क्या है? ***– भीष्म** [UKPSC (Mains) 2002]*
- सारस है ***– स्वदेशी निर्मित नागरिक यात्री वायुयान** [IAS (Pre) 2005]*
- इन्द्र प्रक्षेपास्त्र, चालक रहित विमान, राडार और टैंक में से क्या है? ***– राडार** [UP Lower 2003, 2004]*
- देशज तकनीक से विकसित तेजस किस प्रकार का विमान है? ***– एक हल्का लडाकू विमान** [UPPSC (Mains) 2004]*
- रक्षा मन्त्रालय भारत सरकार द्वारा अगस्त, 2020 में प्रारम्भ किया गया 'सार्थक' स्मार्ट बम, रॉकेट प्रक्षेपक, अपतटीय गश्ती जहाज और हल्के लड़ाकू विमान में से किससे सम्बन्धित है? ***– अपतटीय गश्ती जहाज** [UPPSC (Pre) 2020]*
- यह संयुक्त राज्य अमेरिका तथा रूसी संघ के बीच नाभिकीय शस्त्रों पर कटौती करने की द्विपक्षीय सामरिक महत्त्व की सन्धि कौन-सी है? ***– न्यू स्टार्ट सन्धि** [IAS (Pre) 2011]*

लेजर प्रौद्योगिकी

- विकसित लेजर इण्टरफेरोमीटर स्पेस एण्टीना (eLiSA) का उद्देश्य क्या है? ***– गुरुत्वाकर्षण तरंगों का पता लगाना** [IAS (Pre) 2017]*
- भारत की प्रथम लेसर इण्टरफेरोमीटर ग्रेवीटेशनल वेव ऑब्जर्वेटरी लैब उत्तर प्रदेश, महाराष्ट्र, आन्ध्र प्रदेश और बिहार में से किस राज्य में स्थापित होगी? ***– महाराष्ट्र** [BPSC (Pre) 2016]*
- यह प्रयोग तीन ऐसे अन्तरिक्ष यानों को कार्य में लाएगा, जो एक समबाहु त्रिभुज की आकृति में उड़ान भरेंगे, जिसमें प्रत्येक भुजा मिलियन किलोमीटर लम्बी होगी और यानों के बीच लेजर चमक रही होगी। कथित प्रयोग वॉयेजर-2, न्यू हॉरायजन्स, LISA पाथफाइण्डर और इवोल्वड LISA में से किसे सन्दर्भित करता है? ***– इवोल्वड LISA** [IAS (Pre) 2017, 2020]*
- चिकित्सा स्थितियों का निदान करने के लिए एमआरआई तकनीक का उपयोग किया जाता है। एमआरआई में एक्स किरण, रेडियो तरंग और गामा किरण में से किसका उपयोग नहीं होता है? ***– एक्स किरण और गामा किरण** [BPSC (Pre) 2020]*

कम्प्यूटर एवं सूचना प्रौद्योगिकी

- मॉनीटर, टच स्क्रीन, प्रिण्टर और प्लॉटर में से कौन आउटपुट डिवाइस नहीं है? ***– टच स्क्रीन** [JPSC (Pre) 2016]*
- माउस को दो बार क्लिक करने पर डॉक्यूमेण्ट्स, वीडियो कार्ड, सेण्ट्रल प्रोसेसिंग यूनिट और हार्ड ड्राइव में से किस में सूचना जाती है? ***– सेण्ट्रल प्रोसेसिंग यूनिट में** [UP Lower 2013]*
- भारतीय सुपर कम्प्यूटर के जनक कौन कहलाते हैं? ***– विजय भटकर** [UKPSC (Pre) 2010, MPPSC (Pre) 2015]*
- भारत के सर्वप्रथम स्वदेश विकसित कम्प्यूटर का नाम गति, धर्म, शक्ति और परम में से क्या है? ***– परम** [UPPSC (Mains) 2004, UKPSC (Pre) 2010]*
- IRQ6 सामान्यतः साउण्ड कार्ड, कॉम 1, फ्लॉपी ड्राइव कण्ट्रोलर तथा LPT 1 में से किसको दिया जाता है? ***– फ्लॉपी ड्राइव कण्ट्रोलर को** [UP Lower 2015]*
- वर्चुअल मैमोरी का आकार, एड्रेस लाइन्स, डाटाबेस और डिस्क स्पेस में से किस पर निर्भर करता है? ***– डिस्क स्पेस पर** [MPPSC (Pre) 2010]*
- कम्प्यूटर की मशीनी भाषा अमूर्त बीजगणित, आव्यूह बीजगणित, बूलीय बीजगणित और रैखिक बीजगणित में से किस पर आधारित है? ***– बूलीय बीजगणित पर** [RAS/RTS (Pre) 2018]*
- बाइनरी भाषा कितने अंकों की बनी है? ***– 2 अंको की** [MPPSC (Pre) 2015]*
- चुम्बकीय टेप, प्रिण्टर, असेम्बलर और CRT में से कौन हार्डवेयर नहीं है? ***– असेम्बलर** [UKPSC (Mains) 2016]*
- क्यूबिट शब्द का उल्लेख क्लाउड सेवाएँ, क्वाण्टम संगणन, दृश्य प्रकाश संचार प्रौद्योगिकियाँ और बेतार संचार प्रौद्योगिकियों में से कौन-से एक प्रसंग में होता है? ***– क्वाण्टम संगणन** [IAS (Pre) 2022]*
- वेब क्रॉलर को लिंक डायरेक्टरी, सर्च ऑप्टीमाइजर, वेब स्पाइडर और वेब मैनेजर में से किस रूप में भी जाना जाता है? ***– वेब स्पाइडर** [MPPSC (Pre) 2019]*
- वेबसाइट खोलने के बाद वेब ब्राउजर द्वारा प्रदर्शित पहले पृष्ठ को होम पेज, ब्राउजर पेज, सर्च पेज और बुकमार्क में से क्या कहा जाता है? ***– होम पेज** [MPPSC (Pre) 2015, 18]*
- साइबर सुरक्षा की विशेषता/विशेषताएँ है? ***– अनुपालन आन्तरिक खतरों से प्रतिरक्षा खतरे से रोकथाम** [MPPSC (Pre) 2023]*
- कौन-सी पाँचवीं जनरेशन की एआई प्रोग्रामिंग भाषा है? ***– Prolog** [UKPSC (Pre) 2024]*
- 1200 से 2400 बिट प्रति सेकण्ड तक मध्यम गति संचार रेंज के लिए कौन-सी मॉड्यूलेशन तकनीक को प्राथमिकता दी जाती है? ***– आवृत्ति मॉड्यूलेशन** [UKPSC (Pre) 2024]*
- इण्टरनेट के क्षेत्र में W3C का अर्थ है ***– वर्ल्ड वाइड वेब कंसोर्टियम** [MPPSC (Pre) 2024]*
- किसी की शिकायतों को व्यक्त करने के लिए वेबसाइटों का प्रयोग कहलाता है ***– साइबर वेंटिंग** [JPSC (Pre) 2024]*
- हमला भ्रामक ई-मेल या टेक्स्ट सन्देशों के रूप में आता है, जो आपसे सॉफ्टवेयर इन्स्टॉल करने या व्यक्तिगत जानकारी प्रकट करने के लिए कह सकता है। ***– फिशिंग** [MPPSC (Pre) 2024]*
- कौन-सा शब्द/वाक्यांश का उपयोग '3D आभासी (वर्चुअल) दुनिया के एक इण्टर ऑपरेबल नेटवर्क, जिसे ऐसे लाखों प्रयोक्ताओं द्वारा एक साथ एक्सेस किया जा सकता है, जो आभासी (वर्चुअल) वस्तुओं पर सम्पत्ति के अधिकारों का प्रयोग कर सकते हैं को द्योतित करने के लिए सर्वाधिक उपयुक्त रूप से किया जाता है? ***– मेटावर्स** [IAS (Pre) 2024]*
- कुर्रेटली है- ***– सर्च इंजन** [MPPSC (Pre) 2024]*
- सेण्ट्रल प्रोसेसिंग यूनिट (CPU) का कौन-सा अंग गणना करता तथा परिणाम देता है? ***– अर्थमेटिक लॉजिक यूनिट** [JPSC (Pre) 2024]*
- किसी भी प्रकार की त्रुटि जैसे कनेक्शन विफलता, डेटा की हानि आदि से उभरने की कम्प्यूटर नेटवर्क की क्षमता क्या कहलाती है? ***लचीलापन (रेसिलिएंस)** [MPPSC (Pre) 2025]*
- MS-DOS किस प्रकार के यूजर इण्टरफेस वाला एक ऑपरेटिंग सिस्टम है? ***कमाण्ड आधारित** [MPPSC (Pre) 2025]*

रोबोटिक्स एवं आर्टिफिशियल इण्टेलीजेन्स

- कौन–सी पाँचवीं जनरेशन की एआई प्रोग्रामिंग भाषा है? *- प्रोलोग* [UKPSC (Pre) 2024]
- आर्टिफिशियल इण्टेलिजेन्स की शाखा है *- मशीन लर्निंग* [MPPSC (Pre) 2024]
- किसे कृत्रिम बुद्धिमत्ता का जनक कहा जाता है? *- जॉन मैकार्थी* [MPPSC (Pre) 2023]
- रोबोट का फायदा नहीं है? *- वह नौकरियों को विस्थापित कर सकते हैं* [MPPSC (Pre) 2023]
- कौन–सा कृत्रिम बुद्धिमत्ता (आर्टिफिशियल इण्टेलिजेंस) के पक्षपात का स्रोत नहीं है? *- क्षमता* [MPPSC (Pre) 2022]
- कौन–सा गैर–लाभकारी संगठन भारत में रोबोटिक्स और ऑटोमेशन में मानक स्थापित करने के लिए शीर्ष निकाय है? *- ऑल इण्डिया काउंसिल फॉर रोबोटिक्स एंड ऑटोमेशन (ए.आई.सी.आर.ए)* [MPPSC (Pre) 2025]

जैव-प्रौद्योगिकी

- जेनेटिक इंजीनियरिंग में किसका प्रयोग होता है? *- प्लाज्मिड* [UPPSC (Pre) 2015]
- आनुवंशिक अभियान्त्रिकी प्रयोगों में अत्यन्त उपयोगी दो जीवाणु कौन–से होते हैं? *- एश्चेरिचिया कोलाई व एग्रोबैक्टीरियम* [UKPSC (Pre) 2022]
- जैव सूचना विज्ञान में घटनाक्रमों/गतिविधियों के सन्दर्भ में समाचारों में कभी–कभी दिखने वाला पद 'ट्रान्सक्रिप्टोम' किसे निर्दिष्ट करता है? *- जीव द्वारा अभिव्यक्त mRNA अणुओं की पूर्ण शृंखला को* [IAS (Pre) 2016]
- प्रथम पुनर्योगज DNA बनाने के लिए किस बैक्टीरिया से पृथक्कृत प्लाज्मिड का उपयोग किया जाता था? *- साल्मोनेला टायइफीम्यूरियम* [MPPSC (Pre) 2003]
- जीवाणुओं से किस एक से आविष जीन का पारजीनी कपास में अन्तरण हुआ? *- बैसिलस थ्यूरिन्जिएंसिस* [IAS (Pre) 2001]
- आनुवंशिक रूप से परिवर्तित बीटी. बैंगन को किसके लिए विकसित किया गया है? *- कीट प्रतिरोध के लिए* [MPPSC (Pre) 2023]
- विकासशील एवं गरीब देशों के नागरिकों में व्याप्त रतौंधी की समस्या के निदान हेतु उपर्युक्त उपाय कौन–सा होता है? *- सुनहरी धान का उपयोग* [RAS/RTS (Pre) 2003]
- आनुवंशिक रोग के उपचार हेतु सर्वप्रथम रोगी के DNA में जीन थैरेपी द्वारा कौन–सा उपचार प्रदान किया गया? *- ब्लू–बेबी सिण्ड्रोम* [UPPSC (Pre) 2001]
- मानव प्रजनन तकनीक में अभिनव प्रगति के सन्दर्भ में 'प्राक्केन्द्रित स्थानान्तरण' का प्रयोग किसके लिए होता है? *- सन्तान में सूत्रकणिका वाले रोगों का निरोध करने के लिए* [IAS (Pre) 2020]
- कायिक कोशिका केन्द्रकीय अन्तरण प्रौद्योगिकी (सोमैटिक सेल न्यूक्लियर ट्रान्सफर टेक्नोलॉजी) का अनुप्रयोग किसमें होता है? *- जन्तुओं की जननीय क्लोनिंग में* [IAS (Pre) 2017]
- मानव वृद्धि हॉर्मोन जीन का प्रयोग करके ऐसा चूहा पैदा किया जाए जो चूहे के सामान्य आकार से आठ गुणा बड़ा हो, इस तकनीक को क्या कहते हैं? *- आनुवंशिक इंजीनियरिंग* [IAS (Pre) 1993]
- बॉलगार्ड–I और बॉलगार्ड–II प्रौद्योगिकी का उल्लेख किसके सन्दर्भ में किया जाता है? *- आनुवंशिक रूप से रूपान्तरित फसली पादपों के विकास में* [IAS (Pre) 2021]
- सुनहरे चावल में β–कैरोटीन जीन कहाँ से आता है? *- डैफोडिल पादप से* [JPSC (Pre) 2016]
- DNA सीक्वेन्सिंग तकनीक की खोज किसके द्वारा की गई थी? *- फ्रेडरिक सेंगर के द्वारा* [WBCS (Pre) 2010]
- विश्व स्तर के प्रोग्राम 'ह्यूमन जीनोम प्रोजेक्ट' का किससे सम्बन्ध है? *- मानव जीनों और उनके अनुक्रमों की पहचान एवं मानचित्रण से* [UPPSC (Pre) 2001]
- पुनर्योगज DNA तकनीक द्वारा उत्पादित इण्टरफेरॉन का उपयोग किराके उपचार के लिए होता है? *- कैंसर* [UPPSC (Mains) 2013]
- सबसे पहला सफल क्लोन जन्तु कौन–सा था? *-भेड़* [JPSC (Pre) 2013]
- DNA फिंगरप्रिण्टिंग किसका आधार माना जाता है? *- DNA बहुरूपता का* [RAS/RTS(Pre) 2018]
- शिशु का पितृत्व स्थापित करने के लिए किस एक तकनीक का प्रयोग किया जाता है? *- DNA फिंगरप्रिण्टिंग* [IAS (Pre) 1997, UP UDA/LDA (Pre) 2010]
- DNA फिंगरप्रिण्टिंग के उपयोग द्वारा इंग्लैण्ड में पहला अपराध किस वर्ष में हल किया गया था? *- 1983* [UPPSC (Mains) 2006, RAS/RTS (Pre) 2018]
- बायोचिप में क्या होता है? *- RNA, DNA तथा प्रोटीन* [UPPSC (Mains) 2008]
- जेनेटिक इंजीनियरिंग एप्रेजल कमेटी का निर्माण किसके द्वारा हुआ था? *- पर्यावरण (प्रोटेक्शन) एक्ट, 1986* [UPPSC (Pre) 2015]
- किस वैज्ञानिक ने अपने प्रयोग द्वारा जीवन की उत्पत्ति के विषय में स्वत: उत्पत्तिवाद का खण्डन किया? *- लुईस पाश्चर* [MPPSC (Pre) 2010]
- किनमें हाइड्रोजेलों का प्रयोग होता है? *-रोगियों में नियन्त्रित औषधि डिलीवरी, चल वातानुकूलन प्रणाली, औद्योगिक स्नेहकों का विरचन* IAS (Pre) 2024
- 'माइक्रोसैटेलाइट डी. एन. ए.' निम्नलिखित में से किस एक मामले में प्रयोग किया जाता है? *-प्राणीजात की विभिन्न जातियों के बीच विकासपरक सम्बन्धों का अध्ययन करना* IAS (Pre) 2023
- 'एरियल मेटाजिनोमिक्स' निम्नलिखित में से किस एक स्थिति को सबसे सही निर्दिष्ट करता है? *-किसी पर्यावरण में वायु से डी. एन. ए. प्रतिदर्शों को एक बार में एकत्र करना* IAS (Pre) 2023
- भारतीय जैविक डेटा केन्द्र किस राज्य में स्थापित किया जा रहा है? *-हरियाणा* UPPSC (Pre) 2023

बौद्धिक सम्पदा अधिकार

- भारत ने वस्तुओं के भौगोलिक संकेतक (पंजीकरण और संरक्षण) अधिनियम, 1999 को किसके दायित्वों का पालन करने के लिए अधिनियमित किया? *- विश्व व्यापार संगठन* (WTO) IAS (Pre) 2018
- ट्रिप्स समझौते का अनुपालन करने के लिए, भारत ने वस्तुओं के भौगोलिक संकेत (पंजीकरण और संरक्षण) अधिनियम, 1999 को अधिनियमित किया। 'ट्रेड मार्क' और भौगोलिक संकेत के बीच अन्तर है/हैं *- ट्रेड मार्क एक व्यक्ति या कम्पनी का अधिकार है, जबकि भौगोलिक संकेत एक समुदाय का अधिकार है। ट्रेड मार्क को लाइसेंस दिया जा सकता है, जबकि भौगोलिक संकेत को लाइसेंस नहीं दिया जा सकता।* (IAS Pre 2010)
- भारत में बौद्धिक सम्पदा अधिकारों के विनियमन हेतु नोडल एजेन्सी है *-औद्योगिक नीति एवं संवर्द्धन विभाग* IAS (Pre) 2017

प्रीलिम्स अभ्यास

भौतिक विज्ञान

1. मात्रक तथा मापन

1. विद्युत विभव के सन्दर्भ में निम्नलिखित कथनों में से कौन-सा/से सही है/हैं? UPPSC (Pre) 2021

1. यह एक अदिश राशि है।
2. यह एक सदिश राशि है।

कूट

(a) केवल 1
(b) केवल 2
(c) 1 और 2 दोनों
(d) न तो 1 और न ही 2

2. ओम-मीटर मात्रक है BPSC (Pre) 2020

(a) प्रतिरोध का (b) चालकत्व का
(c) प्रतिरोधकता का (d) आवेश का
(e) उपर्युक्त में से कोई नहीं/उपर्युक्त में से एक से अधिक

3. प्रकाश वर्ष (Light year) किसकी माप है? MPPSC (Pre) 2009, BPSC (Pre) 2020, JPSC 2024

(a) समय
(b) दूरी
(c) एक वर्ष में पृथ्वी पर पड़ने वाले प्रकाश की कुल मात्रा
(d) एक वर्ष में पृथ्वी पर पड़ने वाले प्रकाश की औसत तीव्रता

4. डॉब्सन इकाई का प्रयोग किया जाता है? UKPSC (Pre) 2005, 10, MPPSC (Pre) 2024

(a) पृथ्वी की मोटाई मापने में
(b) हीरे की मोटाई मापने में
(c) ओजोन परत की मोटाई मापने में
(d) शोर के मापन में

5. पाइरेलियोमीटर का प्रयोग निम्न में से किसे नापने के लिए किया जाता है? UPPSC (Pre) 2015

(a) सन स्पॉट को
(b) सोलर रेडिएशन को
(c) हवा ताप को
(d) पौधों के ताप को

6. किस मीटर का उपयोग वाहन द्वारा तय की गई दूरी को मापने के लिए किया जाता है? BPSC (Pre) 2024

(a) एमीटर (b) स्पीडोमीटर
(c) क्रोनोमीटर (d) ओडो मीटर

2. यान्त्रिकी

7. एक ऊँची इमारत से एक गेंद 9.8 मी/से^{2} के एकसमान त्वरण के साथ गिराई जाती है, तो 3 सेकण्ड बाद उसका वेग क्या होगा? IAS (Pre) 1998

(a) 9.8 मी/से (b) 19.6 मी/से
(c) 29.4 मी/से (d) 39.2 मी/से

8. त्वरण ज्ञात करने का सही सूत्र कौन-सा है? UPPSC (Pre) 2003

(a) $a = \frac{v-u}{t}$ (b) $a = u + vt$
(c) $a = \frac{v+u}{t}$ (d) $a = \frac{v+u}{2}$

9. किसी वस्तु के लिए दूरी-समय ग्राफ नीचे दशाया गया है। इस वस्तु के लिए निम्नलिखित में से कौन-सा कथन सत्य है?

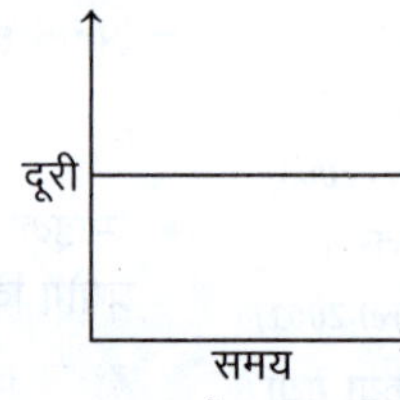

(a) वस्तु एकसमान चाल से चल रही है।
(b) वस्तु विरामावस्था में है।
(c) वस्तु की गति अरेखीय है।
(d) वस्तु असमान चाल से चल रही है।

10. तेल से अंशत: भरा हुआ तेल का एक टैंकर समतल सड़क पर आगे की ओर एकसमान त्वरण से जा रहा है। तेल का मुक्त पृष्ठ IAS (Pre) 2003

(a) क्षैतिज बना रहेगा
(b) क्षैतिज से इस प्रकार आनत होगा, कि पिछले सिरे पर कम गहराई होगी
(c) क्षैतिज से इस प्रकार आनत होगा कि पिछले सिरे पर अधिक गहराई होगी
(d) परवलयी वक्र का आकार लेगा

11. यदि किसी वृतीय पथ पर कण के नियत कोणीय वेग के लिए पथ की त्रिज्या दोगुनी कर दी जाए तो रेखीय वेग होगा

(a) दोगुना (b) तीन गुना
(c) अपरिवर्तित (d) शून्य

3. बल तथा न्यूटन के गति विषयक नियम

12. निम्नलिखित में से कौन-सा एक गैर-सम्पर्क बल है? BPSC (Pre) 2024

(a) चुम्बकीय बल (b) घर्षण बल
(c) प्रभावी बल (d) इनमें से कोई नहीं

13. पदार्थ के संवेग (Momentum) और वेग के अनुपात में कौन-सी भौतिक राशि प्राप्त की जाती है? BPSC (Pre) 2001

(a) वेग (b) त्वरण
(c) द्रव्यमान (d) बल

14. प्रत्येक क्रिया के लिए एकसमान और विपरीत प्रतिक्रिया होती है, ……… यह नियम दिया था। UP RO/ARO (Mains) 2017

(a) न्यूटन ने
(b) अल्बर्ट आइन्स्टीन ने
(c) वोहर ने
(d) हेडेन

15. सड़क पर चलने की अपेक्षा बर्फ पर चलना कठिन है, क्योंकि UPPSC (Pre) 1994

(a) बर्फ सड़क से सख्त होती है
(b) सड़क बर्फ से सख्त होती है
(c) जब हम अपने पैर से धक्का देते हैं, तो बर्फ कोई प्रतिक्रिया व्यक्त नहीं करती है
(d) बर्फ में सड़क की अपेक्षा घर्षण कम होता है

16. निम्नलिखित में से किस ऊर्जा परिवर्तन में घर्षण बल शामिल होता है? BPSC (Pre) 2023

(a) गतिज ऊर्जा से ऊष्मा ऊर्जा
(b) स्थितिज ऊर्जा से ध्वनि ऊर्जा
(c) रासायनिक ऊर्जा से ऊष्मा ऊर्जा
(d) उपरोक्त में से एक से अधिक
(e) उपरोक्त में से कोई नहीं

17. मथने के पश्चात् क्रीम का दूध से पृथक हो जाने का कारण है JPSC (Pre) 2013

(a) गुरुत्वाकर्षण बल
(b) ससंजक बल
(c) अपकेन्द्रीय बल
(d) इनमें से कोई नहीं

18. एक मनुष्य स्थिर नाव से 5 मी/से की चाल से कूदा और नाव 0.5 मी/से की चाल से खिसकी। बताइए कि नाव का द्रव्यमान मनुष्य के द्रव्यमान का कितना गुना है? **IAS (Pre) 1994**

(a) 5.5 गुना (b) 4.5 गुना
(c) 2.5 गुना (d) 10 गुना

4. कार्य, ऊर्जा और शक्ति

19. 10 न्यूटन का कोई बल 5 किग्रा के किसी पिण्ड पर 2 सेकण्ड तक लगता है। बल द्वारा किया गया कार्य **MPPSC (Pre) 2004**

(a) 40 जूल (b) 50 जूल
(c) 60 जूल (d) 80 जूल

20. एक वस्तु के स्वतन्त्र रूप से गिरने के दौरान
(a) इसकी स्थितिज ऊर्जा बढ़ती है और इसकी गतिज ऊर्जा घटती है
(b) इसकी स्थितिज ऊर्जा घटती है और इसकी गतिज ऊर्जा बढ़ती है
(c) इसकी स्थितिज ऊर्जा और गतिज ऊर्जा दोनों बढ़ती हैं
(d) इसकी स्थितिज ऊर्जा और गतिज ऊर्जा दोनों घटती हैं

21. ऊर्जा का अक्षय स्रोत है **BPSC (Pre) 2023**

(a) कोयला (b) जीवाश्म ईंधन
(c) प्राकृतिक गैस (d) सूर्य

22. वायु शक्ति (Wind power) में ऊर्जा का कौन-सा रूप विद्युत ऊर्जा में परिवर्तित होता है? **UPPSC (Pre) 2016**

(a) गतिज ऊर्जा (b) स्थितिज ऊर्जा
(c) सौर ऊर्जा (d) विकिरण ऊर्जा

23. निम्नलिखित पर विचार कीजिए
1. बैटरी भण्डारण
2. बायोमास जेनरेटर
3. ईंधन सेल
4. रूफटॉप सौर प्रकाश-वोल्टीय यूनिट

उपर्युक्त में से कितने 'वितरित ऊर्जा संसाधन' माने जाते हैं?

(a) केवल एक (b) केवल दो
(c) केवल तीन (d) सभी चार

5. गुरुत्वाकर्षण

24. प्रकृति के ज्ञात बलों को चार वर्गों में विभाजित किया जा सकता है, जैसे कि गुरुत्व, विद्युत-चुम्बकत्व, दुर्बल नाभिकीय बल और प्रबल नाभिकीय बल। उनके सन्दर्भ में, निम्नलिखित कथनों में से कौन-सा एक सही नहीं है? **IAS (Pre) 2013**

(a) गुरुत्व, चारों में सबसे प्रबल है।
(b) विद्युत-चुम्बकत्व सिर्फ विद्युत आवेश वाले कणों पर क्रिया करता है।
(c) दुर्बल नाभिकीय बल विघटनाभिकता का कारण है।
(d) प्रबल नाभिकीय बल परमाणु के केन्द्रक में प्रोटॉनों और न्यूट्रॉनों को धारित किए रखता है।

25. यदि पृथ्वी का द्रव्यमान वही रहे और त्रिज्या 1% से कम हो जाए, तब पृथ्वी के तल पर g का मान **IAS (Pre) 2003**

(a) 0.5% बढ़ जाएगा (b) 2% बढ़ जाएगा
(c) 0.5% कम हो जाएगा (d) 2% कम हो जाएगा

26. अलग-अलग द्रव्यमान की दो वस्तुएँ चन्द्रमा की सतह के पास स्वतन्त्र रूप से गिरने से क्या होगा? **BPSC (Pre) 2023**

(a) अलग-अलग त्वरण होगा
(b) उनके जड़त्व में परिवर्तन होगा
(c) किसी भी क्षण एक ही वेग होगा
(d) समान परिमाण के बल का अनुभव होगा

27. पृथ्वी का पलायन वेग है **RAS/RTS (Pre) 2005**

(a) 15.0 किमी/से (b) 21.1 किमी/से
(c) 7.0 किमी/से (d) 11.2 किमी/से

6. पदार्थ के यांत्रिक गुण

28. वस्तु की मात्रा बदलने पर अपरिवर्तित रहेगा **UPPSC (Pre) 1992**

(a) आयतन (b) भार
(c) द्रव्यमान (d) घनत्व

29. बर्फ पानी पर क्यों तैरती है? **RAS/RTS (Pre) 2010**

(a) बर्फ में वायु भरी होती है।
(b) बर्फ का घनत्व पानी से कम होता है।
(c) पानी का बर्फ से अधिक गहरा होना।
(d) बर्फ का घनत्व पानी से अधिक होना।

30. समुद्र में तैरती हुए आइसबर्ग का कितना भाग समुद्र की सतह से ऊपर होता है? **UPPSC (Pre) 2005**

(a) 1/9 (b) 1/10
(c) 1/6 (d) 1/4

31. ताप बढ़ने के साथ द्रव की श्यानता **UKPSC (Pre) 2016**

(a) बढ़ती है (b) घटती है
(c) अपरिवर्तित रहती है
(d) द्रव की प्रकृति के अनुसार बढ़ या घट सकती है

7. ऊष्मा, ताप तथा ऊष्मागतिकी

32. सेल्सियस और फॉरेनहाइट थर्मोमीटर में दोनों के ताप का प्रेक्षण समान होता है, जबकि ताप का मान है **IAS (Pre) 1993, MPPSC (Pre) 1998, UPPSC (Pre) 2011, UPPSC (Mains) 2015, BPSC (Pre) 2020**

(a) −40° (b) 0°
(c) 32° (d) 100°

33. निम्नलिखित में से कौन-सा फारेनहाइट (°F) तथा सेल्सियस (°C) डिग्री के बीच सही सम्बन्ध दर्शाता है? **UPPSC (Pre) 2024**

(a) $°C = \frac{9}{5}°F + 32$ (b) $°C = °F - 273.15$
(c) $°F = \frac{9}{5}°C + 32$ (d) $°F = °C - 273.15$

34. जब पानी में नमक मिलाया जाता है, तो निम्न में से कौन-सा परिवर्तन होता है? **MPPSC (Pre) 2004, UPPSC (Mains) 2006, RAS/RTS (Pre) 2008**

(a) क्वथनांक बढ़ता है और जमाव बिन्दु घटता है।
(b) क्वथनांक घटता है और जमाव बिन्दु बढ़ता है।
(c) क्वथनांक व जमाव बिन्दु दोनों घटते हैं।
(d) क्वथनांक व जमाव बिन्दु दोनों बढ़ते हैं।

35. स्वचालित इंजनों हेतु निम्नलिखित में से कौन-सा एक हिमरोधी के तौर पर प्रयुक्त होता है? **UPPSC (Pre) 2008**

(a) एथेनॉल (b) एथिलीन ग्लाइकॉल
(c) मिथेनॉल (d) प्रोपिल ऐल्कोहॉल

36. निम्नलिखित प्रकार के ऊष्मा इंजनों में से कार्बुरेटर का प्रयोग किसमें किया जाता है? **UPPSC (Pre) 2022**

(a) डीजल इंजन
(b) भाप इंजन
(c) पेट्रोल इंजन
(d) दोनों डीजल और पेट्रोल इंजन

37. निम्नलिखित कथनों पर विचार कीजिए

कथन I ग्रीष्म ऋतु में महाद्वीपों और महासागरों के बीच तापमान विपर्यास शीत ऋतु की अपेक्षा अधिक होता है।

कथन II जल की विशिष्ट ऊष्मा, भूपृष्ठ की विशिष्ट ऊष्मा की अपेक्षा अधिक होती है। **IAS (Pre) 2023**

उपरोक्त कथनों के बारे में निम्नलिखित में से कौन-सा एक सही है?

(a) कथन I और कथन II दोनों सही है तथा कथन II, कथन I की सही व्याख्या है
(b) कथन I और कथन II दोनों सही हैं, परन्तु कथन II, कथन I की सही व्याख्या नहीं है
(c) कथन I सही है, किन्तु कथन II गलत है
(d) कथन I गलत है, किन्तु कथन II सही है

8. आवर्त गति तथा तरंग गति

38. भोजन पकाने के लिए किस/किन विद्युत-चुम्बकीय विकिरण/विकिरणों का उपयोग किया जाता है/हैं? **IAS (Pre) 2021, MPPSC (Pre) 2021**

(a) केवल अवरक्त विकिरण
(b) केवल सूक्ष्म तरंग विकिरण
(c) अवरक्त और सूक्ष्म तरंग विकिरण
(d) सभी विद्युत-चुम्बकीय विकिरण

39. ध्वनि तरंगें UPPSC (Pre) 2002, IAS (Pre) 2014
(a) निर्वात् में चल सकती हैं
(b) केवल ठोस माध्यम से चल सकती हैं
(c) केवल गैसों में चल सकती हैं
(d) ठोस तथा गैस दोनों माध्यमों में चल सकती हैं

40. ध्वनि का एक अभिलक्षण 'तारत्व' (Pitch) है, जो निर्भर करता है, उसकी JPSC (Pre) 2008
(a) तीव्रता पर (b) आवृत्ति पर
(c) गुणता पर (d) इनमें से कोई नहीं

41. जब दो लोग आपस में बात करते हैं, तब कितने डेसीबल ध्वनि उत्पन्न होती है? RAS/RTS (Pre) 2003
(a) लगभग 5 डेसीबल (b) लगभग 60 डेसीबल
(c) लगभग 30 डेसीबल (d) लगभग 100 डेसीबल

42. निम्नलिखित गैसों को उनमें ध्वनि की गति के अनुसार निम्नतम से उच्चतम क्रम में व्यवस्थित कीजिए HPPSC (Pre) 2024
1. सल्फर डाइ-ऑक्साइड
2. हीलियम
3. ऑक्सीजन
4. हाइड्रोजन

नीचे दिए गए विकल्पों में से सही उत्तर का चुनाव कीजिए
(a) 2, 1, 3, 4 (b) 1, 3, 2, 4
(c) 4, 3, 1, 2 (d) 3, 4, 1, 2

43. निम्नलिखित कथनों पर विचार कीजिए IAS (Pre) 2023
1. भूकम्प-लेखी (सीसमोग्राफ) में S तरंगों से पूर्व P तरंगें अभिलिखित की जाती है।
2. P तरंगों में अलग-अलग कण तरंग प्रसार की दिशा में आगे-पीछे कम्पन करते हैं, जबकि S तरंगों में कण तरंग प्रसार की दिशा के समकोणीय ऊपर-नीचे कम्पन्न करते हैं।

उपरोक्त कथनों में से कौन-सा/से सही है/हैं?
(a) केवल 1 (b) केवल 2
(c) 1 और 2 दोनों (d) न तो 1 और न ही 2

9. प्रकाशिकी

44. निम्नलिखित युग्मों पर विचार कीजिए HPSC (Pre) 2024
1. **समतल दर्पण** वस्तु (बिम्ब) की तरह समान आकार का प्रतिबिम्ब
2. **अवतल दर्पण** वाहन में रियर व्यू (पश्च-दृश्य) दर्पण
3. **उत्तल दर्पण** दन्त विशेषज्ञ

उपरोक्त युग्मों में से कितने युग्म सही हैं?
(a) केवल एक युग्म
(b) केवल दो युग्म
(c) सभी तीनों युग्म
(d) इनमें से कोई भी युग्म नहीं
(e) अनुत्तरित प्रश्न

45. किसी उत्तल दर्पण द्वारा अनंत तथा दर्पण के ध्रुव P के बीच रखे बिम्ब के प्रतिबिम्ब की प्रकृति क्या होगी? CGPSC (Pre) 2021
(a) आभासी तथा सीधा (b) वास्तविक तथा सीधा
(c) वास्तविक तथा उल्टा (d) आभासी तथा छोटा

46. निम्न में से किसमें पूर्ण आन्तरिक परावर्तन शामिल नहीं है? HPSC (Pre) 2021
(a) रेगिस्तान में मरीचिका
(b) कैलाइडोस्कोप
(c) हीरे की झिलमिलाहट/चमक
(d) ऑप्टीकल फाइबर में प्रकाश किरणों का संचरण

47. किसी वस्तु को एक लेन्स के सामने 10 सेमी की दूरी पर रखा जाता है। बनने वाला प्रतिबिम्ब वास्तविक, उल्टा और वस्तु के बराबर आकार का है। लेन्स की फोकस दूरी और प्रकृति क्या है? UPPSC (Pre) 2021
(a) 5 सेमी, अभिसारी (b) 10 सेमी, अपसारी
(c) 20 सेमी, अभिसारी (d) 20 सेमी, अपसारी

48. जब जल से भरे खोखले प्रिज्म पर श्वेत प्रकाश किरण पुँज को आपतित किया जाता है, तो यह किरण पुँज सात घटक रंगों में विभक्त हो जाता है। निम्नलिखित में से कौन-सा रंग अधिकतम विचलन कोण बनाता है? IAS (Pre) 2021
(a) लाल
(b) बैंगनी
(c) हरा
(d) सभी रंगों का समान मात्रा में विचलन होगा

49. वायुमण्डल में प्रकाश के विसरण का कारण है IAS (Pre) 2003, UPPSC (Pre) 2021
(a) कार्बन डाइऑक्साइड
(b) धूल-कण
(c) हीलियम
(d) जल-वाष्प

50. निम्नलिखित में से कौन-सा कथन निकट-दृष्टि दोष वाले व्यक्ति के बारे में सही है? UPPSC (Pre) 2008, 2015, UPPSC (Mains) 2021
(a) निकट-दृष्टि दोष वाला व्यक्ति निकट की वस्तुओं को धुँधला और दूर की वस्तुओं को स्पष्ट देखता है तथा इस दोष को दूर करने के लिए उत्तल लेन्स का प्रयोग किया जाता है।
(b) निकट-दृष्टि दोष वाला व्यक्ति निकट की वस्तुओं को स्पष्ट और दूर की वस्तुओं को धुँधला देखता है तथा इस दोष को दूर करने के लिए अवतल लेन्स का प्रयोग किया जाता है।
(c) निकट-दृष्टि दोष वाला व्यक्ति निकट की वस्तुओं को धुँधला दूर की वस्तुओं को स्पष्ट देखता है तथा इस दोष करने के लिए अवतल लेन्स का प्रयोग किया जाता है।
(d) निकट-दृष्टि दोष वाला व्यक्ति निकट की वस्तुओं को स्पष्ट और दूर की वस्तुओं को धुँधला देखता है तथा इस दोष को दूर करने के लिए उत्तल लेन्स का प्रयोग किया जाता है।

10. वैद्युतिकी

51. नीचे दो कथन दिए गए हैं, जिनमें से एक को अभिकथन (A) और दूसरे को कारण (R) कहा गया है UP RO/ARO 2024

अभिकथन (A) बन्द शीशे की खिड़कियों एवं दरवाजों वाली कार में यात्रा करते समय व्यक्ति आकाशीय बिजली के आघात से सुरक्षित रहते हैं।

कारण (R) एक बन्द कार अन्दर से खाली चालक की तरह व्यवहार करती है, अत: आवेश कार के अन्दर प्रवेश नहीं कर पाते हैं।

नीचे दिए गए कूट का प्रयोग कर सही उत्तर का चयन कीजिए
(a) A गलत है, किन्तु R सही है
(b) A और R दोनों सही हैं, परन्तु R, A की सही व्याख्या नहीं करता है
(c) A और R दोनों सही हैं तथा R, A की सही व्याख्या करता है
(d) A गलत है, किन्तु R सही है

52. आपस में जुड़ी दो आवेशित वस्तुओं के बीच विद्युत धारा नहीं प्रवाहित होती है, यदि वे हों UPPSC (Pre) 2014
(a) समान आवेग पर (b) समान धारिता पर
(c) समान प्रतिरोधिता पर (d) समान विभव पर

53. दो समानान्तर प्रतिरोध वाले सर्किट का कुल प्रतिरोध 1.403 किलो-ओम है। यदि एक प्रतिरोधक का मान 2.0 किलो-ओम है, तो दूसरे प्रतिरोधक का मान होगा BPSC (Pre) 2020
(a) 1.403 किलो-ओम (b) 2.0 किलो-ओम
(c) 3.403 किलो-ओम (d) 4.70 किलो-ओम
(e) उपर्युक्त में से कोई नहीं/उपर्युक्त में से एक से अधिक

54. निम्नलिखित में से कौन-सा दिए गए तार का प्रतिरोध है? BPSC (Pre) 2024
(a) $R = IV$ (b) $R = \frac{I}{2V}$
(c) $R = \frac{V}{I}$ (d) $R = \frac{I}{V}$

55. घरेलू विद्युत सप्लाई के दौरान काले रंग का आवरणयुक्त तार है CGPSC (Pre) 2015
(a) विद्युतन्मय तार
(b) भू-तार
(c) उदासीन तार
(d) फ्यूज तार

56. मोटरकार बैटरी के सम्बन्ध में निम्नलिखित कथनों पर विचार कीजिए **IAS (Pre) 1999**

1. वोल्टता सामान्यत: 12 वोल्ट होती है।
2. प्रयुक्त विद्युत अपघट्य हाइड्रोक्लोरिक अम्ल होता है।
3. इलेक्ट्रोड सीसा और ताम्र होते हैं।
4. धारिता को ऐम्पियर-घण्टा में व्यक्त करते हैं।

उपर्युक्त कथनों में से कौन-से सही है?

(a) 1 और 2
(b) 2 और 3
(c) 3 और 4
(d) 1 और 4

11. चुम्बकत्व एवं विद्युत चुम्बकीय प्रेरण

57. निम्नलिखित में से कौन टेस्ला के समतुल्य है? **BPSC (Pre) 2024**

(a) एम्पीयर पर न्यूटन (b) न्यूटन पर कुलाम्ब
(c) न्यूटन पर एम्पयीर-सैकण्ड
(d) न्यूटन पर एम्पयीर मीटर

58. 10 सेमी त्रिज्या की 100 कसकर लपेटे गए फेरों की किसी ऐसी कुण्डली पर विचार कीजिए, जिससे 1 A विद्युत धारा प्रवाहित हो रही है। कुण्डली के केन्द्र पर चुम्बकीय क्षेत्र का परिमाण क्या होगा? **UKPSC (Pre) 2024**

(a) 6.28×10^{-4} T (b) 6.28×10^{-3} T
(c) 2.68×10^{-4} T (d) 6.82×10^{-2} T

59. अतिचालक का लक्षण है **BPSC (Pre) 1994**

(a) उच्च पारगम्यता (b) निम्न पारगम्यता
(c) शून्य पारगम्यता (d) अंनत पारगम्यता

60. किसी AC जनित्र तथा DC जनित्र में एक मूलभूत अंतर यह है कि **CGPSC (Pre) 2018**

(a) AC जनित्र में विद्युत चुम्बक होता हैं, जबकि DC जनित्र में स्थायी चुम्बक होता है
(b) AC जनित्र में सर्पी वलय होते हैं, जबकि DC जनित्र में दिक्परिवर्तक होता है
(c) DC जनित्र उच्च वोल्टता का जनन करता है
(d) AC जनित्र उच्च वोल्टता का जनन करता है

61. चिकित्सा स्थितियों का निदान करने के लिए एम.आर. आई. तकनीक का उपयोग किया जाता है। एम. आर. आई. में किसका उपयोग नहीं होता है? **BPSC (Pre) 2020**

(a) चुम्बकीय क्षेत्र
(b) एक्स-किरण
(c) रेडियो तरंग
(d) गामा किरण
(e) उपरोक्त में कोई नहीं/उपरोक्त में से एक से अधिक

12. आधुनिक भौतिकी (परमाणु एवं नाभिकीय)

62. परमाणु की संरचना के लिए एक मॉडल प्रस्तावित करने वाले पहले व्यक्ति कौन थे? **BPPSC (Pre) 2024**

(a) ई. गोल्डस्टिन (b) रदरफोर्ड
(c) नील्स बोहर (d) जे.जे. थॉमसन

63. रेडियोधर्मिता के संदर्भ में निम्नलिखित कथनों में से कौन-सा/से सही है/हैं? **UPPSC (Pre) 2021**

1. रेडियोधर्मिता एक नाभिकीय गुण है।
2. नाभिकीय विखण्डन (Nuclear Fission) के सिद्धान्त पर हाइड्रोजन बम बनाया जाता है।

कूट

(a) केवल 1 (b) केवल 2
(c) 1 और 2 दोनों (d) न तो 1 और न ही 2

64. रेडियोधर्मी पदार्थ उत्सर्जित करता है **BPSC (Pre) 1995**

(a) ऐल्फा कण (b) बीटा कण
(c) गामा कण (d) ये सभी

65. एक रेडियोधर्मी पदार्थ की अर्द्ध-आयु 4 महीना है; इस पदार्थ का 3/4 भाग क्षय होने में कितना समय लगेगा? **UKPSC (Pre) 2024, IAS (Pre) 2024**

(a) 12 महीने (b) 8 महीने
(c) 4 महीने (d) 3 महीने

66. निम्नलिखित कथनों पर विचार कीजिए। **IAS (Pre) 2001**

नाभिकीय रिएक्टर में स्वपोषित श्रृंखला अभिक्रिया सम्भव है, क्योंकि

1. प्रत्येक विखण्डन अभिक्रिया में अपेक्षाकृत अधिक न्यूट्रॉन निर्मुक्त होते हैं।
2. न्यूट्रॉन विखण्डन प्रक्रियाओं में तुरन्त हिस्सा लेते हैं।
3. द्रुत न्यूट्रॉन ग्रेफाइट द्वारा धीमे किए जाते हैं।
4. विखण्डन प्रक्रियाओं में निर्मुक्त प्रत्येक न्यूट्रॉन आगे की ओर विखण्डन की शुरुआत करता है।

उपरोक्त कथनों में से कौन-से सही हैं?

(a) 1, 2 और 3 (b) 1 और 3
(c) 2 और 4 (d) 1, 3 और 4

13. अर्द्धचालक इलेक्ट्रॉनिक्स तथा संचार प्रणाली

67. एक अर्द्धचालक में विद्युत चालन होता है **UKPSC (Pre) 2016**

(a) केवल इलेक्ट्रॉन द्वारा (b) केवल होल्स द्वारा
(c) इलेक्ट्रॉन्स एवं होल्स दोनों के द्वारा
(d) न इलेक्ट्रॉन्स द्वारा और न ही होल्स द्वारा

68. किसी अर्द्धचालक का प्रतिरोध गर्म करने पर **UPPSC (Mains) 2015**

(a) स्थिर रहता है (b) घटता है
(c) बढ़ता है (d) इनमें से कोई नहीं

69. निम्नलिखित गतिविधियों पर विचार कीजिए

1. विमानपत्तनों अथवा विमानों में यात्रियों के पास मौजूद स्वापक पदार्थों (नार्कोटिक्स) की पहचान
2. वर्षण का मॉनीटरन
3. पशुओं के प्रवास पर नजर रखना (ट्रैकिंग)

उपरोक्त में से कितनी गतिविधियों में रडारों का उपयोग किया जा सकता है?

(a) केवल एक (b) केवल दो
(c) सभी तीन (d) इनमें से कोई नहीं

70. प्रकाश उत्सर्जक डायोड के कार्य करने का सिद्धान्त है **JPSC (Pre) 2021**

(a) विद्युत संदीप्ति (b) लेसर
(c) तापायनिक उत्सर्जन (d) प्रकाश-विद्युत कोड

71. यदि कोई एक इनपुट HIGH (या 1) तथा आउटपुट भी HIGH (या 1) है, तो GATE है **UKPSC (Pre) 2022**

(a) OR गेट (b) AND गेट
(c) NOT गेट (d) NOR गेट

72. 1200 से 2400 बिट प्रति सेकण्ड तक मध्यम गति संचार रेंज के लिए कौन-सी मॉड्यूलेशन तकनीक को प्राथमिकता दी जाती है? **UKPSC (Pre) 2024**

(a) आयाम मॉड्यूलेशन (b) आवृत्ति मॉड्यूलेशन
(c) चरण मॉड्यूलेशन (d) इनमें से कोई नहीं

14. हमारा ब्रह्माण्ड

73. आकाशगंगा वर्गीकृत की गई है **UPPSC (Pre) 2001**

(a) सर्पिलाकार गैलेक्सी के रूप में
(b) विद्युत गैलेक्सी के रूप में
(c) अनियमित गैलेक्सी के रूप में
(d) गोलाकार गैलेक्सी के रूप में

74. खगोलीय दूरियाँ प्रकाश वर्ष में मापे जाने का कारण निम्नलिखित में से कौन-सा है? **IAS (Pre) 2021**

(a) तारकीय पिण्डों के बीच की दूरियाँ परिवर्तित नहीं होती है
(b) तारकीय पिण्डों का गुरुत्व परिवर्तित नहीं होता है
(c) प्रकाश सदैव सीधी रेखा में यात्रा करता है
(d) प्रकाश की गति (स्पीड) सदैव एकसमान होती है

75. सुपरनोवा है **UPPSC (Pre) 2014**

(a) एक ग्रहिका
(b) एक ब्लैकहोल
(c) एक पुच्छल तारा
(d) एक मृत प्राय तारा

76. हमारे सौरमण्डल से सम्बन्धित निम्नलिखित कथनों पर विचार कीजिए। HPSC (Pre) 2024

1. सप्तऋषि बिग-बियर तारामण्डल का हिस्सा बनाता है।
2. सप्तऋषि उरसा मेजर तारामण्डल का हिस्सा बनाता है।
3. क्षुद्रग्रह बेल्ट मंगल और पृथ्वी की कक्षाओं के मध्य स्थित है।
4. सबसे बड़ा क्षुद्रग्रह सिरे (Cere) है।

उपरोक्त कथनों में से कितने कथन सही हैं?

(a) 1 और 2 (b) 2 और 3
(c) 3 और 4 (d) 1, 2 और 4

रसायन विज्ञान

1. पदार्थों का परिवर्तन तथा पृथक्करण

78. नीचे दो कथन दिए गए हैं, एक को कथन A तथा दूसरे को कारण R कहा गया है। UPPSC (Pre) 2022

कथन (A) एक गिलास पानी में नमक का घोल समरस (समांगी) होता है।

कारण (R) पूरे हिस्से में विभिन्न संगठन वाला घोल समरस (समांगी) होता है।

नीचे दिए गए कूट से सही उत्तर का चयन कीजिए

(a) A तथा R दोनों सही हैं तथा R, A की सही व्याख्या है।
(b) A तथा R दोनों सही हैं, परन्तु R, A की सही व्याख्या नहीं है।
(c) A सही है, परन्तु R गलत है।
(d) A गलत है, परन्तु R सही है।

79. निम्नलिखित में से कौन-सी परिस्थति गैसों के द्रवीकरण के लिए, सर्वाधिक उपयुक्त होती है? BPPSC (Pre) 2024

(a) निम्न ताप, उच्च दाब (b) निम्न ताप, कम दाब
(c) उच्च ताप, उच्च दाब (d) उच्च ताप, निम्न दाब

80. किसी वस्तु के नमूने को हवा में खुला रखने पर कुछ समय पश्चात् गायब हो जाता है; जैसे-कपूर, नेफ्थैलीन अथवा शुष्क बर्फ, इस परिघटना को कहते हैं BPSC (Pre) 2000, UPPSC (Pre) 2019

(a) ऊर्ध्वपातन (b) वाष्पीकरण
(c) विसरण (d) विकिरण

81. निम्नलिखित युग्मों पर विचार कीजिए HPSC (Pre) 2024

1. ओटाई (गिनिंग) बीजों से कॉटन फाइबर को अलग करना।
2. बुनाई : फाइबर से यार्न बनाना।
3. पॉलिस्टर : आग लगने पर पिघल जाता है और शरीर से चिपक जाता है।

उपरोक्त युग्मों में से कितने युग्म सही हैं?

(a) केवल एक युग्म
(b) केवल दो युग्म
(c) सभी तीनों युग्म
(d) उपरोक्त में से कोई भी युग्म नहीं
(e) अनुत्तरित प्रश्न

82. नीचे दो कथन दिए गए हैं HPPSC (Pre) 2024

कथन I लोहे पर जंग लगना एक रासायनिक परिवर्तन है

कथन II लोहे पर जिंक की परत चढ़ाने का प्रक्रम यशद्लेपन कहलाता है।

दिए गए कथनों के आधार पर नीचे दिए गए विकल्पों में से सही उत्तर का चुनाव कीजिए

(a) कथन I और कथन II दोनों सही हैं।
(b) कथन I और कथन II दोनों गलत हैं।
(c) कथन I सही और कथन II गलत है।
(d) कथन I गलत और कथन II सही है।

2. परमाणु संरचना

83. डाल्टन के परमाणु सिद्धान्त की सफलतापूर्वक व्याख्या BPSC (Pre) 2024

I द्रव्यमान संरक्षण का नियम।
II स्थिर संघटन का नियम।
III रेडियोधर्मिता का नियम।
IV बहु अनुपात का नियम।

(a) I, III और IV (b) I, II और III
(c) I, II और IV (d) I, III और IV

84. परमाणु की संरचना के लिए मॉडल प्रस्तावित करने वाले व्यक्ति कौन थे?

(a) ई. गोल्डस्टिन (b) रदरफोर्ड
(c) नील्स बोहर (d) जे.जे. थॉमसन

85. एक तत्व में इलेक्ट्रॉनों और न्यूट्रॉनों की संख्या क्रमश: 18 तथा 20 है। इस तत्व की द्रव्यमान संख्या है BPSC (Pre) 2019

(a) 22 (b) 2
(c) 38 (d) 20

(e) अनुत्तरित प्रश्न

77. निम्नलिखित में से किस ग्रह को भोर का तारा (Morning Star) के नाम से जाना जाता है? UPPCS 2015

(a) बुध (b) शुक्र
(c) मंगल (d) शनि

86. किसी तत्व का सर्वाधिक अभिलाक्षणिक गुणधर्म निम्नलिखित में से कौन-सा है?

(a) घनत्व (b) क्वथनांक
(c) द्रव्यमान (d) परमाणु क्रमांक

3. तत्वों का आवर्ती वर्गीकरण

87. निम्नलिखित में से प्रथम कृत्रिमीय तैयार किया गया तत्व है BPSC (Pre) 2024

(a) Te (b) Tc
(c) Th (d) TI

88. निम्नलिखित में कौन-सी इलेक्ट्रॉनिक संरूपण धातु तत्वों के लिए होती है? BPSC Pre 2001

(a) 2, 8
(b) 2, 8, 7
(c) 2, 8, 8
(d) 2, 8, 8, 2

89. सूची I (उपचयनांक) को सूची II (तत्व) के साथ सुमेलित कीजिए और सूचियों के नीचे दिए गए कूट का प्रयोग कर सही उत्तर चुनिए IAS (Pre) 2002

	सूची I	सूची II
A.	2	1. MnO_2 में Mn का उपचयनांक
B.	3	2. H_2SO_4 में S का उपचयनांक
C.	4	3. CaO में Ca का उपचयनांक
D.	6	4. $NaAlH_4$ में Al का उपचयनांक

कूट

	A	B	C	D		A	B	C	D
(a)	3	4	1	2	(b)	4	3	1	2
(c)	3	4	2	1	(d)	4	3	2	1

90. निम्नलिखित में से कौन-सा गुणधर्म आवर्त सारणी में बाएँ से दाएँ ओर जाने पर घटता जाता है और ऊपर से नीचे जाने पर बढ़ता जाता है? UPPSC (Pre) 2021

(a) आयनन ऊर्जा (b) इलेक्ट्रॉन बन्धुता
(c) विद्युत ऋणात्मकता (d) परमाणु की त्रिज्या

4. रासायनिक बन्ध, अभिक्रियाएँ और समीकरण

91. आयनिक बन्ध के निर्माण हेतु आवश्यक परिस्थितियों के सन्दर्भ में निम्नलिखित कथनों पर विचार कीजिए।

1. इनके निर्माण में एक तत्व विद्युतऋणात्मक होना चाहिए।
2. एक तत्त्व की अन्तिम कक्षा में 5, 6 या 7 इलेक्ट्रॉन होने चाहिए। तथा दूसरे तत्व की अन्तिम कक्षा में 1, 2 या 3 इलेक्ट्रॉन होने चाहिए।

उपरोक्त में से कौन-सा/से कथन असत्य है/हैं?
(a) केवल 1
(b) केवल 2
(c) 1 और 2 दोनों
(d) इनमें से कोई नहीं

92. निम्नलिखित कथन (A) व कारण (R) को पढ़िए और नीचे दिए गए कूट की सहायता से सही उत्तर का चुनाव कीजिए।
कथन (A) नमक और बर्फ के मिश्रण से 0° C से नीचे का तापमान प्राप्त होता है।
कारण (R) नमक बर्फ के हिमांक को बढ़ा देता है। IAS (Pre) 1998
कूट
(a) A और R दोनों सही हैं तथा R, Aका सही स्पष्टीकरण है।
(b) A और R दोनों सही हैं, परन्तु R, A का सही स्पष्टीकरण नहीं है।
(c) A सही है, किन्तु R गलत है।
(d) A गलत है, किन्तु R सही है।

93. निम्नलिखित में से कौन-सी उष्माक्षेपी अभिक्रियाएँ है? BPSC (Pre) 2024

i. पानी का वाष्पीकरण।
ii. सल्फ्यूरिक अम्ल (H_2SO_4) का तनुकरण।
iii. बिना बूझे चूने के साथ पानी अभिक्रिया।
iv. कपूर (क्रिस्टल) का उर्ध्वपातन।

(a) iii और iv
(b) ii और iii
(c) i और iv
(d) i, और ii

94. निम्नलिखित में से कौन-सा युग्म विस्थापन अभिक्रिया देगा? BPSC (Pre) 2024
(a) $AgNO_3$ विलयन और कॉपर धातु
(b) NaCl विलयन और कॉपर धातु
(c) $FeSO_4$ विलयन और सिल्वर धातु
(d) $MgCl_2$ विलयन और एल्यूमिनियम धातु

5. धातु एवं अधातु

95. **कथन** (A) सोडियम धातु का संचयन कैरोसिन में होता है।
कारण (R) धातु सोडियम वायु प्रभाव्य होने पर गल जाती है। IAS (Pre) 1998
कूट
(a) A और R दोनों सही हैं और R, A का सही स्पष्टीकरण है।
(b) A और R दोनों सही हैं, परन्तु R, A का सही स्पष्टीकरण नहीं है।
(c) A सही है, किन्तु R गलत है।
(d) A गलत है, किन्तु R सही है।

96. जहरीली गैसों को खत्म करने के लिए उत्प्रेरक रूपान्तरणों में निम्नलिखित में से किस धातु का उपयोग उत्प्रेरक के रूप में किया जाता है? CGPSC (Pre) 2024
(a) सोडियम (b) थोरियम
(c) रोडियम (d) इनमें से कोई नहीं

97. निम्नलिखित कथनों पर विचार कीजिए। HPSC 2024

1. ताँबा, सीसा, टिन और बॉक्साइट लौह खनिज हैं।
2. मैंगनीज, लोहा, कोबाल्ट और अभ्रक फेरस खनिज हैं।
3. पोटाश, मार्बल और ग्रेनाइट अधात्विक खनिज हैं।

निकेल, कोबाल्ट और प्लेटिनम बहुमूल्य धातुएँ हैं।
उपरोक्त कथनों में से कितने कथन सही हैं?
(a) 1 और 3 (b) 1 और 4
(c) 2 और 3 (d) 2, 3 और 4
(e) अनुत्तरित प्रश्न

98. ग्रेफाइट और हीरा मूलतः .... के परमाणु से बने हैं। CGPSC (Pre) 2024
(a) सिलिका
(b) कार्बन
(c) नाइट्रोजन
(d) इनमें से कोई नहीं

99. निम्नलिखित में से कौन-सा लोहे का अयस्क है? BPSC (Pre) 2024
(a) सिनेबार (b) बॉक्साइट
(c) लिमोनाइट (d) पाइरॉइट

100. गोताखोरों के साँस लेने सम्बन्धी क्रिया में उपयोग की जाने वाली गैसें हैं UP RO/ARO (Mains) 2016
(a) ऑक्सीजन तथा नाइट्रोजन
(b) ऑक्सीजन तथा हीलियम
(c) ऑक्सीजन तथा ऑर्गन
(d) ऑक्सीजन तथा निऑन

6. अम्ल, क्षारक एवं लवण

101. निम्नलिखित युग्मों पर विचार कीजिए HPSC (Pre) 2024

1. मधुमक्खी के डंक से छोड़ा गया अम्ल : HCl
2. शुक्र का वायुमण्डल : $H_2SO_4$3.एण्टेसिड : मैथेनॉइक अम्ल

उपरोक्त युग्मों में से कितने युग्म सही सुमेलित हैं?
(a) केवल एक युग्म सही है
(b) केवल दो युग्म सही हैं
(c) सभी तीनों युग्म सही हैं
(d) कोई भी युग्म सही नहीं है
(e) अनुत्तरित प्रश्न

102. निम्मिलिखित कथनों पर विचार कीजिए HPSC (Pre) 2024
कथन I चींटी के डंक के प्रभाव को कैलामाइन विलयन को रगड़कर निष्प्रभावित किया जा सकता है।
कथन II कैलामाइन विलयन में जिंक कार्बोनेट होता है, जो क्षारीय प्रकृति का होता है।
उपरोक्त कथनों को ध्यान में रखते हुए नीचे दिए गए विकल्पों में से सही उत्तर का चयन कीजिए
(a) कथन I और कथन II दोनों सही हैं तथा कथन II, कथन I का सही स्पष्टीकरण है।
(b) कथन I और कथन II दोनों सही हैं तथा कथन II, कथन I का सही स्पष्टीकरण नहीं है।
(c) कथन I सही है, लेकिन कथन II गलत है।
(d) कथन I गलत है, लेकिन कथन II सही है।
(e) अनुत्तरित कथन

103. प्रतिअम्ल (Antacid) होते हैं CGPSC (Pre) 2016
(a) भस्म (b) अम्ल (c) लवण (d) बफर

104. तीन अलग-अलग परखनलियों में प्याज के रस की कुछ बूँदें, पतला वेनिला एसेन्स और लौंग के तेल को लेकर निम्नलिखित कथनों पर विचार कीजिए HPSC (Pre) 2024

1. NaOH मिलाने पर प्याज की विशिष्ट गन्ध समाप्त हो जाती है, हालाँकि यह HCl के साथ बनी रहती है।
2. HCl मिलाने पर वेनिला की विशिष्ट गन्ध समाप्त हो जाती है, जबकि यह NaOH के साथ बनी रहती है।
3. लौंग के तेल में NaOH मिलाने पर इसकी विशिष्ट गन्ध समाप्त हो जाती है।

उपरोक्त कथनों में से कितने कथन सही हैं?
(a) केवल एक कथन सही है
(b) केवल दो कथन सही हैं
(c) सभी तीनों कथन सही हैं
(d) उपरोक्त में से कोई भी कथन सही नहीं है
(e) अनुत्तरित प्रश्न

105. पानी की टंकी में कवक (Fungi) को नष्ट करने के लिए उपयोग किया जाने वाला रसायन है **BPSC (Pre) 2020**

(a) नाइट्रिक अम्ल (b) जिंक सल्फेट
(c) मैग्नीशियम सल्फेट (d) कॉपर सल्फेट

106. निम्नलिखित में से कौन-सा सोडा अम्ल अग्निशामक का घटक है? **BPSC (Pre) 2024**

(a) सान्द्र. सल्फ्यूरिक अम्ल और एल्यूमिनियम सल्फेट
(b) तनु. सल्फ्यूरिक अम्ल और सोडियम कार्बोनेट
(c) तनु. सल्फ्यूरिक अम्ल और सोडियम बाइकार्बोनेट विलयन
(d) सान्द्र. सल्फ्यूरिक अम्ल और सोडियम कार्बोनेट विलयन

107. विरंजक चूर्ण के लिए कौन-सा कथन असत्य है? **BPSC (Pre) 1994**

(a) जल में अधिक विलेय होता है।
(b) हल्के पीले रंग का चूर्ण है।
(c) ऑक्सीकारक है।
(d) तनु अम्ल की अभिक्रिया से क्लोरीन निष्कासित करता है।

108. धावन सोडा का रासायनिक नाम क्या है? **CGPSC (Pre) 2024**

(a) सोडियम कार्बोनेट (b) सोडियम बाइसल्फाइट
(c) सोडियम बाइकार्बोनेट (d) उपरोक्त में से कोई नहीं

109. क्षारीय भूमि को सुधारा जा सकता है। **JPSC (Pre) 2024**

(a) चूने के प्रयोग द्वारा
(b) जिप्सम के प्रयोग द्वारा
(c) खारे पानी के प्रयोग द्वारा
(d) उपरोक्त में से कोई नहीं

7. कार्बनिक रसायन

110. अनुकारित आदिम भूमि परिस्थितियों में निम्नलिखित के प्रादुर्भाव का सही अनुक्रम कौन-सा है? **IAS (Pre) 1994**

(a) मेथेन, हाइड्रोजन सायनाइड, नाइट्राइल, ऐमीनो अम्ल
(b) हाइड्रोजन, सायनाइड, मेथेन, नाइट्राइल, ऐमीनो अम्ल
(c) ऐमीनो अम्ल, नाइट्राइल, हाइड्रोजन सायनाइड, मेथेन
(d) नाइट्राइल, ऐमीनो अम्ल, मेथेन, हाइड्रोजन सायनाइड

111. हाइड्रोकार्बनों के अणुभारों के बढ़ते अनुक्रम के अनुसार निम्नलिखित में से कौन-सा सही क्रम है? **IAS (Pre) 2001**

(a) मेथेन, एथेन, प्रोपेन और ब्यूटेन
(b) प्रोपेन, ब्यूटेन, एथेन और मेथेन
(c) ब्यूटेन, एथेन, प्रोपेन और मेथेन
(d) ब्यूटेन, प्रोपेन, एथेन और मेथेन

112. निम्नलिखित कथनों पर विचार कीजिए **IAS (Pre) 2023**

1. ऐरोसॉल 2. फोम एजेण्ट
3. अग्निमन्दक 4. स्नेहक (लूब्रिकेण्ट)

उपरोक्त में से कितनों को बनाने में हाइड्रोफ्लुओरोकार्बन प्रयुक्त होते हैं?

(a) केवल एक (b) केवल दो
(c) केवल तीन (d) सभी चार

113. **कथन** (A) फॉर्मिक अम्ल, ऐसिटिक अम्ल से अधिक प्रबल अम्ल है।
कारण (R) फॉर्मिक अम्ल कार्बनिक अम्ल है। **IAS (Pre) 1998**

कूट

(a) A और R दोनों सही हैं तथा R, A का सही स्पष्टीकरण है।
(b) A और R दोनों सही हैं, परन्तु R, A का सही स्पष्टीकरण नहीं है।
(c) A सही है, किन्तु R गलत है।
(d) A गलत है, किन्तु R सही है।

114. बुलेट-प्रूफ पदार्थ बनाने के लिए निम्नलिखित में से कौन-सा बहुलक प्रयुक्त होता है? **UPPSC (Pre) 2010**

(a) पॉलिविनाइल क्लोराइड (b) पॉलिऐमाइड
(c) पॉलिऐथीलीन (d) पॉलिकार्बोनेट्स

8. दैनिक जीवन में रसायन

115. कृषि में नाइट्रोजनी उर्वरकों के अत्यधिक/अनुपयुक्त उपयोग का क्या प्रभाव हो सकता है? **IAS (Pre) 2015**

1. नाइट्रोजन यौगिकीकरण सूक्ष्मजीवों (नाइट्रोजन—फिक्सिंग माइक्रोऑर्गेनिज्म्स) का मिट्टी में प्रचुरोदमवन (प्रोलिफरेशन) हो सकता है।
2. मिट्टी की अम्लीयता में बढ़ोतरी हो सकती है।
3. भौम जल (ग्राउण्डवाटर) में नाइट्रेट का निक्षालन (लीचिंग) हो सकता है।

कूट

(a) 1 और 3 (b) केवल 2
(c) 2 और 3 (d) 1, 2 और 3

116. उर्वरक के किस घटक का उपयोग शीघ्र विकास को प्रोत्साहित करने के लिए किया जाता है? **BPSC (Pre) 2024**

(a) पौटेशियम (b) नाइट्रोजन
(c) ऑक्सीजन (d) फॉस्फोरस

117. कई उपभोक्ता उत्पादों के निर्माण के लिए प्रयुक्त होने वाले परफ्लुओरोऐल्किल और पॉलिफ्लुओरोऐल्किल पदार्थों (PFAS) के सन्दर्भ में निम्नलिखित कथनों पर विचार कीजिए **UPSC 2024**

1. PFAS पेयजल, खाद्य और खाद्य पैकेजिंग साम्रग्रियों में व्यापक रूप से पाए जाते हैं।
2. PFAS पर्यावरण में आसानी से निम्नकृत (डिग्रेडेड) नहीं होते हैं।
3. PFAS के लगातार सम्पर्क के परिणामस्वरूप जन्तुओं के शरीर में जैवसंचय हो सकता है।

उपरोक्त कथनों में से कौन-से सही है?

(a) 1 और 2 (b) 2 और 3
(c) 1 और 3 (d) 1, 2 और 3

118. बाजार में बिकने वाला ऐस्पॉर्टेम कृत्रिम मधुरक है। यह ऐमीनो अम्लों से बना होता है और अन्य ऐमीनो अम्लों के समान ही कैलोरी प्रदान करता है। यद्यपि यह भोज्य पदार्थों में कम कैलोरी मधुरक के रूप में प्रयुक्त होता है। उसके इस उपयोग का क्या आधार है? **IAS (Pre) 2011**

(a) ऐस्पॉर्टेम सामान्य चीनी जितना ही मीठा होता है, किन्तु चीनी के विपरीत यह मानव शरीर में आवश्यक एन्जाइमों के अभाव के कारण शीघ्र ऑक्सीकृत नहीं हो पाता।
(b) जब ऐस्पॉर्टेम आहार प्रसंस्करण में प्रयुक्त होता है, तब उसका मीठा स्वाद तो बना रहता है, किन्तु यह ऑक्सीकरण प्रतिरोधी हो जाता है।
(c) ऐस्पॉर्टेम चीनी जितना ही मीठा होता है, किन्तु शरीर में अन्तर्ग्रहण होने के बाद यह कुछ ऐसे उपचयजों (मेटाबोलाइट्स) में परिवर्तित हो जाता है, जो कोई कैलोरी नहीं देते।
(d) ऐस्पॉर्टेम सामान्य चीनी से कई गुना अधिक मीठा होता है, अत: थोड़े-से ऐस्पॉर्टेम में बने भोज्य पदार्थ ऑक्सीकृत होने पर कम कैलोरी प्रदान करते हैं।

119. निम्नलिखित क्रियाकलापों पर विचार कीजिए **IAS (Pre) 2025**

I. कच्चे तेल का उत्पादन
II. पेट्रोलियम का परिष्करण, संग्रहण और वितरण
III. पेट्रोलियम उत्पादों का विपणन और विक्रय
IV. प्राकृतिक गैस का उत्पादन

उपर्युक्त क्रियाकलापों में से कितने हमारे देश में पेट्रोलियम और प्राकृतिक गैस नियामक बोर्ड द्वारा विनियमित है?

(a) केवल एक (b) केवल दो
(c) केवल तीन (d) सभी चार

9. पर्यावरण रसायन

120. नीचे दो कथन दिए गए हैं, जिनमें से एक को अभिकथन (A) तथा दूसरे को कारण (R) कहा गया है। **UPPSC (Pre) 2024**

अभिकथन (A) CO_2, SO_2 और NO_2 गैसों वर्षा जल में धुल जाती है और अम्लीय वर्षा उत्पन्न करती हैं।

कारण (R) कार्बन डाइऑक्साइड, सल्फर डाइऑक्साइड और नाइट्रोजन के ऑक्साइड जैसी गैसों की उच्च सान्द्रता के कारण वायुमण्डलीय वायु प्रदूषित होती है। UPPSC (Pre) 2008

नीचे दिए गए कूट में से सही उत्तर चुनिए

(a) (A) और (R) दोनों सही है और (R), (A) की सही व्याख्या करता है।
(b) (A) गलत है, किन्तु (R) सही है।
(c) (A) और (R) दोनों सही है, किन्तु (R), (A) की सही व्याख्या नहीं करता है।
(d) (A) सही है, किन्तु (R) गलत है।

121. ओजोन परत किन हानिकारक किरणों को अवशोषित करती है

(a) गामा किरणें (b) पराबैंगनी किरणें
(c) एक्स किरणें (d) इनमें से कोई नहीं

122. निम्नलिखित में से कौन-सा हाइड्रोजन द्वारा चालित फ्यूल सेल इलेक्ट्रिक वाहनों से निकलने वाला निर्वातक नली उत्सर्जन है? UPSC (Pre) 2024

(a) हाइड्रोजन परऑक्साइड (परॉक्साइड)
(b) आइड्रोनियम
(c) ऑक्सीजन
(d) जलवाष्प

123. पर्यावरण संरक्षण एजेन्सी (EPA) के अनुसार निम्नलिखित में से कौन-सा सल्फर डाइऑक्साइड उत्सर्जनों का सबसे बड़ा स्रोत है? UPSC (Pre) 2024

(a) जीवाश्म ईंधनों का उपयोग करने वाले रेल इन्जन (लोकोमोटिव)
(b) जीवाश्म ईंधनों का उपयोग करने वाले जहाज
(c) अयस्कों से धातुओं का निष्कर्षण
(d) जीवाश्म ईंधनों का उपयोग करने वाले विद्युत संयन्त्र

जीव विज्ञान

1. जीव विज्ञान का परिचय तथा सजीव जगत में विविधता

124. सर्पों के अध्ययन को कहते हैं MPPSC (Pre) 2011, UKPSC (Pre) 2022

(a) सर्पेन्टोलॉजी (b) ऑर्निथोलॉजी
(c) हर्पेटोलॉजी (d) इक्थियोलॉजी

125. निम्नलिखित में से कौन-सा उच्च से निचले क्रम में पौधों की प्रजातियों का सही क्रम है? UPPSC (Pre) 2024

(a) वर्ग-संघ-गण-पादप जगत
(b) गण-वर्ग-संघ-पादप जगत
(c) वर्ग-पादप जगत-संघ-गण
(d) पादप जगत-संघ-वर्ग-गण

126. कथन (A) *अमीबा,* विभाजन द्वारा जनन करता है।

कारण (R) सभी एककोशिकीय जीव अलैंगिक विधियों से जनन करते हैं। IAS (Pre) 2005

कूट

(a) A और R दोनों सही हैं तथा R, A का सही स्पष्टीकरण है
(b) A और R दोनों सही हैं, परन्तु R, A का सही स्पष्टीकरण नहीं है
(c) A सही है, किन्तु R गलत है
(d) A गलत है, किन्तु R सही है

127. निम्नलिखित कथनों पर विचार कीजिए UPPSC (Pre) 2023

1. कुछ छत्रकों (मशरूमों) में औषधीय गुण होते हैं।
2. कुछ छत्रकों में मन प्रभावी (साइकोएक्टिव) गुण होते हैं।
3. कुछ छत्रकों की कीटनाशी गुण होते हैं।
4. कुछ छत्रकों में जैव सन्दीप्तिशील (बायोल्युमिनिसेण्ट) गुण होते हैं।

उपर्युक्त में से कितने कथन सही है/हैं?

(a) केवल एक (b) केवल दो
(c) केवल तीन (d) सभी चार

128. वे जीव, जो 0-15° C तापमान सबसे अच्छी वृद्धि करते हैं, कहलाते हैं UKPSC (Pre) 2024

(a) थर्मोफाइल्स (b) साइक्रोफाइल्स
(c) हाइड्रोफाइल्स (d) मीजोफाइल्स

2. पादप एवं जन्तु जगत का वर्गीकरण

129. पाइन, फर, स्प्रूस, *सीडर,* लार्क एवं *साइप्रस* प्रसिद्ध लकड़ी देने वाले पादप हैं। इनमें से अधिकांशतया पहाड़ी स्थानों पर पाए जाते हैं। ये सभी हैं BPSC (Pre) 2022, HPSC (Pre) 2014

(a) आवृतबीजी (b) अनावृतबीजी
(c) एकबीजपत्री (d) द्विबीजपत्री

130. जीव 'सिकाडा (साइकेडा), मण्डूक फुदक (फ्रॉगहॉपर) और ताल-विसर्पी (पॉड स्केटर)' क्या है? UPSC (Pre) 2024

(a) पक्षी (b) मत्स्य
(c) कीट (d) सरीसृप

131. शार्क मछली में कितनी हड्डियाँ होती हैं? CGPSC (Pre) 2011

(a) 100 (b) 0
(c) 200 (d) 300

132. निम्नलिखित प्राणिजात पर विचार कीजिए UPPSC (Pre) 2023

1. सिंह-पुच्छी मकाक
2. मालावार सिवेट
3. साम्भर हिरण

उपर्युक्त में से कितने आमतौर पर रात्रिचर हैं या सूर्यास्त के बाद अधिक सक्रिय होते हैं?

(a) केवल एक (b) केवल दो
(c) सभी तीन (d) कोई भी नहीं

133. भारतीय गिलहरियों के बारे में निम्नलिखित कथनों पर विचार कीजिए। UPPSC (Pre) 2023

1. वे भूमि में बिल बनाकर अपने नीड़ का निर्माण करती हैं।
2. वे अपने भोज्य पदार्थों, जैसे कि दृढ़फलों (नट) और बीजों को भूमि के अन्दर जमा करती है।
3. वे सर्वभक्षी होते हैं।

उपर्युक्त में से कितने कथन सही है?

(a) केवल एक (b) केवल दो
(c) सभी तीन (d) कोई भी नहीं

3. कोशिका : जीवन की इकाई

134. जीवन की संरचनात्मक एवं कार्यात्मक इकाई क्या है? BPSC (Pre) 2024

(a) कोशिका (b) अंग (c) ऊतक (d) जीव

135. निम्नलिखित में से कौन-सा क्लोरोप्लास्ट का एक लक्षण है, जो उसे स्व-प्रतिकृति के योग्य बनाता है? MPPSC (Pre) 2023

(a) DNA और RNA दोनों की उपस्थिति
(b) केवल DNA की उपस्थिति
(c) RNA की अनुपस्थिति
(d) उपरोक्त में से एक से अधिक
(e) उपरोक्त में से कोई नहीं

136. निम्नलिखित में से किसके कारण टमाटर का रंग लाल होता है? UPPSC (Mains) 2008, 16, JPSC (Pre) 2023

(a) कैप्सेसिन (b) कैरोटीन
(c) एन्थोसायनीन (d) लाइकोपीन

137. प्रक्रमित कोशिका मृत्यु (Programmed Cell Death) के कोशिकीय और आण्विक नियन्त्रण (Cellular and Molecular Control) को कहते हैं। IAS (Pre) 2001

(a) एपोप्टोसिस
(b) काल प्रभावन
(c) अपह्रासन
(d) ऊतकक्षय

4. ऊतक

138. निम्न कथन (A) व कारण (R) को पढ़िए और नीचे दिए गए कूट की सहायता से सही उत्तर का चयन कीजिए।

कथन (A) विभेदीकरण प्रक्रिया द्वारा विभज्योतक, मृदूतक निर्मित करता है।

कारण (R) यह कोशिकाओं के परिपक्वन की प्रक्रिया है, जिसमें कोशिकाएँ आकार में वृद्धि करती हैं।

कूट

(a) A और R दोनों सहीं हैं तथा R, A का सही स्पष्टीकरण है
(b) A और R दोनों सही है, परन्तु R, A का सही स्पष्टीकरण नहीं हैं
(c) A सही है, किन्तु R गलत है
(d) A गलत है, किन्तु R सही है

139. निम्नलिखित में से किस पादप ऊतक में वृहत् वायु अवकाश होते हैं? IAS (Pre) 2021

(a) दृढ़ोतक
(b) विभज्योतक
(c) श्लेषोतक
(d) वायोतक

140. निम्नलिखित सूची-I को सूची-II के साथ सुमेलित कीजिए।

सूची-I (उपकला ऊतक)	**सूची-II** (स्थान/कार्य)
A. शल्की उपकला	1. लार नलिका में
B. स्तम्भाकार उपकला	2. पचित भोजन का अवशोषण
C. स्तंभाकार पक्ष्माभी उपकला	3. वायु कूपिका में गैसों का विनिमय
D. घनाकार उपकला	4. श्वास नलिका में

कूट

	A	B	C	D		A	B	C	D
(a)	2	1	4	3	(b)	3	4	2	1
(c)	4	3	2	1	(d)	3	2	4	1

141. निम्न में से कौन-सा संयोजी ऊतक नहीं है? IAS (Pre) 2021

(a) स्नायु (b) कण्डरा
(c) चिकनी पेशी (d) उपास्थि

5. पादप आकारिकी एवं कार्यिकी

142. निम्नलिखित में से कौन-सा एक वास्तविक फल नहीं है? BPSC (Pre) 2022

(a) सेब
(b) खजूर
(c) अंगूर
(d) आलू बुखारा

143. निम्न में से कौन-से कथन सही हैं? CGPSC (Pre) 2023

1. पत्तियों के एपिडर्मिस में दिख रहे छोटे छिद्रों को स्टोमेटा कहते हैं।
2. स्टोमेटा में स्थित रक्षी कोशिकाएँ वायुमण्डल से गैस के आदान-प्रदान में सहायक होती हैं।
3. वाष्पोत्सर्जन की क्रिया स्टोमेटा के द्वारा होती है।

कूट

(a) 1 और 3 (b) 1 और 3
(c) 2 और 3 (d) 1, 2 और 3

144. पौधे नाइट्रोजन को मृदा से किस रूप में अवशोषित करते हैं? CGPSC (Pre) 2009, UPPSC (Pre) 2016, UP RO/ARO (Pre) 2021, JPSC (Pre) 2021

(a) HNO_3 (b) नाइट्रेट
(c) मुक्त नाइट्रोजन गैस (d) नाइट्रोजन ऑक्साइड

145. निम्नलिखित में से किसके लिए प्रकाश संश्लेषण में क्लोरोफिल का उपयोग किया जाता है? BPSC (Pre) 2024

(a) CO_2 की कमी
(b) पानी के अणु को तोड़ना
(c) कोई कार्य नहीं
(d) प्रकाश को अवशोषित करना

146. निम्नलिखित कथनों पर विचार कीजिए। निम्नलिखित में से कौन-सा पादप हॉर्मोन पादप की वृद्धि में मदद करता है?

1. ऑक्सिन 2. जिबरेलिन
3. साइटोकाइनिन 4. एब्सिसिक अम्ल

उपरोक्त कथनों में से कितने कथन सही हैं? HPSC (Pre) 2024

(a) 1, 2, 3 और 4 (b) 3 और 4
(c) 1, 2 और 3 (d) केवल 1
(e) अनुत्तरित प्रश्न

147. निम्नलिखित कथनों पर विचार कीजिए।

1. पुष्प के केन्द्र में स्थित भाग को अण्डाशय कहते हैं।
2. सामान्यत: पत्ती में फलक होते हैं।
3. जड़ें मिट्टी से जल और खनिज पदार्थों का अवशोषण करती हैं।
4. पँखुड़ी पुष्प का भाग नहीं है।

नीचे दिए गए विकल्पों में से सही उत्तर का चुनाव कीजिए। HPPSC (Pre) 2024

(a) 1 और 2 (b) 2 और 4
(c) 2 और 3 (d) 3 और 4

6. पोषण तथा मानव कार्यिकी

148. किस दाल का लगातार सेवन करने से लेथाइरिज्म नामक रोग हो जाता है? MPPSC 2024

(a) खेसारी दाल (b) चना दाल
(c) मूँग दाल (d) इनमें से कोई नहीं

149. स्कर्वी एक बीमारी है, जो .... की कमी के कारण होती है। CGPSC 2024

(a) विटामिन-B_2 (b) विटामिन-A
(c) विटामिन-C (d) इनमें से कोई नहीं

150. सूची-I को सूची-II के साथ सुमेलित कीजिए और सूचियों के नीचे दिए गए कूट का प्रयोग कर सही उत्तर चुनिए। UPPSC (Pre) 2024

सूची-I (विटामिन)	**सूची-II** (रोग)
A. विटामिन A	1. बेरी-बेरी
B. विटामिन B	2. अन्धापन
C. विटामिन C	3. रिकेट्स
D. विटामिन D	4. स्कर्वी

कूट

	A	B	C	D		A	B	C	D
(a)	4	3	2	1	(b)	2	1	4	3
(c)	1	2	3	4	(d)	1	3	2	4

151. आहार नाल का कौन-सा भाग यकृत से पित्त प्राप्त करता है? BPSC (Pre) 2024

(a) पेट (b) ओसिफेगस
(c) छोटी आँत (d) बड़ी आँत

152. निम्नलिखित में से कौन-सी प्रक्रिया पोषण से सम्बन्धित नहीं हैं? HPPSC (Pre) 2024

(a) अन्तर्ग्रहण (b) स्वांगीकरण
(c) निष्कासन (d) अभिमार्जन

153. निम्नलिखित में से कौन-सा रक्त का तरल भाग होता है? BPSC (Pre) 2024

(a) डब्ल्यू बी सी (b) प्लाज्मा
(c) रक्त प्लेट्लेट्स (d) आर बी सी

154. निम्नलिखित में से कौन-सा मानव शरीर में संश्लेषित होता है, जो रक्त, वाहिकाओं को विस्तारित करता है और रक्त प्रवाह को बढ़ाता है? UPSC (Pre) 2024

(a) नाइट्रिक ऑक्साइड
(b) नाइट्रस ऑक्साइड
(c) नाइट्रोजन डाइऑक्साइड
(d) नाइट्रोजन पेण्टॉक्साइड (पेण्टॉक्साइड)

155. निम्नलिखित कथनों पर विचार कीजिए।
कथन I रक्त धमनियों की दीवारें मोटी और कठोर होती हैं।
कथन II धमनियाँ ऑक्सीजन-युक्त रुधिर को उच्च दाब में हृदय से शरीर के विभिन्न अंगों तक ले जाती हैं।
उपरोक्त कथनों को ध्यान में रखते हुए नीचे दिए गए विकल्पों में से सही उत्तर का चयन कीजिए। HPSC (Pre) 2024
(a) कथन I और कथन II दोनों सही हैं तथा कथन II कथन I का सही स्पष्टीकरण है
(b) कथन I और कथन II दोनों सही हैं, परन्तु कथन II कथन I का सही स्पष्टीकरण नहीं है
(c) कथन I सही है, लेकिन कथन II गलत है
(d) कथन I गलत है, लेकिन कथन II सही है
(e) अनुत्तरित प्रश्न

156. CPR (सी.पी.आर.) से तात्पर्य है UPPSC (Pre) 2024
(a) कार्डियो प्रोग्राम बचाव
(b) कार्डियक पल्सेटाइल संशोधन
(c) कार्डियोपल्मोनरी पुनर्जीवन
(d) कार्डियोपल्मोनरी संशोधन

157. सूची-I को सूची-II से सुमेलित कीजिए और सूचियों के नीचे दिए गए कूट का प्रयोग करके सही उत्तर चुनिए। IAS (Pre) 1996

सूची-I	सूची-II
A. विटामिन	1. पेप्सिन
B. एन्जाइम	2. कैरोटिन
C. हॉर्मोन	3. कैरेटिन
D. प्रोटीन	4. टेस्टोस्टेरॉन/प्रोजेस्टेरॉन

कूट

	A	B	C	D		A	B	C	D
(a)	1	2	3	4	(b)	2	1	4	3
(c)	2	1	3	4	(d)	1	2	4	3

7. आनुवंशिकी तथा जीवन की उत्पत्ति एवं जैव-विकास

158. निम्नलिखित में से कौन-सा कथन सही नहीं है? UPPSC (Pre) 2024
(a) क्रोमोसोम डी.एन.ए. तथा प्रोटीन से बने होते हैं।
(b) किसी कोशिका का केन्द्रक कोशिकीय विभाजन/प्रजनन में हिस्सा नहीं लेता है।
(c) क्रोमोसोम संततियों के लिए सूचनाएँ रक्षित रखते हैं।
(d) डी.एन.ए. की कार्यात्मक इकाई को जीन कहते हैं।

159. आनुवंशिक विकारों के सन्दर्भ में, निम्नलिखित पर विचार कीजिए। एक महिला वर्णान्ध है, पर उसका पति वर्णान्ध नहीं है। इनके एक पुत्र और एक पुत्री हैं। इस सन्दर्भ में, निम्नलिखित में से कौन-से एक कथन के सही होने की सर्वाधिक सम्भावना है? IAS (Pre) 2009
(a) दोनों सन्तान वर्णान्धता से ग्रस्त है
(b) पुत्री वर्णान्ध है, किन्तु पुत्र वर्णान्ध नहीं है
(c) दोनों सन्तान वर्णान्ध नहीं हैं
(d) पुत्र वर्णान्ध हैं, किन्तु पुत्री वर्णान्ध नहीं है

160. जेनेटिक कोड की विशिष्ट विशेषताएँ हैं MPPSC (Pre) 2020, 21
1. यह प्रायः सार्वत्रिक होता है।
2. यह तीन न्यूक्लियोटाइड क्षारकों का बना होता है, जो 20 अमीनों के संगत होते हैं।
3. यह अनतिव्यापी, गैर-अस्पष्ट एवं कोमा रहित होता है।
4. इनमें से एक प्रारम्भन एवं समापन कोडॉन होता है।

इनमें से कौन-सा कथन सही है?
(a) 1, 2 और 3
(b) 1, 3 और 4
(c) 1, 2 और 4
(d) 1, 2, 3 और 4

161. चीन, मंगोलिया एवं जापान में निम्नलिखित मानव प्रजातियों में से कौन निवासरत हैं? BPSC (Pre) 2024
(a) ऑस्ट्रेलायड (b) निग्रो
(c) मंगोलॉयड (d) नोरडिक

8. मानव रोग एवं प्रतिरक्षा

162. निम्न रोगों में से कौन-सा रोग जीवाण्वीय रोग नहीं है? RAS (Pre) 2023
(a) डिफ्थीरिया (b) प्लेग
(c) निमोनिया (d) डेंगू

163. निम्नलिखित में से कौन-सा mRNA वैक्सीन है, जिसका उपयोग कोविड-19 संक्रमण के विरुद्ध किया जाता है? UPPSC (Pre) 2023
(a) सिनोवैक (b) नोवावैक्स
(c) मॉडर्ना (d) स्पूतनिक

164. निम्नलिखित युग्मों पर विचार कीजिए। HPSC (Pre) 2024
1. डेंगू : मच्छर के कारण होता है और रुधिर के माध्यम से फैलता है।
2. टायफॉइड : जीवाणु के कारण होता है और जल के माध्यम से फैलता है।
3. दाद : कवक के कारण होता है और कीड़ों से फैलता है।

उपरोक्त युग्मों में से कितने युग्म सही हैं?
(a) केवल एक युग्म
(b) केवल दो युग्म
(c) सभी तीनों युग्म
(d) इनमें से कोई भी युग्म नहीं
(e) अनुत्तरित प्रश्न

165. निम्नलिखित में से कौन-सी एक स्वापक पीड़ाहारी (नारकोटिक एनाल्जोमाइनसिक) औषधि है? IAS (Pre) 2023
(a) मॉर्फीन (b) आर्सफनेमाइन
(c) ऐस्पिरिन (d) पैरासिटामॉल

166. प्रतिजन (Antigen) वह पदार्थ है, जो IAS (Pre) 1997, 2001
(a) हानिकारक जीवाणुओं को नष्ट करता है
(b) विषाक्तता के उपचार के लिए प्रयुक्त होता है
(c) शरीर के ताप को कम करता है
(d) प्रतिरक्षी (Antibody) के निर्माण को उद्दीप्त करता है

167. हाल ही में कोविड-19 महामारी के कारण वैश्विक विराम का कारण है UPPSC (Pre) 2024
(a) SARS-CoV-1 (b) H5N1
(c) SARS-CoV-2 (d) MERS-CoV-2

168. इनमें से रोग पैदा करने वाला सूक्ष्मजीव है UPPSC (Pre) 2024
(a) अर्किया (b) रोगाणु
(c) बैक्टीरिया (d) प्रोटोज़ोआ

9. पर्यावरण, पारिस्थितिकी एवं जैव-विविधता

169. निम्नलिखित कथनों में से कौन-सा "पारिस्थितिकीय निकेत" के बारे में सही नहीं है? UPPSC (Pre) 2024
(a) प्रबल प्रजातियाँ विस्तृत एवं व्यापक पारिस्थितिकीय निकेत को घेरती हैं।
(b) प्राकृतिक पारिस्थतिक तन्त्र के पारिस्थितिकीय निकेत में यदि संसाधन पर्याप्त हैं, तो प्रजातियो की अधिक संख्या हो जाती है।
(c) पारिस्थितकीय निकेत में यदि संसाधन पर्याप्त हैं, तो प्रजातियों की संख्या कम हो जाती है।
(d) यदि किसी आवास में संसाधनों का समान वितरण होता है तो एकल प्रजाति का प्रभुत्व न्यूनतम हो जाता है।

170. निम्नलिखित में से कौन हाइड्रोफाइट्स को आर्द्रभूमि और दलदल में पनपने में मदद करता है, जहाँ समय-समय पद जलस्तर में उतार-चढ़ाव होता है? UKPSC (Pre) 2024
(a) राइजेमैट्स जड़ें (b) जलमग्न जड़ें
(c) एरेनकाइमा ऊतक (d) राइजोफोर

171. एक जलीय पारिस्थितिकी तन्त्र के तालाब में निम्नलिखित में से किस घटक का प्रतिनिधित्व कवकों, जीवाणुओं एवं फ्लैजेट्स के द्वारा किया जाता है? HPPSC (Pre) 2024
(a) स्वपोषी घटक
(b) उपभोक्ता
(c) अपघटक
(d) अजैविक घटक

172. निम्नलिखित पर विचार कीजिए UPSC (Pre) 2024

1. तितली 2. मत्स्य
3. मण्डूक (मेंढक)

उपर्युक्त में से कितनी विषाक्त जातियाँ हैं?

(a) केवल एक (b) केवल दो
(c) सभी तीन (d) इनमें से कोई नहीं

173. निम्नलिखित में से कौन-सा वृक्ष एक ऐसे कीट के साथ एक अद्वितीय सम्बन्ध को दर्शाता है, जो इस वृक्ष के साथ सह-विकसित हुआ है वह एकमात्र कीट है जो इस पेड़ को परागित कर सकता है? UPSC (Pre) 2024

(a) अंजीर (b) महुआ
(c) चन्दन (d) सेमल (सिल्क कॉटन)

174. भारत के किस भाग में हांगुल नाम का हिरण पाया जाता है? UPPSC (Pre) 2023

(a) जम्मू और कश्मीर में (b) असम में
(c) राजस्थान में (d) केरल में

175. प्राकृतिक संसाधनों का वर्तमान पीढ़ी द्वारा इस प्रकार से उपयोग किया जाए कि प्राकृतिक संसाधनों का न्यूनतम क्षरण हो, तो यह किस प्रकार का विकास कहलायेगा? UPPSC (Pre) 2023

(a) आर्थिक विकास (b) जैविक विकास
(c) सामाजिक विकास (d) सतत विकास

10. आर्थिक वनस्पति एवं जीव विज्ञान

176. भारत निम्न में से किस फसल का सबसे बड़ा उत्पादक साथ ही साथ सबसे बड़ा उभोक्ता और आयातक है? JPSC (Pre) 2024

(a) गेहूँ (b) कपास
(c) दलहन (d) गन्ना

177. निम्न में से कौन-सी नकद फसल नहीं है? JPSC (Pre) 2024

(a) जूट (b) ज्वार
(c) गन्ना (d) मूँगफली

178. भारत में फसलों के मुख्य मौसमों के सन्दर्भ में निम्नलिखित कथनों में से कौन-सा/से असत्य है/हैं? HPSC (Pre) 2023

1. 'खरीफ' और 'रबी' शब्द अरबी भाषा से उत्पन्न हुए हैं, जहाँ खरीफ का अर्थ है-शरद ऋतु और रबी का अर्थ है-बसन्त ऋतु।
2. खरीफ की फसलों को बढ़ने के लिए ठण्डे मौसम की और कम पानी की आवश्यकता होती है।
3. रबी की फसलों को आमतौर पर अधिक पानी की आवश्यकता होती है और इन्हें मानसून फसलें कहा जाता है।
4. जायद गर्मियों के महीनों के दौरान फसलों का एक छोटा मौसम होता है और इस मौसम में ज्यादातर मौसमी फल और सब्जियाँ उगाई जाती हैं।

नीचे दिए गए विकल्पों में से सही उत्तर चुनिए।

(a) 1 और 2
(b) 1 और 4
(c) 3 और 4
(d) 2 और 3

179. नीचे दो कथन दिए गए हैं, जिनमें से एक को अभिकथन (A) तथा दूसरे को कारण (R) कहा गया है। UPPSC (Pre) 2024

अभिकथन **(A)** जूट भारत का विशुद्ध पौधा है।
कारण **(R)** जूट खरीफ की फसल है, जिसे फरवरी से जून में बोया जाता है तथा जुलाई से अक्टूबर के मध्य काटा जाता है।

नीचे दिए गए कूट में से सही उत्तर चुनिए:

(a) (A) और (R) दोनों सही हैं और (R), (A) की सही व्याख्या करता है।
(b) (A) गलत है, किन्तु (R) सही है।
(c) (A) और (R) दोनों सही हैं किन्तु (R), (A) की सही व्याख्या नहीं करता है।
(d) (A) सही है, किन्तु (R) गलत है।

180. निम्नलिखित पर विचार कीजिए UPSC (Pre) 2024

1. काजू 2. पपीता 3. रक्त चन्दन

उपर्युक्त में से कितने वृक्ष वास्तव में भारत के देशीय वृक्ष हैं?

(a) केवल एक
(b) केवल दो
(c) सभी तीन
(d) इनमें से कोई नहीं

181. सूची I को सूची II से सुमेलित कीजिए BPSC (Pre) 2023

सूची I (कपड़ा)	सूची II (उत्पत्ति)
A. लिनेन	1. नारियल का पौधा
B. जटा (कॉयर)	2. सन का पौधा
C. मोहायर	3. बत्तख और गीज़ के पंख
D. डाउन	4. अंगोरा बकरी

नीचे दिए गए कूट का प्रयोग कर सही उत्तर चुनिए

	A	B	C	D		A	B	C	D
(a)	1	3	2	4	(b)	4	3	1	2
(c)	2	1	4	3	(d)	4	1	3	2

182. निम्नलिखित में से प्राकृतिक रेशम का एक घटक कौन है? UPPSC (Pre) 2023

(a) पोटैशियम
(b) मैग्नीशियम
(c) नाइट्रोजन
(d) फॉस्फोरस

विज्ञान एवं प्रौद्योगिकी

1. भारत में विज्ञान एवं प्रौद्योगिकी का विकास

183. वैज्ञानिक तथा औद्योगिकी अनुसन्धान परिषद् के सन्दर्भ में निम्न कथनों पर विचार कीजिए

1. यह भारत का सबसे बड़ा अनुसन्धान एवं विकास संगठन है।
2. यह संगठन वित्त मन्त्रालय के अन्तर्गत संचालित है।
3. इसकी स्थापना वर्ष 1942 में हुई थी तथा इसका मुख्यालय दिल्ली में है।

उपरोक्त कथनों में से कौन-सा/से कथन सही है/हैं?

(a) केवल 1
(b) 2 और 3
(c) 1 और 3
(d) 1, 2 और 3

184. अटल नवोन्मेष मिशन स्थापित किया गया है IAS Pre 2019

(a) विज्ञान और प्रौद्योगिकी विभाग
(b) श्रम और रोजगार मन्त्रालय
(c) नीति (NITI) आयोग
(d) कौशल विकास एवं उद्यमिता मन्त्रालय

185. C-DAC प्रगत संगणन विकास केन्द्र भारत में एक अनुसन्धान संगठन है, वह निम्नलिखित में से किस मन्त्रालय के अन्तर्गत कार्य करता है?

(a) सूचना एवं प्रसारण मन्त्रालय
(b) इलेक्ट्रॉनिक्स और सूचना प्रौद्योगिकी मन्त्रालय
(c) सांख्यिकी एवं कार्यक्रम क्रियान्वयन मन्त्रालय
(d) नागरिक उड्डयन मन्त्रालय

186. सूची I को सूची II से सुमेलित कीजिए।

सूची I (वैज्ञानिक)	सूची II (उपलब्धियाँ)
A. जगदीश चन्द्र बोस	1. ऑपरेशन फ्लड
B. एम. विश्वेश्वरैया	2. अन्तरिक्ष कार्यक्रम के जनक
C. विक्रम साराभाई	3. आधुनिक मैसूर राज्य के पिता
D. डॉ. वर्गीज कुरियन	4. क्रेस्कोग्राफ यन्त्र

कूट

	A	B	C	D
(a)	1	2	3	4
(b)	4	3	2	1
(c)	4	2	3	1
(d)	1	2	4	3

2. अन्तरिक्ष प्रौद्योगिकी एवं इसके अनुप्रयोग

187. निम्नलिखित कथनों में से कौन-सा एक, जनसंचार माध्यमों में बहुचर्चित 'प्रभाजी कक्षीय बमबारी प्रणाली' के आधारभूत विचार को सर्वोत्तम रूप से प्रतिबिम्बित करता है? IAS (Pre) 2022

(a) अन्तरिक्ष में अतिध्वनिक मिसाइल का प्रमोचन, पृथ्वी की ओर बढ़ते हुए क्षुद्रग्रह का सामना कर उसका अन्तरिक्ष में ही विस्फोटन कराने के लिए किया जाता है।
(b) कोई अन्तरिक्ष यान अनेक कक्षीय गतिविधियों के बाद किसी अन्य ग्रह पर उतरता है।
(c) कोई मिसाइल पृथ्वी के परित: किसी स्थिर कक्षा में स्थापित किया जाता है और वह पृथ्वी पर किसी लक्ष्य के ऊपर कक्षा को त्यागता है।
(d) कोई अन्तरिक्ष यान किसी धूमकेतु के साथ-साथ उसी चाल के चलते हुए उसके पृष्ठ पर एक सम्परीक्षित स्थापित करता है।

188. भारतीय क्षेत्रीय संचालन उपग्रह प्रणाली (इण्डियन रीजनल नैविगेशन सैटेलाइट सिस्टम-IRNSS) के सन्दर्भ में निम्न कथनों पर विचार करें

1. IRNSS के तुल्यकारी कक्षाओं में तीन उपग्रह हैं और भू-तुल्यकाली कक्षाओं में चार उपग्रह हैं।
2. IRNSS की व्याप्ति सम्पूर्ण भारत पर और इसकी सीमाओं के लगभग 5500 वर्ग किमी. बाहर तक है।
3. वर्ष 2019 के मध्य तक भारत की, पूर्ण वैश्विक व्याप्ति के साथ अपनी उपग्रह संचालन प्रणाली होगी।

उपरोक्त कथनों में से कौन-सा/से कथन सही है/हैं?

(a) केवल 1
(b) 1 और 2
(c) 2 और 3
(d) इनमें से कोई नहीं

189. क्रायोजेनिक तकनीक के सन्दर्भ में निम्न कथनों पर विचार कीजिए

1. क्रायोजेनिक इंजन में प्रणोदक के रूप में द्रव हाइड्रोजन एवं द्रव ऑक्सीजन का प्रयोग होता है।
2. जुलाई, 2015 में तमिलनाडु स्थित महेन्द्रगिरि प्रोपल्शन सेण्टर से विशुद्ध स्वदेशी तकनीक से विकसित शक्तिशाली क्रायोजेनिक इंजन का सफल प्रक्षेपण किया गया।

उपरोक्त कथनों में से कौन-सा/से कथन सही है/हैं?

(a) केवल 1
(b) केवल 2
(c) 1 और 2 दोनों
(d) न तो 1 और न ही 2

190. निम्नलिखित देशों में से किस एक के पास अपनी उपग्रह मार्गनिर्देशन (नैविगेशन) प्रणाली है? UPPSC (Pre) 2023

(a) ऑस्ट्रेलिया
(b) कनाडा
(c) इजरायल
(d) जापान

191. निम्नलिखित कथनों पर विचार कीजिए HPPSC 2024

1. एक्सपोसैट ब्लैक होल के रहस्यों से पर्दा उठाएगा
2. एक्सपोसैट की लागत 188 मिलियन डॉलर से अधिक है
3. एक्सपोसैट का जीवनकाल दो वर्ष होने की उम्मीद है
4. एक्सपोसैट को आन्ध्र प्रदेश के हरिकोटा से लॉन्च किया गया था

नीचे दिए गए विकल्पों में से सही उत्तर का चुनाव कीजिए

(a) 1 और 4
(b) 2 और 3
(c) 1 और 3
(d) 2 और 4

192. निम्नलिखित कथनों पर विचार कीजिए

1. 9 पेलोड्स के साथ आदित्य-L 1, अन्तरिक्ष वेधशाला को सूर्य का अध्ययन करने के लिए डिजाइन किया गया है। HPSC (Pre) 2024
2. VELC सूर्य के परिमण्डल, उच्च रेजल्यूशन और टाइम केडेन्स पर कोरोना की छवि लेगा।
3. आदित्य-L1 ने प्लाज्मा पैरामीटर्स को मापने के लिए एक अल्ट्रावॉयलेट इमेजर, 3 एक्स-रे स्पेक्ट्रोमीटर और चार इन-सिटू उपकरणों को वहन किया है।

उपरोक्त कथनों में से कितने कथन सही हैं?

(a) केवल एक
(b) केवल दो
(c) सभी तीनों
(d) इनमें से कोई नहीं
(e) अनुत्तरित प्रश्न

193. सूची I का सूची II से मिलान कीजिए HPPSC (Pre) 2024

सूची I (पेलोड)	सूची II (लॉन्च तिथि)
A. कार्टोसैट-3	1. 2 सितम्बर, 2023
B. आदित्य-एल-1	2. 22 मई, 2019
C. एक्सपोसैट	3. 27 नवम्बर, 2019
D. रिसैट-2बी	4. 1 जनवरी, 2024

कूट

	A	B	C	D		A	B	C	D
(a)	3	1	4	2	(b)	1	2	3	4
(c)	4	2	1	3	(d)	1	3	2	4

3. नैनो प्रौद्योगिकी एवं इसके अनुप्रयोग

194. क्वाण्टम डॉट है **RAS/RTS (Pre) 2021**

(a) 1 नैनोमीटर से छोटी नैनो संरचनाओं का इलेक्ट्रॉन सूक्ष्मदर्शी प्रतिबिम्ब
(b) रेडियो एण्टीना का नैनोस्केल अनुरूप
(c) एक कल्पित नैनोरोबोट
(d) अर्द्धचालक नैनो संरचना

195. नैनो द्रव्यों का सर्वाधिक महत्त्वपूर्ण गुण होता है **RAS/RTS (Pre) 2021**

(a) बल (b) घर्षण (c) दाब (d) तापमान

196. स्वास्थ्य क्षेत्र में नैनो प्रौद्योगिकी के उपयोग के सन्दर्भ में, निम्नलिखित में से कौन-सा/से कथन सही है/हैं?

1. नैनो प्रौद्योगिकी द्वारा लक्षित दवा वितरण सम्भव हुआ
2. नैनो प्रौद्योगिकी जीन थेरेपी में बड़े पैमाने पर योगदान दे सकती है

कूट

(a) केवल 1 (b) केवल 2
(c) 1 और 2 दोनों (d) न तो 1 और न ही 2

197. यदि किसी पदार्थ की एक विमा को नैनो रेन्ज तक घटा दिया गया हो, जबकि अन्य दो विमाएँ वहीं बनी रहती हैं, तो प्राप्त संरचना कहलाती है **RAS/RTS (Pre) 2024**

(a) क्वाण्टम स्टेप (b) क्वाण्टम वेल
(c) क्वाण्टम डॉट (d) क्वाण्टम वायर
(e) अनुत्तरित प्रश्न

4. नाभिकीय प्रौद्योगिकी

198. नाभिकीय अभिक्रियाओं के सन्दर्भ में निम्न कथनों पर विचार करें।

1. नाभिकीय विखण्डन के फलस्वरूप गामा विकिरणों के रूप में तथा उत्सर्जित कणों की गतिज ऊर्जा के रूप में बड़ी मात्रा में ऊर्जा मुक्त होती है।
2. नाभिकीय संलयन को थर्मो न्यूक्लियर रिएक्शन भी कहा जाता है।
3. अनियन्त्रित शृंखला अभिक्रिया से अपार ऊर्जा उत्पन्न होती है तथा इसे ही परमाणु बम और हाइड्रोजन बम कहा जाता है।

उपरोक्त में कौन-सा/से कथन सही है/हैं?

(a) केवल 1 (b) केवल 2
(c) 2 और 3 (d) 1, 2 और 3

199. एटम बम के सिद्धान्त का आधार होता है **BPSC (Pre) 1994, UP UDA/LDA (Pre) 2007**

(a) नाभिकीय विखण्डन (b) नाभिकीय संलयन
(c) नाभिकीय समुत्खण्डन (d) इनमें से कोई नहीं

200. निम्नलिखित देशों में से कौन-सा परमाणु आपूर्ति समूह (न्यूक्लियर सप्लायर्स ग्रुप) का सदस्य नहीं है? **NTPC (Pre) 2008**

(a) चीन (b) न्यूजीलैण्ड
(c) आयरलैण्ड (d) ईरान

201. विकिरण समस्थानिक ताप-वैद्युत जेनरेटरों (RTGs) के सन्दर्भ में निम्नलिखित कथनों पर विचार कीजिए **IAS (Pre) 2024**

1. RTGs लघु विखण्डन रिऐक्टर हैं।
2. RTGs का प्रयोग अन्तरिक्षयानों के ऑन-बोर्ड प्रणालियों को विद्युत आपूर्ति करने के लिए होता है।
3. RTGs में प्लूटोनियम 238 का उपयोग किया जा सकता है, जो शस्त्र विकास का एक उपोत्पाद है।

उपरोक्त कथनों में से कौन-से कथन सही हैं?

(a) 1 और 2 (b) 2 और 3
(c) 1 और 3 (d) 1, 2 और 3

5. रक्षा प्रौद्योगिकी

202. निम्नलिखित कथनों में कौन-सा एक, जनसंचार-माध्यमों में बहुचर्चित 'प्रभाजी कक्षीय बमबारी प्रणाली' के आधारभूत विचार को सर्वोत्तम रूप से प्रतिबिम्बित करता है? **IAS (Pre) 2022**

(a) अन्तरिक्ष में अतिध्वनिक मिसाइल का प्रमोचन, पृथ्वी की ओर बढ़ते हुए क्षुद्रग्रह का सामना कर उसका अन्तरिक्ष में ही विस्फोटन कराने के लिए किया जाता है।
(b) कोई अन्तरिक्ष यान अनेक कक्षीय गतियों के बाद किसी अन्य ग्रह पर उतरता है।
(c) कोई मिसाइल पृथ्वी के परित: किसी स्थिर कक्षा में स्थापित किया जाता है और वह पृथ्वी पर किसी लक्ष्य के ऊपर कक्षा को त्यागता है।
(d) कोई अन्तरिक्ष यान किसी धूमकेतु के साथ-साथ उसी चाल से चलते हुए उसके पृष्ठ पर एक संपरीक्षित स्थापित करता है।

203. निम्नलिखित में से किस स्कॉर्पीन श्रेणी की पनडुब्बी को जनवरी, 2023 में भारतीय नौसेना में शामिल किया गया? **UPPSC (Pre) 2023**

(a) आई.एन.एस. वेला (b) आई.एन.एस. कलवारी
(c) आई.एन.एस. करंज (d) आई.एन.एस. वागीर

204. अग्नि-IV मिसाइल के सन्दर्भ में निम्नलिखित कथनों में से कौन-सा/से सही है/हैं?

1. यह सतह-से-सतह पर मार करने वाली मिसाइल है।
2. यह केवल तरल प्रणोदक द्वारा संचालित होती है।
3. यह लगभग 7500 किमी. दूरी तक एक टन परमाणु आयुध पहुँचाने में सक्षम है।

नीचे दिए गए कूट का प्रयोग कर सही उत्तर चुनिए।

(a) केवल 1 (b) 2 और 3
(c) 1 और 3 (d) 1, 2 और 3

205. मिशन 'दिव्यास्त्र' निम्नलिखित में से किससे सम्बन्धित है? **UKPSC (Pre) 2024**

(a) एम.आई.आर.वी. तकनीक से
(b) पृथ्वी मिसाइल प्रणाली से
(c) माउण्टेड गन प्रणाली से
(d) टोही वाहन से

206. निम्नलिखित विमानों पर विचार कीजिए **IAS (Pre) 2024**

1. राफेल 2. MiG -29
3. तेजस MK-1

उपरोक्त में से कितने पाँचवीं पीढ़ी के लड़ाकू विमान माने जाते हैं?

(a) केवल एक (b) केवल दो
(c) सभी तीन (d) इनमें से कोई नहीं

6. लेजर प्रौद्योगिकी

207. लेजर के सन्दर्भ में निम्नलिखित में से कौन-सा/से कथन सत्य है/हैं?

1. मोनोक्रोमेटिक होने के कारण लेजर उच्च निर्देशात्मक होता है तथा लम्बी दूरी तक बिना विचलन के प्रसारित हो सकता है।
2. लेजर में सूक्ष्म तरंगें उत्पन्न होती हैं और जो मैग्नेटिक लेविटेशन टेक्नोलॉजी के सिद्धान्त पर कार्य करती हैं।
3. लेजर किरणें प्रकृति में पाई जाती हैं, इन्हें अक्रिय गैसों, द्रवों व अर्द्धचालकों से प्राप्त नहीं किया जा सकता।

कूट

(a) केवल 1 (b) 1 और 2
(c) 2 और 3 (d) 1, 2 और 3

208. प्रकाशीय कम्प्यूटर के सन्दर्भ में निम्न कथनों पर विचार करें

1. इसका उपयोग डिजिटल गणना हेतु किया जाता है।
2. यह विद्युत धारा के स्थान पर फोटॉन या अवरक्त किरणों का उपयोग करता है।
3. यह तीव्र होने के साथ-साथ छोटा भी होता है।

उपरोक्त में से कौन-सा/से कथन सत्य है/हैं?

(a) केवल 1 (b) केवल 2
(c) 2 और 3 (d) 1, 2 और 3

209. होलोग्राफी तकनीक के सम्बन्ध में निम्न में से कौन-सा/से कथन सही है/हैं?

1. होलोग्राफी एक 3D चित्र को भण्डारित और प्रदर्शित करने की एक विधि है।
2. होलोग्राफी वास्तव में एक दृश्य भ्रम है।

कूट
(a) केवल 1
(b) केवल 2
(c) 1 और 2 दोनों
(d) न तो 1 और न ही 2

210. लेजर कम्युनिकेशन सिग्नल भेजने और प्राप्त करने के लिए पारम्परिक रेडियो तरंगों के बजाय किसका उपयोग करता है?
(a) अवरक्त प्रकाश
(b) पराबैंगनी प्रकाश का
(c) श्वेत प्रकाश किरण का
(d) उपरोक्त सभी का

211. गूगल की पैरेण्ट कम्पनी अल्फाबेट (Alphabet) किस भारतीय कम्पनी के साथ मिलकर लेजर इण्टरनेट के माध्यम से भारत के दूर-दराज क्षेत्रों को हाई स्पीड इण्टरनेट देने के लिए लेजर इण्टरनेट प्रोजेक्ट प्रारम्भ कर रही है?
(a) रिलायंस जियो
(b) टाटा इन्फोकॉम
(c) भारती एयरटैल
(d) उपरोक्त में से कोई नहीं

7. कम्प्यूटर एवं सूचना प्रौद्योगिकी

212. वेब 3.0 के सन्दर्भ में निम्नलिखित कथनों पर विचार कीजिए IAS (Pre) 2022

1. वेब 3.0 प्रौद्योगिकी से व्यक्ति अपने स्वयं के आँकड़ों पर नियन्त्रण कर सकते हैं।
2. वेब 3.0 संसार में, ब्लॉकचेन आधारित सामाजिक नेटवर्क हो सकते हैं।
3. वेब 3.0 किसी निगम द्वारा परिचालित होने की बजाय प्रयोक्ताओं द्वारा सामूहिक रूप से परिचालित किया जाता है।

उपरोक्त कथनों में से कौन-से कथन सही हैं?
(a) 1 और 2 (b) 2 और 3
(c) 1 और 3 (d) 1, 2 और 3

213. सेण्ट्रल प्रोसेसिंग यूनिट (CPU) का कौन-सा अंग गणना करता तथा परिणाम देता है? (JPSC (Pre) 2024)
(a) एल्टरनेट लोकल यूनिट
(b) अमेरिकन लॉजिक यूनिट
(c) एलटरनेटिंग लॉजिक यूनिट
(d) अर्थमेटिक लॉजिक यूनिट

214. डिजिटल जानकारी के लिए माप की निम्नलिखित इकाइयों को सही क्रम में व्यवस्थित करें, सबसे पहले सबसे छोटी इकाई से शुरू करके सबसे बड़ी इकाई तक जाएँ RAS/RTS (Pre) 2024

1. किलोबाइट 2. बाइट,
3. मेगाबाइट 4. टेराबाइट
5. गीगाबाइट 6. बिट

कूट
(a) 2, 6, 1, 4, 3, 5 (b) 6, 2, 1, 3, 5, 4
(c) 6, 2, 1, 4, 5, 3 (d) 2, 6, 1, 3, 4, 5
(e) अनुत्तरित प्रश्न

215. MS-DOS निम्नलिखित में से किस प्रकार के यूजर इण्टरफेस वाला ऑपरेटिंग सिस्टम है? MPPSC (Pre) 2025
(a) ग्राफिकल यूजर इण्टरफेस
(b) स्पर्श-आधारित यूजर इण्टरफेस
(c) कमाण्ड-आधारित इण्टरफेस
(d) आवाज (ध्वनि) आधारित इण्टरफेस

216. एक मैयरवेयर, जो एक वैध सॉफ्टवेयर की तरह दिखता है और एक बार जब वह उपयोगकर्ता को बहला कर इसे इंस्टॉल करवा देता है, तो यह काफी हद तक वायरस या वर्म की तरह कार्य करता है, इसे ········ कहा जाता है। MPPSC (Pre) 2025
(a) कीलॉगर (b) रैन्समवेयर
(c) ट्रोजन (d) स्पाइवेयर

217. किसी की शिकायतों को व्यक्त करने के लिए वेबसाइटों का प्रयोग कहलाता है JPSC (Pre) 2024
(a) वेब प्ली (b) वेब हेट
(c) साइबर राण्टिंग (d) साइबर वेण्टिंग

218. हमला भ्रामक ई-मेल या टेक्स्ट सन्देशों के रूप में आता है, जो आपसे सॉफ्टवेयर इंस्टॉल करने या व्यक्तिगत जानकारी प्रकट करने के लिए कह सकता है। MPPSC (Pre) 2024
(a) स्पैमिंग (b) वायरस साइनिंग
(c) फिशिंग (d) स्कैनिंग

219. निम्नलिखित कथनों पर विचार कीजिए IAS (Pre) 2025

I. ऐसी अपेक्षा है कि मेजोराना 1 चिप, क्वांटम कम्प्यूटिंग को सुकर बनाएगा।
II. मेजोराना 1 चिप, ऐमेजॉन वेब सर्विसेज (AWS) द्वारा आरम्भ किया गया है।
III. डीप लर्निंग, मशीन लर्निंग का एक उप-समुच्चय है।

उपर्युक्त कथनों में कौन-कौन-से सही हैं?
(a) केवल I और II (b) केवल II और III
(c) केवल I और III (d) I, II और III

8. रोबोटिक्स एवं आर्टिफिशियल इण्टेलीजेन्स

220. निम्नलिखित में से कौन-सा गैर-लाभकारी संगठन भारत में रोबोटिक्स और ऑटोमेशन में मानक स्थापित करने के लिए शीर्ष निकाय है? MPPSC (Pre) 2025
(a) ऑल इण्डिया काउंसिल फोर रोबोटिक्स एण्ड ऑटोमेशन (ए.आई.सी.आर.ए)
(b) नेशनल इंस्टीट्यूट ऑफ रोबोटिक्स एण्ड आर्टिफिशियल इंटेलीजेंस (एन.आई.आर,.ए.)
(c) भारत विज्ञान, प्रौद्योगिकी, इंजीनियरिंग और गणित (स्टेम) मिशन
(d) भारतीय रोबोटिक्स कौशल केन्द्र (आर.एस.सी.आई.)

221. निम्नलिखित में से कौन-सा रोबोट का फायदा नहीं है? MPPSC (Pre) 2023
(a) वह असमर्थ मनुष्यों की मदद कर सकते हैं
(b) वह नौकरियों को विस्थापित कर सकते हैं
(c) वह खतरनाक स्थितियों में प्रयोग किए जा सकते हैं
(d) वह थकते नहीं है और न ही विश्राम करते हैं

222. किसे कृत्रिम बुद्धिमत्ता का जनक कहा जाता है? MPPSC (Pre) 2023
(a) ऐलन टयूरिंग (b) जॉन मैकार्थी
(c) ब्लेज पास्कल (d) डार्टमाउथ

223. निम्नलिखित में से कौन-सी पाँचवीं जनरेशन की एआई प्रोग्रामिंग भाषा है? UKPSC (Pre) 2024
(a) SQL (b) C++
(c) C (d) Prolog

224. आर्टिफिशियल इण्टेलिजेन्स की शाखा है MPPSC (Pre) 2024
(a) नेटवर्क डिजाइन
(b) साइबर फोरेंसिक्स
(c) फुल-स्टैक डेवलपर
(d) मशीन लर्निंग

9. अन्य आधुनिक प्रौद्योगिकियाँ

225. हाइड्रोपोनिक्स है
(a) जलीय पौधे को बढ़ाने वाली तकनीक
(b) तैरने वाले पौधों को बढ़ाने की तकनीक
(c) बिना मृदा के जल में खनिज एवं पोषक तत्त्वों के घोल में पौधों को उगाने की विधि
(d) पौधों को अन्तरिक्ष में उगाना

226. भारतीय रेलवे द्वारा उपयोग किए जाने वाली जैव शौचालयों के सन्दर्भ में निम्नलिखित कथनों पर विचार कीजिए

1. जैव शौचालयों में मानव अपशिष्ट के अपघटन की शुरुआत एक कवक इनोक्युलम द्वारा की जाती है।

2. इस अपघटन में अमोनिया और जलवाष्प एकमात्र उत्पाद है, जो वायुमण्डल में छोड़े जाते हैं।

उपरोक्त कथनों में से कौन-सा/से कथन सही है/हैं?

(a) केवल 1 (b) केवल 2
(c) 1 और 2 दोनों (d) न तो 1 और न ही 2

227. एमआरआई स्कैन मशीन और पटरियों के ऊपर तैरने वाली सुपरफास्ट मैग्लेव रेलगाड़ियों को कौन-सा सिद्धान्त सम्भव बनाता है?

(a) क्वाण्टम कम्प्यूटिंग (b) कृत्रिम बुद्धिमत्ता
(c) अतिचालकता (d) इनमें से कोई नहीं

228. 3D प्रिण्टिंग का निम्नलिखित में से किसमें प्रयोग होता है? [UPSC (Pre) 2018]

1. मिष्ठान की चीजें बनाने में
2. जैव-इलेक्ट्रॉनिकी कण के निर्माण में
3. ऑटोमोटिव उद्योग में
4. पुनर्निर्माणकारी शल्यकर्म में
5. डेटा संसाधन प्रौद्योगिकियों में

नीचे दिए गए कूट का प्रयोग कर सही उत्तर चुनिए।

(a) 1, 2 और 4 (b) 2, 3 और 5
(c) 1 और 4 (d) 1, 2, 3, 4 और 5

229. 2.45 गीगाहर्ट्ज की माइक्रोवेव आवृत्ति वाले माइक्रोवेव ओवन का क्या लाभ है? [MPSC Pre 2014]

1. लपटें नहीं होती हैं
2. पोषक तत्त्व कम नष्ट होते हैं
3. खाद्य पदार्थों में भौतिक परिवर्तन होता है।
4. विसंक्रमण पर प्रभाव पड़ता है।

कूट

(a) 1, 2 और 4 (b) 1, 2 और 3
(c) 2, 3 और 4 (d) 3 और 4

10. जैव-प्रौद्योगिकी

230. बॉलगार्ड I और बॉलगार्ड II प्रौद्योगिकियों का उल्लेख किसके सन्दर्भ में किया जाता है? IAS (Pre) 2021

(a) फसली पादपों का क्लोनी प्रवर्धन
(b) आनुवंशिक रूप से रूपान्तरित फसली पादपों का विकास
(c) पादप वृद्धिकर पदार्थों का उत्पादन
(d) जैव उर्वरकों का उत्पादन

231. भारत में विकसित आनुवंशिकत: रूपान्तरित सरसों (जेनेटिकली मॉडिफाइड सरसों/GM सरसों) के सन्दर्भ में, निम्नलिखित कथनों पर विचार कीजिए IAS (Pre) 2018

1. GM सरसों में मृदा जीवाणु के जीन होते हैं, जो पादप को अनेक किस्मों के पीड़कों के विरुद्ध पीड़क-प्रतिरोध का गुण देते हैं।
2. GM सरसों में वे जीन होते हैं, जो पादप में पर-परागण और संकरण को सुगम बनाते हैं।
3. GM सरसों का विकास IARI और पंजाब कृषि विश्वविद्यालय द्वारा संयुक्त रूप से किया गया है।

उपरोक्त कथनों में से कौन-सा/से सही है/हैं?

(a) 1 और 3
(b) केवल 2
(c) 2 और 3
(d) 1, 2 और 3

232. आनुवंशिक रूप से परिवर्तित बीटी बैंगन को निम्नलिखित में से किसके लिए विकसित किया गया है? MPPSC (Pre) 2023

(a) सूखा प्रतिरोध के लिए
(b) कीट प्रतिरोध के लिए
(c) जीवाणु प्रतिरोध के लिए
(d) फफूँदीय प्रतिरोध के लिए

233. भारतीय जैविक डेटा केन्द्र किस राज्य में स्थापित किया जा रहा है? UPPSC (Pre) 2023

(a) हरियाणा (b) पंजाब
(c) उत्तर प्रदेश (d) गुजरात

234. माइक्रोसैटेलाइट डी. एन. ए. निम्नलिखित में से किस एक मामले में प्रयोग किया जाता है? IAS (Pre) 2023

(a) प्राणीजात की विभिन्न जातियों के बीच विकासपरक सम्बन्धों का अध्ययन करना
(b) स्टेम कोशिकाओं को विविध प्रकार्यात्मक ऊतकों में रूपान्तरित होने के लिए उद्दीप्त करना
(c) उद्यान-कृषि के पादपों के क्लोनी प्रसार को संवर्द्धित करना
(d) किसी समष्टि में शृंखलाबद्ध औषध परीक्षण कर औषधियों की प्रभावकारिता का आकलन करना

235. आनुवंशिक अभियान्त्रिकी प्रयोगों में अत्यन्त उपयोगी दो जीवाणु हैं

(a) नाइट्रोसोनास और क्लेबसिल UKPSC (Pre) 2022
(b) एश्चेरिचिया कोलाई और एग्रोबैक्टीरियम
(c) नाइट्रोबैक्टर और एजोटोबैक्टर
(d) राइजोबियम और डिप्लोकोकस

11. बौद्धिक सम्पदा अधिकार

236. 'राष्ट्रीय बौद्धिक सम्पदा अधिकार नीति' के सन्दर्भ में, निम्नलिखित कथनों पर विचार कीजिए IAS (Pre) 2017

1. यह दोहा विकास एजेण्डा और ट्रिप्स समझौते के प्रति भारत की प्रतिबद्धता को दोहराता है।
2. औद्योगिक नीति एवं संवर्द्धन विभाग भारत में बौद्धिक सम्पदा अधिकारों के विनियमन हेतु नोडल एजेन्सी है।

उपरोक्त कथनों में से कौन-सा/से कथन सही है/हैं?

(a) केवल 1 (b) केवल 2
(c) 1 और 2 दोनों (d) न तो 1 और न ही 2

237. भारत ने वस्तुओं के भौगोलिक संकेतक (पंजीकरण और संरक्षण) अधिनियम, 1999 को किसके दायित्वों का पालन करने के लिए अधिनियमित किया? IAS (Pre) 2018

(a) अन्तर्राष्ट्रीय श्रम संगठन
(b) अन्तर्राष्ट्रीय मुद्रा कोष
(c) व्यापार एवं विकास पर संयुक्त राष्ट्र सम्मेलन
(d) विश्व व्यापार संगठन

238. ट्रिप्स समझौते का अनुपालन करने के लिए, भारत ने वस्तुओं के भौगोलिक संकेत (पंजीकरण और संरक्षण) अधिनियम, 1999 को अधिनियमित किया। ट्रेड मार्क' और भौगोलिक संकेत के बीच अन्तर है/हैं IAS (Pre) 2010

1. ट्रेड मार्क एक व्यक्ति या कम्पनी का अधिकार है, जबकि भौगोलिक संकेत एक समुदाय का अधिकार है।
2. ट्रेड मार्क को लाइसेंस दिया जा सकता है, जबकि भौगोलिक संकेत को लाइसेंस नहीं दिया जा सकता।
3. ट्रेड मार्क विनिर्मित वस्तुओं को दिया जाता है, जबकि भौगोलिक संकेत केवल कृषि वस्तुओं/उत्पादों और हस्तशिल्पों को दिया जाता है।

उपरोक्त में से कौन-सा/से कथन सही है/हैं?

(a) केवल 1 (b) 1 और 2
(c) 2 और 3 (d) 1, 2 और 3

239. निम्नलिखित में से कौन-से बौद्धिक सम्पदा अधिकार ट्रिप्स समझौते के अन्तर्गत शामिल हैं?

1. औद्योगिक डिजाइन
2. एकीकृत सर्किट के लिए लेआउट डिजाइन
3. अघोषित जानकारी या व्यापार रहस्य

(a) केवल 1
(b) 1 और 2
(c) 2 और 3
(d) 1, 2 और 3

240. निम्नलिखित में से कौन-सा कार्यक्रम उच्च शिक्षा संस्थानों के छात्रों और शिक्षकों के बीच आईपी दाखिल करने के महत्त्व का प्रसार करता है?

(a) कपिला कार्यक्रम
(b) बौद्धिक सम्पदा समर्थन
(c) बौद्धिक सम्पदा अभियान
(d) उपरोक्त में से कोई नहीं

उत्तरमाला

1. (a) 2. (c) 3. (b) 4. (c) 5. (b) 6. (d) 7. (c) 8. (a) 9. (b) 10. (c)
11. (a) 12. (a) 13. (c) 14. (a) 15. (d) 16. (a) 17. (c) 18. (d) 19. (a) 20. (b)
21. (d) 22. (a) 23. (c) 24. (a) 25. (b) 26. (c) 27. (d) 28. (d) 29. (b) 30. (a)
31. (b) 32. (a) 33. (c) 34. (a) 35. (b) 36. (c) 37. (a) 38. (b) 39. (d) 40. (b)
41. (b) 42. (b) 43. (c) 44. (a) 45. (d) 46. (b) 47. (a) 48. (a) 49. (b) 50. (b)
51. (c) 52. (d) 53. (d) 54. (c) 55. (c) 56. (d) 57. (d) 58. (a) 59. (c) 60. (b)
61. (e) 62. (d) 63. (a) 64. (d) 65. (b) 66. (a) 67. (c) 68. (b) 69. (c) 70. (a)
71. (a) 72. (b) 73. (a) 74. (d) 75. (d) 76. (a) 77. (b) 78. (b) 79. (a) 80. (a)
81. (b) 82. (a) 83. (c) 84. (d) 85. (c) 86. (d) 87. (b) 88. (d) 89. (a) 90. (d)
91. (a) 92. (c) 93. (b) 94. (a) 95. (a) 96. (c) 97. (a) 98. (b) 99. (c) 100. (b)
101. (a) 102. (a) 103. (a) 104. (b) 105. (d) 106. (c) 107. (a) 108. (a) 109. (b) 110. (a)
111. (a) 112. (c) 113. (b) 114. (d) 115. (b) 116. (d) 117. (d) 118. (d) 119. (a) 120. (a)
121. (b) 122. (d) 123. (d) 124. (a) 125. (d) 126. (b) 127. (d) 128. (b) 129. (b) 130. (c)
131. (b) 132. (b) 133. (a) 134. (a) 135. (b) 136. (d) 137. (a) 138. (a) 139. (d) 140. (d)
141. (c) 142. (a) 143. (d) 144. (b) 145. (d) 146. (c) 147. (c) 148. (a) 149. (c) 150. (b)
151. (c) 152. (d) 153. (b) 154. (a) 155. (a) 156. (c) 157. (b) 158. (b) 159. (d) 160. (c)
161. (c) 162. (d) 163. (d) 164. (a) 165. (a) 166. (d) 167. (c) 168. (b) 169. (c) 170. (b)
171. (c) 172. (c) 173. (a) 174. (a) 175. (d) 176. (c) 177. (b) 178. (d) 179. (c) 180. (a)
181. (c) 182. (c) 183. (c) 184. (c) 185. (b) 186. (b) 187. (c) 188. (a) 189. (c) 190. (d)
191. (a) 192. (a) 193. (a) 194. (d) 195. (b) 196. (c) 197. (b) 198. (d) 199. (a) 200. (d)
201. (b) 202. (c) 203. (d) 204. (a) 205. (a) 206. (d) 207. (a) 208. (d) 209. (c) 210. (a)
211. (c) 212. (d) 213. (d) 214. (b) 215. (c) 216. (c) 217. (d) 218. (c) 219. (c) 220. (a)
221. (b) 222. (b) 223. (d) 224. (d) 225. (c) 226. (d) 227. (c) 228. (d) 229. (a) 230. (b)
231. (b) 232. (b) 233. (a) 234. (a) 235. (b) 236. (c) 237. (d) 238. (c) 239. (d) 240. (a)

अधिक प्रैक्टिस *के लिए*
दिया गया QR कोड स्कैन करें

UPSC मुख्य परीक्षा के प्रश्न (2024-2015)

विज्ञान एवं प्रौद्योगिकी-विकास एवं अनुप्रयोग और रोजमर्रा के जीवन पर इसका प्रभाव

1. राजमार्गों पर इलेक्ट्रॉनिक पथ-कर संग्रह करने के लिए कौन-सी प्रौद्योगिकी अपनाई जा रही है? उसके क्या-कया लाभ और क्या-क्या सीमाएँ हैं? वे कौन-से परिवर्तन प्रस्तावित हैं, जो इस प्रक्रिया को निर्बाध बना देंगे? कया यह परिवर्तन कोई सम्भावित खतरे लेकर आएगा? *UPSC 2024 (150 शब्द; 10 अंक)*

2. इलेक्ट्रिक वाहनों को अपनाना दुनिया भर में तेजी से बढ़ रहा है। कार्बन उत्सर्जन को कम करने में इलेक्ट्रिक वाहन कैसे यागदान करते हैं और पारम्परिक दहन इंजन वाहनों की तुलना में वे क्या प्रमुख लाभ प्रदान करते हैं? *UPSC 2023 (250 शब्द; 15 अंक)*

3. वर्ष 2014 में भौतिक विज्ञान में नोबेल पुरस्कार संयुक्त रूप से आकासाकी, अमानो तथा नाकामुरा को 1990 के दशक में नीली एल.ई.डी. के आविष्कार के लिए प्रदान किया गया था। इस आविष्कार ने मानव-जाति के दैनंदिन जीवन को किस प्रकार प्रभावित किया है? *UPSC 2021 (250 शब्द; 15 अंक)*

4. विज्ञान हमारे जीवन में गहराई तक कैसे गुथा हुआ है? विज्ञान-आधारित प्रौद्योगिकियों द्वारा कृषि में उत्पन्न हुए महत्त्वपूर्ण परिवर्तन क्या हैं? *UPSC 2020 (150 शब्द; 10 अंक)*

5. सरकारी कार्यकलापों के लिए, सर्वरों की क्लाउड होस्टिंग बनाम स्वसंस्थागत मशीन-आधारित होस्टिंग के लाभों और सुरक्षा निहितार्थों पर चर्चा कीजिए। *UPSC 2015 (200 शब्द; 12½ अंक)*

विज्ञान एवं प्रौद्योगिकी में भारतीयों की उपलब्धियाँ, देशज रूप से प्रौद्योगिकी का विकास और नई प्रौद्योगिकी का विकास

1. समझाइए कि नार्को-आतंकवाद सम्पूर्ण देश में किस प्रकार गम्भीर खतरे के रूप में उभरकर आया है। नार्को-आतंकवाद से निपटने के लिए समुचित उपायों पर सुझाव दीजिए। *UPSC 2024 (150 शब्द; 10 अंक)*

2. वैक्सीन विकास का आधारभूत सिद्धान्त क्या है? वैक्सीन कैसे कार्य करते हैं? कोविड-19 टीकों के निर्माण हेतु भारतीय वैक्सीन निर्माताओं ने क्या-क्या पद्धतियाँ अपनाई हैं? *UPSC 2022 (250 शब्द; 15 अंक)*

3. कोविड-19 महामारी ने विश्वभर में अभूतपूर्व तबाही उत्पन्न की है तथापि इस संकट पर विजय पाने के लिए प्रौद्योगिकीय प्रगति का लाभ स्वेच्छा से लिया जा रहा है। इस महामारी के प्रबन्धन के सहायतार्थ प्रौद्योगिकी की खोज कैसे की गई, उसका एक विवरण दीजिए। *UPSC 2020 (250 शब्द; 15 अंक)*

4. प्रो. सत्येन्द्र नाथ बोस द्वारा किए गए 'बोस-आइनस्टाइन सांख्यिकी' के कार्य पर चर्चा कीजिए और दर्शाइए कि इसने किस प्रकार भौतिकी के क्षेत्र में क्रान्ति ला दी थी? *UPSC 2018 (150 शब्द; 10 अंक)*

5. भारत में नाभिकीय विज्ञान और प्रौद्योगिकी की संवृद्धि और विकास का विवरण प्रस्तुत कीजिए। भारत में तीव्र प्रजनक रिएक्टर कार्यक्रम का क्या लाभ है? *UPSC 2017 (250 शब्द; 15 अंक)*

6. अन्तरिक्ष विज्ञान और प्रौद्योगिकी के क्षेत्र में भारत की उपलब्धियों की चर्चा कीजिए। इस प्रौद्योगिकी का प्रयोग भारत के सामाजिक-आर्थिक विकास में किस प्रकार सहायक सिद्ध हुआ है? *UPSC 2016 (200 शब्द; 12½ अंक)*

सूचना प्रौद्योगिकी, अन्तरिक्ष, कम्प्यूटर, रोबोटिक्स, नैनो-टेक्नोलॉजी, बायो-टेक्नोलॉजी और बौद्धिक सम्पदा अधिकारों से सम्बन्धित विषयों के सम्बन्ध में जागरूकता

1. जीवन सामग्रियों के संदर्भ में बौद्धिक संपदा अधिकारों का वर्तमान विश्व परिदृश्य क्या है? यद्यपि भारत पेटेंट दाखिल करने के मामले में दुनिया में दूसरे स्थान पर है, फिर भी केवल कुछ का ही व्यवसायीकरण किया गया है। इस कम व्यवसायीकरण के कारणों को स्पष्ट की जिए। *UPSC 2024 (150 शब्द; 10 अंक)*

2. डिजिटल व्यक्तिगत डेटा संरक्षण अधिनियम, 2023 के संदर्भ तथा प्रमुख विशेषताओं का वर्णन कीजिए। *UPSC 2024 (150 शब्द; 10 अंक)*

3. सोशल मीडिया एवं 'को गोपित' (एनक्रिप्टिंग) संदेश सेवाएँ गम्भीर सुरक्षा चुनौती हैं। सोशल मीडिया के सुरक्षा निहितार्थों को संबोधित करते हुए विभिन्न स्तरों पर क्या उपाय अपनाए गए हैं? इस समस्या को संबोधित करते हुए अन्य किन्हीं उपायों का भी सुझाव दीजिए। *UPSC 2024 (250 शब्द; 15 अंक)*

4. कृत्रिम बुद्धि (ए.आई.) की अवधारणा का परिचय दीजिए। ए.आई. क्लिनिकल निदान में कैसे मदद करता है? क्या आप स्वास्थ्य सेवा में क्लिनिकल निदान में कैसे मदद करता है? क्या आप स्वास्थ्य सेवा में ए.आई. के उपयोग में व्यक्ति की निजता को कोई खतरा महसूस करते हैं? *UPSC 2023 (150 शब्द; 10 अंक)*

5. उन विभिन्न तरीकों पर चर्चा कीजिए, जिनसे सूक्ष्मजीवी इस समय हो रही ईंधन की कमी से पार पाने में मदद कर सकते हैं। *UPSC 2023 (150 शब्द; 10 अंक)*

6. भारत के तीसरे चन्द्रमा मिशन का मुख्य कार्य क्या है, जिसे इसके पहले के मिशन में हासिल नहीं किया जा सका? जिन देशों ने इस कार्य को हासिल कर लिया है, उनकी सूची दीजिए। प्रक्षेपित अन्तरिक्ष-यान की उप-प्रणालियों को प्रस्तुत कीजिए और विक्रम साराभाई अंतरिक्ष केन्द्र के 'आभासी प्रक्षेपण नियन्त्रण केन्द्र' की उस भूमिका का वर्णन कीजिए, जिसने श्रीहरिकोटा से सफल प्रक्षेपण में योगदान दिया है। *UPSC 2023 (250 शब्द; 15 अंक)*

7. 25 दिसम्बर, 2021 को छोड़ा गया जेम्स वेब अन्तरिक्ष टेलीस्कोप तभी से समाचारों में बना हुआ है। उसमें ऐसी कौन-कौन सी अनन्य विशेषताएँ हैं, जो उसे इससे पहले के अन्तरिक्ष टेलीस्कोपों से श्रेष्ठ बनाती हैं? इस मिशन के मुख्य ध्येय क्या हैं? मानव जाति के लिए इसके क्या सम्भावित लाभ हो सकते हैं? *UPSC 2022 (250 शब्द; 15 अंक)*

8. अनुप्रयुक्त जैव-प्रौद्योगिकी में शोध तथा विकास-सम्बन्धी उपलब्धियाँ क्या हैं? ये उपलब्धियाँ समाज के निर्धन वर्गों के उत्थान में किस प्रकार सहायक होंगी? *UPSC 2021 (250 शब्द; 15 अंक)*

9. S-400 हवाई, रक्षा प्रणाली, विश्व में इस समय उपलब्ध अन्य किसी प्रणाली की तुलना में किस प्रकार से तकनीकी रूप से श्रेष्ठ है? *UPSC 2021 (150 शब्द; 10 अंक)*

10. नैनोटेक्नोलॉजी से आप क्या समझते हैं और यह स्वास्थ्य क्षेत्र में कैसे सहायता कर रहा है? *UPSC 2020 (150 शब्द; 10 अंक)*

11. भारत की 'अपना स्वयं का अन्तरिक्ष केन्द्र प्राप्त करने की' क्या योजना है और हमारे अन्तरिक्ष कार्यक्रम को यह किस प्रकार लाभ पहुँचाएगी? *UPSC 2019 (150 शब्द; 10 अंक)*

12. किसानों के जीवन मानकों को उन्नत करने के लिए जैव प्रौद्योगिकी किस प्रकार सहायता कर सकती है? *UPSC 2019 (250 शब्द; 15 अंक)*

13. भैषजिक कम्पनियों के द्वारा आयुर्विज्ञान के पारम्परिक ज्ञान को पेटेण्ट कराने से भारत सरकार किस प्रकार रक्षा कर रही है? *UPSC 2019 (250 शब्द; 15 अंक)*

14. क्या कारण है कि हमारे देश में जैव प्रौद्योगिकी के क्षेत्र में अत्यधिक सक्रियता है? इस सक्रियता ने बायोफार्मा के क्षेत्र को कैसे लाभ पहुँचाया है? *UPSC 2018 (250 शब्द; 15 अंक)*

15. भारत ने चन्द्रयान व मंगल कक्षीय मिशनों सहित मानव-रहित अन्तरिक्ष मिशनों में असाधारण सफलता प्राप्त की है, लेकिन मानव-सहित अन्तरिक्ष मिशनों में प्रवेश का साहस नहीं किया है। मानव-सहित अन्तरिक्ष मिशन लॉन्च करने में प्रौद्योगिकीय व सुप्रचालनिक सहित मुख्य रुकावटें क्या हैं? समालोचनात्मक परीक्षण कीजिए। *UPSC 2017 (150 शब्द; 10 अंक)*

16. अतिसूक्ष्म प्रौद्योगिकी (नैनोटेक्नोलॉजी) 21वीं शताब्दी की प्रमुख प्रौद्योगिकियों में से एक क्यों है? अतिसूक्ष्म विज्ञान और प्रौद्योगिकी पर भारत सरकार के मिशन की प्रमुख विशेषताओं तथा देश के विकास के प्रक्रम में इसके प्रयोग के क्षेत्र का वर्णन कीजिए। *UPSC 2016 (200 शब्द; 12½ अंक)*

17. भारत की पारम्परिक ज्ञान डिजिटल लाइब्रेरी (टी.के.डी.एल.), जिसमें 20 लाख से अधिक औषधीय फार्मूलेशनों पर संरूपित जानकारी है, त्रुटिपूर्ण पेटेण्टों के प्रति देश की लड़ाई में एक शक्तिशाली हथियार सिद्ध हो रही है। मुक्त-स्रोत लाइसेंसिंग के अधीन इस आँकड़ा-संचय (डेटाबेस) को सार्वजनिक रूप से उपलब्ध कराने के पक्ष और विपक्ष पर चर्चा कीजिए। *UPSC 2015 (200 शब्द; 12½ अंक)*

18. निषेधात्मक श्रम के कौन-से क्षेत्र हैं, जिनका रोबोटों के द्वारा धारणीय रूप से प्रबन्धन किया जा सकता है? ऐसी पहलों पर चर्चा कीजिए, जो प्रमुख अनुसन्धान संस्थानों में मौलिक और लाभप्रद नवाचार के लिए अनुसन्धान को आगे बढ़ा सकें। *UPSC 2015 (200 शब्द; 12½ अंक)*

19. जी.पी.एस. युग में, 'मानक स्थिति-निर्धारण प्रणालियों' और 'परिशुद्ध स्थिति-निर्धारण प्रणालियों' से आप क्या समझते हैं? केवल सात उपग्रहों का प्रयोग करते हुए अपने महत्त्वाकांक्षी आई.आर.एन.एस.एस. कार्यक्रम से भारत किन लाभों को देखता है, इस पर चर्चा कीजिए। *UPSC 2015 (200 शब्द; 12½ अंक)*